GREEK
Dictionary

GREEK

Dictionary

Greek-English
and English-Greek
Pocket Dictionary

Compiled by
Paul Nathanail

Routledge & Kegan Paul
London and New York

*First published in 1985
Reprinted 1987
by Routledge & Kegan Paul Ltd
11 New Fetter Lane, London EC4P 4EE, England
Published in the USA by
Routledge & Kegan Paul Inc.
in association with Methuen Inc.
29 West 35th Street, New York, NY 10001, USA*

*Printed and bound in Great Britain by
Cox & Wyman Ltd, Reading, Berks*

© *Paul Nathanail 1985*

*No part of this book may be reproduced in
any form without permission from the
publisher, except for the quotation of brief
passages in criticism.*

Library of Congress Cataloging in Publication Data

*Nathanail, Paul, 1937–
Greek Dictionary.
Greek-English and English-Greek Pocket Dictionary.
1. Greek language, (Modern – Dictionaries – English.
2. English language – Dictionaries – Greek, (Modern).
I. Title.
PA1139.E5N37 1985   489'.3321   83-27008
British Library CIP data available
ISBN 1-7100-0625-X*

CONTENTS

Irregular verbs / vi

Greek-English dictionary / 1

English-Greek dictionary / 241

IRREGULAR VERBS

PRESENT	PAST (ACTIVE)	PASSIVE	PAST (PASSIVE)	PAST PARTICIPLE	COMMON MEANING
ἀγανακτῶ	ἀγανάκτησα	—	—	ἀγανακτισμένος	be indignant
ἀγγέλλω	ἄγγειλα	ἀγγέλομαι	ἀγγέλθηκα	ἀγγελμένος	announce
ἀγρυπνῶ	ἀγρύπνησα	—	—	ἀγρυπνισμένος	be awake
ἀκουμπῶ	ἀκούμπησα	—	—	ἀκουμπισμένος	lean (against)
ἀκριβαίνω	ἀκρίβυνα	—	—	—	become more expensive
ἁμαρταίνω	ἁμάρτησα	—	—	—	sin
ἀναγγέλλω	ἀνάγγειλα	ἀναγγέλομαι	ἀναγγέλθηκα	ἀναγγελμένος	announce
ἀναιρῶ	ἀναίρεσα	ἀναιροῦμαι	ἀναιρέθηκα	ἀναιρεμένος	revoke
ἀνασαίνω	ἀνάσανα	—	—	—	breathe
ἀνασταίνω	ἀνάστησα	ἀνασταίνομαι	ἀναστήθηκα	ἀναστημένος	revive
ἀνατέλλω	ἀνάτειλα	—	—	—	rise (sun)
ἀνεβαίνω	ἀνέβηκα	—	—	ἀνεβασμένος	go up

ἀπαλαίνω or ἀπαλύνω	ἀπάλυνα	ἀπαλαίνομαι	ἀπαλύνθηκα	ἀπαλυμένος	soften
ἀποθαρρύνω	ἀποθάρρυνα	ἀποθαρρύ- νομαι	ἀποθαρρύν- θηκα	ἀποθαρρη- μένος	discourage
ἀπολυμαίνω	ἀπολύμανα	ἀπολυμαί- νομαι	ἀπολυμάν- θηκα	ἀπολυμα- σμένος	disinfect
ἀπονέμω	ἀπόνειμα	ἀπονέμομαι	ἀπονεμήθηκα	ἀπονενευ- μένος	grant, award
ἀποσταίνω	ἀπόστασα	—	—	ἀποσταμένος	feel tired
ἀρέσω	ἄρεσα	—	—	—	be popular
ἀρχῶ	ἄρχεσα	ἀρχοῦμαι	ἀρκέστηκα	—	be enough
αὐξάνω	αὔξησα	αὐξάνομαι	αὐξήθηκα	αὐξημένος	increase
ἀφαιρῶ	ἀφαίρεσα	ἀφαιροῦμαι	ἀφαιρέθηκα	ἀφαιρημένος	subtract
ἀφήνω	ἄφησα	ἀφήνομαι	ἀφέθηκα	ἀφημένος	leave
βάζω	ἔβαλα	βάζομαι (rare)	βάλθηκα	βαλμένος	put
βαθαίνω	βάθυνα	—	—	—	deepen
βάλλω	ἔβαλα	βάλλομαι	βλήθηκα	βλημένος	fire, shoot
βαραίνω	βάρυνα	—	—	βαρεμένος	weigh down
βαρῶ	βάρεσα	βαριέμαι	βαρέθηκα	βαρεμένος	strike
				—	be bored

PRESENT	PAST (ACTIVE)	PASSIVE	PAST (PASSIVE)	PAST PARTICIPLE	COMMON MEANING
βασκαίνω	βάσκανα	βασκαίνομαι	βασκάθηκα	βασκαμένος	cast an evil eye
βαστῶ	βάσταξα	βαστιέμαι	βαστάχτηκα	βασταγμένος	hold
	βάστηξα		βαστήχτηκα	βαστηγμένος	
βγάζω	ἔβγαλα	βγάζομαι (rare)	βγάλθηκα	βγαλμένος	take out (off)
βγαίνω	βγῆκα	—	—	βγαλμένος	go out
βλασταίνω	βλάστησα	—	—	βλαστημμένος	grow
βλέπω	εἶδα	βλέπομαι	εἰδώθηκα	ἰδωμένος	see
βόσκω	βόσκησα	—	βοσκήθηκα	βοσκημένος	graze
βουβαίνω	βούβανα	βουβαίνομαι	βουβάθηκα	βουβαμένος	render dumb
βρέχω	ἔβρεξα	βρέχομαι	βράχηκα	βρεγμένος	wet
βρίσκω	βρῆκα	βρίσκομαι	βρέθηκα	—	find
βυζαίνω	βύζαξα	—	βυζάχτηκα	βυζαγμένος	suckle
γδέρνω	ἔγδαρα	γδέρνομαι	γδάρθηκα	γδαρμένος	flay
γελῶ	γέλασα	—	—	—	laugh
		γελιέμαι	γελάστηκα	γελασμένος	be deceived
γέρνω	ἔγειρα	—	—	γερμένος	bend

γερνώ	γέρασα	—	—	γερασμένος	grow old
γίνομαι	έγινα	—	—	γινωμένος	become
γλυκαίνω	γλύκανα	γλυκαίνομαι	γλυκάθηκα	γλυκαμένος	sweeten
		δέομαι	δεήθηκα	—	implore
δέρνω	έδειρα	δέρνομαι	δάρθηκα	δαρμένος	beat
διαβαίνω	διάβηκα	—	—	—	pass through
διαθλώ	διάθλασα	διαθλώμαι	διαθλάστηκα	διαθλασμένος	refract
διαιρώ	διαίρεσα	διαιρούμαι	διαιρέθηκα	διαιρεμένος	divide
		διαμαρτύρομαι	διαμαρτυρήθηκα	διαμαρτυρημένος	protest
διαρρέω	διέρρευσα	—	—	—	leak
διδάσκω	δίδαξα	διδάσκομαι	διδάχτηκα	διδαγμένος	teach
δίδω or δίνω	έδωσα	δίνομαι	δόθηκα	δοσμένος	give
διψώ	δίψασα	—	—	διψασμένος	be thirsty
δρω	έδρασα	—	—	—	act
δυστυχώ	δυστύχησα	—	—	δυστυχισμένος	be unhappy
εγκαθιστώ	εγκατάστησα	εγκαθίσταμαι	εγκαταστάθηκα	εγκαταστημένος	establish
είμαι	ήμουν	—	—	—	be

ix

PRESENT	PAST (ACTIVE)	PASSIVE	PAST (PASSIVE)	PAST PARTICIPLE	COMMON MEANING
εἶσαι					
εἶναι					
εἴμαστε					
εἶστε					
εἶναι					
ἐξαιρῶ	ἐξαίρεσα	ἐξαιροῦμαι	ἐξαιρέθηκα	ἐξαιρεμένος	except
ἐπαινῶ	ἐπαίνεσα	ἐπαινοῦμαι	ἐπαινέθηκα	παινεμένος	praise
ἐπιβάλλω	ἐπέβαλα	ἐπιβάλλομαι	ἐπιβλήθηκα	ἐπιβλημένος	impose
ἐπιβαρύνω	ἐπιβάρυνα	ἐπιβαρύνομαι	ἐπιβαρύν-θηκα	ἐπιβαρημένος	aggravate
ἐπιδρῶ	ἐπέδρασα	—	—	—	influence
ἔρχομαι	ἦρθα	—	—	—	come
εὐτυχῶ	εὐτύχησα	—	—	εὐτυχισμένος	be happy
		εὔχομαι	εὐχήθηκα	—	wish
ἔχω	εἶχα	—	—	—	have
ζεσταίνω	ζέστανα	ζεσταίνομαι	ζεστάθηκα	ζεσταμένος	warm
θαρρῶ	θάρρεψα	—	—	—	think
θέλω	θέλησα	—	—	θελημένος	wish

θερμαίνω	θέρμανα	θερμαίνομαι	θέρμανθηκα	θερμασμένος	heat
θέτω	έθεσα	—	—	—	put
καθαιρώ	καθαίρεσα	καθαιρούμαι	καθαιρέθηκα	καθαιρεμένος	depose
κάθομαι	κάθισα	—	—	καθισμένος	sit down
καθίζω	κάθισα	—	—	καθισμένος	seat (someone)
καίω	έκαψα	καίγομαι	κάηκα	καμένος	burn
καλώ	κάλεσα	καλούμαι	καλέστηκα	καλεσμένος	call
κάνω	έκανα or έκαμα	—	—	καμωμένος	make
καταγγέλλω	κατάγγειλα	καταγγέλομαι	καταγγέλθηκα	καταγγελμένος	denounce
καταλαβαίνω	κατάλαβα	—	—	—	understand
καταφρονώ	καταφρόνεσα	καταφρονούμαι	καταφρονέθηκα	καταφρονεμένος	despise
κατεβαίνω	κατέβηκα	—	—	κατεβασμένος	descend
κερνώ	κέρασα	κερνιέμαι	κεράστηκα	κερασμένος	treat
κλαίω	έκλαψα	κλαίγομαι	κλάφτηκα	κλαμένος	weep
κοιμούμαι	κοιμήθηκα	κοιμούμαι	κοιμήθηκα	κοιμισμένος	sleep
κονταίνω	κόντυνα	—	—	—	shorten
κουφαίνω	κούφανα	κουφαίνομαι	κουφάθηκα	κουφαμένος	deafen

PRESENT	PAST (ACTIVE)	PASSIVE	PAST (PASSIVE)	PAST PARTICIPLE	COMMON MEANING
κρεμῶ	κρέμασα	κρεμιέμαι or κρέμομαι	κρεμάστηκα	κρεμασμένος	hang
λαβαίνω	ἔλαβα	—	—	—	receive
λαχαίνω	ἔλαχα	—	—	—	befall
λέγω	εἶπα	λέγομαι	εἰπώθηκα	εἰπωμένος	say
λεπταίνω	λέπτυνα	λεπταίνομαι	λεπτύνθηκα	λεπτυσμένος	make thin
λευκαίνω	λεύκανα	λευκαίνομαι	λευκάνθηκα	λευκασμένος	whiten
λιπαίνω	λίπανα	λιπαίνομαι	λιπάνθηκα	λιπασμένος	lubricate
μαθαίνω	ἔμαθα	μαθαίνομαι	μαθεύτηκα	μαθημένος	learn
μακραίνω	μάκρυνα	—	—	—	lengthen
μαραίνω	μάρανα	μαραίνομαι	μαράθηκα	μαραμένος	wither
μεθῶ	μέθυσα	—	—	μεθυσμένος	get drunk
μένω	ἔμεινα	—	—	—	remain
μηνῶ	μήνυσα	μηνύομαι	μηνύθηκα	μηνυμένος	sue
μιαίνω	μίανα	μιαίνομαι	μιάνθηκα	μιασμένος	pollute
μικραίνω	μίκρυνα	—	—	—	lessen
μοιραίνω	μοίρανα	μοιραίνομαι	μοιράθηκα	μοιραμένος	bless (by the Fates)

xiii

μολύνω	μόλυνα	μολύνομαι	μολύνθηκα	μολυσμένος	infect
μπαίνω	μπήκα	—	—	μπασμένος	enter
μπορῶ	μπόρεσα	—	—	—	can
μωραίνω	μώρανα	μωραίνομαι	μωράθηκα	μωραμένος	render stupid
		ντρέπομαι	ντράπηκα	—	be ashamed
ξανθαίνω	ξάνθυνα	—	—	ξανθισμένος	turn blond
ξεδιαλύνω	ξεθύμανα	—	—	ξεθυμασμένος	evaporate
ξεμωρώνομαι	ξεμωράθηκα	ξεμωραίνομαι	ξεκλήρθηκα	ξεμωραμένος	dote
ξεραίνω	ξέρανα	ξεραίνομαι	ξεράθηκα	ξεραμένος	dry
ξεχνῶ	ξέχασα	ξεχνιέμαι	ξεχάστηκα	ξεχασμένος	forget
ξεψυχῶ	ξεψύχησα	—	—	ξεψυχισμένος	expire
διμορφαίνω	διμόρφυνα	—	—	—	embellish
παθαίνω	έπαθα	—	—	παθημένος	suffer
παινεύω	παίνεψα	παινεύομαι	παινεύτηκα	παινεμένος	praise
		παθαίνομαι	—	—	feel strongly
παίρνω	πῆρα	παίρνομαι	πάρθηκα	παρμένος	take
παραγγέλλω	παράγγειλα	—	παραγγέλ- θηκα	παραγγελ- μένος	order
παρασταίνω	παράστησα	παρασταί- νομαι	παραστάθηκα	παραστη- μένος	perform
παχαίνω	πάχυνα	—	—	—	get fat

PRESENT	PAST (ACTIVE)	PASSIVE	PAST (PASSIVE)	PAST PARTICIPLE	COMMON MEANING
πάω (see πηγαίνω)					
πεθαίνω	πέθανα	–	–	πεθαμένος	die
πεινώ	πείνασα	–	–	πεινασμένος	be hungry
περνώ	πέρασα	περνιέμαι	περάστηκα	περασμένος	pass
πετυχαίνω	πέτυχα	–	–	πετυχημένος	succeed
πετώ	πέταξα	πετιέμαι	πετάχτηκα	πεταμένος	throw
πέφτω	έπεσα	–	–	πεσμένος	fall
πηγαίνω	πήγα	–	–	πηγεμένος	go
πικραίνω	πίκρανα	πικραίνομαι	πικράθηκα	πικραμένος	embitter
πίνω	ήπια	–	πιώθηκα	πιωμένος	drink
πλανεύω	πλάνεψα	πλανεύομαι	πλανεύτηκα	πλανεμένος	seduce
πλανώ	πλάνεσα	πλανιέμαι	πλανήθηκα	πλανημένος	mislead
πλαταίνω	πλάτυνα	–	–	–	widen
πλένω	έπλυνα	πλένομαι	πλύθηκα	πλυμένος	wash
πλέω	έπλευσα	–	–	–	sail
πληθαίνω	πλήθυνα	–	–	–	increase
πνέω	έπνευσα	–	–	–	blow
πονώ	πόνεσα	–	–	πονεμένος	ache

πρέπει (only in the third person)	—	—	—	—	must
προβλέπω	πρόβλεψα or προείδα	—	—	—	foresee
πρόκειται (only in the third person)	—	—	—	—	be about to
ραίνω	έρανα	—	—	—	sprinkle
ρουφώ	ρούφηξα	ρουφιέμαι	—	ρουφηγμένος	suck in
ρυπαίνω	ρύπανα	ρυπαίνομαι	ρυπάνθηκα	—	soil
σγουραίνω	σγούρυνα	—	—	—	curl
σέβομαι	—	—	σεβάστηκα	—	respect
σέρνω	έσυρα	σέρνομαι	σύρθηκα	συρμένος	pull
σημαίνω	σήμανα	—	—	—	mean
σκληραίνω	σκλήρυνα	—	—	—	harden
σκουραίνω	σκούρυνα	—	—	—	make darker
σπω or σπάω or σπάζω	έσπασα	σπάζομαι	σπάστηκα	σπασμένος	break
σπέρνω	έσπειρα	σπέρνομαι	σπάρθηκα	σπαρμένος	sow
στέχομαι or στέχω	—	—	στάθηκα	—	stand

PRESENT	PAST (ACTIVE)	PASSIVE	PAST (PASSIVE)	PAST PARTICIPLE	COMMON MEANING
στέλλω or στέλνω	έστειλα	στέλνομαι	στάλθηκα	σταλμένος	send
στενοχωρῶ	στενοχώρησα or στενοχώρεσα	στενοχωριέμαι	στενοχωρήθηκα or στενοχωρέθηκα	στενοχωρημένος	trouble, sadden
στρέφω	έστρεψα	στρέφομαι	στράφηκα	στραμμένος	turn
στρίβω	έστρυψα	στρίβομαι	στρίφτηκα	στριμμένος	turn
συγχωρῶ	συγχώρησα or συγχώρεσα	συγχωριέμαι	συγχωρήθηκα or συγχωρέθηκα	συγχωρημένος or συγχωρεμένος	forgive
συμπεραίνω	συμπέρανα	—	—	—	conclude
συναιρῶ	συναίρεσα	συναιροῦμαι	συναιρέθηκα	συναιρεμένος	contract
συνωμοτῶ	συνωμότησα	—	—	—	conspire
σφάλλω	έσφαλα	—	—	εσφαλμένος	make a mistake
σχολνῶ	σχόλασα	—	—	σχολασμένος	end (work)

σωπαίνω	σώπασα	—	—	—	remain silent
τείνω	έτεινα	—	—	—	rend
τελώ	τέλεσα	τελούμαι	τελέστηκα	τελεσμένος	perform
τραβώ	τράβηξα	τραβιέμαι	τραβήχτηκα	τραβηγμένος	pull
τρελαίνω	τρέλανα	τρελαίνομαι	τρελάθηκα	τρελαμένος	drive mad
τρέπω	έτρεψα	τρέπομαι	τράπηκα	—	change into
τρέφω	έθρεψα	τρέφομαι	τράφηκα	θρεμμένος	feed
τρέχω	έτρεξα	—	—	—	run
τρώγω	έφαγα	τρώγομαι	φαγώθηκα	φαγωμένος	eat
τυχαίνω	έτυχα	—	—	—	happen
υγραίνω	ύγρανα	υγραίνομαι	υγράνθηκα	—	moisten
υπόσχομαι	υποσχέθηκα	—	—	υποσχεμένος	promise
υφαίνω	ύφανα	υφαίνομαι	υφάνθηκα	υφασμένος	weave
φαίνομαι	—	—	φάνηκα	—	appear
φαρδαίνω	φάρδυνα	—	—	—	widen
φεύγω	έφυγα	—	—	—	leave
φθείρω	έφθειρα	φθείρομαι	φθάρθηκα	φθαρμένος	spoil
φοβούμαι	—	—	φοβήθηκα	φοβισμένος	be frightened
φορώ	φόρεσα	φοριέμαι	φορέθηκα	φορεμένος	wear
φταίω	έφταιξα	—	—	—	be guilty of
φτωχαίνω	φτώχυνα	—	—	—	become poor

xvii

xviii

PRESENT	PAST (ACTIVE)	PASSIVE	PAST (PASSIVE)	PAST PARTICIPLE	COMMON MEANING
φυραίνω	φύρανα	—	—	—	shrink
χαίρομαι	—	—	χάρηκα	—	be pleased
χοντραίνω or χονδραίνω	χόντρυνα	—	—	—	grow fat
χορταίνω	χόρτασα	—	—	χορτασμένος	be filled
ψέλνω or ψάλλω	έψαλα	—	—	ψαλμένος	chant
ψυχραίνω	ψύχρανα	ψυχραίνομαι	ψυχράθηκα	ψυχραμένος	cool

A

ἄ, exclamation denoting sorrow or surprise
ἀβαθής, βλ. *ἄβαθος*
ἀβαθμολόγητος, unclassified, unmarked
ἄβαθος, shallow
ἄβακας (ὁ), abacus, slate
ἀβανιά (ἡ), slander
ἀβάρετος, unweary; unbeaten, unhurt
ἀβαρία (ἡ), average, damage/ *γενική ~* general average
ἄβαρος, light, weightless
ἀβασάνιστος, untormented; unexamined, untested
ἀβασίλευτος, without a king/ *'Αβασίλευτη Δημοκρατία,* Crownless Democracy / unset (sun)
ἀβάσιμος, groundless/ *ἀβασιμότητα* (ἡ), groundlessness
ἀβάσκαντος, not seen by the evil eye
ἀβάσταχτος, unbearable, intolerable
ἄβατος, inaccessible
ἀβατσίνωτος, not inoculated
ἄβαφος, uncoloured, unpainted, undyed
ἀβάφτιστος, not christened
ἀββαεῖο (τό), abbey
ἀββάς (ὁ), abbot
ἄβγαλτος, inexperienced
ἀβδέλλα (ἡ), leech
ἀβέβαιος, uncertain, doubtful/ *ἀβεβαιότητα* (ἡ), uncertainty, insecurity
ἀβεβαίωτος, unconfirmed, uncertified
ἀβεβήλωτος, unprofaned, inviolate
ἀβίαστα, unconstrainingly, freely/ *ἀβίαστος,* unconstrained
ἀβιογένεση (ἡ), abiogenesis
ἀβιταμίνωση (ἡ), vitamin deficiency
ἀβλαβής, harmless; unhurt/ *σῶος καὶ ~,* safe and sound
ἀβλεψία (ἡ), carelessness, error, oversight
ἀβοήθητος, helpless, unassisted
ἄβολος, uncomfortable
ἀβουλία (ἡ), lack of will, undecidedness/ *ἄβουλος,* undecided, hesitating
ἀβούλωτος, unsealed

ἁβρά, gently, delicately, courteously
ἄβραστος, unboiled
ἀβροδίαιτος, living in luxury; effeminate
ἁβρός, gentle, delicate, courteous/ *ἁβρότητα* (ἡ), gentleness, courteousness/ *ἁβροφροσύνη* (ἡ), politeness, compliment.
ἀβύζαχτος, unsuckled
ἀβυσσαλέος, abysmal, fathomless/ *ἄβυσσος* (ἡ) abyss
ἀγαθά (τά), goods; riches
ἀγαθιάρης, naive, simple-minded
ἀγαθοεργία (ἡ), charity, good deed/ *ἀγαθοεργός,* charitable, benevolent
ἀγαθοπιστία (ἡ), credulity/ *ἀγαθόπιστος,* credulous
ἀγαθός, good, kind; simple/ *ἀγαθότητα* (ἡ), kindness
ἀγάλια, gradually, gently
ἀγαλλίαση (ἡ), rejoicing, delight
ἄγαλμα (τό), statue/ *ἀγαλματένιος,* statuelike/ (fig.) very beautiful
ἀγαμία (ἡ), celibacy/ *ἄγαμος,* single, unmarried
ἀγανάκτηση (ἡ), indignation, anger/ *ἀγανακτισμένος,* indignant, angry/ *ἀγανακτῶ,* to be indignant
ἀγάπη (ἡ), indignation, anger/ *~ γιά τόν πλησίον,* love for one's neighbour/ *~ μου!* my darling!/ *~ μένα,* lovingly, fondly/ *~τικιά* (ἡ), mistress, sweetheart/ *~τικός* (ὁ), lover, suitor/ *~τός,* dear
ἀγαπῶ, to love, to be fond of/ *τί ἀγαπᾶτε;* what would you like?/ *ὅπως ἀγαπᾶτε,* as you like
ἄγαρμπος, ungraceful, awkward
ἀγαρνίριστος, untrimmed
ἀγγαρεία (ἡ), forced labour/ (fig.) unpleasant task
ἀγγεῖο (τό), vessel, vase, pot/ *αἱμοφόρο ~,* blood vessel/ *αἰσχρό ~,* rascal, knave
ἀγγειοπλάστης (ὁ), potter/ *ἀγγειοπλαστική* (ἡ), pottery
ἀγγελάκι (τό), cherub, little angel
ἀγγελία (ἡ), announcement, advertisement/ *~φόρος* (ὁ), messenger
ἀγγελικός, angelic (al)/ (fig.) innocent looking

ἀγγέλω — ἄδεντρος 2

ἀγγέλλω, to announce, to declare/ *ἄγγελμα* (τό), announcement, notice
ἄγγελος (ὁ), angel
ἀγγελτήριο (τό), notice-card (marriage, funeral, etc)
ἀγγίζω, to touch
ἄγγιχτος, untouched, intact; brand new
ἀγγλικανός, Anglican
ἀγγλικός, English/ *ἀγγλική (γλώσσα)*, or *ἀγγλικά*, English (language)/ *Ἀγγλίδα*, Englishwoman/ *ἀγγλισμός*, English idiom/ *ἀγγλομανία*, anglomania/ *Ἄγγλος* (ὁ), Englishman
ἀγγούρι (τό), cucumber
ἄγδαρτος, unflayed
ἀγελάδα (ἡ), cow
ἀγελαδοτροφία (ἡ), cow-rearing
ἀγέλαστος, sullen, morose
ἀγέλη (ἡ), flock, herd
ἀγέμιστος, unfilled, empty
ἀγένεια (ἡ), impoliteness, discourtesy
ἀγέννητος, unborn
ἀγέραστος, youthful
ἀγέρωχα, arrogantly, haughtily/ *ἀγέρωχος*, arrogant, haughty, proud
ἀγεφύρωτος, unbridged, unbridgeable
ἄγημα (τό), landing party
ἀγιάζι (τό), frosty wind
ἀγιάζω, to sanctify, to hallow/ *ὁ σκοπός ἁγιάζει τά μέσα*, the end justifies the means/ *ἁγιασμός* (ὁ), blessing of the water
ἀγιάτρευτος, incurable
ἀγίνωτος, unripe
ἁγιογραφία (ἡ), hagiography, painting of icons/ *ἁγιογράφος* (ὁ) painter of holy icons
ἁγιοκέρι (τό), church taper, church candle
ἁγιόκλημα (τό), honey-suckle
ἁγιορείτης (ὁ), monk from Mount Athos
ἅγιος (ὁ), saint; holy, sacred/ *Ἁγία Γραφή*, Holy Bible/ *Ἅγιο Πνεῦμα*, Holy Ghost/ *Ἁγία Τράπεζα*, the Altar/ *τά ἅγια τῶν ἁγίων*, holy of holies
ἁγιότητα (ἡ), holiness/ *Ἡ Αὐτοῦ* ~His Holiness
ἀγκάθι (τό), thorn, prick/ *κάθομαι στ' ἀγκάθια*, feel uncomfortable/ *ἀγκαθωτός*, thorny, prickly

ἀγκαλά, in spite of, nevertheless, although
ἀγκαλιά (ἡ), breast, bosom/ *μέ ἀνοιχτή* ~, with outstretched arms/ *παίρνω* ~, take into one's arms, embrace/ *ἀγκαλιάζω*, to embrace
ἀγκάλιασμα (τό), embracing
ἀγκίδα (ἡ), wood splinter
ἀγκινάρα (ἡ), artichoke
ἀγκίστρι (τό), fishing hook/ *ἀγκιστρώνω*, to hook/ (fig.) to lure, to tempt, to entice
ἀγκομαχητό (τό), gasping
ἀγκύλη (ἡ), joint, elbow; outside bracket/ *ἀγκυλώνω*, to sting, to prick/ *ἀγκύλωση* (ἡ), anchylosis / *ἀγκυλωτός*, crooked; thorny/ ~ *σταυρός*, the Swastika
ἄγκυρα (ἡ), anchor/ *ρίχνω* ~, to cast anchor/ *σηκώνω* ~, to weigh anchor, to sail/ *ἀγκυροδόλι* (τό), anchorage, mooring/ *ἀγκυροβολῶ*, to anchor, to moor
ἀγκωνάρι (τό), corner-stone
ἀγκώνας (ὁ), elbow
ἀγκωνή (ἡ), corner, cove
ἄγλυκος, sweetless, not sweet
ἀγναντεύω, to perceive
ἀγνάντια, opposite, on the other side
ἀγνεία (ἡ), chastity, purity/ *ἁγνός*, chaste, pure
ἁγνότητα (ἡ), purity, chastity, innocence
ἄγνοια (ἡ), ignorance/ *ἀγνοῶ*, to ignore
ἀγνώμονας, ungrateful, unthankful/ *ἀγνωμοσύνη* (ἡ), ingratitude, ungratefulness
ἀγνώριστος, unrecognizable
ἀγνωστοποίητος, unannounced, undeclared
ἄγνωστος, unknown
ἀγόγγυστα, uncomplainingly/ *ἀγόγγυστος*, uncomplaining
ἄγονος, barren, sterile, arid
ἀγορά (ἡ), market-place, market/ *μαύρη* ~ black market/ *ἀγοράζω*, to buy, to purchase/ ~ *τοῖς μετρητοῖς*, buy cash/ ~ *μέ πίστωση*, buy on credit/ ~ *μέ δόσεις*, hire purchase
ἀγοραῖος, of the market/ (fig.) vulgar
ἀγορανομία (ἡ), market inspection police
ἀγοραπωλησία (ἡ), transaction

ἀγοραστής (ὁ), buyer, purchaser/ *ἀγοραστικός*, purchasing/ *ἀγοραστική δύναμη*, purchasing power
ἀγόρευση (ἡ), oration, speech/ *ἀγορεύω*, to deliver a speech/ *ἀγορητής* (ὁ), orator, speaker
ἀγόρι (τό), boy
ἀγουρίδα (ἡ), sour grape
ἄγουρος, unripe, green/ (fig.) inexperienced, young lad.
ἀγράμματος, uneducated, illiterate/ *ἀγραμματοσύνη* (ἡ), illiteracy
ἄγραφος, unwritten
ἄγρια, wildly, fiercely, savagely/ *ἀγριάνθρωπος* (ὁ), rough (wild) person/ *ἀγριεύω*, to grow fierce, to be worked up
ἀγρίμι (τό), wild beast/ (fig.) unsociable person
ἀγριόγατος (ὁ), wild cat
ἀγριογούρουνο (τό), wild boar
ἀγριοκάτσικο (τό), wild goat
ἀγριοκοιτάζω, to cast a threatening look
ἀγριολούλουδο (τό), wild flower
ἄγριος, wild, fierce, savage/ *ἀγριότητα* (ἡ), wildness, fierceness, savageness
ἀγριότοπος (ὁς, wilderness
ἀγριόχοιρος (ὁ), wild boar
ἀγριωπός, sullen, grim, stern
ἀγροικία (ἡ), farm-house
ἀγροῖκος, rude, impolite, rough
ἀγροικῶ, to listen to
ἀγρόκτημα (τό), farm
ἀγρονομία (ἡ), agronomy
ἀγρός (ὁ), field/ *ἀγρότης* (ὁ), peasant, farmer
ἀγροτικός, rural, rustic, agrarian
ἀγρυπνία (ἡ), wakefulness, vigilance/ *ἄγρυπνος*, wakeful, vigilant/ *ἀγρυπνῶ*, to keep awake, to be vigilant
ἀγνάλιστος, unpolished, unvarnished
ἀγυιόπαιδο (τό), urchin, street-boy
ἀγύμναστος, untrained/ (mil.) one who has not served in the army
ἀγύριστος, not coming back/ *δανεικά καί ἀγύριστα*, a loan not to be paid back/ *πήγαινε στόν ἀγύριστο!* go to hell!
ἀγυρτεία (ἡ), charlatanism, quackery/ *ἀγύρτης* (ὁ), charlatan
ἀγχίνοια (ἡ), sharp wit, cleverness

ἀγχιστεία (ἡ), relation by marriage
ἀγχόνη (ἡ), gallows
ἄγω, to lead, to guide
ἀγωγή (ἡ), education, bringing up/ (leg.) action, lawsuit/ *ἐγείρω ἀγωγή*, to bring an action against, to sue
ἀγωγιάτης (ὁ), horse (mule) driver
ἀγωγιμότητα (ἡ) conductivity
ἀγωγός (ὁ), pipe, conductor/ *ἀποστραγγιστικός* ~, drain
ἀγώνας (ὁ), struggle, fight, hard effort/ *Ὀλυμπιακοί ἀγῶνες*, Olympic Games
ἀγωνία (ἡ), anguish, agony/ ~ *θανάτου*, pangs of death
ἀγωνίζομαι, to struggle, to fight for
ἀγώνισμα (τό), combat; athletics event
ἀγωνιστής (ὁ), fighter, contender/ *ἀγωνιστικός*, struggling, fighting, contending
ἀγωνιῶ, to be in agony; to be anxious/ *ἀγωνιώδης*, anxious; full of anguish
ἀδαής, ignorant, inexperienced
ἀδαμάντινος, made of diamonds/ *ἀδαμαντοκόλλητος*, set with diamonds
ἀδαμαντοπωλεῖο (τό), jeweller's shop/ *ἀδαμαντοπώλης* (ὁ), jeweller
ἀδάμαστος, untamed, indomitable, invincible
ἀδαπάνητος, unspent/ *ἀδάπανος*, inexpensive
ἀδασκάλευτος, uninstructed
ἀδασμολόγητος, free
ἄδεια (ἡ), permission, licence, leave/ *ἔχω* ~, to be on leave/ *ποιητική* ~, poetic licence
ἀδειάζω, to empty, to evacuate/ *δέν* ~, I have no spare time, I am too busy/ *ἄδειος*, empty, vacant
ἀδέκαστος, impartial, incorruptible
ἀδελφή, (ἡ), sister; nurse; nun (sl.) homosexual/ *ἀδελφικός*, brotherly, sisterly, fraternal
ἀδελφοκτονία (ἡ), fratricide/ *ἀδελφοκτόνος* (ὁ), fratricide, killer of one's brother/ *ἀδελφοποίηση* (ἡ), fraternization
ἀδελφός (ὁ), brother/ *Ἐν Χριστῷ ἀδελφοί*, brethren in Christ/ *ἀδελφοσύνη* (ἡ), brotherhood/ *ἀδελφότητα* (ἡ), fraternity/ *ἀδελφώνω*, to reconcile
ἀδένας (ὁ), gland
ἄδεντρος, treeless

ἀδέξιος — ἀθέτηση 4

ἀδέξιος, clumsy, awkward/ *ἀδεξιότητα* (ἡ), clumsiness, awkwardness
ἀδέσμευτος, unbound, uncommitted; non-aligned
ἀδέσποτος, masterless; stray (animal)/ *ἀδέσποτη φήμη*, groundless rumour
ἄδετος, untied, unbound
ἄδηλος, doubtful, uncertain, unclear/ *ἄδηλοι πόροι*, invisible earnings
ἀδήλωτος, undeclared, unregistered
ἀδήμευτος, unconfiscated
ἀδημιούργητος, uncreated/ (fig.) with no stable career
ἀδημονία (ἡ), impatience, anxiety/ *ἀδημονῶ*, to be impatient, to worry
ἀδημοσίευτος, unpublished
Ἅδης (ὁ), underworld
ἀδηφαγία (ἡ), gluttony, voracity/ *ἀδηφάγος*, gluttonous, voracious; greedy
ἀδιάβαστος, unread; unprepared for an exam
ἀδιάβατος, impassable, impenetrable, untrodden
ἀδιάβλητος, unslandered, blameless
ἀδιάβροχο (τό), rain coat/ *ἀδιάβροχος*, waterproof
ἀδιαθεσία (ἡ), indisposition, mild illness/ *ἀδιάθετος*, indisposed/ (leg.) intestate/ *ἀδιαθετῶ*, to feel indisposed
ἀδιαίρετος, indivisible, undivided/ *ἀδιαίρετο* (τό), indivisibility
ἀδιάκοπος, uninterrupted, incessant, constant
ἀδιακρισία (ἡ), indiscretion/ *ἀδιάκριτος*, indiscreet, tactless/ *ἀδιάκριτα*, indiscreetly; indiscriminately
ἀδιάλειπτος, incessant
ἀδιάλεχτος, unselected, unchosen
ἀδιάλλακτος, implacable, uncompromising
ἀδιάλυτος, insoluble, undiluted; indissoluble (marriage)
ἀδιαμόρφωτος, shapeless
ἀδιανέμητος, undivided, undistributed
ἀδιανόητος, unthinkable, inconceivable
ἀδιαντροπιά (ἡ), shamelessness, impudence, cheek/ *ἀδιάντροπος*, shameless, impudent
ἀδιαπέραστος, impenetrable, impervious
ἀδιαπίστωτος, unconfirmed

ἀδιάπλαστος, shapeless, formless
ἀδιάπλευστος, unnavigable
ἀδιάπτωτος, undiminished; stable, firm
ἀδιάσειστος, unshaken, firm
ἀδιάσπαστος, inseparable, united
ἀδιατάραχτος, undisturbed, untroubled
ἀδιάτρητος, unperforated; bullet-proof
ἀδιατύπωτος, unformulated, undefined
ἀδιαφανής, opaque, not transparent
ἀδιαφέντευτος, unprotected
ἀδιάφθορος, incorruptible
ἀδιαφιλονίκητος, indisputable, unquestionable
ἀδιαφορία (ἡ), indifference/ *ἀδιάφορος*, indifferent/ *ἀδιαφορῶ*, to be indifferent, to ignore
ἀδιαχώρητος, impenetrable
ἀδιαχώριστος, inseparable
ἀδιάψευστος, reliable, uncontradictable
ἀδίδακτος, untaught, uneducated
ἀδιεκδίκητος, unclaimed
ἀδιέξοδο (τό), deadlock, impasse
ἀδιερεύνητος, unexamined, unexplored
ἄδικα, unfairly, unjustly, wrongly
ἀδικαιολόγητα, unjustifiably/ *ἀδικαιολόγητος*, unjustifiable, unjustified, unwarranted
ἀδίκημα (τό), offence
ἀδικία (ἡ), injustice, unfair treatment
ἄδικο (τό), injustice, wrong/ *ἔχω ~*, to be wrong, to be at fault/ *ἄδικος*, unjust, unfair/ *ἀδικῶ*, to wrong, to be unfair to
ἀδιοίκητος, ungoverned, ungovernable
ἀδιόρατος, imperceptible
ἀδιοργάνωτος, unorganized
ἀδιόρθωτος, incorrigible; uncorrected
ἀδίπλωτος, unfolded
ἀδίστακτα, unhesitatingly, unscrupulously/ *ἀδίστακτος*, unhesitating, unscrupulous
ἀδιύλιστος, unfiltered
ἀδόκητος, unexpected
ἀδοκίμαστος, untried, untested
ἄδολος, sincere, honest, pure
ἄδοξα, ingloriously/ *ἄδοξος*, inglorious
ἀδούλευτος, unwrought, raw
ἀδούλωτος, unsubdued, free
ἀδρά, stoutly/ *πληρώνω ~*, to pay generously
ἀδράνεια (ἡ), inactivity, inertia/ *ἀδρα-*

νής, inactive, inert/ *άδρανώ*, to remain inactive
άδράχνω, to seize, to grab
άδράχτι (τό), spindle
άδρός, stout, robust; abundant, rich
άδυναμία (ή), weakness; inability/ *έχω* ~, to have a soft spot for/ *άδύναμος*, weak, feeble, impotent
άδυνατίζω, to weaken; to slim/ *άδυνάτισμα* (τό), weakening; slimming/ *άδύνατος*, weak, feeble; slim/ *είναι άδύνατο*, it's impossible/ *άδυνατώ*, to be unable to
άδυσώπητος, implacable, inexorable
άδυτο (τό), sanctuary, shrine
άδωρος, vain/ *δώρο άδωρο*, useless gift
άειθαλής, evergreen/ (fig.) still young-looking
άεικίνητος, perpetually moving; restless
άείμνηστος, ever memorable
άένναος, perpetual, everlasting
άεραγωγός (ό), airduct, windpipe
άεράκι (τό), breeze
άεράμυνα (ή), air defence
άεραντλία (ή), air pump
άέρας (ό), air, wind/ *έχει άέρα*, it's windy/ *στόν άέρα*, in vain/ *έχει πάρει άέρα*, he thinks too highly of himself, he is going too far
άεργία (ή), idleness/ *άεργος*, idle
άερίζω, to air, to ventilate / *άέρινος*, made of air/ (fig.) gentle, charming
άέριο (τό), gas/ *δακρυγόνο* ~, tear gas
άεριοπροωθούμενος, jet-propelled
άεριούχος, gaseous
άεριόφως (τό), gas light
άερισμός (ό), ventilation/ *άεριστήρας* (ό), fan, ventilator
άεροβατώ, to day-dream
άεροδρόμιο (τό), airport
άεροδυναμική (ή), aerodynamics
άεροθάλαμος (ό), air chamber
άερόλιθος (ό), aerolite, meteorite
άερολιμένας (ό), airport
άερολογία (ή), frivolous chat
άερομαχία (ή), air battle/ *άερομαχώ*, to take part in an air battle
άερόμετρο (τό), aerometer, air pressure gauge
άεροναυτική (ή), aeronautics

άεροπλάνο (τό), airplane/ *βομβαρδιστικό* ~, bomber/ *καταδιωκτικό* ~, fighter plane/ *άεριωθούμενο* ~, jet plane
άεροπλανοφόρο (τό), aircraft carrier
άερόπλοιο (τό), airship
άεροπορία (ή), aviation; airforce
άεροπορικός, relating to aviation/ *άεροπορική έπιδρομή*, air raid/ *άεροπορική έταιρία*, airline (company)/ *άεροπορικό ταχυδρομείο*, air mail
άεροπόρος (ό), airman, air pilot/ *άεροσκάφος* (τό) airplane, aircraft
άεροστατική (ή), aerostatics/ *άερόστατο* (τό), air balloon
άεροστεγής, airtight
άεροσυμπιεστής (ό), air compressor
άετός (ό), eagle/ (fig.) kite
άέτωμα (τό), gable, pediment
άζάρωτος, unwrinkled
άζευγάρωτος, uncoupled; untilled (field)
άζήλευτος, unenvied
άζημίωτος, unhurt, uninjured; with no material loss
άζήτητος, unclaimed
άζύγιστος, unweighed
άζυμος, unleavened
άζωγράφιστος, unpainted
άζωτο (τό), nitrogen/ *άζωτούχος*, nitrogenous
άηδία (ή), disgust/ *άηδιάζω*, to feel disgusted/ *άηδιαστικός*, disgusting, distasteful
άηδόνι (τό), nightingale
άήττητος, invincible
άθανασία (ή), immortality/ *άθάνατος*, immortal
άθαφτος, unburied
άθέατος, invisible
άθεϊσμός (ό), atheism/ *άθεϊστής* (ό), atheist
άθέλητα, unintentionally, unwillingly /*άθέλητος*, unintentional, unwilling
άθεμελίωτος, unfounded, groundless
άθέμιτος, illegal, unlawful / ~ *συναγωνισμός*, illegal competition
άθεος (ό), atheist
άθεράπευτος, incurable
άθέριστος, unmowed, unreaped
άθέτηση (ή), violation, breech / *άθετώ*, to violate, to breech (agreement or pro-

mise)
ἀθεώρητος, unexamined / ἀθεώρητο διαβατήριο, passport with no proper visa
ἀθηναϊκός, relating to Athens, Athenian / Ἀθηναῖος, Ἀθηναία, Athenian (man, woman)
Ἀθίγγανος (ὁ), gipsy
ἄθικτος, intact, untouched
ἀθλητής (ὁ), athlete / ἀθλητικός, athletic, sportive
ἀθλητισμός (ὁ), sports / ~ στίβου, athletics
ἄθλιος, miserable, wretched / ἀθλιότητα (ἡ), misery, wretchedness
ἀθλοθετῶ, to establish a prize
ἄθλος (ὁ), feat, exploit / οἱ ἄθλοι τοῦ Ἡρακλῆ, the labours of Hercules
ἀθόλωτος, clear, limpid
ἀθόρυβα, quietly, noiselessly / ἀθόρυβος, quiet, noiseless
ἄθραυστος, unbreakable, shatterproof
ἀθρήνητος, unlamented
ἄθρησκος, irreligious, agnostic
ἀθροίζω, to add (up) / ἄθροιση (ἡ) addition
ἄθροισμα (τό), sum, total
ἀθρόος, numerous, abundant
ἀθρυμμάτιστος, unshattered, unbroken
ἀθυμία (ἡ), low spirits, gloom
ἄθυρμα (τό), toy, plaything
ἀθυροστομία (ἡ), foulmouthedness / ἀθυρόστομος, foulmouthed
ἀθῶος, innocent, not guilty / ἀθωότητα (ἡ), innocence/ ἀθωώνω, to acquit / ἀθώωση (ἡ), acquittal
αἴγαγρος (ὁ), chamois
αἰγιαλός (ὁ), coast, shore, beach
αἰγίδα (ἡ), aegis, patronage / κάτω ἀπό τήν ~, under the auspices
αἴγλη (ἡ), splendour, brightness / (fig.) fame
αἰγοβοσκός (ὁ), goatherd
Αἰγόκερως (ὁ), Capricorn
αἰγόκλημα (τό), honeysuckle
αἰγυπτιακός, Egyptian / Αἰγύπτιος, Αἰγύπτια, Egyptian (man, woman)
αἰδεσιμότατος (ὁ), reverend, venerable
αἰδημοσύνη (ἡ), bashfulness, modesty
αἰδοῖο (τό), genitals
αἰθάλη (ἡ), soot

αἰθέρας (ὁ), ether / αἰθέριος, ethereal
Αἰθίοπας, Αἰθιοπίδα, Ethiopian (man, woman) / αἰθιοπικός, Ethiopian
αἴθουσα (ἡ), chamber, hall / ~ ἀναμονῆς, waiting room
αἰθρία (ἡ), clear sky / αἴθριος, clear, fair
αἴλουρος (ὁ), wild cat
αἷμα (τό), blood / μοῦ ἀνέβηκε τό ~ στό κεφάλι, I saw red / τό ~ νερό δέν γίνεται, blood is thicker than water / αἱματηρός, bloody / αἱματοβαμμένος, blood-stained / αἱματοκύλισμα (τό), bloodshed, massacre/ αἱματοχυσία (ἡ), bloodshed; war / αἱματουρία (ἡ), (med.) haematuria / αἱμοδόρος, bloodthirsty / αἱμοδότης (ὁ), blood donor / αἱμομιξία (ἡ), incest/ αἱμόπτυση (ἡ), blood spitting / αἱμορραγία (ἡ), bleeding, haemorrhage / αἱμορραγῶ, to bleed / αἱμορροΐδες (οἱ), piles / αἱμοσφαιρίνη (ἡ), haemoglobin/ αἱμοσφαίριο (τό), blood globule (corpuscle) / αἱμοφιλία (ἡ), haemophilia / αἱμοφόρος, blood-bearing / αἱμοφόρο ἀγγεῖο, blood vessel / αἱμόφυρτος, bleeding, bloody/ αἱμοχαρής, blood-thirsty
αἴνιγμα (τό), riddle, enigma / λύνω ~, to solve a riddle / αἰνιγματικός, enigmatic, mysterious
αἶνος (ὁ), praise
αἴρεση (ἡ), heresy / αἱρετικός, heretic (al)
αἱρετός, elected, chosen
αἰσθάνομαι, to feel, to sense
αἴσθημα (τό), feeling, sentiment / ~τίας (ὁ), sentimentalist / ~τικά, sentimentally / ~τικός, sentimental / ~τικότητα (ἡ), sentimentality
αἴσθηση (ἡ), feeling, sensation, sense, sensibility / χάνω τίς αἰσθήσεις μου, to faint / προκαλῶ ~, to create a sensation
αἰσθησιακός, sensual, sensuous
αἰσθητήριο (τό), organ of sense (feeling)
αἰσθητική (ἡ), aesthetics / αἰσθητικός, aesthetical, sensitive / αἰσθητικότητα (ἡ), sensitivity, sensibility
αἰσθητός, perceptible
αἰσιοδοξία (ἡ), optimism / αἰσιόδοξος, optimist; optimistic / αἰσιοδοξῶ, to be optimistic

αίσιος, lucky, auspicious, fortunate / ~ *οιωνός,* good omen
αίσχος (τό), shame, infamy, dishonour
αίσχρά, shamefully, indecently, dishonourably
αίσχροκέρδεια (ή), immoral (unlawful) gain / *αίσχροκερδής,* cupidity, profiteering
αίσχρολογία (ή), foul (obscene) language / *αίσχρολόγος,* foul-mouthed / *αίσχρολογώ,* to use obscene language
αίσχρός, shameful, disgraceful, indecent / *αίσχρότητα* (ή), shamefulness, indecency
αίσχύνη (ή), shame
αίτημα (τός, demand, claim, request
αίτηση (ή), application, petition
αίτία (ή), reason, cause / *έξ' αίτίας,* on account of, because of
αίτιατική (ή), accusative case
αίτιατός, causal
αίτιο (τό), cause, reason / *τό ~ καί τό αίτιατό,* cause and effect
αίτιολόγηση (ή), excuse, explanation
αίτιολογία (ή), explanation / *αίτιολογικός,* causative (gram); explanatory / *αίτιολογώ,* to state the causes, to explain the motives
αίτιος (ό), responsible for, author of / *αίτιώμαι,* to accuse, to blame
αίτώ, to ask for, to demand, to request
αίφνης, αίφνίδια, suddenly / *αίφνιδιάζω,* (ό), to take by surprise, to surprise / *αίφνιδιασμός* (ό), sudden appearance, unexpected attack / *αίφνιδιαστικός, αίφνίδιος,* sudden, unexpected, surprising
αίχμαλωσία (ή), captivity / *αίχμαλωτίζω,* to capture, to take prisoner / *αίχμαλωτισμός* (ό), capture, taking of prisoners
αίχμάλωτος (ό), prisoner, captive
αίχμή (ή), point, edge, spear point / *αίχμηρός,* sharp, pointed
αίώνας (ό), century, age / *στούς αίώνες τών αίώνων,* for ever and ever / *αίώνια,* eternally, for ever / *αίώνιος,* eternal, everlasting / *αίωνιότητα* (ή), eternity
αίωνόβιος, century-old; very old
αίώρα (ή), hammock, see-saw / *αίωρούμαι,* to swing, to be suspended

άκαδημαϊκός, academic, member of an Academy / *άκαδημία* (ή), Academy / *Παιδαγωγική ~,* Teachers Training College
άκαθάριστος, dirty, unclean / *άκαθάριστο είσόδημα,* gross income
άκαθαρσία (ή), dirt, filth / *άκάθαρτος,* dirty, filthy, impure / *άκάθαρτο πετρέλαιο,* crude oil
άκάθεκτος, unrestrained, impetuous
άκάθιστος, unseated / ~ *Ύμνος,* Hymn in praise of the Virgin (Orthodox Church)
άκαθόριστος, undetermined, undefined
άκαιρος, untimely, inopportune
άκακία (ή), acacia
άκακος, harmless, benevolent
άκαλαίσθητος, unrefined
άκάλεστος, uninvited
άκαλλιέργητος, uncultivated; uncultured
άκαλλώπιστος, unadorned
άκάλυπτος, uncovered, unsheltered, unprotected
άκαμάτης (ό), idler
άκάματος, tireless, hard working
άκαμπτος, unbending; inflexible, unyielding / *άκαμψία* (ή), inflexibility, stiffness
άκάνθινος, thorny, prickly / ~ *στέφανος,* crown of thorns / *άκανθώδης,* thorny / (fig.) very difficult
άκανόνιστος, irregular; unsettled
άκαπνος, smokeless
άκαρδα, heartlessly, pitilessly / *άκαρδος,* heartless, pitiless
άκαριαία, instantly, immediately / *άκαριαίος,* instantaneous, immediate
άκαρπος, fruitless, vain
άκάρφωτος, unnailed
άκατάβλητος, indomitable, invincible
άκατάγραφος, unregistered
άκαταγώνιστος, invincible
άκατάδεχτος, disdainful, uncondescending, snobbish
άκαταδίκαστος, uncondemned, unconvicted
άκατάκριτος, irreproachable, blameless
άκαταλαβίστικος, incomprehensible
άκατάληπτα, incomprehensibly / *άκατάληπτος,* incomprehensible

ἀκατάλληλα, improperly / **ἀκατάλληλος**, improper, unsuitable / **ἀκατάλληλη ταινία**, certificate x film / **ἀκαταλληλότητα** (ή), unsuitability
ἀκαταλόγιστος, irresponsible
ἀκατάλυτος, indestructible
ἀκαταμάχητος, irresistible, invincible
ἀκατανάλωτος, unconsumed
ἀκατανίκητος, 6λ. *ἀκαταμάχητος*
ἀκατανόητα, incomprehensibly / *ἀκατανόητος*, incomprehensible
ἀκατάπαυστα, incessantly, continually / *ἀκατάπαυστος*, incessant, continual, unremitting
ἀκαταπόνητος, indefatigable
ἀκατάρτιστος, not formed; uneducated
ἀκαταστάλαχτος, unsubsided / (fig.) confused, unsettled
ἀκαταστασία (ή), disorder, untidiness / *ἀκατάστατα*, untidily / *ἀκατάστατος*, untidy
ἀκατάσχετα, unrestrainably, impetuously / *ἀκατάσχετος*, unrestrained, impetuous; unconfiscated
ἀκατατόπιστος, uninformed, unorientated, unbriefed
ἀκατέβατος, not going down / *ἀκατέβατη τιμή*, fixed price
ἀκατέργαστος, unwrought, raw
ἀκατοίκητος, uninhabited
ἀκατονόμαστος, unnamed; unmentionable, unutterable
ἀκατόρθωτος, unattainable, impossible
ἄκαυτος, unburnt, incombustible
ἀκέραιος, whole, entire, integral / *ἀκεραιότητα* (ή), integrity
ἀκέφαλος, headless, acephalous
ἀκεφιά (ή), bad mood, low spirits
ἀκήδευτος, unburied
ἀκηλίδωτος, unstained, spotless
ἀκήρυχτος, unproclaimed, undeclared
ἀκίδα (ή), point, splinter / *ἀκιδωτός*, pointed, barbed
ἀκίνδυνα, securely, safely / *ἀκίνδυνος*, not dangerous, safe
ἀκινησία (ή), immobility / *ἀκινητοποίηση* (ή), immobilization / *ἀκινητοποιῶ*, to immobilize / *ἀκίνητος*, motionless, firm, still, immovable / *ἀκίνητη περιουσία*, real estate / *ἀκινητῶ*, to remain still
ἀκ(κ)ισμός (ὁ), affectation, coquetry
ἄκλαυτος, unlamented
ἀκλείδωτος, unlocked
ἀκληρονόμητος, uninherited / *ἄκληρος*, heirless / (fig.) unlucky
ἀκλήτευτος, unsummoned
ἀκλόνητα, steadily, firmly, resolutely / *ἀκλόνητος*, steady, firm, resolute
ἀκμάζω, to flourish, to thrive / *ἀκμαῖος*, flourishing, thriving
ἀκμή (ή), flourishing, prosperity / (tech.) point, edge / (skin) acne
ἄκμων (ὁ), anvil
ἀκοή (ή), hearing / *ἐξ' ἀκοῆς*, by hearsay
ἀκοίμητος, wakeful, vigilant
ἀκοινώνητος, unsociable
ἀκολασία (ή), debauchery, intemperance / *ἀκολασταίνω*, to lead a life of debauchery / *ἀκόλαστος*, licentious, intemperate
ἀκολουθία (ή), escort / (eccl.) service, mass / *ἀκόλουθος* (ὁ), follower, attendant / *μορφωτικός* ~, cultural attaché/ *στρατιωτικός* ~ military attaché
ἀκολουθῶ, to follow, to come after
ἀκολούθως, afterwards
ἀκόμα, still, yet, also, / *ὄχι* ~, not yet / ~ *μία φορά*, once more / *ἕνα χρόνο* ~, one year longer / ~ *καί ἄν*, even if
ἀκομμάτιαστος, whole, undivided
ἀκομμάτιστος, impartial, above (political) parties
ἄκομψος, inelegant
ἀκόνι (τό), whetstone / *ἀκονίζω*, to whet, to sharpen / ~ *τό μυαλό μου*, to sharpen one's wits / *ἀκόνισμα* (τό), sharpening, whetting
ἀκόντιο (τό), javelin, dart / *ἀκοντισμός* (ὁ), javelin throwing / *ἀκοντιστής* (ὁ), javelin thrower
ἄκοπα, easily, effortlessly / *ἄκοπος*, easy, effortless
ἀκόρεστα, insatiably / *ἀκόρεστος*, insatiable
ἀκορντεόν (τό), accordion
ἀκοσκίνιστος, unsifted
ἀκοσμία (ή), indecency / *ἄκοσμος*, indecent, improper
ἄκου! listen! hark!

ἀκουαρέλα (ἡ), watercolour
ἄκουα φόρτε (τό), nitric acid
ἀκούμπισμα (τό), leaning / **ἀκουμπιστήρι** (τό), support, prop / **ἀκουμπῶ**, to lean against
ἀκούμπωτος, unbuttoned
ἀκούνητος, immovable, still
ἀκούομαι, to be heard
ἀκούραστος, untiring, indefatigable
ἀκούρδιστος, (clock) unwound / (mus.) untuned
ἀκούρευτος, unshorn; needing a haircut
ἀκούσια, unwillingly, involuntarily / **ἀκούσιος**, unwilling
ἄκουσμα (τό), hearing / **ἀκουστά**, from hearing
ἀκουστικά (τά), headphones, earphones / **ἀκουστικό** (τό), telephone receiver/ **ἀκουστική** (ἡ), acoustics / **ἀκουστικός**, acoustic, auditory/ **ἀκουστικό νεῦρο**, acoustic nerve / **ἀκουστικότητα** (ἡ), audibility
ἀκουστός, audible / (fig.) famous
ἀκούω, to hear, to listen / **ἄκουσέ με**, listen to me / **μή τον ἀκοῦς**, do not take any notice of him
ἀκράδαντα, firmly, steadfastly / **ἀκράδαντος**, firm, steadfast
ἀκραῖος, extreme / **ἔχει ἀκραῖες ἰδέες**, he is an extremist
ἀκραιφνής, sincere, genuine
ἀκράτεια (ἡ), incontinence, intemperance
ἀκράτητα, impetuously / **ἀκράτητος**, impetuous, unrestrained
ἄκρατος, pure (wine)
ἄκρη (ἡ), end, edge, extremity, tip / **ὅτι βγάλει ἡ ~**, come what may
ἀκριβά, dearly, expensively / **θά τό πληρώσεις ~**, you will regret it / **ἀκριβαίνω**, to become dearer (more expensive)
ἀκρίβεια (ἡ) precision, exactness; punctuality / (price) high price / **ἐργαλεῖο ~ς**, precision tool / **ἀκριβής**, precise, accurate, exact
ἀκριβοδίκαιος, righteous, fair
ἀκριβοθώρητος, seldom seen
ἀκριβολογία (ἡ), exactness, preciseness / **ἀκριβολόγος**, exact, precise / **ἀκριβολογῶ**, to be precise
ἀκριβοπληρώνω, to pay dearly / **ἀκριβοπουλῶ**, to sell dearly
ἀκριβός, dearest, beloved / (price) dear, expensive
ἀκριβῶς, exactly, precisely
ἀκρίδα (ἡ), locust, grasshopper
ἀκρισία (ἡ), lack of judgment
ἀκρίτας (ὁ), frontier man
ἀκριτομυθία (ἡ), indiscretion
ἄκρο (τό), extremity, end, edge / **τά ἄκρα**, limbs
ἀκροάζομαι, to listen / (med.) to auscult
ἀκρόαση (ἡ), hearing, listening; interview / (med.) auscultation
ἀκροατήριο (τό), audience
ἀκροατής (ὁ), listener
ἀκροβασία (ἡ),˙ 6λ. **ἀκροβατισμός**
ἀκροβάτης (ὁ), acrobat / **ἀκροβατικός**, acrobatic
ἀκροβατισμός (ὁ), acrobatism; risky act / **ἀκροβατῶ**, to be an acrobat
ἀκροβολισμός (ὁ), skirmishing / **ἀκροβολιστής** (ὁ), skirmisher
ἀκρογιαλιά (ἡ), seaside, coast, beach
ἀκρογωνιαῖος, corner (stone)
ἀκροδέκτης (ὁ), terminal
ἀκροποδητί, on tip-toe
ἀκρόπολη (ἡ), acropolis, citadel
ἀκροποταμιά (ἡ), riverside, riverbank
ἀκρόπρωρο (τό), figure-head
ἄκρος, extreme, excessive / **ἄκρο ἄωτο**, the utmost
ἀκροστοιχίδα (ἡ), acrostic
ἀκρότητα (ἡ), extremism, exaggeration
ἀκρωτηριάζω, to mutilate, to maim / **ἀκρωτηριασμός** (ὁ), mutilation; amputation
ἀκρωτήριο (τό), cape, promontory
ἀκταιωρός (ἡς, coaster
ἀκτή (ἡ), coast, shore
ἀκτήμονας (ὁ), landless peasant / **ἀκτημοσύνη** (ἡ), lack of land property
ἀκτίνα (ἡ), ray, beam / (circle) radius / (wheel) spoke / **ὑπεριώδεις ἀκτίνες**, ultraviolet rays
ἀκτίνιο (τό), (maths) radian / (chem.) actinium
ἀκτινοβολία (ἡ), radiation; brilliancy / **ἀκτινοβόλος**, radiant, brilliant / **ἀκτινοβολῶ**, to radiate, to shine

ακτινογραφία (ή), radiography/ ακτινοθεραπεία (ή), radiotherapy/ ακτινοσκόπηση (ή), radioscopy
ακτινωτός, radial
άκτιστος, unbuilt
ακτοπλοΐα (ή), coast navigation/ ακτοφύλακας (ό), coast-guard
ακυβερνησία (ή), lack of government/ ακυβέρνητος, ungoverned, unruled
ακύμαντος, calm, waveless
ακυνήγητος, unhunted
ακυρίευτος, unconquered
άκυρος, invalid, void, null/ ακυρότητα (ή), invalidity/ ακυρώνω, to cancel, to annul/ ακύρωση (ή), cancellation, annulment/ ακυρώσιμος, reversible, revocable/ ακυρωτικός, having powers to annul/ ακυρωτικό δικαστήριο, Court of Appeal
ακώλυτος, unhindered, unobstructed
αλαβάστρινος, made of alabaster/ (fig.) very white/ αλάβαστρο (τό), alabaster
αλάβωτος, unwounded, unhurt
αλάδωτος, not oiled
αλαζονεία (ή), haughtiness, arrogance/ αλαζονικός, haughty, arrogant
αλάθητος, infallible/ αλάθητο (τό), infallibility
αλαλαγμός (ό), wild cry/ αλαλάζω, to cry wildly
άλαλος, dumb, speechless
αλαμπικάριστος, dull, not clear
αλάνθαστος, unmistaken, unerring
αλανιάρης (ό), tramp
αλάργα, far away/ αλαργεύω, to go away
αλασκάριστος, unloosened
αλάτι (τό), salt/ αλατίζω, to salt, to season/ αλάτισμα (τό), salting, seasoning/ αλατισμένος, salted/ αλατούχος, saline, saliferous/ αλατωρυχείο (τό), salt mine
αλαφρόπετρα (ή), pumice stone
αλβανικός, Albanian/ 'Αλβανός, 'Αλβανίδα, Albanian (man, woman)
άλγεβρα (ή), algebra/ αλγεβρικός, algebraic
αλγεινός, painful, sorrowful
'Αλγερίνος, 'Αλγερίνα, Algerian (man, woman)/ αλγερινός, or αλγερίνικος, Algerian
άλγος (τό), pain, suffering

αλεηλάτητος, unlooted, unplundered
αλέθω, to grind
άλειμμα (τό), tallow/ αλείφω, to smear, to anoint
αλέκιαστος, spotless
αλεξανδρινός, alexandrine
αλεξικέραυνο (τό), lightning conductor
αλεξιπτωτιστής (ό), parachutist/ αλεξίπτωτο (τό), parachute
αλεξίπυρος, fireproof
αλεπού (ή), fox/ (fig.) sly person
αλέρωτος, clean, not soiled
άλεσμα (τό), grinding/ αλεστικά (τά), miller's fees
αλέτρι (τό), plough/ αλετρίζω, to plough
αλευθέρωτος, unliberated, unredeemed
αλεύρι (τό), flour/ αλευροβιομηχανία (ή), flour industry
αλευρόκολλα (ή), starch paste/ αλευρόμυλος (ό), flour mill/ αλευρώνω, to sprinkle with flour
αλήθεια (ή), truth/ αληθεύω, to be(come) true/ αληθινά, truly, really/ αληθινός, true, real/ αληθοφανής, truthlike, verisimilar
αλησμόνητος, unforgettable
αλητεία (ή), vagrancy/ αλητεύω, to roam, to wander/ αλήτης (ό), tramp, vagrant
αλίγδωτος, ungreased, not soiled
αλιεία (ή), fishing/ αλιευτικός, fishing/ αλιεύω, to fish
άλικος, scarlet
αλίμενος, harbourless
αλισβερίσι (τό), transaction, trading
αλισίβα (ή), lye
αλιτήριος, sly, cunning
αλκαλικός, alkaline, alkalic/ αλκαλικότητα (ή), alkalinity
αλκή (ή), vigour, strength, power
αλκοολικός, alcoholic/ αλκοολισμός (ό), alcoholism
αλκυόνα (ή), kingfisher, halcyon
αλλά, however, but
αλλαγή (ή), change, alteration/ αλλαγμένος, changed, altered
αλλάζω, to change, to alter/ ~ ρούχα, to change clothes/ ~ ζωή, to turn over a new leaf/ ~ σπίτι, to move (house)/ τότε αλλάζει, that's different
αλλαντικά (τά), sausages/ αλλαντοποιός

(ό), sausage-maker/ ἀλλαντοπώλης (ὁ), sausage-seller
ἀλλαξιά (ἡ), exchange/ (clothes) underwear
ἀλλαξοπιστία (ἡ), renegation, conversion/ ἀλλαξοπιστῶ, to be converted, to change one's religion
ἀλλεπάλληλα, successively, repeatedly/ ἀλλεπάλληλος, successive, repeated
ἀλληγορία (ἡ), allegory/ ἀλληγορικός, allegorical
ἀλληλεγγύη (ἡ), solidarity
ἀλληλένδετος, interlinked
ἀλληλεπίδραση (ἡ), mutual influence
ἀλληλοβοήθεια (ἡ), mutual assistance (aid)
ἀλληλογραφία (ἡ), correspondence/ ἀλληλογραφῶ, to correspond with
ἀλληλοσφαγή (ἡ), mutual slaughter
ἀλληλοφάγωμα (τό), permanent hate (enmity)
ἀλλόγλωσσος, speaking another language
ἀλλοδαπός (ὁ), foreigner, alien
ἀλλόδοξος, of a different creed
ἀλλοεθνής (ὁ), of a different nation
ἄλλοθι, alibi
ἀλλόθρησκος, of a different religion
ἀλλοιθωρίζω, to squint/ ἀλλοιθώρισμα (τό), squinting, strabism/ ἀλλοίθωρος (ὁ), squint-eyed
ἀλλοίμονο, alas
ἀλλοιώνω, to alter, to vary; to adulterate
ἀλλοιῶς, otherwise
ἀλλοίωση (ἡ), alteration, variation; adulteration
ἀλλοιώτικα, otherwise/ ἀλλοιώτικος, different
ἀλλόκοτα, strangely, oddly/ ἀλλόκοτος, strange, odd
ἀλλοπαρμένος, out of one's senses
ἀλλόπιστος, of a different religion
ἀλλοπρόσαλλος, fickle, unpredictable
ἄλλος, other, another/ ~ ἕνας, one more/ κανένας ~ , nobody else/ ~ τόσος, as much again/ αὐτό εἶναι ἄλλο, that's different/ μεταξύ ἄλλων, among others, inter alia
ἄλλοτε, formerly, once/ ἀλλοτινός, of the past
ἀλλοῦ, elsewhere

ἀλλοφροσύνη (ἡ), frenzy
ἀλλόφυλος, of another race, alien
ἅλμα (τό), jump, leap/ ~ εἰς μῆκος, long jump/ ~ εἰς ὕψος, high jump/ ~ τριπλοῦν, hop, step and jump/ ~ ἐπί κοντῷ, pole vault
ἄλμη (ἡ), brine, pickle
ἄλμπουρο (τό), mast
ἁλμυρίζω, to taste saltish/ ἁλμυρός, salty/ (fig.) expensive/ ἁλμυρότητα (ἡ), salinity
ἀλογάκι (τό), pony
ἀλογάριαστος, incalculable
ἀλογίσιος, equine
ἀλόγιστα, inconsiderately/ ἀλόγιστος, inconsiderate
ἄλογο (τό), horse/ ἀλογόμυγα (ἡ), horsefly
ἀλόη (ἡ), aloe
ἀλοιφή (ἡ), ointment, salve
ἀλουμίνιο (τό), aluminium
ἄλουστος, unwashed, unbathed
ἀλουστράριστος, unvarnished
ἀλπακάς (ὁ), alpaca
ἀλπινιστής (ὁ), alpinist
ἄλσος (τό), grove, park
ἄλτης (ὁ), jumper
ἀλτρουισμός (ὁ), altruism/ ἀλτρουιστής (ὁ), altruist
ἀλύγιστος, inflexible, stiff; rigid
ἁλυκή (ἡ), salt-pit
ἀλύπητα, mercilessly, pitilessly/ ἀλύπητος, merciless, pitiless
ἁλυσίδα (ἡ), chain/ ἁλυσιδωτός, consecutive/ ἁλυσοδένω, to chain, to bind/ ἁλυσόδετος, chained
ἄλυτος, unsolved
ἀλύτρωτος, unredeemed
ἀλυχτῶ, to bark
ἄλυωτος, unmelted
ἄλφα (τό), alpha/ ἀλφαβητάριο (τό), spelling-book/ ἀλφαβητικά, in alphabetical order/ ἀλφαβητικός, alphabetic(al)/ ἀλφάβητο (τό), alphabet
ἀλφάδι (τό), plummet, plumb-line
ἀλχημεία (ἡ), alchemy/ ἀλχημιστής (ὁ), alchemist
ἁλώνι (τό), threshing floor/ ἁλωνίζω, to thresh/ ἁλωνιστικός, threshing/ ἁλωνιστική μηχανή, threshing machine

αλωπεκίαση (ή), fox's evil
άλωση (ή), capture, conquest
άμα, as soon as, when
αμαγείρευτος, uncooked
αμάδητος, unplucked
αμαζόνα (ή), amazon
αμάθεια (ή), ignorance, illiteracy/ *αμάθητος, άμαθος*, inexperienced/ *αμαθής*, ignorant, illiterate
αμάλγαμα (τό), amalgam
αμανάτι (τό), pawn
άμαξα (ή), carriage, coach/ *αμαξάς* (ό), coachman/ *αμάξι* (τό), δλ. άμαξα/ *αμαξιτός*, suitable for carriages/ ~ *δρόμος*, carriage road/ *αμαξοστάσιο* (τό), coach house; garage
αμαξοστοιχία (ή), train
αμάξωμα (τό), chassis
αμάραντος, unfading/ (bot.) amaranth
αμαρταίνω, to sin/ *αμάρτημα* (τό), sin/ *προπατορικό* ~ , original sin/ *θανάσιμο* ~ , mortal sin
αμαρτία (ή), sin/ *είναι* ~ , it's a pity
αμαρτωλός (ό), sinner
αμάσητος, unchewed
αμαυρώνω, to obscure, to darken/ *αμαύρωση* (ή), darkening, obscurity
άμαχος, unable to fight/ ~ *πληθυσμός*, civilians
αμβλύνοια (ή), dullness
άμβλωση (ή), abortion
αμβροσία (ή), ambrosia
άμβωνας (ό), pulpit
αμεθόδευτος, unmethodical
αμέθυστος, sober/ (precious stone) amethyst
αμείβω, to reward, to remunerate
αμείλικτος, implacable, unforgiving
αμείωτος, unreduced, undiminished
αμέλεια (ή), carelessness, negligence
αμελέτητος, unprepared; unstudied
αμελής, careless, negligent/ *αμελώ*, to be careless
άμεμπτος, blameless, irreproachable, impeccable
αμερικανικός, American/ *Αμερικάνος*, *Αμερικάνα*, American (man, woman)
αμέριμνα, heedlessly, carelessly/ *αμεριμνησία* (ή), heedlessness, carelessness/ *αμέριμνος*, heedless, carefree

αμέριστος, undivided, indivisible, whole
αμερόληπτα, impartially, fairly/ *αμερόληπτος*, impartial, fair/ *αμεροληψία* (ή), impartiality, fairness
αμέρωτος, untamed
άμεσα, directly; instantly/ *άμεσος*, direct, immediate/ ~ *φόρος*, direct tax/ *αμέσως*, immediately, at once
αμετάβατος, intransitive
αμεταβίβαστος, untransferable
αμετάβλητος, unchanged, unaltered, constant
αμετάγγιστος, intransfused
αμετάδοτος, incommunicable/ (med.) not contagious
αμετάθετος, firm, fixed
αμετακίνητος, firm, immovable
αμετάκλητα, irrevocably/ *αμετάκλητος*, irrevocable
αμετανόητος, unrepentant
αμετάφραστος, untranslatable
αμεταχείριστος, unused; brand new
αμέτοχος, non-participating
αμέτρητος, immeasurable, innumerable
άμετρος, excessive, vast, immense
αμήν, amen
αμηχανία (ή), embarrassment, confusion/ *αμήχανος*, embarrassed, confused
αμίαντος, asbestos
αμιγής, unmixed, pure
αμίλητος, silent, taciturn
άμιλλα (ή), competition, rivalry/ *αμιλλώμαι*, to compete, to contend for
αμίμητος, inimitable, incomparable
άμισθος, without salary; honorary
αμμοκονία (ή), plaster, mortar
άμμος (ή), sand/ *αμμουδιά* (ή), sandy beach
αμμοχάλικο (τό), gravel sand
αμμωνία (ή), ammonia
αμνημόνευτος, unmentioned; immemorable/ *από αμνημονεύτων χρόνων*, from time immemorial
αμνησία (ή), amnesia
αμνησίκακος, forgiving, unresentful
αμνηστεύω, to grant amnesty/ *αμνηστεία* (ή), amnesty
αμοιβάδα (ή), amoeba
αμοιβαία, mutually/ *αμοιβαίος*, mutual, reciprocal/ *αμοιβαιότητα* (ή), reciproci-

ty
άμοιβή (ή), remuneration, reward, salary
άμοίραστος, undivided, unshared
άμοιρος, unlucky, unfortunate
άμόλυντος, pure, unpolluted
άμολώ, to loosen, to let free
άμόνι (τό), anvil
άμόνοιαστος, irreconciled, incompatible
άμορφος, shapeless, formless
άμόρφωτος, uneducated, illiterate
άμουνούχιστος, uncastrated
άμουσος, unrefined
άμούστακος, without a moustache/ (fig.) a young lad
άμπαλάρισμα (τό), packing/ *άμπαλάρω*, to pack
άμπάρα (ή), bolt, bar
άμπάρι (τό), hold (of a ship)
άμπάρωμα (τό), bolting/ *άμπαρώνω*, to bolt
άμπέλι (τό), vineyard/ *άμπελουργία* (ή), viniculture/ *άμπελουργός* (ή), vine-grower/ *άμπελόφυλλο* (τό), vine leaf/ *άμπελώνας* (ό), 6λ. άμπέλι
άμπέρ (τό), ampere/ ~όμετρο (τό), ammeter
άμπέχωνο (τό), military jacket
άμπογιάτιστος, unpainted
άμποτε, so may it be
άμπραγιάζ (τό), clutch
άμπωτη (ή), ebb
άμυαλιά (ή), foolishness / *άμυαλος*, foolish
άμυγδαλιά (ή), almond tree
άμυγδαλίτιδα (ή), tonsilitis
άμύγδαλο (τό), almond / *άμυγδαλωτό* (τό), almond cake
άμυδρός, faint, dim
άμύητος, uninitiated
άμύθητος, immense, fabulous/ *άμύθητα πλούτη*, immense wealth
άμυλο (τό), starch /*άμυλώδης*, starchy, farinaceous
άμυνα (ή), defence/*άμύνομαι*, to defend/ *άμυντικός*, defensive
άμυχή (ή), scratch
άμφια (τά), priest's vestment
άμφιβάλλω, to doubt
άμφίβιο (τό), amphibian
άμφιβληστροειδής (ό), retina (of the eye)

άμφιβολία (ή), doubt, dubiousness/*άμφίβολος*, doubtful
άμφίεση (ή), clothing, dressing
άμφιθέατρο (τό), amphitheatre
άμφιλογία (ή), ambiguity
άμφίπλευρος, bilateral
άμφίρροπος, uncertain, undecided
άμφισβήτηση (ή), dispute, controversy/ *άμφισβητήσιμος*, doubtful, questionable/ *άμφισβητώ*, to question, to dispute
άμφίστομος, double-edged
άμφιταλαντεύομαι, to waver, to hesitate
άμφορέας (ό), pitcher, jar
άμφότεροι, both
άμωμος, blameless, immaculate, pure
άν, if/*άκόμη καί* ~, even if / ~ *καί*, though, in spite of
άνά, by, on/ ~ *δύο*, two by two
άναβάθρα (ή), gangway
άναβάλλω, to postpone, to adjourn, to delay, to suspend
άναβαπτίζω, to rebaptize
άνάβαση (ή), ascent, climbing
άναβάτης (ό), rider
άναβατός, mountable
άναβιώνω, to revive / *άναβίωση* (ή), revival
άναβλάστηση (ή), regrowth, growing again
άναβλητικός, delaying, procrastinating
άναβλύζω, to spring, to bubble up/*άνάβλυση* (ή), spring, bubbling up
άναβολέας (ό), stirrup
άναβολή (ή), delay, postponement
άναβρασμός (ό), agitation, excitement
άναβροχιά (ή), drought, rainless season
άναβρυτήρι ͵ (τό), spring, fountain
άνάβω, to light up/ ~ *φωτιά*, to build (light) a fire
άναγαλλιάζω, to feel relieved
άναγγελία (ή), announcement, notification/*άναγγέλλω*, to announce, to notify
άναγελώ, to mock, to laugh at
άναγέννηση (ή), renaissance, rebirth/ *άναγεννητικός*, regenerating/*άναγεννώ*, to regenerate, to revive
άναγκάζω, to compel, to oblige, to force/ *άναγκαίος*, necessary, essential/ *άναγκαιότητα* (ή), necessity/*άναγκα*-

στικά, necessarily; forcibly/ *ἀναγκαστικός*, compulsory, obligatory, forced/ *ἀνάγκη* (ἡ), need, necessity; urgency/ *κάνω τήν ~ φιλοτιμία*, to make a virtue of necessity

ἀνάγλυφο (τό), sculpture in relief/ *ἀνάγλυφος*, sculptured, carved

ἀναγνωρίζω, to acknowledge, to recognize, to admit/ *ἀναγνώριση* (ἡ), recognition, acknowledginv *ἀναγνωρισμένος*, acknowledged, recognized, official

ἀνάγνωση (ἡ), reading/ *ἀνάγνωσμα* (τό), reading text/ *ἀναγνωσματάριο* (τό), reading-book/ *ἀναγνωστήριο* (τό), reading room/ *ἀναγνώστης* (ὁ), reader

ἀναγόρευση (ἡ), nomination, proclamation/ *ἀναγορεύω*, to nominate, to proclaim

ἀναγούλα (ἡ), nausea; disgust/ *ἀναγουλιάζω*, to feel sick (disgusted)

ἀναγραμματίζω, to anagrammatize/ *ἀναγραμματισμός*, anagram

ἀναγραφή (ἡ), record, entry / *ἀναγράφω*, to record

ἀνάγω, to refer / *ἀναγωγή* (ἡ), reference / (maths) reduction / (leg.) recourse

ἀνάγωγος, impolite, rude

ἀναδασμός (ὁ), redistribution of land

ἀναδάσωση (ἡ), reafforestation

ἀνάδειξη (ἡ), elevation, promotion/ *ἀναδείχνω*, to elevate, to promote

ἀναδεξιμιός (ὁ), godchild

ἀναδεύω, to stir, to mix

ἀναδημιουργία (ἡ), recreation/ *ἀναδημιουργῶ*, to recreate

ἀναδημοσίευση (ἡ), republication/ *ἀναδημοσιεύω*, to republish

ἀναδίδω, to emit, to give forth

ἀναδιοργανώνω, to reorganize / *ἀναδιοργάνωση* (ἡ), reorganization

ἀναδιπλασιάζω, to redouble/ *ἀναδιοργάνωση* (ἡ), reorganization

ἀναδιπλώνω, to refold/ *ἀναδίπλωση* (ἡ), refolding/ (mil.) withdrawal, retreat

ἀναδίφηση (ἡ), research, study/ *ἀναδιφῶ*, to research

ἀναδουλειά (ἡ), idleness

ἀνάδοχος (ὁ), godfather; sponsor, contractor

ἀναδρομή (ἡ), tracing back, retrospection/ *ἀναδρομικά*, retroactively; retrospectively/ *ἀναδρομικός*, retroactive, retrospective

ἀναδύομαι, to emerge, to rise up/ *ἀνάδυση* (ἡ), emergence

ἀναζήτηση (ἡ), investigation, search/ *ἀναζητῶ*, to search, to look for

ἀναζῶ, to revive

ἀναζωογόνηση (ἡ), revival, reanimation/ *ἀναζωογονῶ*, to revive, to reanimate

ἀναζωπυρώνω, to rekindle/ *ἀναζωπύρωση* (ἡ), rekindling

ἀναθαρρεύω, to be encouraged; to dare

ἀνάθεμα (τό), anathema, curse/ *ἀναθεματίζω*, to curse/ (eccl.) to anathematize/ *ἀναθεματισμένος*, cursed

ἀνάθεση (ἡ), entrusting/ *ἀναθέτω*, to entrust with

ἀναθεώρηση (ἡ), revision, review, re-examination/ *ἀναθεωρητικός*, revisional/ *ἀναθεωρῶ*, to revise, to review

ἀνάθημα (τό), votive offering

ἀναθυμᾶμαι, ἀναθυμοῦμαι, to recollect, to recall

ἀναθυμίαση (ἡ), exhalation

ἀναίδεια (ἡ), impudence, audacity/ *ἀναιδής*, impudent, cheeky

ἀναίμακτος, bloodless

ἀναιμία (ἡ), anaemia/ *ἀναιμικός*, anaemic

ἀναίρεση (ἡ), refutation/ (leg.) appeal/ *ἀναιρετικός*, refuting, contradicting/ *ἀναιρῶ*, to refute, to revoke/ *~ τό λόγο μου*, to go back on one's word

ἀναισθησία (ἡ), insensibility; apathy, cruelty/ *ἀναισθητοποιῶ*, to render insensible/ *ἀναίσθητος*, insensible; insensitive, indifferent

ἀναίσχυντος, shameless

ἀναίτια, without reason/ *ἀναιτιολόγητος*, unjustified, causeless/ *ἀναίτιος*, innocent

ἀνακάθομαι, to sit up

ἀνακαινίζω, to renew, to renovate/ *ἀνακαίνιση* (ἡ), renewal, renovation, restoration

ἀνακαλύπτω, to discover, to reveal/ *ἀνακάλυψη* (ἡ), discovery, revelation

ἀνακαλῶ, to revoke, to recall

ἀνάκατα, pell-mell, mixed-up

ἀνακατάταξη (ἡ), reclassification
ἀνακατεύομαι, to mix with, to mingle; to feel sick/ ἀνακατεύω, to mix up, to stir; to confuse
ἀνάκατος, mixed, assorted/ ἀνακάτωμα (τό), mixture; confusion/ ἀνακατωμένος, mixed, entangled/ἀνακατώνω, 6λ. ἀνακατεύω/ ἀνακατωσούρης (ὁ), agitator, troublemaker
ἀνακεφαλαιώνω, to recapitulate, to summarize/ ἀνακεφαλαίωση (ἡ), recapitulation, review
ἀνακήρυξη (ἡ), declaration, proclamation / ἀνακηρύσσω, to declare, to proclaim
ἀνακίνηση (ἡ), agitation, commotion/ ~ θέματος, rediscussion/ ἀνακινῶ, to excite; to represent, to rediscuss
ἀνακλαδίζομαι, to sit cross-legged
ἀνάκλαση (ἡ), refraction/ ἀνακλαστικός, refractory
ἀνάκληση (ἡ), revocation, recalling
ἀνακοινωθέν (τό), communiqué
ἀνακοινώνω, to announce, to proclaim/ ἀνακοίνωση (ἡ), announcement
ἀνακολουθία (ἡ), inconsistency, incoherence/ ἀνακόλουθος, inconsistent, incoherent
ἀνακοπή (ἡ), checking/ (leg.) appeal
ἀνακουφίζω, to relieve, to alleviate/ ἀνακούφιση (ἡ), relief, alleviation/ ἀνακουφιστικός, relieving
ἀνακρίβεια, (ἡ), inaccuracy/ ἀνακριβής, inaccurate
ἀνακρίνω, to investigate/ ἀνάκριση (ἡ), investigation, inquiry/ ἀνακριτής (ὁ), examining magistrate, investigator/ ἀνακριτικός, investigatory, examining
ἀνάκρουσμα (τό), prelude
ἀνάκτηση (ἡ), recovery
ἀνακτοβούλιο (τό), privy council
ἀνακτορικός, of the court, royal/ ἀνάκτορο (τό), palace
ἀνακτῶ, to recover, to reacquire
ἀνακύκληση (ἡ), rotation/ ἀνακυκλώνω, to rotate
ἀνακύπτω, to emerge, to occur
ἀνακωχή (ἡ), armistice, truce
ἀναλαμβάνω, to take over, to undertake/ ~ ἀπό ἀρρώστια, to recover from an illness
ἀναλαμπή (ἡ), glare, flash
ἀνάλατος, unsalted
ἀνάλαφρος, light
ἀναλγησία (ἡ), insensibility, cruelty/ ἀνάλγητος, insensible, cruel
ἀνάλεκτα (τά), miscellany, selection
ἀναληθής, untrue
ἀνάληψη (ἡ), undertaking/ ~ καθηκόντων, assumption of duties/ (eccl.) ascension/ (money) withdrawal
ἀναλλοίωτος, unchanged, constant
ἀνάλογα, relatively, proportionately
ἀναλογία (ἡ), relation, proportion; ratio
ἀναλογίζομαι, to reflect, to remember, to consider
ἀναλογικός, proportional
ἀναλόγιο (τό), stand, podium
ἀνάλογος, proportionate, corresponding/ ἀναλογῶ, to correspond
ἀνάλυση (ἡ), analysis, explanation/ ἀναλυτικός, analytical, detailed/ ἀναλύω, to analyse/ (chem.) to dilute
ἀναλφαβητισμός (ὁ), illiteracy/ ἀναλφάβητος, illiterate
ἀναμάρτητος, sinless, impeccable
ἀναμασῶ, to ruminate/ (fig.) to repeat again and again
ἀναμένω, to wait, to expect
ἀνάμεσα, between, among
ἀναμεταξύ, between, among/ στό ~ , in the meantime
ἀναμέτρηση (ἡ), calculation/ (fig.) fight/ ἀναμετρῶ, to calculate, to estimate
ἀναμιγνύομαι, to meddle in; to interfere/ ἀνάμιξη (ἡ), meddling; interference
ἀναμίσθωση (ἡ), renewal of lease
ἀνάμικτος, mixed, assorted
ἄναμμα (τό), lighting, firing/ ἀναμμένος, lit, burning/ (fig.) very excited
ἀνάμνηση (ἡ), recollection/ ἀναμνηστικός, commemorative
ἀναμονή (ἡ), waiting, expectation
ἀναμορφώνω, to reform, to reshape/ ἀναμόρφωση (ἡ), reform, reshaping/ ἀναμορφωτής (ὁ), reformer
ἀναμόχλευση (ἡ), agitation, stirring (up)/ ἀναμοχλεύω, to stir, to agitate
ἀναμπουμπούλα (ἡ), confusion, turmoil
ἀναμφίβολα, undoubtedly

ἀναμφισβήτητα, unquestionably, certainly / *ἀναμφισβήτητος*, unquestionable, certain
ἀνανάς (ὁ), pineapple
ἄνανδρα, cowardly/ *ἀνανδρία* (ἡ), cowardice/ *ἄνανδρος*, coward
ἀνανεώνω, to renew, to renovate/ *ἀνανέωση* (ἡ), renewal, renovation/ *ἀνανεωτικός*, innovating
ἀναντικατάστατος, irreplaceable
ἀναντίρρητα, incontrovertibly, undoubtedly/ *ἀναντίρρητος*, incontrovertible, indisputable
ἀναξιοπιστία (ἡ), unreliability/ *ἀναξιόπιστος*, unreliable
ἀναξιοπρέπεια (ἡ), lack of dignity/ *ἀναξιοπρεπής*, undignified, mean
ἀνάξιος, unworthy, undeserving/ *ἀναξιότητα* (ἡ), unworthiness
ἀναπαλλοτρίωτος, inalienable
ἀναπάντεχος, unexpected
ἀναπάντητος, unanswered
ἀναπαράγω, to reproduce/ *ἀναπαραγωγή* (ἡ), reproduction
ἀναπαριστάνω, to reproduce, to reenact/ *ἀναπαράσταση* (ἡ), reproduction, reenactment
ἀνάπαυλα (ἡ), interval, respite
ἀναπαύομαι, to rest, to relax/ *ἀνάπαυση* (ἡ), rest, relaxation/ *ἀναπαυτήριο* (τό), resting-place/ *ἀναπαυτικά*, comfortably/ *ἀναπαυτικός*, comfortable/ *ἀναπαύω*, to comfort, to ease
ἀναπέμπω, to offer/ ~ *δέηση*, to give thanks to God
ἀναπηδῶ, to spring up, to rebound
ἀναπηρία (ἡ), crippledness/ *ἀνάπηρος*, crippled
ἀναπλάθω, to reshape, to remodel/ *ἀνάπλαση* (ἡ), reshaping, remodelling
ἀναπληρώνω, to replace, to substitute/ *ἀναπληρωματικός*, reserve, supplementary/ *ἀναπληρωτής* (ὁ), substitute
ἀναπνευστικός, respiratory, breathing/ *ἀναπνέω*, to breathe/ (fig.) to feel relieved/ *ἀναπνοή* (ἡ), breath, respiration/ *μοῦ κόπηκε ἡ* ~, be short of breath
ἀνάποδα, upside down, topsy-turvy/ *ἀναποδιά* (ἡ), adversity, mishap/ *ἀναποδογυρίζω*, to overturn, to turn upside down/ *ἀναποδογύρισμα* (τό), overturning, reversing; upsetting/ *ἀνάποδος*, upside down/ (fig.) odd (person)
ἀναπόδραστος, inevitable, unavoidable
ἀναπόληση (ἡ), recollection/ *ἀναπολῶ*, to recall, to recollect
ἀναπόσπαστος, inseparable, integral
ἀναποφάσιστος, wavering, hesitating
ἀναπόφευκτος, inevitable
ἀναπροσαρμογή (ἡ), readjustment
ἀναπτερώνω, to encourage/ *ἀναπτέρωση* (ἡ), encouragement; optimism/ ~ *τοῦ ἠθικοῦ*, raising of morale
ἀναπτήρας (ὁ), lighter
ἀναπτυγμένος, developed; well-educated/ *ἀνάπτυξη* (ἡ), development; explanation/ *ἀναπτύσσω*, to develop; to explain
ἄναρθρος, inarticulate
ἀναρίθμητος, innumerable
ἀνάριος, rare, infrequent
ἀναρμόδιος, incompetent/ *ἀναρμοδιότητα* (ἡ), incompetence
ἀνάρμοστος, improper, unfit; rude
ἀνάρπαστος, snatched up; bought up
ἀνα(ρ)ριχητικός, climbing/ *ἀναρριχητικό φυτό*, climbing plant
ἀναρ(ρ)όφηση (ἡ), absorption, suction/ *ἀναρροφητικός*, absorbing, sucking/ *ἀναρροφῶ*, to suck up
ἀνάρ(ρ)ηση (ἡ), ascension (to the throne)
ἀναρ(ρ)ιπίζω, to fan; to inflame
ἀναρ(ρ)ίχηση (ἡ), climbing, mounting/ *ἀναρριχῶμαι*, to climb up
ἀνάρ(ρ)ωση (ἡ), convalescence, recovery/ *ἀναρρωτήριο* (τό), convalescence home
ἀνάρτηση (ἡ), hanging up, suspending
ἀναρωτιέμαι, to wonder
ἀναρχία (ἡ), anarchy, unrest/ *ἀναρχικός*, anarchist
ἀνάσα (ἡ), breath/ *ἀνασαίνω*, to breathe
ἀνασηκώνω, to light up/ *ἀνασηκώνομαι*, to get up
ἀνασκάλεμα (τό), digging up/ *ἀνασκαλεύω*, to dig up
ἀνασκαφή (ἡ), excavation
ἀνάσκελα, lying on one's back, supine
ἀνασκευάζω, to refute, to disprove/ *ἀνα-*

σκευή (ή), refutation
ανασκιρτώ, to spring up; to feel happy
ανασκολοπίζω, to impale
ανασκόπηση (ή), review/ *ανασκοπώ*, to review
ανασκούμπωμα (τό), tucking up/ *ανασκουμπώνομαι*, to tuck up,/ (fig.) to get ready
ανασταίνω, to revive, to raise (from the dead)
ανασταλτικός, suspensive, checking
ανάσταση (ή), rising, reviving/ (eccl.) resurrection
ανάστατος, confused, upset/ *αναστατώνω*, to upset, to cause disorder/ *αναστάτωση* (ή), confusion,upheaval
αναστέλλω, to suspend, to hold back
αναστεναγμός (ό), sigh, groan/ *αναστενάζω*, to sigh
αναστηλώνω, to restore, to re-erect/ *αναστήλωση* (ή), restoration, re-erection
ανάστημα (τό), stature, height
αναστολέας (ό), (tech.) stopper, damper
αναστολή (ή), suspension, holding back
αναστρέφω, to invert, to reverse
άναστρος, starless
ανάστροφα, inversely, backwards/ *αναστροφή* (ή), inversion, reversal/ *ανάστροφος*, inverted, reverse
ανασυγκροτώ, to re-establish/ *ανασυγκρότηση* (ή), re-establishment
ανασύνδεση (ή), rejoining/ *ανασυνδέω*, to rejoin
ανασύρω, to pull out (up)
ανασύσταση (ή), re-establishment, reformation
ανασφάλιστος, uninsured
ανάσχεση (ή), holding back
ανασχηματίζω, to reform, to remake/ *ανασχηματισμός* (ό), reformation, remaking/ ~ *κυβέρνησης*, cabinet reshuffle
αναταράζω, to stir up, to shake up
ανάταση (ή), lifting up (of the spirit)
ανατέλλω, to rise, to dawn, to appear
ανατέμνω, to dissect
ανατίμηση (ή), upward valuation/ *ανατιμώ*, to raise the price
ανατινάζω, to blow up/ *ανατίναξη* (ή), blowing up

ανατοκίζω, to lend at compound interest/ *ανατοκισμός* (ό), compound interest
ανατολή (ή), east; dawn/ *Μέση* ~, Middle East/ *Άπω* ~, Far East/ *ανατολικά*, eastwards/ *ανατολικός*, eastern, easterly/ *ανατολίτης* (ό), levantine, oriental
ανατομία (ή), anatomy/ *ανατομικός*, anatomic(al)
ανατρεπτικός, subversive/ (leg.) refutatory
ανατρέπω, to subvert, to overthrow; to capsize, to overturn
ανατρέφω, to bring up, to breed
ανατρέχω, to run back; to recollect
ανατριχιάζω, to shudder, to shiver/ *ανατριχιαστικός*, shuddering; shivering/ *ανατριχίλα* (ή), shudder, shiver
ανατροπέας (ό), subverter; revolutionary/ *ανατροπή* (ή), subversion, overthrow, overturning/ (leg.) ~ *απόφασης*, reversal of judgment
ανατροφή (ή), breeding, bringing up
ανατυπώνω, to reprint/ *ανατύπωση* (ή), reprinting
άναυδος, speechless, dumbfounded
άναυλος, freightless/ *φεύγω* ~, to leave in haste/ *αναύλωτος*, unchartered
αναφαίρετος, safeguarded
αναφέρομαι, to refer; to apply
αναφέρω, to mention, to report
αναφλέγομαι, to catch fire/ *ανάφλεξη* (ή), ignition/ (fig.) breaking out of war
αναφορά (ή), report; petition
αναφορικά, in relation to, regarding/ *αναφορικός*, relative, referring to/ *αναφορική αντωνυμία*, relative pronoun
αναφροδισία (ή), anaphrodisia
αναφυλλητό (τό), sobbing
αναφωνώ (ή), exclamation/ *αναφωνώ*, to exclaim
αναχαιτίζω, to check, to restrain/ *αναχαίτηση* (ή), restraint
αναχρονισμός (ό), anachronism/ *αναχρονιστικός*, anachronistic, old-fashioned
ανάχωμα (τό), dam, dyke
αναχώρηση (ή), departure, leaving; sailing
αναχωρητήριο (τό), hermitage/ *αναχωρητής* (ό), hermit
αναχωρώ, to leave, to depart

αναψηλάφηση — ἀνθρωπολογία

ἀναψηλάφηση (ἡ), revision/ (leg.) rehearing (of a trial)
ἀναψυκτικό (τό), refreshment
ἀναψυχή (ἡ), recreation
ἀνδραγάθημα (τό), or ἀνδραγαθία (ἡ), exploit, brave deed, feat/ ἀνδραγαθῶ, to act courageously
ἄνδρας (ὁ), man
ἀνδρεία (ἡ), bravery, valour
ἀνδρείκελο (τό), puppet
ἀνδρεῖος, brave, courageous
ἀνδριάντας (ὁ), statue
ἀνδρικός, manly/ ἀνδρισμός (ὁ), manly attitude
ἀνδρόγυνο (τό), married couple
ἀνδροπρεπής, manly, virile
ἀνεβάζω, to lift, to pull up/ (theat.) to put on stage
ἀνεβαίνω, to go up, to ascend/ μοῦ ἀνέβηκε τό αἷμα στό κεφάλι, I saw red
ἀνέβασμα (τό), climbing, lifting
ἀνεβοκατέβασμα (τό), going up and down
ἀνέγγιχτος, intact, untouched
ἀνέγερση (ἡ), erection, construction
ἀνεδαφικός, unrealistic
ἀνειδίκευτος, unspecialized
ἀνειλικρίνεια (ἡ), insincerity/ ἀνειλικρινής, insincere
ἀνείπωτος, unutterable/ (fig.) excessive
ἀνεκδήλωτος, unexpressed, hidden
ἀνεκδιήγητος, indescribable; ridiculous
ἀνέκδοτο (τό), anecdote/ ~s, unpublished
ἀνέκκλητος, irrevocable
ἀνεκμετάλλευτος, unexploited
ἀνεκπλήρωτος, unfulfilled
ἀνεκτέλεστος, unexecuted, unaccomplished
ἀνεκτικότητα (ἡ), tolerance/ ἀνεκτικός, tolerant
ἀνεκτίμητος, invaluable
ἀνεκτός, tolerable, bearable
ἀνέκφραστος, inexpressible; blank-faced
ἀνελέητος, pitiless, cruel
ἀνελεύθερος, illiberal, oppressive
ἀνέλιξη (ἡ), unfolding; development
ἀνέλκυση (ἡ), pulling up/ (ship) refloating
ἀνελκυστήρας (ὁ), lift
ἀνελκύω, to lift up, to draw up

ἀνελλιπής, complete, continuous
ἀνέλπιστος, unexpected
ἀνέμελος, carefree
ἀνέμη (ἡ), spinning wheel
ἀνεμίζω, to ventilate, to fan; to wave/ ἀνέμισμα (τό), ventilation, fanning; waving
ἀνεμιστήρας (ὁ), ventilator, fan
ἀνεμοβλογιά (ἡ), chicken-pox
ἀνεμόδαρτος, weatherbeaten
ἀνεμόμυλος (ὁ), windmill
ἄνεμος (ὁ), wind/ οὔριος ~, fair wind
ἀνεμόσκαλα (ἡ), rope ladder
ἀνεμοστρόβιλος (ὁ), whirlwind
ἀνεμπόδιστα, freely/ ἀνεμπόδιστος, free, unhindered
ἀνεμώνα (ἡ), anemone
ἀνένδοτος, unyielding
ἀνενόχλητος, undisturbed
ἀνέντιμος, dishonest
ἀνεξαίρετα, without exception/ ἀνεξαίρετος, not excepted
ἀνεξακρίβωτος, undetermined
ἀνεξάντλητος, inexhaustible
ἀνεξαρτησία (ἡ), independence/ ἀνεξάρτητος, independent
ἀνεξέλεγκτος, uncontrolled
ἀνεξερεύνητος, unexplored
ἀνεξήγητος, inexplicable
ἀνεξιθρησκεία (ἡ), religious tolerance/ ἀνεξίθρησκος, tolerant
ἀνεξικακία (ἡ), indulgence, toleration/ ἀνεξίκακος, indulgent, tolerant
ἀνεξίτηλος, unfading
ἀνεξιχνίαστος, inscrutable
ἀνέξοδος, cheap, not expensive
ἀνεξόφλητος, unpaid
ἀνεπαίσθητα, imperceptibly/ ἀνεπαίσθητος, imperceptible
ἀνεπανόρθωτα, irreparably/ ἀνεπανόρθωτος, irreparable
ἀνεπάντεχος, entirely unexpected
ἀνεπάρκεια (ἡ), inadequacy; inefficiency/ ἀνεπαρκής, inadequate; inefficient
ἀνέπαφος, intact, untouched
ἀνεπηρέαστος, unaffected, not influenced
ἀνεπίδεκτος, not susceptible to
ἀνεπιθύμητος, undesirable
ἀνεπίληπτος, irreproachable

ἀνεπίπλωτος, unfurnished
ἀνεπίσημα, unofficially/ ἀνεπίσημος, unofficial
ἀνεπίτευκτος, unattainable; unrealistic
ἀνεπιτήδευτος, unaffected, simple
ἀνεπιτυχής, unsuccessful
ἀνεπιφύλακτος, unreserved
ἀνεργία (ἡ), unemployment/ ἄνεργος, unemployed
ἀνερμάτιστος, unballasted/ (fig.) unsteady, unstable
ἀνερμήνευτος, uninterpreted, inexplicable
ἀνέρχομαι, to go up, to rise, to ascend
ἄνεση (ἡ), comfort, leisure
ἀνέσπερος, never setting
ἀνέτοιμος, unprepared
ἄνετος, comfortable
ἀνεύθυνα, irresponsibly/ ἀνεύθυνος, irresponsible
ἀνευλάβεια (ἡ), irreverence/ ἀνευλαβής, irreverent
ἀνεύρεση (ἡ) discovery, detection/ ἀνεύρετος, undiscovered
ἀνεύρυσμα (τό), (med.) aneurysm
ἀνεφάρμοστος, inapplicable
ἀνέφελος, cloudless
ἀνέφικτος, unattainable
ἀνεφοδιάζω, to supply/ ἀνεφοδιασμός (ὁ), supply
ἀνέχεια (ἡ), poverty
ἀνέχομαι, to tolerate, to bear
ἀνεψιά (ἡ), niece/ ἀνεψιός (ὁ), nephew
ἀνήθικος, immoral/ ἀνηθικότητα (ἡ), immorality
ἄνηθος (ὁ), anise
ἀνήκουστος, unheard of
ἀνήκω, to belong
ἀνηλεής, βλ. ἀνελέητος
ἀνήλιαγος, shady, without sun
ἀνήλικος, under age, minor/ ἀνηλικότητα (ἡ), minority
ἀνήμερα, the same day
ἀνήμερος, untamed, wild
ἀνήμπορος, indisposed
ἀνησυχαστικός, βλ. ἀνησυχητικός
ἀνησυχία (ἡ), restlessness, anxiety/ ἀνησυχητικός, alarming, disquieting/ ἀνήσυχος, restless, anxious/ ἀνησυχῶ, to be restless, to be anxious; disturb, to annoy
ἀνηφορίζω, to climb, to ascend/ ἀνηφορικός, ascending, steep/ ἀνήφορος (ὁ), ascent, uphill road
ἀνθεκτικός, resistant, durable/ ἀνθεκτικότητα (ἡ), durability
ἀνθηρός, blooming, flowering; prosperous/ ἀνθηρότητα (ἡ), flourishing; prosperity/ ἄνθηση (ἡ), blooming; prosperity/ ἀνθίζω, to bloom/ ἀνθισμένος, in bloom
ἀνθοδέσμη (ἡ), bunch of flowers, bouquet
ἀνθοδοχεῖο (τό), flower pot
ἀνθοκομία (ἡ), floriculture/ ἀνθοκόμος (ὁ), floriculturist
ἀνθολογία (ἡ), anthology
ἀνθόνερο (τό), orange-flower water
ἀνθοπωλεῖο (τό), florist's shop/ ἀνθοπώλης (ὁ), florist
ἄνθος (τό), flower/ ~ τῆς κοινωνίας, high society/ ἀνθόσπαρτος, strewn with flowers/ βίος ~ happy life/ ἀνθοστόλιστος, adorned with flowers
ἀνθοφορία (ἡ), flowering
ἄνθρακας (ὁ), coal/ (chem.) carbon/ (med.) anthrax
ἀνθράκευση (ἡ), coaling, bunkering/ ἀνθρακεύω, to bunker
ἀνθρακικός, carbonic
ἀνθρακίτης (ὁ), anthracite
ἀνθρακοποιῶ, to carbonize
ἀνθρακοῦχος, carboniferous
ἀνθρακωρυχεῖο (τό), coalmine/ ἀνθρακωρύχος (ὁ), coalminer
ἀνθρωπάκος (ὁ), little man/ (fig.) unimportant person
ἀνθρωπιά (ἡ), humanitarianism, compassion
ἀνθρώπινος, human/ ἀνθρώπινο γένος, humanity
ἀνθρωπισμός (ὁ), humanitarianism/ ἀνθρωπιστής (ὁ), humanitarian
ἀνθρωποειδής, humanlike
ἀνθρωποθάλασσα (ἡ), crowd, multitude, large gathering
ἀνθρωποθυσία (ἡ), human sacrifice
ἀνθρωποκτονία (ἡ), homicide
ἀνθρωπολογία (ἡ), anthropology/ ἀνθρωπολόγος (ὁ), anthropologist/ ἀν-

θρωπομετρία (ή), anthropometry
ἀνθρωπόμορφος, humanlike
ἄνθρωπος (ὁ), human being, man
ἀνθρωπότητα (ή), humanity
ἀνθρωποφαγία (ή), cannibalism/ ἀνθρωποφάγος (ὁ), cannibal
ἀνθυγιεινός, unhealthy
ἀνθυπασπιστής (ὁ), adjutant
ἀνθυποβρυχιακός, anti-submarine
ἀνθυπολοχαγός (ὁ), second lieutenant
ἀνθυποπλοίαρχος (ὁ), navy lieutenant
ἀνθῶ, to flower, to bloom/ ἀνθώνας (ὁ), flower bed
ἀνία (ή), boredom, weariness/ ~ρός, boring, wearisome/ ~ρότητα (ή), boredom, weariness
ἀνίατος, incurable
ἀνίδεος, ignorant
ἀνίερος, unholy
ἀνικανοποίητος, unsatisfied
ἀνίκανος, unable, incapable; impotent/ ἀνικανότητα (ή), inability; impotence
ἀνίκητος, invincible
ἄνισα, unevenly, unequally
ἀνισορροπία, insanity, madnesss/ ἀνισόρροπος, insane, mad, crazy
ἄνισος, uneven, unequal/ ἀνισότητα (ή), inequality, unevenness
ἀνίσχυρος, powerless, weak
ἀνίχνευση (ή), tracking, tracing/ ἀνιχνευτής (ὁ), scout/ (tech.) detector/ ἀνιχνεύω, to track down
ἀνοδικός, ascending
ἄνοδος (ή), ascent; promotion/ (elec.) anode
ἀνοησία (ή), stupidity, foolishness/ ἀνοηταίνω, to act stupidly/ ἀνόητος, stupid, foolish
ἀνόθευτος, unadulterated, pure
ἄνοιγμα (τό), opening, gap; hole, orifice; span
ἀνοιγοκλείνω, to open and shut
ἀνοίγω, to open/ ~ τήν ὄρεξη, to whet the appetite/ ~ μπουκάλι, to uncork a bottle/ ~ συζήτηση, to start a conversation
ἀνοίκειος, improper, rude
ἀνοικοδόμηση (ή), rebuilding/ ἀνοικοδομῶ, to rebuild
ἀνοικοκύρευτος, untidy
ἀνοικονόμητος, unmanageable
ἀνοιξιάτικος, vernal, springlike
ἄνοιξη (ή), spring
ἀνοιχτά, openly, clearly; sincerely/ στά ~, off the coast
ἀνοιχτόκαρδος, open-hearted
ἀνοιχτομάτης (ὁ), shrewd
ἀνοιχτός, open/ (colour) light
ἀνοιχτοχέρης (ὁ), generous
ἀνομβρία (ή), drought
ἀνομία (ή), injustice, iniquity
ἀνομοιογένεια (ή), dissimilarity/ ἀνομοιογενής, dissimilar
ἀνόμοιος, dissimilar, different
ἄνομος, unlawful, unjust
ἀνοξείδωτος, stainless
ἀνόργανος, inorganic/ ἀνόργανη χημεία, inorganic chemistry
ἀνοργάνωτος, unorganized
ἀνορεξία (ή), lack of appetite/ ἀνόρεχτος, having no appetite
ἀνορθογραφία (ή), spelling mistake
ἀνορθώνω, to restore, to put right/ ἀνόρθωση (ή), restoration, re-establishment/ ἀνορθωτικός, restorative
ἀνόρυξη (ή), digging up, extraction
ἀνοσία (ή), immunity
ἀνόσιος, unholy/ ἀνοσιούργημα (τό), unholy act
ἀνοστιά (ή), tastelessness/ ἄνοστος, tasteless
ἀνουρία (ή), (med.) anuria
ἀνούσιος, tasteless
ἀνοχή (ή), tolerance, toleration/ (tech.) clearance/ οἶκος ἀνοχῆς, brothel
ἀνοχύρωτος, unfortified
ἀνταγωνίζομαι, to compete, to rival/ ἀνταγωνισμός (ὁ), rivalry, competition/ ἀνταγωνιστής (ὁ), competitor, adversary/ ἀνταγωνιστικός, competitive
ἀνταλλαγή (ή), exchange, interchange
ἀντάλλαγμα (τό), exchange
ἀνταλλακτικά (τά), spare parts/ ἀνταλλακτικός, exchanging/ ἀντάλλάξιμος, exchangeable/ ἀνταλλάσσω, to exchange
ἀντάμα, together
ἀνταμείβω, to reward, to recompense/ ἀνταμοιβή (ή), reward
ἀνταμώνω, to meet/ ἀντάμωση (ή), meeting/ καλή ~, au revoir

ἀντανάκλαση (ἡ), reflection/ **ἀντανακλαστικός**, reflecting/ **ἀντανακλῶ**, to reflect
ἀντάξιος, worthy of
ἀνταπαίτηση (ἡ), counter-claim
ἀνταπάντηση (ἡ), reply, retort
ἀνταπεργία (ἡ), lock-out
ἀνταποδίδω, to repay/ ~ *τά ἴσα*, tit for tat/ *ἀνταπόδοση* (ἡ), repayment, reward
ἀνταποκρίνομαι, to respond, to correspond/ *ἀνταπόκριση* (ἡ), correspondence/ *ἀνταποκριτής* (ὁ), correspondent
ἀνταρκτικός (ὁ), antarctic
ἀνταρσία (ἡ), rebellion, revolt, mutiny/ *ἀντάρτης* (ὁ), rebel, guerilla
ἀνταύγεια (ἡ), reflection
ἀντεγγύηση (ἡ), counter-guarantee
ἀντέγκληση (ἡ), recrimination
ἀντεθνικός, anti-national, unpatriotic
ἀντεισαγγελέας (ὁ), deputy public prosecutor
ἀντεκδίκηση (ἡ), revenge, reprisal/ *ἀντεκδικοῦμαι*, to revenge, to retaliate
ἀντένδειξη (ἡ), counter-indication
ἀντενέργεια (ἡ), reaction
ἀντεπανάσταση (ἡ), counter-revolution
ἀντεπεξέρχομαι, to manage, to meet the requirements
ἀντεπίθεση (ἡ), counter-attack/ *ἀντεπιτίθεμαι*, to counter-attack
ἀντεραστής (ὁ), rival in love
ἀντέχω, to bear, to endure
ἀντηλιά (ἡ), reflected sunlight
ἀντήχηση (ἡ), echo, resonance/ *ἀντηχῶ*, to echo, to resound
ἀντί, instead of, in lieu of; opposite, against
ἀντιαεροπορικός, anti-aircraft
ἀντιαισθητικός, anti-aesthetic, ugly
ἀντιβαίνω, to be contrary to, to clash with
ἀντίβαρο (τό), balance weight, counterweight
ἀντιβασιλέας (ὁ), regent, viceroy/ *ἀντιβασιλεία* (ἡ), regency
ἀντιβασιλικός, anti-royalist
ἀντιγραφή (ἡ), copy, transcription/ *ἀντίγραφο* (τό), copy/ *ἀκριβές* ~, true copy/ *ἀντιγράφω*, to copy

ἀντιδημοκρατικός, anti-democratic
ἀντιδημοτικός, unpopular/ *ἀντιδημοτικότητα* (ἡ), unpopularity
ἀντιδιαστέλλω, to distinguish, to differentiate/ *ἀντιδιαστολή* (ἡ), differentiation
ἀντιδικία (ἡ), opposition in law/ *ἀντίδικος*, opponent in law/ *ἀντιδικῶ*, to oppose in law, to dispute
ἀντίδοτο (τό), antidote/ (tech.) inhibitor
ἀντίδραση (ἡ), reaction, opposition
ἀντιδραστήρας (ὁ), reactor
ἀντιδραστικός, reactionary
ἀντιδρῶ, to react, to oppose
ἀντίδωρο (τό), consecrated bread
ἀντιζηλία (ἡ), rivalry/ *ἀντίζηλος* (ὁ), rival
ἀντιθάλαμος (ὁ), waiting-room, antichamber
ἀντίθεος (ὁ), devil
ἀντίθεση (ἡ), contrast, opposition/ *ἀντίθετα*, on the contrary/ *ἀντίθετος*, contrary, opposite to
ἀντιθρησκευτικός, anti-religious, atheistic/ *ἀντίθρησκος* (ὁ), atheist
ἀντικαθρεφτίζω, to reflect
ἀντικανονικός, against regulations
ἀντικαταβολή (ἡ), reimbursement
ἀντικατασκοπεία (ἡ), counter-espionage
ἀντικαταστaίνω, ὁλ. *ἀντικαθιστῶ*/ *ἀντικατάσταση* (ἡ), replacement, substitution/ *ἀντικαταστάτης* (ὁ), substitute
ἀντικατηγορία (ἡ), counter-accusation
ἀντικατοπτρισμός (ὁ), mirage
ἀντίκειμαι, to be opposed to, to disagree with
ἀντικειμενικά, objectively/ *ἀντικειμενικός*, objective; neutral/ *ἀντικειμενικότητα* (ἡ), objectivity
ἀντικείμενο (τό), object
ἀντικλείδι (τό), masterkey
ἀντίκλητος, attorney at law, lawyer
ἀντικοινοβουλευτικός, anti-parliamentary
ἀντικοινωνικός, anti-social
ἀντικομμουνιστικός, anti-communist
ἀντίκρουση (ἡ), refutation/ *ἀντικρούω*, to refute, to contradict
ἀντίκρυ, opposite, across (the street, etc.)
ἀντικρύζω, to face, to be opposite/ *ἀντι-*

ἀντίκτυπος — ἀξιοποιῶ

κρυνός, opposite, facing/ *ἀντίκρυσμα* (τό), meeting/ (econ.) guarantee
ἀντίκτυπος (ὁ), resound/ (fig.) repercussion, consequence
ἀντικυβερνητικός, anti-government
ἀντικυκλώνας (ὁ), anti-cyclone
ἀντίλαλος (ὁ), echo/ *ἀντιλαλῶ*, to echo
ἀντιλαμβάνομαι, to understand, to perceive
ἀντιλέγω, to contradict, to oppose, to object
ἀντιληπτός, comprehensible
ἀντίληψη (ἡ), comprehension, perception
ἀντιλογία (ἡ), contradiction/ *ἀντίλογος* (ὁ), reply
ἀντιλόπη (ἡ), antelope
ἀντιμαγνητικός, anti-magnetic
ἀντιμάχομαι, to be opposed to, to fight against
ἀντιμετάθεση (ἡ), transposition/ *ἀντιμεταθέτω*, to transpose
ἀντιμετωπίζω, to face, to confront/ *ἀντιμετώπιση* (ἡ), opposition, confrontment/ *ἀντιμέτωπος*, opposing, confronting
ἀντιμιλῶ, to answer back
ἀντιμισθία (ἡ), wages, salary
ἀντιμόνιο (τό), antimony
ἀντιναύαρχος, rear-admiral
ἀντινομία (ἡ), contradiction between laws
ἀντίο, bye-bye
ἀντιπάθεια (ἡ), dislike, aversion/ *ἀντιπαθητικός*, repulsive, repugnant/ *ἀντιπαθῶ*, to dislike
ἀντιπαιδαγωγικός, anti-pedagogical
ἀντίπαλος (ὁ), adversary, opponent
ἀντιπαραβάλλω, to compare/ *ἀντιπαραβολή* (ἡ), comparison
ἀντιπαράθεση (ἡ), juxtaposition
ἀντιπαράσταση (ἡ), confrontation
ἀντιπαρέρχομαι, to pass by, to pay no attention
ἀντιπερισπασμός (ὁ), diversion, distraction
ἀντιπνευματικός, anti-spiritual, banal
ἀντίποδες (οἱ), antipodes
ἀντιποίηση (ἡ), encroachment
ἀντίποινα (τά), reprisals, retaliation
ἀντιπολιτεύομαι, to oppose/ *ἀντιπολίτευση* (ἡ), opposition
ἀντίπραξη (ἡ), reaction
ἀντιπρόεδρος (ὁ), vice-president
ἀντιπροσφέρω, to offer back
ἀντιπροσωπεία (ἡ), deputation, delegation/ *ἀντιπροσωπευτικός*, representative/ *ἀντιπροσωπεύω*, to represent
ἀντιπρόσωπος (ὁ), delegate, representative, deputy
ἀντιπρόταση (ἡ), counter-proposal/ *ἀντιπροτείνω*, to counter-propose
ἀντιπρύτανης (ὁ), vice-rector
ἀντιπτέραρχος (ὁ), air marshal
ἀντίρ(ρ)ηση (ἡ), objection
ἀντίρροπος, counter-balancing
ἀντισεισμικός, anti-seismic
ἀντισημιτισμός (ὁ), anti-semitism
ἀντισηπτικός, antiseptic
ἀντίσκηνο (τό), tent
ἀντισκωριακό (τό), anti-rust
ἀντισταθμίζω, to compensate, to balance/ *ἀντιστάθμισμα* (τό), counterpoise; compensation
ἀντίσταση (ἡ), resistance/ *ἀντιστέκομαι*, to resist
ἀντιστήριγμα (τό), buttress
ἀντίστιξη (ἡ), counterpoint
ἀντιστοιχία (ἡ), correlation/ (tech.) bearing/ *ἀντίστοιχος*, correlated, corresponding/ *ἀντιστοιχῶ*, to correspond, to correlate
ἀντιστρατεύομαι, to oppose
ἀντιστράτηγος (ὁ), lieutenant-general
ἀντιστρέφω, to reverse/ *ἀντίστροφα*, reversely, inversely, vice versa/ *ἀντιστροφή* (ἡ), inversion/ *ἀντίστροφος*, inverted, reverse
ἀντισυνταγματάρχης (ὁ), lieutenant colonel
ἀντισυνταγματικός, unconstitutional
ἀντισφαίριση (ἡ), tennis
ἀντισχέδιο (τό), counter-plan
ἀντιτάσσω, to object, to resist
ἀντιτείνω, to object, to oppose
ἀντιτίθεμαι, to oppose
ἀντίτιμο (τό), equivalent
ἀντιτορπιλικό (τό), destroyer
ἀντίτυπο (τό), copy (of a book)
ἀντίφαση (ἡ), contradiction/ *ἀντιφατι-*

κός, contradictory
ἀντιφεγγίζω, to reflect
ἀντιφρονῶ, to oppose someone's views
ἀντιφώνηση (ἡ), reply to a speech
ἀντίχειρας (ὁ), thumb
ἀντιχριστιανικός, anti-christian
ἀντίχριστος (ὁ), anti-christ, devil
ἄντληση (ἡ), pumping, drawing
ἀντλία (ἡ), pump/ *τροφοδοτική* ~, feed pump/ *ἀντλιοστάσιο* (τό), pump-room/ *ἀντλῶ,* to pump, to draw/ (fig.) to derive from
ἀντοχή (ἡ), endurance, resilience
ἄντρας, 6λ. *ἄνδρας*
ἀντρειωμένος, brave, valiant
ἄντρο (τό), cave/ (fig.) den of criminals
ἀντρογυναίκα (ἡ), virago
ἀντωνυμία (ἡ), pronoun/ *ἀναφορική* ~, relative pronoun/ *αὐτοπαθής* ~, reflexive pronoun/ *δεικτική* ~, demonstrative pronoun/ *κτητική* ~, possessive pronoun/ *προσωπική* ~, personal pronoun
ἀνυδρία (ἡ), drought
ἀνυπακοή (ἡ), disobedience
ἀνύπαντρος, unmarried, single
ἀνύπαρκτος, non-existent/ *ἀνυπαρξία* (ἡ), non-existence
ἀνυπεράσπιστος, unprotected, undefended
ἀνυπέρβλητος, unsurpassed; insurmountable
ἀνυπερθέτως, without fail
ἀνυπόγραφος, unsigned
ἀνυπόκριτος, sincere
ἀνυπόληπτος, discredited/ *ἀνυποληψία* (ἡ), discredit
ἀνυπολόγιστος, incalculable; colossal
ἀνυπομονησία (ἡ), impatience/ *ἀνυπόμονος,* impatient/ *ἀνυπομονῶ,* to be impatient
ἀνύποπτος, unsuspecting
ἀνυπόστατος, groundless, unfounded, unreliable
ἀνυπότακτος, unsubdued, undisciplined/ (fig.) one who has evaded military service
ἀνυπόφορος, unbearable
ἄνυσμα (τό), vector
ἀνυψώνω, to raise, to lift/ *ἀνύψωση* (ἡ), raising, lifting, hoisting/ *ἀνυψωτήρας* (ὁ), elevator, lift/ *ἀνυψωτικός,* lifting, hoisting
ἄνω, up, above, over/ ~ *κάτω,* in a mess/ ~ *ποταμῶν,* totally irrational, crazy
ἀνώ(γ)ι (τό), the upstairs floor
ἀνώδυνα, painlessly/ *ἀνώδυνος,* painless
ἀνώμαλα, irregularly, abnormally/ *ἀνωμαλία* (ἡ), irregularity, abnormality/ *ἀνώμαλος,* irregular, abnormal; uneven
ἀνώνυμα, anonymously/ *ἀνωνυμία* (ἡ), anonymity/ *ἀνώνυμος,* anonymous
ἀνώτατος, highest, supreme/ *ἀνώτερος,* higher, superior/ *οἱ ἀνώτεροι,* the superiors, the bosses
ἀνώφελος, useless; vain
ἀνώφλι (τό), lintel
ἄξαφνα, suddenly
ἀξεκαθάριστος, not clear, confused
ἄξενος, inhospitable
ἀξεπέραστος, unsurpassed; superior
ἄξεστος, rude
ἀξεφλούδιστος, unpeeled
ἀξέχαστος, unforgettable
ἀξεχώριστος, inseparable
ἀξία (ἡ), value, price; worth, merit
ἀξιαγάπητος, lovable, amiable
ἀξιέπαινος, praiseworthy
ἀξίζω, to deserve; to cost/ *δέν ἀξίζει τόν κόπο,* it's not worth the trouble
ἀξίνα (ἡ), axe, hatchet
ἀξιοδάκρυτος, deplorable
ἀξιοθαύμαστος, admirable, wonderful, amazing
ἀξιοθέατος, worth seeing/ *τά ἀξιοθέατα,* the sights
ἀξιοθρήνητος, deplorable, lamentable
ἀξιοκατάκριτος, reprehensible, blameworthy
ἀξιολάτρευτος, adorable, charming
ἀξιόλογος, notable, noteworthy
ἀξιολύπητος, pitiable
ἀξιόμαχος, fit for fighting, in fighting mood
ἀξιομνημόνευτος, memorable
ἀξιοπαρατήρητος, noteworthy
ἀξιοπερίεργος, strange, odd
ἀξιοπιστία (ἡ), reliability/ *ἀξιόπιστος,* reliable
ἀξιόποινος, punishable
ἀξιοποιῶ, to make use of, to render pro-

ductive
άξιοπρέπεια (ή), dignity/ άξιοπρεπής, dignified
άξιος, worthy, deserving
άξιοσέβαστος, venerable, respected
άξιοσημείωτος, noteworthy, remarkable
άξιότιμος, honourable
άξίωμα (τό), office, position/ (phil.) axiom, maxim
άξιωματικός (ό), officer (army)
άξιωματοΰχος (ό), official
άξιώνω, to demand, to ask/ άξίωση (ή), demand, claim
άξόδευτος, unspent
άξονας (ό), axis, spindle; shaft/ άξονικός, axial
άξόφλητος, unsettled, unpaid
άξύριστος, unshaven
άοκνος, indefatigable
άόματος, blind
άοπλος, unarmed
άόρατος, invisible
άόριστα, vaguely, indefinitely/ άοριστία (ή) or άοριστολογία (ή), vagueness/ άόριστος, vague, indefinite; past tense
άορτή (ή), aorta
άοσμος, odourless
άπαγγελία (ή), recitation/ άπαγγέλλω, to recite/ ~ άπόφαση, to pronounce a sentence
άπαγορευμένος, forbidden, prohibited/ άπαγόρευση (ή), prohibition/ άπαγορευτικός, forbidding, prohibitory, prohibitive/ άπαγορεύω, to forbid, to prohibit
άπαγχονίζω, to hang/ άπαγχονισμός (ό), hanging
άπάγω, to abduct, to kidnap/ άπαγωγέας (ό) abductor, kidnapper/ άπαγωγή (ή), abduction, kidnapping/ έκούσια ~, eloping
άπαθανατίζω, to immortalize
άπάθεια (ή), apathy, indifference/ άπαθής, apathetic, indifferent
άπαίδευτος, untaught; untroubled, carefree
άπαίσια, horribly, awfully
άπαισιοδοξία (ή), pessimism/ άπαισιόδοξος, pessimist/ άπαίσιος, horrible, awful

άπαίτηση (ή), claim, demand/ άπαιτητικός, demanding, exacting/ άπαιτητός, due, demandable/ άπαιτώ, to demand, to exact
άπαλείφω, to wipe out/ άπάλειψη (ή), wiping out, erasing
άπαλλαγή (ή), deliverance; exemption/ άπαλλακτικός, liberating; discharging/ άπαλλάσσομαι, to get rid of
άπαλλάσσω, to deliver, to release; to exempt
άπαλλοτριώνω, to alienate, to estrange/ άπαλλοτρίωση (ή), alienation; distribution of land
άπαλός, soft, tender, smooth/ άπαλότητα (ή), tenderness, softness/ άπαλύνω, to soften
άπάνθισμα (τό), anthology, selection
άπανθρακώνω, to carbonize, to char
άπανθρωπιά (ή), brutality, cruelty/ άπάνθρωπος, brutal, cruel, inhuman
άπαντα (τά), complete works, omnibus edition
άπάντηση (ή), answer, reply
άπάντρευτος, unmarried, single
άπαντώ, to answer, to reply; to meet
άπάνω, on, upon, over, up/ άπανωτός, successive
άπαξιώνω, to slight, to disregard
άπαράβατος, inviolate
άπαραβίαστος, inviolable/ τό άπαραβίαστο, inviolability
άπαράδεκτος, unacceptable
άπαραίτητος, necessary, essential, indispensable
άπαράλλακτος, similar, identical, alike
άπαράμιλλος, incomparable, peerless, matchless
άπαρασάλευτος, firm, unshaken
άπαράσκευος, unprepared
άπαρατήρητος, unnoticed
άπαρέμφατο (τό), infinitive
άπαρέσκεια (ή), dislike, displeasure
άπαρηγόρητος, inconsolable
άπαρίθμηση (ή), enumeration/ άπαριθμώ, to enumerate
άπάρνηση (ή), renunciation/ άπαρνιέμαι, to renounce, to repudiate
άπαρση (ή), weighing anchor
άπαρτία (ή), quorum

ἀπαρτίζω, to constitute, to make up
ἄπαρτος, not taken; unconquered
ἀπαρχαιωμένος, obsolete, old-fashioned
ἀπαρχή (ἡ), outset, beginning
ἀπαστράπτω, to shine
ἀπασχόληση (ἡ), occupation/ *ἀπασχολοῦμαι*, to be occupied, to be engaged/ εἶμαι πολύ ἀπασχολημένος, I am very busy/ *ἀπασχολῶ*, to occupy, to engage
ἀπατεώνας (ὁ), deceiver, swindler
ἀπάτη (ἡ), deceit, fraud/ ~λός, fraudulent, false
ἀπάτητος, untrodden; inaccessible
ἄπατος, bottomless
ἀπατῶ, to deceive, to cheat; to commit adultery
ἀπαύγασμα (τό), result, conclusion
ἀπαυδῶ, to be exhausted, to get tired of
ἀπάχης (ὁ), tramp
ἄπαχος, thin
ἀπεγνωσμένα, desperately/ *ἀπεγνωσμένος*, desperate
ἀπειθάρχητος, undisciplined/ *ἀπειθαρχία* (ἡ), lack of discipline
ἀπείθεια (ἡ), disobedience
ἀπεικονίζω, to represent/ *ἀπεικόνιση* (ἡ), representation
ἀπειλή (ἡ), threat, menace/ *ἀπειλητικά*, threateningly, menacingly/ *ἀπειλητικός*, threatening, menacing/ *ἀπειλῶ*, to threaten, to menace
ἀπειράριθμος, innumerable
ἀπείραχτος, unhurt, untouched
ἀπειρία (ἡ), inexperience
ἄπειρο (τό), infinity
ἄπειρος, infinite, vast; inexperienced
ἀπειροστός, infinitesimal
ἀπεκδύομαι, to divest oneself of
ἀπέλαση (ἡ), exile, banishment/ *ἀπελαύνω*, to expel, to banish
ἀπελέκητος, unhewn/ (fig.) uncultured, rude
ἀπελευθερώνω, to liberate, to free/ *ἀπελευθέρωση* (ἡ), liberation/ *ἀπελευθερωτής* (ὁ), liberator, emancipator, deliverer/ *ἀπελευθερωτικός*, liberating
ἀπελπίζομαι, to despair/ *ἀπελπίζω*, to drive to despair, to render desperate/ *ἀπελπισία* (ἡ), despair, hopelessness/ *ἀπελπισμένος*, desperate, hopeless/ *ἀπελπιστικός*, despairing, hopeless
ἀπέναντι, opposite; against
ἀπεναντίας, on the contrary
ἀπένταρος, penniless
ἀπεραντολογία (ἡ), endless talk
ἀπέραντος, vast, immense, endless
ἀπεργία (ἡ), strike/ *ἀπεργός* (ὁ), striker/ *ἀπεργοσπάστης* (ὁ), strike-breaker/ *ἀπεργῶ*, to strike
ἀπερίγραπτος, indescribable
ἀπεριόριστος, unlimited, boundless
ἀπεριποίητος, neglected
ἀπερίσκεπτος, thoughtless/ *ἀπερισκεψία* (ἡ), thoughtlessness
ἀπερίσπαστος, undistracted
ἀπέριττος, simple, plain
ἀπέρχομαι, to leave, to go away
ἀπεσταγμένος, distilled
ἀπεσταλμένος (ὁ), envoy, delegate/ εἰδικός ~, special envoy
ἀπευθύνομαι, to apply to, to address/ *ἀπευθύνω*, to address/ ~ ἔκκληση, to launch an appeal
ἀπευθυσμένο (τό), rectum
ἀπεύχομαι, to wish against
ἀπεχθάνομαι, to detest, to hate/ *ἀπέχθεια* (ἡ), repugnance, abomination, hate
ἀπέχω, to be far away; to abstain
ἀπήγανος (ὁ), rue
ἀπηνής, pitiless
ἀπήχηση (ἡ), resonance/ (fig.) effect/ *ἀπηχῶ*, to resound; to reflect (ideas)
ἄπιαστος, uncaught
ἀπίδι (τό), pear/ *ἀπιδιά* (ἡ), pear-tree
ἀπίθανα, unlikely, improbably/ *ἀπίθανος*, unlikely, improbable/ *ἀπιθανότητα* (ἡ), improbability
ἀπιθώνω, to put down, to lay down
ἀπίστευτος, incredible
ἀπιστία (ἡ), infidelity, treachery; perfidy/ *ἄπιστος*, unfaithful, perfidious/ (eccl.) infidel
ἁπλά, simply; merely
ἅπλα (ἡ), plenty of space
ἁπλανεῖς (οἱ), fixed stars
ἄπλαστος, unformed, shapeless
ἀπληροφόρητος, uninformed
ἀπλήρωτος, unpaid
ἀπλησίαστος, inaccessible

ἀπληστία—ἀπόληψη 26

ἀπληστία (ἡ), greed; avidity/ ἄπληστος, greedy, insatiable
ἀπλοϊκά, simply, naively/ ἀπλοϊκός, simple, naive, ingenious/ ἀπλοϊκότητα (ἡ), naivety, simplicity
ἀπλοποίηση (ἡ), simplification/ ἀπλοποιῶ, to simplify
ἀπλός, simple; single/ ἀπλότητα (ἡ), simplicity
ἀπλούστατος, very simple/ ἀπλουστεύω, to make simple
ἀπλόχερα, generously/ ἀπλοχέρης, generous/ ἀπλοχεριά (ἡ), generosity
ἀπλοχωριά (ἡ), plenty of space
ἀπλυσιά (ἡ), uncleanliness/ ἄπλυτος, unclean, unwashed
ἅπλωμα (τό), spreading, extending/ ἁπλώνω, to spread, to extend/ ~ τά ροῦχα, to put the washing on the line
ἁπλωτός, spread, extended
ἄπνοια (ἡ), calmness, still
ἀπό, from, by, since; through/ ~ τότε, since then/ ~ τώρα καί στό ἑξῆς, from now on
ἀποβάθρα (ἡ), wharf, pier; platform
ἀποβάλλω, to shed off, to cast away; to expel (from school)
ἀπόβαρο (τό), tare
ἀπόβαση (ἡ), landing, disembarkation/ ἀποβατικός, landing, disembarking/ ἀποβιβάζω, to land, to disembark/ ἀποβίβαση (ἡ), βλ. ἀπόβαση
ἀποβλακώνομαι, to dull the senses/ ἀποβλακώνομαι, to become dull (stupid)/ ἀποβλάκωση (ἡ), stupidity
ἀποβλέπω, to aim at
ἀπόβλητος, outcast, rejected
ἀποβολή (ἡ), sending away, expulsion; (med.) miscarriage
ἀποβουτύρωση (ἡ), churning
ἀπόβρασμα (τό), refuse, social dregs
ἀπόβροχο (τό), the time after raining
ἀπόγειο (τό), highest point; apogee
ἀπογειώνομαι, to take off
ἀπόγευμα (τό), afternoon
ἀπογίνομαι, to overdo, to reach an extreme point
ἀπογκρεμίζω, to pull down completely
ἀπόγνωση (ἡ), despair, hopelessness
ἀπογοητευμένος, disappointed, disillusioned/ ἀπογοήτευση (ἡ), disappointment, disillusion/ ἀπογοητευτικός, disappointing, discouraging/ ἀπογοητεύω, to disappoint, to disillusion
ἀπόγονος (ὁ), descendant
ἀπογραφή (ἡ), inventory; census
ἀπόγραφο (τό), copy of a legal document
ἀπογυμνώνω, to strip, to unclothe/ ἀπογύμνωση (ἡ), stripping/ (fig.) revelation
ἀπόδειξη (ἡ), proof, evidence; receipt/ ἀποδεικνύω, to prove/ ἀποδεικτικός, proving, demonstrative/ ἀποδείχνω, βλ. ἀποδεικνύω
ἀποδεκατίζω, to destroy, to annihilate
ἀποδέκτης (ὁ), receiver; addressee; drawee
ἀποδεκτός, acceptable, admissible
ἀποδεσμεύω, to free, to let loose
ἀποδέχομαι, to accept, to receive; to approve
ἀποδημητικός, travelling, passing/ ἀποδημητικά πουλιά, birds of passage
ἀποδημία (ἡ), migration/ ἀποδημῶ, to migrate
ἀποδίδω, to give back; to attribute; to be profitable
ἀποδιοπομπαῖος, persecuted/ ~ τράγος, scapegoat
ἀποδιοργάνωση (ἡ), disorganization
ἀποδοκιμάζω, to disapprove/ ἀποδοκιμασία (ἡ), disapproval; disavowal/ ἀποδοκιμαστικός, disapproving
ἀπόδοση (ἡ), giving back; efficiency, output/ ἀποδοτικός, efficient
ἀποδοχή (ἡ), acceptance; approval/ ἀποδοχές, wages
ἀπόδραση (ἡ), escape
ἀποδύομαι, to undertake, to engage in
ἀποδυτήριο (τό), cloakroom
ἀποζημιώνω, to compensate/ ἀποζημίωση (ἡ), compensation, indemnity
ἀποζητῶ, to seek, to long for
ἀποθάρρυνση (ἡ), discouragement/ ἀποθαρρυντικός, discouraging, disappointing/ ἀποθαρρύνω, to discourage
ἀποθαυμάζω, to admire
ἀπόθεμα (τό), stock, deposit/ ἀποθεματικός, in reserve/ ἀποθεματικό κεφάλαιο, reserve funds
ἀποθεραπεία (ἡ), completion of a cure

ἀπόθεση (ἡ), laying down/ *ἀποθέτω*, to lay down
ἀποθεώνω, to deify/ *ἀποθέωση* (ἡ), deification, apotheosis
ἀποθηκάριος (ὁ), storeman/ *ἀποθήκευση* (ἡ), storage/ *ἀποθηκεύω*, to store/ *ἀποθήκη* (ἡ), storeroom, storehouse
ἀποθηριώνομαι, to become furious (aggressive)
ἀποθησαυρίζω, to treasure/ *ἀποθησαύριση* (ἡ), treasuring
ἀποθρασύνομαι, to become rude (cheeky)
ἀποικία (ἡ), colony, settlement/ *ἀποικιακός*, colonial/ *ἀποικίζω*, to colonize, to settle/ *ἀποικιοκρατία* (ἡ), colonialism/ *ἀποικισμός* (ὁ), colonization/ *ἄποικος* (ὁ), colonist
ἀποκαθήλωση (ἡ), unnailing/ (eccl.) the descent from the Cross
ἀποκαθίσταμαι, to be re-established (restored)/ *ἀποκαθιστῶ*, to re-establish, to restore; to compensate
ἀποκαλυπτήρια (τά), unveiling/ *ἀποκαλυπτικός*, revealing, disclosing/ *ἀποκαλύπτω*, to reveal, to disclose
ἀποκαλύπτομαι, to take off one's hat
ἀποκάλυψη (ἡ), revelation, disclosing
ἀποκαλῶ, to call, to name
ἀποκαμωμένος, exhausted/ *ἀποκάνω*, to be exhausted
ἀποκαρδιώνω, to dishearten, to discourage
ἀποκατάσταση (ἡ), re-establishment, rehabilitation; recovery
ἀποκάτω, underneath, below
ἀπόκεντρος, remote/ *ἀποκεντρώνω*, to decentralize/ *ἀποκέντρωση* (ἡ), decentralization/ *ἀποκεντρωτικός*, decentralizing
ἀποκεφαλίζω, to behead, to decapitate/ *ἀποκεφάλιση* (ἡ), or *ἀποκεφαλισμός* (ὁ), beheading, decapitation
ἀποκήρυξη (ἡ), proscription, disavowal/ *ἀποκηρύσσω*, to proscribe, to disavow
ἀποκλεισμός (ὁ), exclusion/ (mil.) blockade
ἀποκλειστικά, exclusively/ *ἀποκλειστικός*, exclusive
ἀποκλειστικότητα (ἡ), exclusiveness/ *ἀποκλείω*, to exclude, to eliminate
ἀπόκληρος (ὁ), disinherited/ (fig.) outcast/ *ἀποκλήρωση* (ἡ), disinheritance/ *ἀποκληρώνω*, to disinherit
ἀποκλίνω, to deviate, to diverge/ *ἀπόκλιση* (ἡ), deviation
ἀποκόβω, to cut off; to wean
ἀποκοιμίζω, to lull/ (fig.) to deceive/ *ἀποκοιμοῦμαι*, or *ἀποκοιμιέμαι*, to fall asleep
ἀποκολλῶ, to detach
ἀποκομίζω, to carry away; to form (impressions)/ *κέρδος*, to make a profit
ἀπόκομμα (τό), fragment; newspaper cutting
ἀποκοπή (ἡ), cutting off/ *κατ' ἀποκοπή*, at a fixed fee
ἀποκορύφωμα (τό), the highest point, climax
ἀπόκοσμος, recluse, lonely/ (fig.) mysterious
ἀποκοτιά (ἡ), daring, bold act
ἀποκούμπι (τό), refuge; support
ἀπόκρημνος, steep, craggy
ἀποκριά (ἡ), carnival
ἀποκρίνομαι, to answer, to reply/ *ἀπόκριση* (ἡ), answer, reply
ἀπόκρουση (ἡ), repulsion, driving back/ *ἀποκρουστικός*, repulsive, repugnant/ *ἀποκρούω*, to repeal, to drive back
ἀποκρύβω, to hide, to conceal
ἀποκρυπτογράφηση (ἡ), deciphering/ *ἀποκρυπτογραφῶ*, to decipher
ἀποκρυσταλλώνω, to crystallize/ *~ γνώμη*, to form an opinion/ *ἀποκρυστάλλωση* (ἡ), crystallization
ἀπόκρυφος, secret, occult; apocryphal
ἀπόκρυψη (ἡ), hiding, concealment
ἀποκτήνωση (ἡ), degradation; acting like an animal
ἀπόκτηση (ἡ), acquisition/ *ἀποκτῶ*, to acquire, to obtain
ἀπολαβή (ἡ), gain, profit/ *ἀπολαβές*, wages, earnings
ἀπολαβαίνω, to enjoy; to earn/ *ἀπολαυή*, βλ. *ἀπολαβή*
ἀπόλαυση (ἡ), enjoyment, pleasure/ *ἀπολαυστικός*, enjoyable
ἀπολεπίζω, to descale, to peel
ἀπόληψη (ἡ), (money) withdrawal

ἀπολίθωμα — ἀποφοίτηση

ἀπολίθωμα (τό), fossil/ *ἀπολιθώνω*, to fossilize, to petrify/ *ἀπολίθωση* (ἡ), petrifaction
ἀπολίτιστος, uncivilized
ἀπολογητικός, apologetic(al)
ἀπολογία (ἡ), apology
ἀπολογισμός (ὁ), report, account
ἀπολογοῦμαι, to defend oneself, to plead
ἀπολυμαίνω, to disinfect/ *ἀπολύμανση* (ἡ), disinfection/ *ἀπολυμαντικό* (τό), disinfectant
ἀπόλυση (ἡ), release(; dismissal
ἀπολυταρχία (ἡ), absolutism, autocracy/ *ἀπολυταρχικός*, despotic, autocratic
ἀπολυτήριο (τό), graduation certificat
ἀπόλυτος, absolute
ἀπολυτρώνω, to redeem, to liberate/ *ἀπολύτρωση* (ἡ), redemption, liberation/ *ἀπολυτρωτικός*, redeeming, liberating
ἀπολύω, to release; to dismiss
ἀπομαγνητίζω, to demagnetize
ἀπομάκρυνση (ἡ), removal; going away/ *ἀπομακρύνω*, to remove
ἀπόμαχος (ὁ), veteran
ἀπομεινάρι (τό), remnant, remain
ἀπομένω, to remain, to be left over
ἀπόμερος, remote, outlying
ἀπομεσήμερο (τό), afternoon
ἀπομίμηση (ἡ), imitation/ *ἀπομιμοῦμαι*, to imitate
ἀπομνημονεύματα (τά), memoirs
ἀπομονώνω, to isolate/ *ἀπομόνωση* (ἡ), isolation
ἀπομύζηση (ἡ), suction, absorption/ *ἀπομυζῶ*, to suck, to absorb
ἄπονα, cruelly, pitilessly
ἀποναρκώνω, to benumb/ *ἀπονάρκωση* (ἡ), numbness
ἀπονεκρώνω, to deaden/ *ἀπονέκρωση* (ἡ), deadening
ἀπονέμω, to grant, to award, to bestow
ἀπονενοημένος, desperate
ἀπονήρευτος, guileless, innocent
ἀπονιά (ἡ), cruelty
ἀπονομή (ἡ), granting, conferring, award
ἄπονος, cruel, pitiless, merciless
ἀποξενώνω, to alienate/ *ἀποξένωση* (ἡ), alienation
ἀπόξεση (ἡ), scraping off

ἀποξηραίνω, to drain, to dry up/ *ἀποξήρανση* (ἡ), draining
ἀποπαίρνω, to scold, to reprimand
ἀπόπατος (ὁ), water-closet, lavatory
ἀπόπειρα (ἡ), attempt
ἀποπέμπω, to send away, to discharge, to throw out
ἀποπερατώνω, to complete, to finish/ *ἀποπεράτωση* (ἡ), completion
ἀποπλάνηση (ἡ), seduction/ *ἀποπλανῶ*, to seduce
ἀποπλένω, to wash off
ἀποπλέω, to set sail, to leave port
ἀποπληξία (ἡ), apoplexy
ἀποπληρωμή (ἡ), paying off/ *ἀποπληρώνω*, to pay off
ἀπόπλους (ὁ), sailing
ἀποπνέω, to exhale
ἀποποίηση (ἡ), refusal, rejection/ *ἀποποιοῦμαι*, to refuse, to reject
ἀπορομπή (ἡ), dismissal; throwing out
ἀπόρθητος, impregnable
ἀπορία (ἡ), wonder, perplexity; poverty
ἄπορος (ὁ), poor, pauper, needy
ἀπορ(ρ)έω, to flow out, to emanate
ἀπόρ(ρ)ητος, secret, confidential
ἀπορ(ρ)ιπτέος, unacceptable, rejectable/ *ἀπορ(ρ)ίπτω*, to reject, to decline/ *ἀπόρ(ρ)ιψη* (ἡ), refusal, rejection
ἀπόρ(ρ)οια (ἡ), result, consequence
ἀπορ(ρ)όφηση (ἡ), absorption/ *ἀπορ(ρ)οφητήρας* (ὁ), absorber/ *ἀπορ(ρ)οφητικός*, absorbing/ *ἀπορ(ρ)οφῶ*, to absorb
ἀπορῶ, to wonder, to be amazed
ἀποσαφηνίζω, to clarify
ἀπόσβεση (ἡ), extinguishing; paying off/ *ἀποσβήνω*, to extinguish; to pay off
ἀποσβολώνω, to confuse, to disconcert
ἀποσείω, to shake off, to relieve oneself
ἀποσιώπηση (ἡ), omission, hush-up/ *ἀποσιωπῶ*, to omit, to hush up
ἀποσκευές (οἱ), luggage
ἀποσκίρτηση (ἡ), defection/ *ἀποσκιρτῶ*, to defect
ἀποσκοπῶ, to aim at, to aspire
ἀποσκοράκιση (ἡ), repudiation
ἀποσόβηση (ἡ), averting/ *ἀποσοβῶ*, to avert
ἀπόσπαση (ἡ), tearing off, detaching

ἀπόσπασμα (τό), extract, fragment/ (mil.) detachment
ἀποσπερίτης (ὁ), evening star
ἀποσπῶ, to tear off, to detach
ἀπόσταγμα (τό), distilled liquid/ *ἀποστάζω*, to distil
ἀπόσταξη (ἡ), distillation
ἀποσταίνω, to feel tired
ἀπόσταση (ἡ), distance
ἀποστασία (ἡ), defection/ *ἀποστάτης* (ὁ), defector, renegade/ *ἀποστατῶ*, to defect
ἀποστειρώνω, to sterilize/ *ἀποστείρωση* (ἡ), sterilization
ἀποστέλλω, to send, to despatch
ἀποστέρηση (ἡ), deprivation/ *ἀποστερῶ*, to deprive
ἀποστέωση (ἡ), ossification
ἀποστηθίζω, to learn by heart/ *ἀποστήθιση* (ἡ), learning by heart
ἀπόστημα (τό), abscess
ἀποστολέας (ὁ), sender/ *ἀποστολή* (ἡ), sending; mission
ἀποστολικός, apostolic/ *ἀπόστολος* (ὁ), apostle, disciple
ἀποστομώνω, to silence; to outwit
ἀποστραγγίζω, to drain/ *ἀποστράγγιση* (ἡ), drainage
ἀποστρατεία (ἡ), retirement (from the army)/ *ἀποστράτευση* (ἡ), demobilization/ *ἀποστρατεύω*, to demobilize
ἀπόστρατος (ὁ), veteran
ἀποστρέφω, to turn away/ *ἀποστρέφομαι*, to detest, to abhor
ἀποστροφή (ἡ), aversion, abhorrence
ἀπόστροφος (ἡ), apostrophe
ἀποσυναρμολόγηση (ἡ), dismantling
ἀποσύνδεση (ἡ), disconnection, disengagement/ *ἀποσυνδέω*, to disconnect, to disengage
ἀποσύνθεση (ἡ), decomposition/ *ἀποσυνθέτω*, to decompose
ἀποσύρω, to withdraw, to pull back
ἀποσφραγίζω, to unseal/ *ἀποσφράγιση* (ἡ), unsealing
ἀπόσχιση (ἡ), separation
ἀπότακτος (ὁ), cashiered (officer)
ἀποταμίευση (ἡ), savings/ *ἀποταμιεύω*, to save
ἀποτάσσω, to eject; to renounce
ἀποτείνω, to address/ *ἀποτείνομαι*, to apply to
ἀποτελειώνω, to finish, to complete
ἀποτέλεσμα (τό), result, effect/ *ἀποτελεσματικός*, effective, effectual/ *ἀποτελεσματικότητα* (ἡ), effectiveness
ἀποτελμάτωση (ἡ), stagnation
ἀποτελῶ, to make up
ἀποτεφρώνω, to incinerate/ *ἀποτέφρωση* (ἡ), incineration
ἀποτίμηση (ἡ), evaluation/ *ἀποτιμῶ*, to evaluate
ἀποτινάζω, to shake off/ *ἀποτίναξη* (ἡ), shaking off
ἀποτολμῶ, to dare, to risk
ἀπότομα, suddenly, abruptly/ *ἀπότομος*, sudden, abrupt/ (hill) steep/ (person) rude, tactless
ἀποτραβιέμαι, to withdraw
ἀποτραχύνομαι, to overdo, to go too far
ἀποτρεπτικός, deterrent, dissuasive/ *ἀποτρέπω*, to deter, to dissuade; to discourage
ἀποτρόπαιος, abominable, terrible
ἀποτροπή (ἡ), dissuasion, prevention
ἀποτροπιασμός (ὁ), disgust, aversion
ἀποτσίγαρο (τό), cigarette-end
ἀποτύπωμα (τό), print, imprint/ *ἀποτυπώνω*, to imprint, to stamp/ *ἀποτύπωση* (ἡ), imprinting, impression
ἀποτυχαίνω, to fail, to miss/ *ἀποτυχία* (ἡ), failure
ἀπούλητος, unsold
ἀπουσία (ἡ), absence/ *ἀπουσιάζω*, to be absent
ἀποφάγια (τά), food remains
ἀποφαίνομαι, to declare, to express a view
ἀπόφαση (ἡ), decision, resolution/ (leg.) sentence/ *ἀποφασίζω*, to decide, to determine; to decree
ἀποφασιστικά, decisively, resolutely/ *ἀποφασιστικός*, decisive, determined/ *ἀποφασιστικότητα* (ἡ), determination
ἀποφατικός, negative
ἀποφέρω, to yield, to bring in
ἀποφεύγω, to avoid
ἀπόφθεγμα (τό), maxim, apophthegm
ἀποφοίτηση (ἡ), graduation/ *ἀπόφοιτος* (ὁ), graduate/ *ἀποφοιτῶ*, to graduate

ἀποφορά (ἡ), stink, foul smell
ἀποφράζω, to obstruct/ ἀπόφραξη (ἡ), obstruction
ἀποφυγή (ἡ), avoidance
ἀποφυλακίζω, to set free, to release/ ἀποφυλάκιση (ἡ), release
ἀπόφυση (ἡ), protuberance, outgrowth
ἀποχαιρετῶ, to bid farewell/ ἀποχαιρετισμός (ὁ), farewell
ἀποχαλίνωση (ἡ), unbridling/ (fig.) exaggeration
ἀποχαύνωση (ἡ), languishness
ἀποχέτευση (ἡ), drainage/ ἀποχετεύω, to drain
ἀπόχη (ἡ), hunting net
ἀποχή (ἡ), abstention
ἀποχρεμπτικός, expectorant
ἀποχρωματίζω, to decolorize/ ἀποχρωματισμός (ὁ), decolorization
ἀπόχρωση (ἡ), shade, colour
ἀποχώρηση (ἡ), withdrawal; evacuation
ἀποχωρίζω, to sever, to separate/ ἀποχωρίζομαι, to part with/ ἀποχωρισμός (ὁ), parting, separation
ἀποχωρῶ, to withdraw, to retire
ἀπόψε, this evening, tonight
ἄποψη (ἡ), view, aspect
ἀποψίλωση (ἡ), depilation; deforestation
ἀπόψυξη (ἡ), decooling, defreezing
ἀπραγματοποίητος, impossible, unattainable
ἄπρακτος, unsuccessful/ ἀπραξία (ἡ), inaction, inertia
ἄπρεπα, indecently, improperly/ ἀπρέπεια (ἡ), indecency
ἀπρεπής, or ἄπρεπος, indecent, improper
'Απρίλιος (ὁ), April
ἀπρόβλεπτος, unexpected, unforeseen
ἀπροειδοποίητος, without warning
ἀπροετοίμαστος, unprepared
ἀπρόθυμα, reluctantly/ ἀπροθυμία (ἡ), reluctance; unwillingness/ ἀπρόθυμος, reluctant, unwilling
ἀπροίκιστος, with no dowry/ (fig.) with no merit/ ἄπροικος, with no dowry
ἀπροκατάληπτος, unprejudiced, unbiased
ἀπροκάλυπτος, undisguised, open, frank
ἀπρόκλητος, unprovoked

ἀπρομελέτητος, unpremeditated
ἀπρονοησία (ἡ), imprudence/ ἀπρονόητος, imprudent
ἀπρόοπτος, sudden, unexpected
ἀπροπόνητος, untrained
ἀπροσάρμοστος, misfitting
ἀπρόβλητος, unassailable, impregnable
ἀπροσγείωτος, not landed/ (fig.) romantic
ἀπροσδιόριστος, indefinite
ἀπροσδόκητα, suddenly, unexpectedly/ ἀπροσδόκητος, sudden, unexpected
ἀπρόσεκτος, careless/ ἀπροσεξία (ἡ), carelessness
ἀπρόσιτος, inaccessible
ἀπρόσκλητος, uninvited
ἀπρόσκοπτος, unobstructed, unhindered, unimpeded
ἀπρόσμενα, unexpectedly/ ἀπρόσμενος, unexpected
ἀπροσπέλαστος, inaccessible
ἀπροστάτευτος, unprotected
ἀπρόσφορος, inappropriate, unsuitable
ἀπρόσωπος, impersonal
ἀπροφύλακτος, undefended, unguarded
ἀπροχώρητο (τό), impasse, deadlock
ἄπταιστα, perfectly, fluently, ἄπταιστος, perfect, faultless
ἀπτόητος, fearless, brave
ἁπτός, tangible
ἀπύθμενος, bottomless
ἀπύρετος, feverless
ἀπώθηση (ἡ), repulsion/ ἀπωθητικός, repulsive/ ἀπωθῶ, to repeal
ἀπώλεια (ἡ), loss; bereavement
ἀπών (ὁ), ἀπούσα (ἡ), absent
ἀπώτατος, furthest, remotest/ ἀπώτερος, further/ (fig.) ulterior
ἄρα, therefore, so
ἄραβας (ὁ), Arab/ ἀραβικός, Arabic
ἀραβόσιτος (ὁ), maize
ἀραβούργημα (τό) arabesque
ἀράγιστος, uncracked
ἀράδα (ἡ), row, line/ ἀραδιάζω, to arrange (in lines)
ἀράζω, to anchor, to moor
ἀράθυμος, hot-tempered
ἀραιά, rarely; thinly/ ἀραιός, rare; thin/ ἀραιώνω, to thin out, to scatter
ἀρακάς (ὁ), green pea

άραμπάς (ό), cart
άραξοβόλι (τό), anchorage
άράπης (ό), negro
άράχνη (ή), spider/ *ιστός αράχνης*, cobweb
άραχνοΰφαντος, finely woven
άρβύλα (ή), military shoe
άργά, late; slowly/ *κάλλιο ~ παρά ποτέ*, better late than never
άργαλειός, loom
άργία (ή), laziness; holiday
άργιλλος, clay
άργοκίνητος, slow-moving
άργομισθία (ή), sinecure
άργοναύτης (ό), Argonaut
άργοπορία (ή), delay; slowness/ *άργοπορῶ*, to delay; to go slow
άργός, unemployed; slow/ *άργόσχολος*, idle
άργυραμοιβός (ό), money-changer
άργυρος (ό), silver
άργυρός, silver, made of silver
άργῶ, to be on holiday; to be late
ἄρδευση (ή), irrigation/ *άρδευτικός*, irrigating/ *άρδεύω*, to irrigate
Ἄρειος Πάγος (ό), Supreme Court
άρέσκεια (ή), liking/ *άρεστός*, aggreeable/ *άρέσω*, to be liked, to be popular/ *μοῦ άρέσει*, to like
άρετή (ή), virtue; merit
άρθρίτιδα (ή), arthritis, gout
ἄρθρο (τό), article/ *κύριο ~*, leader, editorial
άρθρώνω, to articulate; to utter/ *ἄρθρωση* (ή), joint; articulation/ *άρθρωτός*, articulated
άρίδα (ή), leg
άρίθμηση (ή), enumeration/ *άριθμητής* (ό), numerator/ *άριθμητικά* (τά) numerals/ *άριθμητική* (ή) arithmetic/ *άριθμητικός*, arithmetical/ *άριθμός* (ό), number, figure/ *ἄρτιος ~*, even number/ *περιττός ~*, odd number/ *άριθμῶ*, to enumerate, to count, to number
ἄριστα, excellently, outstandingly
άριστεῖο (τό), medal, prize
άριστερά, to the left/ *άριστερίζω*, to have leftish ideas/ *άριστερός*, left
άριστερόστροφος, anticlockwise
άριστερόχερος, left-handed

άριστεύω, to distinguish oneself
άριστοκράτης (ό), aristocrat/ *άριστοκρατία* (ή), aristocracy, nobility/ *άριστοκρατικός*, aristocratic
ἄριστος, excellent, outstanding
άριστοτέχνης (ό), master, celebrity/ *άριστοτεχνικός*, masterly
άριστούργημα (τό), masterpiece/ *~τικός*, masterly
άρκεῖ, or άρκετά, enough, that will do/ *άρκετός*, enough, sufficient
άρκούδα (ή), bear/ *άρκουδάκι* (τό), bear cub/ *άρκουδίζω*, to walk on all fours
άρκτικός, arctic
άρξοῦμαι, to be content, to be satisfied
ἄρκτος (ή), bear/ *Μεγάλη ~*, Ursa Major
άρκῶ, to be enough
άρλούμπα (ή), nonsense
ἄρμα (τό), chariot
άρμάδα (ή), fleet, armada
άρμαθιά (ή), bunch
ἄρματα (τά), weapons, arms
άρματηλάτης (ό), charioteer/ *άρματοδρομία* (ή), chariot-race
άρματωλός (ό), armed guerilla (during the Turkish occupation)
άρματώνω, to arm, to equip/ *άρματωσιά* (ή), equipment
ἄρμεγμα (τό), milking/ *άρμέγω*, to milk
ἄρμενα (τά), rigging/ *άρμενίζω*, to sail
άρμόδιος, competent, proper/ *άρμοδιότητα* (ή), competence
άρμόζω, to suit, to become
άρμονία (ή), harmony, concord/ *άρμονικός*, harmonious
άρμόνιο (τό), organ
άρμός (ό), joint, articulation
άρμοστής (ό), high commissioner
άρνάκι (τό), (little) lamb
ἄρνηση (ή), refusal, denial; negation
άρνησικυρία (ή), veto
άρνητικά, negatively/ *άρνητικός*, negative
άρνί (τό), sheep
άρνιέμαι, to deny, to reduse
ἄροτρο (τό), plough
άρουραῖος (ό), rat
ἄρπα (ή), harp
ἄρπαγας (ό), plunderer; snatcher
άρπάγη (ή), hook

ἁρπαγή — ἀστερισμός

ἁρπαγή (ἡ), snatching; abduction/ ἅρπαγμα (τό), snatching/ (fig.) quarrel/ ἁρπάζω, to snatch, to grab/ ἁρπακτικός, snatching, grabbing
ἀρραβώνας (ὁ), engagement/ (money) advance/ ἀρραβωνιάζομαι, to become engaged/ ἀρραβωνιάζω, to engage
ἀρραβωνιαστικιά (ἡ), fiancée/ ἀρραβωνιαστικός (ὁ), fiancé
ἀρρενωπός, manly, manlike
ἄρρηκτος, inseparable
ἀρρυθμία (ἡ), lack of rhythm/ ἄρρυθμος, non-rhytmical
ἀρρωσταίνω, to fall sick/ ἀρρώστια (ἡ), sickness, illness/ ἀρρωστιάρης (ὁ), sickly/ ἄρρωστος (ὁ), sick, ill
ἀρσενικό (τό), arsenic
ἀρσενικοθήλυκος, hermaphrodite, androgynous
ἀρσενικός, male; masculine
ἀρσενοκοιτία (ἡ), sodomy
ἄρση (ἡ), lifting, removal/ ~ βαρῶν, weight lifting/ (mus) rise
ἀρτεσιανό (τό), artesian well
ἀρτηρία (ἡ), artery/ ~κός, arterial
ἀρτηριοσκλήρωση (ἡ), arteriosclerosis
ἀρτιμελής, able bodied
ἄρτιος, whole, entire/ ~ ἀριθμός, even number
ἀρτιότητα (ἡ), integrity, entirety
ἀρτισύστατος, newly established
ἀρτοκλασία (ἡ), blessing of the bread
ἀρτοποιεῖο (τό), bakery/ ἀρτοποιός (ὁ), baker/ ἀρτοπωλεῖο (τό), baker's shop/ ἄρτος (ὁ), bread
ἄρτυμα (τό), seasoning
ἀρυτίδωτος, unwrinkled
ἀρχάγγελος (ὁ), archangel
ἀρχαϊκός, archaic
ἀρχαιοδίφης (ὁ), antiquarian
ἀρχαιοκαπηλία (ἡ), antiquities smuggling/ ἀρχαιοκάπηλος (ὁ), antiquities smuggler
ἀρχαιολογία (ἡ), archaeology/ ἀρχαιολογικός, archaeological/ ἀρχαιολόγος (ὁ), archaeologist
ἀρχαῖος, ancient, antique/ ἀρχαιότητα (ἡ), antiquity; seniority
ἀρχαιρεσία (ἡ), election of officials
ἀρχάριος, beginner, inexperienced

ἀρχεῖο (τό), archives/ ~φύλακας (ὁ), archivist
ἀρχέτυπο (τό), archetype, original
ἀρχή (ἡ), beginning, outset; principle; authority
ἀρχηγεῖο (τό), headquarters/ ἀρχηγία (ἡ), leadership/ ἀρχηγός (ὁ), leader, chief
ἀρχιγραμματέας (ὁ), chief secretary
ἀρχίδι (τό), testicle
ἀρχιδιάκονος (ὁ), archdeacon
ἀρχιδικαστής (ὁ), chief justice
ἀρχιδούκας (ὁ), archduke/ ἀρχιδούκισσα (ἡ), archduchess
ἀρχιεπισκοπή (ἡ), archbishopric/ ἀρχιεπίσκοπος (ὁ), archbishop
ἀρχιερατικός, episcopal/ ἀρχιερέας (ὁ), prelate, bishop
ἀρχιεργάτης (ὁ), foreman
ἀρχιερωσύνη (ἡ), prelacy
ἀρχίζω, to begin, to start
ἀρχιθαλαμηπόλος (ὁ), chief steward, chief butler
ἀρχικός, initial, original, primary
ἀρχιληστής (ὁ), gang-leader
ἀρχιμάγειρος (ὁ), chef
ἀρχιμανδρίτης (ὁ), archimandrite
ἀρχιμηνιά (ἡ), first of the month
ἀρχιμηχανικός (ὁ), chief engineer
ἀρχιμουσικός (ὁ), conductor, bandmaster
ἀρχιπέλαγος (τό), archipelago
ἀρχιστράτηγος (ὁ), field marshal
ἀρχισυντάκτης (ὁ), editor in chief
ἀρχιτέκτονας (ὁ), architect/ ἀρχιτεκτονική (ἡ), architecture/ ἀρχιτεκτονικός, architectural
ἀρχιφύλακας (ὁ), chief guard
ἀρχιχρονιά (ἡ), new year's day
ἀρχομανία (ἡ), lust for power
ἄρχοντας (ὁ), nobleman, master/ ἀνώτατος ~, head of state/ ἀρχοντιά (ἡ), nobility/ ἀρχοντικό (τό), mansion/ ἀρχοντικός, noble, distinguished/ ἀρχόντισσα (ἡ), noble lady/ ἀρχοντολόι (τό), nobility, aristocracy
ἀρωγή (ἡ), assistance
ἄρωμα (τό), perfume, fragrance/ ~τίζω, to perfume; to flavour/ ~τικός, aromatic/ ~τοπωλεῖο (τό), perfumery

ἄς, let, may/ ~ γίνει, let it be so
ἀσαγήνευτος, uncharmed
ἀσάλευτος, firm, unshaken
ἄσαρκος, lean, bony
ἀσάφεια (ἡ), vagueness, obscurity/ ἀσαφής, vague, unclear
ἀσβέστης (ὁ), quicklime
ἀσβέστιο (τό), calcium
ἀσβεστόλιθος (ὁ), limestone
ἀσβεστόνερο (τό), limewater
ἀσβεστώνω, to whitewash
ἄσβηστος, inextinguishable, unquenchable
ἀσέβεια (ἡ), impiety, disrespect/ ἀσεβής, impious, disrespectful/ ἀσεβῶ, to commit an impiety, to be disrespectful
ἀσέλγεια (ἡ), lust, debauchery/ ἀσελγής, debauched, lustful
ἀσέληνος, moonless
ἄσεμνα, obscenely, indecently/ ἄσεμνος, obscene, indecent
ἀσετυλίνη (ἡ), acetylene
ἀσήκωτος, heavy
ἀσήμαντος, insignificant, trivial/ ἀσημαντότητα (ἡ), insignificance, triviality
ἀσήμι (τό), silver/ ~κά (τά), silverware
ἄσημος, βλ. ἀσήμαντος
ἀσημώνω, to silverplate
ἀσηψία (ἡ), asepsia
ἀσθένεια (ἡ), illness, sickness, disease/ ἀσθενής, ill, sick, patient/ ἀσθενικός, weak, sickly/ ἀσθενῶ, to be sick, to be ill
ἄσθμα (τό), asthma/ ἀσθμαίνω, to be short of breath, to gasp
Ασιάτης, Ἀσιάτισσα, Asian (man, woman)/ ἀσιατικός, asiatic
ἀσιτία (ἡ), famine
ἀσκανδάλιστος, unshocked
ἄσκαφτος, undug
ἄσκαυλος (ὁ), bagpipe
ἀσκέπαστος, uncovered
ἄσκηση (ἡ), exercise; training
ἀσκητεύω, to live ascetically/ ἀσκητής (ὁ), hermit, ascetic/ ἀσκητικός, ascetic/ ἀσκητισμός (ὁ), asceticism
ἀσκί (τό), skinbag
ἀσκλάβωτος, free
ἀσκόνιστος, dustless, free of dust
ἄσκοπα, aimlessly, in vain/ ἄσκοπος, aimless, uselese, vain
ἀσκούπιστος, unswept
ἀσκούριαστος, not rusted, free of rust
ἀσκῶ, to exercise, to train/ ~ βία, to use violence/ ἀσκοῦμαι, to practise
ἄσμα (τό), song, chant
ἀσπάζομαι, to kiss, to embrace; to accept (a view)
ἀσπάλακας (ὁ), mole
ἄσπαρτος, uncultivated
ἀσπασμός (ὁ), kiss, embrace
ἄσπαστος, unbroken
ἀσπίδα (ἡ), shield/ (snake) asp
ἄσπιλος, immaculate, blameless; chaste, pure
ἀσπλαχνία (ἡ), cruelty, pitilessness/ ἄσπλαχνος, cruel, pitiless
ἄσπονδος, implacable, relentless
ἀσπόνδυλος, invertebrate
ἀσπούδαστος, illiterate, uneducated
ἀσπράδι (τό), white (spot)/ ~ τοῦ αὐγοῦ, the white of an egg
ἀσπρίζω, to whiten, to bleach; to turn white/ ἀσπρίλα (ἡ), whiteness/ ἄσπρισμα (τό), whitening
ἀσπρομάλλης (ὁ), white-haired
ἀσπροπρόσωπος, innocent, irreproachable
ἀσπρόρουχα (τά), linen
ἄσπρος, white/ ἀσπρουδερός, whitish
ἄσσος (ὁ), ace/ εἶναι ~, he (she) is first class
ἀστάθεια (ἡ), instability, infirmity/ ἀσταθής, unstable, infirm
ἀστάθμητος, immeasurable, inponderable
ἀστακός (ὁ), lobster
ἄστατος, unstable, fickle; changeable
ἀστέγαστος, roofless
ἀστειεύομαι, to joke, to jest/ ἀστεῖος, funny, humorous; derisory/ ἀστειότητα (ἡ), joke, jest
ἀστείρευτος, inexhaqetible; plenty
ἀστεϊσμός (ὁ), joke, jest
ἀστεράκι (τό), little star
ἀστερέωτος, unfixed, loose
ἀστέρι (τό), star
ἀστερίας (ὁ), starfish
ἀστερίσκος (ὁ), asterisk
ἀστερισμός (ὁ), constellation

ἀστεροσκοπείο (τό), observatory
ἀστεφάνωτος, not crowned/ (fig.) not married in church
ἀστήρικτος, unsupported, baseless
ἀστιγματισμός (ὁ), astigmatism
ἀστιγμάτιστος, unstained/ (fig.) not branded
ἀστικός, civil; urban/ *ἀστικό δίκαιο*, civil law/ *ἀστική τάξη*, middle class
ἀστοιχείωτος, ignorant, illiterate
ἀστόλιστος, unadorned
ἀστοργία (ἡ), cruelty, unkindness/ *ἄστοργος*, cruel, unkind
ἀστός (ὁ), bourgeoie, a member of the middle class
ἄστοχα, unsuccessfully, tactlessly
ἀστόχαστα, imprudently, thoughtlessly/ *ἀστόχαστος*, imprudent, thoughtless
ἀστοχία (ἡ), failure; tactlessness/ *ἄστοχος*, unsuccessful/ *ἀστοχῶ*, to fail, to miss
ἀστράγαλος (ὁ), ankle
ἀστράγγιστος, undrained
ἀστραπή (ἡ), lightning/ *σάν* ~, in a flash/ *ἀστραπιαῖος*, very fast/ *ἀστραποβόλος*, flashing, sparkling/*ἀστραφτερός*, shining, flashing/ *ἀστράφτω*, to shine, to glitter
ἀστρικός, stellar, sidereal
ἄστρο (τό), star
ἀστρολάβος (ὁ), astrolabe
ἀστρολογία (ἡ), astrology/ *ἀστρολόγος (ὁ)*, astrologer
ἀστρονομία (ἡ), astronomy/ *ἀστρονομικός*, astronomic(al)
ἀστρονόμος (ὁ), astronomer
ἀστροπελέκι (τό), thunder
ἀστροφεγγιά (ἡ), starlight
ἀστυνομία (ἡ), police/ *ἀστυνομικός (ὁ)*, policeman/ ~ *σταθμός*, police station/ *ἀστυνόμος (ὁ)*, police captain
ἀστυφιλία (ἡ), urbanism
ἀστυφύλακας (ὁ), policeman
ἀσυγκίνητος, unmoved, cruel
ἀσυγκράτητος, uncontrollable, rushing
ἀσύγκριτα, incomparably/ *ἀσύγκριτος*, incomparable
ἀσυγχώρητος, inexcusable
ἀσυδοσία (ἡ), immunity
ἀσυλία (ἡ), inviolability; immunity from prosecution
ἀσύλληπτος, uncaught; inconceivable
ἀσυλλόγιστα, thoughtlessly, impulsively/ *ἀσυλλόγιστος*, thoughtless, impulsive
ἄσυλο (τό), asylum, refuge
ἀσυμβίβαστος, irreconcilable, firm; incompatible
ἀσυμμετρία (ἡ), disproportion/ *ἀσύμμετρος*, disproportionate
ἀσυμπαθής, unpopular, disliked
ἀσυμπλήρωτος, incomplete
ἀσύμφορος, unprofitable
ἀσυμφωνία (ἡ), disagreement, discord
ἀσυναγώνιστος, incomparable
ἀσυναίσθητος, unconscious
ἀσυναρτησία (ἡ), incoherence/ *ἀσυνάρτητος*, incoherent
ἀσύνδετος, unconnected
ἀσυνειδησία (ἡ), unscrupulousness/ *ἀσυνείδητος*, unscrupulous
ἀσυνέπεια (ἡ), inconsistency/ *ἀσυνεπής*, inconsistent
ἀσύνετος, imprudent, unwise
ἀσυνέχιστος, discontinued
ἀσυνήθιστος, unaccustomed; unusual
ἀσυννέφιαστος, cloudless
ἀσυνόδευτος, unescorted
ἀσύντακτος, incongruous/ (mil.) undisciplined/ *ἀσυνταξία (ἡ)*, incongruity/ (gram.) syntax mistake
ἀσυντόμευτος, unabridged
ἀσυντόνιστος, unco-ordinated
ἀσυρματιστής (ὁ), wireless operator/ *ἀσύρματος (ὁ)*, wireless
ἀσύστατος, groundless, baseless
ἀσύστολος, shameless
ἀσφάλεια (ἡ), security, safety; insurance; mains/ *ἀσφαλής*, secure, safe/ *ἀσφαλίζω*, to insure/ *ἀσφάλιση (ἡ)*, insurance/ *κοινωνική* ~, social security/ *ἀσφαλιστικός*, insuring/ *ἀσφαλιστική δικλείδα*, safety valve
ἀσφάλιστρο (τό), insurance premium
ἄσφαλτος (ἡ), asphalt, bitumen/ *ἀσφαλτοῦχος*, bituminous
ἄσφαχτος, unslaughtered
ἀσφόδελος (ὁ), asphodel
ἀσφράγιστος, unsealed
ἀσφυκτικός, suffocating/ *ἀσφυκτιῶ*, to be suffocated/ *ἀσφυξία (ἡ)*, suffocation/

ἀσφυξιογόνος, asphyxiating
ἄσχετα, irrespectively of/ **ἄσχετος,** irrelevant
ἄσχημα, badly/ *κάνω* ~, to make a mistake/ *ἀσχήμια* (ἡ), ugliness/ *ἀσχημία* (ἡ), indecency/ *ἀσχημίζω,* to deform; to become ugly/ *ἀσχημονῶ,* to act indecently/ *ἄσχημος,* ugly/ *ἀσχημοσύνη* (ἡ), indecency
ἀσχολία (ἡ), occupation
ἀσχολίαστος, uncommented
ἀσχολοῦμαι, to occupy oneself with
ἀσωτεία (ἡ), prodigality/ *ἄσωτος,* prodigal
ἀσωφρόνιστος, incorrigible
ἀταίριαστος, unbecoming, unfit; dissimilar
ἀτακτοποίητος, unsettled
ἄτακτος, irregular, disorderly/ (child) naughty/ *ἀτακτῶ,* to misbehave, to be naughty/ *ἀταξία* (ἡ), disorder, confusion
ἀτάραχος, calm, serene/ *ἀταραξία* (ἡ), calmness, serenity
ἄταφος, unburied
ἄτεκνος, childless
ἀτέλεια (ἡ), imperfection, defect; exemption
ἀτελείωτος, unfinished; endless
ἀτελεύτητος, endless
ἀτελής, imperfect, defective
ἀτενίζω, to gaze, to stare
ἄτεχνος, artless
ἀτζαμής (ὁ), inexperienced person
ἀτημέλητος, neglected, uncared for
ἀτίθασος, untamed, unmanageable
ἀτιμάζω, to disgrace; to rape/ *ἀτίμασμα* (τό), disgrace; rape
ἀτίμητος, priceless, inestimable
ἀτιμία (ἡ), dishonesty, infamy/ *ἄτιμος,* dishonest, infamous
ἀτιμωρησία (ἡ), impunity/ *ἀτιμώρητος,* unpunished
ἀτίμωση (ἡ), disgrace/ *ἀτιμωτικός,* degrading
ἄτιτλος, untitled
ἀτλαντικός, atlantic/ *Ἀτλαντικὸ Σύμφωνο,* NATO
ἄτλαντας (ὁ), atlas
ἀτμάκατος (ἡ), steam-boat
ἀτμοκινητήρας (ὁ), steam-engine
ἀτμοκίνητος, steam-operated
ἀτμόλουτρο (τό), steam-bath
ἀτμόμετρο (τό), vaporimeter
ἀτμομηχανή (ἡ), locomotive
ἀτμοπλοΐα (ἡ), steam-navigation/ *ἀτμόπλοιο* (τό), steamship
ἀτμός (ὁ), steam, vapour/ *ἀτμοστρόβιλος* (ὁ), steam-turbine
ἀτμόσφαιρα (ἡ), atmosphere/ *ἀτμοσφαιρικός,* atmospheric
ἄτοκος, with no interest charged, interest-free
ἀτολμία (ἡ), timidity/ *ἄτολμος,* timid
ἀτομικισμός (ὁ), individualism
ἀτομικός, personal, individual/ (phys.) atomic/ *ἀτομικότητα* (ἡ), individuality/ (phys.) valency/ *ἀτομιστής* (ὁ), individualist/ *ἄτομο* (τό), individual/ (phys.) atom
ἄτονα, languidly, feebly/ *ἀτονία* (ἡ), languor, feebleness
ἀτόνιστος, unaccented; not emphasized
ἄτονος, languid, feeble/ (gram.) unaccented/ *ἀτονῶ,* to become feeble
ἄτοπος, improper, absurd
ἀτοῦ (τό), trump card
ἀτόφιος, whole, entire; pure
ἄτρακτος (ἡ), shaft, spindle
ἀτράνταχτος, unshaken
ἀτραπός, (ἡ), path, track
ἄτριφτος, unrubbed; unworn
ἄτριχος, hairless
ἀτρόμητος, fearless
ἀτροφία (ἡ), atrophy/ *ἀτροφικός,* atrophied
ἀτρόχιστος, blunt, unsharpened
ἄτρωτος, invulnerable
ἀτσάκιστος, unfolded
ἀτσάλι (τό), steel
ἄτσαλος, foul-mouthed; awkward, clumsy
ἀτσίγγανος (ὁ), gipsy
ἀτύλιχτος, unwrapped
ἀτύπωτος, unprinted
ἀτύχημα (τό), mishap, accident
ἀτυχία (ἡ), misfortune, unlucky event/ *ἄτυχος,* unfortunate, unlucky/ *ἀτυχῶ,* to be unlucky
αὐγατίζω, to increase, to enlarge
αὐγερινός (ὁ), Lucifer, morning star

αὐγή — ἀφροντισιά

αὐγή (ἡ), dawn
αὐγό (τό), egg/ γεννώ ~, to lay eggs/ κάθομαι στ' αὐγά μου, to keep quiet
αὐγοθήκη (ἡ), egg-cup
αὐγοτάραχο (τό), roe
Αὔγουστος (ὁ), August
αὐθάδεια (ἡ), impudence, cheek, impertinence/ αὐθάδης, impudent, impertinent, cheeky/ αὐθαδιάζω, to be impertinent, to be cheeky
αὐθαιρεσία (ἡ), arbitrary act/ αὐθαίρετος, arbitrary
αὐθέντης (ὁ), master, lord
αὐθεντία (ἡ), authority, expert/ αὐθεντικός, authentic, genuine/ αὐθεντικότητα (ἡ), authenticity
αὐθόρμητα, spontaneously/ αὐθόρμητος, spontaneous
αὐθύπαρκτος, self-existent/ αὐθυπαρξία (ἡ), self-existence
αὐθυποβάλλομαι, to be autosuggested/ αὐθυποβολή (ἡ), autosuggestion
αὐλαία (ἡ), stage curtain
αὐλάκι (τό), ditch, trench/ αὐλακώνω, to furrow, to plough/ αὐλάκωση (ἡ), furrowing
αὐλάρχης (ὁ), chamberlain
αὐλή (ἡ), yard/ (royal) court
αὐλικός (ὁ), courtier
αὐλοκόλακας (ὁ), court flatterer
ἄυλος, immaterial, ethereal
αὐλός, (ὁ), flute
αὐνανίζομαι, to masturbate/ αὐνανισμός (ὁ), masturbation
αὐξάνω, to grow, to increase/ αὔξηση (ἡ), growth, increase
αὐξομειώνω, to fluctuate/ αὐξομείωση (ἡ), fluctuation
ἀυπνία (ἡ), insomnia/ ἄυπνος, sleepless
αὔρα (ἡ), breeze
αὐριανός, of tomorrow; future/ αὔριο (τό), tomorrow
αὐστηρός, strict, severe/ αὐστηρότητα (ἡ), strictness, severity
Αὐστραλός, Αὐστραλέζα, Australian (man, woman)
Αὐστριακός, Αὐστριακιά, Austrian (man, woman)
αὐταπάρνηση (ἡ), altruism, self-denial
αὐταπάτη (ἡ), self-deception, illusion
αὐταπόδεικτος, self-evident
αὐταρέσκεια (ἡ), self-conceit, narcissism/ αὐτάρεσκος, self-conceited
αὐταρχικός, autocratic, authoritarian/ αὐταρχικότητα (ἡ), authoritarianism
αὐτασφάλιση (ἡ), self-insurance
αὐτεξούσιος, independent
αὐτεπάγγελτος, of one's own accord
αὐτεπίγνωση (ἡ), self-knowledge
αὐτή, she
αὐτήκοος, ~ μάρτυρας, ear witness
αὐτί (τό), ear/ τεντώνω τό ~ μου, to listen carefully/ μοῦ μπαίνουν ψύλλοι στ' αὐτιά, to suspect something
αὐτοβιογραφία (ἡ), autobiography
αὐτόβουλος, voluntary
αὐτόγραφο (τό), autograph
αὐτοδημιούργητος, self-made
αὐτοδιάθεση (ἡ), self-determination
αὐτοδίδακτος, self-taught
αὐτοδιοίκηση (ἡ), self-government
αὐτοέλεγχος (ὁ), self-control
αὐτοθυσία (ἡ), self-sacrifice
αὐτοκέφαλος, autonomous; autocephalous
αὐτοκινητιστής (ὁ), automobilist/ αὐτοκίνητο (τό), automobile, car
αὐτόκλητος, uninvited, self-appointed
αὐτοκράτειρα (ἡ), empress/ αὐτοκράτορας (ὁ), emperor/ αὐτοκρατορία (ἡ), empire/ αὐτοκρατορικός, imperial
αὐτοκτονία (ἡ), suicide/ αὐτοκτονῶ, to commit suicide
αὐτοκυβέρνηση (ἡ), self-government
αὐτοκυριαρχία (ἡ), self-control
αὐτοματισμός (ὁ), automatism/ αὐτόματος, automatic
αὐτομολία (ἡ), desertion, renegading
αὐτονόητος, self-evident
αὐτονομία (ἡ), autonomy/ αὐτόνομος, autonomous
αὐτοπαθής, reflexive
αὐτοπεποίθηση (ἡ), self-confidence
αὐτοπροσωπογραφία (ἡ), self-portrait
αὐτόπτης, ~ μάρτυρας, eye witness
αὐτός, he; this/ Αὐτοῦ Μεγαλειότητα, His Majesty
αὐτοσεβασμός (ὁ), self-respect
αὐτοσυντήρηση (ἡ), self-preservation
αὐτοσχεδιάζω, to improvise/ αὐτοσχε-

αυγή — αφροντισιά

διασμός (ό), improvisation/ αύτοσχέδιος, improvised
αυτοτέλεια (ή), self-sufficiency
αυτού, there
αυτουργός (ό), author; perpetrator/ *ηθικός* ~, instigator
αυτούσιος, the very same, identical
αυτόφωρος, in the act, red-handed
αυτοχειρία (ή), suicide
αυτοψία (ή), post mortem, autopsy
αυχένας (ό), neck/ *αυχενικός*, cervical
αφάγωτος, uneaten/ (person) hungry
αφαίμαξη (ή), blood-letting
αφαίρεση (ή), deduction; subtraction/ *αφαιρετέος*, subtractable/ *αφαιρώ*, to subtract, to take away/ *αφαιριέμαι*, to feel tired
αφαλός (ό), navel, umbilicus
αφανάτιστος, broadminded
αφάνεια (ή), obscurity; non-existence/ *αφανής*, obscure, unknown
αφανίζω, to destroy, to ruin/ *αφανισμός* (ό), destruction
αφάνταστος, unimaginable, unthinkable
άφαντος, vanished/ *γίνομαι* ~, to disappear
αφασία (ή), aphasia, unconsciousness
αφέγγαρος, moonless
αφέλεια (ή), simplicity, naivety/*αφελής*, simple, naive
αφεντιά (ή), lordship
αφεντικό (τό), employer, master
αφερέγγυος, insolvent
άφεση (ή), pardon
αφετηρία (ή), starting point, beginning/ *αφέτης* (ό), starter
άφευκτος, unavoidable, inevitable
αφέψημα (τό), decoction
αφή (ή), touch
αφήγημα (τό), narrative (story)/ *αφηγηματικός*, narrative, telling/ *αφήγηση* (ή), narration, account/ *αφηγητής* (ό), narrator/ *αφηγούμαι*, to narrate, to relate
αφηνιάζω, to bolt/ (fig.) to be enraged
αφήνω, to leave, to abandon
αφηρημάδα (ή), absent-mindedness/ *αφηρημένος*, absent-minded
αφθαρσία (ή), indestructibility/ *άφθαρτος*, indestructible

άφθαστος, unmatched, unrivalled
αφθονία (ή), abundance, profusion/ *άφθονος*, abundant, plentiful/ *αφθονώ*, to abound
αφιέρωμα (τό), votive offering; special edition/ *αφιερώνω*, to dedicate/ *αφιέρωση* (ή), dedication
αφίλητος, unkissed
αφίλιωτος, irreconcilable
αφιλοκέρδεια (ή), disinterestedness/ *αφιλοκερδής*, δισιντερεστεδ
αφιλόξενος, inhospitable
αφιλότιμος, irresponsible; ungrateful
αφίμωτος, unmuzzled
άφιξη (ή), arrival
αφιόνι (τό), opium/ *αφιονίζω*, to give (someone) opium
άφλεκτος, incombustible
αφλογιστία, (ή), missing fire
αφοβία (ή), fearlessness/ *άφοβος*, fearless
αφοδευτήριο (τό), water closet
αφομοιώνω, to assimilate/ *αφομοίωση* (ή), assimilation
αφοπλίζω, to disarm; to dismantle/ *αφοπλισμός* (ό), disarmament
αφόρετος, unworn, new
αφόρητος, unbearable, intolerable
αφορίζω, to excommunicate/ *αφορισμός* (ό), excommunication
αφορμή (ή), reason, pretext, cause
αφορολόγητος, untaxed, duty free
αφόρτιστος, uncharged
αφορώ, to concern, to relate to/ *όσον αφορά*, as regards, in so far as
αφοσιώνομαι, to be devoted/ *αφοσίωση* (ή), devotion, dedication
αφότου, ever since
αφού, since; after; when
αφουγκράζομαι, to listen carefully
αφράτος, plump
άφραχτος, fenceless
αφρίζω, to foam, to froth
αφρικανικός, African/ *'Αφρικανός 'Αφρικανίδα ('Αφρικάνα)*, African (man, woman)
άφρισμα (τό), foaming, fothing
αφρόγαλα (τό), cream
αφροδισιακός, aphrodisiac, venereal
αφροντισιά (ή), recklessness, carelessness/ *αφρόντιστος*, reckless, careless

αφρός (ό), foam, froth/ (fig.) top quality
αφροσύνη (ή), foolishness
αφρούρητος, unguarded
άφτιαστος, not made up
άφτρα (ή), aphtha
αφυδάτωση (ή), dehydration
αφύλακτος, unprotected, unguarded
αφυπνίζω, to awake, to rouse/ αφύπνιση (ή), awakening
αφύσικος, unnatural
αφύτευτος, unplanted
άφωνος, dumb, speechless
αφώτιστος, dark, obscure/ (fig.) not baptized
άχ! oh!
αχάιδευτος, uncaressed; unspoilt (child)
αχαΐρευτος, hopeless, good for nothing
αχάλαστος, unspoilt, undestroyed/ (girl) virgin/ (money) unspent
αχαλίνωτος, unbridled, unrestrained
αχαμνά (τά), genitals
αχαμνός, lean, thin
αχανής, vast, immense
αχαριστία (ή), ingratitude/ αχάριστος, ungrateful, unthankful
άχαρος, ungraceful, unpleasant
αχάτης (ό), agate
αχειραφέτητος, unemancipated
αχειροτόνητος, unordained
αχθοφόρος (ό), porter
αχινός (ό), sea-urchin
αχλάδι (τό), pear/ αχλαδιά (ή), pear-tree
άχνα (ή), breath/ δέν έβγαλε ~, he did not utter a word
αχνάρι (τό), trace
αχνίζω, to steam, to evaporate αχνιστός, steaming/ αχνός (ό), steam, vapour/ (adjective) pale
αχολογώ, to echo, to resound
αχορήγητος, ungranted, unsupplied
αχόρταγος, insatiable
αχός (ό), echo, resounding
αχούρι (τό), stable
άχραντος, immaculate, pure
αχρείαστος, needless, unnecessary
αχρείος, wicked, nasty/ αχρειότητα (ή), wickedness, nastiness
αχρησιμοποίητος, unused
αχρηστία (ή), uselessness; disuse/ άχρηστος, useless; disused

αχρονολόγητος, undated
αχρωμάτιστος, uncoloured, unpainted
αχρωματοψία (ή), colour-blindness
άχτι (τό), grudge
άχτίδα, βλ. ακτίνα
άχυμος, juiceless
αχυρένιος, made of straw/ άχυρο (τό), straw/ αχυροκαλύβα (ή), straw-hut/ αχυροσκέπαστος, covered with straw, thatched/ αχυρόστρωμα (τό), straw-mattress/ αχυρώνας (ό), barn
αχώνευτος, indigestible/ (fig.) unpleasant
αχώριστος, inseparable
αψαλίδιστος, unclipped
άψαλτος, unsung
αψεγάδιαστος, blameless, immaculate
άψητος, unroasted, uncooked
αψήφιστα, unheedingly, not seriously/ αψήφιστος, unheeded, disregarded/ (law) not passed/ αψηφώ, to disregard, to defy
αψίδα (ή), arch, arcade/ αψιδωτός, arched, vaulted
αψίθυμος, quick-tempered
αψίκορος, inconstant, fickle
αψιμαχία (ή), skirmish/ αψιμαχώ, to skirmish
άψογος, blameless, irreproachable
αψύς, quick-tempered
αψυχολόγητος, psychologically wrong; unrealistic
άψυχος, lifeless
άωτο (τό), extreme, ultimate/ άκρο ~, the utmost

Β

βαβυλωνία (ή), confusion
βάγια (ή), nurse
βάγια (τά), palm-branches
βαγόνι (τό), wagon
βαδίζω, to walk, to march/ βάδισμα (τό), walking, marching

βαζελίνη (ή), vaseline
βάζο (τό), vase
βάζω, to put, to place/ ~ γνώση, to become wiser/ ~ τά δυνατά μου, to try one's best/ ~ μπρός, to start/ τά ~ μέ, to blame (someone)/ ~ νερό στό κρασί μου, to become moderate/ δέν τά ~ κάτω, not to give up/ ~ στοίχημα, to bet
βαθαίνω, to deepen/ βαθειά, deeply/ (sleep) soundly
βαθμιαίος, gradual
βαθμίδα (ή), step; grade; degree; stage
βαθμολογία (ή), marks, grading/ βαθμολογώ, to give marks, to grade/ βαθμός (ό), mark, grade degree; rank
βαθμοφόρος (ό), officer
βάθος (τό), depth; background/ μελετώ σέ ~ , to study in depth/ κατά ~ , really
βαθουλός, hollow/ βαθούλωμα (τό), cavity
βαθουλώνω, to hollow
βάθρο (τό), pedestal, foundation
βαθυκόκκινος, scarlet
βαθύνοια (ή), deep thought
βαθύνω, βλ. βαθαίνω/ βάθυνση (ή), deepening
βαθύπλουτος, millionaire
βαθύς, deep, profound/ (colour) dark/ βαθειά σιωπή, dead silence
βαθυστόχαστος, wise, full of deep thoughts
βαθύτητα (ή), deepness, profoundness
βαθύφωνος, deep-voiced, bass
βάϊα (τά), palm-branches/ Κυριακή τών Βαΐων, Palm Sunday
βακαλάος (ό), cod
βάκιλλος (ό), bacterium, bacillus
βακτηρία (ή), cane, walking stick
βακτηρίδιο (τό), bacterium
βακτηριολογία (ή), bacteriology/ βακτηριολογικός, bacteriological/ βακτηριολόγος (ό), bacteriologist
βαλανίδι (τό), acorn/ βαλανιδιά (ή), oak-tree
βαλάντιο (τό), purse
βαλάντωμα (τό), exhaustion/ βαλαντώνω, to be exhausted
βαλβίδα (ή), valve
βαλίτσα (ή), suitcase, bag
βάλλω, to throw, to cast; to fire

βάλς (τό), waltz
βάλσαμο (τό), balsam
βαλσάμωμα (τό), embalming, stuffing/ βαλσαμώνω, to embalm, to stuff, to mummify
βάλσιμο (τό), putting, placing
βάλτος (ό), swamp, marsh
βαλτός, set on purpose, encouraged by
βαλτότοπος (ό), marshland, fenland/ βαλτώνω, to get stuck in marshes/ (fig) to face a deadlock
βαμβακέλαιο (τό), cotton-oil
βαμβακερός, (made of) cotton
βαμβάκι (τό), cotton/ βαμβακιά (ή), cotton-tree
βαμβακόσπορος (ό), cotton-seed/ βαμβακουργείο (τό), cotton-mill/ βαμβακοφυτεία (ή), cotton plantation
βάμμα (τό), tint, tincture/ βαμμένος, painted, tinted
βάναυσα, rudely, roughly/ βάναυσος, rude, rough, vulgar/ βαναυσότητα (ή), rudeness, toughness, vulgarity
βανδαλισμός (ό), vandalism/ βάνδαλος (ό), vandal
βανίλλια (ή), vanilla
βαπόρι (τό), steamship/ γίνομαι ~ , to get very angry
βαποριά (ή), shipment
βαπτίζω, βλ. βαφτίζω
βαπτιστής (ό), baptist
βάραθρο (τό), abyss, chasm/ βαραθρώνω, throw into the abyss
βαραίνω, to weigh down; to trouble
βαράω, βλ. βαρώ
βαρβαρίζω, to commit solecisms
βαρβαρισμός (ό), barbarism/ βάρβαρος (ό), barbarian; cruel person/ βαρβαρότητα (ή), barbarity, cruelty
βαρβάτος, robust
βαργεστίζω, to get bored/ βαργεστημένος, bored
βάρδια (ή), sentry, sentinel/ δουλειά μέ βάρδιες, work on a rotation basis, shift-work
βάρδος (ό), bard, singer
βαρειά (ή), βλ. βαριά
βαρέλα (ή), cask/ βαρελάς (ό), or βαρελοποιός (ό), cooper, barrel-maker/ βαρέλι (τό), barrel

βαρεμάρα — βιογραφία

βαρεμάρα (ή), boredom/ *βαρετός*, boring
βάρη (τά), weights/ (fig.) responsibilities
βαρηκοΐα (ή), dullness of hearing/ *βαρήκοος*, dull of hearing
βαριά (ή), heavy hammer
βαριακούω, to be hard of hearing
βαριαναστενάζω, to groan, to sigh deeply
βαρίδι (τό), counter-weight
βαριέμαι, to be bored
βάρκα (ή), boat/ *βαρκάδα* (ή), sailing/ *βαρκάρης* (ό), boatman
βαρομετρικός, barometric/ *βαρόμετρο* (τό), barometer
βάρος (τό), weight, load/ καθαρό ~ , net weight/ μικτό ~ , gross weight/ είναι σέ βάρος σου, it is not in your interest/ γίνομαι ~ , to become a burden to
βαρούλκο (τό), winch
βαρυγγομώ, to curse, to be unhappy
βαρύθυμος, gloomy
βαρύνω, to weigh down; to depress/ ή γνώμη του βαρύνει, his opinion carries weight
βαρυποινίτης (ό), long-term prisoner
βαρύς, heavy, weighty/ βαρειά μυρωδιά, strong smell/ ~ χειμώνας, severe winter
βαρυσήμαντος, momentous, extremely important
βαρυστομαχιά (ή), indigestion
βαρύτητα (ή), gravity; importance/ κέντρο τῆς βαρύτητας, centre of gravity
βαρύτιμος, precious
βαρύτονος, baritone
βαρυχειμωνιά (ή), severe winter
βαρώ, to strike, to beat, to hit
βαρώνος (ό), baron
βασάλτης (ό), basalt
βασανίζω, to torment, to torture/ *βασανίζομαι*, to suffer, to worry/ *βασανιστήριο* (τό), torture, rack
βασανιστής (ό), torturer, tormentor/ *βασανιστικός*, tormenting, torturing
βάση (ή), base, foundation/ δίνω ~ , to trust, to rely on/ *βασίζω*, to base, to rely on/ *βασίζομαι*, to rely on/ *βασικός*, basic, essential
βασιλεία (ή), royalty, reign; monarchy/ ~ τῶν οὐρανῶν, kingdom of heaven/ *βασίλειο* (τό), kingdom
βασίλεμμα (τό), setting, sunset

βασιλεύω, to reign/ (sun) to set/ *βασιλιάς* (ό), king, monarch/ *βασιλικός*, royal, kingly; royalist/ (bot.) basil
βασιλίσκος (ό), basilisk
βασίλισσα (ή), queen
βασιλοκτονία (ή), regicide
βασιλόπαιδο (τό), royal prince
βασιλόπιττα (ή), new year's pie
βασιλοπούλα (ή), royal princess
βασιλόφρονας (ό), royalist
βάσιμα, positively/ *βάσιμος*, reliable, positive; solid/ *βασιμότητα* (ή) reliability; solidity
βασκαίνω, to bewitch, to cast an evil eye/ *βασκανία* (ή), evil eye/ *βάσκανος*, evil-eyed
βάσταγμα (τό), holding, support
βαστάζος (ό), carrier, porter
βαστάζω, to hold, to support
βαστώ, to hold, to keep/ ~ κακία, to bear malice/ δέν ~ , I cannot bear it/ *βαστιέμαι*, to support (to control) oneself
βάτα (τά), wadding
βατόμουρο (τό), blackberry
βάτος (ή), bush
βατός, passable
βάτραχος (ό), frog, toad
βατσίνα (ή), vaccination
βαυκαλίζω, to lull; to arouse someone's hopes
βαφείο (τό), dye-works/ *βαφέας* or *βαφιάς*, dyer
βαφή (ή), paint; dye
βαφτίζω, to baptize, to christen/ *βάφτιση* (ή), christening
βάφω, to paint, to colour; to dye/ *βάφομαι*, to paint oneself, to make up/ *βάψιμο* (τό), painting, colouring; dyeing
βγάζω, to take out, to take off/ ~ χρήματα, to earn money/ ~ τό ψωμί μου, to earn a living/ ~ λόγο, to deliver a speech/ ~ ἀπό τή μέση, to get rid of/ ~ στή φόρα, to reveal/ ~ βιβλίο (ἐφημερίδα), to publish a book (newspaper)
βγαίνω, to go out, to come out/ ~ λάδι, to emerge unscathed/ δέν βγαίνει τίποτε, it is useless
βγάλσιμο (τό), taking out; dislocation
βδέλλα (ή), leech
βδελυγμία (ή), disgust, abomination/

βδελυρός, disgusting, abominable
βέβαια, certainly, of course/ βέβαιος, certain, sure, doubtless/ βεβαιότητα (ή), certainty/ βεβαιώνω, to assure, to confirm/ βεβαίως, 6λ. βέβαια
βεβαίωση (ή), confirmation; certificate/ βεβαιωτικός, affirmative
βέβηλος, profane/ βεβηλώνω, to profane/ βεβήλωση (ή), profanity
βεβιασμένα, forcedly/ βεβιασμένος, forced; unnatural
βελάδα (ή), formal dress
βελάζω, to bleat/ βέλασμα (τό), bleating
βελέντζα (ή), woollen blanket
βεληνεκές (τό), range
βέλο (τό), veil
βελόνα (ή), sewing needle/ βελονάκι (τό), knitting needle/ βελόνι (τό), needle/ βελονοθήκη (ή), needle-case
βέλος (τό), arrow. dart
βελουδένιος, or βελούδινος, velvety/ βελούδο (τό), velvet
βελτιώνω, to improve, to ameliorate/ βελτιώνομαι, to improve oneself/ βελτίωση (ή), improvement
βενεδικτίνος (ό), Benedictine (monk)
βενετσιάνικος, Venetian/ Βενετσιάνος, Βενετσιάνα, Venetian (man, woman)
βενζινάκατος (ή), motorboat
βενζίνη (ή), benzine, petrol/ βενζινοκίνητος, motor-driven
βενζινόπλοιο (τό), motorboat
βενζόλη (ή), benzol
βεντάλια (ή), fan
βεντούζα (ή), cupping glass/ κολλώ σάν ~, to become a nuisance
βέρα (ή), wedding ring
βεράντα (ή), veranda
βέργα (ή), stick, rod; bar; ramrod
βερεσέ (τό), credit
βερνίκι (τό), polish, varnish/ βερνίκωμα (τό), polishing, varnishing/ βερνικώνω, to polish, to varnish
βέρος, pure, genuine, real
βερυκοκκιά (ή), apricot-tree/ βερύκοκκο (τό), apricot
βεστιάριο (τό), wardrobe
βετεράνος (ό), veteran
βέτο (τό), veto
βήμα (τό), step, pace; tribune/ άγιο ~, altar
βηματίζω, to step, to pace/ βηματισμός (ό), walking, pacing
βήξιμο (τό), coughing
βήχας (ό), cough/ βήχω, to cough
βία (ή), violence, force; haste, hurry/ μέ τήν ~ , by force
βιάζω, to force, to compel; to rape, to ravish/ βιάζομαι, to be in a hurry/ όποιος βιάζεται σκοντάφτει, haste makes waste
βίαια, violently, forcibly
βιαιοπραγία (ή), act of violence/ βιαιοπραγώ, to commit violence
βίαιος, violent; strong/ βιαιότητα (ή), violence
βιασμός (ό), violation; rape/ βιαστής (ό), violator; rapist
βιαστικά, hastily, quickly/ βιαστικός, hasty, hurried; urgent/ βιασύνη (ή), haste, hurry
βιβλιάριο (τό), booklet/ (bank) passbook
βιβλικός, biblical
βιβλίο (τό), book
βιβλιογραφία (ή), bibliography
βιβλιοδεσία (ή), book-binding/ βιβλιοδετείο (τό), bookbinder's shop/ βιβλιοδέτης (ό), bookbinder
βιβλιοθηκάριος (ό), librarian/ βιβλιοθήκη (ή), library; bookcase/ βιβλιοθηκονομία (ή), librarianship
βιβλιοκάπηλος (ό), bookmonger
βιβλιοκρισία (ή), book review
βιβλιοπωλείο (τό), bookshop, bookstore/ βιβλιοπώλης (ό), bookseller
βιβλιοσυλλέκτης (ό), book-collector/ βιβλιόφιλος (ό), book-lover, bibliophile
βιβλιοχαρτοπωλείο (τό), stationery shop
βίβλος (ή), Bible
βίγλα (ή), sentry, watch-tower/ βιγλάτορας (ό), sentinel, sentry
βίδα (ή), screw/ μού στρίβει ή ~ , to grow crazy
βιδέλο (τό), veal
βιδολόγος (ό), screwdriver
βίδωμα (τό), screwing/ βιδώνω, to screw
βίζιτα (ή), visit
βίλλα (ή), villa
βιογραφία (ή), biography/ βιογραφικός, biographic(al)

βιογράφος (ό), biographer
βιόλα (ή), (bot.) wallflower/ (mus.) alto violino
βιολέτα (ή), violet
βιολί (τό), violin, fiddle/ *βιολιστής* (ό), violinist, fiddler
βιολογία (ή), biology/ *βιολογικός*, biological
βιολόγος (ό), biologist
βιολοντσέλλο (τό), violoncello
βιομηχανία (ή), industry, manufacture/ *βιομηχανικός*, industrial/ *βιομηχανοποίηση* (ή), industrialization
βιομήχανος (ό), industrialist, manufacturer
βιοπαλαιστής (ό), one who earns his living
βιοπάλη (ή), or *βιοπορισμός* (ό), earning one's living
βίος (ό), life/ ~ καί πολιτεία, adventurous life
βιός (τό), property
βιοτέχνης (ό), craftsman/ *βιοτεχνία* (ή), handicraft
βιοτικός, of life/ βιοτικό ἐπίπεδο, standard of living
βιοχημεία (ή), biochemistry/ *βιοχημικός* (ό), biochemist
βιοψία (ή), biopsy
βιράρω, to heave up
βισμούθιο (τό), bismuth
βιταμίνη (ή), vitamin
βιτρίνα (ή), show-case, shop-window
βιτριόλι (τό), vitriol
βίτσα (ή), stick, cane
βίωμα (τό), experience/ *βιώσιμος*, viable
βιωτικός, βλ. *βιοτικός*
βλαβερά, harmfully/ *βλαβερός*, harmful/ *βλαβερότητα* (ή), harmfulness/ *βλάβη*, damage, harm, injury/ *προξενώ* ~ , to cause harm (damage)
βλάκας (ό), idiot, stupid/ *βλακεία* (ή), stupidity, idiocy/ *βλακώδης*, idiotic, stupid
βλαπτικός, harmful, detrimental/ *βλάπτω*, to harm, to damage, to injure/ δέν βλάπτει, it doesn't matter
βλασταίνω, to grow, to spring up/ *βλαστάρι* (τό), sprout
βλαστήμια (ή), curse, insult/ *βλάστημος* (ό), blasphemous/ *βλαστημώ*, to curse, to insult
βλάστηση (ή), vegetation
βλαστολόγημα (τό), pruning/ *βλαστολογώ*, to prune
βλαστός (ό), sprout, shoot
βλάσφημος, βλ. *βλάστημος*
βλάχος (ό), Vlach/ (lig.) illiterate peasant
βλέμμα (τό), gaze, look, glance
βλέννα (ή), mucus
βλεννογόνος, mucous
βλεννόρροια, gonorrhea
βλέπω, to see, to look, to behold/ τό ~ , I agree, I realize it/ ~ μέ καλό μάτι, to look upon favourably
βλεφαρίδα (ή), eyelash/ *βλέφαρο* (τό), eyelid
βλέψη (ή), intention, plan, prospect
βλήμα (τό), missile, bullet/ *βλητική* (ή), ballistics
βλίτα (τά), notch-weeds
βλοσυρά, grimly, sternly/ *βλοσυρός*, grim, stern, glum/ *βλοσυρότητα* (ή), grimness, sternness
βόας (ό), boa constrictor
βογγητό (τό), groan, moan/ *βογγώ*, to groan, to moan
βόδι (τό), ox, bull/ (fig.) rough person/ *βοδινός*, bovine/ βοδινό κρέας, beef
βοή (ή), cry, clamour; buzz
βοήθεια (ή), help, aid, assistance, relief/ *βοήθημα* (τό), relief, assistance/ *βοηθητικός*, helping, assisting/ (verb) auxiliary/ *βοηθός* (ό), assistant, helper/ *βοηθώ*, to help, to assist, to aid, to support
βόθρος (ό), cesspool, pit
βοϊδάμαξα (ή), ox-cart
βολάν (τό), steering-wheel
βολβός (ό), bulb
βολετός, possible, attainable
βολεύω, to manage, to accommodate/ *βολεύομαι*, to settle down
βολή (ή), shot, blow; comfort, convenience
βόλι (τό), bullet
βολίδα (ή), fire-ball; sounding-line
βολιδοσκόπηση (ή), sounding/ *βολιδοσκοπώ*, to sound
βολικά, conveniently/ *βολικός*, conve-

nient, accommodating
βόλτ (τό), volt
βόλτα (ή), walk, stroll/ *πηγαίνω* ~, to go for a walk
βολτάζ (τό), voltage/ *βολτόμετρο* (τό), voltmeter
βόμβα (ή), bomb/ *ατομική* ~, atomic bomb/ *υδρογονική* ~, hydrogen bomb/ *βομβαρδίζω*, to bombard/ *βομβαρδισμός* (ό), bombardment
βομβαρδιστικό (τό), bomber
βομβητής (ό), buzzer
βόμβος (ό), buzz, humming
βόμβυκας (ό), silkworm
βομβώ, to buzz, to hum
βόνασος (ό), bison
βορά (ή), prey
βόρβορος (ό), bog, sludge, mud/ *βορβοροφάγος* (ό), dredging machine
βορεινός, north, northern/ *βορειοανατολικός*, north (ern, erly)/ *βορειοδυτικός*, northwest (ern, erly)/ *βόρειος*, north, northern/ *βόρειο σέλας*, aurora borealis/ *βοριάς* (ό), north wind
βορικός, boric/ *βορικό οξύ*, boric acid/ *βόριο* (τό), boron
βορράς (ό), north
βοσκή (ή), pasture, grazing area/ *βόσκηση* (ή), grazing, feeding/ *βοσκοπούλα* (ή), young shepherd girl/ *βοσκός* (ό), shepherd, herdsman/ *βοσκοτόπι* (τό), meadow, pasture
βόσκω, to graze, to browse
βοτάνι (τό), herb, weed/ *βοτανίζω*, to weed
βοτανική (ή), botany/ *βοτανικός*, botanical/ *βοτανολόγος* (ό), botanist/ *βότανο*, βλ. *βοτάνι*
βότσαλο (τό), pebble
βουβαίνω, to render dumb; to silence/ *βουβαίνομαι*, to be silenced, to shut up
βουβάλι (τό), or *βούβαλος* (ό), buffalo
βουβαμάρα (ή), dumbness, muteness/ *βουβός*, dumb, mute
βουβώνας (ό), groin/ *βουβωνικός*, bubonic/ *βουβωνική πανώλη*, bubonic plague/ *βουβωνοκήλη* (ή), bubonocele
Βουδισμός (ό), Buddhism/ *Βουδιστής* (ό), Buddhist
βουητό (τό), buzz, humming/ *βουίζω*, to buzz, to hum
βουκέντρα (ή), ox-goad
Βουκέφαλος or *Βουκεφάλας* (ό), Bucephalus
βούκινο (τό), trumpet, horn/ *έγινε* ~, it became known
βουκολικός, bucolic, pastoral/ *βουκόλος* (ό), cowherd
βουλγαρικός, Bulgarian/ *Βούλγαρος, Βουλγάρα*, Bulgarian (man, woman)
βούλευμα (τό), order, decree/ *απαλλακτικό* ~, nolle prosequi/ *παραπεμπτικό* ~, committal order
βουλευτής (ό), deputy, M.P./ *βουλευτικός*, parliamentary
βουλή (ή), will, volition/ (polit) parliament, chamber/ ~ *τών Κοινοτήτων*, House of Commons/ ~ *τών Λόρδων*, House of Lords
βούληση (ή), will, volition, wish
βούλιαγμα (τό), sinking/ (fig.) failure/ *βουλιάζω*, to sink, to be submerged
βουλιμία (ή), insatiable appetite
βουλκανίζω, to vulcanize/ *βουλκανισμός* (ό), vulranization
βούλλα (ή), stamp, seal
βουλλοκέρι (τό), sealing wax
βούλλωμα (τό), sealing/ (tooth) filling/ (bottle) tap/ *βουλλώνω*, to seal; to fill; to tap
βούνευρο (τό), whip
βουνήσιος, mountaineer, highlander
βουνό (τό), whip/ *βουρδουλιά* (ή), whipping, lashing
βούρκος (ό), mire, mud, slime/ (fig.) immorality
βουρκώνω, to be in tears
βουρλίζω, to drive (someone) crazy
βούρλο (τό), rush
βούρτσα (ή), brush/ *βουρτσίζω*, to brush/ *βούρτσισμα* (τό) brushing
βουστάσιο (τό), cowshed
βούτηγμα (τό), dipping, plunging, diving/ *βουτηχτής* (ό), diver
βουτιά (ή), dive, plunge
βουτσάς (ό), cooper
βούτυρο (τό), butter/ *βουτυρώνω*, to butter
βουτώ, to dip, to plunge, to dive
βοώ, to cry, to resound

βραβείο (τό), prize/ *βράβευση* (ή), prize award
βραβεύω, to award a prize
βράγχια (τά), gills
βραδάκι (τό), evening
βραδιάζει, it's getting dark/ *βράδιασμα* (τό), nightfall/ *βραδινός,* (of the) evening/ *βράδυ* (τό), evening
βραδύγλωσσος, stammerer
βραδυκίνητος, slow-moving
βραδύνοια (ή), dullness of the intellect
βραδυνός, βλ. *βραδινός*
βραδύνω, to go slow
βραδυπορία (ή), slow walk/ *βραδυπορῶ,* to walk slowly
βραδύς, slow, sluggish/ *βραδύτητα* (ή), slowness, sluggishness; dullness
βράζω, to boil/ (wine) to ferment/ (fig.) to be very angry
βρακί (τό), breeches
βράση (ή), or *βράσιμο* (τό), or *βρασμός* (ὁ), boiling
βραστήρας (ὁ), boiler/ *βραστός,* boiled
βραχέα (τά), ~ κύματα, short waves
βραχιόλι (τό), bracelet
βραχίονας (ὁ), arm, forearm/ (fig.) branch
βραχνάδα (ή), βλ. *βράχνιασμα*
βραχνάς (ὁ), nightmare
βραχνιάζω, to become hoarse/ *βραχνός,* hoarse
βράχος (ὁ), rock, cliff
βραχύβιος, short-lived
βραχυλογία (ή), brevity, conciseness/ *βραχυλογῶ,* to speak briefly
βραχύνω, to shorten, to abbreviate
βραχυπρόθεσμος, short-term
βραχύς, short, brief
βραχύσωμος, short (bodied)
βραχύτητα (ή), brevity, shortness
βραχώδης, rocky
βρέ, you there!
βρεγμένος, wet, damp, moist/ *βρέξιμο* (τό), moistening, wetting
βρετανικός, British/ *Βρετανός, Βρετανίδα,* British (man, woman)
βρεφικός, infantile/ *βρεφική ἡλικία,* infancy
βρεφοκομείο (τό), infant hospital, foundling house
βρεφοκτονία (ή), infanticide
βρέφος (τό), infant, baby
βρέχω, to wet, to moisten/ *βρέχει,* it's raining/ ὅ,τι βρέξει ἅς κατεβάσει, come what may
βρίζα (ή), rye
βρίζω, to abuse, to offend/ *βρισιά* (ή), offence, abuse, insult
βρίσκω, to find, to discover/ ~ τό διάβολό μου, to get into trouble/ ἀπό τό Θεό νά τό βρεῖς! may God punish you!
βρογχικός, bronchial/ *βρογχίτιδα* (ή), bronchitis/ *βρόγχοι* (οἱ), bronchi
βρογχοκήλη (ή), goitre
βρογχοπνευμονία (ή), bronchial pneumonia
βροντερός, sonorous, thundering/ *βροντή* (ή), thunder/ (fig.) loud sound/ *βρόντος* (ὁ), loud sound, thud/ *βροντοφωνῶ,* to speak in a loud voice/ *βροντῶ,* to thunder
βροχερός, rainy/ *βροχή* (ή), rain
βρόχος (ὁ), loop, noose
βρυάζω, to abound with, to be full of
βρυγμός (ὁ), gnashing
βρυκόλακας (ὁ), ghost, vampire/ *βρυκολακιάζω,* to become a vampire
βρύο (τό), moss
βρύση (ή), fountain; water-tap
βρυχηθμός (ὁ), roaring/ *βρυχῶμαι,* to roar
βρώμα (ή), dirt, filth/ (fig.) whore/ *βρωμερός,* filthy, foul, stinking/ *βρωμερότητα* (ή), foul act
βρώμη (ή), oats
βρωμιά (ή), filth, dirt/ *βρωμίζω,* to make dirty/ *βρώμικος,* dirty, filthy, foul
βρώμιο (τό), bromium
βρωμοδουλειά (ή), shady business
βρωμόπαιδο (τό), rogue; naughty child
βρωμόσκυλο (τό), dirty dog/ (fig.) scoundrel
βρωμῶ, to stink, to smell foul
βρώση (ή), food/ *βρώσιμος,* edible
βύζαγμα (τό), suckling/ *βυζαίνω,* to suckle/ *βυζανιάρικο* (τό), child at the breast
βυζαντινολογία (ή), Byzantine studies/ *βυζαντινολόγος* (ὁ), Byzantine scholar/ *βυζαντινός* (ὁ) Byzantine

βυζί (τό), breast
βυθίζω, to sink, to plunge, to dip/ βυθίζομαι, to submerge/ (fig.) to be absorbed/ βύθιση (ἡ), sinking, plunging/ βύθισμα (τό), draught
βυθοκόρος (ὁ), dredger
βυθομέτρηση (ἡ), sounding/ βυθομετρῶ, to take soundings
βυθός (ὁ), bottom, sea-bottom
βυρσοδεψεῖο (τό), tannery/ βυρσοδέψης (ὁ), tanner/
βυρσοδεψική (ἡ), tanning
βύσμα (τό), plug, stopper
βυσσινάδα (ἡ), sour cherry syrup
βυσσινί (τό), purple, crimson
βυσσινιά (ἡ), sour cherry tree/ βύσσινο (τό), sour cherry
βυσσοδομῶ, to plot against
βυτίο (τό), barrel, cask
βωβός, βλ. βουβός
βωλαράκι (τό), small lump
βωλοδέρνω, to break up lumps/ (fig.) to work hard
βωλοκόπος (ὁ), clod-crusher
βῶλος (ὁ), clod
βωμολοχία (ἡ), foul language/ βωμολόχος (ὁ), foulmouthed, scurrilous/ βωμολοχῶ, to use foul language
βωμός (ὁ), altar

Γ

γαβάθα (ἡ), basin, bowl
γαγγλιακός, gangliac/ γάγγλιο (τό), ganglion, gland
γάγγραινα (ἡ), gangrene
γάζα (ἡ), gauze
γαζί (τό), back-stitch/ γαζώνω, to back-stitch
γαία, βλ. γῆ
γαιάνθρακας (ὁ), coal
γαϊδάρα (ἡ), female ass/ γάϊδαρος (ὁ), ass, donkey/ κατά φωνή καί ~, talk of the devil
γαϊδουράγκαθο (τό), holly thistle
γαϊδουριά (ἡ), rudeness, indiscretion/ γαϊδουρινός, asinine/ (fig.) rude, indiscreet
γαϊδουρολάτης (ὁ), ass-driver
γαιοκτήμονας (ὁ), landowner, landholder
γάλα (τό), milk/ καί τοῦ πουλιοῦ τό ~, every possible luxury/ μέλι ~, very friendly
γαλάζιος, azure, blue
γαλαζοαίματος, of aristocratic (noble) blood
γαλαζόπετρα (ἡ), copper sulphate
γαλακτερός, milky
γαλακτοδοχεῖο (τό), milk-jug
γαλακτόζη (ἡ), lactose
γαλακτοκομεῖο (τό), dairy-farm
γαλακτομπούρεκο (τό), milk pie
γαλακτοπωλεῖο (τό), milk-shop/ γαλακτοπώλης (ὁ), milkman
γαλάκτωμα (τό), emulsion
γαλανόλευκος, white and blue/ γαλανόλευκη (ἡ), the Greek flag
γαλανομάτης (ὁ), blue-eyed
γαλανός, azure, blue
γαλαντόμος (ὁ), generous, liberal
γαλαξίας (ὁ), galaxy
γαλαρία (ἡ), gallery
γαλατάς (ὁ), milkman
γαλβανίζω, to galvanize/ γαλβανισμός (ὁ), galvanism/ (fig.) enthusiasm/ γαλβανόμετρο (τό), galvanometer
γαλέρα (ἡ), galley
γαλέτα (ἡ), ship's biscuit, hard tack
γαληνεύω, to calm down/ γαλήνη (ἡ), calmness, serenity; peace of mind/ γαλήνιος, calm, serene
γαληνότατος, most serene
γαλιάντρα (ἡ), calandra
γαλιφιά (ἡ), flattery
Γαλλίδα (ἡ), French woman/ γαλλίζω, to gallicize/ γαλλικός, French/ γαλλισμός (ὁ), gallicism/ Γάλλος (ὁ), Frenchman
γαλόνι (τό), gallon/ (mil.) stripe
γαλοπούλα (ἡ), turkey
γαλούχηση (ἡ), suckling; bringing up/ γαλουχῶ, to suckle, to bring up
γαμήλιος, nuptial, bridal/ γάμος (ὁ), marriage, matrimony; wedding/ πολιτικός

~, civil marriage
γάμπα (ή), leg
γαμπρός (ό), bridegroom; son-in-law; brother-in-law
γαμψός, hooked, crooked
γανάδα (ή), verdigris; furred tongue/ *γανιάζω*, to be covered with verdigris; to get a furred tongue
γάντζος (ό), hook, crotchet/ *γάντζωμα* (τό), hooking/ *γαντζώνω*, to hook, to grab/ *γαντζωτός*, hooked
γάντι (τό), glove/ μέ τό ~, politely, tactfully
γάνωμα (τό), tinning/ *γανώνω*, to tin over/ *γανωτής* (ό), tinker
γαργάλημα (τό), or *γαργάλισμα* (τό), tickle/ *γαργαλίζω*, or *γαργαλώ*, to tickle/ *γαργαλιστικός*, ticklish; provocative
γαργάρα (ή), gargle/ *γαργαρίζω*, to gargle
γάργαρος, limpid, clear
γαρδένια (ή), gardenia
γαρίδα (ή), shrimp, prawn
γαρμπής (ό), southwest wind
γαρνίρισμα (τό), trimming, dressing/ *γαρνίρω*, to trim, to garnish/ *γαρνιτούρα* (ή), trimming
γαρυφαλλιά (ή) carnation-tree/ *γαρύφαλλο* (τό), carnation; clove
γαστραλγία (ή), belly-ache/ *γαστρικός*, gastric/ *γαστρίτιδα* (ή), gastritis
γαστρονομία (ή), gastronomy/ *γαστρονομικός*, gastronomic
γάτα (ή), (she) cat/ *γάτος* (ό), tom-cat
γαυγίζω, to bark/ *γαύγισμα* (τό), barking
γδάρσιμο (τό), flaying, skinning/ *γδέρνω*, to flay, to skin
γδύνω, to undress, to strip/ *γδύνομαι*, to undress oneself, to strip/ *γδύσιμο* (τό), undressing, stripping/ *γδυτός*, naked, stripped
γεγονός (τό), event, fact/ *τετελεσμένο* ~, fait accompli
γειά (ή), health/ ἔχε ~, farewell/ ~ σου! good-bye hello
γεῖσο (τό), border, rim
γείτονας (ό), neighbour/ *γειτονεύω*, to border upon, to be next to/ *γειτονιά* (ή), neighbourhood, quarter/ *γειτονικός*, neighbouring, next to
γελαδάρης (ό), cowboy
γέλασμα (τό), fraud, deceit/ *γελασμένος*, deceived
γελαστός, smiling, laughing
γελέκο (τό), waistcoat
γελιέμαι, to be deceived
γέλιο (τό), laughter/ σκάω στά γέλια, to burst out laughing
γελοία, ridiculously
γελοιογραφία (ή), cartoon/ *γελοιογράφος* (ό), cartoonist
γελοιοποίηση (ή), ridicule/ *γελοιοποιώ*, to ridicule/ *γελοῖος*, ridiculous/ *γελοιότητα* (ή), ridiculousness
γελώ, to laugh; to deceive
γελωτοποιός (ό), clown, buffoon
γεμάτος, full; crowded; loaded (gun); plump/ στά γεμάτα, entirely/ *γεμίζω*, to fill; to load (a gun)/ *γέμιση* (ή), stuffing/ *γέμισμα* (τό), stuffing; loading/ *γεμιστός*, stuffed
γενάκι (τό), small beard
γενάρχης (ό), original ancestor
γενάτος, bearded
γενεά (ή), generation/ ~λογία (ή), family-tree
γενέθλια (τά), birthday, anniversary/ *γενέθλιος*, natal, native
γένεια (τά), or *γενειάδα* (ή), beard/ *γενειοφόρος*, bearded
γένεση (ή), creation, origin, beginning/ *γενεσιουργός*, creative
γενέτειρα (ή), native place
γενετήσιος, generative
γενετική (ή), genetics/ *γενετικός*, genetic
γένι (τό), βλ. *γένεια*
γενιά (ή), βλ. *γενεά*
γενικά, generally
γενίκευση (ή), generalization/ *γενικεύω*, to generalize
γενική (ή), genitive case
γενικός, general, global/ *γενικότητα* (ή), generality
γενίτσαρος (ό), janissary
γέννα (ή), birth; confinement
γενναία, bravely, valiantly
γενναιοδωρία (ή), generosity/ *γενναιόδωρος*, generous
γενναῖος, brave, valiant/ *γενναιότητα*

(ή), bravery
γενναιοφροσύνη (ή), magnanimity
γενναιοψυχία (ή), bravery
γέννημα (τό), offspring, creation
γέννηση (ή), birth
γεννητικός, generative/ γεννητικά όργανα, genitals
γεννήτρια (ή), generator
γεννιέμαι, to be born/ γεννοβολῶ, to procreate continually/ γεννῶ, to give birth
γένος (τό), breed, race/ (gram.) gender/ (woman) maiden name
γερά, securely, strongly
γεράκι (τό), hawk
γεράματα (τά), old age
γεράνι (τό), geranium
γερανός (ό), crane, winch/ (bird) crane
γερατιά (τά), 6λ. *γεράματα*
γέρμα (τό), setting, sunset/ (fig.) decline
γερμανικός, German/ *Γερμανός, Γερμανίδα*, German (man, woman)
γέρνω, to bend, to lean
γερνῶ, to grow old
γέροντας (ό), old man/ γεροντικός, old, senile/ γερόντιο (τό), little old man/ γερόντισσα (ή), old woman/ γεροντοκομεῖο (τό), home for the old/ γεροντοκόρη (ή), old maid/ γεροντολογία (ή), geriatrics/ γεροντοπαλλήκαρο (τό), bachelor/ *γέρος* (ό), old man
γερός, strong, robust; healthy
γερουσία (ή), senate/ γερουσιαστής (ό), senator
γεῦμα (τό), lunch, dinner/ γευματίζω, to have lunch (dinner)
γεύομαι, to taste/ *γεύση* (ή), taste, flavour/ γευστικός, tasty
γέφυρα (ή), bridge/ γεφυροποιός (ό), bridge engineer/ γεφυρώνω, to bridge/ γεφύρωση (ή), bridging
γεωγραφία (ή), geography/ γεωγραφικός, geographic(al)/ γεωγράφος (ό), geographer
γεωδαισία (ή), land survey
γεωλογία (ή), geology/ γεωλογικός, geological/ γεωλόγος (ό), geologist
γεωμέτρης (ό), geometrician/ γεωμετρία (ή), geometry/ ἀναλυτική ~, analytical geometry/ γεωμετρικός, geometric(al)

γεωπονία (ή), agriculture/ γεωπονικός, agricultural/ γεωπόνος (ό), agriculturist
γεωργία (ή), agriculture, cultivation/ γεωργικός, agricultural/ γεωργός (ό), farmer
γεώτρηση (ή), earth-drilling/ γεωτρύπανο (τό), drill
γεωφυσική (ή), geophysics
γεωχημεία (ή), geochemistry
γῆ (ή), land, soil; earth/ κινῶ ~ καί ούρανό, to try every possible method/ *γήινος*, terrestrial, earthly
γήπεδο (τό), ground, field; football field
γηραλέος (ό), aged, elderly (person)
γηροκομείο (τό), home for the old
γητεύω, to bewitch
γιά, for/ ~ τό Θεό, for God's sake
γιαγιά (ή), grandmother
γιακάς (ό), collar
γιαλός (ό), beach, shore
γιαούρτι (τό), yoghurt
γιασεμί (τό), jasmine
γιαταγάνι (τό), cutlass, long sword
γιατί, why; because
γιατρειά (ή), treatment, cure/ γιατρεύω, to heal, to cure/ γιατρικό (τό), medicine/ γιατρός (ό), doctor, physician
γιαχνί (τό), stew
γίγαντας (ό), giant/ γιγαντιαῖος, gigantic, huge, colossal/ γιγαντομαχία (ή), battle between giants/ γιγαντόσωμος, robust, giant-like
γίδα (ή), goat/ γιδοβοσκός (ό), goatherd/ γιδοτόμαρο (τό), goatskin
γιλέκο (τό), waistcoat
γινάτι (τό), 6λ. *πεῖσμα*
γίνομαι, to become; to turn (grow) into; to take place/ τί γίνεσαι; how are you?/ ὅτι ἔγινε ἔγινε, let bygones be bygones/ δέν γίνεται, it's impossible/ μή γένοιτο! God forbid!
γινόμενο (τό), product
γιομάτος, 6λ. *γεμάτος*
γιορτάζω, to celebrate/ γιορτή (ή), celebration, feast
γιουχαΐζω, to cry down with, to hoot, to jeer
γιρλάντα (ή), garland
γιώτ (τό), yacht
γκαβός, cross-eyed

γκάζι — γραπτά

γκάζι (τό), gas
γκαζόζα (ή), (effervescent) lemonade
γκάϊντα (ή), bagpipe
γκαρδιακός, hearty, close
γκαρίζω, to bray/ *γκάρισμα* (τό), braying
γκαρσόνι (τό), waiter
γκαρσονιέρα (ή), bachelor's flat
γκαστρώνω, to render pregnant/ *γκαστρώνομαι*, to become pregnant
γκάφα (ή), blunder
γκέμι (τό), rein, bridle
γκέτα (ή), gaiter
γκίνια (ή), bad luck
γκιώνης (ό), howlet
γκλίτσα (ή), crook, shepherd's stick
γκόλφ (τό), golf
γκουβερνάντα (ή), nurse, nanny
γκρεμίζω, to pull down, to demolish/ *γκρέμισμα* (τό), demolition
γκρεμός (ό), precipice
γκρίζος, grey
γκρίνια (ή), grumbling, whining/ *γκρινιάζω*, to grumble, to whine/ *γκρινιάρης* (ό), whiner, grumbler
γλάρος (ό), sea-gull
γλάστρα (ή), flower pot
γλαύκα (ή), owl/ *κομίζω ~ εἰς Ἀθήνας*, to carry coals to Newcastle
γλαυκός, blue, azure
γλαύκωμα (τό), glaucoma
γλαφυρά, gracefully, elegantly/ *γλαφυρότητα* (ή), grace, elegance/ *γλαφυρός*, graceful, elegant
γλείφω, to lick/ *γλείψιμο* (τό), licking
γλεντζές (ό), fun-loving/ *γλέντι* (τό), amusement, fun, mirth/ *γλεντώ*, to amuse oneself
γλιστερός, slippery/ *γλίστρημα* (τό), slipping/ *γλιστρώ*, to slip, to slide
γλίτσα, (ή), dirt, grease
γλόμπος (ό), bulb
γλουτός (ό), buttock
γλύκα (ή), sweetness/ *γλυκά*, sweetly, gently/ *~ (τά)*, cakes, sweets/ *γλυκαίνω*, to sweeten; to soothe/ (weather) to become milder
γλυκανάλατος, tasteless
γλυκάνισο (τό), aniseed
γλυκερίνη (ή), glycerine
γλυκερός, sweetish

γλύκισμα (τό), or *γλυκό* (τό), sweet, cake, candy
γλυκόζη (ή), glucose
γλυκοκοιτάζω, to look tenderly (lovingly) at
γλυκολέμονο (τό), sweet lemon
γλυκομίλητος, affable, gentle
γλυκοπατάτα (ή), sweet potato
γλυκόριζα (ή), liquorice
γλυκός, sweet/ *γλυκούτσικος*, sweetish/ *γλυκήτητα* (ή), sweetness
γλύπτης (ό), sculptor/ *γλυπτική* (ή), sculpture/ *γλυπτικός*, sculptural/ *γλυπτός*, sculpted
γλύτωμα (τό), or *γλυτωμός* (ό), salvation/ *γλυτώνω*, to save, to deliver, to rescue
γλυφάδα (ή), brackishness
γλύψανο (τό), or *γλυφίδα* (ή), chisel
γλυφός, brackish
γλύφω, to chisel, to carve
γλῶσσα (ή), tongue; language/ *μητρική ~*, mother tongue/ *μάλλιασε ή ~ μου*, I am tired of giving advice
γλωσσάριο (τό), glossary
γλωσσεύω (ή), to use rude language, to be impudent
γλωσσίδι (τό), bell-clapper
γλωσσικός, linguistic
γλωσσοδέτης (ό), *ἔχει ~*, he is tongue-tied
γλωσσολογία (ή), linguistics/ *γλωσσολογικός*, linguistic/ *γλωσσολόγος* (ό), linguist/ *γλωσσομάθεια* (ή), knowledge of many languages
γλωσσοτρώγω, to slander/ *γλωσσοῦ* (ή), chatterbox
γνάθος (ή), jaw-bone/ *ἄνω ~*, upper jaw/ *κάτω ~*, lower jaw
γνέθω, to spin/ *γνέσιμο* (τό), spinning
γνέφω, to nod/ *γνέψιμο* (τό), nodding
γνήσια, genuinely/ *γνήσιος*, genuine, pure; authentic; legitimate/ *γνησιότητα* (ή), genuinness; authenticity
γνωμάτευση (ή), opinion, counsel/ *γνωματεύω*, to give an opinion/ *γνώμη* (ή), opinion/ *κοινή ~*, public opinion
γνωμικό (τό), motto, saying
γνωμοδότηση (ή), βλ. *γνωμάτευση*/ *γνωμοδοτικός*, consultative

γνώμονας (ό), rule; standard
γνωρίζω, to know, to be acquainted with/ *γνωριμία* (ή), acquaintance/ *γνώριμος* anquainted, known/ *γνώρισμα* (τό), characteristic, distinctive mark
γνώση (ή), knowledge, learning/ είμαι εν γνώσει, to be aware of/ *γνώστης* (ό), expert
γνωστικά, prudently/ *γνωστικός*, prudent, sensible
γνωστοποίηση (ή), notification, notice/ *γνωστοποιώ*, to notify
γνωστός, known; an acquaintance
γογγύζω, to complain, to grumble
γογγύλι (τό), turnip
γοερά, mournfully/ *γοερός*, mournful
γόης (ό), enchanter/ *γόησσα* (ή), enchantress/ *γοητεία* (ή), enchantment, charm/ *γοητευμένος*, enchanted, charmed/ *γοητευτικός*, enchanting/ *γοητεύω*, to enchant, to fascinate
γόητρο (τό), prestige
γολέτα (ή), schooner
γόμα (ή), gum
γομάρι (τό), beast of burden/ (fig.) blockhead
γομολάστιχα (ή), rubber
γόμωση (ή), charge
γονατίζω, to kneel/ *γονάτισμα* (τό), kneeling/ (fig.) giving in/ *γονατιστός*, kneeling (down)/ *γόνατο* (τό), knee/ στά γόνατα, on one's lap
γόνδολα (ή), gondola/ *γονδολιέρης* (ό), gondolier
γονείς (οί), parents
γόνιμα, fruitfully/ *γονιμοποίηση* (ή), fertilization/ *γονιμοποιώ*, to fertilize/ *γόνιμος*, fertile, fruitful, productive/ *γονιμότητα* (ή), fertility, productivity
γονιός (ό), parent
γονόκοκκος (ό), gonococcus
γόνος (ό), offspring, descendant
γόος (ό), lamentation
γόπα (ή), minnow; cigarette-end
γοργά, quickly, swiftly, fast
γοργόνα (ή), mermaid
γοργός, quick, swift, fast/ *γοργοτάξιδος*, swift-travelling/ *γοργότητα* (ή), swiftness
γορίλλας (ό), gorilla

γοτθικός, gothic
γούβα (ή), hollow
γουδί (τό), mortar/ *γουδοχέρι* (τό), pestle
γούνα (ή), fur/ *γουναράς* (ό), furrier
γουργουρητό (τό), rumbling/ *γουργουρίζω*, to rumble
γούρι (τό), good luck
γουρλομάτης (ό), goggle-eyed/ *γουρλωμένος*, wide-open
γούρνα (ή), basin
γουρούνα (ή), sow/ *γουρούνι* (τό), pig, swine, hog
γουρουνήσιος, swinish/ *γουρουνόπουλο* (τό), porkling
γουστάρω, to enjoy
γουστέρα (ή), lizard
γούστο (τό), taste/ *γουστόζικος*, pleasant
γουταπέρκα (ή), guttapercha
γοφός, (ό), hip, haunch
γραβιέρα (ή), gruyère (cheese)
γραΐγος (ό), northeasterly wind
γράμμα (τό), letter/ κατά ~, literally
γραμμάριο (τό), gram
γράμματα (τά), literature/ άνθρωπος τών γραμμάτων, man of letters
γραμματέας (ό), secretary/ *γραμματεία* (ή), secretariat
γραμματική (ή), grammar/ *γραμματικός*, grammatical
γραμματικός (ό), clerk
γραμμάτιο (τό), bond, bill
γραμματισμένος (ό), educated
γραμματοκιβώτιο (τό), letter-box
γραμματολογία (ή), history of literature
γραμματόσημο (τό), stamp, postage/ *γραμματοσυλλέκτης* (ό), stamp-collector, philatelist
γραμματοφυλάκιο (τό), briefcase
γραμμένος, written
γραμμή (ή), line/ στή ~, in a row/ σιδηροδρομική ~, railway/ τό πλοίο τής γραμμής, liner/ σέ γενικές γραμμές, broadly speaking/ πρώτης γραμμής, first (top) quality/ *γραμμικός*, linear
γραμμόφωνο (τό), gramophone
γραμμωτός, streaked, striped
γρανάζι (τό), gear
γρανίτης (ό), granite
γραπτά, in writing/ *γραπτός*, written/ τά γραπτά, examination papers

γραπώνω — δασοκομία

γραπώνω, to seize
γρασίδι (τό), grass
γρατσουνίζω, to scratch/ *γρατσούνισμα* (τό), scratching
γραφέας (ό), clerk, scribe
γραφείο (τό), office; desk
γραφειοκράτης (ό), bureaucrat/ *γραφειοκρατία* (ή), bureaucracy/ *γραφειοκρατικός*, bureaucratic
γρασσαδόρος (ό), grease pressure gun/ *γρασσάρισμα* (τό), greasing
γραφή (ή), writing/ ʽΑγία ~, Bible, Scripture/ στό κάτω κάτω τῆς γραφῆς, after all/ *γραφιάς* (ό), clerk/ (fig.) poor writer/ *γραφίδα* (ή), anything to write with
γραφικός, (of) writing/ (maths) graphical/ (fig.) picturesque
γραφίτης (ό), graphite, black lead
γραφολογία (ή), graphology
γραφομηχανή (ή), typing machine, typewriter
γραφτό, to written/ εἶναι ~, it's destiny
γράφω, to write/ ~ στά παλιά μου τα παπούτσια, take no notice of/ ὅτι γράφει δέν ξεγράφει, there is no escape from fate/ *γράψιμο* (τό), writing
γρεναδιέρος (ό), grenadier
γρήγορα, quickly, fast/ *γρηγοράδα*, (ή), speed, swiftness/ *γρήγορος*, quick, fast
γρηγορῶ, to be vigilant
γριά (ή), old woman
γρίπος (ό), drag-net
γρίππη (ή), influenza
γρίφος (ό), riddle
γροθιά (ή), punch; fist
γρονθοκόπημα (τό), boxing/ *γρονθοκοπῶ*, to punch, to box
γρόσι (τό), piastre/ τά γρόσια, money
γρῦ (τό), nothing/ δέν καταλαβαίνω ~, I don't understand
γρυλλίζω, to grunt/ *γρυλλισμός* (ό), grunting
γρύλλος (ό), cricket/ (mech.) jack
γρυπός, hooked, crooked; aquiline
γρύπας (ό), griffin
γυαλάδα (ή), shining
γυαλάδικο (τό), glassware shop
γυαλί (τό), glass/ *γυαλιά* (τά), spectacles, glasses

γυαλίζω, to polish; to shine/ *γυαλίζομαι*, to look at oneself in the mirror
γυαλικά (τά), glassware/ *γυάλινος*, glassy, made of glass
γυάλισμα (τό), polishing, shining/ *γυαλιστερός*, shiny
γυαλόχαρτο (τό), sand-paper
γυάρδα (ή), yard
γυλιός (ό), knapsack
γυμνάζω, to train, to drill/ *γυμνάσια* (τά), military manoeuvres
γυμνασιάρχης (ό), headmaster/ *γυμνάσιο* (τό), secondary (high) school/ *γυμνασιόπαιδο* (τό), high school pupil
γύμνασμα (τό), exercise, drill
γυμναστήριο (τό), gymnasium
γυμναστής (ό), gymnastics teacher/ *γυμναστική* (ή), gymnastics, physical education/ *γυμναστικός*, gymnastic
γυμνητεύω, to remain naked/ *γυμνιστής* (ό), nudist
γυμνοπόδαρος, bare-footed/ *γυμνός*, naked, nude; bare
γυμνοσάλιαγκας (ό), slug
γυμνότητα (ή), nakedness, bareness/ *γύμνωμα* (τό), stripping/ *γυμνώνω*, to strip, to undress
γυναίκα (ή), woman; wife
γυναικάδελφη (ή), sister-in-law/ *γυναικάδελφος* (ό), brother-in-law
γυναικάρα (ή), virago
γυναικάς (ό), womanizer
γυναικεῖος, feminine, womanly/ γυναικεῖο φύλο, female sex
γυναικοκρατία (ή), gynaecocracy
γυναικολογία (ή), gynaecology/ *γυναικολογικός*, gynaecological/ *γυναικολόγος* (ό), gynaecologist
γυναικόπαιδα (τά), women and children
γυναικούλα (ή), little woman
γυναικωνίτης (ό), women's quarters, harem
γύναιο (τό), wench
γύπας (ό), vulture
γυρεύω, to ask for, to seek, to search
γύρη (ή), pollen
γυρίζω, to turn, to revolve; to return/ ἔχει γυρίσει τόν κόσμο, he has been all over the world/ *γύρισμα* (τό), turning, revolving; filming/ *γυρισμός* (ό), return

γυριστός, crooked
γυρνώ, βλ. *γυρίζω*
γυρολόγος (ό), pedlar
γύρος (ό), turn, tour/ (hat) rim
γυροσκόπιο (τό), gyroscope
γυρτός, bent, leaning
γύρω, around
γυφτιά (ή), stinginess, meanness/ *γύφτικο* (τό), blacksmith's shop/ *κάτι τρέχει στά γύφτικα*, totally unimportant/ *γύφτικος*, relating to gipsies/ *γύφτος* (ό), *γύφτισσα* (ή), gipsy (man, woman)
γύψινος, plaster-made/ *γύψος* (ό), plaster/ *γύψωμα* (τό), plastering/ *γυψώνω*, to plaster
γωνία (ή), corner; angle/ *γωνιάζω*, to square/ *γωνιακός*, (of the) corner/ *γωνιόμετρο* (τό), goniometer/ *γωνιώδης*, angular

Δ

δά, indeed/ ἕλα ~! come now! ὄχι ~! don't say!
δάγγειος (ό), dandy-fever
δάγκαμα (τό), bite, sting/ *δαγκαματιά* (ή), bite mark/ *δαγκανιάρης*, biting/ *δαγκάνω*, or *δαγκώνω*, to bite, to sting
δαδί (τό), torch/ *δαδοῦχος* (ό), torch-bearer/ *δαδοφορία* (ή), torch-procession
δαίδαλος (ό), labyrinth, maze
δαίμονας (ό), demon, evil spirit/ *τί στό δαίμονα!* what the dickens!
δαιμονίζω, to enrage, to make furious/ *δαιμονίζομαι*, to run furious
δαιμονικό (τό), ghost, evil spirit/ *δαιμονικός*, demoniac, devilish/ *δαιμόνιο* (τό), demon, evil spirit/ *καλλιτεχνικό* ~, genius, talent/ *δαιμόνιος*, very clever, inspired/ *δαιμονισμένος*, possessed/ *δαιμονιώδης*, devilish/ ~ *θόρυβος*, deafening noise/ *δαιμονολατρεία* (ή), demon-worship
δάκρυ (τό), tear/ *χύνω δάκρυα*, to shed tears/ *ξεσπῶ σέ δάκρυα*, to burst into tears/ *δακρύβρεκτος*, tearful/ *δακρυγόνος*, tear-producing/ *δακρυγόνο ἀέριο*, tear gas/ *δακρύζω*, to weep/ *δάκρυσμα* (τό), weeping
δακτυλήθρα (ή), thimble
δακτυλιά (ή), βλ. *δαχτυλιά*
δακτυλιδένιος, ring-shaped/ (fig.) slender
δακτυλίδι (τό), ring/ *δακτυλιδόπετρα* (ή), gem
δακτυλικός, dactylic; digital
δακτύλιος (ό), collar, ring/ (med.) anus
δάκτυλο (τό), βλ. *δάχτυλο*
δακτυλογράφηση (ή), typing/ *δακτυλογράφος* (ό), typist/ *δακτυλογραφῶ*, to type
δάκτυλος (ό), inch/ (fig.) ξένος ~, foreign influence
δαμάζω, to tame, to subdue, to master
δαμαλίζω, to vaccinate
δαμάλι (τό), heifer
δαμαλισμός (ό), vaccination
δαμασκηνιά (ή), plum-tree/ *δαμάσκηνο* (τό), plum
δάμασμα (τό), taming, mastering/ *δαμαστής* (ό), tamer
δανδής (ό), dandy
δανείζω, to lend/ *δανείζομαι*, to borrow/ *δανεικός*, borrowed/ *δάνειο* (τό), loan/ *συνάπτω* ~, to contract a loan/ *δανεισμός* (ό), lending; borrowing/ *δανειστής* (ή), lender, creditor/ *δανειστικός*, lending
δανικός, or *δανέζικος*, Danish
Δανός (ό), Dane
δαντέλλα (ή), lace/ *δαντελλωτός*, lacy
δαπάνη (ή), cost, expenditure/ *δαπανηρά*, costly, expensively/ *δαπανηρός*, costly, expensive/ *δαπανῶ*, to spend
δάπεδο (τό), floor
δάρσιμο (τό), beating, flogging
δασαρχεῖο (τό), forest service/ *δασάρχης* (ό), forest inspector
δασεῖα (ή), (gram.) aspirate accent
δασικός, sylvan, relating to forests
δασκάλα (ή), schoolmistress/ *δασκαλεύω*, to teach, to instruct/ *δάσκαλος* (ό), schoolmaster
δασμολόγηση (ή), taxation/ *δασμολογικός*, fiscal/ *δασμολόγιο* (τό), tariff/ *δασμολογῶ*, to tax/ *δασμός* (ό), duty, tax
δασοκομία (ή), forestry/ *δασολόγος* (ό), forester/ *δάσος* (τό) forest, wood/ *δασότοπος* (ό), woodland/ *δασοφύλακας*

(ὁ), forest-guard
δασύς, thick, dense/ *δασύτριχος*, hairy
δασώδης, forested, wooded
δαυκί (τό), carrot
δαυλός (ὁ), torch
δαφνέλαιο (τό), laurel oil/ *δάφνη* (ἡ), laurel/ *δάφνινος*, (of) laurel/ *δάφνινο στεφάνι*, laurel crown/ *δαφνοστεφανωμένος*, laureate
δάχτυλο (τό), finger/ *μεγάλο* ~, thumb/ *τό παίζω στά δάχτυλα*, to have at one's fingertips/ *μετριοῦνται στά δάχτυλα*, there are very few
δεδομένο (τό), given, granted
δέηση (ἡ), prayer/ *δεητικός*, praying, suppliant
δεῖγμα (τό), sample, specimen; token/ ~ *τοληψία* (ἡ), sampling/ ~ *τολόγιο* (τό), list of samples
δείκτης (ὁ), pointer, indicator; forefinger/ *δεικτικός*, indicative/ *δεικτική ἀντωνυμία*, demonstrative pronoun
δειλά, timidly, cowardly
δείλι (τό), evening
δειλία (ἡ), timidity, cowardice/ *δειλιάζω*, to lose heart, to be frightened/ *δείλιασμα* (τό), cowardice
δειλινό (τό), evening
δειλός, cowardly, timid
δεῖνα (ὁ, ἡ, τό), a certain
δεινά, dreadfully, horribly/ *δεινό* (τό), or *δεινοπάθημα* (τό), suffering, hardship/ *δεινοπαθῶ*, to suffer/ *δεινός*, dreadful, horrible/ *δεινός ῥήτορας*, excellent speaker/ *δεινότητα* (ἡ), violence; skill
δείξιμο (τό), demonstration
δεῖπνο (τό), supper, dinner/ *Μυστικός Δεῖπνος*, The Last Supper/ *δειπνῶ*, to have supper (dinner)
δεισιδαιμονία (ἡ), superstition
δείχνω, to show, to indicate
δέκα, ten/ *δεκάγωνο* (τό), decagon/ *δεκαδικός*, decimal/ *δεκαεννέα*, nineteen/ *δεκαέξι*, sixteen/ *δεκαεξαετής*, sixteen years old/ *δεκαεπτά*, seventeen/ *δεκαεπταετής*, seventeen years old/ *δεκαετηρίδα* (ἡ), tenth anniversary/ *δεκαετής*, ten years old/ *δεκαετία* (ἡ), decade
δεκάζω, to corrupt, to bribe
δεκαήμερο, ten days, decameron

δεκάλογος (ὁ), decalogue/ (rel.) the ten commandments
δεκανέας (ὁ), corporal
δεκανίκι (τό), crutch
δεκαοκταετής (ὁ), eighteen years old/ *δεκαοκτώ*, eighteen
δεκαπενθήμερο (τό), fortnight/ *δεκαπενθήμερος*, fortnightly
δεκαπενταετής (ὁ), fifteen years old/ *δεκαπέντε*, fifteen
δεκαπλασιάζω, to multiply tenfold/ *δεκαπλάσιος*, tenfold
δεκασμός (ὁ), bribe, corruption
δεκατέσσερα, fourteen/ *δεκατετραετής*, fourteen years old
δεκάτη (ἡ), tithe/ *δεκατίζω*, to tithe, to decimate
δέκατο (τό), one tenth/ *δέκατος*, tenth
δεκατρία, thirteen
Δεκέμβριος (ὁ), December
δέκτης (ὁ), receiver/ *φορητός* ~, portable receiver
δεκτικός, susceptible/ *δεκτικότητα* (ἡ), susceptibility
δεκτός, acceptable, admissible
δελεάζω, to entice, to tempt/ *δελεασμός* (ὁ), enticement, tempting/ *δελεαστικός*, enticing, tempting
δέλτα (τό), delta
δελτάριο (τό), card/ *ταχυδρομικό* ~, postcard
δελτίο (τό), bulletin/ ~ *εἰδήσεων*, news bulletin/ ~ *ταυτότητας*, identity card
δελφικός, delphic
δελφίνι (τό), dolphin
δελφῖνος (ὁ), Dauphin
δέμα (τό), package, parcel
δεμάτι (τό), sheaf, bundle/ *δεματιάζω*, to tie in sheafs
δέν, not, no/ ~ *εἶναι ἔτσι*; isn't it so?
δεντράκι (τό), bush, shrub
δέντρο (τό), tree/ *ὀπωροφόρο* ~, fruit-tree
δεντρογαλιά (ἡ), adder
δεντροκαλλιέργεια (ἡ), or *δεντροκομία* (ἡ), arboriculture
δεντρολίβανο (τό), rosemary
δεντροστοιχία (ἡ), alley
δεντροφυτεία (ἡ), tree plantation/ *δεντροφύτευση* (ἡ), tree-planting

δεντρύλλιο (τό), shrub
δένω, to tie, to fasten/ ~ τό τραῦμα, to bandage the wound/ λύνω καί ~, to be in complete control
δεξαμενή (ἡ), tank, reservoir
δεξιά, to the right/ ὁ Θεός νά τά φέρει ~, may God be on your side/ *δεξιός*, right
δεξιοτέχνης (ὁ), skilful, apt/ *δεξιοτεχνία* (ἡ), skill, aptitude/ *δεξιότητα* (ἡ), dexterity
δεξιώνομαι, to give a reception/ *δεξίωση* (ἡ), reception
δέομαι, to implore, to entreat
δέον (τό), necessary, due/ *ἐν καιρῷ τῷ δέοντι*, in due course/ *δεόντως*, duly
δέος (τό), awe, fear
δέρας (τό), χρυσόμαλλο ~, the golden fleece
δερβίσης (ὁ), dervish
δέρμα (τό), skin, hide; leather/ *δερματέμπορος* (ὁ), hide-dealer
δερματικός, of the skin/ *δερμάτινος*, made of leather/ *δερματίτιδα* (ἡ), or *δερματοπάθεια* (ἡ), dermatitis/ *δερματολογία* (ἡ), dermatology/ *δερματολόγος* (ὁ), dermatologist
δέρνω, to beat, to strike/ *δέρνομαι*, to be in despair
δέσιμο (τό), binding, fastening/ εἶναι γιά ~, he is crazy
δεσμά (τά), chains, bonds/ ἰσόβια ~, life imprisonment/ *δέσμευση* (ἡ), binding; engagement/ *δεσμευτικός*, binding; engaging/ *δεσμεύω*, to bind, to fetter/ *δεσμεύομαι*, to be bound/ *δέσμη* (ἡ), bundle, sheaf/ ~ φωτός, beam
δεσμίδα (ἡ), ream of paper
δέσμιος, prisoner, captive
δεσμός (ὁ), bond, tie, link; knot/ ἐρωτικός ~, love affair/ Γόρδιος ~, Gordian knot
δεσμοφύλακας (ὁ), jailer/ *δεσμωτήριο* (τό), jail, prison, gaol/ *δεσμώτης* (ὁ), prisoner
δεσπόζω, to dominate, to command
δέσποινα (ἡ), mistress, madam/ *δεσποινίδα* (ἡ), miss
δεσπότης (ὁ), master, ruler; bishop/ *δεσποτικός*, despotic, tyrannical/ *δεσποτισμός* (ὁ), despotism, tyranny

δετός, tied, fastened/ ἔβαλε δετούς καί λυμένους, he tried every possible means
Δευτέρα (ἡ), Monday
δευτερεύων, secondary/ δευτερεύουσα πρόταση, subordinate clause
δευτέρι (τό), βλ. **δεφτέρι**
δευτεροβάθμιος, of a second degree/ δευτεροβάθμια ἐξίσωση, quadratic equation
δευτερογενής, secondary
δευτεροετής, second year student, sophomore
δευτερόλεπτο (τό), a second
δευτερολογία (ἡ), rejoinder, reply/ *δευτερολογῶ*, to rejoin
δεύτερος, second/ *δευτερότοκος*, second-born
δευτερώνω, to repeat, to renew
δεφτέρι (τό), account-book, notebook
δέχομαι, to accept, to agree; to receive
δῆγμα (τό), βλ. **δάγκαμα**
δῆθεν, as if; so-called
δηκτικός, biting, sarcastic/ *δηκτικότητα* (ἡ), bitterness, sarcasm
δηλαδή, that is to say
δηλητηριάζω, to poison/ *δηλητηρίαση* (ἡ), poisoning/ *δηλητήριο* (τό), poison/ *δηλητηριώδης*, poisonous
δηλώνω, to declare, to state/ *δήλωση* (ἡ), declaration, statement/ *δηλωτικός*, declaratory
δημαγωγία (ἡ), demagogy/ *δημαγωγικός*, demagogic/ *δημαγωγός* (ὁ), demagogue
δημαρχεῖο (τό), city (town) hall/ *δημαρχία* (ἡ), mayorship; townhall/ *δήμαρχος* (ὁ), mayor
δημεγέρτης (ὁ), agitator/ *δημεγερτικός*, agitating, rebellious
δήμευση (ἡ), confiscation/ *δημευτικός*, confiscatory/ *δημεύω*, to confiscate
δημηγορία (ἡ), oration, speech/ *δημηγορῶ*, to speak in public
δημητριακά (τά), cereals
δήμιος (ὁ), hangman, executioner
δημιούργημα (τό), creature/ *δημιουργία* (ἡ), creation/ *δημιουργικός*, creative/ *δημιουργός* (ὁ), creator, author/ *δημιουργῶ*, to create
δημογέροντας (ὁ), elder

δημοδιδασκάλισσα — διακρίνω

δημοδιδασκάλισσα (ή), elementary schoolmistress/ *δημοδιδάσκαλος* (ό), elementary schoolmaster
δημοκοπία (ή), demagogy/ *δημοκοπώ*, to flatter the people
δημοκράτης (ό), democrat/ *δημοκρατία* (ή), democracy, republic/ *δημοκρατικά*, democratically/ *δημοκρατικός*, democratic, republican
δημοπρασία (ή), auction/ *δημοπρατήριο* (τό), auction hall
δήμος (ό), borough; the public
δημοσιά (ή), public road
δημοσίευμα (τό), published text/ *δημοσίευση* (ή), publication/ *δημοσιεύω*, to publish/ (law) to promulgate
δημόσιο (τό), the state
δημοσιογραφία (ή), journalism/ *δημοσιογραφικός*, journalistic/ *δημοσιογράφος* (ό), journalist/ *δημοσιογραφώ*, to work as a journalist
δημοσιολόγος (ό), publicist
δημοσιονομία (ή), financiering/ *δημοσιονόμος* (ό), financier
δημόσιος, public, common/ *δημοσιότητα* (ή), publicity
δημότης (ό), citizen, member of a borough
δημοτική (ή), demotic language
δημοτικός, municipal/ *δημοτικό σχολείο*, elementary school/ *δημοτικές ἐκλογές*, local elections/ *δημοτικό τραγούδι*, folk song
δημοτικότητα (ή), popularity
δημοτολόγιο (τό), borough register
δημοφιλής, popular
δημοψήφισμα (τό), plebiscite, referendum
δημώδης, popular, folk
διά, βλ. *γιά*
διάβα (τό), passage, passing by
διαβάζω, to read, to study
διαβαθμίζω, to grade/ *διαβάθμιση* (ή), grading
διαβαίνω, to pass through, to cross
διαβάλλω, to slander, to defame
διάβαση (ή), passage
διάβασμα (τό), reading, study/ *διαβασμένος*, educated, learned
διαβατάρικος, passing, fleeting

διαβατήριο (τό), passport
διαβάτης (ό), passer-by/ *διαβατικός*, transient
διαβατός, passable
διαβεβαιώνω, to assure, to affirm/ *διαβεβαίωση* (ή), assurance, affirmation/ *διαβεβαιωτικός*, affirmative
διάβημα (τό), proceeding; demarche
διαβήτης (ό), pair of compasses; diabetes/ *διαβητικός*, diabetic
διαβιβάζω, to transmit, to forward/ *διαβίβαση* (ή), transmission, forwarding
διαβίωση (ή), way of living
διαβλέπω, to perceive, to foresee/ (fig.) to see through
διαβόητος, notorious
διαβολάκι (τό), little devil/ (fig.) naughty child
διαβολάνθρωπος (ό), devilish man
διαβολέας (ό), slanderer
διαβολεμένος, devilish; cunning, crafty
διαβολή (ή), slander
διαβολιά (ή), trick, roguery
διαβολίζω, to enrage
διαβολικός, diabolic(al)
διαβολόκαιρος (ό), nasty weather
διάβολος (ό), devil, deuce/ *νά πάρει ό ~!* what the devil!/ *πήγαινε στό διάβολο!* go to hell!/ *στοῦ διαβόλου τή μάννα*, very far (away)
διαβουξολώ, to lull with hopes
διαβούλιο (τό), council, deliberation
διαβρέχω, to soak
διάβρωση (ή), corrosion/ *διαβρωτικός*, corrosive
διαγγελέας (ό), messenger/ *διάγγελμα* (τό), message, address
διαγκωνίζομαι, to jostle
διάγνωση (ή), diagnosis/ *διαγνωστικός*, diagnostic
διάγραμμα (τό), diagram, outline
διαγραφή (ή), cancellation; drawing/ *διαγράφω*, to cancel; to draw out, to outline
διαγωγή (ή), conduct, behaviour
διαγώνια, diagonally
διαγωνίζομαι, to compete
διαγώνιος (ή), diagonal
διαγωνισμός (ό), test, examination
διαδέχομαι, to succeed

διαδηλώνω, to declare, to manifest/ *διαδήλωση* (ἡ), demonstration, manifestation/ *διαδηλωτής* (ὁ), demonstrator
διάδημα (τό), diadem, crown
διαδίδω, to spread, to disseminate/ ~ *φήμη*, to spread a rumour
διαδικασία (ἡ), proceedings
διάδικος (ὁ), litigant
διάδοση (ἡ), spreading/ (phys.) propagation/ *διαδοσίας* (ὁ), rumour-monger
διαδοχή (ἡ), succession/ *διαδοχικά*, successively/ *διαδοχικός*, successive/ *διάδοχος* (ὁ), successor; heir
διαδραματίζω, to play a part
διαδρομή (ἡ), course, ride, drive
διάδρομος (ὁ), corridor, passage
διάζευξη (ἡ), disjoining, separation/ *διαζευτικός*, disjunctive
διαζύγιο (τό), divorce
διάζωμα (τό), frieze, cornice
διαθερμία (ἡ), diathermy
διάθεση (ἡ), disposal; mood, disposition/ *εἶμαι στήν* ~ *σας*, I am at your disposal/ *ἔχω καλές διαθέσεις ἀπέναντι*, to have good intentions/ *διαθέσιμος*, available, disposable/ ~ *χρόνος*, free time/ *διαθεσιμότητα* (ἡ), availability/ *σέ* ~, in retirement
διαθέτης (ὁ), disposer/ *διαθέτω*, to dispose
διαθήκη (ἡ), testament, will/ Παλαιά ~, Old Testament/ Καινή ~, New Testament
διάθλαση (ἡ), refraction/ *διαθλαστικός*, refractive/ *διαθλῶ*, to refract
διαθυλῶ, to trumpet, to blazon
διαίρεση (ἡ), division, distribution/ *διαιρετέος*, dividend/ *διαιρέτης* (ὁ), divisor/ *διαιρετός*, divisible/ *διαιρετότητα* (ἡ), divisibility/ *διαιρῶ*, to divide, to partition
διαισθάνομαι, to have a feeling (premonition)/ *διαίσθηση* (ἡ), foresight, premonition
δίαιτα (ἡ), diet
διαιτησία (ἡ), arbitration/ *διαιτητής* (ὁ), arbitrator; referee
διαιτητική (ἡ), dietetics/ *διαιτητικός*, dietetic/ *διαιτολόγιο* (τό), diet, diet-plan

διαιωνίζω, to perpetuate/ *διαιώνιση* (ἡ), perpetuation
διακαής, ardent, fervid, passionate
διακαινήσιμος, ἑβδομάδα τῆς διακαινησίμου, week after Easter
διακαίομαι, to be inflamed
διακανονίζω, to settle, to regulate/ *διακανονισμός* (ὁ), settlement
διακατέχω, to possess/ *διακατέχομαι*, to be possessed
διάκειμαι, to be disposed (towards)
διακεκαυμένος, torrid
διακεκριμένος, eminent, distinguished
διάκενο (τό), vacuum
διακήρυξη (ἡ), declaration, proclamation/ *διακηρύττω*, to declare, to proclaim
διακινδυνεύω, to risk
διακλαδίζομαι, to branch off/ *διακλάδωση* (ἡ), branching, ramification
διακοίνωση (ἡ), communication; diplomatic note
διακομιδή (ἡ), transportation, conveyance/ *διακομίζω*, to transport, to convey
διακονεύω, to beg, to ask for alms/ *διακονιά* (ἡ), begging
διακονία (ἡ), ministry, service
διακονιάρης (ὁ), beggar
διάκονος (ὁ), deacon
διακονῶ, to serve, to minister
διακοπή (ἡ), interruption, break, intermission/ ~ *πληρωμῶν*, suspension of payments/ ~ *ρεύματος*, power cut
διακόπτης (ὁ), switch/ *ἀνοίγω τόν* ~, turn on the switch/ *κλείνω τόν* ~, turn off the switch/ *διακόπτω*, to interrupt, to discontinue, to suspend
διακόρευση (ἡ), defloration/ *διακορεύω*, to deflower
διάκος (ὁ), *διάκονος*
διακόσια (ἡ), two hundred/ *διακοσιοστός*, two-hundredth
διακόσμηση (ἡ), decoration, trimming/ *διακοσμητής* (ὁ), decorator/ *διακοσμητικός*, decorative/ *διάκοσμος* (ὁ), decoration/ *διακοσμῶ*, to decorate
διακρίνω, to discern, to perceive/ *διακρίνομαι*, to be distinguished/ *διάκριση* (ἡ), distinction; discrimination/ *τιμητι*-

διακυβέρνηση — διάστημα

κή ~, award, honour/ *φυλετικές διακρίσεις*, racial discrimination/ *διακριτικά*, distinctively; tactfully, discreetly/ *διακριτικός*, tactful, discreet; discretionary/ *διακριτικότητα (ή)*, tact, discretion
διακυβέρνηση (ή), government, rule/ *διακυβερνώ*, to govern, to rule
διακύβευση (ή), risk/ *διακυβεύω*, to risk
διακυμαίνω, to wave/ *διακυμαίνομαι*, to fluctuate/ *διακύμανση* (ή), fluctuation
διακωμώδηση (ή), ridicule/ *διακωμωδώ*, to ridicule, to mock
διαλαλητής (ό), public crier, herald/ *διαλαλώ*, to proclaim
διαλανθάνω, to slip away, to escape
διάλεγμα (τό), choice, selection/ *διαλεγμένος*, chosen, selected/ *διαλέγω*, to choose, to select
διάλειμμα (τό), interval, break, intermission
διαλείπων, intermittent
διάλειψη (ή), gap, fading
διαλεκτική (ή), dialectics/ *διαλεκτικός*, dialectic(al)
διάλεκτος (ή), dialect
διάλεξη (ή), lecture, talk
διαλευκαίνω, to elucidate/ *διαλεύκανση* (ή), elucidation
διαλεχτός, or *διαλεκτός*, select, chosen
διαλλαγή (ή), reconciliation/ *διαλλακτικός*, conciliatory, moderate/ *διαλλακτικότητα* (ή), conciliation, moderation
διαλογή (ή), counting of votes, scrutiny
διαλογίζομαι, to meditate, to reflect
διαλογικός, in dialogue form
διαλογισμός (ό), reflection, thought
διάλογος (ό), dialogue
διάλυμα (τό), solution
διάλυση (ή), dissolution; liquidation/ (chem.) solution/ *διαλυτικός*, dissolving; diluting/ *διαλυτός*, dissolvable; soluble/ *διαλυτότητα* (ή), solubility/ *διαλύω*, to dissolve; to disperse, to break up/ (chem.) to dilute
διαμαντένιος, adamantine/ *διαμάντι* (τό), diamond/ *διαμαντικά* (τά), jewellery/ *διαμαντοκόλλητος*, set with diamonds
διαμαρτύρηση (ή), protestation

διαμαρτυρία (ή), protest/ *διαμαρτύρομαι*, to protest
διαμαρτυρόμενος, protestant
διαμάχη (ή), dispute, conflict
διαμελίζω, to dismember, to cut up/ *διαμελισμός* (ό), dismemberment
διαμένω, to stay, to live, to reside
διαμέρισμα (τό), section, division; flat, apartment
διαμερισμός (ό), partition, distribution
διάμεσος, intermediate
διαμετακομίζω, to transport/ *διαμετακόμιση* (ή), transport
διαμέτρημα (τό), calibre, gauge
διάμετρος (ή), diameter
διαμηνύω, to send a message
διαμοιράζω, to distribute/ *διαμοιρασμός* (ό), distribution
διαμονή (ή), stay, residence
διαμορφώνω, to shape, to form/ *διαμόρφωση* (ή), shaping
διαμπερής, transversal
διαμφισβήτηση (ή), disputation, controversy/ *διαμφισβητώ*, to dispute, to contest
διανέμω, to distribute
διανθίζω, to decorate
διανόηση (ή), intellectuality/ *διανοητικά*, intellectually, mentally/ *διανοητικός*, intellectual/ *διάνοια* (ή), intellect
διανοίγω, to open through, to penetrate
διανομέας (ό), distributor/ *ταχυδρομικός* ~, postman/ *διανομή* (ή), distribution
διανοούμαι, to think/ (fig.) to intend/ *διανοούμενος* (ό), intellectual, man of letters
διάνος (ό), turkey
διανυκτέρευση (ή), sitting up, staying overnight/ *διανυκτερεύω*, to stay overnight
διάνυσμα (τό), vector
διανύω, to finish, to complete/ ~ *απόσταση*, to cover a distance
διαξιφίζομαι, to fence, to fight with a sword/ *διαξιφισμός* (ό), fencing/ (fig.) quarrel, argument
διαπαιδαγώγιση (ή), education, bringing up/ *διαπαιδαγωγώ*, to educate, to bring up
διαπαντός, for ever

διαπασῶν (τό), tuning fork/ στή ~, at the top of one's voice
διαπεραιώνω, to ferry across/ διαπεραίωση (ἡ), ferrying
διαπεραστικός, piercing, sharp
διαπερατός, permeable/ διαπερατότητα (ἡ), permeability
διαπερνῶ, to pierce, to penetrate
διαπήδηση (ἡ), osmosis
διαπιστευτήρια (τά), credentials
διαπιστώνω, to realize/ διαπίστωση (ἡ), realization
διάπλαση (ἡ), formation/ (fig.) bringing up/ διαπλάσσω, to form, to shape
διάπλατα, wide-open/ διάπλατος, wide-open
διαπλάτυνση (ἡ), widening, broadening/ διαπλατύνω, to widen, to broaden
διαπλέω, to sail across
διαπληκτίζομαι, to quarrel, to have a row/ διαπληκτισμός (ὁ), quarrel, row
διάπλους (ὁ), crossing, sailing across
διαπνέομαι, to feel, to be driven by
διαπόμπευση (ἡ), ridiculing/ διαπομπεύω, to ridicule
διαποτίζω, to impregnate, to saturate
διαπραγματεύομαι, to negotiate; to deal with/ διαπραγμάτευση (ἡ), negotiation
διάπραξη (ἡ), committing, performance/ διαπράττω, to commit, to perform/ ~ ἔγκλημα, to commit a crime
διαπρεπής, distinguished, prominent/ διαπρέπω, to distinguish oneself
διαπύηση (ἡ), suppuration
διάπυρος, red-hot/ (fig.) ardent/ διαπύρωση (ἡ), glow
διαρθρώνω, to articulate/ διάρθρωση (ἡ), articulation
διάρκεια (ἡ), duration, period/ κατά τήν ~, during/ διαρκής, permanent, lasting/ διαρκῶ, to last/ διαρκῶς, permanently, all the time
διαρπαγή (ἡ), plunder, looting, sacking/ διαρπάζω, to plunder, to loot, to sack
διαρ(ρ)έω, to leak
διαρρήδην, explicitly, definitely
διάρ(ρ)ηξη (ἡ), rupture; breaking in
διαρ(ρ)οή (ἡ), leakage
διάρ(ρ)οια (ἡ), diarrhoea
διαρυθμίζω, to arrange, to regulate/ διαρύθμιση (ἡ), arrangement, regulating/ διαρυθμιστής (ὁ), regulator
διαρχία (ἡ), duality
διασάλευση (ἡ), disturbance, commotion/ διασαλεύω, to disturb, to cause a commotion
διασαφηνίζω, to elucidate, to clarify/ διασάφηση (ἡ), elucidation, clarification
διάσειση (ἡ), shake; concussion
διάσελο (τό), mountain-pass
διάσημα (τά), insignia
διάσημος, famous, illustrious/ διασημότητα (ἡ), fame; celebrity
διασίδι (τό), warp
διασκεδάζω, to enjoy, to amuse oneself/ διασκέδαση (ἡ), amusement, entertainment/ διασκεδαστικός, amusing, entertaining
διασκελιά (ἡ), βλ. δρασκελιά
διασκέπτομαι, to confer, to deliberate
διασκευάζω, to arrange; to adapt/ διασκευή (ἡ), arrangement; adaptation (of a text)
διάσκεψη (ἡ), conference, meeting
διασκορπίζω, to disperse, to scatter/ διασκόρπιση (ἡ), dispersion, scattering
διασπαθίζω, to dissipate, to squander/ διασπάθιση (ἡ), dissipation, squandering
διάσπαση (ἡ), separation, breaking up/ (phys.) splitting, fission
διασπείρω, to spread, to disseminate/ διασπορά (ἡ), dispersion, dissemination/ οἱ Ἕλληνες τῆς διασπορᾶς, Greeks living abroad
διασπῶ, to split, to break up
διασταλτικός, dilatory, dilating/ διασταλτικότητα (ἡ), dilatability/ διασταλτός, dilatable
διάσταση (ἡ), discord, disagreement/ (maths) dimension
διασταυρώνω, to cross/ διασταύρωση (ἡ), crossing, junction, intersection; cross-breeding
διαστέλλω, to expand, to dilate; to distinguish
διάστημα (τό), space, interval, period (of time)/ κατά διαστήματα, from time to time/ διαστημικός, spatial/ διαστημό-

πλοιο (τό), spaceship
διάστιξη (ή), tattooing
διάστιχο (τό), spacing
διαστολή (ή), expansion; distinction, differentiation
διαστρεβλώνω, to distort, to deform/ διαστρέβλωση (ή), distortion, deformation
διαστρέφω, to twist, to distort/ διαστροφέας (ό), perverter, corrupter/ διαστροφή (ή), perversion, corruption; distortion, misrepresentation
διασυρμός (ό), slander, defamation/ διασύρω, to slander, to defame
διασχίζω, to cross (through)
διασώζω, to save, to rescue; to preserve/ διάσωση (ή), rescue; preservation
διαταγή (ή), order, command/ στίς διαταγές σας, at your orders/ μέχρι νεωτέρας διαταγής, until further orders
διάταγμα (τό), decree, edict, order/ βασιλικό ~, royal decree/ διατάζω, to order, to command
διάταξη (ή), arrangement/ (mil.) order of battle/ (leg.) provision/ ήμερήσια ~, order of the day, agenda
διαταράζω, to disturb, to upset/ διατάραξη (ή), disturbance, disorder
διάταση (ή), distension
διατεθειμένος, willing, disposed
διατείνομαι, to contend, to maintain, to allege
διατελώ, to remain/ ~ ύμέτερος, yours faithfully
διατέμνω, to intersect
διατήρηση (ή), preservation, keeping/ διατηρώ, to preserve, to keep/ ~ έπιχείρηση, to run a business
διατίμηση (ή), tariff, valuation/ διατιμώ, to valuate
διατομή (ή), cross-section
διατονικός, diatonic
διατρανώνω, to demonstrate, to manifest/ διατράνωση (ή), demonstration, manifestation
διατρέφω, to support, to feed, to maintain
διατρέχω, to traverse, to run along/ ~ κίνδυνο, to run a risk
διάτρηση (ή), perforation; drilling/ διατρητικός, drilling, boring/ διάτρητος, pierced, perforated
διατριβή (ή), stay; treatise/ διατρίβω, to stay, to live, to dwell
διατροφή (ή), maintenance, support; alimony
διατρυπώ, to pierce, to perforate
διάττων (ό), ~ άστέρας, shooting star
διατυμπανίζω, to trumpet, to proclaim/ διατυμπάνιση (ή), trumpeting, proclamation
διατυπώνω, to state, to formulate/ διατύπωση (ή), formulation, stating, expression/ διατυπώσεις (οί), formalities
διαύγεια (ή), clarity, transparency; clearmindedness/ διαυγής, clear, transparent; clearminded
δίαυλος (ό), straits/ (arch.) groove
διαφαίνομαι, to appear through, to show
διαφάνεια (ή), transparency/ διαφανής, transparent, limpid
διαφεντεύω, to protect, to defend
διαφέρω, to differ
διαφεύγω, to escape, to slip away/ μοῦ διαφεύγει, I forget
διαφημίζω, to advertise/ διαφήμιση (ή), advertisement/ διαφημιστής (ό), advertiser/ διαφημιστικός, advertising
διαφθείρω, to corrupt, to seduce/ διαφθορά (ή), corruption, depravity/ διαφθορεῖο (τό), brothel/ διαφθορέας (ό), seducer
διαφιλονικώ, to contest, to dispute
διαφορά (ή), difference; dispute
διαφορετικά, differently/ διαφορετικός, different
διαφορικός, differential/ ~ λογισμός, differential calculus
διάφορο (τό), profit, interest
διαφοροποίηση (ή), differentiation/ διαφοροποιώ, to differentiate/ διάφορος, different, diverse/ (pl.) various, several
διάφραγμα (τό), diaphragm
διαφυγή (ή), escape, flight
διαφύλαξη (ή), preservation, protection/ διαφυλάσσω, to preserve, to protect
διαφωνία (ή), disagreement, dissent/ διαφωνώ, to disagree, to dissent
διαφωτίζω, to enlighten/ διαφώτιση (ή), enlightenment
διαχειμάζω, to spend the winter

διάστιξη—δικαιολογητικός

διαχειρίζομαι, to manage, to administer/ *διαχείρηση* (ή), management, administration/ *διαχειριστής* (ό), manager, administrator/ *διαχειριστικός*, administrative

διαχέω, to diffuse/ *διάχυση* (ή), diffusion/ *διαχυτικός*, open-hearted/ *διαχυτικότητα* (ή), friendliness, open-heartedness/ *διάχυτος*, diffused

διαχωρίζω, to separate, to sever/ *διαχωρισμός* (ό), separation, division/ *διαχωριστικός*, separating

διαψεύδω, to deny; to contradict/ *διάψευση* (ή), denial; contradiction

δίβουλος, double-minded

διγαμία (ή), bigamy/ *δίγαμος*, bigamist

δίγνωμος, dubious; hesitant

δίδαγμα (τό), teaching, moral

διδακτήριο (τό), school building/ *διδακτική* (ή), didactics/ *διδακτικός*, didactic; instructive

διδάκτορας (ό), doctor, PhD/ *διδακτορία* (ή), doctorate/ *διδακτορικός*, doctoral

δίδακτρα (τά), school fees

διδασκαλείο (τό), Teachers' College

διδασκαλία (ή), teaching/ *διδάσκαλος* (ό), teacher, schoolmaster/ *διδάσκω*, to teach, to educate/ *διδαχή* (ή), teaching/ (theol.) preaching

δίδυμος (ό), twin/ (astrol.) Gemini

δίδω, to give, to grant, to offer, to yield/ ~ τό λόγο μου, to give one's word/ ~ ξύλο, to beat/ ~ τά παπούτσια στό χέρι, to dismiss, to sack/ ~ όρκο, to take an oath/ ~ μαθήματα, to teach/ ~ πίστη, to believe

διεγείρω, to excite, to urge, to stimulate/ *διέγερση* (ή), excitement, stimulation/ *διεγερτικός*, exciting, stimulating

διεθνής, international/ *διεθνισμός* (ό), internationalism/ *διεθνιστής* (ή), internationalist

διείσδυση (ή), penetration/ *διεισδύω*, to penetrate

διεκδίκηση (ή), claim, demand/ *διεκδικητής* (ό), claimant/ *διεκδικώ*, to claim

διεκπεραιώνω, to forward, to despatch/ *διεκπεραίωση* (ή), forwarding, despatch

διεκτραγωδώ, to relate disasters

διέλευση (ή), crossing, passing through

διελκυνστίνδα (ή), tug-of-war

διένεξη (ή), dispute, quarrel

διενεργώ, to operate, to carry out

διεξάγω, to carry out, to conduct/ *διεξαγωγή* (ή), carrying out, conducting

διεξέρχομαι, to go through, to peruse

διεξοδικά, extensively/ *διεξοδικός*, extensive, detailed

διέξοδος (ή), outlet; alternative

διέπω, to rule, to be governed by

διερεύνηση (ή), investigation, research/ *διερευνητής* (ό), investigator, researcher/ *διερευνητικός*, investigating, researching/ *διερευνώ*, to investigate, to research

διερμηνέας (ό), interpreter, translator/ *διερμηνεύω*, to interpret, to explain

διέρχομαι, to pass by

διερωτώμαι, to wonder

δίεση (ή), diesis

διεστραμμένος, perverted

διετής, diennial/ *διετία* (ή), two years

διευθέτηση (ή), arrangement, settlement/ *διευθετώ*, to arrange, to settle

διεύθυνση (ή), direction, management; address/ *διευθυντής* (ό), director, manager/ *διευθύνω*, to direct, to manage

διευκόλυνση (ή), facilitation/ *διευκολύνω*, to facilitate

διευκρίνηση (ή), elucidation, clarification/ *διευκρινίζω*, to elucidate, to clarify

διεφθαρμένος, corrupt, depraved

διήγημα (τό), short story/ *διηγηματογράφος* (ό), short story writer/ *διήγηση* (ή), narration/ *διηγούμαι*, to narrate

διήθηση (ή), filtering/ *διηθώ*, to filter

διημέρευση (ή), spending all day/ *διημερεύω*, to spend all day

διήμερος, lasting two days

διθυραμβικός, dithyrambic; full of praise/ *διθύραμβος* (ό), dithyramb; praise

δικάζω, to try, to judge

δίκαια, justly, rightly, fairly

δικαιοδοσία (ή), jurisdiction

δικαιοδόχος (ό), assignee

δικαιολογητικός, justificatory/ *δικαιολογία* (ή), justification, excuse/ *δικαιολο-*

γῶ, to justify/ *δικαιολογοῦμαι*, to find excuses, to justify oneself
δίκαιο (τό), right; law/ ἔχω ~, to be right/ ἄγραφο ~, common law/ ἀστικό ~, civil law/ ποινικό ~, penal law/ *δικαιοπραξία* (ἡ), legal deed/ *δίκαιος*, just, righteous/ *δικαιοσύνη* (ἡ), justice/ *ἀπονέμω* ~, to administer justice/ *δικαιοῦμαι*, to be entitled to/ *δικαιοῦχος* (ὁ), beneficiary
δικαίωμα (τό), right; tax
δικαιωματικά, lawfully/ *δικαιωματικός*, lawful
δικαιώνω, to justify/ *δικαίωση* (ἡ), justification, vindication
δικανικός, juridical
δίκανο (τό), double-barrelled gun
δικάσιμος, to be tried/ *δικάσιμη μέρα*, day of hearing
δικαστήριο (τό), tribunal, court/ *δικαστής* (ὁ), magistrate, judge/ *δικαστικός*, judicial, judiciary
δικέρατος, double-horned/ *δικέφαλος*, double-headed
δίκη (ἡ), lawsuit, trial, action/ Θεία ~, Divine justice
δικηγορία (ἡ), law practice/ *δικηγορικός*, relating to a lawyer/ *δικηγόρος* (ὁ), lawyer, solicitor, barrister/ *δικηγορῶ*, to practise law
δικλείδα (ἡ), value/ *ἀσφαλιστική* ~, safety valve
δικογραφία (ἡ), brief, case file/ *δικόγραφο* (τό), legal document
δικολάβος (ὁ), pettifogger
δικονομία (ἡ), procedure/ πολιτική ~, civil procedure
δίκοπος, double-edged
δίκρανο (τό), pitchfork
δικτάτορας (ὁ), dictator/ *δικτατορία* (ἡ), dictatorship/ *δικτατορικός*, dictatorial
δίκτυο (τό), network/ *δικτυωτό* (τό), lattice-work
δίκυκλο (τό), bicycle
δίλημμα (τό), dilemma
διλοχία (ἡ), double company
διμερής, bilateral
διμηνία (ἡ), two months
δίμιτο (τό), twill
διμοιρία (ἡ), platoon

δίνη (ἡ), whirlpool, eddy
δίνω, βλ. **δίδω**
διογκώνω, to swell/ *διόγκωση* (ἡ), swelling, tumour
διόδια (τά), toll-fees
δίοδος (ἡ), passage
διοίκηση (ἡ), administration; command/ *διοικητήριο* (τό), government house/ *διοικητής* (ὁ), governor; commander/ *διοικητικός*, administrative/ *διοικῶ*, to administer, to govern
διόλου, not at all, not in the least/ ὅλως ~, entirely, fully
διομολογήσεις (οἱ), capitulations
διοξείδιο (τό), dioxide
δίοπος (ὁ), quartermaster
διόπτρα (ἡ), field binoculars
διορατικός, shrewd, penetrating/ *διορατικότητα* (ἡ), shrewdness
διοργανώνω, to organize/ *διοργάνωση* (ἡ), organization/ *διοργανωτής* (ὁ), organizer/ *διοργανωτικός*, organizing
διορθώνω, to correct, to repair, to restore/ δέν διορθώνεται, he is hopeless/ *διόρθωση* (ἡ), correction, repair/ τυπογραφική ~, proof reading/ *διορθωτής* (ὁ), restorer; proof reader/ *διορθωτικός*, corrective
διορία (ἡ), term (of time)
διορίζω, to appoint, to nominate/ *διορισμός* (ὁ), appointment, nomination
διόρυξη (ἡ), digging, excavation
διότι, for, because
διουρητικός, diuretic
διοχέτευση (ἡ), canalization/ *διοχετεύω*, to canalize
δίπατος, two-storeyed
δίπλα (ἡ), fold, plait, wrinkle
δίπλα, beside, next to/ *διπλανός*, neighbouring
διπλαρώνω, to approach alongside
διπλασιάζω, to double/ *διπλασιασμός* (ὁ), doubling/ *διπλάσιος*, double, twofold
διπλογραφία (ἡ), book-keeping
διπλός, double, twofold/ *διπλότυπο* (τό), duplicate
δίπλωμα (τό), certificate, diploma
διπλωμάτης (ὁ), diplomat/ *διπλωματία* (ἡ), diplomacy/ *διπλωματικός*, diplo-

matic
διπλωματοῦχος (ὁ), graduate
διπλώνω, to fold, to wrap up
δίποδο (τό), two-footed (animal)
δίπορτος, having two doors/ τό ἔχει δίπορτο, he has two strings to his bow
διπροσωπία (ἡ), duplicity/ *διπρόσωπος*, double-faced
δισάκι (τό), saddle-bag
δισέγγονος (ὁ), great-grandson
δισεκατομμύριο (τό), billion/ *δισεκατομμυριοῦχος* (ὁ), billionaire
δίσεκτος, leap (year)
δισκίο (τό), tablet
δισκοβολία (ἡ), discus throwing/ *δισκοβόλος* (ὁ), discus thrower
δισκοπότηρο (τό), chalice
δίσκος (ὁ), tray; disc; discus
δισταγμός (ὁ), hesitation, indecision/ *διστάζω*, to hesitate/ *διστακτικά*, hesitatingly/ *διστακτικός*, hesitating
δίστηλος, double-columned
δίστιχο (τό), couplet
δίστομος, double-edged
δίστρατο (τό), forked road
δισχιδής, forked, cloven
δίτροχος, two-wheeled
διττός, βλ. *διπλός*
διυλίζω, to filter, to refine/ *διύλιση* (ἡ), filtering, refining/ *διυλιστήριο* (τό), refinery
διφθέρα (ἡ), parchment
διφθερίτιδα (ἡ), diphtheria
δίφθογγος (ἡ), diphthong
διφορούμενος, ambiguous
δίφρος (ὁ), chariot
διχάζω, to divide, to disunite
διχάλα (ἡ), pitchfork/ *διχαλωτός*, forked
διχασμός (ὁ), division, disunity
διχογνωμία (ἡ), dissent/ *διχογνωμῶ*, to dissent
διχόνοια (ἡ), discord
διχοτόμηση (ἡ), bisection/ *διχοτομῶ*, to bisect
δίχρωμος, two-coloured
δίχτυ (τό), net
δίχως, without/ ~ ἄλλο, without fail
δίψα (ἡ), thirst/ *διψασμένος*, thirsty/ *διψῶ*, to be thirsty
διωγμός (ὁ), persecution

διωδία (ἡ), duet
διώκτης (ὁ), persecutor/ *διώκω*, to persecute/ *δίωξη* (ἡ), persecution
διώξιμο (τό), expulsion, driving out
δίωρο (τό), two hours
διώρυγα (ἡ), canal
διώχνω, to drive out, to send away
δόγης (ὁ), the doge
δόγμα (τό), doctrine, dogma/ *δογματίζω*, to dogmatize/ *δογματικός*, dogmatic
δόκανο (τό), snare, trap
δοκάρι (τό), beam
δοκησίσοφος, conceited
δοκιμάζω, to try, to test; to taste; to experience/ *δοκιμάζομαι*, to suffer/ *δοκιμασία* (ἡ), test, trial; suffering/ *δοκιμαστικός*, testing/ *δοκιμή* (ἡ), test, experiment, trial
δοκίμιο (τό), essay/ τυπογραφικό ~, (printing) proof
δόκιμος, experienced/ (ὁ), apprentice; cadet
δοκός (ἡ), beam
δολερός, sly, crafty, cunning/ *δολιεύομαι*, to cheat, to deceive/ *δόλιος*, deceitful, crafty/ *δολιότητα* (ἡ), deceit, fraudulence
δολιχοκέφαλος, dolichocephalous
δολλάριο (τό), dollar
δολοπλοκία (ἡ), intrigue/ *δολοπλόκος* (ὁ), intriguer
δόλος (ὁ), deceit, fraud
δολοφονία (ἡ), assassination, murder/ *δολοφονικός*, assassinous, murderous/ *δολοφόνος* (ὁ), assassin, murderer/ *δολοφονῶ*, to assassinate, to murder
δόλωμα (τό), bait, enticement/ *δολώνω*, to bait
δομή (ἡ), structure
δόνηση (ἡ), vibration/ σεισμική ~, earthquake
δόντι (τό), tooth/ κρατῶ μέ τά δόντια, to keep with great difficulty/ τρίζω τά δόντια, to take a tough attitude/ *δοντιά* (ἡ), bite
δονῶ, to vibrate, to shake
δόξα (ἡ), glory, fame/ ~ τῷ Θεῷ, thank God!/ *δοξάζω*, to glorify; to praise
δοξάρι (τό), bow, fiddlestick
δοξασία (ἡ), belief, doctrine

δοξαστικός — εαρινός

δοξαστικός, laudatory
δοξολογία (ἡ), hymn of praise
δόρυ (τό), spear, lance
δορυφόρος (ὁ), satellite; bodyguard
δόση (ἡ), dose; instalment
δοσίλογος (ὁ), Nazi collaborator
δοσοληψία (ἡ), transaction
δοτική (ἡ), dative case
δούκας (ὁ), duke/ *δουκάτο* (τό), duchy/ *δούκισσα* (ἡ), duchess
δουλεία (ἡ), slavery, bondage
δουλειά (ἡ), work, labour/ *κοίτα τήν ~ σου*, mind your own business/ *τί ~ κάνεις;* what do you do?
δούλεμα (τό), elaboration/ (fig.) mocking, pulling someone's leg
δουλεμπόριο (τό), slave-trade/ *δουλέμπορος* (ὁ), slave-dealer
δουλευτής (ὁ), hard worker
δουλεύω, to work, to labour
δουλικό (τό), servant-girl
δουλικός, servile/ *δουλικότητα* (ἡ), servility
δουλοπάροικος (ὁ), serf
δουλοπρέπεια (ἡ), servility/ *δουλοπρεπής*, servile
δοῦλος (ὁ), slave, servant/ *δουλοφροσύνη* (ἡ), servility
δοῦναι (τό), debit
δοχεῖο (τό), vase, pot
δραγάτης (ὁ), field-guard
δραγομάνος (ὁ), interpreter, dragoman
δρακόντειος, draconic
δράκος (ὁ), dragon, ogre
δράμα (τό), drama, play/ *δραματικός*, dramatic/ *δραματογράφος* (ὁ), playwright/ *δραματολόγιο* (τό), repertory/ *δραματοποίηση* (ἡ), dramatization/ *δραματοποιῶ*, to dramatize/ *δραματουργός* (ὁ), playwright
δραπέτευση (ἡ), escape, flight/ *δραπετεύω*, to escape, to run away/ *δραπέτης* (ὁ), fugitive
δράση (ἡ), activity
δρασκελιά (ἡ), stride, step
δραστήριος, energetic, active/ *δραστηριότητα* (ἡ), activity
δράστης (ὁ), author (of a crime)/ *δραστικός*, drastic
δραχμή (ἡ), drachma

δρεπάνι (τό), sickle
δρέπω, to pick, to harvest, to reap
δριμύς, severe, sharp, bitter/ *δριμύτητα* (ἡ), severity, sharpness, bitterness
δρομάδα (ἡ), dromedary
δρομέας (ὁ), runner
δρομολόγιο (τό), itinerary; timetable
δρομόμετρο (τό), log
δρόμος (ὁ), way, street, road/ (sport) race
δροσερός, cool, fresh/ *δροσερότητα* (ἡ), coolness, freshness/ *δροσιά* (ἡ), dew/ *κάνει ~*, it's cool/ *δροσίζω*, to refresh, to cool/ *δροσιστικός*, refreshing, cooling
δρυάδα (ἡ), wood-nymph, dryad
δρύινος, oaken
δρυμός (ὁ), wood, forest
δρῦς (ἡ), oak-tree
δρῶ, to act, to operate
δυάδα (ἡ), duo, duet/ *δυαδικός*, dual/ *δυαδικότητα* (ἡ), duality/ *δυϊκός*, dual number
δύναμη (ἡ), force, power, strength/ *οἱ Μεγάλες Δυνάμεις*, the Great Powers
δυναμική (ἡ), dynamics/ *δυναμικό* (τό), potential/ *δυναμικός*, dynamic, energetic
δυναμίτιδα (ἡ), dynamite
δυνάμωμα (τό), strengthening/ *δυναμώνω*, to strengthen, to invigorate/ *δυναμωτικός*, invigorating, strengthening
δυναστεία (ἡ), dynasty
δυνάστευση (ἡ), oppression/ *δυναστεύω*, to oppress/ *δυνάστης* (ὁ), oppressor, tyrant
δυνατά, strongly, vigorously; loudly/ *δυνατός*, strong, vigorous; loud/ *δυνατότητα* (ἡ), possibility
δυνητικός, potential
δύο, two/ *καί οἱ ~*, both
δυόσμος (ὁ), mint
δυσανάγνωστος, illegible
δυσαναλογία (ἡ), disproportion/ *δυσανάλογος*, disproportionate
δυσαναπλήρωτος, irreplaceable
δυσανασχετῶ, to grow indignant
δυσαρέσκεια (ἡ), discontent, displeasure/ *δυσαρεστημένος*, discontented, displeased
δυσάρεστος, unpleasant, disagreeable/

δυσαρεστώ, to displease, to annoy, to offend
δυσαρμονία (ή), discord
δυσβάστακτος, unbearable; very heavy
δύσβατος, inaccessible
δυσδιάκριτος, indistinguishable
δυσεκπλήρωτος, hard to fulfil, unrealistic
δυσεντερία (ή), dysentery
δυσεξήγητος, inexplicable
δυσεπανόρθωτος, irremediable
δυσερμήνευτος, 6λ. *δυσεξήγητος*,
δυσεύρετος, hard to find, rare
δύση (ή), west; sunset
δυσθυμία (ή), depression/ *δύσθυμος*, depressed
δύσκαμπτος, rigid, stiff/ *δυσκαμψία* (ή), rigidity, stiffness
δυσκίνητος, slow, sluggish
δυσκοίλιος, constipated/ *δυσκοιλιότητα* (ή), constipation
δύσκολα, with difficulty/ *δυσκολεύω*, to create difficulties/ *δυσκολεύομαι*, to find difficulties/ *δυσκολία* (ή), difficulty
δυσκολοεξήγητος, inexplicable
δυσκολονόητος, incomprehensible, hard to understand
δυσκολοπίστευτος, unbelievable
δύσκολος, hard, difficult/ *δύσκολη εποχή*, hard times/ *δύσκολη θέση*, embarrassing position
δυσμένεια (ή), disfavour/ *δυσμενής*, unfavourable
δυσμικός, westerly
δύσμοιρος, unfortunate, unlucky
δυσμορφία (ή), ugliness/ *δύσμορφος*, ugly
δυσοίωνος, inauspicious
δυσοσμία (ή), stink, bad odour/ *δύσοσμος*, stinking
δυσουρία (ή), dysury
δύσπεπτος, indigestible/ *δυσπεψία* (ή), indigestion
δυσπιστία (ή), distrust/ *δύσπιστος*, distrustful, incredulous/ *δυσπιστώ*, to distrust
δύσπνοια (ή), difficulty in breathing
δυσπραγία (ή), adversity
δυσπρόσιτος, inaccessible
δυστοκία (ή), painful delivery
δυστροπία (ή), peevishness/ *δύστροπος*, peevish, ill-humoured/ *δυστροπώ*, to be peevish
δυστύχημα (τό), accident, mishap/ *δυστυχής*, unhappy, unfortunate/ *δυστυχία* (ή), unhappiness, misfortune/ *δυστυχισμένος*, unhappy, miserable/ *δύστυχος*, unhappy/ *δυστυχώ*, to be unhappy/ *δυστυχώς*, unfortunately, unhappily
δυσφήμιση (ή), defamation, slander/ *δυσφημιστικός*, defamatory/ *δυσφημίζω*, to defame, to slander
δυσφορία (ή), uneasiness/ *δυσφορώ*, to be uneasy
δυσχεραίνω, to cause difficulties/ *δυσχέρεια* (ή), difficulty/ *δυσχερής*, difficult, hard
δύσχρηστος, unusable, hard to use
δυσωδία (ή), stink
δύτης (ό), diver
δυτικός, western, westerly
δύω, to set, to sink/ (fig.) to decline
δυωδία (ή), duet
δώδεκα, twelve/ *δωδεκάγωνο* (τό), dodecagon
δωδεκάδα (ή), dozen/ *δωδεκαδάκτυλο* (τό), duodenum
δωδεκαετής, twelve years old/ *δωδέκατος*, twelfth
δώμα (τό), terrace, rooftop
δωμάτιο (τό), room, chamber/ *ἐνοικιάζεται ~*, room to let
δωρεά (ή), gift, present; donation/ *δωρεάν*, gratis/ *δωρητής* (ό), donor, donator/ *δωρίζω*, to offer
δωρικός, Doric
δώρο (τό), gift
δωροδοκία (ή), bribe/ *δωροδοκώ*, to bribe

E

ἐάν, if, whether
ἐαρινός, vernal, spring/ *ἐαρινή ἰσημερία*, vernal equinox

εαυτός (ό), self, oneself/ εκτός εαυτού, beside oneself
εβδομάδα (ή), week/ Μεγάλη ~ , Holy week/ εβδομαδιαίος, weekly
εβδομηκοστός, seventieth/ εβδομήντα, seventy
εβδομηντάρης (ό), seventy years old/ έβδομος, seventh
έβενος (ό), ebony
εβίβα, cheers!
εβραϊκός, Jewish, Hebrew/ Εβραίος (ό), Jew, Israelite/ Εβραϊσμός (ό), Hebraism
έγγαμος, married
εγγαστρίμυθος, ventriloquist
έγγειος, (of the) land, territorial
εγγίζω, to touch; to approach
εγγλέζικος, English
εγγονή (ή), grand-daughter/ εγγονός (ό), grandson
εγγράμματος, educated, literate
εγγραφή (ή), registration, entry; recording
έγγραφο (τό), document, deed/ έγγραφος, written
εγγράφω, to register, to enter/ (maths) to inscribe/ εγγράφομαι, to enrol
εγγύηση (ή), guarantee, security/ εγγυητής (ό), guarantor
εγγύς, near, close
εγγυώμαι, to guarantee
έγερση (ή), rising, waking/ εγερτήριο (τό), alarm
εγερτήριος, rising
εγκάθειρκτος, imprisoned
εγκάθετος, clapper; stooge
εγκαθίδρυση (ή), establishment, creation/ εγκαθιδρύω, to estalish, to institute
εγκαθιστώ, to establish; to install
εγκαίνια (τά), inauguration, opening/ εγκαινιάζω, to inaugurate
έγκαιρα, in time, opportunely/ έγκαιρος, timely, opportune
εγκαλώ, to charge, to accuse; to challenge
εγκάρδια, heartily, cordially/ εγκάρδιος, hearty, cordial/ ~ φίλος, close friend/ εγκαρδιότητα (ή), heartiness, cordiali- εγκαρδιώνω, to encourage, to cheer up/ εγκαρδίωση (ή), encouragement

εγκάρσιος, transversal
εγκαρτέρηση (ή), perseverance
έγκατα (τά), depths
εγκαταλείπω, to leave, to abandon/ εγκατάλειψη (ή), abandonment, giving up
εγκατασταίνω, βλ. εγκαθιστώ
εγκατάσταση (ή), establishment, installation
έγκαυμα (τό), burn, scald
έγκειται, it lies
εγκεφαλικός, cerebral/ εγκεφαλίτιδα (ή), encephalitis
εγκεφαλονωτιαίος, cerebrospinal/ εγκέφαλος (ό), brain
έγκλειστος, imprisoned
έγκλημα (τό), crime/ εγκληματίας (ό), criminal
εγκληματικός, criminal/ εγκληματικότητα (ή), criminality, ill-doing/ εγκληματολογία (ή), criminology
εγκληματώ, to commit a crime
έγκληση (ή), charge, accusation
εγκλιματίζω, to acclimatize/ εγκλιματίζομαι, to become used to/ εγκλιματισμός (ό), acclimatization
έγκλιση (ή), (gram.) mood
εγκλωβίζω, to isolate, to encircle
εγκόλπιο (τό), talisman, manual
εγκολπώνομαι, to adopt, to accept
εγκοπή (ή), incision
εγκόσμιος, worldly
εγκράτεια (ή), temperance, moderation/ εγκρατής, temperate, moderate
εγκρίνω, to accept, to approve/ έγκριση (ή), approval
έγκριτος, eminent, distinguished
εγκύκλιος (ή), circular letter
εγκυκλοπαίδεια (ή), encyclopaedia/ εγκυκλοπαιδικές γνώσεις, general knowledge
εγκυμονώ, to be pregnant/ (fig.) to involve/ εγκυμοσύνη (ή), pregnancy/ έγκυος, pregnant
έγκυρος, valid/ εγκυρότητα (ή), validity
εγκωμιάζω, to praise/ εγκωμιαστικός, praising, laudatory/ εγκώμιο (τό), praise, eulogy
έγνοια (ή), concern, anxiety
εγρήγορση (ή), vigilance
εγχείρημα (τό), enterprise

ἐγχείρηση (ἡ), operation
ἐγχειρίδιο (τό), manual; dagger
ἐγχειρίζω, to operate; to deliver by hand/ ἐγχείριση (ἡ), 6λ. ἐγχείρηση
ἔγχρωμος, coloured
ἐγχώριος, local, native
ἐγώ, I/ ἐγωισμός (ὁ), egoism/ ἐγωιστής (ὁ), egoist, selfish/ ἐγωιστικός, egoistic, selfish
ἐγωκεντρικός, egocentric
ἐδαφιαῖος, down to the ground/ ἐδαφικός, territorial
ἐδάφιο (τό), passage, paragraph
ἔδαφος (τό), ground, soil/ χάνω ~ , to lose ground
Ἐδέμ (ἡ), Eden
ἔδεσμα (τό), dish, meal
ἕδρα (ἡ), chair, seat; teacher's desk
ἑδραιώνω, to consolidate, to strengthen/ ἑδραίωση (ἡ), consolidation, strengthening
ἕδρανο (τό), bench
ἑδρεύω, to have one's headquarters
ἐδῶ, here/ ~ καί πολύ καιρό, long ago/ ἀπ' ~ καί πέρα, from now on/ ~ κοντά, close by/ ὡς ~ , up to here; so far
ἐδωδιμοπωλεῖο (τό), grocery/ ἐδώδιμος, edible
ἐδώλιο (τό), bench; dock
ἐθελοδουλεία (ἡ), servility
ἐθελοθυσία (ἡ), self-sacrifice
ἐθελοντής (ὁ), volunteer/ ἐθελοντικός, voluntary
ἐθελούσιος, willing
ἐθίζω, to accustom/ ἐθίζομαι, to be accustomed, to become addicted
ἔθιμο (τό), custom
ἐθιμοτυπία (ἡ), etiquette
ἐθνάρχης (ὁ), national leader, ethnarch
ἐθνεγερσία (ἡ), national revolution
ἐθνικισμός (ὁ), nationalism/ ἐθνικιστής (ὁ), nationalist
ἐθνικοποίηση (ἡ), nationalization/ ἐθνικοποιῶ, to nationalize
ἐθνικός, national/ ἐθνικότητα (ἡ), nationality
ἐθνογραφία (ἡ), ethnography/ ἐθνογραφικός, ethnographic(al)
ἐθνολογία (ἡ), ethnology/ ἐθνολογικός, ethnologic(al)

ἐθνομάρτυρας (ὁ), national hero
ἔθνος (τό), nation
ἐθνοσυνέλευση (ἡ), national assembly
ἐθνότητα (ἡ), nation
ἐθνοφρουρά (ἡ), national guard, militia/ ἐθνοφρουρός (ὁ), militia-man, national guard
εἰδεμή, otherwise, or else
εἰδεχθής, ghastly, hideous
εἰδήμων, expert, specialist
εἴδηση (ἡ), news, information
εἰδίκευση (ἡ), specialization/ εἰδικεύομαι, to specialize
εἰδικός, special, specific; specialist/ ~ βάρος, specific gravity
εἰδικότητα (ἡ), specialty
εἰδοποίηση (ἡ), notice, notification/ εἰδοποιῶ, to notify
εἶδος (τό), kind, sort
εἰδυλλιακός, idyllic/ εἰδύλλιο (τό), idyll
εἰδωλολατρεία (ἡ), paganism, idolatry/ εἰδωλολάτρης (ὁ), pagan, heathen/ εἴδωλο (τό), idol
εἰκάζω, to suppose, to guess/ εἰκασία (ἡ), guess
εἰκαστικός, conjectural/ εἰκαστικές τέχνες, fine arts
εἰκόνα (ἡ), picture; icon/ εἰκονίζω, to represent, to depict
εἰκονικός, fictitions/ εἰκονικότητα (ἡ) fictitiousness
εἰκόνισμα (τό), (sacred) icon
εἰκονογραφημένος, illustrated/ εἰκονογράφηση (ἡ), illustration
εἰκονογραφία (ἡ), illustration, iconography/ εἰκονογράφος (ὁ), illustrator/ εἰκονογραφῶ, to illustrate
εἰκονοκλάστης (ὁ), iconoclast/ εἰκονοκλαστικός, iconoclastic
εἰκονολατρεία (ἡ), icon worshipping/ εἰκονολάτρης (ὁ), icon worshipper
εἰκονομάχος (ὁ), 6λ. εἰκονοκλάστης
εἰκονοστάσιο (τό), icon stand
εἰκοσαετηρίδα (ἡ), twentieth anniversary/ εἰκοσαπλάσιος, twenty-fold/ εἴκοσι, twenty/ εἰκοσιτετράωρο (τό), twenty-four hours/ εἰκοστός, twentieth
εἰλικρινά, frankly, sincerely/ εἰλικρίνεια (ἡ), frankness, sincerity/ εἰλικρινής, frank, sincere

είλωτας (ό), slave, helot
είμαι, to be, to exist/ πώς είσαι; how are you?/ είναι ανάγκη, it is essential/ είναι καιρός, it is time to/ ~ στό κέφι, to be drunk/ ~ τής γνώμης, to believe
ειμαρμένη (ή), fate, destiny
ειρήνευση (ή), pacification/ ειρηνευτικός, pacifyng
ειρηνεύω, to pacify, to appease/ ειρήνη (ή), peace/ συνθήκη ειρήνης, peace treaty/ ειρηνικά, peacefully/ ειρηνικός, peaceful, pacific/ ειρηνιστής (ό), pacifist
ειρηνοδικείο (τό), court of a justice of peace/ ειρηνοδίκης (ό), justice of peace
ειρκτή (ή), prison, gaol
ειρμός (ό), concatenation
είρων (ό), scoffer, mocker/ ειρωνεία (ή), scoffing, mockery, irony
ειρωνεύομαι, to scoff, to mock/ ειρωνικά, ironically, mockingly/ ειρωνικός, ironical, mocking
εις, to, at, into/ ~ ύγείαν, to your health!
εισαγγελέας (ό), public prosecutor/ εισαγγελία (ή), public prosecutor's office
εισάγω, to introduce, to bring in; to import/ εισαγωγέας (ό), importer/ εισαγωγή (ή), introduction; import
εισαγωγικά (τά), quotations, inverted commas
εισαγωγικός, introductory/ ~ δασμός, import duty
εισακούω, to listen to, to accept
εισβάλλω, to invade/ εισβολή (ή), invasion
εισδοχή (ή), entry
εισδύω, to intrude, to penetrate
εισέρχομαι, to enter, to go in
εισήγηση (ή), introduction, suggestion/ εισηγητής (ό), introducer; spokesman/ εισηγητικός, introductory/
εισηγούμαι, to suggest
εισιτήριο (τό), ticket/ ~ διαρκείας, season ticket
εισκομίζω, to bring in
εισόδημα (τό), income/ φόρος εισοδήματος, income tax/ καθαρό ~ , net income/ εισοδηματίας (ό), person with a private income
είσοδος (ή), entrance; admission/ απαγορεύεται ή ~ , no entry/ δικαίωμα εισόδου, admission free
εισορμώ, to rush in
εισπρακτέος, due/ εισπράκτορας (ό), collector/ (bus) conductor/ είσπραξη (ή), collection/ εισπράττω, to collect, to cash in
εισρέω, to flow in/ εισροή (ή), influx
εισφέρω, to contribute/ εισφορά (ή), contribution
εισχωρώ, to enter, to intrude
είτε, either/ ~ ... ~ , either ... or
έκαστος, each, every
εκατέρωθεν, on both sides
εκατό, hundred/ τοις ~ , per cent
εκατόμβη (ή), hecatomb/ (fig.) bloody event
εκατομμύριο (τό), million/ ~ στός, millionth
εκατομμυριούχος (ό), millionaire
εκατονταάδα (ή), a hundred/ εκατονταετηρίδα (ή), hundredth anniversary/ εκατονταετής, a hundred years old; lasting a hundred years/ εκατονταετία (ή), century/ εκατονταπλασιάζω, to multiply by a hundred/ εκατονταπλάσιος, hundred-fold
εκατόνταρχος (ό), centurion
εκατοστό (τό), one hundredth/ ~ μετρο (τό), centimetre
εκατοστός, hundredth
εκβάθυνση (ή), deepening/ εκβαθύνω, to deepen
εκβάλλω, to flow into
έκβαση (ή), outcome, result
εκβιάζω, to blackmail/ εκβιασμός (ό), blackmailing, extortion/ εκβιαστής (ό), blackmailer, extortioner
εκβιομηχάνιση (ή), or εκβιομηχανισμός (ό), industrialization
εκβολή (ή), ejection; river mouth
εκβράζω, to cast on shore/ έκβρασμα (τό), refuse, outcast
εκβραχισμός (ό), rock-cutting
εκγυμνάζω, to train, to drill/ εκγύμναση (ή), training
έκδηλος, evident, manifest, obvious/ εκδηλώνω, to manifest, to show/ εκδήλωση (ή), manifestation/ εκδηλωτικός, declaratory, open

ἐκδίδω, to publish, to issue/ (banking) to draw/ (criminal) to extradite
ἐκδικάζω, to judge, to try/ *ἐκδίκαση* (ἡ), trial
ἐκδίκηση (ἡ), revenge, vengeance/ *ἐκδικητής* (ὁ), avenger
ἐκδικητικά, revengefully/ *ἐκδικητικός,* avenging, revengeful/ *ἐκδικοῦμαι,* to avenge, to take revenge
ἐκδιώκω, to drive out, to expel/ *ἐκδίωξη* (ἡ), driving out,
ἐκδορά (ἡ), skinning, flaying
ἔκδοση (ἡ), publication, edition, issue; extradition (of criminals)/ *ἐκδότης* (ὁ), editor, publisher/ (banking) drawer
ἐκδοτικός, publishing, editorial/ ~ οἶκος, publishing house
ἔκδοτος, given to
ἐκδούλευση (ἡ), service
ἐκδοχή (ἡ), meaning; aspect
ἐκδρομέας (ὁ), excursionist/ *ἐκδρομή* (ἡ), excursion
ἐκεῖ, there/ ~ δά, right there/ ~ πέρα, over there/ ~ θεν, from there on
ἐκεῖνος, that
ἐκεχειρία (ἡ), truce, armistice
ἔκζεμα (τό), eczema
ἔκθαμβος, dazzled, stupefied/ *ἐκθαμβωτικός,* dazzling, stupefying
ἐκθειάζω, to praise excessively
ἔκθεμα (τό), exhibit
ἔκθεση (ἡ), exhibition, show, fair; report/ *ἐκθέτης* (ὁ), exhibitor/ (maths) exponent
ἔκθετος, exposed, helpless/ (child) foundling
ἐκθέτω, to exhibit, to expose; to report/ ~ ὑποψηφιότητα, to run for election/ ~ σέ κίνδυνο, to put at risk
ἔκθλιψη (ἡ), pressing out, squeezing out
ἐκθρονίζω, to dethrone/ *ἐκθρόνιση* (ἡ), dethronement
ἔκθυμος, ardent, zealous
ἐκκαθαρίζω, to clear; to liquidate/ *ἐκκαθάριση* (ἡ), clearing; liquidation; purge/ *ἐκκαθαριστής* (ὁ), liquidator
ἐκκεντρικός, eccentric/ *ἐκκεντρικότητα* (ἡ), eccentricity
ἐκκενώνω, to evacuate, to empty/ *ἐκκένωση* (ἡ), evacuation, emptying/ (elec.) discharge
ἐκκίνηση (ἡ), starting
ἔκκληση (ἡ), appeal
ἐκκλησία (ἡ), church/ *ἐκκλησιάζομαι,* to attend church
ἐκκλησίασμα (τό), congregation/ *ἐκκλησιασμός* (ὁ), church attendance/ *ἐκκλησιαστικός,* ecclesiastic(al)
ἐκκοκισμός (ὁ), ginning/ *ἐκκοκιστήριο* (τό), cotton mill
ἐκκολαπτήριο (τό), incubator/ *ἐκκολάπτω,* to hatch/ *ἐκκόλαψη* (ἡ), hatching, incubation
ἐκκρεμές (τό), pendulum
ἐκκρεμής, pending, in suspense/ *ἐκκρεμότητα* (ἡ), suspense, uncertainty/ *ἐκκρεμῶ,* to be pending
ἐκκρίνω, to secrete/ *ἔκκριση* (ἡ), secretion
ἐκκωφαντικός, deafening
ἐκλαΐκευση (ἡ), popularization/ *ἐκλαϊκευτικός,* popularizing
ἐκλαϊκεύω, to popularize
ἐκλαμβάνω, to misinterpret, to form the wrong impression
ἐκλαμπρότητα (ἡ), splendour, eminence
ἐκλέγω, to choose, to select, to elect
ἐκλειπτικός, ecliptic
ἐκλείπω, to vanish, to disappear
ἔκλειψη (ἡ), disappearance; eclipse/ μερική ~ , partial eclipse/ ὁλική ~ , total eclipse
ἐκλεκτικός, selective, eclectic/ *ἐκλεκτικότητα* (ἡ), selectivity
ἐκλέκτορας (ὁ), elector
ἐκλεκτός, select, picked, excellent
ἐκλέξιμος, eligible
ἐκλεπτύνω, to make thinner/ *ἐκλεπτυσμένος,* civilized, refined
ἐκλιπάρηση (ἡ), beseeching, imploring/ *ἐκλιπαρῶ,* to beseech, to implore
ἐκλογέας (ὁ), voter, elector/ *ἐκλογή* (ἡ), selection, option; election/ ἀναπληρωματική ~ , by-election
ἐκλογικός, electoral
ἔκλυση (ἡ), relaxation, laxity/ ~ ἠθῶν, immorality, debauchery/ *ἔκλυτος,* debauched, immoral
ἐκμαγεῖο (τό), mould, cast
ἐκμάθηση (ἡ), learning

ἐκμεταλλεύομαι — ἐλεεινολογῶ 68

ἐκμεταλλεύομαι, to exploit, to take advantage of/ *ἐκμετάλλευση* (ἡ), exploitation/ *ἐκμεταλλεύσιμος,* exploitable/ *ἐκμεταλλευτής* (ὁ), exploiter/ *ἐκμεταλλευτικός,* exploiting
ἐκμηδενίζω, to annihilate/ *ἐκμηδένιση* (ἡ), annihilation
ἐκμισθώνω, to lease/ *ἐκμίσθωση* (ἡ), lease/ *ἐκμισθωτής* (ὁ), lessee
ἐκμυζῶ, to suck out
ἐκμυστηρεύομαι, to confess/ *ἐκμυστήρευση* (ἡ), confession
ἐκνευρίζω, to enervate/ *ἐκνευρισμός* (ὁ), nervousness, excitement/ *ἐκνευριστικός,* annoying
ἔκνομος, unlawful, illegal
ἑκούσια, willingly, voluntarily/ *ἑκούσιος,* willing, voluntary
ἐκπαίδευση (ἡ), education, instruction/ *ἐκπαιδευτήριο* (τό), (educational) institution/ *ἐκπαιδευτής* (ὁ), trainer, instructor
ἐκπαιδευτικός, educational/ (ὁ), teacher, instructor
ἐκπαιδεύω, to educate, to instruct
ἐκπαρθένευση (ἡ), defloration/ *ἐκπαρθενεύω,* to deflower
ἐκπατρίζομαι, to emigrate, to expatriate/ *ἐκπατρισμός* (ὁ), emigration, expatriation
ἐκπέμπω, to emit; to transmit, to broadcast
ἐκπεσμός (ὁ), decay, decline
ἐκπληκτικά, surprisingly, amazingly/ *ἐκπληκτικός,* surprising, amazing/ *ἔκπληκτος,* surprise, amazed/ *ἔκπληξη* (ἡ), surprise, amazement
ἐκπληρώνω, to astonish, to surprise
ἐκπνέω, to expire/ *ἐκπνοή* (ἡ), expiration
ἐκποίηση (ἡ), sale, disposal/ *ἐκποιῶ,* to sell, to dispose of
ἐκπολιτίζω, to civilize/ *ἐκπολιτισμός* (ὁ), civilization
ἐκπολιτιστικός, civilizing
ἐκπομπή (ἡ), emission; transmission, broadcasting
ἐκπόνηση (ἡ), elaboration/ ~ *σχεδίου,* planning/ *ἐκπονῶ,* to elaborate, to plan
ἐκπορεύομαι, to emanate, to originate/ *ἐκπόρευση* (ἡ), emanation

ἐκπόρθηση (ἡ), conquest, capture/ *ἐκπορθῶ,* to conquer, to capture
ἐκπορνεύω, to prostitute
ἐκπρόθεσμος, overdue
ἐκπροσώπηση (ἡ), representation, delegation/ *ἐκπρόσωπος* (ὁ), representative, delegate/ *ἐκπροσωπῶ,* to represent
ἔκπτωση (ἡ), decline; forfeiture; discount/ *ἔκπτωτος,* forfeited; deposed (king)
ἐκπυρσοκρότηση (ἡ), detonation/ *ἐκπυρσοκροτῶ,* to detonate
ἐκπωματίζω, to uncork
ἐκρήγνυμαι, to explode, to burst; to break out/ *ἐκρηκτικός,* explosive/ *ἔκρηξη* (ἡ), explosion, burst; outbreak (of war); eruption (of a volcano)
ἐκριζώνω, to eradicate, to uproot/ *ἐκρίζωση* (ἡ), uprooting
ἐκροή (ἡ), outflow, discharge
ἔκρυθμος, irregular
ἐκσκαφέας (ὁ), excavator/ *ἐκσκαφή* (ἡ), excavation
ἐκσπερματίζω, to ejaculate/ *ἐκσπερμάτωση* (ἡ), ejaculation
ἔκσταση (ἡ), ecstasy, rapture/ *ἐκστατικός,* ecstatic
ἐκστομίζω, to utter
ἐκστρατεία (ἡ), campaign, expedition/ *ἐκστρατεύω,* to campaign, to go on an expedition
ἐκσφενδονίζω, to hurl, to cast/ *ἐκσφενδόνιση* (ἡ), hurling, casting
ἔκτακτος, extraordinary/ (fig.) excellent
ἑκτάριο (τό), hectare
ἔκταση (ἡ), area, space/ (fig.) degree
ἐκταφή (ἡ), exhumation
ἐκτεθειμένος, exposed, open to
ἐκτείνω, to extend, to stretch out
ἐκτέλεση (ἡ), performance, accomplishment; execution/ *ἐκτελεστής* (ὁ), executor/ *ἐκτελεστικός,* executive/ *ἐκτελεστική ἐξουσία,* executive (power)/ *ἐκτελῶ,* to execute, to perform
ἐκτελωνίζω, to clear through customs/ *ἐκτελωνισμός* (ὁ), customs clearance
ἐκτίμηση (ἡ), esteem, respect; evaluation/ *ἐκτιμητής* (ὁ), assessor, valuator/ *ἐκτιμῶ,* to respect, to appreciate; to

value
ἐκτομή (ἡ), cutting out, cutting off
ἐκτόνωση (ἡ), detonation/ (fig.) cooling-off
ἐκτόξευση (ἡ), shooting, launching/ *ἐκτοξεύω*, to shoot, to launch
ἐκτοπίζω, to displace, to remove/ *ἐκτόπιση* (ἡ), displacing, removing
ἐκτόπισμα (τό), displacement
ἐκτόπλασμα (τό), ectoplasm
ἕκτος, sixth
ἐκτός, except, but ~ *ἐάν*, unless/ ~ *τούτου*, in addition to/ ~ *συναγωνισμοῦ*, unbeatable
ἐκτραχηλίζομαι, to run wild, to overdo/ *ἐκτραχηλισμός* (ὁ), overdoing, cheek
ἐκτραχύνω, to aggravate
ἐκτρέπω, to deviate, to deflect
ἐκτρέφω, to rear
ἐκτροπή (ἡ), deflection, deviation
ἔκτροπο (τό), improper act
ἐκτροχιάζω, to derail/ *ἐκτροχιάζομαι*, to be derailed/ (fig.) to act improperly/ *ἐκτροχιασμός* (ὁ), derailment
ἔκτρωμα (τό), abortive child/ (fig.) monstrosity, something very ugly
ἔκτρωση (ἡ), abortion
ἐκτυπώνω, to print/ *ἐκτύπωση* (ἡ), printing
ἐκτυφλωτικός, blinding, dazzling
ἔκφανση (ἡ), manifestation
ἐκφαυλισμός (ὁ), degradation
ἐκφέρω, to utter, to say/ ~ *γνώμη*, to express a view
ἐκφοβίζω, to intimidate, to frighten/ *ἐκφοβισμός* (ὁ), intimidation
ἐκφράζω, to express, to declare/ *ἔκφραση* (ἡ), expression
ἐκφραστικά, expressively/ *ἐκφραστικός*, expressive/ *ἐκφραστικότητα* (ἡ), expressiveness
ἐκφυλίζομαι, to degenerate/ *ἐκφυλισμός* (ὁ), degeneration
ἔκφυλος, corrupted, debauched
ἐκφώνηση (ἡ), reading out/ ~ *λόγου*, delivery of a speech/ *ἐκφωνητής* (ὁ), speaker, newscaster/ *ἐκφωνῶ*, to read out/ ~ *λόγο*, to deliver a speech
ἐκχειλίζω, to overflow
ἐκχερσώνω, to clear land/ *ἐκχέρσωση* (ἡ), land clearing
ἐκχυδαΐζω, to vulgarize/ *ἐκχυδαϊσμός* (ὁ), vulgarization
ἐκχύλισμα (τό), extract
ἐκχώρηση (ἡ), cession, concession/ *ἐκχωρῶ*, to cede
ἔλα, come
ἔλαιο (τό), βλ. *λάδι*
ἐλαιογραφία (ἡ), oil-painting
ἐλαιόδεντρο (τό), olive-tree
ἐλαιόλαδο (τό), olive-oil/ *ἐλαιοτριβεῖο* (τό), olive-press
ἐλαιώνας (ὁ), olive-grove
ἔλασμα (τό), metal-plate
ἐλαστικό (τό), rubber/ ~ ς, elastic; flexible/ ~ *τητα* (ἡ), flexibility, elasticity
ἐλατήριο (τό), spring (fig.) motive
ἔλατο (τό), fir-tree
ἐλάττωμα (τό), fault, defect; vice/ *ἐλαττωματικός*, faulty, defective, out of order/ *ἐλαττωματικότητα* (ἡ), defectiveness
ἐλαττώνω, to reduce, to diminish, to lessen/ *ἐλάττωση* (ἡ), decrease, reduction
ἐλαφάκι (τό), fawn/ *ἐλάφι* (τό), deer, buck, stag/ ~ *ἐλαφίνα* (ἡ), doe
ἐλαφρά, lightly, gently, slightly/ *ἐλαφραίνω*, to become lighter
ἐλαφρόμυαλος, unwise, frivolous
ἐλαφρόπετρα (ἡ), pumice stone
ἐλαφροπόδαρος, light-footed
ἐλαφρός, light, nimble, slight/ ~ *χειμώνας*, mild winter/ *ἐλαφρότητα* (ἡ), lightness; frivolity
ἐλαφρούτσικος, rather light; rather stupid/ *ἐλάφρυνση* (ἡ), alleviation/ *ἐλαφρυντικός*, alleviating, extenuating
ἐλάφρωμα (τό), relief, easing/ *ἐλαφρώνω*, to relieve, to alleviate, to ease
ἐλάχιστος, least, slightest
ἐλβετικός, Swiss/ *Ἑλβετός*, *Ἑλβετίδα*, Swiss (man, woman)
ἐλεγειακός, elegiac/ *ἐλεγεῖο* (τό), elegy
ἐλεγκτής (ὁ), inspector, controller/ *ἐλεγκτικός*, controlling
ἔλεγχος (ὁ), control, inspection/ (school) report/ *ἐλέγχω*, to control, to check; to test
ἐλεεινολογῶ, to pity/ (fig.) to speak unfavourably/ *ἐλεεινός*, pitiful, wretched,

miserable/ ~ χαρακτήρας, awful character/ ἐλεεινότητα (ἡ), misery; awful conduct
ἐλεήμονας (ὁ), charitable, merciful/ ἐλεημοσύνη (ἡ), charity, alms
ἔλεος (τό), mercy, pity
ἐλεύθερα, freely/ ἐλευθερία (ἡ), freedom, liberty/ ~ τοῦ λόγου, freedom of speech/ ἐλευθεριάζω, to be liberal/ ἐλευθέριος, liberal/ γυναίκα ἐλευθερίων ἠθῶν, prostitute/ ἐλευθεροκοινωνία (ἡ), free intercourse/ ἐλεύθερος, free, independent; unmarried/ ~ στίχος, blank verse/ ἐλευθερόστομος, foul-mouthed/ ἐλευθεροτυπία (ἡ), freedom of press/ ἐλευθερώνω, to free, to liberate/ ἐλευθέρωση (ἡ), liberation, deliverance/ ἐλευθερωτής (ὁ), liberator, redeemer
ἔλευση (ἡ), advent
ἐλέφαντας (ὁ), or ἐλέφας (ὁ), elephant/ ἐλεφαντίαση (ἡ), elephantiasis/ ἐλεφαντόδοντο (τό), ivory
ἐλεῶ, to have pity upon, to be merciful
ἐληά (ἡ), or ἐλιά (ἡ), olive/ (skin) mole
ἑλιγμός (ὁ), manoeuvre
ἕλικας (ὁ), propeller/ (bot.) tendril/ ἑλικοειδής, spiral
ἑλικόπτερο (τό), helicopter
ἐλιξήριο (τό), elixir, cordial
ἑλίσσομαι, to wind/ (fig.) to be flexible
ἕλκηθρο (τό), sledge
ἕλκος (τό), ulcer
ἑλκυστικός, attractive, charming/ ἑλκυστικότητα (ἡ) charm, attractiveness/ ἑλκύω, to attract, to charm
ἕλκω, to attract; to haul, to pull
ἕλκωση (ἡ), ulceration
ἑλλανοδίκης (ὁ), member of a sports jury
ἔλλειμα (τό), deficit (in a budget)/ ἐλλειματίας (ὁ), defaulter
ἐλλειπτικά, elliptically/ ἐλλειπτικός, elliptic
ἔλλειψη (ἡ), lack, deficiency
Ἕλληνας, Ἑλληνίδα, Greek (man, woman)/ ἑλληνικός, Greek, Hellenic/ ἀρχαία ἑλληνικά, Ancient Greek/ νέα ἑλληνικά Modern Greek/ Ἑλληνισμός (ὁ), Hellenism/ ἑλληνιστής (ὁ), Hellenist/ ἑλληνιστικός, Hellenistic/ ἑλληνομαθής, knowing Greek/ ἑλληνοπρεπής, worthy of a Greek
ἑλληνορωμαϊκός, Greco-roman
ἐλλιμενισμός (ὁ), mooring, anchoring
ἐλλιπής, deficient, incomplete
ἐλλοχεύω, to lie in ambush
ἕλξη (ἡ), attraction; pull/ ~ τῆς γῆς, gravitation
ἐλονοσία (ἡ), malaria
ἕλος (τό), marsh, swamp
ἐλπίδα (ἡ), hope/ ἐλπίζω, to hope
ἑλώδης, marshy, swampy/ ~ πυρετός, malaria
ἐμβαδόν (τό), area
ἐμβάζω, to remit
ἐμβάθυνση (ἡ), deep study/ ἐμβαθύνω, to study deeply
ἐμβάλλω, to put in, to cause
ἔμβασμα (τό), remittance
ἐμβατήριο (τό), military march
ἔμβλημα (τό), emblem, motto
ἐμβολή (ἡ), embolism
ἐμβολιάζω, to vaccinate, to inoculate/ ἐμβολιασμός (ὁ), vaccination, inoculation
ἐμβόλιμος, intercalary
ἐμβόλιο (τό), vaccine
ἔμβολο (τό), piston, ramrod
ἐμβρίθεια (ἡ), seriousness, deep involvement/ ἐμβριθής, serious, profound
ἐμβρόντητος, amazed, dumbfounded
ἐμβρυακός, foetal/ ἔμβρυο (τό), foetus, embryo
ἐμβύθιση (ἡ), immersion
ἐμετικός, emetic/ (lig.) disgusting/ ἐμετός (ὁ), vomiting
ἐμίρης (ὁ), emir
ἐμμένω, to persist, to remain firm
ἔμμεσα, indirectly/ ἔμμεσος, indirect
ἔμμετρος, in verse
ἐμμηνόρροια (ἡ), or ἔμμηνα (τά), menstruation
ἔμμισθος, salaried
ἐμμονή (ἡ), persistence/ ἔμμονος, persistent
ἔμπα, get in/ (τό), entrance
ἐμπάθεια (ἡ), animosity, bitterness/ ἐμπαθής, bitter, passionate
ἐμπαιγμός (ὁ), mockery, scorn/ ἐμπαίζω, to mock, to scorn/ ἐμπαικτικός, mocking, scornful

ἐμπεδώνω, to consolidate, to stabilize/ *ἐμπέδωση* (ἡ), consolidation
ἐμπειρία (ἡ), experience, skill/ *ἐμπειρικός,* empirical, practical/ ~ *γιατρός,* quack/ *ἐμπειρισμός* (ὁ), empiricism
ἐμπειρογνώμονας (ὁ), expert, specialist
ἐμπειροπόλεμος, experienced in war
ἔμπειρος, experienced, expert
ἐμπερικλείω, to include, to contain
ἐμπεριστατωμένα, in detail, in full/ *ἐμπεριστατωμένος,* detailed, full
ἐμπιστεύομαι, to trust, to rely on/ *ἐμπιστευτικά,* confidentially
ἐμπιστευτικός, confidential/ *ἔμπιστος,* loyal, reliable/ *ἐμπιστοσύνη* (ἡ), confidence, trust
ἔμπλαστρο (τό), plaster
ἐμπλέκω, to entangle, to involve/ *ἐμπλοκή* (ἡ), entanglement/ (tech.) gear
ἐμπλουτίζω, to enrich/ *ἐμπλουτισμός* (ὁ), enrichment
ἔμπνευση (ἡ), inspiration/ *ἐμπνευσμένος,* inspired
ἐμπνέω, to inspire
ἐμποδίζω, to prevent, to hinder/ *ἐμπόδιο* (τό), obstacle, hindrance/ *δρόμος μετ' ἐμποδίων,* hurdle race
ἐμπόλεμος, belligerent
ἐμπόρευμα (τό), goods, merchandise/ *ἐμπορεύομαι,* to trade, to deal/ *ἐμπορεύσιμος,* negotiable/ *ἐμπορικός,* commercial, mercantile/ *ἐμπορικό ἐπιμελητήριο,* chamber of commerce/ *ἐμπορικό κατάστημα,* (department) store/ *ἐμπόριο* (τό), trade, commerce/ *ἐμποροδικεῖο* (τό), commercial tribunal
ἐμποροπανήγυρη (ἡ), fair/ *ἔμπορος* (ὁ), merchant, trader/ *ἐμποροϋπάλληλος* (ὁ), shop assistant
ἐμποτίζω, to impregnate, to soak in
ἐμπράγματος, real, substantial, actual
ἔμπρακτα, in fact/ *ἔμπρακτος,* actual, factual, real
ἐμπρησμός (ὁ), burning, arson/ *ἐμπρηστής* (ὁ), incendiary/ *ἐμπρηστικός,* incendiary/ (fig.) rousing
ἐμπρόθεσμα, in time/ *ἐμπρόθεσμος,* in time
ἐμπρός, forward, in front of, ahead/ *βάζω , to start/ ἀπ' ἐδῶ καί ~ ,* from now on/ *τό ρολόι πηγαίνει ~ ,* the clock is fast
ἐμπρόσθιος, 6λ. *μπροστινός*
ἐμπροσθογεμής, muzzle-loaded
ἐμπροσθοφυλακή vanguard
ἔμπυο (τό), 6λ. *πύον*
ἐμπύρετος, feverish
ἐμφαίνω, to show, to indicate/*ἐμφανής,* evident, apparent, obvious
ἐμφανίζω, to present, to show; to develop (a photo)/ *ἐμφανίζομαι,* to appear/ *ἐμφάνιση* (ἡ), appearance; development (of a photo)
ἐμφα(ν)τικός, emphatic/ *ἔμφαση* (ἡ), emphasis, stress
ἐμφιαλώνω, to bottle
ἐμφιλοχωρῶ, to slip in
ἐμφορούμαι, to be animated by
ἔμφραγμα (τό), blockage/ *ἔμφραξη* (ἡ), obstruction
ἐμφύλιος, civil/ ~ *πόλεμος,* civil war
ἐμφύσημα (τό), breathing in/ (med.) emphysema/ *ἐμφυσῶ,* to breathe in
ἐμφύτευση (ἡ), implanting/ *ἐμφυτεύω,* to implant
ἔμφυτος, innate, intuitive
ἔμψυχος, animate, alive/ *ἐμψυχώνω,* to encourage/ *ἐμψύχωση* (ἡ), encouragement
ἐν, in, within/ ~ *γνώσει,* aware of/ ~ *ὀλίγοις,* in short/ ~ *ὄψει,* in view/ ~ *τάξει,* allright/ ~ *τούτοις,* in spite of
ἐναγκαλίζομαι, to embrace/ *ἐναγκαλισμός* (ὁ), embrace
ἐναγόμενος, defendant/ *ἐνάγω,* to sue/ *ἐνάγων,* plaintiff
ἐναγώνιος, anxious
ἐναέριος, aerial
ἐναίσιμος, ~ *διατριβή,* PhD thesis
ἐναλλαγή (ἡ), alternation, interchange/ *ἐναλλακτικός,* alternating/ *ἐναλλασσόμενο ρεῦμα,* alternating current
ἐνανθρώπιση (ἡ), incarnation
ἔναντι, against; on account
ἐναντίον, contrary to, against/ *ἐνάντιος,* contrary, opposed to/ *ἐναντιότητα* (ἡ), opposition/ *ἐναντιώνομαι,* to oppose, to be against/ *ἐναντίωση* (ἡ), opposition
ἐναποθέτω, to deposit
ἐναποθηκεύω, to store

ἐναπομένω, to remain
ἐνάργεια (ἡ), clarity, lucidity/ ἐναργής, clear, lucid
ἐνάρετος, virtuous
ἔναρθρος, articulate
ἐναρκτήριος, inaugural
ἐναρμονίζω, to harmonize/ ἐναρμόνιση (ἡ), harmonization
ἐναρμονισμένος, harmonized
ἔναρξη (ἡ), opening, inauguration
ἕνας, μία, ἕνα, one/ ~ κι' ~ , the best
ἐνάσκηση (ἡ), exercise/ ἐνασκῶ, to exercise
ἔναστρος, starry
ἐνασχόληση (ἡ), occupation
ἐνατένιση (ἡ), gazing, staring
ἔνατος, ninth
ἔναυσμα (τό), fuel, tinder/ (fig.) cause
ἔνδεια (ἡ), poverty
ἐνδεικτικό (τό), certificate, diploma
ἐνδεικτικός, indicative/ ἔνδειξη (ἡ), indication, evidence, token/ reading (on a meter)
ἕνδεκα, eleven/ ἑνδέκατος, eleventh
ἐνδελεχής, assiduous
ἐνδέχεται, maybe, it is probable
ἐνδεχόμενο (τό), probability, eventuality/ ~ ς, probable, possible
ἐνδημικός, endemic
ἐνδιαίτημα (τό), residence, dwelling
ἐνδιάμεσος, intermediate
ἐνδιαφερόμενος, interested/ ἐνδιαφέρω, to interest/ δέν μέ ἐνδιαφέρει, I am not interested/ ἐνδιαφέρομαι, to be interested in/ ἐνδιαφέρον (τό), interest/ ἐνδιαφέρων, interesting/ σέ ἐνδιαφέρουσα κατάσταση, pregnant
ἐνδίδω, to yield, to succumb
ἔνδικος, legal, judicial
ἐνδοιασμός (ὁ), hesitation, doubt
ἐνδοκρινής, ~ ἀδένας, gland of internal secretion
ἐνδόμυχος, innermost
ἔνδοξα, gloriously/ ἔνδοξος, glorious, famous, celebrated/ ἐνδοξότητα (ἡ), gloriousness, celebrity
ἐνδότερα (τά), the interior
ἐνδοτικός, yielding, docile/ ἐνδοτικότητα (ἡ), yielding, extreme moderation
ἐνδοχώρα (ἡ), hinterland

ἔνδυμα (τό), dress, garment/ ἐνδυμασία (ἡ), suit, costume/ ἐθνική ~ , national costume
ἐνδυναμώνω, to strengthen
ἐνέδρα (ἡ), ambush/ στήνω ~ , or ἐνεδρεύω, lie in ambush
ἐνενηκοστός, ninetieth/ ἐνενήντα, ninety
ἐνεός, dumbfounded
ἐνέργεια (ἡ), action, energy, activity/ (phys.) power/ βάζω σέ ~ , to put into effect
ἐνεργητικό (τό), assets/ ἐνεργητικός, active, energetic/ (gram.) ἐνεργητική φωνή, active voice/ ἐνεργητικότητα (ἡ), activity, energy/ ἐνεργός, active/ ἐνεργῶ, to act, to operate
ἔνεση (ἡ), injection
ἐνεστώτας (ὁ), present tense
ἐνετικός, Venetian/ Ἐνετός (ὁ), Venetian
ἐνέχομαι, to be implicated
ἐνεχυριάζω, to pawn, to pledge/ ἐνέχυρο (τό), pawn, pledge/ ~ δανειστήριο (τό), pawnbroker's shop/ ~ δανειστής (ὁ), pawnbroker
ἔνζυμο (τό), enzyme
ἐνηλικιώνομαι, to come of age/ ἐνηλικίωση (ἡ), coming of age, majority/ ἐνήλικος, major, of age
ἐνήμερος, aware of, informed/ ἐνημερώνω, to inform, to brief/ (account.) to bring up to date
ἐνθάρρυνση (ἡ), encouragement/ ἐνθαρρυντικός, encouraging/ ἐνθαρρύνω, to encourage
ἔνθεος, God-inspired
ἔνθερμα, ardently/ ἔνθερμος, ardent
ἐνθουσιάζω, to instill enthusiasm/ ἐνθουσιάζομαι, to be enthusiastic, to be delighted/ ἐνθουσιασμός (ὁ), enthusiasm, delight
ἐνθουσιώδης, ardent, enthusiastic
ἐνθρονίζω, to enthrone/ ἐνθρόνιση (ἡ), enthroning
ἐνθύμηση (ἡ), recollection/ ἐνθύμιο (τό), souvenir
ἐνθυμοῦμαι, to recall, to recollect
ἑνιαῖος, united
ἐνικός (ὁ), singular (number)
ἐνίοτε, sometimes, occasionally

ἐνίσχυση (ἡ), reinforcement/ (phys.) amplification/ ἐνισχυτής (ὁ), amplifier/ ἐνισχυτικός, reinforcing/ ἐνισχύω, to reinforce/ (phys.) to amplify
ἐννέα, nine/ ἐννεακόσιοι, nine hundred/ ἐννεαπλάσιος, nine-fold
ἔννοια (ἡ), meaning, sense, idea
ἔννομος, legal, lawful/ ἔννομη τάξη, public order
ἐννοῶ, to understand; to mean/ ἐννοεῖται, it is obvious
ἐνοικιάζω, to let, to rent/ ἐνοικίαση (ἡ), letting, hiring/ ἐνοικιαστήριο (τό), to let notice/ ἐνοικιαστής (ὁ), tenant/ ἐνοίκιο (τό), rent/ ἐνοικιοστάσιο (τό), moratorium on rents/ ἔνοικος (ὁ), lodger
ἔνοπλος, armed
ἐνοποιημένος, unified/ ἐνοποίηση (ἡ), unification
ἐνοποιῶ, to unify
ἐνόραση (ἡ), introspection
ἐνόργανος, instrumental
ἐνορία (ἡ), parish/ ἐνοριακός, parochial/ ἐνορίτης (ὁ), parishioner
ἔνορκος (ὁ), under oath/ ἔνορκοι (οἱ), jury
ἐνορχήστρωση (ἡ), orchestration
ἑνότητα (ἡ), unity
ἐνοφθαλμισμός (ὁ), ingrafting
ἐνοχή (ἡ), guilt
ἐνόχληση (ἡ), trouble, inconvenience/ ἐνοχλητικός, troublesome, inconvenient/ ἐνοχλῶ, to trouble, to bother, to inconvenience
ἐνοχοποίηση (ἡ), incrimination/ ἐνοχοποιητικός, incriminating/ ἐνοχοποιῶ, to incriminate/ ἔνοχος (ὁ), guilty
ἐνσαρκώνω, to incarnate/ ἐνσάρκωση (ἡ), incarnation
ἔνσημο (τό), stamp
ἐνσκήπτω, to fall upon, to attack
ἐνσταλάζω, to instil, to infuse
ἔνσταση (ἡ), (leg.) objection
ἐνστερνίζομαι, to adopt, to accept
ἔνστικτο (τό), instinct/ ἐνστικτώδης, instinctive
ἐνσυνείδητα, consciously/ ἐνσυνείδητος, conscious
ἐνσωματώνω, to incorporate, to include/ ἐνσωμάτωση (ἡ), incorporation
ἔνταλμα (τό), writ, warrant, order/ ~ πληρωμῆς, pay order
ἔνταξη (ἡ), placing; joining in
ἔνταση (ἡ), tension, strain; intensity/ ἐντάσσω, to place
ἐντατικός, intensive
ἐνταφιάζω, to bury, to entomb/ ἐνταφιασμός (ὁ), burial
ἐντείνω, to strain, to intensify
ἐντέλεια (ἡ), perfection
ἐντελῶς, entirely, completely, totally
ἐντερικός, intestinal/ ἔντερο (τό), intestine
ἐντευκτήριο (τό), meeting-place, club
ἔντεχνα, skilfully/ ἔντεχνος, skilful
ἔντιμα, honestly, honourably/ ἔντιμος, honest/ ἐντιμότητα (ἡ), honesty/ ἡ ~ σας, Your Honour
ἐντοιχίζω, to immure
ἔντοκος, yielding interest
ἐντολέας (ὁ), assignor/ ἐντολή (ἡ), order, mandate/ ἐντολοδόχος (ὁ), assignee
ἐντομή (ἡ), incision
ἔντομο (τό), insect/ ~ κτόνο (τό), insecticide/ ~ λογία (ἡ), entomology/ ~ λόγος (ὁ), entomologist
ἔντονα, sharply, intensely/ ἔντονος, sharp, intense
ἐντοπίζω, to locate
ἐντόπιος, βλ. ντόπιος
ἐντοπισμός (ὁ), or ἐντόπιση (ἡ), localization; pinning-down
ἐντός, in, within/ ~ βολῆς, within range
ἐντόσθια (τά), guts, entrails
ἐντριβή (ἡ), rubbing; massage
ἔντρομος, frightened, terrified
ἐντροπία (ἡ), entropy
ἐντρύφημα (τό), indulging, enjoyment/ ἐντρυφῶ, to indulge in
ἔντυπο (τό), printed matter/ ἔντυπος, printed
ἐντυπώνομαι, to be impressed
ἐντύπωση (ἡ), impression, sensation/ κάνω ~ , to make an impression/ ἐντυπωσιακός, impressive
ἐνυδρείο (τό), aquarium
ἐνυπάρχω, to exist within
ἐνυπόγραφος, signed
ἐνυπόθηκος, mortgaged/ ~ δανειστής,

mortgagee/ ~ ὀφειλέτης, mortgager
ἐνῶ, while, whilst
ἐνωμοτία (ἡ), squad
ἑνώνω, to join, to unite
ἐνώπιον, in front of, in the presence of
ἐνωρίς, early
ἕνωση (ἡ), union; association; juncture/ ἑνωτικός, joining, uniting/ (ὁ), unionist
ἐξαγγελία (ἡ), proclamation, declaration/ ἐξαγγέλω, to proclaim, to declare
ἐξαγνίζω, to purify/ ἐξαγνισμός (ὁ), purification
ἐξαγόμενο (τό), result, product
ἐξαγορά (ἡ), redemption, ransom/ ~ τῆς συνείδησης, bribery/ ἐξαγοράζω, to buy off, to ransom
ἐξαγριώνω, to infuriate/ ἐξαγριώνομαι, to be enraged
ἐξάγω, to pull out; to export/ ~ συμπέρασμα, to draw conclusions/ ἐξαγωγέας (ὁ), exporter/ ἐξαγωγή (ἡ), export; extraction
ἐξαγωγικός, (of) export/ ἐξαγώγιμος, exportable
ἐξάγωνο (τό), hexagon/ ~ ς, hexagonal/ ἑξάδα (ἡ), group of six
ἐξάδελφος (ὁ), cousin
ἐξαερίζω, to ventilate/ ἐξαερισμός (ὁ), ventilation
ἐξαεριστήρας (ὁ), ventilator
ἐξαερώνω, to gasify/ ἐξαέρωση (ἡ), gasification
ἑξαετής, six years old/ ἑξαετία (ἡ), six years
ἐξαίρεση (ἡ), exception; exemption
ἐξαίρετα, perfectly, admirably/ ἐξαιρετικά, exceptionally, not as a rule/ ἐξαιρετικός, exceptional/ ἐξαίρετος, excellent, brilliant
ἐξαιρῶ, to except, to exempt/ ἐξαιροῦμαι, to be exempted
ἐξαίσια, splendidly, perfectly/ ἐξαίσιος, splendid, perfect
ἐξακολούθηση (ἡ), continuation, sequel/ ἐξακολουθητικά, continually/ ἐξακολουθητικός, continual, incessant/ ἐξακολουθῶ, to continue
ἐξακοντίζω, to cast, to fling/ ἐξακοντισμός (ὁ), casting
ἑξακόσιοι, six hundred/ ἑξακοσιοστός, sixhundredth
ἐξακριβώνω, to verify, to check/ ἐξακρίβωση (ἡ), verification
ἐξαλείφω, to wipe out, to strike out/ ἐξάλειψη (ἡ), wiping out/ (fig.) extermination
ἔξαλλος, beside oneself, extremely angry
ἐξάμβλωμα (τό), abortive child/ (fig.) something very ugly
ἑξάμετρο (τό), hexameter
ἑξαμηνία (ἡ), semester
ἐξαναγκάζω, to force, to compel/ ἐξαναγκασμός (ὁ), compulsion/ ἐξαναγκαστικός, compelling
ἐξανδραποδίζω, to enslave/ ἐξανδραποδισμός (ὁ), enslaving
ἐξανεμίζω, to disperse, to scatter
ἐξάνθημα (τό), rash, pimple
ἐξανθράκωση (ἡ), decarbonization
ἐξανθρωπίζω, to humanize/ ἐξανθρωπισμός (ὁ), humanization
ἐξάντληση (ἡ), exhaustion/ ἐξαντλητικός, exhausting
ἐξαντλῶ, to exhaust, to waste/ ἐξαντλοῦμαι, to be exhausted
ἐξάπαντος, certainly, of course
ἐξαπάτηση (ἡ), deceit/ ἐξαπατῶ, to deceive
ἐξαπλάσιος, six-fold
ἐξάπλευρος, six-sided
ἐξαπλώνω, to stretch, to extend/ ἐξάπλωση (ἡ), extension, stretching out
ἐξαπολύω, to let loose
ἐξαποστέλλω, to despatch/ (fig.) to send away, to discharge
ἐξάπτω, to excite, to rouse/ ἐξάπτομαι, to get excited
ἐξαργυρώνω, to convert/ ἐξαργύρωση (ἡ), conversion (of money)
ἐξαρθρώνω, to dislocate/ ἐξάρθρωση (ἡ), dislocation
ἐξαρθρωτικός, dislocating
ἔξαρση (ἡ), exaltation
ἐξάρτημα (τό), accessory, equipment
ἐξάρτηση (ἡ), dependence/ (mil.) equipment/ ἐξαρτῶ, to suspend from/ (fig.) to depend (upon)
ἐξαρχία (ἡ), exarchate/ ἔξαρχος (ὁ), exarch, legate
ἐξασθενίζω, to weaken/ ἐξασθένιση (ἡ),

weakening; fading/ ἐξασθενῶ, to get weak; to fade (out)
ἐξάσκηση (ἡ), exercise, training/ ἐξασκῶ, to exercise, to train/ ~ ἐπάγγελμα, to practise a profession
ἐξασφαλίζω, to secure/ ἐξασφάλιση (ἡ), securing, safeguarding/ ἐξασφαλιστικός, securing
ἐξατμίζω, to evaporate/ ἐξάτμιση (ἡ), evaporation
ἐξαϋλώνω, to take out of the material state
ἐξαφανίζω, to cause to disappear/ ἐξαφανίζομαι, to disappear, to vanish/ ἐξαφάνιση (ἡ), disappearance
ἔξαφνα, suddenly
ἐξαχρειώνομαι, to be corrupted/ ἐξαχρειωμένος, corrupt(ed)/ ἐξαχρείωση (ἡ), corruption, depravity
ἐξάψαλμος (ὁ), six psalms/ (fig.) reprimand
ἔξαψη (ἡ), excitement
ἐξεγείρω, to rouse, to stir up/ ἐξέγερση (ἡ), rousing, revolt
ἐξέδρα (ἡ), platform
ἐξεικόνιση (ἡ), depiction
ἐξελιγμένος, developed/ ἐξελικτικός, evolutionary
ἐξέλιξη (ἡ), evolution, development/ ἐξελίσσομαι, to evolve, to develop
ἐξέλκωση (ἡ), ulceration
ἐξελληνίζω, to hellenize/ ἐξελληνισμός (ὁ), hellenization
ἐξεπίτηδες, intentionally
ἐξερεθίζω, to irritate, to annoy
ἐξερεύνηση (ἡ), exploration/ ἐξερευνητής (ὁ), explorer
ἐξερευνητικός, exploring/ ἐξερευνῶ, to explore
ἐξέρχομαι, to go out
ἐξετάζω, to examine, to test, to probe/ ἐξέταση (ἡ), examination, test/ ἐξεταστής (ὁ), examiner/ ἐξεταστικός, examining/ ἐξέταστρα (τά), examination fees
ἐξευγενίζω, to refine, to polish/ ἐξευγενισμός (ὁ), refinement
ἐξευμενίζω, to appease/ ἐξευμενισμός (ὁ), appeasement
ἐξεύρεση (ἡ), finding out/ ἐξευρίσκω, to find out
ἐξευρωπαΐζω, to europeanize
ἐξευτελίζω, to degrade, to humiliate/ ἐξευτελισμός (ὁ), degradation, humiliation/ ἐξευτελιστικός, degrading, humiliating
ἐξέχω, to protrude; to be prominent/ ~ ν, prominent, outstanding/ ἐξέχουσα προσωπικότητα, prominent personality
ἕξη, or ἕξι, six/ στίς ~ , at six o'clock
ἐξήγηση (ἡ), explanation/ ἐξηγητικός, explanatory
ἐξηγῶ, to explain/ ἐξηγοῦμαι, to explain one's attitude
ἐξηκοστός, sixtieth
ἐξηλεκτρισμός (ὁ), electrification
ἐξημερώνω, to tame, to calm/ ἐξημέρωση (ἡ), taming
ἑξῆντα, sixty
ἑξηνταβελόνης (ὁ) miser
ἑξῆς, as follows/ καί οὕτω καθ' ~ , and so on/ στό ~ , in future, from now on
ἐξιδανίκευση (ἡ), idealization/ ἐξιδανικεύω, to idealize
ἐξιλασμός (ὁ), expiation/ ἐξιλαστήριος, expiatory
ἐξιλεώνω, to expiate/ ἐξιλέωση (ἡ), expiation
ἐξίσου, equally
ἐξιστόρηση (ἡ), narration/ ἐξιστορῶ, to narrate
ἐξισώνω, to equalize, to balance/ ἐξίσωση (ἡ), equation
ἐξιχνιάζω, to track down/ ἐξιχνίαση (ἡ), tracking
ἐξοβελίζω, to reject/ ἐξοβελισμός (ὁ), rejection
ἐξόγκωμα (τό), swelling/ ἐξογκώνω, to swell/ (fig.) to exaggerate/ ἐξόγκωση (ἡ), swelling/ (fig.) exaggeration
ἔξοδο (τό), expense/ τά ἔξοδα, expenses
ἔξοδος (ἡ), exit, outlet/ ~ κινδύνου, emergency exit
ἐξοικειώνομαι, to become accustomed/ ἐξοικείωση (ἡ), familiarity
ἐξοικονομῶ, to save
ἐξολόθρευση (ἡ), extermination, annihilation/ ἐξολοθρευτής (ὁ), exterminator/ ἐξολοθρεύω, to exterminate, to annihilate

ἐξομάλυνση — ἐπιβάρυνση 76

ἐξομάλυνση (ἡ), smoothing/ ἐξομαλύνω, to smooth down
ἐξομοιώνω, to equate/ ἐξομοίωση (ἡ), equating
ἐξομολόγηση (ἡ), confession/ ἐξομολογητής (ὁ), confessor/ ἐξομολογούμενος (ὁ), penitent/ ἐξομολογῶ, to hear a confession/ ἐξομολογοῦμαι, to confess
ἐξοντώνω, to exterminate/ἐξόντωση (ἡ), extermination
ἐξονυχίζω, to scrutinize/ ἐξονύχιση (ἡ), scrutiny
ἐξοπλίζω, to arm; to equip/ ἐξοπλισμός (ὁ), arming; equipment
ἐξοργίζω, to enrage, to irritate
ἐξορία (ἡ), exile, banishment/ ἐξορίζω, to banish
ἐξόριστος, exiled, banished
ἐξορκίζω, to exorcise/ ἐξορκισμός (ὁ), exorcism
ἐξόρμηση (ἡ), sally, attack/ ἐξορμῶ, to dash, to attack
ἐξόρυξη (ἡ), digging-out
ἐξοστρακίζω, to banish/ ἐξοστρακισμός (ὁ), banishment
ἐξουδετερώνω, to neutralize/ ἐξουδετέρωση (ἡ), neutralization
ἐξουθενώνω, to render helpless/ ἐξουθένωση (ἡ), helplessness
ἐξουσία (ἡ), authority, government, power/ νομοθετική ~ , legislative power/ ἐξουσιάζω, to rule, to have authority over/ ἐξουσιαστής (ὁ), ruler
ἐξουσιοδότηση (ἡ), authorization/ ἐξουσιοδοτῶ, to authorize
ἐξόφθαλμος, apparent, self-evident
ἐξόφληση (ἡ), final payment (settlement)/ ἐξοφλητέος, payable/ ἐξοφλῶ, to pay off, to settle
ἔξοχα, splendidly
ἐξοχή (ἡ), countryside/ κατ' ἐξοχήν, above all/ ἐξοχικός, rural
ἔξοχος, splendid, excellent/ ἐξοχότητα (ἡ), excellency, eminence/ 'Εξοχότατε! Your Excellency!
ἐξπρεσσιονισμός (ὁ), expressionism
ἐξτρεμισμός (ὁ), extremism/ ἐξτρεμιστής (ὁ), extremist
ἐξυβρίζω, to insult/ ἐξύβριση (ἡ), insult, abuse

ἐξυγιαίνω, to render healthy/ ἐξυγίανση (ἡ), cleaning up, healthy condition
ἐξύμνηση (ἡ), praise/ ἐξυμνῶ, to praise
ἐξυπηρέτηση (ἡ), service, assistance/ ἐξυπηρετικός, serving, helpful/ ἐξυπηρετῶ, to serve, to assist
ἐξυπνάδα (ἡ), cleverness, intelligence/ ἔξυπνος, clever, intelligent
ἐξυφαίνω, ~ συνομωσία, to plot, to conspire
ἐξυψώνω, to exalt, to raise/ ἐξύψωση (ἡ), exaltation
ἔξω, out, outside/ ~ ἀπό τά δόντια, outspoken/ μαθαίνω ἀπ' ἔξω, to learn by heart/ πέφτω ~ , to make a mistake/ μιά κι' ~ , all at once/ ~ φρενῶν, angry, beside oneself
ἐξώγαμο (τό), illegitimate child, bastard/ ~ ς, extramarital
ἐξώδικος, extrajudicial
ἐξώθηση (ἡ), impulse, urge, incitement
ἐξώθυρα (ἡ), gate
ἐξωθῶ, to urge, to incite
ἐξωκκλήσι (τό), country church
ἔξωμος, low-necked
ἐξωμότης (ὁ), renegade
ἐξώπορτα (ἡ), gate
ἐξωραΐζω, to embellish/ ἐξωραϊσμός (ὁ), embellishment/ ἐξωραϊστικός, embellishing
ἔξωση (ἡ), eviction
ἐξώστης (ὁ), balcony
ἐξωτερίκευση (ἡ), manifestation, expression/ ἐξωτερικεύω, to manifest, to express
ἐξωτερικό (τό), the outside; abroad, foreign lands/ ~ ς, external, outer
ἐξωτικό (τό), βλ. ξωτικό
ἐξωτικός, exotic
ἐξωφρενικός, absurd, nonsensical/ ἐξωφρενισμός (ὁ), absurdity
ἐξώφυλλο (τό), (book) cover
ἑορτάζω, to celebrate/ ἑορτή (ἡ), celebration, feast
ἐπαγγελία (ἡ), promise/ γῆ τῆς ~ ς, the Promised Land/ ἐπαγγέλομαι, to promise; to practise (a profession)
ἐπάγγελμα (τό), profession, occupation/ ἐπαγγελματίας (ὁ), professional/ ἐπαγγελματικός, professional

ἐπαγρύπνηση (ἡ), vigilance/ *ἐπαγρυπνῶ*, to be vigilant
ἐπαγωγή (ἡ), induction/ *ἐπαγωγικός*, inductive
ἐπαγωγός, attractive
ἔπαθλο (τό), prize
ἐπαινετικός, praising/ *ἐπαινετός*, praiseworthy, laudable/ *ἔπαινος* (ὁ), praise/ *ἐπαινῶ*, to praise
ἐπαίσχυντος, shameful, disgraceful
ἐπαιτεία (ἡ), begging/ *ἐπαίτης* (ὁ), beggar/ *ἐπαιτῶ*, to beg
ἐπακολούθημα (τό), consequence, effect/ *ἐπακολουθῶ*, to result, to follow
ἔπακρο (τό), extreme
ἐπάκτιος, coastal
ἐπάλειψη (ἡ), smearing
ἐπαλήθευση (ἡ), verification/ *ἐπαληθεύω*, to verify
ἐπάλληλος, successive
ἔπαλξη (ἡ), rampart
ἐπαμφοτερίζω, to waver, to be indecisive
ἐπανακτῶ, to recover, to regain
ἐπαναλαμβάνω, to repeat, to resume/ *ἐπαναληπτικός*, repeating/ *ἐπανάληψη* (ἡ), repetition, resumption
ἐπαναπαύομαι, to rely on
ἐπανάσταση (ἡ), revolution, rebellion/ *ἐπαναστάτης* (ὁ), revolutionist/ *ἐπαναστατικός*, revolutionary/ *ἐπαναστατῶ*, to revolt, to rebel
ἐπανασύνδεση (ἡ), reconnection/ *ἐπανασυνδέω*, to reconnect, to join again
ἐπαναφέρω, to reestablish, to bring back/ *ἐπαναφορά* (ἡ), reestablishment
ἐπανδρώνω, to man; to equip
ἐπανειλημμένα, repeatedly
ἐπανέρχομαι, to return
ἐπανεκδίδω, to republish/ *ἐπανέκδοση* (ἡ), republication
ἐπανίδρυση (ἡ), reestablishment/ *ἐπανιδρύω*, to reestablish
ἐπάνοδος (ἡ), return
ἐπανορθώνω, to restore/ *ἐπανόρθωση* (ἡ), restoration, redress/ *ἐπανορθωτικός*, redressing
ἐπάνω, on, above, over/ τό παίρνω ~ μου, to become boastful/ ~ κάτω, more or less/ ἀπό ~ ὡς κάτω, from top to bottom

ἐπανωφόρι (τό), overcoat
ἐπάξιος, worthy
ἐπάρατος, accursed
ἐπάργυρος, silver-plated
ἐπάρκεια (ἡ), adequacy/ *ἐπαρκής*, adequate, enough/ *ἐπαρκῶ*, to be adequate
ἔπαρση (ἡ), pride, arrogance; (flag) hoisting
ἐπαρχία (ἡ), province, district/ *ἐπαρχιακός*, provincial/ *ἐπαρχιώτης* (ὁ), villager, coming from the country
ἔπαυλη (ἡ), villa
ἐπαυξάνω, to increase, to augment/ *ἐπαύξηση* (ἡ), increase
ἐπαφή (ἡ), touch, contact
ἐπαχθής, burdensome, onerous
ἐπείγομαι, to be in a hurry/ *ἐπείγων*, urgent
ἐπειδή, because, since
ἐπεισοδιακός, casual, incidental/ *ἐπεισόδιο* (τό), incident
ἔπειτα, then, after (wards)
ἐπέκταση (ἡ), extension, expansion/ *ἐπεκτείνω*, to extend, to expand
ἐπέλαση (ἡ), attack, assault
ἐπεμβαίνω, to interfere/ *ἐπέμβαση* (ἡ), interference
ἐπένδυση (ἡ), lining; investment/ *ἐπενδύω*, to line; to invest
ἐπενεργῶ, to influence
ἐπεξεργάζομαι, to work out/ *ἐπεξεργασία* (ἡ), elaboration
ἐπεξηγηματικός, explanatory/ *ἐπεξήγηση* (ἡ), explanation
ἐπεξηγῶ, to explain
ἐπέρχομαι, to happen; to befall
ἐπέτειος (ἡ), anniversary
ἐπετηρίδα (ἡ), year-book
ἐπευφημία (ἡ), cheering/ *ἐπευφημῶ*, to cheer
ἐπηρεάζω, to influence, to affect/ *ἐπηρεασμός* (ὁ), or *ἐπήρεια* (ἡ), influence, effect
ἐπί, on; for; during; over/ ~ πολύ καιρό, over a long period
ἐπίατρος (ὁ), surgeon-major
ἐπιβαίνω, to climb on; to go on board
ἐπιβάλλω, to impose, to inflict/ ~ φόρους, to levy taxes
ἐπιβάρυνση (ἡ), aggravation; burden/

ἐπιβαρυντικός, aggravating; burdensome/ ἐπιβαρύνω, to aggravate; to charge
ἐπιβάτης (ὁ), passenger/ ἐπιβατικός, (of the) passenger/ ἐπιβατικό πλοῖο, passenger ship
ἐπιβεβαιώνω, to confirm/ ἐπιβεβαίωση (ἡ), confirmation
ἐπιβεβαιωτικός, confirmatory
ἐπιβήτορας (ὁ), stallion/ (fig.) womanizer
ἐπιβιβάζω, to embark/ ἐπιβίβαση (ἡ), embarkation
ἐπιβιώνω, to survive/ ἐπιβίωση (ἡ), survival
ἐπιβλαβής, harmful
ἐπιβλέπω, to supervise/ ἐπίβλεψη (ἡ), supervision
ἐπιβλητικός, impressive, imposing
ἐπιβολή (ἡ), imposition
ἐπιβουλεύομαι, to conspire, to blot against/ ἐπιβουλή (ἡ), plot, conspiracy
ἐπιβράβευση (ἡ), prize award/ ἐπιβραβεύω, to award a prize
ἐπιβράδυνση (ἡ), slowing down/ ἐπιβραδύνω, to slow down
ἐπιγαμία (ἡ), intermarriage
ἐπίγειος, earthly
ἐπίγνωση (ἡ), knowledge, awareness
ἐπιγονατίδα (ἡ), patella
ἐπίγονος (ὁ), descendant
ἐπίγραμμα (τό), epigram/ ~ τικός, epigrammatic
ἐπιγραφή (ἡ), inscription/ ἐπιγράφω, to inscribe
ἐπιδαψιλεύω, to bestow upon
ἐπιδεικνύω, to exhibit, to show/ ἐπιδεικτικός, showy
ἐπιδεινώνω, to worsen, to deteriorate/ ἐπιδείνωση (ἡ), worsening, deterioration
ἐπίδειξη (ἡ), show, demonstration
ἐπιδεκτικός, susceptible
ἐπιδένω, to bandage
ἐπιδέξιος, skilful, adroit/ ἐπιδεξιότητα (ἡ), skill, adroitness
ἐπιδερμίδα (ἡ), skin
ἐπίδεση (ἡ), bandaging/ ἐπίδεσμος (ὁ), bandage
ἐπιδέχομαι, to be susceptible to
ἐπιδημία (ἡ), epidemic

ἐπιδίδω, to deliver, to hand
ἐπιδικάζω, to adjudge/ ἐπιδίκαση (ἡ), adjudication
ἐπίδικος, disputed
ἐπιδιορθώνω, to repair, to mend/ ἐπιδιόρθωση (ἡ), repair, mending
ἐπιδιώκω, to pursue, to aspire/ ἐπιδίωξη (ἡ), pursuit, aspiration
ἐπιδοκιμάζω, to approve; to applaud/ ἐπιδοκιμασία (ἡ), approval; applause
ἐπίδομα (τό), allowance
ἐπίδοξος, (heir) presumptive
ἐπιδόρπιο (τό), dessert
ἐπίδοση (ἡ), delivery; (sport) record
ἐπιδοτήριο (τό), notification writ
ἐπίδραση (ἡ), influence, effect
ἐπιδρομέας (ὁ), invader, raider/ ἐπιδρομή (ἡ), invasion; raid
ἐπιδρῶ, to influence, to affect
ἐπιείκια (ἡ), lenience, mercy, clemency/ ἐπιεικής, lenient, merciful
ἐπίζηλος, enviable
ἐπιζήμιος, harmful
ἐπιζήτηση (ἡ), pursuit, aspiration/ ἐπιζητῶ, to pursue, to aspire
ἐπιζῶ, to survive
ἐπιζωοτία (ἡ), epizootic disease
ἐπιθαλάμιος, nuptial
ἐπιθανάτιος, mortal
ἐπίθεμα (τό), (med.) compress/ (gram.) suffix
ἐπίθεση (ἡ), attack, assault/ ἐπιθετικά, aggressively, offensively/ ἐπιθετικός, aggressive/ ἐπιθετικότητα (ἡ), aggressiveness
ἐπίθετο (τό), adjective; surname
ἐπιθεώρηση (ἡ), inspection, survey, review/ ἐπιθεωρητής (ὁ), inspector/ ἐπιθεωρῶ, to inspect, to survey
ἐπιθυμητός, desirable/ ἐπιθυμία (ἡ), desire, wish; lust/ ἐπιθυμῶ, to desire, to wish
ἐπίκαιρος, opportune; current/ ἐπικαιρότητα (ἡ), opportuneness; current events
ἐπικαλοῦμαι, to invoke, to appeal to
ἐπικαλύπτω, to wrap, to cover/ ἐπικάλυψη (ἡ), covering, overlapping
ἐπικαρπία (ἡ), usufruct/ ἐπικαρπωτής (ὁ), usufructuary/ ἐπικαρπώνομαι, to have the usufruct

ἐπίκειται, it is imminent, it is about to happen
ἐπίκεντρο (τό), the epicentre/ (fig.) the main point
ἐπικερδής, profitable
ἐπικεφαλίδα (ἡ), headline
ἐπικήδειος, funeral/ (ὁ), funeral speech
ἐπικήρυξη (ἡ), putting a price on someone's head
ἐπικίνδυνος, dangerous, risky, perilous
ἐπίκληση (ἡ), invocation
ἐπικλινής, sloping, inclined
ἐπικοινωνία (ἡ), intercourse, communication/ *ἐπικοινωνῶ*, to communicate
ἐπικόλληση (ἡ), sticking, affixing/ *ἐπικολλῶ*, to stick, to affix
ἐπικός, epic
ἐπικούρειος, epicurean
ἐπικουρία (ἡ), help, assistance/ *ἐπικουρικός*, auxiliary
ἐπικράτεια (ἡ), state, national territory
ἐπικράτηση (ἡ), predominance/ *ἐπικρατῶ*, to predominate
ἐπικρίνω, to blame, to criticize/ *ἐπίκριση* (ἡ), criticism, blame/ *ἐπικριτής* (ὁ), unfavourable critic
ἐπικρότηση (ἡ), approval; agreement/ *ἐπικροτῶ*, to approve; to agree with
ἐπίκτητος, acquired
ἐπικυριαρχία (ἡ), suzerainty
ἐπικυρώνω, to ratify, to confirm/ *ἐπικύρωση* (ἡ), ratification, confirmation
ἐπιλαμβάνομαι, to undertake
ἐπιλέγω, to select
ἐπίλεκτος, select, first-class
ἐπιληπτικός, epileptic/*ἐπιληψία* (ἡ), epilepsy
ἐπιλήψιμος, reproachable
ἐπιλογή (ἡ), selection, choice
ἐπίλογος (ὁ), epilogue
ἐπίλοιπος, remaining
ἐπιλοχίας (ὁ), sergeant major
ἐπιλόχιος, (med) ~ πυρετός, puerperal fever
ἐπίλυση (ἡ), solution/ *ἐπιλύω*, to solve
ἐπίμαχος, disputed
ἐπιμέλεια (ἡ), care/ *ἐπιμελής*, careful, diligent
ἐπιμελητήριο (τό), society, union/ ἐμπορικό ~ , chamber of commerce/ *ἐπιμελητής* (ὁ), steward/ (school) prefect
ἐπίμεμπτος, reproachable
ἐπιμένω, to insist, to persist
ἐπιμερίζω, to distribute, to apportion
ἐπίμετρο (τό), addition
ἐπιμήκης, oblong/ *ἐπιμήκυνση* (ἡ), elongation
ἐπιμηκύνω, to elongate
ἐπιμιξία (ἡ), mixing
ἐπιμίσθιο (τό), additional pay, allowance
ἐπιμνημόσυνος, commemorative/ *ἐπιμνημόσυνη δέηση*, requiem
ἐπιμονή (ἡ), persistence/ *ἐπίμονος*, persistent, obstinate
ἐπίμοχθος, laborious, tiring
ἐπιμύθιο (τό), (the) moral
ἐπίνειο (τό), port, haven
ἐπινικέλωση (ἡ), nickel-plating
ἐπινίκιος, victorious
ἐπινόηση (ἡ), invention/ *ἐπινοητικός*, inventive, ingenious/ *ἐπινοητικότητα* (ἡ), inventiveness/ *ἐπινοῶ*, to invent
ἐπίορκος, perjurer
ἐπιούσιος, daily (bread)
ἐπίπεδο (τό), plane/ ~ ς, flat, level
ἐπίπλαστος, artificial, feigned
ἐπιπλέον, in addition
ἐπιπλέω, to float
ἐπίπληξη (ἡ), reproach, rebuke/ *ἐπιπλήττω*, to reproach, to rebuke
ἐπιπλοκή (ἡ), complication
ἔπιπλο (τό), piece of furniture/ *ἐπιπλοποιός* (ὁ), furniture-maker
ἐπιπλώνω, to furnish/ *ἐπίπλωση* (ἡ), furniture
ἐπιπόλαια, superficially/ *ἐπιπόλαιος*, superficial, frivolous/ *ἐπιπολαιότητα* (ἡ), superficiality, frivolity
ἐπίπτωση (ἡ), repercussion, effect
ἐπιρρεπής, inclined
ἐπίρ(ρ)ημα (τό), adverb
ἐπιρ(ρ)ίπτω, to cast upon
ἐπιρροή (ἡ), influence, effect
ἐπισείω, to brandish
ἐπισημαίνω, to single out, to mark
ἐπίσημα, solemnly, officially
ἐπισήμανση (ἡ), marking, singling out
ἐπισημοποιῶ, to make official/ *ἐπίσημος*, official; authentic/ *ἐπισημότητα* (ἡ), authenticity; formality

ἐπίσης, also, too, in addition to, as well
ἐπισιτισμός (ὁ), food supply
ἐπισκεπτήριο (τό), visiting card
ἐπισκέπτης (ὁ), visitor/ ἐπισκέπτομαι, to visit
ἐπισκευάζω, to repair, to mend/ ἐπισκευή (ἡ), repair, mending
ἐπίσκεψη (ἡ), visit
ἐπισκιάζω, to overshadow; to outshine/ ἐπισκίαση (ἡ), overshadowing
ἐπισκοπή (ἡ), diocese, bishopric
ἐπισκόπηση (ἡ), review
ἐπισκοπικός, episcopal/ ἐπίσκοπος (ὁ), bishop
ἐπισκοπῶ, to review, to examine, to oversee
ἐπισπεύδω, to hurry, to hasten; to accelerate/ ἐπίσπευση (ἡ), hastening; acceleration
ἐπισταμένα, carefully, attentively
ἐπιστασία (ἡ), supervision, care/ ἐπιστάτης (ὁ), superintendent/ ἐπιστατῶ, to supervise
ἐπιστεγάζω, to cover/ ἐπιστέγασμα (τό), covering, sheltering/ (fig.) the final touch
ἐπιστήθιος, very close
ἐπιστήμη (ἡ), science/ ἐπιστήμονας (ὁ), scientist
ἐπιστημονικός, scientific
ἐπιστητό (τό), knowledge
ἐπιστολή (ἡ), letter/ (eccl.) epistle/ συστημένη ~ , registered letter/ ἐπιστολογραφία (ἡ), letter-writing/ ἐπιστολογράφος (ὁ), letter-writer
ἐπιστόμιο (τό), muzzle, mouthpiece
ἐπιστράτευση (ἡ), mobilization/ ἐπιστρατεύω, to mobilize
ἐπιστρέφω, to return/ ἐπιστροφή (ἡ), return
ἐπίστρωμα (τό), covering/ ἐπιστρώνω, to cover over
ἐπιστύλιο (τό), pillar, top, architrave
ἐπισυνάπτω, to attach; to enclose
ἐπισύρω, to attract, to draw (the attention)
ἐπισφαλής, unsafe, precarious, risky
ἐπισφραγίζω, to confirm/ ἐπισφράγιση (ἡ), confirmation
ἐπίσχεση (ἡ), suppression, retention

ἐπισωρεύω, to amass, to pile up
ἐπιταγή (ἡ), order; draft/ ταχυδρομική ~, postal order
ἐπιτακτικός, imperative
ἐπίταξη (ἡ), requisition
ἐπίταση (ἡ), intensification
ἐπιτάσσω, to order; to requisition
ἐπιτάφιος, sepulchral, funerary
ἐπιτάχυνση (ἡ), hastening; acceleration/ ἐπιταχύνω, to hasten; to accelerate
ἐπιτείνω, to intensify
ἐπιτελάρχης (ὁ), chief of staff/ ἐπιτελεῖο (τό), staff
ἐπιτελῶ, to carry out, to perform
ἐπιτετραμμένος (ὁ), chargé d'affaires
ἐπίτευγμα (τό), accomplishment
ἐπιτήδειος, clever, cunning/ ἐπιτηδειότητα (ἡ), cleverness, aptitude
ἐπίτηδες, intentionally
ἐπιτήδευμα (τό), profession
ἐπιτηδευμένος, affected/ ἐπιτήδευση (ἡ), affectation
ἐπιτήρηση (ἡ), supervision/ ἐπιτηρητής (ὁ), supervisor, overseer/ ἐπιτηρῶ, to supervise
ἐπιτίθεμαι, to attack, to assault
ἐπιτίμηση (ἡ), reprimand, reproach/ ἐπιτιμητικός, reprimanding, reproaching
ἐπίτιμος, honorary
ἐπιτιμῶ, to reprimand, to reproach
ἐπιτόκιο (τό), interest rate
ἐπιτομή (ἡ), abridgment, summary/ ἐπίτομος, abridged
ἐπιτόπιος, local
ἐπιτραπέζιος, on the table/ ἐπιτραπέζιο κρασί, table wine
ἐπιτρέπω, to allow, to permit
ἐπιτροπεία (ἡ), administration; management/ ἐπιτροπεύω, to administer; to act as a guardian/ ἐπιτροπή (ἡ), committee, commission
ἐπίτροπος (ὁ), commissioner; guardian
ἐπιτυγχάνω, to suceed, to achieve
ἐπιτύμβιο (τό), tombstone/ ~ , sepulchral
ἐπιτυχημένος, or ἐπιτυχής, successful/ ἐπιτυχία (ἡ), success
ἐπιφάνεια (ἡ), level, surface
ἐπιφανής, distinguished, eminent
'Επιφάνεια (τά), Epiphany
ἐπίφαση (ἡ), semblance

ἐπιφέρω, to cause
ἐπίφοβος, frightening, alarming
ἐπιφοίτηση (ἡ), divine inspiration/ *ἐπιφοιτῶ*, to inspire from above
ἐπιφορτίζω, to commission/ *ἐπιφορτισμένος*, commissioned
ἐπιφυλακτικός, reserved, cautious/ *ἐπιφυλακτικότητα* (ἡ), reserve, caution/ *ἐπιφύλαξη* (ἡ), reservation/ *ἐπιφυλάσσω*, to reserve
ἐπιφυλλίδα (ἡ), serial story
ἐπιφώνημα (τό), exclamation, interjection
ἐπιχαίρω, to rejoice
ἐπιχείρημα (τό), argument/ *ἐπιχειρηματίας* (ὁ), businessman, industrialist/ *ἐπιχειρηματικός*, enterprising/ *ἐπιχειρηματολογία* (ἡ), business, enterprise/ *ἐπιχειρῶ*, to undertake, to attempt
ἐπιχορήγηση (ἡ), subsidy, grant/ *ἐπιχορηγῶ*, to subsidize
ἐπίχρισμα (τό), varnish
ἐπίχρυσος, gilded, gold-plated/ *ἐπιχρυσώνω*, to gild, to gold-plate/ *ἐπιχρύσωση* (ἡ), gilding, gold-plating
ἐπιχωματώνω, to embank/ *ἐπιχωμάτωση* (ἡ), embankment
ἐπιψηφίζω, to vote for, to pass/ *ἐπιψήφιση* (ἡ), passing (of a law)
ἐποικισμός (ὁ), settlement/ *ἐποικίζω*, to settle, to colonize
ἐποικοδομητικός, edifying, positive
ἔποικος (ὁ), settler, colonist/ *ἐποικῶ*, to settle, to colonize
ἐπόμενος, next, following/ *ἐπομένως*, therefore
ἐπονείδιστος, disgraceful, shameful
ἐπονομάζω, to name
ἐποποιία (ἡ), epopee, campaign
ἐποπτεία (ἡ), supervision, inspection/ *ἐπόπτης* (ὁ), supervisor/ *ἐποπτικός*, supervising
ἔπος (τό), epic poem
ἐπουλώνω, to heal, to cure/ *ἐπούλωση* (ἡ), healing
ἐπουράνιος, heavenly, celestial
ἐπουσιώδης, immaterial, unimportant
ἐποφθαλμιῶ, to desire
ἐποχή (ἡ), period, time; season
ἔποψη (ἡ), point of view

ἑπτά, seven/ ~ *γωνο* (τό), heptagon/ ~ *γωνος*, heptagonal
ἑπταετής, seven years old/ *ἑπτακόσιοι*, seven hundred/ *ἑπτακοσιοστός*, seven-hundredth/ *ἑπταπλάσιος*, sevenfold
Ἑπτάνησα (τά), the Ionian Islands
ἑπτάψυχος, robust, indestructible
ἐπωδός (ἡ), refrain
ἐπώδυνος, painful
ἐπωμίδα (ἡ), epaulet
ἐπωνυμία (ἡ), name/ *ἐμπορική* ~ , firm/ *ἐπώνυμο* (τό), surname
ἐπωφελής, profitable, advantageous/ *ἐπωφελοῦμαι*, to take advantage of
ἐράνισμα (τό), selection, anthology/ *ἐρανιστής* (ὁ), compiler
ἔρανος (ὁ), money collection
ἐρασιτέχνης (ὁ), amateur
ἐράσμιος, lovable, amiable
ἐραστής (ὁ), lover
ἐργάζομαι, to work
ἐργαλείο (τό), instrument, tool; equipment
ἐργασία (ἡ), work, labour; occupation, job/ *δέν βρίσκω* ~ , I cannot find a job/ *ἐργάσιμος*, working day
ἐργαστήριο (τό), laboratory, workshop
ἐργάτης (ὁ), worker, labourer/ *ἐργατικός*, (of) labour; industrious/ *ἐργατικό κόμμα*, Labour Party/ *ἐργατική τάξη*, working classes/ *ἐργατικότητα* (ἡ), industry, hard working
ἐργένης (ὁ), bachelor, single
ἔργο (τό), work; achievement/ *θεατρικό* ~ , play/ *κινηματογραφικό* ~ , film/ *δημόσια ἔργα*, public works/ *καταδικάζομαι σέ καταναγκαστικά ἔργα*, to be sentenced to forced labour
ἐργοδηγός (ὁ), foreman/ *ἐργοδότης* (ὁ), employer
ἐργολαβία (ἡ), contracting/ *ἐργολάβος* (ὁ), or *ἐργολήπτης* (ὁ), contractor
ἐργοστασιάρχης (ὁ), industrialist/ *ἐργοστάσιο* (τό), factory
ἐργόχειρο (τό), embroidery
ἔρεβος (τός), darkness
ἐρεθίζω, to irritate, to excite/ *ἐρεθισμός* (ὁ), irritation, excitement/ *ἐρεθιστικός*, irritating/ *ἐρεθιστικότητα* (ἡ), irritability

ἐρείπιο (τό), ruin, remain/ ἐρειπώνω, to ruin
ἔρεισμα (τό), support, prop
ἔρευνα (ἡ), search; research; inquiry/ ἐρευνητής (ὁ), researcher, scholar/ ἐρευνητικός, searching, inquiring, investigating/ ἐρευνῶ, to search; to research; to investigate
ἐρήμην, by default, in absentia
ἐρημητήριο (τό), hermitage/ ἐρημιά (ἡ), desert, wilderness/ ἐρημικός, deserted, solitary/ ἐρημίτης (ὁ), hermit, monk
ἐρημοδικία (ἡ), trial in absentia
ἐρημοκκλήσι (τό), deserted chapel
ἐρημονήσι (τό), desert island
ἔρημος (ἡ), desert, wilderness
ἔρημος, deserted, abandoned; lonely/ ἐρημώνω, to devastate, to lay waste/ ἐρήμωση (ἡ), devastation
ἔριδα (ἡ), dispute, quarrel/ ἐρίζω, to dispute, to quarrel
ἐρινύες (οἱ), the furies
ἐριουργία (ἡ), wool-manufacture
ἐριστικός, quarrelsome
ἐρίτιμος, respected
ἐρίφιο (τό), kid
ἕρμα (τό), ballast
ἕρμαιο (τό), prey
ἑρμαφρόδιτος, hermaphrodite
ἑρμηνεία (ἡ), interpretation/ ἑρμηνευτής (ὁ), interpreter/ (fig.) actor
ἑρμηνευτικός, explanatory/ ἑρμηνεύω, to interpret
ἑρμητικά, hermetically/ ἑρμητικός, hermetical
ἑρμίνα (ἡ), hermin
ἑρπετό (τό), reptile
ἕρπω, to creep
ἐρύθημα (τό), blush/ (med.) erythema
ἐρυθρόδερμος (ὁ), Red Indian
ἐρυθρός, red
ἔρχομαι, to come, to arrive/ ~ στά χέρια, to come to blows/ μοῦ ἔρχεται νά, I feel like/ μοῦ ἦρθε στό νοῦ, it came to my mind/ καλῶς ἤρθες, welcome
ἐρχόμενος, coming; next, following/ ἐρχομός (ὁ), arrival
ἐρωμένη (ἡ), mistress/ ἐρωμένος (ὁ), lover
ἔρωτας (ὁ), love/ κάνω ~ , to make love

ἐρωταπόκριση (ἡ), question and answer
ἐρωτευμένος, in love/ ἐρωτεύομαι, to fall in love
ἐρώτημα (τό), question/ ~ τικό (τό), question mark/ ~ τικός, interrogative/ ἐρώτηση (ἡ), question
ἐρωτικά, amorously/ ἐρωτικός, amorous/ ἐρωτική σχέση, love affair/ ἐρωτόληπτος, permanently in love/ ἐρωτοτροπία (ἡ), flirtation/ ἐρωτοτροπῶ, to flirt/ ἐρωτοχτυπημένος, in love
ἐρωτῶ, to ask, to question
ἐσμός (ὁ), swarm
ἐσοδεία (ἡ), harvest, crop
ἔσοδο (τό), income, revenue
ἑσπέρα (ἡ), evening/ ἑσπερίδα (ἡ), evening reception
ἑσπεριδοειδῆ (τά), citrus fruit
ἑσπερινός (ὁ), vespers
ἑσπερινός, evening
ἐσπευσμένα, hurriedly/ ἐσπευσμένος, hurried, hasty
ἐσταυρωμένος (ὁ), crucifix
ἑστία (ἡ), hearth, fireside/ ~ φωτός, focus/ ἑστιάδα (ἡ), vestal
ἑστιάτορας (ὁ), restaurant owner/ ἑστιατόριο (τό), restaurant
ἔστω, let it be so
ἐσύ, you
ἐσχάρα (ἡ), grill
ἐσχατολογία (ἡ), eschatology
ἔσχατος, last, utmost, extreme/ ~ κίνδυνος, gravest danger/ ἐσχάτη προδοσία, high treason
ἐσώκλειστος, enclosed/ (student) boarder/ ἐσωκλείω, to enclose
ἐσώρουχα (τά), underwear
ἐσωτερικό (τό), the interior/ ἐσωτερικός, interior/ στό ἐσωτερικό, inland
ἑταίρα (ἡ) concubine
ἑταιρία (ἡ), company, society/ ἑταιρικός, of a company/ ἑταῖρος (ὁ), partner, associate
ἑτεροβαρής, unilateral
ἑτερογενής, heterogeneous
ἑτεροδικία (ἡ), extraterritoriality
ἑτερόδοξος, heterodox
ἑτεροθαλής, ~ ἀδελφός, half-brother
ἑτερόφθαλμος, one-eyed
ἐτήσιος, annual

ετικέττα (ή), label; etiquette
ετοιμάζω, to prepare, to get ready/ ετοιμασία (ή), preparation
ετοιμοθάνατος, dying, moribund
ετοιμόλογος (ό), witty
ετοιμοπαράδοτος, ready to deliver
ετοιμοπόλεμος, on war footing
ετοιμόρροπος, crumbling
έτοιμος, ready, prepared/ ετοιμότητα (ή), readiness/ ~ πνεύματος, presence of mind
έτος (τό), year/ πόσων ετών είσαι; how old are you?/ πρό πολλών ετών, many years ago
έτσι, so, thus/ ~ κι' ~ , so and so
ετυμηγορία (ή), verdict, sentence
ετυμολογία (ή), etymology, word-derivation/ ετυμολογικός, etymological
ευαγγελικός, evangelical/ ευαγγέλιο (τό), gospel
ευαγγελισμός (ό), annunciation/ ευαγγελιστής (ό), evangelist
ευαγής, pious, holy
ευάερος, well-ventilated
ευαισθησία (ή), sensitivity/ ευαίσθητος, sensitive
ευανάγνωστος, legible
ευαρέσκεια (ή), satisfaction
ευάρεστος, pleasant, agreeable/ ευαρεστούμαι, to be kind enough to
εύγε! bravo! well done
ευγένεια (ή), polite, courteous
εύγευστος, tasty
ευγλωττία (ή), eloquence/ εύγλωττος, eloquent
ευγνωμονώ, to be grateful/ ευγνωμοσύνη (ή), gratitude, thankfulness/ ευγνώμων, grateful, thankful
ευδαιμονία (ή), happiness, bliss; prosperity/ ευδαίμων, happy
ευδία (ή), fine weather
ευδιαθεσία (ή), good temper/ ευδιάθετος, good-tempered
ευδιάκριτος, distinct, clearly seen
ευδιάλυτος, soluble
ευδοκία (ή), good will
ευδοκίμηση (ή), prosperity, success/ ευδοκιμώ, to prosper, to succeed
εύελπις (ό), promising/ (fig.) student at the Military Academy

ευελπιστώ, to be hopeful
ευεξία (ή), well being, good health
ευεργεσία (ή), benefaction, kindness/ ευεργέτης (ό), benefactor/ ευεργετικός, beneficial/ ευεργετώ, to help, to be kind
ευερέθιστος, irritable, touchy, excitable
ευζωία (ή), prosperity
ευήθεια (ή), stupidity
ευήλιος, sunny
ευημερία (ή), prosperity, happiness/ ευημερώ, to prosper
εύηχος, melodious
ευθανασία (ή), euthanasia
ευθεία (ή), straight line
εύθετος, proper, suitable
εύθικτος, irritable, touchy/ ευθιξία (ή), irritability
εύθραυστος, fragile
ευθυβολία (ή), marksmanship
ευθυγραμμίζω, to straighten/ ευθυγράμμιση (ή), straightening
ευθύγραμμος, rectilinear
ευθυκρισία (ή), sound judgment
ευθυμία (ή), cheerfulness, good humour
ευθυμογράφημα (τό), humorous story/ ευθυμογράφος (ό), humorous writer/ ευθυμολογώ, to tell jokes
εύθυμος, merry, cheerful/ ευθυμώ, to be cheerful
ευθύνη (ή), responsibility/ ευθύνομαι, to be responsible
ευθύς, straight, direct; honest/ (ad.) ~ αμέσως, at once, immediately/ ευθύτητα (ή), rectitude; honesty
ευκαιρία (ή), opportunity
εύκαιρος, convenient; available/ ευκαιρώ, to have spare time
ευκάλυπτος (ό), eucalyptus
εύκαμπτος, flexible/ ευκαμψία (ή), flexibility
ευκατάστατος, prosperous
ευκαταφρόνητος, despicable, contemptible
ευκινησία (ή), agility/ ευκίνητος, agile
ευκοιλιότητα (ή), diarrhoea
εύκολα, easily/ ευκολία (ή), facility, convenience/ εύκολος, easy/ ευκολύνω, to facilitate
ευκοσμία (ή), decency
εύκρατος, mild

ευκρινής, distinct, clear
ευκτική (ή), optative mood
ευλάβεια (ή), piety, devotion/ ευλαβής, pious, religious
εύληπτος, intelligible
ευλογημένος, blessed/ ευλογητός, praised/ ευλογία (ή), blessing
ευλογιά (ή), smallpox
εύλογος, reasonable, fair
ευλογώ, to bless
ευλυγισία (ή), flexibility/ ευλύγιστος, flexible
ευμάρεια (ή), prosperity, wealth
ευμένεια (ή), favour/ ευμενής, favourable
ευμετάβλητος, changeable, fickle, unsettled
ευμετακίνητος, removable, portable
ευμετάπειστος, convincible
ευμεταχείριστος, manageable
ευνόητος, comprehensible; understandable
εύνοια (ή), favour/ ευνοϊκός, favourable
ευνομία (ή), good administration
ευνοούμενος, favourite
ευνουχίζω, to castrate/ ευνουχισμός (ό), castration/
ευνούχος (ό), eunuch
ευνοώ, to favour
ευόδωση (ή), success, happy completion
ευοίωνος, auspicious
εύοσμος, fragrant
ευπάθεια (ή), sensitiveness/ ευπαθής, sensitive, delicate
ευπαρουσίαστος, well-looking, smart
ευπατρίδης (ό), gentleman, aristocrat
ευπειθής, obedient
εύπεπτος, digestible/ ευπεψία (ή), digestiveness
ευπιστία (ή), credulity/ εύπιστος, credulous
εύπλαστος, malleable
ευποιΐα (ή), benevolent act
ευπορία (ή), prosperity, wealth/ εύπορος, rich, wealthy, prosperous/ ευπορώ, to be wealthy
ευπρέπεια (ή), decency, dignity/ ευπρεπής, decent, dignified/ ευπρεπίζω, to decorate/ ευπρεπισμός (ό), decoration, adornment
ευπρόσβλητος, susceptible; assailable

ευπροσηγορία (ή), affability/ ευπροσήγορος, affable
ευπρόσιτος, accessible
ευπρόσωπος, presentable; satisfactory
εύρεση (ή), discovery, finding
ευρεσιτεχνία (ή), invention/ δίπλωμα ~ς, patent
ευρετήριο (τό), index
εύρημα (τό), lucky find/ (arch.) finding/ ευρίσκω, 6λ. βρίσκω
εύρος (τό), width, breadth/ (phys.) amplitude
ευρυθμία (ή), harmony/ εύρυθμος, harmonious
ευρυνση (ή), widening, broadening/ ευρύνω, to widen, to broaden/ ευρύτητα (ή), width, extent
ευρυχωρία (ής, spaciousness/ ευρύχωρος, spacious
Ευρωπαίος, Ευρωπαία, European (man, woman)/ ευρωπαϊκός, European
ευρωστία (ή), vigour/ εύρωστος, vigorous
ευσαρκία (ή), plumpness/ εύσαρκος, plump
ευσέβεια (ή), piety/ ευσεβής, pious
ευσπλαχνία (ή), compassion, mercy/ ευσπλαχνίζομαι, to show pity (compassion)/ ευσπλαχνικός, merciful, compassionate
ευστάθεια (ή), stability, firmness/ ευσταθής, stable, firm, constant
εύστοχος, proper, right on the mark
ευστροφία (ή), conscientiousness/ ευσυνείδητος, conscientious
εύσχημος, plausible; indirect
εύσωμος, corpulent
ευταξία (ή), good order
ευτέλεια (ή), baseness; cheapness/ ευτελής, base; inexpensive
ευτολμία (ή), courage, boldness
ευτράπελος, lively, comic, merry
ευτύχημα (τό), lucky event/ ευτυχής, or ευτυχισμένος, happy/ ευτυχία (ή), happiness, welfare/ ευτυχώ, to be happy/ ευτυχώς, fortunately, luckily
ευυπόληπτος, reputable, respectable
ευφάνταστος, imaginative, fanciful
ευφημισμός (ό), euphemism
εύφημος, flattering, praising/ εύφημη μνεία, praise

εὔφλεκτος, inflammable
εὐφορία (ἡ), fertility/ *εὔφορος*, fertile
εὐρράδεια (ἡ), eloquence
εὐφραίνω, to keep glad/ *εὐφραίνομαι*, to rejoice
εὐφυής, clever, intelligent/ *εὐφυΐα (ἡ)*, cleverness, wit/ *εὐφυολογία (ἡ)*, or *εὐφυολόγημα (τό)*, joke, witticism/ *εὐφυολόγος (ὁ)*, witty person/ *εὐφυολογῶ*, to tell jokes
εὐφωνία (ἡ), euphony/ *εὐφωνικός*, euphonic
εὐχαριστήριος, thanking
εὐχαρίστηση (ἡ), pleasure
εὐχαριστία (ἡ), thanksgiving/ πολλές εὐχαριστίες, many thanks/ *εὐχάριστος*, pleasant *εὐχαριστῶ*, to please, to satisfy; to thank
εὐχαριστιέμαι, to be pleased, to rejoice
εὐχέλαιο (τό), holy unction
εὐχέρεια (ἡ), ease, facility/ *εὐχερής*, easy
εὐχετήριος, wishing/ *εὐχή (ἡ)*, wish, vow; blessing
εὐχολόγιο (τό), prayer book/ *εὔχομαι*, to wish
εὔχρηστος, handy, manageable
εὐψυχία (ἡ), courage, boldness/ *εὔψυχος*, brave, bold
εὐωδία (ἡ), fragrance, aroma/ *εὐωδιάζω*, to smell sweetly
εὐωχία (ἡ), banquet, feast
ἐφάμιλλος, equal
ἐφάπτομαι, to touch/ *ἐφαπτομένη (ἡ)*, tangent
ἐφαρμογή (ἡ), application/ (tech.) mounting/ *ἐφαρμόζω*, to apply/ (tech.) to mount/ *ἐφαρμοστής (ὁ)*, mounter, fitter
ἐφεδρεία (ἡ), reserve/ *ἔφεδρος (ὁ)*, reservist
ἐφεκτικός, reserved, cautious/ *ἐφεκτικότητα (ἡ)*, reservedness, caution
ἐφεξῆς, from now on, in future
ἔφεση (ἡ), tendency, inclination/ (fig.) appeal/ *ἐφεσιβάλλω*, to lodge an appeal/ *ἐφέσιμος*, appealable
ἐφέστιος, domestic, (of the) home
ἐφετεινός, of this year
ἐφετεῖο (τό) court of appeal/ *ἐφέτης (ὁ)*, court of appeal judge
ἐφέτος, this year

ἐφεύρεση (ἡς, invention/ *ἐφευρέτης (ὁ)*, inventor
ἐφευρετικός, inventive/ *ἐφευρετικότητα (ἡ)*, inventiveness/ *ἐφευρίσκω*, to invent
ἐφηβεία (ἡ), puberty/ *ἐφηβικός*, of puberty/ *ἔφηβος (ὁ)*, adolescent, teenager
ἐφημερεύω, to be on duty/ (eccl.) to officiate
ἐφημερία (ἡ), curacy
ἐφημερίδα (ἡ), newspaper/ *ἐφημεριδοπώλης (ὁ)*, newspaper seller
ἐφημέριος (ὁ), curate
ἐφήμερος, transient, temporary
ἐφησυχάζω, to rely upon
ἐφιάλτης (ὁ), nightmare/ *ἐφιαλτικός*, nightmarish
ἐφίδρωση (ἡ), perspiration
ἐφικτός, attainable
ἔφιππος, mounted; equestrian
ἐφιστῶ, to draw; to call upon
ἐφοδιάζω, to supply, to provide/ *ἐφοδιασμός (ὁ)*, provision, supplying
ἐφόδιο (τό), supply/ *ἐφοδιοπομπή (ἡ)*, convoy
ἔφοδος (ἡ), assault, attack
ἐφοπλιστής (ὁς, shipowner
ἐφορεία (ἡ), supervisory committee/ οἰκονομική ~ , tax office
ἐφόρμηση (ἡ), attack, assault/ *ἐφορμῶ*, to attack
ἔφορος (ὁ), supervisor, inspector, keeper
ἑφτά, βλ. *ἑπτά*
ἐχέγγυο (τό), guarantee
ἐχεμύθεια (ἡ), discretion/ *ἐχέμυθος*, discreet
ἐχεφροσύνη (ἡ), prudence
ἔχθρα (ἡ), hate, enmity/ *ἐχθρεύομαι*, to hate, to feel an enemy of/ *ἐχθρικός*, hostile, unfriendly/ *ἐχθροπραξία (ἡ)*, hostility/ *ἐχθρός (ὁ)*, enemy, foe/ *ἐχθρότητα (ἡ)*, enmity, animosity
ἔχιδνα (ἡ), viper
ἐχινόκοκκος (ὁ), echinococcus
ἔχω, to have, to hold, to possess/ ~ δίκηο (δίκαιο), to be right/ ~ το νοῦ μου, to be careful/ τά ~ καλά μέ, to be on good terms/ δέν ~ ἰδέα, to be unaware/ ἔχει ὁ Θεός! God will provide!/ τί ἔχεις; what's the matter with you?

ἑωθινός, of the morning
ἐψές, last night
ἕως, till, until, up to/ ~ πότε πιά; when will it end at last?
ἑωσφόρος (ὁ), Lucifer, Satan/ (astr.) morning star

Z

ζαβολιά (ἡ), trick/ ~ /ρης (ὁ), trickster
ζαβομάρα (ἡ), stupidity/ ζαβός, stupid, silly
ζαγάρι (τό), hound/ (fig.) mean person
ζακέτα (ἡ), jacket
ζαλάδα (ἡ), or ζάλη (ἡ), dizziness/ ζαλίζω, to confuse, to make dizzy/ ζαλίζομαι, to feel dizzy/ ζάλισμα (τό), dizziness/ ζαλισμένος, dizzy
ζάπλουτος, millionaire
ζάρα (ἡ), βλ. ζαρωματιά
ζάρι (τό), dice
ζαρκάδι (τό), roe
ζάρωμα (τό), wrinkling, shrinking/ ζαρωματιά (ἡ), wrinkle, crease, fold/ ζαρώνω, to wrinkle, to crease/ (fig.) to be afraid
ζαφείρι (τό), sapphire
ζαφορά (ἡ), saffron
ζαχαρένιος, sugary/ ζάχαρη (ἡ), sugar/ ζαχαριέρα (ἡ), sugar-bowl
ζαχαροκάλαμο (τό), sugar-cane
ζαχαροπλαστεῖο (τό), confectionery shop/ ζαχαροπλάστης (ὁ), confectioner/ ζαχαροπλαστική (ἡ), confectionery
ζαχαρώνω, to sweeten/ ζαχαρωτό (τό), sweetmeat
ζέβρα (ἡ), zebra
ζελατίνα (ἡ), gelatine
ζεματίζω, to scald/ ζεμάτισμα (τό), scalding/ ζεματιστός, scalding, boiling
ζεμπίλι (τό), basket
ζενίθ (τό), zenith
ζερβοχέρης, left-handed
ζέση (ἡ), zeal, eagerness

ζεστά, warmly/ τό παίρνω στά ~, to take the matter eagerly/ ζεσταίνομαι, to feel warm/ ζεσταίνω, to warm/ ζέσταμα (τό), heating, warming/ ζεστασιά (ἡ), warmth; friendliness/ ζέστη (ἡ), heat/ κάνει ~, it's hot/ ζεστός, warm/ ζεστούτσικος, warmish
ζευγάρι (τό), pair, couple/ (animals) team/ ζευγαρίζω, to plough/ ζευγάρωμα (τό), matching, mating; ploughing/ ζευγαρώνω, to match, to pair/ ζευγαρωτός, coupled
ζευγάς (ὁ), or ζευγολάτης (ὁ), ploughman
ζεῦγος (τό), βλ. ζευγάρι
ζευζέκης (ὁ), odd (difficult) person
ζεύξη (ἡ), harnessing, yoking/ (tech.) coupling/ ζεύω, to yoke
ζέφυρος (ὁ), westerly wind
ζήλεια (ἡ), jealousy, envy/ ζηλευτός, enviable/ ζηλεύω, to be jealous, to envy/ ζηλιάρης, jealous
ζῆλος (ὁ), zeal, eagerness
ζηλοτυπία (ἡ), jealousy
ζηλόφθονος, envious
ζηλωτής (ὁ), zealot
ζημία (ἡ), damage, loss/ ζημιώνω, to cause damage (loss)
ζήτημα (τό), matter, question, subject/ δημιουργῶ ~, to cause trouble
ζήτηση (ἡ), demand
ζητιανεύω, to beg/ ζητιανιά (ἡ), begging/ ζητιάνος (ὁ), beggar
ζητῶ, to ask for, to look for, to seek/ ~ συγγνώμη, I beg your pardon/ ~ σέ γάμο, to propose (marriage)
ζήτω! hurray! long life!/ ζητωκραυγάζω, to cheer/ ζητωκραυγή (ἡ), cheering
ζιζάνιο (τό), weed/ (fig.) a nuisance/ σπέρνω ζιζάνια, to sow discord
ζόρι (τό), force, compulsion/ μέ τό ~, by force
ζουζούνι (τό), tiny animal, animalcule
ζουλῶ, to squeeze, to press, to crush
ζουμερός, juicy, succulent/ ζουμί (τό), juice
ζουμπούλι (τό), hyacinth
ζουπῶ, βλ. ζουλῶ
ζουρλαίνω, to drive mad/ ζουρλομανδύας (ὁ), straitjacket

ζοφερός, gloomy, dark/ ζόφος (ό), darkness, gloom
ζοχάδες (οί), haemorrhoids, piles
ζυγαριά (ή), pair of scales/ ζύγι (τό), weight/ ζυγίζω, to weigh/ ζύγισμα (τό), weighing
ζυγός (ό), yoke
ζυγός, double/ ~ ἀριθμός, even number
ζυγώνω, to approach
ζυθοποιείο (τό), brewery/ ζυθοποιός (ό), brewer
ζυθοπωλείο (τό), bar, pub/ ζυθοπώλης (ό), publican/ ζύθος (ό), beer, ale
ζυμάρι (τό), dough/ ζυμαρικό (τό), pastry/ ζύμη (ή), leaven, dough/ ζύμωμα (τό), kneading/ ζυμώνω, to knead/ ζύμωση (ή), fermentation
ζῶ, to live, to exist
ζωάριο (τό), small animal
ζωγραφιά (ή), painting, picture/ ζωγραφίζω, to paint, to draw/ ζωγραφική (ή), drawing, painting/ ζωγραφικός, painting/ ζωγραφικό έργο, work of art/ ζωγραφιστός, painted/ ζωγράφος (ό), painter
ζωδιακός, zodiacal/ ~ κύκλος, the Zodiac/ ζώδιο (τό), sign of the Zodiac
ζωέμπορος (ό), cattle-dealer
ζωή (ή), life/ γεμάτος ~, lively
ζωηρεύω, to become animated/ ζωηρός, lively, animated; heated/ ζωηρό παιδί, naughty child/ ζωηρότητα (ή), liveliness
ζωικός, vital
ζωμός (ό), broth, soup
ζώνη (ή), belt, zone
ζωντανεύω, to revive/ ζωντανός, alive
ζωντοχήρα (ή), divorcee (woman)/ ζωντοχῆρος (ό), divorcee (man)
ζώνω, to encircle
ζῶο (τό), animal, beast
ζωογόνηση (ή), enlivenment/ ζωογόνος, enlivening, life-giving/ ζωογονῶ, to enliven
ζωοδότης (ό), life-giver
ζωοκλέφτης (ό), cattle-thief/ ζωοκλοπή (ή), cattle-stealing
ζωοκτονία (ή), cattle-killing
ζωολογία (ή), zoology/ ζωολογικός, zoological/ ~ κῆπος, zoo/ ζωολόγος (ό), zoologist
ζωοπανήγυρη (ή), cattle fair
ζωοποιός, life-giving
ζωοτροφή (ή), victuals, food supplies
ζωόφιλος, animal-lover
ζωπύρωση (ή), kindling
ζώσιμο (τό), encircling, girding
ζωτικός, vital/ ζωτικότητα (ή), vitality
ζωύφιο (τό), animalcule; vermin
ζωφόρος (ή), frieze
ζωώδης, brutal, beastly

Η

ἡ, the (feminine)
ἤ, or, either...or...
ἥβη (ή), puberty
ἡγεμόνας (ό), sovereign/ ἡγεμονεύω, to reign, to rule/ ἡγεμονία (ή), reign, rule; hegemony/ ἡγεμονικός, majestic, princely
ἡγεσία (ή), leadership/ ἡγέτης (ό), leader, head/ ἡγοῦμαι, to lead, to be at the head of
ἡγουμένη (ή), abbess, prioress/ ἡγούμενος (ό), abbot
ἡδονή (ή), delight, pleasure/ ἡδονίζομαι, to feel delight/ ἡδονικός, delightful/ ἡδονισμός (ό), hedonism/ ἡδονιστής (ό), hedonist
ἡδυπάθεια (ή), voluptuousness/ ἡδυπαθής, voluptuous
ἡδύτητα (ή), sweetness
ἡθική (ή), morality, ethics/ ἡθικολόγος (ό), moralist/ ἡθικολογῶ, to moralize
ἡθικό (τό), morale
ἡθικός, moral/ ἡθικότητα (ή), morality
ἡθοποιία (ή), acting/ ἡθοποιός (ό), actor
ἦθος (τό), character
ἠλεκτρίζω, to electrify/ ἠλεκτρικός, electric(al)/ ἠλέκτριση (ή), or ἠλέκτρισμα (τό), electrification/ ἠλεκτρισμός (ό), electricity

ήλεκτρο — θεμελιακός

ήλεκτρο (τό), amber
ήλεκτρογεννήτρια (ή), generator
ήλεκτρόδιο (τό), electrode
ήλεκτροκινητήρας (ό), electric motor
ήλεκτρολογία (ή), electrology/ *ήλεκτρολόγος* (ό), electrician
ήλεκτρόλυση (ή), electrolysis
ήλεκτρομαγνήτης (ή), electromagnet/ *ήλεκτρομαγνητικός*, electromagnetic
ήλεκτρονικός, electronic
ήλεκτρόνιο (τό), electron
ήλεκτροπληξία (ή), electrocution
ήλεκτροτεχνίτης (ό), electrician
ήλιακός, solar/ *ήλιακό ρολόϊ*, sundial/ *ήλιακό σύστημα*, solar system
ήλίαση (ή), sunstroke
ήλίθιος, stupid, idiotic, foolish/ *ήλιθιότητα* (ή), stupidity
ήλικία (ή), age/ *στό άνθος τής* ~ *ς*, in the prime of life/ *ήλικιωμένος*, aged, old/ *ήλικιώνομαι*, to come of age
ήλιοβασίλεμα (τό), sunset
ήλιοθεραπεία (ή), sunbathing
ήλιοκαμμένος, tanned
ήλιόλουστος, sunny/ *ήλιόλουτρο* (τό), sunbathing
ήλιον (τό), helium
ήλιος (ό), sun/ (bot.) 6λ. **ήλιοτρόπιο/ ήλιοστάσιο** (τό), solstice/ *ήλιοτρόπιο* (τό), sunflower
ήμεδαπός (ό), native, compatriot
ήμέρα (ή), day
ήμερεύω, to tame, to subdue
ήμερήσιος, daily/ *ήμερήσια διάταξη*, agenda
ήμεροδείκτης (ό), calendar
ήμερολόγιο (τό), calendar; diary
ήμερομηνία (ή), date
ήμερομίσθιο (τό), day's wages
ήμερος, tame, mild; domesticated/ *ήμέρωμα* (τό), taming/ *ήμερώνω*, to tame, to domesticate
ήμιάγριος, semi-savage
ήμιαυτόματος, semi-automatic
ήμιβάρβαρος, semi-barbarous
ήμίγυμνος, semi-naked
ήμιεπίσημος, semi-official
ήμίθεος (ό), demi-god
ήμικρανία (ή), migraine
ήμικυκλικός, semi-circular/ *ήμικύκλιο* (τό), semi-circle
ήμιμάθεια (ή), inadequate education/ *ήμιμαθής*, semi-educated
ήμιονηγός (ό), muleteer/ *ήμίονος* (ό), mule
ήμιπεριφέρεια (ή), semi-circumference
ήμιπληγία (ή), palsy/ *ήμίπληκτος*, palsied
ήμίρευστος, semi-fluid
ήμισέληνος (ή), crescent
ήμισφαίριο (τό), hemisphere
ήμιτελής, incomplete/ *ήμιτελικός*, semifinal
ήμίτονο (τό), (mus.) semitone/ (maths) sine
ήνία (τά), reins, bridle/ *ήνίοχος* (ό), charioteer
ήνωμένος, or *ένωμένος*, united/ Ήνωμένες Πολιτεΐες, United States/ Ήνωμένο Βασίλειο, United Kingdom
ήπαρ (τό), liver/ *ήπατίτιδα* (ή), hepatitis
ήπειρος (ή), continent/ Ήπειρώτης, Ήπειρώτισσα, Epirote (man, woman)/ *ήπειρωτικός*, continental
ήπιος, mild, gentle, meek/ *ήπιότητα* (ή), mildness, meekness
ήράκλειος, herculean, very strong
ήρεμα, calmly/ *ήρεμία* (ή), calmness, tranquillity/ *ήρεμος*, calm, tranquil/ *ήρεμώ*, to be calm
ήρωας (ό), hero/ *ήρωίδα* (ή), heroine/ *ήρωικά*, heroically/ *ήρωικός*, heroic
ήρωίνη (ή), heroin
ήρωισμός (ό), heroism/ *ήρώο* (τό), war monument
ήσυχα, quietly/ *ήσυχάζω*, to quieten; to rest *ήσυχία* (ή), calmness, stillness/ *μέ τήν* ~ *μου*, at one's own convenience/ *ήσυχος*, quiet, still/ *άφησέ με ήσυχο*, let me alone
ήττοπάθεια (ή), defeatism/ *ήττοπαθής*, defeatist/ *ήττώμαι*, to be defeated
ήφαίστειο (τό), volcano/ ~*γενής*, volcanic
ήχηρός, resounding/ (fig.) pompous/ *ήχηρότητα* (ή), resonance, sonority/ *ήχητικός*, sonorous/ *ήχητικό κύμα*, sound wave/ *ήχος* (ό), sound/ *φράγμα ήχου*, sound barrier
ήχώ (ή), echo/ *ήχώ*, to echo, to resound

Θ

θά, will, shall/ ~ ἤθελα, I would like to
θάβω, to bury
θαλαμηγός (ἡ), yacht
θαλαμηπόλος (ὁ), steward, valet
θαλαμίσκος (ὁ), cabin/ *θάλαμος* (ὁ), chamber/ σκοτεινός ~, camera obscura
θάλασσα (ἡ), sea/ ἀνοιχτή ~, high seas/ τά ἔκανα ~, I made a mess/ *θαλασσινός* (ὁ), marine, maritime, seaman/ *θαλάσσιος*, of the sea
θαλασσογραφία (ἡ), seascape/ *θαλασσογράφος* (ὁ), seascape painter
θαλασσοδαρμένος, sea-tossed
θαλασσοκράτορας (ὁ), ruler of the waves/ *θαλασσομάχος* (ὁ) sea-fighter, sea-warrior
θαλασσοπλοῖα (ἡ), navigation
θαλασσοπόρος (ὁ), navigator
θαλασσοπούλι (τό), sea-bird
θαλασσοταραχή (ἡ), tempest
θαλάσσωμα (τό), mess/ *θαλασσώνω*, to make a mess
θαλερός, blooming, flourishing/ *θαλερότητα* (ἡ), bloom, flourish/ *θάλλω*, to bloom, to flourish
θαλπωρή (ἡ), warmth, comfort
θάμβος (τό), dazzling
θαμμένος, buried
θάμνος (ὁ), bush, shrub
θαμπάδα (ἡ), dimness, dullness/ *θαμπώνω*, to dim; to astonish
θαμώνας (ὁ), customer
θανάσιμα, mortally, fatally/ *θανάσιμος*, mortal, deadly/ *θανατηφόρος*, fatal/ θανατηφόρο τραύμα, fatal wound/ *θανατικό* (τό), plague/ *θανατικός*, deadly, capital/ θανατική ποινή, capital punishment
θάνατος (ὁ), death/ *θανατώνω*, to kill/ *θανάτωση* (ἡ) killing, execution
θαρραλέα, boldly, daringly/ *θαρραλέος*, bold, daring
θάρρος (τό), courage, boldness/ παίρνω τό ~, to take the liberty

θαρρῶ, to think, to believe
θαῦμα (τό), miracle, wonder/ *θαυμάζω*, to admire, to wonder/ *θαυμάσιος*, wonderful, marvellous/ *θαυμασμός* (ὁ), admiration, wonder/ *θαυμαστής* (ὁ), admirer/ *θαυμαστικό* (τό), exclamation mark/ *θαυμαστός*, wonderful, admirable
θαυματοποιός (ὁ), conjurer
θαυματουργός, miraculous/ *θαυματουργῶ*, to work miracles
θάψιμο (τό), burying
θεά (ἡ), goddess
θέα (ἡ), view, panorama
θέαμα (τό), spectacle, sight/ *θεαματικός*, spectacular
θεάνθρωπος (ὁ), theanthrope (Christ)
θεάρεστος, pleasing to God
θεατής (ὁ), spectator
θεατός, visible
θεατρικός, theatrical/ (fig.) pompous/ *θεατρινισμός* (ὁ), acting; pomposity/ *θεατρίνος* (ὁ), actor/ *θέατρο* (τό), theatre/ *θεατρόφιλος*, theatre fan/ *θεατρώνης* (ὁ), theatre owner
θεία (ἡ), aunt
θεῖα (τά), the sacred (holy)
θειάφι (τό), sulphur/ *θειαφίζω*, sprinkle with sulphur/ *θειάφισμα* (τό), sprinkling with sulphur/ *θειικός*, sulphuric
θεϊκός, sacred, divine/ (fig.) perfect/ *θεῖο* (τό), divinity
θεῖος (ὁ), uncle
θειούχος, sulphurous
θεϊσμός (ὁ), deism/ *θεϊστής*, deist
θέλγητρο (τό), charm, attraction/ *θέλγω*, to charm, to attract
θέλημα (τό), wish, will; errand/ ~τικά, voluntarily, willingly/ ~τικός, voluntary, willing/ *θέληση* (ἡ), will, volition/ καλή ~, good will/ μέ τή ~ μου, with my consent
θελκτικός, charming
θέλω, to wish, to desire/ θέλει δουλειά, he is asking for a job/ ὅτι θέλει ἄς γίνει! come what may!
θέμα (τό), subject, question, matter/ δέν ὑπάρχει ~, there is no problem
θεματοφύλακας (ὁ), guardian
θεμελιακός, fundamental/ *θεμέλιο* (τό),

foundation/ ~ ς, fundamental/ ~ ς λίθος, cornerstone/ θεμελιώδης, basic/ θεμελιώνω, to found, to establish/ θεμελίωση (ή), foundation, establishment/ θεμελιωτής (ό), founder
θέμιδα (ή), themis; justice
θεμιτός, lawful
θεογνωσία (ή), knowledge of God
θεογονία (ή), birth of God, creation
θεόγυμνος, stark naked
θεόκλειστος, hermetically closed
θεοκρατία (ή), theocracy/ θεοκρατικός, theocratic
θεολογία (ή), theology/ θεολογικός, theological/ θεολόγος (ό), theologian
θεομηνία (ή), calamity, disaster
θεομήτωρ (ή), Virgin Mary
θεομπαίχτης (ό), impious, irreverent
θεόπεμπτος, sent by God
θεόπνευστος, God-inspired
θεοποίηση (ή), deification/ θεοποιώ, to deify
θεόρατος, huge, enormous
θεός (ό), God/ γιά όνομα τοΰ θεοΰ! for God's sake!/ ό ~ νά δώσει/ God grant it!/ ~ φυλάξοι! God forbid!/ ό ~ μαζί σου, God be with you/ μά τό θεό! by God!/ έχει ό ~ ! God is great!
θεοσέβεια (ή), piety/ θεοσεβής, pious
θεοσκότεινος, pitch dark
θεοσοφία (ή), theosophy/ θεοσοφιστής (ό), theosophist
θεόστραβος, totally blind
θεότητα (ή), deity
Θεοτόκος (ή), Virgin Mary
θεότρελλος, stark mad
Θεοφάνεια (τά), Epiphany
θεοφοβούμενος, pious, religious, godfearing
θεραπεία (ή), cure, treatment, remedy/ θεραπεύσιμος, curable/ θεραπευτήριο (τό), sanatorium/ θεραπευτικός, curative, therapeutic/ θεραπεύω, to cure, to treat
θέρετρο (τό), summer resort
θεριεύω, to grow strong
θερίζω, to reap, to harvest
θερινός, (of the) summer
θερισμός (ό), reaping, harvest/ θεριστής (ό), reaper, harvester/ θεριστικός, reaping/ θεριστική μηχανή, harvester (machine)
θερμαίνω, to heat, to warm/ θέρμανση (ή), heating, warming/ κεντρική ~, central heating/ θερμαντικός, warming, heating
θερμαστής (ό), stoker
θερμάστρα (ή), stove
θέρμη (ή), fervour, zeal
θερμίδα (ή), calory/ θερμικός, thermal, calorific
θερμόαιμος, hot-blooded, excitable
θερμοδυναμική (ή), thermodynamics/ θερμοηλεκτρισμός (ό), thermoelectricity
θερμοκήπιο (τό), greenhouse
θερμοκρασία (ή), temperature
θερμόμετρο (τό), thermometer/ θερμομετρώ, to take the temperature
θερμοπαρακαλώ, to beseech, to implore
θερμός, hot, warm/ (fig.) cordial
θερμοσίφωνας (ό), immersion heater
θερμότητα (ή), warmth, heat/ (fig.) cordiality
θέρος (τό), summer
θέση (ή), place, position; condition, situation; room, space/ κοινωνική ~, social status/ είμαι σέ ~, to be able to
θεσμοθέτης (ό), legislator/ θεσμοθετώ, to legislate
θεσμός (ό), institution
θεσπέσια, perfectly, magnificently/ θεσπέσιος, perfect, magnificent
θεσπίζω, to, decree, to ordain/ θέσπισμα (τό), decree
θετικός, positive, certain/ θετικότητα (ή), positiveness
θετός, adopted
θέτω, to put, to set/ ~ ερώτηση, to ask a question/ ~ ώς άρχή, to set in principle
θεωρείο (τό), theatre box
θεώρημα (τό), theorem
θεώρηση (ή), visa
θεωρητικός, theoretical/ θεωρία (ή), theory
θεωρώ, to consider, to regard/ (passport) to endorse
θηκάρι (τό), sheath
θήκη (ή), case, holder
θηλάζω, to suckle/ θήλασμα (τό), suckl-

ing/ *θηλαστικό* (τό), mammal/ *θήλαστρο* (τό), feeding-bottle
θηλειά (ἡ), noose, loop
θηλή (ἡ), nipple
θηλυκός, female, feminine
θηλυκώνω, to buckle
θηλυπρέπεια (ἡ), effemination/ *θηλυπρεπής*, effeminate
θημωνιά (ἡ), stack
θήρα (ἡ), hunting/ ~*μα* (τό), game/ *θηρεύω*, to hunt
θηρίο (τό), beast/ ~*δαμαστής* (ὁ), beast-tamer/ ~*τροφεῖο* (τό), menagerie/ ~*τρόφος* (ὁ), beast-trainer
θηριώδης, fierce/ *θηριωδία* (ἡ), brutality, ferocity
θησαυρίζω, to hoard, to treasure/ *θησαύριση* (ἡ), hoarding, treasuring/ *θησαυρός* (ὁ), treasure
θησαυροφύλακας (ὁ), treasurer/ Λόρδος ~, Chancellor of the Exchequer/ *θησαυροφυλάκιο* (τό), treasury
θητεία (ἡ), term (of office)
θιασάρχης (ὁ), leading actor/ *θίασος* (ὁ), troop of actors
θιασώτης (ὁ), partisan, follower
θίγω, to touch; to offend
θλάση (ἡ), fracture
θλιβερά, sadly/ *θλιβερός*, sad/ *θλίβω*, to sadden/ *θλίβομαι*, to feel sorry/ *θλιμμένος*, sad/ *θλίψη* (ἡ), sadness
θνησιμότητα (ἡ), mortality/ *θνητός*, mortal
θολά, dimly
θόλος (ὁ), cupola, dome
θολός, dim, dull/ *θολότητα* (ἡ), dimness/ *θολώνω*, to dim
θολωτός, vaulted
θορυβοποιός (ὁ), troublemaker/ *θόρυβος* (ὁ), noise/ (fig.) publicity/ *θορυβῶ*, to make a noise/ *θορυβοῦμαι*, to feel uneasy/ *θορυβώδης*, noisy
θούριος (ὁ), war-march
θρανίο (τό), bench, desk
θράσος (τό), cheek, audacity/ *θρασύδειλος*, coward, bully/ *θρασύς*, cheeky, audacious/ *θρασύτητα* (ἡ), cheek
θραύση (ἡ), smashing/ (fig.) great success/ *θραῦσμα* (τό), fragment/ *θραύω*, to smash, to break

θρέμμα (τό), offspring/ *θρεμμένος*, fattened *θρεπτικός*, nutritious/ *θρεπτικότητα* (ἡ), nutritiousness
θρέφω, to feed/ *θρέψιμο* (τό), feeding
θρηνητικός, mournful/ *θρῆνος* (ὁ), lament, dirge, wailing/ *θρηνῶ*, to lament/ *θρηνωδία* (ἡ), lamentation
θρησκεία (ἡ), religion/ *θρήσκευμα* (τό), creed, faith/ *θρησκευτικός*, religious/ *θρησκόληπτος*, religious fanatic/ *θρησκοληψία* (ἡ), religious fanaticism/ *θρῆσκος*, religious
θριαμβευτής, triumphant/ *θριαμβευτικός*, triumphal/ *θριαμβεύω*, to triumph/ *θρίαμβος* (ὁ), triumph
θρόμβος (ὁ), clot/ *θρόμβωση* (ἡ), coagulation
θρονιάζω, to enthrone/ *θρονιάζομαι*, to feel comfortable/ *θρόνος* (ὁ), throne
θρόισμα (τό), rustling/ *θροῶ*, to rustle
θρυαλλίδα (ἡ), wick
θρυλικός, brave, heroic/ *θρύλος* (ὁ), legend
θρυμματίζω, to smash/ *θρύψαλο* (τό), fragment
θυγατέρα (ἡ), daughter
θύελλα (ἡ), storm, tempest/ *θυελλώδης*, stormy, tempestuous
θυλάκιο (τό), pocket/ *θυλακώνω*, to pocket
θῦμα (τό), victim
θυμάρι (τό), thyme
θυμηδία (ἡ), hilarity, merriment
θυμίαμα (τό), incense/ *θυμιατίζω*, to incense/ *θυμιάτισμα* (τό), incensing/ *θυμιατό* (τό), censer
θυμίζω, to remind
θυμός (ὁ), anger, rage/ *θυμοσοφία* (ἡ), peasant wit/ *θυμώνω*, to get angry, to be enraged
θύρα (ἡ), gate, door
θυρεοειδής, thyroid/ ~ *ἀδένας*, thyroid gland
θυρεός (ὁ), coat of arms
θυρίδα (ἡ), pigeon-hole
θυρωρεῖο (τό), porter's cabin/ *θυρωρός* (ὁ), porter
θυσανωτός, tufty
θυσία (ἡ), sacrifice/ *θυσιάζω*, to sacrifice/ *θυσιαστήριο* (τό), altar/ *θύτης* (ὁ), sac-

θῶκος — ἰσόβαρος 92

rificer
θῶκος (ὁ), seat
θωπεία (ἡ), caress/ *θωπεύω*, to caress
θώρακας (ὁ), chest/ (mil.) armour/ *θωρακίζω*, to put on an armour/ *θωρακικός*, pectoral/ *θωρηκτό* (τό), battleship
θωριά (ἡ), appearance/ *θωρῶ*, to look, to see

I

ιαγουάρος (ὁ), jaguar
ιαματικός, healing/ *ιαματικά λουτρά*, spa
ίαμβος (ὁ), iambus
Ιανουάριος (ὁ), January
Ιάπωνας, Ιαπωνέζα, Japanese (man, woman)/ *ιαπωνικός*, Japanese
ίαση (ἡ), cure, healing
ίασπις (ἡ), jasper
ιατρείο (τό), doctor's office/ *ιατρική* (ἡ), medicine/ *ιατρικός*, medical/ *ιατροδικαστής* (ὁ), coroner
ιατρός (ὁ), βλ. *γιατρός*
ιαχή (ἡ), clamour
ιδανικό (τό), ideal/ ~s, perfect, ideal
ιδέα (ἡ), idea, thought, notion; opinion/ *ἔχω καλή (κακή) ιδέα γιά*, to think well (badly) of/ *ιδεάζω* to implant an idea/ *ιδεαλισμός* (ὁ), idealism/ *ιδεαλιστής* (ὁ), idealist/ *ιδεολογία* (ἡ), ideology/ *ιδεολογικός*, ideological/ *ιδεολόγος* (ὁ), ideologue/ *ιδεώδης*, βλ. *ιδανικός*
ιδιαίτερα, specially, particularly/ *ιδιαίτερος*, special, particular; private/ *ιδιαιτέρα* (ἡ), private (woman) secretary
ιδιόγραφος, autograph
ιδιοκτησία (ἡ), property/ *ἀκίνητη* ~, real estate/ *ιδιοκτήτης* (ὁ), owner/ *ιδιόκτητος*, privately owned
ιδιομορφία (ἡ), oddity/ *ιδιόμορφος*, odd, quaint
ιδιοποίηση (ἡ), appropriation; usurpation/ *ιδιοποιοῦμαι*, to appropriate; to usurp

ιδιορρυθμία (ἡ), peculiarity/ *ιδιόρρυθμος*, peculiar
ίδιος, same, similar/ *ὁ* ~, oneself/ *μέ τά ἴδια μου τά μάτια*, with my own eyes
ιδιοσυγκρασία (ἡ), temperament
ιδιοτέλεια (ἡ), selfishness, self-interest/ *ιδιοτελής*, selfish, self-interested
ιδιότητα (ἡ), property, quality/ (leg.) capacity
ιδιοτροπία (ἡ), whim, caprice/ *ιδιότροπος*, whimsical, capricious
ιδιότυπος, odd, quaint, unusual
ιδιοφυής, talented, genius/ *ιδιοφυΐα* (ἡ), talent, genius
ιδιόχειρος, in one's own handwriting
ιδίωμα (τό), habit; dialect/ *ιδιωματικός*, idiomatic/ *ιδιωματισμός* (ὁ), idiom
ιδιωτεύω, to live in retirement/ *ιδιώτης* (ὁ), individual, private citizen/ *ιδιωτικός*, private
ιδού! here you are!
ιδροκοπῶ, to sweat/ (fig.) to work hard/ *ιδροκόπημα* (τό), sweating
ίδρυμα (τό), foundation/ *ίδρυση* (ἡ), founding, establishment/ *ιδρυτής* (ὁ), founder/ *ιδρυτικός*, founding/ *ιδρύω*, to found, to establish
ίδρωμα (τό), perspiration, sweating/ *ιδρώνω*, to perspire, to sweat/ *ιδρώτας* (ὁ), perspiration, sweat
ιεραποστολή (ἡ), mission/ *ιεραπόστολος* (ὁ), missionary
ιεράρχης (ὁ), prelate, bishop/ *ιεραρχία* (ἡ), prelacy; hierarchy/ *ιεραρχικός*, hierarchical
ιερατείο (τό), clergy, priests/ *ιερατικός*, priestly
ιερέας (ὁ), priest, clergyman/ *ιέρεια* (ἡ), priestess
ιερεμιάδα (ἡ), jeremiad
ιερογλυφικός, hieroglyphic(al)/ *ιερογλυφικά* (τά), hieroglyphics
ιεροδιδασκαλείο (τό), theological school (seminary)
ιεροδικαστής (ὁ), religious judge
ιερόδουλος (ἡ), whore, prostitute
ιεροεξεταστής (ὁ), inquisitor
ιεροκήρυκας (ὁ), preacher
ιερομόναχος (ὁ), monk
ιερό (τό), sanctuary/ *ιεροπραξία* (ἡ), reli-

gious service/ Ἱερός, holy, sacred/ Ἱερά Ἐξέταση, Holy Inquisition/ Ἱερά Σύνοδος, Holy Synod/ (med.) ἱερόν ὀστοῦν, sacrum
ἱεροσπουδαστήριο (τό), seminary/ ἱεροσπουδαστής (ὁ), seminarist
ἱεροσυλία (ἡ), sacrilege/ ἱερόσυλος, sacrilegious
ἱεροτελεστία (ἡ), ὅλ. ἱεροπραξία
ἱερότητα (ἡ), sanctity, holiness
ἱερουργία (ἡ), officiating at a mass/ ἱερουργῶ, to officiate at a mass
ἱεροφάντης (ὁ), initiated
ἱεροψάλτης (ὁ), (church) chanter
ἱερωσύνη (ἡ), priesthood
ἵζημα (τό), sediment
Ἰησουίτης (ὁ), Jesuit
Ἰησοῦς Χριστός, Jesus Christ
ἰθαγένεια (ἡ), nationality/ ἰθαγενής (ὁ), native
ἱκανοποιημένος, satisfied/ ἱκανοποίηση (ἡ), satisfaction; pleasure/ ἱκανοποιητικός, satisfactory/ ἱκανοποιῶ, to satisfy/ ἱκανοποιοῦμαι, to be satisfied/ ἱκανός, able, capable/ ἱκανότητα (ἡ), ability, capability
ἱκεσία (ἡ), supplication/ ἱκετευτικός, supplicant, beseeching/ ἱκετεύω, to beseech, to implore/ ἱκέτης (ὁ), suppliant
ἰκμάδα (ἡ), sap, juice
ἰκρίωμα (τό), scaffold
ἴκτερος (ὁ), jaundice
ἰλαρά (ἡ), measles
ἰλαρός, cheerful, gay, joyful/ ἰλαρότητα (ἡ), cheerfulness, gaiety/ ἰλαροτραγωδία (ἡ), tragicomedy/ (fig.) ridicule/ ἰλαρύνω, to cheer up, to gladden
ἴλαρχος (ὁ), cavalry captain/ ἴλη (ἡ), cavalry squadron
ἴλιγγος (ὁ), vertigo, giddiness
ἱμάντας (ὁ), belt, strap
ἱμάτιο (τό), garment/ ἱματιοθήκη (ἡ), or ἱματιοφυλάκιο (τό), wardrobe, vestiary/ ἱματισμός (ὁ), clothing
ἰμπεριαλισμός (ὁ), imperialism/ ἰμπεριαλιστής (ὁ), imperialist
ἰμπρεσσάριος (ὁ), impresario
ἰμπρεσσιονισμός (ὁ), impressionism/ ἰμπρεσσιονιστής (ὁ), impressionist
ἴνα (ἡ), fibre

ἴνδαλμα (τό), fancy, object of adoration
ἰνδιάνος (ὁ), turkey/ I~, Red Indian
ἰνδικός, Indian/ Ἰνδός, Ἰνδή, Indian (man, woman)
ἰνιακός, occipital/ ἰνίο (τό), occiput
ἰνκόγνιτο, incognito
ἰνσουλίνη (ἡ), insulin
ἰνστιτοῦτο (τό), institute
ἰντερμέδιο (τό), intermezzo
ἴντσα (ἡ), inch
ἰνφλουέντζα (ἡ), influenza
ἰνώδης, fibrous
ἰξός (ὁ), glue
ἰόν (τό), (elec.) ion
ἰός (ὁ), virus
ἰουδαϊκός, Judaic, Jewish/ Ἰουδαῖος (ὁ), Jew/ Ἰουδαϊσμός (ὁ), Judaism
Ἰούλιος (ὁ), July
Ἰούνιος (ὁ), June
ἱππασία (ἡ), horse-riding/ ἱππέας (ὁ), rider/ ἱππεύω, to ride/ ἱππικό (τό), cavalry
ἱπποδρομία (ἡ), horse-race/ ἱπποδρόμιο (τό), race-course
ἱπποδύναμη (ἡ), horsepower
ἱππόκαμπος (ὁ), seahorse
ἱπποκόμος (ὁ), groom
ἱπποπόταμος (ὁ), hippopotamus
ἵππος (ὁ), horse/ ἱπποσκευή (ἡ), harness
ἱππότης (ὁ), knight/ ἱππoτικός, chivalrous/ ἱπποτισμός (ὁ), chivalry
ἱπποτροφεῖο (τό), stud/ ἱπποφορβή (ἡ), fodder
ἴριδα (ἡ), rainbow; iris (in the eye)/ ἰριδίζω, to be iridescent/ ἰριδισμός (ὁ), iridescence
ἰρλανδικός, Irish/ Ἰρλανδός, Ἰρλανδή, Irish (man, woman)
ἴσαλος (ἡ), waterline
ἰσάξιος, equivalent
ἰσάριθμος, equal in number
ἰσημερία (ἡ), equinox
ἰσημερινός (ὁ), equator
ἰσθμός (ὁ), isthmus
ἴσια, straight/ ἴσιος, straight: level/ (fig.) honest/ ἰσιώνω, to straighten
ἴσκα (ἡ), tinder
ἰσκιώνω, to shade/ ἴσκιος (ὁ), shade
ἰσοβάθμιος, of the same degree (rank)
ἰσόβαρος, equiponderant, of equal weight

ισόβιος, lifelong/ *ισόβια* δεσμά, life imprisonment/ *ισοβιότητα* (ή), permanency/ *ισοβίτης* (ό), sentenced to life imprisonment
ισόγειο (τό), ground floor/ ~ς, on ground level
ισογώνιος, equiangular
ισοδύναμος, equivalent/ *ισοδυναμώ,* to be equivalent to
ισοζυγίζω, to balance/ *ισοζύγιο* (τό), balance, equilibrium
ισολογισμός (ό), balance-sheet
ισομετρία (ή), commensurability/ *ισόμετρος,* commensurate
ισομοιρία (ή), equal distribution (share)
ισονομία (ή), equality before the law
ισοπαλία (ή), draw/ *ισόπαλος,* equal
ισοπεδώνω, to level/ *ισοπέδωση* (ή), levelling
ισόπλευρος, equilateral
ισοπολιτεία (ή), equality of rights
ισορροπία (ή), balance, equilibrium/ *ισορροπώ,* to balance
ίσος, equal
ισοσκελής, isosceles
ισοσταθμίζω, to poise, to balance
ισότητα (ή), equality
ισοτιμία (ή), equivalence/ *ισότιμος,* equivalent
ισότοπο (τό), isotope
ισοφαρίζω, to come out equal
ισοψηφία (ή), tie (in voting)
ισπανικός, Spanish/ *Ισπανός, Ισπανίδα,* Spaniard (man, woman)
Ισραηλίτης (ό), Israelite, Jew/ *ισραηλιτικός,* Jewish
ιστίο (τό), sail/ *ιστιοδρομία* (ή), sailing race
ιστιοφόρο (τό), sailing boat
ιστολογία (ή), histology
ιστορία (ή), history; story, tale/ έχω *ιστορίες,* to be in trouble/ *ιστορικό* (τό), account report
ιστορικός, historical/ (ό), historian/ *ιστοριοδίφης* (ό), history scholar/ *ιστορώ,* to relate, to narrate
ιστός (ό), tissue; mast; web
ισχιακός, sciatical/ *ισχιαλγία* (ή), sciatica/ *ισχίο* (τό), hip
ισχνός, thin, lean; weak, poor/ *ισχνότητα* (ή), thinness; weakness
ισχυρίζομαι, to maintain, to claim/ *ισχυρισμός* (ό), claim, allegation
ισχυρογνωμοσύνη (ή), obstinacy, stubbornness/ *ισχυρογνώμονας* (ό), obstinate, stubborn
ισχυροποίηση (ή), strengthening/ *ισχυρός,* strong, powerful, mighty, robust/ *ισχύω,* to be valid
ίσως, maybe, perhaps
Ιταλός, Ιταλίδα, Italian (man, woman)/ *ιταλικός,* Italian
ιταμός, impudent/ *ιταμότητα* (ή), impudence
ιτιά (ή), willow-tree
ιχθυέλαιο (τό), fish oil
ιχθυολογία (ή), ichthyology
ιχθυοπωλείο (τό), fish-shop/ *ιχθυοπώλης* (ό), fishmonger
ιχθυόσαυρος (ό), ichthyosaurus
ιχθυοτροφείο (τό), fish-farm
ιχνηλατώ, to trace, to track
ιχνογράφημα (τό), drawing/ *ιχνογραφία* (ή), drawing, sketching/ *ιχνογραφώ,* to draw, to sketch
ίχνος (τό), trace, track, print
ιωβιλαίο (τό), jubilee
ιώδιο (τό), iodine
ιωνικός, ionic

Κ

κάβα (ή), cellar
καβαλ(λ)άρης (ό), rider, horseman/ *καβαλ(λ)αρία* (ή), cavalcade
καβαλ(λ)ιέρος (ό), girl's escort
καβαλ(λ)έτο (τό), easel
καβαλίκεμμα (τό), riding/ *καβαλικεύω,* to ride
καβαλ(λ)ίνα (ή), dung
καβατζάρω, to sail round
κάβος (ό), cape, promontory
καβούκι (τό), carapace/ μπαίνω στό ~

μου, to withdraw
κάβουρας (ό), or **καβούρι** (τό), crab
καβουρδίζω, to roast, to brown/ *καβούρδισμα* (τό) roasting/ *καβουρδιστήρι* (τό), roasting - pan/ *καβουρδιστός*, roasted, brown
καγκελάριος (ό), chancellor
κάγκελο (τό), railing, bar/ *καγκελωτός*, railed
καγκουρώ (ή), kangaroo
καγχάζω, to laugh loudly/ *καγχασμός* (ό), loud laugh
καδένα (ή), chain
κάδος (ό), pail, bucket
κάδρο (τό), picture frame
καδρόνι (τό), beam
καζαμίας (ό), calendar, almanac
καζάνι (τό), boiler
καζαντίζω, or *καζαντώ*, to become wealthy
καζίνο (τό), casino
καημός (ό), longing
καθαγιάζω, to consecrate/ *καθαγιασμός* (ό), consecration
καθαίρεση (ή), deposition/ *καθαιρώ*, to depose
καθαρά, clearly, distinctly
καθαρεύουσα (ή), purist language
καθαρίζω, to clean, to clear, to purge/ *καθαριότητα* (ή), cleanliness/ *καθάρισμα* (τό), clearing, peeling/ (slang) killing/ *καθαριστήριο* (τό), cleaner's shop
κάθαρμα (τό), refuse/ (fig.) rascal, criminal
καθαρογράφω, to make a fair copy
καθαρός, clean, clear, pure, purified/ *καθαρό εἰσόδημα*, net income/ *καθαρή ἀλήθεια*, plain truth
κάθαρση (ή), purification
καθάρσιο (τό), purgative
καθαρτήριο (τό), purgatory/ *καθαρτήριος*, purifying
καθαρτικός, purgative
καθαυτό, really, genuinely
κάθε, each, every/ ~ *ἄλλο*, far from it/ ~ *λίγο καί λιγάκι*, every now and then
καθέδρα (ή), seat, residence
καθεδρικός, ~ *ναός*, cathedral
κάθειρξη (ή), imprisonment
καθέκαστα (τά), details

καθέλκυση (ή), launching/ *καθελκύω*, to launch
καθένας, καθεμιά, καθένα, everybody, each one
καθεξής, καί οὕτω ~, and so on
καθεστώς (τό), regime, status quo
κάθετα, perpendicularly, vertically
καθετή (ή), fishing - line
καθετηριασμός (ὁ), catheterization
κάθετος, perpendicular, vertical
καθηγεσία (ή), professorship/ *καθηγητής* (ὁ), professor
καθῆκον (τό), duty
καθηλώνω, to nail down, to immobilize
καθημερινά, every day, daily/ *καθημερινός*, daily
καθησυχάζω, to calm, to appease/ *καθησύχαση* (ή), calming, appeasement/ *καθησυχαστικός*, soothing, reassuring
κάθιδρος, perspiring, sweating
καθιερωμένος, established/ *καθιερώνω*, to establish/ *καθιέρωση* (ή), establishment
καθίζηση (ή), landslip, depression
καθίζω, to seat (someone) down; to run aground
καθίκι (τό), chamberpot
καθισιό (τό), idleness
κάθισμα (τό), seat, chair/ *καθιστικός*, sedentary/ *καθιστός*, seated
καθιστώ, to render, to make/ *καθίσταμαι*, to become
καθοδηγητής (ὁ), leader, guide/ *καθοδηγώ*, to lead, to guide
κάθοδος (ή), descent/ (phys.) cathode
καθολικεύω, to generalize
καθολικισμός (ὁ), Catholicism/ *καθολικός*, catholic/ *Καθολική Ἐκκλησία*, Roman Catholic Church
καθολικότητα (ή), universality
καθόλου, not at all
κάθομαι, to sit down; to reside/ ~ στά αὐγά μου, to keep quiet/ ~ στά καρφιά, to be on edge
καθορίζω, to determine/ *καθορισμός* (ὁ), determination
καθρέφτης (ὁ), mirror/ *καθρεφτίζω*, to mirror, to reflect
καθυποτάσσω, to subdue
καθυστέρηση (ή), delay/ *καθυστερῶ*, to

delay, to defer
καθώς, as, just as, like
καί, and, too/ ~ *άλλος*, another one/ ἀκόμη ~, even, as well as/ ~ οἱ δύο, both
καΐκι (τό), caique
καϊμάκι (τό), cream
Καινή Διαθήκη (ἡ), New Testament
καινοτομία (ἡ), innovation/ *καινοτομῶ*, to innovate
καινούργιος, new, fresh
καινοφανής, novel, newly presented
καιρικός, atmospheric, of the weather
καίριος, critical, crucial
καιρός (ὁ), time; weather/ δέν ἔχω καιρό, I am too busy/ μιά φορά κι' ἔνα καιρό, once upon a time/ πρό καιροῦ, some time ago/ ἀπό καιροῦ εἰς καιρόν, from time to time
καιροσκοπία (ἡ), opportunism/ *καιροσκόπος* (ὁ), opportunist
καιροφυλακτῶ, to lurk
Καίσαρας (ὁ), Caesar/ *καισαρικός*, caesarian
καίω, to burn, to set fire/ μ' ἔκαψες! you've destroyed me!
κακά, badly
κακαβιά (ἡ), fish soup
κακάο (τό), cocoa
κακεντρέχεια (ἡ), maliciousness, wickedness/ *κακεντρεχής*, malicious, wicked
κακία (ἡ), wickedness, ill - will/ *κρατῶ* ~, to bear a grudge/ *κακίζω*, to blame, to reproach/ *κάκιστος*, worst
κακιωμένος, angry, sulky/ *κακιώνω*, to be sulky
κακκαρίζω, to cackle/ *κακκάρισμα* (τό), cackling
κακκαρώνω, to freeze/ τά ~, to die
κακό (τό), mischief, evil/ μεγάλο ~, calamity
κακοαναθρεμένος, ill-bred, rude
κακοβουλία (ἡ), malevolence/ *κακόβουλος*, malevolent
κακογλωσσιά (ἡ), slander/ *κακόγλωσσος*, slanderous
κακόγνωμος, ill-natured
κακογραφία (ἡ), scribbling/ *κακογράφος* (ὁ), scribbler/ *κακογράφω*, to scribble
κακοδαιμονία (ἡ), misfortune
κακοδιάθετος, indisposed, ill

κακοδικία (ἡ), miscarriage of justice
κακοδιοίκηση (ἡ), misrule/ *κακοδιοικῶ*, to misrule
κακοήθεια (ἡ), dishonesty/ *κακοήθης*, dishonest/ (med) malignant
κακόηχος, dissonant
κακοθελητής (ὁ), ill-wisher
κακοκαιρία (ἡ), bad weather, storm
κακοκαμωμένος, deformed/ (fig.) ugly
κακοκαρδίζω, to sadden, to grieve/ *κακοκαρδισμένος*, sad, grieved
κακοκεφαλιά (ἡ), stubbornness/ *κακοκέφαλος*, stubborn
κακολογία (ἡ), slander/ *κακολογῶ*, to slander
κακομαθαίνω, to spoil (a child)/ *κακομαθημένος*, spoilt
κακομεταχειρίζομαι, to mistreat, to misuse/ *κακομεταχείριση* (ἡ), misuse, ill-treatment
κακομοίρης (ὁ), or *κακόμοιρος* (ὁ), miserable/ *κακομοιριά* (ἡ), misery
κακοντυμένος, badly dressed
κακοπαθαίνω, to suffer hardship/ *κακοπάθεια* (ἡ), hardship
κακοπέραση (ἡ), miserable life/ *κακοπερνῶ*, to lead a miserable life
κακοπιστία (ἡ), perfidy/ *κακόπιστος*, perfidious
κακοπληρώνω, to pay poor wages/ *κακοπληρωτής* (ὁ), bad payer
κακοποίηση (ἡ), ill-treatment/ *κακοποιός* (ὁ), criminal, evildoer/ *κακοποιῶ*, to ill-treat
κακορίζικος, unlucky
κακός, bad, mischievous/ κακιά γλώσσα, evil tongue, gossip/ τοῦ κάκου, in vain
κακοσμία (ἡ), foul smell
κακοστομαχιά (ἡ), indigestion/ *κακοστομαχιάζω*, to suffer from indigestion
κακοσυνηθίζω, to get into bad habits
κακοτεχνία (ἡ), poor workmanship/ *κακότεχνος*, poorly made
κακότητα (ἡ), wickedness
κακοτοπιά (ἡ), uneven ground / (fig.) slippery situation
κακότροπος, impolite, rude
κακοτυχία (ἡ), bad luck/ *κακότυχος*, unfortunate
κακούργημα (τό), crime/ *κακουργοδι-*

κειό (τό), criminal court/ *κακούργος* (ό), criminal, villain
κακουχία (ή), hardship
κακοφαίνομαι, *μοῦ κακοφαίνεται,* to be displeased/ *κακοφανισμός* (ό), displeasure
κακοφημία (ή), ill fame/ *κακόφημος,* ill-famed, disreputable
κακοφορεμένος, badly dressed
κακοφορμίζω, to become malignant
κακοφτιαγμένος, badly formed
κακοφωνία (ή), discordance/ *κακόφωνος,* discordant
κακοψημένος, badly cooked
κάκτος (ό), cactus
κάκωση (ή), ill-treatment
καλά, well, fine/ γίνομαι ~, to recover/ ~ νά πάθω, it serves me right/ τά πᾶμε ~, to be on good terms/ πολύ ~, fine, excellently
καλάθι (τό), basket/ *καλαθοποιός* (ό), basket maker
καλαθόσφαιρα (ή), basketball
καλάι (τό), pewter
καλαισθησία (ή), good taste/ *καλαίσθητος,* elegant
καλαμαράς (ό), writer, intellectual
καλαμάρι (τό), inkpot, squid
καλάμι (τό), reed/ *καλαμιά* (ή), reed-bush
καλαμπόκι (τό), maize
καλαμπούρι (τό), joke, pun
καλαπόδι (τό), shoelast
καλαφάτης (ό), caulker/ *καλαφατίζω,* to caulk
καλαφάτισμα (τό), caulking
καλβινισμός (ό), calvinism/ *καλβινιστής* (ό), calvinist
καλειδοσκόπιο (τό), kaleidoscope
κάλεσμα (τό), invitation/ *καλεσμένος,* invited
καλημέρα (ή), good morning/ *καλημερίζω,* to bid good morning
καληνύχτα (ή), good night/ *καληνυχτίζω,* to bid good night
καλησπέρα (ή), good evening/ *καλησπερίζω,* to bid good evening
κάλιο (τό), potassium/ καυστικό ~, caustic potash
καλιακούδα (ή), blackbird

καλιγώνω, to shoe (a horse)/ *καλιγωτής* (ό), farrier
καλλίγραμμος, well-shaped, smart
καλλιγραφία (ή), calligraphy
καλλιέπεια (ή), elegant speech/ *καλλιεπής,* eloquent
καλλιέργεια (ή), cultivation, tillage; culture/ *καλλιεργήσιμος,* arable/ *καλλιεργητής* (ό), cultivator, tiller/ *καλλιεργῶ,* to cultivate, to till
καλλικάντζαρος (ό), elf
καλλιμάρμαρος, made of marble
κάλλιο, better/ ~ ἀργά παρά ποτέ, better late than never
κάλλιστα, very well
καλλιστεῖα (τά), beauty competition
κάλλιστος, best, excellent
καλλίτερα βλ. *καλύτερα*
καλλιτέρευση (ή), improvement/ *καλλιτερεύω,* to improve
καλλίτερος, βλ. *καλύτερος*
καλλιτέχνημα (τό), work of art/ *καλλιτέχνης* (ό), artist/ *καλλιτεχνία* (ή), (fine) arts/ *καλλιτεχνικός,* artistic(al)
καλλίφωνος, sweet-voiced
καλλονή (ή), beauty
κάλλος (τό), beauty, attractiveness
καλλυντικά (τά), cosmetics
καλλωπίζω, to embellish/ *καλλωπισμός* (ό), embellishment, beautification/ *καλλωπισμός,* embellishing
καλντερίμι (τό), paved street
καλό (τό), good, welfare/ στό ~! farewell!/ δέν εἶναι στά καλά του, he is crazy/ κάνω τό ~ to be kind
καλοαναθρεμμένος, well-bred, polite
καλοβλέπω, to look upon favourably
καλόβολος, accommodating, obliging
καλοβρασμένος, well-boiled
καλογερεύω, to take vows/ *καλογερική* (ή), monastic life/ *καλογερικός,* monastic/ *καλόγερος* (ό), monk, friar/ (med.) carbuncle
καλόγνωμος, good-natured
καλόγρια (ή), nun
καλοδέχομαι, to welcome
καλοδουλεμένος, well-wrought, elaborate
καλοζῶ, to live in clover
καλοθελητής (ό), well-wisher/ (fig.) insin-

καλοθρεμμένος, well-fed, plump
καλοκάγαθος, benevolent, kind hearted
καλοκαίρι (τό), summer/ *καλοκαιρία* (ή), fine weather/ *καλοκαιρινός*, (of the) summer
καλοκαμωμένος, well-built
καλοκαρδίζω, to gladden, to satisfy/ *καλόκαρδος*, good hearted
καλοκοιτάζω, to covet, to desire
καλομαθαίνω, to be spoilt/ *καλομαθημένος*, spoilt, used to a comfortable life
καλομεταχειρίζομαι, to treat well/ *καλομεταχείριση* (ή), good treatment
καλομίλητος, soft-spoken, courteous
καλοπέραση (ή), comfort/ *καλοπερνώ*, to live comfortably
καλοπιάνω, to flatter/ *καλόπιασμα* (τό), flattery
καλόπιστα, in good faith/ *καλόπιστος*, good-willed
καλοπληρωμένος, well-paid/ *καλοπληρώνω*, to pay well
καλοπροαίρετος, well-disposed
καλοριφέρ (τό), central heating
καλοραμμένος, well-sewn
καλορίζικος, lucky, fortunate
κάλος (ό), (skin) corn
καλός, good, kind; favourable, fair/ *μιά καί καλή*, once and for all/ *είμαι στίς καλές μου*, to be in a good mood/ *ό ~ μου*, my sweetheart, my beloved
καλοσυνεύω, to calm down; to clear up
καλοσυνηθίζω, to get used to an easy life
καλοτρώγω, to eat well
καλοτυχία (ή), good luck/ *καλότυχος*, lucky
καλούδια (τά), goodies
καλούπι (τό), mould/ *καλουπώνω*, to mould
καλούτσικα, rather well/ *καλούτσικος*, goodish, so so
καλοφαγάς (ό), gourmet
καλοφορεμένος, well-dressed
καλοψήνω, to toast well
καλόψυχος, good-natured, kind hearted
καλπάζω, to gallop
καλπάκι (τό), furred cap
καλπασμός (ό), gallop
κάλπη (ή), ballot box
κάλπης (ό), swindler
κάλπικος, false, counterfeit
καλπονοθεία (ή), ballot rigging
κάλτσα (ή), stocking, sock/ *καλτσοδέτα* (ή), garter
καλύβα (ή), hut
κάλυκας (ό), (bot.) calyx/ (mil.) cartridge
κάλυμα (τό), cover
καλυμαύχι (τό), the hat of an orthodox priest
καλύπτω, to cover
καλύτερα, better, rather/ *καλυτερεύω*, to improve, to make better/ *καλύτερος*, better
κάλυψη (ή), covering, coverage
κάλφας (ό), apprentice
καλώ, to call; to name / (leg.) to summon/ (fig.) to invite
καλώδιο (τό), cable, wire
καλώς, well, all right
καλωσορίζω, to welcome
καλωσύνη (ή), kindness, goodness
κάμα (ή), dagger
καμάκι (τό), harpoon/ *καμάκωμα* (τό), harpooning/ *καμακώνω*, to harpoon
κάμαρα (ή), room, chamber
καμάρα, (ή), vault, arch
καμάρι (τό), pride
καμαριέρα (ή), housemaid/ *καμαριέρης* (ό), manservant
καμαρίνι (τό), dressing-room
καμαρότος (ό), butler, steward
καμαρώνω, to take pride in/ *καμαρωτός*, proud, arrogant
κάματος (ό), fatigue, toil
καμβάς (ό), canvas
καμέλια (ή), camelia
καμήλα (ή), camel/ *καμηλιέρης* (ό), camel-driver
καμηλοπάρδαλη (ή), giraffe
καμινάδα (ή), chimney
καμινέτο (τό), spirit-lamp
καμίνι (τό), kiln, furnace
καμιόνι (τό), truck, van
καμ(μ)ιά (ή), none (feminine)
καμουφλάρισμα (τό), camouflage/ *καμουφλάρω*, to camouflage
καμπάνα (ή), (church) bell/ *καμπαναριό* (τό), belfry, church-tower/ *καμπανιστός*, sonorous

καμπαρέ (τό), nightclub, cabaret
καμπαρντίνα (ή), gabardine
καμπή (ή), bend, turning, curve/ κρίσιμη ~, crucial phase
κάμπια (ή), caterpillar
καμπίνα (ή), cabin; berth
κάμπος (ό), plain, lowland
κάμποσος, some, enough/ *κάμποσοι*, several
καμποτίνος (ό), quack
καμπούρα (ή), hump/ *καμπούρης* (ό), hunchback/ *καμπουριάζω*, to be hunchback
κάμπτω, to curve, to bend/ *κάμπτομαι*, to yield, to give in
καμπύλη (ή), curve/ *καμπύλος*, curved/ *καμπυλότητα* (ή), curvature/ *καμπυλώνω*, to curve, to bend
καμφορά (ή), camphor/ *καμφορέλαιο* (τό), camphor-oil
κάμψη (ή), bending/ (fig.) decrease
κάμωμα (τό), doing, making/ (fig.) coquetry
καμώνομαι, to pretend
κανάγιας (ό), rascal
κανακάρης (ό), pet, spoilt child/ *κανακεύω*, to pet, to spoil
κανάλι (τό), canal
καναπές (ό), sofa
καναρίνι (τό), canary (bird)
κανάτα (ή), or *κανάτι* (τό), jug, pot/ *κανατάς* (ό), potter
κανείς, καμμιά, κανένα, none, nobody, nothing/ μέ ζήτησε ~; has anyone called for me?/ καμιά δεκαριά, some ten, about ten
κανέλα (ή), cinnamon
κανένας (ό), nobody
κανιά (τά), (thin) legs
κάνιστρο (τό), basket
κανναβάτσο (τό), canvas/ *καννάβι* (τό), hemp/ *κανναβόσχοινο* (τό), hemp rope
κανναδούρι (τό), bird-feed
κάννη (ή), barrel (of a gun)
καννίβαλος (ό), cannibal
κανονάρχης (ό), choirmaster/ *κανοναρχώ*, to direct a choir
κανόνας (ό), rule, regulation; ruler; religious hymn/ κατά κανόνα, as a rule
κανόνι (τό), cannon/ *κανονιά* (ή), cannon firing/ *κανονιέρης* (ό), gunner
κανονίζω, to regulate, to adjust/ *κανονικός*, regular, normal/ κανονικό δίκαιο, canon law/ *κανονικότητα* (ή), regularity
κανονιοβολισμός (ό), cannonade/ *κανονιοβολώ*, to cannonade, to bombard
κανονισμός (ό), rules, regulations
κανονοστοιχία (ή), (artillery) battery
κάνουλα (ή), tap, faucet
καντάδα (ή), serenade
καντάρι (τό), hundredweight
καντηλέρι (τό), candlestick
καντήλι (τό), nightlamp
καντίνα (ή), canteen
κάντιο (τό), sugar candy
κάνω, to do, to make, to carry out/ ~ δώρο, to give a gift/ ~ καλό, to do good/ ~ λεφτά, to make money/ ~ πανιά, to set sail/ κάνει κρύο (ζέστη), it's cold (warm)/ κάνει νά...; may I...?
κάπα (ή), cloak, cape
καπάκι (τό), cover, lid/ *καπακώνω*, to cover
καπάρο (τό), advance/ *καπαρώνω*, to pay an advance
καπάτσος, able
καπελάδικο (τό), hat-shop
κάπελας (ό), publican
καπελάς (ό), milliner/ *καπελλιέρα* (ή), hat-box/ *καπέλλο* (τό), hat, bonnet/ *καπελλώνω*, to put a hat/ (fig.) to cover up
καπετάνιος (ό), captain; chief
καπηλεία (ή), exploitation/ *καπηλεύομαι*, to exploit
καπηλιό (τό), tavern, pub
κάπηλος (ό), exploiter
καπίστρι (τό), bridle/ *καπιστρώνω*, to bridle
καπιταλισμός (ό), capitalism/ *καπιταλιστής* (ό), capitalist
καπλαμάς (ό), veneer/ *καπλαντίζω*, to veneer
καπναποθήκη (ή), tobacco storeroom/ *καπνεμπόριο* (τό), tobacco trade/ *καπνέμπορος* (ό), tobacco dealer/ *καπνεργάτης* (ό), tobacco worker/ *καπνεργοστάσιο* (τό), tobacco factory
καπνίζω, to smoke; to fumigate/ ἔτσι μοῦ κάπνισε, I felt like it/ *κάπνισμα* (τό), smoking; fumigation/ *καπνιστήριο*

(τό), smoking room/ καπνιστής (ό), smoker/ καπνιστός, smoked
καπνοβιομηχανία (ή), tobacco manufacturing (industry)
καπνογόνος, smoke-producing
καπνοδόχος (ή), chimney
καπνοπαραγωγός (ό), tobacco producer/ καπνοπώλης (ό), tobacconist/ καπνός (ό), tobacco; smoke/ γίνομαι ~ , to disappear/ καπνοσακκούλα (ή), tobacco pouch/ καπνοσύριγγα (ή), smoking pipe
κάποιος, someone, certain
καπόνι (τό), capon
καπότα (ή), cloak
κάποτε, once, sometime
κάπου, somewhere/ ~ - ~ , occasionally/ εἶναι ~ εἴκοσι, they're about twenty
καπούλια (τά), rump
καπουτσίνος (ό), Capuchin
καπρίτσιο (τό), whim, caprice
κάπρος (ό), boar
κάπως, somehow, somewhat
κάρα (ή), skull
καραβάνα (ή), mess-tin
καραβάνι (τό), caravan
καραβιά (ή), shipload
καραβίδα (ή), crawfish
καραβοκύρης (ό), sea captain, skipper
καραβόπανο (τό), canvas
καραβόσχοινο (τό), canvas rope
καραβοτσακίζομαι, to be shipwrecked/ καραβοτσακισμένος, shipwrecked
καραγκιόζης (ό), figure of the shadow theatre/ καραγκιοζιλίκι (τό), clownish behaviour
καραδοκώ, to watch out for
καρακάξα (ή), magpie
καραμέλα (ή), caramel
καραμούζα (ή), reed-pipe
καραμπίνα (ή), carabine
καραμπογιά (ή), black paint
καραντίνα (ή), carantine
καραούλι (τό), sentry
καράτι (τό), carat
καρατόμηση (ή), beheading/ καρατομῶ, to behead
καράφα (ή), carafe
καρβέλι (τό), loaf
καρβουνιάρης (ό), coalman/ κάρβουνο (τό), coal/ κάθομαι στά κάρβουνα, to be on edge
κάργα, full to the brim/ καργάρω, to fill to the brim
κάρδαμο (τό), cress/ καρδαμώνω, to get strong
καρδάρα (ή), churn
καρδερίνα (ή), goldfinch
καρδιά (ή), heart/ ἔχω ~ , to be brave/ ἔχει χρυσή ~ , he has a heart of gold/ καρδιακός, cardiac/ (ό), suffering of a heart disease
καρδινάλιος (ό), cardinal
καρδιοχτύπι (τό), heartbeat/ καρδιοχτυπῶ, to be anxious
καρέκλα (ή), chair/ καρεκλοποιός (ό), chair-maker
καρίκωμα (τό), darning/ καρικώνω, to darn
καρίνα (ή), keel
καριοφίλι (τό), long musket
καρκινικός, cancerous
καρκινοβατῶ, to walk like a crab/ (fig.) to progress slowly
καρκίνος (ό), cancer/ Τροπικός τοῦ Καρκίνου, Tropic of Cancer/ καρκίνωμα (τό), carcinoma
καρμανιόλα (ή), guillotine
καρναβάλι (τό), carnival
καρνέ (τό), notebook
καρότο (τό), carot
καρότσα (ή), or καρότσι (τό), carriage
καρούλι (τό), reel
καρπαζιά (ή), blow/ καρπαζώνω, to give blows
καρπερός, fruitful/ καρπίζω, to bear fruit/ καρπός (ό), fruit; wrist
καρπούζι (τό), watermelon
καρποφορία (ή), fructification/ καρποφόρος, fructiferous/ (fig.) effective/ καρποφορῶ, to bear fruit/ καρπώνομαι, to derive profit
κάρ(ρ)ο (τό), cart
κάρτα (ή), card
καρτέρι (τό), ambush
καρτερία (ή), endurance, patience/ καρτερικός, enduring, patient/ καρτερικότητα (ή), endurance
καρτερῶ, to expect
καρύδα (ή), coconut

καρυδένιος, (of) walnut wood/ *καρύδι* (τό), walnut; Adam's apple/ *καρυδιά* (ή), walnut tree/ *κάθε καρυδιάς καρύδι,* all sorts of people/ *καρυδόλαδο* (τό), walnut oil/ *καρυδότσουφλο* (τό), walnut shell
καρύκευμα (τό), seasoning/ *καρυκεύω,* to season
καρυοθραύστης (ό), nutcracker
καρφί (τό), nail/ δέν μοΰ καίγεται ~ , I don't give a damn/ γυαλιά καρφιά, total mess
καρφίτσα (ή), pin; broach/ *καρφιτσώνω,* to pin
κάρφωμα (τό), nailing/ *καρφώνω,* to nail, to peg; to fix/ *καρφωτός,* nailed
καρχαρίας (ό), shark
καρωτίδα (ή), carotid
κάσα (ή), case, box; coffin; safe
κασέλα (ή), chest, trunk
κασίδα (ή), scurf/ *κασιδιάρης* (ό), scurfheaded
κασκέτο (τό), cap
κασόνι (τό), case, wooden box
κασσίτερος (ό), pewter/ *κασσιτερώνω,* to pewter
κάστα (ή), caste
καστανάς (ό), chestnut-seller/ *καστανιά* (ή), chestnut-tree/ *κάστανο* (τό), chestnut/ δέν χαρίζω κάστανα, to be very strict
καστανός, brown
κάστορας (ό), beaver
καστόρι (τό), felt/ *καστόρινος,* (made of) felt
κάστρο (τό), castle
κατά, upon; towards; against; about/ ~ *γράμμα,* in detail/ ~ *λέξη,* verbatim/ ~ *κράτος,* entirely/ ~ *τύχη,* by chance
κατάβαθα, deep down
καταβάλλω, to overthrow, to overcome; to pay
καταβαραθρώνω, to destroy completely
κατάβαση (ή), descent
καταβόθρα (ή), sewer, drain
καταβολάδα (ή), (bot.) layer
καταβολή (ή), payment
κατάβρεγμα (τό), sprinkling/ *καταβρέχω,* to sprinkle
καταβροχθίζω, to devour

καταβυθίζω, to sink/ *καταβύθιση* (ή), sinking
καταγγελία (ή), denunciation/ *καταγγέλλω,* to denounce
καταγέλαστος, ridiculous
καταγής, on the ground
καταγίνομαι, to be engaged in, to deal with
κάταγμα (τό), fracture
καταγοητεύω, to enchant, to charm
κατάγομαι, to descend from
καταγραφή (ή), registration, recording/ *καταγράφω,* to register, to record
καταγωγή (ή), descent, origin
καταγώγιο (τό), disreputable establishment, den
καταδεκτικός, condescending/ *καταδέχομαι,* to condescend
καταδίδω, to denounce
καταδικάζω, to condemn/ *καταδικαστικός,* condemning/ *καταδίκη* (ή), sentence/ *κατάδικος* (ό), convict
καταδιωκτικό (τό), fighter (plane)/ ~ ς, persecuting/ *καταδιώκω,* to persecute/ *καταδίωξη* (ή), pursuit, persecution
κατάδοση (ή), denunciation/ *καταδότης* (ό), informer
καταδρομή (ή), raid/ *καταδρομικό* (τό), cruiser/ ~ς, raiding
καταδυνάστευση (ή), oppression/ *καταδυναστεύω,* to oppress
κατάδυση (ή), diving/ *καταδύομαι,* to dive, to plunge
καταζήτηση (ή), search/ *καταζητώ,* to search for
κατάθεση (ή), (bank) deposit/ (leg.) evidence/ *καταθέτω,* to deposit; to give evidence
καταθλιπτικός, depressive/ *κατάθλιψη* (ή), depression
καταιγίδα (ή), storm
καταιγισμός (ό), constant firing, barrage
καταισχύνη (ή), shame, disgrace
κατακάθι (τό), sediment, dregs/ *κατακαθίζω,* to subside, to precipitate
κατακαίω, to burn to ashes
κατάκαρδα, deeply/ τό παίρνω ~ , to be deeply offended
κατακεραυνώνω, to silence
κατακερματίζω, to cut to pieces

κατακέφαλα, right on the head/ *κατακεφαλιά* (ή), blow on the head
κατακλέβω, to plunder, to steal everything
κατακλείδα (ή), conclusion, final paragraph
κατάκλειστος, completely shut
κατακλίνομαι, to go to bed/ *κατάκλιση* (ή), going to bed
κατακλύζω, to flood
κατακλυσμιαίος, diluvial, torrential/ *κατακλυσμός* (ό), deluge, flood
κατάκοιτος, bedridden
κατακόκκινος, flushed
κατακόμβη (ή), catacomb
κατακομματιάζω, to cut to pieces
κατάκοπος, exhausted
κατακόρυφα, perpendicularly/ *κατακόρυφος*, upright, perpendicular
κατακουρασμένος, exhausted, worn out
κατακράτηση (ή), illegal detention/ *κατακρατώ*, to detain illegally
κατακραυγή (ή), outcry
κατακρεουργώ, to butcher
κατακρίνω, to criticize, to blame/ *κατάκριση* (ή), criticism, blame
κατάκτηση (ή), conquest/ *κατακτητής* (ό), conqueror/ *κατακτητικός*, conquering/ *κατακτώ*, to conquer
κατακυρώνω, to grant/ *κατακύρωση* (ή), granting
καταλαβαίνω, to comprehend, to understand
καταλαμβάνω, to occupy, to seize
κατάλευκος, snow-white
καταλήγω, to result, to lead to / *κατάληξη* (ή), result, ending
καταληπτός, comprehensible, understandable
κατάληψη (ή), occupation
καταληψία (ή), catalepsy
κατάλληλα, appropriately, suitably/ *κατάλληλος*, appropriate, suitable/ *καταλληλότητα* (ή), suitability
καταλογίζω, to attribute, to charge with
κατάλογος (ό), list, catalogue/ *έκλογικός* ~ , register of voters/ *τηλεφωνικός* ~ , telephone directory
κατάλοιπο (τό), residue, remnant
κατάλυμα (τό), lodging, dwelling
καταλυπημένος, very sad
κατάλυση (ή), abolition, overthrow/ *καταλύτης* (ό), (chem.) catalyst/ *καταλυτής* (ό), overthrower, destroyer/ *καταλύω*, to abolish, to overthrow
καταμαγεύω, to enchant, to charm
καταμαρτυρώ, to bear witness against; to blame
κατάματα, straight in the eyes
κατάμαυρος, pitch-black
καταμερίζω, to apportion/ *καταμερισμός* (ό), apportionment
καταμεσήμερα, at high noon
καταμεσής, right in the middle
κατάμεστος, crowded
καταμέτρηση (ή), measuring/ *καταμετρώ*, to measure, to gauge
κατάμονος, all alone, desolate
κατάμουτρα, to one's face
καταναγκασμός (ό), compulsion/ *καταναγκαστικός*, enforced, compulsory/ *καταναγκαστικά έργα*, forced labour
καταναλώνω, to consume/ *κατανάλωση* (ή), consumption/ *καταναλωτής* (ό), consumer/ *καταναλωτικός*, consuming
κατανέμω, to distribute, to apportion, to allot
κατανικώ, to overcome, to subdue
κατανόηση (ή), comprehension, understanding/ *κατανοητός*, comprehensible, understandable
κατανομή (ή), distribution, sharing out
κατανοώ, to comprehend, to understand
κατάντια (ή), sorry state (outcome)/ *καταντώ*, to be reduced to
κατανυκτικός, emotional/ *κατάνυξη* (ή), deep emotion
καταξεσχίζω, to tear to shreds
καταξιώνω, to consider worthy, to acknowledge
καταξοδεύω, to squander, to spend thoughtlessly
καταπακτή (ή), trapdoor
καταπάνω, straight upon (against)
καταπάτηση (ή), violation, transgression/ *καταπατώ*, to violate, to transgress/ ~ *ύπόσχεση*, to break a promise
κατάπαυση (ή), cessation/ *καταπαύω*, to cease
καταπέλτης (ό), catapult

καταπέτασμα (τό), curtain/ *τρώγω τό ~*, to overeat
καταπέφτω, to fall down; to decline
καταπιάνομαι, to undertake
καταπιέζω, to oppress, to tyrannize/ *καταπίεση* (ἡ), oppression, tyranny/ *καταπιεστικός*, oppressive, tyrannical
καταπίνω, to swallow
κατάπλασμα (τό), poultice
καταπλέω, to sail into harbour
καταπληκτικά, amazingly, astonishingly/ *καταπληκτικός*, amazing, astonishing/ *κατάπληκτος*, amazed, astonished/ *κατάπληξη* (ἡ), amazement, astonishment/
καταπλήσσω, to amaze, to astonish
καταπλουτίζω, to become very rich
καταπνίγω, to suppress/ *κατάπνιξη* (ἡ), suppression
καταπολεμῶ, to fight against
καταπόνηση (ἡ), exhaustion
καταποντίζω, to sink/ *καταποντισμός* (ὁ), sinking
καταπονῶ, to exhaust, to tire out
καταπότι (τό), pill
καταπραϋντικός, soothing, calming; sedative/ *καταπραΰνω*, to soothe, to calm down
κατάπτυστος, disgraceful, contemptible
κατάπτωση (ἡ), downfall, decline
κατάρα (ἡ), curse/ *καταραμένος*, accursed
κατάργηση (ἡ), abolition/ *καταργῶ*, to abolish
καταριέμαι, to curse
καταρ(ρ)άκτης (ὁ), waterfall/ (med.) cataract/ *καταρρακτώδης*, torrential
κατάρ(ρ)ευση (ἡ), downfall; crumbling/ *καταρρέω*, to fall; to crumble
καταρ(ρ)ίπτω, to throw (bring) down/ *κατάρριψη* (ἡ), throwing down
καταρ(ρ)οή (ἡ), (med.) cataract
κατάρτι (τό), mast
καταρτίζω, to arrange; to educate/ *καταρτισμός* (ὁ), arrangement, preparation
κατάσαρκα, next to the flesh
κατάσβεση (ἡ), extinction/ *κατασβεστήρας* (ὁ), extinguisher
κατασιγάζω, to silence/ *κατασίγαση* (ἡ), silencing
κατασκευάζω, to construct, to erect/ *κατασκεύασμα* (τό), construction/ *κατασκευαστής* (ὁ), constructor
κατασκευή (ἡ), making, construction
κατασκηνώνω, to camp/ *κατασκήνωση* (ἡ), camping
κατασκοπεία (ἡ), espionage/ *κατασκοπεύω*, to spy (on)
κατάσκοπος (ὁ), spy
κατασκότεινος, pitch-dark
κατασκοτώνω, to kill/ (fig.) to beat hard/ *κατασκοτώνομαι*, to be tired out
κατασπαράζω, to tear to pieces
κατάσπαρτος, sown all over/ (fig.) full of
κατασπαταλῶ, to squander, to waste
κάτασπρος, snow-white
καταστάλαγμα (τό), sediment, settlement/*κατασταλάζω*, to filter, to strain; to settle down
κατασταλτικός, repressive
κατάσταση (ἡ), condition, situation
καταστατικό (τό), statute, constitution/ *~ ς*, statutory, constitutional
καταστέλλω, to repress, to put down
κατάστημα (τό), shop, store/ *~τάρχης* (ὁ), shopkeeper
κατάστιχο (τό), register, ledger
καταστολή (ἡ), repression
καταστρατηγῶ, to violate, to transgress
καταστρεπτικός, disastrous, destructive/ *καταστρέφω*, to destroy/ *καταστροφέας* (ὁ), destroyer, wrecker/ *καταστροφή* (ἡ), destruction, catastrophe
κατάστρωμα (τό), deck
καταστρώνω, to draw up, to lay down/ *κατάστρωση* (ἡ), drawing up
κατασφάζω, to massacre
κατάσχεση (ἡ), confiscation, seizure/ *κατασχέτω* or *κατάσχω*, to confiscate, to seize
κατάταξη (ἡ), arrangement, enrolment/ *κατατάσσω*, to arrange, to classify
κατατάσσομαι, to enlist, to enrol
κατάτμηση (ἡ), fragmentation, breaking up
κατατομή (ἡ), profile
κατατόπια (τά), parts, corners/ *ξέρω τά ~*, I know my way about
κατατοπίζω, to explain, to brief

κατατρεγμένος — κέντημα 104

κατατρεγμένος, persecuted/ *κατατρεγμός* (ό), persecution/ *κατατρέχω*, to persecute
κατατρίβω, to wear out
κατατρομάζω, to frighten, to scare
κατατροπώνω, to rout, to defeat/*κατατρόπωση* (ή), utter defeat
κατατρώγω, to devour, to eat up/ (phys.) to corrode
καταυγάζω, to illuminate
καταυλισμός (ό), camp
καταφανής, obvious, evident, plain/ *κατάφαση* (ή), affirmation/ *καταφάσκω*, to affirm, to consent
καταφέρνω, to manage, to carry out; to persuade
καταφεύγω, to seek refuge; to resort to
καταφθάνω, to reach; to arrive
καταφορά (ή), animosity, hate
κατάφορτος, overloaded
καταφρόνηση (ή), despise, scorn/ *καταφρονώ*, to despise, to consider, to consider inferior
καταφυγή (ή), refuge, recourse/ *καταφύγιο* (τό), refuge, shelter
κατάφυτος, wooded
κατάφωρος, obvious, undisguised
κατάφωτος, brightly illuminated
κατάχαμα, on the ground
καταχθόνιος, infernal; devious
καταχνιά (ή), mist, haze
καταχραστής (ό), embezzler
καταχρεωμένος, having many debts/ *καταχρεώνομαι*, to run into debts
κατάχρηση (ή), abuse, excess; embezzlement/ *καταχρηστικός*, abusive/ *καταχρώμαι*, to abuse
καταχωνιάζω, to hide (somewhere) deep
καταχωρίζω, to insert, to enter, to publish/ *καταχώριση* (ή), insertion, entry
καταψηφίζω, to vote against/ *καταψήφιση* (ή), voting against
κατάψυξη (ή), refrigeration/ *καταψύχω*, to refrigerate
κατεβάζω, to take down, to lower/ ~ *τά μάτια*, to be shy
κατεβαίνω, to descend, to come down/ *κατέβασμα* (τό), descent
κατεδαφίζω, to demolish/ *κατεδάφιση* (ή), demolition

κατεπείγων, urgent
κατεργάζομαι, to elaborate
κατεργάρης (ό), rogue, rascal/ *κατεργαριά* (ή), roguery
κατεργασία (ή), elaboration/ *κατεργασμένος*, wrought
κάτεργο (τό), prison, labour camp
κατέρχομαι, to go down
κατεστραμ(μ)ένος, destroyed
κατεύθυνση (ή), direction/ *κατευθυντήριος*, directing/ *κατευθύνω*, to direct/ *κατευθύνομαι*, to proceed towards
κατευνάζω, to appease, to allay/ *κατευνασμός* (ό), appeasement, calming/ *κατευναστικός*, appeasing, soothing
κατευοδώνω, to bid goodbye/ *κατευόδωση* (ή), seeing (someone) off
κατέχω, to occupy, to hold, to have/ ~ *μιά γλώσσα (δουλειά)*, to master a language (job)
κατεψυγμένος, frigid, frozen
κατηγόρημα (τό), (gram.) predicate/ ~ *τικός*, categorical, definite, positive
κατηγορητήριο (τό), indictment, charges/ *κατηγορία* (ή), accusation, charge; category/ *κατήγορος* (ό), accuser, complainant/ *δημόσιος* ~ , public prosecutor
κατηγορούμενο (τό), (gram.) complement
κατηγορούμενος (ό), accused, defendant/ *κατηγορώ*, to accuse, to charge
κατηφοριά (ή), slope/ *κατηφορίζω*, to descend, to go downhill/ *κατηφορικός*, downhill/ *κατήφορος* (ό), slope
κατήχηση (ή), catechism/ *κατηχητής* (ό), catechizer
κατηχητικός, catechizing/ *κατηχητικό σχολείο*, Sunday school/ *κατηχώ*, to catechize, to initiate
κάτι, something, some
κατισχύω, to prevail
κατοικήσιμος, habitable
κατοικία (ή), home, dwelling/ *μόνιμη* ~ , residence/ *κατοικίδιος*, domestic(ated)/ *κάτοικος* (ό), inhabitant, resident/ *κατοικώ*, to live, to inhabit
κατονομάζω, to specify by name
κατόπι, afterwards, next/ ~ *νός*, the next
κατόπτευση (ή) reconnaissance/ *κατο-*

πτεύω, to reconnoitre
κατοπτρίζω, to reflect/ *κατοπτρισμός* (ό), reflection, mirage/ *κάτοπτρο* (τό), mirror
κατόρθωμα (τό), achievement, feat/ *κατορθώνω*, to achieve/ *κατορθωτός*, practicable, feasible
κατούρημα (τό), urinating, pissing/ *κατουρώ*, to urinate, to pass water
κατοχή (ή), occupation, possession/ *κάτοχος* (ό), occupant, possessor
κατοχυρώνω, to consolidate/ *κατοχύρωση* (ή), consolidation
κάτοψη (ή), cross-section
κατρακύλισμα (τό), rolling down/ *κατρακυλῶ*, to roll down
κατράμι (τό), tar, pitch/ *κατραμώνω*, to tar
κατσαβίδι (τό), screw-driver
κατσάδα (ή), scolding/ *κατσαδιάζω*, to scold
κατσαρίδα (ή), cockroach
κατσαρόλα (ή), saucepan
κατσαρός, curly/ *κατσαρώνω*, to curl
κατσιάζω, to pine away/ *κατσιασμένος*, pined, weak
κατσίβελος (ό), gipsy
κατσίκα (ή), she-goat/ *κατσικάκι* (τό), kid
κατσούλα (ή), hood
κατσούφης (ό), frowning/ *κατσουφιάζω*, to frown/ *κατσούφιασμα* (τό), frowning
κάτω, down, downstairs/ ~ *ἀπό*, under; less/ *ἀπό* ~ , beneath/ *βάζω* ~ , to defeat/ *στό* ~ , after all, in the last resort/ *ἄνω* ~ , in a mess
κατώγι (τό), basement, cellar
κατώτατος, lowest, most inferior/ *κατωτερότητα* (ή), inferiority/ *σύμπλεγμα* ~ς, inferiority complex
κατώφλι (τό), threshold
κάτωχρος, very pale
καυγαδίζω, to quarrel, to wrangle/ *καυγάς* (ό), quarrel, row/ *καυγατζής* (ό), wrangler, brawler
καύκαλο (τό), skull; crust
καϋμένος, poor fellow
καύση (ή), burning, combustion/ *καύσιμος*, combustible/ *καύσιμη ὕλη*, fuel/ *καυσόξυλα* (τά), firewood

καυστικός, caustic/ (fig.) biting, bitter/ *καυτερός*, scorching
καυτηριάζω, to cauterise/ *καυτηριασμός* (ό), cauterization
καυτός, burning, hot
καύχημα (τό), pride, boast/ *καυχησιάρης* (ό), boaster, braggart/ *καυχησιολογία* (ή), boasting, bragging/ *καυχιέμαι*, to boast, to brag
καφάσι (τό), basket/ *καφασωτό* (τό), lattice-work
καφεΐνη (ή), caffeine/ *καφεκοπτεῖο* (τό), coffee-mill
καφενεῖο (τό), café, coffee house/ *καφές* (ό), coffee/ *φτιάχνω καφέ*, to make coffee/ *καφετζής* (ό), café owner
καφετής, brown
καφετιέρα (ή), coffee-pot
καφωδεῖο (τό), music hall
καχεκτικός, sickly
καχεξία (ή), debility, sickly disposition
καχύποπτος, suspicious
κάψα (ή), extreme heat
καψαλίζω, to singe/ *καψάλισμα* (τό), singe
καψερός, poor fellow
κάψιμο (τό), burning, scald
κάψουλα (ή), capsule
κέδρινος, (made of) cedar (wood)/ *κέδρος* (ό), cedar
κεῖμαι, to lie, to be situated
κείμενο (τό), text
κειμήλιο (τό), heirloom
κείτομαι, to lie
κελάδημα (τό), singing (of birds), twittering/ *κελαδῶ*, to sing, to twitter
κελαρίζω, to babble/ *κελάρισμα* (τό), babbling
κελεπούρι (τό) bargain
κελευστής (ό), boatswain
κελί (τό), cell
κελλάρι (τό), cellar
κέλυφος (τό), shell, husk
κεμέρι (τό), purse
κενόδοξος, self-conceited, self-important
κενό (τό), vacuum/ ~ς, vacant, empty
κενοτάφιο (τό), cenotaph
κενότητα (ή), emptiness; frivolity
κένταυρος (ό), centaur
κέντημα (τό), embroidery/ *κεντητός*, em-

κεντιά — κλειδαρότρυπα

broidered
κεντιά (ἡ), pricking/ *κεντρί* (τό), sting/ *κεντρίζω*, to prick, to sting/ (fig.) to urge
κεντρικός, central
κέντρισμα (τό), pricking/ (fig.) urge
κέντρο (τό), centre/ *κοσμικό* ~ , tavern
κεντρομόλος, centripetal/ *κεντρόφυγος*, centrifugal
κεντῶ, to embroider; to prick
κενώνω, to empty/ *κένωση* (ἡ), emptying, evacuation
κεραία (ἡ), antenna/ (print.) dash/ μέχρι ~ ς, to the minutest detail
κεραμεῖο (τό), or **κεραμιδάδικο** (τό), tiles yard
κεραμίδα (ἡ), large tile/ τοῦ ἦρθε ~ , he was surprised
κεραμίδι (τό), tile
κεραμική (ἡ), ceramics/ *κεραμικός*, ceramic
κερασένιος, cherrylike/ *κεράσι* (τό), cherry
κερασιά (ἡ), cherry-tree
κέρασμα (τό), treat
κερατάς (ὁ), cuckold
κερατίζω, to butt (with the horns)/ *κέρατο* (τό), horn
κερατοειδής, hornlike/ (med.) ~ *χιτώνας*, cornea
κερατώνω, to commit adultery, to deceive one's spouse
κεραυνοβόλος, sudden, instant/ ~ *ἔρωτας*, mad love/ *κεραυνοβολῶ*, to strike with thunder; to silence
κεραυνός (ὁ), thunder
κέρβερος (ὁ), Cerberus/ (fig.) an efficient guard
κερδίζω, to win, to gain; to earn/ *κέρδος* (τό), gain, profit, earnings
κερδοσκοπία (ἡ), speculation/*κερδοσκοπικός*, speculative/ *κερδοσκόπος* (ὁ), speculator/ *κερδοσκοπῶ*, to speculate
κερί (τό), wax; candle/ *κέρινος*, waxen
κερκίδα (ἡ), (stadium) stand
κέρμα (τό), coin
κερματίζω, to break into pieces/ *κερματισμός* (ὁ), shattering, breaking into pieces
κερνῶ, to treat

κερόχαρτο (τό), waxpaper
κέρωμα (τό), waxing/ (fig.) turning pale/ *κερώνω*, to wax/ (fig.) to turn pale
κεσάτι (τό), business stagnation
κεσές (ὁ), bowl
κεφάλαιο (τό), chapter/ (econ.) capital
κεφαλαῖο (τό), capital letter
κεφαλαιοκράτης (ὁ), capitalist/ *κεφαλαιοκρατία* (ἡ), capitalism/ *κεφαλαιοκρατικός*, capitalist(ic)
κεφαλαιοποίηση (ἡ), capitalization/ *κεφαλαιοποιῶ*, to capitalize
κεφαλαιοῦχος (ὁ), capitalist, investor
κεφαλαιώδης, principal, main, substantial
κεφαλαλγία (ἡ), βλ. *πονοκέφαλος*
κεφαλάρι (τό), fountainhead
κεφάλας (ὁ), having a large head
κεφάλι (τό), head/ ἀγύριστο ~ , stubborn/ βάζω τό ~ μου στό σακκί, to run a risk
κεφαλίδα (ἡ), heading
κεφαλικός, capital/ ~ φόρος, head tax
κεφαλόβρυσο (τό), source
κεφαλόδεσμος (ὁ), headband
κεφαλόπονος (ὁ), βλ. *πονοκέφαλος*
κέφαλος (ὁ), mullet
κεφαλοτύρι (τό), kind of cheese
κεφαλοχώρι (τό), main village
κεφάτος, merry/ *κέφι* (τό), good mood/ (δέν) ἔχω ~ , to be in a good (bad) mood
κεφτές (ὁ), meatball
κεχρί (τό), millet
κεχριμπάρι (τό), amber
κηδεία (ἡ), funeral
κηδεμόνας (ὁ), guardian, tutor/ *κηδεμονεύω*, to act as a guardian
κηδεμονία (ἡ), guardianship
κηδεύω, to bury
κηλεπίδεσμος (ὁ), hernia-truss/ *κήλη* (ἡ), hernia
κηλίδα (ἡ), stain, spot/ *κηλιδώνω*, to stain/ *κηλίδωση* (ἡ), staining, soiling/ *κηλιδωμένος*, stained
κηπευτική (ἡ), gardening/ *κῆπος* (ὁ), garden/ *κηπουρική* (ἡ), horticulture/ *κηπουρός* (ὁ), gardener
κηρήθρα (ἡ), honeycomb
κηροπήγιο (τό), candlestick

κηροπλαστική (ή), chandlering
κηροστάτης (ή), βλ. *κηροπήγιο*
κήρυγμα (τό), preaching, sermon
κήρυκας (ό), herald
κήρυξη (ή), proclamation, declaration/ *κηρύττω*, to proclaim, to declare
κήτος (τό), sea mammal; whale
κηφήνας (ό), drone (bee)/ (fig.) lazy person
κιαλάρω, to look through binoculars/ (fig.) to spot
κιάλια (τά), binoculars, field-glasses
κιβδηλεία (ή), forgery, counterfeiting/ *κιβδηλοποιός* (ό), forger/ *κίβδηλος*, forged, counterfeited
κιβούρι (τό), tomb
κιβώτιο (τό), box, trunk
κιβωτός (ή), case, ark/ ~ τοῦ Νῶε, Noah's ark
κιγκλίδωμα (τό), balustrade, railings/ *κιγκλιδωτός*, railed
κιθάρα (ή), guitar/ *κιθαριστής* (ό), guitarist
κιλλίβαντας (ό), gun-carriage
κιλό (τό), kilo
κιλοβάτ (τό), kilowatt
κιμάς (ό), minced meat
κιμωλία (ή), chalk
κινάβαρι (τό), cinnabar
κίναιδος (ό), homosexual
κινδυνεύω, to be in danger/ *κίνδυνος* (ό), danger
κινέζικος, Chinese/ Κινέζος, Κινέζα, Chinese (man, woman)
κίνημα (τό), movement; coup d' état, mutiny/ ~*τίας* (ό), mutineer
κινηματογράφηση (ή), filming, shooting/ *κινηματογραφικός*, (of the) film/ ~ *ἀστέρας*, filmstar/ *κινηματογραφιστής* (ό), film producer/ *κινηματογράφος* (ό), cinema, movie industry/ *κινηματογραφῶ*, to film
κίνηση (ή), motion, movement/ *τροχαία* ~, traffic
κινητήρας (ό), motor
κινητικός, kinetic, moving
κινητοποίηση (ή), mobilization/ *κινητοποιῶ*, to mobilize
κινητός, movable/ *κινητή περιουσία*, real estate
κίνητρο (τό), motive
κινίνο (τό), quinine
κινῶ, to move, to set in motion/ ~ *ἀγωγή*, to sue/ ~ *τήν προσοχή*, to attract attention
κιόλας, already
κιονόκρανο (τό), column-top, capital/ *κιονοστοιχία* (ή), colonnade
κιόσκι (τό), kiosk, pavilion
κιούπι (τό), jar
κίρρωση (ή), (med.) cirrhosis
κιρσός (ό), varicose vein
κίσσα (ή), magpie
κισσός (ό), ivy
κιτρινάδα (ή), yellow colour; paleness/ *κιτρινιάρης*, pale/ *κιτρινίζω*, to turn yellow/ *κίτρινος*, yellow/ *κιτρινωπός*, yellowish
κίτρο (τό), citron
κίχλα (ή), thrush
κίονας (ό), column, pillar
κλαγγή (ή), clang, din
κλαδάκι (τό), small branch, twig/ *κλάδεμ(μ)α* (τό), pruning, loping/ *κλαδευτήρι* (τό), pruning-knife/ *κλαδεύω*, to prune, to lop/ *κλαδί* (τό), branch, bough
κλάδος (ό), branch; subdivision/ *κλαδωτός*, branched
κλαίω, to weep, to cry/ *κλαίγομαι*, to complain, to grumble/ *κλάμμα* (τό), weeping, crying
κλάρα (ή), long branch/ *κλαρί* (τό), small branch/ βγαίνω στό ~, (men) to become a guerilla/ (women) to become a prostitute
κλαρινέτο (τό), clarinet
κλάση (ή), age group
κλασικισμός (ό), classicism/ *κλασικιστής* (ό), classicist/ *κλασικός*, classic(al)
κλάσμα (τό), fraction/ ~*τικός*, fractional
κλαυθμός (ό), lamentation, wailing
κλάψα (ή), complaining/ *κλαψιάρης* (ό), grumbler, complainer/ *κλάψιμο* (τό), weeping
κλέβω, to steal, to rob
κλειδαράς (ό), keymaker/ *κλειδαριά* (ή), keylock
κλειδαρότρυπα (ή), keyhole/ *κλειδί* (τό), key/ (fig.) critical means/ *κλειδοκράτορας* (ό), keykeeper/ *κλειδοκύμβαλο*

(τό), piano/ *κλειδούχος* (ό), keykeeper/ *κλείδωμα* (τό), locking/ *κλειδωνιά* (ή), lock/ *κλειδώνω*, to lock/ *κλείδωση* (ή), joint, articulation
κλεινός, famous, illustrious
κλείνω, to close, to shut/ ~ μέσα, to imprison/ ~ τό ήλεκτρικό, to switch off/ ή πληγή έκλεισε, the wound has healed/ ~ τά μάτια, to pretend not to notice/ *κλείσιμο* (τό), closing
κλεισούρα (ή), mountain-pass/ μυρίζει ~, it's stuffy
κλειστός, closed, shut
κλειτορίδα (ή), clitoris
κλεμμένος, stolen
κλεπταποδόχος (ό), receiver of stolen articles
κλεπτομανής, kleptomaniac/ *κλεπτομανία* (ή), kleptomania
κλεφτά, secretly
κλέφτης (ό), thief, pickpocket
κλεφτοπόλεμος (ό), guerilla warfare
κλεφτοφάναρο (τό), lantern
κλεψιά (ή), theft, robbery
κλεψιγαμία (ή), adultery/ *κλεψίγαμος*, (ό), bastard
κλεψύδρα (ή), waterclock
κλῆμα (τό), vine(tree)/ *κληματαριά* (ή), vine arbour/ *κληματόφυλλο* (τό), vineleaf
κληρικός, clerical/ (ό), clergyman, priest
κληροδότημα (τό), bequest/ *κληροδότης* (ό), legator
κληροδοτώ, to bequeath/ *κληροδόχος* (ό), legatee
κληρονομία (ή), heritage, inheritance/ *κληρονομικός*, hereditary/ *κληρονομικότητα* (ή), heredity/ *κληρονόμος* (ό), heir/ *κληρονομώ*, to inherit
κλῆρος (ό), lot; share/ (eccl.) the clergy/ *κληρώνω*, to draw lots/ *κλήρωση* (ή), drawing lots/ *κληρωτίδα* (ή), lotterydrum/ *κληρωτός* (ό), drawn by lot/ (mil.) conscript
κλήση (ή), calling/ (leg.) summons/ *κλήτευση* (ή), summoning
κλητεύω, to summon/ *κλητήρας* (ό), bailiff
κλητική (ή), vocative case
κλητός, called upon, summoned

κλίβανος (ό), furnace
κλίκα (ή), clique
κλίμα (τό), climate
κλίμακα (ή), staircase, ladder; gamut; climax/ *κλιμακώνω*, to go by degrees/ *κλιμακωτός,* graded
κλιματικός, climatic/ *κλιματολογία* (ή), climatology
κλίνη (ή), bed/ *κλινήρης,* bedridden
κλινική (ή), clinic, private hospital/ *κλινικός,* clinical
κλινοσκεπάσματα (τά), bedcovers
κλίνω, to bend, to be inclined to/ (gram.) to decline, to conjugate
κλισέ (τό), cliché
κλίση (ή), inclination, tendency; slope
κλίτος (τό), nave
κλοιός (ό), encirclement
κλονίζω, to shake; to undermine/ *κλονίζομαι,* to stagger, to waver/ *κλονισμός* (ό), shock
κλοπή (ή), theft, robbery/ *κλοπιμαῖος,* stolen
κλουβί (τό), cage
κλούβιος, addled
κλυδωνίζομαι, to be tossed/ *κλυδωνισμός* (ό), tossing
κλύσμα (τό), enema
κλώθω, to spin
κλωνάρι (τό), branch
κλώσιμο (τό), spinning
κλώσσα (ή), brooding hen/ *κλώσσημα* (τό), incubation/ *κλωσσομηχανή* (ή), incubator/ *κλωσσόπουλο* (τό), chicken/ *κλωσσῶ,* to brood
κλωστή (ή), string, thread/ κρέμομαι από μιά ~, to be in grave danger, to be in a touch and go position
κλωστική (ή), spinning/ *κλωστοϋφαντουργεῖο* (τό), textile mill
κλωτσιά (ή), kick/ *κλωτσῶ,* to kick
κνήμη (ή), leg
κνίσσα (ή), smell of roasting meat
κνώδαλο (τό), animal/ (fig.) stupid person
κοάζω, to croak
κοβάλτιο (τό), cobalt
κόβω, to cut, to carve/ ~ δέντρα, to fell trees/ ~ δρόμο, to use a shortcut/ ~ τόν δρόμο, to block the way/ μοῦ κόπηκε τό αἷμα, I was scared/ δέν τοῦ κόβει, he is

an idiot
κογκρέσσο (τό), congress
κόγχη (ἡ), βλ. *κώχη*
κόθορνος (ὁ), buskin
κοιλάδα (ἡ), valley
κοιλαίνω, to hollow out
κοιλαράς (ὁ), big-bellied/ *κοιλιά* (ἡ), belly, womb/ *κοιλιακός*, abdominal/ *κοιλιόδουλος* (ὁ), glutton
κοιλόπονος (ὁ), bellyache/ *κοιλοπονῶ*, to be in labour
κοῖλος, hollow, concave/ *κοιλότητα* (ἡ), hollow, cavity
κοίμηση (ἡ), dormition/ Κ ~ τῆς Παναγίας, the Assumption of the Virgin
κοιμητήριο (τό), cemetery
κοιμίζω, to put to sleep/ *κοιμισμένος*, sleepy/ (fig.) lazy/ *κοιμοῦμαι*, to sleep
κοινό (τό), the public
κοινόβιο (τό), convent
κοινοβουλευτικός, parliamentary/ *κοινοβουλευτισμός* (ὁ), parliamentary system/ *κοινοβούλιο* (τό), parliament
κοινοκτημοσύνη (ἡ), common ownership
κοινολογῶ, to divulge/ *κοινοποίηση* (ἡ), communication, notification/ *κοινοποιῶ*, to communicate, to notify
κοινοπραξία (ἡ), association, partnership
κοινός, common, public; ordinary/ ~ νοῦς, common sense/ κοινή γνώμη, public opinion
κοινότητα (ἡ), community/ *κοινοτικός*, communal
κοινοτοπία (ἡ), platitude
κοινωνία (ἡ), society/ θεία Κ ~, Holy Communion/ Κ ~ τῶν 'Εθνῶν, League of Nations
κοινωνικός, social, sociable/ *κοινωνικότητα* (ἡ), sociability/ *κοινωνιολογία* (ἡ), sociology/ *κοινωνιολόγος* (ὁ), sociologist/ *κοινωνῶ*, to participate, to partake/ (eccl.) to receive Holy Communion
κοινωφελής, (of) public welfare
κοιτάζω, to see, to look/ ~ τήν δουλειά μου, to mind one's own business/ *κοίταγμα* (τό), look
κοίτασμα (τό), layer, (geological) stratum
κοίτη (ἡ), (river) bed
κοιτίδα (ἡ), cradle/ (fig.) origin
κοιτώνας (ὁ), bedroom
κοκαΐνη (ἡ), cocaine
κοκκαλάκι (τό), small bone/ *κοκκαλιάρης* (ὁ), bony
κόκκαλο (τό), bone/ ἀφήνω τά κόκκαλά μου, to die/ πετσί καί ~, very skinny/ *κοκκαλώνω*, to stiffen, to harden
κοκκινάδα (ἡ), blush/ *κοκκινάδι* (τό), lipstick, rouge/ *κοκκινίζω*, to flash; to blush/ *κοκκίνισμα* (τό), reddening, blushing
κοκκινογούλι (τό), beetroot
κοκκινολαίμης (ὁ), robin
κοκκινομάλλης (ὁ), red-haired
κοκκινόξυλο (τό), redwood
κόκκινος, red/ *κοκκινωπός*, reddish
κόκκορας (ὁ), cock, rooster/ *κοκκορεύομαι*, to boast
κοκκορόμυαλος, silly, frivolous
κόκκος (ὁ), grain
κοκκύτης (ὁ), whooping cough
κοκτέιλ (τό), cocktail
κολάζω, to punish/ *κολάζομαι*, to sin, to be tempted
κόλακας (ὁ), flatterer/ *κολακεία* (ἡ), flattery/ *κολακευτικός*, flattering/ *κολακεύω*, to flatter
κόλαση (ἡ), hell/ *κολάσιμος*, punishable/ *κολασμένος*, damned/ *κολασμός* (ὁ), punishment
κόλαφος (ὁ), slap
κολεός (ὁ), vagina
κολιός (ὁ), mackerel
κόλλα (ἡ), glue; sheet of paper
κολλαρίζω, to starch/ *κολλαριστός*, starched
κολλάρο (τό), collar
κολλέγιο (τό), college
κολλεκτίβα (ἡ), collective farm/ *κολλεκτιβισμός* (ὁ), collectivism
κόλλημα (τό), sticking, pasting/ *κόλληση* (ἡ), glue, paste/ *κολλητά*, next to/ *κολλητικός*, (med.) contagious/ *κολλητικότητα* (ἡ), contagiousness/ *κολλητός*, stuck, glued to/ (fig.) inseparable
κολλιτσίδα (ἡ), goosegrass/ (fig.) persistent person
κόλλυβα (τά), boiled wheat
κολλύριο (τό), eye lotion
κολλῶ, to stick, to glue/ ~ ἀρρώστεια, to

κολοβός — κοτσάνι

catch a disease/ ~ *σέ*, to become a nuisance/ *κολλώδης*, sticky
κολοβός, maimed, mutilated/ *κολόβωμα* (τό), mutilation, maiming/ *κολοβώνω*, to maim, to mutilate
κολοκύθα (ἡ), pumpkin
κολοκύθι (τό), courgette, marrow
κολόνα (ἡ), pillar, column
κολοκυθόσπορος (ὁ), pumpkin-seed
κολοσσιαῖος, huge, colossal/ *κολοσσός* (ὁ), colossus
κόλουρος, truncated
κολοφώνας (ὁ), peak, climax
κολοφώνιο (τό), colophony
κολπίσκος (ὁ), small gulf, small bay
κόλπο (τό), trick
κόλπος (ὁ), bay, gulf; bosom
κολυμβήθρα (ἡ), font
κολυμβητής (ὁ), swimmer/ *κολυμβητικός*, swimming/ *κολύμπι* (τό), swimming/ *κολυμπῶ*, to swim
κομβιοδόχη (ἡ), buttonhole
κόμβος, (ὁ), knot
κόμη (ἡ), hair
κόμης (ὁ), earl/ *κόμησσα* (ἡ), countess/ *κομητεία* (ἡ), county
κομήτης (ὁ), comet
κομίζω, to carry/ *κομιστής* (ὁ), carrier, bearer/ *κόμιστρα* (τά), porterage
κομιτάτο (τό), committee
κόμμα (τό), party, political faction; comma
κομμάρα (ἡ), lassitude, muscular relaxation
κομματάρχης (ὁ), party leader
κομμάτι (τό), piece, fragment/ (ad.) a little/ *κομματιάζω*, to cut to pieces/ *κομμάτιασμα* (τό), fragmentation/ *κομματιαστός*, fragmented
κομματίζομαι, to take sides/ *κομματικός*, (of the) party/ *κομματισμός* (ὁ), factionalism
κόμμι (τό), gum, rubber
κομμουνισμός (ὁ), communism/ *κομμουνιστής* (ὁ), communist/ *κομμουνιστικός*, communist(ic)
κόμμωση (ἡ), coiffure/ *κομμωτήριο* (τό), hairdresser's saloon/ *κομμωτής* (ὁ), *κομμώτρια* (ἡ), hairdresser (man, woman)

κομπάζω, to boast, to brag/ *κομπασμός* (ὁ), boasting, bragging/ *κομπαστικός*, boastful
κομπιάζω, to hesitate/ *κόμπιασμα* (τό), hesitation
κομπογιαννίτης (ὁ), quack, charlatan
κομπόδεμα (τό), savings
κομπολόι (τό), string of beads
κομπορρημονῶ, βλ. *κομπάζω*
κόμπος (ὁ), knot
κομπόστα (ἡ), stewed fruit
κόμπρα (ἡ), cobra
κομπρέσσα (ἡ), compress
κομψευόμενος, dandy/ *κομψός*, elegant, smart/ *κομψοτέχνημα* (τό), work of art/ *κομψότητα* (ἡ), elegance, smartness
κονδυλοφόρος (ὁ), penholder
κονιάκ (τό), brandy, cognac
κονίαμα (τό), plastering
κονιορτοποίηση (ἡ), pulverization/ *κονιορτοποιῶ*, to pulverize
κονίστρα (ἡ), arena
κονκλάβιο (τό), conclave
κονσέρβα (ἡ), canned food
κονσέρτο (τό), concert
κοντά, near, close by; almost
κονταίνω, to shorten
κοντάκι (τό), (gun) butt-end
κοντάκιο (τό), Greek church hymn
κοντανασαίνω, to be out of breath
κοντάρι (τό), pike; flagmast
κόντες, **κοντέσσα**, βλ. *κόμης*, *κόμησσα*
κοντεύω, to approach/ *κοντήτερα*, nearer/ *κοντήτερος*, shorter, smaller/ *κοντινός*, neighbouring/ ὁ πιό ~, the nearest/ *κοντοζυγώνω*, to come close, to approach
κοντολογίς, in brief, in short
κοντοπίθαρος, short and plump
κοντός, short
κοντοστέκομαι, to hesitate, to be undecided
κοντούλης, rather short
κοντόφθαλμος, short-sighted/ (fig.) biased
κοντόχοντρος, stumpy
κόντρα, against
κοντραμπάντο (τό), smuggling
κοντράτο (τό), contract
κοντύλι (τό), pencil/ (econ.) item, fund

κοπάδι (τό), flock, herd/ *κοπαδιαστά*, in groups; massively
κοπάζω, to subside
κοπανίζω, to pound/ *κοπάνισμα* (τό), pounding/ *κοπανιστήρι* (τό), pestle/ *κόπανος* (ό), brake
κοπέλ(λ)α (ή), girl
κοπετός (ό), lament
κοπή (ή), cut
κόπια (ή), copy
κοπιάζω, to tire oneself/ *κοπιάστε!* please come in!/ *κοπιαστικός*, tiring, exhausting
κόπιτσα (ή), clasp
κοπιώδης, tiring, toilsome
κόπος (ό), toil, fatigue
κόπρανα (τά), faeces
κοπριά (ή), manure, dung/ *κοπρίζω*, to manure/ *κόπρισμα* (τό), manuring/ *κοπρίτης* (ό), scum/ *κόπρος* (ή), dung/ *κοπροσκυλιάζω*, to roam idly/ *κοπρόσκυλο* (τό), dirty dog/ (fig.) rascal, villain
κόπωση (ή), fatigue
κόρα (ή), breadcrust
κόρακας (ό), crow, raven
κορακοζώητος, very old
κοραλένιος, (of) coral/ *κοράλι* (τό), coral
κοράνιο (τό), Koran
κορβανάς (ό), purse
κορβέτα (ή), corvette
κορδέλα (ή), ribbon
κορδόνι (τό), cord
κόρδωμα (τό), strutting/ *κορδώνομαι*, to strut
κορεσμός (ό), saturation
κόρη (ή), girl, daughter/(anat.) pupil of the eye
κορινθιακός, Corinthian
κοριός (ό), bug
κορίτσι (τό), (young) girl
κορμί (τό), body/ *χαμένο* ~, layabout
κορμός (ό), trunk/ *κορμοστασιά* (ή), stature
κορνιαχτός (ό), dust
κορνίζα (ή), frame
κοροϊδεύω, to mock, to laugh at/ *κοροϊδία* (ή), mockery, derision/ *κορόιδο* (τό), laughing stock
κορομηλιά (ή), plum-tree/ *κορόμηλο* (τό), plum
κόρος (ό), βλ. **κορεσμός**
κορτάρω, to flirt, to court
κορυδαλός (ό), lark
κορυφαίος, chief, most important, leading/ *κορυφή* (ή), summit/ (fig.) specialist/ *κορυφογραμμή* (ή), crest, ridge/ *κορύφωμα* (τό), culmination/ *κορυφώνομαι*, to culminate/ *κορφοβούνι* (τό), mountaintop
κορφολόγημα (τό), selecting/ *κορφολογώ*, to select
κόρφος (ό), bosom
κορώνα (ή), highest point, the ultimate
κορώνω, to get mad
κοσκινίζω, to sift/ *κοσκίνισμα* (τό), sifting/ (fig.) selecting/ *κόσκινο* (τό), sieve
κόσμημα (τό), jewel, ornament/ ~*τοθήκη* (ή), jewel-box/ ~*τοπώλης* (ό), jeweller
κοσμητικός, cosmetic, ornamental
κοσμήτορας (ό), dean
κοσμικός (ό), worldly, secular; sociable/ *κοσμικότητα* (ή), sociability
κόσμιος, decent/ *κοσμιότητα* (ή), decency
κοσμογονία (ή), cosmogony; creation
κοσμογυρισμένος, keen traveller
κοσμοκράτορας (ό), ruler of the universe/ *κοσμοκρατορία* (ή), universal rule
κοσμοπολίτης (ό), cosmopolitan
κοσμοπλημμύρα (ή), large crowd, multitude
κοσμοπολιτισμός (ό), cosmopolitan attitude
κόσμος (ό), people, world/ *πολύς* ~, crowd/ *χάλασε ὁ* ~, there was a commotion/ *δέν χάλασε ὁ* ~, it doesn't really matter/ *κοσμοσωτήριος*, salutary/ *κοσμοχαλασιά* (ή), uproar, commotion
κοσμώ, to adorn
κοστίζω, to cost/ *κοστολόγιο* (τό), price-list/ *κόστος* (τό) cost
κοστούμι (τό), suit
κότα (ή), hen
κότερο (τό), yacht
κοτέτσι (τό), henhouse
κοτολέτα (ή), cutlet
κοτρόνι (τό), boulder
κοτσάνι (τό), stalk

κοτσίδα — κρέμομαι 112

κοτσίδα (ἡ), pigtail
κότσυφας (ὁ), blackbird
κουβάλημα (τό), carrying/ **κουβαλητής** (ὁ), carrier/ **κουβαλῶ**, to carry
κουβάρι (τό), ball of thread/ **κουβαριάζω**, to wind up, to contract/ **κουβάριασμα** (τό), winding into a ball/ **κουβαρίστρα** (ἡ), spool, bobbin
κουβάς (ὁ), bucket, pail
κουβέντα (ἡ), conversation, talk/ **κουβεντιάζω**, to talk
κουβέρτα (ἡ), blanket/ (mar.) deck
κουβούκλιο (τό), canopy
κουδούνι (τό), bell/ **κουδουνίζω**, to ring, to jingle/ **κουδούνισμα** (τό), ringing/ **κουδουνίστρα** (ἡ), rattle
κουζίνα (ἡ), kitchen
κουζουλός, foolish
κουκί (τό), bean
κουκίδα (ἡ), dot
κούκλα (ἡ), doll
κοῦκος (ὁ), cuckoo/**κοστίζει ὁ ~ ἀηδόνι**, it costs a fortune
κουκουβάγια (ἡ), owl
κουκούλα (ἡ), hood/ **κουκούλι** (τό), cocoon/ **κουκούλωμα** (τό), hooding/ (fig.) hushing up/ **κουκουλώνω**, to (cover with a) hood
κουκουνάρι (τό), pine-fruit
κουκούτσι (τό), pip, stone/ **ἔχει μυαλό ~**, he is silly
κουλαίνω, to cripple/ **κουλός**, crippled, maimed
κουλούρα (ἡ), or **κουλούρι** (τό), roll/ **κουλουριάζω**, to coil, to roll up/ **κουλούριασμα** (τό), coiling
κουλοχέρης (ὁ), one-handed
κουμαντάρω, to rule, to manage/ **κουμάντο** (τό), rule, management
κουμαριά (ἡ), arbutus-tree/ **κούμαρο** (τό), arbutus
κουμάσι (τό), rascal
κουμπάρα (ἡ), godmother
κουμπαράς (ὁ), money-box
κουμπάρος (ὁ), godfather
κουμπί (τό), button; switch/ **κουμπότρυπα** (ἡ), buttonhole
κουμπούρα (ἡ), or **κουμπούρι** (τό), pistol
κουμπούρας (ὁ), illiterate person
κούμπωμα (τό), buttoning/ **κουμπώνω**, to button (up)
κουνάβι (τό), marten
κουνέλι (τό), rabbit
κούνημα (τό), movement; nod
κούνια (ἡ), swing, cradle
κουνιάδα (ἡ), sister-in-law/ **κουνιάδος** (ὁ), brother-in-law
κουνιέμαι, to move/ **κουνιστός**, rocking
κουνούπι (τό), mosquito
κουνουπίδι (τό), cauliflower
κουνουπιέρα (ἡ), mosquito-net
κουνῶ, to move
κούπα (ἡ), cup/ (cards) heart
κουπαστή (ἡ), gunwale
κουπί (τό), oar
κουπόνι (τό), coupon
κούρα (ἡ), cure
κουράγιο (τό), courage
κουράζω, to tire
κουραμάνα (ἡ), army bread
κουράρω, to nurse, to administer a cure
κούραση (ἡ), fatigue/ **κουρασμένος**, tired/ **κουραστικός**, tiring, exhausting
κουρδίζω, to wind, to tune/ **κούρδισμα** (τό), tuning, winding/ **κουρδιστήρι** (τό), tuning-key
κουρέας (ὁ), barber/ **κουρεῖο** (τό), barber shop
κουρέλι (τό), rag, shred/ **κουρελιάζω**, to tear to shreds/ **κουρελιάρης** (ὁ), tattered
κούρεμα (τό), haircut/ **κουρεύω**, to cut the hair; to shear
κουρνιάζω, to perch/ (fig.) to shelter
κουρούνα (ἡ), crow
κουροφέξαλα (τά), nonsense, fiddlesticks
κουρσάρικος, (of a) pirate/ **κουρσάρος** (ὁ), pirate, corsair/ **κούρσεμα** (τό), plunder/ **κουρσεύω**, to plunder
κουρτίνα (ἡ), curtain
κουσούρι (τό), defect
κουστωδία (ἡ), guard
κουτάβι (τό), puppy
κουτάλα (ἡ), ladle/ **κουταλάκι** (τό), teaspoon/ **κουτάλι** (τό), spoon/ **κουταλιά** (ἡ), spoonful
κουταμάρα (ἡ), foolishness
κούτελο (τό), forehead
κουτεντές (ὁ), silly person
κουτί (τό), box

κουτοπονηρία (ή), cunningness/ κουτοπόνηρος, cunning, sly/ κουτός, foolish, stupid
κουτουλιά (ή), butting/ κουτουλώ, to butt
κουτουράδα (ή), unwise act
κουτουρού, at random, aimlessly
κουτρουβάλα (ή), somersault/ κουτρουβαλώ, to fall head first
κουτσαίνω, to limp/ κούτσαμα (τό), limping
κουτσοδόντης (ό), gap-toothed
κουτσομπόλης (ό), gossiper/ κουτσομπολιό (τό), gossip
κουτσομύτης (ό), snub-nosed
κουτσοπίνω, to sip
κουτσός, lame
κουτσούβελα (τά), brats
κουτσουλιά (ή), dung/ κουτσουλώ, to dung
κουτσουρεύω, to curtail
κούτσουρο (τό), log/ (fig.) ignorant person
κουτσοχέρης, one-armed
κουφαίνω, to deafen
κουφάλα (ή), cavity, hollow
κουφαμάρα (ή), deafness
κουφάρι (τό), carcass
κουφέτο (τό), sugar-coated almond (in Greek weddings)
κουφιοκέφαλος, scatterbrained
κούφιος, hollow
κουφόβραση (ή), sultry weather
κουφοξυλιά (ή), elder tree
κούφος, frivolous
κουφός, deaf
κουφότητα (ή), frivolity
κούφωμα (τό), cavity; window (door) frame
κοφίνι (τό), hamper.
κοφτά, pointedly/ κοφτερός, pointed
κοχλάζω, to bubble
κοχλίας (ό), screw/ κοχλιοστρόφιο (τό), spanner/ κοχλιώνω, to screw
κοχύλι (τό), shell
κόψη (ή), edge
κοψιά (ή), notch
κοψίδι (τό), slice
κόψιμο (τό), cut/ (fig.) bellyache
κοψομεσιάζομαι, to be physically exhausted

κραγιόν (τό), lipstick
κραδαίνω, to brandish
κραδασμός (ό), vibration
κράζω, to call, to cry out
κραιπάλη (ή), debauchery
κράμα (τό), alloy; blend
κρανιά (ή), cornel-tree
κρανιακός, cranial/ κρανίο (τό), skull
κράνος (τό), helmet
κράξιμο (τό), calling out
κρασάς (ό), wine-merchant
κράση (ή), temperament/ ἔχει γερή ~, he is resistant to disease
κρασί (τό), wine/ κρασοβάρελο (τό), wine cask/ κρασοπατέρας (ό), drunkard/ κρασοπότηρο (τό), wineglass
κράσπεδο (τό), hem, border; pavement edge
κραταιός, mighty
κράτημα (τό), keeping, holding
κρατήρας (ό), crater
κράτηση (ή), detention/ κρατητήριο (τό), prison
κρατικός, (of the) state/ κράτος (τό), state
κρατούμενος, detained, imprisoned
κρατώ, to hold, to possess; to detain/ ~ τά γέλια, to keep from laughing/ ~ μυστικό, to keep a secret/ κρατιέμαι, to hold (control) oneself
κραυγάζω, to shout/ κραυγή (ή), shout
κράχτης (ό), crier
κρέας (τό), meat, flesh/ κρεατόμυγα (ή), meat-fly/ κρεατόπιττα (ή), meatpie/ κρεατοφάγος, carnivorous
κρεβ(β)άτι (τό), bed/ εἶμαι στό ~ , to be ill
κρεβ(β)ατίνα (ή), vine-arbour
κρεαβ(β)ατοκάμαρα (ή), bedroom/ κρεβ(β)ατώνομαι, to fall sick
κρέμα (ή), cream
κρεμάλα (ή), gallows/ κρέμασμα (τό), hanging/ κρεμασμένος, hanged/ κρεμαστάρι (τό), pendant/ κρεμαστός, hanging, suspended/ κρεμάστρα (ή), hanger
κρεματόριο (τό), crematorium
κρεμμύδι (τό), onion
κρέμομαι, to be suspended/ κρεμώ, to hang, to suspend

κρεοπωλείο — κωλώνω 114

κρεοπωλείο (τό), butcher's shop/ *κρεοπώλης* (ὁ) butcher
κρεοφαγία (ἡ), meat-eating/ *κρεοφάγος* (ὁ), βλ. *κρεατοφάγος*
κρεπάρω, to burst
κρήνη (ἡ), fountain
κρηπίδα (ἡ), foundation/ *κρηπίδωμα* (τό), substructure/ *κρηπιδώνω*, to form a base
κρησφύγετο (τό), refuge, hiding-place
κριάρι (τό), ram
κριθαράκι (τό), sty
κριθαρένιος, (made of) barley/ *κριθάρι* (τό), barley/ *κριθαρόνερο* (τό), barley-water
κρίκος (ὁ), link, ring
κρίμα (τό), sin, offence/ *τί ~* !what a pity!
κρινολίνο (τό), crinoline
κρίνος (ὁ), lily
κρίνω, to judge, to think, to consider/ *κρίση* (ἡ), judgment/ (med.) crisis, fit
κρισάρα (ἡ), sieve
κρίσιμος, critical, crucial/ *κρισιμότητα* (ἡ), seriousness
κριτήριο (τό), criterion, standard
κριτής (ὁ), judge
κριτική (ἡ), criticism; review/*κριτικός*, (ὁ), critical critic
κριτσανίζω, to crackle
κροκάδι (τό), βλ. *κρόκος*
κροκόδειλος (ὁ), crocodile
κρόκος (ὁ), yolk/ (bot.) crocus
κρομμύδι (τό), βλ. *κρεμμύδι*
κρονόληρος (ὁ), dotard
κρόσσι (τό), tassel
κροταλίας (ὁ), rattlesnake/ *κροταλίζω*, to rattle/ *κροτάλισμα* (τό), rattling/ *κρόταλο* (τό), rattle
κροταφικός, temporal/ *κρόταφος* (ὁ), temple
κροτίδα (ἡ), cracker
κρότος (ὁ), noise, din/ *κροτῶ*, to clatter, to make a noise
κρουνηδόν, abundantly
κρουνός (ὁ), spring, faucet, tap
κρούση (ἡ), knocking/ *κάνω ~* , to drop a hint
κροῦσμα (τό), (med.) case
κρούστα (ἡ), crust
κρουστός, compact, tight/ *τά κρουστά*, percussion instruments/ *κρούω*, to strike
κρυάδα (ἡ), chill, shiver
κρύβω, to conceal, to hide
κρύο (τό), cold weather/ *κάνει ~* , it's cold/ *κρυολόγημα* (τό), (med.) cold/ *κρυολογῶ*, to catch cold/ *κρύος*, cold, chilly; indifferent
κρύπτη (ἡ), hiding-place; crypt
κρυπτογαμία (ἡ), cryptogamy
κρυπτογράφημα (τό), coded text
κρυσταλλικός, crystalline/ *κρύσταλλο* (τό), crystal/ *κρυσταλλώνω*, to crystallize/ *κρυστάλλωση* (ἡ), crystallization
κρυφά, secretly/ *κρυφακούω*, to listen stealthily/ *κρυφοβλέπω*, to look stealthily/ *κρυφομιλῶ*, to whisper/ *κρυφός*, secret, latent/ *κρυφτούλι* (τό), hide and seek/ *κρύψιμο* (τό), concealing, hiding/ *κρυψίνοια* (ἡ), secretiveness/ *κρυψώνας* (ὁ), hiding-place
κρύωμα (τό), cold/ *κρυωμένος*, suffering from a cold/ *κρυώνω*, to feel cold
κρώζω, to croak/ *κρώξιμο* (τό), croaking
κτενίζω, to comb
κτῆμα (τό), estate, property/ *~ τίας* (ὁ), landowner, farmer/ *~ τικός*, (of the) land/ *~ τολόγιο* (τό), land registry/ *~ τομεσίτης* (ὁ), estate agent
κτηνιατρική (ἡ), veterinary medicine/ *κτηνιατρικός*, veterinary/ *κτηνίατρος* (ὁ), veterinary surgeon
κτηνοβασία (ἡ), (sexual) bestiality
κτῆνος (τό), beast, brute; cattle/ *κτηνοτροφία* (ἡ), cattle-breeding/ *κτηνοτρόφος* (ὁ), cattle-breeder
κτηνώδης, brutal, beastly/ *κτηνωδία* (ἡ), bestiality
κτήση (ἡ), possession/ *κτητικός*, possessive/ *κτητική ἀντωνυμία*, possessive pronoun/ *κτήτορας* (ὁ), owner, holder
κτίζω, to build, to erect/ *κτίριο* (τό), building/ *κτίσμα* (τό), edifice/ (theol.) creature
κτυπῶ, βλ. *χτυπῶ*
κυάνιο (τό), cyanide
κυανόλευκος, white and blue/ *ἡ ~*, the Greek flag
κυανός, blue, azure
κυάνωση (ἡ), cyanosis

κυβερνείο (τό), government house/ *κυβέρνηση* (ή), government, cabinet/ *κυβερνήτης* (ό), governor/ (ship) captain/ *κυβερνητικός*, governmental/ *κυβερνώ*, to govern, to rule
κυβικός, cubic(al)/ *κυβισμός* (ό), cubism/ *κυβιστικός*, cubistic/ *κυβοειδής*, cubiform/ *κύβος* (ό), cube/ ό ~ *ἐρρίφθη*, the die is cast
κυδώνι (τό), quince/ *κυδωνιά* (ή), quince-tree
κύηση (ή), pregnancy
κυκεώνας (ό), mess, confusion
κυκλάμινο (τό), cyclamen
κυκλικά, in circles/ *κυκλικός*, circular/ *κύκλος* (ό), circle, cycle
κυκλοφορία (ή), circulation/ *κυκλοφορώ*, to circulate
κύκλωμα (τό), circuit
κυκλώνας (ό), cyclone
κυκλώνω, to encircle, to surround
κυκλώπειος, cyclopean
κύκλωση (ή), encirclement/ *κυκλωτικός*, encircling
κύκνειος, swanlike/ *κύκνειο ἄσμα*, swan song/ *κύκνος* (ό), swan
κυλικείο (τό), buffet
κυλινδρικός, cylindrical/ *κύλινδρος* (ό), cylinder
κύλισμα (τό), rolling/ *κυλιστός*, rolling/ *κυλώ*, roll
κύμα (τό), wave
κυμαίνομαι, to fluctuate; to hesitate/ *κύμανση* (ή), fluctuation
κυματίζω, to wave, to undulate/ *κυματισμός* (ό), waving/ *κυματιστός*, undulating
κυματοθραύστης (ό), breakwater
κυματώδης, stormy, rough
κύμβαλο (τό), cymbal
κύμινο (τό), cumin
κυνηγετικός, (of) hunting/ ~ *σκύλος*, hound/ *κυνήγημα* (τό), chase, pursuit/ *κυνήγι* (τό), hunting; game/ *κυνηγός* (ό), hunter/ *κυνηγώ*, to hunt
κυνικά, cynically/ *κυνικός*, cynical/ *κυνισμός* (ό), cynicism
κυοφορία (ή), pregnancy/ *κυοφορώ*, to be pregnant
κυπαρισσένιος, made of cypress wood/ (fig.) tall and slim/ *κυπαρίσσι* (τό), cypress-tree
κύπελλο (τό), goblet, cup
κεντρί (τό), sting
κυπριακός, Cypriot/ *Κύπριος* (ό), Cypriot
κυρά (ή), madam, lady, mistress
κύρης (ό), father
κυρία (ή), madam, Mrs.
κυριακάτικος, (of) Sunday/ *Κυριακή* (ή), Sunday
κυριαρχία (ή), sovereignty/ *κυριαρχικός*, sovereign/ *κυρίαρχος* (ό), ruler/ *κυριαρχώ*, to rule, to dominate
κυρίευση (ή), conquest/ *κυριεύω*, to conquer
κυριολεκτικά, literally/ *κυριολεκτικός*, literal/ *κυριολεξία* (ή), literal sense
κύριος, main, principal/ *κύριο ἄρθρο*, (newspaper) leader/ *κύρια πρόταση*, main clause
κύριος (ό), gentleman, Mr.
κυριότητα (ή), ownership
κυρίως, mainly, principally
κύρος (τό), authority, prestige
κυρτός, crooked, curved, convex/ *κυρτότητα* (ή), curve, bend/ *κύρτωμα* (τό), curvature/ *κυρτώνω*, to curve
κυρώνω, to ratify/ *κύρωση* (ή), ratification; sanction
κύστη (ή), cyst, bladder/ *κυστίτιδα* (ή), cystitis
κύτος (τό), hold of a ship
κυττάζω, βλ. *κοιτάζω*
κυτταρίνη (ή), cellulose/ *κύτταρο* (τό), cell
κύφωση (ή), humpback
κυψέλη (ή), beehive
κώδικας (ό), code, codex/ *κωδίκελλος* (ό), codicil/ *κωδικοποίηση* (ή), codification/ *κωδικοποιώ*, to codify
κωδωνοκρουσία (ή), bell-ringing/ *κωδωνοκρούστης* (ή), bell-ringer/ *κωδωνοστάσιο* (τό), belfry, steeple
κώλος (ό), posterior, backside, anus
κωλοφωτιά (ή), glow-worm
κώλυμα (τό), impediment/ *κωλυσιεργία* (ή), obstruction/ *κωλυσιεργώ*, to obstruct/ *κωλύω*, to impede, to hinder
κωλώνω, to be bogged down; to recoil

κώμα (τό), (med.) coma
κωμειδύλλιο (τό), operetta
κωμικός, comical, funny/ (ό), comedian/ κωμικοτραγικός, tragi -comic(al)
κωμόπολη (ή), small town
κωμωδία (ή), comedy
κώνειο (τό), hemlock
κωνικός, conical/ κῶνος (ό), cone/ κωνοφόρος, coniferous
κωπηλασία (ή), rowing/ κωπηλάτης (ό), rower/ κωπηλατῶ, to row
κωφάλαλος, deaf and dumb/ κωφεύω, to turn a deaf ear to/ κώφωση (ή), deafness
κώχη (ή), corner, nook

Λ

λάβα (ή), lava
λαβαίνω, to receive
λάβαρο (τό), banner
λαβεῖν (τό), (econ.) δοῦναι καί ~, debit and credit
λαβή (ή), hilt, handle/ δίνω ~, to give rise to
λαβίδα (ή), pincers
λάβρα (ή), excessive heat
λαβράκι (τό), seawolf/ (journ.) scoop
λάβρος, impetuous, aggressive
λαβύρινθος (ό), labyrinth
λαβωματιά (ή), wound/ λαβώνω, to wound
λαγάνα (ή), shortbread
λαγαρίζω, to purify/ λαγάρισμα (τό), purification/ λαγαρός, clear, limpid
λαγήνι (τό), pitcher
λαγκάδι (τό), gorge
λαγνεία (ή), lewdness/ λάγνος, lewd
λαγοκοιμοῦμαι, to doze
λαγός (ό), hare/ τάζω λαγούς μέ πετραχήλια, to make excessive promises/ λαγουδάκι (τό), young hare/ (fig.) bunny-girl
λαγούμι (τό), subterranean tunnel
λαγοῦτο (τό), lute
λαγώνες (οί), loins
λαγωνικό (τό), greyhound
λαδάδικο (τό), oil-shop/ λαδάς (ό), oil-merchant
λαδερός, oily/ λάδι (τό), oil/ βγαίνω ~, to be acquitted/ λαδιά (ή), oil-stain/ (fig.) fraud
λαδικό (τό), gossiper
λαδομπογιά (ή), oil-paint
λάδωμα (τό), oiling/ (fig.) bribing/ λαδωμένος, oiled/ λαδώνω, to oil
λαθεύω, to make a mistake/ λάθος (τό), mistake, error/ κάνω (ἔχω) ~, to be wrong/ τυπογραφικό ~, misprint/ κατά ~, by mistake
λάθρα, secretly
λαθραῖος, illegal; secret/ λαθρεμπόριο (τό), smuggling, contraband/ λαθρέμπορος (ό), smuggler
λαθροθήρας (ό), poacher/ λαθροθηρία (ή), poaching
λαθρομετανάστης (ό), illegal immigrant/ λαθροχειρία (ή), juggling
λαίδη (ή), lady
λαϊκός, popular/ (eccl.) secular/ λαϊκότητα (ή), working class attitude
λαίλαψ (ή), hurricane
λαιμά (τά), throat
λαιμαργία (ή), gluttony/ λαίμαργος, gluttonous
λαιμητόμος (ή), guillotine
λαιμοδέτης (ό), necktie
λαιμός (ό), neck, throat/ παίρνω στό λαιμό μου, to cause a misfortune
λακέρδα (ή), tunny-fish
λακές (ό), footman
λακίζω, to flee
λάκκος (ό), pit
λακτίζω, to kick/ λάκτισμα (τό), kick
λακωνικά, laconically/ λακωνικός, laconic, brief/ λακωνισμός (ό), laconism
λάλημα (τό), prattle; crowing/ λαλιά (ή), speech, voice/ λαλούμενα (τά), musical instruments/ λαλῶ, to speak; to crow
λάμα (ή), (knife) blade
λαμαρίνα (ή), sheet iron
λαμβάνω, to take, to receive/ ~ μέτρα, to take measures/, ~ τήν τιμή, to have the

honour
λάμια (ἡ), ogress
λάμνω, to row
λάμπα (ἡ), lamp
λαμπάδα (ἡ), taper, large candle/ *λαμπαδηφορία* (ἡ), torch procession/ *λαμπαδηφόρος* (ὁ), torchbearer/ *λαμπαδιάζω*, to burn like a torch
λαμπεράδα (ἡ), luminosity/ *λαμπερός*, luminous
λαμπικάρισμα (τό), distilling/ *λαμπικάρω*, to distil
λαμποκοπώ, to shine, to glitter
λαμπρά, splendidly/ *Λαμπρή* (ἡ), Easter/ *λαμπρός*, bright, brilliant/ *λαμπρότητα* (ἡ), brightness, splendour/ *λαμπρύνω*, to do honour
λαμπτήρας (ὁ), lamp
λαμπυρίζω, to shine, to glitter
λάμπω, to shine/ ~ *ἀπό χαρά*, to be delighted/ *λάμψη* (ἡ), splendour, brilliancy
λαναρίζω, to card/ *λανάρισμα* (τό), carding
λανθάνων, latent
λανθασμένος, mistaken, wrong, incorrect
λανολίνη (ἡ), lanoline
λάξευση (ἡ), stonecutting, hewing/ *λαξευτής* (ὁ), stonecutter, hewer/ *λαξευτός*, cut, hewn/ *λαξεύω*, to cut (hew) stone
λαογραφία (ἡ), folklore/ *λαογράφος* (ὁ), folklore researcher
λαοκρατία (ἡ), mob rule/ *λαομίσητος*, hated by the people
λαοπλάνος (ὁ), demagogue/ *λαοπρόβλητος*, elected by the people/ *λαός* (ὁ), (the) people/ *λαοφιλής*, popular
λαπαροτομία (ἡ), laparotomy
λαπάς (ὁ), pap/ (fig.) spineless person
λαρδί (τό), lard
λάρυγγας (ὁ), or *λαρύγγι* (τό), larynx, windpipe/ *λαρυγγίζω*, to trill/ *λαρυγγισμός*, trill/ *λαρυγγίτιδα* (ἡ), laryngitis/ *λαρυγγοτομία* (ἡ), laryngotomy/ *λαρυγγόφωνος*, guttural
λασκάρω, to slacken, to loosen
λασπερός, muddy/ *λάσπη* (ἡ), mud/ τό κόδω ~, to run away/ *λασπώνω*, to cover with mud

λαστιχένιος, made of rubber/ *λάστιχο* (τό), rubber
λατινικός, Latin/ *λατινιστής* (ὁ), Latinist
λατομεῖο (τό), quarry/ *λατόμος* (ὁ), quarryman/ *λατομῶ*, to quarry
λάτρα (ἡ), care
λατρεία (ἡ), worship, adoration/ *λατρευτικός*, worshipping/ *λατρευτός*, adorable/ *λατρεύω*, to adore, to worship/ *λάτρης* (ὁ), worshipper
λαφυραγωγία (ἡ), plundering, pillage/ *λαφυραγωγός* (ὁ), plunderer/ *λαφυραγωγῶ*, to plunder/ *λάφυρο* (τό), booty, loot
λαχαίνω, to befall, to happen, to occur
λαχαναγορά (ἡ), vegetable market
λαχανιάζω, to gasp, to pant/ *λαχάνιασμα* (τό), gasping, panting
λαχανικό (τό), vegetable
λάχανο (τό), cabbage/ *λαχανόκηπος* (ὁ), kitchen garden
λαχεῖο (τό), or *λαχνός* (ὁ), lottery
λαχτάρα (ἡ), desire, longing/ *λαχταριστός*, desirable/ *λαχταρῶ*, to long for
λέαινα (ἡ), lioness
λεβάντα (ἡ), lavender
λεβάντες (ὁ), east wind
λεβέντης (ὁ), brave young man/ *λεβεντιά* (ἡ), elegant stature
λεβητοποιός (ὁ), brazier
λεβίθα (ἡ), tape worm
λεγάμενος, the person in question/ (slang) lover
λεγεώνα (ἡ), legion/ *λεγεωνάριος* (ὁ), legionary
λέγω, to say, to tell/ *πῶς σέ λένε*; what's your name?/ *λές*; do you think so?/ *λέγομαι*, to be named (called)/ *λέγεται*, it is said.
λεηλασία (ἡ), pillage, looting/ *λεηλατῶ*, to pillage, to loot/ *λεία* (ἡ), loot, booty
λειαίνω, to smooth, to level/ *λείανση* (ἡ), smoothing
λειμώνας (ὁ), meadow
λεῖος, smooth, level, even
λείπω, to be absent, to be missing; to lack/ *λίγο ἔλειψε*, nearly/ *μοῦ λείπει*, to miss (somebody)
λειρί (τό), (cock's) comb
λειτούργημα (τό), function, office

λειτουργία (ή), function, operation; mass/ λειτουργικός, liturgical; functional/ λειτουργός (ό), functionary; clergyman/ λειτουργώ, to function, to operate; to officiate
λειχήνα (ή), (bot.) lichen / (med.) herpes
λειψανδρία (ή), lack of men
λείψανο (τό), remains; relics
λειψός, incomplete, lacking
λειψυδρία (ή), water shortage
λεκάνη (ή), basin
λεκανοπέδιο (τό), (geog.) basin
λεκές (ό), stain/ λεκιάζω, to stain
λεκτικό (τό), diction; vocabulary
λέλεκας (ό), or λελέκι (τό), stork
λεμβοδρομία (ή), boatrace/ λέμβος (ή), boat/ λεμβούχος (ό), boatman
λεμονάδα (ή), lemonade/ λεμόνι (τό), lemon/ λεμονιά (ή), lemon-tree/ λεμονοστίφτης (ό), lemon-squeezer
λεμφατικός, lymphatic/ λεμφοκύτταρο (τό), lymphocyte/ λέμφος (τό), lymph
λέξη (ή), word/ ~ πρός ~, word for word, verbatim
λεξικό (τό), dictionary/ λεξικογραφία (ή), lexicography/ λεξικογράφος (ό), lexicographer
λεξιλόγιο (τό), vocabulary, glossary
λεοντάρι (τό), lion/ λεοντή (ή), lion's skin
λεοντόκαρδος, lionhearted
λεοπάρδαλη (ή), leopard
λέπι (τό), scale
λεπίδα (ή), blade
λέπρα (ή), leprosy/ λεπροκομείο (τό), leper-house/ λεπρός, leper
λεπτά, thinly; delicately/ λεπταίνω, to make thin
λεπτεπίλεπτος, refined; sickly
λεπτό (τό), minute/ ~ δείκτης (ό), minute-hand
λεπτοκαμωμένος, slender, delicate
λεπτολογία (ή), scrutiny/ λεπτολόγος (ό), scrutinizer, careful examiner/ λεπτολογώ, to scrutinize
λεπτομέρεια (ή), detail/ λεπτομερής, detailed
λεπτός, thin, fine, delicate; polite, good-mannered/ ~ωμος, slender-built/ λεπτότητα (ή), thinness; tact, politeness
λεπτούφαντος, finely woven

λεπτοφυής, delicate
λέρα (ή), filth, dirt/ (fig.) rascal/ λερός, filthy, dirty/ λέρωμα (τό), filthiness, soiling/ λερωμένος, soiled, dirty/ λερώνω, to soil, to stain
λέσχη, (ή), club
λεύγα (ή), league
λεύκα (ή), poplar-tree
λευκαίνω, to whiten, to bleach/ λεύκανση (ή), whitening, bleaching/
λευκαντικός, bleaching
λευκοκύτταρο (τό), leukocyte
λευκοπύρωση (ή), incandescence, white heat
λευκός, white/ λευκή ψήφος, abstention
λευκοσίδηρος (ό), tin-plate
λευκότητα (ή), whiteness
λευκόχρυσος (ό), platinum
λεύκωμα (τό), album/ (med.) albumen
λευτεριά (ή), liberty, freedom
λευχαιμία (ή), leukaemia
λεφτά (τά), money
λεχώνα (ή), woman in childbirth
λέων (ό), βλ. λεοντάρι
λεωφορείο (τό), bus
λεωφόρος (ή), avenue
λήγουσα (ή), final syllable
λήγω, to finish, to end; to expire; to be due
λήθαργος (ό), lethargy
λήθη (ή), oblivion
λήκυθος (ή), scent-flask
λημέρι (τό), hiding-place, haunt/ λημεριάζω, to use as a haunt
λήμμα (τό), entry
λήξη (ή), end(ing), termination
ληξιαρχείο (τό), registrar's office/ ληξίαρχος (ό), registrar
ληξιπρόθεσμος, due
λησμονιά (ή), oblivion, forgetfulness/ λησμονώ, to forget/ λησμονιέμαι, to be absorbed in/ λησμοσύνη (ή), βλ. λησμονιά
λησταρχείο (τό), gangsters' headquarters/ λήσταρχος (ό), gangster chief/ ληστεία (ή), robbery/ ληστεύω, to rob/ ληστής (ό), robber, brigand/ ληστοσυμμορία (ή), gang, band of brigands/ ληστρικός, of brigands
λήψη (ή), taking, receipt

λιάζω, to expose to the sun/ *λιάζομαι,* to bask, to sunbathe/ *λιακάδα* (ή), sunshine

λιανίζω, to chop up, to mince/ *λιανικός,* (at) retail/ *λιάνισμα* (τό), chopping, mincing/ *λιανοπωλητής* (ό), retail-dealer/ *λιανός,* thin, slim

λιανοτράγουδο (τό), folk couplet

λιάσιμο (τό), sunning, sunbathing

λιβάδι (τό), meadow

λιβάνι (τό), incense/ *λιβανίζω,* to incense/ *λιβάνισμα* (τό), incensing/ (fig.) flattery/ *λιβανιστήρι* (τό), censer

λίβας (ό), hot wind

λιβελλογράφημα (τό), libel/ *λιβελλογραφικός,* libellous, defamatory/ *λιβελλογράφος* (ό), libeller/ *λίβελλος* (ό), libel

λιγάκι, very little, a bit

λίγδα (ή), dirt, grease/ *λιγδιάζω,* to grease/ *λιγδιάρης* (ό), filthy, dirty, greasy

λιγνεύω, to grow thin

λιγνίτης (ό), lignite

λιγνός, thin, lean, slim

λίγο, a little

λιγοθυμία (ή), βλ. *λιποθυμία*

λίγος, little, some/ *~τεύω,* to reduce/ *~τός,* limited, scarce

λιγούρα (ή), swooning/ (fig.) hunger/ *λιγουρεύομαι,* to desire (strongly)

λιγοψυχία (ή), βλ. *λιποψυχία*

λίγωμα (τό), swooning/ *λιγωμένος,* hungry/ *λιγώνω,* to eat excessively/ *λιγώνομαι,* to swoon

λιθάνθρακας (ό), pitcoal

λιθαράκι (τό), pebble/ *λιθάρι* (τό), stone, rock/ *λίθινος,* (made of) stone/ Λίθινη 'Εποχή, Stone Age

λιθοβόλημα (τό), stoning, pelting/ *λιθοβολῶ,* to stone

λιθογραφεῖο (τό), lithographic studio/ *λιθογραφία* (ή), lithography/ *λιθογράφος* (ό), lithographer

λιθοδομή (ή), stonemasonry/ *λιθόκτιστος,* stonebuilt

λιθοξόος (ό), stonecutter

λίθος (ό), stone/ θεμέλιος ~, foundation stone/ υδία ~, touchstone

λιθοστρώνω, to pave/ *λιθόστρωτο* (τό), pavement

λιθοτομία (ή), stonecutting/ *λιθοτόμος* (ό), stonecutter

λικνίζω, to lull, to rock/ *λίκνο* (τό), cradle

λίμα (ή), hunger/ (tech.) file/ (fig.) chatterbox/ *λιμαδόρος* (ό), file-worker

λιμάζω, to starve

λιμάνι (τό), port, harbour

λιμάρισμα (τό), filing/ *λιμάρω,* to file

λίμασμα (τό), starvation/ *λιμασμένος,* starved/ (fig.) glutton

λιμεναρχεῖο (τό), harbourmaster's office/ *λιμενάρχης* (ό), harbourmaster/ *λιμενικός,* (of the) harbour/ *λιμενοφύλακας* (ό), harbour-guard

λιμνάζω, to stagnate/ *λίμνασμα* (τό), stagnation

λίμνη (ή), lake/ *λιμνοθάλασσα* (ή), lagoon/ *λιμνούλα* (ή), pond

λιμοκοντόρος (ό), dandy

λιμοκτονία (ή), starvation, famine/ *λιμοκτονῶ,* to starve, to famish/ *λιμός* (ό), famine

λιμουζίνα (ή), limousine

λιμπίζομαι, to covet, to desire

λιμπρέτο (τό), libretto

λινάρι (τό), flax/ *λιναρόσπορος* (ό), linseed/ *λινέλαιο* (τό), linseed oil

λινό (τό), linen/ ~ s, (of) linen

λινοτυπία (ή), linotype

λιοντάρι (τό), βλ. **λεοντάρι**

λιοπύρι (τό), heat wave, great heat

λιπαίνω, to lubricate/ *λίπανση* (ή), lubrication, greasing/ *λιπαντικό* (τό), lubricant

λιπαρός, greasy, fat/ *λιπαρότητα* (ή), greasiness

λίπασμα (τό), fertilizer

λιποθυμία (ή), fainting/ *λιπόθυμος,* fainted/ *λιποθυμῶ,* to faint

λίπος (τό), grease, fat

λιπόσαρκος, lean

λιποτάκτης (ό), deserter/ *λιποτακτῶ, to* desert/ *λιποταξία* (ή), desertion

λιποψυχία (ή), swooning/ (fig.) discouragement/ *λιποψυχῶ,* to swoon

λίρα (ή), pound

λίστα (ή), list

λιτανεία (ή), litany, procession

λιτός, frugal, simple/ *λιτότητα* (ή), fruga-

λίτρα — μαγιονέζα

lity
λίτρα (ή), pound, litre
λιχνίζω, to winnow/ *λίχνισμα* (τό), winnowing
λιχουδεύομαι, to covet/ *λιχούδης* (ό), gluttonous, having a sweet tooth/ *λιχουδιά* (ή), delicacy
λοβός (ό), lobe
λογαριάζω, to calculate, to reckon; to intend/ *λογαριασμός* (ό), calculation, account, bill/ *τρεχούμενος* ~, current account/ *έναντι λογαριασμού*, on account
λογάριθμος (ό), logarithm
λόγγος (ό), thicket
λογής, *κάθε* ~, of all sorts
λόγια (τά), words, talk/ *χάνω τά* ~ *μου*, to speak in vain
λογιάζω, to consider
λογίζομαι, to regard (consider) oneself
λογικά, reasonably/ *λογικεύομαι*, to be reasonable/ *λογική* (ή), logic/ *λογικό* (τό), reason/ *χάνω τά λογικά μου*, to lose one's wits/ *λογικός*, reasonable, rational
λόγιος (ό), learned person; man of letters
λογισμός (ό), thought, reasoning/ (maths.) *διαφορικός* ~, differential calculus
λογιστήριο (τό), accountant's office/ *λογιστής* (ό), accountant, book keeper/ *λογιστική* (ή), accountancy, bookkeeping
λογιώτατος (ό), most learned
λογοδιάρροια (ή), chatter
λογοδοσία (ή), report/ *λογοδοτώ*, to report on
λογοκλοπή (ή), plagiarism
λογοκοπία (ή), demagogy/ *λογοκόπος* (ό), demagogue
λογοκρίνω, to censor/ *λογοκρισία* (ή), censorship/ *λογοκριτής* (ό), censor
λογομαχία (ή), dispute, quarrel/ *λογομαχώ*, to dispute, to argue
λογοπαίγνιο (τό), pun
λόγος (ό), speech; reason, cause; ratio/ *βγάζω λόγο*, to deliver a speech/ *δίνω τό λόγο μου*, to give a promise/ *ζητώ τό λόγο*, to ask for an explanation/ *χωρίς λόγο*, with no reason/ *έμμετρος* ~, poetry/ *πεζός* ~, prose/ *λόγου χάριν*, for example/ *τοῦ λόγου μου*, myself/ *τά μέρη τοῦ λόγου*, the parts of speech
λογοτέχνης (ό), literary writer/ *λογοτεχνία* (ή), literature/ *λογοτεχνικός*, literary
λογοφέρνω, to quarrel, to have a row
λογύδριο (τό), short speech
λόγχη (ή), lance, pike/ *λογχίζω*, to pierce with a lance/ *λογχοφόρος* (ό), lancer
λοιδορία (ή), reproach/ *λοιδορώ*, to reproach
λοιμοκαθαρτήριο (τό), quarantine/ *λοιμός* (ό), plague/ *λοιμώδης*, pestilential, contagious
λοιπόν, well, so
λοιπός, remaining, rest/ *καί τά λοιπά*, (κτλ.) and so on, etc.
λοίσθια (τά), last breath/ *πνέω τά* ~, to be on the verge of death
λόξα (ή), whim, fancy
λοξά, obliquely, sideways/ *λοξεύω*, to deviate/ *λοξοδρομιά* (ή), deviation/ *λοξοδρομῶ*, to deviate/ *λοξός*, oblique, slanted/ (fig.) mad
λόξυγκας (ό), hiccup
λόρδα (ή), hunger
λόρδος (ό), lord
λοστός (ό), metal bar
λοστρόμος (ό), boatswain
λοταρία (ή), lottery
λούζω, to bathe
Λουθηρανός (ό), Lutheran
λουκάνικο (τό), sausage
λουκέτο (τό), padlock
λούκι (τό), pipe, gutter
λουκούμι (τό), Turkish delight
λουλάκι (τό), indigo
λουλούδι (τό), flower/ *λουλουδιάζω*, to blossom/ *λουλουδισμένος*, in bloom
λούπινο (τό), lupine
λουρί (τό), strap, belt/ ~*δα* (ή), strip
λούσιμο (τό), bathing
λοῦσο (τό), decoration, ornament
λουστράρισμα (τό), polishing/ *λουστράρω*, to polish
λουστρίνι (τό), leather shoe
λοῦστρο (τό), lustre, varnish/ ~ς (ό), shoeboy, shoeblack
λουτήρας (ό), bathtub
λουτρό (τό), bath, bathroom/ *μένω στά*

κρύα τοῦ λουτροῦ, to be left in the lurch/ λουτροθεραπεία (ἡ), bathing treatment/ λουτρόπολη (ἡ), spa
λούτσα (ἡ), γίνομαι ~, to be soaked
λουφάζω, to withdraw; to remain silent
λουφές (ὁ), salary, wages
λοφίο (τό), crest
λοφίσκος (ὁ), hillock/ λόφος (ὁ), hill/ λοφώδης, hilly
λοχαγός (ὁ), captain
λοχίας (ὁ), sergeant
λόχμη (ἡ), thicket
λόχος (ὁ), (mil.) company
λυγαριά (ἡ), osier
λυγερός, slim, elegant
λυγίζω, to bend, to fold; to yield/ λύγισμα (τό), bending, folding/ λυγιστός, bent, curved
λυγμός (ὁ), sob
λύκαινα (ἡ), she-wolf/ λυκανθρωπία (ἡ), lycanthropy
λυκαυγές (τό), twilight, daybreak
λυκειάρχης (ὁ), head of a lyceum/ λύκειο (τό), lyceum
λυκόπουλο (τό), wolfcub/ λύκος (ὁ), wolf/ (gun) cock/ λυκοφιλία (ἡ), false friendship
λυκόφως (τό), dusk, twilight
λυμαίνομαι, to ravage, to prey upon
λυντσάρισμα (τό), lynching/ λυντσάρω, to lynch
λύνω, to untie, to unbind, to loosen/ ~ πρόβλημα, to solve a problem/ ~ τήν σιωπή, to break one's silence
λύπη (ἡ), grief, sorrow/ ~μένος, sad, sorry/ ~ρός, distressing, sad/ ~τερός, mournful/ λυπῶ, to grieve, to sadden/ λυποῦμαι, to be sorry, to regret
λύρα (ἡ), lyre
λυρικός, lyrical/ λυρισμός (ὁ), lyricism
λύση (ἡ), solution/ ~ τῆς διαφορᾶς, settlement of a dispute
λύσιμο (τό), untying
λύσσα (ἡ), rabies, rage/ (fig.) ferocity/ λυσσάζω, to rage, to be infuriated/ λυσσαλέος, frantic/ λυσσώδης, fierce
λυτός, untied, loose/ 6άζω λυτούς καί δεμένους, to try everything possible
λύτρα (τά), ransom/ λυτρώνω, to deliver, to redeem/ λύτρωση (ἡ), delivery, redemption/ λυτρωτής (ὁ), deliverer, redeemer
λυχνάρι (τό), or λύχνος (ὁ), lamp
λυώνω, to melt, to fuse; to dissolve; to wither/ λυώσιμο (τό), melting, fusion
λωλαίνω, to drive mad/ λωλός, mad, unbalanced
λωποδυσία (ἡ), stealing, theft/ λωποδύτης (ὁ), thief, pickpocket
λωρίδα (ἡ), 6λ. λουρίδα
λῶρος (ὁ), cord/ ὀμφάλιος ~, umbilical cord
λωτός (ὁ), lotus/ λωτοφάγος (ὁ), lotus-eater

M

μά, ~τό Θεό! by God!
μαθής, dark blue
μαγαζί (τό), shop, store
μαγαρίζω, to dirty; to desecrate / μαγάρισμα (τό), soiling, dirtying; desecration
μαγγανεία (ἡ), enchantment, magic / μαγγανευτής (ὁ), magician, enchanter
μαγγάνιο (τό), manganese
μάγγανο (τό), mangle, press
μαγγανοπήγαδο (τό), pump-well / (fig.) routine
μαγγώνω, to grip, to seize
μαγεία (ἡ), magic, sorcery, witchcraft
μαγειρεῖο (τό), kitchen; galley / μαγείρεμα (τό), cooking / μαγειρευτός, cooked / μαγειρεύω, to cook / (fig.) to machinate / μαγειρική (ἡ), cooking, cookery / μαγείρισσα (ἡ), woman-cook / μάγειρος (ὁ), cook
μάγεμα (τό), enchantment, charm '/ μαγευτικός, enchanting, charming / μαγεύω, to enchant / μάγια (τά), witchcraft, sorcery
μαγιά (ἡ), yeast
μαγιάτικος, (of) May
μαγικός, magical, enchanting
μαγιό (τό), bathing-suit
μαγιονέζα (ἡ), mayonnaise

μάγισσα (ή) witch
μαγκάλι (τό), brazier
μάγκας (ό), street-boy
μαγκούρα (ή), thick stick
μαγκούφης (ό), lonely person
μαγνάδι (τό), veil
μαγνησία (ή), magnesia
μαγνήσιο (τό), magnesium
μαγνήτης (ό), magnet / *μαγνητίζω*, to magnetize / (fig). to attract / *μαγνητικός*, magnetic / *μαγνητισμός* (ό), magnetism / *μαγνητόφωνο* (τό), tape recorder
μάγος (ό), magician, wizard /*οί τρεῖς Μάγοι*, the three Wise Men
μαγουλήθρα (ή), or μαγουλάδες (οί), mumps
μάγουλο (τό), cheek
μαδέρι (τό), plank, wooden support
μάδημα (τό), plucking, depilation / *μαδῶ*, to pluck
μαεστρία (ή), dexterity, skill
μαέστρος (ό), (musical) conductor
μάζα (ή), mass
μάζεμα (τό), collecting, gathering / *μαζεύω*, to collect, to gather / *~ λουλούδια*, to pick flowers / *~ γραμματόσημα*, to collect stamps / *μαζεύομαι*, to recoil, to contract, to withdraw
μαζί, together, with / *οί δύο ~*, both
μαζικός, massive, (of the) mass / *μαζική παραγωγή*, mass production
μαθαίνω, to learn, to be told of, to hear of, to become accustomed to
μάθημα (τό), lesson
μαθηματικά (τά), mathematics/ *μαθηματικός* (ό), mathematical/ (ό), mathematician
μαθημένος, accustomed, used to
μάθηση (ή), learning, studying
μαθητεία (ή), apprenticeship, study/ *μαθητευόμενος*, apprentice/ *μαθητεύω*, to be an apprentice
μαθητής (ό), student; disciple/ *μαθήτρια* (ή), schoolgirl
μαία (ή), βλ. *μαμμή*
μαίανδρος (ό), meander
μαιευτήρας (ό), obstetrician/ *μαιευτήριο* (τό), maternity hospital/ *μαιευτική* (ή), midwifery

μαϊμού (ή), ape, monkey/ *~δίζω*, to mimic
μαινάδα (ή), maenad/ *μαίνομαι*, to be furious
μαϊντανός (ό), parsley
Μάιος (ό), May
μαΐστρος (ό), northwesterly wind
μακαρίζω, to bless, to deem happy/ *μακάριος*, happy, blessed/ *μακαριότητα* (ή), bliss, happiness/ *ή αὐτοῦ ~*, His Beatitude
μακαρίτης (ό), late, deceased
μακαρόνι (ό), macaroni
μακεδονικός, Macedonian/ *Μακεδόνας*, *Μακεδόνισσα*, Macedonian (man, woman)
μακελλάρης (ό), butcher/ *μακελλιό* (τό), slaughter
μακραίνω, to lengthen
μακρηγορία (ή), lengthy speech/ *μακρηγορῶ*, to talk extensively
μακρινός, distant, remote
μακρόβιος, very old/ *μακροβιότητα* (ή), longevity
μακροβούτι (τό), diving
μακροθυμία (ή), forbearance/ *μακρόθυμος*, forbearing
μακροπόδαρος, long-legged
μακροπρόθεσμος, long-term
μάκρος (τό), length
μακροσκελής, long; detailed
μακρουλός, oblong
μακροχέρης, long-armed
μακροχρόνιος, of long standing
μακρυά, far
μακρύς, long
μαλαγανιά (ή), flattery
μαλάζω, to massage
μαλακά, softly, gently
μαλακία (ή), masturbation
μαλάκιο (τό) mollusk
μαλακός, soft; mild/ *μαλακότητα* (ή), softness
μαλάκτης (ό), masseur
μαλακτικός, softening; emollient
μαλάκυνση (ή), softening of the brain
μαλάκωμα (τό), softening/ *μαλακώνω*, to soften; to become milder
μάλαμα (τό), gold/ *~τένιος*, golden

μάλαξη (ή), softening; massage
μαλαχίτης (ό), malachite
μαλθακός, delicate, effeminate/ *μαλθακότητα* (ή), delicate disposition, effeminacy
μάλιστα, certainly, indeed
μαλλί (τό), wool, fleece
μαλλιά (τά), hair
μαλλιάζω, to be covered with hair/ *μάλλιασε ή γλώσσα μου*, I have tried hard to convince/ *μαλλιαρός*, hairy; woolly
μάλλινος, woollen
μαλλιοτραβιέμαι, to pull one's hair/ (fig.) to quarrel
μάλλον, rather
μάλωμα (τό), scolding, reprimand/ *μαλώνω*, *to* scold, to reprimand
μαμά (ή), mummy, mother
μάμμη (ή), grandmother
μαμμή (ή), midwife
μαμούθ (τό), mammoth
μάνα (ή), mother
μανάβης (ό), greengrocer/ *μανάβικο* (τό), greengrocer's shop
μανδαρίνος (ό), mandarin
μανδύας (ό), cloak
μανία (ή), rage, fury; mania/ *μανιάζω*, to be furious, to be enraged/ *μανιακός*, maniac
μανιβέλα (ή), lever
μανικέτι (τό), cuff
μανίκι (τό), sleeve
μανιτάρι (τό), mushroom
μανιφέστο (τό), manifesto
μανιώδης, raging; keen
μάννα (ή), βλ. *μάνα*
μανόμετρο (τό), pressure-gauge
μανουάλι (τό), church candlestick
μανούβρα (ή), manoeuvre/ *μανουβράρω*, to manoeuvre
μάνταλο (τό), bolt, latch/ *μανταλώνω*, to bolt, to latch
μανταρίνι (τό), tangerine
μαντάρισμα (τό), darning/ *μαντάρω*, to darn
μαντάτο (τό), news/ *~φόρος* (ό), messenger
μαντεία (ή), soothsaying/ *μαντείο* (τό), oracle/ *μάντεμα* (τό), prediction; guess
μαντέμι (τό), cast iron

μαντεύω, to foretell; to guess
μαντζουράνα (ή), marjoram
μαντήλι (τό), handkerchief
μάντης (ό), soothsayer/ *μαντική* (ή), soothsaying/ *μαντικός*, prophetic
μαντολίνο (τό), mandoline
μάντρα (ή), pen, fold/ *μαντρόσκυλο* (τό), watchdog/ *μαντρώνω*, to keep in a pen
μαξιλάρι (τό), cushion, pillow/ *μαξιλαροθήκη* (ή), pillowcase
μαόνι (τό), mahogany
μαούνα (ή), barge/ *μαουνιέρης* (ό), bargemaster
μάπας (ό), stupid person
μαραγκός (ό), carpenter/ *μαραγκοσύνη* (ή), carpentry
μαράζι (τό), anxiety, suffering/ *μαραζώνω*, to fade; to suffer
μάραθο (τό), fennel
μαραίνω, to wither
μαρασμός (ό), affliction, withering
μαραφέτι (τό), small tool, gadget
μαργαρίνη (ή), margerine
μαργαρίτα (ή), daisy
μαργαριταρένιος, (made of) pearl/ *μαργαριτάρι* (τό), pearl/ *μαργαριτοφόρο όστρακο*, pearl oyster
μαργιολιά (ή), cunningness, craftiness/ *μαργιόλος*, cunning, crafty
μαρίδα (ή), small fish, whitebait/ (fig.) group of youngsters
μαρινάτος, pickled
μαριονέτα (ή), puppet
μάρκα (ή), (trade) mark/ *μαρκάρω*, to mark
μαρκησία (ή), marchioness/ *μαρκήσιος* (ό), marquis
μάρκο (τό), (currency) mark
μαρμαράς (ό), marble-cutter/ *μαρμαρένιος*, (of) marble/ *μάρμαρο* (τό), marble
μαρμαρυγή (ή), sparkle, flash
μαρμαρυγία (ή), mica
μαρμάρωμα (τό), stupefaction/ *μαρμαρώνω*, to be stupefied
μαρμελάδα (ή), marmalade
μαρξισμός (ό), Marxism
Μαροκινός, Μαροκινή, Moroccan (man, woman)
μαρούλι (τό), lettuce

μαρτιάτικος, of March/ *Μάρτιος* (ό), March
μάρτυρας (ό), witness/ (eccl.) martyr/ *μαρτυρία* (ή), evidence, testimony/ *μαρτυριάρης* (ό), sneak/ *μαρτυρικός,* testimonial / (eccl.) of a martyr/ *μαρτύριο* (τό), torture/ (eccl.) martyrdom/ *μαρτυρώ,* to testify; to suffer
μασέλα (ή), jaw; false teeth
μάσημα (τό), chewing
μασιά (ή), tongs
μάσκα (ή), mask
μασκαραλίκι (τό), mean action
μασκαράς (ό), masquerader/ (fig.) rascal/ *μασκαράτα* (ή), masked ball/ *μασκάρεμα* (τό), wearing of a carnival dress/ *μασκαρεύομαι,* to disguise oneself
μασόνος (ό), freemason
μασουλίζω, to chew gently
μασούρι (τό), pipe, tube
μαστάρι (τό), udder
μάστιγα (ή), scourge, calamity
μαστίγιο (τό), whip/ *μαστίγωμα* (τό), or *μαστίγωση* (ή), whipping/ *μαστιγώνω,* to whip
μαστίζω, to scourge
μαστίχα (ή), mastic; chewing-gum
μάστορας (ό), master workman / (fig.) expert/ *μαστορεύω,* to repair/ *μαστοριά* (ή), skill
μαστός (ό), breast; udder/ *μαστοφόρος,* mammiferous
μαστροπεία (ή), procuring, pandering/ *μαστρωπός* (ό), procurer, pander
μασχάλη (ή), armpit
μασώ, to chew
μάταια, in vain
ματαιοδοξία (ή), vanity/ *ματαιόδοξος,* vain
ματαιολογία (ή), vain talk/ *ματαιολογώ,* to talk in vain
ματαιοπονία (ή), vain effort/ *ματαιοπονώ,* to try in vain
μάταιος, vain, futile/ *ματαιότητα* (ή), futility, vanity/ *ματαιώνω,* to cancel/ *ματαίωση* (ή), cancellation
ματεριαλισμός (ό), materialism
μάτι (τό), eye/ κακό ~, evil eye/ κάνω γλυκά μάτια, to flint/ αύγά μάτια, poached eggs/ κλείνω τό ~, to wink/ γιά τά μάτια, for appearances' sake
ματιά (ή), glance
ματιάζω, to influence through the evil eye/ *μάτιασμα* (τό), influence of the evil eye
ματογιάλια (τά), spectacles
ματόκλαδο (τό), or **ματοτσίνορο** (τό), eyelash/ *ματόφρυδο* (τό), eyebrow/ *ματόφυλλο* (τό), eyelid
μάτσο (τό), bunch
ματσούκι (τό), club, stick
μάτωμα (τό), bleeding/ *ματώνω,* to bleed
μαυλίζω, to corrupt, to prostitute/ *μαυλίστρα* (ή), procuress
μαυράδα (ή), blackness/ *μαυράδι* (τό), black spot/ *μαυριδερός, blackish/ μαυρίζω,* to blacken; to tan/ *μαυρίλα* (ή) darkness, gloom/ ' *μαύρισμα* (τό), blackening; tan/ *μαυρομάλλης,* blackhaired/ *μαυρομάνικος,* blackhandled/ *μαυρομάτης,* blackeyed/ *μαυροπίνακας* (ό), blackboard
μαύρος, black/ κάνω μαΰρο στό ξύλο; to give a beating/ μαύρα δάκρυα, bitter tears/ *μαυροφορεμένος,* dressed in black/ *μαυροφορώ,* to dress in black; to be in mourning
μαυσωλείο (τό), mausoleum
μαχαίρα (ή), long knife/ *μαχαίρι* (τό), knife/ τό ~ έφτασε στό κόκκαλο, that's the limit!/ *μαχαιριά* (ή), stab
μαχαιροβγάλτης (ό), cut-throat
μαχαιροπήρουνα (τά), cutlery
μαχαίρωμα (τό), stabbing/ *μαχαιρώνω,* to stab
μαχαλάς (ό), neighbourhood, quarter
μάχη (ή), battle, fight/ ~*της* (ό), fighter/ ~*τικός,* fighting, militant/ *μάχιμος,* fit to fight/ *μάχομαι,* to fight, to struggle
μέ, with, by/ ~*μιας,* at once/ ~ τά πόδια, on foot/ ~ τό χέρι, handmade
μεγαθήριο (τό), huge beast/ (fig.) huge building
μεγαθυμία (ή), magnanimity/ *μεγάθυμος,* magnanimous
μεγαλαυχία (ή), boasting
μεγαλείο (τό), grandeur
μεγαλειότατος (ό), His Majesty
μεγαλέμπορος (ό), wholesale merchant
μεγαλεπίβολος, enterprising

μεγαλοδύναμος, almighty
μεγαλοδωρία (ή), generosity/ *μεγαλόδωρος*, generous
μεγαλοκτηματίας (ό), great landowner
μεγαλομανής, megalomaniac/ *μεγαλομανία* (ή), megalomania/ *μεγαλοπιάνομαι*, to assume airs
μεγαλοποίηση (ή), exaggeration/ *μεγαλοποιώ*, to exaggerate
μεγαλοπρέπεια (ή), magnificence/ *μεγαλοπρεπής*, magnificent
μεγάλος, big, great/ (fig.) famous/ Μεγάλη Παρασκευή, Good Friday
μεγαλόσταυρος (ό), Great Cross (decoration)
μεγαλόστομος, boastful, pompous
μεγαλόσχημος, important person, V.I.P.
μεγαλόσωμος, stout, corpulent
μεγαλούργημα (τό), great achievement/ *μεγαλουργώ*, to achieve great feats
μεγαλούτσικος, biggish; rather old
μεγαλοφροσύνη (ή), magnanimity
μεγαλοφυής, talented/ *μεγαλοφυΐα* (ή), genius
μεγαλοψυχία (ή), magnanimity/ *μεγαλόψυχος*, magnanimous
μεγαλύνω, to exalt
μεγαλύτερος, bigger, larger; older/ *μεγάλωμα* (τό), increase; bringing up/ *μεγαλώνω*, to extend, to grow bigger; to bring up/ *μεγαλοσύνη* (ή), grandeur.
μέγαρο (τό), mansion
μέγας (ό), βλ. *μεγάλος*
μεγάφωνο (τό), loudspeaker
μέγγενη (ή), (tech.) vice
μέγεθος (τό), size, magnitude
μεγέθυνση (ή), enlargement/ *μεγεθυντικός*, enlarging
μεγεθύνω, to enlarge
μεγιστάνας (ό), grandee
μέγιστος, greatest, largest
μεδούλι (τό), (bone) marrow
μεζές (ό), snack/ *παίρνω στόν μεζέ*, to make fun of
μεθάνιο (τό), methane
μεθαύριο (τό), the day after tomorrow
μεθερμηνεύω, to interpret
μέθη (ή), βλ. *μεθύσι*
μεθοδικός, methodical/ *μεθοδικότητα* (ή), methodical attitude
μεθοδιστής (ό), methodist
μέθοδος (ή), method, way, process
μεθοκοπώ, to get drunk
μεθοριακός, (of the) frontier/ *μεθόριος* (ή), frontier
μεθυλένιο (τό), methylenium
μεθύσι (τό), drunkenness/ *μεθυσμένος*, drunk/ *μεθύστακας* (ό), drunkard/ *μεθυστικός*, intoxicating/ (fig.) charming/ *μεθώ*, to get drunk
μειδίαμα (τό), smile/ *μειδιώ*, to smile
μειλίχια, softly, meekly/ *μειλίχιος*, meek/ *μειλιχιότητα* (ή), meekness
μειοδοσία (ή), lowest bid/ *μειοδότης* (ό), lowest bidder
μεῖον, minus
μειονέκτημα (τό), drawback, disadvantage/ *μειονεκτικός*, disadvantageous/ *μειονεκτικότητα* (ή), inferiority, inferior position/ *μειονεκτώ*, to be at a disadvantage
μειονότητα (ή), minority/ *μειοψηφία* (ή), minority of votes/ *μειοψηφώ*, to be in a minority
μειράκιο (τό), lad
μειώνω, to reduce, to decrease/ (fig.) to insult/ *μείωση* (ή), decrease, reduction/ (fig.) insult/ *μειωτικός*, insulting
μελαγχολία (ή), melancholy, gloom/ *μελαγχολικός*, melancholic, gloomy/ *μελαγχολώ*, to be gloomy
μελάνι (τό), ink/ *μελανιά* (ή), ink-blot
μελανιάζω, to stain with ink/ (fig.) to grow livid
μελανοδοχείο (τό), inkpot
μελανός, dark, black
μελανώνω, to stain with ink
μελάσσα (ή), molass
μελάτος, honeylike/ *αὐγά μελάτα*, soft-boiled eggs
μελαχροινός, or *μελαψός*, dark-skinned
μέλει, *μέ ~*, to care, to mind
μελένιος (of) honey/ (fig.) sweet
μελέτη (ή), study/ *~μα* (τό), essay, treatise
μελετηρός, studious/ *μελετώ*, to study, to investigate
μέλημα (τό), care
μέλι (τό), honey
μελίγγι (τό), (anat.) temple

μέλισσα — μετάσταση 126

μέλισσα (ἡ), bee/ *μελισσοκομεῖο* (τό), apiary/ *μελισσοκομία* (ἡ), bee-culture/ *μελισσοκόμος* (ὁ), or *μελισσουργός* (ὁ), apiarist
μελιτζάνα (ἡ), eggplant, aubergine
μελλοθάνατος, sentenced to death
μέλλον (τό), future/ ~*τικός*, (of the) future
μελλόνυμφος (ὁ), engaged
μέλλω, to be going to
μέλλων, future/ (ὁ), future tense
μελόδραμα (τό), opera, melodrama/ ~*τικός*, melodramatic
μελόπιττα (ἡ), honeypie
μελοποιός (ὁ), composer/ *μελοποιῶ*, to put to music
μέλος (τό), member; limb/ (mus) tune
μελτέμι (τό), etesian wind
μελωδία (ἡ), melody/ *μελωδικός*, melodic *μελωδός* (ὁ), singer, chanter
μεμβράνη (ἡ), membrane
μεμονωμένος, isolated
μέμφομαι, to blame
μεμψιμοιρία (ἡ), grumbling/ *μεμψιμοιρῶ*, to grumble
μένα, me/ γιά ~, for me, for my sake
μενεξές (ὁ), violet
μένος (τό), rage, fury
μέντα (ἡ), mint, peppermint
μέντιουμ (τό), medium
μένω, to remain, to stay/ ~ *πίσω*, to fall back
Μεξικάνος, Μεξικάνα, Mexican (man, woman)
μέρα (ἡ), day, daylight
μεράκι (τό), strong desire
μεραρχία (ἡ), (mil.) division
μερεμέτι (τό), repair/ *μερεμετίζω*, to repair
μερί (τό), loins
μεριά (ἡ), side
μερίδα (ἡ), portion/ *μερίδιο* (τό), share
μερικεύω, to particularize
μερικός, partial/ *μερικά*, some
μέριμνα (ἡ), care/ *μεριμνῶ*, to care
μέρισμα (τό), dividend
μερμήγκι (τό), ant
μεροδούλι (τό), one day's work/ *μεροκαματιάρης* (ὁ), worker paid by the day/ *μεροκάματο* (τό), day's wages

μεροληπτικός, partial, biased/ *μεροληπτῶ*, to be partial/ *μεροληψία* (ἡ), partiality
μερόνυχτο (τό), twenty-four hours
μέρος (τό), part, share; place; water-closet/ *παίρνω τό* ~, to take sides with, to support/ *βάζω κατά* ~, to put aside/ *τά μέρη τοῦ λόγου*, parts of speech
μερσίνα (ἡ), myrtle
μερτικό (τό), share, lot
μερώνω, βλ. *ἡμερώνω*.
μέσα, inside, within/ *βάζω* ~, to imprison
μέσα (τά), means, ways
μεσάζω, to intervene, to mediate
μεσαῖος, middle
μεσαίωνας (ὁ), middle ages/ *μεσαιωνικός*, medieval
μεσάνυχτα (τά), midnight
μεσεγγύηση (ἡ), sequestration/ *μεσεγγυοῦχος* (ὁ), sequestrator
μέση (ἡ), middle; waist/ *ἀφήνω στή* ~, leave incomplete
μεσήλικας (ὁ), βλ. *μεσόκοπος*
μεσημβρία (ἡ), midday, noon; south/ *μεσημβρινός*, southern/ (ὁ), meridian
μεσημέρι (τό), midday, noon/ μέρα ~, in broad daylight
μεσίστιος, half-mast
μεσιτεία (ἡ), mediation, brokerage/ *μεσιτεύω*, to mediate, to act as a broker/ *μεσίτης* (ὁ), broker, estate agent/ *μεσιτικά* (τά), broker's (estate agent's) fees
μέσο (τό), middle
μεσοβασιλεία (ἡ), interregnum
μεσογειακός, (of the) Mediterranean/ *μεσόγειος*, inland
μεσόκοπος (ὁ), middle-aged
μεσολάβηση (ἡ), intervention/ *μεσολαβῶ*, to intervene
μεσοπλεύριος, intercostal
μεσόπορτα (ἡ), inside door
μέσος, middle/ ~ *ὅρος*, average
μεσοστρατίς, halfway
μεσοτοιχία (ἡ), party wall
μεσουράνημα (τό), culmination, zenith/ *μεσουρανῶ*, to reach the zenith (highest point)
μεσοφόρι (τό), petticoat
μεσόφωνος (ὁ), tenor
Μεσσίας (ὁ), Messiah

μεστός, full of/ *μεστώνω*, to mature, to ripen
μετά, after, then/ ~ *δίας*, hardly/ ~ *χαρᾶς*, with pleasure
μεταβαίνω, to go, to travel to
μεταβάλλω, to alter, to change
μετάβαση (ἡ), going, travelling/ *μεταβατικός*, transitional, transitive
μεταβιβάζω, to transfer; to transmit/ *μεταβίβαση* (ἡ), transfer, transmission/ *μεταβιβάσιμος*, transferable
μεταβλητός, changeable/ *μεταβολή* (ἡ), alteration, change
μεταβολισμός (ὁ), metabolism
μεταγγίζω, to transfuse/ *μετάγγιση* (ἡ), transfusion
μεταγενέστερος, subsequent, later
μεταγλωττίζω, to translate/ *μεταγλώττιση* (ἡ), translation
μεταγραφή (ἡ), transcription/ *μεταγράφω*, to transcribe
μεταγωγή (ἡ), transport/ *μεταγωγικός*, transporting
μεταδίδω, to communicate; to broadcast/ *μετάδοση* (ἡ), communication, transmission/ *μεταδόσιμος*, transmittable, communicable/ *μεταδοτικός*, contagious
μετάθεση (ἡ), transfer/ *μεταθετός*, transferable/ *μεταθέτω*, to transfer
μεταίχμιο (τό), borderline
μετακάρπιο (τό), metacarpus
μετακίνηση (ἡ), removal/ *μετακινῶ*, to remove
μετάκληση (ἡ), repeal
μετακομίζω, to move (house)/ *μετακόμιση* (ἡ), moving (house)
μεταλαμβάνω, to receive the Holy Communion/ *μετάληψη* (ἡ), Holy Communion
μεταλλαγή (ἡ), change, conversion/ *μεταλλάζω*, to change, to convert
μεταλλεῖο (τό), mine/ ~*λογία* (ἡ), mineralogy/ ~*λόγος* (ὁ,) mineralogist/ *μετάλλευμα* (τό), ore/ *μεταλλευτικός*, mining
μετάλλιο (τό), medal
μεταλλικός, metallic/ *μέταλλο* (τό), metal
μεταλουργία (ἡ), metallurgy/ *μεταλλουργός* (ὁ), metallurgist/ *μεταλλωρύχος* (ὁ), miner

μεταμέλεια (ἡ), repentance/ *μεταμελοῦμαι*, to repent
μεταμορφώνω, to transform, to transfigure/ *μεταμόρφωση* (ἡ), transformation, metamorphosis
μεταμόσχευση (ἡ), transplant (ation)/ *μεταμοσχεύω*, to transplant
μεταμφιέζω, to disguise/ *μεταμφίεση* (ἡ), disguise; masquerade/ *μεταμφιεσμένος*, disguised
μετανάστευση (ἡ), emigration/ *μεταναστεύω*, to emigrate/ *μετανάστης* (ὁ), emigrant
μετάνοια (ἡ), penitence; prostration/ *μετανοιώνω*, to have second thoughts/ *μετανοῶ*, to repent
μεταξένιος, (of) silk, silky/ *μετάξι* (τό), silk
μεταξοσκώληκας (ὁ), silkworm
μεταξουργεῖο (τό), silk-mill/ *μεταξούφαντος*, silkwoven
μεταξύ, between, among/ *στό* ~, in the meantime
μεταξωτός, silken, silky
μεταπείθω, to dissuade/ *μεταπείθομαι*, to be persuaded to change one's mind
μεταπηδῶ, to change sides
μεταπίπτω, to change into
μετάπλαση (ἡ), remodelling/ *μεταπλάθω*, to remodel
μεταποίηση (ἡ), alteration/ *μεταποιῶ*, to alter
μεταπολεμικός, post-war
μεταπολίτευση (ἡ), political change (reform)
μεταπράτης (ὁ), pedlar
μετάπτωση (ἡ), change of mood
μεταπώληση (ἡ), resale/ *μεταπωλῶ*, to resell
μεταρ(ρ)υθμίζω, to reform/ *μεταρ(ρ)ύθμιση* (ἡ) reformation, reform/ *μεταρ(ρ)υθμιστής* (ὁ), reformer
μεταρσιώνω, to exalt/ *μεταρσίωση* (ἡ), exaltation
μετασκευάζω, to remodel/ *μετασκευή* (ἡ), remodelling
μεταστάθμευση (ἡ), moving quarters/ *μετασταθμεύω*, to move quarters
μετάσταση (ἡ), shift/ (med.) metastasis

μεταστρέφω, to change direction/ *μεταστροφή* (ή), change of direction
μετασχηματίζω, to transform, to remodel/ *μετασχηματισμός* (ό), transformation/ *μετασχηματιστής* (ό), transformer
μετατάρσιο (τό), metatarsus
μετατοπίζω, to transpose/ *μετατοπίζομαι,* to change place/ *μετατόπιση* (ή), transposition
μετατρέπω, to convert, to alter/ *μετατροπή* (ή), conversion, alteration
μεταφέρω, to transport, to carry/ *μεταφορά* (ή), transport, carrying; metaphor/ *μεταφορέας* (ό), carrier/ *μεταφορικά* (τά), transport fees/ *μεταφορικός,* transporting; metaphorical
μεταφράζω, to translate/ *μετάφραση* (ή), translation/ *μεταφραστής* (ό), translator/ *μεταφραστικός,* translating
μεταφυσική (ή), metaphysics/ *μεταφυσικός,* metaphysical
μεταφύτευση (ή), transplant/ *μεταφυτεύω,* to transplant
μεταχειρίζομαι, to use; to treat/ *μεταχείριση* (ή), use; treatment/ *μεταχειρισμένος,* used, second-hand
μετεμψύχωση (ή), or **μετενσάρκωση** (ή), transmigration
μετέπειτα, afterwards
μετερίζι (τό), bulwark
μετέρχομαι, to practise, to employ (method)
μετέχω, to take part
μετεωρίζομαι, to be suspended/ *μετεωρισμός* (ό), suspension (in the air)
μετεωρίτης (ό), meteorite/ *μετέωρο* (τό), meteor
μετεωρολογία (ή), meteorology/ *μετεωρολογικός,* meteorological/ *μετεωρολογικό δελτίο,* weather bulletin/ *μετεωρολόγος* (ό), meteorologist, weatherman
μετέωρος, suspended in the air/ (fig.) wavering, undecided
μετοικεσία (ή), migration/ *μετοίκηση* (ή), change of residence/ *μέτοικος* (ό), resident alien/ *μετοικώ,* to change residence
μετονομάζω, to change the name/ *μετονομασία* (ή), change of name
μετόπη (ή), metope

μετουσιώνω, to transubstantiate/ *μετουσίωση* (ή), transubstantiation
μετοχέτευση (ή), draining/ *μετοχετεύω,* to drain
μετοχή (ή), share/ (gram.) participle/ *μετοχικός,* of a share/ (gram.) participial/ *μέτοχος* (ό), shareholder
μέτρημα (τό), couting, measuring/ *μετρημένος,* counted, measured/ (fig.) prudent/ *μέτρηση* (ή), counting, measuring
μετρητά (τά), cash
μετρητής (ό), counter, indicator/ *μετρητός,* counted/ *τοῖς μετρητοῖς,* in cash
μέτρια, moderately, so-so/ *μετριάζω,* to moderate/ *μετριασμός* (ό), moderation
μετρική (ή), prosody/ *μετρικός,* metric
μετριοπάθεια (ή), moderation/ *μετριοπαθής,* moderate
μέτριος, fair, mediocre/ *μετριότητα* (ή), mediocrity
μετριοφροσύνη (ή), modesty/ *μετριόφρων,* modest
μέτρο (τό), measure; metre/ *μέτρα καί σταθμά,* weights and measures/ *λαμβάνω μέτρα,* to take measures/ *μετρῶ,* to measure, to count
μετωπικός, frontal/ *μέτωπο* (τό), front; forehead
μεφιστοφελικός, diabolical
μέχρι, until, till
μή, not, don't/ ~ *γένοιτο!* God forbid!
μηδαμινός, insignificant, worthless/ *μηδαμινότητα* (ή), insignificance, worthlessness
μηδέν (τό), zero, nought, nothing/ *μηδενίζω,* to nullify; to mark with a zero/ *μηδενικό* (τό), 6λ. *μηδέν/ μηδενισμός* (ό), nihilism/ *μηδενιστής* (ό), nihilist/ *μηδενιστικός,* nihilistic
μῆκος (τό), length/ *γεωγραφικό* ~, longitude/ *κατά* ~, lengthwise, along
μήκυνση (ή), lengthening; extension/ *μηκύνω,* to lengthen
μηλιά (ή), appletree
μηλίγγι (τό), 6λ. *μελίγγι*
μηλίτης (ό), cider
μῆλο (τό), apple/ ~ *τῆς ἔριδας,* apple of discord/ ~ *τοῦ 'Αδάμ,* Adam's apple/ (anat.) cheekbone

μεταστρέφω — μίμηση

μηλόπιττα (ή), applepie
μήνας (ό), month/ *μηνιαίος,* monthly/ *μηνιάτικο* (τό) monthly salary
μηνιγγίτιδα (ή), meningitis
μηνίσκος (ό), meniscus
μήνυμα (τό), message
μήνυση (ή), complaint/ *μηνυτής* (ό), complainant, plaintiff
μηνύω, to sue, to bring a charge against
μηνώ, to send a message
μήπως, lest
μηριαίος, femoral/ *μηριαίο όστό,* thighbone/ *μηρός* (ό), thigh
μηρυκάζω, to ruminate/ *μηρυκασμός* (ό), rumination/ *μηρυκαστικός,* ruminating
μήτε, ~...~, neither... nor
μητέρα (ή), mother
μήτρα (ή), uterus
μητρικά, motherly/ *μητρικός,* maternal, motherly/ *μητροκτονία* (ή), matricide/ *μητροκτόνος* (ό), matricide (person)/ *μητρομανής* (ή), nymphomaniac/ *μητρομανία* (ή), nymphomania
μητρόπολη (ή), metropolis; cathedral/ *μητροπολίτης* (ό), metropolitan/ *μητροπολιτικός,* metropolitan
μητρότητα (ή), maternity
μητρυιά (ή), stepmother/ *μητρυιός* (ό), stepfather
μητρώο (τό), register
μηχανέλαιο (τό), engine oil
μηχανεύομαι, to machinate, to intrigue
μηχανή (ή), engine, machine; locomotive; camera
μηχάνημα (τό), machinery, apparatus
μηχανικά, mechanically
μηχανική (ή), mechanics, engineering/ *μηχανικός,* mechanical/ *μηχανισμός* (ό), mechanism/ *μηχανοδηγός* (ό), engine driver/ *μηχανοκίνητος,* enginedriven/ (mil.) motorized/ *μηχανολογία* (ή), mechanical engineering/ *μηχανολόγος* (ό), mechanical engineer/ *μηχανοποιείο* (τό), engine works/ *μηχανοποίηση* (ή), mechanization/ *μηχανοποίητος,* mechanized, machine-made
μηχανορραφία (ή), machination, intrigue/ *μηχανορράφος* (ό), machinator, intriguer/ *μηχανορραφώ,* to intrigue
μηχανοστάσιο (τό), engine-room/ *μηχανουργείο* (τό), machine works/ *μηχανουργός* (ό), mechanic
μία (ή), one
μιαίνω, to pollute, to contaminate/ *μίανση* (ή), pollution, contamination/ *μιαρός,* dirty, impure, vile/ *μιαρότητα* (ή), impurity, vileness/ *μίασμα* (τό), infection, impurity
μιγάδας (ό), mulatto, half-breed
μίγδην, mixedly/ *φύρδην* ~, pell-mell
μίγμα (τό), blend, mixture
μιζέρια (ή), stinginess, meanness/ *μίζερος,* stingy
μικραίνω, to lessen, to reduce, to decrease
μικρέμπορος (ό), retail dealer
μικροαστός (ό), petty bourgeois
μικρόβιο (τό), microbe/ *μικροβιοκτόνος,* bacteriocidal/ *μικροβιολογία* (ή), microbiology/ *μικροβιολόγος* (ό), microbiologist
μικρογραφία (ή), miniature/ *μικρογράφος* (ό), miniaturist
μικροδουλειά (ή), trivial business
μικροέξοδα (τά), petty expenses
μικροκαμωμένος, short-built/ (fig.) smart
μικροκλοπή (ή), petty theft
μικρόκοσμος (ό), microcosm
μικρόνοια (ή), narrow mindedness
μικροοργανισμός (ό), microorganism
μικροπράγμα (τό), trifle
μικροπρέπεια (ή), meanness, shabbiness/ *μικροπρεπής,* mean, shabby
μικρός, little, small; young; low/ ~ *άνθρωπος,* mean person
μικροσκοπικός, microscopic/ *μικροσκόπιο* (τό), microscope
μικρότητα (ή), meanness
μικρούτσικος, smallish
μικρόφωνο (τό), microphone
μικροψυχία (ή), pusillanimity/ *μικρόψυχος,* pusillanimous
μικτός, mixed, assorted
μίλημα (τό), speech, speaking, talking
μίλι (τό), mile
μιλιά (ή), speech, utterance
μιλιταρισμός (ό), militarism/ *μιλιταριστής* (ό), militarist
μιλώ, to speak, to talk
μίμηση (ή), imitation/ *μιμητής* (ό), imita-

μιμόζα — μονοφυσίτης 130

tor/ *μιμητικός*, imitative/ *μιμική* (ἡ), mimicry
μιμόζα (ἡ), mimose
μίμος (ὁ), mimic/ *μιμοῦμαι*, to imitate, to ape
μιναρές (ὁ), minaret
μίνι, minimum
μινιατούρα (ἡ), miniature
μίνιο (τό), minium
μισαλλοδοξία (ἡ), intolerance/ *μισαλλόδοξος*, intolerant
μισάνθρωπος (ὁ), misanthropist
μισανοίγω, to open slightly/ *μισάνοιχτος*, half-open
μισέλληνας (ὁ), hater of Greece and the Greeks
μισερός, crippled/ *μισερώνω*, to cripple
μισεύω, to leave, to go away
μισητός, hated
μίσθαρνος, mercenary
μισθοδοσία (ἡ), payment of wages/ *μισθοδοτῶ*, to pay wages/ *μισθολόγιο* (τό), payroll/ *μισθός* (ὁ), salary, pay/ *μισθοφόρος* (ὁ), mercenary
μίσθωμα (τό), rent/ *μισθώνω*, to rent, to charter/ *μίσθωση* (ἡ), lease, hiring/ *μισθωτήριο* (τό), lease contract/ *μισθωτής* (ὁ), tenant, lessee/ *μισθωτός*, salaried, hired
μισογεμάτος, half-full
μισογινωμένος, half-ripe
μισόγυμνος half-naked
μισογύνης misogynist
μισοδρομίς, halfway
μισοκαλόκαιρο (τό), midsummer
μισόκλειστος, half-closed, half-shut/ *μισοκλείνω*, to half close/ ~ *τό μάτι*, to wink/ ~ *τά μάτια*, to blink
μισοκοιμοῦμαι, to doze off
μισοπεθαμένος, half-dead (fig.) exhausted
μίσος (τό), hate, hatred/ *ἄσπονδο* ~, mortal hate
μισός, half
μισοστρατίς, βλ. *μισοδρομίς*
μισοτελειώνω, to leave unfinished
μισοτιμῆς, (at) half price
μισότρελλος, almost crazy
μισοφέγγαρο (τό), crescent, halfmoon
μισοφόρι (τό), petticoat

μισοψημένος, underdone
μιστρί (τό), trowel
μίσχος (ὁ), stalk
μισῶ, to hate
μίτος (ὁ), yarn/ (fig.) clue
μίτρα (ἡ), mitre
μνεία (ἡ), mention
μνῆμα (τό), tomb, grave
μνημεῖο (τό), monument, memorial/ *μνημειώδης*, monumental
μνήμη (ἡ), memory, recollection/ *εἰς* ~ *ν*, in memory/ *μνημόνευση* (ἡ), mention/ *μνημονεύω*, to mention/ *μνημονικό* (τό), memory/ *μνημόσυνο* (τό), requiem
μνησικακία (ἡ), grudge, resentment/ *μνησίκακος*, resentful, vindictive/ *μνησικακῶ*, to bear a grudge, to resent
μνηστεία (ἡ), engagement/ *μνηστεύω*, to engage/ *μνηστή* (ἡ), fiancée/ *μνηστήρας* (ὁ), fiancé/ (fig.) pretender
μόδα (ἡ), fashion
μοδίστρα (ἡ), dressmaker, seamstress
μοιάζω, to resemble, to look like; to take after
μοίρα (ἡ), destiny, fate/ (fig.) squadron/ (maths) degree/ *οἱ τρεῖς μοῖρες*, the three Fates
μοιράζω, to distribute, to share/ (cards) to deal/ *μοιράζομαι*, to share with
μοιραῖος, fatal
μοίραρχος (ὁ), gendarmery captain/ (nav.) squadron commander
μοιρασιά (ἡ), or *μοίρασμα* (τό), distribution, sharing/ (cards) dealing
μοιρογνωμόνιο (τό), protractor
μοιρολατρεία (ἡ), fatalism/ *μοιρολάτρης* (ὁ), fatalist/ *μοιρολατρικός*, fatalistic
μοιρολόγι (τό), lament, dirge/ *μοιρολογίστρα* (ἡ), hired mourner/ *μοιρολογῶ*, to lament
μοιχαλίδα (ἡ), adulteress/ *μοιχεία* (ἡ), adultery/ *μοιχεύω*, to commit adultery/ *μοιχός* (ὁ), adulterer
μολαταῦτα, in spite of, nevertheless
μόλεμα (τό), infection, pollution/ *μολεύω*, to infect, to pollute
μόλις, barely, as soon as, just as/ ~ *καί μετά βίας*, with great difficulty, just about

μολονότι, though, although
μολοσσός (ό), bulldog
μολόχα (ή), mallow
μολύβδινος, leaden/ *μόλυβδος* (ό), lead/ *μολυβδοσωλήνας* (ό), leadpipe/ *μολυβδοϋχός*, plumbiferous/ *μολυβδώνω*, to cover with lead/ *μολύβδωση* (ή), leading/ *μολυβένιος*, βλ. *μολύβδινος*/ *μολύβι* (τό), lead/ pencil
μόλυνση (ή), infection, pollution, contagion/ *μολύνω*, to infect, to contaminate/ *μόλυσμα* (τό), infection, contamination/ *μολυσματικός*, infectious, contagious/ *μολυσμένος*, infected, polluted
μομφή (ή), reproach, blame/ *πρόταση μομφής*, motion of censure
μονά, singly/ ~ - *ζυγά*, odd or even
μονάδα (ή), unit/ *μοναδικός*, unique/ *μοναδικότητα* (ή) uniqueness
μονάζω, to live as a monk
μονάκριβος, the only one
μοναξιά (ή), solitude
μονάρχης (ό), monarch/ *μοναρχία* (ή), monarchy/ *μοναρχικός*, monarchical, royal
μοναστήρι (τό), monastery, convent, nunnery/ *μοναστηριακός*, monasterial/ *μοναστικός*, monastic
μονάχα, only
μοναχή (ή), nun
μοναχικά, solitarily/ *μοναχικός*, solitary, lonely
μοναχογιός (ό), the only son/ *μοναχοκόρη* (ή), the only daughter/ *μοναχοπαίδι* (τό), the only child
μοναχός, alone, only/ (ό), monk, friar
μονέδα (ή), money
μονή (ή), monastery, convent
μονήρης, isolated, solitary
μόνιμα, permanently/ *μονιμοποίηση* (ή), permanency/ *μονιμοποιώ*, to render permanent/ *μόνιμος*, permanent, standing/ *μονιμότητα* (ή), permanence
μόνιππο (τό), single-horse carriage
μόνο, only, just, merely
μονογαμία (ή), monogamy
μονογενής, the only child
μονόγραμμα (τό), monogram
μονογραφή (ή), initials
μονογραφία (ή), essay, treatise

μονογράφω, to initial
μονοετής, lasting one year
μονόζυγο (τό), horizontal bar
μονοθεϊσμός (ό), monotheism/ *μονοθεϊστής* (ό), monotheist
μονοιάζω, to make up with/ *μόνοιασμα* (τό), concord
μονοκατοικία (ή), private house
μονόκερως (ό), unicorn
μονοκόμματος, made of one piece, massive
μονοκονδυλιά (ή), one stroke of the pen
μονοκοπανιάς, all at once
μονοκοτυλήδονος, monocotyledonous
μονοκούκκι, unanimously
μονολεκτικά, in one word/ *μονολεκτικός*, made of one word
μονολιθικός, monolithic/ *μονόλιθος* (ό), monolith
μονόλογος (ό), monologue/ *μονολογώ*, to talk to oneself
μονομανής, monomaniac/ *μονομανία* (ή), monomania
μονομαχία (ή), duel/ *μονομάχος* (ό), gladiator/ *μονομαχώ*, to fight a duel
μονομέρεια (ή), one-sidedness/ *μονομερής*, one sided
μονομιάς, at a stroke, all at once
μονοξείδιο (τό), monoxide
μονόξυλο (τό), canoe
μονοπάτι (τό), path
μονόπλευρος, one sided/ (maths) unilateral
μονοπόδαρος, one-legged
μονόπρακτος, one act (play)
μονοπωλιακός, (of a) monopoly/ *μονοπώλιο* (τό), monopoly/ *μονοπωλώ*, to monopolize
μονόροφος, consisting of a single floor, one-storeyed
μονορρούφι, at a gulp
μόνος, alone, by oneself/ *μονός*, single/ ~ *αριθμός*, odd number
μονοσύλλαβος, monosyllabic
μονοτονία (ή), monotony/ *μονότονος*, monotonous
μονοτυπία (ή), monotype
μονοφασικός, single phased
μονόφθαλμος, one-eyed
μονοφυσίτης (ό), monophysite

μονόχνωτος — μπόγος

μονόχνωτος, loner
μονόχρωμος, one-coloured, monochrome
μοντέλο (τό), model
μοντερνίζω, to modernize/ *μοντερνισμός* (ό), modernism
μοντέρνος, modern
μονωδία (ή), solo
μονώνω, to insulate/ *μόνωση* (ή), insulation/ *μονωτήρας* (ό), insulator
μοργανατικός, morganatic
μοριακός, molecular
μόριο (τό), molecule/ τά γεννητικά μόρια, genitals/ *τό ἀνδρικό* ~, penis
μορμολύκειο (τό), bugbear
μόρτης (ό), hooligan
μορφάζω, to make faces/ *μορφασμός* (ό), grimace
μορφή (ή), figure, form, shape
μορφίνη (ή), morphine/ *μορφινομανής,* morphine addict/ *μορφινομανία* (ή), addiction to morphine
μορφολογία (ή), morphology
μορφωμένος, educated, cultured/ *μορφώνω,* to educate, to instruct/ ~ *γνώμη,* to form an opinion/ *μόρφωση* (ή), education, culture/ *μορφωτικός,* cultural
μόστρα (ή), showcase
μοσχαρήσιο (κρέας), veal/ *μοσχάρι* (τό), calf
μοσχάτος, muscatel
μόσχευμα (τό), scion
μοσχοβόλημα (τό), fragrance, delicious smell/ *μοσχοβολῶ,* to smell deliciously
μοσχοκαρυδιά (ή), nutmeg-tree/ *μοσχοκάρυδο* (τό), nutmeg
μοσχοκάρφι (τό), clove
μοσχολίβανο (τό), frankincense
μοσχομυρίζω, to smell good
μοσχοπουλῶ, to sell at a good price
μόσχος (ό), βλ. *μοσχάρι*
μοτοσυκλέτα (ή), motorcycle
μουγγαμάρα (ή), dumbness/ *μουγγός,* dumb
μουγγρητό (τό), bellowing/ *μουγγρίζω,* to bellow; to moan/ *μούγγρισμα* (τό), βλ. *μουγγρητό*
μουδιάζω, to be numb/ *μούδιασμα* (τό), numbness
μουλαράς (ό), muleteer/ *μουλάρι* (τό), mule
μουλιάζω, to soak
μοῦλος, (ό), bastard
μουλωχτός, silent, reserved
μούμια (ή), mummy
μουνουχίζω, to castrate/ *μουνούχισμα* (τό), castration/ *μουνοῦχος* (ό), eunuch
μουντάρω, to attack, to rush upon
μουντζαλώνω, to blot, to stain/ *μουντζούρα* (ή), stain, blot/ *μουντζουρώνω,* to stain, to blot, to blacken
μουτζώνω, to insult by opening the fingers
μουντός, dim, dark
μούργα (ή), dregs
μοῦργος (ό), bulldog/ (fig.) churlish person
μούρη (ή), snout/ (fig.) face
μουριά (ή), mulberry-tree
μουρλαίνω, to drive mad/ *μούρλια* (ή), madness, folly/ *μουρλός,* mad, crazy
μουρμούρα (ή), grumbling, complaint/ *μουρμούρης* (ό), grumbler/ *μουρμουρίζω,* to murmur, to grumble
μουρνταρεύω, to dirty, to soil/ (fig.) to womanize/ *μουρντάρης* (ό), dirty person/ (fig.) womanizer/ *μουρνταριά* (ή), womanizing
μοῦρο (τό), mulberry
μουρούνα (ή), codfish/ *μουρουνόλαδο* (τό), codliver-oil
μουρόφυλλο (τό), mulberry leaf
μούσα (ή), Muse
μουσαμάς (ό), oilcloth
μουσαφίρης (ό), guest
μουσεῖο (τό), museum
μουσελίνα (ή), muslin
μουσική (ή), music/ *μουσικός,* musical/ (ό), musician/ *μουσικοσυνθέτης* (ό), composer/ *μουσικότητα* (ή), harmony
μούσκεμμα (τό), soaking/ τά κάνω ~, to make a mess of
μουσκέτο (τό), musket
μουσκεύω, to soak
μουσμουλιά (ή), loquat-tree/ *μούσμουλο* (τό), loquat
μουσούδα (ή), or *μουσούδι* (τό), snout, face
μουσουλμάνος (ό), Moslem
μουσουργός (ό), composer
μουστακαλής (ό), someone with a mou-

stache/ μουστάκι (τό), moustache
μουσταλευριά (ή), must-jelly
μουστάρδα (ή), mustard
μοῦστος (ὁ), must
μοῦτρο (τό), face/ εἶναι ~, he is a rascal/ κάνω μούτρα, to be angry
μοῦτσος (ὁ), cabin-boy
μουτσούνα (ή), face, mask
μούχλα (ή), mould/ μουχλιάζω, to become mouldy
μούχρωμα (τό), twilight
μοχθηρία (ή), wickedness/ μοχθηρός, wicked
μόχθος (ὁ), fatigue, hard work/ μοχθῶ, to toil, to work hard
μοχλός (ὁ), lever
μπαγιατεύω, to grow stale/ μπαγιάτικος, stale
μπαγιονέτα (ή), bayonet
μπαγκέτα (ή), conductor's stick, baguette
μπάγκος (ὁ), bench
μπάζα (τά), debris
μπάζω, to put in/ μπάζει, there is a draught
μπαινοβγαίνω, to go in and out
μπαίνω, to enter, to go in
μπαϊράκι (τό), flag, standard
μπακάλης (ὁ), grocer
μπακαλιάρος (ὁ), codfish
μπακάλικο (τό), grocery
μπακίρι (τό), copper
μπάλα (ή), ball
μπαλάντζα (ή), pair of scales
μπαλαρίνα (ή), ballet-dancer
μπαλκόνι (τό), balcony
μπαλλέτο (τό), ballet
μπαλλόνι (τό), balloon
μπαλτάς (ὁ), hatchet
μπάλωμα (τό), patch/ μπαλωματής (ὁ), cobbler/ μπαλώνω, to patch, to darn
μπαμπάκι (τό), βλ. **βαμβάκι**
μπαμπάς (ὁ), daddy, papa
μπαμπέσης (ὁ), dishonest person/ μπαμπεσιά (ή), dishonesty
μπαμπούλας (ὁ), bugbear
μπανάνα (ή), banana/ μπανανιά (ή), banana-tree
μπανιερό (τό), bathing-suit
μπάνιο (τό), bath
μπάντα (ή), side/ ἀφήνω στήν ~, to set aside/ (mus.) music band
μπαούλο (τό), truck
μπαρκάρισμα (τό), embarkation/ μπαρκάρω, to embark
μπάρμπας (ὁ), uncle/ μπαρμπέρης (ὁ), hairdresser, barber
μπαρμπούνι (τό), red mullet
μπαρούτι (τό), gunpowder
μπάρα (ή), bolt, bar
μπάσταρδος (ὁ), bastard
μπαστούνι (τό), stick / (cards) clubs
μπαταρία (ή), battery
μπατζανάκης (ὁ), brother-in-law
μπάτης (ὁ), sea breeze
μπατσίζω, to slap/ μπάτσος (ὁ), slap
μπαχαρικό (τό), spice
μπεκάτσα (ή), woodcock
μπεκιάρης (ὁ), bachelor
μπεκρής (ὁ), drunkard
μπελαλίδικος, troublesome, irritating/ μπελάς (ὁ), trouble, irritation
μπέρδεμα (τό), confusion/ μπερδεύω, to confuse/ μπερδεψιά (ή), confusion, mix-up
μπερμπάντης (ὁ), sly person
μπερντές (ὁ), curtain
μπέρτα (ή), cloak
μπετόν (τό), concrete
μπήγω, to thrust, to drive in/ ~ φωνή, to scream/ ~ τά γέλια, to burst into laughter
μπιζέλι (τό), pea
μπίλια (ή), marble, small ball
μπιλιάρδο (τό), billiards
μπιλιέτο (τό), note; visiting card; ticket
μπιμπίκι (τό), small pimple
μπισκότο (τό), biscuit
μπιφτέκι (τό), beefsteak
μπλέ, blue
μπλέκω to be entangled/ μπλέξιμο (τό), entanglement
μπλοκάρω, to blockade/ μπλόκος (ὁ), blockade
μπλούζα (ή), blouse
μπλόφα (ή), bluff/ μπλοφάρω, to bluff
μπογιά (ή), paint, dye
μπόγιας (ὁ), hangman
μπογιατζής (ὁ), painter/ μπογιατίζω, to paint, to decorate
μπόγος (ὁ), bundle

μπόγος — ναυπηγείο 134

μπόι (τό), stature, size
μπόλι (τό), vaccine/ *μπολιάζω, to* vaccinate; to graft/ *μπόλιασμα* (τό), vaccination; grafting
μπόλικος, abundant
μπολσεβικισμός (ό), bolshevism/ *μπολσεβίκος* (ό), bolshevik
μπόμπα (ή), bomb
μπομπότα (ή), corn pudding
μποναμάς (ό), gilt
μποξάς (ό), shawl
μπόρα (ή), storm
μπορώ, to be able to/ *μπορεί,* maybe
μπόσικος, loose
μποστάνι (τό), vegetable garden
μπότα (ή), boots
μποτίλια (ή), bottle/ *μποτιλιάρω,* to bottle
μπουγάδα (ή), family washing
μπουζούκι (τό), bouzouki
μπούκα (ή), opening, hole; muzzle
μπουκάλα (ή), large bottle/ *μπουκάλι* (τό), bottle
μπουκαπόρτα (ή), trapdoor
μπουκάρω, to rush in, to come in
μπουκέτο (τό), bouquet, bunch
μπουκιά (ή), mouthful
μπούκλα (ή), curl
μποϋκοτάζ (τό), boycott/ *μποϋκοτάρω,* to boycott
μπούκωμα (τό), gorging; filling up/ *μπουκώνω,* to gorge, to stuff
μπουλούκι (τό), troop, group, band
μπουμπούκι (τό), band
μπουμπουνητό (τό), thundering/ *μπουμπουνίζω,* to thunder
μπουνάτσα (ή), calm sea
μπουνιά (ή), punch
μπούνια (τά), scuppers/ *ὡς τά* ~, full up
μπουνταλάς (ό), stupid and lazy person
μπουντρούμι (τό), prison cell
μπουρίνι (τό), gust of wind
μπουρλότο (τό), fireship/ *γίνομαι* ~, to grow indignant
μπουρμπουλήθρα (ή), bubble
μπουρνούζι (τό), bathgown
μπούσουλας (ό), compass
μπουσουλίζω, to walk on all fours
μπούστος (ό), bust; corsage
μπούτι (τό), thigh

μπούφος (ό), hornowl/ (fig.) simpleton
μπουχτίζω, to be fed up with, to have enough of
μπράτσο (τό), arm
μπριζόλα (ή), steak, chop
μπρίκι (τό), coffee-pot
μπροστά, in front of/ *μπροστινός,* front
μπρούμυτα, in a prone position
μπρούντζινος, made of bronze/ *μπρούντζος* (ό), bronze
μπρούσκο (κρασί), dry wine
μπύρα (ή), beer/ ~*ρία* (ή), pub, beerhouse
μυαλό (τό), brain, sense/ *χάνω τά μυαλά μου,* to lose one's wits/ *μυαλωμένος,* wise, sensible
μύγα, (ή), fly
μυγδαλιά (ή) βλ. *ἀμυγδαλιά*
μυγιάγγιχτος, sensitive, touchy
μύδι (τό), mussel
μυδραλλιοβόλο (τό), machine-gun
μυελίτιδα (ή), myelitis/ *μυελός* (ό), marrow
μυημένος, initiated/ *μύηση* (ή), initiation
μύθευμα (τό), tale
μυθικός, mythical
μυθιστόρημα (τό), novel/ *μυθιστορηματικός,* fictitious/ *μυθιστοριογράφος* (ό), novelist
μυθολογία (ή), mythology/ *μυθολογικός,* mythological/ *μύθος* (ό), myth, fable/ *μυθώδης,* fabulous
μυίγα (ή), βλ. *μύγα*
μυϊκός, muscular
μυκηθμός (ό), bellowing
μυκηναϊκός, Mycenaean
μύκης (ό), fungus
μυκτηρίζω, to sneer
μυλόπετρα (ή), millstone
μύλος (ό), mill/ *μυλωνάς* (ό), miller
μύξα (ή), snot
μυοκάρδιο (τό), myocardium/ *μυοκαρδίτιδα* (ή), myocarditis
μυρεψός (ό), perfumer
μυριάδα (ή), myriad, ten thousand/ (fig.) many
μυρίζω, to smell, to scent/ (fig.) *μυρίζομαι,* to suspect
μύριοι, ten thousand/ (fig.) a very large number

μύρισμα (τό), smelling
μυρμήγκι (τό), ant/ **μυρμηγκιάζω**, to itch/ *μυρμηγκοφάγος* (ὁ), anteater/ *μυρμηγκοφωλιά* (ἡ), anthill
μύρο (τό), myrrh/ *μυροβόλος*, fragrant/ *μυροπωλεῖο* (τό), perfumery/ *μυροπώλης* (ὁ), perfumer/ *μυροφόρος*, myrrh bearing
μυρτιά (ἡ), myrtle
μυρωδάτος, aromatic, fragrant
μυρωδιά (ἡ), smell, odour, fragrance/ *μυρωδικό* (τό), perfume
μύρωμα (τό), anointing/ *μυρώνω*, to anoint
μύς (ὁ), muscle
μυσαρός, disgusting, abominable/ *μυσαρότητα* (ἡ), abomination
μυσταγωγία (ἡ), initiation/ *μυσταγωγός* (ὁ), initiator
μυστήριο (τό), mystery, sacrament/ *μυστηριώδης*, mysterious
μύστης (ὁ), initiated
μυστικισμός, mysticism/ *μυστικιστής* (ὁ), mystic/ *μυστικιστικός*, mystical
μυστικό (τό), secret/ ~s, secret, hidden/ ~ *Δεῖπνος*, Last Supper
μυστικοσυμβούλιο (τό), privy council
μυστικότητα (ἡ), secrecy
μυστρί (τό), trowel
μυτερός, pointed, sharp
μύτη (ἡ), nose; snout; beak/ χώνω τήν ~ μου, to interfere
μύχιος, innermost/ *μυχός* (ὁ), (geog.) creek
μυῶ, to initiate
μυωπία (ἡ), shortsightedness/ *μύωπας* (ὁ), shortsighted
μωαμεθανός (ὁ), Moslem
μῶλος (ὁ), jetty
μωλωπίζω, to bruise/ *μωλωπισμός* (ὁ), bruise
μωραίνω, to render stupid/ *μωραίνομαι*, to become stupid/ *μωρία* (ἡ), stupidity
μωρό, (τό), baby, infant
μωρολογία (ἡ), prattle, nonsense/ *μωρολογῶ*, to prattle
μωροπιστία (ἡ), credulity/ *μωρόπιστος*, credulous/ *μωρός*, silly, foolish, stupid
μωσαϊκό (τό), mosaic/ ~s, of Moses/ ~ *νόμος*, law of Moses/ (ὁ), mosaic-lawyer

N

'νά, to, in order to, so as to/ ~ *δοῦμε!* we shall see/ ~ *το!* there it is!
ναδίρ (τό), nadir
νάζι (τό), affectation/ *ναζιάρης* (ὁ), affected person
ναί, yes
ναϊάδα (ἡ), Naiad, water nymph
νάμα (τό), spring
νάνι (τό), sleep
νάνος (ὁ), dwarf
νανουρίζω, to lull/ *νανούρισμα* (τό), lullaby
ναός (ὁ), temple
ναργιλές (ὁ), bubble-bubble, hookah
νάρθηκας (ὁ), narthex
νάρκη (ἡ), drowsiness/ (mil.) mine
ναρκισσεύομαι, to admire oneself/ *ναρκισσισμός* (ὁ), narcissism/ *νάρκισσος* (ὁ), narcissus
ναρκοθέτηση (ἡ), mine-laying
ναρκώνω, to benumb; to drug/ *νάρκωση* (ἡ), drowsiness; narcosis/ *ναρκωτικό* (τό), narcotic, drug/ ~ς, benumbing
νάτριο (τό), sodium/ *ἀνθρακικό* ~, carbonate of soda
ναυάγιο (τό), wreck, shipwreck/ *ναυαγός* (ὁ), shipwrecked
ναυαγοσωστικός, salving/ ναυαγοσωστική *λέμβος*, lifeboat
ναυαγῶ, to be shipwrecked/ (fig.) to fail
ναυαρχεῖο (τό), admiralty/ *ναυαρχίδα* (ἡ), flagship
ναύαρχος (ὁ), admiral/ *ναυαρχῶ*, to command the fleet
ναύκληρος (ὁ), boatswain
ναυλομεσίτης (ὁ), shipbroker/ *ναῦλος* (ὁ), freight; passage fare/ *ναυλοσύμφωνο* (τό), bill of freight
ναυλοχῶ, to lie in harbour
ναύλωμα (τό), or *ναύλωση* (ἡ), chartering/ *ναυλώνω*, to charter/ *ναυλωτής* (ὁ), charterer
ναυμαχία (ἡ), naval battle/ *ναυμαχῶ*, to fight at sea
ναυπηγεῖο (τό), shipyard/ *ναυπήγηση*

ναυπηγική — νόμισμα

(ή), shipbuilding
ναυπηγική (ή), naval architecture/ *ναυπηγός* (ό), shipbuilder/ *ναυπηγώ*, to build ships
ναυσιπλοΐα (ή), navigation
ναύσταθμος (ό), naval station
ναύτης (ό), sailor, seaman
ναυτία (ή), seasickness
ναυτικό (τό), navy/ *εμπορικό* ~, mercantile marine/ ~ς, maritime, naval/ (ό), seaman, sailor/ *ναυτιλία* (ή), navigation/ *ναυτιλιακός*, navigational/ *ναυτίλος* (ό), navigator/ *ναυτοδάνειο* (τό), ship loan/ *ναυτοδικείο* (τό), admiralty court/ *ναυτολογία* (ή), recruiting of seamen/ *ναυτολογώ*, to recruit seamen/ *ναυτόπουλο* (τό), young sailor
νάφθα (ή), naphtha/ ~*λίνη* (ή), naphthalene
νέα (τά), news
νεάζω, to act as a young person
νεανίας (ό), young man/ *νεάνιδα* (ή), young girl/ *νεανικά*, youthfully/ *νεανικός*, youthful/ *νεανικότητα* (ή), youthfulness/ *νεαρός*, young, juvenile
νέγρικος, of the Negroes/ *νέγρος* (ό), Negro
νειάτα (τά), youth
νέκρα (ή), stagnation; complete silence
νεκρανάσταση (ή) rising from the dead
νεκρικός, funeral; deathly
νεκροθάφτης (ό), grave-digger/ *νεκροκεφαλή* (ή), skull
νεκροκρέββατο (τό), coffin, bier/ *νεκρολογία* (ή), obituary/ *νεκρομαντεία* (ή), necromancy/ *νεκρόπολη* (ή), necropolis, cemetery/ *νεκροπομπός* (ό), undertaker
νεκρός (ό), dead, lifeless, inanimate/ *νεκροστολίζω*, to lay out the dead/ *νεκροταφείο* (τό), cemetery, graveyard/ *νεκρότητα* (ή), deadness/ *νεκροτομείο* (τό), morgue/ *νεκροφάνεια* (ή), apparent death
νεκροφόρα (ή), hearse/ *νεκροψία* (ή), autopsy, post mortem examination/ *νεκρώνω*, to deaden/ *νέκρωση* (ή), deadening/ *νεκρώσιμος*, funeral
νέκταρ (τό), nectar
νέμεση (ή), nemesis
νέμομαι, to enjoy, to reap the profit
νεογέννητος, newly born/ *νεογνό* (τό), newborn child
νεόδμητος, 6λ. *νεόκτιστος*
νεοελληνικός, modern Greek
νεόκτιστος, newly built
νεολαία (ή), youth
νέον (τό), (chem.) neon
νεόνυμφος, newly wed
νεοπλατωνισμός (ό), neoplatonism
νεόπλουτος, nouveau riche
νέος, new, young, modern
νεοσσός (ό), newly hatched bird/ (fig.) beginner
νεοσύλλεκτος, recruit
νεότευκτος, newly constructed
νεότητα (ή), youth; young age
νεοφερμένος, newcomer
νεοφώτιστος, newly baptized/ (fig.) new convert
νεποτισμός (ό), nepotism
νεράιδα (ή), fairy
νεράντζι (τό), bitter orange/ *νεραντζιά* (ή), bitter orange tree
νερό (τό), water/ *κάνω μιά τρύπα στό* ~, to beat the air/ ~*δραστος*, boiled in water/ (fig.) inactive/ ~*κουβαλητής* (ό), water carrier/ ~*μπογιά* (ή), watercolour/ *νερόμυλος* (ό), watermill/ *νεροποντή* (ή), shower/ *νερουλάς* (ό), 6λ. *νεροκουβαλητής*
νερουλιάζω, to become watery/ *νερούλιασμα* (τό), waterishness; insipidity/ *νερουλός*, watery
νερόφιδο (τό), or **νεροφίδα** (ή), watersnake
νεροχύτης (ό), kitchen sink
νερώνω, to water (down)
νετάρω, to clear up
νέτος, net
νεύμα (τό), wink, nod
νευραλγία (ή), neuralgia/ *νευραλγικός*, neuralgic/ (fig.) crucial
νευρασθένεια (ή), nervous disease/ *νευρασθενικός*, suffering of a nervous disease/ *νευριάζω*, to get nervous/ *νευρικά*, nervously/ *νευρικός*, nervous/ *νευρικότητα* (ή), nervousness/ *νευρίτιδα* (ή), neuritis
νεύρο (τό), nerve/ *έχω νεύρα*, to be ner-

vous/ ~καβαλίκεμα (τό), cramp/ ~λογία (ή), neurology/ ~λογικός, neurological/ ~λόγος (ό), neurologist/ ~πάθεια (ή), neuropathy/ ~παθής, suffering of neuropathy/ ~παθολογία (ή), neuropathology

νευρόσπαστο (τό), puppet

νευρώδης, sinewy, muscular/ νεύρωση (ή), neurosis/ νευρωτικός, neurotic

νεύω, to nod

νεφέλη (ή), cloud/ νεφελώδης, cloudy

νεφρίτης (ό), jade

νεφρίτιδα (ή), inflammation of the kidneys/ νεφρό (τό), kidney/ νεφρόλιθος (ό), stone in the kidneys

νέφτι (τό), turpentine

νέφωση (ή), nebulosity

νεωκόρος (ό), sexton

νεώριο (τό), shipyard

νεωτερίζω, to innovate/ νεωτερισμός (ό), innovation, novelty/ νεωτεριστής (ό), innovator/ νεωτεριστικός, innovating

νεώτερος, younger; more modern

νήμα (τό), yarn, thread/ ~ τοειδής, threadlike/ ~τουργείο (τό), spinning-mill/ ~τουργός (τό), spinner

νηνεμία (ή), calmness, stillness (in the weather)

νηογνώμων (ό), shipping register/ νηολόγιο (τό), mercantile marine register

νηοπομπή (ή), (ship) convoy

νηοψία (ή), ship inspection

νηπιαγωγείο (τό), kindergarten/ νηπιαγωγός (ό), kindergarten teacher/ νηπιακός, infantile/ νήπιο (τό), infant

νηρηίδα (ή), sea-nymph

νησί (τό), island/ νησιώτης (ό), islander/ νησιωτικός, insular

νηστεία (ή), fast/ νηστεύω, to fast

νηστικός, hungry

νηφάλιος, sober; calm/ νηφαλιότητα (ή), soberness; calmness, coolness

νιαουρίζω, to mew/ νιαούρισμα (τό), mewing

νικέλιο (τό), nickel/ νικελωμένος, nickel-plated

νίκη (ή), victory/ ~τήριος, victorious/ ~τής (ό), victor, winner/ ~φόρος, victorious

νικοτίνη (ή), nicotine

νικώ, to defeat, to win, to overcome

νιόπαντρος, βλ. νεόνυμφος

νιπτήρας (ό), wash-basin/ νίπτω, to wash/ ~ τάς χείρας, to wash one's hands of

νιτρικός, nitric/ νίτρο (τό), nitre

νιτρογλυκερίνη (ή), nitroglycerine

νιφάδα (ή), snowflake

νίψιμο (τό), washing

Νοέμβριος (ό), November

νοερά, mentally/ νοερός, mental, spiritual

νόημα (τό), meaning, sense/ κάνω ~, to nod

νοημοσύνη (ή), intelligence/ νοήμων, intelligent

νόηση (ή), intellect/ νοητός, intelligible, comprehensible

νοθεία (ή), illegitimacy; adulteration/ νόθευση (ή), adulteration, falsification/ νοθευτής (ό), falsifier/ νοθεύω, to adulterate, to falsify/ νόθος (ό), illegitimate child

νοιάζω, δέν μέ νοιάζει, I don't care/ νοιάζομαι, to mind, to care

νοικιάρης (ό), tenant/ νοίκι (τό), rent/ νοικιάζω, to rent/ νοίκιασμα (τό), renting

νοικοκυρά (ή), housewife/ νοικοκυρεύω, to keep a house/ νοικοκύρης (ό), householder/ νοικοκυριό (τό), housework, housekeeping

νοιώθω, to feel, to understand

νομαδικά, like a nomad/ νομαδικός, nomadic

νομαρχείο (τό), prefecture building/ νομάρχης (ό), nomarch, prefect, governor/ νομαρχία (ή), office of a nomarch

νομάδας (ό), nomad

νομάτοι (οί), people, individuals

νομέας (ό), usufructuary/ νομή (ή), usufruct; pasture

νομίζω, to think, to believe, to consider

νομική (ή), law/ νομικός, legal/ (ό), lawyer

νόμιμα, legally/ νομιμοποίηση (ή), legitimization/ νομιμοποιώ, to legitimize/ νόμιμος, legal, lawful/ νομιμότητα (ή), legality

νομιμοφροσύνη (ή), loyalty

νόμισμα (τό), coin, currency/ ~τική (ή), numismatics/ ~τικός, monetary/

~τοκοπείο (τό), mint/ ~τοκόπος (ό), minter/ ~τολογία (ή), numismatology/ ~τολόγος (ό), numismatologist
νομοδιδάσκαλος (ό), teacher of law
νομοθεσία (ή), legislation/ *νομοθέτημα* (τό), law, act, statute/ *νομοθέτης* (ό), legislator/ *νομοθετικός*, legislative/ *νομοθετώ*, to legislate
νομολογία (ή), jurisprudence/ *νομομαθής*, jurist
νόμος (ό), law/ ἄγραφος ~, common law
νομός (ό), prefecture, department
νομοσχέδιο (τό), bill
νομοταγής, law abiding
νόνα (ή), grandmother/ *νονά* (ή), godmother
νορμανδικός, Nòrman
νορβηγός, Norwegian/ *Νορβηγός, Νορβηγίδα*, Norwegian (man, woman)
νοσηλεία (ή), nursing/ *νοσηλευτήριο* (τό), hospital/ *νοσηλεύω*, to nurse/ *νοσήλια* (τά), hospital fees
νόσημα (τό), disease, illness/ *νοσηρός*, unhealthy, unwholesome/ *νοσηρότητα* (ή), unhealthiness/ *νοσογόνος*, morbiferous
νοσοκομείο (τό), hospital/ *νοσοκόμος* (ό, ή), nurse
νόσος (ή), disease, sickness
νοσταλγία (ή), homesickness/ *νοσταλγικός*, nostalgic/ *νοσταλγός* (ό), homesick/ *νοσταλγώ*, to be homesick
νόστιμα, nicely, prettily/ *νοστιμάδα* (ή), grace; taste, flavour/ *νοστιμεύω*, to become pretty (tasty)/ *νοστιμεύομαι*, to be fond of/ *νοστιμιά* (ή), taste, flavour/ *νοστιμίζω*, to season/ *νόστιμος*, nice, pretty; tasty
νοσώ, to be sick
νότα (ή), note
νοτερός, damp, humid
νοτιάς (ό), south wind
νοτίζω, to damp, to moisten
νοτιοανατολικός, southeastern, southeasterly/ *νοτιοδυτικός*, southwestern, southwesterly/ *νότιος*, southerly
νοτισμένος, damp, humid
νότος (ό), the south
νουβέλα (ή), short novel
νουθεσία (ή), advice, admonition/ *νουθετώ*, to admonish
νούλα (ή), zero, nil
νούμερο (τό), number/ (fig.) ridiculous person
νουνά (ή), godmother/ *νουνός* (ό), godfather
νούντσιος (ό), nuncio
νοῦς (ό), mind, intellect/ κοινός ~, common sense/ ἔχω τό νοῦ μου, to be on the look out/ κοντά στό νοῦ κι' ἡ γνώση, that goes without saying
νούφαρο (τό), water-lily
νταής (ό), bully
ντάμα (ή), female escort/ (cards) queen
νταμάρι (τό), quarry
νταντά (ή), nursery maid/ *νταντεύω*, to nurse
νταραβέρι (τό), transaction
ντέφι (τό), tambourine
ντιβάνι (τό), sofa
ντοκουμέντο (τό), document
ντομάτα (ή), tomato/ *ντοματιά* (ή), tomato plant
ντόμπρος, straightforward, honest
ντόπιος, native
ντουβάρι (τό), wall
ντουζίνα (ή), dozen
ντουλάπα (ή), or **ντουλάπι** (τό), cupboard
ντοῦρος, inflexible, stiff
ντούς (τό), shower
ντουφέκι (τό). βλ. *τουφέκι*
ντρέπομαι, to be ashamed (shy)/ *ντροπαλός*, shy, bashful/ *ντροπή* (ή), shame, bashfulness/ *ντροπιάζω*, to disgrace
ντύμα (τό), cover
ντύνω, to dress, to clothe/ *ντύσιμο* (τό), dressing, clothing
νύκτα (ή), βλ. *νύχτα*
νυκτόβιος, nocturnal
νυκτοφύλακας (ό), night-watchman
νυμφεύω, to wed, to marry
νύμφη (ή), nymph/ (zool.) larva
νυμφομανής, nymphomaniac/ *νυμφομανία* (ή), nymphomania
νυμφώνας (ό), bridal chamber
νύξη (ή), hint
νύστα (ή), drowsiness/ *νυστάζω*, to feel drowsy/ *νυσταλέος*, sleepy
νυστέρι (τό), lancet

νύφη (ή), bride; sister-in-law; daughter-in-law/ *νυφικός*, nuptial, bridal
νυφίτσα (ή), weasel
νυχθημερόν, night and day
νύχι (τό), nail, claw/ *νυχιά* (ή), scratch
νύχτα (ή), night/ *νυχτέρι* (τό), night-duty/ *νυχτερινός*, nocturnal/ *νυχτερινό κέντρο*, night club
νυχτικό (τό), nightgown
νυχτώνει, it is getting dark
νωθρός, sluggish/ *νωθρότητα* (ή), sluggishness
νωπός, fresh; recent/ *νωπότητα* (ή), freshness
νωρίς, early
νῶτα (τά), the back
νωτιαῖος, dorsal, of the back/ ~ *μυελός*, spinal cord
νωχέλεια (ή), languidness/ *νωχελής*, or *νωχελικός*, languid/ *νωχελικά*, languidly

Ξ

ξαγρυπνῶ, to stay awake
ξαίνω, to unweave
ξακουσμένος, or *ξακουστός*, famous, celebrated
ξακρίζω, to edge
ξαλαφρώνω, to get rid of a burden; to feel relieved
ξαλμυρίζω, to unsalt
ξανά, again, once more
ξαναβάζω, to put back
ξαναβγάζω, to take out again/ *ξαναβγαίνω*, to go out again
ξαναβλέπω, to see again, to resee
ξαναβράζω, to boil again
ξαναβρίσκω, to find again
ξανάβω, to get excited
ξαναγεμίζω, to refill/ (gun) to reload
ξαναγίνομαι, to become again

ξαναγοράζω, to repurchase
ξαναγράφω, to rewrite
ξαναγυρίζω, to return
ξαναδιαβάζω, to reread
ξαναδίνω, to give back, to return
ξαναέρχομαι, to come again
ξαναζεσταίνω, to reheat/ *ξαναζεσταμένος*, reheated
ξαναζυγίζω, to reweigh
ξαναζῶ, to relive
ξαναζωντανεύω, to bring back to life
ξαναθυμίζω, to remind/ *ξαναθυμοῦμαι*, to recall, to remember
ξανακάθομαι, to resit
ξανακαλῶ, to reinvite/ to redial (telephone)
ξανακάνω, to repeat
ξανακερδίζω, to win again, to win back
ξανακλείνω, to close again
ξανακοιμᾶμαι, to sleep again
ξανακουμπώνω, to rebutton
ξανακτίζω, to rebuild
ξανακύλισμα (τό), relapse/ *ξανακυλῶ*, to roll again/ (fig.) to suffer a relapse
ξαναλέγω, to say again
ξαναλυώνω, to remelt
ξαναμαθαίνω, to learn again, to be reeducated
ξαναμασῶ, to ruminate
ξαναμετρῶ, to recount; to measure again
ξαναμιλῶ, to speak again
ξαναμοιράζω, to redistribute
ξαναμωραίνομαι, to dote, to become childish/ *ξαναμώραμα* (τό), dotage
ξανανιώνω, to feel young again
ξανανθίζω, to rebloom
ξανανοίγω, to reopen
ξαναπαθαίνω, to suffer again
ξαναπαίρνω, to retake
ξαναπαντρεύω, to marry someone again/ *ξαναπαντρεύομαι*, to remarry
ξαναπατῶ, to set foot again, to come back
ξαναπερνῶ, to pass by again
ξαναπηγαίνω, to go again
ξαναπιάνω, to catch again/ (bot.) to take root again
ξαναρίχνω, to throw again
ξαναρ(ρ)ωσταίνω, to fall ill again
ξαναρχίζω, to restart

ξανάρχομαι, to come again
ξαναρωτώ, to ask again
ξανασαίνω, to take breath
ξανασηκώνω, to lift again
ξανασκάβω, to redig
ξανασκεπάζω, to cover again
ξανασμίγω, to meet again
ξανάστροφα, inside out, in the reverse
ξανατρώγω, to eat again
ξανατυπώνω, to reprint
ξαναφαίνομαι, to reappear
ξαναφορτώνω, to reload
ξαναφυτεύω, to replant/ ξαναφυτρώνω, to shoot up again
ξαναχύνω, to repour; to remould
ξαναψήνω, to recook
ξαναψηφίζω, to vote again
ξανθαίνω, to turn blond/ ξανθή (ή), blonde (woman)/ ξανθομάλλης (ό), fair-haired/ ξανθός, fair, blond/ ξανθωπός, yellowish, fairish
ξανοίγω, to render lighter (in colour)/ ξανοίγομαι, to speak one's mind; to overspend
ξαντό (τό), lint
ξάπλωμα (τό), lying down/ ξαπλώνω, to spread out, to lay/ ξαπλώνομαι, to lie down
ξαποσταίνω, to rest
ξαρματώνω, to disarm/ ξαρμάτωτος, disarmed
ξάρτι (τό), (ship) shroud
ξασπρίζω, to bleach/ ξάσπρισμα (τό), bleaching
ξάστερα, clearly
ξαστεριά (ή), starry sky/ ξάστερος, unclouded, starry/ ξαστερώνω, to clear up
ξαφνιάζω, to surprise, to startle/ ξάφνιασμα (τό), surprise, astonishment/ ξαφνικά, suddenly/ ξαφνικός, unexpected, sudden/ ξάφνου, suddenly
ξαφρίζω, to skim/ (fig.) to steal
ξεβάφω, to fade
ξεβγάζω, to rinse
ξεβίδωμα (τό), unscrewing/ ξεβιδώνω, to unscrew
ξεβοτανίζω, to weed out
ξεβούλωμα (τό), unblocking; uncorking/ ξεβουλώνω, to unblock; to uncork
ξεβρακώνω, to unbreech/ ξεβράκωτος, with no breeches on
ξεβρωμίζω, to clean
ξεγαντζώνω, to unhook
ξέγδαρμα (τό), flaying; scratch/ ξεγδέρνω, to flay
ξεγελώ, to cheat, to deceive
ξεγλίστρημα (τό), slip/ ξεγλιστρώ, to slip/ (fig.) to escape
ξεγνέθω, to unspin
ξεγοφιάζομαι, to dislocate one's hip
ξεγράφω, to strike out; to consider lost
ξεγύμνωμα (τό), undressing/ ξεγυμνώνω, to undress
ξεδιάλεγμα (τό), selection/ ξεδιαλέγω, to select
ξεδιαλύνω, to explain, to clear up, to clarify
ξεδιάντροπος, shameless
ξεδίπλωμα (τό), unfolding/ ξεδιπλώνω, to unfold
ξεδιψώ, to quench one's thirst
ξεδοντιάζω, to pull out the teeth/ ξεδοντιάρης (ή), toothless
ξεζεύω, to unyoke
ξεζουμίζω, to squeeze out/ ξεζούμισμα (τό), squeezing out
ξεζώνω, to ungird
ξεθάβω, to disinter; to disclose
ξεθαρρεύω, to take courage, to be encouraged
ξεθεμελιώνω, to uproot
ξεθέωμα (τό), exhaustion/ ξεθεώνω, to tire someone out
ξεθηλυκώνω, to unbuckle
ξεθόλωμα (τό), clearing/ ξεθολώνω, to clear up
ξεθυμαίνω, to evaporate/ (fig.) to calm down/ ξεθύμασμα (τό), evaporation; calming down/ ξεθυμασμένος, evaporated
ξεθυμώνω, to calm down
ξεθωριάζω, to fade/ ξεθωριασμένος, faded, discoloured
ξεκαβαλικεύω, to dismount
ξεκαθαρίζω, to clear up/ ξεκαθάρισμα (τό), clearing up
ξεκαλοκαιριάζω, to spend the summer
ξεκαλτσώνομαι, to take off one's socks/ ξεκάλτσωτος, barefoot
ξεκάνω, to get rid of, to liquidate

ξεκαπιστρώνω, to unhalter/ ξεκαπίστρωτος, unhaltered
ξεκαρδίζομαι, to burst out laughing
ξεκαρφώνω, to un-nail/ ξεκάρφωτος, unnailed
ξεκινώ, to start; to set in motion
ξεκλειδώνω, to unlock/ ξεκλείδωτος, unlocked
ξεκληρίζω, to exterminate/ ξεκλήρισμα (τό), extermination
ξεκόβω, to break off; to take one's own way
ξεκοιλιάζω, to disembowel
ξεκοκκαλίζω, to nibble/ (fig.) to waste one's money
ξεκόλλημα (τό), ungluing, unsticking/ ξεκολλώ, to unglue, to unstick
ξεκομμένος, isolated, secluded
ξεκουμπίζομαι, to leave
ξεκουμπώνω, to unbutton/ ξεκούμπωτος, unbuttoned
ξεκουράζω, to refresh, to relieve/ ξεκουράζομαι, to take a rest/ ξεκούραση (ή), rest
ξεκουρδίζω, to unwind/ ξεκούρδιστος, unwound
ξεκουτιαίνω, to dote/ ξεκουτιασμένος, dotard
ξεκουφαίνω, to deafen
ξεκρέμασμα (τό), unhanging/ ξεκρεμώ, to unhang
ξελαρυγγιάζομαι, to grow hoarse with shouting
ξελασπώνω, to scrape off the mud; to get out of trouble
ξελαφρώνω, βλ. ξαλαφρώνω
ξελέγω, to break one's word
ξελεκιάζω, to take off the stains
ξελιγδιάζω, to remove grease (dirt)
ξελογιάζω, to seduce/ ξελογιασμένος, seduced
ξεμαδώ, to pluck
ξεμαθαίνω, to unlearn; to discontinue a habit
ξεμακραίνω, to move away
ξεμαλλιάζω, to dishevel
ξεμανταλώνω, to unbolt
ξεμέθυστος, sober/ ξεμεθώ, to get sober
ξεμοναχιάζω, to talk to someone privately

ξεμουδιάζω, to recover from numbness
ξεμπαρκάρισμα (τό), disembarking/ ξεμπαρκάρω, to disembark
ξεμπέρδεμα (τό), disentanglement/ (fig.) killing/ ξεμπερδεύω, to disentangle/ (fig.) to get rid of
ξεμυαλίζω, to infatuate
ξεμυγιαστήρι (τό), fly-flap
ξεμυτίζω, to appear, to peep
ξεμωραίνομαι, to dote/ ξεμωραμένος, dotard
ξεναγός (ό), guide/ ξεναγώ, to guide, to show the sights
ξενητειά (ή), foreign lands/ ξενητεμένος (ό), expatriate/ ξενητεύομαι, to leave one's own country
ξενίζω, to offer hospitality; to astonish
ξενικός, foreign, alien
ξενόγλωσσος, speaking a foreign tongue
ξενοδοχείο (τό), hotel/ ξενοδόχος (ό), hotelkeeper
ξενοίκιαστος, vacant, unlet
ξενομανία (ή), xenomania
ξένον (τό), (chem.) xenon
ξένος (ό), alien; stranger; guest
ξεντύνω, to undress
ξεννυστάζω, to shake off sleep
ξενυχιάζω, to pull off the nails
ξενύχτι (τό), sitting up all night/ ξενυχτώ, to sit up all night
ξενώνας (ό), guesthouse
ξεπαγιάζω, to freeze/ ξεπάγιασμα (τό), freezing
ξεπάγωμα (τό), thawing/ ξεπαγώνω, to thaw, to unfreeze
ξεπαρθενεύω, to deflower
ξεπάστρεμα (τό), extermination/ ξεπαστρεύω, to exterminate
ξεπάτωμα (τό), utter exhaustion/ ξεπατώνω, to tire out
ξεπεζεύω, to dismount
ξεπερνώ, to surpass, to go over the limit
ξεπεσμός (ό), decline
ξεπετώ, to fly off
ξεπέφτω, to decline
ξεπηδώ, to jump out of, to emerge
ξέπλεκος, dishevelled/ ξεπλέκω, to dishevel; to untwist
ξεπλένω, to rinse
ξεπληρώνω, to pay off/ (fig.) to avenge

ξέπλυμα — ξωτικό 142

ξέπλυμα (τό), dishwater
ξεποδαριάζω, to tire out/ ξεποδαριάζομαι, to be exhausted (of walking)
ξεπορτίζω, to slip away; to elope
ξεπούλημα (τό), selling off/ ξεπουλῶ, to sell off
ξεπουπουλιάζω, to plume
ξεπροβοδῶ, to see off
ξέρα (ἡ), sandbank
ξερά, dryly/ ξεραΐλα (ἡ), drought/ ξεραίνω, to dry
ξερακιανός, thin, bony
ξέρασμα (τό), vomiting/ ξερνῶ, to vomit
ξερίζωμα (τό), uprooting/ ξεριζώνω, to uproot
ξεροβόρι (τό), dry north wind
ξεροκέφαλος, blockhead
ξεροκόμματο (τό), a stale piece of bread/ (fig.) very low wages
ξερονήσι (τό), desert island
ξεροπήγαδο (τό), dry well
ξεροπόταμος (ὁ), dry riverbed
ξερός, dry
ξεροψήνω, to grill/ ξεροψήνομαι, to get loafed
ξέρω, to know, to be aware of
ξεσήκωμα (τό), rousing, uprising; copying/ ξεσηκώνω, to rouse; to copy
ξεσκάω, to feel relieved
ξεσκεπάζω, to uncover; to reveal/ ξεσκεπάζω, uncovering; disclosure/ ξέσκεπος, uncovered
ξεσκίζω, to tear (up)
ξεσκλάβωμα (τό), liberation/ ξεσκλαβώνω, to liberate
ξεσκολίζω, to finish school/ ξεσκολισμένος, graduate/ (fig.) sly
ξεσκονίζω, to dust/ ξεσκόνισμα (τό), dusting/ ξεσκονιστήρι (τό), duster
ξεσκουριάζω, to derust, to descale/ ξεσκούριασμα (τό), derusting, descaling
ξεσκούφωτος, bareheaded
ξεσπάθωμα (τό), unsheathing, drawing of the sword/ ξεσπαθώνω, to draw the sword/ (fig.) to declare oneself in favour of a cause
ξεσπιτώνω, to dislodge
ξεσπῶ, to burst out
ξεστομίζω, to utter
ξεστραβώνω, to straighten; to open the eyes/ (fig.) to inform
ξεστρατίζω, to go astray
ξεστρώνω, to unmake (the bed); to clear the table
ξεσυνηθίζω, to get out of a habit
ξεσφίγγω, to loosen
ξεσφραγίζω, to unseal
ξεσχίζω, to tear up/ ξεσχισμένος, tattered, torn
ξετινάζω, to shake/ (fig.) to take someone's money
ξετρελλαίνω, to drive crazy
ξετρυπώνω, to come out of a hole; to discover
ξετσιπώνομαι, to become shameless/ ξετσιπωσιά (ἡ), shamelessness, impudence/ ξετσίπωτος, shameless, impudent
ξετύλιγμα (τό), unrolling, unwrapping/ ξετυλίγω, to unroll, to unwrap
ξεύρω, 6λ. ξέρω
ξεφάντωμα (τό), feasting/ ξεφαντώνω, to feast
ξεφασκιώνω, to unswaddle
ξεφεύγω, to slip away
ξεφλουδίζω, to peel/ ξεφλούδισμα (τό), peeling
ξεφόρτωμα (τό), unloading/ ξεφορτώνω, to unload/ ξεφορτώνομαι, to get rid of/ ξεφόρτωτος, unloaded
ξεφουρνίζω, to take out of the oven/ (fig.) to utter (nonsense)
ξεφούσκωμα (τό), deflating/ ξεφουσκώνω, to deflate
ξέφραγος, unfenced; uncontrolled/ ξεφράζω, to clear obstructions
ξεφτέρι (τό), clever, smart
ξεφτίζω, to ravel/ ξέφτισμα (τό), ravelling
ξεφυλλίζω, to turn the pages/ ξεφύλλισμα (τό), turning the pages
ξεφυσῶ, to blow out
ξεφύτρωμα (τό), sprouting/ ξεφυτρώνω, to sprout
ξεφωνητό (τό), scream, cry/ ξεφωνίζω, to scream
ξεχαρβάλωμα (τό), dismembering/ ξεχαρβαλωμένος, dismembered/ ξεχαρβαλώνω, to dismember
ξεχασιάρης, forgetful/ ξεχασμένος, forgotten/ περασμένα ξεχασμένα, let by-

gones be bygones
ξέχειλα, to the brim/ *ξεχειλίζω,* to overflow/ *ξεχείλισμα* (τό), overflowing/ *ξέχειλος,* brimful
ξεχειμωνιάζω, to spend the winter/ *ξεχειμώνιασμα* (τό), wintering
ξεχνώ, to forget/ *ξεχνιέμαι,* to be absorbed in
ξεχρεώνω, to pay off debts
ξεχύνομαι, to pour (flow) out
ξεχώνω, to dig up, to unearth
ξεχωρίζω, to separate; to distinguish/ *ξεχώρισμα* (τό), separation, sorting/ *ξεχωριστά,* separately/ *ξεχωριστός,* separate; distinguished, exceptional
ξεψαχνίζω, to eat the best part of the meat/ (fig.) to scrutinize
ξεψειριάζω, to clean from lice, to delouse
ξεψύχισμα (τό), death, expiring/ *ξεψυχώ,* to expire, to die
ξήλωμα (τό), unstitching/ *ξηλώνω,* to, unstitch
ξημέρωμα (τό), daybreak, dawn/ *ξημερώνει,* the day is breaking/ *ξημερώνομαι,* to remain awake all night
ξηρά (ή), land
ξηρασία (ή), drought
ξηρός, βλ. *ξερός*
ξιδάτος, pickled/ *ξίδι* (τό), vinegar
ξινάρι (τό), hatchet
ξιππάζομαι, to grow arrogant/ *ξιππασιά* (ή), arrogance/ *ξιππασμένος,* arrogant
ξιφασκία (ή), fencing
ξιφίας (ό), swordfish
ξιφολόγχη (ή), bayonet
ξιφομαχία (ή), fencing/ *ξιφομάχος* (ό), swordsman, fencer/ *ξιφομαχώ,* to fence/ *ξίφος* (τό), sword/ *ξιφουλκώ,* to draw one's sword
ξόανο (τό), wooden statue/ (fig.) silly person
ξόβεργα (ή), limetwig
ξοδεύω, to spend; to consume
ξόδι (τό), funeral procession
ξομπλιάζω, to embroider
ξύγκι (τό), fat, lard
ξύδι (τό), βλ. *ξίδι*
ξυλάνθρακας (ό), charcoal
ξυλαποθήκη (ή), timberyard/ *ξυλεία* (ή), timber/ *ξυλέμπορος* (ό), timbermerchant/ *ξυλεύομαι,* to cut wood/ *ξυλιά* (ή), beating/ *ξυλιάζω,* to stiffen/ *ξυλίζω,* to beat, to hit/ *ξύλινος,* wooden/ *ξύλισμα* (τό), beating
ξύλο (τό), wood/ δίνω ~, to beat/ *ξυλογλύπτης* (ό), woodcarver/ *ξυλογλυπτική* (ή), woodcarving/ *ξυλογραφία* (ή), wood-engraving/ *ξυλογράφος* (ό), wood-engraver
ξυλοκάρβουνο (τό), charcoal
ξυλοκέρατο (τό), carob-bean
ξυλοκόπημα (τό), beating
ξυλοκόπος (ό), woodcutter
ξυλοκοπώ, to beat, to give a thrashing
ξυλόκοττα (ή), woodcock
ξυλοκρέββατο (τό), wooden bed; bier
ξυλοπόδαρο (τό), stilt
ξυλοσχίστης (ό), woodsplitter/ (fig.) worthless (inefficient) person
ξυλοτρύπανο (τό), auger
ξυλουργείο (τό), carpenter's shop/ *ξυλουργική* (ή), carpentry/ *ξυλουργός* (ό), carpenter
ξυλοφάγος (ό), woodpecker/ (tech.) rasp
ξυλοφορτώνω, to beat
ξυλόφωνο (τό), xylophone
ξυνίζω, to turn sour/ ~ τά μούτρα, to show disapproval/ *ξυνίλα* (ή), sourness, acidity
ξυνόγαλα (τό), curdled milk
ξυνόμηλο (τό), sour apple
ξυνός, sour, acid/ *ξυνούτσικος,* rather sour
ξύνω, to scrape; to scratch; to sharpen/ *ξύνομαι,* to scratch oneself
ξύπνημα (τό), awakening/ *ξυπνητήρι* (τό), alarm clock/ *ξυπνητός,* awake/ *ξύπνιος,* awake/ (fig.) clever/ *ξυπνώ,* to wake up, to rouse
ξυπόλυτος, barefooted
ξυράφι (τό), razor
ξυρίζω, to shave/ *ξύρισμα* (τό), shaving
ξύσιμο (τό), scraping; scratching
ξυστά, superficially; at a tangent
ξυστός, grated
ξύστρα (ή), scraper; currycomb; sharpener/ *ξυστρίζω,* to curry
ξώπετσα, superficially
ξώπορτα (ή), gate
ξωτικό (τό), fairy

O

ὁ, the (masculine singular)
ὄαση (ἡ), oasis
ὀβελίας (ὁ), lamb on the spit
ὀβελίσκος (ὁ), obelisk
ὀβίδα (ἡ), shell, bomb/ *ὀβιδοβόλο* (τό), howitzer
ὀβολός (ὁ), mite, obol
ὀγδοηκοστός, eightieth/ *ὀγδόντα*, eighty/ *ὀγδοντάρης* (ὁ), octogenarian/ *ὄγδοος*, eighth
ὀγκανίζω, to bray
ὀγκόλιθος (ὁ), massive stone
ὀγκομετρία (ἡ), volumetry/*ὀγκομετρικός*, volumetric
ὄγκος (ὁ), volume; mass/ (med.) tumour/ *ὀγκώδης*, massive, bulky
ὀδαλίσκη (ἡ), odalisque
ὀδεύω, to march, to go on
ὀδηγητής (ὁ), leader, guide
ὀδηγία (ἡ), instruction, guidance/ *ὀδηγός* (ὁ), guide; driver/ (book) guidebook/ *ὀδηγῶ*, to guide; to drive; to lead to
ὀδογέφυρα (ἡ), viaduct
ὀδοδείκτης (ὁ), milestone
ὀδοιπορία (ἡ), march, walk/ *ὀδοιπορικό* (τό), itinerary/ *ὀδοιπορικά*, travel expenses/ *ὀδοιπόρος* (ὁ), traveller (on foot)/ *ὀδοιπορῶ*, to travel
ὀδοκαθαριστής (ὁ), streetsweeper
ὀδοντάγρα (ἡ), dentist's forceps/ *ὀδονταλγία* (ἡ), toothache/ *ὀδοντιατρεῖο* (τό), dentist's office
ὀδοντιατρική (ἡ), dentistry/ *ὀδοντίατρος* (ὁ), dentist/ *ὀδοντικός*, dental/ *ὀδοντίνη* (ἡ), dentine/ *ὀδοντόβουρτσα* (ἡ), toothbrush/ *ὀδοντογλυφίδα* (ἡ), toothpick/ *ὀδοντόπαστα* (ἡ), toothpaste/ *ὀδοντόπονος* (ὁ), toothache/ *ὀδοντοστοιχία* (ἡ), denture/ *ὀδοντοφυΐα* (ἡ), teething/ *ὀδοντόφωνος*, (gram.) dental/ *ὀδοντωτός*, toothed
ὀδοποιία (ἡ), road-making/ *ὀδοποιός* (ὁ), road engineer
ὀδός (ἡ), road, street, way
ὀδόστρωμα (τό), road-surface
ὀδοστρωτήρας (ὁ), steamroller
ὀδόφραγμα (τό), barricade
ὀδύνη (ἡ), suffering, grief, pain/ *ὀδυνηρός*, painful
ὀδυρμός (ὁ), lamentation/ *ὀδύρομαι*, to lament
ὄζον (τό), ozone
ὄζω, to stink
ὀθόνη (ἡ), (film) screen
ὀθωμανικός, ottoman
οἱ, the (plural)
οἴδημα (τό), swelling
οἰηματίας (ὁ), self-conceited person/ *οἴηση* (ἡ), self-conceit
οἰκειοθελής, voluntary
οἰκειοποίηση (ἡ), appropriation/ *οἰκειοποιοῦμαι*, to appropriate
οἰκεῖος, intimate/ *οἰκειότητα* (ἡ), intimacy
οἴκημα (τό), building, dwelling
οἰκία (ἡ), house, dwelling/ *οἰκιακός*, domestic
οἰκίζω, to settle/ *οἰκιστής* (ὁ), settler/ *οἰκισμός* (ὁ), settlement
οἰκογένεια (ἡ), family/ *οἰκογενειακός*, of the family/ *οἰκογενειάρχης* (ὁ), father of the family/ *οἰκοδέσποινα* (ἡ), mistress of the house/ *οἰκοδεσπότης* (ὁ), houseowner; host
οἰκοδομή (ἡ), building, edifice/ *οἰκοδόμημα* (τό), structure, building/ *οἰκοδόμηση* (ἡ), construction/ *οἰκοδομήσιμος*, fit for building/ *οἰκοδόμος* (ὁ), builder/ *οἰκοδομῶ*, to build, to erect
οἰκοκυρική (ἡ), housekeeping
οἰκονομία (ἡ), economics, economy; saving/ *οἰκονομικός*, financial, economic/ *οἰκονομολογία* (ἡ), economics/ *οἰκονομολογικός*, financial/ *οἰκονομολόγος* (ὁ), economist/ *οἰκονόμος*, thrifty/ (ὁ), steward/ *οἰκονομῶ*, to economize
οἰκόπεδο (τό), building plot/ *οἰκοπεδοῦχος* (ὁ), plot-owner/ *οἰκοπεδοφάγος* (ὁ), land speculator
οἶκος (ὁ), house/ *ἐμπορικός* ~, firm/ *ἐκδοτικός* ~, publishing house
οἰκόσημο (τό), coat of arms
οἰκοσκευή (ἡ), household furniture
οἰκοτροφεῖο (τό), boarding school/ *οἰκότροφος* (ὁ), boarder

οἰκουμένη (ἡ), universe/ *οἰκουμενικός*, universal, ecumenical/ ~ *Πατριάρχης*, the Patriarch of Constantinople
οἰκουρῶ, to be confined to one's home (bed)
οἰκτείρω, to pity/ *οἰκτιρμός* (ὁ), compassion, pity
οἶκτος (ὁ), pity, compassion, mercy
οἰκτρός, wretched, pitiful/ *οἰκτρότητα* (ἡ), wretchedness
οἰμωγή (ἡ), wailing
οἰνοπαραγωγή (ἡ), wine production/ *οἰνοπαραγωγός* (ὁ), wine producer
οἰνόπνευμα (τό), alcohol, spirit/ ~*τοποιεῖο* (τό), distillery/ ~*τοπωλεῖο* (τό), pub/ ~*τώδης*, alcoholic/ οἰνοπνευματώδη ποτά, alcoholic drinks
οἰνοποιία (ἡ), wine manufacture/ *οἰνοποιός* (ὁ), wine manufacturer/ *οἰνοποσία* (ἡ), wine drinking/ *οἰνοπωλεῖο* (τό), tavern
οἶνος (ὁ), wine/ *οἰνοχόος* (ὁ), cupbearer
οἰοσδήποτε, οἰαδήποτε, οἰοδήποτε, whoever, whichever, whatever
οἰσοφάγος, (ὁ), oesophagus
οἰστρηλατῶ, to spur on, to inspire
οἶστρος (ὁ), inspiration
οἰωνός (ὁ), omen, augury/ *οἰωνοσκοπία* (ἡ), soothsaying/ *οἰωνοσκόπος* (ὁ), soothsayer
ὀκά (ἡ), oke
ὀκλαδόν, crosslegged
ὀκνεύω, to be lazy/ *ὀκνηρία* (ἡ), laziness/ *ὀκνηρός*, lazy, idle/ *ὀκνός*, sluggish
ὀκτάβα (ἡ), octave
ὀκταγωνικός, octagonal/ *ὀκτάγωνο* (τό), octagon/ *ὀκταετής* (ὁ), eight years old/ *ὀκταετία* (ἡ), eight years/ *ὀκταήμερο* (τό), eight days, week/ ὀκτακόσια, eight hundred/ ὀκταμελής, eight-member/ ὀκταπλασιάζω, to multiply by eight/ ὀκταπλάσιος, eightfold
ὀκταπόδι (τό), βλ. *χταπόδι*
ὀκτάστιχο (τό), eight-verse stanza
ὀκτάωρος, lasting eight hours
ὀκτώ, eight
Ὀκτώβριος (ὁ), October
ὀλάκερος, whole, entire
ὀλάνοιχτος, wide open
ὀλέθριος, disastrous, catastrophic/ *ὄλεθρος* (ὁ), disaster, catastrophe
ὀλιγάνθρωπος, thinly inhabited/ *ὀλιγάριθμος*, not numerous
ὀλιγάρκεια (ἡ), frugality/ *ὀλιγαρκής*, frugal
ὀλιγαρχία (ἡ), oligarchy/ *ὀλιγαρχικός*, oligarchical
ὀλιγοδάπανος, inexpensive
ὀλιγοήμερος, lasting a few days
ὀλιγόλογος, laconic
ὀλιγοπιστία (ἡ), incredulity/ *ὀλιγόπιστος*, incredulous
ὀλίγος, βλ. *λίγος*
ὀλιγοστεύω, βλ. *λιγοστεύω*
ὀλιγοφαγία (ἡ), moderation in eating/ *ὀλιγόφαγος*, moderate eater
ὀλιγωρία (ἡ), negligence
ὀλιγώτερος, less
ὀλικός, total, whole/ *ὀλικότητα* (ἡ), totality
ὀλισθαίνω, to slip, to slide/ *ὀλίσθημα* (τό), slip/ (fig.) blunder/ *ὀλισθηρός*, slippery
Ὀλλανδός, Ὀλλανδέζα, Dutch (man, woman)
ὀλμοβόλο (τό), howitzer/ *ὄλμος* (ὁ), mortar
ὀλόγεμος, full/ ὀλόγεμο φεγγάρι, full moon
ὀλόγυμνος, stark naked
ὀλόγυρα, all round
ὀλοένα, all the time, incessantly
ὀλοζώντανος, quite alive/ (fig.) very lively
ὀλοήμερος, lasting all day
ὀλοίδιος, exactly the same
ὀλόισια, straight ahead/ *ὀλόισιος*, perfectly straight
ὀλοκάθαρος, spotlessly clean
ὀλοκαίνουργιος, brand new
ὀλοκαύτωμα (τό), holocaust
ὀλοκληρία (ἡ), entirety, integrity/ καθ' ὁλοκληρίαν, totally, entirely/ *ὁλόκληρος*, entire, whole
ὁλοκλήρωμα (τό), (maths) integral/ *ὁλοκληρώνω*, to complete, to finish/ *ὁλοκλήρωση* (ἡ), completion/ *ὁλοκληρωτικός*, totalitarian, total/ ~*λογισμός*, integral calculus
ὁλόλαμπρος, bright, shining

ὁλόλευκος, quite white
ὁλολυγμός (ὁ), bewailing/ **ὀλολύζω**, to bewail
ὁλόμαλλος, (of) pure wool
ὁλόμαυρος, pitch-black
ὁλομέλεια (ἡ), plenum
ὁλομέταξος, all silk
ὁλομόναχος, all alone
ὁλονυκτία (ἡ), vigil
ὁλόρθα, straight/ **ὁλόρθος**, upright
ὅλος, whole, entire/ ~ ὁ κόσμος, everybody
ὁλοστρόγγυλος, completely round
ὁλοσχερής, total, whole
ὁλόσωμος, full length, from head to toe
ὁλοταχώς, at full speed
ὁλότελα, altogether, entirely
ὁλότητα (ἡ), totality
ὁλοῦθε, from all sides, from everywhere
ὁλοφάνερος, obvious, manifest
ὀλοφυρμός (ὁ), lamentation/ **ὀλοφύρομαι**, to lament
ὁλόχαρος, delighted
ὁλοχρονίς, all the year round
ὁλόχρυσος, made of pure gold
ὁλόψυχα, wholeheartedly/ **ὁλόψυχος**, wholehearted
ὀλυμπιάδα (ἡ), Olympiad/ **ὀλυμπιακός**, Olympic/ ὀλυμπιακοί Ἀγῶνες, Olympic Games/ **ὀλυμπιονίκης** (ὁ), winner at the Olympic Games
ὁμάδα (ἡ), team, group/ **ὁμαδικός**, collective
ὅμαιμος, of the same blood
ὁμαλά, regularly, normally/ **ὁμαλός**, normal, regular; even/ ὁμαλές συνθῆκες, normal conditions/ **ὁμαλότητα** (ἡ), normality; smoothness/ **ὁμαλύνω**, to normalize; to smooth
ὀμελέτα (ἡ), omelette
ὁμήγυρη (ἡ), assembly, meeting
ὁμήλικος, of the same age
ὁμηρικός, homeric
ὅμηρος (ὁ), hostage
ὁμιλητής (ὁ), speaker, lecturer/ **ὁμιλητικός**, talkative/ **ὁμιλητικότητα** (ἡ), talkativeness/ **ὁμιλία** (ἡ), talk, speech, lecture
ὅμιλος (ὁ), party, group; club
ὁμιλῶ, to talk, to speak

ὁμίχλη (ἡ), fog, mist/ *ὁμιχλώδης*, foggy, misty
ὁμοβάθμιος, of the same degree (grade)
ὁμοβροντία (ἡ), salvo
ὁμογάλακτος, foster brother/ sister
ὁμογένεια (ἡ), members of the same nation; expatriate Greeks/ **ὁμογενής** (ὁ), of the same nation, fellow-countryman, expatriate Greek
ὁμόγλωσσος, of the same tongue
ὁμογνωμία (ἡ), unanimity/ *ὁμόγνωμος*, unanimous
ὁμοδοξία (ἡ), common creed/ **ὁμόδοξος**, of the same creed
ὁμοεθνής, fellow-countryman
ὁμοειδής, similar, of the same kind
ὁμόθρησκος, coreligionist
ὁμόθυμα, unanimously/ **ὁμόθυμος**, unanimous
ὅμοια, equally
ὁμοιάζω, βλ. *μοιάζω*
ὁμοιόβαθμος, of the same degree (grade, rank)
ὁμοιογένεια (ἡ), homogeneity/ **ὁμοιογενής**, homogeneous
ὁμοιοκατάληκτος, rhyming/ **ὁμοιοκαταληξία** (ἡ), rhyme
ὁμοιόμορφα, uniformly/ **ὁμοιομορφία** (ἡ), uniformity/ **ὁμοιόμορφος**, uniform
ὁμοιοπαθής, fellow-sufferer
ὁμοιοπαθητική (ἡ), homeopathy/ *ὁμοιοπαθητικός*, homeopathic
ὅμοιος, similar, alike/ **ὁμοιότητα** (ἡ), similarity
ὁμοίωμα (τό), image
ὁμοιωματικά (τά), ditto sign
ὁμοίωση (ἡ), similarity, likeness/ κατ' εἰκόνα καί ~, in one's own image
ὁμόκεντρος, concentric
ὁμολογητής (ὁ), confessor
ὁμολογία (ἡ), admission, confession/ (econ.) bond
ὁμολογιοῦχος (ὁ), bondholder, stockholder/ **ὁμόλογο** (τό), promissory note
ὁμολογῶ, to admit, to confess
ὁμομήτριος, of the same mother
ὁμόνοια (ἡ), concord, harmony/ *ὁμονοῶ*, to agree with
ὁμοούσιος, consubstantial
ὁμοπάτριος, of the same father

ὁμόρρυθμος, of the same rhythm/ ὁμόρρυθμη ἑταιρία, unlimited company
ὄμορφα, nicely, beautifully/ ὀμορφαίνω, to embellish, to beautify/ ὀμορφιά (ἡ), beauty/ ὀμορφονιός (ὁ), dandy, conceited person/ ὄμορφος, beautiful, pretty
ὁμοσπονδία (ἡ), federation/ ὁμοσπονδιακός, federal/ ὁμόσπονδος, federated
ὁμότεχνος, fellow artist (craftsman)
ὁμοτιμία (ἡ), peerage, equality in honour/ ὁμότιμος, peer
ὁμοτράπεζος, codiner
ὁμοῦ, together
ὁμόφυλος, of the same race; of the same sex
ὁμοφυλοφιλία (ἡ), homosexuality/ ὁμοφυλόφιλος, homosexual
ὁμόφωνα, unanimously/ ὁμοφωνία (ἡ), unanimity/ ὁμόφωνος, unanimous
ὀμπρέλα (ἡ), umbrella
ὀμφάλιος, umbilical/ ~ λῶρος, umbilical cord/ ὀμφαλοκήλη (ἡ), umbilical hernia/ ὀμφαλός (ὁ), navel, umbilicus
ὁμωνυμία (ἡ), homonymy/ ὁμώνυμος, homonymous
ὅμως, but, though, however, nevertheless
ὄν (τό), creature, being
ὀνειδίζω, to reproach, to blame/ ὀνειδισμός (ὁ), reproach, blame/ ὀνειδιστικός, reproaching, offensive/ ὄνειδος (τό), disgrace, shame
ὀνειρεύομαι, to dream/ ὄνειρο (τό), dream/ ὀνειροκρίτης (ὁ), dreambook/ ὀνειροπόλημα (τό), daydreaming/ ὀνειροπόλος (ὁ), dreamer, visionary/ ὀνειροπολῶ, to daydream
ὀνείρωξη (ἡ), (med.) nocturnal emission
ὀνηλάτης (ὁ), ass-driver
ὄνομα (τό), name/ κύριο ~, proper name/ βαπτιστικό ~, christian name/ γιά ~ τοῦ Θεοῦ! for God's sake/ ψιλῷ ὀνόματι, in name only/ ὀνομάζω, to name; to appoint/ ὀνομασία (ἡ), name, appelation/ ὀνομαστικά, nominally/ ὀνομαστική (ἡ), (gram.) nominative/ ὀνομαστικός, nominal/ ὀνομαστός, famous, celebrated/ ὀνοματεπώνυμο (τό), full name
ὀνοματοθεσία (ἡ), nomenclature
ὀνοματοποιία (ἡ), onomatopoeia
ὄνος (ὁ), donkey, ass

ὀντολογία (ἡ), ontology/ ὀντολογικός, ontological
ὀντότητα (ἡ), essence
ὄντως, really, indeed
ὀξαποδῶ (ὁ), devil
ὀξεία (ἡ), (gram.) acute accent
ὀξείδιο (τό), oxide/ ὀξειδώνω, to oxidize/ ὀξείδωση (ἡ), oxidation; corrosion
ὀξύ (τό), acid
ὀξυγόνο (τό), oxygen/ ~κόλληση (ἡ), oxygen-welding
ὀξυγώνιος, acute-angled
ὀξυζενέ (τό), oxygenated water
ὀξύθυμος, quicktempered
ὀξύμωρο (τό), oxymoron
ὀξύνοια (ἡ), acuteness, sharpwittedness
ὀξύνω, to sharpen
ὀξύρυγχος (ὁ), sturgeon
ὀξύς, acid; sharp; acute/ ὀξύτητα (ἡ), sharpness; acidity, pungency/ ὀξύφωνος, shrill-voiced
ὀπαδός (ὁ), follower, partisan
ὀπάλι (τό), opal
ὄπερα (ἡ), opera, melodrama/ ὀπερέτα (ἡ), operetta
ὀπή (ἡ), hole, orifice
ὄπιο (τό), opium/ ~μανής (ὁ), opium addict
ὀπίσθιος, back, posterior/ τά ὀπίσθια, backside, posterior
ὀπισθοβουλία (ἡ), ulterior motive/ ὀπισθόβουλος, crafty
ὀπισθογεμής, breechloading
ὀπισθογράφηση (ἡ), endorsement/ ὀπισθογραφῶ, to endorse
ὀπισθοδρόμηση (ἡ), retrogressive, old fashioned/ ὀπισθοδρομῶ, to regress, to retreat
ὀπισθοφυλακή (ἡ), rearguard
ὀπισθοχώρηση (ἡ), retreat, withdrawal/ ὀπισθοχωρῶ, to retreat, to withdraw
ὁπλαρχηγός (ὁ), chieftain
ὁπλασκία (ἡ), fencing
ὁπλή (ἡ), hoof
ὁπλίζω, to arm; to load/ ὁπλισμός (ὁ), armament; loading
ὁπλιταγωγό (τό), troopship
ὁπλίτης (ὁ), (armed) soldier/ ὅπλο (τό),

gun, weapon/ *όπλοθήκη* (ή), arms depot
όπλομαχία (ή), fencing/ *όπλομάχος* (ό), fencer
όπλοποιεῖο (τό), arms factory/ *όπλοποιός* (ό), gunsmith
όπλοστάσιο (τό), arsenal/ *όπλοφορία* (ή), carrying arms/ *όπλοφόρος* (ό), armed man/ *όπλοφορῶ*, to carry arms
όποιος, whoever
όποιοσδήποτε, όποιαδήποτε, όποιοδήποτε, whoever, whichever, whatever, anybody, anything
όπόταν, when, whereby
όπότε, whenever
όπου, where, wherever/ ~*δήποτε*, anywhere, wherever
όπτασία (ή), vision
όπτική (ή), optics/ *όπτικός*, optical/ (ό), optician
όπτιμιστής (ό), optimist/ *όπτιμιστικός*, optimistic
όπωρικό (τό), fruit/ *όπωροπωλεῖο* (τό), fruitstore/ *όπωροπώλης* (ό), fruitseller/ *όπωροφόρος*, fruitbearing
όπως, as, just as; like/ ~ -~, somehow
όπωσδήποτε, anyway; definitely
όραγγουτάγγος (ό), orangoutang
όραμα (τό), vision, apparition/ *όραματίζομαι*, to see visions/ *όραματισμός*, (ό), vision/ *όραματιστής* (ό), visionary
όραση (ή), sight
όρατόριο (τό), oratorio
όρατός, visible/ *όρατότητα* (ή), visibility
όργανικός, organic/ (mus.) instrumental
όργανισμός (ό), organism; organization; regulations
όργανο (τό), organ, instrument/ ~ *τοῦ κράτους*, state agent/ (tech.) tool
όργανοπαίκτης (ό), organist
όργανώνω, to organize/ *όργάνωση* (ή), organization/ *όργανωτής* (ό), organizer/ *όργανωτικός*, organizing
όργασμός (ό), orgasm
όργή (ή), anger, wrath/ νά πάρει ή ~! damn it!
όργιάζω, to take part in an orgy
όργίζω, to anger/ *όργίζομαι*, to get angry/ *όργίλος*, wrathful
όργιο (τό), orgy

όργυιά (ή), fathom
όργωμα (τό), ploughing, tilling/ *όργώνω*, to plough, to till
όρδή (ή), horde
όρέγομαι, to desire
όρειβασία (ή), mountaineering/ *όρειβάτης* (ό), mountaineer/ *όρειβατικός*, (of) mountaineering
όρειχάλκινος, brazen/ *όρείχαλκος* (ό), bronze
όρεκτικό (τό), appetizer/ ~s, appetizing/ *όρεξη* (ή), appetite; wish, desire, keenness
όρεσίβιος, mountain-dweller
όρθά, correctly, accurately/ ~ *κοφτά*, frankly/ ~*νοιχτος*, wide open
όρθια, (ad) erect, upright/ *όρθιος*, erect, upright, standing up
όρθογραφία (ή), orthography/ *όρθογραφικός*, orthographic/ *όρθογράφος* (ό), accurate speller
όρθογώνιο (τό), rectangle/ ~s, rectangular
όρθοδοξία (ή), orthodoxy/ *όρθόδοξος*, orthodox
όρθολογισμός (ό), rationalism/ *όρθολογιστής* (ό), rationalist/ *όρθολογιστικός*, rationalistic
όρθοπεδική (ή), orthopaedics/ *όρθοπεδικός*, orthopaedic
όρθοποδῶ, to stand up; to prosper
όρθός, straight, upright; correct/ *όρθή γωνία*, right angle/ (med.) *όρθό ἔντερο*, rectum
όρθοστασία (ή), standing up
όρθοστάτης (ό), pilaster
όρθότητα (ή), accuracy
όρθοφρονῶ, to have the right ideas
όρθοφωνία (ή), correct diction
όρθρος (ό), dawn/ (eccl.) matins
όρθώνω, to raise, to erect/ ~ *τό ἀνάστημα*, to stand up to ̀
όριζόντια, horizontally/ *όριζόντιος*, horizontal/ *όριζοντιώνω*, to place horizontally / *όριζοντιώνομαι*, to lie down
όρίζω to limit; to define; to order/ ~ *τιμή*, to fix a price/ *όρίστε*! come in please!
όρίζων (ό), or **όρίζοντας** (ό), horizon
όριο (τό), limit, boundary; extent/ *ὑπερβαίνω τά ὅρια*, to go too far

ὁρισμένος, certain, definite
ὁρισμός (ὁ), definition; command
ὁριστική (ἡ), (gram.) indicative/ ὁριστικός, definite, decisive/ ὁριστικό ἄρθρο, definite article
ὁρκίζω, to swear in/ ὁρκίζομαι, to swear/ ὅρκος (ὁ), oath, vow/ τηρῶ τόν ὅρκο, to keep an oath/ παραβαίνω τόν ὅρκο, to break an oath/ ὁρκωμοσία (ἡ), swearing in/ ὁρκωτός, sworn
ὁρμαθός (ὁ), cluster, bunch
ὁρμέμφυτο (τό), instinct/ ~s, instinctive
ὁρμή (ἡ), violence, impetus, ardour, lack of restraint
ὁρμήνεια (ἡ), advice
ὁρμητικά, violently, impetuously/ ὁρμητικός, violent, impetuous, ardent/ ὁρμητικότητα (ἡ), violence, impetuosity
ὁρμόνη (ἡ), hormone
ὅρμος (ὁ), anchorage
ὁρμῶ, to dash, to rush
ὄρνιθα (ἡ), hen, fowl/ ὀρνιθολογία (ἡ), ornithology/ ὀρνιθολογικός, ornithological/ ὀρνιθολόγος (ὁ), ornithologist /ὀρνιθοσκαλίσματα (τά), scribbling
ὀρνιθοτροφεῖο (τό), poultry farm
ὄρνιο (τό), vulture
ὁροθεσία (ἡ), or ὁροθέτηση (ἡ), delimitation, demarcation, fixing of boundary/ ὁροθετικός, delimiting/ ὁροθετική γραμμή, demarcation line/ ὁροθετῶ, to fix the boundary
ὁρολογία (ἡ), terminology
ὁροπέδιο (τό), plateau
ὄρος (τό), mountain
ὅρος (ὁ), term; clause, condition/ μέσος ~, average/ ἄνευ ὅρων, unconditionally
ὀροσειρά (ἡ), mountain range
ὁρόσημο (τό), landmark
ὀροφή (ἡ), ceiling
ὄροφος (ὁ), floor, storey
ὀρός (ὁ), serum
ὀρτανσία (ἡ), hydrangea
ὄρτσα, (naut.) luff/ ὀρτσάρω, to luff
ὀρτύκι (τό), quail
ὄρυγμα (τό), ditch, trench
ὀρυζοφυτεία (ἡ), ricefield/ ὀρυζώνας (ὁ), rice plantation
ὀρυκτέλαιο (τό), mineral oil/ ὀρυκτό (τό), mineral/ ὀρυκτολογία (ἡ), mineralogy/ ὀρυκτολόγος (ὁ), mineralogist/ ὀρυκτός, mineral
ὀρυμαγδός (ὁ), din
ὄρυξη (ἡ), excavation, digging
ὀρυχεῖο (τό), mine
ὀρφανεύω, to become an orphan/ ὀρφάνια (ἡ), orphanhood/ ὀρφανός, orphan/ ὀρφανοτροφεῖο (τό), orphanage
ὄρχεις (οἱ), testicles
ὄρχηση (ἡ), dancing
ὀρχήστρα (ἡ), orchestra, band
ὁσάκις, whenever
ὁσιομάρτυρας (ὁ), holy martyr/ ὅσιος, holy, saintly/ δέν ἔχω ἱερό καί ὅσιο, to be totally unscrupulous/ ὁσιότητα (ἡ), saintliness, holiness
ὀσμή (ἡ), smell, odour
ὄσμωση (ἡ), osmosis
ὅσο, as far as/ ~ τό δυνατό, as far as possible/ ~s, as much as, as large as
ὄσπρια (τά), pulses
ὀστεαλγία η), boneache/ ὀστέινος, bony/ ὀστεολογία (ἡ), osteology/ ὀστεολόγος (ὁ), osteologist/ ὀστεομυελίτιδα (ἡ), osteomyelitis/ ὀστεοποίηση (ἡ), ossification/ ὀστεοποιῶ, to ossify/ ὀστεοφυλάκιο (τό), charnel house/ ὀστεώδης, bony
ὄστια (ἡ), (eccl.) host
ὀστό (τό), bone
ὀστρακιά (ἡ), scarlet fever
ὀστρακίζω, to ostracize
ὀστρακόδερμο (τό), crustacean
ὄστρακο (τό), shell
ὄστρια (ἡ), south wind
ὀσφραίνομαι, to smell/ (fig.) to suspect/ ὄσφρηση (ἡ), smell, scent
ὀσφυαλγία (ἡ), lumbago/ ὀσφυϊκός, of the loins/ ὀσφύς (ἡ), loins, haunches
ὄσχεο (τό), scrotum
ὅταν, when
ὅτι, that/ ὅ,τι, whatever
Οὔγγρος, or Οὑγγαρέζος, Οὑγγαρέζα, Hungarian (man, woman)
οὐγγιά (ἡ), ounce
οὔγια (ἡ), selvage
οὐδέποτε, never
οὐδετερόνιο (τό), neutron
οὐδετεροποίηση (ἡ), neutralization
οὐδέτερος, neutral/ (gram.) neuter/ οὐδε-

τερότητα (ή), neutrality
ούζο (τό), ouzo
ουίσκυ (τό), whisky
ούλαμός (ό), platoon; squad
ουλή (ή), scar
ουλίτιδα (ή), gingivitis/ ούλο (τό), gum
ούμανισμός (ό), humanism/ ούμανιστής (ό), humanist
ουρά (ή), tail/ χώνω τήν ~ μου, to interfere
ουραγός (ό), the last in a row (group)
ουραιμία (ή), uraemia
ουραίο (τό), rifle breech
ουράνιο (τό), uranium
ουράνιος, heavenly, celestial/ ουράνιο τόξο, rainbow
ουρανίσκος (ό), palate/ ουρανισκόφωνος, palatal
ουρανοκατέβατος, godsent/ (fig.) unexpectedly good
ουρανομήκης, reaching heaven/ ~ ζητωκραυγή, loud cheering
ουρανοξύστης, (ό), skyscraper
ουρανόπεμπτος, βλ. ουρανοκατέβατος
ουρανός (ό), sky, heaven
ουρήθρα (ή), urethra
ούρηση (ή), urination, pissing/ ουρητήριο (τό), lavatory, W.C./ ουρία (ή), urea/ ουρικός, uric
ούριος, favourable, fair (wind)
ουρλιάζω, to howl/ ουρλίασμα (τό), or ουρλιαχτό (τό), howling
ούρα (τά), urine/ ουροδοχείο (τό), chamberpot/ ουροδόχος κύστη, bladder/ ουρώ, to urinate
ουσάρος (ό), hussar
ουσία (ή), substance, essence; taste/ στήν ~, essentially, in fact/ χωρίς ~, meaningless/ ουσιαστικά, essentially/ ουσιαστικό (τό), noun/ ουσιαστικός, essential, main/ ουσιώδης, principal, main
ούτε, nor/ ~ ... ~, neither... nor
ουτιδανός, insignificant, worthless
ουτοπία (ή), utopia/ ουτοπικός, utopical/ ουτοπιστής (ή), utopian.
ούτως, thus, so/ ~ ή άλλως, somehow/ ~ ώστε, so that/ ούτω καθ' εξής, and so forth
οφειλέτης (ό), debtor/ οφειλή (ή), debt
οφειλήματα (τά, (eccl.) sins, trespasses
οφειλόμενος, due
οφείλω, to owe
όφελος (τό), gain, pofit, advantage
οφθαλμαπάτη (ή), optical illusion
οφθαλμία (ή), ophthalmia
οφθαλμιατρείο (στό), eye hospital/ οφθαλμίατρος (ό), oculist/ οφθαλμικός, ophthalmic/ οφθαλμολογία (ή), ophthalmology/ οφθαλμοπάθεια (ή), eye-disease/ οφθαλμόπονος (ό), eye-ache
οφθαλμοπορνεία(ή), lustful look
οφθαλμός (ό), eye/ (bot.) bud/ οφθαλμοφανής, evident, obvious
οφίκιο (τό), office, title
οφιοειδής, serpentine/ όφις (ό), serpent, snake
οφίτης (ό), ophite
όχεντρα (ή), βλ. οχιά
οχεταγωγός (ό), drainer/ οχετός (ό), drain, sewer
όχημα (τό), vehicle
όχθη (ή), (river) bank
όχι, no, not/ ~ δά! don't say!
οχιά (ή), viper, adder
οχλαγωγία (ή), tumult, uproar
οχληρός, troublesome, annoying/ οχληρότητα (ή), annoyance/ όχληση (ή), (leg.) summoning
οχλοβοή (ή), βλ. οχλαγωγία
οχλοκρατία (ή), mob rule/ όχλος (ό), mob
οχούμαι, to drive on a vehicle
οχυρό (τό), fort/ ~s, fortified/ οχύρωμα (τό), fortification/ οχυρωματικός, fortifying/ οχυρώνω, to fortify/ οχύρωση (ή), fortification
όψη (ή), look, appearance, face/ έκ πρώτης όψεως, at first sight/ λαμβάνω ύπ' ~, to take into consideration
οψιμάθεια (ή), recently acquired knowledge
όψιμος, late, tardy

Π

παγάνα (ή), trap, snare
παγανισμός (ό), paganism/ παγανιστής,

(ό), pagan
παγερός, frosty, icy/ *παγερότητα* (ή), frostiness/ (fig.) unfriendly attitude/ *παγετός* (ό), frost/ *παγετώνας* (ό), glacier
παγίδα (ή), trap, snare/ *παγίδευση* (ή), ensnaring, trapping/ *παγιδεύω*, to trap, to ensnare
πάγιος, firm, fixed, stable/ *παγιώνω*, to stabilize, to consolidate/ *παγίωση* (ή), consolidation
παγκάρι (τό), warden's pew
πάγκος (ό), bench
παγκόσμια, universally/ *παγκόσμιος*, universal/ ~ *πόλεμος*, world war
πάγκρεας (τό), pancreas
παγόβουνο (το) iceberg
παγόδα (ή), pagoda
παγοδρομία (ή), skating/ *παγοδρόμος* (ό), skater/ *παγοδρομώ*, to skate
παγοθραυστικό (τό), icebreaker
παγοπέδιλο (τό), skate
πάγος (ό), ice
παγούρι (τό), flask, waterbottle
πάγωμα (τό), freezing/ *παγωμένος*, frozen
παγώνι (τό), peacock
παγωνιά (ή), frost/ *παγωνιέρα* (ή), icebox/ *παγώνω*, to freeze/ ~ *από φόβο*, to be scared stiff
παγωτό (τό), ice cream
παζάρεμα (τό), bargaining/ *παζαρεύω*, to bargain/ *παζάρι* (τό), marketplace
παθαίνω, to suffer, to be afflicted by/ *τί έπαθες;* what is the matter?/ *παθαίνομαι*, to feel strongly about
πάθημα (τό), suffering, misfortune
πάθηση (ή), disease, complaint
παθητικά, passively/ *παθητικό* (τό), (econ.) liabilities/ *παθητικός*, passive/ *παθητικότητα* (ή), passiveness
παθιάζομαι, to feel strongly/ *παθιασμένος*, fanatic
παθογόνος, pathogenic
παθολογία *(ή), general medicine/ παθολογικός,* pathological/ *παθολόγος* (ό), general practitioner
πάθος (τό), passion
παθός (ό), sufferer
παιάνας (ό), paean/ *παιανίζω*, to play music

παιγνίδι (τό), βλ. **παιχνίδι**
παιγνιόχαρτο (τό) playing card
παιδαγωγική (ή), pedagogy/ *παιδαγωγικός*, pedagogical/ *παιδαγωγός*, (ό), pedagogue, teacher
παϊδάκι (τό), cutlet, chop
παιδάκι (τό), little child
παιδαριώδης, childish
παιδεία (ή), education, instruction/ Υπουργείο Παιδείας, Ministry of Education
παιδεμός (ό), suffering, trouble
παιδεραστής (ό), sodomite/ *παιδεραστία* (ή), sodomy
παίδευση (ή), education
παιδεύω, to trouble; to torment/ *παιδεύομαι*, to try hard
παΐδι (τό), rib
παιδί (τό), child
παιδιά (τά), game
παιδιακίσιος, childish/ *παιδιαρίζω*, to act childishly/ *παιδιαρίσματα* (τά), childish behaviour
παιδίατρος (ό), paediatrician
παιδικός, infantile
παιδοκομείο (τό), foundling hospital
παιδοκτονία (ή), infanticide/ *παιδοκτόνος* (ό), (person) infanticide
παιδομάζωμα (τό), forced recruitment of Christian children (by the Turks)
παιδομάνι (τό), crowd of children
παιδονόμος (ό), school usher
παιδοποιία (ή), procreation
παίζω, to play; to act/ ~ *στά δάχτυλα*, to know very well/ *δέν* ~, I am not kidding/ *παίκτης* (ό), player; gambler
παινεύω, to praise
παίξιμο (τό), playing; acting
παίρνω, to take, to receive, to get/ ~ *από πίσω*, to follow/ ~ *στό λαιμό μου*, to be responsible for someone's misfortune /~ *φωτιά*, to catch fire
παιγνίδι (τό), play, game; toy/ *παιχνιδιάρης* (ό), playful (person)
πακετάρω, to pack/ *πακέτο* (τό), package, parcel
παλαβομάρα (ή), foolishness, stupidity/ *παλαβός*, foolish, stupid/ *παλαβώνω*, to go mad
παλαιά, long ago

παλαίμαχος (ό), veteran
παλαιοβιβλιοπωλείο (τό), second-hand bookstore
παλαιογραφία (ή), palaeography
παλαιοντολογία (ή), palaeontology
παλαιοπωλείο (τό), second-hand shop/ *παλαιοπώλης (ό)*, dealer in second-hand articles
παλαιός, old; ancient; obsolete
παλαιστής (ό), wrestler/ *παλαιστικός*, wrestling/ *παλαίστρα (ή)*, wrestling ring
παλαμάκια (τά), applauding
παλαμάρι (τό), cable
παλάμη (ή), palm (of the hand)
παλαμίδα (ή), tunny fish
παλάντζα (ή), scales
παλάτι (τό), palace
παλεύω, to struggle; to wrestle/ *πάλη (ή)*, struggle; wrestling
παληός, βλ. *παλαιός*
παλιανθρωπιά (ή), villainy, meanness/ *παλιάνθρωπος (ό)*, villain, rogue
παλιάτσος (ό), buffoon
παλιγγενεσία (ή), regeneration
παλικάρι (τό), βλ. *παλληκάρι*
παλινδρόμηση (ή), reciprocative movement/ *παλινδρομικός*, reciprocative/ *παλινδρομώ*, to move reciprocatively
παλινορθώνω, to restore, to reinstate/ *παλινόρθωση (ή)*, restoration
παλινόστηση (ή), repatriation/ *παλινοστώ*, to go back home
παλινωδία (ή), recantation/ *παλινωδώ*, to recant
παλιογυναίκα (ή), nasty woman; prostitute
παλιόπαιδο (τό), street-boy
παλιός, ό, βλ. *παλαιός*
παλιόσπιτο (τό), old house; brothel
παλιόχαρτο (τό), waste paper; worthless document
παλιώνω, to become old
παλλαϊκός, of all the people, universal
παλλακίδα (ή), concubine
παλληκαράς (ό), bully
παλληκάρι (τό), brave man; young man/ *παλληκαριά (ή)*, courage, bravery/ *παλληκαρίσιος*, courageous, brave
πάλλω, to vibrate, to beat/ *παλμικός*, vibrating, beating/ *παλμός (ό)*, vibration, beating.

παλούκι (τό), peg, stake/ *τοῦ σχοινιοῦ καί τοῦ παλουκιοῦ*, criminal/ *παλούκωμα (τό)*, impalement/ *παλουκώνω*, to impale
παλτό (τό), overcoat
παμμέγιστος, huge, enormous
παμπάλαιος, very old
πάμπλουτος, very rich
πάμπολλοι (οί), numerous, a multitude of
παμπόνηρος, very cunning
πάμπτωχος, very poor
παμφάγος, omnivorous
πάμφθηνος, very cheap
παμψηφεί, unanimously/ *παμψηφία (ή)*, unanimity (of votes)
πᾶν (τό), the whole, everything/ *κάνω τό ~*, to try one's very best
πανάγαθος, omnibenevolent
Παναγία (ή), Virgin Mary
πανάγιος, most holy/ *παναγιότητα (ή)*, holiness/ *ἡ Αὐτοῦ ~*, His Holiness
πανάθλιος, most miserable
πανάκεια (ή), panacea
πανάρχαιος, very ancient
πανάχραντος, immaculate
πανδαιμόνιο (τό), pandemonium
πανδαισία (ή), banquet
πάνδεινα (τά), great calamities (hardships)
πάνδημος, public, universal
πανδοχέας (ό), innkeeper/ *πανδοχείο (τό)*, inn
πανελλήνιο (τό), the Greeks/ *~ς*, pan-hellenic
πανένδοξος, most glorious
πανεπιστημιακός, of a university, academic/ *πανεπιστήμιο (τό)*, university
πανέρημος, deserted
πανέρι (τό), basket
πανευτυχής, blissful, very happy
πανηγύρι (τό), festival, feast/ *πανηγυρίζω*, to celebrate/ *πανηγυρικά*, triumphantly/ *πανηγυρικός*, triumphal/ (ό), encomium/ *πανηγυρισμός (ό)*, celebration
πανθεϊσμός (ό), pantheism/ *πανθεϊστής (ό)*, pantheist
πάνθεο (τό), pantheon
πάνθηρας (ό), panther

πανί (τό), cloth, stuff; sail/ ἀνοίγω πανιά, to set sail/ εἶμαι ~ μέ ~, to be penniless
πανιάζω, to turn pale
πανικά (τά), linen
πανικόβλητος, panic-stricken/ πανικός (ὁ), panic
πάνινος, made of cloth
πανίσχυρος, all mighty
παννυχίδα (ἡ), night feast
πανόμοιος, exactly alike
πανομοιότυπο (τό), facsimile/ ~ς, exactly similar
πανοπλία (ἡ), full armour/ πάνοπλος, fully armed
πανόραμα (τό), panorama/ πανοραμικός, panoramic
πανοσιότητα (ἡ), ἡ Αὐτοῦ ~, His Grace
πανούκλα (ἡ), plague
πανουργία (ἡ), cunningness/ πανοῦργος, cunning, sly
πανσέληνος (ἡ), full moon
πανσές (ὁ), pansy
πάνσοφος, very wise
πανσπερμία (ἡ), people of all nations
πανστρατιά (ἡ), mobilization of the entire army
πάντα, always, ever/ γιά ~, for ever
πανταχοῦσα (ἡ), long letter (of reprimand)
παντελής, total, complete/ παντελῶς, completely
παντελόνι (τό), trousers
παντέρημος, forsaken, totally abandoned
παντεσπάνι (τό), sponge-cake
παντζάρι (τό), beetroot
παντζούρι (τό), window shutters
παντιέρα (ἡ), flag
παντογνώστης (ὁ), omniscient
παντοδυναμία (ἡ), omnipotence/ παντοδύναμος, omnipotent
παντοειδής, of every kind
παντοκράτορας (ὁ), the Omnipotent
παντομίμα (ἡ), pantomime
παντοπωλεῖο (τό), grocery/ παντοπώλης (ὁ), grocer
πάντοτε, always/ παντοτινός, everlasting, perpetual
παντοῦ, everywhere
παντόφλα (ἡ), slipper
παντρειά (ἡ), marriage/ παντρεύω, to marry/ παντρεύομαι, to get married
πάντως, anyway, at any rate
πανύψηλος, very tall (high)
πανωλεθρία (ἡ), disaster, extermination
πανώλη (ἡ), βλ. *πανούκλα*
πανωφόρι (τό), overcoat
παξιμάδι (τό), biscuit/ (tech.) nut
παπαγαλίζω, to prattle/ παπαγάλος (ὁ), parrot
παπαδιά (ἡ), priest's wife
παπαδίστικος, priestly/ παπαδοκρατία (ἡ), rule by the clergy
παπάκι (τό), duckling
παπαρούνα (ἡ), poppy
παπάς (ὁ), priest, clergyman
Πάπας (ὁ), Pope
πάπια (ἡ), duck
παπικός, papal/ παπισμός (ὁ), papism/ παπιστής (ὁ), papist
πάπλωμα (τό), bedcover, quilt/ ~τάς (ὁ), quiltmaker
παπουτσής (ὁ), shoemaker/ παπούτσι (τό), shoe/ παπουτσίδικο (τό), shoeshop/ παπουτσώνω, to supply with shoes
πάππος (ὁ), grandfather
πάπυρος (ὁ), papyrus
παπωσύνη (ἡ), papacy
παρά, by, from, but, except, rather/ μέρα ~ μέρα, every other day/ πέντε ~ τέταρτο, a quarter to five/ ~ λίγο, almost/ ~πολύ, too much
παραβάζω, to put too much
παραβαίνω, to transgress, to break
παραβάλλω, to compare
παραβάν (τό), screen
παράβαση (ἡ), violation, breach/ παραβάτης (ὁ), violator, transgressor, trespasser
παραβγαίνω, to compete
παραβιάζω, to violate, to trespass/ παραβίαση (ἡ), violation
παραβλάπτω, to wrong
παραβλέπω, to overlook/ παράβλεψη (ἡ), overlooking, oversight
παραβολή (ἡ), comparison/ (eccl.) parable
παράβολο (τό), deposit
παραγάδι (τό), fishing-net
παραγγελία (ἡ), command, order/ πα-

παράγγελμα — παραπλέω 154

ράγγελιοδότης (ό), consigner/ *παραγγελιοδόχος* (ό), agent, firm representative
παράγγελμα (τό), direction, instruction
παραγγέλλω, to order; to send a message
παραγεμίζω, to overfill; to stuff/ *παραγέμισμα* (τό), stuffing/ *παραγεμιστός,* stuffed
παραγερνώ, to grow too old
παραγίνομαι, to overdo, to go too far
παραγιός (ό), apprentice
παράγκα (ή), shed, hut
παραγκωνίζω, to neglect, to ignore/ *παραγκωνισμός* (ό), neglecting, ignoring
παραγνωρίζω, to disregard/ *παραγνώριση* (ή), disregard
παραγραφή (ή), (leg.) prescription
παράγραφος (ή), paragraph
παραγράφω, (leg.) to prescribe
παράγω, to produce/ *παραγωγή* (ή), production; derivation/ *παραγωγικά,* productively/ *παραγωγικός,* productive/ *παραγωγικότητα* (ή), productivity/ *παράγωγος,* derivative
παραγωγός (ό), producer
παράγων (ό), or ***παράγοντας*** (ό), factor
παράδειγμα (τό), example/ *παραδείγματος χάριν,* for example/ *παραδειγματίζω,* to exemplify/ *παραδειγματικός,* exemplary/ *παραδειγματισμός* (ό), exemplary punishment
παραδείσιος, (of) paradise, paradisaic/ *παράδεισος* (ό), paradise
παραδεκτός, acceptable
παραδέρνω, to strive
παραδέχομαι, to admit, to accept
παραδίδω, to deliver; to teach/ *παραδίνομαι,* to surrender, to give oneself up
παράδοξα, strangely
παραδοξολογία (ή), eccentric talk/ *παραδοξολόγος* (ό), eccentric (in speech)/ *παραδοξολογώ,* to make eccentric statements
παράδοξος, curious, strange, odd
παραδόπιστος, miser, fond of money
παράδοση (ή), delivery; surrender; tradition/ *παραδοσιακός,* traditional
παραδοτέος, to be delivered
παραδουλεύτρα (ή), (woman) servant
παραδουλεύω, to overwork

παραδοχή (ή), acceptance
παραδρομή (ή), oversight, omission
παραέξω, beyond, further
παραζάλη (ή), confusion/ *παραζαλισμένος,* confused
παραθαλάσσιος, (on the) seaside, littoral
παραθερίζω, to spend the summer/ *παραθερισμός* (ό), spending the summer
παράθεση (ή), quotation; listing; comparison/ *παραθετικός,* comparative/ *παραθέτω,* to compare ~ ἀπόσπασμα, to quote (a text)/ ~ φαγητό, to offer dinner
παράθυρο (τό), window/ *παραθυρόφυλλο* (τό), window-shutter
παραίνεση (ή), admonition, exhortation/ *παραινετικός,* admonitory, exhortative
παραίσθηση (ή), hallucination
παραίτηση (ή), resignation; abdication; renunciation/ *παραιτοῦμαι,* to resign; to abdicate
παρακάθομαι, to sit beside; to join for dinner
παράκαιρα, at the wrong time/ *παράκαιρος,* untimely
παρακαλεστά, entreatingly/ *παρακαλεστός,* entreating
παρακάλια (τά), entreaties/ *παρακαλῶ,* to beseech, to beg
παρακάμπτω, to evade, to by-pass/ *παράκαμψη* (ή), evasion; diversion (road)
παρακάνω, to overdo
παρακαταθήκη (ή), deposit, stock
παρακατιανός, inferior
παρακάτω, lower down
παρακεῖ, further
παρακείμενος (ό), (gram.) present perfect
παρακέντηση (ή), puncture/ *παρακεντῶ,* to puncture
παρακινδυνεύω, to risk
παρακίνηση (ή), exhortation, instigation/ *παρακινητής* (ό), instigator/ *παρακινῶ,* to exhort, to instigate
παρακλάδι (τό), branch
παράκληση (ή), request; prayer/ *παρακλητικός,* beseeching, entreating
παρακμάζω, to decline/ *παρακμή* (ή), decline
παρακοιμᾶμαι, to oversleep

παρακολούθηση (ή), observance; attendance/ *παρακολουθώ*, to observe; to attend
παρακόρη (ή), adopted daughter
παρακουράζομαι, to get very tired
παρακούω, to disobey; to mishear
παρακράτηση (ή), deduction/ *παρακρατώ*, to deduct
παράκρουση (ή), madness, insanity
παράκτιος, coastal
παρακώλυση (ή), obstruction/ *παρακωλύω*, to obstruct
παραλαβή (ή), receipt/ *παραλαμβάνω*, to receive
παραλείπω, to omit/ *παράλειψη* (ή), omission
παραλέω, to exaggerate
παραλήγουσα (ή), penultimate syllable
παραλήπτης (ό), receiver, addressee
παραλήρημα (τό), delirium/ *παραληρώ*, to be delirious
παραλής (ό), rich, wealthy person
παραλία (ή), coast, beach/ *παραλιακός*, coastal
παραλίγο, nearly, almost
παράλιος, coastal
παραλλαγή (ή), alteration; variation/ *παραλλάζω*, to vary
παράλλαξη (ή), (astr.) parallax
παράλληλα, in parallel/ *παραλληλίζω*, to compare/ *παραλληλισμός* (ό), comparison/ *παραλληλόγραμμο* (τό), parallelogram/ *παράλληλος*, parallel
παράλογα, unreasonably/ *παραλογίζομαι*, to become unreasonable/ *παραλογισμός* (ό), absurdity/ *παράλογος*, unreasonable, absurd
παραλυμένος, debauched/ *παραλυσία* (ή), debauchery
παράλυση (ή), paralysis/ *παραλυτικός*, paralytic/ *παράλυτος* (ό), paralysed/ *παραλύω*, to paralyse
παραμάγειρος (ό), apprentice cook
παραμάνα (ή), nurse; safety pin
παραμεθόριος, near the border
παραμέληση (ή), negligence/ *παραμελώ*, to neglect
παραμένω, to remain
παράμερα, out of the way/ *παραμερίζω*, to put aside, to remove/ *παράμερος*, remote
παραμέσα, further in
παράμεσος, ring-finger
παραμικρός, the least
παραμιλητό (τό), delirium/ *παραμιλώ*, to be delirious
παραμονεύω, to lay in ambush; to spy on
παραμονή (ή), stay; eve
παραμορφωμένος, deformed/ *παραμορφώνω*, to deform/ *παραμόρφωση* (ή), deformation/ *παραμορφωτικός*, deforming
παραμπαίνω, to penetrate too deeply into/ (fig.) to annoy
παραμυθένιος, fairylike/ *παραμύθι* (τό), tale
παρανάλωμα (τό), that which is consumed/ ~ *τοῦ πυρός*, prey of the fire
παρανόηση (ή), misunderstanding
παράνοια (ή), insanity, madness
παρανομία (ή), illegality/ *παράνομος*, illegal/ *παρανομώ*, to act unlawfully
παρανοώ, to misunderstand
παράνυμφος (ό, ή), bridesman, bridesmaid
παρανυχίδα (ή), hangnail
παράξενα, strangely/ *παραξενεύομαι*, to be astonished, to be amazed/ *παραξενιά* (ή), eccentricity, whim/ *παράξενος*, strange, eccentric
παραξηλώνω, to overdo
παραπαίω, to stagger
παραπάνω, more, in excess
παραπάτημα (τό), slip, false step/ *παραπατώ*, to slip
παραπείθω, to mislead/ *παραπειστικός*, misleading
παραπέμπω, to refer
παραπέρα, beyond, further
παραπεταμένος, neglected
παραπέτασμα (τό), curtain/ *σιδηροῦν* ~, Iron Curtain
παραπετώ, to neglect
παράπηγμα (τό), shed
παραπίνω, to overdrink
παραπλάνηση (ή), deceit/ *παραπλανητικός*, deceitful, misleading/ *παραπλανώ*, to deceive, to mislead
παραπλεύρως, alongside, next to
παραπλέω, to sail alongside

παραπληρωματικός — πασίγνωστος 156

παραπληρωματικός, complementary
παραπλήσιος, similar
παραποίηση (ή), forgery, falsification/ *παραποιώ,* to forge, to falsify
παραπομπή (ή), reference/ (leg.) committal
παραπονετικός, plaintive/ *παραπονιάρης* (ό), grumbler/ *παράπονο* (τό), grumbling, grievance/ *παραπονούμαι,* to grumble, to complain
παραποτάμιος, riverside
παραπόταμος (ό), tributary
παράπτωμα (τό), fault, minor sin
παράρτημα (τό), supplement, appendix/ (bank etc.) branch
παράσημο (τό), medal, decoration/ ~φορία (ή), medal-award/ ~φορώ, to decorate
παρασιτικός, parasitic/ *παράσιτο* (τό), parasite; atmospheric interference
παρασιώπηση (ή), omission/ *παρασιωπώ,* to omit
παρασκευάζω, to prepare/ *παρασκεύασμα* (τό), preparation/ *παρασκευαστικός,* preparatory
παρασκευή (ή), preparation/ *Π~,* Friday/ Μεγάλη ~, Good Friday
παρασκήνια (τά), side-scene/ ~κός, behind the scenes
παρασπονδία (ή), breaking faith with
παρασταίνω, to perform; to imitate/ *παράσταση* (ή), performance/ κάνω παραστάσεις, to protest
παραστάτης (ό), assistant, helper/ *παραστατικός,* representative
παραστέκω, to help, to assist
παράστημα (τό), appearance
παραστράτημα (τό), losing one's step/ (fig.) immoral act/ *παραστρατημένος,* licentious/ *παραστρατώ,* to stray; to lead an immoral life
παρασύνθημα (τό), password
παρασύρω, to carry away
παράταιρος, ill-matched
παράταξη (ή), procession; array, lining up
παράταση (ή), extension, prolongation
παρατάσσω, to line up; to array
παρατατικός (ό), imperfect tense
παρατείνω, to extend, to prolong

παρατήρηση (ή), observation; remark/ *παρατηρητήριο* (τό), watchtower; observatory/ *παρατηρητής* (ό), observer/ *παρατηρητικός,* observing/ *παρατηρητικότητα* (ή), careful observation/ *παρατηρώ,* to observe; to remark
παράτολμα, rashly/ *παράτολμος,* rash, risky
παράτονος, discordant
παρατράγουδο (τό), improper act
παρατρώγω, to overeat
παρατσούκλι (τό), nickname
παρατυπία (ή), irregularity/ *παράτυπος,* irregular
πάραυτα, instantly
παραφέρομαι, to get excited
παραφθορά (ή), corruption (of a word etc.)
παραφίνη (ή), paraffin
παραφορά (ή), fury, fierceness/ *παράφορος,* furious, fierce
παραφορτωμένος, overloaded/ *παραφορτώνω,* to overload
παράφραση (ή), paraphrase
παραφρονώ, to go crazy/ *παραφροσύνη* (ή), insanity, madness/ *παράφρων,* or *παράφρονας* (ό), mad, insane
παραφυάδα (ή), scion, shoot
παραφυλάγω, to spy (on)
παραφωνία (ή), dissonance/ *παράφωνος,* dissonant
παραχαράζω, to forge, to counterfeit/ *παραχαράκτης* (ό), forger, counterfeiter/ *παραχάραξη* (ή), forgery
παραχειμάζω, to spend the winter/ *παραχείμασμα* (τό), wintering
παραχρήμα, immediately
παραχώνω, to bury, to hide
παραχώρηση (ή), concession/ *παραχωρητήριο* (τό), concession certificate/ *παραχωρώ,* to cede, to grant
παρδαλός, spotted, multicoloured
παρέα (ή), group, company
παρεγκεφαλίδα (ή), cerebellum
πάρεδρος (ό), member of a court
παρειά (ή), cheek
παρείσακτος, intruding
παρεισφρύω, to intrude, to slip in
παρέκβαση (ή), digression
παρέκει, further on

παρεκκλήσι (τό), chapel
παρεκλίνω, to diverge, to deviate/ *παρέκλιση* (ἡ), divergence, deviation
παρεκτός, except, unless
παρεκτρέπομαι, to swerve/ (fig.) to behave badly/ *παρεκτροπή* (ἡ), swerving/ (fig.) bad behaviour
παρέλαση (ἡ), parade, procession/ *παρελαύνω*, to march
παρέλευση (ἡ), lapse (of time)
παρελθόν (τό), past
παρέλκυση (ἡ), deferment; protraction/ *παρελκύω*, to defer; to protract
παρέλκω, to put off (unnecessarily)
παρεμβαίνω, to intervene, to interfere
παρεμβάλλω, to interpolate, to insert
παρέμβαση (ἡ), intervention
παρεμβολή (ἡ), interpolation, insertion
παρεμπιπτόντως, by the way
παρεμποδίζω, to obstruct/ *παρεμπόδιση* (ἡ), obstruction
παρεμφερής, similar
παρένθεση (ἡ), parenthesis, bracket/ *παρενθετικός*, interpolatory/ *παρενθέτω*, to insert
παρενόχληση (ἡ), trouble, nuisance/ *παρενοχλῶ*, to harass, to trouble
παρεξήγηση (ἡ), misunderstanding/ *παρεξηγῶ*, to misunderstand
παρεπιδημῶ, to sojourn, to stay temporarily
πάρεργο (τό), secondary occupation
παρερμηνεία (ἡ), misinterpretation/ *παρερμηνεύω*, to misinterpret
παρέρχομαι, to elapse
παρευθύς, immediately, instantly
παρευρίσκομαι, to attend
παρέχω, to furnish, to supply
παρηγορητής (ὁ), comforter/ *παρηγορητικός*, comforting, consoling/ *παρηγοριά* (ἡ), comfort, consolation/ *παρηγορῶ*, to comfort, to console
παρήχηση (ἡ), alliteration
παρθένα (ἡ), virgin, maiden/ ~*γωγεῖο* (τό), girls' school/ *παρθενία* (ἡ), virginity/ *παρθενικός*, virginal/ *Παρθένος* (ἡ), the Virgin Mary
Παρθενώνας (ὁ), the Parthenon
παρίας (ὁ), outcast
Παρισινός, Παρισινή or Παριζιάνος,
Παριζιάνα, Parisian (man, woman)
παρίσταμαι, to attend
παριστάνω, to portray, to perform
παρκέτο (τό), parquet
πάρκο (τό), park
παροδικός, temporary, transient
πάροδος (ἡ), sidestreet
παροικία (ἡ), colony, community/ *πάροικος* (ὁ), resident alien/ *παροικῶ*, to live in a foreign land
παροιμία (ἡ), proverb
παρόμοια, similarly, likewise/ *παρομοιάζω*, to liken, to consider similar/ *παρόμοιος*, similar/ *παρομοίωση* (ἡ), simile
παρόν (τό), present
παρονομαστής (ὁ), denominator
παροξυσμός (ὁ), paroxysm, fit
παροπλίζω, to disarm/ *παροπλισμός* (ὁ), disarmament
παρόραμα (τό), error, misprint
παρόρμηση (ἡ), urge, impulsion/ *παρορμῶ*, to urge
παρότρυνση (ἡ), exhortation, urge/ *παροτρύνω*, to exhort, to urge
παρουσία (ἡ), presence/ *δευτέρα* ~, Doomsday/ *παρουσιάζω*, to present; to show/ *παρουσιάζομαι*, to appear/ *παρουσίαση* (ἡ), presentation/ *παρουσιάσιμος*, presentable/ *παρουσιαστικό* (τό), appearance
παροχέτευση (ἡ), drainage/ *παροχετεύω*, to drain
παροχή (ἡ), granting; supply
παρόχθιος, riparian
παρρησία (ἡ), frankness, outspokenness
παρτέρι (τό), (grass) lawn
παρτίδα (ἡ), game
παρυφή (ἡ), fringe
παρωδία (ἡ), parody/ *παρωδῶ*, to parody
παρών, παροῦσα, παρόν, present
παρωπίδα (ἡ), blinker
πάρωρα, too late
παρωτίτιδα (ἡ), mumps
πᾶς, πᾶσα, πᾶν, everybody, everyone, everything
πασάλειμα (τό), daubing/ (fig.) hasty work/ *πασαλείφω*, to daub/ (fig.) to do something inefficiently
πασάς (ὁ), pasha
πασίγνωστος, well-known

πασίδηλος — πεντηκονταετηρίδα 158

πασίδηλος, evident, manifest
πασκίζω, to strive
πασπαλίζω, to powder/ *πασπάλισμα* (τό), powdering
πασπάτεμα (τό), touching/ *πασπατεύω*, to touch
πάσσαλος (ό), pole, post/ *πασσαλώνω*, to set poles
πάστα (ή), pastry, sweet cake
παστάδα (ή), bridal chamber
παστεριωμένος, pasteurized/ *παστεριώνω*, to pasteurize
παστίλια (ή), lozenge
παστός, salted
παστουρμάς (ό), salted meat
πάστρα (ή), cleanliness/ *πάστρεμα* (τό), cleaning/ *παστρεύω*, to clean/ *παστρικά*, cleanly/ *παστρικός*, clean
πάστωμα (τό), salting, curing/ *παστωμένος*, salted, cured/ *παστώνω*, to salt, to cure
Πάσχα (τό), Easter/ *πασχαλιάτικος*, of Easter
πασχίζω, βλ. *πασκίζω*
πάσχω, to suffer, to be afflicted with
πάταγος (ό), clatter, loud noise/ *κάνω* ~, be very succesful
παταγώδης, noisy
πατάτα (ή), potato
πατέντα (ή), patent
πατέρας (ό), father
πατερίτσα (ή), crutch
πατήκωμα (τό), compressing/ *πατηκώνω*, to compress
πάτημα (τό), step; pressing/ *βρίσκω* ~, to find a pretext/ *πατημασιά* (ή), footprint
πατήρ (ό), βλ. *πατέρας*
πατητήρι (τό), wine press
πατητός, pressed, compressed
πατινάρω, to skate/ *πατήνι* (τό), skate
πατιρντί (τό), fuss, chaos
πατόκορφα, from top to bottom
πάτος (ό), bottom
πατούσα (ή), sole (of the foot)
πατριά (ή), tribe, clan
πατριαρχείο (τό), patriarchate/ *πατριάρχης* (ό), patriarch/ *πατριαρχικός*, patriarchal
πατρίδα (ή), fatherland, home country/ *πατριδοκαπηλία* (ή), false patriotism

πατρικά, fatherly, paternally/ *πατρικός*, fatherly, paternal
πατριώτης (ό), patriot/ *πατριωτικός*, patriotic/ *πατριωτισμός* (ό), patriotism
πατρογονικός, (ό), ancestral
πατροκτονία (ή), patricide/ *πατροκτόνος* (ό), patricide (person)
πατροπαράδοτος, traditional
πατρότητα (ή), paternity
πατρυιός (ό), stepfather
πάτρωνας (ό), patron
πατρώνυμο (τό), father's name
πατρώος, paternal
πατσαβούρα (ή), rag/ (fig.) slut
πατσάς (ό), tripe
πατώ, to step on, to set foot on/ *τόν πάτησε τό αὐτοκίνητο*, he was run over by a car
πάτωμα (τό), floor/ *πατώνω*, to touch the bottom
παύλα (ή), dash/ *τελεία καί* ~, that's it, that's the end
παύση (ή), pause, break
παυσίπονο (τό), painkiller
παύω, to cease, to stop, to discontinue; to dismiss
παφλάζω, to bubble up/ *παφλασμός* (ό), bubbling up
παχαίνω, to get fat; to fatten
πάχνη (ή), haze
παχνί (τό), manger
πάχος (τό), fat; fatness; thickness/ *παχουλός*, rather fat, plump/ *παχύδερμος*, thick-skinned/ (fig.) insensible
παχυλός, gross/ ~ *μισθός*, high salary/ *παχυλότητα* (ή), grossness
παχύς, fat; thick/ *παχυσαρκία* (ή), fatness
πάω, to go
πεδιάδα (ή), plain, lowland
πεδικλώνω, to shackle
πέδιλο (τό), sandal
πεδινός, flat, level/ *πεδινή πυροβολαρχία*, field battery
πεδίο, field/ ~ *μάχης*, battlefield
πέζεμα (τό), dismounting/ *πεζεύω*, to dismount
πεζικό (τό), infantry
πεζογραφία (ή), prose/ *πεζογράφος* (ό), prose-writer
πεζοδρόμιο (τό), pavement/ *πεζοδρόμος*

(ό), courier
πεζολογία (ή), prosaic text
πεζοπορία (ή), journey on foot/ *πεζοπόρος* (ό), walker, marcher/ *πεζοπορώ*, to walk, to march/ *πεζός*, on foot; in prose; prosaic/ *πεζότητα* (ή), platitude
πεζούλι (τό), stonebench
πεθαίνω, to die/ ~ *γιά*, to long for
πεθερά (ή), mother-in-law/ *πεθερός* (ό), father-in-law
πειθαναγκάζω, to force, to constrain/ *πειθαναγκασμός* (ό), constraint
πειθαρχείο (τό), detention room/ *πειθαρχία* (ή), discipline/ *πειθαρχικός*, disciplinary/ *πειθαρχώ*, to be disciplined
πειθήνιος, obedient, docile
πείθω, to persuade, to convince/ *πειθώ* (ή), persuasion
πείνα (ή), hunger, famine/ ~*λέος*, famished/ ~*σμένος*, hungry/ *πεινώ*, to be hungry
πείρα (ή), experience
πείραγμα (τό), teasing/ *πειράζω*, to annoy, to disturb; to tempt/ *δέν πειράζει*, it does not matter/ *πειράζομαι*, to be offended/ *πειρακτικός*, offensive, annoying
πείραμα (τό), test, experiment/ ~*τίζομαι*, to experiment/ ~*τικά*, experimentally/ ~*τικός*, experimental/ ~*τισμός* (ό), eoperimentation
πειρασμός (ό), temptation
πειρατεία (ή), piracy/ *πειρατής* (ό), pirate/ *πειρατικός*, piratical
πειραχτήρι (τό), teaser
πείσμα (τό), obstinacy, spite/ ~*τάρης*, obstinate, headstrong/ ~*τικά*, obstinately/ ~*τικός*, obstinate, spiteful/ ~*τώδης*, stubborn/ *πεισμάτωμα* (τό), obstinancy/ *πεισματώνω*, to get obstinate/ *πείσμων*, βλ. *πεισματάρης*/ *πεισμώνω*, to get obstinate
πειστήριο (τό), evidence, proof
πειστικά, convincingly, persuasively/ *πειστικός*, convincing/ *πειστικότητα* (ή), persuasiveness
πελαγοδρομώ, to sail out/ (fig.) to be confused
πέλαγος (τό), sea/ *πελαγώνω*, to be at a loss

πελαργός (ό), stork
πελατεία (ή), clientèle, customers/ *πελάτης* (ό), customer
πελεκάνος (ό), pelican
πελέκημα (τό), chipping with the adze/ *πελεκητός*, chipped, hewn/ *πελεκούδι* (τό), chip/ *θά καεί τό* ~, there will be a great party
πέλεκυς (ό), axe, hatchet/ *πελεκώ*, to axe; to hew
πελιδνός, livid/ *πελιδνότητα* (ή), lividness
πέλμα (τό), sole (of the foot)
πελώριος, huge, enormous
Πέμπτη (ή), Thursday
πέμπτος, fifth
πέμπω, to send
πενήντα, fifty/ *πενηντάρα* (ή), fifty-year-old woman/ *πενηντάρης* (ό), fifty-year-old man/ *πενηνταριά* (ή), about fifty
πενθήμερος, lasting five days
πένθιμα, mournfully/ *πένθιμος*, mournful, funeral/ *πένθος* (τό), mourning/ *πενθώ*, to be in mourning
πενία (ή), poverty
πενικιλλίνη (ή), penicillin
πενιχρός, poor, meagre/ *πενιχρότητα* (ή), poverty
πέν(ν)α (ή), pen; penny/ *πεννιά* (ή), stroke of the pen
πεντάγραμμο (τό), pentagon/ ~*ς*, pentagonal
πεντάδραχμο (τό), five drachma coin
πενταετής, five years old; lasting five years/ *πενταετία* (ή), a period of five years
πένταθλο (τό), pentathlon
πεντακάθαρος, spotlessly clean
πεντακόσιοι, five hundred
πεντάλφα (ή), star of David
πενταμελής, consisting of five members
πεντάμορφος, extremely beautiful
πενταπλασιάζω, to increase five times/ *πενταπλάσιος*, five times as much/ *πενταπλός*, fivefold
πεντάρφανος, orphan
πεντύλλαβος, five-syllabled
πεντάτομος, (made up) of five volumes
πεντάωρος, lasting five hours
πέντε, five
πεντηκονταετηρίδα (ή), fiftieth anniver-

πεντοξείδιο — περιφανής 160

sary/ *Πεντηκοστή* (ή), Pentecost/ *πεντηκοστός*, fiftieth
πεντοξείδιο (τό), pentoxide
πεπαιδευμένος, learned
πέπλο (τό), veil
πεποίθηση (ή), strong belief
πεπόνι (τό), melon/ *πεπονόσπορος* (ό), melon seed
πεπρωμένο (τό), fate, destiny
πεπτικός, digestive, peptic/ ~ *σωλήνας,* alimentary canal
πέρα, beyond, further/ ~γιά ~, completely, entirely/ πιό ~, further than/ ἐκεῖ ~, over there
περαίνω, to complete, to finish
πέραμα (τό), ford
πέρασμα (τό), passing, crossing/ *περασμένος,* past, bygone/ *περαστικός,* transient
περατώνω, to complete, to finish/ *περάτωση* (ή), completion
περβάζι (τό), frame (window, door etc.)
περγαμηνή (ή), parchment
πέρδικα (ή), partridge/ *περδίκι* (τό), young partidge/ *γίνομαι* ~, to recover fully
περηφάνεια (ή), pride/ *περήφανος,* proud
περί, about, concerning
περιαυτολογία (ή), bragging, boasting/ *περιαυτολογῶ,* to brag, to boast
περιβάλλον (τό), environment/ *περιβάλλω,* to surround
περίβλεπτος, conspicuous
περίβλημα (τό), wrapper, cover
περιβόητος, notorious
περιβολάρης (ό), gardener
περιβολή (ή), garment, attire
περιβόλι (τό), garden
περίβολος (ό), enclosure
περιβραχιόνιο (τό), armband
περιβρέχω, to wash on all sides, to encircle with water
περιγεγραμμένος, circumscribed
περίγειο (τό), perigee
περιγελῶ, to laugh at, to mock/ *περίγελως* (ό), laughing stock
περιγιάλι (τό), seashore
περίγραμμα (τό), outline
περιγραφή (ή), description/ *περιγραφικός,* descriptive/ *περιγράφω,* to describe/ (maths) to circumscribe
περιδεής, timorous
περιδέραιο (τό), necklace
περιδιαβάζω, to stroll/ *περιδιάβαση* (ή), stroll
περίδρομος (ό), excess
περιεκτικός, comprehensive/ *περιεκτικότητα* (ή), comprehensiveness
περιέλιξη (ή), winding/ *περιελίσσω,* to wind
περίεργα, curiously/ *περιεργάζομαι,* to stare at/ *περιέργεια* (ή), curiosity/ *περίεργος,* curious
περιέρχομαι, ~ *στήν κυριότητα,* to devolve
περιεχόμενα (τά), contents/ *περιεχόμενος,* included, contained/ *περιέχω,* to contain, to include
περιζήτητος, greatly desired, in great demand
περίζωμα (τό), girdle, belt/ *περιζώνω,* to encircle
περιήγηση (ή), tour/ *περιηγητής* (ό), tourist, traveller/ *περιηγοῦμαι,* to tour
περιήλιον (τό), perihelion
περιθάλπω, to treat, to take care of/ *περίθαλψη* (ή), care
περιθώριο (τό), margin
περιΐπταμαι, to hover
περικάλυμμα (τό), wrapper/ *περικαλύπτω,* to wrap, to envelop/ *περικάλυψη* (ή), wrapping, envelopment
περικάρδιο (τό), pericardium
περικεφαλαία (ή), helmet
περικλείω, to enclose
περικνημίδα (ή), garter
περίκομψος, very elegant (smart)
περικοπή (ή), reduction; fragment, quotation/ *περικόπτω,* to reduce, to curtail
περικόχλιο (τό), screwnut
περικυκλώνω, to surround/ *περικύκλωση* (ή), surrounding
περιλαίμιο (τό), collar
περιλάλητος, renowned, famous
περιλαμβάνω, to include, to contain
περίλαμπρος, brilliant
περιληπτικά, briefly, concisely/ *περιληπτικός,* concise, brief/ *περίληψη* (ή), summary, synopsis

περιλούω, or **περιλούζω,** to cover all over
περίλυπος, very sad
περιμαζεύω, to gather
περιμένω, to wait, to expect
περίμετρος (ή), perimeter, circumference
περίνοια (ή), sagacity
περιοδεία (ή), tour, trip/ *περιοδεύω,* to tour
περιοδικά, periodically/ *περιοδικό* (τό), magazine/ *περιοδικός,* periodical/ *περίοδος* (ή), period; season/ (woman) menstrual period/ (parl.) session
περίοικος (ό), neighbour
περίοπτος, conspicuous
περιορίζω, to limit, to confine, to restrict/ *περιορισμός* (ό), limitation, restriction/ *περιοριστικός,* restrictive
περιουσία (ή), property, estate
περιούσιος, chosen
περιοχή (ή), area, district
περιπάθεια (ή), passion/ *περιπαθής,* passionate
περίπαιγμα (τό), mockery/ *περιπαίζω,* to laugh at, to mock/ *περιπαικτικός,* mocking
περιπατητής (ό), walker/ *περιπατητικός,* peripatetic
περίπατος (ό), walk, stroll
περιπέτεια (ή), adventure/ *περιπετειώδης,* adventurous
περιπλάνηση (ή), roaming, roving/ *περιπλανῶμαι,* to roam, to rove, to wander
περιπλέκω, to complicate; to entangle; to implicate
περιπλέω, to circumnavigate
περιπλοκάδα (ή), creeper
περιπλοκή (ή), complication/ *περίπλοκος,* complicated
περιπνευμονία (ή), pneumonia
περιπόθητος, extremely desirable
περιποίηση (ή), good care, looking after/ *περιποιητικός,* obliging, courteous/ *περιποιῶ,* to cause/ *περιποιοῦμαι,* to take care of, to look after
περιπολία (ή), or **περίπολος** (ή), patrol/ *περιπολῶ,* to patrol
περίπου, about, approximately
περίπτερο (τό), pavilion
περίπτυξη (ή), embrace
περίπτωση (ή), case

περιρ(ρ)έω, to flow round
περισκελίδα (ή), trousers
περίσκεψη (ή), prudence, caution
περισκόπιο (τό), periscope/ *περισκοπῶ,* to observe around
περισπασμός (ό), distraction, diversion
περισπούδαστος, well prepared, carefully thought out
περισπωμένη (ή), circumflex accent
περίσσεια (ή), abundance, excess/ *περίσσευμα* (τό), surplus/ *περισσεύω,* to be in excess of
περισσότερος, more
περίσταση (ή), circumstance, condition
περιστατικό (τό), incident
περιστεριώνας (ό), pigeonhouse/ *περιστέρι* (τό), pigeon, dove
περιστοιχίζω, to stand beside
περιστολή (ή), reduction, limitation
περιστόμιο (τό), rim
περιστρέφω, to twirl, to spin/ *περιστροφή* (ή), rotation/ *περιστροφικός,* rotatory, revolving
περίστροφο (τό), revolver
περιστύλιο (τό), circular colonnade
περισυλλέγω, to pick, to collect/ *περισυλλογή* (ή), gathering, collection/ (fig.) mental concentration
περισφίγγω, to clasp, to tighten/ *περίσφιξη* (ή), clasping
περισώζω, to rescue, to save
περιτειχίζω, to build a wall all round/ *περιτείχιση* (ή), walling
περιτέμνω, to circumcise/ *περιτομή* (ή), circumcision
περιτόναιο (τό), peritoneum/ *περιτονίτιδα* (ή), peritonitis
περιτρέχω, to run about
περιτριγυρίζω, to roam; to surround/ *περιτριγυρισμένος,* surrounded
περίτρομος, terrified
περιττεύω, to be superfluous
περιττολογία (ή), idle talk/ *περιττολογῶ,* to chatter/ *περιττός,* superfluous, unnecessary/ ~ ἀριθμός, odd number
περίττωμα (τό), excrement
περιτύλιγμα (τό), wrapping/ *περιτυλίγω,* to wrap up
περιυβρίζω, to insult
περιφανής, outstanding, glorious

περιφέρεια (ή), district; circumference/ *περιφερειακός*, provincial/ *περιφερικός*, circular
περιφέρω, to carry round/ *περιφέρομαι*, to roam, to wander
περίψημα, splendidly, admirably/ *περίφημος*, renowned, famous; splendid
περίφοβος, terrified
περιφορά (ή), rotation/ (eccl.) procession
περίφρακτος, fenced/ *περίφραξη* (ή), fencing, enclosure
περίφραση (ή), periphrasis
περιφράζω, to enclose
περιφραστικός, periphrastic
περιφρόνηση (ή), contempt, disdain/ *περιφρονητικά*, contemptuously/ *περιφρονητικός*, contemptuous/ *περιφρονώ*, to despise, to feel contempt
περιφρούρηση (ή), safeguarding/ *περιφρουρώ*, to safeguard
περιχαρακώνω, to entrench
περιχαρής, delighted
περιχύνω, to pour over
περίχωρα (τά), suburbs, outskirts
περιώνυμος, famous, celebrated
περιωπή (ή), eminence, importance
περιωρισμένος, or **περιορισμένος**, limited
πέρκα (ή), perch (fish)
περνώ, to pass, to cross, to go through/ πέρασα πολλά, I have suffered a lot/ μοῦ πέρασε ἀπό τό μυαλό, it occurred to me/ ~ τήν κλωστή, to thread a needle
περόνη (ή), fibula
περονιάζω, to fork/ τό κρύο περονιάζει, to feel chilly through and through
περουζές (ό), turquoise
περούκα (ή), wig
περπατῶ, to walk
Πέρσης, *Περσίδα*, Persian (man, woman)/ *περσικός*, Persian
πέρυσι, last year/ *περυσινός*, of last year
πεσιμισμός (ό), pessimism/ *πεσιμιστής* (ό), pessimist
πέσιμο (τό), fall
πεσκέσι (τό), gift
πέστροφα (ή), trout
πέταγμα (τό), flying
πεταλίδα (ή), limpet
πέταλο (τό), horseshoe/ (bot.) petal/ τινάζω τά πέταλα, to kick the bucket
πεταλούδα (ή), butterfly
πετάλωμα (τό), shoeing/ *πεταλώνω*, to shoe (horse)/ *πεταλωτής* (ό), farrier
πέταμα (τό), throwing away/ *πεταμένος*, thrown away
πεταρίζω, to fly unsteadily
πεταχτός, joyful, merry
πετεινάρι (τό), young cock
πετεινόμυαλος, frivolous
πετεινός (ό), cock
πετονιά (ή), fishing line
πετούμενος, flying/ *πετούμενα* (τά), birds
πέτρα (ή), stone, rock/ *πετραδάκι* (τό), pebble/ *πετράδι* (τό), precious stone
πετραχήλι (τό), (eccl.) stole
πετρελαιαγωγός (ό), petrol-pipe/ *πετρέλαιο* (τό), oil, petroleum/ *πετρελαιοπαραγωγός* (ό), petrol-producing/ *πετρελαιοπηγή* (ή), petrol- (oil-) well/ *πετρελαιοφόρο* (τό), tanker
πετριά (ή), blow with a stone/ (fig.) whim
πέτρινος, stony
πετροβόλημα (τό), stoning/ *πετροβολῶ*, to stone
πετροκάρβουνο (τό), pitcoal
πετρολογία (ή), petrology
πετροπόλεμος (ό), stone fight
πετρότοπος (ό), rocky terrain
πετροχελίδονο (τό), martin
πετρόψαρο (τό), rockfish
πετρώδης, stony, rocky/ *πέτρωμα* (τό), rock layer/ *πετρώνω*, to petrify
πέτσα (ή), skin, hide
πετσέτα (ή), napkin, towel/ *πετσετοθήκη* (ή), napkin-holder
πετσί (τό), skin, hide; leather/ ~ καί κόκκαλο, skinny/ *πέτσινος*, (of) leather
πετσοκόβω, to cut to pieces/ (fig.) slaughter/ *πετσοκόβω* (τό), cutting to pieces/ (fig.) slaughter
πετσώνω, to cover with leather
πετυχαίνω, to succeed
πετῶ, to fly; to throw, to discard/ *πετιέμαι*, to spring up
πεύκο (τό), pine
πέφτω, to fall; to go down/ ~ ἔξω, to miscalculate
πέψη (ή), digestion
πηγαδίσιος, of the well/ *πηγάδι* (τό), well

πηγάζω, to spring from, to originate
πηγαιμός (ὁ), going
πηγαινοέρχομαι, to come and go
πηγαίνω, to go; to depart/ πῶς (τά) πᾶς; how are you getting along?/ πᾶμε! let's go/ δέν μοῦ πάει! it does not suit me
πηγαῖος, original
Πήγασος (ὁ), Pegasus
πηγή (ἡ), source, spring
πηγούνι (τό), chin
πηδάλιο (τό), helm, rudder/ πηδαλιοῦχος (ὁ), helmsman/ πηδαλιουχούμενο (τό), airship/ πηδαλιουχῶ, to steer
πήδημα (τό), jump, leap/ πηδηχτός, jumping, hopping/ πηδῶ, to jump, to leap, to hop/ ~ μιά λέξη, to omit a word
πήζω, to curdle, to thicken
πηλαλῶ, to run at full speed
πηλίκιο (τό), military cap
πηλίκον (τό), quotient
πήλινο (τό), earthen pot/ ~ς, earthen, of clay/ πηλοπλάστης (ὁ), potter/ πηλοπλαστική (ἡ), pottery/ πηλός (ὁ), clay/ πηλοφόρι (τό), hod
πηνίο (τό), spindle, bobbin
πήξιμο (τό), or **πήξη** (ἡ), coagulation
πηρούνι (τό), fork
πηχτή (ἡ), gelatine, jelly/ πηχτός, clotted; thick
πῆχυς (ὁ), cubit
πιανίστας (ὁ), pianist/ πιάνο (τό), piano
πιάνω, to catch, to grasp, to seize; to arrest/ ~ κουβέντα, to enter into conversation/ πιάνομαι, to be caught; to be paralysed/ πιάσιμο (τό), catching; paralysis; arrest; handle/ πιασμένος, caught; paralysed
πιατάκι (τό), small plate/ πιατέλα (ἡ), dish/ πιατικά (τά), crockery/ πιάτο (τό), plate
πιγκουίνος (ὁ), penguin
πίδακας (ὁ), water jet
πιέζω, to press, to squeeze
πιερότος (ὁ), pierrot
πίεση (ἡ), pressure/ πιεστήριο (τό), printing press/ πιεστής (ὁ), pressman/ πιεστικός, oppressive
πιέτα (ἡ), fold
πιθαμή (ἡ), span
πιθανολογία (ἡ), conjecture/ πιθανολογῶ, to consider probable/ πιθανός, probable, likely/ πιθανότητα (ἡ), probability, likelihood
πιθαράς (ὁ), potter/ πιθάρι (τό), pot, jar
πιθηκάνθρωπος (ὁ), apeman/ πιθηκίζω, to ape, to mimic/ πιθηκισμός (ὁ), aping, mimicry/ πιθηκοειδής, apelike/ πίθηκος (ὁ), ape, monkey
πίθος (ὁ), jar
πίκα (ἡ), spite/ πικάρω, to spite
πίκρα (ἡ), bitterness, sorrow/ πικράδα (ἡ), bitter taste/ πικραίνω, to embitter/ πικραμένος, embittered
πικραμύγδαλο (τό), bitter almond
πικρία (ἡ), bitterness, grief, disappointment/ πικρίζω, to taste bitter/ πικρόγλυκος, bitter-sweet/ πικρόγλωσσος, sarcastic
πικροδάφνη (ἡ), oleander
πικρός, bitter; harsh, rough/ πικρούτσικος, bitterish/ πικρόχολος, peevish
πιλατεύω, to trouble, to annoy, to torment
πιλάφι (τό), rice dish
πιλοποιός (ὁ), hatter/ πίλος (ὁ), hat
πιλότος (ὁ), pilot
πίνα (ἡ), wing shell
πίνακας (ὁ), table; list; blackboard; painting
πινακίδα (ἡ), tablet, sign; licence plate
πινάκιο (τό), small plate; small board/ (leg.) list of lawsuits
πινακοθήκη (ἡ), picture gallery
πινελιά (ἡ), stroke with the brush/ πινέλο (τό), brush
πίνω, to drink
πιό, more
πιοτό (τό), drink
πίπα (ἡ), smoking pipe
πιπεράτος, peppered/ (fig.) slightly obscene
πιπέρι (τό), pepper/ πιπεριά (ἡ), peppertree
πιπερόρριζα (ἡ), ginger root
πιπερώνω, to pepper
πιπιλίζω, to suck/ πιπίλισμα (τό), sucking
πιρούνι (τό), 6λ. **πηρούνι**
πισθάγκωνα, with elbows on the back
πισίνα (ἡ), swimming pool

πισινός — πλιάτσικο   **164**

πισινός, posterior, back/ τά πισινά, backside
πισοβελονιά (ή), backstitch
πίσσα (ή), tar, pitch/ *πισσάσφαλτος* (ή), bitumen/ *πισσώνω*, to cover with tar
πίστα (ή), dancing-ring
πιστά, faithfully
πιστευτός, believable, credible/ *πιστεύω*, to believe/ ~ (τό), (eccl.) the Creed/ *πίστη* (ή), faith, belief/ μέ καλή ~, in good faith/ θγάζω τήν ~, to exhaust (someone)
πιστοδότηση (ή), (econ.) credit
πιστόλι (τό), pistol/ *πιστολιά* (ή), pistol shot/ *πιστολίζω*, to shoot with a pistol
πίστομα, lying on one's face
πιστοποίηση (ή), certification/ *πιστοποιητικό* (τό), certificate/ *πιστοποιώ*, to certify
πιστός, faithful, true/ (eccl.) believer/ *πιστότητα* (ή), faithfulness/ (tech.) fidelity
πιστώνω, to credit/ *πίστωση* (ή), credit/ *πιστωτής* (ό), creditor/ *πιστωτικός*, crediting
πίσω, back/ μένω ~, to fall back/ μπρός- ~, backwards and forwards/ *πισώπλατα*, from the back/ (fig.) treacherously
πίτ(τ)α (ή), pie, cake
πιτσιλίζω, to splash/ *πιτσίλισμα* (τό), splashing
πιτσιρίκος (ό), young boy
πιτσούνι (τό), young dove/ (fig.) a pretty young girl
πιτυρίδα (ή), dandruff
πιωμένος, drunk
πλάγια, sidewise/ (fig.) indirectly
πλαγιά (ή), mountainside
πλαγιάζω, to lie down/ *πλάγιασμα* (τό), lying down/ *πλαγιαστός*, in a horizontal or oblique position
πλαγίαυλος (ό), flute
πλάγιος, transverse/ (fig.) indirect
πλαδαρός, flabby/ *πλαδαρότητα* (ή), flabbiness
πλάθω, to knead; to shape
πλάι, next to, beside/ *πλαϊνός*, next, lateral
πλαίσιο (τό), frame/ *πλαισιώνω*, to frame
πλάκα (ή) slate, slab/ σπάω ~, to have a nice time
πλακομύτης, (ό), snubnosed
πλακοστρώνω, to pave/ *πλακόστρωση* (ή), paving/ *πλακόστρωτος*, paved
πλάκωμα (τό), pressure/ *πλακώνω*, to press, to crush
πλάκωση (ή), depression, melancholy
πλακωτός, flat, compressed
πλανεύω, to seduce, to charm
πλάνη (ή), error, fault/ (tech.) plane/ δικαστική ~, miscarriage of justice
πλανήτης (ό), planet
πλανίζω, to plane
πλανόδιος, roving/ ~ έμπορος, pedlar
πλάνος, deceiver, seducer
πλάνταγμα (τό), vexation/ *πλαντάζω*, to be vexed
πλανώ, to mislead, to deceive
πλάση (ή), creation, universe
πλάσιμο (τό), formation
πλάσμα (τό), creature/ (leg.) legal fiction/ *πλασματικός*, fictitious
πλάστης (ό), creator
πλάστιγγα (ή), pair of scales
πλαστικά, plastically/ *πλαστική* (ή), plastic art/ *πλαστικός*, plastic/ *πλαστικότητα* (ή), plasticity
πλαστογραφία (ή), forgery/ *πλαστογράφος* (ό), forger/ *πλαστογραφώ*, to forge
πλαστοπροσωπία (ή), impersonation/ *πλαστοπροσωπώ*, to impersonate
πλαστός, false, counterfeit, forged/ *πλαστότητα* (ή), falsification, forgery
πλαστουργός (ό), creator, maker
πλαταγίζω, to clack/ *πλατάγισμα* (τό), clacking
πλαταίνω, to widen, to broaden
πλάτανος (ό), plane-tree
πλατεία (ή), square
πλάτη (ή), shoulder/ κάνω πλάτες, to assist
πλατιά, widely, broadly/ φαρδειά ~, at full length
πλατιάζω, to be verbose/ *πλατιασμός* (ό), verbosity
πλατίνα (ή), platinum
πλάτος (τό), width, breadth/ γεωγραφικό ~, latitude
πλατύγυρος, broad-brimmed
πλάτυνση (ή), widening, broadening/

πλατύνω, to widen, to broaden
πλατυπόδαρος, flatfooted/ *πλατυποδία* (ή), flatfootedness
πλατύς, wide, broad
πλατύσκαλο (τό), (stairs) landing
πλατύφυλλος, broadleaved
πλατωνικός, platonic
πλέγμα (τό), network
πλειάδες (οί), pleiades
πλειοδοσία (ή), auction/ *πλειοδότης* (ό), higher bidder/ *πλειοδοτώ*, to outbid
πλειονότητα (ή), majority, plurality
πλειοψηφία (ή), majority/ ἀπόλυτη ~, absolute majority/ *πλειοψηφώ*, to get the majority
πλειστηριασμός (ό), auction sale/ *πλειστηριαστής* (ό), auctioneer
πλεκτάνη (ή), ruse, plot
πλεκτήριο (τό), knitting factory/ *πλέκτης* (ό), knitter/ *πλεκτός*, knitted/ *πλέκω*, to knit/ ~ τό ἐγκώμιο, to praise, to eulogize
πλεμόνι (τό), lung
πλένω, to wash
πλεξίδα (ή), plait/ *πλέξιμο* (τό), knitting
πλέον, any more, any longer/ ἐπί ~, moreover
πλεονάζω, to be too much/ *πλεόνασμα* (τό), surplus/ *πλεονασμός* (ό), unnecessary word, pleonasm
πλεονέκτημα (τό), advantage, merit/ *πλεονέκτης* (τό), greedy person/ *πλεονεκτικά*, advantageously/ *πλεονεκτικός*, advantageous/ *πλεονεκτώ*, to excel/ *πλεονεξία* (ή), greediness
πλευρά (ή), side, rib; aspect
πλευρίζω, to come alongside/ (naut.) to land
πλευρικός, lateral
πλευρίτιδα (ή), pleurisy/ *πλευριτώνομαι*, to get pleurisy
πλευρό (τό), side, rib/ (mil.) flank/ στέκομαι στό ~, to stand by, to assist/ *πλευροκοπώ*, to attack on the flanks
πλεύση (ή), sailing/ *πλεύσιμος*, navigable
πλέω, to sail, to navigate
πληβεῖος (ό), plebeian
πληγή (ή), wound/ (fig.) scourge
πλήγμα (τό), blow
πληγούρι (τό), gruel

πλήγωμα (τό), wounding/ *πληγωμένος*, wounded/ *πληγώνω*, to wound, to hurt/ (fig.) to insult
πληθαίνω, to increase, to multiply
πλῆθος (τό), multitude, crowd; plenty, a lot
πληθυντικός (ό), plural
πληθυσμός (ό), population
πληθώρα (ή), abundance, profusion/ *πληθωρικός*, plethoric/ *πληθωρισμός* (ό), (econ.) inflation
πληκτικός, dull, boring
πλῆκτρο (τό), (piano) key
πλημμελειοδικεῖο (τό), police court/ *πλημμέλημα* (τό), fault, error; misdemeanour/ *πλημμελής*, defective
πλημμύρα (ή), flood/ (fig.) abundance/ *πλημμυρίδα* (ή), tide/ *πλημμυρίζω*, to flood/ *πλημμύρισμα* (τό), flooding, overflowing/ *πλημμυροπαθής*, flood victim
πλήν, minus
πλήξη (ή), boredom
πληρεξούσιο (τό), power of attorney/ ~ς, proxy; deputy/ *πληρεξουσιότητα* (ή), power of attorney
πληρέστατα, fully, entirely/ *πληρέστατος*, most full, entire/ *πλήρης*, full, complete; outright/ *πληρότητα* (ή), fullness
πληροφορία (ή), information, news/ *πληροφοριοδότης* (ό), informer/ *πληροφορῶ*, to inform
πλήρωμα (τό), crew/ ~ τοῦ χρόνου, the right time
πληρωμένος, paid/ *πληρωμή* (ή), payment/ *πληρώνω*, to pay
πλήρωση (ή), completion
πληρωτέος, due, payable/ *πληρωτής* (ό), payer
πλησιάζω, to approach, to go near/ *πλησίασμα* (τό), approaching, drawing near/ *πλησιέστερος*, closer, nearer/ ~ συγγενής, next of kin/ *πλησίον*, near, close by/ (ό), fellow human being/ ἀγάπα τόν ~ σου ὡς ἑαυτόν, love thy neighbour as thyself
πλησίστιος, with all sails hoisted
πλησμονή (ή), abundance
πλήττω, to strike; to feel bored
πλιάτσικο (τό), booty/ *πλιατσικολογῶ*, to

πλινθόκτιστος — πολυμάθεια 166

plunder
πλινθόκτιστος, built with bricks/ *πλίνθος* (ή), brick
πλοηγός (ό), pilot
πλοιάριο (τό), boat, small vessel
πλοίαρχος (ό), sea-captain
πλοίο (τό), ship, vessel, craft/ *πολεμικό ~*, battleship/ *~κτήτης* (ό), shipowner
πλοκάμι (τό), braid; tentacle
πλοκή (ή), plot
πλουμίδι (τό), embroidery, ornament/ *πλουμίζω*, to embroider, to adorn/ *πλουμιστός*, embroidered, adorned
πλουσιοπάροχος, rich, generous, copious
πλούσιος, rich, wealthy
πλουταίνω, to become rich/ *πλούτη* (τά), riches/ *πλουτίζω*, to enrich/ *πλουτισμός* (ό), enrichment/ *πλουτοκράτης* (ή), plutocrat/ *πλουτοκρατία* (ή), plutocracy/ *πλουτοκρατικός*, plutocratic/ *πλούτος* (ό), wealth, riches
πλύμα (τό), suds/ *πλυντήριο* (τό), laundry; washing machine/ *πλύντρια* (ή), 6λ. *πλύστρα/ πλύσιμο* (τό), washing/ *πλυσταριό* (τό), wash-house/ *πλυστικά* (τά), laundry money/ *πλύστρα* (ή), washer woman
πλώιμος, navigable
πλώρη (ή), bow, prow
πλωτάρχης (ό), corvette captain
πλωτός, navigable; floating
πνεύμα (τό), spirit, mind, intellect/ ῞Αγιο ~, Holy Ghost/ *πνευματικά*, spiritually/ *πνευματικός*, spiritual, intellectual/ *πνευματικότητα* (ή), spirituality
πνευματισμός (ό), spiritualism/ *πνευματιστής* (ό), spiritualist
πνευματώδης, witty, clever
πνεύμονας (ό), lung/ *πνευμονία* (ή), pneumonia/ *πνευμονικός*, pulmonary
πνευστός, blown/ πνευστό ὄργανο, wind instrument
πνέω, to blow/ ~ μένεα, to be in a rage/ ~ τά λοίσθια, to be on the verge of death
πνιγηρός, suffocating, choky
πνιγμός (ό), drowning, choking/ *πνίγω*, to drown; to strangle/ *πνίγομαι*, to be drowned/ ~ στή δουλειά, to be terribly busy/ *πνίξιμο* (τό), drowning; suffocation

πνοή (ή), breath; puff
πόα (ή), herb
ποδάγρα (ή), gout
ποδάρι (τό), foot/ *ποδαρικό*, augury/ *ποδαρίλα* (ή), bad odour of the feet
ποδηγεσία (ή), guidance/ *ποδηγετῶ*, to guide
ποδηλασία (ή), cycling/ *ποδηλάτης* (ό), cyclist/ *ποδήλατο* (τό), bicycle/ *ποδηλατοδρομία* (ή), bicycle race/ *ποδηλατῶ*, to cycle
ποδήρης, reaching (down) to the feet
πόδι (τό), foot; paw; claw/ εἶμαι στό ~, to be working (with little sleep)/ μέ τά πόδια, on foot
ποδιά (ή), apron
ποδίζω, to veer
ποδοβολητό (τό), tramping of feet
ποδόγυρος (ό), edge (of a dress)
ποδοκίνητος, driven by the feet
ποδοκροτῶ, to stamp the feet
ποδόλουτρο (τό), footbath
ποδοπατῶ, to trample
ποδοσφαιρικός, (of) football/ ~ ἀγώνας, football match/ *ποδοσφαιριστής* (ό), footballer/ *ποδόσφαιρο* (τό), football
πόζα (ή), pose
ποθητός, desirable/ *πόθος* (ό), desire, wish/ *ποθῶ*, to desire, to long for
ποίημα (τό), poem/ *ποίηση* (ή), poetry/ *ποιητής* (ό), poet/ *ποιητικός*, poetic/ ποιητική ἄδεια, poetic licence/ *ποιήτρια* (ή), poetess
ποικιλία (ή), variety/ *ποικίλλω*, to vary/ *ποικιλόμορφος*, diversified/ *ποικίλος*, varied, diverse/ *ποικιλότροπος*, varied, diverse/ *ποικιλόχρωμος*, multicoloured, of various colours
ποιμαίνω, to tend a flock/ (eccl.) to guide/ *ποιμαντικός*, pastoral/ *ποιμαντορία* (ή), pastorship/ *ποιμαντορικός*, pastoral/ *ποιμενάρχης* (ό), prelate, bishop/ *ποιμένας* (ό), shepherd; prelate/ *ποιμενικός*, bucolic, pastoral/ *ποιμήν* (ό), 6λ. *ποιμένας/ποίμνη* (ή), or *ποίμνιο* (τό), flock
ποινή (ή), penalty, punishment/ θανατική ~, capital punishment
ποινικολόγος (ό), criminologist/ *ποινικός*, penal/ ~ κώδικας, penal code

ποιόν (τό), quality, character, nature
ποίος or ποιός, who, which
ποιότητα (ή), quality/ *ποιοτικά*, qualitatively/ *ποιοτικός*, qualitative
πολέμαρχος (ό), military commander
πολεμικός, martial; military
πολέμιος (ό), enemy, foe
πολεμιστής (ό), warrior, fighter/ *πολεμίστρα* (ή), loophole
πόλεμος (ό), war/ *ἐμφύλιος* ~, civil war/ *παγκόσμιος* ~, world war/ *πολεμοφόδια* (τά), ammunition/ *πολεμῶ*, to fight
πολεοδομία (ή), town-planning
πόλη (ή), town, city
πολικός, polar
πολικότητα (ή), polarity
πολιομυελίτιδα (ή), poliomyelitis
πολιορκητής (ό), besieger/ *πολιορκητικός*, besieging/ *πολιορκία* (ή), siege/ *κατάσταση* ~ς, state of siege/ *πολιορκῶ*, to besiege
πολιοῦχος (ό), patron saint
πολιτεία (ή), state; government
πολιτειολόγος (ό), constitutional expert
πολίτευμα (τό), constitution, form of government
πολιτεύομαι, to be a politician/ *πολιτευτής* (ό), politician
πολίτης (ό), citizen; civilian
πολιτική (ή), politics; policy
πολιτικολογία (ή), talking politics/ *πολιτικολογῶ*, to talk politics
πολιτικός, political, civil/ ~ μηχανικός, civil engineer/ πολιτικά δικαιώματα, civil rights
πολιτισμένος, civilized/ *πολιτισμός* (ό), civilization
πολιτιστικός, cultural
πολιτογράφηση (ή), naturalization/ *πολιτογραφῶ*, to naturalize
πολιτοφύλακας (ό), civil guard/ *πολιτοφυλακή* (ή), civil guard, militia
πολίχνη (ή), small town
πολλά, many
πολλαπλασιάζω, to multiply/ *πολλαπλασιασμός* (ό), multiplication/ *πολλαπλασιαστέος*, multiplicant/ *πολλαπλασιαστής* (ό), multiplier/ *πολλαπλάσιος*, multiple, manifold/ *πολλαπλός*, multiple

πόλος (ό), pole
πολτός (ό), pulp
πολύ, much
πολυανδρία (ή), polyandry
πολυάνθρωπος, populous, densely populated
πολυάριθμος, numerous
πολυάσχολος, very busy
πολυβόλο, (τό) cannon
πολυγαμία, (ή), polygamy/ *πολύγαμος*, polygamous
πολύγλωσσος, polyglot
πολύγραφος (ό), polygraph, copying machine
πολυγράφος, prolific writer
πολυγραφῶ, to reproduce by copying machine
πολύγωνο (τό), polygon/ ~ς, polygonal
πολυδαίδαλος, very complicated, complex
πολυδάπανος, very expensive
πολύεδρο (τό), polyhedron/ ~ς, polyhedral
πολυειδής, varied, diverse
πολυέλαιος (ό), chandelier
πολυέξοδος, very expensive, costly; prodigal
πολυετής, lasting for many years/ *πολυετία* (ή), long period of time
πολυεύσπλαχνος, all-merciful
πολυζήτητος, much sought after, desirable
πολυζωία (ή), longevity
πολυήμερος, lasting for several days
πολυθεΐα (ή), polytheism/ *πολυθεϊστής* (ό), polytheist
πολυθρήνητος, much lamented
πολυθρόνα (ή), armchair
πολυθρύλητος, celebrated
πολυκαιρία (ή), long lapse of time
πολυκέφαλος, many headed, polycephalous
πολύκλαυστος, much lamented
πολυκλινική (ή), clinic
πολύκροτος, celebrated
πολυκύμαντος, stormy
πολυλογάς (ό), chatterer/ *πολυλογία* (ή), verbosity, chattering/ *πολυλογῶ*, to chatter
πολυμάθεια (ή), erudition/ *πολυμαθής*,

erudite
πολυμελής, multimembered
πολυμήχανος, crafty, artful, cunning
πολύμορφος, multiform
πολύμοχθος, tiring, laborious
πολύξερος, learned
πολυπαθής, or *πολύπαθος*, having undergone great suffering
πολύπειρος, very experienced
πολύπλευρος, multisided
πολυπληθής, crowded; numerous
πολύπλοκος, complicated, complex
πολυπόθητος, much desired
πολυποίκιλος, varied
πολυπραγμονώ, to be meddlesome/ *πολυπραγμοσύνη* (ή), meddling (with)/ *πολυπράγμων*, meddlesome
πολύπτυχος, multifolded
πολύς, πολλή, πολύ, many, much
πολυσαρκία (ή), obesity/ *πολύσαρκος*, fat
πολυσέβαστος, most respected
πολυσέλιδος, containing many pages
πολυσήμαντος, significant
πολύσπαστο (τό), pulley
πολυσύλλαβος, polysyllabic
πολυσύνθετος, complex; of many talents
πολυτάραχος, turbulent
πολύτεκνος, having many children
πολυτέλεια (ή), luxury/ *πολυτελής*, luxurious
πολυτεχνείο (τό), technical university
πολυτεχνίτης (ό), skilled in many arts/ ~ καί ἐρημοσπίτης, a jack of all trades
πολύτιμος, precious, valuable
πολύτομος, many-volumed
πολυτρίχι (τό), (bot.) Venus hair
πολύτροπος, ingenious
πολυτρώγω, to eat excessively/ *πολυφαγία* (ή), gluttony, overeating/ *πολυφάγος*, gluttonous
πολύφερνος, richly dowered/ *πολύφερνη νύφη*, rich young lady
πολύφυλλος, many-leaved
πολυφωνία (ή), polyphony/ *πολύφωνος*, polyphonic
πολύφωτο (τό), chandelier
πολύχορδος, multistringed
πολυχρόνιο (τό), special royal hymn (chanted in church)
πολυχρωμία (ή), multicolouredness/ *πολύχρωμος*, multicoloured
πολυψήφιος, ~ ἀριθμός, multidigital number
πολυώνυμο (τό), (maths) polynomial/ ~ς, having several names
πολύωρος, lasting for many hours
Πολωνός, Πολωνέζα, Pole (man, woman)
πολώνω, to polarize/ *πόλωση* (ή), polarization/ *πολωτικός*, polarizing
πομάδα (ή), pomade
πόμολο (τό), knob, handle
πόμπευση (ή), or *πόμπεμα* (τό), public ridicule/ *πομπεύω*, to ridicule
πομπή (ή), procession, parade
πομπός (ό), transmitter
πομπώδης, pompous
πονεμένος, aching, sore
πονετικός, compassionate
πόνημα (τό), work, study
πονηράδα (ή), slyness, cunning/ *πονηρεύομαι*, to be suspicious/ *πονηρία* (ή), slyness, cunning/ *πονηρός*, sly, crafty
πονόδοντος (ό), toothache
πονοκέφαλος (ό), headache/ *πονοκεφαλιάζω*, to puzzle one's brain
πονόλαιμος (ό), sore throat
πονόμματος (ό), sore eye
πόνος (ό), pain, ache
πονόψυχος, compassionate
ποντάρω, to stake
ποντίκι (τό), or *ποντικός* (ό), mouse, rat/ *ποντικοπαγίδα* (ή), mousetrap/ *ποντικοφαγωμένος*, eaten by mice/ *ποντικοφωλιά* (ή), mousehole
ποντοπορία (ή), navigation/ *ποντοπόρος* (ό), seafarer/ *ποντοπορώ*, to navigate
πόντος (ό), sea; stitch; centimetre; point, mark
πονώ, to ache, to suffer
πορδή (ή), fart
πορεία (ή), march; course/ (mil.) *φύλλο πορείας*, marching orders/ *πορεύομαι*, to march; to go towards
πόρθηση (ή), plundering, pillaging/ *πορθητής* (ό), plunderer, pillager
πορθμέας (ό), ferryman/ *πορθμεία* (τά), ferry-fare/ *πορθμείο* (τό), ferryboat
πορθμός (ό), channel, strait

πορθώ, to plunder; to conquer
πορίζομαι, to acquire
πόρισμα (τό), conclusion, deduction; corollary
πορισμός (ό), acquisition
πορνεία (ή), prostitution/ *πορνείο* (τό), brothel/ *πορνεύω*, to prostitute/ *πόρνη* (ή), prostitute, whore/ *πορνοβοσκός* (ό), brothel keeper/ *πορνογραφία* (ή), pornography/ *πορνογραφικός*, pornographic
πόρνος (ό), fornicator; brothel customer
πόρος (ό), ford/ (skin) pore/ (econ.) means, source of income
πόρπη (ή), buckle
πορσελάνη (ή), china, porcelain
πόρτα (ή), door
πορτογαλικός, Portuguese/ *Πορτογάλος*, *Πορτογάλα*, Portuguese (man, woman)
πορτοκαλάδα (ή), orangeade, orange-juice/ *πορτοκαλεώνας* (ό), orange grove/ *πορτοκάλι* (τό), orange/ *πορτοκαλιά* (ή), orange-tree
πορτοφόλι (τό), wallet
πορτραίτο (τό), portrait
πορφύρα (ή), purple/ *πορφυρίτης* (ό), porphyry/ *πορφυρός*, purple (colour)
πορώδης, porous
πόσιμος, drinkable
ποσό (τό), sum, amount
πόσος, how much, how big (large)
ποσοστό (τό), percentage
ποσότητα (ή), quantity/ *ποσοτικά*, quantitatively/ *ποσοτικός*, quantitative
ποταμάκι (τό), stream, brook/ *ποταμήσιος*, or *ποτάμιος*, of the river/ *ποτάμι* (τό), river/ *ποταμόπλοιο* (τό), river-boat/ *ποταμός* (ό), river
ποταπός, mean, base/ *ποταπότητα* (ή), meanness, baseness
ποτάσσα (ή), potash
πότε, when/ ώς ~; until when?/ ~-~, from time to time
ποτέ, never, ever/ κάλλιο άργά παρά ~, better late than never
ποτήρι (τό), glass
πότης (ό), drinker
ποτίζω, to water, to irrigate/ *πότισμα* (τό), watering, irrigation/ *ποτιστήρι* (τό), watering-can/ *ποτιστικός*, irrigating
ποτό (τό), drink; liquor/ *ποτοποιείο* (τό), liquor factory/ *ποτοπωλείο* (τό), bar
πού, who, which, that
πού, where/ άπό ~ ώς ~, since when?
πουγγί (τό), purse
πούδρα (ή), (face) powder/ *πουδράρω*, to powder
πουθενά, nowhere
πουκαμίσα (ή), long shirt/ *πουκάμισο* (τό), shirt
πουλάκι (τό), little bird
πουλάρι (τό), colt
πουλερικά (τά), poultry
πούλημα (τό), sale
πουλί (τό), bird, fowl
πούλια (ή), pleiades
πουλώ, to sell
πουνέντες (ό), west wind
πουντιάζω, to catch cold
πουπουλένιος, feathery/ *πούπουλο* (τό), feather
πουρές (ό), mash
πουριτανισμός (ό), puritanism/ *πουριτανός* (ό), puritan
πουρνάρι (τό), holly
πουρνό (τό), dawn, daybreak
πούρο (τό), cigar
πούσι (τό), mist
πούστης (ό), homosexual
πουτάνα (ή), prostitute, whore
πουτίγγα (ή), pudding
πράγμα (τό), thing, object/ αύτό είναι άλλο ~, this is another matter/ τά πράγματα δέν πάνε καλά, things are not going well/ είμαι στά πράγματα, to be in power
πραγματεία (ή), essay
πραγματεύομαι, to deal with (a subject)
πράγματι, really, in fact
πραγματικός, real, true
πραγματικότητα (ή), reality
πραγματιστής (ό), realist
πραγματογνώμονας (ό), expert, connoisseur/ *πραγματογνωμοσύνη* (ή), valuation, survey
πραγματοποίηση (ή), realization/ *πραγματοποιήσιμος*, feasible/ *πραγματοποιώ*, to realize, to accomplish/ *πραγμάτωση* (ή), realization, achievement

πρακτικά (τά), minutes
πρακτική (ἡ), practice
πρακτικό (τό), official written report
πρακτικός, practical
πράκτορας (ὁ), agent/ *πρακτορεῖο (τό)*, agency
πραμάτεια (ἡ), goods, merchandise/ *πραματευτής (ὁ)*, tradesman
πρᾶξη (ἡ), action, deed/ (leg. & theat.) act
πραξικόπημα (τό), coup d'état
πρᾶος, mild, meek/ *πραότητα (ἡ)*, mildness, meekness
πρασιά (ἡ), lawn
πρασινάδα (ἡ), grass, lawn/ *πρασινίζω*, to turn green/ *πρασίνισμα (τό)*, greening
πράσινος, green/ *πρασινωπός*, greenish
πράσο (τό), leek
πρατήριο (τό), sale room
πράττω, to do, to perform
πραΰνση (ἡ), appeasement, soothing/ *πραυντικός*, appeasing, soothing/ *πραΰνω*, to appease, to soothe
πρεβάζι (τό), window-frame
πρέζα (ἡ), pinch/ (fig.) use of drugs
πρελούντιο (τό), prelude
πρεμιέρα (ἡ), première, opening night
πρέπει, must, should
πρέπον (τό), decency, fitness/ *πρέπων*, decent, fit
πρεσβεία (ἡ), embassy/ *πρέσβειρα (ἡ)*, ambassadress/ *πρεσβευτής (ὁ)*, ambassador/ *πρεσβευτικός*, ambassadorial
πρεσβεύω, to believe (in)
πρέσβυς (ὁ), ambassador
πρεσβυτεριανός (ὁ), presbyterian
πρεσβυτέριο (τό), vicarage
πρεσβύτερος (ὁ), older/ (eccl.) priest
πρεσβύωπας (ὁ), long-sighted/ *πρεσβυωπία (ἡ)*, presbyopia, long-sightedness/ *πρεσβυωπικός*, presbyopic
πρέσσα (ἡ), press/ *πρεσσάρω*, to press
πρέφα (ἡ), a kind of card game/ τό πῆρε ~, he found out about it
πρήζω, to swell/ (fig.) to bother
πρηνής, prone
πρήξιμο (τό), swelling, tumour/ *πρήσκω*, to swell/ *πρησμένος*, swollen
πριαπισμός (ὁ), priapism

πρίγκηπας (ὁ), prince/ *πριγκηπᾶτο (τό)*, principality/ *πριγκηπικός*, princely/ *πριγκήπισσα (ἡ)*, princess/ *πριγκηπόπουλο (τό)*, young prince
πρίν, before, formerly; ago/ ~ τῆς ὥρας, prematurely
πριόνι (τό), saw/ *πριονίδι (τό)*, sawdust/ *πριονίζω*, to saw/ *πριόνισμα (τό)*, sawing/ *πριονιστήρι (τό)*, sawmill/ *πριονωτός*, jagged
πρίσμα (τό), prism/ ~τικός, prismatic
πρό, before/ ~ Χριστοῦ, B.C./ ~ μεσημβρίας, a.m.
προαγγελία (ἡ), announcement/ *προάγγελος (ὁ)*, herald/ *προαγγέλω*, to announce/ *προάγγελμα (τό)*, announcement
προαγορά (ἡ), prepurchase/ ~ζω, to prepurchase
προάγω, to promote/ ~γή (ἡ), promotion
προαγωγός (ὁ), pimp
προαίρεση (ἡ), will, intention
προαιρετικά, optionally/ *προαιρετικός*, optional
προαιρούμαι, to wish
προαισθάνομαι, to forebode/ *προαίσθημα (τό)*, foreboding
προαιώνιος, very ancient
προαλείφομαι, to prepare for
προάλλες, τίς ~, the other day
προαναγγελία (ἡ), preannouncement/ *προαναγγέλλω*, to preannounce
προανακρίνω, to carry out preliminary investigations/ *προανάκριση (ἡ)*, preliminary investigation
προανάκρουσμα (τό), (mus.) prelude, overture
προαναφέρω, to mention beforehand/ *προαναφερόμενος*, the abovementioned
προαπαίτηση (ἡ), requirement
προαποφασίζω, to predetermine, to decide beforehand
προασπίζω, to protect, to defend/ *προάσπιση (ἡ)*, protection, defence/ *προασπιστής (ὁ)*, protector, defender
προάστειο (τό), suburb
προαύλιο (τό), courtyard
πρόβα (ἡ), rehearsal/ (clothes) fitting
προβαδίζω, to march in front/ *προβάδι-*

σμα (τό), the right of preceding (someone)
προβαίνω, to proceed/ ~ σέ δήλωση, to issue a declaration
προβάλλω, to appear; to project/ ~ τό ἐπιχείρημα, to put the argument
προβάρω, to try on
προβατάκι (τό), lamb/ προβατίλα (ἡ), smell of sheep/ προβατίνα (ἡ), ewe/ πρόβατο (τό), sheep
προβειά (ἡ), sheepskin
πρόβειος, of a sheep/ πρόβειο κρέας, mutton
προβιβάζω, to promote/ προβιβασμός (ὁ), promotion
προβλεπτικός, provident/ προβλεπτικότητα (ἡ), foresight, providence/ πρόβλεψη (ἡ), forecast, prediction/ (leg.) provision/ προβλέπω, to predict
πρόβλημα (τό), problem; question/ ~τικός, problematic, uncertain
προβολέας (ὁ), spotlight/ (car) headlight/ (cinema) projector
προβολή (ἡ), projection
προβοσκίδα (ἡ), trunk, proboscis
προγαμιαῖος, prenuptial
προγεγραμμένος, proscribed
προγενέστερα, previously/ προγενέστερος, previous
πρόγευμα (τό), breakfast/ προγευματίζω, to have breakfast
προγκῶ, to make fun of
πρόγνωση (ἡ), prediction, forecast
προγονή (ἡ), stepdaughter/ προγόνι (τό), stepchild
προγονικός, ancestral
προγονοπληξία (ἡ), overadmiration of ancestors
πρόγονος (ὁ), ancestor
προγονός (ὁ), stepson
πρόγραμμα (τό), schedule, programme/ ~τικός, of a programme/ πςογραμματικές δηλώσεις, policy statement
προγραφή (ἡ), proscription/ προγράφω, to proscribe
προγυμνάζω, to prepare (someone) for/ προγυμνάζομαι, to train, to prepare oneself/ προγύμναση (ἡ), training
πρόδηλος, manifest, obvious
προδιαγραφή (ἡ), specification/ προδιαγράφω, to specify
προδιάθεση (ἡ), predisposition/ προδιαθέτω, to predispose
προδιάσκεψη (ἡ), preliminary conference
προδίδω, to betray
προδικάζω, to prejudge
πρόδομος (ὁ), vestibule
προδοσία (ἡ), treason/ ἐσχάτη ~, high treason/ προδότης (ὁ), traitor/ προδοτικός, treacherous
πρόδρομος (ὁ), forerunner/ (eccl.) the Baptist
προεδρεῖο (τό), presidium/ προεδρεύω, to preside/ προεδρία (ἡ), presidency/ προεδρικός, presidential/ πρόεδρος (ὁ), president
προειδοποίηση (ἡ), notice, warning/ προειδοποιῶ, to warn, to give notice
προεικάζω, to anticipate
προεισαγωγή (ἡ), introduction/ προεισαγωγικά, introductorily/ προεισαγωγικός, introductory
προεκβολή (ἡ), protuberance
προεκλογικός, pre-electoral/ προεκλογική περιοδεία, electoral campaign
προέκταση (ἡ), extension/ προεκτείνω, to extend
προέλαση (ἡ), advance/ προελαύνω, to advance
προέλευση (ἡ), origin
προεξάρχω, to be the head, to lead
προεξετάζω, to pre-examine/ προεξέταση (ἡ), preliminary examination
προεξέχω, to project
προεξόφληση (ἡ), προεξοφλητικός, discounting/ προεξοφλῶ, to discount
προεξοχή (ἡ), protuberance
προεόρτια (τά), eve of a feast
προεργασία (ἡ), preliminary work
προέρχομαι, to originate, to come from
προεστός (ὁ), notable, dignitary
προετοιμάζω, to prepare/ προετοιμασία (ἡ), preparation
προέχω, to surpass, to excel
πρόζα (ἡ) prose
προζύμι (τό), leaven
προηγοῦμαι, to precede, to go before
προηγούμενα, previously/ προηγούμενος, previous/ δέν ὑπάρχει προηγούμενο, there is no precedent

προθάλαμος — προσδοκία 172

προθάλαμος (ὁ), antechamber
πρόθεμα (τό), prefix
προθερμαίνω, to preheat/ *προθέρμανση* (ἡ), preheating/ *προθερμαντήρας* (ὁ), preheater
πρόθεση (ἡ), intention, purpose/ (gram) preposition
προθεσμία (ἡ), term
προθήκη (ἡ), shopwindow
πρόθυμα, willingly, readily/ *προθυμία* (ἡ), willingness, eager/ *προθυμοποιοῦμαι*, to be eager to
πρόθυμος, willing, eager
προϊδεάζω, to create a prejudice
προίκα (ἡ), dowry, dower/ *προικίζω*, to endow/ *προικοδότης* (ὁ), endower/ *προικοδότηση* (ἡ), endowment/ *προικοδοτῶ*, to endow/ *προικοθήρας* (ὁ), dowry-hunter/ *προικοθηρία* (ἡ) dowry-hunting/ *προικοσύμφωνο* (τό), marriage-contract/ *προικῶος*, of a dowry
προϊόν (τό), product
προΐσταμαι, to be in charge/ *προϊστάμενος* (ὁ) chief, director, boss
προϊστορικός, prehistoric
πρόκα (ἡ), nail
προκάλυμμα (τό), screen/ *προκαλύπτω*, to screen, to protect/ *προκάλυψη* (ἡ), defence
προκαλῶ, to provoke, to cause; to tempt
προκάνω, to overtake, to reach
προκαταβάλλω, to pay in advance/ *προκαταβολή* (ἡ), advance, deposit/ *προκαταβολικά*, in advance/ *προκαταβολικός*, given in advance
προκαταλαμβάνω, to preoccupy; to prejudice/ *προκατάληψη* (ἡ), preoccupation; prejudice
προκαταρκτικά, preliminarily/ *προκαταρκτικός*, preliminary
προκατειλημμένος, prejudiced
προκάτοχος (ὁ), predecessor
πρόκειται, it is about
προκείμενο (ὁ), the subject (matter) in question
προκήρυξη (ἡ), proclamation/ *προκηρύσσω*, to proclaim
πρόκληση (ἡ), provocation; temptation/ *προκλητικά*, provocatively/ *προκλητικός*, provocative; tempting

προκόβω, to progress, to improve
προκοίλι (τό), pot belly
προκομμένος, diligent, progressive/ *προκοπή* (ἡ), improvement, progress
προκριματικός, preliminary/ (sport) προκριματικοί ἀγῶνες, heats
προκρίνω, to prefer/ *προκρίνομαι*, (sport) to enter the finals
πρόκριτος (ὁ), notable
προκυμαία (ἡ), pier, quay, seafront
προκύπτω, to result (from)
προλαβαίνω, to prevent
προλαλήσας (ὁ), the previous speaker
προλαμβάνω, βλ. *προλαβαίνω*
προλεγόμενα (τά), preface, prologue
προλέγω, to predict, to foretell
προλειαίνω, to smooth down/ (fig.) to prepare
προλεταριάτο (τό), proletariat/ *προλετάριος* (ὁ), proletarian
προληπτικά, preventively/ *προληπτικός*, preventive; superstitious/ *προληπτικότητα* (ἡ), superstitiousness
πρόληψη (ἡ), prevention; superstition
προλογίζω, to preface/ *πρόλογος* (ὁ), preface, prologue
προμάντεμα (τό), prophecy; presentiment/ *προμαντεύω*, to pròphesy, to predict
πρόμαχος to champion, defender/ *προμαχῶ*, to champion to defend/ *προμαχώνας* (ὁ), bastion, rampart
προμελέτη (ἡ), preliminary study; premeditation/ *προμελετημένος*, premeditated/ *προμελετῶ*, to premeditate
προμετωπίδα (ἡ), frontispiece
προμήθεια (ἡ), supply; commission/ *προμηθευτής* (ὁ), supplier/ *προμηθευτικός*, furnishing/ *προμηθεύω*, to supply, to furnish
προμήκης, oblong
προμήνυμα (τό), omen, portent/ *προμηνύω*, to foretell
πρόναος (ὁ), portico, vestibule
προνοητικός, provident/ *προνοητικότητα* (ἡ), providence
πρόνοια (ἡ), provision, foresight/ Θεία ~, divine providence
προνόμιο (τό), privilege, prerogative/ *προνομιοῦχος*, privileged

προθάλαμος — προσδοκία

προνοώ, to provide for
προξενείο (τό), consulate
προξενεύω, to negotiate a match/ *προξενητής* (ὁ), matchmaker/ *προξενήτρα* (ἡ), female matchmaker
προξενικός, consular
προξενιό (τό), matchmaking
πρόξενος (ὁ), consul
προξενώ, to create, to cause
προοδευτικά, progressively/ *προοδευτικός*, progressive/ *προοδευτικότητα* (ἡ), progressiveness/ *προοδεύω*, to progress, to improve/ *πρόοδος* (ἡ), progress/ (maths) progression
προοιμιακός, preliminary/ *προοίμιο* (τό), preface, preamble
προοιωνίζομαι, to forebode
προοπτική (ἡ), perspective
προορίζω, to predestine/ *προορισμός* (ὁ), predestination
προπαγάνδα (ἡ), propaganda/ *προπαγανδίζω*, to propagandize
προπαίδεια (ἡ), multiplication tables/ *προπαιδευτικός*, preparatory
προπαντός, above all
προπάπος (ὁ), great-grandfather
προπαραλήγουσα (ἡ), antepenultimate syllable
προπαραμονή (ἡ), the day before the eve
προπαρασκευάζω, to prepare beforehand/ *προπαρασκευαστής* (ὁ), preparer/ *προπαρασκευαστικός*, preparative
προπαρασκευή (ἡ), preparation
προπαρελθών, last but one
προπάτορες (οἱ), forefathers, ancestors/ *προπατορικός*, ancestral/ *προπατορικό ἁμάρτημα*, original sin
προπέμπω, to see off
προπερασμένος, before last
πρόπερσι, the year before last
προπέτεια (ἡ), impudence, impertinence/ *προπέτης*, impudent, impertinent
προπίνω, to drink to one's health, to toast
πρόπλασμα (τό), cast
προπληρωμή (ἡ), payment in advance/ *προπληρώνω*, to pay in advance/ *προπληρωτέος*, payable in advance
πρόποδες (οἱ), foot of a mountain
προπομπή (ἡ), seeing off/ *προπομπός* (ὁ), forerunner
προπόνηση (ἡ), coaching, training/ *προπονητής* (ὁ), coach, trainer/ *προπονῶ*, to train, to coach
προπορεύομαι, to lead the way
πρόποση (ἡ), toast
πρόπτωση (ἡ), (med.) prolapsus
προπύλαια (τά), porch; propyleum
προπύργιο (τό), bastion, bulwark
προπώληση (ἡ), advance sale/ *προπωλῶ*, to sell in advance
πρός, to, towards/ ~ Θεοῦ! for God's sake!/ ~ τό παρόν, for the time being
προσαγόρευση (ἡ), address/ *προσαγορεύω*, to address
προσάγω, to present (leg.) to take to court/ *προσαγωγή* (ἡ), presentation/ (leg.) taking to court
προσάναμμα (τό), fuel, tinder
προσανατολίζω, to orientate/ *προσανατολισμός* (ὁ) orientation
προσάπτω, to attribute
προσάραξη (ἡ), running aground/ *προσαράζω*, to run aground
προσαρμογή (ἡ), adaptation, adjustment/ *προσαρμόζω*, to adapt, to adjust/ *προσαρμοστικός*, adaptable
προσάρτημα (τό), appendix
προσάρτηση (ἡ), annexation/ *προσαρτῶ*, to annex
προσαυξάνω, to augment/ *προσαύξηση* (ἡ), augmentation
προσβάλλω, to offend, to insult; to attack/ (leg.) to dispute/ *προσβάλλομαι*, to be offended
πρόσβαση (ἡ), access
προσβλέπω, to look at/ (fig.) to expect
προσβλητικός, offensive, insulting/ *προσβολή* (ἡ), offence, insult
προσγειώνομαι, to land/ (fig.) to become realistic/ *προσγείωση* (ἡ), landing
πρόσδεση (ἡ), fastening/ (naut.) mooring
προσδίδω, to give the impression
προσδιορίζω, to determine, to define/ *προσδιορισμός* (ὁ), determination, definition/ *προσδιοριστικός* determinative
προσδοκία (ἡ), expectation, anticipation/ *προσδοκῶ*, to expect, to anticipate

προσεγγίζω, to approach/ (naut.) to moor/ *προσέγγιση* (ή), approach/ (naut.) mooring
προσεκτικά, carefully, cautiously/ *προσεκτικός,* careful, cautious
προσέλευση (ή), arrival
προσελκύω, to attract
προσεπικυρώνω, to ratify, to confirm/ *προσεπικύρωση* (ή), ratification, confirmation
προσέρχομαι, to arrive
προσεταιρίζομαι, to win over/ *προσεταιρισμός* (ό), winning over
προσέτι, in addition to, besides
προσευχή (ή), prayer/ ~*τάριο* (τό), prayer-book; private chapel/ *προσεύχομαι,* to pray
προσεχής, next
προσέχω, to be careful, to pay attention, to take care
προσεχώς, shortly
προσηγορία (ή), appellation/ *προσηγορικός,* appellative
προσήκων, proper, fit
προσήλιο (τό), sunny place
προσηλυτίζω, to convert/ *προσηλυτισμός* (ό), conversion, proselytism/ *προσηλυτιστής* (ό), proselytiser/ *προσήλυτος* (ό), convert
προσηλώνω, to fix, to pin/ *προσηλώνομαι,* to be absorbed in/ *προσήλωση* (ή), great attention
προσήνεια (ή), amiability
προσήνεμος, windward
προσηνής, amiable
προσθαλάσσωση (ή), alighting
προσθαφαίρεση (ή), addition and subtraction/ *προσθαφαιρώ,* to add and subtract
πρόσθεση (ή), addition/ *πρόσθετα,* additionally/ *πρόσθετος,* additional/ *προσθέτω,* to add/ *προσθήκη* (ή),
προσιδιάζω, to be appropriate to
προσιτός, accessible
πρόσκαιρα, provisionally, temporarily/ *πρόσκαιρος,* provisional, temporary
προσκαλώ, to invite
προσκέφαλο (τό), pillow, cushion/ ~ *θήκη* (ή), pillowcase
προσκήνιο (τό), the front of the stage/ (fig.) in the public eye
πρόσκληση (ή), invitation/ *προσκλητήριο* (τό), invitation card
προσκόλληση (ή), attachment; sticking/ *προσκολλώ,* to attach, to stick
προσκομιδή (ή), (eccl.) oblation/ *προσκομίζω,* to bring, to present
πρόσκομμα (τό), hindrance, impediment
προσκοπισμός (ό), scouting/ *πρόσκοπος* (ό), scout
προσκόπτω, to stumble
προσκόρυση (ή), stumbling/ *προσκορύω,* to knock against
προσκύνημα (τό), shrine/ *πηγαίνω σέ ~,* to go on a pilgrimage/ *προσκύνηση* (ή), worship
προσκυνητής (ό), pilgrim/ *προσκυνώ,* to worship
προσλαλιά (ή), address, short speech
προσλαμβάνω, to engage, to hire/ *πρόσληψη* (ή), hiring, engaging
προσμένω, to wait, to expect
πρόσμιξη (ή), mixing
προσμονή (ή), waiting, expectation
πρόσοδος (ή), revenue, income/ *προσοδοφόρος,* profitable, remunerative
προσοικειώνω, to make familiar/ *προσοικειώνομαι,* to adapt oneself to/ *προσοικείωση* (ή), familiarity
προσομοιάζω, to resemble
προσόν (τό), qualification
προσορμίζομαι, to moor/ *προσόρμιση* (ή), mooring
προσοχή (ή), attention, care
πρόσοψη (ή), facade
προσόψιο (τό), towel
προσπάθεια (ή), effort, attempt/ *προσπαθώ,* to attempt, to try
προσπάπος (ό), great-grandfather
προσπελάζω, to approach/ *προσπέλαση* (ή), approach, access
προσπερνώ, to pass by; to surpass
προσποίηση (ή), pretence/ *προσποιητός,* affected, pretending/ *προσποιοῦμαι,* to pretend, to feign
προσπορίζω, to procure
προσταγή (ή), command, order/ *προστάζω,* to order, to command/ *προστακτική* (ή), imperative/ *προστακτικός,* commanding

προστασία, (ή), protection/ ὑπό τήν ~, under the patronage/ *προστατευτικός*, protective, patronizing
προστατευτισμός (ὁ), protectionism/ *προστατευόμενος*, protégé/ *προστατεύω*, to protect/ *προστάτης* (ὁ), protector
πρόστεγο (τό), covered veranda/ (naut.) forecastle
πρόστιμο (τό), fine
προστρέχω, to seek shelter (help)
προστριβή (ή), friction, dispute
προστυχεύω, to become vulgar/ *προστυχιά* (ή), vulgarity, meanness/ *πρόστυχος*, vulgar, mean
προσύμφωνο (τό), preliminary agreement
προσυπογραφή (ή), countersignature/ *προσυπογράφω*, to countersign
προσφάγι (τό), snack
πρόσφατα, recently/ *πρόσφατος*, recent
προσφέρω, to offer, to give/ *προσφέρομαι*, to be willing, to volunteer
προσφεύγω, to seek refuge
προσφιλής, dear, beloved
προσφορά (ή), offer, gift/ (econ.) supply/ (in an auction) bid, tender
πρόσφορο (τό), consecrated bread
πρόσφορος, proper, suitable
πρόσφυγας (ὁ), refugee
προσφυγή (ή), recourse
προσφυής, convenient, suitable
πρόσφυμα (τό), suffix
πρόσφυση (ή), adhesion
προσφώνηση (ή), address/ *προσφωνῶ*, to address
πρόσχαρος, cheerful, gay
προσχεδιάζω, to premeditate
πρόσχημα (τό), pretext, excuse/ σώζω τά προσχήματα, to save appearances
προσχώρηση (ή), adherence, accession/ *προσχωρῶ*, to adhere, to accede
πρόσχωση (ή), alluvium
προσωδία (ή), prosody
προσωνυμία (ή), surname
προσωπάκι (τό), small pretty face
προσωπάρχης (ὁ), staff manager
προσωπεῖο (τό), or **προσωπίδα** (ή), mask/ *προσωπιδοφόρος* (ὁ), masked
προσωπικά, personally

προσωπικό (τό), personnel, staff
προσωπικός, personal/ προσωπική κράτηση, arrest
προσωπικότητα (ή), personality
πρόσωπο (τό), face, countenance; person/ (theat.) character/ νομικό ~, corporation, foundation/ σπουδαῖο ~, V.I.P., famous person/ μέ τόν ἱδρῶτα τοῦ προσώπου, by the sweat of one's brow
προσωπογραφία (ή), portrait/ *προσωπογράφος* (ὁ), portrait-painter
προσωποκράτηση (ή), imprisonment for debt
προσωποληψία (ή), favouritism, partiality
προσωποποίηση (ή), personification/ *προσωποποιῶ*, to personify
προσωρινά, temporarily, provisionally/ *προσωρινός*, temporary, provisional/ *προσωρινότητα* (ή), temporariness
πρόταση (ή), proposal/ (parl.) motion/ (gram.) sentence
προτάσσω, to place first
προτείνω, to propose, to suggest, to recommend
προτεκτοράτο (τό), protectorate
προτελευταῖος, last but one
προτεραία (ή), the previous day
προτεραιότητα (ή), priority, precedence
προτέρημα (τό), quality, advantage
πρότερος, precious, former/ ἐκ τῶν προτέρων, in advance
προτεστάντης (ὁ), protestant/ *προτεσταντισμός* (ὁ), protestantism
προτήτερα, previously, before
προτίθεμαι, to intend
προτίμηση (ή), preference/ *προτιμότερος*, preferable/
προτιμῶ, to prefer
προτομή (ή), bust
προτοῦ, previously, before
προτρεπτικός, exhortative/ *προτρέπω*, to exhort, to urge, to incite
προτρέχω, to outrun; to rush in front
προτροπή (ή), exhortation, urge, incitement
πρότυπο (τό), model
πρότυπος, standard, normal
προϋντζος (ὁ), βλ. *μπροῦντζος*

προϋπάντηση (ή), welcome/ *προϋπαντώ*, to welcome
προϋπαρξη (ή), pre-existence/ *προϋπάρχω*, to pre-exist
προϋπόθεση (ή), presupposition/ *προϋποθέτω*, to presuppose
προϋπολογισμός (ό), budget, estimate
προύχοντας (ό), notable
προφανής, evident, manifest
πρόφαση (ή), pretext, excuse/ *προφασίζομαι*, to use as a pretext
προσφέρω, to pronounce
προφητεία (ή), prophecy, prediction/ *προφητεύω*, to prophesy, to predict/ *προφήτης (ό)*, prophet/ *προφητικός*, prophetic
προφορά (ή), pronunciation/ *προφορικά*, orally/
προφορικός, oral, verbal
προφταίνω, to overtake, to arrive in time/ δέν πρόφτασα τό λεωφορείο, I missed the bus
προφυλακή (ή), vanguard
προφυλακίζω, to remand in custody/ *προφυλάκιση (ή)*, detention pending trial
προφυλακτικός, preventive/ (med.) prophylactic/ *προφύλαξη (ή)*, precaution/ (med.) prophylaxis
προφυλάσσω, to preserve, to protect
πρόχειρα, off hand/ *προχειρολογώ*, to speak off hand/
πρόχειρος, improvised, off hand/ ~ ὑπολογισμός, rough estimate
προχθές, the day before yesterday
προχρονολογώ, to antedate
πρόχωμα (τό), dike
προχωρώ, to advance, to progress
προψές, the night before last
προώθηση (ή), advancing/ (tech.) propulsion/ *προωθώ*, to push forward/ *προωστικός*, propelling
πρυμναίος, of the stern/ *πρύμνη (ή)*, stern, aft/
πρυμνήσια (τά), moorings
πρυτανεία (ή), rectorship/ *πρυτανεύω*, to be a rector/ (fig.) to prevail/ *πρύτανης (ό)*, rector
πρώην, ex, former
πρωθιεράρχης (ό), primate

πρωθιερέας (ό), headpriest
πρωθυπουργία (ή), premiership/ *πρωθυπουργός (ό)*, premier, prime minister
πρωθύστερος, inverted
πρωί, morning
πρώιμα, prematurely/ *πρώιμος*, premature/ *πρωιμότητα (ή)*, prematurity/ *πρωινός*, (of the) morning
πρωκτός (ό), backside, buttocks/ (med.) anus
πρώρα (ή), prow, bow/ *πρωραίος*, of the bow
πρώτα, first, at first/ ~ ὁ Θεός! God willing!
πρωταγωνιστής (ό), leading actor/ *πρωταγωνίστρια (ή)*, leading actress/ *πρωταγωνιστώ*, to play the leading part
πρωτάθλημα (τό), champion ship/ *πρωταθλητής (ό)*, champion
πρωταίτιος, main cause, the chief perpetrator
πρωτάκουστος, unprecedented, unheard of
πρωταπριλιά (ή), first of April, all fools' day
πρωτάρης (ό), beginner
πρωταρχίζω, to do (something) for the first time
πρωταρχικός, essential
πρωτεία (τά), priority, precedence
πρωτεξάδελφος (ό), first cousin
πρωτεργάτης (ό), pioneer
πρωτεύουσα (ή), capital
πρωτεύω, to be first
πρωτήτερα, βλ. *προτήτερα*
πρωτινός, old
πρώτιστος, foremost
πρωτοβάθμιος, of the first degree
πρωτόβγαλτος, novice, beginner
πρωτοβλέπω, to see for the first time
πρωτοβουλία (ή), initiative
πρωτοβρόχια (τά), the first (autumn) rainfall
πρωτογενής, primary
πρωτόγονος, primitive
πρωτοδικείο (τό), court of first instance/ *πρωτοδίκης (ό)*, judge in a court of first instance
πρωτοετής, first year student
πρωτόζωα (τά), protozoa

προϋπάντηση — πυργοδέσποινα

πρωτοκαθεδρία (ή), precedence
πρωτόκλητος, first called/ (eccl.) St Andrew
πρωτόκλιτος, (gram.) of the first declension
πρωτοκολλητής (ό), recorder
πρωτόκολλο (τό), record, protocol
πρωτόλειο (τό), first work of an author
πρωτομαγιά (ή), first of May
πρωτομάστορας (ό), head workman
πρωτομηνιά (ή), first of the month
πρώτον, at first
πρωτοπαίρνω, to take for the first time
πρωτοπαλλήκαρο (τό), champion
πρωτόπαππας (ό), headpriest
πρωτόπειρος, inexperienced
πρωτόπλασμα (τό), protoplasm
πρωτόπλαστος, first created/ οί πρωτόπλαστοι, Adam and Eve
πρωτοπορία (ή), vanguard/ *πρωτοπόρος* (ό), pioneer
πρωτοπυγμάχος (ό), boxing champion
πρώτος, first, main, leading/ πρώτη γραμμή, front line
πρωτοστάτης (ό), leader/ *πρωτοστατώ*, to lead; to play an important role
πρωτοτάξιδος, making the first voyage
πρωτοτόκια (τά), birthright/ *πρωτότοκος*, first born
πρωτοτυπία (ή), originality/ *πρωτότυπος*, original
πρωτοφανής, unprecedented
πρωτοχρονιά (ή), New Year's Day
πρωτοψάλτης (ό), chief chanter
πρωτύτερα, previously/ *πρωτύτερος*, previous
πταίσμα (τό), fault, error; offence/ ~ τοδικείο (τό), police-court/ *πταισματοδίκης* (ό), judge at a police-court
πταίω, 6λ. *φταίω*
πτέρνα (ή), 6λ. *φτέρνα*
πτερό (τό), 6λ. *φτερό*
πτέρυγα (ή), wing; aisle
πτερύγιο (τό), fin/ (tech.) blade
πτέρωμα (τό), plumage
πτερωτή (ή), paddle-wheel
πτερωτός, winged
πτηνό (τό), bird, fowl/ ~ *τροφεῖο* (τό), aviary/ ~ *τροφία* (ή), bird-breeding/ ~ *τρόφος* (ό), bird-breeder

πτήση (ή), flight
πτητικός, volatile/ *πτητικότητα* (ή), volatility
πτοώ, to scare, to terrify/ *πτοοῦμαι*, to be terrified
πτύελο (τό), sputum/ ~ *δοχεῖο* (ό), spittoon
πτύσσω, to fold/ *πτυχή* (ή), fold, crease
πτυχίο (τό), diploma/ *πτυχιοῦχος* (ό), graduate
πτώμα (τό), corpse
πτώση (ή), downfall
πτωχά, poorly/ *πτωχαίνω*, to become poor/ *πτώχευση* (ή), bankruptcy/ *πτωχικός*, poor, shabby/ *πτωχοκομεῖο* (τό), poorhouse/ *πτωχός*, poor, pauper
πυγμαῖος, pygmy
πυγμαχία (ή), boxing/ *πυγμάχος* (ό), boxer
πυγμαχῶ, to box/ *πυγμή* (ή), fist
πυγολαμπίδα (ή), glow-worm
πυθάρι (τό), jar, jug
Πυθία (ή), Pythia, oracle
πυθμένας (ό), bottom
πυκνά, densely, thickly/ *πυκνόμετρο* (τό), densimeter
πυκνός, dense, thick/ *πυκνοκατοικημένος*, densely populated/ *πυκνότητα* (ή), density, thickness/ *πυκνώνω*, to thicken, to condense *πύκνωση* (ή), thickening, condensation/ *πυκνωτής* (ό), condenser/ *πυκνωτικός*, condensing
πύλη (ή), gate
πυλώνας (ό), portal, gateway
πυλωρός (ό), (med.) pylorus
πυξίδα (ή), compass
πύον (τό), pus/ *πυόρροια* (ή), suppuration/ *πυορροῶ*, to suppurate
πῦρ (τό), fire/ (eccl.) ~ τό ἐξώτερον! hell fire
πύρα (ή), intense heat
πυρά (ή), pyre
πυράγρα (ή), pair of tongs
πυρακτωμένος, incandescent/ *πυρακτώνω*, to incandesce
πυράκτωση (ή), incandescence
πυραμίδα (ή), pyramid
πύραυλος (ό), rocket
πυργίσκος (ό), turret
πυργοδέσποινα (ή), lady of the manor/

πυργοδεσπότης (ό), lord of the manor/ *πυργοποιία* (ή), tower-building
πύργος (ό), tower, castle/ *πυργοφύλακας* (ό), tower-guard/ **πυργωτός**, turretted
πυρέσσω, to be feverish/ *πυρετός* (ό), fever/ *πυρετώδης*, feverish; overactive
πυρήνας (ό), nucleus, core, centre/ *πυρηνικός*, nuclear/ *πυρηνική φυσική*, nuclear physics
πυρίμαχος, fireproof
πύρινος, fiery, flaming
πυρίτης (ό), pyrites
πυρίτιδα (ή), gunpowder/ *πυριτιδαποθήκη* (ή), powder storehouse/ *πυριτιδοποιείο* (τό), powder mill
πυριτικός, silicic/ *πυρίτιο* (τό), silicon
πυρίφλεκτος, flaming, blazing
πυρκαγιά (ή), fire
πυροβολαρχία (ή), artillery battery/ *πυροβολείο* (τό), cannon position/ *πυροβόλημα* (τό), shooting, firing/ *πυροβολητής* (ό), gunner/ *πυροβολικό* (τό), gun, cannon/ *πυροβολώ*, to shoot, to fire
πυρογενής, (geol.) igneous
πυροδότηση (ή), ignition/ *πυροδοτώ*, to ignite, to fire
πυρολαβίδα (ή), fire-tongs
πυρολατρεία (ή), fire-worship/ *πυρολάτρης* (ό), fire-worshipper
πυρόλιθος (ό), flintstone
πυρολουσίτης (ό), pyrolusite
πυρομαχικά (τά), ammunition
πυρός, heated
πυροσβέστης (ό), fireman/ *πυροσβεστικός*, (of a) fireman/ *πυροσβεστική υπηρεσία*, fire brigade/ *πυροσβεστική αντλία*, fire engine
πυροστιά (ή), trivet
πυροτέχνημα (τό), firework/ *πυροτεχνία* (ή), pyrotechnics
πυρότουβλο (τό), firebrick
πυρπόληση (ή), burning/ *πυρπολητής* (ό), arsonist/
πυρπολικό (τό), fireship/ *πυρπολώ*, to burn down
πυρρός, russet, red/ *πυρρότριχος*, red-haired
πυρσός (ό), torch, beacon

πύρωμα (τό), heating/ *πυρώνω*, to heat, to warm
πυτιά (ή), cheese rennet
πυώδης, purulent
πωγωνάτος, bearded
πώληση (ή), sale/ *χονδρική* ~, wholesale/ *λιανική* ~, retail/ *πωλητήριο* (τό), bill of sale/ *πωλητής* (ό), salesman/ *πωλήτρια* (ή), saleswoman/ *πωλώ*, 6λ. *πουλώ*.
πώμα (τό), cork, stopper, plug/ *πωματίζω*, to cork, to plug
πωρόλιθος (ό), porous stone
πωρωμένος, insensible/ *πώρωση* (ή), insensibility
πώς, that
πώς, how? in what manner?/ ~ είσαι; how are you? ~ σοῦ κατέβηκε; how did it occur to you?/ ~ σοῦ φαίνεται; how do you like it?

Ρ

ραβασάκι (τό), love-note, valentine
ραββίνος (ό), rabbi
ραβδί (τό), cane, stick/ ~ζω, to beat with a stick/ ~σμός (ό), flogging
ράβδος (ή), stick, cane, rod/ *ποιμαντορική* ~, pastoral staff/ *ραβδοῦχος* (ό), staffbearer
ράβδωση (ή), groove, fluting/ *ραβδωτός*, grooved, fluted
ράβω, to sew, to stitch
ραγάδα (ή), fissure, crack
ραγδαία, vehemently; at a very quick pace/ *ραγδαῖος*, very quick; vehement
ραγιαδισμός (ό), slavish attitude/ *ραγιάς* (ό), a Christian subject of the sultan/ (fig.) slave
ραγίζω, to crack, to break/ *ράγισμα* (τό), crack, fissure
ραδιενέργεια (ή), radioactivity/ *ραδιενεργός*, radioactive
ραδίκι (τό), dandelion

ράδιο (τό), radium; radio set/ ~γράφημα (τό), radiogram/ ~θεραπεία (ή), radiotherapy/ ~λογία (ή), radiology/ ~ πομπός (ό), transmitter/ ~σταθμός (ό), broadcasting station/ ~τηλεπικοινωνία (ή), radiocommunication
ραδιουργία (ή), intrigue, machination/ ραδιούργος (ό), intriguer, machinator/ ραδιουργώ, to intrigue
ραδιοφωνία (ή), broadcasting/ ραδιόφωνο (τό), radio set
ράθυμα, indolently/ ραθυμία (ή), indolence/ ράθυμος, indolent
ραίνω, to sprinkle
ρακένδυτος, ragged
ρακή (ή), eau de vie/ ρακοπότηρο (τό), eau de vie glass
ράκος (τό), rag, tatter/ ρακοσυλλέκτης (ό), ragman
ράμμα (τό), thread
ραμφίζω, to peck/ ραμφισμός (ό), pecking/ ράμφος (τό), beak
ρανίδα (ή), drop
ραντίζω, to sprinkle/ ράντισμα (τό), sprinkling/ ραντιστήρι (τό), sprinkler
ραπάνι (τό), radish
ραπίζω, to slap, to smack/ ράπισμα (τό), slap, smack
ράπτης (ό), tailor/ ραπτικά (τά), sewing fees/ ραπτική (ή), tailor's trade/ ραπτομηχανή (ή), sewing machine
ράπτω, βλ. ράβω
ράσο (τό), gown, cassock/ ~φόρος (ό), clergyman
ράσπα (ή), rasp
ράτσα (ή), race
ραφείο (τό), tailor's shop
ραφή (ή), seam, stitch
ράφι (τό), shelf
ραφινάρισμα (τό), refining/ ραφινάρω, to refine
ράφτης (ό), tailor
ραχάτι (τό), leisure
ράχη (ή), back, spine; ridge
ραχίτιδα (ή), rickets/ ραχιτικός, rickety
ραχοκοκκαλιά (ή), backbone
ράψιμο (τό), sewing, stitching
ραψωδία (ή), rhapsody/ ραψωδός (ό), bard
ρεαλισμός (ό), realism/ ρεαλιστής (ό), realist/ ρεαλιστικός, realistic
ρεβίθι (τό), chickpea
ρέγγα (ή), herring
ρεγουλάρισμα (τό), adjustment/ ρεγουλάρω, to adjust
ρεδιγκότα (ή), riding coat
ρεζέρβα (ή), spare part
ρεζές (ό), hinge
ρεζιλεύω, to ridiculize/ ρεζίλης (ό), ridiculous, imprudent/ ρεζιλίκι (τό), ridicule
ρείθρο (τό), sidewalk edge
ρεκλάμα (ή), advertisement/ ρεκλαμάρω, to advertise
ρεκόρ (τό), record
ρέκτης (ό), overactive person
ρέμα (τό), stream
ρεμάλι (τό), good for nothing
ρεματιά (ή), ravine
ρεμβάζω, to muse/ ρεμβασμός (ό), or ρέμβη (ή), musing, reverie/ ρεμβώδης, musing, dreamy
ρεμούλα (ή), plundering
ρεμπελεύω, to lead a dissolute life/ ρεμπελιό (τό), dissoluteness/ ρέμπελος (ό), disorderly
ρεοστάτης (ό), reostat
ρεπάνι (τό), βλ. ραπάνι
ρεπερτόριο (τό), repertoire
ρέπω, to tend, to be inclined towards
ρεσιτάλ (τό), recital
ρέστα (τά), change
ρετσέτα (ή), prescription
ρετσίνα (ή), resined wine/ ρετσίνι (τό), resin
ρετσινιά (ή), slander
ρετσινόλαδο (τό), castor-oil
ρεύομαι, to belch
ρεύμα τό, current/ (air) draught
ρευματικός, rheumatic/ ρευματισμός (ό), rheumatism
ρευματοδέκτης (ό), plug/ ρευματοδότης (ό), socket
ρευστό (τό), fluid, liquid/ (fig.) money/ ρευστοποίηση (ή), liquefaction/ ρευστοποιώ, to liquefy/ ρευστός, fluid, liquid/ (fig.) unstable/ ρευστότητα (ή), fluidity/ (fig.) instability
ρεύω, to decline, to decay
ρεφενές (ό), sharing expenses

ρέψιμο — σάκκος

ρέψιμο (τό), belching
ρέω, to flow
ρήγας (ό), king/ *ρήγισσα* (ή), queen
ρήγμα (τό), fissure, gap, crack
ρήμα (τό), verb
ρήμαγμα (τό), destruction, devastation/ *ρημάδι* (τό), ruin/ *ρημάζω,* to destroy, to devastate
ρηματικός, verbal
ρήξη (ή), breach/ (fig.) row, quarrel
ρηξικέλευθος, pioneering
ρήση (ή), saying
ρητίνη (ή), resin/ *ρητινοῦχος,* resinous
ρητό (τό), saying, maxim
ρήτορας (ό), speaker, orator/ *ρητορεία* (ή), eloquence, rhetoric/ *ρητορεύω,* to make an oration/ *ρητορική* (ή), oratory, rhetoric *ρητορικός,* rhetorical
ρητός, fixed, definite, express
ρήτρα (ή), clause/ *ποινική ~,* penal clause
ρηχός, shallow/ (fig.) superficial
ρίγα (ή), stripe, line
ρίγανη (ή), oregano/ *κολοκύθια μέ τή ~,* nonsense
ρίγος (τό), shiver, shudder/ *ριγῶ,* to shiver, to shudder
ριγώνω, to draw lines/ *ριγωτός,* striped
ρίζα (ή), root/ *τετραγωνική ~,* square root
ριζάλευρο (τό), riceflour
ριζίδιο (τό), rootlet
ριζικά, radically, entirely
ριζικό (τό), fate, destiny
ριζοβολῶ, to take root
ριζόγαλο (τό), rice pudding
ριζοσπαστικός, radical/ *ριζοσπαστισμός* (ό), radicalism
ριζοτομία (ή), eradication
ρίζωμα (τό), establishing roots; consolidation/ *ριζωμένος,* rooted/ *ριζώνω,* to take root
ρικνός, shrivelled
ρίμα (ή), rhyme
ρίνη (ή), (tech.) file; also βλ. *λίμα/ ρινίζω,* to file
ρινικός, nasal
ρίνισμα (τό), filing
ρινόκερος (ό), rhinoceros
ρινορ(ρ)αγία (ή), nose bleeding

ρίξιμο (τό), casting, throwing
ριπή (ή), gust, blast, casting/ *ἐν ριπῇ ὀφθαλμοῦ,* in the twinkling of an eye
ριπίδιο (τό), small fan/ *ριπίζω,* to fan
ρίχνω, to cast, to throw, to hurl/ *~ μιά ματιά,* to have a look/ *τό ~ ἔξω,* to enjoy oneself
ριψοκινδυνεύω, to run a risk/ *ριψοκίνδυνος,* risky, daring
ροβολῶ, to rush downhill
ρόγα (ή), grape/ (anat.) nipple
ρόγχος (ό), wheezing
ρόδα (ή), wheel
ροδακινιά (ή), peach-tree/ *ροδάκινο* (τό), peach
ροδαλός, rosy
ροδάνι (τό), spinning-wheel/ *ἡ γλῶσσα του πηγαίνει ~,* he is so talkative
ροδέλαιο (τό), rose-oil
ρόδι (τό), pomegranate/ *ροδιά* (ή), pomegranate-tree
ροδίζω, to become rosy/ *ρόδινος,* rosy
ρόδο (τό), rose
ροδοδάφνη (ή), oleander
ροδόδεντρο (τό), rhododendron
ροδοκόκκινος, ruddy
ροδόσταγμα (τό), rosewater
ροδώνας (ό), rose garden
ροζέτα (ή), rosetta
ροζιάρικος, knotty/ *ρόζος* (ό), knot
ροή (ή), flow
ρόκα (ή), (bot.) distaff
ροκάνα (ή), rattle
ροκανίδια (τά), wood shavings
ροκανίζω, to gnaw/ (fig.) to spend (fortune)/ *ροκάνισμα* (τό), planing, gnawing
ρολόϊ (τό), watch, clock
ρόλος (ό), role, part
ρομβοειδής, rhomboid/ *ρόμβος* (ό), rhombus
ρόμπα (ή), dressing-gown
ρομφαία (ή), large sword
ρόπαλο (τό), club, cudgel/ *ροπαλοφόρος* (ό), club bearer
ροπή (ή), tendency, inclination/ (mech.) moment
ρόπτρο (τό), knocker
ρουθούνι (τό), nostril/ *δέν ἔμεινε ~,* they were all destroyed/ *ρουθουνίζω,* to

puff/ ρουθούνισμα (τό), puffing
ρουκέτα (ή), rocket
ρουμάνι (τό), wood
ρουμανικός, Rumanian/ Ρουμάνος, Ρουμάνα, Rumanian (man, woman)
ρούμι (τό), rum
ρουμπίνι (τό), ruby
ρους (ό), course, flow
ρουσφέτι (τό), favourable treatment
ρουτίνα (ή), routine
ρούφηγμα (τό), sucking, absorbing/ ρουφηξιά (ή), sip
ρουφιάνος (ό), pimp, procurer
ρουφώ, to suck in, to absorb
ρουχισμός (ό), clothing, garments/ ρούχα (τά), clothes
ρόφημα (τό), pottage
ροχαλητό (τό), snoring/ ροχαλίζω, to snore/ ροχάλισμα (τό), snore
ρυάκι (τό), brook, stream
ρύγχος (τό), muzzle, snout
ρυζάλευρο (τό), βλ. ριζάλευρο
ρύζι (τό), rice
ρυζόγαλο (τό), βλ. ριζόγαλο
ρυθμιζόμενος, adjustable/ ρυθμίζω, to adjust, to regulate; to settle
ρυθμικά, rhythmically/ ρυθμικός, rhythmical
ρύθμιση (ή), adjustment, regulation; settlement/ ρυθμιστής (ό), regulator/ ρυθμιστικός, adjusting, regulating
ρυθμός (ό), rhythm; style
ρύμη (ή), impetus, force/ ἐν τῇ ρύμῃ τοῦ λόγου, in the course of one's speech
ρυμοτομία (ή), street-planning
ρυμούλκηση (ή), towing/ ρυμουλκό (τό), tugboat, towboat/ ρυμουλκώ, to tow, to tug
ρυπαίνω, to soil, to dirt/ ρύπανση (ή), soiling, polluting/ ρυπαρός, soiled, dirty/ ρυπαρότητα (ή), dirtiness, filth
ρύση (ή), flow/ ἔμμηνη ~, (med.) period
ρυτίδα (ή), wrinkle/ ρυτιδωμένος, wrinkled/ ρυτιδώνω, to wrinkle
ρωγμή (ή), fissure, crack, rift
ρωμαϊκος, modern Greek
ρωμαϊκός, Roman/ Ρωμαῖος, Ρωμαία, Roman (man, woman)
ρωμαλέος, robust, mighty/ ρωμαλεότητα (ή), robustness, might

ρωμαντικός, romantic/ ρωμαντισμός (ό), romanticism
ρώμη (ή), vigour, strength
ρωμιός (ό), modern Greek/ ρωμιοσύνη (ή), the Modern Greeks
ρωσικός, Russian/ Ρῶσος, Ρωσίδα, Russian (man, woman)
ρώτημα (τό), question/ δέ θέλει ~, it is obvious/ ρωτῶ, to ask

Σ

σάβανο (τό), shroud/ σαβάνωμα (τό), shrouding/ σαβανώνω, to shroud
σαββατιάτικος, relating to Saturday/ Σάββατο (τό), Saturday/ σαββατόβραδο (τό), Saturday evening/σαββατοκύριακο (τό), weekend
σαβούρα (ή), ballast/ (fig.) refuse/ σαβούρωμα (τό), ballasting/ σαβουρώνω, to ballast
σαγανάκι (τό), small frying-pan
σαγήνευμα (τό), allurement/ σαγηνευτής (ό), allurer/ σαγηνευτικός, alluring/ σαγηνεύω, to allure/ σαγήνη (ή), allurement
σαγόνι (τό), jaw, chin/ σαγονιά (ή), a box on the chin
σαγρές (ό), shagreen
σαδισμός (ό), sadism/ σαδιστής (ό), sadist/ σαδιστικός, sadistic
σαθρά, in a rotten way/ σαθρός, rotten, decaying/ σαθρότητα (ή), rottenness, decay
σαΐτα (ή), arrow; shuttle/ σαϊτεύω, to shoot an arrow/ σαϊτιά (ή), arrow-shot
σακάτεμα (τό), crippling, maiming/ σακατεύω, to cripple/ σακάτης (ό), cripple
σάκκα (ή), bag, satchel
σακκάκι (τό), jacket
σακκί (τό), sack
σακκίδιο (τό), small bag
σακκοράφα (ή), sackneedle
σάκκος (ό), sack, bag/ ταχυδρομικός ~,

σακχαρίνη — σερβίρισμα

mailbag/ *σακκούλα* (ἡ), paperbag
σακχαρίνη (ἡ), saccharine
σάλα (ἡ), drawing-room, hall
σαλαμάνδρα (ἡ), salamander
σαλάμι (τό), salami
σαλαμούρα (ἡ), brine
σαλάτα (ἡ), salad/ (fig.) confusion
σαλβάρι (τό), wide trousers
σάλεμα (τό), stirring, shaking
σαλεύω, to stir, to shake/ *σαλεύει ὁ νοῦς*, it drives me crazy
σάλι (τό), shawl
σάλιαγκας (ὁ), βλ. *σαλιγκάρι*
σαλιάζω, to salivate/ *σαλιάρα* (ἡ), baby's bib/ *σαλιάρης* (ὁ), babbler/ *σαλιαρίζω*, to babble, to prate/ *σαλιάρισμα* (τό), babbling, prating
σαλιγκάρι (τό), snail
σάλιο (τό), saliva/ *μοῦ τρέχουν τά σάλια*, my mouth waters/ *σάλιωμα* (τό), saliva-smearing/ *σαλιώνω*, to smear with saliva
σαλόνι (τό), drawing-room
σάλος (ὁ), tumult, commotion
σαλπάρισμα (τό), weighing the anchor/ *σαλπάρω*, to weigh anchor
σάλπιγγα (ἡ), trumpet/ (med.) salpinx/ *σαλπιγκτής* (ὁ), bugler, trumpeter/ *σαλπίζω*, to trumpet/ *σάλπισμα* (τό), trumpeting
σαλταδόρος (ὁ), agile jumper/ (fig.) crook/ *σαλτάρω*, to leap, to jump/ *σαλτιμπάγκος* (ὁ), acrobat/ *σάλτο* (τό), leap, jump
σάλτσα (ἡ), sauce, gravy
σαμαράς (ὁ), packsaddleman/ *σαμάρι* (τό), saddle/ *σαμαρώνω*, to saddle
σαματάς (ὁ), fuss, disturbance
σαμιαμίδι (τό), lizard/ (fig.) a tiny fellow
σαμπάνια (ἡ), champagne
σαμποτάζ (τό), sabotage
σαμπρέλα (ἡ), inner tube
σάν, like, as; when; if/ ~ *νά*, as if
σανατόριο (τό), sanatorium
σανδάλι (τό), or **σάνδαλο** (τό), sandal
σανίδα (ἡ), plank, board/ *σανιδένιο*, wooden/ *σανίδωμα* (τό), wooden floor/ *σανιδώνω*, to board
σανός (ὁ), fodder
σανσκριτικός, Sanskrit

σάντουιτς (τό), sandwich
σαξόφωνο (τό), saxophone
σαπίζω, to rot, to decay/ *σαπίλα* (ἡ), rottenness, decay/ *σάπιος*, rotten, decayed/ *σάπισμα* (τό), putrefaction
σαπουνάδα (ἡ), lather/ *σαπουνάς* (ὁ), soap-manufacturer/ *σαπούνι* (τό), soap/ *σαπουνίζω*, to soap/ *σαπούνισμα* (τό), soaping/ *σαπουνόνερο* (τό), suds/ *σαπουνόφουσκα* (ἡ), (soap) bubble
σαπρός, rotten/ *σαπρότητα* (ἡ), βλ. *σαπίλα*
σαπρόφυτα (τά), saprophytes
σαπφείρινος, sapphirine/ *σάπφειρος* (ὁ), sapphire
σαπωνοποιεῖο (τό), soap-factory/ *σαπωνοποιία* (ἡ), soapmaking/ *σαπωνοποιός* (ὁ), soap-manufacturer
σαραβαλιάζω, to ruin, to destroy/ *σαράβαλο* (τό), ruin
σαράκι (τό), moth/ (fig.) a permanent source of sadness
σαρακοστή (ἡ), Lent/ *σαρακοστιανός*, lenten
σαρακοφαγωμένος, motheaten
σαράντα, forty/ *σαραντάμερο* (τό), forty days
σαρανταποδαρούσα (ἡ), centipede
σαραντάρης (ὁ), forty years old/ *σαρανταριά*, about forty/ *σαρανταρίζω*, to reach the age of forty/ *σαραντίζω*, to complete a period of forty days
σαράτσης (ὁ) saddlemaker
σαράφης (ὁ), moneychanger
σαρδέλα (ἡ), sardine
σαρδόνιος, sardonic
σαρίκι (τό), turban
σάρκα (ἡ), flesh
σαρκάζω, to be sarcastic/ *σαρκασμός* (ὁ), sarcasm/ *σαρκαστής* (ὁ), sarcastic person/ *σαρκαστικά*, sarcastically/ *σαρκαστικός*, sarcastic
σαρκικά, carnally/ *σαρκικός*, carnal
σαρκίο (τό), body
σαρκοβόρος, or *σαρκοφάγος*, carnivorous
σαρκοφάγος (ἡ), sarcophagus
σαρκώδης, fleshy
σάρκωμα (τό), sarcoma, growth
σάρπα (ἡ), scarf

σάρωμα (τό), sweeping/ *σαρώνω*, to sweep
σαστίζω, to be astonished/ *σάστισμα* (τό), astonishment
σατανάς (ό), satan, devil/ *σατανικά*, satanically/ *σατανικός*, satanical
σατραπεία (ή), satrapy/ *σατράπης* (ό), satrap/ (fig.) despot/ *σατραπικός*, despotic
σάτυρα (ή), satire/ *σατυρίζω*, to satirize/ *σατυρικά*, satirically/ *σατυρικός*, satirical/ *σάτυρος* (ό), satyr
σαύρα (ή), lizard/ *σαυροειδή* (τά), saurians
σαφήνεια (ή), lucidity/ *σαφηνίζω*, to elucidate, to clarify/ *σαφής*, lucid, clear
σαχλαμάρα (ή), nonsense, rubbish/ *σαχλαμαρίζω*, to talk nonsense/ *σαχλός*, dull
σβάρνα (ή), harrow/ *παίρνω* ~, to overturn
σβελτάδα (ή), nimbleness/ *σβέλτος*, nimble
σβερκιά (ή), slap on the the back of the neck/ *σβέρκος* (ό), back of the neck
σβήνω, to extinguish, to put out/ (elec.) to switch off/ (thirst) to quench/ (board) to rub out/ *σβήσιμο* (τό), extinguishing; switching off; erasing/ *σβηστήρας* (ό), rubber, eraser/ *σβηστός*, extinguished; switched off
σβουνιά (ή), manure
σβούρα (ή), (spinning) top
σβύνω, βλ. *σβήνω*
σβώλος (ό), clod, lump of earth
σγουραίνω, to curl/ *σγουρόμαλλος*, curly-haired/ *σγουρός*, curly/ *σγούρωμα* (τό), curling
σέ, in, within, to/ ~ *λίγο*, in a while, shortly/ ~ *βάθος*, in depth
σέβας (τό), respect, esteem, regard/ *τά σέβη μου*, my regards/ *σεβάσμιος*, venerable/ *σεβασμιώτατος* (ό), most reverend/ *σεβασμός* (ό), respect/ *σεβαστός*, respectable, venerable/ *σέβομαι*, to respect
σειρά (ή), row, line; rank; series/ *ἀλφαβητική* ~, alphabetical order/ ~ *μου*, my turn/ *μέ τή* ~, one by one/ *δέν εἶναι τῆς σειρᾶς μας*, he (she) is not of our class
σειρήνα (ή), mermaid/ (tech.) siren, alarm bell
σειρήτι (τό), ribbon
Σείριος (ό), Dog-star
σεισμικός, seismic/ *σεισμογράφος* (ό), seismograph/ *σεισμολογία* (ή), seismology/ *σεισμολόγος* (ό), seismologist/ *σεισμόμετρο* (τό), seismometer/ *σεισμοπαθής*, earthquake victim/ *σεισμός* (ό), earthquake
σεῖστρο (τό), tambourine
σείω, to shake, to toss
σελαγίζω, to glitter/ *σελάγισμα* (τό), glittering
σέλας (τό), brilliancy/ *βόρειο* ~, aurora borealis
σελάχι (τό), cartridge-belt
σελήνη (ή), moon
σεληνιάζομαι, to be epileptic
σεληνιακός, lunar
σεληνιασμός (ό), epilepsy
σεληνόφως (τό), moonlight/ *σεληνοφώτιστος*, moonlit
σελίδα (ή), page/ *σελιδοποίηση* (ή), paging
σελίνι (τό), shilling
σέλινο (τό), celery
σέλλα (ή), saddle/ *σελλώνω*, to saddle
σεμινάριο (τό), seminary; seminar
σεμνά, modestly, respectfully/ *σεμνοπρέπεια* (ή), decency, modesty/ *σεμνοπρεπής*, decent, modest/ *σεμνός*, modest/ *σεμνότητα* (ή), modesty, decency/ *σεμνοτυφία* (ή), prudishness/ *σεμνότυφος*, prudish
σεμνύνομαι, to be proud of
σεντέφι (τό), mother of pearl
σεντόνι (τό), (bed) sheet
σεντούκι (τό), trunk, chest
σεξουαλικός, sexual/ *σεξουαλισμός* (ό), sexualism
σέπαλο (τό), sepal
Σεπτέμβριος (ό), September
σεπτός, venerable
σεράϊ (τό), seraglio
σεραφείμ (τό), seraph, angel
σερβικός, or *σέρβικος*, Serbian
σερβίρισμα (τό), serving/ *σερβίρω*, to serve/ *σερβιτόρος* (ό), waiter/ *σερβί-*

τσιο (τό), cover
Σέρβος, Σέρβα, Serbian (man, woman)
σεργιάνι (τό), promenade/ *σεργιανίζω,* to take a walk
σερενάδα (ή), or *σερενάτα* (ή), serenade
σερνικός, male
σέρνω, to pull, to draw
σέρρα (ή), greenhouse
σεσημασμένος, wanted by the police
σέσουλα (ή), scoop
σηκός (ό), nave
σήκωμα (τό), rising; pulling up/ *σηκώνω,* to lift, to raise/ ~ ἄγκυρα, to weigh anchor/ ~ χρήματα, to withdraw money/ δέν σηκώνει ἄλλο, that's the limit, there is no room for further negotiation
σηκώτι (τό), liver
σηκωτός, carried, lifted
σῆμα (τό), sign, mark, signal/ *ἐμπορικό* ~, trademark
σημάδεμα (τό), marking/ *σημαδεμένος,* marked; crippled/ *σημαδεύω,* to mark; to take aim/ *σημάδι* (τό), sign, mark; aim, target
σημαδούρα (ή), buoy
σημαία (ή), flag, banner
σημαίνω, to mean, to signify; to ring/ σημαίνει μεσημέρι, it is striking noon
σημαιοστολίζω, to bedeck with flags/ *σημαιοστολισμός* (ό), bedecking with flags/ *σημαιοστόλιστος,* bedecked with flags
σημαιοφόρος (ό), standard bearer/ (naut.) midshipman
σήμανση (ή), stamping; specifying
σημαντικά, significantly, considerably/ *σημαντικός,* significant, considerable/ *σημαντικότητα* (ή), significance, importance
σήμαντρο (τό), bell
σημασία (ή), meaning, significance/ δέν ἔχει ~, it is not important
σηματογράφος (ό), semaphore
σημεῖο (τό), sign, mark/ *σημεία καί τέρατα,* unusual (extraordinary) events
σημείωμα (τό), note, memorandum/ ~τάριο (τό), notebook
σημειωμένος, marked/ *σημειώνω,* to note, to mark/ *σημείωση* (ή), note/ *σημειωτέος,* worthy/ σημειωτέον ὅτι, nota bene/ *σημειωτός,* marked; slow but steady
σήμερα, today/ ~ ὀκτώ, in a week/ *σημερινός,* of today; contemporary, modern
σημίτης (ό), semite/ *σημιτικός,* semitic
σημύδα (ή), birch-tree
σηπτικός, septic
σήραγγα (ή), tunnel
σηροτροφεῖο (τό), silkworm nursery/ *σηροτροφία* (ή), sericulture/ *σηροτρόφος* (ό), sericulturist
σησάμι (τό), sesame
σηψαιμία (ή), septicaemia
σήψη (ή), decay
σθεναρός, vigorous, strong/ *σθεναρότητα* (ή), vigour, strength/ *σθένος* (τό), courage
σιαγώνα (ή), jaw/ ἄνω ~, upper jaw/ κάτω ~, lower jaw
σιάζω, to arrange, to adjust/ *σιάξιμο* (τό), arranging, adjusting/ *σιάχνω,* to arrange, to fix
σιβηρικός, Siberian
σιβυλλικός, enigmatic
σιγά, slowly, softly/ ~ ~, little by little
σιγάζω, to silence
σιγαλιά (ή), serenity, peace
σιγανός, quiet/ (voice) low
σιγαρέτο (τό), cigarette/ *σιγαροθήκη* (ή), cigarette-case
σιγαστήρας (τό), muffler
σιγή (ή), silence
σιγοβράζω, to simmer
σίγουρα, surely, certainly, undoubtedly/ *σιγουράρω,* to make sure/ *σιγουριά* (ή), surety/ *σίγουρος,* sure, certain
σιγῶ, to keep silent
σιδεράδικο (τό), blacksmith's shop/ *σιδεράς* (ό), blacksmith/ *σιδερένιος,* made of iron/ *σιδερικό* (τό), iron object, ironware/
σίδερο (τό), iron/ εἶναι γιά τά σίδερα, he (she) is crazy
σιδέρωμα (τό), ironing/ *σιδερώνω,* to iron/ *σιδερωτής* (ό), ironer
σιδηροβιομηχανία (ή), ironworks
σιδηροδέσμιος, chained
σιδηρόδετος, ironbound
σιδηροδρομικός, (of the) railway/ σιδηροδρομική γραμμή, railway (track)/ σι-

δηρόδρομος (ό) railway
σιδηρόκολλα (ή), solder
σιδηρομεταλλουργία (ή), iron metalworks
σιδηρονικέλιο (τό), ferronickel
σιδηροπαγής, iron reinforced/ *σιδηροπαγές κονίαμα*, reinforced concrete
σιδηροπώλης (ό), ironmonger
σιδηροτροχιά (ή), railway track
σιδηρουργείο (τό), blacksmith's shop/ *σιδηρουργός* (ό), blacksmith
σίκαλη (ή), rye
σιλουέτα (ή), silhouette
σιμά, near
σιμιγδάλι (τό), semolina
σιμός, σιμή μύτη, snub nose
σίμωμα (τό), closeness
σιμώνω, to come close, to approach
σινάπι (τό), mustard/ *σιναπισμός* (ό), mustard plaster/ *σιναπόσπορος* (ό), mustard-seed
σινιάλο (τό), signal
σινικός, Chinese/ *σινική μελάνη*, Chinese ink
σιντριβάνι (τό), βλ. *συντριβάνι*
σιρόκος (ό), southeasterly wind
σιρόπι (τό), syrup
σιταγορά (ή), wheat-market/ *σιταποθήκη* (ή), granary/ *σιταρένιος*, wheaten/ *σιτάρι* (τό), wheat
σιτάρκεια (ή), wheat sufficiency/ *σιτεμπόριο* (τό), corn trade/ *σιτέμπορος* (ό), corn (wheat) dealer
σιτευτός, fattened/ *σιτεύω*, to fatten
σιτηρά (τά), cereals
σιτηρέσιο (τό), ration
σιτίζω, to nourish/ *σίτιση* (ή), nourishing/ *σιτιστής* (ό), quartermaster
σιτοβολώνας (ό), granary
σιτοδεία (ή), famine
σιτοπαραγωγή (ή), wheat production/ *σιτοπαραγωγός* (ό), wheat producer/ *σιτοπώλης* (ό), wheat-dealer
σίτος (ό), βλ. *σιτάρι*
σίφουνας (ό), whirlwind
σίφων (ό), siphon
σιχαίνομαι, to detest, to loathe/ *σίχαμα* (τό), object of disgust/ *σιχαμένος*, disgusting, abominable/ *σιχασιά* (ή), disgust

Σιωνισμός (ό), Zionism
σιωπή (ή), silence/ ~*λός*, silent/ ~*ρός*, implicit, tacit
σιωπητήριο (τό), (mil.) silence trumpeting
σιωπώ, to be silent
σκάβω, to dig
σκάγια (τά), small shot
σκάζω, to burst, to crack/ ~ *στά γέλια*, to burst out laughing/ *τό* ~, to beat it
σκαθάρι (τό), beetle
σκαιός, rude, impolite, vulgar/ *σκαιότητα* (ή), rudeness, vulgarity
σκάκι (τό), chess/ *σκακιέρα* (ή), chessboard/ *σκακιστής* (ό), chessplayer
σκάλα (ή), ladder, staircase; harbour, anchorage
σκαλάθυρμα (τό), a short book
σκαλεύω, to stir up
σκαληνός, (maths) unequal
σκαλί (τό), step, stair
σκαλίζω, to dig up; to engrave/ *σκάλισμα* (τό), digging; engraving/ *σκαλιστήρι* (τό), spade, hoe/ *σκαλιστός*, carved
σκαλοπάτι (τό), step, stair
σκάλωμα (τό), hitch, obstacle/ *σκαλώνω*, to find difficulty
σκαλωσιά (ή), scaffolding
σκάμμα (τό), pit, dug up area
σκαμνί (τό), stool
σκαμπάζω, to comprehend
σκαμπανεβάζω, to go up and down
σκαμπίλι (τό), slap/ *σκαμπιλίζω*, to slap
σκανδάλη (ή), trigger
σκανδαλιάρης (ό), intriguing; naughty/ *σκανδαλίζω*, to scandalize/ *σκάνδαλο* (τό), scandal/ *σκανδαλοθήρας* (ό), scandal-hunter/ *σκανδαλοποιός* (ό), scandalmonger, intriguer/ *σκανδαλώδης*, scandalous
σκαντζόχοιρος (ό), hedgehog, porcupine
σκαπανέας (ό), digger; pioneer
σκαπάνη (ή), pickaxe
σκαπουλάρω, to escape, to save oneself
σκάρα (ή), grate, grill
σκαραβαίος (ό), scarab
σκαρί (τό), (naut.) ship/ (body) make, shape/ *έχω στά σκαριά*, to plan
σκαρίφημα (τό), outline
σκαρλατίνα (ή), scarlet fever

σκάρος (ό), sheep grazing
σκάρτος, unfit, unsuitable
σκαρφάλωμα (τό), climbing/ σκαρφαλώνω, to climb
σκαρφίζομαι, to get an idea
σκαρώνω, to make, to manage
σκάσε! shut up!
σκασίλα (ή), sorrow, uneasiness/ ἔχω μιά ~! who cares!/ σκάσιμο (τό), burst, crack/ (fig.) escape/ σκασμός (ό), bursting/ ~ ! shut up!/ σκαστός, absent without permission
σκατά (τά), excrement/ σκατώνω, to dirty/ (fig.) to make a mess
σκάφανδρο (τό), diving suit
σκαφέας (ό), βλ. σκαφτιάς
σκάφη (ή), trough
σκάφος (τό), vessel, ship
σκαφτιάς (ό), digger
σκάφτω, to dig/ σκάψιμο (τό), digging
σκάω, to burst; to explode
σκεβρός, warped, bent/ σκέβρωμα (τό), warping, bending/ σκεβρώνω, to warp, to bend
σκελέα (ή), underwear
σκέλεθρο (τό), skeleton
σκελετός (ό), skeleton/ (fig.) outline/ σκελετώδης, skeleton-like, very thin
σκελίδα (ή), clove
σκέλος (τό), leg
σκεπάζω, to cover, to veil
σκεπάρνι (τό), adze
σκέπασμα (τό), cover; lid; blanket/ σκεπαστός, covered/ σκέπαστρο (τό), cover, roof/ σκέπη (ή), protection, patronage/ σκεπή (ή), roof
σκεπτικισμός (ό), scepticism/ σκεπτικιστής (ό), scepticist
σκεπτικό (τό), (leg.) the grounds for a court sentence
σκεπτικός, thoughtful/ σκέπτομαι, to think, to reflect
σκέρτσο (τό), gesticulation; coquetishness/ σκερτσόζος, coquetish
σκέτος, simple; neat/ (coffee) unsweetened/ νέτα σκέτα, frankly, openly
σκευαγωγός (ό), βλ. σκευοφόρος
σκευασία (ή), preparation (of a chemical substance etc.)
σκευοθήκη (ή), cupboard

σκεῦος (τό), vessel, utensil
σκευοφόρος (ή), luggage wagon
σκευοφύλακας (ό), storekeeper/ (eccl.) sexton/ σκευοφυλάκιο (τό), storeroom/ (eccl.) sacristy
σκευωρία (ή), intrigue/ σκευωρῶ, to intrigue
σκέψη (ή), thought, reflection
σκηνή (ή), tent/ (theat.) stage/ (in a play) scene/ στήνω ~, to pitch a tent/ κάνω ~, to quarrel
σκηνικά (τά), (theat.) sets
σκηνικός, scenic
σκηνογραφία (ή), scenery, sets/ σκηνογράφος (ό), director of sets/ σκηνογραφῶ, to make stage sets
σκηνοθεσία (ή), stage direction/ σκηνοθέτης (ό), stage director/ σκηνοθετῶ, to direct a play
σκηνοπηγία (ή), tent pitching
σκηνοποιός (ό), tentmaker
σκήνωμα (τό), (eccl.) remains of a saint
σκῆπτρο (τό), sceptre/ σκηπτροῦχος (ό), sceptre-bearer
σκήτη (ή), hermitage
σκί (τό), ski
σκιά (ή), shade, shadow/ στή ~, in the shade
σκιαγράφημα (τό), outline, sketch/ σκιαγραφία (ή), brief essay on a subject/ σκιαγραφῶ, to outline
σκιάζω, to overshadow, to shade/ σκιάζομαι, to be frightened
σκιαμαχία (ή), shadow boxing
σκιάχτρο (τό), scarecrow
σκιερός, shady, shadowy
σκίζα (ή), woodsplinter
σκίουρος (ό), squirrel
σκιόφως (τό), twilight
σκίρτημα (τό), leaping, thrill/ σκιρτῶ, to leap, to be thrilled
σκίτσο (τό), sketch/ ~γράφος (ό), sketch drawer
σκιώδης, shadowy/ ~ κυβέρνηση, shadow cabinet
σκλάβα (ή), female slave/ σκλαβιά (ή), slavery, captivity/ σκλάβος (ό) slave/ σκλάβωμα (τό), enslavement/ σκλαβώνω, to enslave
σκλήθρα (ή), splinter

σκληραγωγία (ή), strict discipline/ *σκληραγωγώ*, to follow (enforce) a strict discipline
σκληράδα (ή), hardness
σκληραίνω, to harden
σκληρόκαρδος, cruel
σκληρός, hard, tough; cruel/ *σκληρότητα* (ή), hardness, toughness; cruelty/ *σκληροτράχηλος*, stiffnecked/ (fig.) obstinate/ *σκλήρυνση* (ή), stiffening, hardening
σκλήρωση (ή), (med.) sclerosis
σκνίπα (ή), gnat
σκοινί (τό), rope, cord/ *τοῦ σκοινιοῦ καί τοῦ παλουκιοῦ*, immoral person
σκολάζω, to end one's work (shift)/ *τόν σκόλασαν*, he was fired
σκολιός, crooked, winding/ *σκολιότητα* (ή), crookedness
σκόνη (ή), dust, powder/ *σκονίζω*, to fill with dust
σκόνταμα (τό), stumbling/ *σκοντάφτω*, to stumble
σκόπελος (ό), reef, rock/ (fig.) obstruction, difficulty
σκόπευση (ή), taking aim/ *σκοπευτήριο* (τό), shooting field/ *σκοπευτής* (ό), marksman/ *ἐλεύθερος* ~, skirmisher/ *σκοπευτικός*, shooting/ *σκοπεύω*, to aim at, to take aim/ (fig.) to intend
σκοπιά (ή), watchtower
σκόπιμα, intentionally/ *σκόπιμος*, intentional, expedient/ *σκοπιμότητα* (ή), expedience
σκοποβολή (ή), target practice
σκοπός (ό), aim, purpose; guard, sentinel/ (mus.) tune
σκορβοῦτο (τό), scurvy
σκορδαλιά (ή), garlic sauce/ *σκόρδο* (τό), garlic/ *πλεξίδα σκόρδου*, string of garlic
σκόρος (ό), moth
σκορπίζω, to scatter, to spread/ *σκόρπιος*, scattered
σκορπιός (ό), scorpion
σκόρπισμα (τό), scattering, dispersal
σκοτάδι (τό) darkness, dark/ *σκοτεινά*, darkly, obscurely/ *σκοτεινιάζω*, to darken, to obscure/ *σκοτείνιασμα* (τό), darkening/ *σκοτεινός*, dark, dim
σκοτίζω, to trouble, to disturb/ *σκοτίζομαι*, to worry, to bother
σκότιος, dark/ ~ *ἄνθρωπος*, shady character
σκοτοδίνη (ή), giddiness, dizziness
σκότος (τό), darkness
σκοτούρα (ή), trouble
σκότωμα (τό), murder, killing/ (fig.) hard work/ *σκοτωμός* (ό), killing, massacre/ *γίνεται* ~, there's a crowd/ *σκοτώνω*, to kill, to murder/ ~ *στό ξύλο*, to beat hard/ *σκοτώνομαι*, to be killed/ (fig.) to work very hard
σκούζω, to scream, to shout
σκουλαρίκι (τό), earring
σκουλήκι (τό), worm, vermin/ *σκουληκιάζω*, to be full of worms/ *σκουληκοφαγωμένος*, worm-eaten
σκουμπρί (τό), mackerel
σκούνα (ή), schooner
σκουντούφλημα (τό), stumbling, tripping/ *σκουντούφλης* (ό), sullen, frowning/ *σκουντουφλῶ*, to stumble
σκουντῶ, to push
σκούξιμο (τό), screaming, shouting
σκούπα (ή), broom
σκουπιδαριό (τό), heap of rubbish/ *σκουπίδι* (τό), refuse, rubbish/ *σκουπιδιάρης* (ό), streetsweeper, dustman
σκουπίζω, to sweep; to wipe, to clean/ *σκούπισμα* (τό), sweeping/ *σκουπόξυλο* (τό), broomstick
σκουραίνω, to make darker
σκουριά (ή), rust/ *σκουριάζω*, to get rusty/ *σκουρίασμα* (τό), rusting/ *σκουριασμένος*, rusty/ (fig.) old fashioned
σκοῦρος, dark, dark-coloured/ *τά βρίσκω σκοῦρα*, to encounter difficulties
σκουτάρι (τό), shield
σκουτέλα (ή), bowl
σκούφια (ή), bonnet
σκρόφα (ή), sow/ (fig.) whore
σκύβαλο (τό), refuse, waste
σκύβω, to stoop, to bend
σκυθρωπά, sulkily, gloomily/ *σκυθρωπιάζω*, to look sullen/ *σκυθρωπός*, sullen, sulky/ *σκυθρωπότητα* (ή), sullenness, sulkiness
σκύλα (ή), bitch/ (fig.) cruel woman/ *σκυλάκι* (τό), puppy
σκύλευση (ή), plunder/ *σκυλεύω*, to plun-

σκυλήσιος — σπιλώνω

der
σκυλήσιος, canine, doggy/ *σκυλί* (τό), dog
σκυλιάζω, to grow indignant/ *σκύλιασμα* (τό), rage, indignation
σκυλοβρίζω, to insult
σκυλόδοντο (τό), dog-tooth
σκυλολόι (τό), dog pack/ (fig.) mob
σκυλοπνίχτης (ό), old unreliable ship
σκύλος (ό), dog/ γίνομαι ~, to grow indignant
σκυλόχορτο (τό), meadow saffron
σκυλόψαρο (τό), shark
σκυμμένος, stooping, bent
σκύμνος (ό), cub
σκυρόδεμα (τό), concrete/ *σκυρόστρωση* (ή), macadamization
σκυταλοδρομία (ή), relay race
σκυφτά, with the head down/ *σκυφτός,* stooping, bent/ *σκύψιμο* (τό), stooping, bending
σκωληκοειδής, wormlike, verminlike/ (med) ~ ἀπόφυση, appendix/ *σκωληκοειδίτιδα* (ή), appendicitis
σκώμμα (τό), jeer, derision/ *σκώπτης* (ό), jeerer, mocker/ *σκωπτικός,* jeering, mocking/ *σκώπτω,* to jeer, to mock
σκωρίαση (ή), rusting, corrosion
σκῶρος (ό), moth/ *σκωροφαγωμένος,* motheaten
σκωτικός, 6λ. **σκωτσέζικος**/ *Σκῶτος* (ό), Scotsman/ *σκωτσέζικος,* Scotish, Scoth/ *Σκωτσέζος, Σκωτσέζα,* Scot (man, woman)
σλαβικός, Slav/ *Σλάβος, Σλάβα,* Slav (man, woman)
σλέπι (τό), sloop
σμάλτο (τό), enamel/ *σμαλτωμένος,* enamelled/ *σμαλτώνω,* to enamel
σμαραγδένιος, emerald-green/ *σμαράγδι* (τό), emerald
σμάρι (τό), swarm/ (fig.) crowd
σμηναγός (ό), squadron leader/ *σμηνίτης* (ό), airman/ *σμῆνος* (τό), squadron
σμίγω, to join; to meet
σμίκρυνση (ή), diminution/ *σμικρύνω,* to diminish
σμίλευση ή), chiselling, chipping/ *σμιλευτός,* chipped, carved/ *σμιλεύω,* to chisel, to carve/ *σμίλη* (ή), chisel

188

σμίξιμο (τό), joining; meeting
σμπάρο (τό), shot/ μ' ἕνα ~ δυό τρυγόνια, two birds with one stone
σμύριδα (ή), emery
σμύρνα (ή), myrrh
σοβαρά, seriously/ *σοβαρεύομαι,* to become serious/ *σοβαρός,* serious/ *σοβαρότητα* (ή), seriousness/ *σοβαροφανής,* pompous, self-important
σοβάς (ό), plaster/ *σοβάτισμα* (τό), plastering/ *σοβατζής* (ό), plasterer
σόδα (ή), soda, soda-water
σοδιά (ή), crop
σοδομία (ή), sodomy/ *σοδομίτης* (ό), sodomite
σόι (τό), race, family origin
σοκάκι (τό), lane, narrow street
σοκάρω, to shock
σοκολάτα (ή), chocolate
σόλα (ή), sole/ *σολιάζω,* to fit a sole
σολοικισμός (ό), solecism/ *σόλοικος,* faulty
σολομός (ό), salmon
σολομωνική (ή), book of magic
σόμπα (ή), stove
σορός (ή), bier
σοσιαλισμός (ό), socialism/ *σοσιαλιστής* (ό), socialist
σουβάς (ό), 6λ. **σοβάς**
σούβλα (ή), spit
σουβλερός, sharp, acute, piercing
σουβλί (τό), owl/ *σουβλιά* (ή), prick
σουβλίζω, to put on a spit/ *σούβλισμα* (τό), spitting/ *σουβλιστός,* spitted
σουγιάς (ό), penknife
σουηδικός, Swedish/ *Σουηδός, Σουηδέζα,* Swede (man, woman)
σουλατσαδόρος (ό), idler, lazy person/ *σουλατσάρω,* to wander about/ *σουλάτσο* (τό), wandering, walking about
σουλτανίνα (ή), sultana
σουλτάνος, Sultan
σούμα (ή), total, sum
σουμάδα (ή), bitter almond juice
σούπα (ή), soup
σουπιά (ή), cuttlefish
σουπιέρα (ή), soup-bowl
σούρα (ή), fold, crease/ (fig.) drunkenness
σουραύλι (τό), reed-pipe

σούρνω, βλ. σέρνω
σούρουπο τό), nightfall/ σουρούπωμα (τό), dusk, nightfall/ σουρουπώνει, it is getting dark
σούρωμα (τό), filtering; wrinkling/ σουρώνω, to filter; to wrinkle/ (fig.) to get drunk/ σουρωτήρι (τό), filter, strainer
σουσάμι (τό), sesame/ σουσαμόλαδο (τό), sesame-oil
σουσουράδα (ή), wagtail/ (fig.) temptress
σούσουρο (τό), stir, scandal
σούστα (ή), spring; horse cart
σούτ! hush!
σούφρα (ή), fold, plait/ σούφρωμα (τό), folding/ (fig.) stealing/ σουφρώνω, to fold/ (fig.) to steal/ σουφρωτός, folded, plaited
σοφά, wisely
σοφάς (ό), sofa
σοφία (ή), wisdom, learning
σοφίζομαι, to devise, to invent/ σόφισμα (τό), sophism/ σοφιστεία (ή), sophistry/ σοφιστής (ό), sophist/ σοφιστικός, sophisticated
σοφίτα (ή), attic
σοφολογιώτατος (ό), most learned
σοφός, wise
σοφράς (ό), low table
σπαγγοραμένος, miser, stingy
σπάγγος (ό), string
σπαζοκεφαλιά (ή), puzzle/ (fig.) insoluble problem
σπάζω, βλ. σπάω
σπάθα (ή), sabre
σπαθάτος, tall and slim
σπαθί (τό), sword/ (cards) spades/ σπαθιά (ή), sword-blow/ σπαθίζω, to strike with a sword/ σπαθιστής (ό), fencer/ σπαθοφόρος (ό), sword-bearer
σπάλα (ή), shoulderblade
σπανάκι (τό), spinach/ σπανακόπιτα (ή), spinach-pie
σπάνια, seldom, scarcely/ σπανίζω, to become scarce/ σπάνιος, scarce, rare/ σπανιότητα (ή), scarcity
σπανός, beardless man
σπαράγγι (τό), asparagus
σπαραγμός (ό), anguish, agony/ σπαράζω, to wriggle, to writhe/ σπαρακτικός, rending, painful/ σπαραξικάρδιος, heartbreaking
σπαράσσω, to tear to pieces
σπάραχνα (τά), gills
σπάργανα (τά), baby-clothes/ σπαργανώνω, to swaddle
σπαρμένος, sown
σπάρος (ό), sargus
σπάρσιμο (τό), sowing/ σπαρτά (τά), grain, crop
σπαρταρίζω, βλ. σπαρταρώ/ σπαρτάρισμα (τό), wriggling, writhing/ σπαρταριστός, lively; very comic/ σπαρταρώ, to wriggle/ ~ άπό τά γέλια, to die of laughter
σπάσιμο (τό), breaking, fracture/ σπασμένος, broken, fractured
σπασμός (ό), spasm, convulsion/ σπασμωδικός, spasmodic
σπατάλη (ή), waste, squander/ σπάταλος, wasteful, squanderer/ σπαταλώ, to waste, to squander
σπάτουλα (ή), spatula
σπάω, to break, to smash/ ~ κέφι, to enjoy oneself
σπείρα (ή), gang, clique
σπειρί (τό), grain/ (med.) pimple/ σπειριάρης (ό), pimple-faced
σπειροειδής, spiral
σπείρω, βλ. σπέρνω
σπέρμα (τό), sperm; seed; germ/ σπερματικός, spermatic/ σπερματογόνος, spermatogenous/ σπερματόζωο (τό), spermatozoon
σπερμολογία (ή), gossip, rumour spreading/ σπερμολόγος (ό), gossip, rumour-monger/ σπερμολογώ, to gossip, to spread rumours
σπέρνω, to sow/ ~ ζιζάνια, to cause trouble
σπεύδω, to hasten, to hurry
σπήλαιο (τό), cave, grotto/ σπηλαιώδης, cavernous/ σπηλιά (ή), cave
σπηρούνι (τό), spur/ σπηρουνιά (ή), spurring/ σπηρουνίζω, to spur
σπίθα (ή), spark
σπιθαμή (ή), span/ σπιθαμιαίος, dwarfish
σπιθίζω, to sparkle
σπιθούρι (τό), small pimple
σπιλώνω, to stain, to blemish/ ~ τήν ύπόληψη, to slander

σπινθήρας (ό), sparkle/ *σπινθηρίζω*, to sparkle/ *σπινθηρισμός* (ό), or *σπινθηροβόλημα* (τό), or *σπινθηροβολία* (ή), sparkling, flashing/ *σπινθηροβόλος*, sparkling, glittering/ *σπινθηροβόλο πνεῦμα*, outstanding wit/ *σπινθηροβολῶ*, to sparkle
σπίνος (ό), finch
σπιούνος (ό), spy
σπίρτο (ό), match/ (fig.) alcohol
σπιτάκι (τό), little house/ *σπίτι* (τό), house, dwelling/ *πηγαίνω* ~, to go home/ *σπιτικό* (τό), household/ *σπιτικός*, domestic; homemade
σπιτονοικοκυρά (ή), landlady/ *σπιτονοικοκύρης* (ό), landlord
σπιτωμένη (ή), kept woman, mistress
σπιτώνω, to offer lodging
σπλάχνα (τά), bowels
σπλαχνίζομαι, to be merciful/ *σπλαχνικός*, merciful
σπλήν (ό), melancholy
σπλήνα (ή), spleen
σπληνάντερο (τό), large intestine
σπογγαλιέας (ό), spongefisher/ *σπογγαλιεία* (ή), spongefishing/ *σπόγγος* (ό), βλ. *σφουγγάρι*/ *σπογγώδης*, spongy
σποδός (ή), ashes
σπονδή (ή), libation
σπονδυλικός, vertebral/ *σπονδυλική στήλη*, backbone, spine/ *σπόνδυλος* (ό), vertebra; (column) drum/ *σπονδυλωτός*, vertebrated
σπόρ (τά), sports, games
σπορά (ή), sowing
σποραδικός, sparse, sporadic
σπορέας (ό), sower/ *σπόριασμα* (τό), seeding/ *σπόρος* (ό), seed, germ
σπουδάζω, to study
σπουδαίος, important, famous/ *σπουδαιότητα* (ή), importance; seriousness/ *σπουδαιοφανής*, important-looking
σπούδασμα (τό), studying/ *σπουδασμένος*, educated, learned/ *σπουδαστήριο* (τό), studyroom/ *σπουδαστής* (ό), student/ *σπουδαστικός*, of the students/ *σπουδή* (ή), study, learning; haste, speed
σπουργίτης (ό), sparrow
σπρωξιά (ή), or *σπρώξιμο* (τό), push thrust/ *σπρώχνω*, to push, to thrust
σπυρί (τό), βλ. *σπειρί*
σπῶ, βλ. *σπάω*
στάγδην, drop by drop
σταγόνα (ή), drop/ *σταγονίδιο* (τό), droplet/ *σταγονόμετρο* (τό), dropper
στάδιο (τό), stadium
σταδιοδρομία (ή), career/ *σταδιοδρομῶ*, to make a career
στάζω, to drip, to trickle; to leak/ *μή στάξει καί μή βρέξει*, satisfying every whim
σταθερά, firmly/ *σταθεροποίηση* (ή), stabilization/ *σταθεροποιῶ*, to stabilize/ *σταθερός*, firm, stable, steady/ *σταθερότητα* (ή), stability, firmness
σταθμά (τά), weights/ *δύο μέτρα καί δύο* ~, double standards
σταθμάρχης (ό), stationmaster
στάθμευση (ή), stopping/ *σταθμεύω*, to stop
στάθμη (ή), level/ *νῆμα τῆς στάθμης*, plumb-line
σταθμίζω, to weigh, to balance/ *στάθμιση* (ή), weighing
σταθμός (ό), station
στάλα (ή), or *σταλαγματιά* (ή), drop
σταλαγμίτης (ό), stalagmite
σταλάζω, to drip
σταλακτίτης (ό), stalactite
σταλιά (ή), drop/ *μιά* ~, a bit
σταμάτημα (τό), halting, stopping/ *σταματῶ*, to halt, to stop
στάμνα (ή), or *σταμνί* (τό), jug, pitcher
στάμπα (ή), stamp, seal/ *σταμπάρω*, to stamp, to seal
στάνη (ή), sheepfold
στανιό (τό), force/ *μέ τό* ~, by force
σταράτος, brown/ (talk) clear, straightforward
στάρι (τό), wheat
στάση (ή), mutiny, riot; attitude; bus stop
στασιάζω, to rebel, to rise up/ *στασιαστής* (ό), mutineer, rebel/ *στασιαστικός*, rebellious, riotous
στασίδι (τό), pew
στάσιμος, stationary, stagnant/ *στασιμότητα* (ή), stagnation, lack of movement (activity)
στατήρας (ό), hundredweight
στατικός, static

στατιστική (ή), statistics/ *στατιστικός*, statistical
σταυλάρχης (ό), master of the stables/ *σταυλίζω*, to keep in a stable/ *σταυλίτης* (ό), stableman/ *σταῦλος* (ό), stable
σταυραδελφός (ό), bosom friend
σταυραετός (ό), golden eagle
σταχυολόγηση (ή), selection, anthology/ *σταχυολογῶ*, to select
στέαρ (τό), suet, fat
στεατίτης (ό), steatite
στεγάζω, to cover; to offer accommodation
στεγανός, (air) airtight/ (water) waterproof
στέγαση (ή), sheltering, housing/ *στέγασμα* (τό) shelter, shed/ *στεγαστικός*, housing/ *στέγαστρο* (τό), shed/ *στέγη* (ή), roof/ (fig.) home
στεγνά, dryly/ *στεγνός*, dry/ *στεγνότητα* (ή), dryness/ *στέγνωμα* (τό), drying/ *στεγνώνω*, to dry/ *στεγνωτήριο* (τό), drying machine
στειλιάρι (τό), handle
στεῖρος, barren, sterile/ *στειρότητα* (ή), barrenness, sterility/ *στείρωση* (ή), sterilization
στέκα (ή), billiard cue
στεκάμενος, stagnant
στέκομαι, to stand
στέλεχος (τό), stem/ (person) official
στέλλω, or *στέλνω*, to send
στέμμα (τό), crown
στενά, tightly, closely/ (τά), straits
στεναγμός (ό), sigh, groan/ *στενάζω*, to sigh, to groan
στένεμα (τό), tightening; shrinking/ *στενεύω*, to tighten, to make narrower/ *στενό* (τό), narrow pass, narrow street
στενογραφία (ή), shorthand/ *στενογράφος* (ό), stenographer/ *στενογραφῶ*, to take down in shorthand
στενοκεφαλιά (ή), narrowmindedness/ *στενοκέφαλος*, narrowminded
στενόμακρος, oblong
στενός, narrow; close/ ~ φίλος, intimate friend/ *στενότητα* (ή), narrowness; closeness
στενοχωρημένος, sad, distressed, gloomy/ *στενοχώρια* (ή), sadness, distress; financial difficulty/ *στενόχωρος*, inconvenient; troublesome/ *στενοχωρῶ*, to trouble, to annoy
στεντόρειος, stentorian, very loud
στένωμα (τό), or **στένωση** (ή), (med.) stricture
στενωπός (ή), narrow pass
στέππα (ή), steppe
στέργω, to consent, to accept
στερεά, firmly, solidly/ (ή), ~ Ἑλλάδα, central mainland Greece
στερεομετρία (ή), stereometry
στερεοποιημένος, solidified/ *στερεοποίηση* (ή), solidification/ *στερεοποιῶ*, to solidify
στερεός, solid, firm
στερεοσκόπιο (τό), stereoscope
στερεότητα (ή), solidity, firmness, durability
στερεότυπα, invariably/ *στερεότυπος*, invariable
στερεύω, to dry up; to become barren
στερέωμα (τό), fixing/ (astr.) firmament/ *στερεώνω*, to fix, to secure/ *στερέωση* (ή), fixing, securing
στέρηση (ή), deprivation; want, poverty
στεριά (ή), land
στεριώνω, to be consolidated
στερλίνα (ή), pound sterling
στέρνα (ή), cistern
στέρνο (τό), chest
στερνοπαίδι (τό), the youngest child
στερνός, last
στέρξιμο (τό), consent, agreement
στέρφος, barren, sterile
στερῶ, to deprive of, to take away/ *στεροῦμαι*, to be deprived of
στεφάνη (ή), brim
στεφάνι (τό), ring; wreath
στεφανιαῖος, coronary
στέφανος, crown, garland/ ἀκάνθινος ~, crown of thorns
στεφάνωμα (τό), crowning/ (fig.) marriage/ *στεφανώνω*, or *στέφω*, to crown/ (fig.) to marry/ *στεφανώνομαι*, to get married
στέψη (ή), coronation
στηθάγχη (ή), angina
στηθαῖο (τό), parapet
στηθικός, pectoral

στηθόδεσμος (ό), corset
στηθόπονος (ό), chest-pain
στήθος (τό), chest, breast
στηθοσκόπηση (ή), auscultation/ *στηθοσκόπιο* (τό), stethoscope/ *στηθοσκοπώ*, to auscultate
στήλη (ή), pillar, column
στηλίτευση (ή), stigmatization/ *στηλιτεύω*, to stigmatize
στήλωμα (τό), propping/ *στηλώνω*, to prop; to fix (one's eyes)
στημόνι (τό), warp
στήμωνας (ό), (bot.) stamen
στήνω, to erect, to set up, to put up/ ~ *ενέδρα*, to lay an ambush
στήριγμα (τό), support, prop/ *στηρίζω*, to support, to prop/ *στηρίζομαι*, to lean; to rely on/ *στήριξη* (ή), supporting
στήσιμο (τό), setting up; preparation/ *στητός*, upright
στιβάδα (ή), pile, heap
στιβαρά, vigorously, strongly/ *στιβαρός*, vigorous, robust/ *στιβαρότητα* (ή), vigour, robustness
στίβος (ό), track, racecourse/ *αθλητισμός στίβου*, athletics
στίγμα (τό), stain, spot; blemish/ ~*τίζω*, to stigmatize, to brand/ ~*τισμένος*, stigmatized, branded/ ~*τισμός* (ό), stigmatizing, branding
στιγμή (ή), instant, moment/ *στή* ~, instantly/ *άπό* ~ *σέ* ~, any moment/ *στιγμιαίος*, instantaneous
στιγμιότυπο (τό), snapshot
στίλβω, to glitter, to glow/ *στίλβωμα* (τό), δλ. *στίλβωση/ στιλβώνω*, to polish, to varnish/ *στίλβωση* (ή), polishing, varnishing/ *στιλβωτήριο* (τό), shoe-shining shop/ *στιλβωτής* (ό), polisher; shoe-black
στιλέτο (τό), dagger
στιλπνός, glossy, brilliant/ *στιλπνότητα* (ή), glossiness, brilliancy
στίξη (ή), punctuation
στίφος (τό), swarm, horde
στιχογράφος (ό), verse-writer
στιχομυθία (ή), dialogue
στιχοπλόκος (ό), inferior poet
στίχος (ό), line, file; verse/ *στιχούργημα* (τό), text written in verse/ *στιχουργία*

(ή), versification/ *στιχουργός* (ό), versificator/ *στιχουργώ*, to write verses
στοά (ή), arcade, gallery/ *μασωνική* ~, masonic lodge
στοίβα (ή), pile, heap/ ~*γμα* (τό), piling, stowing/ ~*γμένος*, piled/ *στοιβάζω*, to pile up, to heap up
στοιχείο (τό), element/ (typ.) print, type/ (elec.) cell
στοιχειό (τό), ghost, spirit
στοιχειοθεσία (ή), typesetting/ *στοιχειοθέτης* (ό), typesetter/ *στοιχειοθετώ*, to typeset
στοιχειώδης, elementary, basic
στοιχειωμένος, haunted
στοίχημα (τό), bet, wager/ ~*τίζω*, to bet
στοιχίζω, to cost, to be worth
στοίχος (ό), line, row
στοκάρω, to putty/ *στόκος* (ό), putty
στόλαρχος (ό), fleet commander
στολή (ή), dress, uniform/ *εθνική* ~, national costume
στολίδι (τό), ornament, decoration/ *στολίζω*, to trim, to adorn, to embellish/ *στολίζομαι*, to dress up smartly
στολίσκος (ό), flotilla
στόλισμα (τό), adornment, decoration/ *στολισμένος*, adorned, decorated/ *στολισμός* (ό), decoration
στόλος (ό), fleet
στόμα (τό), mouth/ (mil.) muzzle/ *έν στόματι μαχαίρας*, put to the sword/ *στοματικός*, of the mouth; verbal
στοματίτιδα (ή), (med.) inflammation of the mouth
στομάχι (τό), stomach/ *στομαχιάζω*, to suffer from indigestion/ *στομαχικός*, stomachical/ *στομαχόπονος* (ό), stomachache
στόμιο (τό), mouth; muzzle; outflow
στόμφος (ό), pomposity, bombast/ *στομφώδης*, pompous
στόμωμα (τό), tempering/ *στομώνω*, to temper
στοργή (ή), affection, tenderness/ *στοργικός*, affectionate
στουμπίζω, to crush, to pound/ *στούμπισμα* (τό), crushing
στουπί (τό), oakum, tow/ *είναι* ~, he (she) is drunk

στουπόχαρτο (τό), blotting-paper
στούπωμα (τό), corking, plugging/ **στουπώνω**, to cork, to plug
στουρνάρι (τό), flint
στόφα (ή), brocade/ εἶναι ἀπό ~, it is of good quality
στοχάζομαι, to consider, to reflect/ *στοχασμός* (ὁ), meditation, reflection/ *στοχαστικός*, thoughtful
στόχαστρο (τό), gunsight
στόχος (ὁ), aim, target
στραβά, crookedly; blindly/ κουτσά ~, just about, so so/ στά ~, blindly, without examining
στραβίζω, to squint/ *στραβισμός* (ὁ), squinting
στραβοκάνης (ὁ), bandy-legged
στραβοκοιτάζω, to look askance at
στραβολαίμης (ὁ), stiffnecked
στραβομάρα (ή), blindness/ (fig.) blunder, error
στραβομουτσουνιάζω, to look displeased
στραβόξυλο (τό), peevish
στραβοπάτημα (τό), false step/ (fig.) mistake
στραβός, crooked; false; blind/ *στράβωμα* (τό), crookedness; blindness/ *στραβώνω*, to twist, to bend; to blind
στραγάλι (τό), roasted chickpea
στραγγαλίζω, to strangle/ *στραγγαλισμός* (ὁ), strangling, strangulation/ *στραγγαλιστής* (ὁ), strangler
στραγγίζω, to strain, to drain/ *στράγγισμα* (τό), straining, draining/ *στραγγιστήρι* (τό), strainer
στραμπούληγμα (τό), sprain, dislocation/ *στραμπουλίζω*, to sprain, to dislocate
στραπατσάρω, to maltreat/ *στραπάτσο* (τό), maltreatment
στράτα (ή), way, road
στρατάρχης (ὁ), field-marshal
στράτευμα (τό), troops, army/ *στρατεύομαι*, to join the army/ *στρατεύσιμος*, subject to military service
στρατηγεῖο (τό), military headquarters
στρατήγημα (τό), stratagem, ruse, trick
στρατηγία (ή), generalship
στρατηγική (ή), military tactics/ *στρατηγικός*, strategic
στρατηγός (ὁ), general/ *στρατηγῶ*, to command an army/ *στρατηλάτης* (ὁ), commander in chief
στρατί (τό), path
στρατιά (ή), army
στρατιώτης (ὁ), soldier/ *στρατιωτικά*, militarily/ φορῶ ~, to wear military uniform/ *στρατιωτικός*, of the army, military/ ~ νόμος, martial law/ ὑπουργεῖο στρατιωτικῶν, Ministry of War (Defence)
στρατοδικεῖο (τό), court-martial/ *στρατοδίκης* (ὁ), military judge
στρατοκρατία (ή), military government
στρατολογία (ή), recruiting/ *στρατολογῶ*, to recruit
στρατοπέδευση (ή), encampment/ *στρατοπεδεύω*, to camp, to encamp/ *στρατόπεδο* (τό), camp
στρατός (ὁ), army
στρατόσφαιρα (ή), stratosphere
στρατόχαρτο (τό), wrapping paper
στρατώνας (ὁ) barracks/ *στρατωνισμός* (ὁ), quartering in barracks
στρεβλά, crookedly/ *στρεβλός*, crooked, deformed/ *στρεβλότητα* (ή), crookedness/ *στρεβλώνω*, to twist, to warp/ *στρέβλωση* (ή), twisting
στρείδι (τό), oyster
στρέμμα (τό), acre
στρεπτόκοκκος (ὁ), streptococcus
στρέφω, to turn, to revolve/ *στρέφομαι*, to turn towards/ *στρέψη* (ή), turn/ (tech.) torsion
στρεψοδικία (ή), chicanery/ *στρεψόδικος*, chicaner, quibbler/ *στρεψοδικῶ*, to chicane, to quibble
στρίβω, to turn, to twist/ τό, to beat it
στρίγγλα (ή), shrew/ (fig.) wicked woman
στριγγλιά (ή), shriek, shrill voice/ *στριγγλίζω*, to shriek, to scream
στρίμωγμα (τό), squeezing/ *στριμώχνω*, to squeeze
στριφνός, peevish, difficult/ *στριφνότητα* (ή), peevishness
στριφογυρίζω, to twirl
στρίφωμα (τό), hemming/ *στριφώνω*, to hem
στρίψιμο (τό), twisting
στροβιλίζομαι, to whirl/ *στροβιλισμός* (ὁ), or *στροβίλισμα* (τό), whirling

στροβιλογεννήτρια (ή), turbogenerator
στρόβιλος (ό), whirlwind; whirlpool/ (tech.) turbine
στρογγύλεμα (τό), rounding/ *στρογγυλεύω*, to make round/ *στρογγυλοκάθομαι*, to sit at ease/ *στρογγυλοπρόσωπος*, roundfaced/ *στρογγυλός*, round, spherical/ *στρογγυλότητα* (ή), roundness/ *στρογγυλούτσικος*, roundish
στρόντιο (τό), strontium
στρούγγα (ή), sheepfold
στρουθοκάμηλος (ή), ostrich
στρουμπουλός, plump
στρόφαλος (ό), crank
στροφείο (τό), rotor
στροφή (ή), turning, revolution/ (poetry) stanza
στρόφιγγα (ή), tap
στρυχνίνη (ή), strychnine
στρώμα (τό), mattress/ (geol.) layer/ *στρωματάς* (ό), mattress-maker
στρωμνή (ή), mattress
στρώνω, to spread/ (bed) to make/ (table) to lay the table/ *στρώνομαι*, to stretch oneself/ ~ στή δουλειά, to work steadily
στρωσίδι (τό), bed-cover
στρώσιμο (τό), spreading; making (the bed); paving (the road)
στρωτός, stretched/ (fig.) even, normal
στυγερός, abominable, horrible/ *στυγερότητα* (ή), abomination, horror
στυγνός, grim, sullen/ *στυγνότητα* (ή), grimness, sullenness
στυλό (τό), fountainpen
στυλοβάτης (ό), pedestal/ (fig.) main person
στυλογράφος (ό), βλ. στυλό
στύλος (ό), pillar, column
στύλωμα (τό), supporting, propping/ *στυλώνω*, to support, to prop
στυπόχαρτο (τό), blotting-paper
στυπτικός, styptic/ *στυπτικότητα* (ή), stypticity
στύση (ή), erection
στυφίζω, to taste sour/ *στυφός*, sour
στύφω, to squeeze
στύψη (ή), allum
στύψιμο (τό), squeezing
στωικισμός (ό), stoicism/ *στωικός*, stoic/ *στωικότητα* (ή), stoicism
σύ, you
συβαρίτης (ό), sybarite, effeminate/ *συβαριτισμός* (ό), effeminacy
σύγγαμπρος ό), brother-in-law
συγγένεια (ή), blood-relation, kinship/ *συγγενεύω*, to be related with/ *συγγενής*, relative/ (ό), relative, kinsman, kin/ *συγγενικός*, relative, similar/ *συγγενολόϊ* (τό), kinsfolk
συγγνώμη (ή), forgiveness, pardon
συγγνωστός, pardonable
σύγγραμμα (τό), book, manual
συγγραφέας (ό), author, writer/ *συγγραφή* (ή), writing (of books)/ *συγγραφικός*, of an author/ *συγγραφικά δικαιώματα*, royalties/ *συγγράφω*, to write (a book)
συγκαίομαι, to have an inflammation
σύγκαιρα, at the right time
συγκαλά (τά), mental equilibrium/ δέν είναι στά ~ του, he is mad
συγκαλύπτω, to cover, to conceal/ *συγκάλυψη* (ή), covering, concealing
συγκαλώ, to call together, to convoke
συγκαμμένος, inflamed
συγκατάβαση (ή), condescension/ *συγκαταβατικός*, condescending
συγκατάθεση (ή), consent
συγκαταλέγω, to include
συγκατάνευση (ή), assent/ *συγκατανεύω*, to assent
συγκατηγορούμενος (ό), accomplice
συγκατοίκηση (ή), cohabitation/ *συγκάτοικος* (ό), cohabitant/ *συγκατοικώ*, to cohabit
συγκεκριμένα, concretely, precisely/ *συγκεκριμένος*, concrete, precise
συγκεντρωμένος, concentrated, gathered/ *συγκεντρώνω*, to gather, to assemble/ *συγκέντρωση* (ή), concentration, assembly/ *συγκεντρωτικός*, centralizing
συγκερασμός (ό), mixing
συγκεφαλαιώνω, to recapitulate/ *συγκεφαλαίωση* (ή), recapitulation
συγκεχυμένα, confusedly/ *συγκεχυμένος*, confused
συγκηδεμονία (ή), joint guardianship
συγκινημένος, touched/ *συγκίνηση* (ή),

emotion, sentimentality/ *συγκινητικός*, moving, sentimental/ *συγκινώ*, to move, to touch
συγκληρονομία (ή), joint inheritance
σύγκληση (ή), meeting, calling an assembly
σύγκλητος (ή), Roman senate; university council
συγκλίνω, to converge
συγκλονίζω, to shock, to shake/ *συγκλονισμός* (ό), shock, violent shake
συγκοινωνία (ή), communication, transport/ *συγκοινωνιακός*, relating to transport/ *συγκοινωνώ*, to communicate
συγκόλληση (ή), sticking; welding/ *συγκολλητής* (ό), welder/ *συγκολλώ*, to stick, to weld
συγκομιδή (ή), harvest
συγκοπή (ή), abbreviation/ (med.) heart failure/ *συγκόπτω*, to abbreviate
συγκράτηση (ή), restraint/ *συγκρατώ*, to restrain, to hold back/ *συγκρατούμαι*, or *συγκρατιέμαι*, to control oneself
συγκρίνω, to compare/ *σύγκριση* (ή), comparison/ *συγκριτικά*, comparatively/ *συγκριτικός*, comparative
συγκρότημα (τό), group; building block
συγκρότηση (ή), composition, formation/ *συγκροτώ*, to form, to constitute
σύγκρουση (ή), clash, collision; conflict/ *συγκρούω*, to strike/ *συγκρούομαι*, to clash, to collide
σύγκρυο (τό), shivering
συγκυρία (ή), coincidence
συγκύριος (ό), joint owner
συγυρίζω, to put in order, to arrange/ *συγύρισμα* (τό), putting in order/ *συγυρισμένος*, neat, well arranged
συγχαίρω, to congratulate/ *συγχαρητήρια* (τά), congratulations/ *συγχαρητήριος*, congratulatory
συγχέω, to confuse
συγχορδία (ή), tune, accord
συγχρονίζω, to bring up to date; to synchronize/ *συγχρονισμός* (ό), modernization; synchronization
σύγχρονος, contemporary
συγχρωτίζομαι, to come in contact/ *συγχρωτισμός* (ό), contact, mixing with
συγχύζω, to annoy, to vex/ *συγχύζομαι*, to be annoyed/ *σύγχυση* (ή), confusion; annoyance
συγχώνευση (ή), fusion, merging/ *συγχωνεύω*, to join together, to merge
συγχωρεμένος, forgiven; deceased/ *συγχώρηση* (ή), forgiveness, pardon/ *συγχωρητέος*, pardonable
συγχωριανός (ό), fellow-villager
συγχωροχάρτι (τό), indulgence
συγχωρώ, to forgive, to pardon, to absolve
συζευκτικός, conjunctive/ *σύζευξη* (ή), yoking/ (tech.) coupling
συζήτηση (ή), debate, discussion/ *συζητήσιμος*, debatable/ *συζητητής* (ό), debater/ *συζητώ*, to debate, to discuss
συζυγία (ή), (gram.) conjugation
συζυγικός, matrimonial/ *σύζυγος* (ό), husband/ (ή), wife
συζώ, to live together
συκάμινο (τό), mulberry/ *συκαμνιά* (ή), mulberry-tree
συκιά (ή), fig-tree/ *σύκο* (τό), fig
συκομουριά (ή), sycamore-tree
συκοφάντης (ό), slanderer, defamer/ *συκοφαντία* (ή), slander, defamation/ *συκοφαντικός*, defamatory, slanderous/ *συκοφαντώ*, to slander, to defame
συκώτι (τό), liver
σύληση (ή), plunder/ *συλητής* (ό), plunderer
συλλαβή (ή), syllable/ *συλλαβίζω*, to spell/ *συλλαβικός*, syllabic/ *συλλαβισμός* (ό), spelling
συλλαλητήριο (τό), demonstration
συλλαμβάνω, to catch, to arrest; to conceive/ ~ *έπ' αύτοφώρω*, to catch red-handed
συλλέγω, to collect, to gather/ *συλλέκτης* (ό), collector
σύλληψη (ή), capture, arrest; conception
συλλογή (ή), collection
συλλογίζομαι, to think, to meditate
συλλογικά, collectively/ *συλλογικός*, collective thought; reasoning/ *συλλογιστικός*, thinking
σύλλογος (ό), association, society, union
συλλυπητήρια (τά), condolence/ *συλλυπούμαι*, to sympathize with
συλφίδα (ή), sylphide/ (fig.) elegant wo-

συμβαδίζω — συνάνθρωπος

man
συμβαδίζω, to walk together
συμβαίνω, to happen, to occur/ τί συμβαίνει; what's going on?
συμβαλλόμενος, (leg.) contracting party
συμβάλλω, to contribute/ *συμβάλλομαι*, to enter an agreement
συμβάν (τό), event, incident
σύμβαση (ή), treaty, agreement, contract
συμβασιλέας (ό), co-reigning monarch/ *συμβασιλεύω*, to co-reign
συμβατικά, conventionally/ *συμβατικός*, conventional
συμβατικότητα (ή), conventionalism
συμβία (ή), wife
συμβιβάζω, to reconcile/ *συμβιβάζομαι*, to come to terms with/ *συμβιβασμός* (ό), compromise, settlement/ *συμβιβαστικός*, conciliatory
συμβιώ, to live together/ *συμβίωση* (ή), living together
συμβόλαιο (τό), contract
συμβολαιογραφείο (τό), notary's office/ *συμβολαιογράφος* (ό), notary public
συμβολή (ή), contribution; juncture
συμβολίζω, to symbolize/ *συμβολικά*, symbolically/ *συμβολικός*, symbolic/ *συμβολισμός* (ό), symbolism/ *συμβολιστής* (ό), symbolist/ *σύμβολο* (τό), symbol/ ~ τῆς Πίστεως, the Creed
συμβουλάτορας (ό), counsellor/ *συμβουλευτικός*, consultative, advisory/ *συμβουλεύω*, to counsel, to advise/ *συμβουλεύομαι*, to seek advice/ *συμβουλή* (ή), counsel, advice/ *συμβούλιο* (τό), council, board/ Ὑπουργικό ~, Cabinet/ διοικητικό ~, Board of Directors/ *σύμβουλος*, counsellor, councillor
συμμάζεμα (τό), tidying up; collecting/ *συμμαζεμένος*, modest, decent/ *συμμαζεύω*, to collect, to put in order/ *συμμαζεύομαι*, to shrink/ (fig.) to behave oneself
συμμαθητής (ό), schoolmate
συμμαχία (ή), alliance/ *συμμαχικός*, allied/ *σύμμαχος* (ό), ally/ *συμμαχῶ*, to become an ally with
συμμερίζομαι, to share with
συμμετέχω, to participate, to take part/ *συμμετοχή* (ή), participation

συμμετρία (ή), symmetry/ *συμμετρικός*, symmetrical
συμμιγής (ό), (maths) ~ ἀριθμός, complex number
σύμμικτος, mixed, assorted/ *σύμμιξη* (ή), mixture
συμμορία (ή), gang/ *συμμορίτης* (ό), gangster
συμμορφώνω, to make someone comply/ *συμμορφώνομαι*, to comply with; to behave oneself/ *συμμόρφωση* (ή), conformity
συμπαγής, compact, solid
συμπάθεια (ή), sympathy; affection
συμπάθειο (τό), forgiveness, pardon/ μέ τό ~, with your permission
συμπαθητικός, sympathetic; tender/ *συμπαθῶ*, to feel sympathy; to show affection
συμπαιγνία (ή), collusion
συμπαίκτης (ό), playmate
σύμπαν (τό), universe
συμπαραλαβαίνω, or *συμπαραλαμβάνω*, to take along
συμπαράσταση (ή), assistance, solidarity/ *συμπαραστάτης* (ό), helper, assistant/ *συμπαραστατῶ*, to help, to stand by
συμπαρασύρω, to drag along
σύμπας, whole, all
συμπάσχω, to sympathize with
συμπατριώτης (ό), fellow-countryman
συμπεθερεύω, to become related through marriage/ *συμπέθερος* (ό), fellow father-in-law
συμπεραίνω, to conclude/ *συμπέρασμα* (τό), conclusion, deduction/ *συμπερασματικός*, conclusive
συμπεριλαμβάνω, to contain, to include
συμπεριφέρομαι, to behave/ *συμπεριφορά* (ή), behaviour
σύμπηξη (ή), establishment, founding
συμπιέζω, to compress/ *συμπίεση* (ή), compression/ *συμπιεσμένος*, compressed/ *συμπιεστής* (ό), compressor/ *συμπιεστός*, compressible
συμπίπτω, to coincide
σύμπλεγμα (τό), cluster
συμπλέκτης (ό), (car) clutch/ *συμπλεκτικός*, interlacing, interweaving/ *συμπλέ*-

κω, to interweave/ *συμπλέκομαι*, to come to blows
συμπλέω, to sail together
συμπλήρωμα (τό), supplement, complement/ *συμπληρωματικός*, supplementary/ *συμπληρώνω*, to supplement/ *συμπλήρωση* (ή), completion
συμπλοκή (ή), row, conflict
σύμπνοια (ή), harmony, concord
συμπολεμιστής (ό), fellow-fighter/ *συμπολεμώ*, to fight together
συμπολιτεία (ή), confederacy
συμπολιτεύομαι, to belong to the government party/ *συμπολιτευόμενος* (ό), member of the government party/ *συμπολίτευση* (ή), government party
συμπολίτης (ό), fellow-citizen
συμπονετικός, compassionate/ *συμπόνοια* (ή), sympathy, compassion/ *συμπονώ*, to sympathize with
συμπορεύομαι, to march together/ (fig.) to share someone's views
συμπόσιο (τό), banquet, symposium
συμποσούμαι, to amount to
συμπότης (ό), fellow-drinker
σύμπραξη (ή), collaboration, co-operation/ *συμπράττω*, to collaborate
συμπρόεδρος (ό), joint-chairman
σύμπτυξη (ή), abbreviation; folding up/ *συμπτύσσω*, to abbreviate; to fold up
σύμπτωμα (τό), symptom
συμπτωματικά, accidentally/ *συμπτωματικός*, accidental, coincidental/ *σύμπτωση* (ή), coincidence
συμπυκνωμένος, condensed/ *συμπυκνώνω*, to condense/ *συμπύκνωση* (ή), condensation, compression/ *συμπυκνωτής* (ό), condenser
συμφέρει, it is worth it, it pays/ *συμφέρον* (τό), interest, benefit/ *συμφέρων*, profitable
συμφιλιώνω, to reconcile/ *συμφιλιώνομαι*, to be reconciled with/ *συμφιλίωση* (ή), reconciliation
συμφοιτητής (ό), fellow-student
συμφορά (ή), misfortune, disaster, catastrophe
συμφόρηση (ή), (med.) congestion
σύμφορος, advantageous
συμφυής, innate, inherent

συμφυρμός (ό), jumble, confusion/ *συμφύρομαι*, to jumble
σύμφυση (ή), (med.) adhesion
σύμφυτος, βλ. *συμφυής*
σύμφωνα, according to
συμφωνητικό (τό), contract, deed
συμφωνία (ή), agreement/ (mus.) symphony/ *συμφωνικός*, symphonic
σύμφωνο (τό), pact/ (gram.) consonant
σύμφωνος, in agreement with, consistent/ *συμφωνώ*, to agree, to accept
συμψηφίζω, to offset/ *συμψηφισμός* (ό), offset
σύν, together, with; plus/ ~ γυναιξί καί τέκνοις, with the whole family/ ~ τῷ χρόνῳ, in due course
συναγελάζομαι, to have bad company
συναγερμός (ό), rally, assembly/ (mil.) alarm
συνάγω, to conclude
συναγωγή (ή), synagogue
συναγωνίζομαι, to compete/ *συναγωνισμός* (ό), competition, contest/ *συναγωνιστής* (ό), fellow-in-arms
συναδελφικός, comradely/ *συνάδελφος* (ό), colleague, workmate
συνάδω, to fit with, to agree with
συνάζω, to gather, to collect
συναθροίζω, to assemble/ *συνάθροιση* (ή), assembly, meeting
συναίνεση (ή), approval, consent/ *συναινώ*, to consent
συναίρεση (ή), (gram.) contraction/ *συναιρώ*, to contract
συναισθάνομαι, to be conscious of/ *συναίσθημα* (τό), feeling, sensation/ *συναισθηματικός*, sentimental
συναισθηματικότητα (ή), sentimentality
συναίσθηση (ή), consciousness
συνακόλουθος, consequent
συναλλαγή (ή), transaction, deal/ *συνάλλαγμα* (τό), currency/ *συναλλαγματική* (ή), bill of exchange/ *συναλλακτικός*, transactory/ *συναλλάσσομαι*, to have dealings with
συνάμα, simultaneously
συναναστρέφομαι, to associate with/ *συναναστροφή* (ή), association, being friendly with
συνάνθρωπος (ό), fellow-man

συνάντηση (ή), meeting/ *συναντώ*, to meet, to come across
συναξάρι (τό), book with the lives of saints/~ *στής* (ό), writer of saints' lives
σύναξη (ή), assembly, gathering
συναπάντημα (τό), meeting/ *συναπαντώ*, to meet
συναπαρτίζω, to make up, to be part of
συναποστέλλω, to send with
συναποφασίζω, to decide in common
συναπτός, consecutive
συνάπτω, to join, to unite/ ~ *γάμο*, to get married/ ~ *ειρήνη*, to conclude peace/ ~ *ερωτικές σχέσεις*, to have an affair
συναριθμώ, to include in one's computations
συναρμόζω, to fit together, to join
συναρμολόγηση (ή), fitting together/ *συναρμολογώ*, to fit/ (tech.) to assemble
συναρπάζω, to captivate, to thrill
συνάρτηση (ή), connection/ (maths) function/ *συναρτώ*, to connect, to attach
συνασπίζω, to unite/ *συνασπίζομαι*, to join a coalition/ *συνασπισμός* (ό), coalition
συναυλία (ή), concert
συναυτουργός (ό), accomplice, accessory
συνάφεια (ή), contact, connection/ *συναφής*, related
συνάχι (τό), catarrh, cold/ *συναχωμένος*, suffering of a cold/ *συναχώνομαι*, to catch cold
συνδαιτυμώνας (ό), fellow-diner
συνδαυλίζω, to poke/ (fig.) to excite
σύνδεση (ή), joining, connection/ *σύνδεσμος* (ό), tie, bond; association, union/ (gram.) conjunction/ *συνδετήρας* (ό), fastener, clip/ *συνδετικός*, uniting, connecting
συνδέω, to bind, to connect/ (tech.) to couple/ *συνδέομαι*, to be connected
συνδημότης (ό), fellow-citizen
συνδιαλέγομαι, to talk with/ *συνδιάλεξη* (ή), talk, conversation
συνδιαλλαγή (ή), reconciliation/ *συνδιαλλακτικός*, conciliatory
συνδιασκέπτομαι, to confer, to discuss/ *συνδιάσκεψη* (ή), conference
συνδικαλισμός (ό), trade-unionism/ *συνδικαλιστής* (ό), trade-unionist/ *συνδικάτο* (τό), trade union
συνδιοικώ, to administer jointly
συνδρομή (ή), assistance, aid; subscription/ *συνδρομητής* (ό), subscriber
συνδυάζω, to combine/ *συνδυασμός* (ό), combination
συνεγγυητής (ό), joint-guarantor
συνεδρία (ή), sitting, session/ *συνεδριάζω*, to sit, to meet, to confer/ *συνεδρίαση* (ή), sitting, session/ *συνέδριο* (τό), congress, conference/ *σύνεδρος* (ό), member of a congress (council)
συνείδηση (ή), conscience/ έχω ~, to be aware of/ *τύψεις συνείδησης*, remorses/ *συνειδητός*, aware
συνειρμός (ό), coherence
συνεισφέρω, to contribute/ *συνεισφορά* (ή), contribution
συνέκδημος (ό), prayerbook
συνεκλείπω, to disappear simultaneously
συνεκτικός, cohesive, compact/ *συνεκτικότητα* (ή), cohesion, compactness
συνέλευση (ή), assembly, meeting
συνεννόηση (ή), understanding, agreement/ *συνεννοούμαι*, to reach an understanding
συνενοχή (ή), complicity/ *συνένοχος* (ό), accomplice
συνέντευξη (ή), interview, appointment
συνενώνω, to join, to unite/ *συνένωση* (ή), joining, union
συνεορτάζω, to co-celebrate
συνεπάγομαι, to involve
συνέπεια (ή), consequence; consistency/ κατά ~, consequently/ *συνεπής*, consistent
συνεπιβάτης (ό), fellow-passenger
συνεπίτροπος (ό), joint-guardian
συνεπιφέρω, to cause; to imply
συνεπτυγμένος, brief, concise
συνεπώς, consequently
συνεργάζομαι, to co-operate, to collaborate/ *συνεργασία* (ή), co-operation, collaboration/ *συνεργάτης* (ό), collaborator; contributor
συνέργεια (ή), complicity
συνεργείο (τό), working group; workshop
σύνεργο (τό), tool, instrument
συνεργός (ό), accomplice, accessory/ *συνεργώ*, to concur, to contribute

συνερίζομαι, to take seriously
συνέρχομαι, to hold a meeting; to recover conscience
σύνεση (ἡ), wisdom, prudence
συνεσταλμένα, shyly, reservedly/ *συνεσταλμένος*, shy, reserved, timid
συνεστίαση (ἡ), dinner
συνεταιρίζομαι, to form a society/ *συνεταιρικά*, in partnership/ *συνεταιρικός*, associated/ *συνεταιρισμός* (ὁ), association, partnership/ *συνέταιρος* (ὁ), associate, partner
συνετίζω, to bring to one's senses/ *συνετισμός* (ὁ), bringing to one's senses
συνευθύνομαι, to be jointly responsible
συνεύρεση (ἡ), sexual intercourse, sleeping together/ *συνευρίσκομαι*, to have sexual intercourse with
συνεφαπτομένη (ἡ), (maths) cotangent
συνεφέρνω, to make someone recover his senses
συνέχεια (ἡ), continuation/ ἕπεται ~, there is more to follow/ *συνεχής*, continual, continuous/ *συνεχίζω*, to continue, to go on
συνεχόμενος, adjoining
συνέχω, to keep together
συνεχώς, continually, continuously
συνηγορία (ἡ), pleading, advocating/ *συνήγορος* (ὁ), defence lawyer/ *συνηγορῶ*, to plead, to defend
συνήθεια (ἡ), habit, custom/ *συνήθης*, 6λ. *συνηθισμένος*/ *συνηθίζω*, to be used to/ *συνηθισμένος*, usual, customary/ *συνήθως*, usually
συνημίτονο (τό), (maths) cosine
συνημμένος, enclosed
συνηρημένος, (gram.) contracted
συνήχηση (ἡ), consonance
σύνθεση (ἡ), composition
συνθετήριο (τό), (printing) compositor's board
συνθέτης (ὁ), composer
συνθετικός, synthetic/ *σύνθετος*, compound, complex/ *συνθέτω*, to compose
συνθήκη (ἡ), treaty, convention/ τέτοιες συνθῆκες, such circumstances
συνθηκολόγηση (ἡ), capitulation/ *συνθηκολογῶ*, to capitulate
σύνθημα (τό), sign, signal; password/ *συνθηματικός*, in signals
συνθλίβω, to squeeze, to compress/ *σύνθλιψη* (ἡ), squeezing, compression
συνιδιοκτήτης (ὁ), co-owner
συνίζηση (ἡ), (gram.) vowel fusion
συνίσταμαι, to be composed of
συνισταμένη (ἡ), (phys.) component
συνιστῶ, to establish, to form; to recommend
συννεφιά (ἡ), cloudy weather/ ~ζω, to become cloudy/ *συννέφιασμα* (τό), gathering of clouds/ *συννεφιασμένος*, cloudy, overcast/ *σύννεφο* (τό), cloud
συνοδεύω, to escort, to accompany/ *συνοδία* (ἡ), escort; retinue/ (mus.) accompaniment
συνοδικός, synodical/ (ὁ), member of the Synod
συνοδοιπόρος (ὁ), fellow traveller/ *συνοδοιπορῶ*, to travel together
συνοδός (ὁ), attendant; chaperon
σύνοδος (ἡ), meeting, session/ (eccl.) synod
συνοικείωση (ἡ), familiarization
συνοικέσιο (τό), (marriage) match
συνοίκηση (ἡ), cohabitation
συνοικία (ἡ), (town) quarter/ *συνοικιακός*, in a quarter, away from the centre of town
συνοικίζω, to settle, to colonize/ *συνοικισμός* (ὁ), settlement
σύνοικος (ὁ), inmate; flatmate/ *συνοικῶ*, to live together
συνολικά, entirely, wholly, totally/ *συνολικός*, entire, whole, total/ *σύνολο* (τό), whole, total
συνομίληκος, of the same age
συνομιλητής (ὁ), fellow-talker/ *συνομιλία* (ἡ), talk, discussion/ *συνομιλῶ*, to converse, to talk
συνομολόγηση (ἡ), conclusion (of an agreement)/ *συνομολογία* (ἡ), agreement, treaty/ *συνομολογῶ*, to agree
συνομοσπονδία (ἡ), confederation
συνομοταξία (ἡ), (zool.) family
συνονθύλευμα (τό), odds and ends/ (fig.) riff-raff
συνονόματος, namesake
συνοπτικός, concise, brief/ *συνοπτικότητα* (ἡ), conciseness

συνορεύω — σφαιροβολία 200

συνορεύω, to border on/ *συνοριακός*, next to the border/ *σύνορο* (τό), border, frontier
συνουσία (ή), sexual intercourse/ *συνουσιάζομαι*, to have sexual intercourse
συνοφρυώνομαι, to frown; to be displeased/ *συνοφρύωση* (ή), frowning
συνοχή (ή), cohesion
σύνοψη (ή), summary, synopsis/ *συνοψίζω*, to summarize, to sum up
συνταγή (ή), prescription
σύνταγμα (τό), constitution/ (mil.) regiment
συνταγματάρχης (ό), colonel
συνταγματικός, constitutional/ *συνταγματικότητα* (ή), constitutional legality
συνταιριάζω, to match together
συντάκτης (ό), writer, editor
συντακτικό (τό), syntax
συντακτικός, constituent
σύνταξη (ή), editing; pension; syntax
συνταξιδεύω, to travel together/ *συνταξιδιώτης* (ό), fellow-traveller
συνταξιοδοτώ, to grant a pension/ *συνταξιούχος* (ό), pensioner
συνταράζω, to shock; to disturb, to agitate
συντάσσω, to draw up, to compose/ *συντάσσομαι*, to side with
συνταυτίζω, to identify/ *συνταύτιση* (ή), identification
συντείνω, to contribute, to play a part in
σύντεκνος (ό), godfather (Cretan dialect)
συντέλεια (ή), end/ ή ~ τοῦ κόσμου, doomsday
συντελεστής (ό), contributor/ (maths) coefficient/ *συντελεστικός*, contributive, conducive/ *συντελῶ*, to contribute, to conduce
συντέμνω, to shorten, to abridge
συντεταγμένη (ή), (maths) axis/ *συντεταγμένος*, orderly
συντετριμμένος, broken/ (fig.) very sad
συντεχνία (ή), trade union
σύντηξη (ή), (tech.) simultaneous melting
συντήρηση (ή), preservation, maintenance/ *συντηρητικά*, conservatively/ *συντηρητικός*, conservative/ *συντηρητικό κόμμα*, Conservative party/ *συντηρητισμός* (ό), conservatism

συντηρῶ, to preserve, to maintain
σύντομα, briefly; shortly, soon/ *συντόμευση* (ή), shortening, abridgment/ *συντομεύω*, to shorten, to abridge/ *συντομία* (ή), brevity/ *συντομογραφία* (ή), abbreviation/ *σύντομος*, brief, short
συντονίζω, to co-ordinate/ *συντονισμός* (ό), co-ordination/ *συντονιστής* (ό), co-ordinator
σύντονος, intense, strenuous
συντοπίτης (ό), fellow countryman
συντρέχω, to help, to assist
συντριβάνι (τό), fountain
συντριβή (ή), crushing/ (fig.) deep sorrow/ *συντρίβω*, to crush, to shatter/ *συντρίμι* (τό), fragment
συντριπτικός, crushing/ *συντριπτική πλειοψηφία*, overwhelming majority
συντροφεύω, to keep company/ *συντροφιά* (ή), company, group of friends/ *συντροφία* (ή), partnership/ καί ~, and Co./ *συντροφικά*, in common/ *συντροφικός*, comradely/ *σύντροφος* (ό), comrade, companion
συντρώγω, to eat together
συντυχαίνω, to come across
συνύπαρξη (ή), coexistence/ *συνυπάρχω*, to coexist
συνυπεύθυνος, jointly responsible
συνυπηρετῶ, to serve together
συνυπογράφω, to countersign
συνυπολογίζω, to include in one's computations
συνυποσχετικό (τό), (leg.) agreement
συνυφαίνω, to weave together; to combine
συνωθῶ, to push/ *συνωθοῦμαι*, to jam
συνωμοσία (ή), conspiracy, plot/ *συνωμότης* (ό), conspirator/ *συνωμοτικός*, conspiratorial/ *συνωμοτῶ*, to conspire, to plot
συνωνυμία (ή), the same name/ *συνώνυμος*, synonymous
συνωστίζομαι, to crowd/ *συνωστισμός* (ό), crowd
σύξυλος, entire, whole/ μένω ~, to be amazed
σύριγγα (ή), syringe
συρίγγιο (τό), fistula
συριγμός (ό), hissing

Σύριος, Συρία, Syrian (man, woman)
σύρμα (τό), wire/ *συρμάτινος,* made of wire
συρματόπλεγμα (τό), barbed wire, meshed wire
συρμός fashion/ σιδηροδρομικός ~, railway
σύρραξη (ή), clash, fight
συρραφή (ή), stitching together/ (fig.) compilation
συρρέω, to flow together/ (fig.) to assemble
σύρριζα, from the roots
συρροή (ή), influx
σύρσιμο (τό), dragging; creeping
συρτά, draggingly
συρτάρι (τό), drawer
σύρτη (ή), quicksand
σύρτης (ό), bolt
συρτός, dragging
συρφετός (ό), mob, riff-raff
σύρω, 6λ. *σέρνω*
συσκέπτομαι, to confer
συσκευάζω, to pack/ *συσκευασία* (ή), packing
συσκευή (ή), apparatus
σύσκεψη (ή), conference
συσκοτίζω, to darken, to obscure/ *συσκότιση* (ή), darkening/ (fig.) concealing
σύσπαση (ή), contraction
συσπειρώνω, to wind/ *συσπειρώνομαι,* to curl, to coil up/ *συσπείρωση* (ή), curling, coiling
συσπώ, to contract
συσσίτιο (τό), common meal
συσσωματώνω, to incorporate/ *σύσσωμος,* in unison
συσσώρευση (ή), accumulation/ *συσσωρευτής* (ό), accumulator/ *συσσωρεύω,* to accumulate
συστάδα (ή), cluster
συστάδην, μάχη ἐκ τοῦ ~, fight at close quarters
συσταίνω, to recommend
συσταλτικός, contractile
σύσταση (ή), formation, establishment; recommendation
συστατικά (τά), ingredients/ *συστατικός,* constituent; recommending/ *συστατική ἐπιστολή,* letter of recommendation

συστεγάζω, to place under the same roof
συστέλλω, to contract, to shrink
σύστημα (τό), system/ πολιτικό ~, regime/ *συστηματικά,* systematically/ *συστηματικός,* systematic/ *συστηματοποίηση* (ή), systematization/ *συστηματοποιώ,* to systematize
συστήνω, to recommend; to introduce
συστοιχία (ή), row, line/ (elec.) battery
σύστοιχος, corresponding
συστολή (ή), contraction; modesty, bashfulness
συστρέφω, to twist, to twirl/ *συστροφή* (ή), twisting, twirling
συσφίγγω, to tighten, to bring closer/ *σύσφιξη* (ή), tightening, bringing closer
συσχετίζω, to correlate/ *συσχέτιση* (ή), or *συσχετισμός* (ό), correlation
σύφιλη (ή), syphilis/ *συφιλιδικός,* syphilitic
συφοριασμένος, miserable, pitiful
συχαρίκια (τά), congratulations
συχνά, often, frequently/ ~ζω, to frequent
συχνοπηγαίνω, to visit often
συχνός, frequent/ *συχνότητα* (ή), frequency
συχνουρία (ή), frequent passing of water
συχωρεμένος, pardoned/ (fig.) deceased/ *συχωρώ,* 6λ. *συγχωρώ*
σύψυχος, with all one's heart
σφαγέας (ό), butcher, slaughterer/ *σφαγεῖο* (τό), slaughter house/ *σφαγή* (ή), slaughter, massacre/ *σφαγιάζω,* to slaughter, to massacre/ *σφαγιασμός* (ό), slaughter, massacre/ *σφαγιαστής* (ό), 6λ. *σφαγέας/ σφάγιο* (τό), slaughtered animal/ (fig.) victim/ *σφαγίτιδα* (ή), (med.) ~ φλέβα, jugular vein
σφαδάζω, to wriggle, to writhe/ *σφαδασμός* (ό), wriggling, convulsion
σφάζω, to massacre, to slaughter
σφαίρα (ή), sphere, ball; globe; bullet/ *σφαιρίδιο* (τό), small ball/ *σφαιρικά,* spherically/ *σφαιρικός,* spherical, global/ *σφαιρικότητα* (ή), sphericity, globality
σφαιριστήριο (τό), billiard-room/ *σφαιριστής* (ό), billiard player
σφαιροβολία (ή), (athl.) putting the shot

σφαιρωτός, 6λ. *σφαιρικός*
σφαλάγγι (τό), *large spider*
σφαλερά, *mistakenly, erroneously/ σφαλερός, mistaken, erroneous/ σφαλερότητα* (ή), *fallaciousness*
σφαλίζω, *to close, to shut/ σφάλισμα* (τό), *closing, shutting/ σφαλιστός, closed, shut*
σφάλλω, *to make a mistake/ σφάλμα* (τό), *mistake, error*
σφαλνώ, 6λ. *σφαλίζω*
σφάξιμο (τό), *slaughtering*
σφάχτης (ό), *acute pain*
σφαχτό (τό), *animal to be slaughtered*
σφενδόνα (ή), or **σφεντόνα** (ή), *sling/ σφενδονίζω, to sling, to hurl*
σφετερίζομαι, *to usurp/ σφετερισμός* (ό), *usurpation, appropriation/ σφετεριστής* (ό), *usurper*
σφήκα (ή), *hornet/ σφηκοφωλιά* (ή), *hornets' nest*
σφήνα (ή), *wedge/ σφηνοειδής, wedge-like/ ~ γραφή, cuneiform script/ σφηνώνω, to wedge*
σφίγγα (ή), *sphinx*
σφίγγω, *to press, to tighten/ ~ στήν άγκαλιά, to embrace/ σφίγγομαι, to be pressed; to try very hard/ σφίξιμο* (τό), *tightening, squeezing/ σφιχτά, tightly, fast/ σφιχταγκάλιασμα* (τό), *close warm embrace/ σφιχτός, tight, pressed/* (fig.) *stingy*
σφόδρα, *extremely*
σφοδρά, *violently, strongly/ σφοδρός, violent, strong/ σφοδρότητα* (ή), *violence, great strength*
σφοντύλι (τό), *blow*
σφουγγαράδικο (τό), *sponge fishingboat/ σφουγγαράς* (ό), *spongefisher/ σφουγγάρι* (τό), *sponge*
σφουγγαρίζω, *to scrub the floor/ σφουγγάρισμα* (τό), *scrubbing the floor/ σφουγγαρόπανο* (τό), *scrubbing-cloth*
σφουγγίζω, *to sponge* (dry)
σφραγίδα (ή), *stamp, seal/ σφραγιδοφύλακας* (ό), *keeper of the seal/ Λόρδος ~, Lord Privy Seal/ σφραγίζω, to seal/ σφράγιση* (ή), or *σφράγισμα* (τό), *sealing, stamping/ σφραγιστός, sealed*
σφρίγος (τό), *vigour, vitality/ σφριγώ, to be vigorous*
σφυγμομέτρηση (ή), *feeling the pulse/* (fig.) *taking a poll/ σφυγμομετρώ, to feel the pulse/* (fig.) *to take a poll/ σφυγμός* (ό), *pulse, pulse beating/ τοϋ βρίσκω τόν σφυγμό, to discover someone's weak points*
σφύζω, *to throb, to be very active/ ~ άπό ζωή, to be full of life*
σφύξη (ή), *pulse*
σφύρα (ή), *hammer/ σφυρηλασία* (ή), *hammering/ σφυρήλατος, forged/ σφυρηλατώ, to forge/ σφυρί* (τό), *hammer, mallet*
σφύριγμα (τό), *whistling/ σφυρίζω, to whistle/ σφυρίχτρα* (ή), *whistle*
σφυρά (τά), *ankles*
σφυροκόπημα (τό), *hammering, forging/ σφυροκοπώ, to hammer*
σχάζω, (phys.) *to split/ σχάση* (ή), *split, fission*
σχεδία (ή), *raft*
σχεδιάγραμμα (τό), *sketch, outline/ σχεδιαγράφημα* (τό), *drawing/ σχεδιάζω, to draw, to sketch/* (fig.) *to intend/ σχεδίασμα* (τό), *sketch, drawing/ σχεδιαστής* (ό), *designer/ σχέδιο* (τό), *outline/* (fig.) *plan, intention*
σχεδόν, *almost, nearly*
σχέση (ή), *relation, connection; acquaintance/ σχετίζω, to associate, to relate/ σχετίζομαι, to be acquainted with/ σχετικά, regarding/ σχετικός, relative to*
σχήμα (τό), *shape, form, figure/* (book) *size/ ~ λόγου, figure of speech/ ~τίζω, to shape, to form/ ~τισμός* (ό), *shaping, formation*
σχίζα (ή), *splinter*
σχιζοφρένεια (ή), (med.) *schizophrenia/ σχιζοφρενής, schizophrenic*
σχίζω, *to tear, to split*
σχίνος (ό), 6λ. *σχοίνος*
σχίσιμο (τό), *tearing, split*
σχίσμα (τό), *division/* (eccl.) *schism/ σχισματικός, schismatic*
σχισμή (ή), *cleft, fissure, crack*
σχιστόλιθος (ό), *slate*
σχιστός, *cleft*
σχοινάκι (τό), *small rope/ κάνω ~, to skip*

σχοινάς (ό), ropemaker/ *σχοινί* (τό), rope, cord
σχοινοβασία (ή), ropedancing, acrobatics/ *σχοινοβάτης* (ό), ropedancer, acrobat/ *σχοινοβατώ*, to walk on a rope
σχοϊνος (ό), (bot.) rush
σχοινοτενής, lengthy, verbose
σχολάζω, to complete one's shift; to finish class
σχολάρχης (ό), headmaster
σχόλασμα (τό), dismissal; end of classes
σχολαστικός, pedantic/ *σχολαστικότητα* (ή), pedantry
σχολείο (τό), school/ δέν έχω ~, to have no classes, to be on holiday/ *σχολή* (ή), higher school, university faculty
σχόλη (ή), holiday
σχολιάζω, to comment/ *σχολιαστής* (ό), commentator
σχολικός, scholastic, of the school
σχόλιο (τό), comment
σχολνώ, or *σχολώ*, to end work, to stop working
σώβρακο (τό), underpants
σώζω, to save, to rescue/ *σώζομαι*, to save oneself/ μοϋ σώθηκε, to run out of
σωθικά (τά), intestines, entrails
σωληνάριο (τό), small tube; test tube
σωλήνας (ό), tube, pipe/ *πεπτικός* ~, alimentary canal/ *σωληνοειδής*, tubular
σώμα (τό), body/ (mil.) corps
σωματείο (τό), union, association
σωματεμπορία (ή), slave trade; procuring/ *σωματέμπορος* (ό), slavedealer; procurer
σωματικά, bodily/ *σωματικός*, corporal, bodily
σωμάτιο (τό), corpuscle
σωματολογία (ή), somatology
σωματοφύλακας (ό), bodyguard (person)/ *σωματοφυλακή* (ή), bodyguard
σωματώδης, corpulent
σώνω, to save, to rescue/ καλά καί σώνει, at all costs, come what may/ *σώνομαι*, to be saved; to run out of
σώος, safe, intact/ ~ καί άβλαβής, safe and sound
σωπαίνω, to remain silent
σωρεία (ή), a great deal, a lot
σωρείτης (ό), (cloud) cumulus

σώρευση (ή), accumulation, piling/ *σωρεύω*, to pile up, to accumulate
σωριάζω, to pile up/ *σωριάζομαι*, to collapse, to fall down
σωρός (ό), heap, pile/ ένα σωρό, a lot
σωσίβιο (τό), lifebelt
σωστά, exactly, correctly/ *σωστός*, correct, exact, right; whole
σωτήρας (ό), saviour, deliverer/ *σωτηρία* (ή), salvation, rescue, delivery/ *σωτήριος*, salutary
σωφρονίζω, to bring one to one's senses/ *σωφρονισμός* (ό), reform, correction/ *σωφρονιστήριο* (τό), reformatory, prison for minors/ *σωφρονιστικός*, reformatory, corrective
σωφροσύνη (ή), wisdom, prudence/ *σώφρων*, wise, prudent

Τ

τά, the (neuter plural)
ταβάνι (τό), ceiling
ταβατούρι (τό), uproar
ταβέρνα (ή), tavern, public-house/ *ταβερνιάρης* (ό), tavernkeeper, publican
τάβλα (ή), low table/ ~ στό μεθύσι, dead drunk
τάβλι (τό), backgammon
ταγάρι (τό), sack, bag
ταγγάδα (ή), rancidness/ *ταγγός*, rancid
ταγή (ή), fodder, feed/ *ταγίζω*, to feed/ *τάγισμα* (τό), feeding/ (fig.) bribe
τάγμα (τό), battalion/ (eccl.) religious order/ ~*τάρχης* (ό), major
τάδε, such and such
τάζω, to make a vow
ταΐζω, βλ. *ταγίζω*
ταινία (ή), ribbon, band, tape/ (cinema) film/ (med.) tape worm
ταίρι (τό), match, the other half/ (fig.) spouse/ *ταιριάζω*, to match, to fit/ *ται-*

ριασμα (τό), matching, fitting/ ταιριαστός, fit, becoming
τάκος (ὁ), stump, block
τακούνι (τό), heel
τακτικά, regularly
τακτική (ἡ), tactics
τακτικός, regular, ordinary; punctual/ (maths) ~ ἀριθμός, ordinal number
τακτοποίηση (ἡ), arrangement/ τακτοποιῶ, to arrange, to put in order
τακτός, determined, fixed
ταλαιπωρία (ἡ), trouble, hardship/ ταλαίπωρος, unfortunate, wretched/ ταλαιπωρῶ, to trouble
ταλανίζω, to annoy/ ταλάνισμα (τό), annoyance
ταλαντεύομαι, to oscillate; to hesitate/ ταλάντευση (ἡ), oscillation; hesitation
τάλαντο (τό), talent
ταλάντωση (ἡ), βλ. ταλάντευση
ταλέντο (τό), talent, genius
τάληρο (τό), five drachmas
τάμα (τό), offering, vow
ταμεῖο (τό), cashier's office, bursar's office/ ταμιακός, fiscal/ ταμίας (ὁ), cashier, treasurer
ταμιευτήριο (τό), savings bank
ταμπακιέρα (ἡ), snuffbox/ ταμπάκο (τό), or ταμπάκος (ὁ), tobacco, snuff
ταμπλάς (ὁ), (med.) stroke
ταμπουράς (ὁ), tambourine
ταμπούρι (τό), trench, fortification
ταμπούρλο (τό), drum
ταμπουρώνομαι, to entrench oneself
τανάλια (ἡ), forceps, tongs
τανίνη (ἡ), tannin
τάνκ (τό), (mil.) tank
τανύζω, to spread, to stretch/ τάνυσμα (τό), stretching, spreading
τάξη (ἡ), order, rank, class/ ἀνώτερη ~, high society/ ἐργατική ~, working class/ ἐν τάξει, all right
ταξί (τό), taxi, cab
ταξιάρχης (ὁ), archangel
ταξιαρχία (ἡ), brigade/ ταξίαρχος (ὁ), brigadier
ταξιδεύω, to travel/ ταξίδι (τό), travel, voyage, trip/ ταξιδιώτης (ὁ), traveller, passenger
ταξιθέτης (ὁ), usher

τάξιμο (τό), βλ. τάμα
ταξινόμηση (ἡ), classification/ ταξινόμος (ὁ), classifier/ ταξινομῶ, to classify
τάπα (ἡ), stopper, cork/ γίνομαι ~, to get drunk
ταπεινά, humbly, modestly/ ταπεινός, humble, modest; mean, vile, base/ ταπεινοσύνη (ἡ), humbleness, modesty/ ταπεινότητα (ἡ), servility; baseness/ ταπεινοφροσύνη (ἡ), humility, modesty/ ταπεινόφρων, humble, modest/ ταπεινώνω to humiliate, to degrade/ ταπείνωση (ἡ), humiliation, degradation/ ταπεινωτικός, humiliating, degrading
ταπέτο (τό), mat, small carpet
ταπετσαρία (ἡ), upholstery/ ταπετσιέρης (ὁ), upholsterer
ταπητουργία (ἡ), carpet making/ ταπητουργεῖο (τό), carpet factory/ ταπητουργός (ὁ), carpet maker
ταπιόκα (ἡ), tapioca
ταπώνω, to plug, to cork
τάρα (ἡ), tare
τάραγμα (τό), shaking, disturbance/ ταράζω, to shake, to disturb/ ταράζομαι, to feel shaken, to get upset
ταραμάς (ὁ), roe paté
τάρανδος (ὁ), reindeer
ταραξίας (ὁ), agitator, troublemaker
ταράτσα (ἡ), terrace, flat roof
ταραχή (ἡ), trouble, disturbance/ ταραχοποιός (ὁ), agitator/ ταραχώδης, disorderly, stormy
ταρίχευση (ἡ), embalming; stuffing/ ταριχευτής (ὁ), embalmer/ ταριχεύω, to embalm
ταρσανάς (ὁ), shipyard
ταρσός (ὁ), (anat.) tarsus
τασάκι (τό), ashtray
τάση (ἡ), tendency, inclination/ (elec.) voltage
τάσι (τό), goblet
τάσσω, to place, to put
ταυρομαχία (ἡ), bullfight/ ταυρομάχος (ὁ), bullfighter
ταῦρος (ὁ), bull
ταυτάριθμος, bearing the same number
ταυτίζω, to identify/ ταύτιση (ἡ), identification
ταυτολογία (ἡ), tautology

ταυτόσημος, synonymous
ταυτότητα (ἡ), identity/ δελτίο ταυτότητας, identity card
ταυτόχρονα, simultaneously/ *ταυτόχρονος,* simultaneous
ταυτώνυμος, bearing the same name
ταφή (ἡ), burial/ *τάφος* (ὁ), grave, tomb/ Πανάγιος Τ~, the Holy Sepulchre
τάφρος (ἡ), trench, ditch
ταφτάς (ὁ), taffeta
τάχιστα, most quickly
ταχύ (τό), early in the morning
ταχυδακτυλουργία (ἡ), jugglery/ *ταχυδακτυλουργικός,* juggling/ *ταχυδακτυλουργός* (ὁ), juggler
ταχυδρομεῖο (τό), post, mail; post office/ *ταχυδρόμηση* (ἡ), posting, mailing/ *ταχυδρομικά* (τά), postage/ *ταχυδρομικός,* postal/ ~ *διανομέας,* postman/ *ταχυδρομική ἐπιταγή,* postal order/ *ταχυδρόμος* (ὁ), postman/ *ταχυδρομῶ,* to post, to mail
ταχύμετρο (τό), speed indicator, speedometer
ταχύνω, to hurry, to hasten
ταχυπιεστήριο (τό), printing press
ταχύπλοος, fast-sailing
ταχεία (ἡ), express train
ταχύς, quick, fast, swift/ *ταχύτητα* (ἡ), speed, velocity
ταψί (τό), baking-dish
τέζα, fully stretched/ *πέφτω* ~, to fall unconscious/ *τεζάρω,* to stretch fully
τέθριππο (τό), four-horse chariot
τείνω, to tend, to be inclined to; to stretch out
τειχίζω, to enclose within a wall/ *τεῖχος* (τό), (city) wall
τεθλασμένος, broken, not straight
τεθωρακισμένος, armoured
τεκμήριο (τό), token, indication/ *τεκμηριώνω,* to prove
τέκνο (τό), child/ *τεκνοποίηση* (ἡ), procreation/ *τεκνοποιῶ,* to procreate
τεκταίνω, to machinate, to intrigue
τεκτονικός, masonic/ *τεκτονισμός* (ὁ), free masonry/ *τέκτων* (ὁ), freemason
τελάλης (ὁ), public crier
τελάρο (τό), frame
τέλεια, perfectly

τελεία (ἡ), full-stop, period/ ἄνω ~, semicolon
τελειοποίηση (ἡ), perfection *τελειοποιήσιμος,* improvable/ *τελειοποιῶ,* to perfect
τέλειος, perfect, complete/ *τελειότητα* (ἡ), perfection
τελειόφοιτος, graduate
τελείωμα (τό), or **τελειωμός** (ὁ), end, finish/ *τελειώνω,* to end, to finish/ *τελείωση* (ἡ) completion
τελειωτικά, finally, definitively/ *τελειωτικός,* final, definitive
τέλεση (ἡ), accomplishment
τελεσίγραφο (τό), ultimatum
τελεσίδικος, final/ (leg.) last instance
τελεσφόρος, effective/ *τελεσφορῶ,* to be effective
τελετάρχης (ὁ), master of ceremonies/ *τελετή* (ἡ), ceremony/ *τελετουργία* (ἡ), solemnization
τελευταία, finally; recently/ *τελευταῖος,* final, last
τελευτή (ἡ) death/ *τελευτῶ,* to die
τελεύω, to finish, to end
τέλη (τά), duties, tax
τέλι (τό), wire
τελικά, finally/ *τελικός,* final, ultimate
τέλμα (τό), marsh, swamp/ *τελμάτωση* (ἡ), stagnation
τέλος (τό), end, termination/ ~ *πάντων,* after all/ *ἐπί τέλους,* at last
τελῶ, to perform
τελωνεῖο (τό), customs-house/ *τελώνης* (ὁ) or *τελωνιακός* (ὁ), customs officer
τελώνιο (τό), ghost
τελωνοφύλακας (ὁ), customs-guard
τεμαχίζω, to cut to pieces/ *τεμάχιο* (τό), piece, fragment
τέμενος (τό), mosque
τέμνουσα (ἡ), (maths) secant
τέμνω, to cut
τεμπέλης (ὁ), idler, lazy person/ *τεμπελιά* (ἡ), idleness, laziness/ *τεμπελιάζω,* to be idle (lazy)/ *τεμπελόσκυλο* (τό), lazy person
τέμπλο (τό), icon stand
τέναγος (τό), swamp, bog
τενεκεδένιος, made of tin/ *τενεκές* (ὁ), tin/ *τενεκετζής* (ὁ), tinsmith

τενόρος (ό), tenor
τέντα (ή), tent
τέντζερης (ό), boiler
τέντωμα (τό), stretching/ *τεντώνω*, to stretch
τένων (ό), (med.) tendon
τέρας (τό), monster
τεράστιος, huge, enormous, vast
τερατολογία (ή), unbelievable story/ *τερατολόγος* (ό), teller of extravagant stories/ *τερατολογώ*, to tell extravagant stories
τερατόμορφος, monstrous-looking/ *τερατούργημα* (τό), monstrosity/ *τερατώδης*, monstrous
τερεβινθίνη (ή), turpentine
τερετίζω, to twitter/ *τερέτισμα* (τό), twittering
τερηδόνα (ή), tooth-decay
τέρμα (τό), end, limit/ (sporty) goal/ *τερματίζω*, to end, to finish
τερματοφύλακας (ό), goalkeeper
τερπνά, pleasantly, charmingly/ *τερπνός*, pleasant, charming/ *τερπνότητα* (ή), pleasantness/ *τέρπω*, to please/ *τέρψη* (ή), pleasure
τεσσαρακονθήμερο (τό), period of forty days
τεσσαρακονταετής, lasting for forty years/ *τεσσαρακοστή* (ή), βλ. *σαρακοστή*/ *τεσσαρακοστός*, fortieth
τέσσερα, four
τεταμένος, tense
τέτανος (ό), tetanus
τεταρταῖος, (med.) ~ πυρετός, quartan fever
Τετάρτη (ή), Wednesday
τέταρτο (τό), quarter
τεταρτογενής, quarternary
τέταρτος, fourth
τετελεσμένος, accomplished, completed/ (gram.) perfect
τέτοιος, such
τετράγλωσσος, quadrilingual
τετραγωνίδιο (τό), quadrat, small square
τετραγωνίζω, to square/ *τετραγωνικός*, square/ *τετραγωνική ρίζα*, square root/ *τετραγωνισμός* (ό), squaring/ *τετράγωνο* (τό), square/ *τετράγωνος*, square, four-cornered
τετράδιο (τό), copybook
τετράδιπλος, quadruple
τετραετής, four years old/ *τετραετία* (ή), period of four years/ *τετραήμερος*, lasting four days
τετρακόσια, four hundred/ τά ἔχει ~, he (she) is a person of sound judgment/ *τετρακοσιοστός*, four hundredth
τετραμελής, consisting of four members
τετράπαχος, plump, extremely fat
τετραπέρατος, very shrewd
τετραπλασιάζω, to quadruple/ *τετραπλασιασμός* (ό), quadrupling/ *τετραπλάσιος*, quadruple
τετράπλευρο (τό), quadrilateral/ *τετράπλευρος*, four-sided
τετράποδο (τό), quadruped
τετράρχης (ό), tetrarch
τετράστηλος, four-columned
τετράστιχο (τό), quatrain
τετρασύλλαβος, tetrasyllabic
τετράτομος, in four volumes
τετραφωνία (ή), quartet
τετράχορδος, four-stringed
τετράχρονος, four year old child
τεῦτλο (τό), beet
τεῦχος (τό), issue (of a publication)
τέφρα (ή), ashes/ *τεφροδοχεῖο* (τό), ashtray/ *τεφροδόχος* (ή), cinerary
τεφρός, ash-coloured
τεφτέρι (τό), account book
τέχνασμα (τό), craft, trick
τέχνη (ή), art, craft, trade; skill/ καλές τέχνες, fine arts
τεχνητά, artificially/ *τεχνητός*, artificial
τεχνική (ή), technique/ *τεχνικός*, technical
τεχνίτης (ό), craftsman
τεχνοκρίτης (ό), art critic
τεχνολογία (ή), technology/ (gram.) analysis/ *τεχνολογικός*, technological
τεχνοτροπία (ή), technique, style
τέως, ex, former
τζάκι (τό), fireplace/ εἶναι ἀπό ~, he (she) is an aristocrat
τζάμι (τό), glass
τζαμί (τό), mosque
τζάμπα, gratis, free
τζαναμπέτης (ό), quarrelsome
τζελατίνα (ή), gelatine

τζερεμές (ό), unjust penalty, unfair consequence
τζίτζικας (ό), cicada
τζίτζιφο (τό), jujube
τζίρος (ό), business, money receipts
τζίφος (ό), zero
τζίφρα (ή), initialling
τήβενος (ή), toga, university gown
τηγανήτα (ή), pancake/ *τηγανητός*, fried/ *τηγάνι* (τό), frying-pan/ *τηγανίζω*, to fry/ *τηγάνισμα* (τό), frying
τήκω, (phys.) to melt
τηλαυγής, far shining
τηλεβόας (ό), megaphone
τηλεβόλο (τό), cannon, gun
τηλεγραφείο (τό), telegraph office/ *τηλεγράφημα* (τό), telegram/ *τηλεγραφητής* (ό), telegraphist/ *τηλεγραφία* (ή), telegraphy/ *τηλεγραφικός*, telegraphic/ (fig.) very brief/ *τηλέγραφος* (ό), telegraph/ *τηλεγραφώ*, to send a cable
τηλέμετρο (τό), telemeter
τηλεόραση (ή), television
τηλεπάθεια (ή), telepathy/ *τηλεπαθητικός*, telepathic
τηλεπικοινωνία (ή), telecommunication
τηλεσκοπικός, telescopic/ *τηλεσκόπιο* (τό), telescope
τηλέτυπο (τό), telex
τηλεφωνητής (ό), telephonist/ *τηλεφωνικός*, telephonic/ ~ *κατάλογος*, telephone book/ *τηλέφωνο* (τό), telephone/ *τηλεφωνώ*, to telephone
τηλεφωτογραφία (ή), telephotography
τήξη (ή), melting
τήρηση (ή), observance, keeping/ *τηρητής* (ό), observer, keeper/ *τηρώ*, to observe, to abide by, to keep
τί, what/ ~ *είπες*; what did you say?/ ~ *κάνεις*; how are you?
τιάρα (ή), tiara
τίγκα, full up
τίγρη (ή), tiger
τιθάσευση (ή), taming/ *τιθασεύω*, to tame
τίκτω, to bear, to give birth to
τιμαλφής, precious, valuable
τιμάριθμος (ό), cost of living
τιμάριο (τό), fief, feud/ *τιμαριούχος* (ό), holder of a fief

τιμή (ή), honour; price, value/ *πεδίο τιμής*, field of honour/ *στήν* ~ *μου*, upon my word
τίμημα (τό), price, cost
τιμημένος, honoured
τιμητικός, honorary
τίμια, honesty, honourably/ *τίμιος*, honest, honourable/ *τιμιότητα* (ή), honesty
τιμοκατάλογος (ό), pricelist
τιμολόγιο (τό), invoice
τιμόνι (τό), helm/ *τιμονιέρης* (ό), helmsman
τιμώ, to honour, to respect
τιμωρημένος, punished/ *τιμωρία* (ή), punishment, penalty/ *τιμωρός*, avenger/ *τιμωρώ*, to punish
τίναγμα (τό), shaking, tossing/ *τινάζω*, to shake, to toss/ ~ *στόν άέρα*, to blow up/ *τά τινάζω*, to die
τίποτε, nothing, anything/ *γιά τό* ~, for nothing/ *τιποτένιος*, insignificant, worthless
τιράντες (οί), suspenders
τιτάνας (ό), titan
τιτάνιο (τό), titanium
τιτάνιος, titanic
τιτανομαχία (ή), battle of giants; important battle
τίτλος (ό), title; headline/ *τιτλούχος* (ό), high official/ *τιτλοφορώ*, to give a title
τμήμα (τό), section; department/ (maths) segment/ *τμηματάρχης* (ό), head of a department/ *τμηματικά*, gradually, in sections/ *τμηματικός*, gradual, fragmentary
τό, the (neuter)
τοιχογραφία (ή), wallpainting
τοιχοκόλληση (ή), bill sticking/ *τοιχοκολλώ*, to stick up posters
τοίχος (ό), wall
τοίχωμα (τό), inner wall
τοκετός (ό), childbirth
τοκίζω, to lend money for interest/ *τοκισμός* (ό), lending money for interest/ *τοκιστής* (ό), moneylender
τοκογλυφία (ή), usury/ *τοκογλύφος* (ό), usurer
τοκομερίδιο (τό), dividend
τόκος (ό), interest

τόλμη — τριγμός

τόλμη (ή), boldness, courage/ *τόλμημα* (τό), bold (daring) deed/ *τολμηρός*, bold, courageous/ *τολμώ*, to dare, to be bold enough to
τομάρι (τό), skin, hide/ (fig.) rascal
τομάτα (ή), tomato
τομέας (ό), (maths) sector/ (fig.) field, speciality
τομή (ή), cut; incision
τομίδιο (τό), small volume/ *τόμος* (ό), volume
τονίζω, to accent; to emphasize/ *τονισμός* (ό), accentuation/ (mus.) stress
τόννος (ό), ton/ (fish) tuna
τόνος (ό), accent; tone
τονώνω, to strengthen, to fortify/ *τόνωση* (ή), strengthening, fortifying/ *τονωτικός*, tonic
τοξεύω, to shoot with a bow
τοξικολογία (ή), toxicology/ *τοξικολογικός*, toxicological/ *τοξικολόγος* (ό), toxicologist
τοξικομανής (ό), drug-addict/ *τοξικομανία* (ή), drug-addiction
τοξικός (ό), toxic/ *τοξικότητα* (ή), toxicity
τοξίνη (ή), toxine
τόξο (τό), bow, arch; vault; arc/ ούράνιο ~, rainbow/ *τοξοειδής*, arched/ *τοξότης* (ό), archer/ (astr.) Sagittarius
τοπάζι (τό), topaz
τόπι (τό), ball; roll of cloth
τοπικισμός (ό), provincialism
τοπικός, local
τοπιογραφία (ή), landscape painting/ *τοπιογράφος* (ό), landscape painter
τοπίο (τό), landscape
τοπογραφία (ή), topography/ *τοπογράφος* (ό), topographer
τοποθεσία (ή), site, spot
τοποθέτηση (ή), placing, putting/ *τοποθετώ,* to place, to put
τόπος (ό), place, spot/ έκτός τόπου, out of place/ έπί τόπου, on the spot/ άφήνω στόν τόπο, to kill instantly
τοποτηρητής (ό), locum tenens
τορβάς (ό), sack
τορνευτός, turned on the lathe/ (fig.) elegant/ *τορνεύω,* to turn on the lathe/ *τόρνος* (ό), lathe

208

τορπίλλη (ή), torpedo/ *τορπιλλίζω,* to torpedo/ *τορπιλλισμός* (ό), torpedoing/ *τορπιλλοβόλο* (τό), torpedo-boat
τόσος, so much, so big/ τόσο τό καλύτερο, so much the better
τότε, then
τουαλέτα (ή), toilet; dressing table
τούβλο (τό), brick/ (fig.) stupid fellow
τουλάχιστον, at least
τούλι (τό), tulle
τουλίπα (ή), tulip
τουλούμι (τό), goatskin flask
τουλπάνι (τό), fine transparent cloth
τούμπα (ή), somersault
τούμπανο (τό), drum
τουρισμός (ό), tourism/ *τουρίστας* (ό), tourist
τουρκεύω, to be converted to Mohamedanism
τουρκικός, or **τούρκικος,** Turkish/ *τουρκοκρατία* (ή), period of Turkish rule/ *Τούρκος, Τουρκάλα,* Turk(ish) (man, woman)
τουρλώνω, to round, to bulge/ *τ/υρλωτός*, rounded, bulging
τουρσί (τό), pickle
τούρτα (ή), cake
τουρτουρίζω, to shiver/ *τουρτούρισμα* (τό), shivering
τούτος, this one
τούφα (ή), tuft
τουφέκι (τό), rifle/ *τουφεκιά* (ή), gunshot, rifleshot/ *τουφεκίζω,* to shoot; to execute/ *τουφεκισμός* (ό), execution
τουφεξής (ό), gunsmith
τράβηγμα (τό), pull, dragging
τραβηχτική (ή), (banking) draft
τραβηχτός, drawn
τραβώ, to pull, to drag; to suffer/ ~ τά μαλλιά μου, to tear one's hair
τραγανίζω, to crunch/ *τραγάνισμα* (τό), crunching/ *τραγανός*, crisp
τραγελαφικός, ridiculous/ *τραγέλαφος* (ό), ridiculous sight, monstrosity
τραγικά, tragically/ *τραγικός*, tragic
τραγίλα (ή), goat smell/ *τράγος* (ό), hegoat/ άποδιοπομπαΐος ~, scapegoat
τραγούδι (τό), song/ *τραγουδιστής* (ό), singer/ *τραγουδιστός*, sung/ *τραγουδώ,* to sing

τραγωδία (ή), tragedy/ *τραγωδός* (ό, ή), tragedian
τράκα (ή), firecracker/ (fig.) fraud
τρακάρισμα (τό), collision/ *τρακάρω*, to collide with
τρακτέρ (τό), tractor
τράμ (τό), tram, streetcar
τραμουντάνα (ή), north wind
τραμπάλα (ή), see-saw
τραμποϋκος (ό), bully
τρανός, grand/ *μεγάλος καί* ~, prominent person
τράνταγμα (τό), shaking/ *τραντάζω*, to shake
τράπεζα (ή), (econ.) bank/ *άγία* ~, altar
τραπεζαρία (ή), dining room
τραπέζι (τό), table/ *δίνω* ~, to give a dinner party/ *στρώνω τό* ~, to set the table
τραπέζιο (τό), trapezium
τραπεζίτης (ό), banker, financier; molar tooth/ *τραπεζι(τι)κός*, banking/ ~ *ύπάλληλος*, bank clerk
τραπεζογραμμάτιο (τό), banknote
τραπεζομάντηλο (τό), tablecloth
τραπεζώνω, to give dinner to
τράπουλα (ή), pack of cards
τράτα (ή), dragnet
τρατάρω, to treat
τραυλίζω, to stammer/ *τραύλισμα* (τό), stammering/ *τραυλός*, stammerer
τραύμα (τό), wound/ ~*τίας* (ό), wounded/ ~*τίζω*, to wound, to hurt/ ~*τικός*, wounding, traumatic/ ~*τισμός* (ό), wounding
τραχεία (ή), trachea/ *τραχειοτομία* (ή), tracheotomy
τραχηλιά (ή), shirt-collar
τράχηλος (ό), neck
τραχύνω, to roughen/ *τραχύς*, rough, harsh; rugged/ *τραχύτητα* (ή), roughness, harshness
τράχωμα (τό), trachoma
τρεϊς, τρία, three
τρεκλίζω, to stagger/ *τρέκλισμα* (τό), straggering
τρελ(λ)α (ή), madness, folly, insanity/ *είμαι* ~, to look very pretty/ *τρελ(λ)ά*, madly, insanely/ *τρελ(λ)αίνω*, to drive mad/ *τρελ(λ)αίνομαι*, to go mad/ (fig.) to be very fond of/ *τρελ(λ)οκομεϊο* (τό), madhouse, asylum/ *τρελ(λ)ός*, mad, crazy, insane
τρεμάμενος, shaking/ *τρεμούλα* (ή), tremor, quiver/ *τρεμουλιάζω*, to tremble, to quiver/ *τρεμούλιασμα* (τό), trembling/ *τρεμουλιαστός*, quivering, shaking/ *τρέμω*, to tremble, to shake
τρέξιμο (τό), running; flowing, leaking
τρέπω, to change into; to turn towards/ ~ *σέ φυγή*, to put to flight
τρέφω, to feed
τρεχάλα (ή), at full speed/ *τρεχάματα* (τά), excessive activity/ (fig.) troubls
τρεχαντήρι (τό), small ship
τρεχάτος, fast, running/ *τρεχούμενος*, running, current/ ~ *λογαριασμός*, current account/ *τρέχω*, to run; to flow, to leak/ (tears) to stream down/ *τί τρέχει;* what's going on?/ *τρέχων*, running, current/ *στίς είκοσι τρέχοντος*, on the twentieth instant
τρήμα (τό), (med.) orifice, opening
τρία, three/ *τριάδα* (ή), triad/ ᾿*Αγία Τ*~, Holy Trinity/ *τριαδικός*, triadic
τρίαινα (ή), trident
τριακονταετής, thirty years old; lasting thirty years/ *τριακονταετία* (ή), thirty years
τριακόσιοι, τριακόσιες, τριακόσια, three hundred
τριακοσιοστός, three hundredth
τριακοστός, thirtieth
τριανδρία (ή), triumvirate
τριάντα, thirty/ *τριαντάρης* (ό), about thirty years old
τριανταφυλλένιος, or *τριανταφυλλής*, rosy, pink
τριανταφυλλιά (ή), rosebush/ *τριαντάφυλλο* (τό), rose
τριανταφυλλόνερο (τό), rosewater
τριβέλι (τό), drill, borer/ *τριβελίζω*, to drill, to bore/ *τριβέλισμα* (τό), drilling, boring
τριβή (ή), rubbing, friction
τρίβολος (ό), thistle
τρίβω, to rub; to polish; to grate; to wear out/ *τρίβομαι*, to rub against
τρίγλυφο (τό), triglyph
τρίγλωσσος, trilingual
τριγμός (ό), βλ. **τρίξιμο**

τριγυρίζω, to roam, to stroll around/ *τριγύρισμα* (τό), roaming/ *τριγύρω*, around
τριγωνίζω, to triangulate/ *τριγωνικός*, triangular/ *τρίγωνο* (τό), triangle
τριγωνομετρία (ή), trigonometry
τριδιάστατος, three-dimensional
τρίδιπλος, threefold
τρίδυμα (τά), triplets
τριετής, triennial; three years old/ *τριετία* (ή), three year period
τριζόνι (τό), cricket
τρίζω, to crack, to creak/ *τοῦ ἔτριξα τά δόντια*, I gave him a piece of my mind
τριήμερος, lasting three days
τριήρης, trireme
τρικαντό (τό), cocked hat
τρικέρι (τό), three-branched candlestick
τρικέφαλος, triple-headed
τρικλίζω, βλ. *τρεκλίζω*
τρικλοποδιά (ή), tripping
τρικούβερτος, three-decked/ (fig.) imposing, grand
τρικυμία (ή), tempest, storm/ *τρικυμιώδης*, stormy, tempestuous
τριλογία (ή), trilogy
τριμελής, consisting of three members
τριμερής, tripartite
τριμηνία (ή), trimester, three months/ *τριμηνιαίος*, quarterly
τρίμμα (τό), morsel, chip
τρίμορφος, triform
τρίξιμο (τό), creaking
τριόροφο (τό), three-storeyed building
τριπλασιάζω, to treble/ *τριπλασιασμός* (ό), trebling
τριπλάσιος threefold
τρίπλευρος, trilateral
τριπλός, threefold
τριπλότυπο (τό), triplicate
τριποδίζω, to trot/ *τριποδισμός* (ό), trotting
τρίποδο (τό), tripod
τρίπρακτος, consisting of three acts
τρίπτυχο (τό), triptych/~ ς, threefold
τρισάγιο (τό), (eccl.) Te Deum
τρισάθλιος, most pitiful
τρισέγγονος (ό), great grandson
τρισκατάρατος (ό), the Devil
τρισμέγιστος, huge, colossal

τρίστηλο (τό), three-columned article/ ~ ς, three-columned
τρίστιχο (τό), triplet
τρίστρατο (τό), fork (in the road)
τρισύλλαβος, trisyllabic
τρισυπόστατος, (eccl.) having three hypostases
τριτανακοπή (ή), (leg.) stay of execution
τριτεγγυητής (ό), guarantor
τριτεύω, to come third; to be third on a list of priorities
Τρίτη (ή), Tuesday/ Μεγάλη ~, Holy Tuesday
τριτοβάθμιος, of the third degree
τριτογενής, tertiary
τριτοετής, (of the) third year
τρίτομος, in three volumes
τρίτος, third
τρίφτης (ό), grater/ *τριφτός*, grated
τριφύλλι (τό), clover/ *τρίφυλλος*, trifoliate
τριφωνία (ή), trio
τρίχα (ή), hair/ στήν ~, impeccable/ παρά ~, almost
τριχιά (ή), rope
τρίχινος, made of hair
τριχοειδής, capillary/ *τριχοειδές ἀγγεῖο*, capillary vessel
τρίχορδος, three-stringed
τριχοτόμηση (ή), trisection/ *τριχοτομῶ*, to trisect
τριχοφάγος (ό), (med.) alopecy
τριχοφυΐα (ή), hair growth
τρίχρωμος, tricoloured
τρίχωμα (τό), fleece/ *τριχωτός*, hairy
τρίψιμο (τό), rubbing; pounding
τριώδιο (τό), carnival period
τριώνυμο (τό), (maths) trinomial
τρίωρος, lasting three hours
τριώροφος, three-storeyed
τρόμαγμα (τό), fright/ *τρομαγμένος*, frightened, scared/ *τρομάζω*, to frighten/ *τρομακτικός*, frightening, scaring/ *τρομάρα* (ή), fright, fear/ *τρομερός*, frightful, terrible, horrible/ εἶναι ~, he is astonishing (great)
τρομοκράτης (ό), terrorist/ *τρομοκράτηση* (ή), terrorization/ *τρομοκρατία* (ή), terrorism/ *τρομοκρατῶ*, to terrorize
τρόμος (ό), terror, fright/ (med.) tremor

τρόμπα (ή), pump/ *τρομπάρισμα* (τό), pumping/ *τρομπάρω*, to pump
τρομπέτα (ή), trumpet
τρομπόνι (τό), trombone
τρόπαιο (τό), trophy/ *τροπαιοῦχος*, triumphant
τροπάριο (τό), church hymn
τροπή (ή), turn, direction/ *τά πράγματα πῆραν ἄλλη* ~, circumstances have changed
τροπικός, tropical/ (ό), Tropic/ ~ *τοῦ Αἰγόκερω*, Tropic of Capricorn/ ~ *τοῦ Καρκίνου*, Tropic of Cancer
τροπολογία (ή), modification, amendment
τροποποίηση (ή), change, amendment/ *τροποποιῶ*, to change, to amend
τρόπος (ό), way, manner/ *μέ τρόπο*, tactfully/ *μέ κάθε τρόπο*, by every means/ *καλοί (κακοί) τρόποι*, good (bad) manners
τροῦλ(λ)ος (ό), dome, cupola/ *τρουλ(λ)ωτός;* domed
τροφαντός, fattened
τροφεῖα (τά), boarding fees
τροφή (ή), food, nourishment/ *τρόφιμα* (τά), provisions, foodstuffs
τρόφιμος, boarder
τροφοδοσία (ή), catering, supplying/ *τροφοδότης* (ό), caterer, supplier/ *τροφοδοτῶ*, to cater for, to supply
τροφός (ή), nurse
τροχάδην, quickly, at a quick pace
τροχαῖος, of the wheels/ *τροχαία κίνηση*, traffic
τροχαλία (ή), pulley
τροχιά (ή), orbit, course
τροχίζω, to sharpen, to whet/ ~ *τό μυαλό*, to exercise one's brain/ *τρόχισμα* (τό), sharpening, whetting
τροχοπέδη (ή), brake
τροχός (ό), wheel; grindstone, whetstone
τροχοφόρο (τό), vehicle
τρυγητής (ό), vintager/ *τρυγητός* (ό), vintage
τρυγικός, tartaric/ *τρυγικό ὀξύ*, tartaric acid
τρυγόνι (τό), turtle-dove
τρύγος (ό), 6λ. *τρυγητός/ τρυγῶ*, to gather grapes

τρύπα (ή), hole/ *κάνω μιά* ~ *στό νερό*, to beat the air
τρυπάνι (τό), drill, auger/ *τρυπανίζω*, to drill, to pierce/ *τρυπανισμός* (ό), perforation/ *τρύπανο* (τό), drill
τρύπημα (τό), puncture, perforation/ *τρυπητήρι* (τό), awl, drill, perforator
τρυπητό (τό), strainer
τρυπητός, perforated, pierced/ *τρύπιος*, punctured
τρυποκάρυδο (τό), titmouse
τρυπῶ, to pierce, to prick
τρύπωμα (τό), stitching; hiding/ *τρυπώνω*, to stitch; to hide; to intrude
τρυφερά, tenderly, affectionately/ *τρυφερός*, tender, affectionate/ *τρυφερότητα* (ή), tenderness, affection
τρυφή (ή), luxury/ ~ *λός*, effeminate, sensual/ ~ *λότητα* (ή), effeminacy, sensuality
τρώγλη (ή), slum building
τρωγλοδύτης (ό), cave-dweller
τρωγοπίνω, to feast
τρώγω, to eat, to consume/ ~ *ξύλο*, to get a beating/ *μέ τρώει*, it is itching/ *τρώγομαι*, to be uneasy, to worry/ ~ *μέ*, quarrel
τρωικός, Trojan
τρωκτικός, rodent
τρωτός, vulnerable
τσαγκαράδικο (τό), shoemaker's shop/ *τσαγκάρης* (ό), shoemaker
τσαγκός, 6λ. *ταγκός*
τσάι (τό), tea
τσακάλι (τό), jackal
τσακίζω, to smash, to shatter/ ~ *στό ξύλο*, to give a good beating
τσάκιση (ή), fold, crease/ *τσάκισμα* (τό), folding; breaking/ *τσακιστός*, broken
τσακίστρα (ή), coquette
τσακμάκι (τό), lighter/ *τσακμακόπετρα* (ή), flint
τσάκωμα (τό), catching, seizing; quarrel/ *τσακώνω*, to catch, to seize/ *τσακώνομαι*, to quarrel
τσαλαβουτῶ, to dabble
τσαλάκωμα (τό), crumpling/ *τσαλακωμένος*, crumpled, wrinkled/ *τσαλακώνω*, to crumple
τσαλαπάτημα (τό), trampling/ *τσαλαπα-*

τώ, to trample
τσαλαπετεινός (ό), hoopoe
τσάμπα, gratis, free
τσαμπί (τό), bunch, cluster
τσαμπουνίζω, or **τσαμπουνώ**, to whimper
τσανακογλύφτης (ό), parasite
τσάντα (ή), bag
τσαντήρι (τό), tent
τσάπα (ή), pickaxe
τσαπατσούλης (ό), disorganized person
τσαπίζω, to hoe
τσαρλατάνος (ό), charlatan, quack
τσάρος (ό), Tsar
τσατσάρα (ή), comb
τσεβδίζω, to stutter/ *τσέβδισμα* (τό), stuttering/ *τσεβδός*, stutterer
τσεκούρι (τό), axe, hatchet/ *τσεκουριά* (ή), blow with an axe/ *τσεκούρωμα* (τό), axing, cutting/ (fig.) reducing/ *τσεκουρώνω*, to axe, to cut down
τσέλιγκας (ό), head shepherd
τσεμπέρι (τό), kerchief
τσέπη (ή), pocket/ *τσεπώνω*, to pocket
τσεχοσλοβακικός, Czechoslovakian/ *Τσεχοσλοβάκος*, *Τσεχοσλοβάκα*, Czechoslovak (man, woman)
τσιγαρίζω, to brown, to roast
τσιγάρο (τό), cigarette/ ~ θήκη (ή), cigarette-case
τσιγγάνος (ό), gipsy
τσιγγέλι (τό), hook
τσιγγουνεύομαι, to be stingy/ *τσιγγούνης* (ό), miser, stingy person/ *τσιγγουνιά* (ή), meanness
τσιγκογραφία (ή), zincography
τσίγκος (ό), zinc
τσίκνα (ή), smell of roasting meat/ *τσικνίζω*, to scorch/ *τσικνισμένος*, overburnt
τσικνοπέμπτη (ή), Shrove Thursday
τσιλιπουρδώ, to act irresponsibly
τσιμέντο (τό), cement
τσιμουδιά (ή), silence
τσίμπημα (τό), pinch, prick/ (insect) sting
τσιμπίδα (ή), tongs, forceps
τσίμπλα (ή), gum of the eye/ *τσιμπλιάρης* (ό), one with gum in one's eyes
τσιμπούκι (τό), (smoking) pipe
τσιμπούρι (τό), tick/ (fig.) a nuisance
τσιμπούσι (τό), banquet, feast
τσιμπώ, to pinch, to sting
τσίνουρο (τό), eyelash
τσίπα (ή), shame, decency
τσιράκι (τό), apprentice/ (fig.) follower
τσιρίζω, to shriek
τσιριμόνια (ή), ceremony; politeness
τσίρκο (τό), circus
τσίρος (ό), dried mackerel/ (fig.) very slim person
τσίτι (τό), oil cotton cloth
τσίτσιδος, stark naked
τσιτώνω, to stretch
τσιφλίκι (τό), large estate
τσίχλα (ή), thrash
τσόκαρο (τό), wooden shoe
τσοπάνης (ό), or **τσοπάνος** (ό), shepherd/ *τσοπανόσκυλο* (τό), sheepdog
τσότρα (ή), gourd bottle
τσουβάλι (τό), sack
τσουγκράνα (ή), rake
τσουγκρίζω, to clink glasses/ τά ~, to fall out with/ *τσούγκρισμα* (τό), clinking
τσούζω, to smart
τσουκάλα (ή), or **τσουκάλι** (τό), pot/ *τσουκαλάς* (ό), potmaker
τσουκνίδα (ή), nettle
τσούλα (ή), whore
τσουλούφι (τό), hair curl
τσούξιμο (τό), smarting
τσουράπι (τό), woollen stocking
τσουρέκι (τό), bun
τσούρμο (τό), crowd/ (naut.) crew
τσουρουφλίζω, to scorch, to burn/ *τσουρούφλισμα* (τό), scorching, burning
τσουχτερός, smarting/ (fig.) harsh
τσούχτρα (ή), nettle
τσόφλι (τό), shell, husk
τσόχα (ή), felt
τύλιγμα (τό), wrapping/ τυλίγω, to wrap
τυλώνω, to overfill
τύμβος (ό), tomb, memorial
τυμβωρυχία (ή), grave-robbing/ *τυμβωρύχος* (ό), grave-robber
τυμπανιστής (ό), drummer/ *τύμπανο* (τό), drum/ (ear) tympanum/ *τυμπανοκρουσία* (ή), drum beating/ *τυμπανόξυλο* (τό), drumstick
τυπικό (τό), ritual/ ~ ς, formal, conventional/ ~ τητα (ή), formal behaviour
τυπογραφείο (τό), printing-shop/ *τυπο-*

γραφία (ή), printing art/ *τυπογραφικός*, printing/ *τυπογραφικό λάθος*, printing error/ *τυπογράφος* (ό), printer
τυπολατρεία (ή), typolatry
τύπος (ό), formality; the press; character
τύπωμα (τό), printing/ *τυπωμένος*, printed/ *τυπώνω*, to print
τυρανία (ή), tyranny/ *τυρανικός*, tyrannical, oppressive/ *τυρανισμένος*, tormented, illtreated/ *τυρανοκτόνος* (ό), tyrannicide/ *τύρανος*, tyrant/ *τυρανώ*, to tyrannize; to torture
τυρβάζω, to be worried, to occupy oneself with
τυρί (τό), cheese/ *τυρόγαλο* (τό), buttermilk/ *τυροκομείο* (τό), cheese-dairy/ *τυροκομία* (ή), cheesemaking/ *τυροκόμος* (ό), cheesemaker/ *τυρόπιττα* (ή), cheesepie/ *τυροπωλείο* (τό), cheeseshop/v *τυροφάγος*, cheese-eater
τυφλόμηγα (ή), blindman's buff
τυφλοπόντικας (ό), mole
τυφλός, blind
τυφλοσύρτης (ό), guidebook
τυφλώνω, to blind/ *τυφλώνομαι,* to become blind/ *τύφλωση* (ή), blindness, blinding
τυφοειδής (ό), typhoid/ *τύφος* (ό), typhus
τυφώνας (ό), typhoon, tornado
τυχαία, accidentally/, *τυχαίνω,* to happen, to chance/ *τυχαίος*, accidental, casual
τυχερός, lucky, fortunate
τύχη (ή), luck, fate
τυχοδιώκτης (ό), adventurer/ *τυχοδιωκτικός*, adventurous
τύψη (ή), remorse
τώρα, now/ *τωρινός*, present, contemporary

Y

ύαινα (ή), hyena
υάκινθος (ό), hyacinth

υαλικά (τά), 6λ. *γυαλικά/ υάλινος*, 6λ. *γυάλινος*
υαλογραφία (ή), glass painting
υαλοπωλείο (τό), glassware shop
υαλουργείο (τό), glassworks
υβρεολόγιο (τό), a series of insults/ *υβρίζω*, 6λ. *βρίζω/ υβριστής* (ό), abuser, insulter/ *υβριστικός*, abusive, offensive
υγεία (ή), health/ *υγειονομείο* (τό), health service/ *υγειονομικός*, sanitary/ *υγειονόμος* (ό), health inspector/ *υγιαίνω*, to be healthy/ *υγιεινή* (ή), hygiene/ *υγιεινός*, healthy, salubrious/ *υγιής*, healthy/ *σώος καί* ~, safe and sound
υγραίνω, to moisten, to dampen/ *ύγρανση* (ή), moistening, dampening/ *υγρασία* (ή), moisture, dampness
υγρό (τό), liquid
υγρόμετρο (τό), hydrometer
υγροποίηση (ή), liquefaction/ *υγροποιώ,* to liquefy
υγρός, wet, moist, damp/ *υγρόν πύρ,* Greek fire
υγροσκοπικός, hydroscopic/ *υγροσκόπιο* (τό), hydroscope
υδαταγωγός (ό), aqueduct
υδατάνθρακας (ό), carbohydrate
υδαταποθήκη (ή), reservoir
υδάτινος, aqueous
υδατογραφία (ή), watercolour
υδατοστεγής, waterproof
υδατόσφαιρα (ή), water polo
υδατοφράκτης (ό), water-dam
ύδρα (ή), hydra
υδραγωγείο (τό), aqueduct, reservoir
υδραντλία (ή), water-pump
υδράργυρος (ό), mercury
υδρατμός (ό) vapour
υδραυλική (ή), hydraulics/ *υδραυλικός* (ό), plumber
υδρεύομαι, to draw water/ *ύδρευση* (ή), water supply
υδρία (ή), ewer, jug/ *νεκρική* ~, urn
υδροβιολογία (ή), hydrobiology
υδρόβιος, aquatic
υδρόγειος (ή), globe
υδρογονάνθρακας (ό), hydrocarbon
υδρογόνο (τό), hydrogen
υδρογονοβόμβα (ή), hydrogen bomb
υδρογραφία (ή), hydrography/ *υδρογρα*-

φικός, hydrographic
υδροδείκτης (ό), water-gauge
υδροηλεκτρικός, hydroelectric
υδροθειικός, hydrosulphuric/ ύδροθειικό όξύ, hydrosulphuric acid
υδρόθειο (τό), hydrogen sulphide
υδροθεραπεία (ή), water-cure/ *υδροθεραπευτήριο* (τό), spa
υδροκέφαλος, hydrocephalous
υδροκήλη (ή), (med.) hydrocele
υδροκυάνιο (τό), prussic acid
υδρολόγος (ό), hydrologist
υδρόλυση (ή), hydrolysis
υδρομαντεία (ή), hydromancy
υδρόμελι (τό), mead
υδρομετρικός, hydrometric/ *υδρόμετρο* (τό), hydrometer
υδρόμηλος (ό), watermill
υδροξείδιο (τό), hydroxide
υδροπλάνο, seaplane
υδροποσία (ή), water drinking
υδρορροή (ή), gutter
υδροστάθμη (ή), water- level *υδροστάθμιση* (ή), water-levelling
υδροστατική (ή), hydrostatics/ *υδροστατικός,* hydrostatic
υδροσωλήνας (ό), waterpipe
υδρόφιλος, hydrophile
υδροφοβία (ή), rabies
υδροφόρος, waterbearing
υδροφράκτης (ό), floodgate
υδροχλωρικός, hydrochloric/ υδροχλωρικό όξύ, hydrochloric acid
υδροχόη (ή), waterduct
υδροχόος (ό), water jug/ (astron.) Aquarius
υδρόχρωμα (τό), watercolour
υδρωπικία (ή), dropsy
ύδωρ (τό), water
υιικός, filial
υιοθεσία (ή), adoption/ *υιοθετημένος,* adopted/ *υιοθετώ,* to adopt
υιός (ό), son/ άσωτος ~, prodigal son
ύλη (ή), matter, substance/ πρώτη ~, raw material
υλικό (τό), materials/ ~ς, material
υλισμός (ό), materialism/ *υλιστής* (ό), materialist/ *υλιστικός,* materialistic
υλοποίηση (ή), materialization/ *υλοποιώ,* to materialize

υλοτομία (ή), woodcutting/ *υλοτόμος* (ό), woodcutter, feller/ *υλοτομώ,* to cut wood
υμέναιος (ό), wedlock
υμένας (ό), membrane/ παρθενικός ~, hymen
υμέτερος, yours
ύμνηση (ή), praising, glorification/ *υμνητής* (ό), praiser
υμνογραφία (ή), hymnography/ *υμνογράφος* (ό), hymn composer
υμνολογία (ή), hymn singing; praising/ *υμνολογώ,* to praise, to eulogize
ύμνος (ό), hymn/ εθνικός ~, national anthem
υμνώ, to sing hymns; to praise
υμνωδία (ή), hymn chanting
υπάγομαι, to belong to, to serve under
υπαγόρευση (ή), dictation/ *υπαγορεύω,* to dictate
υπαγωγή (ή), subjection
υπαίθριος, open-air/ *ύπαιθρο* (τό), the open-air
υπαινιγμός (ό), hint, allusion/ *υπαινίσσομαι,* to hint, to allude to, to suggest
υπαίτιος, responsible, culpable/ *υπαιτιότητα* (ή), responsibility, culpability
υπακοή (ή), obedience/ *υπάκουος,* obedient
υπακούω, to obey
υπαλληλία (ή), staff, employees/ *υπαλληλικός,* of the staff, of the employees/ *υπάλληλος* (ό), employee, clerk/ άνώτερος ~, official
υπαναχωρώ, to go back on
υπαξιωματικός (ό), non-commissioned officer
υπαρκτός, real, existing/ *ύπαρξη* (ή), existence
υπαρχή (ή), origin, the very beginning
υπαρχηγός, (ό), deputy leader
υπάρχοντα (τά), belongings, property
ύπαρχος, (ό), (navy) vice-commandant
υπάρχω, to exist
υπασπιστής (ό), aide-de-camp
υπαστυνόμος (ό), police inspector
ύπατος, highest, supreme/ (ό), roman consul
υπέδαφος (τό), subsoil
υπεισέρχομαι, to slip in, to enter in be-

tween
ὑπεκφυγή (ἡ), evasion
ὑπενθυμίζω, to remind/ *ὑπενθύμιση* (ἡ), reminder
ὑπενοικιάζω, to sublet/ *ὑπενοικίαση* (ἡ), sublease
ὑπεξαίρεση (ἡ), stealing, pilfering/ *ὑπεξαιρῶ*, to steal, to pilfer
ὑπέρ, for, in favour of/ *τά ~ καί τά κατά*, the pros and cons
ὑπεραγαπῶ, to be exceedingly fond of, to love warmly
ὑπεραιμία (ἡ), excess of blood
ὑπερακοντίζω, to excel, to surpass
ὑπεράνθρωπος, superhuman/ (ὁ), superman
ὑπεράξιος, most worthy, very efficient
ὑπεράριθμος, supernumerary
ὑπερασπίζω, to defend, to protect/ *ὑπεράσπιση* (ἡ), defence, protection/ *μάρτυρας ~ς*, witness for the defence/ *ὑπερασπιστής* (ὁ), defender, protector
ὑπεραστικός, suburban
ὑπερατλαντικός, transatlantic
ὑπεραυξάνω, to increase excessively/ *ὑπεραύξηση* (ἡ), excessive increase
ὑπεράφθονος, superabundant
ὑπερβαίνω, to exceed, to surpass
ὑπερβάλλω, to exaggerate
ὑπέρβαση (ἡ), excess
ὑπερβέβαιος, very sure, overconfident
ὑπερβολή (ἡ), exaggeration/ (maths) hyperbole/ *ὑπερβολικός*, excessive
ὑπέργειος, superterrestrial, overground
ὑπέργηρος, too old
ὑπερδιέγερση (ἡ), overexcitement
ὑπερεκχειλίζω, to overflow
ὑπερένταση (ἡ), overstrain
ὑπερευαισθησία (ἡ), supersensitivity/ *ὑπερευαίσθητος*, supersensitive
ὑπερευχαριστῶ, to be very thankful/ *ὑπερευχαριστιέμαι*, to be extremely satisfied
ὑπερέχω, to be superior to, to excel
ὑπερήλικας (ὁ), too old
ὑπερημερία (ἡ), delay in payment/ *ὑπερήμερος*, overdue
ὑπερηφάνεια (ἡ), pride, self-esteem/ *ὑπερηφανεύομαι*, to be proud of/ *ὑπερήφανος*, proud

ὑπερηχητικός, supersonic
ὑπερθεματίζω, to outbid
ὑπερθερμαίνω, to overheat
ὑπερθετικός, superlative
ὑπερθρασύνομαι, to become too cheeky
ὑπέρθυρο (τό), lintel
ὑπερίπταμαι, to fly over
ὑπερίσχυση (ἡ), predominance/ *ὑπερισχύω*, to predominate
ὑπεριώδης, ultraviolet
ὑπερκείμενος, overlooking
ὑπερκέραση (ἡ), outflanking
ὑπερκόπωση (ἡ), overfatigue
ὑπερκορεσμός (ὁ), supersaturation
ὑπέρλαμπρος, splendid, shining
ὑπερμάχομαι, to defend/ *ὑπέρμαχος* (ὁ), defender, champion
ὑπερμεγέθης, immense, too big
ὑπέρμετρα, excessively/ *ὑπέρμετρος*, excessive, exceeding
ὑπερμετρωπία (ἡ), hypermetropia
ὑπερμήκης, too long
ὑπερνίκηση (ἡ), overcoming/ *ὑπερνικῶ*, to overcome
ὑπέρογκος, huge, excessive
ὑπεροξείδιο (τό), peroxide
ὑπεροπλία (ἡ), superiority in arms
ὑπερόπτης (ὁ), arrogant, haughty/ *ὑπεροπτικός*, arrogant, haughty
ὑπερούσιος, (eccl.) supersubstantial
ὑπεροχή (ἡ), superiority, supremacy
ὑπέροχος, excellent, magnificent
ὑπεροψία (ἡ), arrogance, haughtiness
ὑπερπαραγωγή (ἡ), overproduction
ὑπερπέραν (τό), the other world, life after death
ὑπερπηδῶ, to overcome
ὑπερπληθυσμός (ὁ), overpopulation
ὑπερπλήρωση (ἡ), overfilling
ὑπέρπλουτος, excessively rich
ὑπερπόντιος, overseas
ὑπερρεαλισμός (ὁ), surrealism
ὑπερσιτισμός (ὁ), overfeeding
ὑπερσυντέλικος (ὁ), past perfect
ὑπέρταση (ἡ), high blood pressure
ὑπέρτατος, supreme, highest
ὑπερτέλειος, matchless, impeccable
ὑπερτέρηση (ἡ), overcoming, surpassing/ *ὑπέρτερος*, superior, stronger/ *ὑπερτερῶ*, to be superior to, to be stronger

ὑπερτίμηση — ὑποστάθμη 216

ὑπερτίμηση (ἡ), rise in prices; overestimation/ *ὑπερτιμῶ*, to raise the prices; to
ὑπερτροφία (ἡ), overfeeding/ *ὑπερτροφικός*, overfed
ὑπέρυθρος, reddish
ὑπερύψηλος, extremely high (tall)/ *ὑπερυψώνω*, to rise very high
ὑπερφαλαγγίζω, to outflank/ *ὑπερφαλάγγιση* (ἡ), outflanking
ὑπερφίαλος, haughty, abusive
ὑπερφορολογῶ, to overtax
ὑπερφορτίζω, to overcharge
ὑπερφορτώνω, to overload
ὑπερφυσικός, supernatural
ὑπερχειλίζω, βλ. *ὑπερεκχειλίζω*
ὑπερωκεάνειο (τό), ocean liner
ὑπερῶο (τό), (theat.) gallery
ὑπερωρία (ἡ), overtime
ὑπερωριμάζω, to over-ripen/ *ὑπερώριμος*, over-ripe
ὑπεύθυνος, responsible, accountable to
ὑπέχω, to be liable to
ὑπήκοος (ὁ), subject, citizen/ *ὑπηκοότητα* (ἡ), citizenship, nationality
ὑπήνεμος, sheltered from the wind
ὑπηρεσία (ἡ), service, function; department/ *ὑπηρεσιακός*, of the service
ὑπηρέτης (ὁ), servant/ *ὑπηρέτρια* (ἡ), maid-servant
ὑπηρετῶ, to serve, to attend to
ὑπίλαρχος (ὁ), lieutenant in the cavalry
ὑπναλέος, sleepy, drowsy/ *ὑπναράς* (ὁ), sleepyhead, fond of sleeping/ *ὑπνηλία* (ἡ), sleepiness, drowsiness
ὑπνοβασία (ἡ), sleepwalking, somnambulism/ *ὑπνοβάτης* (ὁ), sleepwalker, somnambulist
ὕπνος (ὁ), sleep
ὑπνωτήριο (τό), dormitory
ὑπνωτίζω, to hypnotize/ *ὑπνωτισμός* (ὁ), hypnotism
ὑπνωτιστής (ὁ), hypnotist
ὑπό, under, below/ ~ τόν ὅρο (τήν προϋπόθεση), on condition
ὑπόβαθρο (τό), base, pedestal
ὑποβάλλω, to submit; to subject to
ὑποβαστάζω, to support, to hold up
ὑποβιβάζω, to demote, to reduce/ *ὑποβιβασμός* (ὁ), demotion
ὑποβλέπω, to undermine; to covet

ὑποβλητικός, impressive
ὑποβοηθῶ, to assist, to help
ὑποβολέας (ὁ), (theat.) prompter
ὑποβολή (ἡ), suggestion, autosuggestion
ὑποβολιμαῖος, faked, deceptive
ὑποβόσκω, to underlie; to smoulder
ὑποβρύχιο (τό), submarine/ ~ς, under water
ὑπογάστριο (τό), abdomen
ὑπογεγραμμένος, signed/ (ὁ), the undersigned
ὑπόγειο (τό), basement, cellar/ ~ς, under ground, subterranean/ ~ σιδηρόδρομος, subway, underground, tube
ὑπογραμμίζω, to underline/ *ὑπογράμμιση* (ἡ), underlining
ὑπογραφή (ἡ), signature/ *ὑπογράφω*, to sign
ὑποδαυλίζω, to kindle; to incite/ *ὑποδαύλιση* (ἡ), kindling; incitement
ὑποδεέστερος, inferior
ὑπόδειγμα (τό), model, pattern/ ~τικός, exemplary
ὑποδεικνύω, to suggest/ *ὑπόδειξη* (ἡ), suggestion
ὑποδέχομαι, to welcome
ὑποδηλώνω, to hint, to insinuate/ *ὑποδήλωση* (ἡ), hint, insinuation
ὑπόδημα (τό), shoe/ *ὑποδηματοποιός* (ὁ), shoemaker
ὑποδιαίρεση (ἡ), subdivision/ *ὑποδιαιρῶ*, to subdivide
ὑποδιευθυντής (ὁ), assistant director/ *ὑποδιεύθυνση* (ἡ), assistant directorship
ὑπόδικος (ὁ), accused
ὑποδιοίκηση (ἡ), deputy governorship/ *ὑποδιοικητής* (ὁ), deputy governor
ὑποδομή (ἡ), substructure
ὑπόδοριος, subcutaneous
ὑπόδουλος, enslaved/ *ὑποδουλώνω*, to enslave, to subjugate/ *ὑποδούλωση* (ἡ), enslavement, subjugation
ὑποδοχή (ἡ), welcome, reception
ὑποδύομαι, to play the part of
ὑποζύγιο (τό), beast of burden
ὑποθάλπω, to foster, to incite
ὑποθερμία (ἡ), hypothermia
ὑπόθεση (ἡ), subject, affair, matter supposition/ (leg.) case/ (theat.) plot/ *ὑπο-*

θετικός, hypothetical/ (gram.) conditional
ὑπόθετο (τό), suppository
ὑποθέτω, to suppose, to assume, to think
ὑποθήκευση (ἡ), mortgaging/ *ὑποθηκεύω*, to mortgage/ *ὑποθήκη* (ἡ), mortgage/ *ὑποθηκοφύλακας* (ὁ), mortgages registrar/ *ὑποθηκοφυλακεῖο* (τό), mortgages registry
ὑποκαθιστῶ, to substitute
ὑποκάμισο (τό), βλ. *πουκάμισο*
ὑποκατάσταση (ἡ), substitution/ *ὑποκατάστατος*, substituted
ὑποκατάστημα (τό), branch, subsidiary office
ὑπόκειμαι, to be liable to, to be subjected to
ὑποκειμενικά, subjectively/ *ὑποκειμενικός*, subjective/
ὑποκειμενικότητα (ἡ), subjectiveness/ *ὑποκείμενο* (τό), subject/ (fig.) rascal
ὑποκελευστής (ὁ), (naut.) petty officer
ὑποκίνηση (ἡ), incitement, instigation/ *ὑποκινητής* (ὁ), inciter, instigator/ *ὑποκινῶ*, to incite, to instigate
ὑποκλέβω, or *ὑποκλέπτω*, to pilfer; to cheat
ὑποκλίνομαι, to bow/ *ὑπόκλιση* (ἡ), bow, curtsey
ὑποκλυσμός (ὁ), enema
ὑποκόμης (ὁ), viscount/ *ὑποκόμησσα* (ἡ), viscountess
ὑποκόπανος (ὁ), butt-end
ὑπόκοσμος (ὁ), underworld
ὑποκοριστικός, diminutive
ὑποκρίνομαι, to pretend, to feign/ *ὑποκρισία* (ἡ), feigning, hypocrisy/ *ὑποκριτής* (ὁ), hypocrite; actor/ *ὑποκριτικός*, hypocritical
ὑπόκρουση (ἡ), accompaniment
ὑποκρύπτω, to conceal
ὑποκυβερνήτης (ὁ), first mate
ὑποκύπτω, to succumb, to yield
ὑπόκωφα, dully/ *ὑπόκωφος*, dull (in sound)
ὑπολανθάνω, to be latent
ὑπόλειμμα (τό), remainder
ὑπολείπομαι, to fall short of
ὑπόλευκος, whitish
ὑπολήπτομαι, to respect, to esteem/ *ὑπόληψη* (ἡ), respect, esteem
ὑπολογίζω, to calculate, to estimate/ *ὑπολογισμός* (ὁ), alculation, estimate, reckoning
ὑπόλογος, (ὁ), accountable to
ὑπόλοιπο (τό), remainder, rest/ (account.) balance/ ~ς, remaining
ὑπολοχαγός (ὁ), first lieutenant
ὑπομένω, to endure, to bear, to be patient
ὑπομισθώνω, to sublet from/ *ὑπομίσθωση* (ἡ), subletting from
ὑπόμνημα (τό), memorandum/ ~τισμός (ὁ), annotation
ὑπόμνηση (ἡ), reminder
ὑπομοίραρχος (ὁ), gendarmery lieutenant
ὑπομονή (ἡ), patience/ *ὑπομονετικά*, patiently
ὑπομονετικός, patient
ὑπομόχλιο (τό), fulcrum
ὑποναύαρχος (ὁ), vice-admiral
ὑπόνοια (ἡ), suspicion
ὑπονόμευση (ἡ), undermining/ *ὑπονομευτής* (ὁ), underminer/ *ὑπονομευτικός*, undermining/ *ὑπονομεύω*, to undermine
ὑπόνομος (ὁ), sewer
ὑπονοούμενο (τό), hint/ ~ς, understood, implied/ *ὑπονοῶ*, to imply
ὑποπίπτω, to fall into, to lapse into/ ~ στὴν ἀντίληψη, to be noticed by
ὑποπλοίαρχος (ὁ), first mate
ὑποπόδιο (τό), footstool/ (fig.) person who is completely controlled
ὑποπρακτορεῖο (τό), subagency
ὑποπροξενεῖο (τό), vice-consulate/ *ὑποπρόξενος* (ὁ), vice-consul
ὑποπτεύομαι, to suspect, to mistrust/ *ὕποπτος*, suspect
ὑποσημειώνω, to annotate/ *ὑποσημείωση* (ἡ), footnote
ὑποσιτίζω, to undernourish/ *ὑποσιτίζομαι*, to suffer from malnutrition
ὑποσιτισμός (ὁ), malnutrition
ὑποσκάπτω, to undermine
ὑποσκελίζω, to supplant/ *ὑποσκέλιση* (ἡ), or *ὑποσκελισμός* (ὁ), supplanting
ὑποστάθμη (ἡ), sediment, dregs/ ἄνθρωπος τελευταίας ~ς, a member of the

υπόσταση — φαντασία

underworld
υπόσταση (ἡ), substance
υποστατικό (τό), estate
υπόστεγο (τό), shed
υποστέλλω, to lower
υποστήριγμα (τό), support/ *υποστηρίζω*, to support, to back/ *υποστήριξη* (ἡ), support, backing
υποστολή (ἡ), lowering/ (flag.) furling
υποστράτηγος (ὁ), major general
υπόστρωμα (τό), substratum
υποστυλώνω, to prop with pillars/ *υποστύλωση* (ἡ), propping with pillars
υπόσχεση (ἡ), promise, commitment/ *υποσχετικός*, promissory, promising/ *υπόσχομαι*, to promise
υποταγή (ἡ), submission, subjection
υποτακτική (ἡ), (gram.) subjunctive
υποτακτικός (ὁ), inferior (in rank)
υποτάσσω, to subdue, to subordinate
υποτείνουσα (ἡ), (maths) hypotenuse
υποτέλεια (ἡ), subjection, submission/ φόρος ~ς, tribute/ *υποτελής*, subject; vassal
υποτελωνείο (τό), second class customs office
υποτίμηση (ἡ), underrating; devaluation/ *υποτιμώ*, to underrate; to devalue
υποτροπή (ἡ), (med. & leg.) relapse
υποτροφία (ἡ), scholarship/ *υπότροφος* (ὁ), scholarship holder
υποτυπώδης, elementary
ύπουλα, treacherously/ *ύπουλος*, treacherous, perfidious/ *υπουλότητα* (ἡ), perfidy, duplicity
υπουργείο (τό), ministry, department/ ~ 'Εμπορίου, Board of Trade/ ~ 'Εξωτερικῶν, Foreign Office/ (Amer.) State Department/ ~ 'Εσωτερικῶν, Home Office/ ~ Ναυτικῶν, Admiralty/ ~ Οἰκονομικῶν, Exchequer/ ~ Παιδείας, Ministry of Education/ ~ Στρατιωτικῶν, War Office
υπούργημα (τό), office, post
υπουργικός, ministerial/ *υπουργικό συμβούλιο*, the Cabinet/ *υπουργός*, minister, secretary of state/ ~ 'Εμπορίου, President of the Board of Trade/ ~ 'Εξωτερικῶν, Foreign Minister (Secretary)/ ~ 'Εσωτερικῶν, Home Secretary/ ~ Ναυτικῶν, First Lord of the Admiralty/ ~ Οἰκονομικῶν, Chancellor of the Exchequer/ ~ Παιδείας, Secretary of State for Education/ ~ Στρατιωτικῶν, Secretary of War
υποφαινόμενος (ὁ), the undersigned
υποφερτός, bearable, tolerable/ *υποφέρω*, to bear, to suffer
υποφώσκω, to start shining
υποχείριος, subordinate
υποχθόνιος, infernal
υποχονδρία (ἡ), hypochondria/ *υποχονδριακός*, hypochondriac
υποχρεώνω, to oblige, to compel/ *υποχρέωση* (ἡ), obligation, commitment/ *υποχρεωτικός*, obligatory, compulsory
υποχώρηση (ἡ), retreat/ *υποχωρῶ*, to retreat
υποψήφιος (ὁ), candidate/ *υποψηφιότητα* (ἡ), candidature
υποψία (ἡ), suspicion/ *υποψιάζομαι*, to suspect
ύπτιος, lying on the back/ *ὕπτια κολύμβηση*, back stroke
ύσκα (ἡ), βλ. *ίσκα*
ύστατος, ultimate, final
ύστερα, after, later
υστέρημα (τό), shortage
υστερία (ἡ), hysterics/ *υστερικός*, hysterical
υστερισμός, (ὁ), hysterics
υστεροβουλία (ἡ), afterthought
υστερόγραφο (τό), postscript
ύστερος, ulterior/ ἐκ τῶν ὑστέρων, a posteriori
υστεροφημία (ἡ), posthumous fame
υστερῶ, to be wanting
υστερότερα, later
υφάδι (τό), wool/ *υφαίνω*, to weave, to spin
υφάλμυρος, brackish
υφαλοκρηπίδα (ἡ), continental shelf/ *ὕφαλος* (ὁ), reef
ύφανση (ἡ), weaving/ *υφαντήριο* (τό), weaving-mill
υφαντής (ὁ), weaver/ *υφαντός*, woven/ *υφαντουργείο* (τό), textile factory/ *υφαντουργία* (ἡ), weaving/ *υφαντουργός* (ὁ), weaver
υφαρπαγή (ἡ), snatching/ *υφαρπάζω*, to

snatch
ύφασμα (τό), cloth, material/ ~τοπώλης (ό), draper
ύφεση (ή), diminution/ (meteor.) depression/ (polit.) détente
ύφηγεσία (ή), lectureship/ ύφηγητής (ό), lecturer
ύφήλιος (ή), the world
ύφίσταμαι, to exist; to undergo
ύφος (τό), style, air
ύφυπουργός (ό), undersecretary of state
ύψηλά, high, aloft/ ύψηλός, high, tall, lofty/ ύψηλότατος, highest/ ύψηλότητα (ή), Highness/ ή Αύτοΰ ~, His (Her) Highness
ύψηλοφροσύνη (ή), self-conceit
ύψικάμινος (ή), blast furnace
ύψιστος, highest/ (ό), God
ύψίφωνος, soprano
ύψομετρικός, altitudinal/ ύψόμετρο (τό), altitude
ύψος (τό), height, altitude/ ύψωμα (τό), elevation, hill, upland/ ύψώνω, to lift, to elevate, to raise/ ύψωση (ή), lifting, raising/ (flag.) hoisting

Φ

φάβα (ή), chickpea
φαβορίτες (oί), whiskers
φαγάνα (ή), dredger
φαγάς (ό), glutton
φαγητό (τό), or φαγί (τό), meal, food
φαγοπότι (τό), feasting, banqueting
φαγούρα (ή), itching
φάγωμα (τό), eating
φαγωμάρα (ή), quarrel, discord/ φαγώνομαι, to quarrel
φαγώσιμος, edible
φαεινός, bright, brilliant/ φαεινή ιδέα, bright idea/ φαεινότητα (ή), brightness, brilliancy
φαιδρά, cheerfully, gaily/ φαιδρός, cheerful, gay; comic/ φαιδρότητα (ή), cheerfulness, gaiety/ φαιδρύνω, to cheer up
φαινικός, carbolic/ φαινικό όξύ, carbolic acid
φαίνομαι, to appear, to seem/ φαίνεται ότι, it seems
φαινομενικά, apparently/ φαινομενικός, apparent, seeming/ φαινομενικότητα (ή), appearance, semblance
φαινόμενο (τό), phenomenon
φάκα (ή), mousetrap
φάκελλος (ό), envelope; file/ φακελλώνω, to put in an envelope; to open a file
φακή (ή), lentil
φακίδα (ή), freckle
φακιόλι (τό), kerchief
φακός (ό), lense
φάλαγγα (ή), row; phalanx
φαλάγγι (τό), tarantula/ παίρνω ~, to put to flight
φάλαινα (ή), whale/ φαλαινοθήρας (ό), whaler
φαλάκρα (ή), baldness/ φαλακρός, bald
φάλαρα (τά), harness
φαλιρίζω, or φαλίρω, to go bankrupt
φαλτσέτα (ή), shoemaker's knife
φάλτσο (τό), false note
φαμελίτης (ό), head of the family/ φαμελιά (ή), or φαμίλια (ή), family
φάμπρικα (ή), factory
φανάρι (τό), lantern
φαναρτζής (ό), tinker
φανατίζω, to fanaticize/ φανατικά, fanatically/ φανατικός, fanatic/ φανατισμός (ό), fanaticism
φανέλα (ή), flannel
φανερά, evidently, manifestly/ φανερός, evident, clear, obvious/ φανέρωμα (τό), βλ. φανέρωση/ φανερώνω, to manifest, to disclose, to reveal/ φανέρωση (ή), manifestation
φανοποιός (ό), βλ. φαναρτζής
φανός (ό), βλ. φανάρι
φαντάζομαι, to imagine
φαντάζω, to create a sensation
φαντάρος (ό), soldier
φαντασία (ή), fancy, imagination/ φαντασιοκόπος (ό), dreamer, visionary/ φαντασιόπληκτος (ό), fanciful, illusionist/ φαντασιοπληξία (ή), fancy, illusion/

φαντασίωση, (ἡ), vision, illusion
φάντασμα (τό), ghost
φαντασμαγορία (ἡ), bright and colourful sight
φαντασμένος, vain, self-conceited
φανταστικός, imaginary
φανταχτερός, showy
φάντης (ὁ), (cards) knave
φανφαρονισμός (ὁ), boasting, bragging/ *φανφαρόνος* (ὁ), boaster
φάπα (ἡ), cuff
φάρα (ἡ), race, family, clan
φαράγγι (τό), ravine, gorge
φαράσι (τό), dustpan
φάρδαιμα (τό), widening/ *φαρδαίνω*, to widen
φαρδίνι (τό), farthing
φαρδομάνικο (τό), wide-sleeved garment
φάρδος (τό), width, breadth/ *φαρδύς*, wide, broad
φαρέτρα (ἡ), quiver
φαρισαῖος (ὁ), pharisee/ (fig.) hypocrite/ *φαρισαϊσμός* (ὁ), hypocrisy
φαρμακεῖο (τό), pharmacy
φαρμακερός, poisonous, venomous
φαρμακευτική (ἡ), pharmaceutics/ *φαρμακευτικός*, pharmaceutical
φαρμάκι (τό), poison, venom
φάρμακο (τό), drug, medicine/ ~λογία (ἡ), pharmacology
φαρμακομύτης (ὁ), bitter (bilious) person
φαρμακοποιός (ὁ), druggist, pharmacist, chemist
φαρμάκωμα (τό), poisoning/ *φαρμακώνω*, to poison
φάρος (ὁ), lighthouse
φάρσα (ἡ), farce
φαρσί, fluently
φαρύγγι (τό), pharynx/ *φαρυγγίτιδα* (ἡ), pharyngitis
φασαρία (ἡ), trouble, fuss, noise/ κάνω ~, to cause disorder
φάση (ἡ), phase, stage
φασιανός (ὁ), pheasant
φασκέλωμα (τό), splaying of the five fingers/ *φασκελώνω*, to splay the five fingers (rude gesture)
φασκιά (ἡ), swaddle/ *φασκιώνω*, to swaddle

φασκόμηλο (τό), sage
φάσκω, to say/ ~ καί ἀντιφάσκω, to be inconsistent in one's statements
φάσμα (τό), (phys.) spectrum/ *φασματοσκόπιο* (τό), spectroscope
φασόλι (τό), bean
φάτνη (ἡ), manger
φάτνωμα (τό), panel
φατρία (ἡ), faction, clique/ *φατριάζω*, to join a faction/ *φατριαστικός*, factionary
φαυλεπίφαυλος, depraved
φαυλοκρατία (ἡ), corrupt rule/ *φαῦλος*, corrupt, vile/ ~ κύκλος, vicious circle/ *φαυλότητα* (ἡ), corruption, depravity
φαφλατᾶς (ὁ), babbler
Φεβρουάριος (ὁ), February
φεγγάρι (τό), moon
φεγγίτης (ὁ), skylight
φεγγοβολῶ, to shine, to glitter/ *φέγγος* (τό), glitter, shining/ *φέγγω*, to shine
φείδι 6λ. *φίδι*
φείδομαι, to spare, to save/ *φειδώ* (ἡ), thrift, frugality/ *φειδωλεύομαι*, to be thrifty *φειδωλός*, thrifty, frugal
φελί (τό), slice
φελλός (ὁ), cork
φεμινισμός (ὁ), feminism/ *φεμινίστρια* (ἡ), feminist
φενάκη (ἡ), wig/ (fig.) deceit/ *φενακίζω*, to deceive
φέξιμο (τό), lighting
φεουδάρχης (ὁ), feudal lord/ *φεουδαρχία* (ἡ), feudalism/ *φέουδο* (τό), feud, fief
φερέγγυος, solvent/ *φερεγγυότητα* (ἡ), solvency
φέρελπις (ὁ), promising (young man)
φέρετρο (τό), coffin/ *φερετροποιός* (ὁ), coffinmaker
φερέφωνο (τό), mouthpiece
φερμένος, brought/ *φέρνω*, to bring, to carry/ ~ ἀντίρρηση, to argue, to contradict
φέρνομαι, or **φέρομαι**, to behave/ *φέρσιμο* (τό), behaviour
φερώνυμος, named after
φέτα (ἡ), slice; white cheese
φετιχισμός (ὁ), fetishism
φέτος, this year
φευγάλα (ἡ), escape, flight/ *φευγατίζω*, to help one escape/ *φευγάτος*, gone,

φάντασμα — φιλοπατρία

fled/ *φευγιό* (τό), flight, escape/ *φεύγω*, to leave, to go away
φήμη (ή), fame, reputation; rumour/ *φημίζομαι*, to be famous/ *φημισμένος*, famous, renowned
φθάνω, to arrive, to reach/ *φθάνει*! it's enough!
φθαρτός, perishable
φθάσιμο (τό), arrival
φθείρω, to spoil, to damage
φθηνός, φλ. *φτηνός*
φθινοπωρινός, autumnal
φθίνω, to decay, to wither
φθίση (ή), tuberculosis, consumption/ *φθισιατρεῖο* (τό), tuberculosis sanatorium/ *φθισικός*, consumptive
φθόγγος (ὁ), sound
φθονερά, enviously/ *φθονερός*, envious/ *φθόνος* (ὁ), envy/ *φθονῶ*, to be envious of
φθορά (ή), decay, damage
φθόριο (τό), fluor
φθοροποιός, destructive, damaging
φιάλη (ή), bottle/ *φιαλίδιο* (τό), small bottle
φιγούρα (ή), figure, form
φιγουράρω, to appear
φιδές (ὁ), noodles
φίδι (τό), snake, serpent/ *θγάζω τό ~ ἀπό τήν τρύπα*, to bring trouble upon oneself/ *φιδοβότανο* (τό), snakeroot
φιλάδελφος, fraternal
φίλαθλος, sports fan
φιλαλήθεια (ή), truthfulness/ *φιλαλήθης*, truthful
φιλαλληλία (ή), altruism
φιλαναγνώστης, great reader
φιλανθής, fond of flowers
φιλανθρωπία (ή), charity/ *φιλανθρωπικός*, charitable/ *φιλάνθρωπος* (ὁ), philanthropist
φιλαργυρία (ή), stinginess, avarice/ *φιλάργυρος*, stingy, miserly
φιλάρεσκα, coquettishly/ *φιλαρέσκεια* (ή), coquetry, affectation/ *φιλάρεσκος*, coquettish
φιλάρετος, virtuous
φιλαρμονική (ή), band, philharmonic
φιλαρχία (ή), power-lust/ *φίλαρχος*, ambitious

φιλάσθενος, sickly
φιλαυτία (ή), selfishness
φιλειρηνικός, peaceloving/ *φιλειρηνισμός* (ὁ), pacifism
φιλελευθερισμός (ὁ), liberalism/ *φιλελεύθερος*, liberal
φιλέλληνας (ὁ), philhellene/ *φιλελληνισμός* (ὁ), philhellenism
φιλενάδα (ή), woman friend; mistress
φίλεργος, industrious
φιλέρημος, ascetic
φιλέτο (τό), fillet
φιλεύσπλαχνος, merciful
φιλεύω, to treat
φίλη (ή), ϐλ. *φιλενάδα*
φιληδονία (ή), sensuality/ *φιλήδονος*, sensual
φίλημα (τό), kissing
φιλήσυχος, peaceful
φιλί (τό), kiss
φιλία (ή), friendship/ *φιλικά*, friendly/ *φιλικός*, friendly, amicable
φίλιωμα (τό), reconciliation/ *φιλιώνω*, to be reconciled
φίλντισι (τό), ivory
φιλοβασιλικός, royalist
φιλογενής, patriotic
φιλοδίκαιος, righteous, just
φιλόδοξα, ambitiously/ *φιλοδοξία* (ή), ambition/ *φιλόδοξος*, ambitious/ *φιλοδοξῶ*, to aspire to
φιλοδώρημα (τό), tip, gratuity/ *φιλοδωρῶ*, to tip
φιλοθεάμων (ὁ), fond of spectacles
φιλόθρησκος, religious
φιλοκαλία (ή), good taste
φιλοκατήγορος (ὁ), slanderous
φιλολογία (ή), study of literature/ *φιλολογικός*, literary/ *φιλόλογος* (ὁ), literary scholar
φιλομάθεια (ή), love of learning/ *φιλομαθής*, studious
φιλόμουσος (ὁ), fond of the arts
φιλονικία (ή), quarrel, dispute/ *φιλόνικος*, quarrelsome/ *φιλονικῶ*, to quarrel
φιλόνομος, law-abiding
φιλοξενία (ή), hospitality/ *φιλόξενος*, hospitable/ *φιλοξενῶ*, to offer hospitality
φιλοπατρία (ή), patriotism

φιλοπερίεργος — φρενήρης　　　　　　　　　　　　　　　**222**

φιλοπερίεργος, inquisitive
φιλοπόλεμος, warlike
φιλοπονία (ή), diligence, industry/ *φιλόπονος*, diligent, industrious
φιλοπραγμοσύνη (ή), inquisitiveness
φιλοπρόοδος, progressive
φιλοπρωτία (ή), love of self-projection
φιλόπτωχος, charitable
φίλος (ό), friend; lover/ *πιστός* ~, true friend/ *στενός* ~, close friend
φιλοσοφία (ή), philosophy/ *φιλοσοφικά*, philosophically/ *φιλοσοφικός*, philosophical/ *φιλόσοφος* (ό), philosopher/ *φιλοσοφώ*, to philosophize
φιλοστοργία (ή), affection, care/ *φιλόστοργος*, loving, caring
φιλοτελισμός (ό), philatelism/ *φιλοτελιστής* (ό), philatelist
φιλοτέχνημα (τό), work of art/ *φιλότεχνος*, art lover/ *φιλοτεχνώ*, to produce a work of art
φιλοτιμία (ή), self-respect/ *φιλότιμος*, hardworking, zealous
φιλοφρόνηση (ή), courtesy, politeness/ *φιλοφρονητικός*, courteous, polite/ *φιλοφροσύνη* (ή), 6λ. *φιλοφρόνηση*
φιλοχρηματία (ή), love of money/ *φιλοχρήματος*, fond of money
φίλτατος, dearest
φιλτράρω, to filter/ *φίλτρο* (τό), filter, strain
φιλύποπτος, suspicious
φιλύρα (ή), limetree
φιλώ, to kiss
φιμώνω, to gag, to muzzle/ *φίμωση* (ή), gagging, muzzling/ *φίμωτρο* (τό), gag, muzzle
φινλανδικός, Finnish/ *Φινλανδός, Φινλανδέζα*, Finn (man, woman)
φιντάνι (τό), new shoot/ (fig.) young girl
φιόγκος (ό), bow, knot
φιορίνι (τό), florin
φίρμα (ή), firm
φιστίκι (τό), pistachio/ *φιστικιά* (ή), pistachio-tree
φιτίλι (τό), 6λ. *φυτίλι*
φλαμουριά (ή), linden-tree
φλάμπουρο (τό), flag, emblem
φλάουτο (τό), flute
φλάσκα (ή), flask

φλέβα (ή), vein/ *φλεβικός*, venal/ *φλεβίτιδα* (ή), varicose veins/ *φλεβοτομία* (ή), bloodletting
φλέγμα (τό), mucus/ (fig.) coolness/ *φλεγματικός*, cool, phlegmatic.
φλεγμονή (ή), inflammation
φλέγω, to inflame/ *φλέγομαι*, to be inflamed/ ~ *άπό τήν έπιθυμία*, to feel a strong desire
φληναφώ, to talk nonsense
φλόγα (ή), flame
φλογέρα (ή), (mus.) pipe
φλογερός, flaming/ (fig.) very keen/ *φλογίζω*, to inflame
φλογοβόλο (τό), flamethrower
φλόγωση (ή), inflammation
φλοιός (ό), peel, crust
φλοίσβος (ό), murmur of the waves
φλοκάτη (ή), sheepskin cloak (blanket)
φλόκος (ό), (naut.) staysail
φλομώνω, to fill with smoke/ (fig.) to grow tired of
φλούδα (ή), peel, skin
φλουρί (τό), gold coin
φλυαρία (ή), chatter, babbling/ *φλύαρος*, chatterbox, babbler/ *φλυαρώ*, to chatter, to babble
φλυτζάνι (τό), cup
φλωρί (τό), gold coin.
φλώρος (ό), greenfinch
φοβέρα (ή), threat, menace/ *φοβερά*, terribly, awfully/ *φοβερίζω*, to threaten/ *φοβέρισμα* (τό), threatening/ *φοβερός*, frightful, terrible
φόβητρο (τό), bugbear
φοβητσιάρης (ό), coward
φοβίζω, to frighten/ *φοβισμένος*, frightened, scared/ *φόβος* (ό), fright, fear/ *φοβούμαι*, to be frightened
φόδρα (ή), lining/ *φοδράρω*, to line
φοίνικας (ό), palm/ (myth.) phoenix/ *φοινικιά* (ή), palm-tree
φοίτηση (ή), (school) attendance/ *φοιτητής* (ό), student/ *φοιτητικός*, of the students/ *φοιτώ*, to attend (a school)
φόλα (ή), poison (for dogs)
φονεύω, to kill, to murder/ *φονιάς* (ό), killer, murderer/ *φονικό* (τό), 6λ. *φόνος/ φονικός*, murderous, killing/ *φόνος* (ό), murder, assassination

φόρα (ή), spring; impulse/ 6γάζω στή ~, to reveal
φορά (ή), direction; tendency/ καμμιά ~, sometimes/ μιά ~, once/ μιά ~ κι' ένα καιρό, once upon a time
φοράδα (ή), mare
φορβή (ή), fodder
φορείο (τό), stretcher, litter
φόρεμα (τό), dress, garment/ φορεμένος, worn
φορεσιά (ή), suit; national costume
φορητός, portable
φόρμα (ή), form/ σέ ~, (sports), in form
φόρμιγγα (ή), (mus.) pipe
φορολογήσιμος, taxable/ φορολογία (ή), taxation/ φορολογικός, of the taxation/ φορολογούμενος, taxpayer/ φορολογώ, to tax
φόρος (ό), tax/ ~ εισοδήματος, income tax/ δημοτικός ~, rates
φορτηγίδα (ή), barge
φορτηγό (τό), cargo-ship; truck
φορτίζω, to load, to charge
φορτικός, burdensome; annoying/ φορτικότητα (ή), insistence; annoyance
φορτίο (τό), load, freight, burden/ φόρτιση (ή), (elec.) charge/ φόρτος (ό), load
φορτσάρω, to force
φόρτωμα (τό), loading, burden/ γίνομαι ~, to become a burden to/ φορτώνω, to load, to burden/ φορτώνομαι, to assume, to take over/ φόρτωση (ή), lading, shipment/ φορτωτής (ό), docker, loader/ φορτωτική (ή), bill of lading
φορώ, to wear, to put on
φουγάρο (τό), chimney
φουκαράς (ό), wretched, unlucky
φούμαρα (τά), pomp
φουμάρω, to smoke
φοΰμο (τό), lamp black
φούντα (ή), tassel
φουντάρω, to sink
φουντούκι (τό), hazelnut
φούντωμα (τό), blazing/ φουντώνω, to blaze
φουντωτός, tufty
φούρια (ή), haste, excessive activity
φούρκα (ή), anger, wrath, rage
φουρκέτα (ή), hairpin
φουρκίζω, to enrage, to offend/ φούρκισμα (τό), anger, rage; forking/ φουρκισμένος, angry, enraged
φούρναρης (ό), baker/ φουρνάρικο (τό), bakery
φουρνέλλο (τό), mine
φουρνιά (ή), batch
φουρνίζω, to put in the oven/ φούρνισμα (τό), putting in the oven/ φουρνόξυλο (τό), poker/ φοΰρνος (ό), oven, kiln
φουρτούνα (ή), tempest, storm
φουσάτο (τό), army
φούσκα (ή), bubble; bladder
φουσκάλα (ή), blister
φουσκί (τό), dung
φουσκοδεντριά (ή), budding time
φουσκοθαλασσιά (ή), surge
φουσκομάγουλος, chubby
φούσκωμα (τό), puffing, swelling/ φουσκωμένος, puffed, swollen/ φουσκώνω to puff up, to swell/ φουσκωτός, puffed
φούστα (ή), skirt
φουστανέλα (ή), (Greek) kilt
φουστάνι (τό), dress
φούχτα (ή), palm of the hand; handful/ φουχτιάζω, or φουχτώνω, to grasp
φραγγέλιο (τό), whip, lash
φραγή (ή), fence, hedge
φραγκόκοτα (ή), guineahen
φραγκοκρατία (ή), period of Frankish domination
φραγκόπαπας (ό), Roman Catholic priest
φραγκοσυκιά (ή), Indian fig-tree/ φραγκόσυκο (τό), Indian fig
φράγμα (τό), barrier; dam/ φραγμός (ό), barrier; obstacle/ φράζω, to bar, to block/ φράκτης (ό), or φράχτης (ό), fence
φραντζόλα (ή), loaf of bread
φράξιμο (τό), fencing; obstruction
φράουλα (ή), strawberry/ φραουλιά (ή), strawberry bush
φράπα (ή), grapefruit
φρασεολογία (ή), phraseology
φράση (ή), phrase, sentence
φράσσω, to enclose
φραστικός, phraseological
φρεγάδα (ή), frigate
φρένα (τά), brakes
φρεναπάτη (ή), illusion
φρενήρης, frantic

**φρενιάζω, **to be furious/ *φρένιασμα* (τό), fury, frenzy
φρενίτιδα (ή), frenzy
φρενοβλάβεια (ή), insanity, madness/ *φρενοβλαβής,* insane, mad/ *φρενοκομείο* (τό), madhouse, lunatic asylum/ *φρενολόγος* (ό), phrenologist/ *φρενοπάθεια* (ή), mental disease/ *φρενοπαθής,* mentally sick
φρεσκάδα (ή), freshness/ *φρεσκάρω,* to freshen, to refresh/ *φρέσκος,* fresh
φρικαλέος, dreadful, horrible/ *φρικαλεότητα* (ή), horridness, bestiality/ *φρίκη* (ή), horror, shudder/ *φρικίαση* (ή), shuddering/ *φρικιώ,* to shudder/ *φρικτός,* horrible, awful
φρόκαλο (τό), broom; refuse
φρόνημα (τό), feeling, sentiment, conviction
φρονηματίζω, to make someone see reason/ *φρονηματισμός* (ό), becoming reasonable
φρόνηση (ή), wisdom, prudence
φρόνιμα, wisely/ κάθομαι ~, to behave oneself/ *φρονιμάδα* (ή), wisdom/ *φρονιμεύω,* to reform oneself.
φρονιμίτης (ό), wisdom tooth
φρόνιμος, wise, sensible
φροντίδα (ή), care/ *φροντίζω,* to take care of
φροντιστήριο (τό), seminar
φροντιστής (ό), steward; caretaker
φρονώ, to believe
φρουρά (ή), guard, garrison/ *φρουραρχείο* (τό), garrison headquarters/ *φρούραρχος* (ό), garrison commander/ *φρούρηση* (ή), guarding/ *φρούριο* (τό), castle, fortress/ *φρουρός* (ό), guard, sentry/ *φρουρώ,* to guard
φροΰτο (τό), fruit
φρύγανα (τά), brushwood
φρυγανιά (ή), toast
φρύδι (τό), eyebrow
φταίξιμο (τό), mistake; culpability/ *φταίω,* to make a mistake, to be guilty
φτάνω, to reach, to arrive/ *φτάνει!* it's enough
φτενός, slim, thin
φτέρη (ή), fern
φτέρνα (ή), heel

φτερνίζομαι, to sneeze/ *φτέρνισμα* (τό), sneezing
φτερό (τό), feather; wing; duster/ *φτερουγίζω,* to flutter
φτηνός, cheap
φτιάνω, to make, to construct; to repair
φτιασιδώνω, to put on make-up
φτουρώ, to last
φτυάρι (τό), shovel/ *φτυαριά* (ή), shovelful/ *φτυαρίζω,* to shovel
φτύνω, to spit/ *φτύσιμο* (τό), spitting
φτωχαίνω, to become poor/ *φτώχια* (ή), poverty, misery/ *φτωχός,* poor.
φυγάδας (ό), fugitive; refugee/ *φυγάδευση* (ή), escape; illegal export/ *φυγαδεύω,* to send away illegally/ *φυγή,* (ή), flight, escape/ τρέπω σέ ~, to put to flight
φυγοδικία (ή), (leg.) default/ *φυγόδικος* (ό), outlaw, defaulter/ *φυγοδικώ,* not to appear before a court
φυγόκεντρος, centrifugal
φυγομαχία (ή), desertion
φυγοπονία (ή), laziness/ *φυγόπονος* (ό), lazy
φυγόστρατος (ό), army defaulter
φύλαγμα (τό), keeping, guarding/ *φυλάγω,* to keep, to guard
φύλακας (ό), guard
φυλακή (ή), prison, jail/ *φυλακίζω,* to imprison, to detain/ *φυλάκιση* (ή), imprisonment, detention/ *φυλακισμένος,* prisoner
φύλαξη (ή), keeping, guarding
φύλαρχος (ό), tribal chief
φυλαχτό (τό), amulet, talisman
φυλετικός, tribal; racial
φυλή (ή), race; tribe
φυλλάδα (ή), trivial book
φυλλάδιο (τό), pamphlet
φύλλο (τό), leaf; sheet; newspaper
φυλλοκάρδια (τά), the bottom of one's heart
φυλλομέτρημα (τό), running through a book/ *φυλλομετρώ,* to run through a book
φυλλοξήρα (ή), phylloxera
φυλλορροώ, to shed the leaves
φύλλωμα (τό), foliage
φύλο (τό), sex/ τό ωραίο ~, the fair sex

φυματικός, consumptive, victim of tuberculosis/ *φυμάτιο* (τό), tubercle/ *φυματίωση* (ή), tuberculosis, consumption
φυντάνι (τό), βλ. *φιντάνι*
φύομαι, to grow
φύρα (ή), tare, shrinkage/ *φυραίνω*, to shrink, to lose weight
φύραμα (τό), mixture, sort
φύρδην, ~ μίγδην, pell-mell
φυσαλίδα (ή), bubble
φυσαρμόνικα (ή), harmonica
φυσέκι (τό), cartridge
φυσερό (τό), bellows
φύση (ή), nature; temperament
φύσημα (τό), blowing
φυσίγγιο (τό), βλ. *φυσέκι/ φυσιγγιοθήκη* (ή), cartridge-box
φυσικά, naturally, of course
φυσική (ή), physics
φυσικό (τό), temperament, mentality/ ~ς, natural, normal/ (ό), physicist/ ~τητα (ή), unaffectedness, genuineness
φυσιογνωμία (ή), face, countenance
φυσιογνωσία (ή), natural science
φυσιοδίφης (ό), naturalist
φυσιολογία (ή), physiology
φυσιολογικά, normally/ *φυσιολογικός*, normal
φυσιολόγος, (ό), physiologist
φυσώ, to blow
φυτεία (ή), plantation/ *φύτεμα* (τό), planting/ *φυτευτός*, planted, implanted/ *φυτεύω*, to plant
φυτικός, vegetative
φυτίλι (τό), wick
φυτό (τό), plant
φυτοζωώ, to vegetate, to live in squalor
φυτοκομία (ή), horticulture
φυτολογία (ή), botany/ *φυτολόγος* (ό), botanist
φυτοφαγία (ή), vegetarianism/ *φυτοφάγος* (ό), vegetarian
φύτρα (ή), sprout/ (fig.) origin/ *φύτρο* (τό), sperm
φύτρωμα (τό), growing, germinating fl *φυτρώνω*, to grow, to germinate
φυτώριο (τό), plant nursery
φώκια (ή), seal
φωλιά (ή), nest, den, burrow/ (fig.) haunt/ ~ζω, to nest, to nestle

φώναγμα (τό), shouting, crying/ *φωνάζω*, to shout, to cry/ *φωνακλάς* (ό), brawler/ *φωνασκώ*, to create a commotion/ *φωναχτά*, loudly/ *φωναχτός*, loud
φωνή (ή), voice/ δυνατή ~, loud voice/ έχω καλή ~, to sing well/ (gram.) ενεργητική ~, active voice/ παθητική ~, passive voice
φωνήεν (τό), vowel
φωνητικός, vocal, phonetic
φωνογράφος (ό), gramophone
φωνοληψία (ή), voice recording
φωρατής (ό), detector
φώς (τό), light/ ανάβω τό ~, to switch on/ σβύνω τό ~, to switch off/ φέρνω σέ ~, to reveal
φωστήρας (ό), genius
φωσφορίζω, to phosphoresce/ *φωσφορισμός* (ό), phosphorescence/ *φωσφόρος* (ό), phosphorus/ *φωσφορούχος*, phosphoric
φώτα (τά), learning/ *Φώτα* (τά), Epiphany
φωταγώγηση (ή), illumination
φωταγωγός (ό), light window
φωταέριο (τό), gas light
φωταψία (ή), illumination
φωτεινός, luminous, brilliant, lucid/ *φωτερός*, well-lit
φωτιά (ή), fire/ βάζω ~, to set fire
φωτίζω, to illuminate; to enlighten/ *φώτιση* (ή), enlightening, inspiration/ *φωτισμός* (ό), lighting
φωτοβόλος, beaming
φωτογραφείο (τό), photographic studio/ *φωτογράφηση* (ή), photographing/ *φωτογραφία* (ή), photography/ *φωτογραφίζω*, to photograph/ *φωτογραφικός*, photographic/ *φωτογράφος* (ό), photographer
φωτοδότης (ό), light-giver
φωτοηλεκτρικός, photoelectric
φωτομετρία (ή), photometry/ *φωτόμετρο* (τό), photometer
φωτοσκίαση (ή), penumbra
φωτοστέφανο (τό), or *φωτοστέφανος* (ό), halo
φωτοτυπία (ή), photostatic copy
φωτοχημεία (ή), photochemistry
φωτοχυσία (ή), bright illumination

Χ

χαβιάρι (τό), caviar
χάβρα (ή), synagogue
χάδι (τό), caress
χαζεύω, to gape, to stare at
χάζι (τό), enjoyment
χαζομάρα (ή), silliness, stupidity/ *χαζός*, silly, stupid
χάϊδεμα (τό), caressing, patting/ *χαϊδεμένος*, favourite; spoilt/ *χαϊδευτικός*, endearing/ *χαϊδεύω*, to caress
χαϊμαλί (τό), amulet, talisman
χαιρέκακα, malevolently/ *χαιρεκακία* (ή), malevolence / *χαιρέκακος*, malevolent
χαιρετίζω, to greet, to salute/ *χαιρέτισμα* (τό), greeting/ *χαιρετίσματα*, regards, compliments
χαιρετισμός (ό), salute/ (eccl.) hymn to the Virgin/ *χαιρετῶ*, to greet
χαίρομαι, to be pleased, to rejoice
χαίτη (ή), mane
χαλάζι (τό), hail
χαλαζίας (ό), quartz
χαλαρός, loose, slack/ *χαλαρότητα* (ή), laxity, slackness/ *χαλάρωμα* (τό), loosening, slackening/ *χαλαρώνω*, to loosen, to slacken/ *χαλάρωση* (ή), relaxing
χάλασμα (τό), ruin
χαλασμός (ό), destruction/ ~ *κόσμου*, great noise, great fuss/ *χαλαστής* (ό), ruiner
χαλάστρα (ή), ~, to cause a failure
χαλεπός, painful, difficult
χαλί (τό), carpet
χάλι (τό), mess, sorry state
χαλίκι (τό), pebble, shingle/ *χαλικοστρώνω*, to lay with gravel/ *χαλικόστρωση* (ή), gravel - laying
χαλιναγώγηση (ή), bridling; controlling/ *χαλιναγωγῶ*, to bridle, to control/ *χαλινάρια* (τά), or *χαλινός* (ό), reins
χαλκάς (ό), ring, link
χαλκένερος, indefatigable
χαλκεύω, to forge/ (fig.) to fabricate
χαλκιάς (ό), coppersmith

χάλκινος, (of) copper
χαλκογραφία (ή), copper engraving/ *χαλκογράφος* (ό), engraver
χαλκοπυρίτης (ό), yellow copper
χαλκός (ό), copper
χαλκοτυπία (ή), copper - printing
χαλκουργεῖο (τό), copper foundry/ *χαλκουργός* (ό), coppersmith
χαλκόχρωμος, copper coloured
χάλκωμα (τό), copper utensil/ ~ *τάς* (ό), brazier, copper smith
χαλκωρυχεῖο (τό), coppermine
χαλνῶ, or **χαλῶ**, to destroy, to demolish τά χαλάσαμε, we are on bad terms
χάλυβας (ό), steel/ *χυτός* ~, cast steel/ *χαλύβδινος*, steely/ *χαλυβδώνω*, to steel/ (fig.) to strengthen
χαμαιλέοντας (ό), chameleon
χαμαιτυπεῖο (τό), brothel
χαμάλης (ό), porter
χαμένος, lost (fig.) worthless
χαμέρπεια (ή), baseness, meanness/ *χαμερπής*, base, mean
χαμηλοβλεπούσα (ή), shy girl
χαμηλός, base, mean, low/ *χαμηλόφωνος*, low voiced/ *χαμήλωμα* (τό), lowering/ *χαμηλώνω*, to lower
χαμίνι (τό), streetboy
χαμόγελο (τό), smile/ *χαμογελῶ*, to smile
χαμόδεντρο (τό), shrub
χαμοκέλλα (ή), low building
χαμόκλαδα (τά), brushwood
χαμομήλι (τό), chamomile
χυμός (ό), loss; disaster
χάμουρα (τά), harness
χαμπάρι (τό), news, information/ *παίρνω* ~, to realize
χάμω, on the floor
χάνι (τό), inn
χαντάκι (τό), ditch
χαντακωμένος, ruined, destroyed/ *χαντακώνω*, to ruin, to destroy
χαντζάρα (ή), wide sword
χάντρα (ή), bead
χάνω, to lose, to miss
χάος (τό), chaos
χάπι (τό), pill
χαρά (ή), joy, delight, pleasure/ *μιά* ~, in perfect condition
χάραγμα (τό), engraving/ ~ *τιά* (ή), cleft

χαράδρα (ἡ), ravine
χαράζω, to engrave/ χαράζει, it is dawn
χάρακας (ὁ), ruler
χαρακτήρας (ὁ), character, temperament / γραφικός ~, handwriting
χαρακτηρίζω, to characterize/ χαρακτηρισμός (ὁ), characterization
χαρακτηριστικό (τό), feature/ χαρακτηριστικός, characteristic
χαράκτης (ὁ), engraver
χαράκωμα (τό), trench
χαρακώνω, to draw lines/ (mil.) to entrench/ χαρακωτός, striped
χαραμάδα (ἡ), crack, cleft
χαραμίζω, to waste, to sacrifice
χάραξη (ἡ), engraving, tracing
χαράσσω, βλ. χαράζω
χαράτσι (τό), tax/ χαρατσώνω, to tax
χαραυγή (ἡ), daybreak
χάρβαλο (τό), ruined building
χαρέμι (τό), harem
χάρη (ἡ), favour; grace/ γιά ~ μου, for my sake
χαριεντίζομαι, to jest/ χαριεντισμός (ὁ), jest, joking
χαρίζω, to offer, to give/ χαρίζομαι, to be partial
χάρισμα (τό), talent; gift/ χαριστικός, generous; to be partial
χαριτόβρυτος, graceful, charming
χαριτολογία (ἡ), witticism/ χαριτολόγος (ὁ), witty
χαριτωμένος, charming
χάρμα (τό), delight
χαρμάνι (τό), blend
χαρμόσυνα, cheerfully/ χαρμόσυνος, cheerful
χαροπαλεύω, to be on the verge of death
χαροποιῶ, to cheer up, to give good news
χάρος (ὁ), death
χαρούμενος, pleased, happy
χαρταετός (ὁ), kite
χαρτεμπόριο (τό), paper trade
χαρτζιλίκι (τό), pocket money
χάρτης (ὁ), map; charter
χαρτί (τό), paper; certificate, diploma/ χαρτιά (τά), documents; playing cards/ χάρτινος, of paper
χαρτογράφηση (ἡ), mapdrawing
χαρτόδετος, paperback

χαρτοθήκη (ἡ), paperholder
χαρτομαντεία (ἡ), fortune-telling by cards/ χαρτομάντης (ὁ), fortune-teller
χαρτόνι (τό), cardboard
χαρτονόμισμα (τό), banknote
χαρτοπαίκτης (ὁ), card gambler/ χαρτοπαικτικός, gambling/ χαρτοπαίζω, to gamble at cards/ χαρτοπαιξία (ἡ), card gambling
χαρτοποιία (ἡ), paper manufacturing
χαρτοπωλεῖο (τό), stationery
χαρτόσημο (τό), duty stamp
χαρτοφύλακας (ὁ), briefcase
χαρτοφυλάκιο (τό), portfolio/ (fig.) ministry
χαρωπός, merry, cheerful
χασάπης (ὁ), butcher/ χασάπικο (τό), butcher's shop
χασές (ὁ), cotton cloth
χάση (ἡ), waning/ στή ~ καί στή φέξη, very seldom
χασίς (τό), hashish
χάσιμο (τό), loss
χάσκω, to stare
χάσμα (τό), gap, chasm
χασμουριέμαι, to yawn/ χασμουρητό (τό), yawning
χασομέρης (ὁ), idler/ χασομέρι (τό), idling, loafing
χασομερῶ, to waste time, to hang around
χασούρα (ἡ), loss
χαστούκι (τό), slap, blow/ χαστουκίζω, to slap
χατζής (ὁ), pilgrim to the Holy Land
χαυλιόδοντο (τό), tusk
χαῦνος, languid, indolent/ χαυνώνω, to render someone indolent/ χαύνωση (ἡ), languidity
χάφτω, to gulp/ (fig.) to believe a lie
χαχανίζω, to laugh loudly/ χάχανο (τό), loud laugh
χάχας (ὁ), silly person
χαψιά (ἡ), mouthful
χαώδης, chaotic
χέζω, to have a stool/ χέζομαι, (fig.) to be scared
χεῖλος (τό), lip; brink
χειμαδιό (τό), winter quarters
χειμάζω, to spend the winter/ (fig.) to trouble/ χειμάζομαι, to be in trouble

χείμαρρος — χρεώνω 228

χείμαρρος (ό), torrent/ *χειμαρρώδης*, torrential
χειμερινός, wintry
χειμώνας (ό), winter/ *χειμωνιάτικος*, 6λ. *χειμερινός*
χειραγωγώ, to guide by the hand
χειράμαξα (ή), wheelbarrow
χειραφέτηση (ή), emancipation/ *χειραφετώ*, to emancipate
χειραψία (ή), handshake
χειρίζομαι, to handle, to manage/ *χειρισμός* (ό), handling, managing/ *χειριστής* (ό), operator
χείριστος, the worst
χειροβομβίδα (ή), hand-grenade
χειρόγραφο (τό), manuscript/ ~ ς, handwritten
χειροδικία (ή), highhandedness
χειροδύναμος, physically strong
χειροκίνητος, hand-driven
χειροκρότημα (τό), clapping, applause/ *χειροκροτώ*, to clap, to applaud
χειρολαβή (ή), handle
χειρομαντεία (ή), palmistry/ *χειρομάντης* (ό), palmister
χειρονομία (ή), gesture/ *χειρονομώ*, to gesticulate
χειροπέδες (οί), handcuffs
χειροπιαστός, tangible
χειροποίητος, handmade
χειρότερα, worse/ *χειροτέρευση* (ή), worsening, deterioration/ *χειροτερεύω*, to deteriorate/ *χειρότερος*, worse
χειροτέχνημα (τό), handcraft/ *χειροτέχνης* (ό), handicraftsman/ *χειροτεχνία* (ή), handicraft
χειροτονημένος, ordained/ *χειροτονία* (ή), ordination/ *χειροτονώ*, to ordain
χειρουργείο (τό), operating theatre/ *χειρουργική* (ή), surgery/ *χειρουργικός*, surgical/ *χειρούργος* (ό), surgeon/ *χειρουργώ*, to operate
χειροφίλημα (τό), handkissing
χέλι (τό), eel
χελιδόνι (τό), swallow/ *χελιδονόψαρο* (τό), flying fish
χελώνα (ή), turtle, tortoise
χέρι (τό), hand; coat of paint/ είναι στό ~ μου, it is in my power/ έρχομαι στά χέρια, to come to blows

χεριά (ή), handful
χεροδύναμος, robust
χερουβείμ (τό), cherub
χερούλι (τό), handle
χερσαίος, of the land
χερσόνησος (ή), peninsula
χέρσος, barren, fallow
χηλή (ή), hoof
χημεία (ή), chemistry/ *χημείο* (τό), chemical laboratory/ *χημικά*, chemically/ *χημικός*, chemical/ (ό), chemist
χήνα (ή), goose/ *χηνοβοσκός* (ό), goosekeeper
χήρα (ή), widow/ *χηρεία* (ή), widowhood; vacant post/ *χηρεύω*, to become a widow (er); to be vacant/ *χήρος* (ό), widower
χθές, yesterday/ *χθεσινός*, of yesterday
χθόνιος, infernal
χιαστί, crosswise
Χιλιανός, Χιλιανή, Chilean (man, woman)
χίλια, thousand/ *χιλιάρικο* (τό), a thousand drachma banknote/ *χιλιαστής* (ό), millenarian/ *χιλιετηρίδα* (ή), millennium
χιλιόγραμμο (τό), kilo
χιλιόμετρο (τό), kilometre
χιλιοστόμετρο (τό), millimetre
χιλιοστός, thousandth
χιλιόχρονος, thousand years old
χίμαιρα (ή), chimera, utopia/ *χιμαιρικός*, chimeric, utopian
χιονάτος, snow-white/ *χιόνι* (τό), snow/ *χιονιάς* (ό), snow - weather/ *χιονίζω*, to snow/ *χιονίστρα* (ή), chilblain/ *χιονοθύελλα* (ή), snowstorm/ *χιονόνερο* (τό), sleet/ *χιονοσκέπαστος*, or *χιονοσκεπής*, snowclad, snowcovered/ *χιονοστιβάδα* (ή), avalanche
χιούμορ (τό), humour/ ~*ίστας* (ό), humourist/ ~*ιστικός*, humorous
χιτώνας (ό), gown, tunic
χλαίνη (ή), cloak
χλαμύδα (ή), mantle
χλευάζω, to sneer, to jeer/ *χλευασμός* (ό), sneering, jeering/ *χλευαστής* (ό), jeerer, mocker/ *χλεύη* (ή), 6λ. *χλευασμός*
χλιαρά, cooly, lukewarmly/ *χλιαρός*, te-

pid, lukewarm/ *χλιαρότητα* (ή), tepidity, lukewarmth
χλιδή (ή), luxury
χλιμιντρίζω, to neigh/ *χλιμίντρισμα* (τό), neighing
χλοερός, grassy/ *χλοερότητα* (ή), greenness/ *χλόη* (ή), grass
χλωμάδα (ή), paleness/ *χλωμιάζω*, to grow pale/ *χλωμός*, pale
χλωρίδα (ή), chlora
χλωρικός, chlorie/ *χλώριο* (τό), chlorine/ *χλωριούχος*, chloride
χλωρός, fresh/ *χλωρότητα* (ή), freshness
χλωροφόρμιο (τό), chloroform
χλωροφύλλη (ή), chlorophyll
χλώρωση (ή), green sickness
χνάρι (τό), model, pattern
χνούδι (τό), fluff/ *χνουδωτός*, fluffy
χνώτο (τό), breath
χοάνη (ή), funnel
χόβολη (ή), embers
χοιρίδιο (τό), suckling/ *χοιρινό* (τό), pork/ *χοιροβοσκός* (ό), swineherd/ *χοιρομέρι* (τό), ham/ *χοῖρος* (ό), pig, swine
χολέρα (ή), cholera
χολερικός, choleric
χολή (ή), bile, gall/ *ἔσπασε ἡ ~ μου*, I was terrified/ *χοληδόχος*, (med.) ~ *κύστη*, gallbladder
χολιάζω, to get angry/ *χόλιασμα* (τό), anger
χολολιθίαση (ή), gallstone disease/ *χολόλιθος* (ό), gallstone
χολοσκάω, to be annoyed, to worry
χολοστερίνη (ή), cholesterine
χονδραίνω, to grow fat
χονδράνθρωπος (ό), vulgar (rude) person
χονδρικά, wholesale/ *χονδρικός* wholesale
χονδρογυναίκα (ή), virago
χονδροδουλειά (ή), rough (hard) work/ *χονδροδουλεμένος*, roughly worked
χονδροειδής, rough, coarse
χονδροκαμωμένος, rudely made; heavily built
χονδροκέφαλος, thick headed
χονδροκομμένος, thickly cut/ (fig.) vulgar/ *χονδροκοπιά* (ή), vulgarity
χονδρόπετσος, thickskinned
χονδρός, thick, fat; rude, vulgar

χόνδρος (ό), cartilage
χοντρός, βλ. *χονδρός*
χορδή (ή), string; chord
χορευτής (ό), dancer/ *χορευτικός*, dancing/ *χορεύτρια* (ή), ballerina/ *χορεύω*, to dance
χορήγηση (ή), granting/ *χορηγός* (ό), donor
χορηγῶ, to grant, to provide
χορικός, choral
χοροδιδασκαλεῖο (τό), dancing school/ *χοροδιδάσκαλος* (ό), dancing teacher
χοροεσπερίδα (ή), ball, party
χοροπήδημα (τό), leaping, jumping up and down/ *χοροπηδῶ*, to leap, to jump up and down
χορός (ό), dance, ball; chorus/ *σέρνω τό χορό*, to lead the dance
χορταίνω, to be filled; to be satisified
χορταράκι (τό), short grass/ *χορτάρι* (τό), grass, turf/ *χορταριάζω*, to be covered with grass
χορταρικά (τά), vegetables, greens
χορταστικός, satisfying, satiating/ *χορτάτος*, satisfied, satiated
χόρτο (τό), grass
χορτοφαγία (ή), vegetarianism; feeding on grass/ *χορτοφάγος* (ό), vegetarian; herbivorous
χορωδία (ή), chorus
χουζουρεύω, to remain idle/ *χουζούρι* (τό), idleness, leisure
χουλιάρα (ή), large spoon/ *χουλιάρι* (τό), spoon
χουρμαδιά (ή), palmtree/ *χουρμάς* (ό), date
χοχλάδι (τό), pebble
χοχλακίζω, to bubble
χράμι (τό), woven cover
χρεία (ή), need/ *χρειάζομαι*, to need, to want/ *χρειαζούμενος*, necessary
χρεμετίζω, βλ. *χλιμιντρίζω*
χρέος (τό), debt, obligation/ *ἐκτελῶ χρέη*, to act for
χρεώγραφο (τό), bond, security
χρεωκοπία (ή), bankruptcy/ *χρεωκοπῶ*, to go bankrupt
χρεωλύσιο (τό), sinking fund
χρεώνω, to debit/ *χρέωση* (ή), debit/ *χρεωστάσιο* (τό), moratorium/ *χρεώ-*

χρήζω — ψέγω

στης (ό), debtor/ χρεωστώ, 6λ. χρωστώ/ χρεωφειλέτης (ό), debtor
χρήζω, to require
χρήμα (τό), money
χρηματίζω, to serve as/ χρηματίζομαι, to accept bribes
χρηματικός, monetary
χρηματισμός (ό), accepting bribes
χρηματιστήριο (τό), stock exchange/ χρηματιστής (ό), stockbroker/ χρηματιστικός, of the stock exchange
χρηματοκιβώτιο (τό), safe
χρήση (ή), use
χρησικτησία (ή), ownership through long use
χρησιμεύω, to serve, to be of use
χρησιμοποίηση (ή), use, utilization/ χρησιμοποιώ, to use, to utilize
χρήσιμος, useful/ χρησιμότητα (ή), usefulness
χρησμοδότης (ό), soothsayer/ χρησμοδοτώ, to deliver an oracle/ χρησμός (ό), oracle
χρήστης (ό), user
χρηστός, virtuous, honest/ χρηστότητα (ή), virtue, honesty
χρίσμα (τό), unction/ (fig.) approval, sanction
Χριστιανικός, Christian/ χριστιανισμός (ό), Christianity/ χριστιανός, Christian/ χριστιανοσύνη (ή), Christendom/ Χριστός (ό), Christ/ πρό Χριστού (π.Χ.) Β. C./ μετά Χριστόν (μ.Χ.) A. D.
Χριστούγεννα (τά), Christmas
χριστόψωμο (τό), Christmas cake
χροιά (ή), complexion
χρονιά (ή), year
χρονίζω, to last longer, to be protracted
χρονικό (τό), chronicle/ ~γράφος (ό), chronicler
χρονικός, temporal
χρόνιος, chronic
χρονογραφία (ή), chronography/ χρονογραφικός, chronographic/ χρονογράφος (ό), journalist
χρονολογία (ή), chronology/ χρονολογικά, chronologically/ χρονολογικός, chronological/ χρονολογώ, to date
χρονόμετρο (τό), stopwatch/ χρονομετρώ, to time

χρόνος (ό), time; year; tense/ τοῦ χρόνου, next year/ καί τοῦ χρόνου, many happy returns of the day
χρονοτριβή (ή), delay, time wasting/ χρονοτριβώ, to waste time
χρυσαετός (ό), golden eagle
χρυσαλλίδα (ή), pupa
χρυσάνθεμο (τό), chrysanthemum
χρυσαφένιος, golden/ χρυσάφι (τό), gold
χρυσή (ή), jaundice
χρυσίζω, to shine like gold
χρυσικός (ό), goldsmith
χρυσόβουλο (τό), golden bull (seal)
χρυσόδετος, (book) giltbound
χρυσοθήρας (ό), goldhunter/ χρυσοθηρία (ή), goldrush
χρυσοκάνθαρος (ό), gold bug/ (fig.) millionaire
χρυσοκέντητος, gold embroidered
χρυσομάλλης goldenhaired/ Χρυσόμαλλο Δέρας, the Golden Fleece
χρυσόμυγα (ή), maybeetle
χρυσοποίκιλτος, inlaid with gold
χρυσός, golden
χρυσόστομος, golden-mouthed/ (fig.) eloquent
χρυσούφαντος, interwoven with gold
χρυσοφόρος, auriferous
χρυσοχοείο (τό), jeweller's shop/ χρυσοχόος (ό), jeweller
χρυσόψαρο (τό), goldfish
χρυσώνω, to gild
χρυσωρυχείο (τό), goldmine
χρώμα (τό), colour; paint; dye/ χρωματίζω, to colour; to paint; to dye/ χρωμάτισμα (τό), colouring; painting/ χρωματισμός (ό), colour/ χρωματισμός, coloured, painted/ χρωματοπώλης (ό), dealer in paints
χρώμιο (τό), chromium
χρωστήρας (ό), painting brush
χρωστώ, to owe
χταπόδι (τό), octopus
χτένα (ή), comb/ χτένι (τό), small comb/ χτενίζω, to comb
χτίζω, to build
χτικιάζω, to contract tuberculosis/ χτικιάρης (ό), consumptive/ χτικιό (τό), tuberculosis, consumption
χτυπώ, to beat; to knock

χυδαιολογία (ή), indecent language/ **χυδαιολογώ**, to use indecent language/ **χυδαίος**, indecent, vulgar/ **χυδαιότητα** (ή), indecency, vulgarity
χυλός (ό), pap/ **χυλώνω**, to turn into pap
χύμα, in an unpacked state
χυμός (ό), juice, sap/ **χυμώδης**, juicy
χύνω, to pour, to spill; to cast/ **χύσιμο** (τό), pouring, spilling, shedding; casting/ **χυτήριο** (τό), foundry/ **χυτός**, cast/ **χυτοσίδηρος** (ό), cast-iron
χύτρα (ή), kettle, saucepan
χωλαίνω, to limp/ (fig.) to be wanting/ **χωλός** (ό), lame, limping/ **χωλότητα** (ή), lameness
χώμα (τό), earth, clay/ **χωματένιος**, or **χωμάτινος**, earthen / **χωματίλα** (ή), earthy smell
χώνευση (ή), digestion/ (metal) fusion/ **χωνευτήριο** (τό), melting pot/ **χωνευτικός**, digestive/ **χωνευτός**, founded, integral/ **χωνεύω**, to digest/ (fig.) to like
χωνί (τό), funnel
χώνω, to thrust in; to hide/ **χώνομαι**, to intrude
χώρα (ή), country, land
χωρατατζής (ό), jester, joker/ **χωράτεμα** (τό), jesting, joking/ **χωρατεύω**, to joke, to make fun/ **χωρατό** (τό), joke
χωράφι (τό), field
χωρεπίσκοπος (ό), suffragan bishop
χωρητικότητα (ή), capacity
χώρια, separately, individually
χωριανός (ό), fellow-villager
χωριάτης (ό), peasant, villager/ **χωριατιά** (ή), rudeness, vulgarity/ **χωριάτισσα** (ή), peasant-woman/ **χωριατοπούλα** (ή), peasant-girl/ **χωριατόπουλο** (τό), peasant-boy
χωρίζω, to divide, to separate; to take a divorce
χωριό (τό), village
χωρίο (τό), extract, passage
χωρίς, without/ ~ ἄλλο, without fail
χώρισμα (τό), partition, division/ **χωρισμένος**, divided, separate; divorced/ **χωρισμός** (ό), parting, separation/ **χωριστά**, separately/ **χωριστός**, separate
χωρίστρα (ή), hair-parting
χωροδεσπότης (ό), squire, landowner

χωρομετρία (ή), land-survey
χῶρος (ό), space, room
χωροφύλακας (ό), gendarme/ **χωροφυλακή** (ή), gendarmerie
χωρῶ, to contain/ δέ χωρεῖ συζήτηση, there is no question
χώσιμο (τό), thrusting/ **χωστός**, thrust in

Ψ

ψάθα (ή), straw-mat/ **ψαθάκι** (τό), strawhat/ **ψάθινος**, made of straw/ **ψαθώνω**, to thatch
ψαλίδα (ή), pair of shears/ **ψαλίδι** (τό), pair of scissors/ **ψαλιδιά** (ή), cut/ **ψαλιδίζω**, to clip/ **ψαλίδισμα** (τό), clipping/ **ψαλιδιστός**, clipped/ **ψαλιδωτός**, dovetailed
ψάλλω, to chant/ **ψαλμός** (ό), psalm/ **ψαλμωδία** (ή), chanting/ **ψαλμωδός** (ό), psalmist/ **ψάλσιμο** (τό), chanting/ **ψαλτήριο** (τό), psalmbook/ **ψάλτης** (τό), chanter/ **ψαλτική** (ή), art of chanting
ψαμμίαση (ή), psammiasis
ψάξιμο (τό), searching
ψαραγορά (ή), fishmarket/ **ψαράς** (ό), fisherman, fishmonger/ **ψάρεμα** (τό), fishing/ **ψαρεύω**, to fish/ **ψάρι** (τό), fish/ **ψαροκάικο** (τό), fishingboat/ **ψαροκόκκαλο** (τό), fishbone
ψαρόκολλα (ή), fishglue/ **ψαρόλαδο** (τό), fishoil
ψαρομάλλης (ό), greyhaired
ψαρόνι (τό), starling
ψαροπούλι (τό), kingfisher
ψαρός, grey, greyhaired
ψαρόσουπα (ή), fish-soup
ψαροφάγος (ό), fisheater
ψαύση (ή), touching/ **ψαύω**, to touch
ψαχνό (τό), lean meat
ψάχνω, to search, to look for
ψεγάδι (τό), defect
ψέγω, to blame

ψείρα — ὠχρίαση 232

ψείρα (ἡ), louse/ *ψειριάζω*, to get lousy/ *ψειριάρης* (ὁ), lousy person/ *ψειρίζω*, to clear of lice
ψεκάζω, to sprinkle/ *ψεκασμός* (ὁ), sprinkling/ *ψεκαστήρας* (ὁ), sprinkler
ψελλίζω, to stammer, to stutter/ *ψέλλισμα* (τό), stammering
ψέλνω, βλ. *ψάλλω*
ψέμμα (τό), lie
ψευδαίσθηση (ἡ), illusion
ψευδάργυρος (ὁ), zinc
ψευδής, false, untrue/ *ψευδολόγος* (ὁ), storyteller, liar/ *ψευδολογῶ*, to spread lies/ *ψεύδομαι*, to lie
ψευδομάρτυρας (ὁ), false witness/ *ψευδομαρτυρία* (ἡ), false testimony/ *ψευδομαρτυρῶ*, to give false testimony
ψευδοπροφήτης (ὁ), false prophet
ψευδορκία (ἡ), perjury/ *ψευδορκῶ*, to commit perjury
ψεῦδος (τό), lie
ψευδώνυμο (τό), pseudonym
ψεύτης (ὁ), liar/ *ψευτιά* (ἡ), lie
ψευτίζω, to let the quality fall
ψεύτικος, false; artificial
ψευτογιατρός (ὁ), charlatan
ψήγματα (τά), filings
ψηλά, high up
ψηλάφηση (ἡ), touching/ *ψηλαφητός*, tangible
ψηλαφῶ, to touch
ψηλομύτης (ὁ), arrogant, conceited
ψηλός, high, tall
ψήλωμα (τό), elevation; growing taller
ψηλώνω, to grow taller
ψημένος, baked, cooked/ *ψήνω*, to bake, to roast/ο *ψήσιμο* (τό), baking, roasting/ *ψητό* (τό), roasted meat/ *ψητός*, roasted
ψηφίδα (ἡ), pebble
ψηφιδωτό (τό), mosaic
ψηφίζω, to vote
ψηφίο (τό), letter
ψήφιση (ἡ), voting, passing (of a law)
ψήφισμα (τό), resolution
ψηφοδέλτιο (τό), voting ticket/ *ψηφοθήρας* (ὁ), solicitor of votes/ *ψηφολέκτης* (ὁ), scrutineer/ *ψῆφος* (ἡ), vote; franchise/ *ψηφοφορία* (ἡ), voting/ *ψηφοφόρος* (ὁ), elector

ψιθυρίζω, to whisper/ *ψιθύρισμα* (τό), whispering
ψιθυριστής (ὁ), whisperer; rumour-monger
ψιλά (τά), small change
ψιλικά (τά), haberdashery/ *ψιλικατζής* (ὁ), haberdasher
ψιλοδουλειά (ἡ), fine work
ψιλοκομμένος, finely cut
ψιλολογῶ, to scrutinize
ψιλός, fine, thin/ *ψιλῶ ὀνόματι*, nominally
ψιττακίζω, to imitate/ *ψιττακός* (ὁ), parrot
ψίχα (ἡ), the inside of the bread
ψιχάλα (ἡ), drizzle/ *ψιχαλίζει*, it is drizzling
ψίχουλο (τό), crumb
ψόγος (ὁ), blame
ψοφίμι (τό), carcass/ *ψόφιος*, dead/ ~ ἀπό κούραση, dead tired/ *ψοφοδεής*, cowardly/ *ψοφῶ*, to die
ψυγεῖο (τό), icebox, refrigerator
ψυκτικός, cooling
ψύλλος (ὁ), flea/ γιά ψύλλου πήδημα, for nothing/ μπαίνουν ψύλλοι στ' αὐτιά μου, to suspect
ψύξη (ἡ), refrigeration, cooling
ψυχαγωγία (ἡ), recreation/ *ψυχαγωγῶ*, to amuse
ψυχανάλυση (ἡ), psychoanalysis
ψυχή (ἡ), soul/ οὔτε ~, nobody
ψυχιατρεῖο (τό), madhouse/ *ψυχιατρική* (ἡ), psychiatry/
ψυχιατρικός, psychiatric/ *ψυχίατρος* (ὁ), psychiatrist
ψυχικό (τό), charitable act
ψυχικός, psychical
ψυχογιός (ὁ), adopted son
ψυχοθεραπεία (ἡ), psychotherapy
ψυχοκόρη (ἡ), adopted daughter
ψυχολογία (ἡ), psychology/ *ψυχολογικός*, psychological
ψυχολόγος (ὁ), psychologist
ψυχομαχητό (τό), death agony
ψυχοπάθεια (ἡ), mental illness/ *ψυχοπαθής*, mentally ill
ψυχοπαίδι (τό), adopted child
ψυχορραγῶ, to be dying
ψύχος (τό), cold, chilly weather

Ψυχοσάββατο (τό), All Souls' day
ψύχρα (ἡ), chilly weather/ κάνει ~, it is chilly
ψυχρά, coolly; indifferently
ψυχραιμία (ἡ), coolness/ ψύχραιμος, coldblooded, cool
ψυχραίνω, to cool/ ψυχραίνομαι, to become angry
ψυχρολουσία (ἡ), cold shower
ψυχρός, cold, frigid; indifferent/ ψυχρότητα (ἡ), coolness; indifference/ ψύχω, to freeze
ψύχωση (ἡ), psychosis
ψωμάκι (τό), bun/ ψωμάς (ὁ), baker/ ψωμί (τό), bread, loaf/ κερδίζω τό ~ μου, to earn one's living
ψωμοζητῶ, to beg
ψωμοθήκη (ἡ), breadcase
ψώνια (τά), shopping/ ψωνίζω, to shop/ ψώνισμα (τό), shopping, purchase
ψώρα (ἡ), scabies/ ψωραλέος, scaddy/ ψωριάζω, to become scaddy/ ψωριάρης (ὁ), suffering of scabies/ (fig.) in rags/ ψωρίαση (ἡ), (med.) psoriasis
ψωροπερηφάνεια (ἡ), misplaced pride/ ψωροπερήφανος, unreasonably proud

Ω

ὤ! oh!
ὠάριο (τό), (med.) ovum
ὠδεῖο (τό), conservatory/ ᾠδή (ἡ), ode/ ᾠδική (ἡ), art of singing/ ᾠδικός, singing
ὤθηση (ἡ), push, thrust/ ὠθῶ, to push, to thrust
ὠκεάνειος, oceanic/ ὠκεανός (ὁ), ocean
ὠμά, crudely

ὠμοπλάτη (ἡ), shoulderblade/ ὦμος (ὁ), shoulder
ὠμός, raw, uncooked; crude/ ὠμότητα (ἡ), crudeness; atrocity
ὠοειδής, oval
ὠοθήκη (ἡ), ovary
ὠοτοκία (ἡ), laying of eggs/ ὠοτοκῶ, to lay eggs
ὥρα (ἡ), hour, time/ τί ~ εἶναι; what time is it?/ ~ καλή! farewell!/ εἶμαι στήν ~ μου, to be punctual/ ἀπό ~ σέ ~, any minute now/ δέν βλέπω τήν ~, to be anxious to/ πάνω στήν ~, just in time
ὡραία, nicely, perfectly/ ὡραῖος, beautiful, pretty, handsome/ ὡραιότητα (ἡ), beauty
ὡράριο (τό), working hours
ὡριαῖος, lasting one hour
ὥριμα, maturely/ ὡριμάζω, to ripen, to mature/ ὡρίμανση (ἡ), ripening, maturing/ ὥριμος, ripe, mature/ ὡριμότητα (ἡ), maturity
ὡρισμένος, βλ. ὁρισμένος
ὡροδείχτης (ὁ), hour-hand/ ὡρολογάς (ὁ), watch (clock) maker/ ὡρολόγιο (τό), βλ. ρολόγι/ ὡρολογοποιεῖο (τό), watch (clock) factory
ὡροσκόπιο (τό), horoscope
ὠρύομαι, to howl, to shout
ὡς, as, like; until
ὡσαννά, hosannah
ὥστε, so that
ὠτακουστής (ὁ), eavesdropper
ὠτίτιδα (ἡ), inflammation of the ear
ὠτολόγος (ὁ), ear specialist
ὠφέλεια (ἡ), benefit, advantage/ ὠφέλημο (τό), advantage, profit/ ὠφέλιμος, useful, beneficial/ ὠφελιμότητα (ἡ), usefulness/ ὠφελῶ, to do good
ὤχρα (ἡ), ochre
ὠχρίαση (ἡ), paleness/ ὠχριῶ, to turn pale; to fade/ ὠχρός, pale/ ὠχρότητα (ἡ), paleness

ΓΕΩΓΡΑΦΙΚΑ ΟΝΟΜΑΤΑ

'Αβάνα (ή), Havana
'Αβησσυνία (ή), Abyssinia
'Αγγλία (ή), England
Ἄδανα (τά), Adana
Ἄδεν (τό), Aden
'Αδριανούπολη (ή), Edirne
'Αδριατική (ή), Adriatic Sea
'Αζόρες (οί), the Azores
'Αζοφική (ή), Sea of Azof
'Αθήνα (ή), Athens
Ἄθως (ό), Mount Athos
Αἰγαῖο (τό), Aegean
Αἴγινα (ή), Aigina
Αἴγυπτος (ή), Egypt
Αἰθιοπία (ή), Ethiopia
Αἰτωλία (ή), Aetolia
'Ακαρνανία (ή), Acarnania
'Αλάσκα (ή), Alaska
'Αλβανία (η), Albania
'Αλγερία (ή), Algeria/ 'Αλγέριο (τό), Algiers
'Αλεξάνδρεια (ή), Alexandria
Ἄλπεις (οί), Alps
'Αλσατία (ή), Alsace
'Αμαζόνιος (ό), Amazon
'Αμβέρσα (ή), Antwerp
'Αμβούργο (τό), Hamburg
'Αμερική (ή), America
'Αμμόχωστος (ή), Famagusta
Ἄνδεις (οί), Andes
Ἄνδρος (ή), Andros
'Αντίλλες (οί), Antilles
'Αντιόχεια (ή), Antioch
'Αραβία (ή), Arabia
'Αραράτ (τό), Ararat
'Αργεντινή (ή), Argentina
Ἄργος (τό), Argos
'Αρκαδία (ή), Arcadia
'Αρμενία (ή), Armenia
'Ασία (ή), Asia
'Ατλαντικός (ό), Atlantic
'Αττική (ή), Attica
Αὐστραλία (ή), Australia
Αὐστρία (ή), Austria
'Αφρική (ή), Africa
'Αχαΐα (ή), Achaia

Βαγδάτη (ή), Baghdad
Βαλκάνια (τά), Balkans
Βαλτική (ή), Baltic
Βαρκελώνη (ή), Barcelona
Βάρνα (ή), Varna
Βαρσοβία (ή), Warsaw
Βασιλεία (ή), Basle
Βατερλώ (τό), Waterloo
Βατικανό (τό), Vatican
Βαυαρία (ή), Bavaria
Βεγγάλη (ή), Bengal
Βεζούβιος (ό), Vesuvius
Βέλγιο (τό), Belgium
Βελιγράδι (τό), Belgrade
Βενεζουέλα (ή), Venezuela
Βενετία (ή), Venice
Βερμοῦδες (οί), Bermuda
Βέρνη (ή), Berne
Βερολίνο (τό), Berlin
Βερσαλλίες (οί), Versailles
Βηθλεέμ (ή), Bethlehem
Βηρυττός (ή), Beirut
Βιέννη (ή), Vienna
Βιρμανία (ή), Burma
Βλαχία (ή), Wallachia
Βοημία (ή), Bohemia
Βοιωτία (ή), Boeotia
Βόλγας (ό), Volga
Βολιβία (ή), Bolivia
Βόλος (ό), Volos
Βόρειος Πόλος (ό), North Pole
Βοσνία (ή), Bosnia
Βόσπορος (ό), Bosphorus
Βοστώνη (ή), Boston
Βουδαπέστη (ή), Budapest
Βουκουρέστι (τό), Bucharest
Βουλγαρία (ή), Bulgaria
Βραζιλία (ή), Brazil
Βρετάννη (ή), Brittany
Βρεταννία (ή), Britain
Βρυξέλλες (οί), Brussels
Βυζάντιο (τό), Byzantium

Γάγγης (ό), Ganges
Γαλιλαία (ή), Galilee
Γαλλία (ή), France

Γενεύη (ή), Geneva
Γένοβα (ή), Genoa
Γερμανία (ή), Germany
Γεωργία (ή), Georgia
Γιβραλτάρ (τό), Gibraltar
Γλασκώβη (ή), Glasgow
Γουατεμάλα (ή), Guatemala
Γουινέα (ή), Guinea
Γροιλανδία (ή), Greenland

Δαλματία (ή), Dalmatia
Δαμασκός (ή), Damascus
Δανία (ή), Denmark
Δαρδανέλλια (τά), Dardanelles
Δελφοί (οί), Delphi
Δήλος (ή), Delos
Δουβλίνο (τό), Dublin
Δούναβης (ό), Danube
Δωδεκάνησα (τά), Dodecanese
Δωδώνη (ή), Dodona

Έβρος (ό), Ebro
Έδιμβούργο (τό), Edinburgh
Είρηνικός (ό), Pacific
Έλβετία (ή), Switzerland
Έλευσίνα (ή), Eleusis
Έλικώνας (ό), Helicon
Έλλάδα (ή), Greece
Έπίδαυρος (ή), Epidaurus
Έπτάνησα (τά), or Έπτάνησος (ή), Ionian Islands
Έσθονία (ή), Esthonia
Εύβοια (ή), Euboea
Εύρώπη (ή), Europe
Εύφράτης (ό), Euphrates
Έφεσος (ή), Ephesus

Ζάκυνθος (ή), Zante
Ζανζιβάρη (ή), Zanzibar
Ζηλανδία (ή), Zealand
Ζυρίχη (ή), Zurich

Ήνωμένες Πολιτείες (οί), United States
Ήπειρος (ή), Epirus
Ήράκλειο (τό), Herakleion

Θάσος (ή), Thasos
Θερμοπύλες (οί), Thermopylae
Θεσσαλία (ή), Thessaly
Θεσσαλονίκη (ή), Thessaloniki, Salonica
Θήβες (οί), Thebes
Θήρα (ή), Thera, Santorini
Θιβέτ (τό), Tibet
Θράκη (ή), Thrace

Ίάβα (ή), Java
Ίαπωνία (ή), Japan
Ίεριχώ (ή), Jericho
Ίερουσαλήμ (ή), Jerusalem
Ίθάκη (ή), Ithaca
Ίμαλάια (τά), Himalayas
Ίνδία (ή), India
Ίνδονησία (ή), Indonesia
Ίόνιο (τό), Ionian Sea
Ίορδάνης (ό), Jordan
Ίρλανδία (ή), Ireland
Ίσημερινός (ό), Equator
Ίσλανδία (ή), Iceland
Ίσπανία (ή), Spain
Ίταλία (ή), Italy
Ίωάννινα (τά), Yannina

Κάιρο (τό), Cairo
Καλαβρία (ή), Calabria
Καλαί (οί), Calais
Καλαμάτα (ή), Kalamata
Καλιφόρνια (ή), California
Καλκούτα (ή), Calcutta
Καλλίπολη (ή), Callipolis
Καναδάς (ό), Canada
Κάννες (οί), Cannes
Καππαδοκία (ή), Cappadocia
Καρπάθια (τά), Carpathian Mountains
Κασπία (ή), Caspian Sea
Κάτω Χώρες (οί), Netherlands
Καύκασος (ό), Caucasus
Κέρκυρα (ή), Corfu
Κεϋλάνη (ή), Ceylon
Κεφαλληνία (ή), Cephalonia
Κίεβο (τό), Kiev
Κίνα (ή), China
Κολομβία (ή), Colombia
Κολωνία (ή), Cologne
Κονγκό (τό), Congo
Κοπεγχάγη (ή), Copenhagen
Κορέα (ή), Korea
Κόρινθος (ή), Corinth
Κορσική (ή), Corsica
Κούβα (ή), Cuba
Κουρδιστάν (τό), Kurdistan

Κρακοβία (ή), Cracow
Κρήτη (ή), Crete
Κριμαία (ή), Crimaea
Κροατία (ή), Croatia
Κυκλάδες (οί), Cyclades
Κύπρος (ή), Cyprus
Κωνσταντινούπολη (ή), Constantinople, Istanbul

Λακωνία (ή), Laconia
Λαπωνία (ή), Lapland
Λάρισα (ή), Larissa
Λειψία (ή), Leipzig
Λεμεσός (ή), Limassol
Λένινγκραντ (τό), Leningrad
Λέσβος (ή), Lesbos
Λευκάδα (ή), Leucas (Leukas)
Λευκωσία (ή), Nicosia
Λήμνος (ή), Lemnos
Λίβανος (ό), Lebanon
Λιβύη (ή), Libya
Λισσαβώνα (ή), Lisbon
Λονδίνο (τό), London
Λουξεμβούργο (τό), Luxembourg

Μαδαγασκάρη (ή), Madagascar
Μαδρίτη (ή), Madrid
Μακεδονία (ή), Macedonia
Μάλτα (ή), Malta
Μαραθώνας (ό), Marathon
Μαρόκο (τό), Morocco
Μασσαλία (ή), Marseilles
Μαυροβούνι(ο) (τό), Montenegro
Μέκκα (ή), Mecca
Μεξικό (τό), Mexico
Μεσόγειος (ή), Mediterranean
Μεσολόγγι (τό), Missolonghi
Μήλος (ή), Melos
Μιλάνο (τό), Milan
Μισσισσιπής (ό), Mississippi
Μογγολία (ή), Mongolia
Μολδαβία (ή), Moldavia
Μονακό (τό), Monaco
Μόναχο (τό), Munich
Μοραβία (ή), Moravia
Μόσχα (ή), Moscow
Μυκήνες (οί), Mycenae
Μυτιλήνη (ή), Mytilene

Ναζαρέτ (ή), Nazareth

Νάξος (ή), Naxos
Ναύπλιο (τό), Nauplia
Νεάπολη (ή), Naples
Νέα Ζηλανδία (ή), New Zealand
Νέα Ύόρκη (ή), New York
Νείλος (ό), Nile
Νιαγάρας (ό), Niagara
Νιγηρία (ή), Nigeria
Νίκαια (ή), Nice
Νορβηγία (ή), Norway
Νορμανδία (ή), Normandy
Νυρεμβέργη (ή), Nuremberg

Ξάνθη (ή), Xanthe

Όδησσός (ή), Odessa
Όλλανδία (ή), Holland
Όλυμπία (ή), Olympia
Όλυμπος (ό), Olympus
Όξφόρδη (ή), Oxford
Ούαλία (ή), Wales
Ούάσιγκτων (ή), Washington
Ούγγαρία (ή), Hungary
Ούκρανία (ή), Ukraine
Ούράλια (τά), Ural Mountains

Παλαιστίνη (ή), Palestine
Παλέρμο (τό), Palermo
Παναμάς (ό), Panama
Παραγουάη (ή), Paraguay
Παρίσι (τό), Paris
Παρνασσός (ό), Parnassus
Πάρνηθα (ή), Parnes
Πάρος (ή), Paros
Πάτμος (ή), Patmos
Πάτρα (ή), Patras
Πάφος (ή), Paphos
Πειραιάς (ό), Piraeus
Πεκίνο (τό), Peking
Πελοπόννησος (ή), Peloponnese
Περουβία (ή), Peru
Περσία (ή), Persia
Πηνειός (ό), Peneios
Πίνδος (ή), Pindus
Πολωνία (ή), Poland
Πομπηία (ή), Pompeii
Πορτογαλία (ή), Portugal
Πράγα (ή), Prague
Πρωσσία (ή), Prussia
Πύλος (ή), Pylos, Navarino

Πυρηναία (τά), Pyrenees

Ραβέννα (ή), Ravenna
Ρήνος (ό), Rhine
Ρίο 'Ιανέιρο (τό), Rio de Janeiro
Ρόδος (ή), Rhodes
Ρουμανία (ή), Romania
Ρώμη (ή), Rome
Ρωσσία (ή), Russia

Σαβοΐα (ή), Savoy
Σαλαμίνα (ή), Salamis
Σαμοθράκη (ή), Samothrace
Σαγκάη (ή), Shanghai
Σαξωνία (ή), Saxony
Σαρδηνία (ή), Sardinia
Σεούλ (ή), Seoul
Σεϋχέλλες (οί), Seychelles
Σηκουάνας (ό), Seine
Σιβηρία (ή), Siberia
Σικάγο (τό), Chicago
Σικελία (ή), Sicily
Σινά (τό), Sinai
Σκανδιναβία (ή), Scandinavia
Σκωτία (ή), Scotland
Σμύρνη (ή), Smyrna, Izmir
Σουδάν (τό), Sudan
Σουηδία (ή), Sweden
Σόφια (ή), Sofia
Σπάρτη (ή), Sparta
Στοκχόλμη (ή), Stockholm
Στρασβούργο (τό), Strasburg
Συρακούσες (οί), Syracuse
Συρία (ή), Syria

Ταγγέρη (ή), Tangiers
Τάμεσης (ό), Thames

Ταΰγετος (ό), Taygetus
Τέμπη (τά), Tempe
Τέξας (τό), Texas
Τεργέστη (ή), Trieste
Τεχεράνη (ή), Teheran
Τήνος (ή), Tenos
Τίγρης (ό), Tigris
Τόκιο (τό), Tokyo
Τοσκάνη (ή), Tuscany
Τουρίνο (τό), Turin
Τουρκεστάν (τό), Turkestan
Τουρκία (ή), Turkey
Τρίπολη (ή), Tripoli
Τροία (ή), Troy
Τυνησία (ή), Tunisia/ *Τύνιδα* (ή), Tunis
Τυρόλο (τό), Tyrol

Ύδρα (ή), Hydra
Ύεμένη (ή), Yemen
Ύμηττός (ό), Hymettus
Υόρκη (ή), York

Φάληρο (τό), Phaleron
Φιλαδέλφεια (ή), Philadelphia
Φιλιππίνες (οί), Philippines
Φινλανδία (ή), Finland
Φλωρεντία (ή), Florence
Φλώριδα (ή), Florida
Φραγκφούρτη (ή), Frankfurt

Χάγη (ή), Hague
Χαλκίδα (ή), Chalkis
Χανιά (τά), Chanea
Χιλή (ή), Chile
Χίος (ή), Chios

Ωκεανία (ή), Oceania

English-Greek

A

A, an, ind. art. ἕνας, μία, ἕνα, κάποιος
aback, ad. πίσω/*taken* ~, ξαφνιάζομαι
abacus, n. ἄβακας (ὁ)
abaft, ad. στήν πρύμη
abandon, v.t. ἐγκαταλείπω, παραμελῶ/ ~ *a child,* ἀφήνω ἔκθετο/ ~ *oneself,* ἐγκαταλείπομαι, ἐγκαταλείπω κάθε προσπάθεια/ ~*ed,* p.p. & a. ἐγκαταλειμμένος/ ~*ment,* n. ἐγκατάλειψη (ἡ)
abase, v.t. κατεβάζω, χαμηλώνω, ἐξευτελίζω, ὑποτιμῶ, ταπεινώνω/ ~*ment,* n. ἐξευτελισμός (ὁ), ταπείνωση (ἡ)
abate, v.t. καταρρίπτω, γκρεμίζω, μειώνω τόν ζῆλο, μετριάζω, ἀμβλύνω/ ~*ment,* n. ἐλάττωση (ἡ), χαλάρωση (ἡ), μετριασμός (ὁ), ὕφεση (ἡ)
abattoir, n. σφαγεῖο (τό)
abbess, n. ἡγουμένη (ἡ)
abbey, n. ἀββαεῖο (τό), μονή (ἡ)
abbot, n. ἡγούμενος (ὁ), ἀββάς (ὁ)
abbreviate, v.t. συντομεύω, βραχύνω, περικόπτω/ *abbreviation,* n. συντόμευση (ἡ), σύντμηση (ἡ)
abdicate, v.t. παραιτοῦμαι ἀπό θρόνο (ἀξίωμα, δικαίωμα)/ *abdication,* n. παραίτηση (ἡ), ἐγκατάλειψη θρόνου (ἀξιώματος)
abdomen, n. κοιλιά, ὑπογάστριο/ *abdominal,* a. κοιλιακός
abduct, v.t. ἀπάγω, κάνω ἀπαγωγή/ ~*ion,* n. ἀπαγωγή (ἡ), ἀποπλάνηση ἀνήλικου/ ~ *or,* n. ἀπαγωγέας (ὁ), ἀποπλανητής (ἀνήλικου)
abed, ad. κρεβατωμένος, κλινήρης
aberrance, n. παρέκκλιση (ἡ), λοξοδρόμιση (ἡ)
aberration, n. παρέκλιση (ἡ), ἐκτροπή (ἡ), ἀπόκλιση (ἡ)
abet, v.t. ὑποκινῶ, ἐξωθῶ, κεντρίζω, γίνομαι συνένοχος/ ~*ment,* n. ὑποκίνηση (ἡ), ἐξώθηση (ἡ), συνενοχή σέ ἔγκλημα
abeyance, n. ἀναβολή (ἡ), ἀναστολή (ἡ), ἐκκρεμότητα (ἡ)
abhor, v.t. ἀπεχθάνομαι, ἀποστρέφομαι, σιχαίνομαι/ ~*rence,* n. ἀπέχθεια (ἡ), ἀποστροφή (ἡ)/ ~*rent,* a. ἀποκρουστικός, ἀποτρόπαιος, ἀηδιαστικός
abide, v.i. συμφωνῶ, ἐπιμένω, προσχωρῶ/ ~ *by,* μένω πιστός/ v.t. ἀντέχω, ὑποφέρω, προσδοκῶ/ *abiding,* a. μόνιμος, διαρκής, ἀμετάβλητος, σταθερός
ability, n. ἱκανότητα (ἡ), δυνατότητα (ἡ), ἐπιδεξιότητα (ἡ)
abiosis, n. ἀβίωση (ἡ)/ *abiotic,* a. ἀβιοτικός
abject, a. ἀπαίσιος, ἀξιοθρήνητος/ ~*ion,* n. ἀπέχθεια (ἡ), ἀθλιότητα (ἡ)
abjuration, n. ἀπάρνηση (ἡ), ἀποκήρυξη (ἡ), ἔνορκη παραίτηση ἀπό δικαίωμα/ *abjure,* v.t. ἀποκηρύσσω, ἀπαρνιέμαι, παραιτοῦμαι ἔνορκα ἀπό δικαίωμα
ablaze, a. & ad. φλεγόμενος, λαμπερός/ *to set* ~, βάζω φωτιά
able, a. ἱκανός, κατάλληλος, ἐπιδέξιος/ *be* ~, εἶμαι ἱκανός/ ~ *bodied,* a. ρωμαλέος, ἀρτιμελής, γερός/ *ably,* ad. ἐπιδέξια
ablution, n. νήψιμο (τό), πλύσιμο (τό), ἐξαγνισμός (ὁ)
abnegation, n. αὐταπάρνηση (ἡ)
abnormal, a. ἀνώμαλος, ἀντικανονικός
aboard, ad. πάνω σέ πλοῖο ἤ ἄλλο μέσο ταξιδιοῦ/ *to go* ~, ἐπιβιβάζομαι
abode, n. διαμονή (ἡ), κατοικία (ἡ)
abolish, v.t. καταργῶ, ἀκυρώνω, διαγράφω/ *abolition,* n. κατάργηση (ἡ), ἀκύρωση (ἡ), διαγραφή (ἡ)
abominable, a. ἀποτρόπαιος, ἀπαίσιος, βδελυρός/ *abominate,* a. βδελυρός, σιχαμερός/ *abomination,* n. ἀποστροφή (ἡ), σιχαμάρα (ἡ), βδελυγμία (ἡ)
aboriginal, a. ἰθαγενής, πρωτόγονος/ *aborigines,* n. ἰθαγενεῖς (οἱ) (κυρίως τῆς Αὐστραλίας)
abort, v.i. ἀποβάλλομαι, ἀπορρίπτομαι, ματαιώνομαι/ ~ *ion,* n. ἔκτρωση (ἡ), ἄμβλωση (ἡ)/ ~ *ive,* a. ἐκτρωματικός, ἀποτυχημένος
abound, v.i. ἀφθονῶ, εἶμαι γεμάτος ἀπό
about, pr. & ad. γύρω, περί, γιά, περίπου/ *be* ~ *to,* εἶμαι ἕτοιμος νά/ *there is nobody* ~, δέν ὑπάρχει κανείς τριγύρω/ *what* ~, τί γίνεται μέ;
above, pr. & ad. πάνω ἀπό, πιό πάνω,

πιό ψηλά από/ *from* ~, από ψηλά/ ~ *all*, κυρίως/ ~ *suspicion*, ανώτερος από κάθε υποψία
abrade, v.t. φθείρω, γδέρνω, αποξύνω, λειαίνω/ *abrasion*, n. τριβή (ή), φθορά (ή)/ *abrasive*, a. αποκολλητικός, αποξεστικός/ (fig.) δηκτικός
abreast, ad. παράπλευρα, πλάι/ *keep* ~ *of*, πορεύομαι παράλληλα, συμβαδίζω
abridge, v.t. συντομεύω, περικόπτω, συντέμνω/ *abridged edition*, συντομευμένη έκδοση/ ~*ment*, n. συντόμευση (ή), σύντμηση (ή)
abroad, ad. στό εξωτερικό, σέ ταξίδι/ *from* ~, από τό εξωτερικό
abrogate, v.t. ακυρώνω, καταργώ/ *abrogation*, n. ακύρωση (ή), κατάργηση (ή)
abrupt, a. απότομος, τραχύς, βίαιος, αιφνίδιος/ ~*ness*, n βιαιότητα (ή), τραχύτητα (ή)
abscess, n. απόστημα (τό)
abscond, v.i. φυγοδικώ, δραπετεύω
absence, n. απουσία (ή), απομάκρυνση (ή)/ ,*bsent*, a. απών/ *absent minded*, a. αφηρημένος
absinth, n. αψιθιά (ή), αψέντι (τό)
absolute, a. απόλυτος, απεριόριστος, απολυταρχικός/ ~*ly*, ad. απόλυτα
absolution, n. άφεση αμαρτιών, συγχώρεση (ή)
absolutism, n. απολυταρχία (ή)
absolve, v.t. αθωώνω, συγχωρώ, απαλλάσσω
absorb, v.t. απορροφώ/ *absorbent* & *absorbing*, a. απορροφητικός/ *absorption*, n. απορρόφηση (ή)
abstain, v.i. απέχω, αποφεύγω/ *abstention*, n. αποχή (ή)
abstinence, n. αποχή (ή), εγκράτεια (ή)/ *abstinent*, a. εγκρατής
abstract, a. αφηρημένος, θεωρητικός/ n. περίληψη (ή), απόσπασμα (τό), κατάσταση (έγγραφη)/ ~*ed*, a. αφηρημένος, ονειροπόλος, σκεπτικός/ ~*ion*, n. αφηρημένη έννοια
abstruse, a. ασαφής, δυσνόητος
absurd, a. παράλογος, άτοπος, γελοίος/ ~*ity*, n. παραλογισμός (ό), μωρία (ή)
abundance, n. αφθονία (ή), πληθώρα (ή)/ *abundant*, a. άφθονος, πλούσιος, εύφορος
abuse, n. κατάχρηση (ή), προσβολή (ή)/ v.t. κάνω κατάχρηση, επωφελούμαι από/ *abusive*, a. καταχρηστικός, υβριστικός, προσβλητικός
abut, v.i. γειτονεύω, εφάπτομαι, καταλήγω
abysmal, a. αχανής, απύθμενος, αβυσσαλέος/ *abyss*, n. άβυσσος (ή)
acacia, n. ακακία (ή)
academic, a. ακαδημαϊκός, πανεπιστημιακός/ ~*ian*, n. ακαδημαϊκός (μέλος ακαδημίας)
academy, n. ακαδημία (ή)
accede, v.i. φθάνω, προάγομαι, προσχωρώ, αποδέχομαι
accelerate, v.t. & i. επιταχύνω, επισπεύδω/ *acceleration*, n. επιτάχυνση (ή), επίσπευση (ή)/ *accelerator*, n. επιταχυντής (ό)
accent, n. τόνος (ό), προφορά (ή)/ *accentuate*, v.t. τονίζω, υπογραμμίζω, επιτείνω/ *accentuation*, n. υπογράμμιση (ή), τονισμός (ό), ένταση (ή)
accept, v.t. δέχομαι, αποδέχομαι, παραδέχομαι/ ~*able*, a. αποδεκτός, παραδεκτός/ ~*ance*, n. αποδοχή (ή), παραδοχή (ή)/ ~*ed*, a. δεκτός, αποδεκτός, παραδεκτός
access, n. είσοδος (ή), πρόσβαση (ή), προσέγγιση (ή)/ ~*ible*, a. προσιτός, ευκολοπλησίαστος/ ~*ion*, n. εισδοχή (ή), είσοδος (ή), μπάσιμο (τό), άνοδος (ή) (στό θρόνο)/ ~*ories*, n. συμπληρώματα (τά), εξαρτήματα (τά)/ ~*ory*, a. συνένοχος, συνεργός
accident, n. περιστατικό (τό), ατύχημα (τό), τυχαίο γεγονός/ ~*al*, a. τυχαίος, συμπτωματικός/ ~*ally*, ad. τυχαία, συμπτωματικά
acclaim, v.t. ζητωκραυγάζω, επευφημώ/ *acclamation*, n. ζητωκραυγή (ή), επευφημία (ή)
acclimatization, n. εγκλιματισμός (ό), εξοικείωση (ή)/ *acclimatize*, v.t. & i. εγκλιματίζομαι, εξοικειώνομαι
acclivity, n. ανηφοριά (ή), ανήφορος (ό)
accolade, n. εναγκαλισμός (ό), αγκάλιασμα (τό)
accommodate, v.t. διευθετώ, προσαρμό-

ζω, 6ολεύω/ *accommodating*, a. ἐξυπηρετικός, συγκαταβατικός, συμβιβαστικός/ *accommodation*, n. διευθέτηση (ἡ), προσαρμογή (ἡ)/ *sleeping accommodation*, n. στέγαση (ἡ), δωμάτιο γιά νοίκιασμα
accompaniment, n. συνοδεία (ἡ)/ *accompanist*, n. συνοδός (ὁ), ἀκομπανιατέρ (ὁ)
accompany, v.t. συνοδεύω, συντροφεύω, ἀκομπανιάρω
accomplice, n. συνένοχος (ὁ), συνεργός (ὁ)
accomplish, v.t. πραγματοποιῶ, κατορθώνω, ἐκτελῶ, ὁλοκληρώνω/ ~*ed*, a. πλήρης, ὁλοκληρωμένος, τέλειος/ ~*ment*, n. πραγματοποίηση (ἡ), ὁλοκλήρωση (ἡ), ἀποπεράτωση (ἡ)
accord, n. συμφωνία (ἡ), συγκατάθεση (ἡ), ἁρμονία (ἡ), συγχορδία (ἡ)/ v.i. συμφωνῶ, δίνω τήν συγκατάθεσή μου/ ~*ance*, n. συμφωνία (ἡ) / *in* ~*ance with*, σύμφωνα μέ/ ~*ing to*, σύμφωνα μέ/ ~*ingly*, ad. σύμφωνα, συνεπῶς
accordion, n. φυσαρμόνικα (ἡ), ἀκορντεόν (τό)
accost, v.t. πλησιάζω, πλευρίζω, διπλαρώνω
account, n. λογαριασμός (ὁ), ἀπολογισμός (ὁ), ἀφήγηση (ἡ)/ *current* ~, τρεχούμενος λογαριασμός/ *settle an* ~, κανονίζω λογαριασμό/ *take into* ~, παίρνω ὑπόψη/ *on no* ~, σέ καμία περίπτωση
accountancy, n. λογιστική (ἡ)/ *accountant*, λογιστής (ὁ)
accoutrement, n. ἐφόδιο (τό), ἐξοπλισμός (ὁ)
accredit, v.t. ἐμπιστεύομαι, πιστοποιῶ/ ~*ed*, p.p. & a. ἐξουσιοδοτημένος/ ~ *ambassador*, διαπιστευμένος πρεσβευτής
accretion, n. ὀργανική αὔξηση (ἡ), προσαύξηση (ἡ)
accrue, v.i. προέρχομαι, πηγάζω, προκύπτω
accumulate, v.t. συσσωρεύω, μαζεύω, συναθροίζω, συλλέγω
accumulation, n. συσσώρευση (ἡ)/ *accumulator*, n. συσσωρευτής (ὁ)

accuracy, n. ἀκρίβεια (ἡ)/ *accurate*, a. ἀκριβής, σωστός, ὀρθός
accursed, a. καταραμένος, μισητός
accusation, n. κατηγορία (ἡ) / *accusative*, n. αἰτιατική (πτώση)
accuse, v.t. κατηγορῶ/ ~*d*, a. κατηγορούμενος/ ~*r*, n. κατήγορος (ὁ), μηνυτής (ὁ)
accustom, v.t. συνηθίζω, ἐξοικειώνω/ ~*ed*, / p.p. & a. συνηθισμένος
ace, n. ἄσσος (ὁ)
acerbity, n. δριμύτητα (ἡ), τραχύτητα (ἡ), ὀξύτητα (ἡ)
acetylene, n. ἀσετυλίνη (ἡ)
ache, n. πόνος (ὁ)/ v.i. πονῶ/ *head*~, πονοκέφαλος (ὁ)/ *tooth*~, πονόδοντος (ὁ)
achieve, v.t. κατορθώνω, πραγματοποιῶ/ ~*ment*, n. πραγματοποίηση (ἡ), κατόρθωμα (τό)
acid, a. ὀξύς, ξινός/ n. ὀξύ/ *acidity*, n. ὀξύτητα (ἡ)
acknowledge, v.t. ἀναγνωρίζω, παραδέχομαι/ ~ *ment*, n. ἀναγνώριση (ἡ), βεβαίωση (ἡ), παραδοχή (ἡ)
acme, n. ἀκμή (ἡ), ἀποκορύφωση (ἡ)
acne, n. ἀκμή (ἡ), σπυράκια νεότητας (τά)
acolyte, n. παπαδοπαίδι (τό)
acorn, n. βαλανίδι (τό)
acoustic, a. ἀκουστικός/ ~*s*, n. ἀκουστική (ἡ)
acquaint, v.t. γνωρίζω, γνωστοποιῶ/ ~ *oneself with*, πληροφοροῦμαι, κατατοπίζομαι/ *be* ~*ed with*, γνωρίζομαι μέ/ ~*ance*, n. γνωριμία (ἡ)
acquiesce, v.i. δίνω τήν συγκατάθεσή μου, ἐνδίδω/ ~*nce*, n. συγκατάθεση (ἡ), συναίνεση (ἡ)/ ~*nt*, a. ἐνδοτικός, συγκαταβατικός, ὑποχωρητικός
acquire, v.t. ἀποκτῶ/ ~*ment*, n. ἀπόκτηση (ἡ)/ *acquisition*, n. ἀπόκτηση (ἡ)/ *acquisitive*, a. πλεονέκτης
acquit, v.t. ἀθωώνω, ἀπαλλάσσω/ ~*tal*, n. ἀθώωση (ἡ), ἀπαλλαγή (ἡ)/ ~*tance*, n. ἐξοφλητική ἀπόδειξη
acre, n. ἄκρ (περίπου 4 στρέμματα)
acrid, a. στυφός, καυστικός/ ~*ity*, n. στυφότητα (ἡ)
acrimonious, a. πικρός, πικρόχολος, δηκτικός/ *acrimony*, n. πίκρα (ἡ), μνησι-

κακία (ή)
acrobat, n. ἀκροβάτης (ὁ)/ ~ic, a. ἀκροβατικός/ ~ics, n. ἀκροβασία (ή)
across, ad. ἐγκάρσια, σταυρωτά, κατά πλάτος/ to go ~, διαβαίνω, διασχίζω/ ~ the street, ἀπέναντι
acrostic, n. ἀκροστιχίδα (ή)
act, n. πράξη (ή), ἐνέργεια (ή)/ ~ of Parliament, νομοθεσία, νόμος/ ~s of the Apostles, Πράξεις τῶν 'Αποστόλων/ in the very ~, ἐπ' αὐτοφώρω/ ~ing, a. ἀναπληρωματικός, ἀναπληρωτής
act, v.i. ἐνεργῶ, κάνω/ ~ for, ἀντιπροσωπεύω, ἐκπροσωπῶ/ (theatre) παίζω
action, n. δράση (ή), πράξη (ή), ἐνέργεια (ή)/ (leg.) ἀγωγή/ to enter an ~, κινῶ ἀγωγή/ ~able, a. ἐναγώγιμος
activate, v.t. βάζω σέ κίνηση (ἐνέργεια)
active, a. δραστήριος, ἐνεργητικός, ζωηρός/ ~ imagination, ζωηρή φαντασία
activity, n. δραστηριότητα (ή), ἐνεργητικότητα (ή)
actor, n. ἠθοποιός (ὁ)/ actress, n. ἠθοποιός (ή)
actual. a. ἀληθινός, πραγματικός, ἐπίκαιρος/ ~ity, n. πραγματικότητα (ή), ἐπικαιρότητα (ή)/ ~ly, ad. πράγματι
actuary, n. ἀσφαλιστής (ὁ)
actuate, v.t. κινῶ, ὠθῶ
acumen, n. ὀξύνεια (ή), ἐξυπνάδα (ή), εὐφυΐα (ή)
acute, a. μυτερός, ὀξύς/ ~ angle, ὀξεία γωνία/ ~ness, n. ὀξύτητα (ή), δριμύτητα (ή)
adage, n. παροιμία (ή), γνωμικό (τό)
adamant, a. σκληρός, ἀδιάλλακτος
Adam's apple, τό μῆλο τοῦ 'Αδάμ, καρύδι (τό)
adapt, v.t. προσαρμόζω/ ~ability, n. προσαρμοστικότητα (ή)/ ~able, a. προσαρμοστικός, εὐπροσάρμοστος/ ~ation, n. προσαρμογή (ή)/ ~er (elec.) μετασχηματιστής (ὁ)
add, v.t. προσθέτω/ ~ up, ἀθροίζω
addendum, n. προσθήκη (ή), παράρτημα (τό)
adder, n. ὀχιά (ή)
addict, n. ἐθισμένος/ drug ~, ναρκομανής/ ~ed, a. ἐπιρρεπής/ ~ion, n. ἐθισμός (ὁ), ἕξη (ή)

addition, n. προσθήκη (ή), πρόσθεση (ή)/ in ~ to, ἐπιπλέον/ ~al, a. πρόσθετος
addled, a. κλούβιος, κενός/ addle-headed, a. κουφιοκέφαλος
address, n. διεύθυνση (ή)/ v.t. ἀπευθύνω/ ~ to, ἀπευθύνομαι/ ~ee, n. παραλήπτης (ὁ)/ address an audience, ἐκφωνῶ λόγο
adduce, v.t. προσάγω, παρουσιάζω
adduction, n. προσαγωγή (ή)
adenoids, n. ἀδένες (οί)
adept, a. ἔμπειρος, πεπειραμένος/ ~ness, n. ἐμπειρία (ή)
adequacy, n. ἐπάρκεια (ή)/ adequate, a. ἐπαρκής, ἀρκετός
adhere, v.i. ἐπιμένω, προσχωρῶ/ ~nce, n. ἐπιμονή (ή), προσχώρηση (ή), προσκόλληση (ή)/ ~nt, a. ὀπαδός
adhesion, n. συγκόλληση (ή), προσκόλληση (ή)/ adhesive, a. κολλητικό/ ~ plaster, ἔμπλαστρο/ self-~, αὐτοκόλλητο
adipose, a. γεμᾶτος λίπος
adjacent, a. γειτονικός, διπλανός
adjective, n. ἐπίθετο (τό)
adjoin, v.t. συνορεύω, γειτονεύω/ ~ing, a. γειτονικός, πλαϊνός, συνεχόμενος
adjourn, v.t. ἀναβάλλω, ἀναστέλλω συνεδρίαση/ ~ment, n. ἀναβολή (ή), ἀναστολή (ή)
adjudicate, v.t. ἐπιδικάζω, κατακυρώνω, ἀπονέμω/ adjudicator, n. κριτής (ὁ), διαιτητής (ὁ)
adjunct, a. παρεπόμενος, συμπληρωματικός, πρόσθετος/ ~ion, n. συμπλήρωση (ή), προσθήκη (ή)
adjure, v.t. ὁρκίζω, ἐξορκίζω
adjust, v.t. προσαρμόζω, κανονίζω, ρυθμίζω, τακτοποιῶ/ ~able, a. εὐκολοπροσάρμοστος/ ~ment, n. ρύθμιση (ή), τακτοποίηση (ή), προσαρμογή (ή)
adjutant, n. ὑπασπιστής (ὁ)
administer, v.t. διευθύνω, διαχειρίζομαι/ ~ justice, ἀπονέμω δικαιοσύνη/ ~ an oath, πραγματοποιῶ ὁρκομωσία/ ~ a drug, χορηγῶ φάρμακο
administration, n. διαχείριση (ή), διοίκηση (ή)/ administrative, a. διοικητικός, διαχειριστικός/ administrator, n. διοικητής (ὁ), διαχειριστής (ὁ)
admirable, a. θαυμάσιος, ἀξιοθαύμαστος

admiral, n. ναύαρχος (ό)/ *rear* ~, ἀντιναύαρχος/ *vice* ~, ὑποναύαρχος
Admiralty, n. Ναυαρχεῖο (τό)/ *First Lord of the* ~, ὑπουργός Ναυτικῶν
admiration, n. θαυμασμός (ό)
admire, v.t. θαυμάζω/ ~*r*, n. θαυμαστής (ό)
admissible, a. παραδεκτός, ἀποδεκτός, δεκτός/ *admission*, n. παραδοχή (ή), ἀποδοχή (ή)/ ~ *of guilt*, ὁμολογία
admit, v.t. παραδέχομαι, εἰσάγω, ἐπιτρέπω τήν εἴσοδο/ ~*tance*, n. παραδοχή (ή), εἴσοδος (ή)/ ~*tedly*, ad. πράγματι
admix, v.t. ἀνακατεύω/ ~*ture*, n. μῖγμα (τό), μίξη (ή), ἀνακάτεμα (τό)
admonish, v.t. νουθετῶ, προειδοποιῶ, συμβουλεύω
admonition, n. νουθεσία (ή), συμβουλή (ή)
ado, n. φασαρία (ή)/ *Much ~ about Nothing*, πολύ κακό γιά τό τίποτε
adolescence, n. ἥβη (ή), ἐφηβική ἡλικία/ *adolescent*, n. ἔφηβος (ό)
adopt, v.t. υἱοθετῶ, παραδέχομαι/ ~*ion*, n. υἱοθεσία (ή), παραδοχή (ή)/ ~*ed child*, θετό παιδί
adorable, a. λατρευτός, ἀξιολάτρευτος/ *adoration*, n. λατρεία (ή)
adore, v.t. λατρεύω, προσκυνῶ
adorn, v.t. στολίζω, ἐξωραΐζω/ ~*ment*, n. στολισμός (ό), στόλισμα (τό)
adrenalin, n. ἀδρεναλίνη (ή)
adrift, ad. ἔρμαιο, στή διάθεση τῶν κυμάτων
aroit, a. ἐπιδέξιος, ἱκανός
adulate, v.t. κολακεύω/ *adulation*, n. κολακεία (ή)/ *adulator*, n. κόλακας (ό)/ *adulatory*, a. κολακευτικός
adult, a. & n. ἐνήλικος
adulterate, v.t. νοθεύω, ψευτίζω, διαφθείρω/ *adulteration*, n. νόθευση (ή), ψεύτισμα (τό)
adulterer, n. μοιχός/ *adulteress*, n. μοιχαλίδα (ή)/ *adultery*, n. μοιχεία (ή)
adumbrate, v.t. σκιαγραφῶ
advance, v.t. & i. προχωρῶ, προάγω/ n. πρόοδος (ή), προδιβασμός (ό)/ (money) προκαταβολή (ή) / ~ *guard*, ἐμπροσθοφυλακή/ *in advance*, προκαταβολικά/ ~*ment*, n. προαγωγή (ή), πρόοδος (ή)

advantage, n. πλεονέκτημα (τό), προτέρημα (τό), ὄφελος (τό), ὑπεροχή (ή)/ *take* ~, ἐπωφελοῦμαι / *gain* ~, ὑπερέχω, ὑπερτερῶ/ ~*ous*, a. ἐπωφελής, πλεονεκτικός
advent, n. ἔλευση, ἄφιξη/ (eccl.) νηστεία πρίν ἀπό τά Χριστούγεννα
adventitious, a. τυχαῖος
adventure, n. περιπέτεια (ή), τόλμημα (τό)/ v.t. τολμῶ, ἐπιχειρῶ, διακινδυνεύω/ ~*r*, n. τυχοδιώκτης (ό)/ *adventurous*, a. περιπετειώδης, τολμηρός, ριψοκίνδυνος
adverb, n. ἐπίρρημα (τό)/ ~*ial*, a. ἐπιρρηματικός
adversary, n. ἀντίπαλος (ό), ἀνταγωνιστής (ό)/ *adverse*, a. ἐνάντιος, ἀντίθετος/ *adversity*, ἀναποδιά (ή), ἀτυχία (ή)
advertise, v.t. διαφημίζω, ἀγγέλλω, δημοσιεύω/ ~*ment*, n. διαφήμιση (ή), ρεκλάμα (ή), ἀγγελία (ή)/ ~*r*, n. διαφημιστής (ό)/ *advertising*, n. διαφήμιση (ή), δημοσιότητα (ή)
advice, n. συμβουλή (ή), εἰδοποίηση (ή)
advisable, a. σκόπιμος, φρόνιμος
advise, v.t. συμβουλεύω, εἰδοποιῶ/ ~*dly*, ad. σκόπιμα, ἐπίτηδες/ ~*r*, n. σύμβουλος (ό)
advisory, a. συμβουλευτικός
advocacy, n. συνηγορία (ή)
advocate, v.t. συνηγορῶ/ n. συνήγορος (ό)
adze, n. σκεπάρνι (τό)
Aegean, n. Αἰγαῖο (τό)
aegis, n. αἰγίδα (ή)
aerate, v.t. ἀερίζω/ *aerated*, a. ἀεριοῦχος/ *aeration*, n. ἀερισμός (ό)
aerial, a. ἀέριος/ n. (elec.) κεραία (ή)
aerify, v.t. ἐξαερίζω
aerolite, n. ἀερόλιθος (ό)
aerobatics, n. ἀκροβασίες μέ ἀεροπλάνο
aerodrome, n. ἀεροδρόμιο (τό)
aerodynamic, a. ἀεροδυναμικός/ ~*s*, n. ἀεροδυναμική (ή)
aeronautics, n. ἀεροναυτική (ή)
aeroplane, n. ἀεροπλάνο (τό)
aerostatics, n. ἀεροστατική (ή)
aesthete, n. ἐστέτ (ό)

aesthetic, a. αισθητικός/ ~s, n. αισθητική (ή)
afar, ad. άπό μακριά
affable, a. εύπροσήγορος, προσηνής
affair, n. ύπόθεση (ή)/ *love* ~, ερωτικός δεσμός
affect, v.t. έπηρεάζω, έπιδρώ, προσποιούμαι/ ~*ion,* n. προσποίηση (ή), άκκισμός (ό) ~*ed,* a. προσποιητός
affection, n. στοργή (ή)/ (med.) νόσος (ή), πάθηση (ή)/ ~ *ate,* a. στοργικός
affiance, n. άρραβώνες (οί)
affidavit, n. ένορκη γραπτή μαρτυρία, κατάθεση (ή)
affiliate, v.t. συνδέω συγγενικά, υίοθετώ/ (com.) παίρνω συνεταίρους/ *affiliation,* n. προσεταιρισμός (ό), υίοθέτηση (ή)
affinity, n. τάση γιά ένωση, έλξη (ή)
affirm, v.t. βεβαιώνω, έπιβεβαιώνω, έπικυρώνω/ ~*ation,* n. βεβαίωση (ή), έπικύρωση (ή)/ ~*ative,* a. έπιβεβαιωτικός, καταφατικός
affix, v.t. έπισυνάπτω/ (seal) σφραγίζω/ n. πρόσφυμα (τό)
afflict, v.t. θλίβω, στενοχωρώ, βασανίζω/ ~ *ion,* n. θλίψη (ή), λύπη (ή) *the* ~ *s of old age,* άσθένειες τών γηρατειών
affluence, n. άφθονία (ή)/ *affluent,* a. άφθονος, πλούσιος/ n. παραπόταμος (ό)
afford, v.t. παρέχω, χορηγώ/ *I cannot* ~ *it,* δέν έχω τίς δυνατότητες νά τό κάμω
afforest, v.t. άναδασώνω/ ~*ation,* n. άναδάσωση (ή)
affray, n. φιλονικία (ή), καβγάς (ό), διαπληκτισμός (ό)
affront, n. προσβολή (ή)/ v.t. προσβάλλω, βρίζω
afield, ad. στήν έξοχή
aflame, ad. στίς φλόγες
afloat, ad. στήν έπιφάνεια/ *to stay* ~, έπιπλέω
afoot, ad. στό πόδι, έπί ποδός
afore, ad. πρίν, προηγούμενα/ ~ *mentioned,* a. προμνημονευθείς/ ~ *thought,* a. έκ προμελέτης
afraid, a. φοβισμένος/ *be* ~ *of,* φοβούμαι
afresh, ad. ξανά, άπό τήν άρχή
aft, ad. πρός τήν πρύμνη
after, ad. μετά, ύστερα, κατόπι/ ~ *all,* στό κάτω κάτω/ *take* ~, μοιάζω/ *what are you* ~, τί έπιδιώκεις; τί ζητάς;
aftereffect, n. συνέπεια (ή), άντίκτυπος (ό)
afterlife, n. μέλλουσα ζωή (ή)
aftermath, n. έπακόλουθο (τό)
afternoon, n. άπόγευμα (τό)
afterthought, n. ύστεροβουλία (ή)
afterwards, ad. μετά, άργότερα
again, ad. πάλι, ξανά/ *never* ~, ποτέ πιά/ ~ *and* ~, ξανά καί ξανά
against, ad. έναντίον, κατά/ *lean* ~, άκουμπώ/ *run* ~, άντιμετωπίζω έκλογικά
agate, n. άχάτης (ό)
age, n. ήλικία (ή), έποχή (ή)/ *old* ~, γεράματα/ *come of* ~, ένηλικιώνομαι/ *under* ~, άνήλικος/ *Stone* ~, Λίθινη έποχή/ *Middle* ~*s,* Μεσαίωνας/ v.i. γερνώ/ ~*d,* a. ήλικιωμένος, γερασμένος
agency, n. πρακτορείο (τό), μεσολάβηση (ή)/ *through your* ~, μέ τήν μεσολάβησή σας
agenda, n. πινάκιο ύποθέσεων, θέματα γιά συζήτηση, ήμερήσια διάταξη
agent, n. πράκτορας (ό), όργανο (τό)/ *estate* ~, κτηματομεσίτης (ό)/ (chem.) παράγων (ό)
agglomerate, v.t. συσσωρεύω/ *agglomeration,* n. συσσώρευση (ή)
agglutinate, v.t. προσκολλώ/ *agglutination,* n. προσκόλληση (ή)
aggrandize, v.t. μεγαλώνω, μεγεθύνω/ *aggrandizement,* n. μεγάλωμα (τό), μεγέθυνση (ή)
aggravate, v.t. χειροτερεύω, έπιδεινώνω, έρεθίζω/ *aggravation,* n. έπιδείνωση (ή), έπιβάρυνση (ή), έρεθισμός (ό)
aggregate, n. άθροισμα (τό), σύνολο (τό)/ v.t. συναθροίζω/ v.i. άνέρχομαι, συμποσούμαι/ *aggregation,* n. άθροιση (ή), όλότητα (ή), συνάθροιση (ή)
aggression, n. έπίθεση (ή)/ *aggressive,* a. έπιθετικός/ *aggressiveness,* n. έπιθετικότητα (ή)/ *aggressor,* n. έπιδρομέας (ό), έπιτιθέμενος (ό)
aggrieve, v.t. λυπώ, στενοχωρώ, θλίβω, άδικώ
aghast, a. κατάπληκτος
agile, a. εύκίνητος, εύστροφος/ *agility,* n.

εὐκινησία (ἡ), εὐστροφία (ἡ)
agitate, v.t. ταράσσω, προκαλῶ ἀναταραχή/ *agitation*, n. ταραχή (ἡ)/ *agitator*, n. ταραξίας (ὁ), ταραχοποιός (ὁ)
aglow, a. λαμπερός, φωτισμένος
agnostic, n. ἀγνωστικιστής (ὁ)/ ~*ism*, n. ἀγνωστικισμός (ὁ)
ago, ad. πρίν ἀπό/ *long* ~, πρίν ἀπό πολύ καιρό
agog, a. ἀνυπόμονος, διαστικός
agonize, v.t. προξενῶ πόνο, βασανίζω/ v.i. ἀγωνιῶ, βασανίζομαι/ *agonizing*, a. ἀγωνιώδης, βασανιστικός/ *agony*, n. ἀγωνία (ἡ)
agrarian, a. ἀγροτικός
agree, v.t. & i. συμφωνῶ, δέχομαι, συμβιβάζομαι/ *it* ~*s with me*, ὠφελεῖ στήν ὑγεία μου/ ~*able*, a. σύμφωνος, εὐχάριστος, εὐάρεστος/ ~*ment*, n. συμφωνία (ἡ)
agricultural, a. γεωργικός/ *agriculture*, n. γεωργία (ἡ), γεωπονία (ἡ)/ *agriculturist*, n. γεωπόνος (ὁ)
agronomy, n. ἀγρονομία (ἡ)
aground, ad. στήν ξηρά, στήν ξέρα/ *run* ~, ἐξωκείλω
ague, n. ρίγος (τό)
ahead, ad. κατενθείαν, ἐμπρός/ ~ *of time*, πρίν τῆς ὥρας του/ *get* ~ *of*, προπορεύομαι
aid, n. βοήθεια (ἡ)/ v.t. βοηθῶ
aide-de-camp, n. ὑπασπιστής (ὁ)
aigrette, n. λοφίο (τό)
ail, v.i. στενοχωρῶ/ v.i. πονῶ, ὑποφέρω, πάσχω/ ~*ing*, a. πάσχων/ ~*ment*, n. πόνος (ὁ), ἀρρώστια (ἡ), νόσος (ἡ)
aim, n. σκοπός (ὁ), στόχος (ὁ), πρόθεση (ἡ)/ v.t. σκοπεύω, σημαδεύω/ ~*less*, a. ἄσκοπος
air, n. ἀέρας (ὁ)/ (mus.) σκοπός (ὁ), μελωδία (ἡ)/ v.t. ἀερίζω/ ~*borne*, a. στόν ἀέρα/ ~ *conditioning*, n. κλιματισμός/ ~*craft*, n. ἀεροσκάφος (τό)/ ~*field*, n. ἀερολιμένας, ἀεροδρόμιο/ ~*line*, n. ἀεροπορική ἑταιρία/ ~*liner*, n. μεγάλο ἐπιβατικό ἀεροπλάνο/ ~*mail*, ἀεροπορικό ταχυδρομεῖο/ ~*man*, n. ἀεροπόρος (ὁ)/ ~*pocket*, n. κενό ἀέρος/ ~*port*, n. ἀερολιμένας (ὁ)/ ~*pump*, n. ἀεραντλία (ἡ) ~*ship*, n. ἀερόστατο/ ~

tight, a. ἀεροστεγής/ ~*y*, a. εὐάερος, ἐλαφρός
aisle, n. πτέρυγα (ναοῦ ἤ κτιρίου) (ἡ)
ajar, ad. μισάνοιχτος
akin, a. συγγενής
alabaster, n. ἀλάβαστρο (τό)
alacrity, n. ζωηρότητα (ἡ), εὐθυμία (ἡ), προθυμία (ἡ)
alarm, n. κραυγή κινδύνου (ἡ), συναγερμός (ὁ)/ v.t. ἀναστατώνω, τρομάζω/ *raise the* ~, δίνω τό σῆμα τοῦ κινδύνου/ ~ *clock*, n. ξυπνητήρι (τό)/ ~*ing*, a. ἀνησυχητικός, ἐπικίνδυνος/ ~*ist*, n. διαδοσίας (ὁ)
alas, ad. ἀλίμονο
albatross, n. ἀλμπατρός (τό)
albeit, ad. μολονότι, παρ' ὅλα αὐτά
albino, n. λευκίας (ὁ)
album, n. ἀλμπούμ (τό), λεύκωμα (τό)
albumen, n. ἀσπράδι (τό)/ (med.) λεύκωμα (τό)
alchemist, n. ἀλχημιστής (ὁ)/ *alchemy*, n. ἀλχημεία (ἡ)
alcohol, n. οἰνόπνευμα (τό), ἀλκοόλ (τό)/ ~*ic*, a. ἀλκοολικός/ ~*ism*, n. ἀλκοολισμός (ὁ)
alcove, n. γωνιά δωματίου, μικρό δωμάτιο
alder, n. κλῆθρα (ἡ)
alderman, n. δημοτικός σύμβουλος
ale, n. μπύρα (ἡ), ζύθος (ὁ)/ ~ *house*, n. μπυραρία (ἡ)
alert, a. ἄγρυπνος, δραστήριος, γοργός/ *be on the* ~, εἶμαι σέ ἐπιφυλακή
algebra, n. ἄλγεβρα (ἡ)/ ~*ic*, a. ἀλγεβρικός
Algerian, n. & a. ἀλγερινός
alias, n. ἑτερωνυμία (ἡ)/ ad. μέ ἄλλο ὄνομα
alibi, n. ἄλλοθι (τό)
alien, n. & a. ἀλλοδαπός (ὁ)/ ~*ate*, v.t. ἀποξενώνω, ἀλλοτριώνω/ ~*ation*, n. ἀποξένωση (ἡ), ἀλλοτρίωση (ἡ)
alight, v.i. κατεβαίνω, ξεκαβαλικεύω, προσγειώνομαι
align, v.t. εὐθυγραμμῶ/ v.i. εὐθυγραμμίζομαι/ ~*ment*, n. εὐθυγράμμιση (ἡ)/ *non-aligned countries*, ἀδέσμευτες χῶρες (οἱ)
alike, a. ὅμοιος/ ad. ὅμοια

aliment, n. τροφή (ή), τρόφιμα (τά)/ ~ary, a. θρεπτικός/ ~ ation, n. διατροφή (ή)
alimony, n. ἐπίδομα διατροφῆς (τό), διατροφή (ή)
alive, a. ζωντανός, ζωηρός/ be ~ to, συναισθάνομαι
alkali, n. ἀλκάλιο (τό)/ ~ne, a. ἀλκαλικός
all, a. ὅλος/ ~ the year round, ὅλο τό χρόνο/ ~ the better, τόσο τό καλύτερο/ ~ the same, παρ' ὅλα αὐτά/ ~ right, ἐντάξει/ after ~, στό κάτω κάτω/ at ~n καθόλου/ in ~, συνολικά/ ~ over, παντοῦ/ ~ over the world, σέ ὅλο τόν κόσμο/ ~ around, τριγύρω/ ~ at once, ἀμέσως
allay, v.t. κατευνάζω, καλμάρω, καταπραΰνω
allegation, n. ἰσχυρισμός (ό)/ **allege,** v.t. ἰσχυρίζομαι/ **allegedly,** ad. λέγεται ὅτι
allegiance, n. πίστη (ή), ὑποταγή (ή)
allegorical, a. ἀλληγορικός/ **allegory,** n. ἀλληγορία (ή)
allergic, a. ἀλλεργικός/ **allergy,** n. ἀλλεργία (ή)
alleviate, v.t. ἀνακουφίζω, ἐλαφρώνω, μαλακώνω/ **alleviation,** n. ἀνακούφιση (ή), ξαλάφρωμα (τό), μαλάκωμα (τό)
alley, n. δρομάκι (τό), σοκάκι (τό)
alliance, n. συμμαχία (ή)/ **allied,** a. συμμαχικός/ **ally,** n. σύμμαχος (ό)
alligator, n. ἀλλιγάτορας (ό), κροκόδειλος τῆς Ἀμερικῆς
allocate, v.t. χορηγῶ, διανέμω/ **allocation,** n. χορήγηση (ή)
allocution, n. προσφώνηση (ή)
allot, v.t. ἀπονέμω, διανέμω, παραχωρῶ/ ~ment, n. ἀπονομή, παραχώρηση γῆς
allow, v.t. ἐπιτρέπω, ἀφήνω, ἀνέχομαι/ ~ for, προβλέπω/ ~ance, n. ἐπίδομα (τό), παροχή (ή)/ family allowance, οἰκογενειακό ἐπίδομα/ travelling allowance, ἐπίδομα ταξιδιοῦ
alloy, n. κράμα μεταλλικό (τό)/ v.t. ἀνακατεύω
allude, v.i. ὑπαινίσσομαι, ἀναφέρομαι
allure, v.t. θέλγω, δελεάζω, σαγηνεύω/ ~ment, n. δελεασμός (ό), σαγήνη (ή)/ **alluring,** a. δελεαστικός, σαγηνευτικός
allusion, n. ὑπαινιγμός (ό)/ allusive, a. ὑπαινικτικός
alluvial, a. προσχωματικός/ **alluvium,** n. πρόσχωση (ή)
ally, n. σύμμαχος (ό, ή)
almanac, n. ἡμερολόγιο (τό), ἐπετηρίδα (ή)
almighty, a. παντοδύναμος
almond, n. ἀμύγδαλο (τό)/ ~ oil, n. ἀμυγδαλέλαιο (τό)/ ~ tree, n. ἀμυγδαλιά (ή)
almost, ad. σχεδόν
alms, n. ἐλεημοσύνη (ή)/ ~ house, n. πτωχοκομεῖο (τό)
aloe, n. ἀλόη (ή)
aloft, ad. ψηλά, στά ὕψη
alone, a. μόνος/ let ~, ἀφήνω ἥσυχο
along, ad. κατά μῆκος/ all ~, ὅλο τό διάστημα/ come ~, ἔλα πᾶμε!/ ~side, ad. δίπλα, παραπλεύρως
aloof, a. μακρινός, χωριστός/ ad. χωριστά/ stand ~, κρατῶ ἐπιφυλακτική στάση/ ~ ness, n. ἐπιφυλακτικότητα (ή)
aloud, ad. μεγαλόφωνα, δυνατά
alphabet, n. ἀλφάβητο (τό)/ ~ical, a. ἀλφαβητικός
alpine, a. ἀλπικός/ **alpinist,** n. ἀλπινιστής (ό)
already, ad. κιόλας, ἤδη
also, ad. ἐπίσης
altar, n. βωμός (ό), θυσιαστήριο (τό)/ High ~, Ἁγία Τράπεζα
alter, v.t. μεταβάλλω, μετατρέπω, ἀλλάζω/ ~ation, n. μεταβολή (ή), μετατροπή (ή), ἀλλοίωση (ή)
altercate, v.i. λογομαχῶ, τσακώνομαι/ **altercation,** n. λογομαχία (ή)
alternate, a. ἐναλλασσόμενος/ on ~ days, μέρα παρά μέρα/ v.t. ἐναλλάσσω/ v.i. ἐναλλάσσομαι/ **alternation,** n. ἐναλλαγή (ή)
alternating, a. ἐναλλασσόμενος, ἐναλλακτικός/ (elec.) ~ current, ἐναλλασσόμενο ῥεῦμα
alternative, n. ἐναλλακτική λύση (ή)
although, ad. μολονότι, ἄν καί, καίτοι
altitude, n. ὑψόμετρο (τό)
altogether, ad. ἐντελῶς, τελείως
altruism, n. ἀλτρουισμός (ό)/ **altruist,** n. ἀλτρουιστής (ό)

aliment–anchorite

alum, n. στύψη (ή)
aluminium, n. άλουμίνιο (τό), άργίλλιο (τό)
always, ad. πάντοτε
amalgam, n. άμάλγαμα (τό)/ ~ate, v.t. συγχωνεύω/ ~ation, n. συγχώνευση (ή)
amanuensis, n. γραφέας (ό)
amass, v.t. συσσωρεύω
amateur, n. έρασιτέχνης (ό, ή)/ ~ish, a. έρασιτεχνικός
amatory, a. έρωτιάρης, γυναικάς
amaze, v.t. θαμπώνω, καταπλήσσω/ ~ment, n. κατάπληξη (ή)/ amazing, a. έκπληκτικός, καταπληκτικός
Amazon, n. 'Αμαζόνα (ή)
ambassador, n. πρεσβευτής/ ~ial, a. πρεσβευτικός/ ambassadress, n. πρέσβειρα (ή), πρεσβευτίνα (ή)
amber, n. ήλεκτρο (τό), κεχριμπάρι (τό)
ambidextrous, a. άμφιδέξιος
ambiguity, n. άμφιλογία (ή), διφορούμενο (τό)/ ambiguous, a. διφορούμενος
ambit, n. περίμετρος (ή), όρια (τά)
ambition, n. φιλοδοξία (ή)/ ambitious, a. φιλόδοξος
amble, v.i. τροχάζω, τριποδίζω
ambrosia, n. άμβροσία (ή)
ambulance, n. φορείο (τό), νοσοκομειακό (τό)
ambuscade & ambush, n. ένέδρα (ή), παγάνα (ή)/ v.t. ένεδρεύω, στήνω καρτέρι
ameliorate, v.t. βελτιώνω, καλυτερεύω/ amelioration, n. βελτίωση, καλυτέρευση
amen, άμήν
amenable, a. ύπόλογος, ύποκείμενος
amend, v.t. τροποποιώ, διορθώνω/ ~ment, n. τροποποίηση (ή)/ ~s, n. άποζημίωση (ή)/ make ~s, άποζημιώνω
amenity, n. άβρότητα (ή), διευκόλυνση (ή)
American, a. άμερικανικός/ n. 'Αμερικανός (ό)
amethyst, n. άμέθυστος (ό)
amiability, n. φιλοφροσύνη (ή), φιλικότητα (ή)/ amiable, a. άγαπητός
amicable, a. φιλικός
amid(st), pr. μεταξύ, άνάμεσα
amiss, ad. έσφαλμένα, άπρεπα
amity, n. φιλία (ή), άρμονία (ή)

ammonia, n. άμμωνία (ή)
ammunition, n. πολεμοφόδια (τά)
amnesia, n. άμνησία (ή)
amnesty, n. άμνηστία (ή)
among(st), pr. μεταξύ, άνάμεσα
amorous, a. έρωτόληπτος, έρωτικός
amorphous, a. άμορφος
amortization, n. χρεωλυσία (ή)/ amortize, v.t. έξοφλώ χρεωλυτικά
amount, n. ποσό (τό), ποσότητα (ή)/ v.i. συμποσούμαι
ampere, n. άμπέρ (τό)
amphibia, n. άμφίβια (τά)/ ~n, άμφίβιος
amphitheatre, n. άμφιθέατρο (τό)
ample, a. άφθονος, έπαρκής
amplification, n. διεύρυνση (ή), έπέκταση (ή)/ amplifier, n. (elec.) ένισχυτής (ό)
amplify, v.t. διευρύνω, έπεκτείνω/ amplitude, n. εύρύτητα (ή)
amputate, v.t. άκρωτηριάζω, άποκόπτω/ amputation, n. άκρωτηριασμός (ό), άποκοπή (ή)
amulet, n. φυλαχτό (τό)
amuse, v.t. διασκεδάζω, τέρπω/ ~ment, n. διασκέδαση (ή), τέρψη (ή)/ amusing, a. διασκεδαστικός, τερπνός
an, indef. art. ένας, μία, ένα
anachronism, n. άναχρονισμός (ό)/ anachronistic, a. άναχρονιστικός
anaesthetic, n. άναισθητικό (τό)/ anaesthetist, n. (med.) άναισθητικός (ό)
anagram, n. άνάγραμμα (τό)
analgesic, n. παυσίπονο (τό)
analogical, a. άναλογικός/ analogous, a. άνάλογος/ analogy, n. άναλογία (ή)
analyse, v.t. άναλύω/ analysis, n. άνάλυση (ή)/ analyst, n. άναλυτής (ό)/ analytical, a. άναλυτικός
anarchic(al), a. άναρχικός/ anarchist, n. άναρχικός (ό)/ anarchy, n. άναρχία (ή)
anathema, n. άνάθεμα (τό)/ ~tize, v.t. άναθεματίζω, άφορίζω
anatomical, a. άνατομικός/ anatomy, n. άνατομία (ή)
ancestor, n. πρόγονος (ό)/ ancestral, a. προγονικός/ ancestry, n. προπάτορες (οί)
anchor, n. άγκυρα (ή)/ v.t. άγκυροβολώ/ ~age, n. άγκυροβόλι (τό), όρμος (ό)
anchorite, n. άναχωρητής (ό), έρημίτης

(ό)
anchovy, n. παστοσαρδέλα (ή), χαψί (τό)
ancient, a. ἀρχαῖος, παλαιός
and, c. καί
anecdote, n. ἀνέκδοτο (τό)
anemia, n. ἀναιμία (ή)
anemone, n. ἀνεμώνη (ή)
anew, ad. ξανά, ἀπό τήν ἀρχή
angel, n. ἄγγελος (ὁ)/ ~ ic, a. ἀγγελικός
anger, n. ὀργή (ή), θυμός (ὁ)
angle, n. γωνία (ή)/ *acute* ~, ὀξεία γωνία/ *obtuse* ~, ἀμβλεία γωνία/ *right* ~, ὀρθή γωνία
angler, n. ψαράς μέ πετονιά/ *angling*, n. ψάρεμα μέ πετονιά
anglican, a. & n. ἀγγλικανός (ὁ)
Anglomania, n. ἀγγλομανία (ή)/ *anglophile*, n. ἀγγλόφιλος (ὁ)/ *Anglo-Saxon*, n. 'Αγγλοσάξονας (ὁ)/ a. ἀγγλοσαξονικός
angrily, ad. ὀργισμένα, θυμωμένα/ *angry*, a. ὀργισμένος, θυμωμένος
anguish, n. ἀγωνία (ή), ὀδύνη (ή)
angular, a. γωνιώδης
aniline, n. ἀνιλίνη (ή)
animal, n. ζῶο (τό)/ a. ζωϊκός
animate, v.t. ἐμψυχώνω, ζωογονῶ/ a. ἔμψυχος/ ~ *d*, a. ζωντανός/ ~ *d cartoons*, κινούμενα σκίτσα/ *animation*, n. ζωντάνεμα (τό), ζωηρότητα (ή)
animosity, n. ἐχθρότητα (ή), μίσος (τό)
animus, n. ἐχθρότητα (ή)/, ψυχή (ή)
anise, n. γλυκάνισο (τό)/ ~ *ed*, n. σπόρος γλυκάνισου (ὁ)
ankle, n. ἀστράγαλος (ὁ)
annalist, n. χρονικογράφος (ὁ)/ *annals*, n. χρονικά (τά)
annex, n. παράρτημα (τό)/ v.t. προσαρτῶ/ ~ *ation*, n. προσάρτηση (ή)
annihilate, v.t. ἐκμηδενίζω/ *annihilation*, n. ἐκμηδένιση (ή)
anniversary, n. ἐπέτειος (ή)
annotate, v.t. σχολιάζω/ *annotation*, n. σχολιασμός (ὁ)/ *annotator*, n. σχολιαστής (ὁ)
announce, v.t. ἀναγγέλλω, ἀνακοινώνω/ ~*ment*, n. ἀναγγελία (ή), ἀνακοίνωση (ή)/ ~*r*, n. ἐκφωνητής (ὁ)
annoy, v.t. ἐνοχλῶ/ ~*ance*, n. ἐνόχληση (ή)/ ~*ing*, a. ἐνοχλητικός

annual, a. ἐτήσιος
annuity, n. ἐτήσια καταβολή, ἐτήσια σύνταξη
annul, v.t. ἀκυρώνω, διαλύω, καταργῶ/ ~*ment*, n. ἀκύρωση (ή), διάλυση (ή), κατάργηση (ή)
Annunciation, n. Εὐαγγελισμός (ὁ)
anode, n. ἀνόδιο (τό)
anodyne, a. ἀνώδυνος/ n. παυσίπονο (τό)
anoint, v.t. χρίω, μυρώνω/ ~*ed*, a. χρισμένος, μυρωμένος
anomalous, a. ἀνώμαλος/ *anomaly*, n. ἀνωμαλία (ή)
anon, ed. εὐθύς, ἀμέσως/ *ever and* ~, πότε πότε
anonymous, a. ἀνώνυμος
another, a. ἄλλος/ *one* ~, ὁ ἕνας τόν ἄλλο
answer, n. ἀπάντηση (ή)/ v.t. ἀπαντῶ, ἀποκρίνομαι/ ~ *the door*, ἀνοίγω τήν πόρτα/ ~ *for*, ἐγγυῶμαι/ ~ *back*, ἀπαντῶ μέ θράσος/ ~*able*, a. ὑπόλογος
ant, n. μυρμήγκι (τό)
antagonism, n. ἀνταγωνισμός (ὁ)/ *antagonist*, n. ἀνταγωνιστής (ὁ)/ *antagonize*, v.t. ἀνταγωνίζομαι
antarctic, a. ἀνταρκτικός/ n. 'Ανταρκτική (ή)
antecedent, a. προηγούμενος/ n. (maths) πρῶτος ὅρος ἀναλογίας
antechamber, n. προθάλαμος (ὁ)
antedate, v.t. προχρονολογῶ, προηγοῦμαι
antediluvian, a. προκατακλυσμιαῖος
antelope, n. ἀντιλόπη (ή)
ante meridiem, a.m. ad. πρό μεσημβρίας
antenna, n. κεραία ἐντόμου
antenuptial, a. προγαμιαῖος
anterior, a. προηγούμενος, προγενέστερος
anteroom, n. προθάλαμος (ὁ)
anthem, n. ὕμνος (ὁ)/ *national* ~, ἐθνικός ὕμνος
anthology, n. ἀνθολογία (ή)
anthracite, n. ἀνθρακίτης (ὁ)
anthrax, n. ἄνθρακας (ὁ)
anthropology, n. ἀνθρωπολογία (ή)
antiaircraft, a. ἀντιαεροπορικός/ ~ *gun*, ἀντιαεροπορικό πυροβόλο
antibiotic, n. ἀντιβιοτικό (τό)
Antichrist, n. 'Αντίχριστος (ὁ)

anticipate, v.t. προλαβαίνω, προβλέπω, προσδοκῶ/ *anticipation*, n. πρόληψη (ἡ), πρόβλεψη (ἡ), προσδοκία (ἡ)
anticlimax, n. ἀντικλίμακα (ἡ)
antics, n. γελοῖες κινήσεις
anticonstitutional, a. ἀντισυνταγματικός
antidote, n. ἀντίδοτο (τό)
antifreeze, n. ἀντιπηκτικό (τό)
antimony, n. ἀντιμόνιο (τό)
antipathetic, a. ἀντιπαθητικός/ *antipathy*, n. ἀντιπάθεια (ἡ)
antipodes, n. ἀντίποδες (οἱ)
antiquarian, n. ἀρχαιοδίφης (ὁ)
antiquary, n. ἀρχαιοδίφης (ὁ)/ *antiquated*, a. ἀπαρχαιωμένος/ *antique*, a. ἀρχαῖος/ n. ἀντίκα (ἡ)/ *antiquity*, n. ἀρχαιότητα (ἡ)
antisemite, n. ἀντισημίτης (ὁ)/ *antisemitic*, a. ἀντισημιτικός/ *antisemitism*, n. ἀντισημιτισμός (ὁ)
antiseptic, a. ἀντισηπτικός
antisocial, a. ἀντικοινωνικός
antisubmarine, a. ἀνθυποβρυχιακός
antitank, a. ἀντιαρματικός
antithesis, n. ἀντίθεση (ἡ)
antitoxic, a. ἀντιτοξικός
antler, n. κλαδί κέρατος
anus, n. πρωκτός (ὁ), κῶλος (ὁ)
anvil, n. ἄκμονας (ὁ), ἀμόνι (τό)
anxiety, n. ἀνησυχία (ἡ), φόβος (ὁ)/ *anxious*, a. ἀνήσυχος, ἀνυπόμονος/ *be ~*, εἶμαι ἀνήσυχος
any, a. ὁποιοσδήποτε, καθένας/ *have you ~ money*, ἔχεις καθόλου χρήματα;/ *are you ~ better*, εἶσαι καλύτερα;
anybody, anyone, pr. καθένας
anyhow, ad. ὁπωσδήποτε, πάντως
anything, pr. ὁτιδήποτε/ *~ but*, ὅλα ἐκτός αὐτό
anyway, ad. πάντως, σέ κάθε περίπτωση
anywhere, ad. ὁπουδήποτε
aorta, n. ἀορτή (ἡ)
apace, ad. γρήγορα, μέ γοργό ρυθμό
apart, ad. χωριστά/ *~ from*, ἐκτός ἀπό/ *take ~*, χωρίζω
apartheid, n. φυλετικός διαχωρισμός
apartment, n. διαμέρισμα (τό)
apathetic, a. ἀπαθής/ *apathy*, n. ἀπάθεια (ἡ)
ape, n. πίθηκος (ὁ)/ v.t. πιθηκίζω

aperient, n. καθαρκτικό (τό)
aperture, n. ἄνοιγμα (τό), τρύπα (ἡ)
apex, n. κορυφή (ἡ), αἰχμή (ἡ)
aphorism, n. ἀφορισμός (ὁ)
apiary, n. μελισσώνας (ὁ)/ *apiculture*, n. μελισσοκομία (ἡ)
apiece, ad. μέ τό κομμάτι
Apocrypha, n. ἀπόκρυφα εὐαγγέλια (τά)/ *~ l*, a. ἀπόκρυφος
apogee, n. ἀπώγειο (τό)
apologetic, a. ἀπολογητικός/ *apologize*, v.i. ζητῶ συγγνώμη
apologist, n. ἀπολογητής (ὁ)/ *apology*, n. ἀπολογία, αἴτηση συγγνώμης
apoplectic, a. ἀποπληκτικός/ *apoplexy*, n. ἀποπληξία (ἡ)
apostasy, n. ἀποστασία (ἡ)/ *apostate*, n. ἀποστάτης (ὁ)/ *apostatize*, v.i. ἀποστατῶ
apostle, n. ἀπόστολος (ὁ)/ *apostolic*, a. ἀποστολικός
apostrophe, n. ἀποστροφή (ἡ), ἀπόστροφος (ἡ)
apothecary, n. φαρμακοποιός (ὁ)
apotheosis, n. ἀποθέωση (ἡ)
appal, v.t. τρομάζω, φοβίζω/ *~ling*, a. φοβερός, φρικτός
apparatus, n. συσκευή (ἡ)
apparel, n. ἱματισμός (ὁ), ἔνδυση (ἡ), ἐξάρτηση (ἡ)
apparent, a. φανερός, προφανής/ *~ly*, ad. προφανῶς, κατά τά φαινόμενα
apparition, n. ὀπτασία (ἡ)
appeal, n. ἔκκληση (ἡ)/ *court of ~*, ἐφετεῖο/ v.i. ἀπευθύνω ἔκκληση, ὑποβάλλω ἔφεση
appear, v.i. ἐμφανίζομαι, φαίνομαι, παρουσιάζομαι/ *~ance*, n. ἐμφάνιση (ἡ)/ *pleasing ~ance*, εὐχάριστο παρουσιαστικό
appease, v.t. κατευνάζω, καταπραΰνω/ *~ment*, n. κατευνασμός (ὁ)
appellant, n. ἐφεσιβάλλων, ἐκεῖνος πού ὑποβάλει ἔφεση/ *appellation*, n. προσωνυμία (ἡ), ὀνομασία (ἡ)
append, v.t. προσαρτῶ/ *~ a signature*, ἐπιθέτω ὑπογραφή/ *~age*, n. προσάρτημα (τό)/ *~icitis*, n. (med.) σκωληκοειδίτιδα (ἡ)/ *~ix*, n. παράρτημα (τό), (med.) σκωληκοειδής ἀπόφυση

appertain–artifice 252

(ή)
appertain, v.i. ἀνήκω, ἀναφέρομαι
appetite, n. ὄρεξη (ή)/ *appetizer*, n. ὀρεκτικό (τό)/ *appetizing*, a. ὀρεκτικός
applaud, v.t. χειροκροτῶ, ἐπιδοκιμάζω, ἐπευφημῶ/ *applause*, n. χειροκρότημα (τό), ἐπιδοκιμασία (ή), ἐπευφημία (ή)
apple, n. μῆλο (τό)/ ~ *of the eye*, κόρη τοῦ ματιοῦ/ ~ *cart*, χειράμαξα (ή)/ ~ *tree*, μηλιά (ή)
application, n. ἐφαρμογή (ή), μέσο (τό)/ *applicable*, a. ἐφαρμόσιμος/ *applicant*, n. αἰτητής (ὁ), ὑποψήφιος (ὁ)/ *application*, n. ἐφαρμογή (ή), αἴτηση (ή)/ ~ *form*, ἔντυπο αἰτήσεως
apply, v.t. ἀπευθύνομαι, κάνω αἴτηση/ ~ *a method*, ἐφαρμόζω μέθοδο/ ~ *oneself to*, ἀπασχολοῦμαι/ *applied*, a. ἐφαρμοσμένος
appoint, v.t. διορίζω, τοποθετῶ/ ~*ment*, n. διορισμός (ὁ), συνάντηση (ή), ραντεβού (τό)
apportion, v.t. διανέμω/ ~ *ment*, n. διανομή (ή)
apposite, a. ἁρμόδιος, κατάλληλος/ *apposition*, n. παράθεση (ή)
appraise, v.t. ἀποτιμῶ/ *appraisal*, n. ἀποτίμηση (ή)/ *appraiser*, n. ἐκτιμητής (ὁ)
appreciable, a. αἰσθητός/ *appreciate*, v.t. ἐκτιμῶ/ *appreciation*, n. ἐκτίμηση (ή)/ *appreciative*, a. ἐγκωμιαστικός
apprehend, v.t. συλλαμβάνω, κατανοῶ, φοβοῦμαι/ *apprehension*, n. σύλληψη (ή), κατανόηση (ή)/ *apprehensive*, a. ἀνήσυχος, δειλός
apprentice, n. μαθητευόμενος (ὁ)/ ~*ship*, n. μαθήτευση (ή)
apprise, v.t. πληροφορῶ, γνωστοποιῶ
approach, v.t. πλησιάζω, προσεγγίζω/ n. πλησίασμα (τό), προσέγγιση (ή)
approachable, a. προσιτός
approbation, n. ἐπιδοκιμασία (ή), ἔγκριση (ή)
appropriate, a. κατάλληλος/ v.t. οἰκειοποιοῦμαι/ *appropriation*, n. οἰκειοποίηση (ή)
approval, n. ἔγκριση (ή) ἐπιδοκιμασία (ή)/ *approve*, v.t. ἐγκρίνω, ἐπιδοκιμάζω/ ~*d school*, σχολή γιά προβληματικά παιδιά

approximate, a. παραπλήσιος/ v.i. προσεγγίζω, ὑπολογίζω περίπου/ ~*ly*, ad. περίπου/ *approximation*, n. προσέγγιση (ή)
apricot, n. βερύκοκκο (τό)
April, n. Ἀπρίλιος (ὁ)/ ~ *fool*, Πρωταπριλιάτικο ψέμα
apron, n. ποδιά (ή)
apropos, ad. μέ τήν εὐκαιρία
apse, n. θόλος (ὁ)
apt, a. κατάλληλος, ἁρμόδιος, ἱκανός/ ~ *itude*, n. καταλληλότητα (ή), ἱκανότητα (ή), ἁρμοδιότητα (ή)
aqua fortis, n. νιτρικό ὀξύ (τό)
aquarium, n. ἐνυδρεῖο (τό)
Aquarius, n. Ὑδροχόος (ὁ)
aquatic, a. ὑδρόβιος
aqueduct, n. ὑδραγωγεῖο (τό)
aqueous, a. ὑδατώδης
aquiline, a. ἀετήσιος
Arab, n. Ἄραβας (ὁ)/ a. ἀραβικός/ *arabesque*, h. ἀραβούργημα (τό)/ *Arabian*, a. ἀραβικός/ *Arabic* (language), n. Ἀραβική (ή), Ἀραβικά (τά)
arable, a. καλλιεργήσιμος
arbiter, n. διαιτητής (ὁ)
arbitrary, a. αὐθαίρετος/ *arbitrariness*, n. αὐθαιρεσία (ή)
arbitrate, v.t. ἀποφασίζω διαιτητικά/ *arbitration*, n. διαιτησία (ή)/ *arbitrator*, n. διαιτητής (ὁ)
arbour, n. δενδροστοιχία (ή)
arc, n. τόξο (τό), ἁψίδα (ή), καμάρα (ή)/ ~ *lamp*, λυχνία βολταϊκοῦ τόξου
arcade, n. στοά (ή), θολωτός διάδρομος (ὁ)
arch, n. ἁψίδα (ή), καμάρα (ή), τόξο (τό)/ v.t. κτίζω τοξοτά/ a. πρῶτος, ἐπικεφαλῆς
archaeological, a. ἀρχαιολογικός/ *archaeologist*, n. ἀρχαιολόγος (ὁ)/ *archaeology*, n. ἀρχαιολογία (ή)
archaic, a. ἀρχαϊκός/ *archaism*, n. ἀρχαϊσμός (ὁ)
archangel, n. ἀρχάγγελος (ὁ)
archbishop, n. ἀρχιεπίσκοπος (ὁ)/ ~*ric*, n. ἀρχιεπισκοπή (ή)
archdeacon, n. ἀρχιδιάκονος (ὁ)
archduchess, n. ἀρχιδούκισσα (ή)/ *archduke*, n. ἀρχιδούκας (ὁ)

arched, a. τοξωτός, θολωτός
archer, n. τοξότης (ό)/ ~y, n. τοξευτική (ή)
archetype, n. ἀρχέτυπο (τό)
archipelago, n. ἀρχιπέλαγος (τό)
architect, n. ἀρχιτέκτονας (ό)/ ~ural, a. ἀρχιτεκτονικός/ ~ure, n. ἀρχιτεκτονική (ή)
archives, n. pl. ἀρχεῖα (τά)
archway, n. θολωτή εἴσοδος (ή)
Arctic, a. ἀρκτικός/ n. Ἀρκτική (ή)
ardent, a. ἔνθερμος, φλογερός/ *ardour*, n. θέρμη (ή), πάθος (τό)
arduous, a. δύσκολος, τραχύς
area, n. ἔκταση (ή), ἐπιφάνεια (ή), ἐμβαδόν (τό)
arena, n. κονίστρα (ή), παλαίστρα (ή)
Areopagus, n. Ἄρειος Πάγος (ό)
argue, v.t. συζητῶ, ἐλέγχω/ v.i. πραγματεύομαι/ *argument*, n. συζήτηση (ή), ἐπιχείρημα (τό)/ ~*ation*, n. συζήτηση (ή), ἐπιχειρηματολογία (ή)/ ~*ative*, a. ἐπιχειρηματολογικός, ἀποδεικτικός
arid, a. ξηρός, ἄνυδρος/ ~*ity*, n. ξηρασία (ή), ἀνυδρία (ή)
aright, ad. σωστά
arise, v.i. σηκώνομαι/ ~ *from*, προκύπτω, προέρχομαι
aristocracy, n. ἀριστοκρατία (ή)/ *aristocrat*, n. ἀριστοκράτης (ό)/ *aristocratic*, a. ἀριστοκρατικός
arithmetic, n. ἀριθμητική (ή)/ ~*al*, a. ἀριθμητικός/ ~*ian*, n. μαθηματικός (ό)
ark, n. κιβωτός (ή)/ *Noah's* ~, κιβωτός τοῦ Νῶε
arm, n. βραχίονας (ό)/ (mil.) ὅπλο (τό)/ v.t. & i. ὁπλίζω, ὁπλίζομαι/ ~*chair*, n. πολυθρόνα (ή)/ ~*pit*, n. μασχάλη (ή)/ ~*s*, n. pl. ὅπλα (τά), ἀγκαλιά (ή)/ *with open* ~, μέ ἀνοιχτές ἀγκάλες
armada, n. ἀρμάδα (ή)
armament, n. ἐξοπλισμός (ό)
armistice, n. ἐκεχειρία (ή)
armour, n. πανοπλία (ή), θώρακας (ό), θωράκιση (ή)/ ~*ed*, a. τεθωρακισμένος/ ~*er*, n. ὁπλοποιός (ό)/ ~*y*, n. ὁπλοστάσιο (τό)
army, n. στρατός (ό)/ *join the* ~, στρατεύομαι, κατατάσσομαι στό στρατό
aroma, n. ἄρωμα (τό)/ ~ *tic*, a. ἀρωματικός

around, pr. & ad. γύρω, τριγύρω/ ~ *the corner*, μόλις στρίψεις τήν γωνία/ *walk* ~, κάνω βόλτες/ ~ *here*, ἐδῶ γύρω
arouse, v.t. ἐξεγείρω, ἐρεθίζω
arraign, v.t. ἐγκαλῶ, κλητεύω, κατηγορῶ/ ~ *ment*, n. κλήση (ή), ἔγκληση (ή)
arrange, v.t. τακτοποιῶ, ρυθμίζω, διευθετῶ/ ~*ment*, n. τακτοποίηση (ή), ρύθμιση (ή), διευθέτηση (ή)/ (mus.), διασκευή (ή)
arrant, a. περιβόητος, διαβόητος
array, n. σειρά (ή), παράταξη (ή), στολή (ή)/ v.t. παρατάσσω, στολίζω
arrears, n.pl. καθυστερούμενα (τά)/ *be in* ~, καθυστερῶ ἐνοίκια ἤ πληρωμές
arrest, v.t. συλλαμβάνω, κρατῶ, σταματῶ/ n. σύλληψη (ή), κράτηση (ή)
arrival, n. ἄφιξη (ή), φτάσιμο (τό)/ *new* ~, νεοφερμένος/ *arrive*, v.i. φθάνω, καταφθάνω
arrivist, n. ἀρριβίστας (ό)
arrogance, n. ἀλαζονεία (ή), ἔπαρση (ή)/ *arrogant*, a. ἀλαζόνας, ἀλαζονικός/ *arrogate*, v.t. ἀπαιτῶ, σφετερίζομαι
arrow, n. βέλος (τό)
arsenal, n. ὁπλοστάσιο (τό)
arsenic, n. ἀρσενικό (τό)/ ~*al*, a. ἀρσενικοῦχος
arson, n. ἐμπρησμός (ό)
art, n. τέχνη (ή), ἐπιτηδειότητα (ή)/ *fine* ~*s*, καλές τέχνες/ *Faculty of* ~*s*, Φιλοσοφική Σχολή/ ~ *critic*, n. τεχνοκριτικός (ό, ή)
arterial, a. ἀρτηριακός/ ~ *road*, κύριος δρόμος/ *artery*, n. ἀρτηρία (ή)
artesian well, n. ἀρτεσιανό πηγάδι
artful, a. πονηρός, πανοῦργος
arthritic, a. ἀρθριτικός/ *arthritis*, n. ἀρθρίτιδα (ή)
artichoke, n. ἀγκινάρα (ή)
article n. ἄρθρο (τό)/ *definite* ~, ὁριστικό ἄρθρο/ *indefinite* ~, ἀόριστο ἄρθρο/ ~*s of association*, ἐσωτερικός κανονισμός/ v.t. τοποθετῶ
articulate, v.t. ἔναρθρος/ v.t. προφέρω καθαρά, ἀρθρώνω/ ~*d*, a. ἀρθρωτός, σπονδυλωτός/ *articulation*, n. ἄρθρωση (ή)
artifice, n. τέχνασμα (τό), πανουργία (ή)/

~r, n. τεχνίτης (ὁ)
artificial, a. τεχνητός, ψεύτικος
artillery, n. πυροβολικό (τό)/ ~ *man*, n. πυροβολητής (ὁ)
artisan, n. τεχνίτης (ὁ), χειροτέχνης (ὁ)
artist, n. καλλιτέχνης (ὁ)/ ~*ic*, a. καλλιτεχνικός
artless, a. ἄτεχνος, κακότεχνος
as, ad. ὅπως, ὡς, καθώς/ ~ *far* ~, ὅσον ἀφορᾶ/ ~ *far* ~ *I know*, ἀπ' ὅσο ξέρω/ ~ *for me*, ὅσο γιά μένα/ ~ *good* ~, τόσο καλό ὅσο/ ~ *if*, σάν νά/ ~ *you like*, ὅπως σᾶς ἀρέσει, ὅπως θέλετε/ ~ *well*, ἐπίσης
asbestos, n. ἀμίαντος (ὁ), ἄσβεστος (ὁ)
ascend, v.t. & i. ἀνεβαίνω, ἀνέρχομαι/ ~*ancy*, ~*ency*, ἄνοδος (ἡ), ἐπικράτηση (ἡ), ὑπεροχή (ἡ)/ ~*ant*, ~*ent*, a. ἀνερχόμενος/ n. ἄνοδος (ἡ)/ *his star is in the* ~, τό ἄστρο του ἀνεβαίνει/ *ascension*, n. ἀνάβαση (ἡ)/ (rel.) 'Ανάληψη (ἡ)
ascent, n. ἀνάβαση (ἡ), ἀνύψωση (ἡ)
ascertain, v.t. ἐπιβεβαιώνω, ἐξακριβώνω
ascetic, a. ἀσκητικός/ n. ἀσκητής (ὁ)/ ~*ism*, n. ἀσκητισμός (ὁ)
ascribe, v.t. ἀποδίδω, προσάπτω
aseptic, a. ἀσηπτικός
ash, n. στάχτη (ἡ), τέφρα (ἡ)/ (tree) μελία/ ~*tray*, n. σταχτοδοχεῖο (τό)/ ~ *Wednesday*, Τετάρτη τῶν Τεφρῶν
ashamed, a. ντροπιασμένος
ashen, a. μέλινος/ (fig.) κάτωχρος
ashes, n. pl. τέφρα νεκροῦ, σποδός (ἡ)
ashore, ad. στήν παραλία, στήν ξηρά/ *run* ~, ἐξωκείλω
Asiatic, a. ἀσιατικός/ n. 'Ασιάτης (ὁ)
aside, ad. κατά μέρος/ *set* ~, βάζω κατά μέρος, παραμερίζω/ *stand* ~, ἀποτραβιέμαι, παραμερίζω
asinine, a. γαϊδουρινός/ (fig.) ἀνόητος
ask, v.t. ἐρωτῶ, ζητῶ, ἀπαιτῶ/ ~ *after*, ζητῶ πληροφορίες/ ~ *a question*, ὑποβάλλω ἐρώτημα
askance, ad. λοξά, μέ τήν ἄκρη τοῦ ματιοῦ
askew, ad. πλάγια, στραβά
aslant, ad. πλάγια, λοξά
asleep, a. κοιμισμένος/ *fall* ~, ἀποκοιμιέμαι/ *be fast* ~, κοιμοῦμαι βαθιά
asp, n. (zool.) ἀσπίδα (ἡ)

asparagus, n. σπαράγγι (τό)
aspect, n. ἄποψη (ἡ), ὄψη (ἡ), ἐμφάνιση (ἡ), παρουσιαστικό (τό)
aspen, n. λεύκα (ἡ)
asperity, n. τραχύτητα (ἡ), δριμύτητα (ἡ)
asperse, v.t. κακολογῶ, δυσφημῶ, σπιλώνω/ (rel.) ραντίζω
aspersion, n. κακολογία (ἡ), δυσφήμηση (ἡ), συκοφαντία (ἡ)/ (rel.) ράντισμα μέ ἁγιασμό
asphalt, n. ἄσφαλτος (ἡ)
asphyxia, n. ἀσφυξία (ἡ)/ ~*te*, v.t. πνίγω/ ~*tion*, n. πνιγμός (ὁ), θάνατος ἀπό ἀσφυξία
aspirant, n. ὑποψήφιος (ὁ), μνηστήρας (ὁ)/ a. ἐπίδοξος, φιλόδοξος
aspirate, v.t. δασύνω/ (med.) ἀναρροφῶ
aspiration, n. φιλοδοξία (ἡ), ἐπιθυμία (ἡ)/ med.) ἀναρρόφηση/ *aspire to*, φιλοδοξῶ, ἀποβλέπω
aspirin, n. ἀσπιρίνη (ἡ)
ass, n. γάιδαρος (ὁ)/ (fig.) ἀνόητος, ἠλίθιος, βλάκας
assail, v.t. προσβάλλω, ἐπιτίθεμαι/ ~*ant*, n. ἐπιτιθέμενος (ὁ)
assassin, n. δολοφόνος (ὁ), φονιάς (ὁ)/ ~*ate*, v.t. δολοφονῶ/ ~*ation*, n. δολοφονία (ἡ)
assault, n. ἐπίθεση (ἡ), ἔφοδος (ἡ)/ v.t. ἐπιτίθεμαι, κακοποιῶ
assay, n. δοκιμή (ἡ), ἀνάλυση (ἡ)/ v.t. δοκιμάζω, ἀναλύω
assemblage, n. ἄθροιση (ἡ), συνάθροιση (ἡ)/ (mech.) συναρμολόγηση (ἡ)
assemble, v.t. συναθροίζω, μαζεύω, συγκεντρώνω/ (mech.) συναρμολογῶ/ *assembly*, n. συνάθροιση (ἡ), συγκέντρωση (ἡ), συνέλευση (ἡ)
assent, n. συγκατάθεση (ἡ), συναίνεση (ἡ), ἀποδοχή (ἡ)/ v.i. συγκατατίθεμαι, συναινῶ, ἀποδέχομαι
assert, v.t. ἰσχυρίζομαι, βεβαιώνω, διεκδικῶ, ὑποστηρίζω/ ~ *oneself*, ἐπιβάλλομαι/ ~*ion*, n. ἰσχυρισμός (ὁ), βεβαίωση (ἡ), διεκδίκηση (ἡ)
assess, v.t. ἐκτιμῶ, ὑπολογίζω/ ~*ment*, n. ἐκτίμηση (ἡ), ὑπολογισμός (ὁ)/ ~*or*, n. ἐκτιμητής (ὁ)
asset, n. περιουσιακό στοιχεῖο (τό), προσόν (τό)/ ~*s*, ἐνεργητικό (τό)/ ~*s and*

liabilities, ἐνεργητικό καί παθητικό
asseverate, v.t. διαβεβαιώνω
assiduity, n. ἐπιμέλεια (ἡ), προσήλωση (ἡ)/ *assiduous,* a. ἐπιμελής, προσηλωμένος
assign, v.t. προσδιορίζω, ἀναθέτω/ ~ *ation,* n. μυστική συνάντηση/ (leg.), ἐκχώρηση (ἡ), μεταβίβαση περιουσίας/ ~ *ee,* n. ἐντολοδόχος (ὁ) ~*ment,* n. ἀνάθεση (ἡ), κατανομή (ἡ)/ (leg.) μεταβίβαση (ἡ)
assimilate, v.t. ἀφομοιώνω, συγχωνεύω/ *assimilation,* n. ἀφομοίωση (ἡ), συγχώνευση (ἡ)
assist, v.t. βοηθῶ, παραστέκομαι/ ~*ance,* n. βοήθεια (ἡ), συνδρομή (ἡ), ἐνίσχυση (ἡ)/ ~*ant,* n. βοηθός (ὁ), ἀναπληρωτής (ὁ)
assizes, n.pl. ὁρκωτό δικαστήριο (τό)
associate, n. σύντροφος (ὁ), συνεργάτης (ὁ), συνεταῖρος (ὁ)/ ~ *member,* πρόσεδρο μέλος/ v.t. συνδέω, συνδυάζω/ v.i. ~ *with,* συνεργάζομαι, συναναστρέφομαι/ *association,* n. σύνδεσμος (ὁ), σωματεῖο (τό), ἕνωση (ἡ), συνεταιρισμός (ὁ)/ ~ *of ideas,* συνειρμός ἰδεῶν
assonance, n. παρήχηση (ἡ)
assort, v.t. ταξινομῶ, συνταιριάζω, συνδυάζω/ ~*ed,* a. ἀνάμικτος, διαφόρων εἰδῶν/ ~*ment,* n. ταξινόμηση (ἡ), συνδυασμός (ὁ)
assuage, v.t. κατευνάζω, καταπραΰνω
assume, v.t. ὑποθέτω, παραδέχομαι, θεωρῶ δεδομένο/ ~ *duties,* ἀναλαμβάνω καθήκοντα/ ~*d,* a. ὑποθετικός, προσποιητός/ ~*d name,* ψευδώνυμο/ *assumption,* n. ὑπόθεση (ἡ)/ ~ *of duties,* ἀνάληψη καθηκόντων/ (rel.) Ἀνάληψη (ἡ)
assurance, n. διαβεβαίωση (ἡ), ἐγγύηση (ἡ)/ *assure,* v.t. διαβεβαιώνω, ἐξασφαλίζω/ ~*d,* a. βέβαιος, ἐξασφαλισμένος/ ~*d with a company,* ἀσφαλισμένος/ ~ *dly,* ad. βέβαια, ἀσφαλῶς
asterisk, n. ἀστερίσκος (ὁ)
astern, ad. στήν πρύμνη, ὄπισθεν
asthma, n. ἄσθμα (τό)/ ~*tic,* a. ἀσθματικός
astigmatism, n. ἀστιγματισμός (ὁ)
astir, ad. σέ κίνηση, στό πόδι

astonish, v.t. ἐκπλήσσω, καταπλήσσω/ ~*ing,* a. ἐκπληκτικός, καταπληκτικός/ ~*ment,* n. ἔκπληξη (ἡ), κατάπληξη (ἡ)
astound, v.t. καταπλήσσω/ ~*ing,* a. καταπληκτικός
astrakhan, n. ἀστρακάν (τό)
astray, ad. ἔξω ἀπό τήν εὐθεῖα/ *go* ~, παραστρατῶ/ *lead* ~, παρασύρω
astride, ad. καβάλα, διάσκελα
astringency, n. στυφάδα (ἡ), τραχύτητα (ἡ)/ *astringent,* a. στυφός, τραχύς
astrologer, n. ἀστρολόγος (ὁ)/ *astrology,* n. ἀστρολογία (ἡ)
astronaut, n. ἀστροναύτης (ὁ)/ ~*ics,* n. ἀστροναυτική (ἡ)
astronomer, n. ἀστρονόμος (ὁ)/ *astronomic(al),* a. ἀστρονομικός/ *astronomy,* n. ἀστρονομία (ἡ)
astute, a. ὀξυδερκής, πονηρός, πανοῦργος/ ~*ness,* n. ὀξυδέρκεια (ἡ), πονηριά (ἡ), πανουργία (ἡ)
asunder, ad. χωριστά, σέ κομμάτια/ *tear* ~, κομματιάζω
asylum, n. ἄσυλο (τό)/ (mental) φρενοκομεῖο (τό), τρελοκομεῖο (τό)
at, pr. στό, εἰς, κατά, διά, πρός/ ~ *all,* καθόλου/ ~ *best,* στήν καλύτερη περίπτωση/ ~ *dinner,* στό τραπέζι/ ~ *first,* στήν ἀρχή/ ~ *a gallop,* μέ καλπασμό/ ~ *a high price,* ἀκριβά, σέ ἀκριβή τιμή/ ~ *home,* στό σπίτι/ ~ *last,* ἐπιτέλους/ ~ *least,* τουλάχιστον/ ~ *night,* τήν νύχτα/ ~ *once,* ἀμέσως/ ~ *one,* σέ ἀπόλυτη συμφωνία/ ~ *present,* πρός τό παρόν/ ~ *work,* στή δουλειά
atheism, n. ἀθεϊσμός (ὁ), ἀθεΐα (ἡ)/ *atheist,* n. ἀθεϊστής (ὁ), ἄθεος (ὁ)/ *atheistic,* a. ἀθεϊστικός
athirst, a. διψασμένος
athlete, n. ἀθλητής (ὁ)/ *athletic,* a. ἀθλητικός/ *athletics,* n. pl. ἀθλητισμός στίβου (ὁ)
athwart, ad. ἐγκάρσια, κατά πλάτος
atlas, n. ἄτλαντας (ὁ), ἄτλας (ὁ)
atmosphere, n. ἀτμόσφαιρα (ἡ)/ *atmospheric,* a. ἀτμοσφαιρικός/ *atmospherics,* n. pl. ἀτμοσφαιρικά παράσιτα (τά)
atom, n. ἄτομο (τό)/ ~*ic,* a. ἀτομικός
atone, v.i. ἐξιλεώνομαι/ ~*ment,* n. ἐξιλα-

σμός (ό)
atonic, a. άτονος
atrocious, a. άγριος, στυγερός, άπάνθρωπος/ *atrocity*, n. άγριότητα (ή), άπανθρωπία (ή), φρικαλεότητα (ή)
atrophy, n. άτροφία (ή)
attach, v.t. συνδέω, προσκολλώ, προσαρτώ/ ~ *oneself to*, προσκολλώμαι/ ~ *é*, n. άκόλουθος πρεσβείας/ ~*é case*, δερμάτινος χαρτοφύλακας/ ~*ment*, n. σύνδεση (ή), σύνδεσμος (ό), προσάρτημα (τό)/ (to a person) προσήλωση (ή), άφοσίωση (ή)
attack, n. έπίθεση (ή), έφοδος (ή)/ (med.) κρίση (ή), προσβολή (ή)/ v.t. έπιτίθεμαι, προσβάλλω/ (a subject) πέφτω μέ τά μοΰτρα
attain, v.t. κατορθώνω, πραγματοποιώ, άποκτώ/ ~*able*, a. έφικτός/ ~*ment*, n. πραγματοποίηση (ή), άπόκτηση (ή), έπίτευξη (ή)
attempt, v.t. & i έπιχειρώ, προσπαθώ, κάνω άπόπειρα/ n. άπόπειρα (ή), προσπάθεια (ή)
attend, v.t. & i προσέχω, φροντίζω/ (lectures) παρακολουθώ μαθήματα (παραδόσεις)/ ~ *to*, συνοδεύω, περιποιοΰμαι, άσχολοΰμαι/ ~*ance*, n. περιποίηση (ή), παρακολούθηση (ή), έξυπηρέτηση (ή)/ (lectures) παρακολούθηση (ή)/ ~*ant*, n. άκόλουθος (ό), συνοδός (ό), ύπηρέτης (ό)
attention, n. προσοχή (ή), φροντίδα (ή)/ *pay ~*, προσέχω/ *attentive*, a. προσεκτικός, περιποιητικός/ ~*ness*, n. περιποίηση (ή)
attenuate, v.t. έλαττώνω, μετριάζω, έλαφρώνω/ *attenuation*, n. έλάττωση (ή), μετριασμός (ό), έλάφρυνση (ή)
attest, v.t. έπιβεβαιώνω, πιστοποιώ/ ~*ed certificate*, έπικυρωμένο πιστοποιητικό/ ~*ation*, n. έπιβεβαίωση (ή), πιστοποίηση (ή), έπικύρωση (ή)
attic, n. σοφίτα (ή)
attire, n. ένδυμασία (ή), στολή (ή)/ v.t. ντύνω, στολίζω
attitude, n. στάση (ή), τρόπος (ό)
attorney, n. άντιπρόσωπος (ό), πληρεξούσιος (ό)/ ~ *general*, εἰσαγγελέας/ *power of ~*, πληρεξουσιότητα

attract, v.t. προσελκύω, θέλγω, προκαλώ/ ~*ion*, n. έλξη (ή), θέλγητρο (τό)/ ~*ive*, a. έλκυστικός
attribute, n. ίδιότητα (ή), χαρακτηριστικό (τό)/ (gram.) κατηγορούμενο (τό)/ v.t. άποδίδω, άπονέμω/ *attribution*, n. άπόδοση (ή), άπονομή (ή)
attrition, n. τριβή (ή), φθορά (ή)/ *war of ~*, πόλεμος φθοράς
attune, v.t. κουρδίζω, τονίζω
auburn, a. καστανόξανθος
auction, n. δημοπρασία (ή), πλειστηριασμός (ό)/ v.t. βγάζω σέ πλειστηριασμό/ ~*eer*, n. πλειστηριαστής (ό)
audacious, a. τολμηρός, θρασύς/ *audacity*, n. τόλμη (ή), θρασύτητα (ή)
audibility, n. άκουστικότητα (ή)/ *audible*, a. άκουστός
audience, n. άκροατήριο (τό)/ *grant an ~*, παραχωρώ άκρόαση
audit, n. έλεγχος λογαριασμών/ v.t. έλέγχω λογαριασμούς/ ~*or*, n. έλεγκτής λογαριασμών (ό)
audition, n. δοκιμή καλλιτέχνη (ή)/ *auditorium*, n. αίθουσα άκροατηρίου (ή)
auger, n. τρυπάνι (τό)
aught, n. κάτι, τίποτε (τό)/ *for ~ I know*, άπ' δσα ξέρω
augment, v.t. αύξάνω/ v.i. αύξάνομαι/ ~*ation*, n. αύξηση (ή), έπαύξηση (ή)
augur, n. μάντης (ό), οίωνοσκόπος (ό)/ v.t. μαντεύω/ ~*y*, n. μαντεία (ή), οίωνοσκοπία (ή)
august, a. σεβαστός, σεπτός/ (month) Αύγουστος (ό)
aunt, n. θεία (ή)/ ~*ie*, n. θείτσα (ή)
aureole, n. φωτοστέφανος (ό)
auricular, a. ώτικός, τοϋ αύτιοΰ
aurora, n. αύγή (ή)/ ~ *borealis*, βόρειο σέλας (τό)
auspices, n.pl. προστασία (ή), αίγίδα (ή)/ *under the ~*, ύπό τήν αίγίδα/ *auspicious*, a. αίσιος, εύοίωνος
austere, a. αύστηρός/ *austerity*, n. αύστηρότητα (ή)
Australian, n. Αύστραλός (ό)/ a. αύστραλικός, αύστραλέζικος
Austrian, n. Αύστριακός (ό)/ a. αύστριακός
authentic, a. αύθεντικός, γνήσιος/ ~*ate*,

v.t. ἐπικυρώνω, ἐπισημοποιῶ/ ~ity, n. αὐθεντικότητα (ἡ), γνησιότητα (ἡ)
author, n. συγγραφέας (ὁ)/ δράστης (ὁ), πρωταίτιος (ὁ)/ ~ess, n. συγγραφέας (ἡ)
authoritative, a. ἐπίσημος, αὐθεντικός/ *authority*, n. ἐξουσία (ἡ), ἀρχή (ἡ)/ *the authorities*, οἱ ἀρχές/ *authorization*, n. ἄδεια (ἡ), ἐξουσιοδότηση (ἡ)/ *authorize*, v.t. ἐξουσιοδοτῶ, ἐπιτρέπω
autobiography, n. αὐτοβιογραφία (ἡ)
autocracy, n. ἀπόλυτη κυριαρχία/ *autocrat*, n. ἀπόλυτος κύριος, κυρίαρχος (ὁ)/ ~ic, a. αὐταρχικός, ἀπολυταρχικός
autograph, n. αὐτόγραφο (τό)
automatic, a. αὐτόματος/ *automaton*, n. αὐτόματο (τό)
automobile, n. αὐτοκίνητο (τό)
autonomous, a. αὐτόνομος/ *autonomy*, n. αὐτονομία (ἡ)
autopsy, n. αὐτοψία (ἡ)
autumn, n. φθινόπωρο (τό)/ ~al, a. φθινοπωρινός
auxiliary, a. βοηθητικός, ἐπικουρικός/ n. βοηθός (ὁ)
avail, n. ὄφελος (τό)/ *to no* ~, ἀνώφελο, μάταιο/ v.i. ὠφελῶ/ ~ *oneself of*, ἐπωφελοῦμαι ἀπό/ ~able, a. διαθέσιμος, ἐπωφελής/ *he is not* ~able, εἶναι ἀπασχολημένος
avalanche, n. χιονοστιβάδα (ἡ)
avarice, n. φιλαργυρία (ἡ)/ *avaricious*, a. φιλάργυρος
avenge, v.t. παίρνω ἐκδίκηση/ ~ *oneself*, ἐκδικοῦμαι/ ~r, n. ἐκδικητής (ὁ)
avenue, n. λεωφόρος (ἡ)
aver, v.t. διαβεβαιώνω
average, a. μέσος, μέτριος/ n. μέσος ὄρος (ὁ)/ *on* ~, κατά μέσο ὄρο/ (shipping) ἀβαρία/ v.t. ὑπολογίζω κατά μέσο ὄρο
averse, a. ἀντίθετος, ἐνάντιος/ *be* ~ *to*, εἶμαι ἀντίθετος/ *aversion*, n. ἀποστροφή (ἡ), ἀπέχθεια (ἡ)
avert, v.t. ἀποτρέπω, ἀποσοβῶ/ (eyes) ἀποστρέφω
aviary, n. πτηνοτροφεῖο (τό)
aviation, n. ἀεροπορία (ἡ)/ *aviator*, n. ἀεροπόρος (ὁ)
avid, a. ἄπληστος/ ~ity, n. ἀπληστία (ἡ)

avocation, n. ἐνασχόληση (ἡ)
avoid, v.t. ἀποφεύγω/ ~able, a. κάτι πού μπορεῖ νά ἀποφευχθεῖ/ ~ance, n. ἀποφυγή (ἡ)
avow, v.t. ὁμολογῶ, παραδέχομαι/ ~al, n. ὁμολογία (ἡ)/ ~ed, p.p. & a. ὁμολογημένος, ἐπιβεβαιωμένος/ ~edly, ad. ὁμολογουμένως, ὁπωσδήποτε
await, v.t. περιμένω, ἀναμένω
awake, a. ξύπνιος, ἄγρυπνος/ v.t. & i. ξυπνῶ/ ~n, v.t. ἀφυπνίζω/ ~ning, n. ἀφύπνιση (ἡ), ξύπνημα (τό)
award, n. ἀπονομή (ἡ)/ (leg.) ἐπιδίκαση (ἡ)/ v.t. ἀπονέμω, ἐπιδικάζω
aware, a. ἐνήμερος/ *be* ~ *of*, γνωρίζω
awash, a. πλημμυρισμένος/ ad. ἐπιπλέοντας
away, ad. μακριά/ *go* ~, φεύγω/ *take* ~, ἀφαιρῶ, παίρνω/ *throw* ~, πετῶ/ *right* ~, ἀμέσως
awe, n. φόβος (ὁ), δέος (τό)/ ~ *inspiring*, ἐπιβλητικός/ ~ *stricken*, τρομοκρατημένος/ *awful*, a. τρομερός, φοβερός
awhile, ad. γιά λίγο
awkward, a. ἀδέξιος/ ~ *situation*, δύσκολη (ἐνοχλητική) κατάσταση/ ~ *ness*, n. ἀδεξιότητα (ἡ)
awl, n. σουβλί (τό)
awning, n. σκηνή (ἡ), τέντα (ἡ), στέγασμα (τό)
awry, a. στραβός, λοξός
axe, n. τσεκούρι (τό), πέλεκας (ὁ)/ v.t. πελεκῶ, πελεκίζω
axiom, n. ἀξίωμα (τό), ἀπόφθεγμα (τό)/ ~atic, a. ἀξιωματικός, ἀποφθεγματικός
axis, n. ἄξονας (ὁ)
axle, n. ἄξονας (ὁ), ἀξόνι (τό)
ay, int. ναί/ (naut.) μάλιστα καπετάνιε
aye, ad. πάντοτε
azalea, n. ἀζαλέα (ἡ)
azimuth, n. ἀζιμούθιο (τό)
azure, a. γαλάζιος/ n. γαλάζιο χρῶμα (τό)

B

babble, n. φλυαρία (ή), μωρολογία (ή)/ (water) κελάρυσμα (τό)/ v.i. φλυαρώ, μωρολογώ/ (water) κελαρύζω/ ~ r, n. φλύαρος (ό)
babel, n. βαβέλ (ή)
baboon, n. κυνοκέφαλος (ό)
baby, n. μωρό (τό), νήπιο (τό), βρέφος (τό) ~hood, n. βρεφική ηλικία (ή)/ ~ish, a. μωρουδίστικος
Bacchanalian, a. βακχικός, όργιαστικός
bachelor, n. εργένης (ό), άγαμος (ό)/ (university) πτυχιούχος (ό, ή)/ old ~, γεροντοπαλίκαρο (τό)
bacillus, n. βάκιλλος (ό)
back, n. νώτα (τά), ράχη (ή), πλάτη (ή)/ (football) όπισθοφύλακας (ό)/ ~ of the stage, βάθος τής σκηνής/ with the ~ to the wall, μέ τήν πλάτη στόν τοίχο/ a. όπίσθιος, πισινός/ ad. πίσω/ v.t. ύποστηρίζω, ένισχύω/ v.i. τραβιέμαι/ ~ down, ύποχωρώ/ ~ out, άποσύρομαι, άποχωρώ
backbite, v.t. κακολογώ/ ~r, n. κακολόγος (ό)/ backbiting, n. κακολογία (ή)
backbone, n. ραχοκοκαλιά (ή), σπονδυλική στήλη (ή)
backer, n. ύποστηρικτής (ό)
backgammon, n. τάβλι (τό)
background, n. βάθος (τό)/ stay in the ~, μένω στό παρασκήνιο
backside, n. πισινά (τά), όπίσθια (τά)
backslide, v.i. άποστατώ
backstage, n. παρασκήνιο (τό)
backward, a. καθυστερημένος, νωθρός/ ~ (s), ad. πρός τά πίσω/ ~ness, n. καθυστέρηση (ή), όπισθοδρομικότητα (ή)
backwash, n. στροβιλισμός νεροΰ (ό)
backwater, n. άντίθετο ρεΰμα/ (in a town) άπόκεντρο (τό)
bacon, n. μπαίηκον (τό), παστό χοιρινό (τό)
bacterium, n. βακτήριο (τό), βακτηρίδιο (τό)
bad, a. κακός/ (pain) δυνατός/ (mistake)

σοβαρός/ from ~ to worse, άπό τό κακό στό χειρότερο
badge, n. σήμα (τό), γνώρισμα (τό)
badger, n. τρόχος (ό)/ v.t. ένοχλώ, πιλατεύω
badly, ad. κακά, άσχημα/ ~ wounded, βαριά τραυματισμένος
badness, n. κακία (ή), μοχθηρία (ή)
baffle, v.t. άπατώ, παραπλανώ, ματαιώνω/ ~d, p.p. & a. ζαλισμένος
bag, n. σάκος (ό), βαλίτσα (ή)/ ~ and baggage, μέ ό'λα τά ύπάρχοντα/ v.t. βάζω σέ σάκο, σακουλιάζω
bagatelle, n. άσήμαντο πράγμα (τό)
baggage, n. άποσκευές (οί)
baggy, a. φουσκωτός, πολύ φαρδύς
bagpipe, n. γκάιδα (ή), άσκαυλος (ό)/ ~r, n. άσκαυλητής (ό)
bail, n. έγγύηση γιά προσωρινή άπόλυση/ v.t. έγγυώμαι, καταθέτω έγγύηση/ (water) άντλώ/ ~ out, έλευθερώνω κάποιον πληρώνοντας έγγύηση
bailiff, n. δικαστικός κλητήρας (ό)
bait, n. δόλωμα (τό)/ swallow the ~, τήν παθαίνω/ v.t. δολώνω, παρασύρω
bake, v.t. ψήνω/ v.i. ξεροψήνομαι/ ~ house, n. φούρνος/ ~r, n. φούρναρης (ό), άρτοποιός (ό)/ ~ry, n. φουρνάρικο (τό), άρτοποιείο (τό)/ baking, n. ψήσιμο (τό), φουρνιά (ή)
balance, n. ζυγαριά (ή), πλάστιγγα (ή), ισορροπία (ή)/ (account) ύπόλοιπο λογαριασμοΰ/ v.t. ίσοσκελίζω, ισορροπώ/ v.i. άμφιταλαντεύομαι/ ~ sheet, ίσολογισμός
balcony, n. μπαλκόνι (τό), έξώστης (ό)
bald, a. φαλακρός, ξερός, γυμνός
balderdash, n. φλυαρίες (οί), άρλοΰμπες (οί)
baldness, n. φαλακρότητα (ή), γυμνότητα (ή)
bale, n. δέμα (τό)/ v.t. ~ out, πέφτω μέ άλεξίπτωτο
baleful, a. άπαίσιος, όλέθριος
balk, n. έμπόδιο (τό), ματαίωση (ή)/ (in fields) διαχωριστικός φράχτης/ v.t. ματαιώνω, σταματώ
ball, n. σφαίρα (ή)/ (sport) μπάλα (ή)/ (dance) χορός (ό)/ ~ of thread, κουβάρι
ballad, n. μπαλάντα (ή), έπικό ποίημα

(τό)
ballast, n. σαβούρα (ή), έρμα (τό)
ball-bearing, n. σφαιρικός τριβέας (ό)
ballet, n. μπαλέτο (τό)/ ~ *girl,* χορεύτρια μπαλέτου
ballistics, n. pl. βαλιστική (ή)
balloon, n. μπαλόνι (τό), ἀερόστατο (τό)/ v.t. φουσκώνω/ ~*ist,* n. ἀεροναύτης (ό)
ballot, n. ψῆφος (ή)/ ~ *box,* κάλπη (ἡ)/ ~ *paper,* ψηφοδέλτιο (τό)/ v.t. ψηφίζω
balm, n. βάλσαμο (τό)/ (fig.) ἀνακούφιση (ή)/ ~*y,* a. βαλσαμώδης/ (met.) ἀνακουφιστικός, πραϋντικός
balsam, n. v. balm
baluster, n. στύλος κιγκλιδώματος (ό)/ *balustrade,* n. κιγκλίδωμα (τό)
bamboo, n. μπαμπού (τό)
bamboozle, v.t. παγιδεύω, ἐξαπατῶ
ban, n. ἀπαγόρευση (ή), σταμάτημα (τό)/ v.t. ἀπαγορεύω.
banal, a. κοινός, χυδαῖος/ ~*ity,* n. χυδαιότητα (ή)
banana, n. μπανάνα (ή)
band, n. δεσμός (ό), ὅμιλος (ό)/ (strip) ταινία (ή), λωρίδα (ἡ)/ (mus.) ὀρχήστρα (ή), συγκρότημα (τό)/ v.t. ἐπιδένω/ ~ *together,* συνδέω, συνενώνω
bandage, n. ἐπίδεσμος (ό)
bandit, n. ληστής (ό)
bandoleer, n. φυσιγγιοθήκη (ή)
bandy, v.t. ἀνταλλάσσω/ ~ *words,* ἀνταλλάσσω βρισιές/ ~ *legged,* a. στραβοπόδης
bane, n. ὄλεθρος (ό), καταστροφή (ή), μάστιγα (ἡ)/ ~*ful,* a. ὀλέθριος
bang, n. βίαιο χτύπημα/ v.t. χτυπῶ βίαια/ (the door) κλείνω τήν πόρτα μέ πάταγο
bangle, n. βραχιόλι (τό)
banish, v.t. ἐξορίζω, διώχνω/ ~*ment,* n. ἐξορία (ή)
banister, n. κιγκλίδωμα (τό)
banjo, n. μπάντζο (τό), εἶδος κιθάρας
bank, n. τράπεζα (ή)/ (river) ὄχθη (ἡ)/ v.t. ἔχω λογαριασμό σέ τράπεζα/ ~ *up,* ὑψώνω ἀνάχωμα/ ~ *on,* στηρίζομαι, βασίζομαι/ ~ *book,* n. βιβλιάριο τραπέζας/ ~*er,* n. τραπεζίτης (ὁ)/ ~*ing,* n. τραπεζιτικές ἐργασίες/ ~*note,* n. χαρτονόμισμα (τό)
bankrupt, a. χρεωκοπημένος/ n. χρεωκόπος (ὁ)/ *go* ~, χρεωκοπῶ, πτωχεύω/ ~*cy,* n. χρεωκοπία (ή), πτώχευση (ή)
banner, n. σημαία (ή), λάβαρο (τό)
banns, n. pl. προαναγγελία γάμου (ή)
banquet, n. συμπόσιο (τό), τραπέζι (τό), γλέντι (τό)
banter, n. εἰρωνεία (ή), πείραγμα (τό)/ v.t. εἰρωνεύομαι, πειράζω
baptism, n. βάπτισμα (τό), βαφτίσια (τά)/ ~*al,* a. βαπτιστικός/ *baptistry,* n. βαπτιστήριο (τό)/ *baptize,* v.t. βαπτίζω
bar, n. ράβδος (ή), μοχλός (ό), ἐμπόδιο (τό)/ (pub) μπάρ (τό), ποτοπωλεῖο (τό)/ (leg.) δικηγορικό σῶμα/ ~ *of chocolate (soap),* κομμάτι σοκολάτα (σαπούνι)/ v.t. ἐμποδίζω, ἀπαγορεύω, ἀποκλείω/ (the door) συρτώνω τήν πόρτα
barb, n. ἀγκίδα (ἡ)/ ~*ed wire,* συρματόπλεγμα
barbarian, n. & a. βάρβαρος (ὁ)/ *barbaric,* a. βαρβαρικός/ *barbarism,* n. βαρβαρισμός (ὁ)/ *barbarous,* a. βάρβαρος, ἀπάνθρωπος, σκληρός
barber, n. κουρέας (ὁ)/ ~ *'s shop,* κουρεῖο
bard, n. ραψωδός (ὁ), βάρδος (ὁ)
bare, a. γυμνός, ἀκάλυπτος, ξεσκέπαστος/ v.t. γυμνώνω/ ~ *majority,* μικρή πλειοψηφία/ ~ *faced,* a. ξεδιάντροπος, ἀναιδής/ ~ *footed,* a. ξυπόλυτος/ ~ *headed,* a. ξεκαπέλωτος, ἀσκεπής/ ~*ly,* ad. μόλις, δύσκολα/ ~*ness,* n. γύμνια (ή), γυμνότητα (ή)
bargain, n. παζάρευμα (τό), εὐκαιρία (ή)/ *strike a* ~, κλείνω συμφωνία/ *real* ~, πραγματική εὐκαιρία/ v.i. παζαρεύω, διαπραγματεύομαι
barge, n. φορτηγίδα (ή), μαούνα (ἡ)/ ~*e,* n. μαουνιέρης (ό)
baritone, n. βαρύτονος (ό)
bark, n. (tree) φλοιός (ό)/ (dog) γάβγισμα (τό)/ (boat) βάρκα (ἡ)/ v.t. γαβγίζω
barley, n. κριθάρι (τό)
barm, n. μαγιά μπίρας (ή)
barmaid, n. σερβιτόρα σέ μπάρ, γκαρσόνα (ἡ)/ *barman,* n. μπάρμαν (ό), σερβιτόρος σέ μπάρ
barn, n. σιταποθήκη (ή)

barnacle-bed 260

barnacle, n. άγριόχηνα (ή)
barometer, n. βαρόμετρο (τό)
baron, n. βαρώνος (ό)/ ~*ess,* n. βαρώνη (ή)/ ~*et,* n. βαρωνέτος (ό)/ ~*ial,* a. βαρωνικός/ ~*y,* n. βαρωνία (ή)
baroque, a. σέ στύλ μπαρόκ/ n. μπαρόκ (τό)
barrack(s), n. στρατώνας (ό), στρατόπεδο (τό)/ v.t. γιουχαΐζω, άποδοκιμάζω
barrel, n. βαρέλι (τό), κύλινδρος (ό)/ (gun) κάνη (ή)/ *double* ~*led gun,* δίκανο ὅπλο/ (mech.) τύμπανο (τό)
barren, a. ἄγονος, στεῖρος/ ~*ness,* n. στειρότητα (ή), ἀγονία (ή)
barricade, n. ὁδόφραγμα (τό)/ v.t. φράζω, κλείνω τό δρόμο
barrier, n. φραγμός (ό), ἐμπόδιο (τό)
barring, pr. ἐκτός ἐάν
barrister, n. δικηγόρος ἀνώτερων δικαστηρίων
barrow, n. χειράμαξα (ή)/ v. tumulus
barter, n. ἀνταλλαγή ἐμπορευμάτων (ή)/ v.t. ἀνταλλάσσω ἐμπορεύματα
barytone, n.v. baritone
basalt, n. βασάλτης (ό)
base, n. βάση (ή), στήριγμα (τό), θεμέλιο (τό)/ a. ταπεινός, εὐτελής/ (coin) κίβδηλος, κάλπικος/ v.t. βασίζω, στηρίζω, θεμελιώνω/ ~ *oneself on,* στηρίζομαι, βασίζομαι
baseless, a. ἀβάσιμος
basement, n. ὑπόγειο (τό)
baseness, n. εὐτέλεια (ή), χαμέρπεια (ή), ἀγένεια (ή)
bashful, a. ντροπαλός, συνεσταλμένος, δειλός/ ~*ness,* n. ντροπαλοσύνη (ή), συστολή (ή), δειλία (ή)
basic, a. βασικός
basilica, n. βασιλική (ή)
basilisk, n. βασιλίσκος (ό)
basin, n. λεκάνη (ή), νιπτήρας (ό) / (geol.) λεκανοπέδιο (τό)
basis, n. βάση (ή), θεμέλιο (τό)
bask, v.i. λιάζομαι
basket, n. καλάθι (τό)/ ~ *ball,* n. καλαθόσφαιρα (ή)/ ~*ful,* n. καλαθιά (ή), περιεχόμενο καλαθιοῦ/ ~*ry,* n. καλαθοποιΐα (ή)
Basque, a. βασκικός/ n. Βάσκος (ό)
bas-relief, n. ἀνάγλυφο (τό)

bass, n. βαθύφωνος (ό), μπάσος (ό)/ (fish) πέρκα (ή)
bastard, a. & n. νόθος (ό), μπάσταρδος (ό)/ (met.) παλιάνθρωπος (ό), ἀφιλότιμος (ό)/ ~*ize,* v.t. νοθεύω, μπασταρδεύω/ ~*y,* n. νοθογένεια (ή)
baste, v.t. τρυπώνω/ (meat) λιπαίνω, ἀλείφω μέ λίπος
bastion, n. ἔπαλξη (ή), προμαχώνας (ό)
bat, n. (zool.) νυχτερίδα (ή)/ (sport) ρακέτα τοῦ κρίκετ/ ρόπαλο (τό), κόπανος (ό)/ v.i. παίζω κρίκετ/ (eyes) βλεφαρίζω/ *not to ~ an eyelid,* δέν μοῦ καίγεται καρφί
batch, n. δέσμη (ή), φουρνιά (ή), παρτίδα (ή)
bate, v.t. & i. μειώνω, περιορίζω, κόβω/ *with bated breath,* μέ κομμένη τήν ἀνάσα
bath, n. λουτρό (τό), μπάνιο (τό), λουτήρας (ό)/ *take a ~,* κάνω μπάνιο/ ~ *house,* n. δημόσιο λουτρό/ ~*robe,* μπουρνούζι (τό)/ ~*tub,* μπανιέρα (ή)/ ~*e,*v.t. λούζω, πλένω/ v.i. λούζομαι, πλένομαι/ ~*er,* n. λουόμενος (ό)/ ~*ing,* n. θαλάσσιο μπάνιο (τό), κολύμπι (τό)
bathos, n. ἀντικλίμακα (ή), πτώση ἀπό τό ὑπέροχο στό γελοῖο
bathroom, n. λουτρό (τό), μπάνιο (τό)
baton, n. ράβδος (ή), ρόπαλο (τό)/ (mus.) μπαγκέτα (ή)/ (breed) φραντζόλα (ή)
battalion, n. τάγμα (τό)
batten, n. σανίδα (ή)/ v.t. σανιδώνω, ξυλοστρώνω/ ~*ing,* n. σανίδωμα (τό), ξυλόστρωση (ή)/ v.i. τρώγω ἄπληστα
batter, n. ζυμάρι (τό)/ v.t. χτυπῶ, σφυροκοπῶ/ ~*ing ram,* n. κριός (ό), πολιορκητική μηχανή (ή)
battery, n. (leg.) ἄδικη ἐπίθεση (ή), βιαιοπραγία (ή)/ (mil.), πυροβολαρχία (ή)/ (elec.) συσσωρευτής (ό), μπαταρία (ή)
battle, n. μάχη (ή), ἀγώνας (ό)/ ~*field,* πεδίο μάχης (τό)/ ~*ship,* πολεμικό πλοῖο (σκάφος) (τό)/ v.t. & i. πολεμῶ, ἀγωνίζομαι
battlement, n. ὀχυρό μέ ἐπάλξεις (τό)
bauble, n. μπιχλιμπίδι (τό), παιχνίδι (τό)
bawdy, a. αἰσχρός, ἄσεμνος, χυδαῖος/ ~ *house,* πορνεῖο
bawl, v.i. κραυγάζω, σκούζω/ n. κραυγή

(ή), σκούξιμο (τό)
bay, n. κόλπος (ό), ὅρμος (ό)/ (bot.) δάφνη (ή)/ (horse) ροῦσσος (ό), ντορής (ό)/ (dog) γάβγισμα (τό), ὑλακή (ή)/ *keep at* ~, κρατῶ σέ ἀπόσταση/ *sick* ~, θάλαμος νοσοκομείου/ ~ *window,* ἐξώστεγο παράθυρο/ v.i. γαβγίζω, ὑλακτῶ
bayonet, n. ξιφολόγχη (ή)
bazaar, n. παζάρι (τό), ἀγορά (ή)
be, v.i. εἶμαι, ὑπάρχω, ζῶ/ *how are you?* πῶς εἶσαι;/ *where are you?* ποῦ εἶσαι;/ *are you often in town?* ἔρχεσαι συχνά στήν πόλη;/ *how much is it?* πόσο ἔχει;/ *to* ~ *about to,* πρόκειται νά/ ~ *off,* φεύγω/ ~ *out,* λείπω, ἀπουσιάζω
beach, n. παραλία (ή), ἀκτή (ή), ἀκρογιαλιά (ή), ἀκροθαλασσιά (ή)/ *sandy* ~, ἀμμουδιά, πλάζ/ v.t. προσαράζω, βγάζω στή στεριά/ ~*head,* n. προγεφύρωμα (τό)
beacon, n. πυρσός (ό), φάρος (ό), φανάρι (τό)
bead, n. χάντρα (ή)/ *string of* ~*s,* κολλιέ, κομπολόι
beadle, n. κήρυκας (ό), ἀρχικλητήρας (ό)
beagle, n. λαγωνικό (τό)
beak, n. ράμφος (τό), μύτη (ή)/ (ship) ἔμβολο (τό)
beaker, n. κύπελλο (τό), κούπα (ή)
beam, n. δοκάρι (τό)/ (light) ἀκτίνα (ή), δέσμη ἀκτίνων (ή)/ (naut.) ζυγός (ό)/ (scales) φάλαγγα (ή), ζυγός (ό)/ v.t. & i. ἀκτινοβολῶ, λάμπω, ἐκπέμπω/ ~*ing,* a. λαμπερός, ἀκτινοβόλος.
bean, n. φασόλι (τό)/ *spill the* ~*s,* ἀποκαλύπτω μυστικό, τά ξερνῶ
bear, n. ἀρκούδα (ή)/ *Great* ~, Μεγάλη Ἄρκτος (ή)/ *Little* ~, Μικρή Ἄρκτος (ή)/ v.t. & i. φέρω, βαστῶ, μεταφέρω/ (fruit) καρπίζω/ (child) γεννῶ/ ~ *down,* συντρίβω/ ~ *down on,* πλησιάζω γρήγορα/ ~ *a grudge,* τρέφω μνησικακία/ ~ *with,* ἀνέχομαι/ ~*able,* a. ὑποφερτός, ἀνεκτός
beard, n. γένια (τά), γενειάδα (ή)/ ~*ed,* a. γενειοφόρος/ ~*less,* a. ἀγένειος, ἀμούστακος
bearer, n. κομιστής (ό), φορέας (ό), βαστάζος (ό)
bearing, n. συμπεριφορά (ή), στάση (ή), διαγωγή (ή)/ (maths) ἀντιστοιχία (ή)/ (mech.) τριβέας (ό), κουζινέτο (τό)/ (arch.) ὑποστήριγμα (τό)/ *lose one's* ~*s,* χάνω τόν προσανατολισμό μου/ *take one's* ~*s,* βρίσκω τόν προσανατολισμό μου/ (fruit) καρποφορία (ή)/ (children) τεκνοποιία (ή), γέννηση (ή)
bearskin, n. ἀρκουδοτόμαρο (τό)
beast, n. ζῶο (τό), θηρίο (τό)/ (fig.) κτῆνος (τό)/ ~*ly,* a. κτηνώδης, ἀπαίσιος, φοβερός
beat, n. χτύπημα (τό)/ (mus.) ρυθμός (ό)/ (heart) παλμός (ό)/ v.t. & i. χτυπῶ, δέρνω, ξυλοκοπῶ/ (win) νικῶ, ὑπερέχω, ξεπερνῶ/ ~ *the air,* ματαιοπονῶ/ ~ *about the bush,* ἀποφεύγω νά ἔρθω στό θέμα/ ~ *back,* ἀποκρούω/ ~ *the retreat,* σημαίνω ὑποχώρηση/ ~*en track,* γνωστή πορεία
beatific, a. μακάριος/ *beatify,* v.t. μακαρίζω.
beating, n. ξυλοκόπημα (τό), δαρμός (ό)/ (heart) παλμός (ό), σφυγμός (ό)
beatitude, n. μακαριότητα (ή), μακαρισμός (ό)
beau, n. δανδής (ό), μορφονιός (ό), λιμοκοντόρος (ό)
beautician, n. αἰσθητικός (ό, ή)
beautiful, a. ὡραῖος, ὅμορφος/ *beautify,* v.t. καλλωπίζω, ὀμορφαίνω/ *beauty,* n. ὀμορφιά (ή), καλλονή (ή)/ ~ *parlour,* ἰνστιτοῦτο καλλονῆς/ ~ *spot,* ἀξιοθέατο, γραφικό τοπίο
beaver, n. κάστορας (ό)
becalm, v.t. & i. καθησυχάζω, κατευνάζω/ (naut.) ἀπαγγιάζω/ ~*ed,* p.p. & a. ἀπαγγιασμένο, ἀκινητοποιημένο
because, c. ἐπειδή, διότι/ ~ *of,* ἕνεκα, ἐξαιτίας
beck, n. νόημα (τό), νεῦμα (τό)/ ~ *on,* v.t. κάνω νόημα, νεύω, γνέφω
become, v.i. γίνομαι, ἀποβαίνω, καταλήγω,/ *what has* ~ *of you?* τί ἀπόγινες;/ *this hat* ~*s you,* αὐτό τό καπέλο σοῦ πηγαίνει/ *becoming,* a. ταιριαστός, κατάλληλος
bed, n. κρεβάτι (τό), κλίνη (ή)/ (grass) πρασιά (ή), παρτέρι (τό)/ (sea) πυθμένας (ό)/ (river) κοίτη (ή)/ (geol.) στρῶμα (τό), κοίτασμα (τό)/ *make the* ~,

bedeck–bestride 262

στρώνω/ *go to* ~, πηγαίνω νά κοιμηθώ/ *go to* ~ *with*, συνουσιάζομαι, κάνω ἔρωτα μέ/ ~ *of roses*, ἄνεση, χλιδή/ ~*ridden*, κλινήρης/ ~*room*, ὑπνοδωμάτιο/ ~*time*, ὥρα γιά δεῖπνο/ ~*ding*, n. κλινοσκεπάσματα (τά)/ (geol.) στρωματοποίηση (ἡ)
bedeck, v.t. στολίζω
bedevil, v.t. δαιμονίζω, ἐξοργίζω
bedew, v.t. ραίνω, δροσίζω, ραντίζω
bedfellow, n. ὁμόκλινος (ὁ)/ (fig.) σύντροφος (ὁ)
bedlam, n. φρενοκομεῖο (τό)/ (fig.) φασαρία (ἡ)
bedraggle, v.t. λασπώνω, κουρελιάζω/ ~*d*, a. λασπωμένος, κουρελιασμένος.
bed-sitter, n. διαμέρισμα ἑνός δωματίου
bee, n. μέλισσα (ἡ) / ~*hive*, n. κυψέλη (ἡ)/ ~ *keeping*, n. μελισσοκομία (ἡ)/ *have a* ~ *in one's bonnet*, ἔχω ἔμμονη ἰδέα, ἔχω λόξα
beech, n. ὀξιά (ἡ)
beef, n. βοδινό κρέας (τό), βοδινό (τό)/ ~ *steak*, μπριζόλα βοδινή (ἡ)
beer, n. μπύρα (ἡ)/ ~*house*, μπυραρία (ἡ)
beet, n. παντζάρι (τό), κοκκινογούλι (τό)
beetle, n. σκαθάρι (τό)/ (tech.) βαριά (ἡ)
beetroot, n. παντζάρι (τό), κοκκινογούλι (τό)
befall, v.i. συμβαίνω, μοῦ τυχαίνει
befit, v.t. ἁρμόζω, ταιριάζω/ ~*ting*, a. κατάλληλος, ταιριαστός
before, ad. & pr. πρίν, προηγούμενα, μπροστά/ ~ *long*, σύντομα/ *long* ~, πρίν πολύ καιρό/ *appear* ~, ἐμφανίζομαι μπροστά (ἐνώπιον)/ *the day* ~ *yesterday*, προχθές/ ~ *hand*, ad. ἐκ τῶν προτέρων/ ~ *his time*, πρίν τῆς ὥρας του, πρόωρα
befriend, v.t. φέρομαι φιλικά, εὐνοῶ, ὑποστηρίζω
beg, v.t. & i. ζητῶ, παρακαλῶ, ζητιανεύω/ ~ *pardon*, ζητῶ συγγνώμη
beget, v.t. γεννῶ, παράγω/ (fig.) προκαλῶ
beggar, n. ζητιάνος (ὁ), ἐπαίτης (ὁ)/ v.t. καταστρέφω, ἀναγκάζω κάποιον νά ζητιανέψει/ ~ *description*, ἀπερίγραπτος/ ~*liness*, n. ζητιανιά (ἡ), ἐπαιτία

(ἡ)/ ~*ly*, a. πενιχρός, ἄθλιος/ ~*y*, n. ζητιανιά (ἡ), ἐπαιτία (ἡ), ἀθλιότητα (ἡ)
begin, v.t. & i. ἀρχίζω/ *to* ~ *with*, κατ' ἀρχήν/ ~ *ner*, n. ἀρχάριος (ὁ)/ ~*ning*, n. ἀρχή (ἡ), ἔναρξη (ἡ)
begone, int. φύγε, τράβα
begrime, v.t. μολύνω, βρωμίζω
begrudge, v.t. κάνω κάτι χωρίς δρεξη/ (fig.) φθονῶ
beguile, v.t. ἀπατῶ, ξεγελῶ, γοητεύω/ ~ *the time*, περνῶ τήν ὥρα
behalf, n. χάρη (ἡ), ὠφέλεια (ἡ)/ *on* ~ *of*, ἐκ μέρους, ἐν ὀνόματι
behave, v.i. συμπεριφέρομαι/ ~ *yourself!* κάτσε φρόνιμα
behaviour, n. συμπεριφορά (ἡ)
behead, v.t. ἀποκεφαλίζω/ ~*ing*, n. ἀποκεφαλισμός (ὁ)
behest, n. διαταγή (ἡ), προσταγή (ἡ)
behind, ad. pr. πίσω, ὄπισθεν/ *leave* ~, ξεχνῶ/ ~ *the scenes*, στά παρασκήνια/ ~ *time*, ἀργά, καθυστερημένα/ ~ *the times*, ξεπερασμένος, καθυστερημένος, ὀπισθοδρομικός
behold, v.t. παρατηρῶ, βλέπω/ ~*en*, a. ὀφειλέτης/ ~*er*, n. παρατηρητής (ὁ), θεατής (ὁ)
behoof, n. ὄφελος (τό), κέρδος (τό)
being, n. ὤν (ὁ), ὑπάρχων (ὁ), ὑπαρξη (ἡ)/ *Supreme* ~, Ὕπέρτατο ὄν (τό)/ a. ὑπαρκτός/ *for the time* ~, πρός τό παρόν
belabour, v.t. πολυλογῶ/ (beat) ξυλοκοπῶ
belated, a. καθυστερημένος, ἀργοπορημένος
belch, n. ρέψιμο (τό)/ v.i. ρέβομαι/ (volcano) ξερνῶ
beleaguer, v.t. πολιορκῶ
belfry, n. καμπαναριό (τό), κωδωνοστάσιο (τό)
Belgian, n. Βέλγος (ὁ)/ a. βελγικός
belie, v.t. διαψεύδω
belief, n. πίστη (ἡ), πεποίθηση (ἡ)/ *believable*, a. πιστευτός
believe, v.t. πιστεύω, φρονῶ/ ~*r*, n. πιστός (ὁ), ὀπαδός (ὁ)
belittle, v.t. ἐλαττώνω, ὑποβιβάζω
bell, n. κουδούνι (τό), καμπάνα (ἡ)/ *the*

~ rings, τό κουδούνι σημαίνει/ ~ ringer, n. κωδωνοκρούστης (ό)/ ~ tower, n. κωδωνοστάσιο (τό), καμπαναριό (τό)
belladonna, n. μπελλαντόνα (ή), μανικός στρύχνος (ό)
belle, n. καλλονή (ή)
bellicose, a. φιλοπόλεμος
belligerent, a. ἐμπόλεμος/ *belligerency,* n. ἐμπόλεμη κατάσταση (ή)
bellow, n.i. μουγκανίζω/ ~s, n. pl. φυσερό (τό)
belly, n. κοιλιά (ή), γαστέρα (ή) ~*band*, n. κοιλεπίδεσμος (ό)/ ~*ful*, n. μέ γεμάτη τήν κοιλιά/ *I've had a* ~ *of your nonsense,* χόρτασα μέ τίς ἀνοησίες σου
belong, v.i. ἀνήκω, ὑπάγομαι/ ~*ings,* n. pl. πράγματα (τά), ὑπάρχοντα (τά)
beloved, a. ἀγαπητός, προσφιλής
below, ad. & pr. κάτω, ἀποκάτω, ὑπό
belt, n. ζώνη (ή), ζωνάρι (τό), ζωστήρας (ό)/ *hit below the* ~, κάνω ζαδολιά/ v.t. ζώνω, περιζώνω
bemoan, v.t. θρηνῶ
bench, n. θρανίο (τό), πάγκος (ό)/ (leg.) ἕδρα (ή)
bend, n. καμπή (ή), κλίση (ή)/ v.t. κάμπτω, λυγίζω/ v.i. σκύδω, κάμπτομαι, κυρτώνω
beneath, ad. & pr. ἀπό κάτω, χαμηλότερα/ ~ *notice,* ἀνάξιος προσοχῆς
benediction, n. εὐλογία (ή)
benefaction, n. ἀγαθοεργία (ή), εὐεργεσία (ή)/ *benefactor,* n. εὐεργέτης (ό)
benefice, n. κέρδος (τό), προνόμιο (τό)/ ~*nce,* n. ἀγαθοεργία (ή)/ ~*nt,* a. εὐεργετικός, ἀγαθοεργός
beneficial, a. ὠφέλιμος, εὐεργετικός/ *beneficiary,* n. δικαιοῦχος (ό), εὐεργετούμενος (ό)
benefit, n. ὄφελος (τό), κέρδος (τό), ἐπίδομα (τό)/ (theat.) εἰδική παράσταση/ ~ *society,* ἀλληλοβοηθητική ἑταιρία/ v.t. βοηθῶ, ὠφελῶ/ v.i. ὠφελοῦμαι, ἐπωφελοῦμαι
benevolence, n. φιλανθρωπία (ή), ἀγαθοεργία (ή)/ *benevolent,* a. φιλανθρωπικός, ἀγαθοεργός
benighted, a. νυχτωμένος/ (fig.) ἀμαθής
benign, a. καλοκάγαθος/ (climate) ἤπιος/ (med.) καλοήθης

benison, n. εὐλογία (ή)
bent, n. κλίση (ή), τάση (ή), ροπή (ή)/ a. κυρτός
benumb, v.t. μουδιάζω, νεκρώνω
benzine, n. βενζίνη (ή)
benzoin, n. βενζόη (ή)
bequeath, v.t. κληροδοτῶ/ *bequest,* n. κληροδότημα (τό)
bereave, v.t. ἀποστερῶ/ *the* ~*d,* πενθοῦντες συγγενεῖς/ ~*ment,* n. ἀποστέρηση (ή), πένθος (τό)
beret, n. μπερές (ό), σκοῦφος (ό)
berry, n. μοῦρο (τό)
berth, n. καμπίνα πλοίου (ή), κουκέττα (ή)/ (harbour) ἀραξοβόλι (τό), μόλος (ό)/ *give a wide* ~ *to,* κρατῶ ἀπόσταση ἀσφαλείας/ v.t. ἀράζω, πλευρίζω
beryl, n. βήρυλος (ό)
beseech, v.t. ἱκετεύω, ἐκλιπαρῶ
beset, v.t. περικυκλώνω, περιστοιχίζω/ ~ *with dangers,* περιστοιχισμένος ἀπό κινδύνους
beside, pr. δίπλα, κοντά, παραπλεύρως/ ~ *the point,* ἄσχετα, ἀνεξάρτητα ἀπό/ ~ *oneself,* ἐκτός ἐαυτοῦ/ ~*s,* ad. ἐξάλλου
besiege, v.t. πολιορκῶ/ ~*r,* n. πολιορκητής (ό)
besmear, v.t. βρωμίζω, μολύνω
besot, v.t. ἀπομωραίνω/ ~*ed.* a. ἀποβλακωμένος
bespatter, v.t. πιτσιλίζω
bespeak, v.t. προστάζω, παραγγέλνω/ (reveal) φανερώνω, δείχνω
besprinkle, v.t. ραντίζω
best, a. καλύτερος, ἄριστος/ ~ *man,* κουμπάρος (ό), παράνυμφος (ό)/ ~ *seller,* βιβλίο μέ τήν καλύτερη κυκλοφορία/ *to the* ~ *of my knowledge,* ἀπ' ὅσο γνωρίζω/ n. τό καλύτερο μέρος/ *at best,* στήν καλύτερη περίπτωση/ *all the* ~, μέ τίς καλύτερες εὐχές/ *try one's* ~, κάνω ὄ,τι μπορῶ/ ad. καλύτερα
bestial, a. κτηνώδης/ ~*ity,* n. κτηνωδία (ή)
bestir, v.i. ἀνακινῶ, ταράζομαι
bestow, v.t. ἀπονέμω, χορηγῶ, ἐπιδαψιλεύω/ ~*al,* n. ἀπονομή (ή), χορήγηση (ή)
bestride, v.t. διασκελίζω

bet, n. στοίχημα (τό)/ v.i. στοιχηματίζω
betake (oneself) v.i. καταφεύγω
bethink (oneself) v.i. στοχάζομαι, ἀναπολῶ
betide, v.t. συμβαίνω/ *whatever may* ~, ὅ,τι καί νά συμβεῖ
betimes, ad. ἐνωρίς, ἔγκαιρα
betoken, v.t. προμηνύω, προαναγγέλλω
betray, v.t. προδίδω, ἀποκαλύπτω/ ~*al*, n. προδοσία (ἡ)/ ~*er*, n. προδότης (ὁ)
betroth, v.t. ἀρραβωνιάζω, μνηστεύω/ ~*al*, n. ἀρραβώνας (ὁ), μνηστεία (ἡ)/ ~*ed*, a. ἀρραβωνιασμένος, μνηστευμένος
better, a. καλύτερος, ἀνώτερος/ *the* ~ *part*, τό μεγαλύτερο μέρος/ *be* ~ *off*, εἶμαι σέ καλύτερη οἰκονομική κατάσταση/ ad. καλύτερα/ *all the* ~, τόσο τό καλύτερο/ *get the* ~ *of*, ἐπιβάλλομαι/ v.t. καλυτερεύω, βελτιώνω/ ~ *ment*, n. καλυτέρευση (ἡ), βελτίωση (ἡ)
between, ad. & pr. μεταξύ, ἀνάμεσα/ ~ *you and me*, μεταξύ μας/ *few and far* ~, πολύ ἀραιά (σπάνια)
bevel, n. γωνιόμετρο (τό), ἀλφάδι (τό)/ v.t. κόβω λοξά
beverage, n. ποτό (τό)
bevy, n. (birds) σμῆνος (τό)/ (girls) πλῆθος κοριτσιῶν, κοριτσομάνι (τό)
bewail, v.t. θρηνῶ
beware, v.i. προσέχω/ ~ *of the dog*, ὁ σκύλος δαγκώνει!/ ~ *of*, πρόσεχε, φυλάξου!
bewilder, v.t. συγχύζω, ζαλίζω/ ~*ment*, n. σύγχυση (ἡ), ἀμηχανία (ἡ)
bewitch, v.t. μαγεύω, γοητεύω/ (through evil eye) ματιάζω, βασκαίνω/ ~*ing*, n. μάγεμα (τό), γοητεία (ἡ), μάτιασμα (τό), βασκανία (ἡ)
beyond, ad. & pr. πιό πέρα, κεῖθε, ἐκεῖ κάτω/ *this is* ~ *me*, αὐτό δέν τό καταλαβαίνω/ n. ὑπερπέραν (τό), μετά θάνατον ζωή (ἡ)
bias, n. προκατάληψη (ἡ), παρέκλιση (ἡ)/ v.t. προκαταλαμβάνω, προδιαθέτω/ ~*ed*, a. προκατειλημένος, μεροληπτικός
bib, v.t. συχνοπίνω/ n. σαλιάρα (ἡ)
Bible, n. Βίβλος (ἡ)/ *biblical*, a. βιβλικός
bibliography, n. βιβλιογραφία (ἡ)
bibliophile, a. βιβλιόφιλος
bibulous, a. πότης, μπεκρής
biceps, n. (med.) δισχιδής μύς (ὁ)
bicker, v.i. φιλονικῶ, φυγομαχῶ
bicycle, n. ποδήλατο (τό)/ *bicyclist*, n. ποδηλάτης (ὁ)
bid, v.t. διατάζω, προσκαλῶ/ (auction) πλειοδοτῶ/ n. πλειοδοσία (ἡ), πλειστηριασμός (ὁ)/ *make a* ~, κάνω προσφορά/ ~ *farewell*, ἀποχαιρετῶ/ ~ *welcome*, καλωσορίζω/ ~*ding*, n. πρόσκληση (ἡ), προσταγή (ἡ), πλειοδοσία (ἡ)
bide, v.i. ὑπομένω, περιμένω τήν κατάλληλη στιγμή
biennial, a. διετής, κάθε διετία
bier, n. φορεῖο (τό), φέρετρο (τό)
bifurcated, a. διχαλωτός/ *bifurcation*, n. διχάλα (ἡ), διακλάδωση (ἡ)
big, a. μεγάλος, μεγαλόσωμος, ὀγκώδης/ *talk* ~, καυχιέμαι
bigamist, n. δίγαμος (ὁ)/ *bigamy*, n. διγαμία (ἡ)
bight, n. ὁρμίσκος (ὁ), μικρός κόλπος (ὁ)
bigot, n. φανατικός, στενοκέφαλος/ ~*ry*, n. φανατισμός (ὁ), στενοκεφαλιά (ἡ)
bigwig, n. προσωπικότητα (ἡ), σημαντικό πρόσωπο (τό)
bilateral, a. διμερής
bilberry, n. βατόμουρο (τό)
bile, n. χολή (ἡ)/ ~*stone*, χολόλιθος/ *bilious*, a. χολερικός
bilge, n. κύτος (τό), ἀμπάρι (τό)/ ~ *water*, νερά στ' ἀμπάρι/ (fig.) ἀνοησίες (οἱ)
bilingual, a. δίγλωσσος
bilk, v.t. ἐξαπατῶ
bill, n. λογαριασμός (ὁ), τιμολόγιο (τό)/ (parl.) νομοσχέδιο (τό)/ (theat.) πρόγραμμα παράστασης/ (bird) ράμφος (τό)/ ~ *of exchange*, συναλλαγματική/ ~ *of health*, πιστοποιητικό ὑγείας (τό)/ ~ *of lading*, φορτωτική (ἡ)/ ~*poster*, n. τοιχοκολλητής (ὁ)/ *ten pound* ~, χαρτονόμισμα δέκα λιρῶν/ v.t. & i. χρεώνω, κάνω τόν λογαριασμό
billet, n. δελτίο καταυλισμοῦ (τό)/ v.t. στρατωνίζω
billiard(s), n. μπιλιάρδο (τό), σφαιριστήριο (τό)/ ~ *ball*, μπάλα μπιλιάρδου (ἡ)/

~ *room*, αἴθουσα σφαιριστηρίου (ἡ)
billion, n. δισεκατομμύριο (τό)
billow, n. μεγάλο κύμα (τό)/ v.i. κυματίζω/ ~*y*, a. κυματώδης
billy, n. χύτρα (ἡ)/ ~ *goat*, n. τράγος (ὁ)
bin, n. κιβώτιο (τό), δοχεῖο (τό)/ *dust* ~, τενεκές σκουπιδιῶν
binary, a. δυαδικός
bind, v.t. ἐνώνω, συνδέω, δένω/ *bound by one's word*, δεσμεύομαι ἀπό τήν ὑπόσχεσή μου/ *be bound to*, εἶμαι ὑποχρεωμένος/ ~*er*, n. βιβλιοδέτης (ὁ)/ ~*ing*, n. δέσιμο (τό), βιβλιοδεσία (ἡ)
binnacle, n. θήκη πυξίδας (ἡ)
binoculars, n. pl. διόπτρα (ἡ), κυάλια (τά)
biographer, n. βιογράφος (ὁ)/ *biographical*, a. βιογραφικός/ *biography*, n. βιογραφία (ἡ)
biological, a. βιολογικός/ *biologist*, n. βιολόγος (ὁ)/ *biology*, n. βιολογία (ἡ)
biped, n. δίποδο (τό)
biplane, n. διπλάνο (τό)
birch, n. σημύδα (ἡ)/ v.t. ῥαβδίζω/ ~*ing*, n. ῥαβδισμός (ὁ)
bird, n. πουλί (τό), πτηνό (τό)/ ~*'s eye view*, κάτοψη/ ~ *of passage*, ἀποδημητικό πουλί/ ~ *lime*, n. ξόβεργα (ἡ)/ ~*watcher*, παρατηρητής πουλιῶν
birth, n: γέννηση (ἡ)/ ~ *certificate*, πιστοποιητικό γεννήσεως/ ~ *control*, ἔλεγχος γεννήσεων/ ~*day*, n. γενέθλια (τά)/ ~ *place*, n. γενέθλιος τόπος (ὁ)/ ~*right*, n. πρωτοτόκια (τά)/ ~ *rate*, n. γεννητικότητα (ἡ)
biscuit, n. μπισκότο (τό)
bisect, v.t. διχοτομῶ
bishop, n. ἐπίσκοπος (ὁ), δεσπότης (ὁ)/ ~*ric*, n. ἐπισκοπή (ἡ)
bismuth, n. βισμούθιο (τό)
bison, n. βόνασος (ὁ)
bit, n. κομματάκι (τό), λίγο/ (horse) χαλινάρι (τό)/ *a little* ~, λιγάκι/ *not a* ~, καθόλου/ ~ *by* ~, λίγο-λίγο
bitch, n. σκύλα (ἡ)
bite, n. δαγκωματιά (ἡ), δάγκωμα (τό)/ *have a* ~, τρώγω μιά μπουκιά/ v.t. δαγκώνω/ (fish) τσιμπῶ/ *biting*, a. δηκτικός/ ~ *wind*, διαπεραστικός κρύος ἄνεμος

bitter, a. πικρός/ (met.) δηκτικός, δριμύς/ ~ *enemy*, ἄσπονδος ἐχθρός/ ~*ness*, n. πικρία (ἡ), δηκτικότητα (ἡ), μνησικακία (ἡ)
bittern, n. ἐρωδιός (ὁ)
bitumen, n. ἄσφαλτος (ἡ), πίσσα (ἡ), κατράμι (τό)/ *bituminous*, a. ἀσφαλτώδης
bivouac, n. καταυλισμός (ὁ), κατασκήνωση (ἡ)/ v.i. κατασκηνώνω
bizarre, a. παράδοξος, ἀλλόκοτος
blab, v.t.& i. φλυαρῶ, διαδίδω
black, a. μαῦρος, μελανός/ ~*berry*, n. βατόμουρο (τό)/ ~*bird*, n. μαυροπούλι (τό), κοτσύφι (τό)/ ~*board*, n. μαυροπίνακας (ὁ)/ ~*guard*, n. παλιάνθρωπος (ὁ)/ ~*leg*, n. ἀπεργοσπάστης (ὁ)/ ~*list*, n. μαῦρος πίνακας (ὁ), κατάλογος ἀνεπιθύμητων (ὁ)/ ~*mail*, v.t. ἐκβιάζω/ n. ἐκβιασμός (ὁ)/ ~*market*, μαύρη ἀγορά (ἡ)/ ~*sheep*, ἀνάξιο μέλος οἰκογένειας/ v.t. μαυρίζω
blacken, v.t. μαυρίζω/ ~*ing*, n. μαύρισμα (τό)
blacking, n. λουστράρισμα (τό)
blackish, a. μαυριδερός/ *blackness*, n. μαυρίλα (ἡ)
blackout, n. συσκότιση (ἡ)
bladder, n. κύστη (ἡ), φούσκα (ἡ)
blade, n. λεπίδα (ἡ), λάμα (ἡ)/ (grass) μακρύ φύλλο
blame, n. κατηγορία (ἡ), ψόγος (ὁ), μομφή (ἡ)/ *take the* ~, ἀναλαμβάνω τήν εὐθύνη/ v.t. κατηγορῶ, ψέγω, μέμφομαι/ *he is to* ~, αὐτός φταίει/ ~*less*, ἄψογος/ ~ *worthy*, a. ἀξιοκατάκριτος
blanch, v.t. λευκαίνω, ἀσπρίζω/ v.i. γίνομαι ὠχρός
bland, a. ἥπιος, πρᾶος, ἥμερος/ ~*ish*, v.t. χαϊδεύω, θωπεύω, κολακεύω/ ~*ishment*, n. χάδι (τό), θωπεία (ἡ), κολακεία (ἡ)
blank, a. κενός, λευκός, ἄγραφος/ ~ *cartridge*, ἄσφαιρη βολή/ ~ *cheque*, ἐπιταγή ἐν λευκῷ/ ~ *verse*, ἐλεύθερος στίχος/ n. κενό (τό)/ *draw a* ~, ἀποτυχαίνω
blanket, n. κουβέρτα (ἡ), πάπλωμα (τό), σκέπασμα (τό)
blare, v.i. ὀρύομαι, σαλπίζω/ n. διαπεραστική κραυγή (ἡ), σάλπισμα (τό)
blaspheme, v.i. βλαστημῶ/ *blasphemous*,

a. βλάστημος/ blasphemy, n. βλαστήμια (ή), βλασφημία (ή)
blast, n. (wind) φύσημα (τό)/ (bomb) έκρηξη (ή)/ ~ furnace, ύψικάμινος (ή)/ v.t. κατακαίω, άνατινάσσω, καταστρέφω/ ~ing, n. έκρηξη (ή), ανατίναξη (ή)
blatant, a. ολοφάνερος κατάφωρος
blaze, n. φλόγα (ή), ανάφλεξη (ή)/ v.i. φλέγομαι, φεγγοβολώ/ ~ up, άναφλέγομαι/ v.t. διαδίδω, δυσφημώ/ ~ a trail, ανοίγω τό δρόμο, είμαι πρωτοπόρος
blazer, n. ζακέτα (ή), σακάκι (τό)
blazon, v.t. διακοσμώ, διαλαλώ/ ~ry, n. διακόσμηση οίκοσήμων (ή)
bleach, n. λευκαντικό (τό)/ v.t. λευκαίνω/ ~er, n. λευκαντής (ό)/ ~ing, n. λεύκανση (ή)
bleak, a. έρημος, άνεμοδαρμένος, ψυχρός, μελαγχολικός
bleary, a. τσιμπλιασμένος
bleat, n. βέλασμα (τό)/ v.i. βελάζω
bleed, v.i. αιμορραγώ, ματώνω/ my heart ~s, ή καρδιά μου ματώνει/ v.t. κάνω αφαίμαξη, φλεβοτομώ/ ~ing, n. αιμορραγία (ή), άφαίμαξη (ή)/ a. ματωμένος
blemish, n. κηλίδα (ή), στίγμα (τό), ελάττωμα (τό)/ v.t. κηλιδώνω, χαλώ
blend, n. μίγμα (τό)/ v.t. ανακατεύω, συγχωνεύω/ v.i. συγχωνεύομαι
bless, v.t. εύλογώ/ ~ed, a. εύλογημένος, μακάριος/ ~edness, n. άγιότητα (ή), μακαριότητα (ή)/ ~ing, n. ευλογία (ή)
blight, n. καταστροφή φυτών (ή), έρυσίβη (ή)/ v.t. φθείρω, άφανίζω, μαραίνω
blind, a. τυφλός/ ~ alley, αδιέξοδος δρόμος/ ~ man's buff, τυφλόμυγα/ n. παραθυρόφυλλο (τό)/ Venetian ~s, παντζούρια (τά)/ v.t. τυφλώνω/ ~fold, a. μέ δεμένα τά μάτια/ v.t. δένω τά μάτια/ ~ly, ad. τυφλά/ ~ness, n. τυφλότητα (ή)
blink, v.t. & i. μισοκλείνω τά μάτια, τρεμοσβήνω/ ~ the facts, κλείνω τά μάτια στήν αλήθεια/ ~ers, n. pl. παρωπίδες (οί)
bliss, n. ευτυχία (ή), μακαριότητα (ή)/ ~ful, a. εύτυχισμένος, μακάριος
blister, n. φουσκάλα (ή)/ v.i. βγάζω φουσκάλες, φουσκαλιάζω

blithe, a. εύθυμος, χαρούμενος, φαιδρός
blizzard, n. χιονοστρόβιλος (ό)
bloat, v.t. φουσκώνω, πρήζω/ become ~ed, πρήζομαι/ n. καπνιστή ρέγγα (ή)
blob, n. φυσαλίδα (ή)
bloc, n. μπλόκ (τό), συγκρότημα (τό)
block, n. μεγάλο κομμάτι/ (obstacle) εμπόδιο (τό)/ (naut.) τροχαλία (ή)/ (printing) κλισέ (τό)/ ~ of buildings, τετράγωνο (τό)/ ~ of flats, πολυκατοικία (ή)/ ~ letters, κεφαλαία γράμματα/ v.t. έμποδίζω
blockade, n. αποκλεισμός/ v.t. αποκλείω
blockage, n. εμπόδιο (τό), φράξιμο (τό)
blockhead, n. χοντροκέφαλος (ό)
blond, a. ξανθός/ ~e, a. ξανθιά
blood, n. αίμα (τό)/ in cold ~, εν ψυχρώ/ ~hound, n. ιχνηλάτης σκύλος/ ~ letting, αφαίμαξη (ή)/ ~ poisoning, δηλητηρίαση τοϋ αίματος/ ~ pressure, πίεση τοϋ αίματος/ ~shed, n. αίματοχυσία (ή)/ ~shot, a. κατακόκκινος/ ~ thirsty, a. αιμοδιψής, αιμοβόρος/ ~ transfusion, μετάγγιση αίματος/ ~ vessel, αιμοφόρο αγγείο/ ~less, a. άναίμακτος/ ~y, a. αιματηρός, αιμόφυρτος
bloom, n. άνθος (τό), άνθηση (ή)/ (met.) ακμή (ή)/ v.i. άνθίζω, ακμάζω/ ~ing, a. ανθισμένος.
blossom, n. άνθος (τό)/ v.i. άνθίζω
blot, n. κηλίδα (ή)/ v.t. κηλιδώνω, στεγνώνω τό μελάνι/ ~ting, a. άπορροφητικός/ ~ting paper, στυπόχαρτο
blotch, n. εξάνθημα (τό)
blouse, n. μπλούζα (ή)
blow, n. χτύπημα (τό)/ (wind) φύσημα (τό)/ in one ~, μεμιάς/ come to ~s, έρχόμαστε στά χέρια/ take a ~, δέχομαι χτύπημα/ ~hole, n. άεριστήρας (ό)/ ~lamp, n. λάμπα αερίου (ή)/ v.t. φυσώ/ ~ one's nose, φυσώ τήν μύτη μου/ ~ one's own trumpet, περιαυτολογώ, διαφημίζομαι/ ~ up, άνατινάζω/ ~ out, σβήνω/ ~ one's brains, τινάζω τά μυαλά μου
blubber, n. λίπος φάλαινας (τό)/ v.i. κλαψουρίζω
bludgeon, n. ρόπαλο (τό)/ v.t. χτυπώ μέ ρόπαλο
blue, a. μπλέ, γαλάζιος/ ~ bell, n. υάκιν-

θος (ὁ)/ ~beard, n. κυανοπώγων (ὁ)/ ~bottle, n. κρεατόμυγα (ἡ)/ ~eyed, a. γαλανομάτης/ ~print, n. μπλὲ (γαλάζιο) χρῶμα (τό)/ out of the ~, ξαφνικά, χωρίς προειδοποίηση/ v.t. χρωματίζω μπλέ
bluff, a. παχουλός, ἀπότομος/ n. μπλόφα (ἡ)/ (geol.) ἀπότομη ἀκτή (ἡ)/ v.i. μπλοφάρω
bluish, a. γαλαζωπός
blunder, n. σφάλμα (τό), γκάφα (ἡ)/ v.i. κάνω γκάφα
blunderbuss, n. τρομπόνι (τό)
blunt, a. ἀμβλύς, τραχύς/ v.t. ἀμβλύνω, στομώνω/ ~ly, ad. ἀπότομα/ ~ness, n. ἀμβλύτητα (ἡ), τραχύτητα (ἡ)
blur, n. λεκές (ὁ), κηλίδα (ἡ)/ v.t. λεκιάζω, κηλιδώνω, συγχύζω/ (sight, etc.) θαμπώνω
blurt, v.t. μιλῶ ἀπερίσκεπτα
blush, n. κοκκίνισμα (τό), ἐρύθημα (τό)/ v.i. κοκκινίζω, ἐρυθριῶ
bluster, n. ὁρμή (ἡ), μανία (ἡ)/ v.i. φυσῶ μέ μανία/ (fig.) κομπάζω, καυχιέμαι/ ~er, n. καυχηματίας (ὁ)
boa, n. βόας (ὁ)
boar, n. κάπρος (ὁ), ἀγριογούρουνο (τό)
board, n. σανίδα (ἡ)/ (company) συμβούλιο (τό)/ notice ~, πίνακας ἀνακοινώσεων/ on ~, πάνω σέ πλοῖο/ ~ of Trade, Ὑπουργεῖο Ἐμπορίου/ ~ and lodging, τροφή καί διαμονή/ v.t. σανιδώνω/ (a vehicle) ἐπιβιβάζομαι/ ~ with, διαμένω μέ/ ~er, n. οἰκότροφος (ὁ)/ ~ ing school, οἰκοτροφεῖο (τό)
boast, n. καύχηση (ἡ)/ v.t. καυχιέμαι, ὑπερηφανεύομαι/ ~er, n. καυχηματίας (ὁ)/ ~ing, a. κομπαστικός
boat, n. βάρκα (ἡ), λέμβος (ἡ), πλοιάριο (τό)/ ~hook, γάντζος (ὁ)/ ~ house, n. νεώσοικος (ὁ)/ ~man, n. βαρκάρης (ὁ)/ ~ing, n. βαρκάδα (ἡ), λεμβουχία (ἡ)
bob, n. χοροπήδημα (τό)/ (curtsy) ὑπόκλιση (ἡ)/ (hair) κόψιμο μαλλιῶν (τό)/ v.i. χοροπηδῶ, ταλαντεύομαι/ v.t. κόβω τά μαλλιά κοντά
bobbin, n. πηνίο (τό), μπομπίνα (ἡ)
bobsleigh, n. ἕλκηθρο (τό)
bode, v.t. προμαντεύω, προοιωνίζομαι/ n. οἰωνός (ὁ)

bodice, n. στηθόδεσμος (ὁ), σουτιέν (τό)
bodiless, a. ἀσώματος/ bodily, a. σωματικός, ὑλικός/ ad. ὑλικά
bodkin, n. σακοράφα (ἡ)
body, n. σῶμα (τό)/ in a ~, ὁλόκληρο, ὅλο μαζί/ ~guard, n. σωματοφυλακή (ἡ), σωματοφύλακας (ὁ)/ ~work, n. σκελετός (ὁ)
bog, n. ἕλος (τό), βάλτος (ὁ) get ~ ged down, ἀποτελματώνομαι
bogey, n. φόβητρο (τό), μπαμπούλας (ὁ)
boggle, v.i. ἐμποδίζομαι, ὑποχωρῶ/ the mind ~s, τό μυαλό σταματάει
boggy, a. ἑλώδης, βαλτώδης
bogus, a. ψεύτικος, κάλπικος
boil, n. βράσιμο (τό)/ (med.) σπυρί (τό)/ bring to the ~, φθάνω στό βράσιμο/ v.t. βράζω, μαγειρεύω/ ~ away, ἐξατμίζομαι/ it ~s down to, ἡ οὐσία εἶναι ὅτι/ ~ed, a. βρασμένος, βραστός/ ~er, n. καζάνι (τό), λέβητας (ὁ)/ ~ er house, λεβητοστάσιο/ ~ing, n. βράσιμο (τό)/ ~ing point, σημεῖο βρασμοῦ/ (fig.) κρίσιμο σημεῖο (τό)
boisterous, a. θορυβώδης
bold, a. τολμηρός, ἄφοβος/ ~ faced, a. ἀναιδής, θρασύς/ make ~, ἀποτολμῶ, παίρνω τό θάρρος/ ~ness, n. τόλμη (ἡ), θράσος (τό)
bole, n. κορμός (ὁ)
bolster, n. προσκέφαλο (τό), μαξιλάρι (τό)/ v.t. ὑποστηρίζω, ἐνθαρρύνω
bolt, n. σύρτης (ὁ), μάνταλο (τό)/ (thunder) ἀστροπελέκι (τό)/ v.t. συρτώνω, μανταλώνω/ (eat) καταβροχθίζω/ v.i. ἀφηνιάζω, φεύγω ὁρμητικά/ ~ upright, a. ὁλόρθος
bomb, n. βόμβα (ἡ)/ atomic ~, ἀτομική βόμβα/ time ~, ὡρολογιακή βόμβα/ ~ carrier, βομβαρδιστικό ἀεροπλάνο (τό)/ ~shell, ὀβίδα (ἡ)/ ~ shelter, ὑπόγειο καταφύγιο/ v.t. βομβαρδίζω, ρίχνω βόμβες/ ~ard, v.t. βομβαρδίζω/ ~ardment, n. βομβαρδισμός (ὁ)
bombast, n. στόμφος (ὁ)/ ~ic, a. στομφώδης
bomber, n. βομβαρδιστικό ἀεροπλάνο (τό)/ bombing, n. βομβαρδισμός (ὁ)
bona fide, a. καλόπιστος/ n. καλή πίστη (ἡ)

bond, n. δεσμός (ό)/ (fin.) όμολογία (ή)/ v.t. συνδέω, δεσμεύω/ ~ed goods, έμπορεύματα σέ διαμετακόμιση/ ~ed warehouse, άποθήκη έμπορευμάτων σέ διαμετακόμιση
bondage, n. δουλεία (ή)
bondholder, n. όμολογιοϋχος (ό)
bondsman, n. έγγυητής (ό)
bone, n. κόκαλο (τό)/ ~ of contention, άμφισβητούμενο/ v.t. ξεκοκαλίζω/ ~less, a. χωρίς κόκαλα
bonfire, n. πυρά (ή)
bonnet, n. σκούφος (ό), σκούφια (ή)/ (car) καπό (τό)
bonny, a. κομψός, χαριτωμένος
bonus, n. δώρο (τό), έκτακτη άμοιβή (ή), βραβείο (τό)
booby, n. άνόητος άνθρωπος/ ~trap, βόμβα-παγίδα (ή)
book, n. βιβλίο (τό)/ ~binder, n. βιβλιοδέτης (ό)/ ~case, n. βιβλιοθήκη (ή)/ ~keeper, n. λογιστής (ό)/ ~keeping, n. λογιστική (ή)/ ~maker, n. αύτός πού στοιχηματίζει στόν ίππόδρομο/ ~seller, n. βιβλιοπώλης (ό), ~shelf, n. ράφι βιβλιοθήκης (τό)/ ~worm, n. βιβλιοφάγος (ό)
book, v.t. προκρατώ, κλείνω θέση/ ~ing, n. καταχώρηση (ή), κλείσιμο θέσης (τό)/ ~ clerk, ύπάλληλος γιά τήν κράτηση θέσεων/ ~ office, θυρίδα (ή)
booklet, n. βιβλιαράκι (τό), φυλλάδιο (τό)
boom, n. ξαφνική έπιτυχία, άκμή (ή)/ (naut.) ζεύγμα (τό)/ (noise) βοή (ή)/ v.i. βροντώ/ business is ~ing, οί δουλειές πάνε περίφημα
boomerang, n. μπούμερανγκ (τό)
boon, n. εύνοια (ή), χάρη (ή), εύεργέτημα (τό)/ ~ companion, εύθυμος σύντροφος
boor, n. χωριάτης (ό), άγροίκος (ό)/ ~ish, a. άξεστος
boost, n. ώθηση (ή)/ v.t. ώθώ, προβάλλω, ένισχύω
boot, n. ύπόδημα (τό), μπότα (ή)/ (car) πίσω μέρος αύτοκινήτου/ v.t. κλωτσώ/ ~ black, n. λοϋστρος (ό)/ ~ed, a. παπουτσωμένος/ ~ee, n. πέδιλο (τό)
booth, n. παράπηγμα (τό), περίπτερο (τό)
bootless, a. άνώφελος, άχρηστος
booty, n. λάφυρο (τό)
booze, n. ποτό (τό)/ v.i. πίνω, μπεκρουλιάζω
boracic, a. βορικός/ borax, n. βόραξ (ό), χρυσόκολλα (ή)
border, n. άκρο (τό), σύνορο (τό), δριο (τό)/ ~land, n. συνοριακή περιοχή/ ~line, n. συνοριακή γραμμή (ή), δροθετική γραμμή/ ~line case, άμφισβητούμενη περίπτωση/ v.t. γειτονεύω, περιορίζω/ ~ on, πλησιάζω, μοιάζω
bore, n. τρύπα (ή), όπή (ή), άνοιγμα (τό)/ (tech.) διαμέτρημα (τό)/ he is a ~, είναι βαρετός/ v.t. άνοίγω τρύπα/ be ~d, βαριέμαι/ ~dom, n. άνία (ή), βαρεμάρα (ή)/ ~r, n. τρύπανο (τό), τρυπητήρι (τό)
boric, a. βορικός/ ~ acid, βορικό όξύ (τό)
boring, a άνιαρός/ ~ machine, διατρητική μηχανή (ή)
born, p.p. & a. γεννημένος
borne, p.p. φορητός, μεταφερτός
borough, n. δήμος (ό)
borrow, v.t. δανείζομαι
bosh, n. μωρολογία (ή)
bosom, n. στήθος (τό)/ ~ friend, έπιστήθιος φίλος (ό)
boss, n. έργοδότης (ό), άφεντικό (τό), διευθυντής (ό)/ (tech.) έξόγκωμα (τό)/ (naut.) άξονας (ό)/ v.t. διευθύνω, όδηγώ, κάνω τό άφεντικό/ ~y, a. αύταρχικός
botanic(al), a. βοτανικός/ botanist, n. βοτανολόγος (ό)/ botanize, v.i. μελετώ βοτανική/ botany, n. βοτανική (ή)
botch, n. μπάλωμα (τό), άτεχνη δουλειά/ v.t. μπαλώνω/ ~ up, έπισκευάζω άτεχνα/ ~er, n. μπαλωματής (ό)
both, a & pn. άμφότεροι/ ~ of us, καί οί δυό μας
bother, n. ένόχληση (ή), μπελάς (ό), σκοτούρα (ή)/ v.t. ένοχλώ, πειράζω, στενοχωρώ/ don't ~ me, μή μ' ένοχλείς, άφησέ με ήσυχο
bottle, n. μπουκάλι (τό), φιάλη (ή)/ ~ feeding, γάλα μέ τό μπιμπερό/ v.t. μποτιλιάρω, έμφιαλώνω/ ~neck, n. παρεμπόδιση (ή)

bottom, n. πυθμένας (ό), θυθός (ό), πάτος (ό), βάθος (τό)/ (body) πισινός (ό)/ *from the* ~ *of my heart,* μέ ὅλη μου τήν καρδιά/ a. τελευταῖος/ ~*less,* a. ἀπύθμενος
boudoir, n. μπουντουάρ (τό)
bough, n. κλωνάρι (τό)
boulder, n. μεγάλη στρογγυλή πέτρα (ή)
bounce, n. ἀναπήδημα (τό)/ v.i. ἀναπηδῶ/ (cheque) ἐπιστρέφω ἐπιταγή γιατί δέν ἔχει ἀντίκρυσμα
bound, n. πήδημα (τό), ὅριο (τό)/ *out of* ~*s,* ἀπαγορεύεται ἡ εἴσοδος/ a. ὑποχρεωμένος, προωρισμένος/ *be* ~ *for,* κατευθύνομαι πρός/ v.t. πηδῶ/ v.i. περιορίζομαι/ ~*ary,* σύνορο (τό)
bounden, a. ὑπόχρεος
boundless, a. ἀπέραντος, ἀπεριόριστος
bounteous, bountiful, a. πλουσιοπάροχος, γενναιόδωρος/ *bounty,* n. γενναιοδωρία (ἡ)/ (govern.) κρατική ἐπιχορήγηση
bouquet, n. ἀνθοδέσμη (ή), μπουκέτο (τό)
bourgeois, n. ἀστός (ό)
bout, n. περίοδος ἔντονης δραστηριότητας/ (med.) κρίση (ή), προσβολή (ή), παροξυσμός (ό)
bovine, a. βοδινός
bow, n. ὑπόκλιση (ή)/ v.i. ὑποκλίνομαι/ ~ *one's head,* σκύβω τό κεφάλι
bow, n. τόξο (τό)/ (violin) δοξάρι (τό)/ (ship) πλώρη (ή)/ ~*legged,* a. στραβοπόδης
bowels, n. pl. ἐντόσθια (τά), ἔντερα (τά)
bower, n. συστάδα δέντρων (ή)
bowl, n. λεκάνη (ή), γαβάθα (ή)/ v.i. παίζω μέ σφαίρα/ ~ *ing,* n. παιχνίδι μέ σφαίρα, μπώλινγκ (τό)
bowman, n. τοξότης (ό)
bowsprit, n. πρόβολος (ό), πομπρέσσο (τό)
box, n. κουτί (τό), κιβώτιο (τό)/ (theat.) θεωρεῖο (τό)/ ~ *office success,* ἐπιτυχία θεατρικοῦ ἔργου/ *ballot* ~, κάλπη/ ~*wood,* κουτί ἀπό πύξο/ v.t. δίνω μπουνιές, πυγμαχῶ/ ~*er,* n. πυγμάχος (ό)/ ~*ing match,* πυγμαχικός ἀγώνας/ ~ *ing gloves,* γάντια πυγμαχίας
boy, n. ἀγόρι (τό), παιδί (τό)

boycott, n. ἀποκλεισμός (ό), μποϋκοτάρισμα (τό)
boyhood, n. παιδική ἡλικία (ή)/ *boyish,* a. παιδικός, ἀγορίστικος
brace, n. δεσμός (ό), λουρί (τό), κορδόνι (τό)/ (pair) ζευγάρι (τό)/ ~*s,* n. pl. τιράντες (οἱ)
bracelet, n. βραχιόλι (τό)
bracken, n. φτέρη (ή)
bracket, n. (tech.) ὑποστήριγμα (τό), βραχίονας στήριξης (ό)/ (print.) παρένθεση (ή), ἀγκύλη (ή)/ v.t. βάζω σέ παρένθεση/ ~ *together,* συνδέω, βάζω μαζί
brackish, a. γλυφός
brad, n. ἀκέφαλο καρφί (τό)/ ~*awl,* n. σουβλί (τό), τρυπητήρι (τό)
brag, n. καύχηση (ή), κομπασμός (ό), φούμαρα (τά)/ v.i. κομπάζω, καυχιέμαι/ ~*gadocio,* n. καυχησιάρης (ό)/ ~*gart,* n. καυχησιάρης (ό), φανφαρόνος (ό)
braid, v.t. πλέκω, δένω/ (hair) κάνω κοτσίδα/ n. πλεξούδα (ή)/ (hair) κοτσίδα (ή)
brain, n. ἐγκέφαλος (ό), μυαλό (τό)/ ~*drain,* μετανάστευση ἐγκεφάλων/ ~ *fever,* ἐγκεφαλονωτιαία μηνιγγίτιδα/ ~ *washing,* πλύση ἐγκεφάλου/ ~ *wave,* φαεινή ἰδέα, ξαφνική ἔμπνευση
brainless, a. ἄμυαλος/ *brainy,* a. μυαλωμένος, διανοούμενος
braise, v.t. σιγοψήνω
brake, n. φρένο (τό), τροχοπέδη (ή)/ v.t. φρενάρω/ (bot.) χαμόκλαδα (τά)/ (flax) κόπανος (ό)/ ~*sman,* n. χειριστής φρένων (ό)
bramble, n. βατομουριά (ή)
bran, n. πίτουρο (τό)
branch, n. (tree) κλαδί (τό), κλαρί (τό)/ (subdivision) κλάδος (ό), (bank etc) ὑποκατάστημα (τό), παράρτημα (τό)/ (road) διακλάδωση (ή)/ (river) βραχίονας (ό)/ v.i. διακλαδίζομαι, βγάζω κλαδιά/ ~ *off,* ἀποχωρίζομαι/ ~ *out,* ἐπεκτείνομαι
branchia, n. pl. βράγχια (τά)
brand, n. δαυλός (ό), σφραγίδα (ή)/ (trade) ἐμπορικό σῆμα (τό), μάρκα (ή)/ ~ *new,* ὁλοκαίνουριος/ v.t. σφραγίζω,

σημαδεύω/ it is ~ ed on my memory, ἔχει ἐντυπωθεῖ στήν μνήμη μου/ ~ed, a. σφραγισμένος, σημαδεμένος
brandish, v.t. κραδαίνω, ἐπισείω
brandy, n. κονιάκ (τό), μπράντυ (τό)
brash, a. ἀπερίσκεπτος, παράτολμος
brass, n. ὀρείχαλκος (ὁ), μπροῦντζος (ὁ)/ top ~, ἀνώτερα στελέχη/ ~ band, ὀρχήστρα πνευστῶν
brassière, n. στηθόδεσμος (ὁ), σουτιέν (τό)
brat, n. παλιόπαιδο (τό), βρωμόπαιδο (τό)
bravado, n. ψευτοπαλικαριά (ἡ), νταηλίκι (τό)
brave, a. γενναῖος, θαρραλέος/ v.t. ἀψηφῶ, ἀντιμετωπίζω μέ θάρρος/ ~ry, n. γενναιότητα (ἡ), ἀνδρεία (ἡ), παλικαριά (ἡ)
bravo, int. μπράβο
brawl, n. καβγάς (ὁ), συμπλοκή (ἡ), φασαρία (ἡ)/ v.i. καβγαδίζω, διαπληκτίζομαι/ ~er, n. καβγατζής (ὁ), θορυβοποιός (ὁ)
brawn, n. δύναμη (ἡ)/ ~y, a. εὔρωστος, γεροδεμένος
bray, n. γκάρισμα (τό)/ (fig.) φωνασκία (ἡ)/ v.i. γκαρίζω, οὐρλιάζω
brazen, a. ὀρειχάλκινος, μπρούντζινος/ ~ faced, χαλκοπρόσωπος, ἀδιάντροπος
brazier, n. χαλκωματάς (ὁ)
Brazilian, a. βραζιλιακός/ n. Βραζιλιανός (ὁ)
breach, n. (relations) ῥῆξη (ἡ), διακοπή (ἡ)/ (law) παράβαση (ἡ)/ ~ of promise, ἀθέτηση (ἡ)/ ~ of the peace, διατάραξη ἡσυχίας
bread, n. ψωμί (τό)/ daily ~, ἐπιούσιος/ ~ winner, ἐκεῖνος πού συντηρεῖ τήν οἰκογένεια
breadth, n. φάρδος (τό), πλάτος (τό), εὐρύτητα (ἡ)
break, n. σπάσιμο (τό), ρωγμή (ἡ), θλάση (ἡ)/ lunch ~, μεσημεριανή διακοπή ἐργασίας, διάλειμμα, ἀνάπαυλα/ ~ of day, αὐγή, ξημέρωμα/ v.t. σπάζω, σπάω, συντρίβω, θρυμματίζω, κομματιάζω/ (law) παραβιάζω/ (relations) διακόπτω/ (record) καταρρίπτω/ (promise) ἀθετῶ/ ~ the news, ἀναγγέλλω/ v.i. συντρίβομαι, ραγίζω/ ~ away, ἀποχωρῶ, ἀποσκιρτῶ/ ~ down, χαλῶ, παθαίνω βλάβη/ (nervous) παθαίνω νευρικό κλονισμό/ ~ off, διακόπτω, διαλύω/ ~ out, ἐκδηλώνομαι, ξεσπῶ/ ~through, βρίσκω διέξοδο, ἀνοίγω δρόμο/ ~ up, διαλύω/ ~able, a. εὔθραυστος/ ~age, n. σπάσιμο (τό), ράγισμα (τό)/ ~down, n. σταμάτημα (τό), μηχανική βλάβη (ἡ)/ (nervous) νευρικός κλονισμός (ὁ)
breaker, n. μεγάλο κύμα/ (ice) παγοθραυστικό (τό)
breakfast, n. πρωινό (τό), πρόγευμα (τό)/ v.i. παίρνω πρωινό, προγευματίζω
breakneck, a. ἐπικίνδυνος, ἰλιγγιώδης
breakthrough, n. διέξοδος (ἡ), καινοτομία (ἡ)
breakwater, n. κυματοθραύστης (ὁ)
breast, n. στῆθος (τό), θώρακας (ὁ), στέρνο (τό)
breath, n. ἀναπνοή (ἡ), ἀνάσα (ἡ), πνοή (ἡ)/ be out of ~, λαχανιάζω/ take ~, παίρνω ἀναπνοή/ ~e, v.i. ἀναπνέω, ὑπάρχω/ v.t. φυσῶ/ ~ing, n. ἀνάσα (ἡ), ἀναπνοή (ἡ)/ ~ing space, διάλειμμα, ἀνάπαυλα/ ~less, a. ξέπνοος, λαχανιασμένος/ (dead) ἄψυχος, ξεψυχισμένος
breech, n. ὀπίσθια (τά)/ (mil.) πυγαῖο (τό), οὐραῖο (τό)/ ~es, n. pl. βρακί (τό), παντελόνι (τό)
breed, n. γενιά (ἡ), ράτσα (ἡ)/ v.t. γεννῶ, ἀνατρέφω/ v.i. πολλαπλασιάζομαι, ἀναπαράγομαι/ ~er, n. (cattle) κτηνοτρόφος (ὁ)/ (tech.) πηρηνικός ἀντιδραστήρας (ὁ)/ ~ing, n. ἀναπαραγωγή (ἡ), πολλαπλασιασμός (ὁ)/ (cattle) ἐκτροφή ζώων/ good ~ing, καλή ἀνατροφή, καλοί τρόποι
breeze, n. αὔρα (ἡ), ἀεράκι (τό), μπάτης (ὁ)/ ~y, a. εὐάρεστος/ (person) ζωηρός, κεφάτος
brethren, n. pl. ἀδελφοί (οἱ), ἀδέλφια (τά)
brevity, n. συντομία (ἡ), βραχύτητα (ἡ), βραχυλογία (ἡ)
brew, n. ρόφημα (τό), ποτό (τό), μπύρα (ἡ)/ v.t. βράζω, παρασκευάζω, ἀνακατεύω/ v.i. προετοιμάζομαι/ (storm)

προμηνύομαι/ ~er, n. ζυθοποιός (ό), ποτοποιός (ό)/ ~ery, n. ζυθοποιείο (τό), ποτοποιείο (τό)
briar, n. ρείκι (τό)
bribe, n. δωροδοκία (ή)/ v.t. δωροδοκώ/ ~ry, n. δωροδοκία (ή), έξαγορά (ή)
brick, n. τούβλο (τό), πλίνθος (ό)/ (person) έντάξει άνθρωπος/ ~layer, n. πλινθοκτίστης (ό), έργάτης τούβλων/ ~work, n. πλινθοδομή (ή), κτίσιμο μέ τούβλα/ ~yard, n. πλινθοποιείο (τό), φούρνος τούβλων (ό)
bridal, a. γαμήλιος, νυφικός/ bride, n. νύφη (ή)/ bridegroom, n. γαμπρός (ό)/ bridesmaid, n. παράνυφη (ή)
bridge, n. γέφυρα (ή), γεφύρι (τό)/ (cards) μπρίτζ (τό)/ v.t. γεφυρώνω, συνδέω/ ~head, n. προγεφύρωμα (τό)
bridle, n. χαλινάρι (τό), γκέμια (τά)/ ~ path, μουλαρόδρομος/ v.t. χαλιναγωγώ, συγκρατώ, δαμάζω
brief, n. δικογραφία (ή), περίληψη (ή)/ accept a ~, άναλαμβάνω ύπόθεση/ a. σύντομος, συνοπτικός, βραχύς/ in ~, σύντομος, μέ λίγα λόγια/ v.t. ένημερώνω, δίνω όδηγίες/ ~case, n. χαρτοφύλακας (ό)/ ~ing, n. ένημέρωση (ή)/ ~ly, ad. σύντομα, συνοπτικά
brig, n. μπρίκι (τό)
brigade, n. ταξιαρχία (ή)/ fire ~, σώμα πυροσβεστικής
brigadier, n. ταξίαρχος (ό)
brigand, n. ληστής (ό)/ ~age, n. ληστεία (ή)
brigantine, n. (naut.) μπρατσέρα (ή)
bright, a. λαμπρός, φωτεινός, άστραφτερός, λαμπερός/ (person) έξυπνος/ ~en, v.t. φωτίζω, λαμπρύνω, ζωηρεύω/ v.i. φωτίζομαι, άστράφτω, λάμπω/ ~ly, ad. ζωηρά, λαμπερά, φωτεινά/ ~ness, n. λαμπρότητα (ή), φωτεινότητα (ή), λάμψη (ή)/ (in a person) έξυπνάδα (ή)
brilliancy, n. λαμπρότητα (ή), λάμψη (ή)/ brilliant, a. λαμπρός, φωτεινότατος/ (mind) σπινθηροβόλος
brim, n. (cup or cliff) χείλος (τό), άκρη (ή)/ (hat) γύρος (ό)/ ~ful, a. ξέχειλος, ύπερπλήρης, γεμάτος
brimstone, n. θειάφι (τό)
brine, n. άλμη (ή), σαλαμούρα (ή)

bring, v.t. φέρνω/ ~ about, προκαλώ, προξενώ/ ~ back, έπαναφέρω/ ~ down, άνατρέπω, καταρρίπτω/ (price) ρίχνω, μειώνω τήν τιμή/ ~ forth, παράγω, γεννώ/ ~ forward, παρουσιάζω/ (date) έπισπεύδω/ ~ in (income) άποφέρω/ (arrest) συλλαμβάνω/ ~ on, έπιφέρω, προξενώ/ ~ out, άποκαλύπτω/ ~ round, συνεφέρνω/ ~ to a close, τερματίζω, όλοκληρώνω/ ~ to light, άποκαλύπτω/ ~ up (child) άνατρέφω/ (a subject) φέρνω θέμα σέ συζήτηση
brink, n. χείλος (τό)
brisk, a. γοργός, ζωηρός, δραστικός
briskness, n. γοργότητα (ή), ζωηράδα (ή)
bristle, n. σκληρή τρίχα (ή)/ v.i. μοῦ σηκώνονται οἱ τρίχες/ ~ with difficulties, εἶμαι γεμάτος δυσκολίες/ bristly, a. άγκαθωτός, σκληρός
British, a. βρετανικός/ n. Βρετανός (ό)
brittle, a. εὔθραυστος
broach, n. τρυπάνι (τό), σουβλί (τό), περόνη (ή)/ v.t. άνοίγω τρύπα, τρυπώ/ ~ an idea, ρίχνω μιά ἰδέα, άνοίγω συζήτηση
broad, a. φαρδύς, πλατύς, εὐρύς/ in ~ daylight, μέρα μεσημέρι/ ~cast, n. έκπομπή (ή), μετάδοση (ή)/ v.t. έκπέμπω, μεταδίδω/ ~caster, n. έκφωνητής (ό)/ ~minded, a. μέ εὐρείες άντιλήψεις, άνεκτικός, προοδευτικός/ ~minded, a. φαρδύπλατος/ ~side, n. πλευρά πλοίου (ή)/ be on ~ (naut.) πλευριστά
broaden, v.t. & i. εὐρύνω, πλαταίνω/ broadly, ad. πλατιά, γενικά, σέ γενικές γραμμές/ ~ speaking, καθαρά καί ξάστερα
brocade, n. ὕφασμα μπροκάρ (τό)
brochure, n. φυλλάδιο (τό), διαφημιστικό (τό), μπροσούρα (ή)
broke, a. άπέντιρος
broken, p.p. & a. σπασμένος, κομματιασμένος, συντριμμένος/ ~ hearted, άπελπισμένος, περίλυπος, άπαρηγόρητος
broker, n. μεσίτης (ό), πράκτορας (ό)/ ~age, n. μεσιτεία (ή), μεσιτικά (τά)
bromide, n. βρωμίδιο (τό)/ bromine, n. βρώμιο (τό)
bronchial, a. βρογχικός/ bronchitis, n.

βρογχίτιδα (ή)/ *bronchus*, n. βρόγχος (ό)
bronze, n. μπρούντζος (ό), όρείχαλκος (ό)/ *B~ Age*, Έποχή τοΰ Χαλκοΰ/ a. μπρούντζινος, όρειχάλκινος/ v.t. έπιχαλκώνω/ v.i. μαυρίζω, άποκτώ μπρούντζινο χρώμα
brooch, n. γυναικεία καρφίτσα (ή), πόρπη (ή)
brood, n. γέννα (ή), γένος (τό)/ v.i. κλωσώ, έπωάζω/ (fig.) μελαγχολώ/ *~y*, a. μελαγχολικός/ *~y hen*, κλώσα
brook, n. ρυάκι (τό), ποταμάκι (τό)/ v.t. άνέχομαι, ύπομένω
broom, n. σκούπα (ή)/ (bot.) άμμόχορτο (τό)/ *~stick*, n. σκουπόξυλο (τό)
broth, n. ζωμός κρέατος (ό)
brothel, n. πορνεΐο (τό), οίκος ανοχής (ό), μπορδέλο (τό)
brother, n. άδελφός (ό)/ *~ in arms*, συνάδελφος έν όπλοις/ *~ in law*, γαμπρός, κουνιάδος/ *~hood*, άδελφοσύνη, άδελφότητα/ *~ly*, a. αδελφικός/ ad. άδελφικά
brougham, n. κλειστή άμαξα (ή)
brow, n. φρύδι (τό), μέτωπο (τό)/ (cliff) άκρη (ή)/ *~beat*, v.t. φοβερίζω
brown, a. καστανός, καφετής, σκούρος/ (bread, sugar) μαύρος/ v.t. τσιγαρίζω/ v.i. μαυρίζω, σκουραίνω/ *~ish*, a. σκουρωπός, μελαψός
browse, n. νεαρός βλαστός (ό)/ v.t. & i. βόσκω/ (books) φυλλομετρώ
bruise, n. μωλωπισμός (ό)/ v.t. μωλωπίζω
brunette, n. μελαχρινή (ή), μελαψή (ή)
brunt, n. όρμή (ή), φόρα (ή)
brush, n. βούρτσα (ή), βούρτσισμα (τό)/ *~wood*, n. χαμόκλαδα (τά)/ v.t. βουρτσίζω/ (shoes) γυαλίζω/ *~ away*, άγνοώ, παραμερίζω/ *~ up*, βελτιώνω τίς γνώσεις μου
brutal, a. κτηνώδης/ *~ity*, n. κτηνωδία (ή), σκληρότητα (ή)/ *~ize*, v.t. & i. άποκτηνώνω
brute, n. κτήνος (τό)/ *brutish*, a. κτηνώδης, άπάνθρωπος
bubble, n. φούσκα (ή), μπουρμπουλήθρα (ή)/ v.i. παφλάζω, κοχλάζω/ *~ over*, ξεχειλίζω

buccaneer, n. πειρατής (ό)
buck, n. άρσενικό έλάφι ή άλλο ζώο (τό)/ (person) κομψευόμενος/ *~shot*, χοντρά σκάγια/ *~skin*, δέρμα άγριοκάτσικου/ v.i. άναπηδώ
bucket, n. κουβάς (ό), κάδος (ό)/ *kick the ~*, τά τινάζω, τινάζω τά πέταλα
buckle, n. κόπιτσα (ή), πόρπη (ή)/ (hair) μπούκλα (ή)/ v.t. κουμπώνω, θηλυκώνω/ v.i. λυγίζω, κάμπτομαι, στρεβλώνομαι/ *~r*, n. μικρή άσπίδα (ή)
buckram, n. κανναβόπανο (τό)
buckwheat, n. σίκαλη (ή)
bucolic, a. βουκολικός
bud, n. βλαστός (ό), μπουμπούκι (τό)/ v.i. βλασταίνω, μπουμπουκιάζω
Buddhism, n. Βουδισμός (ό)/ *Buddhist*, n. Βουδιστής (ό)/ a. βουδιστικός
budge, v.i. σαλεύω, μετακινοΰμαι, άλλάζω θέση/ v.t. μετακινώ
budget, n. προϋπολογισμός (ό)/ v.t. προϋπολογίζω
buffalo, n. βουβάλι (τό), βούβαλος (ό), βόνασος (ό)
buffer, n. προφυλακτικό (τό), άποκρουστήρας (ό), άμορτισέρ (τό)/ *~ state*, ούδέτερο κράτος άνάμεσα σέ δύο άντίπαλα κράτη
buffet, n. μπουφές (ό), κυλικεΐο (τό)
buffoon, n. γελωτοποιός (ό), παλιάτσος (ό)/ *~ery*, n. γελωτοποιία (ή)
bug, n. κοριός (ό), έντομο (τό)/ (tech.) μικρόφωνο (κρυφό) (τό)
bugbear, n. φόβητρο (τό)
bugle, n. σάλπιγκα (ή)/ *~r*, n. σαλπιγκτής (ό)
build, v.t. κτίζω, οίκοδομώ/ *~ up*, άναπτύσσω/ *well built*, καλοδεμένος, γεροδεμένος/ *~er*, n. κτίστης (ό), οίκοδόμος (ό)/ *~ing*, n. κτίριο (τό), οίκοδόμημα (τό)/ *~ing ground*, οίκοδομήσιμο οίκόπεδο/ *~ ing society*, στεγαστική έταιρία
bulb, n. (bot.) βολβός (ό)/ (elec.) ήλεκτρική λάμπα (ή), λαμπτήρας (ό)/ *~ous*, a. βολβώδης
bulge, n. έξόγκωμα (τό), κύρτωμα (τό)/ v.i. έξογκώνομαι, προεξέχω
bulk, n. όγκος (ό), μάζα (ή), ποσότητα (ή)/ *sell in ~*, πουλώ χονδρικά/ *~head*,

n. διαχώρισμα (τό)/ ~y, a. ὀγκώδης
bull, n. ταῦρος (ὁ)/ (Papal.) βούλα (ἡ)/ ~ *calf,* n. μοσχάρι (τό), μόσχος (ὁ) ~*dog,* n. μπουλντόκ (τό)/ ~*fight,* n. ταυρομαχία (ἡ)/ ~'*s eye,* κέντρο σκοπευτικοῦ δίσκου
bullet, n. σφαίρα (ἡ)/ ~*proof,* ἀλεξίσφαιρος
bulletin, n. δελτίο (τό)/ *news* ~, δελτίο εἰδήσεων
bullion, n. ὄγκος χρυσοῦ (ἀσημιοῦ) (ὁ)
bullock, n. μικρός ταῦρος (ὁ)
bully, n. ψευτοπαλικαράς (ὁ), νταής (ὁ), θρασύδειλος (ὁ)/ v.t. ἐκφοβίζω, κάνω τόν παλικαρά
bulwark, n. προπύργιο (τό), ὀχύρωμα (τό)/ (ship) παραπέτο (τό)
bumble-bee, n. κηφήνας (ὁ)
bump, n. χτύπημα (τό)/ v.t. & i. χτυπῶ, προσκρούω/ ~*er,* n. προφυλακτήρας (ὁ)
bumpkin, n. ἀγροῖκος (ὁ), χωριάτης (ὁ)
bumptious, a. ἀλαζονικός, φαντασμένος
bun, n. γλυκό ψωμάκι (τό)/ (hair) κότσος (ὁ)
bunch, n. δεσμίδα (ἡ), μάτσο (τό)/ (grapes) τσαμπί (τό)/ (keys) ἀρμαθιά (ἡ)/ v.t. δένω σέ δεμάτια, ἀρμαθιάζω/ v.i. συνωστίζομαι
bundle, n. δέμα (τό), μπόγος (ὁ)/ *a* ~ *of nerves,* μέ τεντωμένα τά νεῦρα/ v.t. περιτυλίγω, συσκευάζω/ ~ *someone off,* ἀπαλλάσσομαι
bung, n. πῶμα (τό), τάπα (ἡ)/ v.t. φράζω
bungalow, n. μονόροφο σπιτάκι (τό)
bungle, n. ἄτεχνη ἐργασία/ v.t. ἐργάζομαι ἄτεχνα/ ~*r,* n. ἀδέξιος τεχνίτης (ἐργάτης)
bunion, n. κάλος (ὁ)
bunk, n. κουκέτα ναύτη (ἡ)
bunker, n. καρβουναποθήκη (ἡ)/ (mil.) καταφύγιο (τό)
buoy, n. σημαδούρα (ἡ)/ v.t. κρατῶ στήν ἐπιφάνεια/ ~ *up,* ὑποστηρίζω, ὑποβαστάζω/ ~*ancy,* n. ζωηρότητα (ἡ), φαιδρότητα (ἡ)/ ~*ant,* a. ζωηρός, ἐλαφρός
burden, n. βάρος (τό), φορτίο (τό)/ v.t. ἐπιβαρύνω, φορτώνω/ ~*some,* a. φορτικός, ἐπαχθής
burdock, n. τρίβολος (ὁ)

bureau, n. γραφεῖο (τό), ὑπηρεσία (ἡ)/ ~*cracy,* n. γραφειοκρατία (ἡ)/ ~*crat,* n. γραφειοκράτης (ὁ)/ ~*cratic,* a. γραφειοκρατικός
burglar, n. διαρρήκτης (ὁ)/ ~*y,* n. διάρρηξη (ἡ)/ *burgle,* v.t. κάνω διάρρηξη
Burgundy, n. κρασί Βουργουνδίας (τό)
burial, n. ταφή (ἡ), θάψιμο (τό)/ ~ *ground,* νεκροταφεῖο (τό)/ ~ *service,* νεκρώσιμη ἀκολουθία (ἡ)
burlesque, n. παρωδία (ἡ)/ v.t. παρωδῶ
burly, a. παχύς
burn, n. κάψιμο (τό)/ v.t. καίω/ v.i. καίγομαι, φλέγομαι/ ~ *down,* κατακαίω, πυρπολῶ/ ~*one's fingers,* τήν παθαίνω/ ~*er,* n. καυστήρας (ὁ)/ ~ *ing,* n. κάψιμο (τό)/ a. καυστικός, καυτερός
burnish, v.t. γυαλίζω, στιλβώνω, λουστράρω/ ~*er,* n. στιλβωτής (ὁ), λουστραδόρος (ὁ)/ ~*ing,* n. στίλβωση (ἡ)
burnt, p.p. & a. καμένος/ ~ *offering,* ὁλοκαύτωμα (τό)
burrow, n. ὑπόγεια τρύπα (ἡ)/ v.i. τρυπώνω, φωλιάζω
bursar, n. ταμίας (ὁ), οἰκονόμος (ὁ)/ ~*y,* n. ταμεῖο (τό)
burst, n. ἔκρηξη (ἡ), ξέσπασμα (τό)/ v.t. παραβιάζω/ v.i. ξεσπῶ/ ~ *into bloom,* ἀνθίζω, μπουμπουκιάζω/ ~ *into tears,* ξεσπῶ σέ δάκρυα/ ~ *into the room,* εἰσβάλλω στό δωμάτιο/ ~ *open,* ἀνοίγω διάπλατα/ ~ *into laughter,* σκάζω στά γέλια/ ~ *with envy,* σκάω ἀπό ζήλια
bury, v.t. θάβω, παραχώνω/ ~ *one's face in one's hands,* σκεπάζω τό πρόσωπο μέ τίς παλάμες/ ~ *oneself in books,* βυθίζομαι στήν μελέτη
bus, n. λεωφορεῖο (τό)/ *miss the* ~, χάνω τό λεωφορεῖο
bush, n. θάμνος (ὁ)/ (tech.) ἀντιτριβικός σωλήνας (ὁ)
bushel, n. μόδιο (τό)
bushy, a. θαμνώδης/ (beard) πυκνή γενειάδα/ (tail) φουντωτή οὐρά
business, n. ἐργασία (ἡ), ἀσχολία (ἡ), δουλειά (ἡ), ἐπιχείρηση (ἡ)/ ~*on* ~, γιά δουλειά/ *big* ~, μεγαλοεπιχειρήσεις/ ~ *hours,* ὧρες ἐργασίας/ *mind your own* ~, μήν ἀνακατεύεσαι, κάνε τή δουλειά

σου/ ~like, a. θετικός, πρακτικός/ ~man, n. επιχειρηματίας (ό)
buskin, n. πέδιλο (τό)
bust, n. προτομή (ή)
bustle, n. φασαρία (ή), θόρυβος (ό), ταραχή (ή)/ v.i. κάνω φασαρία, προκαλώ ταραχή
busy, a. απασχολημένος, πολυάσχολος/ ~body, n. πολυπράγμων (ό)
but, c. αλλά, όμως/ all ~ one, όλοι εκτός από ένα/ anything ~, οτιδήποτε εκτός από/ ~ a moment ago, μέχρι πρίν λίγο
butcher, n. κρεοπώλης (ό), χασάπης (ό)/ v.t. σφάζω, κρεουργώ/ ~y, n. σφαγή (ή), μακελιό (τό)
butler, n. οικονόμος (ό)/ wine ~, οινοχόος (ό)
butt, n. άκρο (τό)/ (gun) υποκόπανος (ό)/ (head) κουτούλημα (τό)/ v.t. & i. κουτουλώ/ ~ in, διακόπτω, παρεμβαίνω
butter, n. βούτυρο (τό)/ v.t. βουτυρώνω
butterfly, n. πεταλούδα (ή)
buttock(s), n. γλουτός (ό), πισινός (ό)
button, n. κουμπί (τό)/ (elec.) διακόπτης (ό)/ ~hole, n. κουμπότρυπα (ή)/ v.t. κουμπώνω
buttress, n. αντιστήριγμα (τό)/ v.t. αντιστηρίζω
buxom, a. παχουλός, εύσωμος
buy, v.t. αγοράζω/ ~ off, εξαγοράζω/ ~ up, προαγοράζω όλη τήν ποσότητα/ ~er, n. αγοραστής (ό)/ ~ing, n. αγορά (ή), αγόρασμα (τό)
buzz, n. βόμβος (ό), βοή (ή), βούισμα (τό)/ v.i. βουίζω, βομβώ
buzzard, n. γεράκι (τό)
by, pr. & ad. από, κοντά, πρός, σέ/ ~ air (mail), αεροπορικώς/ ~ and large, σέ γενικές γραμμές/ ~ law, σύμφωνα μέ τό νόμο/ ~ no means, σέ καμιά περίπτωση/ ~ tomorrow, μέχρι αύριο/ ~ then, έως τότε/ ~ the way, μιά καί τό 'φερε ή κουβέντα
byelection, n. αναπληρωματική εκλογή (ή)
bygone, a. περασμένος/ let ~s be ~s, περασμένα ξεχασμένα
by-law, n. τοπικός νόμος (ό), τοπικός κανονισμός (ό)
by-pass, n. δρόμος προσπελάσεως (ό)
by-product, n. υποπροϊόν (τό), παράγωγο (τό)
bystander, n. θεατής (ό)
byway, n. δευτερεύων δρόμος (ό)
byword, n. παροιμία (ή), ρητό (τό)/ become a ~, γίνομαι γνωστός σάν, γίνομαι ταυτόσημος μέ
Byzantine, n. & a. Βυζαντινός (ό)

C

cab, n. άμαξα (ή), ταξί (τό)/ ~driver, αμαξάς (ό), ταξιτζής (ό)
cabal, n. μυστική οργάνωση (ή), πολιτική σκευωρία/ ~istic, a. καβαλιστικός
cabaret, n. καμπαρέ (τό), μουσικό θέαμα (τό)
cabbage, n. λάχανο (τό)/ head of ~, μυαλό από άχυρο
cabin, καμπίνα (ή), θάλαμος (ό)/ ~ boy, καμαρότος (ό)
cabinet, n. (govern) υπουργικό συμβούλιο (τό)/ (furniture) ερμάρι (τό)/ (room) ιδιαίτερο δωμάτιο/ ~ maker, επιπλοποιός (ό)/ ~ work, λεπτουργική (ή)
cable, n. καλώδιο (τό), παλαμάρι (τό)/ (telegram) τηλεγράφημα (τό)/ v.t. τηλεγραφώ
cabriolet, n. μόνιππο (τό)
cache, n. κρύπτη (ή)
cackle, n. κακάρισμα (τό)/ v.i. κακαρίζω/ ~r, n. φλύαρος (ό)
cactus, n. κάκτος (ό)
cad, n. παλιάνθρωπος (ό)
cadaver, n. πτώμα (τό)/ ~ous, a. πτωματώδης, σκελετωμένος
caddy, n. τενεκεδένιο κουτί τσαγιού
cadence, n. ρυθμός (ό)/ (mus.) καντέντσα (ή)
cadet, n. εύελπης (ό), δόκιμος (ό)
café, n. καφενείο (τό)/ caffeine, n. καφεΐνη (ή)

cage, n. κλουβί (τό)/ v.t. ἐγκλωβίζω/ ~y, a. ἐπιφυλακτικός
cajole, v.t. δελεάζω, κολακεύω/ ~r, n. κόλακας (ὁ)/ ~ry, n. κολακεία (ἡ)
cake, n. γλύκισμα (τό), κέικ (τό)/ (soap etc.) κομμάτι (τό)
calamitous, a. ὀλέθριος, καταστροφικός/ calamity, n. ὄλεθρος (ὁ), συμφορά (ἡ), πανωλεθρία (ἡ)
calcareous, a. ἀσβεστολιθικός/ calcine, v.t. ἀσβεστοποιῶ/ calcium, n. ἀσβέστιο (τό)
calculable, a. μετρήσιμος, ὑπολογίσιμος/ calculate, v.t. ὑπολογίζω, λογαριάζω, ἐκτιμῶ/ calculated, a. ὑπολογισμένος, σκόπιμος/ calculation, n. ὑπολογισμός (ὁ), λογαριασμός (ὁ)/ calculator, n. ὑπολογιστική μηχανή (ἡ)/ calculus, n. (med.) πέτρα (ἡ)/ (maths) λογισμός (ὁ)
calendar, n. ἡμερολόγιο (τό), ἡμεροδείκτης (ὁ)
calf, n. μοσχάρι (τό)/ (leg) γάμπα (ἡ), ἀντζα (ἡ)/ ~skin, n. δέρμα μόσχου, βιδέλο (τό)
calibrate, v.t. διαβαθμίζω, διαμετρῶ/ calibration, n. διαβάθμιση (ἡ), διακρίβωση (ἡ), βαθμονόμηση (ἡ)/ calibre, n. διαμέτρημα (τό)/ (for a person) σημασία, ἀξία
calico, n. βαμβακερό ὕφασμα (τό), κάμποτο (τό)
caliph, n. χαλίφης (ὁ)/ ~ate, n. χαλιφάτο (τό)
call, n. φωνή (ἡ), κραυγή (ἡ)/ (telephone) κλήση (ἡ)/ (visit) ἐπίσκεψη (ἡ)/ on ~, στήν ἄμεση διάθεση/ v.t.&.i. καλῶ, φωνάζω, ὀνομάζω/ (telephone) τηλεφωνῶ/ (visit) ἐπισκέπτομαι/ (meeting) συγκαλῶ/ ~ back, φωνάζω πίσω/ ~ for, ζητῶ/ ~ for someone, περνῶ νά πάρω κάποιον ἀπό τό σπίτι του/ ~ in (fin.) ἀπαιτῶ ἐξόφληση/ ~ off, ματαιώνω, ἀκυρώνω/ ~ over, διαβάζω τόν κατάλογο, κάνω προσκλητήριο/ ~ up, καλῶ στά ὅπλα/ ~er, n. ἐπισκέπτης (ὁ)/ ~ing, n. ἐπάγγελμα (τό), ἀπασχόληση (ἡ), ἀποστολή (ἡ)/ inner ~ing, θεία ἐπιταγή (ἡ), ἐσωτερική παρόρμηση (ἡ)
callous, a. ροζιασμένος, γεμάτος κάλους/ (met.) ἀναίσθητος, ἀσυγκίνητος/ ~ness, n. ἀναισθησία (ἡ), σκληρότητα (ἡ)
callow, a. χωρίς φτερά
calm, n. ἠρεμία (ἡ), γαλήνη (ἡ), ἡσυχία (ἡ)/ a. ἤρεμος, γαλήνιος, ἥσυχος/ v.t. ἠρεμῶ, γαληνεύω, καλμάρω/ ~ly, ad. ἤρεμα, ἥσυχα, ψύχραιμα/ ~ness, n. ἠρεμία (ἡ), γαλήνη (ἡ), ἡσυχία (ἡ)
calorie, n. θερμίδα (ἡ)/ calorific, a. θερμογόνος
calumniate, v.t. συκοφαντῶ, κακολογῶ, διαβάλλω/ calumny, n. συκοφαντία (ἡ), κακολογία (ἡ), διαβολή (ἡ)
Calvary, n. Γολγοθάς (ὁ)
calve, v.i. γεννῶ
Calvinism, n. Καλβινισμός (ὁ)/ Calvinist, n. Καλβινιστής (ὁ)
calyx, n. κάλυκας (ὁ)
cam, n. ἔκκεντρο (τό), δόντι (τό)
cambric, n. καμπραί (τό), μπατίστα (ἡ)
camel, n. καμήλα (ἡ)
camelia, n. καμέλια (ἡ)
cameo, n. καμέα (ἡ)
camera, n. φωτογραφική μηχανή (ἡ), μηχανή λήψης (ἡ), κάμερα (ἡ)/ ~man, ὀπερατέρ (ὁ)/ ~ obscura, σκοτεινός θάλαμος (ὁ)
camomile, n. χαμομήλι (τό)
camouflage, n. καμουφλάρισμα (τό), καμουφλάζ (τό), ἀπόκρυψη (ἡ)/ v.t.&i. καμουφλάρω, ἀποκρύπτω
camp, n. στρατόπεδο (τό), κατασκήνωση (ἡ), καταυλισμός (ὁ)/~ bed, n. κρεβάτι ἐκστρατείας (τό)/ v.i. κατασκηνώνω, στρατοπεδεύω
campaign, n. ἐκστρατεία (ἡ)/ v.i. ἐκστρατεύω/ ~er, n. ἀγωνιστής (ὁ)/ old ~er, παλαίμαχος (ὁ), βετεράνος (ὁ)
campanile, n. καμπαναριό (τό), κωδωνοστάσιο (τό)/ campanula, n. καμπανούλα (ἡ), καμπανάκι (τό)
camphor, n. καμφορά (ἡ)
can, n. δοχεῖο (τό), τενεκές (ὁ), κονσερβοκούτι (τό)/ oil ~, λαδωτήρι (τό)/ carry the ~, πληρώνω τήν νύφη/ v.t. κονσερβοποιῶ/ ~ned, a. κονσερβαρισμένος
can, v. aux. μπορῶ, ἔχω τήν δυνατότητα
Canadian, n. Καναδός (ὁ)/ a. καναδικός
canal, n. διώρυγα (ἡ), κανάλι (τό)/

~*ization*, διοχέτευση (ή)/ (med.) διασωλήνωση (ή)/ ~*ize*, v.t. κατασκευάζω διώρυγες, ἀρδεύω
canary, n. καναρίνι (τό)
cancel, v.t. ἀκυρώνω, καταργῶ, ματαιώνω, διαγράφω/ ~*ation*, n. ἀκύρωση (ή), κατάργηση (ή), ματαίωση (ή), διαγραφή (ή)
cancer, n. καρκίνος (ὁ)/ ~*ous*, a. καρκινώδης, καρκινωματώδης
candelabrum, n. καντηλέρι (τό), κηροπήγιο (τό), μανουάλι (τό)
candescent, a. πυρακτωμένος
candid, a. εἰλικρινής, ἀμερόληπτος
candidate, n. ὑποψήφιος (ὁ)/ *candidature*, n. ὑποψηφιότητα (ή)
candied, a. ζαχαρωμένος, γκλασέ
candle, n. κερί (τό)/ ~*stick*, n. κηροπήγιο (τό)
candour, n. εἰλικρίνεια (ή), εὐθύτητα (ή)
candy, n. ζαχαρωτό τό/ ~*floss*, n. μαλλί τῆς γριᾶς (τό)
cane, n. καλάμι (τό), μπαστούνι (τό), 6έργα (ή)/ v.t. ραβδίζω
canine, a. σκυλίσιος/ ~ *tooth*, σκυλόδοντο (τό)
canister, n. μεταλλικό κουτί (τό)
canker, n. ἕλκος (τό), πληγή (ή)/ ~*worm*, n. σαράκι (τό)/ κάμπια (ή)/ v.t.&i. καταρρώγω
cannabis, n. κάνναβις (ή), χασίς (τό)
cannibal, n. καννίβαλος (ὁ), ἀνθρωποφάγος (ὁ)/ ~*ism*, n. καννιβαλισμός (ὁ), ἀνθρωποφαγία (ή)
cannon, n. πυροβόλο (τό), κανόνι (τό)/ ~ *ball*, μπάλα, (ή) ὀβίδα (ή)/ ~*fodder*, τροφή γιά τά κανόνια/ ~*shot*, 6ολή κανονιοῦ
cannonade, n. κανονιοβολισμός (ὁ) v.t. κανονιοβολῶ
canny, a. ἐπιφυλακτικός, συνετός, προσεκτικός
canoe, n. κανό (τό), μονόξυλο (τό)
canon, n. (eccl.) κανόνας (ὁ), ἱερός κανόνας (ὁ)/~ *ical*, a. κανονικός/ ~*ization*, n. ἀγιοποίηση (ή), ἀνακήρυξη σέ ἅγιο/ ~*ize*, v.t. ἀγιοποιῶ, ἀνακηρύσσω σέ ἅγιο
canopy, n. κουβούκλιο (τό), ὑπόστεγο (τό), μαρκίζα (ή)

cant, n. κλίση (ή), πλάγιασμα (τό)/ v.t. κλίνω, γέρνω
cantankerous, a. ἐριστικός, καβγατζής, δύστροπος
cantata, n. καντάτα (ή)
canteen, n. καντίνα (ή)
canter, n. τριποδισμός (ὁ)/ v.i. τριποδίζω
canticle, n. ὕμνος ἀπό τήν Παλαιά Διαθήκη
canton, n. καντόνι (τό)
canvas, n. καμβάς (ὁ), κανναβάτσο (τό)
canvass, v.t. ἐξετάζω, ἐρευνῶ/ (elect.) ψηφοθηρῶ/ ~*er*, n. ψηφοθήρας (ὁ)/ ~*ing*, n. ψηφοθηρία (ή)
canyon, n. φαράγγι (τό)
cap, n. κασκέτο (τό), σκοῦφος (ὁ), τραγιάσκα (ή), πηλίκιο (τό)/ (tech.) κάλυμμα (τό), πῶμα (τό)/ *set one's ~ at*, κάνω τά γλυκά μάτια/ v.t. καλύπτω, σκεπάζω, σφραγίζω
capability, n. ἱκανότητα (ή), ἐπιδεξιότητα (ή)/ *capable*, a. ἱκανός, ἄξιος/ ~ *of*, ἱκανός νά
capacious, a. εὐρύχωρος, ἐκτεταμένος/ *capacitate*, v.t. ἐξουσιοδοτῶ/ *capacity*, n. ἱκανότητα (ή), ἰδιότητα (ή)/ (phys.) χωρητικότητα (ή)
caparison, n. στολίδι (τό)/ (horse) φάλαρα ἀλόγου (τά)/ v.t. στολίζω μέ φάλαρα
cape, n. κάπα (ή), μπέρτα (ή)/ (geog.) ἀκρωτήριο (τό)
caper, n. χοροπήδημα (τό)/ v.i. χοροπηδῶ
capillary, n. τριχοειδές ἀγγείο (τό)/ a. τριχοειδής
capital, n. (arch.) κιονόκρανο (τό)/ (geog.) πρωτεύουσα (ή)/ (fin.) κεφάλαιο (τό)/ a. κύριος, κεφαλαιώδης/ ~ *letter*, κεφαλαῖο γράμμα/ ~ *punishment*, θανατική καταδίκη
capitalism, n. καπιταλισμός (ὁ)/ *capitalist*, n. καπιταλιστής (ὁ)
capitalistic, a. καπιταλιστικός/ *capitalize*, v.t. κεφαλαιοποιῶ, ἐκμεταλλεύομαι
capitulate, v.t. συνθηκολογῶ/ *capitulation*, n. συνθηκολόγηση (ή)
capon, n. καπόνι (τό)
caprice, n. καπρίτσιο (τό), παραξενιά (ή), πεῖσμα (τό)/ *capricious*, a. καπρι-

τσιόζος, πεισματάρης
capsize, v.t.&i. ἀναποδογυρίζω, ἀνατρέπω
capstan, n. μποτσεργάτης (ὁ)
capsule, n. κάψουλα (ἡ)
captain, n. ἀρχηγός (ὁ), ἡγέτης (ὁ)/ (mil.) λοχαγός (ὁ)/ (sea) πλοίαρχος (ὁ), καπετάνιος (ὁ), κυβερνήτης (ὁ)/ (sport) ἀρχηγός ὁμάδας (ὁ)
caption, n. (newspaper) τίτλος (ὁ), ἐπικεφαλίδα (ἡ)/ (photo) λεζάντα (ἡ)/ (film) ὑπότιτλος (ὁ)
captious, a. φιλοκατήγορος, ἐπικριτικός
captivate, v.t. σαγηνεύω, θέλγω, γοητεύω/ *captivation*, n. σαγήνη (ἡ), θέλγητρο (τό), γοητεία (ἡ)/ *captive*, n. αἰχμάλωτος (ὁ), δέσμιος (ὁ), σκλαβωμένος (ὁ)/ *captivity*, n. αἰχμαλωσία (ἡ), *capture*, n. σύλληψη (ἡ), συλλαμβάνω, αἰχμαλωτίζω
Capuchin, n. Καπουτσίνος (ὁ)
car, n. αὐτοκίνητο (τό), ὄχημα (τό)/ ~ *park*, χῶρος στάθμευσης (ὁ), πάρκινγκ (τό)
caramel, n. καραμέλα (ἡ)
caravan, n. τροχόσπιτο (τό)/ (desert) καραβάνι (τό)
carbolic, a. φαινικός, καρβολικός/ ~ *acid*, φαινικό ὀξύ (τό)
carbon, n. ἄνθρακας (ὁ)/ ~ *dioxide*, διοξείδιο τοῦ ἄνθρακα (τό)/ ~*paper*, καρμπόν (τό)/ ~*ic*, a. ἀνθρακικός/ ~*iferous*, a. ἀνθρακοφόρος, λιθανθρακοφόρος/ ~*ize*, v.t. ἀπανθρακώνω
carbuncle, n. γρανάτης (ὁ)/ (med.) ἄνθρακας (ὁ)
carburettor, n. ἐξαερωτήρας (ὁ), καρμπυρατέρ (τό)
carcass, n. κουφάρι (τό), πτῶμα ζώου (τό)
card, n. κάρτα (ἡ), δελτίο (τό)/ *post* ~, δελτάριο (τό), κάρτ ποστάλ (ἡ)/ *playing* ~*s*, τράπουλα/ ~*board*, n. χαρτόνι (τό)/ v.t. ξαίνω, λαναρίζω
cardigan, n. πλεχτή ζακέτα (ἡ), κάρντιγκαν (τό)
cardinal, n. καρδινάλιος (ὁ)/ a. κύριος, βασικός, θεμελιώδης/ ~ *numbers*, ἀπόλυτα ἀριθμητικά/ ~ *points*, τά τέσσερα σημεῖα τοῦ ὁρίζοντα

care, n. φροντίδα (ἡ), μέριμνα (ἡ), περιποίηση (ἡ), προσοχή (ἡ)/ *medical* ~, ἰατρική περίθαλψη/ *take* ~, πρόσεχε, φυλάξου!/ *take* ~ *of*, περιποιοῦμαι, φροντίζω/ v.i. φροντίζω, νοιάζομαι, ἐνδιαφέρομαι/ *I don't* ~, δέν μέ νοιάζει
career, n. καριέρα (ἡ), σταδιοδρομία (ἡ)/ v.i. ὁρμῶ, κινοῦμαι ὁλοταχῶς
carefree, a. ξέγνοιαστος, ἀνέμελος
careful, a. προσεκτικός, προσεγμένος/ ~*ness*, n. προσεκτικότητα (ἡ), προσοχή (ἡ)
careless, a. ἀπρόσεκτος, ἀπερίσκεπτος, ἀμελής/ ~*ness*, n. ἀπροσεξία (ἡ), ἀπερισκεψία (ἡ)
caress, n. χάδι (τό), θωπεία (ἡ)/ v.t. χαϊδεύω, θωπεύω
caretaker, n. ἐπιστάτης (ὁ), θυρωρός (ὁ)
cargo, n. φορτίο (τό)/ ~*ship*, φορτηγό (τό)
caricature, n. γελοιογραφία (ἡ), καρικατούρα (ἡ)/ v.t. γελοιογραφῶ/ *caricaturist*, n. γελοιογράφος (ὁ)
carmine, n. καρμίνιο (τό)
carnage, n. σφαγή (ἡ), μακελειό (τό)
carnal, a. σαρκικός, σωματικός, αἰσθησιακός/ ~*ity*, n. λαγνεία (ἡ), φιληδονία (ἡ)
carnation, n. γαρύφαλλο (τό)
carnival, n. ἀποκριά (ἡ), καρναβάλι (τό)
carnivora, n.pl. σαρκοφάγα (τά)/ *carnivorous*, a. σαρκοφάγος, κρεοφάγος
carol(s), n. κάλαντα (τά)
carotid, n. καρωτίδα (ἡ)
carousal, n. γλέντι (τό), ξεφάντωμα (τό), κρασοπότι (τό)/ *carouse*, n. γλέντι (τό), κρασοπότι (τό)
carp, n. κυπρίνος (ὁ)/ v.i. ψέγω, ἀποπαίρνω, κατσαδιάζω/ ~*ing*, n. ψόγος (ὁ), κατσάδα (ἡ), γκρίνια (ἡ)
carpal, a. καρπιαῖος
carpenter, n. μαραγκός (ὁ), ξυλουργός (ὁ)/ v.i. κάνω μαραγκοδουλειές/ *carpentry*, n. μαραγκοσύνη (ἡ), ξυλουργική (ἡ)
carpet, n. χαλί (τό), ταπέτο (τό)/ v.t. στρώνω μέ χαλί
carriage, n. μεταφορά (ἡ)/ (vehicle) ἅμαξα (ἡ), ὄχημα (τό)/ (railway) βαγόνι (τό)/ (of a proposal) ἔγκριση (ἡ)/ *gun*

~, κιλλίβαντας πυροβόλου/ ~ *free*, δωρεάν μεταφορά/ ~ *paid*, μέ τά μεταφορικά πληρωμένα
carrier, n. μεταφορέας (ὁ)/ (med.) φορέας (ὁ)/ ~*bag*, τσάντα γιά τά ψώνια/ *luggage* ~, ἀχθοφόρος/ ~ *pigeon*, ταχυδρομικό περιστέρι
carrion, n. ψοφίμι (τό)
carrot, n. καρότο (τό)
carry, v.t. μεταφέρω, φέρω, βαστῶ/ ~ *a proposal*, ἐγκρίνω πρόταση/ ~ *away*, παρασύρω/ *be carried away*, ἐνθουσιάζομαι/ ~ *forward*, μεταφέρω στήν ἑπόμενη στήλη/ ~ *off*, κάνω ἀπαγωγή/ ~ *on*, συνεχίζω/ ~ *out*, ἐκτελῶ, ἐφαρμόζω/ ~ *the day*, θριαμβεύω/ ~ *weight*, ἀσκῶ μεγάλη ἐπιρροή
cart, n. κάρο (τό), καροτσάκι (τό)/ ~ *horse*, ἄλογο κάρου/ ~*age*, n. μεταφορά μέ κάρο, ἀγώγι (τό)
cartilage, n. χόνδρος (ὁ), τραγανό (τό)
cartoon, n. γελοιογραφία (ἡ), σκίτσο (τό)/ ~*ist*, n. γελοιογράφος (ὁ), σκιτσογράφος (ὁ)
cartridge, n. φυσίγγιο (τό), φυσέκι (τό)/ ~ *belt*, φυσεκλίκι (τό)/ ~ *case*, φυσιγγιοθήκη (ἡ)
carve, v.t. λαξεύω, σκαλίζω/ (meat) κόβω, τεμαχίζω/ ~ *up*, κομματιάζω/ *carving*, n. σκάλισμα (τό), γλυπτό (τό), ξυλόγλυπτο (τό)
cascade, n. καταρράκτης (ὁ), ὑδατόπτωση (ἡ)
case, n. περίπτωση (ἡ), ζήτημα (τό)/ (leg.) ὑπόθεση (ἡ), δίκη (ἡ)/ (med.) κρούσμα (τό)/ (gram.) πτώση (ἡ)/ (box) κουτί (τό), κιβώτιο (τό), θήκη (ἡ)/ *in* ~, σέ περίπτωση πού/ *in any* ~, σέ κάθε περίπτωση, ὁπωσδήποτε/ *lower* ~, μικρά γράμματα/ *upper* ~, κεφαλαῖα γράμματα/ v.t. περικλείω, περιβάλλω, ἐπενδύω
case-hardened, a. ἀναίσθητος, πορωμένος
casemate, n. πυροβολεῖο (τό)
casement, n. παράθυρο (τό)
cash, n. μετρητά (τά), ρευστό χρῆμα (τό)/ ~*book*, βιβλίο ταμείου/ *in* ~, τοῖς μετρητοῖς/ *out of* ~, ἀπέντερος/ ~ *on delivery*, πληρωτέο ἅμα τῇ παραδόσει/ v.t. εἰσπράττω, ἐξαργυρώνω/ ~*ier*, n. ταμίας (ὁ)
cashmere, n. κασμήρι (τό)
casing, n. περίβλημα (τό), ἐπένδυση (ἡ), ἀμπαλάρισμα (τό)
cask, n. βαρέλι (τό), κάδος (ὁ)
casket, n. κασετίνα (ἡ)/ (for the dead) φέρετρο (τό)
casque, n. κάσκα (ἡ)
casserole, n. φαγητό κατσαρόλας (τό)
cassock, n. ράσο (τό)
cast, n. ρίξιμο (τό), βολή (ἡ)/ (mould) μήτρα (ἡ), καλούπι (τό)/ (theat.) διανομή θιάσου/ ~ *of features*, ἰδιαίτερο χαρακτηριστικό/ ~ *in the eye*, ἀλοιθώρισμα/ v.t. ρίχνω, πετῶ, ἀποβάλλω, βγάζω/ (mould) καλουπώνω/ ~ *about*, ἀναζητῶ, ψάχνω νά βρῶ/ ~ *a glance*, ρίχνω μιά ματιά/ ~ *a vote*, ψηφίζω, ρίχνω τήν ψῆφο μου/ ~ *ashore*, βγαίνω στήν στεριά, ἐξωκείλω/ ~ *lots*, ρίχνω κλῆρο/ ~ *off*, πετάω, ἀπορρίπτω/ ~ *out*, ἀποκηρύσσω, ἐκδιώκω, ἀποβάλλω/ ~ *the net*, ρίχνω τά δίχτυα/ ~ *up*, ὑπολογίζω/ a. *χυτός*/ ~ *iron*, χυτοσίδηρος
castaway, n. ναυαγός (ὁ)/ (fig.) ἀπόβλητος (ὁ)
caste, n. κάστα (ἡ), κοινωνική τάξη (ἡ)
castellated, a. πυργωτός
castigate, v.t. τιμωρῶ, ἐπιπλήττω/ (text) ἀναθεωρῶ/ *castigation*, n. τιμωρία (ἡ), αὐστηρή ἐπίπληξη (ἡ)/ (text) ἀναθεώρηση (ἡ)
casting, n. ρίξιμο (τό), χύσιμο (τό), καλούπωμα (τό)/ (theat.) διανομή ρόλων (ἡ)/ ~ *vote*, ἀποφασιστική ψῆφος (ἡ)
castle, n. φρούριο (τό), κάστρο (τό), πύργος (ὁ)
castor, n. (zool.) κάστορας (ὁ)/ (furniture) ρόδα (ἡ), καρούλι (τό)/ ~*oil*, ρετσινόλαδο (τό)
castrate, v.t. εὐνουχίζω, μουνουχίζω/ *castration*, n. εὐνουχισμός (ὁ), μουνούχισμα (τό)
casual, a. τυχαῖος, συμπτωματικός/ (talk) ἐπιφανειακός, πρόχειρος/ (clothes) ἀνεπίσημος/ (labourer) ἔκτακτος, προσωρινός/ ~*ty*, n. θύμα (τό)/ ~*ty list*, πίνακας ἀπωλειῶν/ ~*ty ward*, θάλαμος ἀτυχημάτων

casuist, n. σφιστής (ό), στρεψόδικος (ό)/ ~*ical,* a. σοφιστικός/ ~*ry,* n. σοφιστεία (ή), στρεψοδικία (ή)
cat, n. γάτος (ό), γάτα (ή)
cataclysm, n. κατακλυσμός (ό)/ ~*ic,* a. ραγδαίος, βίαιος
catacombs, n.pl. κατακόμβες (οί)
catalepsy, n. καταληψία (ή)/ *cataleptic,* a. καταληπτικός
catalogue, n. κατάλογος (ό)/ v.t. καταχωρώ σέ κατάλογο
catalyst, n. καταλύτης (ό)
catapult, n. καταπέλτης (ό)
cataract, n. καταρράκτης (ό)
catarrh, n. κατάρρους (ό), συνάχι (τό)
catastrophe, n. καταστροφή (ή), συμφορά (ή)/ *catastrophic,* a. καταστροφικός, ὀλέθριος
catcall, n. σφύριγμα ἀποδοκιμασίας (τό)
catch, n. πιάσιμο (τό), σύλληψη (ή)/ (door) μάνταλο (τό), μπετούγια (ή)/ (fish) ψαριά (ή)/ *there's a ~ in it,* κάτι ὕποπτο συμβαίνει, κάποιο λάκκο ἔχει ἡ φάβα/ v.t.& i. πιάνω, συλλαμβάνω, ἁρπάζω/ (disease) κολλῶ/ (train) προφταίνω/ ~ *breath,* κόβεται ἡ ἀναπνοή μου/ ~ *fire,* πιάνω φωτιά/ ~ *hold of,* πιάνομαι ἀπό/ ~ *on,* πετυχαίνω/ ~ *the eye,* γίνομαι ἀντιληπτός/ ~ *up,* προφταίνω/ ~*ing,* a. (med.) μεταδοτικός, κολλητικός/ (charming) ἑλκυστικός, συμπαθητικός/ ~*y,* a. (question) πονηρός/ (tune) εὐκολοθύμητος
catechism, n. κατήχηση (ή)/ *catechize,* v.t. κατηχῶ
categorical, a. κατηγορηματικός, ἀπόλυτος/ *category,* n. κατηγορία (ή)
cater, v.i. τροφοδοτῶ, φροντίζω/ ~*er,* n. τροφοδότης (ό), προμηθευτής (ό)
caterpillar, n. κάμπια (ή)/ ~ *tractor,* τρακτέρ μέ ἐρπύστρια
caterwaul, v.i. νιαουρίζω/ ~*ing,* n. νιαούρισμα (τό)
catgu, n. ἐντεροχορδή (ή)
catharsis, n. κάθαρση (ή), καθαρμός (ό), ἐξαγνισμός (ό)
cathedral, n. καθεδρικός ναός (ό), μητρόπολη (ή)
cathode, n. κάθοδος (ή)
catholic, a. καθολικός, γενικός/ n. Καθολικός (ό)/ ~*ism,* n. Καθολικισμός (ό)
cattle, n. κτήνη (τά), ζωντανά (τά)/ ~*raiser,* κτηνοτρόφος (ό)/ ~*raising,* κτηνοτροφία (ή)
caucus, n. διαβούλιο (τό)
cauldron, n. καζάνι (τό), λέβητας (ό), χύτρα (ή)
cauliflower, n. κουνουπίδι (τό)
caulk, v.t. καλαφατίζω
causal, a. αἰτιώδης/ *causative,* a. αἰτιολογικός/ *cause,* n. αἰτία (ή), αἴτιο (τό), δικαιολογία (ή), λόγος (ό)/ v.t. προκαλῶ, γίνομαι αἰτία, προξενῶ/ *causeless,* a. ἀναίτιος, ἀδικαιολόγητος
causeway, n. ὑπερυψωμένο μονοπάτι (τό)
caustic, a. καυστικός/ (fig.) σαρκαστικός
cauterize, v.t. καυτηριάζω/ *cautery,* n. καυτηριασμός (ό)
caution, n. προσοχή (ή), ἐπιφυλακτικότητα (ή)/ (warning) προειδοποίηση (ή)/ v.t. προειδοποιῶ, κάνω σύσταση/ *cautious,* a. προσεκτικός, ἐπιφυλακτικός
cavalcade, n. καβαλαρία (ή), ἔφιππη πομπή (ή)
cavalier, n. ἱππότης (ό), ἱππέας (ό)
cavalry, n. ἱππικό (τό)
cave, n. σπήλαιο (τό), σπηλιά (ή)/ ~ *dweller,* κάτοικος σπηλαίων (ό), τρωγλοδύτης (ό)/ v.t. ἀνασκάβω/ ~ *in,* γκρεμίζομαι
cavern, n. σπηλιά (ή), ἄντρο (τό)/ (med.) σπήλαιο (τό)/ ~*ous,* a. σπηλαιώδης, ὑπόκωφος, κούφιος
caviare, n. χαβιάρι (τό)
cavil, n. μικρολογία (ή), μικροψόγος (ό)/ v.i. μικρολογῶ, μικροψέγω
cavity, n. κούφωμα (τό), κοιλότητα (ή), κοίλωμα (τό)
caw, n. κράξιμο (τό)/ v.i. κρώζω
cease, v.t.& i. παύω, σταματῶ, διακόπτω/ ~ *fire!* παύσατε πῦρ!/ ~ *less,* a. ἀδιάκοπος, ἀσταμάτητος, ἀκατάπαυστος/ ~*lessly,* ad. ἀδιάκοπα, ἀσταμάτητα, ἀκατάπαυστα
cedar, n. κέδρος (ό)
cede, v.t. ἐκχωρῶ, μεταβιβάζω/ (in an argument) παραδέχομαι
ceiling, n. ταβάνι (τό), ὀροφή (ή)/ (fig.) ἀνώτατο ὅριο (τό)

celebrant, n. ἱερέας πού ἱερουργεῖ/ *celebrate*, v.t. γιορτάζω, πανηγυρίζω, τιμῶ/ *celebrated*, a. διάσημος, περίφημος, ὀνομαστός/ *celebration*, n. γιορτή (ἡ), τελετή (ἡ)/ (eccl.) τέλεση θείας λειτουργίας/ *celebrity*, n. διασημότητα (ἡ), προσωπικότητα (ἡ)
celerity, n. ταχύτητα (ἡ)
celery, n. σέλινο (τό)
celestial, a. οὐράνιος
celibacy, n. ἀγαμία (ἡ)/*celibate*, a. ἄγαμος, ἐργένης
cell, n. κελί (τό)/ (of an organization) πυρήνας/ (biol.) κύτταρο (τό)/ (elec.) στοιχεῖο (τό)
cellar, n. κελάρι (τό), κατώγι (τό)/ *wine* ~, κάβα (ἡ)
cellist, n. βιολοντσελίστας (ὁ)/ *cello*, n. βιολοντσέλο (τό)
cellular, a. κυτταρικός, πορώδης
celluloid, n. σελλουλόιντ (τό)
Celt, n. Κέλτης (ὁ)/ ~*ic*, a. κελτικός
cement, n. τσιμέντο (τό)/ v.t. τσιμεντάρω/ (fig.) ἑνώνω, παγιώνω, σταθεροποιῶ
cemetery, n. κοιμητήριο (τό), νεκροταφεῖο (τό)
cenotaph, n. κενοτάφιο (τό)
cense, v.t. θυμιατίζω, λιβανίζω/ ~*r*, n. θυμιατό (τό), λιβανιστήρι (τό)
censor, n. λογοκριτής (ὁ)/ v.t. λογοκρίνω/ ~*ious*, a. ἐπικριτικός, ἐπιτιμητικός/ ~*ship*, n. λογοκρισία (ἡ)/ *censure*, n. μομφή (ἡ), ἀποδοκιμασία (ἡ)/ v.t. μέμφομαι, ἀποδοκιμάζω
cent, n. σέντ (τό)/ *per* ~, τοῖς ἑκατό
centenarian, n. αἰωνόβιος (ὁ)/ *centenary*, n. ἑκατονταετηρίδα (ἡ)/ *centennial*, a. ἑκατονταετής
centigrade, a. ἑκατοντάβαθμος/ ~ *thermometer*, θερμόμετρο Κελσίου
centimetre, n. ἑκατοστό (τό), ἑκατοστόμετρο (τό)
centipede, n. σαρανταποδαρούσα (ἡ)
central, a. κεντρικός/ ~ *heating*, κεντρική θέρμανση (ἡ), καλοριφέρ (τό)/ ~*ization*, n. συγκεντρωτισμός (ὁ)/ ~*ize*, v.t. συγκεντρώνω, ὑπάγω σέ κεντρική ἐξουσία/ *centre*, n. κέντρο (τό)/ v.t. φέρνω στό κέντρο, κεντράρω/ *centrifugal*, a. φυγόκεντρος/ *centripetal*, a.

κεντρομόλος
century, n. αἰώνας (ὁ)
ceramic, a. κεραμικός, κεραμευτικός/ ~*s*, n. κεραμική (ἡ), ἀγγειοπλαστική (ἡ)
cereal, a. δημητριακός/ ~*s*, n. δημητριακά (τά), σιτηρά (τά)
cerebral, a. ἐγκεφαλικός
ceremonial, a. ἐθιμοτυπικός, τελετουργικός/ n. ἐθιμοτυπία (ἡ), τυπικό (τό)/ ~*ly*, ad. ἐθιμοτυπικά, τελετουργικά/ *ceremonious*, a. τυπικός, ἐπίσημος/ *ceremony*, n. τελετή (ἡ)/ *Master of Ceremonies*, τελετάρχης (ὁ)
certain, a. βέβαιος, σίγουρος, ἀναμφίβολος/*a* ~ *person*, κάποιος/ *for* ~, σίγουρα, βέβαια/ *make* ~, βεβαιώνομαι/ ~*ly*, ad. βεβαίως, ὁπωσδήποτε, σίγουρα/ ~*ty*, n. βεβαιότητα (ἡ), σιγουριά (ἡ), ἀσφάλεια (ἡ)
certificate, n. πιστοποιητικό (τό), βεβαίωση (ἡ)/ (school) δίπλωμα (τό), πτυχίο (τό)/ *certify*, v.t. πιστοποιῶ, βεβαιώνω, ἐπικυρώνω
cessation, n. κατάπαυση (ἡ), διακοπή (ἡ), σταμάτημα (τό)
cession, n. ἐκχώρηση (ἡ)
cesspool, n. βόθρος (ὁ)
chafe, v.t. θερμαίνω, γδέρνω, ἐρεθίζω, ξεφτίζω/ v.i. γδέρνομαι, ἐρεθίζομαι
chaff, n. ἄχυρο (τό), ἀνεμίδι (τό), σκύβαλο (τό)/ (fig.) πείραγμα (τό)/ v.t. πειράζω, κοροϊδεύω
chaffinch, n. σπίνος (ὁ)
chagrin, n. στενοχώρια (ἡ), πικρία (ἡ), ἀπογοήτευση (ἡ)
chain, n. ἁλυσίδα (ἡ), καδένα (ἡ)/ ~ *reaction*, ἀλυσιδωτή ἀντίδραση (ἡ)/ ~ *of stores*, ἁλυσίδα καταστημάτων/ v.t. ἁλυσοδένω
chair, n. καρέκλα (ἡ)/ (university) ἕδρα (ἡ)/ *take the* ~, προεδρεύω σέ συνεδρίαση/ ~*man*, n. πρόεδρος (ὁ) ~ *manship*, n. προεδρία (ἡ)
chalice, n. δισκοπότηρο (τό)
chalk, n. κιμωλία (ἡ)/ v.t. σημειώνω μέ κιμωλία/ ~*y*, a. (geol.) κρητιδικός
challenge, n. πρόκληση (ἡ), ἀμφισβήτηση (ἡ)/ v.t. προκαλῶ, ἀμφισβητῶ, διεκδικῶ/ (of sentry) ζητῶ τό σύνθημα/ ~*r*, n. διεκδικητής (ὁ)

chalybeate, a. σιδηροΰχος
chamber, n. δωμάτιο (τό), κάμαρα (ή), αίθουσα (ή)/ (tech.) φατνίο (τό)/ ~ *of Commerce,* 'Εμπορικό 'Επιμελητήριο (τό)/ *~maid,* n. καμαριέρα (ή)/ *~pot,* n. δοχεῖο νυκτός (τό)
chameleon, n. χαμαιλέοντας (ό)
chamois, n. ἀγριοκάτσικο (τό), αἴγαγρος (ὁ)/ ~ *leather,* σαμουά
champ, v.t. μασουλίζω/ ~ *at the bit,* ἀνυπομονῶ
champagne, n. σαμπάνια (ή), καμπανίτης (ὁ)
champion, n. πρωταθλητής (ὁ), πρόμαχος (ὁ)/ v.t. προασπίζω, ὑποστηρίζω/ ~ *ship,* n. πρωτάθλημα (τό), προάσπιση (ή)
chance, n. εὐκαιρία (ή), τύχη (ή)/ *by* ~, τυχαία/ *take one's* ~, δοκιμάζω τήν τύχη μου/ *stand a* ~, ἔχω πιθανότητες/ a. τυχαῖος, συμπτωματικός/ v.i. συμβαίνω, τυχαίνω/ ~ *upon,* συναντῶ τυχαία
chancel, n. ἱερό (τό)
chancellery, n. καγκελαρία (ή)/ *chancellor,* n. καγκελάριος (ὁ), ἀρχιγραμματέας (ὁ)/ ~ *of the Exchequer,* Ὑπουργός Οἰκονομικῶν
chancery, n. ἀνώτατο δικαστήριο (τό)
chandelier, n. κηροπήγιο (τό), πολυέλαιος (ὁ)
change, n. ἀλλαγή (ή), μεταβολή (ή)/ *small* ~, ρέστα, ψιλά/ *for a* ~, γιά ποικιλία/ v.t. ἀλλάζω, μεταβάλλω/ ~ *colour,* ἀλλάζω χρῶμα/ ~ *hands,* πηγαίνω σέ ἄλλο ἰδιοκτήτη/ ~ *one's mind,* ἀλλάζω γνώμη/ ~ *one's tune,* γίνομαι ταπεινός/ *~able,* a. εὐμετάβλητος, ἄστατος/ ~ *ableness,* n. ἀστάθεια (ή)/ *~less,* a. ἀμετάβλητος, σταθερός
channel, n. κανάλι (τό), πορθμός (ὁ)/ *English* ~, Μάγχη (ή)/ (telev.) δίαυλος (ὁ), κανάλι (τό)/ v.i. διοχετεύω, αὐλακώνω
chant, n. ψαλμωδία (ή), ψάλσιμο (τό)/ v.t. ψάλλω
chaos, n. χάος (τό)/ *chaotic,* a. χαοτικός, χαώδης
chap, n. ράγισμα (τό), ρωγμή (ή), σκάσιμο (τό)/ (person) κάποιος, σύντροφος/ *my dear* ~, φίλε μου/ v.i. ραγίζω, σκά-
ζω
chapel, n. παρεκκλήσι (τό)
chaperon, n. συνοδός (ὁ)/ v.t. συνοδεύω
chaplain, n. ἱερέας (ὁ), ἐφημέριος (ὁ)
chapter, n. κεφάλαιο (τό)
char, v.t. ἀποτεφρώνω, ἀπανθρακώνω/ v.i. ἐργάζομαι σάν καθαρίστρια
character, n. χαρακτήρας (ὁ)/ (printing) στοιχεῖο (τό), γράμμα (τό)/ (theat.) πρόσωπο ἔργου/ (testimonial) πιστοποιητικό καλῆς διαγωγῆς/ *~actor,* καρατερίστας (ὁ)/ *~istic,* a. χαρακτηριστικός/ ~ *istics,* n. pl. χαρακτηριστικά (τά)/ *~ize,* v.t. χαρακτηρίζω
charade, n. γελοιότητα (ή), φάρσα (ή)
charcoal, n. ξυλάνθρακας (ὁ)/ ~ *drawing,* σχέδιο μέ κάρβουνο
charge, n. βάρος (τό), φορτίο (τό), δαπάνη (ή)/ *free of* ~, δωρεάν/ (mil.) ἔφοδος (ή), ἐπίθεση (ή)/ (rockets) γόμωση (ή)/ (leg.) κατηγορία (ή)/ *take* ~ *of,* ἀναλαμβάνω τήν διεύθυνση (εὐθύνη)/ *be in* ~, διευθύνω, εἶμαι ὑπεύθυνος/ v.t. ἐπιφορτίζω, ἐπιβαρύνω, ἀναθέτω/ (leg.) κατηγορῶ/ (weapon) γεμίζω, φορτίζω/ ~ *an account,* χρεώνω λογαριασμό/ *~able,* a. καταλογιστός
chargé d'affaires, ἐπιτετραμένος (ὁ)
chariot, n. ἄρμα (τό)/ *~eer,* n. ἁρματηλάτης (ὁ), ἡνίοχος (ὁ)
charitable, a. φιλάνθρωπος, ἐλεήμων/ ~ *organization,* φιλανθρωπικό σωματεῖο/ *charity,* n. φιλανθρωπία (ή), ἀγαθοεργία (ή), ἐλεημοσύνη (ή)/ ~ *ball,* φιλανθρωπικός χορός (ὁ)
charlatan, n. ἀγύρτης (ὁ), τσαρλατάνος (ὁ)
charm, n. γοητεία (ή), θέλγητρο (τό), μαγεία (ή)/ *~s,* n. pl. φυλαχτό (τό)/ *~er,* n. γόης (ὁ), μάγος (ὁ)/ *~ing,* a. γοητευτικός, θελκτικός, μαγευτικός
charnel house, ὀστεοφυλάκιο (τό)
chart, n. ναυτικός χάρτης (ὁ)/ v.t. χαρτογραφῶ
charter, n. συνταγματικός χάρτης (ὁ)/ (ship, plane) ναύλωση (ή)/ v.t. ναυλώνω/ ~ *er,* n. ναυλωτής (ὁ)
charwoman, n. καθαρίστρια (ή)
chary, a. φειδωλός, προσεκτικός
chase, n. κυνήγι (τό), καταδίωξη (ή)/ v.t.

κυνηγώ, καταδιώκω
chasm, n. χάσμα (τό), κενό (τό)
chassis, n. σκελετός αύτοκινήτου (ό), σασσί (τό)
chaste, a. άγνός, παρθενικός
chasten, v.t. παιδεύω, έξαγνίζω
chastise, v.t. παιδεύω, τιμωρώ/ ~ment, n. τιμωρία (ή), παιδεμός (ό)
chastity, n. άγνότητα (ή), παρθενικότητα (ή)/ ~ belt, ζώνη άγνότητας
chasuble, n. άμφια (τά)
chat, n. κουβεντούλα (ή), συνομιλία (ή)/ v.i. κουβεντιάζω, συνομιλώ
chattels, n. pl. ύπάρχοντα (τά), κινητή περιουσία (ή)
chatter, n. φλυαρία (ή), πολυλογία (ή)/ v.i. φλυαρώ, πολυλογώ/ ~ box, n. φλύαρος (ό), πολυλογάς (ό)/ *chatty,* a. όμιλητικός, φλύαρος
chauffeur, n. όδηγός (ό), σοφέρ (ό)
chauvinism, n. σωβινισμός (ό)/ *chauvinist,* n. σωβινιστής (ό)
cheap, a. φθηνός, φτηνός, πρόστυχος/ ~en, v.t. φτηναίνω/ v.i. γίνομαι πρόστυχος/ ~ness, n. φτήνια (ή), προστυχιά (ή)
cheat, n. άπατεώνας (ό), κατεργάρης (ό)/ v.t. άπατώ, έξαπατώ/ ~ing, n. άπατεωνιά (ή), έξαπάτηση (ή), κατεργαριά (ή)
check, n. έμπόδιο (τό), άναχαίτιση (ή), συγκράτηση (ή)/ (fin.) έλεγχος (ό)/ (chess) τσέκ/ ~cloth, ύφασμα καρρώ/ v.t. έμποδίζω, άναχαιτίζω, συγκρατώ/ (fin.) έλέγχω/ ~ing, n. άναχαίτιση (ή), παρεμπόδιση (ή), έλεγχος (ό)
cheek, ή. άναίδεια (ή), θρασύτητα (ή)/ (of the face) μάγουλο (τό)/ ~bones, n. pl. μήλα (τά)/ ~y, a. θρασύς, άναιδής
cheep, n. τιτίβισμα (τό)/ v.i. τιτιβίζω
cheer, n. χαρά (ή), εύθυμία (ή), έπευφημία (ή)/ *good ~*, γλέντι/ v.t. εύθυμώ, έπευφημώ/ ~ up, δίνω κουράγιο/ ~ful, a. χαρούμενος, εύθυμος, εύδιάθετος/ ~fulness, n. εύθυμία (ή), εύδιαθεσία (ή)/ ~io, int. γειά σου/ ~less, a. μελαγχολικός, κακοδιάθετος
cheese, n. τυρί (ό)/ ~ *cake,* n. τυρόπιτα (ή) ~ *monger,* n. τυρέμπορος (ό)/ ~ *paring,* n. τσιγκουνιά (ή)
chemical, n. χημικό προϊόν (τό)/ a. χημικός
chemise, n. γυναικεῖο πουκάμισο (τό), μπλούζα (ή)
chemist, n. χημικός (ό), φαρμακοποιός (ό)/ ~'s *shop,* φαρμακεῖο (τό)/ ~ry, n. χημεία (ή)
cheque, n. έπιταγή (ή), τσέκ (τό)/ ~book, βιβλίο έπιταγών (τό)
chequer, v.t. σχεδιάζω μέ πολύχρωμα τετράγωνα/ ~ed, a. χωρισμένος σέ τετράγωνα
cherish, v.t. περιποιούμαι, άγαπώ/ ~ *a memory,* θυμούμαι μέ άγάπη/ (hopes) βαυκαλίζομαι μέ έλπίδες
cherry, n. κεράσι (τό)/ ~stone, κουκούτσι κερασιού
cherub, n. χερουβίμ (τό)/ ~ic, a. χερουβικός, άγγελικός
chess, n. σκάκι (τό)/ ~board, n. σκακιέρα (ή)/ ~player, σκακιστής (ό)
chest, n. μπαούλο (τό), κασέλα (ή), κιβώτιο (τό)/ (anat.) στήθος (τό)/ ~ *of drawers,* κομμό
chestnut, n. κάστανο (τό)/ ~tree, καστανιά (ή)/ a. καστανός
chevron, n. γαλόνι (τό), σαρδέλα (ή)
chew, v.t. μασώ/ ~ing, n. μάσημα (τό)/ ~ing *gum,* μαστίχα (ή), τσίκλα (ή)
chic, a. κομψός, σίκ
chicane, n. στρεψοδικία (ή)/ v.t. στρεψοδικώ/ ~ry, n. στρεψοδικία (ή), σοφιστεία (ή)
chick, n. νεοσσός (ό)/ ~en, n. κοτόπουλο (τό)/ ~enhearted, a. δειλός/ ~enpox, n. άνεμοβλογιά (ή)
chide, v.t. μαλώνω, κατσαδιάζω
chief, n. άρχηγός (ό), ήγέτης (ό)/ (tribe) φύλαρχος (ό)/ ~ *of staff,* άρχηγός τοῦ έπιτελείου/ *commander in* ~, άρχιστράτηγος/ a. κύριος, βασικός/ ~ *ly,* ad. κυρίως, πρό πάντων, πάνω άπ' ὅλα/ ~tain, n. όπλαρχηγός (ό)
chilblain, n. χιονίστρα (ή)
child, n. παιδί (τό), τέκνο (τό)/ *be with* ~, εἶμαι ἔγκυος/ ~ *bearing,* n. κυοφορία (ή)/ ~birth, n. τοκετός (ό)/ ~hood, n. παιδική ήλικία (ή)/ ~ish, a. παιδιάστικος, παιδαριώδης/ ~ishness, n. παιδαριώδες (τό)/ ~less, a. άτεκνος/ ~like, a. άφελής/ ~ *murder,* n. παιδοκτονία (ή)

Chilean, n. Χιλιανός (ό)/ a. χιλιανός
chill, n. κρύο (τό), ψύχρα (ή), ρίγος (τό)/ *catch a ~*, κρυολογώ/ v.t. κρυώνω, παγώνω/ *~iness,* n. ψυχρότητα (ή), παγωμάρα (ή)/ *~y,* a. παγερός, κρυερός
chime, n. μελωδία (ή), ρυθμική κωδωνοκρουσία (ή)/ v.i. κουδουνίζω ρυθμικά/ *~ in,* μπαίνω στήν κουβέντα, παρεμβάλλομαι στήν συζήτηση
chimera, n. χίμαιρα (ή)/ *chimerical,* a. χιμαιρικός
chimney, n. καπνοδόχος (ή), φουγάρο (τό), τζάκι (τό)/ *~ sweep,* καπνοδοχοκαθαριστής
chimpanzee, n. χιμπατζής (ό)
chin, n. πηγούνι (τό)
china, n. πορσελάνη (ή)/ *~ware,* n. σκεύη άπό προσελάνη (τά)
Chinese, n. Κινέζος (ό)/ a. κινεζικός
chink, n. χαραμάδα (ή), σχισμή (ή), ρωγμή (ή)/ (noise) ήχος μετάλλου/ v.t. (coins) βροντώ χρήματα/ v.i. ραγίζω
chintz, n. τσίτι (τό)
chip, n. κομμάτι (τό), θραύσμα (τό)/ *~s,* n. pl. πατατάκια (τά)/ v.t.& i. πελεκώ, άποκόβω/ (cards) βάζω μίζα
chiropodist, n. ποδίατρος (ό)/ *chiropody,* n. ποδιατρική (ή)
chirp, n. κελάδισμα (τό), τερέτισμα (τό)/ v.i. κελαηδώ, τερετίζω
chisel, n. σμίλη (ή)/ v.t. σμιλεύω/ *~ing,* n. σμίλευση (ή)
chit, n. βρέφος (τό)/ (note) σημειωματάκι (τό)/ *~ of a girl,* παλιοκόριτσο (τό)
chit-chat, n. φλυαρίες (οί)
chivalrous, a. ίπποτικός, εύγενικός/ *chivalry,* n. ίπποτισμός (ό)
chlorate, n. χλωρικό άλάτι (τό)/ *chloride,* n. χλωριούχο άσβέστιο/ *chlorinate,* v.t. χλωριώνω/ *chlorine,* n. χλώριο (τό)/ *chloroform,* n. χλωροφόρμιο (τό)
chock, n. σφήνα (ή)/ *~ful,* a. ύπεργεμάτος, ύπερπλήρης
chocolate, n. σοκολάτα (ή)
choice, n. έπιλογή (ή), έκλογή (ή), προτίμηση (ή) a. έκλεκτός
choir, n. χορωδία (ή)/ *~master,* n. διευθυντής χορωδίας (ό)
choke, v.t. πνίγω, στραγγαλίζω/ (tech.) φράζω/ v.i. πνίγομαι

cholera, n. χολέρα (ή)/ *choleric,* a. χολερικός
choose, v.t. διαλέγω, έπιλέγω, προτιμώ
chop, n. χτύπημα (τό)/ (meat) μπριζόλα (ή)/ (waves) παφλασμός (ό)/ v.t. λιανίζω, τεμαχίζω/ *~ and change,* άλλάζω συχνά γνώμη/ *~per,* n. κοπίδι (τό)/ *~ping,* n. διαμελισμός (ό), τεμαχισμός (ό)/ *~py,* a. ταραγμένος, τριχυμισμένος
choral, a. χορικός, ώδικός/ *~ society,* χορωδία (ή)
chord, n. χορδή (ή)
chorister, n. μέλος χορωδίας (τό)/ *chorus,* n. χορός (ό), χορωδία (ή)/ *in ~,* όλοι μαζί, έν χορώ
Christ, n. Χριστός (ό)/ *~en,* v.t. βαφτίζω/ *~endom,* n. Χριστιανωσύνη (ή)/ *~ening,* n. βάπτιση (ή)/ *~ ian,* n. χριστιανός (ό)/ a. χριστιανικός/ *~ name,* βαφτιστικό όνομα, πρώτο όνομα/ *~ianity,* n. χριστιανισμός (ό)/ *~ianize,* v.t. έκχριστιανίζω
Christmas, n. Χριστούγεννα (τά)/ *Father ~,* Άγιος Βασίλης/ *Merry ~!* Καλά Χριστούγεννα!/ *~ carols,* κάλαντα/ *~ Eve,* παραμονή Χριστουγέννων/ *~ tree,* χριστουγεννιάτικο δέντρο
chromatic, a. χρωματικός/ *~ scale* (mus.) χρωματική κλίμακα
chromium, n. χρώμιο (τό)/ *~ plated,* έπιχρωμιωμένος
chronic, a. χρόνιος
chronicle, n. χρονικό (τό), χρονογραφία (ή)/ v.t. χρονογραφώ/ *~r,* n. χρονογράφος (ό)
chronological, a. χρονολογικός/ *chronology,* n. χρονολογία (ή)
chronometer, n. χρονόμετρο (τό)
chrysalis, n. χρυσαλλίδα (ή)
chubby, a. κοντόχοντρος
chuck, n. κλωγκός (ό)/ (tech.) σφιγκτήρας (ό)/ v.t. κλώζω/ *~ away,* (opportunity) χάνω, μοϋ ξεφεύγει (εύκαιρία)/ *~ out,* διώχνω/ *~ under the chin,* χαϊδεύω τό πηγούνι/ *~ up,* έγκαταλείπω
chuckle, n. καγχασμός (ό)/ v.i. καγχάζω
chum, n. σύντροφος (ό), φίλος (ό)
chump, n. χοντρό κομμάτι
chunk, n. άρκετή ποσότητα

church, n. ἐκκλησία (ἡ)/ ~ *of England*, Ἀγγλικανικὴ Ἐκκλησία/ ~*man*, n. ἱερωμένος (ὁ)/ ~*warden*, n. ἐπίτροπος ἐκκλησίας (ὁ)/ ~*yard*, n. αὐλόγυρος (ὁ)
churl, n. ἀγροῖκος (ὁ), χωριάτης (ὁ)/ ~*ish*, a. βάναυσος
churn, n. γαβάθα γιά βούτυρο/ v.t. χτυπῶ βούτυρο/ (sea) ἀναταράζω/ ~ *out*, παράγω μεγάλη ποσότητα
chute, n. κατηφορικός ἀγωγός (ὁ)
cider, n. μηλίτης (ὁ)
cigar, n. ποῦρο (τό)
cigarette, n. τσιγάρο (τό)/ ~ *case*, ταμπακιέρα (ἡ)/ ~ *end*, γόπα (ἡ), ἀποτσίγαρο (τό)/ ~ *holder*, πίπα (ἡ)/ ~ *lighter*, ἀναπτήρας (ὁ)
cinder, n. τέφρα (ἡ), στάχτη (ἡ)/ *Cinderella*, n. σταχτοπούτα (ἡ)
cinema, n. κινηματογράφος (ὁ), σινεμά (τό)
cinerary, a. τεφρώδης/ ~ *urn*, τεφροδόχη (ἡ)
cinnabar, n. κιννάβαρι (τό)
cinnamon, n. κανέλλα (ἡ)
cipher, n. μηδενικό (τό)/ (fig.) ἀσήμαντος ἄνθρωπος/ (code) κρυπτογράφημα (τό)/ (monogram) μονόγραμμα (τό)/ v.t. κρυπτογραφῶ
circle, n. κύκλος (ὁ), περιστροφή (ἡ)/ (theat.) πλατεία (ἡ)/ v.t. περικυκλώνω, περιτριγυρίζω
circuit, n. περίμετρος (ἡ), περιοχή (ἡ), περιφέρεια (ἡ)/ (elec.) κύκλωμα (τό)/ ~*ous*, a. περιφερειακός/ *circular*, a. κυκλικός/ ~ *road*, περιφερειακός δρόμος/ n. ἐγκύκλιος (ἡ)/ *circulate*, v.t & i. κυκλοφορῶ/ *circulatory*, a. κυκλοφοριακός/ *circulation*, n. κυκλοφορία (ἡ)
circumcise, v.t. περιτέμνω/ *circumcision*, n. περιτομή (ἡ)
circumference, n. περιφέρεια (ἡ)
circumflex, n. περισπωμένη (ἡ)
circumlocution, n. περίφραση (ἡ)
circumnavigate, v.t. περιπλέω/ *circumnavigation*, n. περίπλους (ὁ)
circumscribe, v.t. περιγράφω/ *circumscription*, n. περιγραφή (ἡ)
circumspect, a. προσεκτικός, περίσκεπτος/ ~*ion*, n. περίσκεψη (ἡ)

circumstance, n. περίσταση (ἡ), συμβάν (τό)/ ~*s*, n. pl. περιστάσεις (οἱ), συνθῆκες (οἱ)/ *circumstantial*, a. συμπτωματικός, τυχαῖος/ ~ *evidence*, ἐνδείξεις
circumvent, v.t. ὑπερφαλαγγίζω
circus, n. ἱπποδρόμιο (τό), τσίρκο (τό)
cistern, n. στέρνα (ἡ), δεξαμενή (ἡ)
citadel, n. ἀκρόπολη (ἡ)
citation, n. ἀναφορά σέ κείμενο συγγραφέα/ (leg.) κλήτευση (ἡ)/ *cite*, v.t. ἀναφέρω κείμενο συγγραφέα/ (leg.) κλητεύω
citizen, n. πολίτης (ὁ)/ ~*ship*, n. πολιτικά δικαιώματα (τά), ὑπηκοότητα (ἡ)
citric, a. κιτρικός/ ~ *acid*, κιτρικό ὀξύ (τό)/ *citron*, n. κίτρο (τό)
citrus (fruit), ἑσπεριδοειδῆ (τά)
city, n. πόλη (ἡ)/ *the City*, τό Σίτυ
civic, a. δημοτικος/ ~*s*, n. pl. ἀγωγή πολίτη
civil, a. πολιτικός/ (polite) εὐγενικός/ ~ *defence*, πολιτική ἄμυνα/ ~ *engineer*, πολιτικός μηχανικός/ ~ *servant*, δημόσιος ὑπάλληλος/ ~ *service*, δημόσια ὑπηρεσία/ ~ *war*, ἐμφύλιος πόλεμος/ ~*ian*, n. πολίτης (ὁ), ἰδιώτης (ὁ)/ ~*ity*, n. εὐγένεια (ἡ), ἁβρότητα (ἡ)
civilization, n. πολιτισμός (ὁ)/ *civilize*, v.t. ἐκπολιτίζω/ *civilized*, p.p.& a. πολιτισμένος
clack, n. ξερός κρότος/ v.i. κάνω ξερό κρότο/ (fig.) φλυαρῶ
clad, a. ντυμένος
claim, n. ἀπαίτηση (ἡ), ἀξίωση (ἡ), ἰσχυρισμός (ὁ)/ ~ *for damages*, ἀπαίτηση γιά ἀποζημίωση/ v.t. ἀπαιτῶ, ἀξιώνω, διεκδικῶ/ ~*ant*, n. ἀπαιτητής (ὁ)
clairvoyance, n. διορατικότητα (ἡ)/ *clairvoyant*, a. διορατικός/ n. μέντιουμ (τό), κλαιρβουαγιάν (ὁ)
clam, n. μήδι (τό), ἀχιβάδα (ἡ)
clamber, v.i. σκαρφαλώνω, ἀναρριχιέμαι
clammy, a. γλοιώδης, κολλώδης
clamorous, a. μεγαλόφωνος, θορυβώδης/ *clamour*, n. κραυγή (ἡ), θόρυβος (ὁ)/ v.i. κραυγάζω, θορυβῶ/ ~ *for*, ἀπαιτῶ, ζητῶ ἐπίμονα
clamp, n. συνδετήρας (ὁ)/ v.t. συνδέω, συνάπτω
clan, n. φυλή (ἡ), πατριά (ἡ), φάρα (ἡ)

clandestine, a. λαθραῖος, μυστικός, παράνομος

clang, clank, n. κλαγγή (ἡ), ἀντήχηση (ἡ)/ v.i. ἀντηχῶ, κάνω κρότο

clap, n. χειροκρότημα (τό)/ ~ *of thunder*, κεραυνοβόλημα/ v.i. χειροκροτῶ/ ~*per*, n. κρόταλο (τό), γλωσσίδι (τό)/ ~*ping*, n. χειροκρότημα (τό)

claptrap, n. κενά λόγια, ἀγυρτεία (ἡ)

claret, n. μαῦρο κρασί τοῦ Μπορντώ

clarification, n. ἀποσαφήνιση (ἡ), διασαφήνιση (ἡ)/ *clarify*, v.t. ἀποσαφηνίζω, διασαφηνίζω, ξεκαθαρίζω/ (liquids) διυλίζω

clarinet, n. κλαρινέτο (τό), εὐθύαυλος (ὁ)/ ~*tist*, n. κλαρινετίστας (ὁ)

clarion, n. σάλπιγκα (ἡ)

clarity, n. διαύγεια (ἡ), καθαρότητα (ἡ)

clash, n. σύγκρουση (ἡ)/ (of colours) ἀνομοιότητα (ἡ)/ v.i. συγκρούομαι, ἔρχομαι σέ ἀντίθεση

clasp, n. κόπιτσα (ἡ), πόρπη (ἡ)/ (embrace) ἀγκάλιασμα (τό), σφίξιμο (τό)/ ~ *knife*, σουγιάς (ὁ)/ v.t. θηλυκώνω, κουμπώνω/ (hands etc) σφίγγω

class, n. τάξη (ἡ), θέση (ἡ), κατηγορία (ἡ)/ *social* ~, κοινωνική τάξη/ *first* ~, πρώτη θέση/ ~*mate*, n. συμμαθητής (ὁ)/ ~*room*, n. αἴθουσα διδασκαλίας, τάξη (ἡ)/ ~*war*, πόλεμος τῶν τάξεων, ταξικός πόλεμος/ v.t. ταξινομῶ, βάζω σέ κατηγορίες

classic, a. κλασικός/ n. κλασικό ἔργο/ ~*al*, a. κλασικός/ ~*ism*, n. κλασικισμός (ὁ)/ ~*ist*, n. φιλόλογος κλασικῶν γλωσσῶν

clatter, n. κρότος (ὁ), πάταγος (ὁ)/ (voices) θορυβώδης συνομιλία/ v.i. κάνω θόρυβο, κροτῶ

clause, n. (gram.) πρόταση (ἡ)/ (leg.) ὅρος (ὁ), ρήτρα (ἡ)

claustrophobia, n. κλειστοφοβία (ἡ)

clavicle, n. κλειδοκόκαλο (τό)

claw, n. νύχι ζώου (τό), ὁπλή (ἡ)/ v.t. ἁρπάζομαι, κρατιέμαι ἀπό

clay, n. πηλός (ὁ), ἄργιλλος (ὁ)/ ~*pipe*, πήλινος σωλήνας/ ~*ey*, a. ἀργιλλώδης

clean, a. καθαρός/ ~ *cut*, περιποιημένος/ (definite) ξεκάθαρος, σαφής/ ~ *shaven*, φρεσκοξυρισμένος/ v.t. καθαρίζω/ ~ *up*, κάνω γενικό καθάρισμα/ ~*er*, n. καθαριστής (ὁ)/ ~*ing*, n. καθάρισμα (τό)/ ~*liness*, n. καθαριότητα (ἡ)/ ~*se*, v.t. καθαρίζω, ἐξαγνίζω

clear, a. καθαρός, σαφής, διαυγής/ *keep* ~ *of*, ἀποφεύγω, μένω σέ ἀπόσταση/ ~*sighted*, διορατικός/ ~ *skies*, γαλάζιος οὐρανός/ ~ v.t.& i. καθαρίζω, ξεκαθαρίζω, διευκρινίζω/ ~ *an account*, ἐξοφλῶ λογαριασμό/ ~ *off*, φεύγω, ἀπομακρύνομαι/ ~ *up*, διαλευκαίνω/ ~*ance*, n. ξεκαθάρισμα (τό), ἄδεια (ἡ)/ (tech.) διάκενο (τό)/ ~*sale*, ξεπούλημα (τό)/ ~*ing*, n. ἐκκαθάριση (ἡ)/ (forest) ξέφωτο (τό)/ ~ *house*, τραπεζικό γραφεῖο/ ~*ness*, n. σαφήνεια (ἡ), διαύγεια (ἡ)

cleavage, n. σκίσιμο (τό), διαίρεση (ἡ)/ *cleave*, v.t. σκίζω, διαιρῶ, διασχίζω/ ~ *to*, κολλῶ, προσκολλιέμαι/ ~*r*, n. κοπίδι (τό)

cleft, n. σχισμή (ἡ), χαραμάδα (ἡ), ρωγμή (ἡ)

clematis, n. κληματίδα (ἡ)

clemency, n. ἐπιείκεια (ἡ)/ *clement*, a. ἐπιεικής, ἤπιος

clench, v.t. σφίγγω

clergy, n. κλῆρος (ὁ)/ ~*man*, n. κληρικός (ὁ), ἱερωμένος (ὁ)

clerical, a. γραφικός/ (eccl.) κληρικός/ ~ *error*, γραφικό σφάλμα/ ~ *duties*, καθήκοντα γραφέα/ ~ *staff*, γραφικό προσωπικό/ *clerk*, n. γραφέας (ὁ), ὑπάλληλος (ὁ)/ ~ *of works*, ἐργοδηγός

clever, a. ἔξυπνος, εὐφυής, ἐπιδέξιος/ ~*ness*, n. ἐξυπνάδα (ἡ), εὐφυΐα (ἡ), ἐπιδεξιότητα (ἡ)

cliché, n. κλισέ (τό)

click, n. κροτάλισμα (τό), κλίκ (τό)/ v.t. κροταλίζω, κάνω κλίκ

client, n. πελάτης (ὁ)/ ~*èle*, n. πελατεία (ἡ)

cliff, n. γκρεμός (ὁ), ἀπότομος βράχος

climacteric, a. κλιμακτήριος

climate, n. κλίμα (τό)/ *climatic*, a. κλιματικός, κλιματολογικός

climax, n. κλίμακα (ἡ), διαβάθμιση (ἡ)/ *reach the* ~, φτάνω στό ἀνώτατο σημεῖο

climb, n. σκαρφάλωμα (τό), ἀναρρίχηση

(ή), ανάβαση (ή), ανέβασμα (τό)/ v.t. σκαρφαλώνω, αναρριχιέμαι, ανεβαίνω/ ~ *down*, κατεβαίνω/ (fig.) υποχωρώ/ ~*er*, n. αναρριχητής (ό), ορειβάτης (ό)/ ~*ing*, n. σκαρφάλωμα (τό), ορειβασία (ή)

clinch, v.t. σφίγγω, συγκρατώ/ (a deal) κλείνω συμφωνία

cling, v.i. πιάνομαι, προσκολλιέμαι/ (dress) εφαρμόζω

clinic, n. κλινική (ή)/ ~*al*, a. κλινικός

clink, n. κουδούνισμα (τό), κρούσιμο (τό)/ v.t. κουδουνίζω, κρούω/ ~*er*, n. αποκαΐδια (τά)

clip, n. κούρεμα (τό), ψαλίδισμα (τό)/ (paper) συνδετήρας (ό)/ v.t. κουρεύω, ψαλιδίζω/ (ticket) ελέγχω/ ~ *per*, n. κόφτης (ό)/ (naut.) ταχύπλοο ιστιοφόρο/ ~*ping*, n. κούρεμα (τό), ψαλίδισμα (τό)

clique, n. κλίκα (ή)

cloak, n. μανδύας (ό), αμπέχονο (τό)/ v.t. καλύπτω, σκεπάζω, κρύβω/ ~ *and dagger*, περιπετειώδης, μυστηριώδης/ ~*room*, n. ιματιοφυλάκιο (τό), γκαρνταρόμπα (ή)/ (lavat.) τουαλέτα (ή)

clock, n. ρολόι τού τοίχου/ *alarm* ~, ξυπνητήρι (τό)/ ~*maker*, n. ωρολογοποιός (ό), ρολογάς (ό)/ *like* ~ *work*, τέλεια, σάν ρολόι

clod, n. βόλος (ό)/ (fig.) βλάκας (ό)/ ~*hopper*, αγροίκος

clog, n. τσόκαρο (τό), ξυλοπέδιλο (τό)/ (obstacle) εμπόδιο (τό)/ v.t. εμποδίζω, παρεμποδίζω/ v.i. φράζω, στουπώνω

cloister, n. μοναστήρι (τό), μονή (ή)/ v.t. κλείνω σέ μοναστήρι/ *cloistral*, a. μοναστικός, μοναστηριακός

close, a. κλειστός, στενός/ (weather) αποπνικτικός/ ~ *look*, προσεκτική ματιά/ (translation) πιστή μετάφραση/ ~ *fitting*, εφαρμοστός/ ~ *up*, από κοντά, σέ μεγέθυνση/ v.t.& i. κλείνω, τελειώνω/ ~ *in*, περικυκλώνω, πολιορκώ/ ~ *up*, φράζω, κλείνω τελείως/ ~ *with*, κλείνω συμφωνία/ ad. κοντά/ n. στενό (τό), στενή διάβαση/ ~*ness*, n. γειτονικότητα (ή), εγγύτητα (ή)/ ~*t*, n. εντοιχισμένη ντουλάπα/ *be* ~*ed*, είμαι κλεισμένος μέ/ *closing*, n. κλείσιμο/ ~ *price*, τιμή κλεισίματος στό χρηματιστήριο/ ~ *down*, κλείσιμο επιχείρησης/ *closure*, n. φράξιμο (τό), διακοπή (ή)

clot, n. θρόμβος (ό)/ v.i. πήζω, σχηματίζω θρόμβο/ ~*ting*, n. θρόμβωση (ή), πήξιμο (τό)

cloth, n. ύφασμα (τό), πανί (τό)/ *table* ~, τραπεζομάντιλο/ ~*e*, v.t. ντύνω/ ~*es*, n. pl. ρούχα (τά)/ ~*hanger*, κρεμαστάρι (τό)/ ~*horse*, στεγνωτήρι (τό)/ ~*line*, σκοινί απλώματος/ ~*moth*, σκώρος (ό)/ ~*peg*, μανταλάκι (τό)/ ~*ier*, n. υφασματοπώλης (ό)/ ~*ing*, n. ρουχισμός (ό)

cloud, n. σύννεφο (τό), νέφος (τό)/ *be in the* ~*s*, είμαι στά σύννεφα/ v.t. συννεφιάζω/ (fig.) θολώνω, συγχύζω/ ~*less*, a. ασυννέφιαστος, ανέφελος/ ~*y*, a. συννεφιασμένος, θολός

clout, n. χτύπημα (τό)/ (cloth) κουρέλι (τό), πατσαβούρα (ή)

clove, n. μοσχοκάρι (τό), γαρίφαλλο (τό)

cloven, a. δίχηλος/ ~*hoof*, δίχηλη οπλή

clover, n. τριφύλλι (τό)/ *live in* ~, ζώ μέ άνεση (πολυτέλεια)

clown, n. κλόουν (ό), γελωτοποιός (ό), παλιάτσος (ό)/ ~*ery*, n. γελωτοποιία (ή)/ ~*ish*, a. γελοίος, αδέξιος

cloy, v.t. χορταίνω/ ~*ing*, n. χόρτασμα (τό)

club, n. λέσχη (ή), σύλλογος (ό)/ (stick) ρόπαλο (τό)/ (cards) σπαθί/ ~ *footed*, a. χοντροπόδαρος/ v.t. (together) συνεταιρίζομαι/ (strike) χτυπώ μέ ρόπαλο

cluck, v.i. κακαρίζω/ ~*ing*, n. κακάρισμα (τό)

clue, n. νύξη (ή), ένδειξη (ή)

clump, n. όγκος (ό), σωρός (ό)/ v.i. περπατώ μέ βαρύ βήμα

clumsiness, n. αδεξιότητα (ή), χοντροκοπιά (ή)/ *clumsy*, a. αδέξιος, άκομψος

cluster, n. δέσμη (ή), σύμπλεγμα (τό), αρμαθιά (ή)/ (grapes) τσαμπί (τό)/ v.i. σωρεύω, συναθροίζω

clutch, n. άρπαγμα (τό), λαβή (ή)/ (car) συμπλέκτης (ό), αμπραγιάζ (τό)/ *fall into the* ~*s*, πέφτω στά νύχια/ v.t. αρπάζω, πιάνω

clutter, n. αταξία (ή), ταραχή (ή), θόρυβος (ό)/ v.t. ~ *up*, γεμίζω τελείως

coach, n. ἅμαξα (ἡ), βαγόνι (τό), πούλμαν (τό)/ (sport) προπονητής (ὁ)/ ~ *builder*, ἁμαξοποιός (ὁ)/ ~ *house*, ἁμαξοστάσιο (τό)/ ~*man*, ἀμαξηλάτης (ὁ), ὁδηγός (ὁ)/ v.t. προπονῶ, γυμνάζω
coadjutor, n. βοηθός (ὁ)
coagulate, v.t.& i. πήζω/ *coagulation*, n. πήξιμο (τό)
coal, n. κάρβουνο (τό), ἄνθρακας (ὁ)/ *carry ~s to Newcastle*, κομίζω γλαῦκα εἰς 'Ἀθήνας/ ~ *cellar*, καρβουναποθήκη (ἡ)/ ~*field*, ἀνθρακοφόρο κοίτασμα/ ~ *heaver*, καρβουνάς (ὁ)/ ~ *merchant*, καρβουνέμπορος (ὁ)/ ~*mine*, ἀνθρακωρυχεῖο (τό)/ ~ *miner*, ἀνθρακωρύχος (ὁ)/ ~ *scuttle*, κάδος γιά κάρβουνα/ ~ *tar*, πίσσα (ἡ), ἀνθρακάσφαλτος (ἡ)/ ~*yard*, ἀποθήκη κάρβουνου/ v.i. ἀνθρακεύω
coalesce, v.i. ἑνώνομαι, συγχωνεύομαι, συνασπίζομαι/ *coalition*, n. συνασπισμός (ὁ)
coarse, a. τραχύς, χοντροειδής, ἄξεστος/ ~*ness*, n. τραχύτητα (ἡ), χοντροκοπιά (ἡ), χυδαιότητα (ἡ)
coast, n. ἀκτή (ἡ), παραλία (ἡ), ἀκρογιαλιά (ἡ)/ *the ~ is clear*, δέν ὑπάρχει κίνδυνος/ v.i. παραπλέω/ ~*er*, n. ἀκτοπλοϊκό σκάφος/ ~*guard*, n. ἀκτοφυλακή (ἡ), ἀκτοφύλακας (ὁ)/ ~*ing*, a. ἀκτοπλοϊκός
coat, n. παλτό (τό), πανωφόρι (τό)/ (animal) τρίχωμα (τό)/ (paint) χέρι/ ~ *of arms*, θυρεός (ὁ), οἰκόσημο (τό)/ *turn one's ~*, ἀλλάζω ἰδέες, προσχωρῶ στήν ἀντίπαλη παράταξη/ ~*ing*, n. ἐπένδυση (ἡ), ἐπίστρωση (ἡ)
coax, v.t. κολακεύω, καλοπιάνω/ ~ *out of*, πείθω κάποιον νά μήν κάνει κάτι/ ~*ing*, n. κολακεία (ἡ), γαλιφιά (ἡ), μαλαγανιά (ἡ)
cob, n. κομμάτι ἀπό μετάλλευμα/ (mud) σβῶλος (ὁ)/ (bird) γλάρος (ὁ)/ (build.) ἀχυρόπλινθος (ὁ)
cobalt, n. κοβάλτιο (τό)
cobble, n. βότσαλο (τό)/ v.t. λιθοστρώνω/ (shoes) μπαλώνω/ ~*r*, n. τσαγκάρης (ὁ), παπουτσής (ὁ)
cobra, n. κόμπρα (ἡ)
cobweb, n. ἀράχνη (ἡ)

cocaine, n. κοκαΐνη (ἡ)
cock, n. πετεινός (ὁ), κόκορας (ὁ)/ (gun) λύκος (ὁ), κόκορας (ὁ)/ (weather) ἀνεμοδείκτης (ὁ), ἀνεμοδούρα (ἡ)/ (tap) στρόφιγγα (ἡ), κάνουλα (ἡ)/ ~ *and bull story*, μπούρδα, πλαστή ἱστορία/ ~*crow*, λάλημα (τό) ~ *of the walk*, ὁ πρῶτος, ὁ ἀρχηγός/ v.t. ὀρθώνω, τεντώνω/ (gun) ὁπλίζω/ *hay*~, θημωνιά (ἡ)/ ~*ed hat*, τρίκοχο (τό)
cockade, n. κονκάρδα (ἡ)
cockchafer, n. μηλολάνθη (ἡ)
cockerel, n. πετεινάρι (τό)
cockeyed, a. ἀλήθωρος/ (mad) τρελός
cockle, n. γογγύλι (τό)/ ~*shell*, κοχύλι
cockpit, n. στίβος κοκορομαχίας/ (ship) χῶρος πηδαλιούχου/ (plane) θάλαμος χειριστῆ
cockroach, n. κατσαρίδα (ἡ)
cocktail, n. κοκτέιλ (τό)
cocky, a. ἀναιδής, θρασύς
cocoa, n. κακάο (τό)
coconut, n. καρύδα (ἡ)/ ~ *tree*, φοινικοκαρυά (ἡ)
cocoon, n. κουκούλι (τό), βομβύκιο (τό)
cocotte, n. κοκότα (ἡ), πόρνη (ἡ)
cod, n. μουρούνα (ἡ), μπακαλιάρος (ὁ)/ ~ *liver oil*, μουρουνόλαδο (τό)
coddle, v.t. χαϊδεύω, θωπεύω
code, n. κώδικας (ὁ), κωδικό σύστημα/ v.t. κωδικοποιῶ, κρυπτογραφῶ/ *codicil*, n. κωδίκελλος (ὁ)/ *codification*, n. κωδικοποίηση (ἡ)/ *codify*, v.t. κωδικοποιῶ
coeducation, n. μικτή ἐκπαίδευση (ἡ)/ ~*al school*, μικτό σχολεῖο
coefficient, n. συντελεστής (ὁ)
coerce, v.t. ἐξαναγκάζω, καταναγκάζω/ *coercion*, n. ἐξαναγκασμός (ὁ), καταναγκασμός (ὁ)/ *coercive*, a. ἐξαναγκαστικός, καταναγκαστικός, πιεστικός
coexist, v.i. συνυπάρχω/ ~*ence*, n. συνύπαρξη (ἡ)
coffee, n. καφές (ὁ)/ ~*bean*, σπόρος τοῦ καφέ/ ~ *cup*, φλυτζάνι (τό)/ ~ *grounds*, κατακάθια (τά)/ ~ *house*, καφενεῖο (τό)/ ~ *mill*, καφεκοπτεῖο (τό)/ ~ *plantation*, φυτεία τοῦ καφέ/ ~ *pot*, μπρίκι (τό)/ ~ *tree*, καφεόδεντρο (τό)
coffer, n. χρηματοκιβώτιο (τό)/ ~*s*, n.pl.

ἔσοδα τοῦ κράτους
coffin, n. φέρετρο (τό)
cog, n. δόντι τροχοῦ/ ~*wheel*, n. ὀδοντωτός τροχός
cogency, n. πειστικότητα (ἡ), πειθώ (ἡ)/ *cogent*, a. πειστικός, ἀκαταμάχητος
cogitate, v.i. σκέπτομαι, διαλογίζομαι/ *cogitation*, n. σκέψη (ἡ), διαλογισμός (ὁ)
cognac, n. κονιάκ (τό)
cognate, a. συγγενικός, ἀνάλογος
cognition, n. γνώση (ἡ)
cognizance, n. ἐνημερότητα (ἡ), γνώση (ἡ)/ *cognizant*, a. ἐνήμερος
cohabit, v.i. συγκατοικῶ, συζῶ, συμβιῶ/ ~*ation*, n. συμβίωση (ἡ), συγκατοίκηση (ἡ)
cohere, v.i. συνδέομαι, ἔχω συνέπεια/ ~*nce*, n. συνέπεια (ἡ), ἀλληλουχία (ἡ)/ ~*nt*, a. συνεπής, κατανοητός/ *cohesion*, n. συνοχή (ἡ), συνάφεια (ἡ)/ *cohesive*, a. συνεκτικός, συναφής
coil, n. ἕλικας (ὁ), σπείρα (ἡ)/ (naut.) κόρκωμα/ (elec.) πηνίο (τό)/ v.t. συσπειρώνω, περιτυλίγω/ v.i. ἑλίσσομαι
coin, n. νόμισμα (τό)/ *pay in his own* ~, ἀνταποδίδω τά ἴσα/ v.t. κόβω νόμισμα/ (fig.) πλάθω, ἐπινοῶ/ ~*age*, n. νομισματοκοπία (ἡ)
coincide, v.i. συμπίπτω/ ~*nce*, n. σύμπτωση (ἡ)
coiner, n. νομισματοκόπος (ὁ)
coke, n. κόκα κόλα (ἡ)/ (coal) κώκ (τό)
colander, n. στραγγιστῆρι (τό)
cold, n. κρύο (τό), ψύχος (τό)/ (med.) κρυολόγημα (τό)/ a. κρύος, ψυχρός/ *be* ~, κρυώνω/ *catch* ~, κρυολογῶ/ *it is* ~, κάνει κρύο/ *in* ~ *blood*, ἐν ψυχρῷ/ ~ *blooded murder*, προμελετημένος φόνος/ ~ *shoulder*, ψυχρότητα (ἡ)/ ~ *storage*, κατάψυξη (ἡ)/ ~*ness*, n. ψυχρότητα (ἡ)
coleopter, n. κολεόπτερο (τό)
colic, n. κολικός (ὁ), κολικόπονος (ὁ)
collaborate, v.i. συνεργάζομαι/ *collaboration*, n. συνεργασία (ἡ)/ *collaborator*, n. συνεργάτης (ὁ)
collapse, n. κατάρρευση (ἡ), καταστροφή (ἡ)/ (prices) πτώση (ἡ)/ v.i. καταρρέω, συντρίβομαι/ *collapsible*, a. πτυσσόμενος
collar, n. περιλαίμιο (τό), γιακάς (ὁ), κολλάρο (τό)/ ~*bone*, κλείδωση τοῦ ὤμου/ ~ *stud*, κουμπί τοῦ κολλάρου/ v.t. πιάνω ἀπό τό γιακά
collate, v.t. ἀντιπαραβάλλω
collateral, n. ἀσφάλεια δανείου/ a. παράλληλος, πλάγιος
collation, n. ἀντιπαραβολή (ἡ)/ (meal) ἐλαφρό γεῦμα
colleague, n. συνάδελφος (ὁ)
collect, v.t. συλλέγω, μαζεύω, συναθροίζω/ (pay) εἰσπράττω/ ~ *oneself*, συγκεντρώνομαι/ ~*ed*, a. σκεπτικός, συγκεντρωμένος, γαλήνιος/ ~*ion*, n. συλλογή (ἡ), συνάθροιση (ἡ), συγκέντρωση (ἡ)/ ~*ive*, συλλογικός/ ~ *farm*, κολλεκτίβα (ἡ), γεωργικός συνεταιρισμός (ὁ)/ ~*ivization*, n. κολλεκτιβοποίηση (ἡ) ~*or*, n. συλλέκτης (ὁ)/ (taxes etc.) εἰσπράκτορας (ὁ)
college, n. κολλέγιο (τό)/ *collegian*, n. σπουδαστής κολλεγίου (ὁ)/ *collegiate*, a. κολλεγιακός
collide, v.i. συγκρούομαι, τρακάρω
collie, n. τσοπανόσκυλο (τό)
collier, n. ἀνθρακωρύχος (ὁ)/ (naut.) ἀνθρακοφόρο πλοῖο/ ~ *y*, n. ἀνθρακωρυχεῖο (τό)
collision, n. σύγκρουση (ἡ), τρακάρισμα (τό)
colloquial, a. ὁμιλούμενος/ ~*ism*, n. ὅρος τῆς ὁμιλούμενης γλώσσας/ *colloquy*, n. συνομιλία (ἡ)
collusion, n. συμπαιγνία (ἡ), συνενοχή (ἡ), ἀπάτη (ἡ)
colon, n. (gram.) διπλή στιγμή, ἄνω κάτω τελεία/ (anat.) κῶλον (τό)
colonel, n. συνταγματάρχης (ὁ)
colonial, a. ἀποικιακός/ *colonist*, n. ἄποικος (ὁ)/ *colonize*, v.t. ἀποικῶ, ἀποικίζω
colonnade, n. κιονοστοιχία (ἡ), περιστήλιο (τό)
colony, n. ἀποικία (ἡ)
coloration, n. χρωματισμός (ὁ)
colossal, a. κολοσσιαῖος, τεράστιος/ *colossus*, n. κολοσσός (ὁ)
colour, n. χρῶμα (τό), χρωματισμός (ὁ), χροιά (ἡ)/ v.t.& i. χρωματίζω/ ~*blind*,

a. ἀχρωματοπικός/ ~blindness, n. ἀχρωματοψία (ἡ)/ ~ed, p.p.& a. χρωματιστός, ἔγχρωμος/ ~fast, a. ἀνεξίτηλα χρωματισμένος/ ~ful, a. πολύχρωμος/ ~ing, n. χρωμάτισμα (τό)/ ~less, a. ἄχρωμος
colt, n. πουλάρι (τό)/ ~ish, a. παιχνιδιάρης
column, n. κολόνα (ἡ), στύλος (ὁ), στήλη (ἡ)/ ~ist, n. δημοσιογράφος μέ τακτική στήλη
coma, n. κῶμα (τό)/ ~tose, a. κωματώδης
comb, n. χτένα (ἡ), χτένι (τό)/ v.t. χτενίζω/ ~ out, ξεμπερδεύω
combat, n. μάχη (ἡ), πάλη (ἡ), ἀγώνας (ὁ)/ v.t. μάχομαι, πολεμῶ, παλεύω, ἀγωνίζομαι/ ~ant, n. μαχητής (ὁ), πολεμιστής (ὁ), ἀγωνιστής (ὁ)/ a. μάχιμος/ ~ive, a. μαχητικός/ ~iveness, n. μαχητικότητα (ἡ)
combination, n. συνδυασμός (ὁ)/ combine, v.t.& i. συνδυάζω, συνδέω/ combined, p.p.& a. συνδυασμένος, ἑνωμένος
combustible, a. εὔφλεκτος/ n. εὔφλεκτη ὕλη (ἡ)/ combustion, n. καύση (ἡ)/ internal ~ engine, μηχανή ἐσωτερικῆς καύσης
come, v.i. ἔρχομαι, φτάνω/ ~ about, συμβαίνω/ ~ across, συναντῶ/ ~ apart, χωρίζομαι, διαλύομαι/ ~ back, ἐπιστρέφω/ ~ between, ἐπεμβαίνω, παρεμβαίνω ~ by, (money) ἀποκτῶ/ ~ down, κατεβαίνω/ ~ forward, προχωρῶ, προπορεύομαι/ ~ home, ἐπιστρέφω σπίτι, ἐπιστρέφω στήν πατρίδα μου/ ~ in, μπαίνω/ ~ in handy, ἀποδεικνύεται χρήσιμο/ ~ near, πλησιάζω/ ~ off, (button) πέφτω/ (stain) φεύγω/ ~ out, βγαίνω, ἐμφανίζομαι/ ~ round, συνέρχομαι/ (in ideas) προσχωρῶ/ ~ to an agreement, καταλήγω σέ συμφωνία/ ~to blows, παίζω ξύλο/ ~ to light, ἀποκαλύπτομαι, ἔρχομαι στό φῶς/ ~ to pass, συμβαίνω/ ~ up, ἀνεβαίνω/ ~ up for discussion, ἔρχομαι σέ συζήτηση, ἀπασχολῶ/ ~ up to, πλησιάζω/ ~ upon, πέφτω ἐπάνω/ ~ what may! ὅ,τι καί νά γίνει!
comedian, n. κωμικός (ὁ)/ comedy, n. κωμωδία (ἡ)
comeliness, n. κομψότητα (ἡ), χάρη (ἡ)/ comely, a. κομψός
comet, n. κομήτης (ὁ)
comfort, n. ἄνεση (ἡ)/ be of ~, παρηγορῶ/ v.t. ἀνακουφίζω, παρηγορῶ, δίνω θάρρος /~able, a. ἄνετος, ἀναπαυτικός/ ~er, n. παρηγορητής (ὁ)/ ~ing, a. παρηγορητικός, ἐνθαρρυντικός/ ~s, ἀνέσεις (οἱ)
comic, a. κωμικός/ ~ opera, ὀπερέττα/ ~ part, κωμικός ρόλος/ n. (person) κωμικός/ (book) κόμιχ/ ~al, a. κωμικός, γελοῖος
coming, n. ἐρχομός (ὁ)/ ~s and goings, τά πήγαινε ἔλα/ ~ out, παρουσίαση, πρώτη ἐμφάνιση/ a. ἐρχόμενος, ἐπόμενος
comma, n. κόμμα (τό)/ inverted ~s, εἰσαγωγικά (τά)
command, n. διαταγή (ἡ), προσταγή (ἡ)/ v.t. διοικῶ, κυβερνῶ, διατάζω/ ~ant, n. φρούραρχος (ὁ)/ ~eer, v.t. ἐπιτάσσω/ ~er, n. διοικητής (ὁ)/ ~er in chief, ἀρχιστράτηγος (ὁ)/ ~ment, n. ἐντολή (ἡ)/ the Ten Commandments, οἱ δέκα ἐντολές
commemorate, v.t. μνημονεύω, γιορτάζω/ commemoration, n. ἑορτασμός (ὁ), τελετή (ἡ)
commence, v.t. ἀρχίζω, κάνω ἔναρξη/ ~ment, n. ἔναρξη (ἡ)
commend, v.t. συνιστῶ, ἐπαινῶ/ ~able, a. ἀξιέπαινος/ ~ation, n. ἔπαινος (ὁ)
commensurate, a. σύμμετρος, ἀνάλογος
comment, n. σχόλιο (τό), σχολιασμός (ὁ)/ v.i. σχολιάζω/ ~ary, n. σχόλιο (τό)/ ~ator, n. σχολιαστής (ὁ)
commerce, n. ἐμπόριο (τό)/ commercial, a. ἐμπορικός/ ~ traveller, περιοδεύων ἐμπορικός ἀντιπρόσωπος/ ~ism, n. ἐμπορικότητα (ἡ)
commiserate, v.i. λυποῦμαι, σπλαχνίζομαι/ commiseration, n. λύπη (ἡ), ἔκφραση συμπάθειας (ἡ), οἶκτος (ὁ)
commissariat, n. ἐπιμελητεία (ἡ)/ commissary, n. ἐπιμελητής (ὁ), φροντιστής (ὁ), κομμισσάριος (ὁ)
commission, n. παραγγελία (ἡ), ἐντολή (ἡ)/ (people) ἐπιτροπή (ἡ)/ v.t. παραγγέλλω, δίνω ἐντολή/ ~ a ship, ἐξο-

πλίζω πλοίο/ ~ed officer, αξιωματικός/ ~er, n. επίτροπος (ό), αρμοστής (ό)/ High ~er, Ύπατος Αρμοστής (ό)
commit, v.t. εμπιστεύομαι, αναθέτω/ (crime) διαπράττω/ ~ to memory, αποστηθίζω/ ~ to prison, φυλακίζω/ ~ oneself, δεσμεύομαι, υπόσχομαι/ ~ment, n. υπόσχεση (ή), δέσμευση (ή)
committee, n. επιτροπή (ή), συμβούλιο (τό)
commodious, a. ευρύχωρος, άνετος/ ~ness, n. ευρυχωρία (ή), άνεση (ή)
commodity, n. ωφέλεια (ή)/ (goods) εμπόρευμα (τό)
common, a. κοινός, συνηθισμένος, δημόσιος/ ~land, κοινόχρηστη γή/ ~ law, άγραφος νόμος, εθιμικό δίκαιο/ ~ people, όχλος (ό), λαουτζίκος (ό)/ ~sense, κοινή λογική (ή)/ in ~, κοινό, από κοινού/ we have nothing in ~, δέν μοιάζουμε σέ τίποτε/ ~ness, n. συχνότητα (ή), χυδαιότητα (ή)/ ~ place, a. συνηθισμένος/ House of ~s, Βουλή τών Κοινοτήτων (ή)/ ~wealth, n. Κοινοπολιτεία (ή)
commotion, n. ταραχή (ή), σύγχυση (ή), οχλαγωγία (ή)
communal, a. κοινοτικός, δημοτικός/ commune, n. κοινότητα (ή), δήμος (ό)/ v.i. επικοινωνώ, συναναστρέφομαι/ communicant, n. (eccl.) εκείνος πού κοινωνεί (μεταλαβαίνει)/ communicate, v.t.& i. μεταδίδω, επικοινωνώ, ανακοινώνω/ communication, n. μετάδοση (ή), επικοινωνία (ή), ανακοίνωση (ή)/ communicative, a. ομιλητικός, κοινωνικός/ communion, n. σχέση (ή), συναναστροφή (ή)/ (eccl.) κοινωνία (ή), μετάληψη (ή)
communism, n. κομμουνισμός (ό)/ communist, n. κομμουνιστής (ό)
community, n. κοινότητα (ή)
commutable, a. ευμετάβλητος, ευμετάτρεπτος/ commutation, n. μετατροπή (ή)/ commute, v.t. (law) μετατρέπω/ (public transport) χρησιμοποιώ τήν συγκοινωνία καθημερινά/ ~r, n. εκείνος πού χρησιμοποιεί τήν συγκοινωνία καθημερινά
compact, n. σύμβαση (ή), συμφωνία (ή)/ a. συμπαγής, συνοπτικός/ ~ness, n. συμπάγια (ή), συνοπτικότητα (ή)
companion, n. σύντροφος (ό), συνοδός (ό)/ (book) οδηγός (ό)/ ~able, a. ευπροσήγορος, καταδεκτικός/ ~ship, n. συντροφιά (ή)
company, n. εταιρία (ή), συντροφιά (ή)/ (mil.) λόχος (ό)/ (theat.) θίασος (ό)/ ship's ~, πλήρωμα (τό)/ keep ~, βαστώ συντροφιά/ joint-stock ~, μετοχική εταιρία/ limited ~, εταιρία περιορισμένης ευθύνης
comparable, a. ανάλογος/ comparative, a. συγκριτικός/ compare, v.t. συγκρίνω, παραβάλλω/ comparison, n. σύγκριση (ή), παραβολή (ή)
compartment, n. διαμέρισμα (τό), διαχώρισμα (τό)
compass, n. πυξίδα (ή), μπούσουλας (ό)/ (limit) όριο (τό), περιοχή (ή)/ v.t. περικυκλώνω, πολιορκώ/ pair of ~es, διαβήτης (ό)
compassion, n. οίκτος (ό), συμπάθεια (ή), ευσπλαχνία (ή)/ ~ate, a. σπλαχνικός, γεμάτος συμπάθεια
compatibility, n. συμφωνία (ή), αρμονία (ή)/ compatible, a. σύμφωνος, αρμονικός, προσαρμοστός
compatriot, n. συμπατριώτης (ό)
compel, v.t. εξαναγκάζω, υποχρεώνω
compendious, a. συνοπτικός, σύντομος/ compendium, n. σύνοψη (ή)
compensate, v.t. αποζημιώνω, αντισταθμίζω/ compensation, n. αποζημίωση (ή), αντιστάθμισμα (τό)
compete, v.i. διαγωνίζομαι, ανταγωνίζομαι
competence, n. ικανότητα (ή), αρμοδιότητα (ή), επάρκεια (ή)/ competent, a. ικανός, αρμόδιος, επαρκής
competition, n. διαγωνισμός (ό), συναγωνισμός (ό)/ unfair ~, αθέμιτος ανταγωνισμός/ competitive, a. συναγωνιστικός, ανταγωνιστικός/ competitor, n. ανταγωνιστής (ό)
compilation, n. συρραφή (ή), απάνθισμα (τό)/ compile, v.t. συλλέγω, συγκεντρώνω, συρράβω
complacency, n. ευαρέσκεια (ή), αυτοϊκανοποίηση (ή)/ complacent, a. ευχαρι-

στημένος, αὐτοϊκανοποιημένος
complain, v.i. παραπονοῦμαι/ ~*t*, n. παράπονο (τό)/ (med.) πάθηση (ἡ)/ *lodge a ~*, καταγγέλλω, ὑποβάλλω μήνυση
complaisance, n. εὐγένεια (ἡ), φιλοφροσύνη (ἡ)/ *complaisant*, a. εὐγενικός, ὑποχρεωτικός
complement, n. συμπλήρωμα (τό)/ (gram.) προσδιορισμός (ὁ)/ ~*ary*, a. συμπληρωματικός
complete, a. πλήρης, ὁλοκληρωμένος/ v.t. συμπληρώνω, ὁλοκληρώνω/ ~*ly*, ad. πλήρως, ἐντελῶς/ *completion*, n. συμπλήρωση (ἡ), ὁλοκλήρωση (ἡ), ἀποπεράτωση (ἡ), τελείωμα (τό)
complex, a. πολύπλοκος, πολυσύνθετος/ n. σύμπλεγμα (τό), κόμπλεξ (τό)
complexity, n. χροιά προσώπου (ἡ), χρῶμα (τό)
complexion, n. περιπλοκή (ἡ), πολυπλοκότητα (ἡ)
compliance, n. συμβιβαστικότητα (ἡ), ἐνδοτικότητα (ἡ)/ *~ with the law*, συμμόρφωση μέ τούς νόμους/ *compliant*, a. συμβιβαστικός, ἐνδοτικός
complicate, v.t. περιπλέκω, μπερδεύω/ ~*d*, a. πολύπλοκος, μπερδεμένος/ *complication*, n. περιπλοκή (ἡ), ἐπιπλοκή (ἡ)
complicity, n. συνενοχή (ἡ).
compliment, n. κομπλιμέντο (τό), κολακεία (ἡ), φιλοφρόνηση (ἡ)/ *my ~s*, τά σέβη μου/ v.t. κομπλιμεντάρω, κάνω φιλοφρονήσεις, κολακεύω/ ~*ary*, a. φιλοφρονητικός, κολακευτικός/ *~ ticket*, δωρεάν εἰσιτήριο
comply, v.i. συγκατανεύω, συμμορφώνομαι/ *~ with*, ὑπακούω
component, n. συστατικό (τό)/ a. συστατικός/ *~ force*, συνισταμένη δύναμη
comport oneself, συμπεριφέρομαι/ *comportment*, n. συμπεριφορά (ἡ)
compose, v.t. συνθέτω, συγγράφω/ (print.) στοιχειοθετῶ/ *~ oneself*, ἡσυχάζω/ *be ~d of*, ἀποτελοῦμαι ἀπό/ ~*d*, a. ἥρεμος, ἀτάραχος/ ~*r*, n. συνθέτης (ὁ)/ *composite*, a. σύνθετος, μικτός/ *composition*, n. σύνθεση (ἡ), διατριβή (ἡ), πραγματεία (ἡ)/ (tech.) κρᾶμα (τό)/ (print.) στοιχειοθεσία (ἡ)/ *compositor*, n. στοιχειοθέτης (ὁ)
compost, n. λίπασμα (τό)
composure, n. ἠρεμία (ἡ), ἀταραξία (ἡ), γαλήνη (ἡ)
compound, n. μίγμα (τό)/ a. σύνθετος, ἀνάμικτος/ *~ interest*, σύνθετος τόκος/ (buildings) κτιριακό συγκρότημα/ v.t. συνθέτω, συγχωνεύω/ v.i. συμβιβάζομαι
comprehend, v.t. κατανοῶ, καταλαβαίνω/ *comprehensible*, a. κατανοητός/ *comprehension*, n. κατανόηση (ἡ)/ *comprehensive*, a. περιεκτικός/ *~ school*, σχολεῖο γενικῆς μόρφωσης
compress, n. κομπρέσα (ἡ)/ v.t. συμπιέζω, συντομεύω/ ~*ion*, n. συμπίεση (ἡ)/ (tech.) σύνθλιψη (ἡ)/ ~*or*, n. συμπιεστής (ὁ), κομπρεσέρ (τό)
comprise, v.t. περιλαμβάνω, περιέχω
compromise, n. συμβιβασμός (ὁ)/ v.t. συμβιβάζω/ v.i. συμβιβάζομαι
compulsion, n. καταναγκασμός (ὁ), πίεση (ἡ)/ *under ~*, ὑπό πίεση/ *compulsorily*, ad. ἀναγκαστικά/ *compulsory*, a. ἀναγκαστικός
compunction, n. μετάνοια (ἡ), μεταμέλεια (ἡ)
computation, n. ὑπολογισμός (ὁ), ἐκτίμηση (ἡ)/ *compute*, v.t. ὑπολογίζω, ἐκτιμῶ/ ~*r*, n. ἠλεκτρονικός ὑπολογιστής (ὁ), κομπιοῦτερ (ὁ)
comrade, n. σύντροφος (ὁ)/ ~*ship*, n. συντροφικότητα (ἡ)/ *~ in arms*, συνάδελφος ἐν ὅπλοις
con, v.t. μαθαίνω μελετῶ/ n. τό ἀντίθετο/ *the pros and ~s*, τά ὑπέρ καί τά κατά
concave, a. κοῖλος/ *concavity*, n. κοιλότητα (ἡ)
conceal, v.t. συγκαλύπτω, ἀποκρύβω/ ~*ment*, n. ἀπόκρυψη (ἡ)
concede, v.t. παραδέχομαι, παραχωρῶ
conceit, n. ἔπαρση (ἡ), οἴηση (ἡ), φαντασία (ἡ)/ ~*ed*, a. φαντασμένος, ξιπασμένος
conceivable, a. καταληπτός, δυνατός/ *conceive*, v.t. συλλαμβάνω, διανοοῦμαι, φαντάζομαι/ (biol.) συλλαμβάνω, κυοφορῶ
concentrate, v.t. συγκεντρώνω, πυκνώνω/ v.i. συγκεντρώνομαι/ *concentra-*

tion, n. συγκέντρωση (ή)/ ~ *camp*, στρατόπεδο συγκέντρωσης
concentric, a. ὁμόκεντρος
concept, n. ἀφηρημένη ἰδέα (ή), ἔννοια (ή)/ ~*ion*, n. σύλληψη (ή), ἀντίληψη (ή)
concern, n. φροντίδα (ή), μέριμνα (ή)/ (business) ἐπιχείρηση (ή)/ *it is no* ~ *of mine*, δέν εἶναι δουλειά μου/ *meddle in other people's* ~*s*, ἀνακατεύομαι σέ ξένες δουλειές/ v.t. ἐνδιαφέρομαι, ἀσχολοῦμαι/ ~*ed*, p.p.& a. ἐνδιαφερόμενος/ *as far as I am* ~, ὅσο μ' ἐνδιαφέρει, ἀπό τήν δική μου ἄποψη/ ~*ing*, pr. γιά, περί, σχετικά μέ
concert, n. κονσέρτο (τό), συναυλία (ή)/ v.t. συνεννοοῦμαι, διαβουλεύομαι/ ~*ina*, n. ἀκορντεόν (τό)
concession, n. παραχώρηση (ή), ἐκχώρηση (ή)
conch, n. κοχύλι (τό)
concierge, n. θυρωρός (ὁ)
conciliate, v.t. συμφιλιώνω, συμβιβάζω/ *conciliation*, n. συμφιλίωση (ή), συμβιβασμός (ὁ)/ *conciliatory*, a. συμφιλιωτικός, συμβιβαστικός
concise, a. περιεκτικός, συνοπτικός/ ~*ness*, n. περιεκτικότητα (ή), συνοπτικότητα (ή)
conclave, n. κονκλάβιο (τό), σύνοδος καρδιναλίων (ή)
conclude, v.t.& i. τελειώνω, καταλήγω/ (treaty) συνάπτω/ *conclusion*, n. τέλος (τό), κατάληξη (ή)/ (treaty) σύναψη (ή)/ *in* ~, συμπερασματικά/ *conclusive*, a. τελικός, πειστικός
concoct, v.t. ἑτοιμάζω (φαγητό κ.λπ.)/ (make up) ἐπινοῶ, σκαρφίζομαι/ ~*ion*, n. ἑτοιμασία (ή) (φαγητοῦ, ποτοῦ κ.λπ.)/ (making up) ἐπινόηση (ή)
concomitance, n. συνακολουθία (ή), παρεπόμενο (τό)/ *concomitant*, a. συνακόλουθος, παρεπόμενος
concord, n. συμφωνία (ή), ἁρμονία (ή), ὁμόνοια (ή)/ ~*ance*, n. σύνταξη (ή), ἁρμονία (ή)/ ~*at*, n. κονκορδάτο (τό), συμφωνία ἐκκλησίας καί κράτους
concourse, n. συρροή (ή), συγκέντρωση (ή)
concrete, a. συμπαγής, συγκεκριμένος/ n. μπετόν (τό)
concubinage, n. παλλακεία (ή)/ *concubine*, n. παλλακίδα (ή)
concupiscence, n. φιληδονία (ή), λαγνεία (ή), ἀσέλγεια (ή)/ *concupiscent*, a. φιλήδονος, λάγνος, ἀσελγής
concur, v.i. συντείνω, συντρέχω, συντελῶ/ ~*rence*, n. συμφωνία (ή), συναίνεση (ή), συνδρομή (ή)/ ~*rent*, a. ταυτόχρονος, σύμφωνος/ ~*rently*, ad. μαζί, μέ σύμπραξη/ *two sentences running* ~, δύο ποινές κατά συγχώνευση
concussion, n. τράνταγμα (τό), τίναγμα (τό)/ (med.) διάσειση (ή)
condemn, v.t. καταδικάζω/ ~*ation*, n. καταδίκη (ή), κατάκριση (ή)/ ~*ed*, a. καταδικασμένος/ ~*ed cell*, κελλί μελοθανάτων
condensation, n. συμπύκνωση (ή)/ *condense*, v.t. συμπυκνώνω/ (text) συντομεύω/ ~*r*, n. συμπυκνωτής (ὁ)
condescend, v.i. καταδέχομαι, δείχνω συγκατάβαση/ *condescension*, n. καταδεκτικότητα (ή), συγκατάβαση (ή)
condign, a. προσήκων, παραδειγματικός
condiment, n. καρύκευμα (τό)
condition, n. κατάσταση (ή)/ ~*s*, pl. συνθῆκες (οἱ)/ *on* ~ *that*, μέ τόν ὄρο ὅτι/ v.t. προτείνω ὅρους, ρυθμίζω/ *be* ~*ed by*, ἐξαρτῶμαι ἀπό/ ~*al*, a. ὑποθετικός, μέ ὅρους/ (gram.) ὑποθετική/ ~*ed*, p.p.& a. ρυθμισμένος, ἐξαρτώμενος
condole, v.i. συλλυποῦμαι/ ~ *nce*, n. συλλυπητήρια (τά)
condone, v.t. συγχωρῶ, παραβλέπω, ἀνέχομαι
conduce, v.i. συντελῶ, συντείνω, εὐνοῶ/ *conducive*, a. εὐνοϊκός, συντελεστικός
conduct, n. συμπεριφορά (ή), διαγωγή (ή)/ *safe* ~, ἄδεια διέλευσης/ v.t. διευθύνω, κατευθύνω, ὁδηγῶ/ ~*ance*, n. ἀγωγιμότητα (ή)/ ~*or*, n. (mus.) διευθυντής ὀρχήστρας/ (bus) εἰσπράκτορας (ὁ)/ (elec.) ἀγωγός (ὁ)
conduit, n. ὀχετός (ὁ), ἀγωγός (ὁ)
cone, n. κῶνος (ὁ)/ *truncated* ~, κόλουρος κῶνος/ (bot.) βαλανίδι (τό)
confection, n. ζαχαρωτό (τό)/ ~*er*, n. ζαχαροπλάστης (ὁ)/ ~*ery*, n. ζαχαροπλαστεῖο (τό)

confederacy, n. συνομοσπονδία (ή)/ *confederate,* a. συνομόσπονδος/ n. μέλος συνομοσπονδίας/ v.i. σχηματίζω συνομοσπονδία/ *confederation,* n. συνομοσπονδία (ή)
confer, v.t. ἀπονέμω/ v.i. συσκέπτομαι, συνεδριάζω/ ~*ence,* n. συνδιάσκεψη (ή)
confess, v.t. ὁμολογῶ, ἀναγνωρίζω, παραδέχομαι/ ~*edly,* ad. ὁμολογούμενα/ ~*ion,* n. ὁμολογία (ή)/ (eccl.) ἐξομολόγηση (ή)/ ~*or,* n. ἐξομολογητής (ὁ)
confidant, n. ἔμπιστος (ὁ)/ *confide,* v.t. ἐμπιστεύομαι/ *confidence,* n. ἐμπιστοσύνη (ή), πεποίθηση (ή), βεβαιότητα (ή)/ *confident,* a. βέβαιος, σίγουρος/ *confidential,* a. ἐμπιστευτικός/ ~*ly,* ad. ἐμπιστευτικά/ *confiding,* a. ἀξιόπιστος
configuration, n. διαμόρφωση (ή), σχηματισμός ἐδάφους
confine, n. ὅριο (τό), σύνορο (τό)/ v.t. περιορίζω, κλείνω μέσα/ *be* ~*d,* εἶμαι περιορισμένος (ἐγκλειστος)/ *be* ~*d to bed,* εἶμαι κλινήρης/ ~*ment,* n. περιορισμός (ὁ), φυλάκιση (ή), κάθειρξη (ή)/ (med.) λοχεία (ή)
confirm, v.t. ἐπιβεβαιώνω, ἐπικυρώνω/ (eccl.) χρίζω/ ~*ation,* n. ἐπιβεβαίωση (ή), ἐπικύρωση (ή)/ (eccl.) χρίσιμο (τό)/ ~*ative,* a. ἐπιβεβαιωτικός, ἐπικυρωτικός
confiscate, v.t. κατασχέτω, δημεύω/ *confiscation,* n. κατάσχεση (ή), δήμευση (ή)
conflagration, n. πυρκαγιά (ή), ἐμπρησμός (ὁ), ἀνάφλεξη (ή)
conflict, n. διαμάχη (ή), πάλη (ή), ἀνταγωνισμός/ v.i. συγκρούομαι, ἔρχομαι σέ ἀντίθεση/ ~*ing,* a. ἀντιφατικός, ἀντικρουόμενος
confluence, n. συμβολή ποταμῶν/ *confluent,* n. παραπόταμος (ὁ)
conform, v.t. συμμορφώνομαι, ἀκολουθῶ/ (leg.) ὑπακούω/ ~*able,* a. σύμφωνος, ὁμοιόμορφος/ ~*ation,* n. διάπλαση (ή), διαμόρφωση (ή)/ ~*ist,* n. ὀπαδός τοῦ καταστημένου/ ~*ity,* n. συμμόρφωση (ή)
confound, v.t. συγχέω, μπερδεύω, ἀνακατεύω/ ~*ed,* a. καταραμένος

confraternity, n. ἀδελφότητα (ή), συναδελφοσύνη (ή)
confront, v.t. ἀντιμετωπίζω, ἀντιπαρατάσσομαι/ ~ *with witnesses,* φέρνω σέ ἀντιπαράσταση μέ μάρτυρες/ ~*ation,* n. ἀντιμετώπιση (ή), ἀντιπαράταξη (ή), ἀντιπαράσταση (ή)
confuse, v.t. συγχέω, συγχύζω, περιπλέκω, μπερδεύω/ ~*d,* a. μπερδεμένος, συγκεχυμένος/ *confusion,* n. σύγχυση (ή), μπέρδεμα (τό), ἀναταραχή (ή)
confute, v.t. ἀνασκευάζω, ἀναιρῶ
congeal, v.t. & i. πήζω, παγώνω, κρυσταλλώνω
congenial, a. ὅμοιος, κατάλληλος/ ~ *employment,* εὐχάριστη ἀπασχόληση
congenital, a. ἔμφυτος, ἐγγενής, ἐκ γενετῆς
conger eel, n. θαλάσσιο χέλι (τό)
congest, v.t. φράζω, ἀποκλείω/ v.i. παθαίνω συμφόρηση/ ~*ion,* n. συμφόρηση (ή), ἔμφραξη (ή), ἀποκλεισμός (ὁ)
conglomerate, n. συσσώρευση (ή), συνένωση (ή)/ (group of businesses) συγκρότημα ἐπιχειρήσεων/ v.t.& i. συσσωρεύω, συνενώνω/ *conglomeration,* n. συσσώρευση (ή), συγκέντρωση (ή)
congratulate, v.t. συγχαίρω/ *congratulations,* συγχαρητήρια (τά)/ *congratulatory,* a. συγχαρητήριος
congregate, v.t. συναθροίζω/ v.i. προσέρχομαι, συνέρχομαι/ *congregation,* n. συνάθροιση (ή)/ (eccl.) ποίμνιο (τό)
congress, n. συνέδριο (τό), κογκρέσο (τό)/ (parl.) νομοθετικό σῶμα (τό)
congruity, n. συμφωνία (ή), ἀναλογία (ή)/ *congruous,* a. σύμφωνος, ἀνάλογος, κατάλληλος
conic(al), a. κωνικός, κωνοειδής
conifer, n. κωνοφόρο δέντρο/ ~*ous,* a. κωνοφόρος
conjectural, a. συμπερασματικός/ *conjecture,* v.t. συμπεραίνω, εἰκάζω/ n. εἰκασία (ή)
conjoin, v.t. συνδέω, συνάπτω/ ~*t,* a. συνδεδεμένος, συνενωμένος
conjugal, a. συζυγικός
conjugate, v.t. συζεύω/ (gram.) κλίνω/ *conjugation,* n. σύζευξη (ή)/ (gram.) συζυγία (ή)

conjunction, n. σύνδεσμος (ό)
conjunctivitis, n. ἐπιπεφυκίτιδα (ἡ)
conjuncture, n. σύμπτωση (ἡ), συγκυρία (ἡ)
conjuration, n. δέηση (ἡ), ἐξορκισμός (ὁ), μαγεία (ἡ)/ *conjure*, v.t. κάνω μαγικά/ ~ *up*, ἐπικαλοῦμαι/ *conjurer*, n. μάγος (ὁ), ταχυδακτυλουργός (ὁ)/ *conjuring*, n. μαγεία (ἡ), ταχυδακτυλουργία (ἡ)
connect, v.t. & i. συνδέω, ἑνώνω/ ~*ed*, p.p. & a. σχετικός, συναφής/ *be well* ~*ed*, ἔχω πολλούς γνωστούς μέ ἐπιρροή/ ~*ing*, a. συνδετικός/ ~*ion*, *connexion*, n. σχέση (ἡ), συνάφεια (ἡ)/ *in* ~ *with*, σχετικά μέ
conning tower, πυργίσκος ὑποβρυχίου (ὁ)
connivance, n. συνενοχή (ἡ)/ *connive*, v.i. συνενέχομαι/ ~ *at*, προσποιοῦμαι ὅτι δέν ξέρω, κλείνω τά μάτια
connoisseur, n. εἰδικός (ὁ), εἰδήμων (ὁ)
connote, v.t. ὑπονοῶ
connubial, a. γαμήλιος, συζυγικός
conquer, v.t. κατακτῶ, κυριεύω, νικῶ/ ~*or*, n. κατακτητής (ὁ)/ *conquest*, n. κατάκτηση (ἡ)
consanguineous, a. ὅμαιμος, ἀπό τό ἴδιο αἷμα/ *consanguinity*, n. συγγένεια ἐξ αἵματος
conscience, n. συνείδηση (ἡ), συναίσθηση (ἡ)/ *conscientious*, a. εὐσυνείδητος/ ~*ness*, n. εὐσυνειδησία (ἡ)
conscious, a. συνειδητός/ *be* ~ *of*, γνωρίζω, ἔχω συναίσθηση/ ~*ly*, ad. συνειδητά/ ~*ness*, n. συναίσθηση (ἡ), συνείδηση (ἡ)/ *regain* ~, συνέρχομαι, βρίσκω τίς αἰσθήσεις μου
conscript, n. στρατεύσιμος (ὁ), κληρωτός (ὁ)/ v.t. στρατολογῶ/ ~*ion*, n. στρατολογία (ἡ)
consecrate, v.t. εὐλογῶ, καθαγιάζω, καθιερώνω/ *consecration*, n. εὐλογία (ἡ), καθαγιασμός (ὁ), καθιέρωση (ἡ)
consecutive, a. συνεχόμενος, ἑπόμενος
consensus, n. ὁμοθυμία (ἡ), ὁμοφωνία (ἡ), γενική συναίνεση
consent, n. συναίνεση (ἡ), συγκατάθεση (ἡ)/ *by common* ~, μέ τήν συναίνεση ὅλων, μέ κοινή συναίνεση/ v.i. συναινῶ, δίνω τήν συγκατάθεσή μου
consequence, n. συνέπεια (ἡ), ἐπακόλουθο (τό)/ *in* ~, κατά συνέπεια/ *consequent*, a. ἐπακόλουθος/ ~ *ly*, ad. συνεπῶς, ἑπομένως
conservation, n. συντήρηση (ἡ), διαφύλαξη (ἡ), προστασία (ἡ)/ ~ *ist*, n. ὀπαδός τοῦ κινήματος γιά τήν προστασία τοῦ περιβάλλοντος
conservative, a. συντηρητικός/ ~ *party*, Συντηρητικό Κόμμα (τό)/ *conservatism*, n. συντηρητισμός (ὁ)/ *conservatory*, n. θερμοκήπιο (τό)/ (mus.) ὠδεῖο (τό)/ *conserve*, v.t. συντηρῶ, διατηρῶ
consider, v.t. θεωρῶ, ἐξετάζω, μελετῶ/ ~*able*, a. σημαντικός/ ~*ate*, a. συνετός, λεπτός/ ~*ation*, n. σκέψη (ἡ), μελέτη (ἡ), λεπτότητα (ἡ)/ *it is under* ~, ἐξετάζεται, εἶναι ὑπό μελέτη/ *take into* ~, ἐξαιτίας, λαμβάνοντας ὑπόψη
consign, v.t. ἀποστέλλω, παραδίδω/ (entrust) ἐμπιστεύομαι/ ~*ee*, n. παραλήπτης (ὁ)/ ~*ment*, n. ἀποστολή (ἡ), παράδοση (ἡ)
consist, v.i. ἀποτελοῦμαι, συνίσταμαι/ ~*ence*, ~*ency*, n. (pers.) συνέπεια (ἡ)/ (things) συνοχή (ἡ), στερεότητα (ἡ)/ ~*ent*, a. συνεπής, λογικός/ ~ *with*, σέ συνέπεια μέ/ ~*ory*, n. σύνοδος καρδιναλίων
consolation, n. παρηγοριά (ἡ)/ ~ *prize*, βραβεῖο παρηγοριᾶς/ *console*, v.t. παρηγορῶ/ n. κονσόλα (ἡ)
consolidate, v.t. παγιώνω, ἑδραιώνω, στερεώνω/ v.i. ἑδραιώνομαι, σταθεροποιοῦμαι, παγιώνομαι/ ~*d*, a. πάγιος/ *consolidation*, n. παγίωση (ἡ), ἑδραίωση (ἡ)
consoling, a. παρηγορητικός
consonance, n. συνήχηση (ἡ)/ (mus.) συμφωνία (ἡ), ἁρμονία (ἡ)/ *consonant*, a. ὁμόφωνος/ ~ *with*, σέ ἁρμονία μέ/ n. σύμφωνο (τό)
consort, n. σύντροφος (ὁ), σύζυγος (ὁ) (συνήθως βασιλέως)/ v.i. συναναστρέφομαι/ ~*ium*, n. κονσόρτιουμ (τό)
conspicuous, a. φανερός, κατάδηλος/ *make oneself* ~, διακρίνομαι, ξεχωρίζω/ *be* ~ *by one's absence*, λάμπω μέ τήν ἀπουσία μου

conspiracy, n. συνωμοσία (ή)/ (leg.) έγκληματική συμφωνία/ *conspirator,* n. συνωμότης (ό)/ *conspire,* v.i. συνωμοτώ
constable, n. άστυφύλακας (ό), χωροφύλακας (ό)/ *chief ~, άστυνόμος/ constabulary,* n. άστυνομία (ή), χωροφυλακή (ή)
constancy, n. σταθερότητα (ή), πίστη (ή)/ *constant,* a. σταθερός, άμετάβλητος/ (husband & wife) πιστός/ n. (maths) σταθερά (ή)
constellation, n. άστερισμός (ό)
consternation, n. κατάπληξη (ή), φόβος (ό)
constipate, v.t. φράζω/ (med.) προκαλώ δυσκοιλιότητα/ *~d,* a. δυσκοίλιος/ *constipation,* n. δυσκοιλιότητα (ή)
constituency, n. έκλογική περιφέρεια/ *constituent,* a. συστατικός, συντακτικός/ *~ Assembly,* Συντακτική Συνέλευση/ n. έκλογέας (ό), ψηφοφόρος όρισμένης περιφέρειας/ *constitute,* v.t. συνιστώ, άπαρτίζω, άποτελώ/ *constitution,* n. σύσταση (ή)/ (biol.) ίδιοσυγρασία (ή), σωματική διάπλαση/ (polit.) σύνταγμα (τό)/ *~al,* a. συνταγματικός/ n. περίπατος γιά λόγους ύγείας
constrain, v.t. βιάζω, ύποχρεώνω, έξαναγκάζω/ *~t,* n. βία (ή), έξαναγκασμός (ό)/ *show ~,* δείχνω συγκράτηση
constrict, v.t. σφίγγω, συστέλλω, στραγγαλίζω/ *~or,* n. συσφιγκτήρας (ό)/ *constringent,* a. συσφιγκτικός, συσταλτικός
construct, v.t. κατασκευάζω, φτιάχνω, οίκοδομώ/ *~ion,* n. κατασκευή (ή), οίκοδόμηση (ή)/ (gram.) σύνταξη (ή)/ *~ional,* a. κατασκευαστικός, οίκοδομικός/ *~ive,* a. έποικοδομητικός, θετικός/ *~or,* n. κατασκευαστής (ό), μηχανικός οίκοδομών (ό)
construe, v.t. έξηγώ, έρμηνεύω
consul, n. πρόξενος (ό)/ *~ar,* a. προξενικός/ *~ate,* n. προξενείο (τό)
consult, v.t. συμβουλεύομαι, ζητώ τήν γνώμη/ *~ation,* n. ζήτηση γνώμης/ (med.) συμβουλή γιατρού/ *hold a ~,* διασκέπτομαι, συνεδριάζω/ *~ing,* a. συμβουλευτικός/ *~ing room,* ίατρείο
consume, v.t. καταναλώνω, ξοδεύω/ *~r,*

n. καταναλωτής (ό)/ *~r goods,* καταναλωτικά άγαθά
consummate, v.t. όλοκληρώνω, άποτελειώνω/ a. τελειωμένος, όλοκληρωμένος/ *consummation,* n. όλοκλήρωση (ή), άποτελείωμα (τό), τελειοποίηση (ή)
consumption, n. κατανάλωση (ή)/ (med.) φυματίωση (ή), φθίση (ή)/ *consumptive,* a. φυματικός, φθισικός
contact, n. έπαφή (ή), συνάφεια (ή)/ v.t. έρχομαι σέ έπαφή, έπικοινωνώ/ *~ lens,* φακός έπαφής (ό)
contagion, n. μόλυνση (ή), μετάδοση νόσου/ *contagious,* a. μολυσματικός, μεταδοτικός/ *~ness,* n. μολυσματικότητα (ή), μεταδοτικότητα (ή)
contain, v.t. περιέχω, περικλείω/ *he could not ~ himself for joy,* δέν μπορούσε νά συγκρατήσει τήν χαρά του/ *the bag will not ~ it all,* ή τσάντα δέν θά τά χωρέσει όλα/ *~er,* n. δοχείο (τό), κουτί (τό)
contaminate, v.t. μολύνω, μιαίνω, βρωμίζω/ *contamination,* n. μόλυνση (ή), μίανση (ή), βρώμισμα (τό)
contemn, v.t. περιφρονώ
contemplate, v.t.& i. θεωρώ, μελετώ, σχεδιάζω, σκέπτομαι/ *contemplation,* n. σκέψη (ή), θεώρηση (ή), μελέτη (ή)/ *contemplative,* a. σκεπτικός, στοχαστικός
contemporaneous, contemporary, a. σύγχρονος/ *contemporaries,* n. pl. οί σύγχρονοί μας
contempt, n. περιφρόνηση (ή), καταφρόνηση (ή)/ *~ of court,* έλλειψη σεβασμού πρός τό δικαστήριο/ *~ible,* a. άξιοκαταφρόνητος/ *~uous,* a. περιφρονητικός
contend, v.t.& i. άγωνίζομαι, διεκδικώ/ *~ with,* άνταγωνίζομαι/ *~er,* n. άνταγωνιστής (ό)
content, a. ίκανοποιημένος/ v.t. ίκανοποιώ, εύχαριστώ/ *be ~ with,* είμαι ίκανοποιημένος/ n. περιεχόμενο (τό)/ *table of ~s,* πίνακας περιεχομένων/ *~ed,* p.p. & a. εύχαριστημένος/ *~edly,* ad. μέ εύχαρίστηση
contention, n. πάλη (ή), άγώνας (ό), διαμάχη (ή)/ (leg.) ίσχυρισμός (ό)/ *conten-*

tious, a. ἐριστικός, καβγατζής/ *~ness,* n. ἐριστικότητα (ἡ)
contentment, n. εὐχαρίστηση (ἡ)
contest, n. ἀγώνας (ὁ), πάλη (ἡ)/ (competition) διαγωνισμός (ὁ)/ (sport) ἀγώνισμα (τό)/ v.t. ἀγωνίζομαι, διαγωνίζομαι, διεκδικῶ
context, n. τά συμφραζόμενα
contiguity, n. γειτνίαση (ἡ), συνάφεια (ἡ)/ *contiguous,* a. γειτονικός, συνεχόμενος
continence, n. ἐγκράτεια (ἡ), ἁγνότητα (ἡ), σεμνότητα (ἡ), συγκράτηση (ἡ)
continent, a. ἐγκρατής, ἁγνός, σεμνός/ n. ἤπειρος (ἡ)/ *~al,* a. ἠπειρωτικός/ *~ shelf,* ἠπειρωτική ὑφαλοκρηπίδα
contingency, n. συγκυρία (ἡ), σύμπτωση (ἡ)/ *contingent,* a. τυχαῖος, συμπτωματικός, ἐνδεχόμενος/ n. (mil.) ἀπόσπασμα (τό)
continual, a. συνεχής, διαρκής/ *continuance,* n. συνέχιση (ἡ), διάρκεια (ἡ)/ *continuation,* n. συνέχεια (ἡ), ἐξακολούθηση (ἡ), προέκταση (ἡ)
continue, v.i. συνεχίζω, ἐξακολουθῶ, παρατείνω/ *continuity,* n. συνέχεια (ἡ), ἀδιάκοπη ροή/ (film etc.) σύνδεση (ἡ)/ *continuous,* a. ἀδιάκοπος, συνεχής/ (gram.) διαρκής
contort, v.t. στρίβω, συστρέφω/ *~ion,* n. συστροφή (ἡ)/ *~ionist,* n. ἀκροβάτης (ὁ)
contour, n. περίμετρος (ἡ), κατατομή (ἡ)/ *~ line,* ὑψομετρική καμπύλη
contraband, n. λαθρεμπόριο (τό)/ *~ist,* n. λαθρέμπορος (ὁ)
contraception, n. ἀντισυλληπτική μέθοδος/ *contraceptive,* a. ἀντισυλληπτικό
contract, n. συμβόλαιο (τό), συμφωνητικό (τό)/ v.t.& i. ὑπογράφω συμφωνητικό, συμβάλλομαι/ (phys.) συστέλλω/ (med.) προσβάλλομαι, ἁρπάζω ἀρρώστια/ (debt) συνάπτω δάνειο/ *~ing,* a. συμβαλλόμενος/ *~ion,* n. συστολή (ἡ)/ (gram.) συναίρεση (ἡ)/ *~ or,* n. ἐργολάβος (ὁ), προμηθευτής (ὁ)/ *~ual,* a. συμβατικός
contradict, v.t. ἀντιλέγω, ἀντικρούω/ *~ion,* n. ἀντίκρουση (ἡ), ἀντιλογία (ἡ)/ *~ in terms,* ἀντίφαση/ *~ory,* a. ἀν-τιφατικός, ἀντίθετος
contralto, n. κοντράλτα (ἡ), μεσόφωνος (ἡ)
contraption, n. τέχνασμα (τό), περίεργο μηχάνημα
contrariety, n. ἐναντιότητα (ἡ), ἀντίθεση (ἡ)/ *contrarily,* ad. ἀντίθετα/ *contrariness,* n. ἀντιλογία (ἡ)/ *contrary,* a. ἀντίθετος, ἐνάντιος/ n. ἀντίθετο (τό)/ *on the ~,* τό ἀντίθετο, τουναντίον/ *~ to,* ἀντίθετα μέ
contrast, n. ἀντίθεση (ἡ), διαφορά (ἡ)/ v.t. ἀντιπαραβάλλω/ v.i. εἶμαι ἀντίθετος, διαφέρω
contravene, v.t. παραβαίνω/ *contravention,* n. παράβαση (ἡ)
contribute, v.t. συμβάλλω, συντελῶ/ (money) συνεισφέρω/ *contribution,* n. συμβολή (ἡ), συνεισφορά (ἡ)/ (journalism) συνεργασία (ἡ)/ *contributor,* n. συνεργάτης (ὁ), βοηθός (ὁ)/ *contributory,* a. συντελεστικός/ *~ pension,* σύνταξη πού βασίζεται σέ κρατήσεις
contrite, a. μεταμελημένος, συντριμμένος/ *contrition,* n. μεταμέλεια (ἡ), συντριβή (ἡ)
contrivance, n. ἐφεύρεση (ἡ), ἐπινόηση (ἡ), τέχνασμα (τό)/ *contrive,* v.t. ἐφευρίσκω, ἐπινοῶ, μηχανεύομαι/ *~d,* a. δεδιασμένος, ἀφύσικος
control, n. ἔλεγχος (ὁ), ἐπιρροή (ἡ), ἐξουσία (ἡ)/ *put under ~,* χαλιναγωγῶ/ *get out of ~,* ξεφεύγω ἀπό τόν ἔλεγχο/ v.t. ἐλέγχω, ἐξουσιάζω, ἐπηρεάζω, χαλιναγωγῶ/ *~ oneself,* συγκρατοῦμαι/ (tech.) ῥυθμίζω/ *~ler,* n. ἐλεγκτής (ὁ) ἐπόπτης (ὁ)
controversial, a. ἀμφιλεγόμενος, ἀμφισβητούμενος/ *controversy,* n. ἀμφισβήτηση (ἡ), λογομαχία (ἡ), διαφωνία (ἡ)/ *controvert,* v.t. ἀμφισβητῶ, ἀντιλέγω
contumacious, a. δύστροπος, πεισματάρης/ (leg.) φυγόδικος/ *contumacy,* n. δυστροπία (ἡ), πεῖσμα (τό)/ (leg.) φυγοδικία (ἡ)
contumelious, a. χλευαστικός, προσβλητικός, ὑβριστικός, σκωπτικός/ *contumely,* n. ἐμπαιγμός (ὁ), χλευασμός (ὁ), προσβολή (ἡ)
contuse, v.t. μωλωπίζω/ *contusion,* n. μω-

λωπισμός (ό)
conundrum, n. αίνιγμα (τό), γρίφος (ό)
convalesce, v.i. είμαι στήν άνάρρωση/ ~nce, n. άνάρρωση (ή)/ ~nt, a. εκείνος πού βρίσκεται σέ άνάρρωση
convene, v.t.& i. συγκαλώ, συνεδριάζω
convenience, n. ευκολία (ή), καταλληλότητα (ή)/ ~s, pl. άνέσεις (οί)/ *public ~s*, δημόσιο άποχωρητήριο/ *modern ~s*, σύγχρονες άνέσεις, κομφόρ/ *at your earliest ~*, μόλις ευκαιρήσετε/ *convenient*, a. κατάλληλος, πρόσφορος, βολικός
convent, n. μοναστήρι καλογραιών (τό)
convention, n. συνθήκη (ή), συμφωνία (ή)/ (congress) συνέδριο (τό)/ ~s, pl. κοινωνικές συμβατικότητες/ ~al, a. συμβατικός, κατά συνθήκη/ ~ality, n. συμβατικότητα (ή)
conventual, a. μοναστηριακός
converge, v.i. συγκλίνω, συμπίπτω/ ~nce, n. σύγκλιση (ή), σύμπτωση (ή)/ ~nt, a. συγκλίνων
conversant, a. είδικός, γνώστης
conversation, n. συζήτηση (ή), συνομιλία (ή), συνδιάλεξη (ή)/ ~al, a. συνομιλητικός, συνδιαλεκτικός/ *converse*, a. αντίστροφος/ n. αντίστροφο (τό), άντιστροφή (ή)/ v.i. συνομιλώ, κουβεντιάζω/ ~ly, ad. άντίστροφα
conversion, n. μετατροπή (ή), άλλαγή (ή)/ (eccl.) προσηλυτισμός (ό)/ *convert*, n. προσήλυτος (ό)/ v.t. μετατρέπω, μεταποιώ/ (eccl.) προσηλυτίζω/ *be ~ed to*, προσηλυτίζομαι, προσχωρώ/ ~ible, a. μεταβλητός, ευμετάτρεπτος
convex, a. κυρτός, καμπύλος/ ~ity, n. κυρτότητα (ή), καμπυλότητα (ή)/ *double ~ity*, άμφικυρτότητα (ή)
convey, v.t. κομίζω, μεταδίδω, μεταβιβάζω/ (leg.) μεταβιβάζω κυριότητα/ ~ance, n. μετάδοση (ή), μεταφορά (ή), μεταβίβαση (ή)/ (leg.) μεταβίβαση κυριότητας/ ~ er, n. μετακομιστής (ό)
convict, n. κατάδικος (ό)/ v.t. καταδικάζω, βρίσκω ένοχο/ ~ion, n. καταδίκη (ή)/ *(belief)* πεποίθηση (ή)
convince, v.t. πείθω/ *convincing*, a. πειστικός
convivial, a. εΰθυμος, χαρωπός/ ~ity, n. ευθυμία (ή)
convocation, n. σύγκληση (ή), σύναξη (ή)/ (eccl.) σύνοδος (ή)/ *convoke*, v.t. συγκαλώ
convoluted, a. περιτυλιγμένος, μπερδεμένος
convoy, n. συνοδεία (ή), εφοδιοπομπή (ή)/ (ships) νηοπομπή (ή)/ v.t. συνοδεύω
convulse, v.t. συσπώ, συνταράζω/ *convulsion*, n. σύσπαση (ή)/ (med.) σπασμός (ό)/ *convulsive*, a. σπασμωδικός
coo, v.i. γουργουρίζω/ ~ing, n. γουργουρητό (τό)
cook, n. μάγειρας (ό)/ v.t. μαγειρεύω, ψήνω/ ~er, n. κουζίνα μαγειρέματος/ ~ery, n. μαγειρική (ή)/ ~ *ery book*, οδηγός μαγειρικής/ ~ing, n. μαγείρεμα (τό)
cool, a. δροσερός/ (person) ψύχραιμος/ n. δροσιά (ή)/ *lose one's ~*, χάνω τήν ψυχραιμία μου/ v.t. παγώνω, δροσίζω/ v.i. ησυχάζω, ήρεμώ/ ~er, n. ψυγείο (τό)/ ~ing, a. δροσιστικός/ ~ness, n. ψυχρότητα (ή)/ (calm) ψυχραιμία (ή), αταραξία (ή)
coop, n. κοτέτσι (τό)/ v.t. κλείνω κότες στό κοτέτσι
cooper, n. βαρελάς (ό), βαρελοποιός (ό)/ ~age, n. βαρελοποιία (ή)
co-operate, v.i. συνεργάζομαι, συμπράττω/ *co-operation*, n. συνεργασία (ή), σύμπραξη (ή)/ *co-operative*, a. συνεργατικός, συνεργάσιμος/ ~ *society*, συνεταιρισμός (ό), κοπερατίβα (ή)
co-ordinate, v.t. συντονίζω/ n. (tech.) συντεταγμένη (ή)/ *co-ordination*, n. συντονισμός (ό)
coot, n. νερόκοτα (ή)
cope, n. ιερατικός μανδύας (ό), φελόνιο (τό)/ v.t. αντιμετωπίζω/ ~ *with*, τά καταφέρνω/ *I can't ~ with him*, δέν μπορώ νά τά βγάλω πέρα μαζί του/ *coping*, n. κάλυμμα στέγης (τό)
copious, a. άφθονος/ ~ness, n. αφθονία (ή)
copper, n. χαλκός (ό)/ (coin) μικρό νόμισμα, κέρμα (τό)/ (washing) σκάφη (ή)/ v.t. επιχαλκώνω/ ~plate, n. χαλκογραφία (ή)/ ~smith, n. χαλκωματάς/

~*ware*, n. χαλκώματα (τά)
coppice, copse, n. λόχμη (ή)
copulate, v.i. συνουσιάζομαι, ἔρχομαι σέ σεξουαλική ἐπαφή, γαμῶ/ *copulation*, n. συνουσία (ή), σεξουαλική ἐπαφή (ή)/ *copulative*, a. (gram.) συμπλεκτικός, συνδετικός
copy, n. ἀντίγραφο (τό)/ (book) ἀντίτυπο (τό)/ (newspaper) φύλλο (τό)/ (adv.) διαφημιστικό κείμενο/ v.t. ἀντιγράφω/ ~*book*, n. τετράδιο (τό)/ ~*ing*, n. ἀντιγραφή (ή), ἀπομίμηση (ή)/ ~*ist*, n. ἀντιγραφέας (ὁ)/ ~*right*, n. συγγραφικά δικαιώματα (τά), πνευματική ἰδιοκτησία (ή)
coquet, v.i. ἐρωτοτροπῶ, κοκεταρίζω/ ~*ry*, n. κοκεταρία (ή)/ ~*te*, n. κοκέτα (ή)/ ~*ish*, a. κοκέτικος, φιλάρεσκος
coral, n. κοράλλι (τό)/ ~ *island*, κοραλλιογενές νησί
cord, n. σχοινί (τό), σπάγγος (ὁ)/ *umbilical* ~, ὀμφάλιος λῶρος/ *vocal* ~*s*, φωνητικές χορδές/ v.t. δένω μέ σχοινί/ ~*age*, n. καραδόσχοινο (τό)
cordial, a. ἐγκάρδιος/ n. τονωτικό φάρμακο/ ~*ity*, n. ἐγκαρδιότητα (ή), θέρμη (ή)
cordon, n. κορδόνι (τό)/ (police) κλοιός (ὁ)/ (honorific) ταινία (ή)
corduroy, n. βελοῦδο (τό)
core, n. πυρήνας (ὁ), κουκούτσι (τό)/ (fig.) τό κύριο μέρος/ v.t. ξεκουκουτσιάζω
cork, n. φελλός (ὁ), πῶμα (τό)/ v.t. πωματίζω, κλείνω μέ φελλό/ ~ *screw*, n. ἀνοιχτήρι (τό), τυρμπουσόν (τό)/ ~ *tree*, n. φελλόδεντρο (τό)
corn, n. σιτηρά (τά), σιτάρι (τό)/ (Indian) καλαμπόκι (τό)/ (on the foot) κάλος (ὁ)/ ~ *chandler*, n. ἔμπορος σιτηρῶν (ὁ)/ ~ *cob*, n. στάχυ (τό)
corned beef, κονσερβοποιημένο βοδινό
cornea, n. κερατοειδής χιτώνας (ὁ)
corner, n. γωνία (ή), κόχη (ή)/ *drive into a* ~, στριμώχνω, φέρνω σέ δύσκολη θέση/ ~ *stone*, n. ἀγκωνάρι (τό), ἀκρογωνιαῖος λίθος (ὁ)/ v.t. στριμώχνω/ (market) προαγοράζω, καπαρώνω/ (car) στρίβω τήν γωνία
cornet, n. (mus.) κορνέτα (ή)

cornfield, n. σιταροχώραφο (τό)/ *cornflour*, n. καλαμποκάλευρο (τό)
cornice, n. κορνίζα (ή), στεφάνη (ή)
cornucopia, n. κέρας τῆς 'Αμάλθειας (τό)
corollary, n. πόρισμα (τό), συμπέρασμα (τό)
coronation, n. στέψη (ή)
coroner, n. ἰατροδικαστής (ὁ)
coronet, n. μικρό στέμμα (τό), διάδημα (τό)
corporal, a. σωματικός/ n. δεκανέας (ὁ)/ *corporate*, a. σωματειακός, αὐτοδιοίκητος/ *corporation*, n. σωματεῖο (τό), νομικό πρόσωπο/ *corporeal*, a. σωματικός, ὑλικός
corps, n. (mil.) σῶμα στρατοῦ/ *diplomatic* ~, διπλωματικό σῶμα
corpse, n. πτῶμα (τό), νεκρός (ὁ)
corpulence, n. παχυσαρκία (ή), εὐσαρκία (ή)/ *corpulent*, a. παχύσαρκος, εὐσαρκος
corpuscle, n. σωμάτιο (τό)/ *blood* ~, αἱμοσφαίριο
correct, a. σωστός, ὀρθός, ἀκριβής/ v.t. διορθώνω/ (punish) σωφρονίζω/ ~*ion*, n. διόρθωση (ή), ἐπανόρθωση (ή)/ ~*ive*, a. διορθωτικός, σωφρονιστικός/ ~*ness*, n. ἀκρίβεια (ή), ἄψογη συμπεριφορά (ή)
correlate, v.t. συσχετίζω/ *correlative*, a. συσχετικός
correspond, v.i. ἀντιστοιχῶ, ἀνταποκρίνομαι, ἀναλογῶ/ ~*ence*, n. ἀντιστοιχία (ή), ἀναλογία (ή), ἀνταπόκριση (ή)/ (mail) ἀλληλογραφία (ή)/ ~ *courses*, μαθήματα μέ ἀλληλογραφία/ ~*ent*, n. ἀνταποκριτής (ὁ)/ ~*ing*, a. ἀντίστοιχος, ἀνάλογος
corridor, n. διάδρομος (ὁ)
corroborate, v.t. ἐνισχύω, ἐπιβεβαιώνω/ *corroboration*, n. ἐνίσχυση (ή), ἐπιβεβαίωση (ή)/ *corroborative*, a. ἐνισχυτικός, ἐπιβεβαιωτικός
corrode, v.t. φθείρω, διαβρώνω, κατατρώγω/ v.i. τρώγομαι/ *corrosion*, n. φθορά (ή), διάβρωση (ή)/ *corrosive*, a. διαβρωτικός
corrugate, v.t. ρυτιδώνω, σχηματίζω ραβδώσεις/ ~*d*, a. (metal) ραβδωτό (πτυχωτό) μέταλλο

corrupt, a. διεφθαρμένος, δωροδοκημένος/ v.t.& i. διαφθείρω, δωροδοκώ/ ~**ible**, a. διαφθαρτός, δωροδοκήσιμος/ ~**ion**, n. διαφθορά (ή), δωροδοκία (ή), εξαγορά (ή)/ (language) παραφθορά (ή)
corsair, n. πειρατής (ό), κουρσάρος (ό)
corset, n. στηθόδεσμος (ό), κορσές (ό)
cortège, n. νεκρική πομπή (ή), πομπή κηδείας (ή)
coruscate, v.i. λάμπω, αστράφτω/ *coruscation*, n. λάμψη (ή)
corvette, n. κορβέτα (ή)
cosily, ad. άνετα/ *cosiness*, n. άνεση (ή)
cosmetic, a. καλλυντικός, κοσμητικός/ n. καλλυντικό (τό)
cosmic, a. κοσμικός, διαστημικός
cosmonaut, n. κοσμοναύτης (ό)
cosmopolitan, n. κοσμοπολίτης (ό)/ a. κοσμοπολιτικός
cost, n. τιμή (ή), δαπάνη (ή), έξοδο (τό), αξία (ή)/ *bear the* ~, αναλαμβάνω τά έξοδα/ *pay the* ~*s* (leg.) πληρώνω τά έξοδα της δίκης/ ~ *of living*, τιμάριθμος/ ~ *price*, τιμή κόστους/ *at all* ~ *s*, μέ κάθε τρόπο, όπωσδήποτε/ v.i. κοστολογώ, όρίζω τήν τιμή
coster, n. πλανόδιος μανάβης (ό)
costliness, n. δαπανηρότητα (ή)/ *costly*, a. δαπανηρός, ακριβός
costume, n. φορεσιά (ή), ένδυμασία (ή)/ ~ *piece*, ιστορική ένδυμασία/ ~ *play*, θεατρικό έργο έποχής
cosy, a. άνετος
cot, n. σπιτάκι (τό)/ (baby) κούνια (ή)
cotangent, n. (maths) συνεφαπτόμενη (ή)
coterie, n. παρέα (ή)/ (artists) καλλιτεχνική συντροφιά (ή)
cottage, n. εξοχικό σπιτάκι (τό)
cotton, n. βαμβάκι (τό)/ ~ *cloth*, βαμβακερό ύφασμα/ ~ *gin*, έκκοκκιστική μηχανή/ ~*mill*, βαμβακουργείο (τό) ~ *plant*, βαμβακιά (ή)/ ~ *plantation*, βαμβακοφυτεία (ή)/ ~*wool*, βαμβάκι ακατέργαστο, βάτα/ ~ *yarn*, βαμβακερή κλωστή
couch, n. καναπές (ό), ανάκλιντρο (τό)/ v.t. (words) διατυπώνω/ v.i. ξαπλώνομαι
couch-grass, n. αγριάδα (ή), αγριοπρασινάδα (ή)
cough, n. βήχας (ό)/ v.i. βήχω/ ~ *up*, ομολογώ
council, n. συμβούλιο (τό)/ *town* ~, δημοτικό συμβούλιο (τό)/ *privy* ~, άνακτοβούλιο (τό)/ ~*lor*, n. σύμβουλος (ό)
counsel, n. συμβουλή (ή), γνώμη (ή)/ *take* ~, ζητώ συμβουλή/ *be represented by* ~, παρίσταμαι μέ δικηγόρο/ v.t. συμβουλεύω/ ~*lor*, n. σύμβουλος (ό)/ (leg.) συνήγορος (ό)
count, n. υπολογισμός (ό), μέτρημα (τό), λογαριασμός (ό)/ (lord) κόμης (ό)/ v.t. υπολογίζω, μετρώ, λογαριάζω/ v.i. ~ *on*, στηρίζομαι, βασίζομαι/ *that does not* ~, αυτό δέν μετράει
countenance, n. όψη (ή), έκφραση (ή), φυσιογνωμία (ή)/ *put out of* ~, αποθαρρύνω/ v.t. υποστηρίζω, ένθαρρύνω
counter, n. (furn.) πάγκος (ό), χώρισμα γραφείου/ (tech.) μετρητής (ό)/ a. αντίθετος/ v.t. αντικρούω, είμαι αντίθετος/ ad. ενάντια, έναντίον/ *run* ~ *to*, είναι αντίθετο σέ
counteract, v.t. αντενεργώ/ ~*ion*, n. άντενέργεια (ή)
counter-attack, n. αντεπίθεση (ή)/ v.t. αντεπιτίθεμαι
counterbalance, n. αντιστάθμιση (ή), αντιστάθμισμα (τό)/ v.t. αντισταθμίζω
counter-claim, n. ανταπαίτηση (ή)
counterfeit, a. κίβδηλος, πλαστός, κάλπικος/ n. κιβδηλεία (ή), πλαστότητα (ή), παραχάραξη (ή)/ v.t. παραποιώ, παραχαράζω/ ~*er*, n. παραχαράκτης (ό), πλαστογράφος (ό)
counterfoil, n. στέλεχος (τό)
countermand, v.t. ανακαλώ, παίρνω πίσω, αποσύρω
counterpane, n. σκέπασμα κρεβατιού (τό)
counterpart, n. αντίστοιχο (τό)
counterpoint, n. αντίστιξη (ή)
counterpoise, n. αντίρροπο (τό), αντιστάθμισμα (τό)/ v.t. αντισταθμίζω, βάζω αντίβαρο
counter-revolution, n. αντεπανάσταση (ή)
countersign, n. παρασύνθημα (τό)/ v.t. προσυπογράφω/ ~*ature*, n. προσυπογραφή (ή)

countess, n. κόμησσα (ή)
countless, a. ἀμέτρητος
country, n. χώρα (ή)/ *in the* ~, στήν ἐξοχή/ *my* ~, ἡ πατρίδα μου/ ~ *house,* n. ἐξοχικό σπίτι (τό)/ ~ *life,* n. ἀγροτική ζωή (ή)/ ~*man,* n. χωριάτης (ὁ), χωρικός (ὁ)/ (from the same) συμπατριώτης (ὁ)/ ~ *side,* n. ἐξοχή (ή), ἐξοχικό τοπίο (τό)/ ~ *woman,* n. χωρική (ή), χωριάτισσα (ἡ)
county, n. κομητεία (ή), ἐπαρχία (ή)/ ~ *town,* πρωτεύουσα ἐπαρχίας
coup, n. πραξικόπημα (τό)
couple, n. ζευγάρι (τό), δυάδα (ἡ)/ *engaged* ~, ἀρραβωνιασμένοι/ *married* ~, ἀντρόγυνο (τό)/ v.t. συνδέω, ζευγαρώνω/ (tech.) συναρμόζω/ ~*t,* n. δίστιχο (τό)/ ~*ing,* n. σύνδεσμος (ὁ), σύνδεση (ἡ), ζευγάρωμα (τό)/ (tech.) σύζευξη (ἡ)
coupon, n. ἀπόκομμα (τό), κουπόνι (τό)
courage, n. θάρρος (τό), τόλμη (ή), κουράγιο (τό)/ ~ *ous,* a. θαρραλέος, τολμηρός, γενναῖος
courier, n. ταχυδρόμος (ὁ), ἀγγελιαφόρος (ὁ)
course, n. πορεία (ή), δρόμος (ὁ)/ (river) ρεῦμα (τό)/ (food) πιάτο (τό)/ (lessons) σειρά μαθημάτων/ (ship) πορεία (ή), πλούς (ὁ)/ ~ *of events,* ροή τῶν γεγονότων/ *in due* ~, σέ εὔθετο χρόνο, ἐν καιρῷ/ *matter of* ~, φυσιολογικό, κανονικό/ *of* ~, βέβαια, βεβαίως/ *take its* ~, παίρνει τό δρόμο του/ v.t. ῥέω, κυνηγῶ/ *coursing,* n. καταδίωξη (ἡ), κυνήγι (τό)
court, n. αὐλή (ή)/ *royal* ~, βασιλική αὐλή/ (politeness) φιλοφρόνηση (ή), κόρτε (τό)/ ~ *martial,* στρατοδικεῖο (τό)/ ~ *of justice,* δικαστήρια (τά)/ *pay* ~ *to,* κάνω κόρτε, κάνω φιλοφρονήσεις/ v.t. περιποιοῦμαι, καλοπιάνω, κορτάρω/ ~ *danger,* ριψοκινδυνεύω
courteous, a. εὐγενικός, ἀβρός
courtesan, n. ἑταίρα (ή), πόρνη (ἡ)
courtesy, n. εὐγένεια (ή), ἀβρότητα (ή), ἀβροφροσύνη (ἡ)
courtier, n. αὐλικός (ὁ)/ *courtly,* a. καλότροπος, ἀρχοντικός
courtship, n. κόρτε (τό), ἐρωτοτροπία (ἡ)

courtyard, n. αὐλή (ή), αὐλόγυρος (ὁ)
cousin, n. ἐξάδελφος (ὁ), ἐξαδέλφη (ή)/ *first* ~, πρῶτος ἐξάδελφος
cove, n. ὅρμος (ὁ), κολπίσκος (ὁ), μυχός (ὁ)
covenant, n. σύμβαση (ή), συμφωνία (ή)/ v.i. συμφωνῶ, συμβάλλομαι
cover, n. κάλυμμα (τό), σκέπασμα (τό)/ (book) ἐξώφυλλο (τό)/ *under*~, μυστικά/ *separate* ~, μέ χωριστό φάκελο/ *take* ~, προφυλάγομαι, βρίσκω καταφύγιο/ v.t. καλύπτω, σκεπάζω, προφυλάγω/ ~ *oneself,* καλύπτομαι/ ~*age,* n. κάλυψη (ή)/ ~*ing,* n. σκέπασμα (τό), κάλυμμα (τό)/ (box) καπάκι (τό)/ ~*let,* n. σκέπασμα κρεβατιοῦ (τό)
covert, a. καλυμμένος, κρυφός/ ~*ly,* ad. κρυφά
covet, v.t. ἐποφθαλμιῶ, ὀρέγομαι, ποθῶ/ ~*ous,* a. ἄπληστος/ ~*ousness,* n. ἀπληστία (ἡ)
cow, n. ἀγελάδα (ή)/ v.t. ἐκφοβίζω
coward, n. δειλός (ὁ), φοβιτσιάρης (ὁ)/ ~*ice,* n. δειλία (ἡ)
cowboy, n. κάουμπόυ (ὁ)/ *cowherd,* n. βουκόλος (ὁ)
cower, v.i. ζαρώνω, συμμαζεύομαι
cowl, n. κουκούλα καλόγερου (ἡ)/ (tech.) κεφαλή καπνοδόχου (ή)/ ~*ing,* n. περίβλημα (τό), σκέπασμα (τό)
cowslip, n. μυρτολούλουδο (τό)
coxcomb, n. κομψευόμενος (ὁ), δανδής (ὁ)
coxswain, n. κυβερνήτης λέμβου
coy, a. σεμνός, ντροπαλός, συνεσταλμένος/ ~*ness,* n. σεμνότητα (ή), ντροπαλοσύνη (ή), συστολή (ἡ)
cozen, v.t. ξεγελῶ, ἐξαπατῶ/ ~*age,* n. ξεγέλασμα (τό), ἐξαπάτηση (ἡ)
crab, n. κάβουρας (ὁ), καβούρι (τό)/ (Zodiac) καρκίνος (ὁ)/ *catch a* ~, χάνω τήν ἰσορροπία σέ κωπηλασία/ ~*bed,* a. στρυφνός, δύστροπος/ (handwriting) δυσανάγνωστο (τό), ὀρνιθοσκαλίσματα (τά)
crack, n. (noise) τρίξιμο (τό)/ (opening) χαραμάδα (ή), σχισμή (ή), ῥωγμή (ή)/ a. ἄριστος, ἐπίλεκτος, ἐκλεκτός/ v.t.& i. τρίζω, ραγίζω/ (whip) μαστιγώνω/ (nuts & voice) σπάω/ ~ *brained,* a. ξε-

μυαλισμένος/ ~ down, n. καταστολή (ή)/ ~ed, p.p.& a. ραγισμένος/ (insane) φρενοβλαβής, ανισόρροπος/ (voice), σπασμένη/ ~er, n. πυροτέχνημα (τό), τρακατρούκα (ή)
crackle, n. τρίξιμο (τό)/ v.i. τρίζω/ *crackling*, πέτσα χοιρινού
cradle, n. κούνια (ή), λίκνο (τό)/ (tech.) βάθρο (τό)/ v.t. βάζω στήν κούνια, κουνώ (μωρό)
craft, n. (trade) τέχνη (ή), επιτήδευμα (τό)/ (cunning) πανουργία (ή)/ (ship) σκάφος (τό), πλοιάριο (τό)/ ~*ily*, ad. πονηρά, δόλια/ ~*iness*, n. πανουργία (ή), δολιότητα (ή)
craftsman, n. τεχνίτης (ό), επαγγελματίας (ό)/ ~*ship*, n. επαγγελματική ειδικότητα (ή)
crafty, a. πανούργος, δόλιος
crag, n. απόκρημνος βράχος/ ~*gy*, a. απόκρημνος
cram, v.t. παραγεμίζω, στοιβάζω, συνωθώ/ (student) προγυμνάζω/ ~*full*, a. παραγεμισμένος, υπερπλήρης/ ~*ming*, n. βιαστική προγύμναση (ή), παραγέμισμα (τό)
cramp, n. κράμπα (ή), νευροκαβαλίκεμα (τό)/ (tech.) άρπάγη (ή), τσιγκέλι (τό)/ v.t. περιορίζω, παρεμποδίζω
cranberry, n. βατόμουρο (τό)
crane, n. (bird & tech.) γερανός (ό)/ (tech. only) βαρούλκο (τό)/ v.t. τεντώνω τόν λαιμό
cranium, n. κρανίο (τό)
crank, n. (tech.) στρόφαλος (ό), μανιβέλα (ή)/ (person) ιδιότροπος, παράξενος/ ~*shaft*, n. στροφαλοφόρος άξονας/ v.t. βάζω μπροστά τήν μηχανή μέ μανιβέλα/ ~*y*, a. δύστροπος
cranny, n. χαραμάδα (ή), ρωγμή (ή)
crape, n. κρέπι (τό), πέπλο (τό)
crash, n. κρότος (ό), βρόντημα (τό)/ (accident) σύγκρουση (ή), πτώση (ή)/ a. έντονος, εντατικός/ ~ *course*, εντατικά μαθήματα/ v.i. συντρίβομαι, συγκρούομαι/ v.t. συντρίβω, συνθλίβω
crass, a. άξεστος, αγροίκος/ ~ *stupidity*, βλακεία μέ περικεφαλαία
crate, n. καφάσι (τό), κοφίνι (τό)
crater, n. κρατήρας (ό)
cravat, n. φουλάρι (τό)
crave, v.t. ζητώ επίμονα/ ~ *for*, επιθυμώ σφοδρά
craven, a. άνανδρος
craving, n. σφοδρή επιθυμία (ή)
crawl, v.i. σέρνομαι, έρπω/ (swimming) κρόουλ
crayfish, n. καραβίδα (ή)
crayon, n. κάρβουνο (τό), κραγιόνι (τό), παστέλ (τό)
craze, n. τρέλα (ή), πάθος (τό), μανία (ή), μόδα (ή)/ *crazy*, a. τρελός, παράφρονας, έξαλλος/ ~ *pavement*, πλακόστρωτο μέ ακανόνιστη διακόσμηση/ *drive* ~, τρελαίνω
creak, n. τρίξιμο (τό), τριγμός (ό)/ v.i. τρίζω
cream, n. κρέμα (ή), καϊμάκι (τό)/ (colour) κρέμ/ (fig.) άνθός (ό), αφρόκρεμα (ή)/ v.t.& i. ξαφρίζω, αποβουτυρώνω/ ~ *cheese*, ανθότυρος (ό)/ ~*ery*, n. γαλακτοκομείο (τό)/ ~*y*, a. κρεμώδης, παχύς
crease, n. πτυχή (ή), ζάρα (ή), ρυτίδα (ή)/ v.t.& i. ζαρώνω, ρυτιδώνω, τσαλακώνω, τσακίζω
create, v.t. δημιουργώ, προξενώ, προκαλώ, επιφέρω/ *creation*, n. δημιουργία (ή), κατασκεύασμα (τό)/ (fashion) κρεασιόν (ή), μοντέλο (τό)/ *creative*, a. δημιουργικός/ *creator*, n. δημιουργός (ό), πλάστης (ό)/ *creature*, n. δημιούργημα (τό), πλάσμα (τό)
crèche, n. βρεφοκομείο (τό), βρεφικός σταθμός (ό)
credence, n. εμπιστοσύνη (ή), πίστη (ή)/ *give* ~ *to*, πιστεύω, εμπιστεύομαι/ *letter of* ~, συστατική επιστολή/ *credentials*, n. pl. διαπιστευτήρια (τά)/ *credibility*, n. αξιοπιστία (ή)/ *credible*, a. αξιόπιστος, πιστευτός
credit, n. πίστη (ή), τιμή (ή)/ (finan.) πίστωση (ή)/ ~ *card*, πιστωτική κάρτα/ ~ *note*, πιστωτικό σημείωμα/ *on* ~, έπί πιστώσει, βερεσέ/ *give* ~ *to*, αναγνωρίζω, επιδοκιμάζω/ *give* ~ *for*, απονέμω έπαινο/ v.t. εμπιστεύομαι, δίνω πίστη/ (finan.) πιστώνω/ ~*able*, a. αξιόπιστος/ ~*or*, n. πιστωτής (ό)
credo, n. πιστεύω (τό)

credulity, n. εὐπιστία (ἡ), μωροπιστία (ἡ)/ *credulous,* a. εὔπιστος, μωρόπιστος
creed, n. πίστη (ἡ), θρησκεία (ἡ)
creek, n. κολπίσκος (ὁ), ποταμάκι (τό)
creep, v.i. σέρνομαι, ἕρπω, γλιστρῶ/ (bot.) ἀναρριχῶμαι/ ~*in,* γλιστρῶ μέσα, μπαίνω κρυφά/ ~ *up,* σκαρφαλώνω/ *it made my flesh* ~, μ' ἔκανε νά ἀνατριχιάσω/ ~*er,* n. σερνάμενος (ὁ), ἀναρριχητής (ὁ)/ (bot) ἀναρριχητικό φυτό/ (flatterer) κόλακας/ ~*ing,* a. σερνόμενος, ἀναρριχητικός/ ~*ing paralysis,* προοδευτική παράλυση
cremate, v.t. ἀποτεφρώνω/ *cremation,* n. ἀποτέφρωση (ἡ)/ *crematorium,* n. κρεματόριο (τό)
creole, n. κρεολός (ὁ)
creosote, n. κρεοζῶτο (τό)
crêpe, n. ὕφασμα κρέπ (τό)
crepitate, v.i. τριζοβολῶ, κροταλίζω
crescendo, n. κρεσέντο (τό), βαθμιαία ἔνταση τοῦ ἤχου
crescent, n. μισοφέγγαρο (τό), ἡμισέληνος (ἡ)/ a. ἡμικυκλικός, δρεπανοειδής
cress, n. κάρδαμο (τό)
crest, n. κορφοβούνι (τό), ράχη (ἡ)/ (bird) λειρί (τό), λοφίο (τό)/ (mane) χαίτη (ἡ)/ (helmet) θύσανος περικεφαλαίας/ (wave) κορφή κύματος/ ~ *fallen,* a. ταπεινωμένος, μέ πεσμένα φτερά
cretonne, n. ὕφασμα κρετόν (τό)
crevasse, n. ρωγμή σέ παγετώνα
crevice, n. ρωγμή (ἡ), χαραμάδα (ἡ), σκάσιμο (τό)
crew, n. πλήρωμα (τό)/ (workers) συνεργεῖο (τό), βάρδια (ἡ)
crib, n. φάτνη (ἡ), παχνί (τό)/ (for babies) κούνια (ἡ)/ v.t. ἀντιγράφω, διαπράττω λογοκλοπία
crick, n. στραβολαίμιασμα (τό), σύσπαση τῶν μυῶν τοῦ αὐχένα
cricket, n. γρύλλος (ὁ), τριζόνι (τό)/ (sports) κρίκετ (τό)/ ~ *bat,* ρακέτα τοῦ κρίκετ/ ~*er,* n. παίχτης τοῦ κρίκετ
crier, n. κήρυκας (ὁ), διαλαλητής (ὁ), τελάλης (ὁ)
crime, n. ἔγκλημα (τό), ἀδίκημα (τό)/ *criminal,* a. ἐγκληματικός/ n. ἐγκληματίας (ὁ)/ ~*ity,* n. ἐγκληματικότητα (ἡ)/ *criminate,* v.t. κατηγορῶ, ἐνοχοποιῶ
crimp, v.t. πτυχώνω, κατσαρώνω/ a. κατσαρός, σγουρός
crimson, n.& a. κρεμεζί, βυσσινί, πορφυρό
cringe, v.i. μαζεύομαι, ζαρώνω/ *cringing,* a. μαζεμένος, ζαρωμένος
crinkle, n. ζαρωματιά (ἡ), τσαλάκωμα (τό)/ v.t.& i. ζαρώνω, τσαλακώνω
crinoline, n. κρινολίνο (τό)
cripple, n. ἀνάπηρος (ὁ)/ v.t. σακατεύω, μισερώνω/ (fig.) ἀκινητοποιῶ, ἐξαθρώνω/ ~ *d,* p.p.& a. ἀνάπηρος, σακατεμένος
crisis, n. κρίση (ἡ)
crisp, a. τραγανός/ (air) τσουχτερός/ (hair) σγουρός/ (speech) σαφής, λακωνικός/ ~*s,* n.pl. πατατάκια (τά)
criterion, n. κριτήριο (τό)
critic, n. κριτικός (ὁ)/ ~*al,* a. κρίσιμος, ἐπικίνδυνος, ἐπικριτικός/ ~*ism,* n. ἐπίκριση (ἡ)/ ~*ize,* v.t. ἐπικρίνω/ *critique,* n. κριτική (ἡ), κριτικό σχόλιο (τό)
croak, v.i. κρώζω, ρεκάζω/ n. κρώξιμο (τό), ρέκασμα (τό)
crochet, n. κροσέ (τό)/ ~ *hook,* βελονάκι (τό)/ v.i. πλέκω μέ βελονάκι
crockery, n. πιατικά (τά)
crocodile, n. κοροκόδειλος (ὁ)/ ~ *tears,* κροκοδείλια δάκρυα
crocus, n. κρόκος (ὁ), σαφράνι (τό)
crone, n. γριά σταφιδιασμένη (ἡ), χούφταλο (τό)
crony, n. παλιόφιλος (ὁ)
crook, n. γκλίτσα (ἡ)/ (dishonest) ἀπατεώνας (ὁ), ἀγύρτης (ὁ)/ λυγίζω/ ~*ed,* a. κυρτός, στραβός/ (dishonest) ἀπατεωνίστικος, ἀνέντιμος/ ~*edness,* n. κυρτότητα (ἡ)/ (dishonesty) ἀπατεωνιά (ἡ)
croon, v.i. σιγοτραγουδῶ
crop, n. συγκομιδή (ἡ), σοδειά (ἡ)/ (bird) σγάρα (ἡ), πρόλοβος (ὁ)/ (hair) κούρεμα (τό)/ v.t. κόβω, κουρεύω, κλαδεύω/ ~ *up,* ξεφυτρώνω, ἐμφανίζομαι, προκύπτω
croquet, n. κροκέ (τό)
crosier, n. πατερίτσα (ἡ), ποιμαντορική ράβδος (ἡ)
cross, n. σταυρός (ὁ)/ (biol.) διασταύρω-

ση (ή)/ carry one's ~, ύποφέρω καρτερικά/ v.t. σταυρώνω, διασταυρώνω/ v.i. διασταυρώνομαι/ ~ one's path, συναντώ κάποιον, ἔρχομαι τυχαῖα σέ ἐπαφή/ ~ out, διαγράφω/ ~ oneself, κάνω τόν σταυρό μου/ it ~ed my mind, πέρασε ἀπό τό μυαλό μου/ a. διαγώνιος, ἐγκάρσιος/ (angry) θυμωμένος, τσατισμένος/ ~bar, n. τραβέρσα (ή), δοκάρι (τό)/ ~ bones, n.pl. σταυρωτά κόκαλα/ ~bow, n. τόξο (τό)/ ~ bred, n. ζῶο ἀπό διασταύρωση/ ~examine, v.t. ἀνακρίνω/ ~ examination, n. ἀνάκριση (ή)/ ~eyed, a. ἀλλοίθωρος/ ~ing, n. πέρασμα (τό), διάβαση (ή)/ (by ship) θαλάσσιο ταξίδι/ level ~, ἰσόπεδη διάβαση/ ~ness, n. θυμός (ό), ὀργή (ή)/ ~ purpose, n. ἀντίθετη ἐπιδίωξη/ be at ~ purposes, συγκρούομαι/ ~road, n. σταυροδρόμι (τό)/ ~ section, n. διατομή (ή), ἐγκάρσια τομή/ ~ wise, ad. σταυρωτά/ ~word, n. σταυρόλεξο (τό)
crotchet, n. παραξενιά (ή), βίδα (ή)/ ~y, a. παράξενος, ἰδιότροπος
crouch, v.i. μαζεύομαι, συσπειρώνομαι, κουλουριάζομαι
croup, n. (med.) διφθεριτική λαρυγγίτιδα (ή), κρούπ (τό)
croup, croupe, n. καπούλια (τά)
croupier, n. κρουπιέρης (ό)
crow, n. κόρακας (ό)/ ~bar, n. λοστός (ό)/ ~'s foot, ρυτίδα στήν ἄκρη τῶν ματιῶν/ 'snest (naut.) σκοπιά (ή)/ as the ~ flies, σέ εὐθεία γραμμή/ (cock's) κράξιμο (τό), λάλημα (τό)/ v.i. κράζω, λαλῶ
crowd, n. πλῆθος (τό), κόσμος (ό)/ v.t. στριμώχνω, στοιβάζω, συνωθῶ/ v.i. στριμώχνομαι, συνωστίζομαι/ ~ed, a. γεμάτος, πλήρης, φίσκα
crown, n. στεφάνι (τό)/ (royal) στέμμα (τό), κορώνα (ή)/ (flowers) στεφάνι (τό), στέφανος (ό)/ ~ prince, διάδοχος (ό)/ v.t. στεφανώνω, στέφω/ ~ing, n. στεφάνωμα (τό), στέψη (ή)/ (fig.) ἀποκορύφωμα (τό), ἐπιστέγασμα (τό)/ a. τελειωτικός, κορυφαῖος
crucial, a. κρίσιμος, ἀποφασιστικός
crucible, n. χωνευτήρι (τό), χοάνη (ή)/ (fig.) δοκιμασία (ή)
crucifix, n. ἐσταυρωμένος (ό)/ ~ion, n. σταύρωση (ή)/ crucify, v.t. σταυρώνω
crude, a. ἀκατέργαστος, ἀδούλευτος/ (manner) ὠμός, βάναυσος/ (colour) φανταχτερός/ ~ oil, ἀργό (ἀκάθαρτο) πετρέλαιο/ ~ness, crudity, n. βαναυσότητα (ή), χοντροκοπιά (ή)
cruel, a. σκληρός, ἀπάνθρωπος/ ~ty, n. σκληρότητα (ή), ἀπανθρωπία (ή)
cruet, n. φιάλη γιά λαδόξυδο
cruise, n. κρουαζιέρα (ή)/ v.i. κάνω κρουαζιέρα/ ~r, n. καταδρομικό (τό)
crumb, n. ψίχουλο (τό)
crumble, v.t. θρυμματίζω, τσακίζω/ v.i. γκρεμίζομαι, καταρρέω, διαλύομαι/ crumbly, a. ἐτοιμόρροπος
crumple, v.t. ζαρώνω, τσαλακώνω, στραπατσάρω/ v.i. σωριάζομαι, καταρρέω
crunch, v.t. συνθλίβω/ v.i. ροκανίζω, μασουλῶ/ n. τραγάνισμα (τό)/ the ~, κρίσιμη στιγμή
crusade, n. σταυροφορία (ή)/ ~er, n. σταυροφόρος (ό)
crush, n. συντριβή (ή), σύνθλιψη (ή)/ v.t. συντρίβω, τσακίζω/ ~ a rebellion, καταστέλλω/ ~ing, a. συντριπτικός
crust, n. ὀστρακόδερμο (τό)
crustily, ad. ξεροψημένα/ crustiness, n. ξεροψήσιμο (τό), σχηματισμός κρούστας/ (fig.) δυστροπία (ή)/ crusty, a. ξεροψημένος, μέ κρούστα/ (fig.) εὐερέθιστος, δύστροπος
crutch, n. δεκανίκι (τό), πατερίτσα (ή)
crux, n. ἐπίκεντρο (τό), οὐσία (ή)
cry, n. κραυγή (ή), φωνή (ή), ξεφωνητό (τό)/ v.i. φωνάζω, κραυγάζω, ξεφωνίζω/ ~ down, ὑποτιμῶ/ ~ one's heart out, κλαίω σπαρακτικά/ v.i. κραυγάζω, βάζω τίς φωνές/ ~ing, a. κραυγαλέος, γοερός/ ~. κλάμα (τό)
crypt, n. κρύπτη (ή)/ ~ic, a. κρυφός, μυστηριώδης, ἀπόκρυφος
crystal, n. κρύσταλλο (τό)/ a. κρυσταλλινος, κρυσταλλικός/ ~ clear, καθαρός, διαυγής/ ~line, a. κρυσταλλοειδής/ ~ lens, κρυσταλλοειδής φακός/ ~lization, n. κρυσταλλοποίηση (ή), ἀποκρυστάλλωση (ή)/ ~lize, v.t.& i. κρυσταλλοποιῶ, ἀποκρυσταλλώνω
cub, n. νεογνό ζώου (τό), σκύμνος (ό)/

(scouts) λυκόπουλο (τό)/ (novice) άρχάριος (ό), μαθητευόμενος (ό)
cube, n. κύβος (ό)/ ~ *root* (maths) κυβική ρίζα (ή)/ v.t. ύψώνω στήν τρίτη δύναμη
cubicle, n. θάλαμος (ό)
cubiform, a. κυβοειδής
cubism, n. κυβισμός (ό)/ *cubist,* a. κυβιστικός/ n. κυβιστής (ό)
cuckold, n. κερατάς (ό)
cuckoo, n. κοϋκος (ό)
cucumber, n. άγγούρι (τό)
cud, n. άναμασημένη τροφή (ή)
cuddle, n. άγκάλιασμα (τό), χάδι (τό)/ v.t. άγκαλιάζω, χαϊδεύω/ v.i. κουλουριάζομαι/ *cuddly,* a. χαδιάρικος
cudgel, n. ρόπαλο (τό), στειλιάρι (τό)/ *take up the ~s for,* ύπερασπίζομαι μέ σθένος/ v.t. ξυλοκοπώ/ ~ *one's brains,* σπάω τό κεφάλι μου/ ~*ling,* n. ξυλοκόπημα (τό)
cue, n. στέκα (ή)/ (theat.) άτάκα/ *stand in the ~,* στέκομαι στήν ούρά
cuff, n. μανικέτι (τό)/ ~*links,* μανικετόκουμπα (τά)/ *off the ~,* πρόχειρα, αύτοσχεδιάζοντας/ (slap) μπάτσος (ό)/ v.t. μπατσίζω
cuirass, n. θώρακας πανοπλίας (ό)/ ~*ier,* n. θωρακοφόρος ιππέας (ό)
cuisine, n. κουζίνα (ή), μαγειρική (ή)
cul-de-sac, n. άδιέξοδο (τό)
culinary, a. μαγειρικός, τής κουζίνας
cull, v.t. διαλέγω, κορφολογώ/ n. ζώο γιά έξόντωση (τό)
culminate, v.i. μεσουρανώ, άποκορυφώνομαι/ *culminating,* a. κορυφαίος, άνώτατος/ *culmination,* n. μεσουράνημα (τό), άποκορύφωση (ή)
culpability, n. ένοχή (ή)/ *culpable,* a. άξιόποινος/ *culprit,* n. ένοχος (ό), έγκληματίας (ό)
cult, n. λατρεία (ή)
cultivate, v.t. καλλιεργώ, άναπτύσσω/ *cultivation,* n. καλλιέργεια (ή), άνάπτυξη (ή)/ *cultivator,* n. καλλιεργητής (ό)/ *culture,* n. κουλτούρα (ή), πνευματική καλλιέργεια (ή), πνευματική άνάπτυξη (ή)/ ~*d,* a. καλλιεργημένος, μορφωμένος
culvert, n. όχετός (ό), ύπόγειος άγωγός (ό)

cumber, v.t. έμποδίζω, παραφορτώνω/ ~*some,* a. βαρύς, φορτικός, μπελαλίδικος
cumulate, v.t.& i. συσσωρεύω/ *cumulative,* a. συσσωρευτικός, άθροιστικός
cuneiform, a. σφηνοειδής/ n. σφηνοειδής γραφή (ή)
cunning, n. πονηριά (ή), πανουργία (ή), έπιτηδειότητα (ή)/ a. πονηρός, πανοϋργος, έπιτήδειος
cunt, n. αιδοίο (τό), μουνί (τό)
cup, n. φλυτζάνι (τό), κύπελο (τό)/ (bot.) κάλυκας (ό)/ v.t. κοιλαίνω, σχηματίζω κοίλωμα/ (hands) κάνω χούφτα/ (med.) βάζω βεντοϋζες/ ~*ping glass,* βεντούζα (ή)
cup-bearer, n. ντουλάπι (τό), έρμάρι (τό)
Cupid, n. Έρως (ό), Έρωτας (ό)
cupidity, n. πλεονεξία (ή), άπληστία (ή), φιλοχρηματία (ή)
cupola, n. θόλος (ό), τροϋλλος (ό)
cur, n. κοπρόσκυλο (τό)
curable, a. ιάσιμος
curacy, n. άξίωμα βοηθοϋ έφημερίου/ *curate,* n. βοηθός έφημέριος (ό)
curative, a. θεραπευτικός, ιαματικός
curator, n. έφορος (ό)
curb, n. χαλιναγώγηση (ή), συγκράτηση (ή)/ v.t. χαλιναγωγώ, συγκρατώ
curd, n. τυρόπηγμα (τό)/ *curdle,* v.i. πήζω, παγώνω/ ~ *the blood,* τρομοκρατώ, κόβω τό αίμα
cure, n. θεραπεία (ή), νοσηλεία (ή)/ v.t. θεραπεύω, νοσηλεύω, γιατρεύω/ (fish etc.) παστώνω
curfew, n. άπαγόρευση κυκλοφορίας (ή)
curing, n. πάστωμα (τό), κάπνισμα (τό)
curio, n. άντίκα (ή), σπάνιο άντικείμενο (τό)
curiosity, n. περιέργεια (ή)/ ~ *shop,* παλαιοπωλεΐο (τό), κατάστημα μέ άντίκες/ *curious,* a. παράξενος, περίεργος, παράδοξος, άλλόκοτος/ *the ~ thing is that,* τό περίεργο είναι ότι
curl, n. μπούκλα (ή)/ (tech.) σπείρα (ή)/ (smoke) τολύπη (ή)/ (lips) σούφρωμα τών χειλιών/ v.t. περιτυλίγω, κατσαρώνω/ v.i. περιτυλίγομαι, κουλουριάζομαι/ (hair) κάνω μπούκλες/ (lips) σουφρώνω τά χείλια/ ~ *up,* συμμα-

ζεύομαι, καταρρέω
curlew, n. μπεκάτσα (ή)
curliness, n. κατσάρωμα (τό), σγουράδα (ή)/ *curling*, a. σγουρός, έλικοειδής, κατσαρός/ ~ *tongs*, λαβίδες γιά κατσάρωμα/ *curly*, a. κατσαρός, σγουρός
curmudgeon, n. στραβόξυλο (τό)
currant, n. σταφίδα (ή)
currency, n. νόμισμα (τό), νομισματική κυκλοφορία (ή)
current, a. τρέχων, καθιερωμένος/ (time) παρών, τωρινός/ ~ *account*, τρεχούμενος λογαριασμός/ ~ *affairs*, σύγχρονα γεγονότα, ή έπικαιρότητα/ n. ροῦς (ὁ), ρεῦμα (τό), ροή (ή)/ *alternating* ~, έναλλασσόμενο ρεῦμα/ *direct* ~, συνεχές ρεῦμα
curriculum, n. διδακτέα ὕλη (ή)/ ~ *vitae*, βιογραφικό σημείωμα
curry, n. κάρρυ (τό)/ v.t. ξυστρίζω/ (leather) κατεργάζομαι δέρματα/ ~*comb*, ξύστρα (ή), ξυστρί (τό)/ ~ *favour with*, ἐπιδιώκω εὔνοια
curse, n. κατάρα (ή), βλαστήμια (ή)/ (eccl.) άφορισμός (ὁ), άναθεματισμός (ὁ)/ v.t.& i. καταριέμαι, βλαστημῶ/ (eccl.) άφορίζω, άναθεματίζω/ ~*d*, a. καταραμένος, άναθεματισμένος
cursive, a. ρέων/ n. ρέουσα γραφή (ή)
cursorily, ad. βιαστικά, έπιπόλαια, πεταχτά/ *cursory*, a. βιαστικός, έπιπόλαιος, πεταχτός
curt, a. κοφτός, άπότομος, ξεκομμένος
curtail, v.t. περικόπτω, περιορίζω, λιγοστεύω/ ~*ment*, n. περικοπή (ή), περιορισμός (ὁ)
curtain, n. παραπέτασμα (τό), κουρτίνα (ή)/ (theat.) αὐλαία (ή)/ φράγμα/ *iron* ~, σιδηροῦν παραπέτασμα/ ~ *rod*, σιδηρόδρομος/ *drop the* ~, κατεβάζω τήν αὐλαία, συγκαλύπτω/ *raise the* ~, ὑψώνω τήν αὐλαία, άποκαλύπτω/ v.t. σκεπάζω μέ κουρτίνα, άποκρύβω/ ~ *off*, χωρίζω μέ κουρτίνα
curtness, n. σκαιότητα (ή), άπότομο ὕφος (τό)
curtsy, n. ὑπόκλιση (ή)/ v.i. ὑποκλίνομαι, κάνω ὑπόκλιση
curvature, n. καμπυλότητα (ή), κυρτότητα (ή), κάμψη (ή)/ ~ *of the spine*, κύρτωση τῆς σπονδυλικῆς στήλης/ *curve*, n. καμπύλη (ή), καμπή (ή)/ (road) στροφή (ή)/ v.t.& i. λυγίζω, κάμπτω, καμπυλώνω/ ~*d*, a. καμπύλος, κυρτός/ *curvilinear*, a. καμπυλόγραμμος
cushion, n. μαξιλάρι (τό)/ (tech.) άπορροφητήρας (ὁ)/ ~ *cover*, μαξιλαροθήκη/ v.t. βάζω μαξιλάρια, προστατεύω/ (tech.) μειώνω σύγκρουση/ *cushy*, a. ἄνετος, ξεκούραστος/ ~ *job*, ἄκοπη ἐργασία
custard, n. κάσταρντ (ή), εἴδος κρέμας
custodian, n. φύλακας (ὁ), έπιτηρητής (ὁ)/ *custody*, n. φύλαξη (ή), έπιτήρηση (ή)/ *be in* ~, εἴμαι σέ προσωρινή κράτηση
custom, n. ἔθιμο (τό), συνήθεια (ή)/ ~*arily*, ad. συνήθως/ ~*ary*, a. συνηθισμένος/ ~*er*, n. πελάτης (ὁ)/ *awkward* ~, δύστροπος πελάτης
customs, n.pl. τελωνεῖο (τό)/ ~ *house*, τελωνειακό κτίριο/ ~ *officer*, τελωνειακός/ ~ *tariff*, τελωνειακός δασμός
cut, n. κόψιμο (τό), τομή (ή)/ (prices) μείωση (ή)/ v.t. κόβω, τέμνω, τεμαχίζω/ (prices) μειώνω, κατεβάζω/ (teeth) βγάζω δόντια/ ~ *and dried*, προετοιμασμένος, πανέτοιμος/ ~ *away*, φεύγω τρέχοντας, δραπετεύω/ ~ *down* (trees) κλαδεύω (expenses) περικόπτω/ ~ *in*, πέφτω πάνω/ ~ *off*, άποκόβω, άποσπῶ/ (water, electricity) διακόπτω τήν παροχή/ ~ *oneself off from the world*, άπομονώνομαι/ ~ *out*, διακόπτω, σταματῶ/ *be* ~ *out for*, εἴμαι φτιαγμένος γιά/ ~ *short*, διακόπτω άπότομα, άφήνω μισοτελειωμένο/ ~ *up*, κομματιάζω, κάνω κομμάτια/ *be* ~ *up about*, ὑποφέρω
cutaneous, a. δερματικός
cute, a. ἔξυπνος, χαριτωμένος
cuticle, n. έπιδερμίδα (ή)
cutlass, n. σπαθάκι (τό), ξιφίδιο (τό)
cutler, n. μαχαιράς (ὁ), μαχαιροποιός (ὁ)/ ~*y*, n. μαχαιροπήρουνα (τά)
cutlet, n. κοτολέτα (ή)
cutter, n. κόπτης (ὁ)/ (worker) λιθοξόος (ὁ)/ (ship) κότερο (τό)
cutting, n. κόψη (ή), αἰχμή (ή)/ (paper) άπόκομμα (τό)/ (clothes) κόψιμο (τό)/

(railway) πέρασμα (τό)/ a. δηκτικός, κοφτερός, δριμύς
cutthroat, n. δολοφόνος (ό), μαχαιροβγάλτης (ό)
cuttle-fish, n. σουπιά (ή)
cybernetics, n. κυβερνητική (ή)
cyclamen, n. κυκλάμινο (τό)
cycle, n. κύκλος (ό), περίοδος (ή)/ v.i. ποδηλατώ/ *cyclic, cyclical*, a. κυκλικός/ **cycling**, n. ποδηλασία (ή)/ *cyclist*, n. ποδηλάτης (ό)
cyclone, n. κυκλώνας (ό)
cygnet, n. μικρός κύκνος (ό)
cylinder, n. κύλινδρος (ό)/ *cylindrical*, a. κυλινδρικός
cymbals, n.pl. κύμβαλα (τά)
cynocephalous, n. κυνοκέφαλος (ό)
cynic, n. κυνικός (ό)/ ~*al*, a. κυνικός/ ~*ism*, n. κυνισμός (ό)
cypher, n. μηδενικό (τό)
cypress, n. κυπαρίσσι (τό)
Cypriot, n. Κύπριος (ό), Κυπραίος (ό), Κυπριώτης (ό)/ a. κυπριακός
cyst, n. κύστη (ή)/ ~*itis*, n. κυστίτιδα (ή)
Czar, n. Τσάρος (ό)
Czech, n. Τσέχος (ό)/ a. τσεχικός/ *Czechoslovak*, n. Τσεχοσλοβάκος (ό)/ a. τσεχοσλοβακικός

D

dab, n. ἐλαφρό χτύπημα (τό)/ (paint, etc.) πιτσίλισμα (τό)/ (person) ἔμπειρος (ό), εἰδήμων (ό)/ v.t. κάνω ἐπάλειψη
dabble, v.i. τσαλαβουτῶ, πιτσιλίζω/ ~ *in*, ἀνακατεύομαι/ ~ *in politics*, πολιτεύομαι/ ~ *r*,n. κομπογιαννίτης (ό), τσαλαβούτας (ό)
dace, n. κυπρίνος (ό)
dad(dy), n. μπαμπάς (ό)
dado, n. διάζωμα (τό)
daffodil, n. ἀσφόδελος (ό)
daft, a. ἀνόητος, τρελλός

dagger, n. ἐγχειρίδιο (τό)
dahlia, n. ντάλια (ή)
daily, a. καθημερινός, ἡμερήσιος/ ad. καθημερινά/ n. ἡμερήσια ἐφημερίδα (ή), καθημερινή/ ~ *bread*, ἐπιούσιος (ό)
dainties, n. pl. γλυκίσματα (τά), γλυκά (τά)/ *daintily*, ad. λεπτά, κομψά, ἁβρά/ *daintiness*, n. λεπτότητα (ή), κομψότητα (ή), ἁβρότητα (ή)
dainty, a. λεπτός, κομψός, ἁβρός/ (food) νόστιμος/ n. καλούδι (τό)
dairy, n. γαλακτοκομείο (τό), γαλακτοπωλείο (τό)/ ~ *farm*, γαλακτοκομείο (τό)/ ~ *man*, γαλακτοκόμος (ό)
dais, n. ἐξέδρα (ή)
daisy, n. μαργαρίτα (ή), λευκάνθεμο (τό)
dale, n. κοιλάδα (ή)
dalliance, n. χαριεντισμός (ό), τρυφερότητες (οἱ)/ *dally*, v.i. χαριεντίζομαι, κάνω τρυφερότητες, ἐρωτοτροπῶ/ ~ *with the idea*, παίζω μέ τήν ἰδέα
Dalmatian, n. Δαλματός (ό)/ (dog) σκύλος Δαλματίας (ό)
dam, n. φράγμα (τό), ἀνάχωμα (τά)/ v.t. φράζω, μολώνω/ n. (animal) μητέρα ζώου (ή)
damage, n. ζημία (ή), βλάβη (ή)/ v.t. βλάπτω, ζημιώνω/ *damageable*, a. φθαρτός/ *damaging*, a. βλαβερός, ἐπιζήμιος/ ~ *s*, n. pl. ἀποζημίωση (ή)
damask, n. δαμασκηνό ὕφασμα (τό)/ a. δαμασκηνός
dame, n. κυρία (ή), δέσποινα (ή), ἀρχόντισσα (ή)
damn, n. κατάρα (ή), βλαστήμια (ή)/ *I don't care a* ~, δέν μοῦ καίγεται καρφί/ v.t. καταριέμαι, βλαστημῶ/ ~*able*, a. ἀπαίσιος, καταδικαστέος/ ~*ation*, n. καταδίκη (ή), κατάρα (ή)/ ~*ed*, a. καταραμένος, καταδικασμένος
damp, n. ὑγρασία (ή)/ a. ὑγρός/ ~ *proof*, στεγανός, προστατευμένος ἀπό τήν ὑγρασία/ ~ *en*, v.t. ὑγραίνω/ v.i. ὑγραίνομαι, μουσκεύομαι, διαβρέχομαι/ ~*one's enthusiasm*, μετριάζω τόν ζῆλο/ ~ *er*, n. ἀποσβεστήρας (ό), διάφραγμα (τό)/ ~*ness*, n. ὑγρασία (ή)
damsel, n. δεσποινίδα (ή), νεαρή (ή)
damson, n. δαμάσκηνο (τό)
dance, n. χορός (ό)/ ~ *frock*, φουστάνι

χορού (τό)/ ~ hall, αίθουσα χορού (ή)/ v.i. χορεύω/ ~er, n. χορευτής (ό), χορεύτρια (ή)/ ~ing, n. χορός (ό)/ (cabaret) κέντρο (τό)/ ~ master, χοροδιδάσκαλος (ό)/ ~ partner (male) καβαλιέρος (ό)/ (female) ντάμα (ή)/ a. χορευτικός
dandelion, n. ραδίκι (τό)
dandle, v.t. λικνίζω, χορεύω στά γόνατα
dandruff, n. πιτυρίδα (ή)
dandy, n. δανδής (ό), φιλάρεσκος (ό)
Dane, n. Δανός (ό)
danger, n. κίνδυνος (ό)/ ~ous, a. επικίνδυνος
dangle, v.i. αιωρούμαι, ταλαντεύομαι/ v.t. ταλαντεύω
Danish, n. Δανός (ό)/ a. δανικός, δανέζικος
dank, a. υγρός, νοτερός
dapper, a. σβέλτος, ζωηρός, γοργός
dapple, a. μέ βούλες, κατάστικτος/ ~ grey horse, άλογο μέ γκρίζες βούλες, ψαρής/ v.t. στολίζω μέ βούλες
dare, v.i. τολμώ/ v.t. προκαλώ, αψηφώ/ how ~ ? τί θράσος!/ I ~ say, δέν αμφιβάλλω ότι/ ~devil, a. παράτολμος
daring, a. τολμηρός, θρασύς/ n. τόλμη (ή)
dark, n. σκοτάδι (τό), σκότος (τό)/ be in the ~ , αγνοώ, δέν γνωρίζω/ a. σκοτεινός, ζοφερός/ (skin) μαύρος/ it is getting ~ , σκοτεινιάζει, νυχτώνει/ D~ Ages, Μεσαίωνας/ ~ lantern, κλεφτοφάναρο/ ~ room (phot.) σκοτεινός θάλαμος/ ~en, v.t.& i. σκουραίνω, αμαυρώνω/ ~ ish, a. σκοτεινωπός, σκούρος/ ~ly, ad. σκοτεινά/ ~ness, n. σκοτάδι (τό)
darling, n. αγαπημένος (ό), προσφιλής (ό)/ my ~, αγάπη μου!
darn, n. συρραφή (ή), καρίκωμα (τό)/ v.t. συρράβω, καρικώνω/ ~er, n. μπαλωματής (ό), καρικωτής (ό)/ ~ing, n. καρίκωμα (τό), μαντάρισμα (τό)
dart, n. ακόντιο (τό), βέλος (τό)/ v.t. εξακοντίζω/ v.i. ορμώ, ρίχνομαι/ ~er, n. ακοντιστής (ό)
dash, n. χτύπημα (τό), σύγκρουση (ή)/ (a little) μιά σταλιά/ (hyphen) παύλα/ ~board (car) καντράν/ cut a ~ , αφήνω ανεξίτηλη εντύπωση/ v.t. σπάζω, συντρίβω, κομματιάζω/ v.i. ορμώ/ ~ off,

σκιτσάρω διαστικά/ ~ out, φεύγω ορμητικά/ ~ing, a. ορμητικός, επιδεικτικός
dastard, a. άναντρος, δειλός/ ~ly, ad. άναντρα
data, n. pl. δεδομένα (τά), στοιχεία (τά), πληροφορίες (οί)
date, n. ημερομηνία (ή), χρονολογία (ή)/ (appointment) ραντεβού (τό)/ (bot.) χουρμάς (ό)/ out of ~, παλιός, απαρχαιωμένος, ξεπερασμένος/ up to ~ , συγχρονισμένος, μοντέρνος/ v.t. χρονολογώ, βάζω ημερομηνία/ ~back, χρονολογούμαι από/ ~ less, a. αχρονολόγητος/ ~ tree, n. χουρμαδιά (ή)/ ~ palm, n. φοινικόδεντρο (τό)
dative, n. δοτική (ή)
daub, n. επίχρισμα (τό), πασάλειμα (τό)/ v.t. επιχρίω, πασαλείφω/ ~er, n. μέτριος ζωγράφος (ό)
daughter, n. κόρη (ή), θυγατέρα (ή)/ ~ in-law, n. νύφη (ή)/ grand ~ , εγγονή (ή)/ step ~ , προγονή (ή)/ ~ly, a. θυγατρικός
daulphin, n. δελφίνος (ό)
daunt, v.t. φοβίζω, τρομάζω, πτοώ/ ~less, a. άφοβος, ατρόμητος, απτόητος
dawdle, v.i. τεμπελιάζω, οκνεύω, χρονοτριβώ/ ~r, n. τεμπέλης (ό), οκνηρός (ό)
dawn, n. αυγή (ή), χάραμα (τό)/ (fig.) αρχή (ή), ξεκίνημα (τό)/ v.i. ξημερώνω/ ~ on (upon), γνωρίζομαι, γίνομαι γνωστός/ ~ing, n. ξημέρωμα (τό)
day, n. ημέρα (ή), μέρα (ή)/ all ~ long, όλη μέρα/ by ~ , τήν ημέρα/ ~ by ~ , μέρα μέ τή μέρα/ every other ~, μέρα παρά μέρα/ have the ~ off, έχω αργία, έχω άδεια/ good ~ , καλημέρα/ work ~, ξεχωρίσιμη μέρα/ the ~ after tomorrow, μεθαύριο/ the ~ before, τήν προηγουμένη/ the ~ before yesterday, προχθές/ in ~s to come, σέ μελλοντικούς καιρούς/ the next ~ , τήν επομένη/ some ~, κάποια μέρα, κάποτε/ the other ~ , πρό ημερών/ ~ book, n. ημερολόγιο (τό)/ ~ break, n. ξημέρωμα (τό), χάραμα (τό)/ ~dream, n. ονειροφαντασία (ή)/ ~ dreamer, ονειροπαρμένος/ ~ labourer, n. ημερομίσθιος εργάτης (ό)/ ~light, n. τήν ημέρα/ in broad ~ , μέρα

μεσημέρι
daze, n. θάμπωμα (τό), ζαλάδα (ή)/ v.t. θαμπώνω, ζαλίζω
dazzle, n. θάμπωμα (τό), τύφλωμα (τό)/ v.t. θαμπώνω, τυφλώνω
dazzling, a. θαμπωτικός, ἐκτυφλωτικός
deacon, n. διάκος (ὁ), διάκονος (ὁ)
dead, a. νεκρός, πεθαμένος, ἄψυχος/ (animal) ψόφιος/ (flower) μαραμένος/ ~ *beat,* ἐξαντλημένος, κατάκοπος/ ~ *calm,* ἀπόλυτη ἠρεμία/ ~ *certainty,* ἀπόλυτη βεβαιότητα/ ~ *drunk,* φέσι, τύφλα στό μεθύσι/ ~ *end,* ἀδιέξοδο (τό)/ ~ *letter,* νεκρό γράμμα/ ~ *march,* ἐπικήδειο μάρς/ ~ *shot,* εὔστοχος σκοπευτής/ ~ *tired,* κατάκοπος/ n. pl. οἱ νεκροί/ ~*en,* v.t. νεκρώνω, ἀμβλύνω/ ~ *lock,* n. ἀδιέξοδο (τό)/ ~*ly,* a. θανατηφόρος, θανάσιμος
deaf, a. κουφός/ ~*-mute,* κωφάλαλος (ὁ)/ *turn a* ~ *ear,* κάνω τόν κουφό/ ~*en,* v.t. κουφαίνω, ξεκουφαίνω/ ~ *ening,* a. ἐκκωφαντικός/ ~*ness,* n. κουφαμάρα (ή), κώφωση (ή)
deal, n. ποσότητα (ή)/ (bot.) ἔλατο (τό)/ (cards) μοίρασμα (τό) / *a great* ~ , πολύ/ *make a* ~ *with,* κλείνω συμφωνία/ v.t. ἀσχολοῦμαι/ ~ *in,* ἐμπορεύομαι/ (card) μοιράζω/ ~ *a blow,* καταφέρω χτύπημα/ ~ *with,* ἔρχομαι σέ ἐπαφή/ ~ *with* (something) ἀσχολοῦμαι μέ κάτι/ ~*er,* n. ἔμπορος (ὁ)/ (cards) μοιραστής (ὁ)/ ~*ing,* n. μοίρασμα (τό)/ ~*ings,* n. pl. δοσοληψίες (οἱ)
dean, n. (univer.) κοσμήτωρ (ὁ)/ (eccl.) ἀρχιμανδρίτης (ὁ)/ ~*ery,* n. κοσμητεία (ή)
dear, a. ἀγαπητός, προσφιλής/ (expensive) ἀκριβός/ ~ *me!* πώ πώ!/ *my* ~! ἀγαπητέ μου!/ ~*ly,* ad. μέ ἀγάπη, στοργικά/ ~*ness,* n. ἀγάπη (ή), στοργή (ή)
dearth, n. ἔλλειψη (ή)/ (food) λιμός (ὁ)
death, n. θάνατος (ὁ)/ *on pain of* ~ , μέ κίνδυνο θανατώσης/ *put to* ~ , θανατώνω/ ~ *certificate,* πιστοποιητικό θανάτου/ ~ *rate,* θνησιμότητα (ή)/ ~ *toll,* ἀριθμός τῶν θυμάτων/ ~ *warrant,* διαταγή ἐκτέλεσης/ ~*bed,* n. ἐπιθανάτια κλίνη/ ~ *blow,* n. θανάσιμο πλῆγμα,

χαριστική βολή/ ~*less,* a. ἀθάνατος, ἀξέχαστος/ ~*ly* , a. νεκρικός/ ~*ly silence,* νεκρική σιγή
debar, v.t. ἀποκλείω, ἀποστερῶ
debase, v.t. ὑποβιβάζω, ἐξευτελίζω, ταπεινώνω/ (coin) ὑποτιμῶ/ ~*ment,* n. ὑποβιβασμός (ὁ), ἐξευτελισμός (ὁ), ταπείνωση (ή)/ (coin) ὑποτίμηση (ή)
debatable, a. συζητήσιμος, ἀμφισβητήσιμος/ *debate,* n. συζήτηση (ή)/ v.t. & i. συζητῶ/ ~*r,* n. συζητητής (ὁ)
debauch, v.t. διαφθείρω, παρασύρω/ ~*ee,* n. ἀκόλαστος (ὁ), διεφθαρμένος (ὁ), ἄσωτος (ὁ)/ ~*ery,* n. ἀκολασία (ή), ἀσωτεία (ή)
debenture, n. ὁμόλογο χρέους (τό)/ ~ *bonds,* ὁμολογίες (οἱ)
debilitate, v.t. ἐξασθενῶ, ἀδυνατίζω/ *debility,* n. ἐξασθένηση (ή), ἀδυναμία (ή)
debit, n. παθητικό (τό), δοῦναι (τό)/ v.t. χρεώνω/ ~ *balance,* χρεωστικό ὑπόλοιπο/ ~*and credit,* δοῦναι καί λαβεῖν
debouch, v.i. ἐκβάλλω, χύνομαι
debris, n. ἐρείπια (τά), χαλάσματα (τά)
debt, n. χρέος (τό), ὀφειλή (ή)/ *turn into* ~, δημιουργῶ χρέη/ *national* ~ , δημόσιο χρέος/ ~*or,* n. χρεώστης (ὁ), ὀφειλέτης (ὁ)
début, n. ἔναρξη (ή), πρώτη ἐμφάνιση (ή), ντεμποῦτο (τό)/ *make one's* ~ , ἐμφανίζομαι γιά πρώτη φορά/ ~*ante,* n. ντεμπυτάντ (ή)
decade, n. δεκαετία (ή)
decadence, n. παρακμή (ή)/ *decadent,* a. παρακμασμένος/ n. ντεκαντάντ ο
decalogue, n. δεκάλογος (ὁ), δέκα ἐντολές (οἱ)
decamp, v.i. ἀποστρατοπεδεύω/ (escape) τό σκάω
decant, v.t. μεταγγίζω ὑγρό/ ~*er,* n. φιάλη τραπεζιοῦ (ή)
decapitate, v.t. ἀποκεφαλίζω/ *decapitation,* n. ἀποκεφαλισμός (ὁ)
decay, n. παρακμή (ή), μαρασμός (ὁ)/ (building) ἐρείπωση (ή)/ (teeth) τερηδόνα (ή)/ v.i. παρακμάζω, φθείρομαι/ (food) χαλῶ
decease, n. θάνατος (ὁ)/ v.i. πεθαίνω/ ~*d,* a. πεθαμένος/ n. μακαρίτης (ὁ)/ (leg.) ὁ θανών

deceit, n. ἀπάτη (ἡ), δόλος (ὁ)/ ~*ful*, a. ἀπατηλός, δόλιος
deceive, v.t. ἐξαπατῶ, ἀπατῶ/ ~*r*, n. ἀπατεώνας (ὁ)
decelerate, v.t.& i. μειώνω τήν ταχύτητα
December, n. Δεκέμβριος (ὁ)
decency, n. εὐπρέπεια (ἡ), κοσμιότητα (ἡ), καθωσπρεπισμός (ὁ)
decennial, a. δεκαετής
decent, a. εὐπρεπής, κόσμιος/ (wages, etc.) ἀνεκτός, ὑποφερτός
decentralize, v.t. ἀποκεντρώνω
deception, n. ἀπάτη (ἡ)/ *deceptive*, a. ἀπατηλός, ψεύτικος
decide, v.i. ἀποφασίζω, κρίνω, καταλήγω/ ~*d*, a. ἀποφασισμένος/ ~*dly*, ad. ἀποφασιστικά, ὁριστικά
deciduous, a. (trees) φυλλοβόλος
decimal, a. δεκαδικός/ ~ *point*, ὑποδιαστολή (ἡ)
decimate, v.t. ἀποδεκατίζω/ (fig.) ἐξοντώνω/ *decimation*, n. ἀποδεκάτιση (ἡ)/ (fig.) ἐξόντωση (ἡ)
decipher, v.t. ἀποκρυπτογραφῶ/ ~*able*, a. ἀποκρυπτογραφήσιμος
decision, n. ἀπόφαση (ἡ)/ *decisive*, a. ἀποφασιστικός/ ~*ly*, ad. ἀποφασιστικά/ ~*ness*, n. ἀποφασιστικότητα (ἡ)
deck, n. κατάστρωμα (τό)/ (cards) τράπουλα (ἡ)/ ~ *chair*, κάθισμα πλοίου (τό)/ ~ *hand*, ναύτης καταστρώματος/ *on* ~, στό κατάστρωμα/ *quarter* ~, πρυμναῖο κατάστρωμα/ v.t. στολίζω
declaim, v.i. ῥητορεύω, δημηγορῶ/ ~*er*, n. ῥήτορας (ὁ)/ *declamation*, n. ῥητορεία (ἡ)/ *declamatory*, a. ῥητορικός
declaration, n. διακήρυξη (ἡ), δήλωση (ἡ)/ (war) κήρυξη (ἡ)/ *declare*, v.t. διακηρύσσω, δηλώνω/ v.i. (for) κηρύσσομαι ὑπέρ/ (against) κηρύσσομαι ἐναντίον, ἐναντιώνομαι
declension, n. κλίση (ἡ)
decline, n. παρακμή (ἡ), μαρασμός (ὁ)/ (health) καχεξία (ἡ)/ v.t.& i. παρακμάζω, μαραζώνω/ (gram.) κλίνω/ (refuse) ἀρνοῦμαι, ἀποποιοῦμαι/ (ground) κατηγορίζω, παρουσιάζω κλίση
declivity, n. κατήφορος (ὁ), κλίση ἐδάφους (ἡ)
declutch, v.t. ἀποσυμπλέκω

decoction, n. ἀφέψημα (τό)
decolleté, a. ἔξωμος, ντεκολτέ/ ~ *dress*, ἔξωμο (ντεκολτέ) φόρεμα
decompose, v.t. ἀποσυνθέτω, ἀναλύω/ v.i. παθαίνω ἀποσύνθεση, σαπίζω/ *decomposition*, n. ἀποσύνθεση (ἡ), σάπισμα (τό), σήψη (ἡ), ἀνάλυση (ἡ)
decontamination, n. ἀπολύμανση (ἡ)/ *decontaminate*, v.t. ἀπολυμαίνω
decorate, v.t. διακοσμῶ, στολίζω/ (paint) βάφω/ *decoration*, n. διακόσμηση (ἡ), στόλισμα (τό)/ (painting) βάψιμο (τό)/ (official) παρασημοφορία (ἡ)
decorative, a. διακοσμητικός/ *decorator*, n. διακοσμητής (ὁ), ντεκορατέρ (ὁ)
decorous, a. εὐπρεπής, καθωσπρέπει/ *decorum*, n. εὐπρέπεια (ἡ)
decoy, n. δέλεαρ (τό)/ v.t. δελεάζω, προσελκύω
decrease, n. μείωση (ἡ), ἐλάττωση (ἡ)/ v.t.& i. ἐλαττώνω, μειώνω, λιγοστεύω
decree, n. διάταγμα (τό), ψήφισμα (τό), ἀπόφαση (ἡ)/ v.t. ψηφίζω, θεσπίζω, ἀποφασίζω
decrepit, a. ἐρειπωμένος/ (person) ὑπέργηρος/ ~*ude*, n. ἐρείπωση (ἡ)/ (person) ἔσχατα γεράματα
decry, v.t. δυσφημῶ, κατακρίνω
dedicate, v.t. ἀφιερώνω/ ~ *oneself to*, ἀφοσιώνομαι/ *dedication*, n. ἀφιέρωση (ἡ)/ *dedicatory*, a. ἀφιερωτικός
deduce, v.t. συνάγω, συμπεραίνω
deduct, v.t. ἀφαιρῶ, ἐκπίπτω/ ~*ion*, n. ἀφαίρεση (ἡ), ἔκπτωση (ἡ)/ (wages) κράτηση (ἡ)/ (conclusion) συμπέρασμα (τό)
deed, n. πράξη (ἡ), ἔργο (τό)/ (leg.) συμβόλαιο (τό), τίτλος (ὁ)/ *man of* ~*s*, δραστήριος ἄνθρωπος/ *great* ~*s*, μεγάλα ἔργα
deem, v.t. φρονῶ, νομίζω, θεωρῶ
deep, a. βαθύς/ ~ *in thought*, στοχαστικός, βυθισμένος σέ σκέψεις/ *still waters run* ~, τό σιγανό ποτάμι νά φοβᾶσαι/ ~ *sea fishing*, ψάρεμα στίς ἀνοιχτές θάλασσες/ n. βάθος (τό), βάραθρο (τό)/ (sea) βυθός (ὁ)/ ~*en*, v.t.& i. βαθαίνω/ (sound, feelings) δυναμώνω, ἐνισχύω/ (colour) σκουραίνω/ ~*ening*, n. ἐμβάθυνση (ἡ), ἐνίσχυση (ἡ)/~*freezer*, n.

κατάψυξη (ή)/ ~ly, ad. βαθειά/ ~ness, n. βαθύτητα (ή)/ ~seated, a. βαθειά ριζωμένος
deer, n. ἐλάφι (τό)
deface, v.t. παραμορφώνω, σβύνω/ ~ment, n. παραμόρφωση (ή), σβύσιμο (τό)
de facto, ad. ντέ φάκτο
defalcate, v.i. σφετερίζομαι, καταχρῶμαι/ defalcation, n. σφετερισμός (ὁ), κατάχρηση (ή)
defamate, v.t. δυσφημῶ
defamation, n. δυσφήμηση (ή)/ defamatory, a. δυσφημιστικός
default, n. πταῖσμα (τό), παράλειψη (ή)/ judgment by ~ , ἀπόφαση ἐρήμην/ ~ in paying, παράλειψη καταβολῆς/ v.i. παραβαίνω, παραλείπω ὑποχρέωση/ (not appearing in court) ἐρημοδικῶ/ in ~ of, ἐλλείψει/ ~er, n. φυγόδικος (ὁ), καταχραστής (ὁ)
defeat, n. ἧττα (ή)/ (plans) ματαίωση (ή), ἀνατροπή (ή)/ (hopes) διάψευση (ή)/ v.t. νικῶ, ματαιώνω, ἀνατρέπω/ (bill) καταψηφίζω/ ~ism, n. ἡττοπάθεια (ή)
defecate, v.t.& i. διυλίζω, καθαρίζω/ (med.) ἐνεργοῦμαι
defect, n. ἐλάττωμα (τό), ἀτέλεια (ή), ἀνεπάρκεια (ή)/ ~ion, n. ἀποστασία (ή), ἀποσκίρτηση (ή)/ ~ive, a. ἐλαττωματικός, ἀτελής, ἀνεπαρκής
defence, n. ἄμυνα (ή), ὑπεράσπιση (ή)/ counsel for the ~ , συνήγορος (ὁ)/ ~less, a. ἀνυπεράσπιστος/ defend, v.t. ὑπερασπίζω, συνηγορῶ/ ~ant, n. κατηγορούμενος (ὁ)/ ~er, n. ὑπερασπιστής (ὁ)/ defensible, a. ὑπερασπίσιμος/ defensive, a. ἀμυντικός/ n. ἄμυνα (ή)/ be on the ~ , ἀμύνομαι, τηρῶ ἀμυντική στάση
defer, v.t.& i. ἀναβάλλω, παραπέμπω, καθυστερῶ/ ~ to, ὑποχωρῶ, σέβομαι/ v~ence, n. σεβασμός (ὁ), ὑποχώρηση (ή)/ ~ential, a. μέ σεβασμό, σεβαστικός/ ~ment, n. ἀναβολή (ή)
defiance, n. πρόκληση (ή), περιφρόνηση (ή), παραγνώριση (ή)/ defiant, a. προκλητικός, περιφρονητικός
deficiency, n. ἔλλειψη (ή), ἀτέλεια (ή)/ deficient, a. ἐλλιπής, ἀνεπαρκής/ be ~ in, ἔχω ἔλλειψη ἀπό/ deficit, n. ἔλλειμμα (τό)
defile, n. πέρασμα (τό), κλεισούρα (ή)/ v.t.& i. μολύνω, διαφθείρω, μιαίνω/ ~ment, n. μόλυνση (ή), μίανση (ή)
definable, a. προσδιορίσιμος/ define, v.t. ὁρίζω, καθορίζω
definite, a. ὁρισμένος, ὁριστικός, καθορισμένος/ ~ly, ad. θετικά, ὁπωσδήποτε, ὁριστικά/ ~ness, n. ἀκρίβεια (ή), θετικότητα (ή)/ definition, n. ὁρισμός (ὁ), προσδιορισμός (ὁ)/ definitive, a. ὁριστικός, θετικός
deflate, v.t.& i. ξεφουσκώνω/ (econ.) παίρνω ἀντιπληθωριστικά μέτρα/ deflation, n. ξεφούσκωμα (τό), ἄδειασμα (τό)/ (econ.) ἀντιπληθωρισμός
deflect, v.t.& i. παρεκκλίνω, ἐκτρέπω/ ~ion, n. παρέκκλιση (ή), ἐκτροπή (ή)
defloration, n. διακόρευση (ή)/ deflower, v.t. διακορεύω
deforestation, n. ἀποψίλωση (ή), ἀποδάσωση (ή)
deform, v.t. παραμορφώνω/ ~ation, n. παραμόρφωση (ή)/ ~ed, a. παραμορφωμένος, ἄσχημος/ ~ity, n. ἀσχήμια (ή), δυσμορφία (ή)
defraud, v.t. ἐξαπατῶ/ ~er, n. ἀπατεώνας (ὁ)/ ~ing, n. ἐξαπάτηση (ή)
defray, v.t. χορηγῶ, καταβάλλω
deft, a. ἐπιδέξιος/ ~ness, n. ἐπιδεξιότητα (ή)
defunct, a. πεθαμένος, νεκρός, μακαρίτης
defy, v.t. προκαλῶ, ἀψηφῶ, περιφρονῶ
degeneracy, n. ἐκφυλισμός (ὁ)/ degenerate, a. ἐκφυλισμένος/ n. ἔκφυλος (ὁ)/ v.i. ἐκφυλίζομαι/ degeneration, n. ἐκφυλισμός (ὁ)
degradation, n. ὑποβιβασμός (ὁ), ταπείνωση (ή), ἐξευτελισμός (ὁ)
degrade, v.t. ὑποβιβάζω, ταπεινώνω, ἐξευτελίζω/ degrading, a. ταπεινωτικός, ἐξευτελιστικός
degree, n. βαθμός (ὁ), τάξη (ή), σειρά (ή)/ (university) πτυχίο (τό), δίπλωμα (τό)/ (angle) μοίρα (ή)/ by ~s, βαθμιαία/ to some ~ , μέχρι ἕνα σημεῖο/ comparative ~ , συγκριτικός βαθμός
dehydrate, v.t. ἀφυδατώνω

deification, n. θεοποίηση (ή)/ *deify*, v.t. θεοποιώ
deign, v.i. καταδέχομαι
deism, n. θεϊσμός (ό)/ *deity*, n. θεότητα (ή), τό θείο
deject, v.t. αποθαρρύνω, απογοητεύω/ ~*ion*, n. αποθάρρυνση (ή), απογοήτευση (ή), ακεφιά (ή)
de jure, ad. ντέ γιούρε
delay, n. καθυστέρηση (ή), αργοπορία (ή), χρονοτριβή (ή)/ *without* ~ , αμέσως/ v.t.& i. καθυστερώ, αναβάλλω, χρονοτριβώ
delectable, a. ευχάριστος, τερπνός/ *delectation*, n. ευχαρίστηση (ή), τέρψη (ή)
delegate, n. αντιπρόσωπος (ό), απεσταλμένος (ό), εκπρόσωπος (ό)/ v.t. στέλνω (ορίζω) αντιπρόσωπο/ *delegation*, n. αντιπροσωπεία (ή), αποστολή (ή)
delete, v.t. διαγράφω, εξαλείφω, σβύνω
deleterious, a. βλαβερός, ολέθριος
deletion, n. διαγραφή (ή), εξάλειψη (ή), σβύσιμο (τό)
deliberate, a. θεληματικός, εσκεμμένος, προμελετημένος/ v.t.& i. συσκέπτομαι, συνεδριάζω, διασκέπτομαι/ ~*ly*, ad. θεληματικά, εσκεμμένα, προμελετημένα/ *deliberation*, n. σύσκεψη (ή), διάσκεψη (ή)
deliberative, a. συζητητικός
delicacy, n. αβρότητα (ή), λεπτότητα (ή), κομψότητα (ή)/ (health) ευαισθησία (ή)/ (food) λιχουδιά (ή)/ *delicate*, a. αβρός, λεπτός/ (health) ευαίσθητος/ ~ *situation*, λεπτή κατάσταση
delicious, a. νόστιμος, γευστικός, εξαίσιος
delight, n. ευχαρίστηση (ή), τέρψη (ή), χαρά (ή)/ v.t. ευχαριστώ, τέρπω, ευφραίνω/ *be* ~*ed*, είμαι ενθουσιασμένος/ *be* ~*ed to meet you*, χαίρομαι ιδιαίτερα γιά τήν γνωριμία/ ~*ful*, a. γοητευτικός, τερπνός, θελκτικός/ ~*fully*, ad. τερπνά, χαριτωμένα
delimit, v.t. οροθετώ, καθορίζω/ ~*ation*, n. οροθέτηση (ή)
delineate, v.t. σχεδιάζω, σκιτσάρω/ *delineation*, n. σχεδίασμα (τό)
delinquency, n. παρανομία (ή), παράβαση (ή)/ *delinquent*, a. παράνομος/ n. παραβάτης (ό), ένοχος (ό)
delirious, a. εκείνος πού παραληρεί/ *be* ~, παραληρώ/ ~ *with joy*, τρελός από χαρά/ *delirium*, n. παραλήρημα (τό)/ ~ *tremens*, ντελίριουμ τρέμενς
deliver, v.t. ελευθερώνω, απαλλάσσω, σώζω, λυτρώνω/ (mail) διανέμω/ (blow) καταφέρω χτύπημα/ (speech) εκφωνώ λόγο/ (lecture) δίνω διάλεξη/ ~ *over*, παραδίδω, μεταβιβάζω/ ~ *up*, επιστρέφω/ ~ *oneself up*, παραδίδομαι/ *be* ~*ed of child*, γεννώ/ ~*ance*, n. απαλλαγή (ή), απελευθέρωση (ή), λύτρωση (ή)/ ~*er*, n. ελευθερωτής (ό), λυτρωτής (ό)/ ~*y*, n. παράδοση (ή), απελευθέρωση (ή), λύτρωση (ή)/ (mail) διανομή / (leg.) κοινοποίηση (ή)/ *cash on* ~ , πληρωτέο άμα τή παραδόσει/ (speech) εκφώνηση (ή)
dell, n. κατάφυτη κοιλάδα (ή), λαγκαδιά (ή)
delta, n. δέλτα (τό)
delude, v.t. αποπλανώ, εμπαίζω, εξαπατώ
deluge, n. κατακλυσμός (ό)/ v.t. κατακλύζω, πλημμυρίζω
delusion, n. πλάνη (ή), αυταπάτη (ή)/ *delusive*, a. απατηλός, ψεύτικος
delve, v.t. & i. σκάβω, ερευνώ
demagogue, n. δημαγωγός (ό)
demand, n. απαίτηση (ή), αξίωση (ή), διεκδίκηση (ή)/ *there is a steady* ~ , υπάρχει συνεχής (σταθερή) ζήτηση/ *paid on* ~ , πληρωτέος επί τή αιτήσει/ v.t. απαιτώ, αξιώνω, διεκδικώ
demarcate, v.t. οροθετώ/ *demarcation*, n. οροθέτηση (ή)/ ~ *line*, οροθετική γραμμή
demean, v.i. φέρομαι/ ~*oneself*, ταπεινώνομαι, υποβιβάζομαι/ ~ *our*, n. συμπεριφορά (ή), τρόπος (ό), διαγωγή (ή)
demented, a. τρελός, παράφρων/ *dementia*, n. τρέλα (ή), παραφροσύνη (ή)
demerit, n. ελάττωμα (τό), μειονέκτημα (τό)
demesne, n. ιδιοκτησία (ή)
demigod, n. ημίθεος (ό)
demijohn, n. νταμιζάνα (ή)
demilitarize, v.t. αποστρατικοποιώ/ *demilitarization*, n. αποστρατικοποίηση

(ή)
demise, n. θάνατος (ό)/ (leg.) μεταβίβαση μέ διαθήκη/ v.t. μεταβιβάζω, παραχωρώ
demobilize, v.t. αποστρατεύω
democracy, n. δημοκρατία (ή)/ *democrat,* n. δημοκράτης (ό)
democratic, a. δημοκρατικός
demolish, v.t. καταστρέφω, συντρίβω/ (buildings) κατεδαφίζω
demolition, n. καταστροφή (ή)/ (buildings) κατεδάφιση (ή)
demon, n. δαίμονας (ό)/ ~*ical*, a. δαιμονικός, διαβολικός, σατανικός/ ~*olatry*, n. δαιμονολατρεία (ή)
demonstrable, a. εύαπόδεικτος/ *demonstrate*, v.t. αποδεικνύω, δείχνω, κάνω επίδειξη/ (feelings) εκδηλώνω/ (in the streets) διαδηλώνω/ *demonstration*, n. απόδειξη (ή), επίδειξη (ή)/ (feelings) εκδήλωση (ή)/ (in the streets) διαδήλωση (ή)/ *demonstrative*, a. αποδεικτικός/ (person) εκδηλωτικός, διαχυτικός/ (gram.) δεικτικός/ *demonstrator*, n. εξηγητής (ό), εκείνος πού κάνει επιδείξεις/ (in the streets) διαδηλωτής (ό)
demoralization, n. άποθάρρυνση (ή), σπάσιμο του ήθικού
demoralize, v.t. άποθαρρύνω, σπάω τό ηθικό/ *demoralizing*, a. αποθαρρυντικός, ηττοπαθής
demote, v.t. υποβιβάζω/ *demotion*, n. υποβιβασμός (ό)
demotic, a. λαϊκός, κοινός/ n. (language) Δημοτική (ή)
demur, v.i. διστάζω, έχω ενδοιασμούς/ (leg.) υποβάλλω ένσταση/ n. δισταγμός (ό), ενδοιασμός (ό)
demure, a. σοβαρός/ (girl) σεμνότυφη/ n. σοβαρότητα (ή), σεμνοτυφία (ή)
demurrage, n. επισταλία (ή), ύπερημερία (ή)
den, n. άντρο (τό), φωλιά (ή), κρύπτη (ή)/ (of criminals) λημέρι (τό), καταγώγιο (τό)
denial, n. άρνηση (ή), διάψευση (ή)
denizen, n. κάτοικος (ό), πολίτης (ό)/ (naturalized) πολιτογραφημένος άλλοδαπός
denominate, v.t. επονομάζω, αποκαλώ, χαρακτηρίζω/ *denomination*, n. ονομασία (ή), χαρακτηρισμός (ό)/ (eccl.) θρήσκευμα (τό)/ (fin.) χρηματική αξία/ *denominator*, n. (maths) παρονομαστής (ό)
denote, v.t. υποδηλώνω, σημαίνω
dénouement, n. λύση (ή), τελική έκβαση (ή)
denounce, v.t. καταγγέλλω, κατηγορώ
dense, a. πυκνός, πηχτός/ (ignorance) παχυλή άμάθεια
density, n. πυκνότητα (ή)
dent, n. ζούλισμα (τό), βούλιαγμα (τό), βαθούλωμα (τό)/ v.t. βαθουλώνω
dental, a. οδοντικός, όδοντιατρικός/ ~ *surgeon*, χειρούργος οδοντίατρος/ *dentifrice*, n. όδοντόπαστα (ή)/ *dentist*, n. οδοντίατρος (ό), όδοντογιατρός (ό)/ ~*ry*, n. όδοντιατρική (ή)/ *dentition*, n. διάταξη τών δοντιών, όδοντοφυΐα (ή)/ *denture*, n. μασέλα (ή)
denudation, n. απογύμνωση (ή)/ *denude*, v.t. απογυμνώνω, γδύνω
denunciation, n. καταγγελία (ή)
deny, v.t. διαψεύδω, αποκηρύσσω, αρνούμαι
deodorant, a. αποσμητικός/ n. άποσμητικό (τό)/ *deodorize*, v.t. ξεμυρίζω, εξουδετερώνω τήν κακοσμία
depart, v.i. αναχωρώ, φεύγω/ ~*ed*, p.p.a. αναχωρήσας/ (dead) πεθαμένος
department, n. τμήμα (τό), υπηρεσία (ή)/ ~*store*, μεγάλο εμπορικό/ ~ *al*, a. υπηρεσιακός
departure, n. αναχώρηση (ή), αποχώρηση (ή)/ (beginning) ξεκίνημα (τό), άφετηρία (ή)
depend, v.i. έξαρτώμαι, βασίζομαι, στηρίζομαι/ *that* ~*s*, έξαρτάται/ ~*able*, a. αξιόπιστος, έγκυρος/ ~*ant*, n. έξαρτώμενος, προστατευόμενος/ ~*ence*, n. εξάρτηση (ή)/ (of a country) υποτέλεια (ή)/ ~*ency*, n. κτήση (ή)/ ~*ent*, a. εξαρτημένος, υποτελής/ *be* ~ *on*, έξαρτώμαι άπό, βασίζομαι σέ
depict, v.t. άπεικονίζω, άναπαριστάνω, ζωγραφίζω
deplete, v.t. άδειάζω, άφαιρώ, μειώνω/ *depletion*, n. άδειασμα (τό), αφαίρεση (ή), μείωση (ή)

deplorable, a. ἀξιοθρήνητος, οἰκτρός, λυπηρός/ *deplore,* v.t. ἀποδοκιμάζω, ἐκφράζω λύπη
deploy, v.t. ἀναπτύσσω/ *~ment,* n. ἀνάπτυξη (ἡ)
deponent, n. (leg.) ἔνορκος μάρτυρας (ὁ)/ (gram.) ἀποθετικό ῥῆμα (τό)
depopulate, v.t. ἐρημώνω, μειώνω τόν πληθυσμό/ *depopulation,* n. ἐρήμωση (ἡ), μείωση τοῦ πληθυσμοῦ
deport, v.t. ἀπελαύνω, ἐκτοπίζω/ *~ation,* n. ἀπέλαση (ἡ), ἐκτόπιση (ἡ)/ *~ment,* n. συμπεριφορά (ἡ), διαγωγή (ἡ)
depose, v.t. ἐκθρονίζω, καθαιρῶ/ v.i. καταθέτω
deposit, n. κατάθεση (ἡ)/ (on houses etc.) προκαταβολή (ἡ), καπάρο (τό)/ (elections) παράβολο (τό)/ (geol.) κοίτασμα (τό), ἵζημα (τό)/ ~ *account,* λογαριασμός ταμιευτηρίου/ v.t. καταθέτω/ (on houses, etc.) προκαταβάλλω, δίνω ἀρραβώνα/ (geol.) κατακαθίζω, ἐναποθέτω/ *~ion,* n. κατάθεση (ἡ), μαρτυρία (ἡ)/ (geol.) ἀπόθεση (ἡ)/ *~or,* n. καταθέτης (ὁ)/ *~ory,* n. ἀποθήκη (ἡ), ταμεῖο (τό)
depot, n. ἀποθήκη (ἡ), ντεπό (τό)
depravation, n. διαφθορά (ἡ), ἐξαχρείωση (ἡ)/ *deprave,* v.t. διαφθείρω, ἐξαχρειώνω/ *~d,* a. διεφθαρμένος, ἐξαχρειωμένος/ *depravity,* n. διαφθορά (ἡ), ἐξαχρείωση (ἡ)
deprecate, v.t. ἀποδοκιμάζω, ἀπορρίπτω
depreciate, v.t.& i. ὑποτιμῶ, ὑποβιβάζω/ *depreciation,* n. ὑποτίμηση (ἡ), ὑποβιβασμός (ὁ)/ (fin.) ἀπόσβεση (ἡ)
depredation, n. διαρπαγή (ἡ), λεηλασία (ἡ)
depress, v.t. καταθλίβω, πιέζω/ *~ed,* a. πιεσμένος, καταθλιμένος, μελαγχολικός/ *~ing,* a. καταθλιπτικός, πιεστικός/ *~ion,* n. κατάθλιψη (ἡ), πέσιμο τοῦ ἠθικοῦ (τό), μελαγχολία (ἡ)/ (geol.) κοιλότητα (ἡ), γούρπατο (τό)
deprivation, n. στέρηση (ἡ)/ *deprive,* v.t. στερῶ, ἀποστερῶ
depth, n. βάθος (τό), βαθύτητα (ἡ)/ (sound) ἔνταση (ἡ)/ *in the ~ of night,* στά ἄγρια μεσάνυχτα/ *in the ~ of winter,* στήν καρδιά τοῦ χειμώνα

deputation, n. ἀντιπροσωπεία (ἡ), ἐπιτροπή (ἡ)/ *depute,* v.t. ἐξουσιοδοτῶ, ἀναθέτω σέ ἀντιπρόσωπο/ *deputize,* v.i. ἀναπληρώνω/ *deputy,* n. ἀναπληρωτής (ὁ), ἀντικαταστάτης (ὁ)/ (parliam.) βουλευτής (ὁ), πληρεξούσιος (ὁ)
derail, v.t.& i. ἐκτροχιάζω/ *~ment,* n. ἐκτροχιασμός (ὁ)
derange, v.t. ἀναστατώνω, ἀναταράζω, κλονίζω/ (med.) τρελαίνω/ *~d,* a. τρελός, παράφρονας/ *~ment,* n. παραφροσύνη (ἡ), τρέλα (ἡ)
derelict, a. ἐγκαταλειμένος, ἔρημος, ἑτοιμόρροπος/ n. (person) ἀπόκληρος (ὁ), ναυάγιο (τό)/ ~ *ion,* n. ἐγκατάλειψη (ἡ), ἀμέλεια (ἡ)
deride, v.t. εἰρωνεύομαι, περιγελῶ, χλευάζω/ *~r,* n. εἴρων (ὁ), χλευαστής (ὁ)/ *derision,* n. κοροϊδία (ἡ), χλευασμός (ὁ), ἐμπαιγμός (ὁ)
derisive, a. κοροϊδευτικός, χλευαστικός/ *derisory,* a. γελοῖος
derivation, n. πηγή (ἡ), προέλευση (ἡ)/ (word) ἐτυμολογία (ἡ)/ *derivative,* a. παράγωγος/ n. παράγωγο (τό)/ *derive,* v.t. παράγω, ἀντλῶ, ἀπορρέω/ *be ~d from,* κατάγομαι, προέρχομαι
dermatitis, n. δερματίτιδα (ἡ)/ *dermatology,* n. δερματολογία (ἡ)
derogate, v.i. μειώνω, προσβάλλω, θίγω/ (rights) ἀφαιρῶ
derogatory, a. μειωτικός, ἐξευτελιστικός, ταπεινωτικός
derrick, n. φορτωτήρας (ὁ), περιστρεφόμενος γερανός (ὁ)
dervish, n. δερβίσης (ὁ)
descant, n. μελωδία (ἡ), ἁρμονία (ἡ)/ (comment) σχόλιο (τό)/ v.i. τραγουδῶ/ (comment) σχολιάζω, ἀναπτύσσω ἕνα θέμα
descend, v.t. κατεβαίνω/ v.i. καταδύομαι, πέφτω/ *be ~ed from,* κατάγομαι/ ~ *upon,* κάνω ἀπότομη ἐπίθεση/ *~to,* ξεπέφτω/ ~ *ant,* n. ἀπόγονος (ὁ)/ *descent,* n. κάθοδος (ἡ), κατέβασμα (τό)/ (origin) καταγωγή (ἡ)
describe, v.t. περιγράφω/ *description,* n. περιγραφή (ἡ)/ *descriptive,* a. περιγραφικός
descry, v.t. διακρίνω, ἐπισημαίνω

desecrate, v.t. βεβηλώνω/ *desecration*, n. βεβήλωση (ή)
desert, n. ἔρημος (ή)/ v.t.& i. ἐγκαταλείπω, παρατῶ/ (mil.) λιποτακτῶ/ ~*ed*, a. ἐρημωμένος/ ~*er*, n. λιποτάκτης (ὁ)/ ~*ion*, n. λιποταξία (ή), ἐγκατάλειψη (ή)
deserve, v.t. ἀξίζω/ ~*dly*, ad. ἐπάξια, δίκαια/ *deserving*, a. ἄξιος
desiccate, v.t. ἀποξηραίνω, στεγνώνω, ἀφυδατώνω/ *desiccation*, n. ἀποξήρανση (ή), ἀφυδάτωση (ή), ἀποστράγγιση (ή)
desideratum, n. ποθούμενο (τό), ποθητό (τό)
design, n. σχέδιο (τό), σκοπός (ὁ), ἐπιδίωξη (ή)/ *by* ~ , σκόπιμα, ἐπίτηδες/ *have* ~*s on*, ἔχω κακούς σκοπούς σέ βάρος/ v.t. σχεδιάζω, ἔχω πρόθεση, σκοπεύω
designate, v.t. ὑποδεικνύω, προσδιορίζω, χαρακτηρίζω
designation, n. προσδιορισμός (ὁ), χαρακτηρισμός (ὁ)
designer, n. σχεδιαστής (ὁ)/ (theat.) σκηνογράφος (ὁ)/ (plotter) σκευωρός (ὁ)/ *designing*, n. σχεδιασμός (ὁ)/ a. ραδιοῦργος
desirable, a. ἐπιθυμητός, ἑλκυστικός/ *desire*, n. ἐπιθυμία (ή), πόθος (ὁ)/ v.t. ἐπιθυμῶ, ποθῶ, λαχταρῶ/ *desirous*, a. γεμάτος ἐπιθυμία, φιλόδοξος
desist, v.i. συγκρατιέμαι, ἀπέχω, παραιτοῦμαι
desk, n. γραφεῖο (τό), ἕδρα (ή)/ (school) θρανίο (τό)
desolate, a. ἔρημος, ἀκατοίκητος, παρατημένος/ (person) μελαγχολικός, ἀπελπισμένος/ v.t. ἐρημώνω/ ~ *somebody*, προκαλῶ ἀπόγνωση/ *desolation*, n. ἐρήμωση (ή)/ (feeling) μοναξιά (ή)
despair, n. ἀπελπισία (ή), ἀπόγνωση (ή)/ *drive to* ~ , φέρνω σέ ἀπόγνωση/ v.i. ἀπελπίζομαι, νοιώθω ἀπόγνωση/ ~*ingly*, ad. ἀπελπισμένα, ἀπεγνωσμένα
despatch, n. ἀποστολή (ή), διεκπεραίωση (ή)/ (journal.) τηλεγράφημα (τό), ἀνταπόκριση (ή)/ ~ *box*, διπλωματικός φάκελλος (σάκκος)/ ~ *rider*, ἀγγελιαφόρος (ὁ)/ v.t. ἀποστέλλω, διεκπεραιώνω
desperado, n. ἀποφασισμένος ἐγκληματίας (ὁ)/ *desperate*, a. ἀπελπισμένος, ἀπεγνωσμένος, χωρίς ἐλπίδα/ ~*ly*, ad. ἀπελπισμένα, ἀπεγνωσμένα/ *desperation*, n. ἀπελπισία (ή), ἀπόγνωση (ή)
despicable, a. ἀξιοκαταφρόνητος, ἐλεεινός, ποταπός
despise, v.t. περιφρονῶ, καταφρονῶ
despite, pr. παρ' ὅλο, καίτοι/ n. μοχθηρία (ή), κακεντρέχεια (ή)
despoil, v.t. ληστεύω, λεηλατῶ/ ~*er*, n. λεηλάτης (ὁ)
despondency, n. ἀποθάρρυνση (ή), ἀπογοήτευση (ή), κατάθλιψη (ή)/ *despondent*, a. ἀποθαρρυμένος, ἀπογοητευμένος
despot, n. δεσπότης (ὁ), τύραννος (ὁ)/ ~*ic*, a. δεσποτικός, αὐταρχικός/ ~*ism*, n. δεσποτισμός (ὁ), αὐταρχικότητα (ή)
dessert, n. γλύκισμα (τό), ἐπιδόρπιο (τό)
destination, n. προορισμός (ὁ)/ *destine*, v.t. προορίζω, προκαθορίζω/ ~*d*, a. προορισμένος γιά, μέ κατεύθυνση πρός
destiny, n. μοῖρα (ή), πεπρωμένο (τό)
destitute, a. στερημένος, ἄπορος/ *destitution*, n. στέρηση (ή), ἀνέχεια (ή), ἔνδεια (ή)
destroy, v.t. καταστρέφω/ ~*er*, n. καταστροφέας (ὁ)/ (warship) ἀντιτορπιλλικό (τό)/ *destruction*, n. καταστροφή (ή), ὄλεθρος (ὁ)
destructive, a. καταστρεπτικός, ὀλέθριος
desultory, a. ξεκάρφωτος, ἀσύνδετος, ἀμέθοδος
detach, v.t. ἀποσπῶ, ἀποσυνδέω/ ~*ed*, a. ἀποσπασμένος, ἀπομονωμένος, χωριστός/ (aloof) ἀδιάφορος/ ~*ment*, n. ἀπόσπαση (ή), ἀποσύνδεση (ή)/ (mil.) ἀπόσπασμα (τό)/ (med.) ἀποκόλληση (ή)
detail, n. λεπτομέρεια (ή)/ (mil.) ἀπόσπασμα (τό)/ *in* ~ , μέ κάθε λεπτομέρεια, διεξοδικά/ ~ v.t. ἐκθέτω μέ λεπτομέρειες/ (mil.) ἀποσπῶ/ ~*ed*, a. λεπτομερής
detain, v.t. κρατῶ, κατακρατῶ, φυλακίζω/ ~*ee*, n. κρατούμενος (ὁ)
detect, v.t. ἀνακαλύπτω, ἐντοπίζω, δια-

κρίνω/ ~ion, n. ἀνακάλυψη (ἡ), ἐντόπιση (ἡ), ἀνίχνευση (ἡ)/ ~ive, n. ντετέκτιβ (ὁ), ἀστυνομικός (ὁ)/ ~ive story, ἀστυνομική ἱστορία/ ~ or, n. ἀνιχνευτής (ὁ), φωρατής (ὁ)
detention, n. κράτηση (ἡ), φυλάκιση (ἡ)
deter, v.t. ἀποτρέπω, ἀποθαρρύνω, συγκρατῶ
detergent, n. καθαριστικό (τό), ἀπορρυπαντικό (τό)
deteriorate, v.t.& i. χειροτερεύω, ἐπιδεινώνω/ *deterioration*, n. χειροτέρεμα (τό), ἐπιδείνωση (ἡ)
determinate, a. καθορισμένος, συγκεκριμένος/ *determination*, n. ἀποφασιστικότητα (ἡ)/ (leg.) λήξη σύμβασης/ *determine*, v.t. καθορίζω, προσδιορίζω/ (leg.) λήγω/ ~d, a. ἀποφασισμένος
determinism, n. ντετερμινισμός (ὁ), αἰτιοκρατία (ἡ)
deterrent, n. ἀποτρεπτικό (τό)
detest, v.t. ἀπεχθάνομαι, ἀποστρέφομαι, σιχαίνομαι/ ~able, a. ἀπεχθής, ἀποκρουστικός, σιχαμένος/ ~ation, n. ἀπέχθεια (ἡ), ἀποστροφή (ἡ)
dethrone, v.t. ἐκθρονίζω/ ~ment, n. ἐκθρόνιση (ἡ)
detonate, v.i. ἐκπυρσοκροτῶ, ἐκτονώνομαι/ *detonation*, n. ἐκπυρσοκρότηση (ἡ), ἐκτόνωση (ἡ)/ *detonator*, n. καψύλιο (τό)
detour, n. παρακαμπτήριος δρόμος (ὁ), λοξοδρόμηση (ἡ)
detract, v.t. ἀφαιρῶ, μειώνω, ἀποσπῶ/ ~ion, n. μείωση (ἡ), ἀνάκληση (ἡ)/ (slander) δυσφήμιση (ἡ)
detriment, n. ζημία (ἡ), φθορά (ἡ)/ ~al, a. καταστρεπτικός, βλαβερός, φθοροποιός
deuce, n. δυάρι (τό)/ (tennis) ἰσοπαλία (ἡ)/ ~d, a. καταραμένος
devaluation, n. ὑποτίμηση (ἡ)/ *devalue*, v.t. ὑποτιμῶ
devastate, v.t. ἐρημώνω, καταστρέφω/ *devastation*, n. ἐρήμωση (ἡ), καταστροφή (ἡ)
develop, v.t. ἀναπτύσσω, ἐπεκτείνω/ (phot.) ἐμφανίζω/ v.i. (med.) προσβάλλομαι, παθαίνω/ ~er, n. ἐμφανιστικό ὑγρό (τό)/ ~ment, n. ἀνάπτυξη (ἡ), ἐξέλιξη (ἡ), ἐπέκταση (ἡ)/ (phot.) ἐμφάνιση (ἡ)/ ~ area, ἀναπτυσσόμενη περιοχή
deviate, v.i. παρεκκλίνω, ἐκτρέπομαι/ *deviation*, n. παρέκκλιση (ἡ), ἐκτροπή (ἡ)/ (maths) ἀπόκλιση (ἡ)
device, n. τέχνασμα (τό), ἐπινόημα (τό), κόλπο (τό)/ (tech.) μηχάνημα (τό), συσκευή (ἡ)
devil, n. διάβολος (ὁ), δαίμονας (ὁ)/ lucky ~ , τυχεράκιας/ *poor* ~, φουκαράς, κακομοίρης/ *between the* ~ *and the deep blue sea*, μπρός βαθύ καί πίσω ρέμα/ ~ish, a. διαβολεμένος, διαβολικός/ ~ishly, ad. διαβολεμένα, διαβολικά/ ~ment, n. διαβολιά (ἡ)/ κέφι (τό)
devious, a. λοξός, πλάγιος/ (character) πονηρός, ὕπουλος
devise, v.t. ἐπινοῶ, μηχανεύομαι, ἐφευρίσκω, σκαρώνω/ (leg.) κληροδοτῶ/ ~r, n. ἐφευρέτης (ὁ)/ ~or, n. (leg.) διαθέτης (ὁ)
devoid, a. στερημένος, ἀπαλλαγμένος/ ~ of, χωρίς
devolution, n. μεταβίβαση (ἡ)/ (biol.) ἀνάστροφη ἐξέλιξη (ἡ)
devolve, v.t. μεταβιβάζω, ἀναθέτω/ v.i. περιέρχομαι
devote, v.t. ἀφιερώνω/ (time) διαθέτω/ ~d, a. ἀφιερωμένος, ἀφωσιωμένος, προσηλωμένος/ ~e, n. λάτρης (ὁ), θαυμαστής (ὁ), πιστός (ὁ)/ *devotion*, n. ἀφοσίωση (ἡ), προσήλωση (ἡ)/ (to a person) στοργή (ἡ), τρυφερότητα (ἡ)/ ~al, a. εὐλαβικός
devour, v.t. καταβροχθίζω/ (books) διαβάζω μέ μανία
devout, a. εὐσεβής, θρῆσκος, εὐλαβής/ ~ness, n. εὐσέβεια (ἡ), εὐλάβεια (ἡ)
dew, n. δροσιά (ἡ)/ v.t. δροσίζω, ὑγραίνω/ ~drop, n. δροσοσταλίδα (ἡ)
dewy, a. δροσοσκέπαστος
dexterity, n. ἐπιδεξιότητα (ἡ), ἱκανότητα (ἡ), ἐπιτηδειότητα (ἡ), εὐστροφία (ἡ)/ *dexterous*, a. ἐπιδέξιος, ἱκανός, ἐπιτήδειος, εὔστροφος
diabetes, n. διαβήτης (ὁ), ζάχαρο (τό)/ *diabetic*, a. διαβητικός
diabolical, a. διαβολικός, σατανικός
diadem, n. διαίρεση (ἡ)

diagnose, v.t. κάνω διάγνωση/ *diagnosis*, n. διάγνωση (ή)
diagnostic, a. διαγνωστικός/ n. κύριο σύμπτωμα (τό)/ ~*s*, n. διαγνωστική (ή)
diagonal, a. διαγώνιος/ n. διαγώνιος (ή)/ ~*ly*, ad. διαγώνια
diagram, n. διάγραμμα (τό)
dial, n. πίνακας επιλογής (ό)/ (teleph.) δίσκος επιλογής (ό)/ *sun* ~ , ηλιακό ρολόϊ/ *watch* ~ , πλάκα ρολογιού/ v.t. επιλέγω, καλώ αριθμό
dialect, n. διάλεκτος (ή)
dialectics, n. διαλεκτική (ή)
dialogue, n. διάλογος (ό)
diameter, n. διάμετρος (ή)/ *diametrical*, a. διαμετρικός/ ~*ly*, ad. διαμετρικά
diamond, n. διαμάντι (τό)/ (cards) καρώ (τό)/ ~ *wedding*, εξηκοστή επέτειος
diapason, n. διαπασών (τό)
diaper, n. ύφασμα μέ γεωμετρικά σχήματα (τό)/ v.t. διακοσμώ μέ γεωμετρικά σχήματα
diaphanous, a. διαφανής
diaphragm, n. διάφραγμα (τό), μεμβράνη (ή)
diarrhoea, n. διάρροια (ή)
diarist, n. συγγραφέας ημερολογίου (ό)/ *diary*, n. ιδιωτικό ημερολόγιο
diatonic, a. διατονικός
diatribe, n. σφοδρή κριτική (ή), έντονη λογομαχία (ή)
dibasic, a. διβασικός
dice, n. pl. ζάρια (τά), κύβοι (οί)/ ~*y*, a. επικίνδυνος, αμφίβολος
dichotomy, n. διχοτόμηση (ή)
dickens, n. διάβολος (ό)
dictaphone, n. ντικταφόν (τό)/ *dictate*, v.t. υπαγορεύω/ n. επιταγή (ή), εντολή (ή)/ (polit.) διάταγμα (τό)/ *dictation*, n. υπαγόρευση (ή), άσκηση ορθογραφίας/ *dictator*, n. δικτάτορας (ό)/ ~*ial*, a. δικτατορικός/ ~*ship*, n. δικτατορία (ή)
diction, n. λεκτικό (τό)
dictionary, n. λεξικό (τό)
dictum, n. ρητό (τό), απόφθεγμα (τό), γνωμικό (τό)/ (leg.) δικαστική γνωμοδότηση (ή)
didactic, a. διδακτικός
die, v.i. πεθαίνω, ξεψυχώ/ (plants) μαραίνομαι/ (animals) ψοφώ/ ~ *of laughter*, σκάω στά γέλια/ ~ *away*, σβύνω/ ~ *down*, κοπάζω
die, n. σφραγίδα (ή)/ (game) ζάρι (τό), κύβος (ό)/ *the* ~ *is cast*, ό κύβος έρρίφθη
diehard, n. φανατικός συντηρητικός
diet, n. δίαιτα (ή), διατροφή (ή)/ (parl.) βουλή (ή)/ *be on a* ~ , κάνω δίαιτα/ v.t.& i. κάνω δίαιτα/ ~*ary*, a. διαιτητικός/ n. διαιτητική (ή)/ ~*etics*, n. διαιτητική (ή)
differ, v.i. διαφέρω, διαφωνώ/ ~*ence*, n. διαφορά (ή), διαφωνία (ή)/ *split the* ~ , μοιράζω τήν διαφορά/ ~*ent*, a. διαφορετικός/ ~*tial*, a. διαφορικός/ ~*tial calculus*, διαφορικός λογισμός/ ~*entiate*, v.t. διαφοροποιώ, κάνω διάκριση/ ~*ently*, ad. διαφορετικά, μέ άλλο τρόπο
difficult, a. δύσκολος/ (person) δύστροπος/ ~*y*, n. δυσκολία (ή), εμπόδιο (τό)
diffidence, n. δυσπιστία (ή), ενδοιασμός (ό)/ *diffident*, a. δύσπιστος, διστακτικός, άτολμος
diffuse, a. διάχυτος/ (speech, etc.) μακρόσυρτος, απεραντολόγος/ v.t. διαχέω, διασκορπίζω/ *diffusion*, n. διάχυση (ή), διασκόρπιση (ή)
dig, v.t.& i. σκάβω/ ~*up*, ξεχώνω/ ~ *out*, ξεσκάβω/ n. χώρος ανασκαφής (ό)/ *live in* ~*s*, μένω σέ νοικιασμένο δωμάτιο/ *give him a* ~, δόστου ένα σκούντημα
digest, n. περίληψη (ή), σύνοψη (ή)/ v.t. αφομοιώνω/ (food) χωνεύω/ ~*ible*, a. ευκολοχώνευτος, εύπεπτος/ ~*ion*, n. πέψη (ή), χώνευση (ή)/ ~*ive*, a. χωνευτικός
digger, n. σκαφέας (ό), σκαφιάς (ό)/ *digging*, n. σκάψιμο (τό)
digit, n. ψηφίο (τό)/ (finger) δάχτυλο (τό)/ ~*al*, a. αριθμητικός, δακτυλικός
dignified, a. αξιοπρεπής/ *dignify*, v.t. εξευγενίζω, τιμώ
dignitary, n. αξιωματούχος (ό), επίσημος (ό)/ *dignity*, n. αξιοπρέπεια (ή), τιμή (ή)
digress, v.i. εκτρέπομαι, παρεκβαίνω/ ~*ion*, n. εκτροπή (ή), παρέκβαση (ή)/ ~*ive*, a. παρεκβατικός

dike, n. τάφρος (ή), ἀνάχωμα (τό), πρόχωμα (τό)/ v.t. περιβάλλω μέ τάφρο (πρόχωμα)
dilapidated, a. ἐρειπωμένος, κατεστραμένος/ *dilapidation*, n. ἐρείπωση (ή), καταστροφή (ή)
dilate, v.t. διαστέλλω, ἐκτείνω/ v.i. διαστέλλομαι, ἐκτείνομαι/ ~*d*, a. διεσταλμένος/ *dilation*, n. διαστολή (ή)
dilatoriness, n. ἀργοπορία (ή), βραδύτητα (ή)/ *dilatory*, a. ἀργοπορημένος, βραδυκίνητος, ἀναβλητικός
dilemma, n. δίλημμα (τό)
dilettante, n. ντιλετάντε (ὁ)
diligence, n. ἐπιμέλεια (ή), φιλοπονία (ή)/ *diligent*, a. ἐπιμελής, φιλόπονος
dill, n. ἄνηθος (ὁ)
dilly-dally, v.i. χρονοτριβῶ, ἀμφιταλαντεύομαι
dilute, v.t. διαλύω, ἀραιώνω/ ~*d*, a. διαλυμένος, ἀραιωμένος, νερωμένος/ *dilution*, n. διάλυση (ή), ἀραίωση (ή)
diluvial, a. κατακλυσμιαῖος
dim, a. θολός, ἀμυδρός, σκοτεινιασμένος/ ~ *sight*, ἐξασθενημένη ὅραση/ v.t. θολώνω, σκοτεινιάζω, θαμπώνω/ v.i. ἐλαττώνομαι, γίνομαι θολός
dimension, n. διάσταση (ή)
diminish, v.t. λιγοστεύω, μειώνω, ἐλαττώνω/ v.i. μειώνομαι, ἐλαττώνομαι/ *diminution*, n. μείωση (ή), ἐλάττωση (ή)/ *diminutive*, a. & n. ὑποκοριστικό(ς)
dimity, n. δίμιτο (τό)
dimly, ad. θαμπά, θολά/ *dimness*, n. θαμπάδα (ή), θολότητα (ή), θολούρα (ή), σκοτείνιασμα (τό)
dimple, n. βούλα στό μάγουλο (ή), λακκάκι (τό)
din, n. κρότος (ὁ), χτύπος (ὁ), βρόντημα (τό)
dine, v.t. & i. γευματίζω, δίνω (παραθέτω) γεῦμα/ ~*r*, n. συνδαιτημόνας (ὁ), ἐκεῖνος πού μετέχει σέ γεῦμα/ (railway) βαγκόν ρεστωράν (τό)
dinghy, n. βάρκα (ή)/ *rubber* ~ , βάρκα ἀπό καουτσούκ
dingy, a. σκοῦρος, ξεθωριασμένος
dining-car, n. βαγόνι ἑστιατορίου (τό)/ *dining-room*, n. τραπεζαρία (ή)
dinner, n. γεῦμα (τό), δεῖπνο (τό)/ ~ *jacket*, ἐπίσημο ἔνδυμα/ ~ *service*, ἐπιτραπέζια σκεύη/ ~ *table*, τραπέζι φαγητοῦ
dinosaur, n. δεινόσαυρος (ὁ)
dint, n. σημάδι ἀπό χτύπημα (τό)/ *by* ~ *of*, δυνάμει
diocesan, a. ἐπισκοπικός/ *diocese*, n. ἐπισκοπή (ή)
dioxide, n. διοξείδιο (τό)
dip, n. βύθισμα (τό), χαμήλωμα (τό)/ (magnet) κλίση (ή)/ *take a* ~ , κάνω βουτιά/ v.t. βυθίζω, χαμηλώνω/ ~ *the flag*, χαιρετῶ μέ τήν σημαία/ v.i. βουτῶ, βυθίζομαι/ ~ *into a book*, φυλλομετρῶ
diphtheria, n. διφθερίτιδα (ή)
diphthong, n. δίφθογγος (ή)
diploma, n. δίπλωμα (τό), πτυχίο (τό)
diplomacy, n. διπλωματία (ή)/ *diplomat*, n. διπλωμάτης (ὁ)/ ~*ic*, a. διπλωματικός/ ~*ist*, n. διπλωμάτης (ὁ)
dipsomania, n. διψομανία (ή), ποτομανία (ή)
dire, a. φρικτός, ὀλέθριος
direct, a. ἄμεσος, εὐθύς/ ~ *current*, συνεχές ρεῦμα/ ~ *taxation*, ἄμεση φορολογία/ v.t. κατευθύνω, ὁδηγῶ, καθοδηγῶ/ ~*ion*, n. διεύθυνση (ή)/ *in all* ~*s*, σέ κάθε κατεύθυνση/ (in a play) σκηνοθεσία/ ~*ive*, a. κατευθυντήριος, καθοδηγητικός/ ~ *na*, καθοδήγηση (ή), ντιρεκτίβα (ή)/ ~*ly*, ad. κατ' εὐθεῖαν, ἄμεσα/ ~*or*, n. διευθυντής (ὁ)/ (in a play) σκηνοθέτης/ ~*orate*, n. διοίκηση (ή), διοικητικό συμβούλιο (τό)/ ~*ory*, n. βιβλίο διευθύνσεων (τό), ὁδηγός (ὁ), κατάλογος (ὁ)
dirge, n. μοιρολόι (τό)
dirt, n. ἀκαθαρσία (ή), βρωμιά (ή), λέρα (ή)/ ~*iness*, n. ρυπαρότητα (ή), ἀκαθαρσία (ή)/ ~*y*, a. ἀκάθαρτος, βρώμικος/ (fig.) αἰσχρός/ ~ *weather*, κακοκαιρία/ v.t. λερώνω, βρωμίζω, λασπώνω
disability, n. ἀναπηρία (ή), ἀνικανότητα (ή)/ *disable*, v.t. προκαλῶ ἀναπηρία, καθιστῶ ἀνίκανο/ ~*d*, a. ἀνάπηρος, ἀνίκανος, ἀπόμαχος/ ~*d soldier*, ἀνάπηρος πολέμου/ ~*ment*, n. ἀναπηρία (ή), ἀνικανότητα γιά ἐργασία
disabuse, v.t. βγάζω ἀπό τήν πλάνη

disadvantage—dishearten 318

disadvantage, n. μειονέκτημα (τό), ελάττωμα (τό)/ ~ous, a. μειονεκτικός, επιζήμιος, ασύμφορος
disaffected, a. δυσαρεστημένος/ *disaffection,* n. δυσαρέσκεια (ή)
disagree, v.i. διαφωνώ, φιλονικώ, έρχομαι σέ αντίθεση/ (food, climate) δέν μοΰ ταιριάζει, δέν μοΰ πάει/ ~*able,* a. δυσάρεστος, ενοχλητικός/ ~*ment,* n. διαφορά (ή), διαφωνία (ή), διχόνοια (ή), παρεξήγηση (ή)
disallow, v.t. απορρίπτω, αποδοκιμάζω
disappear, v.i. εξαφανίζομαι/ ~*ance,* n. εξαφάνιση (ή)
disappoint, v.t. απογοητεύω, διαψεύδω ελπίδα, λυπώ/ ~*ing,* a. απογοητευτικός/ ~*ment,* n. απογοήτευση (ή), διάψευση ελπίδων
disapproval, n. αποδοκιμασία (ή)/ *disapprove,* v.t. αποδοκιμάζω
disarm, v.t. αφοπλίζω/ v.i. αφοπλίζομαι/ (fig.) τά χάνω/ ~*ament,* n. αφοπλισμός (ό)
disarrange, v.t. διαταράζω, προκαλώ σύγχιση, ανακατεύω/ ~*ment,* n. διατάραξη (ή), σύγχιση (ή)
disarray, n. αταξία (ή), σύγχιση (ή)/ v.t. προκαλώ αταξία
disaster, n. καταστροφή (ή), συμφορά (ή)/ *disastrous,* a. καταστρεπτικός, ολέθριος
disavow, v.t. αποκηρύσσω, απαρνοΰμαι/ ~*al,* n. αποκήρυξη (ή), απάρνηση (ή)
disband, v.t. απολύω, αποστρατεύω/ ~*ment,* n. απόλυση (ή), αποστράτευση (ή)
disbelief, n. δυσπιστία (ή)/ *disbelieve,* v.t. δυσπιστώ, έχω αμφιβολίες/ ~*r,* n. δύσπιστος
disburden, v.t. ξεφορτώνω, ανακουφίζω/ ~ *oneself,* ανακουφίζομαι
disburse, v.t. δαπανώ, καταβάλλω, πληρώνω/ ~*ment,* n. δαπάνη (ή), καταβολή (ή), πληρωμή (ή)
disc, n. δίσκος (ό)
discard, v.t. απορρίπτω, παραμερίζω
discern, v.t. διακρίνω, ξεχωρίζω/ ~*ible,* a. ευδιάκριτος/ ~*ing,* a. διακριτικός, οξυδερκής/ ~*ment,* n. κρίση (ή), καλό γούστο (τό)

discharge, n. εκφόρτωση (ή), ξεφόρτωμα (τό), άδειασμα (τό)/ (from prison) αποφυλάκιση (ή)/ (of duties) επιτέλεση (ή)/ (debt) εξόφληση (ή), πληρωμή χρέους/ (mil.) πυροβολισμός (ό)/ (from hospital) έξοδος από νοσοκομείο/ v.t. βγάζω, εκπέμπω/ (elec.) αδειάζω ηλεκτρική στήλη/ (debt) εξοφλώ/ (duties) εκτελώ, επιτελώ/ (from prison) απολύω, αποφυλακίζω/ (bankrupt) αποκαθιστώ άτομο πού είχε πτωχεύσει/ v.i. (river, etc.) βγάζω ακαθαρσίες/ (wound) βγάζω πύο
disciple, n. μαθητής (ό), οπαδός (ό)/ (eccl.) απόστολος (ό)
disciplinarian, n. οπαδός της πειθαρχίας (ό)/ *disciplinary,* a. πειθαρχικός/ *discipline,* n. πειθαρχία (ή), τάξη (ή)/ v.t. διαπαιδαγωγώ, επιβάλλω πειθαρχία
disclaim, v.t. απαρνιέμαι, παραιτοΰμαι/ ~*er,* n. έγγραφη παραίτηση (άρνηση ευθύνης)
disclose, v.t. αποκαλύπτω/ *disclosure,* n. αποκάλυψη (ή) (μυστικού)
discoloration, n. αποχρωματισμός (ό)/ *discolour,* v.t. αποχρωματίζω/ ~*ed,* p.p. & a. αποχρωματισμένος, ξεθωριασμένος
discomfit, v.t. κατατροπώνω, κατανικώ/ *become* ~ , συγχίζομαι, ταράζομαι/ ~*ure,* n. κατατρόπωση (ή), κατανίκηση (ή)/ (annoyance) σύγχιση (ή), ταραχή (ή)
discomfort, n. στενοχώρια (ή), ανησυχία (ή)
discompose, v.t. ταράζω, συγχίζω/ *discomposure,* n. ταραχή (ή), σύγχιση (ή), ανησυχία (ή)
disconcert, v.t. διαταράζω, προκαλώ ανησυχία
disconnect, v.t. αποχωρίζω, αποσυνδέω/ ~ *ed,* p.p. & a. αποχωρισμένος, αποσυνδεμένος
disconsolate, a. απαρηγόρητος
discontent, n. δυσαρέσκεια (ή)/ v.t. δυσαρεστώ/ ~*ed,* a. δυσαρεστημένος
discontinuance, n. διακοπή (ή), παύση (ή), έλλειψη συνέχειας (ή)/ *discontinue,* v.t. διακόπτω, παύω/ *discontinuous,* a. διακοπτόμενος

discord, n. διχόνοια (ή), διαφωνία (ή), ἀσυμφωνία (ή)/ (mus.) παραφωνία (ή)/ ~*ance*, n. ἀσυμφωνία (ή), διαφωνία (ή)/ ~*ant*, a. ἀσύμφωνος/ (mus.) παράφωνος
discount, n. ἔκπτωση (ή)/ (bills) προεξόφληση (ή)/ v.t. κάνω ἔκπτωση/ (bills) προεξοφλῶ
discountenance, v.t. ἀποθαρρύνω, ἀποδοκιμάζω
discourage, v.t. ἀποθαρρύνω, ἀποτρέπω/ ~*ment*, n. ἀποθάρρυνση (ή), ἀποτροπή (ή)
discourse, n. ὁμιλία (ή), ἀγόρευση (ή), λόγος (ὁ)/ v.i. ἀγορεύω, βγάζω λόγο/ ~ *with*, συνομιλῶ
discourteous, a. ἀγενής, ἀγροῖκος/ ~*ness*, n. ἀγένεια (ή)
discover, v.t. ἀνακαλύπτω, ἀποκαλύπτω/ ~*er*, n. ἐξερευνητής (ὁ)/ ~*y*, n. ἀνακάλυψη (ή)
discredit, n. ἀνυποληψία (ή)/ v.t. φέρνω σέ ἀνυποληψία, κλονίζω τό κύρος/ ~*able*, a. ἀνυπόληπτος, κακόφημος
discreet, a. διακριτικός, προσεκτικός, συνετός, ἐχέμυθος
discrepancy, n. ἀσυμφωνία (ή), ἀντίφαση (ή)
discretion, n. σύνεση (ή), περίσκεψη (ή)/ *use one's own* ~ , κάνω ὅπως νομίζω/ *at your* ~ , κατά τήν κρίση σας/ ~*ary*, a. διακριτικός/ ~*ary power*, διακριτική ἐξουσία
discriminate, v.t. διακρίνω, χωρίζω, κάνω διάκριση/ ~ *against*, κάνω διάκριση σέ βάρος/ *discriminating*, a. διακριτικός, χαρακτηριστικός/ *discrimination*, n. διάκριση (ή), προτίμηση (ή), ξεχώρισμα (τό)
discursive, a. ἀσυνάρτητος, ἀσύνδετος
discus, n. δίσκος (ὁ)/ ~ *thrower*, δισκοβόλος (ὁ)
discuss, v.t. συζητῶ, μελετῶ/ ~*ion*, n. συζήτηση (ή)
disdain, n. περιφρόνηση (ή)/ v.t. περιφρονῶ, ἀπαξιώνω/ ~*ful*, a. περιφρονητικός
disease, n. ἀρρώστεια (ή), νόσος (ή)/ ~*d*, a. ἀρρωστημένος, πάσχων
disembark, v.t. & i. ἀποβιβάζω/ (goods) ξεφορτώνω/ ~*ation*, n. ἀποβίβαση (ή), ξεφόρτωμα (τό)
disembodied, a. ἄυλος/ *disembody*, v.t. κάνω ἀσώματο, ἐξαϋλώνω
disembowel, v.t. ξεκοιλιάζω
disenchant, v.t. ξεμαγεύω/ ~*ed*, a. ἀπογοητευμένος
disencumber, v.t. ἀνακουφίζω, ξαλαφρώνω
disengage, v.t. ἀποδεσμεύω, ἀποσυνδέω, ἀποχωρίζω/ ~*d*, a. εὔκαιρος, ἐλεύθερος
disentangle, v.t. ξετυλίγω, ξεμπερδεύω/ ~ *oneself*, ἀπαλλάσσομαι, ἐλευθερώνομαι/ ~*ment*, n. ξετύλιγμα (τό), ξεμπέρδεμα (τό)
disestablish, v.t. χωρίζω ἐκκλησία καί κράτος/ ~*ment*, n. χωρισμός ἐκκλησίας καί κράτους (ὁ)
disfavour, n. δυσμένεια (ή)/ *fall into* ~ , πέφτω σέ δυσμένεια
disfigure, v.t. παραμορφώνω, ἀσχημίζω/ ~*ment*, n. παραμόρφωση (ή), ἀσχήμισμα (τό)
disfranchise, v.t. ἀφαιρῶ τά πολιτικά δικαιώματα, στερῶ τό δικαίωμα ψήφου/ ~*ment*, n. στέρηση πολιτικῶν δικαιωμάτων (ή)
disgorge, v.t. (food) κάνω ἐμετό/ (lava) ξεχύνω/ (river) v.i. χύνομαι
disgrace, n. αἶσχος (τό), ντροπή (ή)/ v.t. ντροπιάζω, ἀτιμάζω/ ~*ful*, a. ἀτιμωτικός, ντροπιαστικός, ἀπαράδεκτος
disgruntled, a. σκυθρωπός, κατσουφιασμένος, ἀπογοητευμένος
disguise, n. μεταμφίεση (ή)/ (the truth) συγκάλυψη (ή)/ v.t. μεταμφιέζω, συγκαλύπτω/ ~*d*, p.p. & a. μεταμφιεσμένος
disgust, n. ἀηδία (ή), δυσαρέσκεια (ή), ἀπέχθεια (ή)/ v.t. προκαλῶ ἀηδία/ *be* ~*ed with*, ἀηδιάζω, σιχαίνομαι/ ~*ing*, a. ἀηδιαστικός, σιχαμένος, ἀπεχθής
dish, n. πιάτο (τό)/ *wash the* ~*es*, v.t. πλένω πιάτα/ ~*cloth*, n. πατσαβούρα (ή), πετσέτα πιάτων (ή)/ ~*washer*, πλυντήριο πιάτων (τό)/ ~*water*, ἀπονέρια (τά)/ v.t. καταστρέφω, κατατροπώνω
dishearten, v.t. ἀποθαρρύνω, ἀποκαρδιώνω

dishevelled, a. ξεμαλλιασμένος, ξέπλεκος
dishonest, a. άτιμος, άνέντιμος/ ~y, n. ἀτιμία (ή), άνεντιμότητα (ή)
dishonour, n. άτιμία (ή), αἶσχος (τό)/ v.t. άτιμάζω/ ~ one's word, άθετῶ τόν λόγο μου/ ~ed cheque, άπλήρωτη ἐπιταγή/ ~able, a. άτιμωτικός, ἐπονείδιστος
disillusion, v.t. άπογοητεύω, διαλύω τήν πλάνη/ ~ment, n. άπογοήτευση (ή) διάψευση ἐλπίδας (ή)
disinclination, n. άπροθυμία (ή), άποστροφή (ή)/ **disinclined**, a. άπρόθυμος
disinfect, v.t. άπολυμαίνω/ ~ant, a. άπολυμαντικός/ n. άπολυμαντικό (τό)/ ~ion, n. άπολύμανση (ή)
disingenuous, a. άνειλικρινής, δόλιος
disinherit, v.t. άποκληρώνω
disintegrate, v.t. άποσυνθέτω, διαμελίζω/ v.i. διαλύομαι, άποσυνθέτομαι/ disintegration, n. άποσύνθεση (ή), διάλυση (ή), διαμελισμός (ὁ)
disinter, v.t. κάνω ἐκταφή/ ~ment, n. ἐκταφή (ή)
disinterested, a. άφιλοκερδής/ (indifferent) ἀδιάφορος/ ~ness, n. άφιλοκέρδεια (ή), άδιαφορία (ή)
disjoin, v.t. χωρίζω, διαλύω
disjoint, v.t. διαχωρίζω, διαμελίζω, ἐξαρθρώνω/ ~ed, a. ἐξαρθρωμένος/ (speech) άσυνάρτητος
dislike, n. άπέχθεια (ή), άντιπάθεια (ή)/ v.t. άντιπαθῶ, άπεχθάνομαι, άποστρέφομαι
dislocate, v.t. ἐξαρθρώνω, διαλύω/ dislocation, n. ἐξάρθρωση (ή), διάλυση (ή)
dislodge, v.t. ἐκτοπίζω, διώχνω
disloyal, a. ἄπιστος, κακόπιστος/ ~ty, n. άπιστία (ή), κακοπιστία (ή)
dismal, a. σκοτεινός, ζοφερός, θλιβερός, λυπητερός
dismantle, v.t. άπογυμνώνω/ (machine) λύνων/ (ship) παροπλίζω
dismast, v.t. ἀφαιρῶ τούς ἱστούς
dismay, n. φόβος (ὁ), τρόμος (ὁ), κατάπληξη (ή)/ v.t. φοβίζω, τρομάζω
dismember, v.t. διαμελίζω/ ~ment, n. διαμελισμός (ὁ)
dismiss, v.t. άπολύω, παύω/ (a meeting) διαλύω/ (thought) διώχνω/ (leg.) άπορρίπτω/ ~al, n. άπόλυση (ή), παύση (ή)
dismount, v.t. ξεκαβαλλικεύω/ (machine) λύνω
disobedience, n. άνυπακοή (ή), άπείθια (ή)/ *disobedient*, a. άνυπάκουος
disobey, v.t. παρακούω
disobliging, a. σκαιός, δυσάρεστος
disorder, a. άταξία (ή), σύγχιση (ή)/ (med.) άσθένεια (ή)/ v.t. άναστατώνω, διαταράζω/ (med.) προκαλῶ διαταραχή/ ~ly, a. ἄτακτος, ταραχοποιός/ ~ly behaviour, διατάραξη τῆς κοινῆς ἡσυχίας
disorganization, n. άποδιοργάνωση (ή), άποσύνθεση (ή), παράλυση (ή)
disorganize, v.t. άποδιοργανώνω, άποσυνθέτω, παραλύω
disown, v.t. δέν άναγνωρίζω, άρνοῦμαι τήν πατρότητα
disparage, v.t. ἐξευτελίζω, ὑποτιμῶ, ταπεινώνω/ ~ment, n. ἐξευτελισμός (ὁ), ὑποτίμηση (ή), ταπείνωση (ή)/ *disparagingly*, ad. ἐξευτελιστικά, ταπεινωτικά
disparity, n. άνομοιότητα (ή), δυσαναλογία (ή), άνισότητα (ή)
dispassionate, a. άπαθής, άτάραχος, άμερόληπτος
dispatch, n. βλ. *despatch*
dispel, v.t. διασκορπίζω
dispensary, n. φαρμακεῖο (τό), χημικό ἐργαστήριο (τό)
dispensation, n. διανομή (ή)/ (of justice) άπονομή (ή)/ (eccl.) άπαλλαγή (ή)/ *dispense*, v.t. διανέμω, χορηγῶ/ (justice) άπονέμω/ (med.) χορηγῶ φάρμακο, δίνω συνταγή/ ~ with, δέν τό χρειάζομαι
dispersal, n. διασκορπισμός (ὁ), διασποράδ (ή)/ *disperse*, v.t. διασκορπίζω, διαλύω/ (news) διαδίδω/ (phys.) διαθλῶ/ v.i. διασκορπίζομαι διαλύομαι/ *dispersion*, n. βλ. *dispersal* / (phys.) διάθλαση (ή)
dispirit, v.t. άποθαρρύνω, άπογοητεύω
displace, v.t. ἐκτοπίζω, μετατοπίζω/ ~d, a. ἐκτοπισμένος/ ~ment, n. ἐκτόπιση (ή), μετατόπιση (ή)/ (ship) ἐκτόπισμα (τό)
display, n. ἔκθεση (ή), ἐπίδειξη (ή)/ (feelings) ἐκδήλωση (ή)/ v.t. ἐκθέτω, ἐπιδεικνύω/ (feelings) ἐκδηλώνω/ ~ a

notice, τοιχοκολλώ άγγελία
displease, v.t. δυσαρεστώ, στενοχωρώ/ *displeasing,* a. δυσάρεστος/ *displeasure,* n. δυσαρέσκεια (ή)/ *incur one's* ~ , προκαλώ (έπισύρω) τήν δυσαρέσκεια
disport oneself, διασκεδάζω, γλεντώ
disposable, a. διαθέσιμος/ (cups, etc.) γιά μία χρήση/ *disposal,* n. διάθεση (ή)/ *for* ~ , γιά πούλημα/ *dispose,* v.t. διαθέτω, τακτοποιώ/ ~ *of,* πουλώ, άπαλλάσσομαι άπό κάτι/ ~*d,* p.p. & a. διατεθειμένος, πρόθυμος/ *disposition,* n. διάθεση (ή), τάση (ή)/ (character) χαρακτήρας (ό)
dispossess, v.t. άποστερώ, άφαιρώ την κατοχή/ ~*ion,* n. άποστέρηση (ή), άφαίρεση τής κατοχής
disproportion, n. δυσαναλογία (ή)/ ~*ate,* a. δυσανάλογος
disprove, v.t. άνασκευάζω
disputable, a. άμφισβητήσιμος/ *dispute,* v.t. άμφισβητώ, φιλονικώ, καυγαδίζω/ n. άμφισβήτηση (ή), φιλονικία (ή), έντονη συζήτηση/ (leg.) διαφορά (ή)
disqualification, n. άποκλεισμός (ό), άκαταλληλότητα (ή)/ *disqualified,* a. άκατάλληλος, άναρμόδιος/ (leg.) άνίκανος/ (sport) άποκλεισμένος/ *disqualify,* v.t. άποκλείω, έξαιρώ, κηρύσσω άναρμόδιο
disquiet, n. άνησυχία (ή), ταραχή (ή)/ v.t. άνησυχώ, ταράζω/ ~*ing,* a. άνησυχητικός
disquisition, n. πραγματεία (ή), έρευνα (ή), μελέτη (ή)
disregard, n. άδιαφορία (ή), παραμέληση (ή), περιφρόνηση (ή)/ v.t. άδιαφορώ, παραμελώ, άγνοώ/ (leg.) παραβαίνω/ ~*ful,* a. άδιάφορος, περιφρονητικός
disrepair, n. κακή κατάσταση (ή), έρείπωση (ή)
disreputable, a. κακόφημος, αίσχρός, άνυπόληπτος/ (clothes, etc.) έλεεινός/ *disrepute,* n. κακή φήμη (ή), άνυποληψία (ή)
disrespect, n. έλλειψη σεβασμού (ή), άνευλάβεια (ή)/ ~*ful,* a. θρασύς, αύθάδης, άνευλαβής
disrobe, v.t. & i. βγάζω έπίσημο ρούχο
disrupt, v.t. έξαρθρώνω, προκαλώ άνα-στάτωση/ ~*ion,* n. έξάρθρωση (ή), άναστάτωση (ή)/ ~*ive,* a. έξαρθρωτικός, ένοχλητικός
dissatisfaction, n. δυσαρέσκεια (ή), έλλειψη ίκανοποίησης/ *dissatisfy,* v.t. δυσαρεστώ
dissect, v.t. άνατέμνω/ ~*ion,* n. άνατομή (ή)
dissemble, v.t. άποσιωπώ, άποκρύβω/ v.i. προσποιούμαι, ύποκρίνομαι
disseminate, v.t. διαδίδω, διασπείρω/ (seeds) πολλαπλασιάζω
dissemination, n. διάδοση (ή), διασπορά (ή)
dissension, n. διαφωνία (ή), διχόνοια (ή)/ *dissent,* n. διχογνωμία (ή), διαφωνία (ή)/ (eccl.) έτεροδοξία/ v.i. διαφωνών (ό), αίρετικός (ό), διασπαστής (ό)/ ~*ing,* a. διαφωνών
dissertation, n. πραγματεία (ή), διατριβή (ή)
disservice, n. κακή ύπηρεσία (ή)
dissever, v.t. διαχωρίζω/ ~*ance,* n. διαχωρισμός (ό)
dissidence, n. διαφωνία (ή)/ *dissident,* n. διαφωνών (ό)
dissimilar, a. άνόμοιος, διαφορετικός/ ~*ity,* n. άνομοιότητα (ή)
dissimulate, v.t. άποκρύπτω/ *dissimulation,* n. άπόκρυψη (ή)
dissipate, v.t. διασκορπίζω, διαλύω/ (money) σπαταλώ
dissipation, n. διασκόρπιση (ή)/ (of money) σπατάλη (ή), άσωτεία (ή)
dissociate, v.t. διαχωρίζω, διαλύω συνεταιρισμό (συνεργασία)/ ~ *oneself,* διαχωρίζω τίς εύθύνες μου/ *dissociation,* n. διαχωρισμός (ό), διάλυση συνεταιρισμού (συνεργασίας)
dissoluble, a. εύκολοδιάλυτος, εύδιάλυτος
dissolute, a. άκόλαστος, άσωτος/ *dissolution,* n. διάλυση (ή)/ (monasteries) κατάργηση (ή)/ (treaty) καταγγελία (ή)/ (chem.) τήξη (ή)/ *dissolve,* v.t. διαλύω/ (monasteries) καταργώ/ (treaty) καταγγέλω/ v.i. διαλύομαι, λειώνω/ ~*nt,* a. διαλυτικός/ n. διαλυτική ούσία (ή)
dissonance, n. παραφωνία (ή)/ *dissonant,* a. παράφωνος

**dissuade, ** v.t. μεταπείθω, ἀποτρέπω/ *dissuasion,* n. μετάπειση (ἡ), ἀποτροπή (ἡ)/ *dissuasive,* a. ἀποτρεπτικός
distaff, n. ρόκα (ἡ)
distance, n. ἀπόσταση (ἡ)/ (time) διάστημα (τό)/ *at a ~, σέ ἀπόσταση/ keep one's ~ ,* μένω σέ ἀπόσταση/ *distant,* a. μακρυνός, ἀπομακρυσμένος/ (reserved) ἐπιφυλακτικός, ψυχρός/ *~ relative,* μακρυνός συγγενής
distaste, n. ἀποστροφή (ἡ), ἀπέχθεια (ἡ)/ *~ful,* a. ἀπεχθής, δυσάρεστος, ἀηδιαστικός, ἀντιπαθητικός
distemper, n. καχεξία (ἡ)/ (dogs) κατάρρους τῶν σκύλων (ὁ)/ (paint) νερομπογιά (ἡ)/ *~ed mind,* ταραγμένη διάνοια
distend, v.t. & i. διαστέλλω, διογκώνω, φουσκώνω/ *distension,* n. διαστολή (ἡ), διόγκωση (ἡ), φούσκωμα (τό)
distil, v.t. διυλίζω, ἀποστάζω/ *~lation,* n. διύλιση (ἡ), ἀπόσταξη (ἡ)/ *~lery,* n. διυλιστήριο (τό), ἐργοστάσιο ποτῶν
distinct, a. χωριστός, διαφορετικός/ (sound, etc.) καθαρός, σαφής, εὐκρινής/ *~ion,* n. διάκριση (ἡ), ὑπεροχή (ἡ)/ *~ive,* a. διακριτικός, χαρακτηριστικός/ *~ly,* ad. σαφῶς, ρητά/ (sound, etc.) μέ εὐκρίνεια/ *~ness,* n. σαφήνεια (ἡ), εὐκρίνεια (ἡ)
distinguish, v.t. διακρίνω, ξεχωρίζω/ *~ oneself,* διακρίνομαι, σημειώνω ἐπιτυχία/ *~able,* a. εὐδιάκριτος, ἀναγνωρίσιμος/ *~ed,* a. διακεκριμένος, διάσημος, διαπρεπής
distort, v.t. διαστρέφω, διατρεβλώνω/ *~ion,* n. διαστροφή (ἡ), διαστρέβλωση (ἡ)
distract, v.t. ἀποσπῶ, περισπῶ τήν προσοχή/ *~ed,* p.p. & a. ἀφηρημένος/ *~ion,* n. ἀπόσπαση τῆς σκέψης (ἡ), περισπασμός (ὁ)/ (having a good time) διασκέδαση (ἡ)/ (madness) ξετρέλλαμα (τό), παραφορά (ἡ)
distrain, v.t. κατασχέτω/ *~t,* n. κατάσχεση (ἡ)
distraught, a. μισότρελος, μισοπάλαβος
distress, n. στενοχώρια (ἡ), ταλαιπωρία (ἡ), δυστυχία (ἡ)/ (poverty) πενία (ἡ), ἀθλιότητα (ἡ)/ *~ signal,* σῆμα κινδύνου/ *~ warrant,* ἔνταλμα γιά κατάσχεση/ v.t. στενοχωρῶ, ταλαιπωρῶ, λυπῶ/ *~ed,* p.p. & a. ταλαιπωρημένος, δυστυχισμένος/ *~ing,* a. θλιβερός, λυπηρός, δυσάρεστος
distribute, v.t. διανέμω, μοιράζω/ *distribution,* n. διανομή (ἡ), μοιρασιά (ἡ)/ *distributive,* a. διανεμητικός/ *distributor,* n. διανομέας (ὁ)
district, n. περιοχή (ἡ), διαμέρισμα (τό), ἐπαρχία (ἡ)
distrust, n. δυσπιστία (ἡ), καχυποψία (ἡ)/ v.t. δυσπιστῶ, εἶμαι καχύποπτος/ *~ful,* a. φιλύποπτος, καχύποπτος
disturb, v.t. διαταράζω, συγχίζω, ἐνοχλῶ/ (plans) ἀνατρέπω/ *~ance,* n. ταραχή (ἡ), ἐνόχληση (ἡ)/ (atmospheric) διαταραχή (ἡ)/ (of peace) διατάραξη (ἡ)/ *~ances,* n. διαδηλώσεις (οἱ), ταραχές (οἱ)/ *~ing,* a. ἐνοχλητικός, ἀνησυχητικός
disunion, n. διάσταση (ἡ), διχόνοια (ἡ)/ *disunite,* v.t. διχάζω, διαιρῶ
disuse, n. ἀχρηστία (ἡ), ξεσυνήθισμα (τό)
disyllabic, a. δισύλλαβος
ditch, n. τάφρος (ἡ), λάκκος (ὁ), χαντάκι (τό)/ v.t. ἀνοίγω τάφρο (χαντάκι)/ (fig.) ἐγκαταλείπω, παρατῶ
ditto, n. ἴδιο μέ τό προηγούμενο
ditty, n. τραγουδάκι (τό)
diuretic, a. διουρητικός
diurnal, a. καθημερινός, ἡμερήσιος
divan, n. ντιβάνι (τό)
dive, n. βουτιά (ἡ), κατάδυση (ἡ)/ v.i. βουτῶ, κάνω βουτιά, καταδύομαι/ *~ bomber,* βομβαρδιστικό κάθετης ἐφόρμησης/ *~r,* n. δύτης (ὁ), βουτηχτής (ὁ)
diverge, v.t. ἀποκλίνω, ἀπομακρύνομαι/ *~nce,* n. ἀπόκλιση (ἡ), διάσταση (ἡ)/ *~nt,* a. ἐκεῖνος πού ἀποκλίνει
diverse, a. ποικίλος, διαφορετικός/ *diversify,* v.t. ποικίλλω, δημιουργῶ παραλλαγές/ *diversion,* n. ἀλλαγή (ἡ), μεταστροφή (ἡ)/ (traffic) διοχέτευση (ἡ)/ (canal, etc.) παροχέτευση (ἡ)/ (mil.) ἀντιπερισπασμός (ὁ)/ *diversity,* n. ποικιλία (ἡ)
divert, v.t. παροχετεύω, μεταστρέφω/ *~ attention,* ἀποσπῶ τήν προσοχή/ *~ing,* a. διασκεδαστικός/ *~issement,* n. δια-

σκέδαση (ή)
divest, v.t. άποστερῶ, άπογυμνώνω
divide, v.t. & i. διαιρῶ, διανέμω, χωρίζω/ ~ *up,* διαμελίζω, κομματιάζω
dividend, n. μέρισμα (τό)
divider, n. διαιρέτης (ό), διανομέας (ό)/ ~*s,* n. pl. διαβήτης (ό)/ *dividing,* a. διαχωριστικός
divination, n. μαντεία (ή)
divine, a. θεϊκός, θεῖος/ n. ἱερέας (ό)/ v.t. μαντεύω, προφητεύω/ ~*r,* n. μάντης (ό), προφήτης (ό)
diving, n. κατάδυση (ή)/ a. καταδυτικός/ ~ *bell,* καταδυτικός κώδων/ ~ *suit,* σκάφαντρο (τό)
divinity, n. θεολογία (ή)
divisibility, n. διαιρετότητα (ή)/ *divisible,* a. διαιρετός
division, n. διαίρεση (ή), διανομή (ή), διαμοιρασμός (ό)/ (mil.) μεραρχία (ή)/ (parliam.) ψηφοφορία στήν βουλή/ (department) τμῆμα (τό)/ *divisor,* n. διαιρέτης (ό)
divorce, n. διαζύγιο (τό)/ v.t. παίρνω διαζύγιο, χωρίζω/ ~*d,* a. διαζευγμένος
divulge, v.t. διαδίδω, κοινολογῶ
dizziness, n. ζάλη (ή), ζαλάδα (ή), σκοτοδίνη (ή)/ *dizzy,* a. ζαλισμένος/ *feel* ~ , ἔχω ζαλάδες
do, v.t. κάνω, ἐκτελῶ, πράττω/ (food) μαγειρεύω/ *that will* ~ , ἀρκεῖ, φτάνει/ ~ *the room,* φτιάχνω τό δωμάτιο/ ~ *one's hair,* κάνω τά μαλλιά μου, χτενίζομαι/ ~ *harm,* κάνω κακό, βλάπτω/ *it will* ~ *for us,* μᾶς κάνει/ ~ *away with,* καταργῶ, περικόπτω/ ~ *up,* τακτοποιῶ, άνανεώνω/ ~ *without,* κάνω χωρίς/ *how* ~ *you* ~ ? χαίρω πολύ/ ~ *well,* τά πηγαίνω καλά, πετυχαίνω/ *well to* ~ , πλούσιος, σέ καλή οἰκονομική κατάσταση/ *make* ~ *with,* τά βολεύω, τά καταφέρνω
docile, a. ὑπάκουος, μαλακός
dock, n. άποβάθρα (ή), δεξαμενή (ή)/ *dry* ~ , στεγανή δεξαμενή/ (in court) ἐδώλιο (τό)/ v.t. μπάζω πλοῖο σέ δεξαμενή/ ~*er,* n. ἐκφορτωτής (ό)/ ~*s,* n. pl. ἀποθῆκες τοῦ λιμανιοῦ (οἱ)
docket, n. σύντομη ἐπιγραφή, ἐτικέττα (ή)/ (leg.) πινάκιο (τό), v.t. περιλαμβάνω στό πινάκιο
dockyard, n. ναύσταθμος (ό)
doctor, n. γιατρός (ό)/ (Ph.D.) διδάκτορας (ό)/ v.t. νοσηλεύω, περιποιοῦμαι/ (food, etc.) νοθεύω, ἀλλοιώνω/ (accounts) μαγειρεύω/ ~*ate,* n. διδακτορία (ή)
doctrinaire, n.&a. δογματικός, δογματιστής/ *doctrinal,* a. δογματικός/ *doctrine,* n. δόγμα (τό)
document, n. ἔγγραφο (τό), ντοκουμέντο (τό), τεκμήριο (τό)/ v.t. τεκμηριώνω, ντοκουμεντάρω/ ~*ary,* a. τεκμηριωμένος/ n. ντοκυμαντέρ (τό)
dodge, n. ὑπεκφυγή (ή), τέχνασμα (τό), κόλπο (τό)/ v.t. & i. ἀποφεύγω, ξεφεύγω, τραβιέμαι, ξεγλιστρῶ/ ~*r,* n. ἀπατεώνας (ό), κατεργάρης
doe, n. ἐλαφίνα (ή)
doer, n. δραστήριος ἄνθρωπος (ό)
doff, v.t. βγάζω, ἀποβάλλω
dog, n. σκύλος (ό), σκυλί (τό)/ ~ *-collar,* περιλαίμιο (τό), κολλάρο (τό)/ ~ *-ear,* τσάκισμα στίς γωνίες/ ~ *-fox,* ἀρσενική ἀλεπού/ *hot* ~ , σάντουιτς μέ λουκάνικο/ *under* ~ , ἀπόκληρος (ό), παραπεταμένος (ό)/ v.t. καταδιώκω, παρακολουθῶ/ ~ *ged,* a. ἐπίμονος, πεισματάρης
doggerel, n. πρόχειρο στιχούργημα (τό)
dogma, n. δόγμα (τό), δοξασία (ή)/ ~*tic,* a. δογματικός/ ~*tize,* v.i. δογματίζω
dog-rose, n. άγριοτριανταφυλλιά (ή)
dog-star, n. Σείριος (ό)
doings, n. pl. πράξεις (οἱ), ἔργα (τά), δράση (ή)
doldrums, n. pl. ζώνη τῆς νηνεμίας/ *be in the* ~ , μελαγχολῶ, νοιώθω ἀνία, πλήττω
dole, n. βοήθημα (τό), ἐπίδομα ἀνεργίας (τό)/ v.t. ~ *out,* μοιράζω μέ τό σταγονόμετρο
doleful, a. λυπητερός, πένθιμος
doll, n. κούκλα (ή)
dollar, n. δολλάριο (τό)
dolly, n. κουκλίτσα (ή)
dolphin, n. δελφίνι (τό)
dolt, n. ἠλίθιος (ό), βλάκας (ό)/ ~*ish,* a. βλάκικος
domain, n. κτηματική περιουσία (ή),

κτήμα (τό)/ (fig.) σφαίρα επιρροής (ή), δικαιοδοσία (ή)
dome, n. θόλος (ό), τροΰλος (ό)
domestic, a. οικιακός, σπιτίσιος/ (animal) κατοικίδιος/ ~ate, v.t. εξημερώνω/ ~ity, n. οικογενειακή ζωή, νοικοκυροσύνη (ή)
domicile, n. κατοικία (ή), διαμονή (ή), μόνιμη κατοικία (ή)/ domiciliary, a. οικιακός
dominant, a. κυριώτερος, σημαντικώτερος, επικρατέστερος
dominate, v.t. & i. κυριαρχώ, επικρατώ, υπερισχύω, δεσπόζω
domination, n. κυριαρχία (ή), εξουσία (ή)/ domineer, v.i. εξουσιάζω, καταπιέζω, καταδυναστεύω/ ~ing, a. δεσποτικός, αύταρχικός
dominion, n. εξουσία (ή), κυριαρχία (ή)
domino, n. ντόμινο (τό)
don, n. (Span.) δόν/ (university) βοηθός καθηγητή πανεπιστημίου/ v.t. φορώ, βάζω
donate, v.t. χαρίζω, προσφέρω, κάνω δωρεά/ donation, n. δωρεά (ή), προσφορά (ή)
done, p.p. & a. τελειωμένος, καμωμένος, φτιαγμένος/ ~ for, ξοφλημένος, χαμένος, ξεγραμμένος/ ~ up, μακιγιαρισμένος
donkey, n. γάιδαρος (ό), γαϊδούρι (τό)/ ~ engine, βοηθητική ατμομηχανή
donor, n. δωρητής (ό)/ (med.) δότης (ό)
doom, n. καταδίκη (ή), μοίρα (ή)/ (disaster) χαμός (ό)/ crack of ~ , τέλος τοΰ κόσμου/ ~sday, n. Δευτέρα Παρουσία (ή)
door, n. πόρτα (ή), θύρα (ή)/ answer the ~ , ανοίγω τήν πόρτα/ next ~ , δίπλα, στό πλαϊνό κτίριο/ out of ~s, στό ύπαιθρο/ ~bell, n. κουδούνι τής πόρτας (τό)/ ~man, θυρωρός (ό)/ ~mat, n. χαλάκι (τό)/ ~plate, n. πλάκα μέ τό όνομα/ ~post, n. παραστάτης (ό)/ ~step, n. κατώφλι (τό)/ ~way, n. κούφωμα (τό), άνοιγμα πόρτας
dope, n. ναρκωτικό (τό)/ v.t. ναρκώνω/ (fig.) καθησυχάζω, άποκοιμίζω, ξεγελώ
Doric, a. δωρικός

dormant, a. κοιμισμένος, ναρκωμένος/ (volcano) εσβεσμένο, εν αδρανεία
dormer, n. υνοδωμάτιο (τό)/ ~ window, φεγγίτης (παράθυρο) σοφίτας
dormitory, n. κοιτώνας (ό), υπνωτήριο (τό)
dormouse, n. μυοξός (ό)
dorsal, a. ραχιαίος, νωτιαίος
dosage, n. δοσολογία (ή), ποσολογία (ή)/ dose, n. δόση (ή)/ v.t. μετρώ φάρμακο σέ δόσεις
dot, n. κουκκίδα (ή), τελεία (ή), στιγμή (ή)/ on the ~ , ακριβώς/ v.t. σημειώνω μέ κουκκίδα/ ~ ted line, διακεκομένη
dotage, n. ξεμώραμα (τό)/ dote, v.i. ξεμωραίνομαι/ ~ on, αγαπώ τρελλά, είμαι ξεμυαλισμένος
double, a. διπλός, διμερής/ ~ barrelled, δίκαννος/ ~ bass, κοντραμπάσο (τό)/ ~ bed, διπλό κρεβάτι/ ~ bedded room, δίκλινο δωμάτιο/ ~breasted, σταυρωτός/ ~ chin, διπλοσάγωνο (τό), προγούλι (τό)/ ~ dealing, διπλοπροσωπία (ή)/ ~ decker, λεωφορείο μέ δύο ορόφους/ ~ edged, δίκοπος/ ~ faced, μέ διπλή όψη, ντούμπλ-φάς/ (insincere) διπλοπρόσωπος, ανειλικρινής/ ad. δύο φορές, διπλάσια, ζευγαρωτά/ n. διπλάσιο (τό), διπλή ποσότητα (ή)/ (theat.) αναπληρωτής ηθοποιού/ (sport) διπλά/ v.t. & i. διπλασιάζω, κάνω τόν σωσία, αναπληρώνω/ ~ back, μεταστρέφω, γυρνάω τά μπρός-πίσω/ ~ up, διπλώνομαι
doublet, n. γιλέκο (τό)
doubling, n. διπλασιασμός (ό)
doubloon, n. δουλβόνιο (τό)
doubly, ad. διπλά, διπλάσια
doubt, n. αμφιβολία (ή), αβεβαιότητα (ή), αναποφασιστικότητα (ή)/ without ~ , σίγουρα, αναμφίβολα/ v.t. αμφιβάλλω, αμφισβητώ/ ~ful, a. αμφίβολος, αβέβαιος, αναποφάσιστος/ ~less, ad. σίγουρα, αναμφίβολα
douche, n. ντούς (τό)/ v.t. κάνω ντούς
dough, n. ζύμη (ή), ζυμάρι (τό)
doughty, a. σπουδαίος, τρανός
dour, a. αυστηρός, σκυθρωπός, στρυφνός
douse, v.t. καταβρέχω, μουσκεύω

dove, n. περιστέρι (τό)/ ~cot, n. περιστερώνας (ό)/ ~tail, n. (tech.) πελεκίνος (ό), χελιδόνι (τό)/ v.t. & i. συνδέω, ένώνω

dowager, n. έπίκληρη χήρα (ή)

dowdy, a. κακοντυμένη, άτημέλητη

dower, n. μερίδιο χήρας (τό), δωρεά συζύγου (ή)

down, n. λοφώδης έκταση (ή)/ (birds) πούπουλα (τά)/ (bad luck) κακοτυχία (ή), χειροτέρεψη τής τύχης

down, pr. κάτω/ ad. κάτω, χάμω, πρός τά κάτω, χαμηλά/ cash ~ , τοΐς μετρητοΐς/ ~ with, κάτω!/ a. έκεΐνος πού κατεβαίνει (κατηφορίζει)/ (disappointed) άποκαρδιωμένος, άπελπισμένος/ ~ train, τραΐνο πού φεύγει άπό τό κέντρο τής πόλης/ v.t. κατεβάζω, ρίχνω, ξαπλώνων χάμω/ ~ tools, σταματώ νά έργάζομαι, κάνω άπεργία/ (beat) συντρίβω, νικώ

downcast, a. άπογοητευμένος, άκεφος

downfall, n. πτώση (ή), ξεπεσμός (ό), ταπείνωση (ή), κατάρρευση (ή)

downhearted, a. άποκαρδιωμένος, άποθαρρυμένος

downhill, ad. κατηφορικά, πρός τά κάτω/ go ~ , παρακμάζω, παίρνω τήν κάτω βόλτα/ a. κατηφορικός/ n. κατήφορος (ό), κατηφορική πλαγιά (ή)

downpour, n. νεροποντή (ή), ραγδαία βροχή

downright, a. είλικρινής, ντόμπρος, εύθύς/ ad. είλικρινά, ντόμπρα, ξεκάθαρα

downstairs, n. τό κάτω πάτωμα/ a. & ad. πρός τό κάτω πάτωμα, στό κάτω πάτωμα

downtrodden, a. καταπατημένος, τσαλαπατημένος, καταπιεσμένος

downward, a. κατηφορικός/ ~s, ad. πρός τά κάτω

dowry, n. προίκα (ή)

doze, v.i. λαγοκοιμάμαι, κοιμάμαι έλαφρά/ n. ύπνάκος (ό)

dozen, n. δωδεκάδα (ή), ντουτζίνα (ή)/ baker's ~ , δεκατρία

drab, a. σκούρος, μουντός, άχρωμος/ n. (cloth) τραχύ σκούρο ύφασμα (τό)/ (woman) βρώμικη γυναίκα (ή)/ (fig.) πόρνη (ή), πουτάνα (ή)

drachma, n. δραχμή (ή)

draconian, a. δρακόντειος, σκληρός, πολύ αύστηρός

draft, n. σχέδιο (τό), προσχέδιο (τό)/ (banking) τραβηκτική (ή), τραπεζιτική έπιταγή/ (mil.) στρατολογία (ή)/ v.t. έτοιμάζω σχέδιο, προσχεδιάζω/ (mil.) στρατολογώ/ ~sman, n. σχεδιαστής (ό)/ (leg.) συντάκτης έγγράφων

drag, n. ότιδήποτε σέρνεται/ (fig.) έμπόδιο (τό), βάρος (τό)/ ~net, άνεμότρατα (ή)/ v.t. & i. σέρνω, τραβώ/ (delay) καθυστερώ, χασομερώ/ ~ one's feet, καθυστερώ έπίτηδες

dragon, n. δράκοντας (ό)/ ~fly, σαλταμπίκος (ό)

dragoon, n. δραγόνος (ό)/ v.t. καταστέλλω, καταδυναστεύω, έπιβάλλω μέ τή βία

drain, n. όχετός (ό), ύπόνομος(ό), άγωγός (ό), άποχετευτικός σωλήνας (ό)/ ~s, n. pl. κατακάθια (τά), ύπολείμματα (τά)/ down the ~ , άνώφελα, μάταια/ v.t. άποχετεύω, άποστραγγίζω, άποξηραίνω/ (strength) έξαντλώ, άπομυζώ/ v.i. στερεύω, στραγγίζω/ ~age, n. άποχέτευση (ή), άποστράγγιση (ή), δίκτυο ύπονόμων/ ~ ing board, πιατοθήκη γιά στράγγισμα

drake, n. άρσενική πάπια (ή)

dram, n. δράμι (τό)

drama, n. δράμα (τό), θεατρικό έργο (τό)/ ~tic, a. δραματικός, θεατρικός/ (impressive) έντυπωσιακός, συγκινητικός/ ~ tist, n. δραματουργός (ό), θεατρικός συγγραφέας (ό)/ ~tize, v.t. δραματοποιώ, γράφω γιά τό θέατρο

drape, v.t. τυλίγω, έπενδύω/ ~r, n. ύφασματέμπορος (ό)/ ~ry, n. έμπόριο ύφασμάτων (τό), κατάστημα ύφασμάτων (τό)

drastic, a. δραστικός, ριζικός/ ~ measures, ριζικά μέτρα

draught, n. έλξη (ή), τράβηγμα (τό)/ (drink) ρούφηγμα (τό)/ on ~, άπό τό βαρέλι, μέ τό ποτήρι/ (naut.) βύθισμα (τό)/ ~ board, σκακιέρα (ή)/ ~sman, n. βλ. draftsman / ~y, a. έκτεθειμένος στά ρεύματα

draw, n. έλξη (ή), τράβηγμα (τό)/ (lotte-

γ) κλήρωση (ή)/ (game) ἰσοπαλία (ἡ)/ *quick* ~ , γρήγορο πιστόλι/ v.t. & i. ἕλκω, τραβῶ, σέρνω/ (cheque) ἐκδίδω ἐπιταγή/ (money) εἰσπράττω, ἀποσύρω/ (conclusions) βγάζω συμπεράσματα/ (attention) προκαλῶ, ἐπισύρω/ (tears) φέρνω δάκρυα/ (the curtains) τραβῶ, ἀνοίγω/ (sword) βγάζω, ἀνασύρω/ (blood) κάνω ἀφαίμαξη/ (lots) τραβῶ κλῆρο/ (water) ἀντλῶ/ (tea) κάνω πιό δυνατό/ ~ *aside,* παραμερίζω/ ~ *away,* ἀποσπῶ, ἀποτραβῶ/ ~ *back,* ὑποχωρῶ, ὀπισθοχωρῶ/ ~ *near,* πλησιάζω, προσεγγίζω/ ~ *on,* παρατείνω, μακραίνω/ ~ *out,* συντάσσω/ (mil.) παρατάσσω, βάζω στή γραμμή
drawback, n. μειονέκτημα (τό)
drawbridge, n. κινητή γέφυρα (ή), κρεμαστή γέφυρα πύργου
drawee, n. ἀποδέκτης (ὁ)/ *drawer,* n. ἐκδότης (ὁ)
drawing, n. σχέδιο (τό), ἰχνογραφία (ή)/ ~ *-board,* σχεδιαστήριο (τό)/ ~ *-paper,* χαρτί σχεδίου/ ~ *-pen,* πεννάκι σχεδίου/ ~ *-pin,* πινέζα (ἡ)/ ~ *room,* σαλόνι (τό), αἴθουσα ὑποδοχῆς (ἡ)
drawl, n. ἐπιτηδευμένη ὁμιλία/ v.i. μιλῶ ἐπιτηδευμένα
drawn, p.p. & *a.* τραβηγμένος/ ~ *face,* κατσουφιασμένος, μουτρωμένος/ ~ *game,* ἰσοπαλία (ἡ)/ ~ *sword,* ξεθηκαρωμένος, γυμνός
dray, n. κάρρο (τό)/ ~ *man,* n. καραγωγέας (ὁ), καρροτσιέρης (ὁ)
dread, n. φόβος (ὁ), τρόμος (ὁ)/ *a.* φοβερός, τρομερός/ v.t. τρέμω, φοβοῦμαι/ *~ful, a.* φοβερός, τρομερός, ἀπαίσιος/ *~nought,* n. θωρηκτό (τό)
dream, n. ὄνειρο (τό), ὀνειροπόλημα (τό)/ v.t. ὀνειρεύομαι, ὀνειροπολῶ/ ~ *up,* ἐπινοῶ, σκαρφίζομαι/ *~er,* n. ὀνειροπόλος (ὁ), ὀνειροπαρμένος (ὁ)/ *~ily,* ad. ὀνειροπαρμένα ἀφηρημένα, ἀόριστα/ *~y, a.* ὀνειροπαρμένος, ὀνειροπόλος, ἀφηρημένος
dreariness, n. μελαγχολία (ἡ), κατάθλιψη (ἡ), πληκτικότητα (ἡ)
dreary, a. μελαγχολικός, καταθλιπτικός, πληκτικός
dredge, n. βυθοκόρος (ἡ), φαγάνα (ή)/ v.t. ἐκβαθύνω/ *~r,* n. φαγάνα (ἡ), βυθοκόρος (ἡ)
dregs, n. pl. κατακάθια (τά), ὑπολείμματα (τά), μούργα (ἡ)/ ~ *of society,* ἀποβράσματα
drench, v.t. διαβρέχω, μουσκεύω, ἐμποτίζω/ *~ed to the skin,* μουσκεμένος ὡς τό κόκκαλο
dress, n. ροῦχο (τό), ντύσιμο (τό), ἀμφίεση (ἡ)/ ~ *circle,* πρῶτος ἐξώστης/ ~ *coat,* φράκο (τό), βελάδα (ἡ)/ *~maker,* n. ράφτης (ὁ)/ *~making,* n. ραφτική (ή)/ ~ *rehearsal,* τελευταία πρόβα/ v.t. ντύνω, στολίζω/ (mil.) παρατάσσω, εὐθυγραμμίζω/ (stone) πελεκῶ/ (food) καρυκεύω/ (hair) χτενίζω, στολίζω/ (wound) ἐπιδένω/ (wood) πλανίζω/ v.i. ντύνομαι, στολίζομαι/ (mil.) παρατάσσομαι/ ~ *up,* βάζω τά καλά μου/ (carnival) μεταμφιέζομαι
dresser, n. ἐκείνος πού ντύνει/ (theat.) ἐνδυματολόγος (ὁ)/ (med.) βοηθός χειρούργου (ὁ)/ (furniture) μπουφές (ὁ)
dressing, n. ἐνδυμασία (ἡ), καλλωπισμός (ὁ)/ (med.) ἐπίδεσμος (ὁ)/ (salad) λαδόξυδο (τό)/ ~ *table,* τουαλέττα (ἡ)
dribble, v.i. στάζω, σταλάζω/ (football) κάνω ντρίμπλα/ n. σταγόνα (ἡ), σταλαγματιά (ή)
dried, a. ἀποξεραμένος
drift, n. ὤθηση (ἡ), ροῦς (ὁ), πορεία (ή)/ (snow, etc.) σώρευση (ή)/ (naut.) παρέκκλιση πορείας/ ~ *net,* γρίπος (ὁ), συρτή (ή)/ ~ *wood,* ἐπιπλέοντα ξύλα/ v.t. ὠθῶ, παρασύρω, σωρεύω/ v.i. ἐπιπλέω, παρασύρομαι
drill, n. τρυπάνι (τό)/ (mil.) ἐκγύμναση (ή)/ v.t. & i. τρυπῶ, διαπερνῶ/ (agric.) ἀνοίγω αὐλάκια/ (mil.) γυμνάζω/ (cloth) *~ing.* n. ντίλι (τό)/ (mil.) γυμνάσια (τά)/ *~ing machine,* διατρητική μηχανή
drink, n. ποτό (τό)/ *hard ~s,* οἰνοπνευματώδη ποτά (τά)/ *soft ~s,* ἀναψυκτικά/ *have a* ~ , παίρνω ἕνα ποτό/ v.t. πίνω/ ~ *off,* πίνω μονορούφι/ ~ *to one's health,* πίνω στήν ὑγεία/ *~able,* a. πόσιμος/ *~er,* n. πότης (ὁ)/ *~ing,* n. μεθύσι (τό)/ *~ing bout,* κραιπάλη (ή)/ *~ing song,* βαχχικό τραγούδι/ *~ing wa-*

ter, πόσιμο νερό
drip, n. σταγόνα (ή), σταλαγματιά (ή)/ v.i. στάζω, σταλάζω/ *~ping*, n. στάξιμο (τό)/ *~ping pan*, σταγονοσυλλέκτης
drive, n. περίπατος (ό), διαδρομή (ή)/ (work) επιβάρυνση (ή)/ (tech.) κίνηση μηχανής/ *go for a ~* , πηγαίνω περίπατο/ *~pipe*, σωλήνας εισαγωγής/ v.t. & v.i. σπρώχνω, ώθω, οδηγώ/ (nails) καρφώνω/ (person) παροτρύνω/ (vehicle) οδηγώ/ (work) επιβαρύνω υπερβολικά/ *~ a bargain*, κλείνω συμφωνία/ *~ at*, αποβλέπω, έχω τήν τάση/ *~ away, διώχνω/ ~ in (to)*, μπήγω, χώνω/ *~ about*, οδηγώ άμαξα/ *~ mad*, τρελλαίνω/ *~ into a corner*, στριμώχνω, φέρνω σέ δύσκολη θέση
drivel, n. σάλιο (τό)/ (fig.) μωρολογία (ή)/ v.i. σαλιαρίζω, μωρολογώ
driver, n. οδηγός (ό), σωφέρ (ό)/ *driving*, n. οδήγηση (ή), σωφάρισμα (τό)/ a. κινητήριος
drizzle, n. ψιχάλα (ή)/ v.i. ψιχαλίζω
droll, a. κωμικός, άστεϊος/ *~ery*, n. κωμικότητα (ή)
dromedary, n. δρομάδα (ή) (καμήλα)
drone, n. κηφήνας (ό)/ (fig.) τεμπέλης (ό)/ (of an engine) υπόκοφος θόρυβος μηχανής/ v.i. βουίζω
droop, v.t. & i. σκύβω, κατεβάζω/ (eyes) χαμηλώνω/ (flower) μαραίνομαι/ *~ing*, σκυφτός, μαραμένος
drop, n. (liquid) σταγόνα (ή)/ (fall) πτώση (ή)/ *~ curtain*, αυλαία (ή)/ *~ scene*, οθόνη στό βάθος/ (of prices) πτώση τιμών/ v.t. & i. στάζω, ρίχνω/ (tears) χύνω/ (habit) εγκαταλείπω/ (friends) διακόπτω φιλία/ (work) άφήνω, παρατώ/ (letters) ρίχνω γράμμα, ταχυδρομώ/ *~ a line*, στέλνω γράμμα (σημείωμα)/ *~behind*, μένω πίσω, καθυστερώ/ *~ in*, μπαίνω ξαφνικά/ *~ off, πέφτω/ ~ out*, παραλείπω
droppings, n. pl. κουτσουλιές (oι)
dropsy, n. υδρωπικία (ή)
dross, n. σκουριά (ή)
drought, n. ξηρασία (ή), άνομβρία (ή)
drove, n. κοπάδι (τό), αγέλη (ή)/ *~r*, n. κτηνηλάτης (ό), ζωηλάτης (ό)
drown, v.t. πνίγω, πλημμυρίζω/ (sound) σκεπάζω/ v.i. πνίγομαι, βουλιάζω
drowse, v.i. αποκοιμέμαι, τόν παίρνω/ *drowsiness*, n. υπνηλία (ή), νάρκη (ή), απονάρκωση (ή)/ *drowsy*, a. νυσταλέος, ναρκωμένος
drub, v.t. ραβδίζω, ξυλοκοπώ/ *~bing*, n. ξυλοκόπημα (τό), ραβδισμός (ό)
drudge, v.i. εργάζομαι σκληρά, κοπιάζω/ *~ry*, n. κοπιαστική δουλειά (ή), άγγαρεία (ή)
drug, n. φάρμακο (τό), ναρκωτικό (τό)/ *~ addict*, ναρκομανής (ό), πρεζάκιας (ό)/ *take ~s*, παίρνω ναρκωτικά/ v.t. δίνω ναρκωτικά, ναρκώνω/ *~gist*, n. φαρμακοποιός (ό)/ *~store*, n. φαρμακείο (τό)/ (American style) ντραγκστόρ
Druid, n. Δρυίδης (ό)
drum, n. τύμπανο (τό), ταμπούρλο (τό)/ *~beat*, n. τυμπανοκρουσία (ή)/ *~head*, n. δέρμα τυμπάνου (τό)/ *~ court martial*, έκτακτο στρατοδικείο/ *~ major*, n. άρχιτυμπανιστής (ό)/ *~mer*, n. τυμπανιστής (ό)/ *~stick*, n. τυμπανόξυλο (τό)/ v.i. τυμπανίζω, παίζω ταμπούρλο/ *~ up support*, οργανώνω κίνημα υποστήριξης
drunk, a. μεθυσμένος/ *get ~* , μεθώ, γίνομαι τύφλα/ *~ard*, n. μεθύστακας (ό), μπεκρής (ό)/ *~en*, a. μεθυσμένος/ *~enness*, n. μεθύσι τό)
dry, a. ξερός, στεγνός/ *~ cleaning*, στεγνοκαθάρισμα ρούχων/ *~ dock*, μόνιμη δεξαμενή/ *~ goods*, νεωτερισμοί (οι)/ *~ land*, στεργιά (ή)/ *~ rot*, σαρακοφάγωμα (τό)/ v.t. στεγνώνω, ξεραίνω/ *~ up dishes*, στεγνώνω τά πιάτα/ *~ing*, n. στέγνωμα (τό), αποξήρανση (ή)/ a. στεγνωτικός/ *~ room*, στεγνωτήριο (τό)/ *~ness*, n. ξηρασία (ή)/ ανυδρία (ή)
dual, a. δυαδικός, διπλός
dub, v.t. ονομάζω, χαρακτηρίζω/ (knight) αναγορεύω
dubious, a. αμφίβολος, διφορούμενος, διστακτικός/ *~ness*, n. αμφιβολία (ή), διφορούμενος χαρακτήρας (ό)
ducal, a. δουκικός
ducat, n. δουκάτο (τό)
duchess, n. δούκισσα (ή)/ *duchy*, n. δουκάτο (τό)

duck, n. πάπια (ή)/ (cloth) κανναβόπανο (τό)/ v.t. βυθίζω, χαμηλώνω/ v.i. βυθίζομαι/ ~ing, n. ἀκούσιο βύθισμα (τό)/ ~ ling, n. παπάκι (τό)
duct, n. ἀγωγός (ὁ), σωλήνας (ὁ)
ductile, a. ἐλατός, εὔκαμπτος/ (person) μαλακός/ ductility, n. ἐλατότητα (ή), εὐκαμψία (ή)
dud, a. ἄχρηστος
dudgeon, n. θυμός (ὁ), ὀργή (ή)/ in high ~, ἔξαλλος, σέ ἔξαλλη κατάσταση
duds, n. pl. κουρέλια (τά), παληόρουχα (τά)
due, a. (fin.) ὀφειλόμενος, πληρωτέος/ (required) κατάλληλος, πρέπων/ ~ to, ἐξαιτίας, λόγω/ in ~ time, ἐν καιρῷ, ὅταν ἔρθει ἡ στιγμή/ the train is ~, τό τραῖνο ἀναμένεται/ ~ north, πρός βορρά/ n. χρέος (τό), ὀφειλόμενο (τό)/ ~s, n. pl. φόρος (ὁ), τέλη (τά), δασμός (ὁ)
duel, n. μονομαχία (ή)/ v.i. μονομαχῶ/ ~list, n. μονομάχος (ὁ)
duet, n. δυῳδία (ή), ντουέτο (τό)
duffer, n. πλανόδιος ἔμπορος (ὁ)/ (fig.) βλάκας (ὁ)
dug, n. μαστός ζώου (ὁ)
dug-out, n. μονόξυλο (τό)/ (mil.) καταφύγιο (τό)
duke, n. δούκας (ὁ)/ ~dom, n. δουκᾶτο (τό)
dulcet, a. γλυκόφωνος
dulcimer, n. σαντούρι (τό)
dull, a. ἀμβλύς, πληκτικός/ (stupid) ἠλίθιος/ (light) ἀμαυρός/ (weather) μουντός/ v.t. ἀμβλύνω, ἐξασθενίζω/ ~ard, n. χοντροκέφαλος (ὁ)/ ~ness, n. ἀμβλύτητα (ή), πληκτικότητα (ή)/ (stupidity) ἠλιθιότητα (ή), βλακεία (ή)
duly, ad. ἀκριβῶς, κανονικά, μέ τόν σωστό τρόπο
dumb, a. βουβός, μουγκός/ deaf and ~, κωφάλαλος (ὁ)/ ~ show, παντομίμα (ή)/ ~found, v.t. συγχίζω, ἀποστομώνω, κατακεραυνώνω/ ~ness, n. βουβαμάρα (ή), μουγκαμάρα(ή)
dummy, n. ἀνδρείκελο (τό), νευρόσπαστο (τό), ὁμοίωμα (τό)/ tailor's ~, κούκλα ραπτικῆς/ a. ψεύτικος, εἰκονικός
dump, n. σωρός (ὁ)/ (sound) ὑπόκοφος κρότος (ὁ)/ (mil.) ἀποθήκη πυρομαχικῶν/ be in the ~s, μελαγχολῶ, εἶμαι στίς μαῦρες μου/ v.t. ξεφορτώνω, σωρεύω/ (goods) πουλῶ μέ ζημία/ (store) ἀποθηκεύω/ ~ ing, n. ξεφόρτωμα (τό), ἀποθήκευση (ή)
dumpy, a. κοντόχοντρος
dun, a. γκριζοκάστανος, μελαψός/ n. εἰσπράκτορας φόρων (ὁ), χρέους/ v.t. ἐνοχλῶ (πιέζω) ὀφειλέτη
dunce, n. βλάκας (ὁ), κούτσουρο (τό)
dunderhead, n. ἄμυαλος (ὁ), κουφιοκέφαλος (ὁ)
dune, n. ἀμμόλοφος (ὁ), ἀμμώδης παραλία (ή)
dung, n. κοπριά (ή), λίπασμα (τό)
dungarees, n. pl. βαμβακερά παντελόνια (τά)
dungeon, n. σκοτεινή φυλακή (ή), μπουντρούμι (τό)
duodenum, n. δωδεκαδάκτυλο (τό)
dupe, n. κορόϊδο (τό), ἀφελής (ὁ)/ v.t. κοροϊδεύω, ἀπατῶ
duplicate, n. διπλότυπο (τό)/ in ~, μέ ἀντίγραφο/ a. διπλάσιος, διπλός/ v.t. κάνω ἀντίγραφο, διπλασιάζω
duplicity, n. διπροσωπία (ή)
durability, n. στερεότητα (ή), διάρκεια (ή), ἀντοχή (ή)/ durable, a. στερεός, διαρκής, ἀνθεκτικός
durance, n. φυλάκιση (ή)
duration, n. διάρκεια (ή)
duress, n. βία (ή), ἐξαναγκασμός (ὁ)
during, pr. κατά τήν διάρκεια
dusk, n. λυκόφως (τό), σούρουπο (τό)/ ~y, a. σκοτεινός
dust, n. σκόνη (ή), χῶμα (τό)/ ~bin, n. τενεκές σκουπιδιῶν (ὁ)/ ~er, n. πατσαβούρα (ή)/ ~cart, n. κάρρο καθαριότητας (τό)/ ~man, n. σκουπιδιάρης (ὁ)/ ~pan, n. φαράσι (τό)/ ~proof, a. ἀδιαπέραστος ἀπό σκόνη/ ~y, a. σκονισμένος
Dutch, a. ὁλλανδικός/ ~man, n. Ὁλλανδός (ὁ)/ ~woman, n. Ὁλλανδέζα (ή)
dutiable, a. δασμολογήσιμος
dutiful, a. εὐπειθής, τοῦ καθήκοντος/ duty, n. καθῆκον (τό)/ be on ~, ἔχω ὑπηρεσία/ do one's ~, κάνω τό καθῆκον μου/ ~ free, a. ἀδασμολόγητος
dwarf, n. νάνος (ὁ)/ v.t. μικραίνω, ἐμπο-

δίζω τήν ανάπτυξη
dwell, v.i. διαμένω, κατοικώ/ ~ *upon*, επιμένω, μελετώ/ ~*er*, n. κάτοικος (ό)/ ~*ing*, n. επιμονή (ή)/ ~*ing, place*, κατοικία (ή), διαμονή (ή)
dwindle, v.i. ελαττώνομαι, εξασθενώ, χάνομαι
dye, n. βαφή (ή), χρωματισμός ο), χρώμα (τό)/ ~ *works*, βαφείο (τό)/ v.t. βάφω, χρωματίζω/ ~*ing*, n. βάψιμο (τό), χρωμάτισμα (τό)/ ~*r*, n. βαφέας (ό)
dying, a. ετοιμοθάνατος
dyke, n. πρόχωμα (τό), μώλος (ό)
dynamic, a. δυναμικός/ ~*s*, n. δυναμική (ή)
dynamite, n. δυναμίτιδα (ή)
dynamo, n. ηλεκτροδυναμική μηχανή (ή), ηλεκτρογεννήτρια (ή)
dynastic, a. δυναστικός/ *dynasty*, n. δυναστεία (ή)
dysentery, n. δυσεντερία (ή)
dyspepsia, n. δυσπεψία (ή)/ *dyspeptic*, a. δυσπεπτικός

E

each, a.& pn. καθένας/ ~ *of us*, ό καθένας μας/ ~ *other*, ό ένας τόν άλλο
eager, a. πρόθυμος, ένθερμος/ *be* ~ *to*, έχω ιδιαίτερη επιθυμία νά/ ~*ly*, ad. πρόθυμα, ανυπόμονα/ ~*ness*, n. προθυμία (ή), ζήλος (ό), όρεξη (ή), ανυπομονησία (ή)
eagle, n. αετός (ό)/ ~ *-eyed*, ανοιχτομάτης/ ~*t*, n. αετόπουλο (τό), αετιδέας (ό)
ear, n. αυτί (τό)/ (corn) στάχυ/ ~*ache*, n. αυτόπονος (ό), ωταλγία (ή)/ ~*drum*, n. τύμπανο αυτιού (τό)/ ~*flap*, n. λωβός αυτιού (ό)
earl, n. κόμης (ό)/ ~*dom*, n. κομητεία (ή)
early, ad. νωρίς/ a. πρωινό/ ~ *bird*, εκείνος πού ξυπνάει νωρίς/ ~ *morning*, πολύ πρωί/ ~ *closing*, μέρα απογευματι-

νής αργίας τών καταστημάτων
earmark, n. σημάδι στό αυτί προβάτου/ (fig.) χαρακτηριστικό σημάδι/ v.t. ξεχωρίζω, προορίζω γιά ειδικό σκοπό
earn, v.t. κερδίζω, βγάζω χρήματα
earnest, a. σοβαρός, ένθερμος/ *in* ~, στά σοβαρά/ ~*ly*, ad. πρόθυμα, μέ ζήλο, μέ δρεξη/ ~*ness*, n. σοβαρότητα (ή), προθυμία (ή), ζήλος (ό)
earnings, n. pl. κέρδη (τά), απολαβές (οί), μισθός (ό)
earpiece, n. ακουστικό (τό)
earring, n. σκουλαρίκι (τό)
earth, n. γή (ή), χώμα (τό)/ (elec.) γείωση (ή)/ *what on* ~ *is wrong?* τί στά κομμάτια συμβαίνει;/ ~*born*, ντόπιος/ v.t. (elec.) γειώνω/ ~*en*, a. γήινος, πήλινος/ ~*enware*, n. πήλινα σκεύη (τά)/ ~*ly*, a. γήινος/ ~*quake*, n. σεισμός (ό)/ ~*work*, n. πρόχωμα (τό)/ ~*worm*, n. σκουλήκι (τό)
earwax, n. κερί στ' αυτιά (τό), κυψέλη αυτιών
ease, n. ηρεμία (ή), ξεκούραση (ή), άνεση (ή), ευκολία (ή)/ *with* ~, μέ ευκολία, άνετα, ξεκούραστα/ *stand at* ~, ανάπαυση!/ *ill at* ~, χωρίς άνεση/ v.t. ανακουφίζω, ελευθερώνω/ (clothes, boots, etc.) χαλαρώνω, ξεσφίγγω
easel, n. καβαλέτο (τό)
easily, ad. εύκολα, άνετα/ *easiness*, n. ευκολία (ή), άνεση (ή)
east, n. ανατολή (ή)/ a. ανατολικός
Easter, n. Πάσχα (τό)/ a. πασχαλινός, πασχαλιάτικος
eastern, a. ανατολικός, ανατολίτικος/ *eastwards*, ad. πρός τά ανατολικά
easy, a. εύκολος, αναπαυτικός, άνετος/ ~*chair*, κουνιστή πολυθρόνα/ ~ *going*, ευκολοσυνεννόητος, βολικός/ ~ *to get on with*, συνεννοήσιμος, συνεργάσιμος
eat, v.t. τρώγω/ ~ *away*, κατατρώγω, ξοδεύω/ ~ *one's heart away*, είμαι δυστυχισμένος/ ~ *up*, καταβροχθίζω/ ~*able*, a. φαγώσιμος/ ~*ables*, n. pl. φαγώσιμα (τά), εδώδιμα (τά)/ ~*er*, n. φαγάς (ό)/ ~*ing house*, n. εστιατόριο (τό)
eau de Cologne, n. κολόνια (ή)
eaves, n. pl. γείσο στέγης (τό)/ ~*drop*, v.i. ακούω κρυφά, κρυφακούω, ωτακου-

στώ/ ~dropper, n. ώτακουστής (ό)
ebb, n. άμπωτη (ή), άμπώτιδα (ή)/ ~ *and flow*, άμπωτη καί παλίρροια/ (fig.) παρακμή (ή), κατάπτωση (ή)/ v.i. (away) άποσύρω τά νερά/ (fig.) παρακμάζω, καταρρέω
ebonite, n. έβονίτης (ό)
ebony, n. έβενος (ό)
ebullient, a. ζωηρός, θυμώδης, μέ ξεχειλισμένα αίσθήματα
eccentric, a. έκκεντρικός, παράξενος, ίδιότροπος/ ~*ity*, n. έκκεντρικότητα (ή), παραξενιά (ή), ίδιοτροπία (ή)
ecclesiastic, n. κληρικός (ό)/ a. έκκλησιαστικός
echo, n. ήχώ (ή), άντήχηση (ή)/ v.i. άντηχώ
eclectic, a. έκλεκτικός/ ~*ism*, n. έκλεκτικότητα (ή)
eclipse, n. έκλειψη (ή)/ (fig.) έπισκίαση (ή)/ v.t. έπισκιάζω
economic, a. οίκονομικός/ ~*al*, a. οίκονομικός, λιγοδάπανος, φειδωλός/ ~*s*, n. οίκονομικά (τά), οίκονομολογία (ή)/ *economist*, n. οίκονομολόγος (ό)/ *economize*, v.i. οίκονομώ, κάνω οίκονομίες/ *economy*, n. οίκονομία (ή)
ecstasy, n. έκσταση (ή), θαυμασμός (ό)/ *ecstatic*, a. έκστατικός
ectoplasm, n. έκτόπλασμα (τό)
ecumenical, a. οίκουμενικός
eczema, n. έκζεμα (τό)
eddy, n. στρόβιλος (ό), δίνη (ή)/ v.i. στροβιλίζομαι, στριφογυρίζω
edelweiss, n. έντελβάις (τό)
Eden, n. Έδέμ (ή), παράδεισος (ό)
edge, n. αίχμή (ή), κόψη (ή)/ (forest) άκρο (τό)/ (cliff) χείλος (τό)/ *on ~*, έκνευρισμένος/ v.t. άκονίζω, όξύνω/ ~ *ways*, ad. στό περιθώριο/ *edging*, n. γύρος (ό), παρυφή (ή)
edible, a. φαγώσιμος, έδώδιμος
edict, n. διάταγμα (τό)
edification, n. έδραίωση (ή), έποικοδόμηση (ή)/ (education) παιδεία (ή), έκπαίδευση (ή)/ *edifice*, n. οίκοδόμημα (τό), κτίριο (τό)
edify, v.t. οίκοδομώ, έδραιώνω/ ~*ing*, a. έποικοδομητικός
edit, v.t. έκδίδω/ (newspaper) συντάσσω/ (film) κόβω/ ~*ing*, n. σχολιασμός (ό), χτένισμα (τό) (κειμένου)/ ~*ion*, n. έκδοση (ή)/ ~*or*, n. έκδότης (ό)/ (newspaper) άρχισυντάκτης (ό)/ ~*orial*, n. κύριο άρθρο (τό)/ a. συντάκτικός/ ~ *staff*, συντακτικό προσωπικό
educate, v.t. έκπαιδεύω, διδάσκω, μορφώνω/ *education*, n. έκπαίδευση (ή), διδασκαλία (ή), μόρφωση (ή)/ ~*al*, a. έκπαιδευτικός, διδακτικός/ *educator*, n. παιδαγωγός (ό), έκπαιδευτικός (ό)
eel, n. χέλι (τό)
eerie, a. παράδοξος, άφύσικος, άνεξήγητος
efface, v.t. έξαλείφω, σβήνω/ ~ *oneself*, παραμερίζω, ύποχωρώ
effect, n. έπίδραση (ή), συνέπεια (ή), άποτέλεσμα (τό)/ *in ~*, ούσιαστικά, στήν πραγματικότητα/ *of no ~*, άνώφελος, μάταιος/ *take ~*, έφαρμόζω, μπαίνω σέ ίσχύ/ v.t. ένεργώ, κατορθώνω, πραγματοποιώ/ ~*ive*, a. άποτελεσματικός, θετικός, πραγματικός/ ~*ual*, a. έπιτυχημένος, τελεσφόρος/ (leg.) έγκυρος
effeminacy, n. θηλυπρέπεια (ή)/ *effeminate*, a. θηλυπρεπής, μαλθακός
effervesce, v.i. άναβράζω/ ~*nce*, n. άναβρασμός (ό)/ ~*nt*, a. έκεΐνος πού άναβράζει
effete, a. έξαντλημένος
efficacious, a. άποτελεσματικός, δραστικός/
efficiency, n. άποτελεσματικότητα (ή), δραστικότητα (ή), ίκανότητα (ή)/ (tech.) *high ~*, μεγάλη άπόδοση (ή)/ *efficient*, a. δραστήριος, ίκανός, άξιος
effigy, n. όμοίωμα (τό), άνδρείκελο (τό)
efflorescence, n. πέσιμο τών λουλουδιών (τό)
effluvium, n. άναθυμίαση (ή), έξάτμιση (ή)
effort, n. προσπάθεια (ή), κόπος (ό)/ *make an ~*, καταβάλλω προσπάθεια
effrontery, n. αύθάδεια (ή), άναίδεια (ή)
effulgence, n. λάμψη (ή), αϊγλη (ή), φεγγοβολιά (ή)/ *effulgent*, a. λαμπερός, φεγγοβόλος, άστραφτερός
effusion, n. διάχυση (ή)/ *effusive*, a. διαχυτικός

egg, n. αὐγό (τό)/ ~*cup*, αὐγοθήκη (ἡ)/ ~*shell*, τσόφλι (τό)/ v.t. ~ *on*, παροτρύνω, παρακινῶ, ὑποδαυλίζω
ego, n. ἐγώ (τό)/ ~*ism*, n. ἐγωισμός (ὁ)/ ~*ist*, n. ἐγωιστής (ὁ)/ ~*tism*, n. ἐγωισμός (ὁ), περιαυτολογία (ἡ)
egregious, a. διάσημος, ἐπιφανής, ἔξοχος, διακεκριμένος
egress, n. ἔξοδος (ἡ), διαφυγή (ἡ)
Egyptian, n. Αἰγύπτιος (ὁ)/ a. αἰγυπτιακός/ *Egyptologist*, n. Αἰγυπτιολόγος (ὁ)/ *Egyptology*, n. Αἰγυπτιολογία (ἡ)
eiderdown, n. πούπουλο (τό)
eight, num. ὀκτώ/ ~*een*, num. δεκαοκτώ/ ~*eenth*, δέκατος ὄγδοος/ ~*h*, ὄγδοος/ ~*ieth*, ὀγδοηκοστός/ ~*y*, ὀγδόντα
either, pn. c. εἴτε/ a. ἑκάτερος/ ~ ...*or* ...*eite* ... εἴτε/ ~ *way*, ad. σέ κάθε περίπτωση
ejaculate, v.t. ἀναφωνῶ, βγάζω κραυγή/ *ejaculation*, n. ἀναφώνηση (ἡ)/ (biol.) ἐκσπερμάτωση (ἡ)
eject, v.t. ἀπορρίπτω, ἐξακοντίζω/ (leg.) κάνω ἔξωση/ ~*ion*, n. ἀπόρριψη (ἡ), ἐξακοντισμός (ὁ)/ (leg.) ἔξωση (ἡ)
eke out, v.t. ἀναπληρώνω ἐλλείψεις, ἐπεκτείνω/ ~ *a living*, κερδίζω ἐλάχιστα, μόλις τά καταφέρνω
elaborate, a. ἐπεξεργασμένος, τελειοποιημένος, ἐπιμελημένος/ v.t. ἐπεξεργάζομαι, ἐπιμελοῦμαι/ *elaboration*, n. ἐπεξεργασία (ἡ), ἐπιμέλεια (ἡ)
elapse, v.i. παρέρχομαι, διαρρέω
elastic, a. ἐλαστικός, εὐλύγιστος/ n. ἐλαστικό (τό)/ ~*ity*, n. ἐλαστικότητα (ἡ), εὐλυγισία (ἡ)
elate, v.t. ἐκθειάζω, ἐνθουσιάζω/ ~*d*, a. ἐνθουσιασμένος
elation, n. ἐνθουσιασμός (ὁ), χαρά (ἡ), περηφάνεια (ἡ)
elbow, n. ἀγκώνας (ὁ)/ (tech.) κύρτωμα (τό), καμπή (ἡ)/ ~*room*, εὐρυχωρία (ἡ)/ v.t. σπρώχνω μέ τόν ἀγκώνα/ ~ *one's way*, ἀνοίγω δρόμο μέ τόν ἀγκώνα
elder, a. μεγαλύτερος, πρεσβύτερος/ n. δημογέροντας (ὁ)/ ~*ly*, a. γηραλέος, ἡλικιωμένος/ *eldest*, ὁ πιό μεγάλος, πρωτότοκος
elect, a. ἐκλεκτός/ n. ἐκλεγμένος (ὁ), λαοπρόβλητος (ὁ)/ v.t. ἐκλέγω, ἀποφασίζω/ ~*ion*, n. ἐκλογή (ἡ), ἐκλογές (οἱ)/ ~ *campaign*, προεκλογική ἐκστρατεία/ ~*ive*, a. αἱρετός/ ~*or*, n. ἐκλογέας (ὁ) ~*oral*, a. ἐκλογικός/ ~*orate*, n. ἐκλογικό σῶμα (τό)
electric, a. ἠλεκτρικός/ ~*al*, a. ἠλεκτρικός/ ~ *engineer*, ἠλεκτρομηχανικός (ὁ)/ ~*ian*, n. ἠλεκτρολόγος (ὁ)/ ~*ity*, n. ἠλεκτρισμός (ὁ)
electrify, v.t. ἠλεκτρίζω/ (lig.) ἐξάπτω, ἐνθουσιάζω
electrocute, v.t. ἐκτελῶ μέ ἠλεκτρισμό/ *electrode*, n. ἠλεκτρόδιο (τό)/ *electrolysis*, n. ἠλεκτρόλυση (ἡ)/ *electromagnet*, n. ἠλεκτρομαγνήτης (ὁ)/ *electron*, n. ἠλεκτρόνιο (τό)/ *electroplate*, v.t. γαλβανίζω, ἐπιμεταλλώνω μέ ἠλεκτρισμό/ *electrotype*, n. ἠλεκτροτυπία (ἡ)
elegance, n. κομψότητα (ἡ), χάρη (ἡ)/ *elegant*, a. κομψός, χαριτωμένος
elegiac, a. ἐλεγειακός/ *elegy*, n. ἐλεγεῖο (τό)
element, n. στοιχεῖο (τό)/ *the* ~*s*, τά στοιχεῖα τῆς φύσης/ ~*ary*, a. στοιχειώδης
elephant, n. ἐλέφας (ὁ)/ ~*ine*, a. ἐλεφάντινος/ (big.) τεράστιος
elevate, v.t. ἀνυψώνω/ ~*d*, a. ἀνυψωμένος/ *elevating*, a. ἀνυψωτικός/ *elevation*, n. ἀνύψωση (ἡ), ἀνέγερση (ἡ)/ (hill) ὕψωμα (τό)/ (fig.) μεγαλεῖο (τό)/ *elevator*, n. ἀνυψωτήρας (ὁ)
eleven, num. ἔντεκα/ ~*th*, num. ἑνδέκατος
elf, n. νεράιδα (ἡ), κακό πνεῦμα (τό)/ ~*in*, a. νεραϊδένιος, ἐξωτικός/ ~*ish*, a. ἐξωτικός
elicit, v.t. ἐξάγω, ἀποσπῶ/ ~ *a reply*, προκαλῶ ἀπάντηση
elide, v.t. ἐκθλίβω
eligibility, n. ἐκλογιμότητα (ἡ), ἐκλεξιμότητα (ἡ)/ *eligible*, a. ἐκλέξιμος, ὑποψήφιος
eliminate, v.t. ἀποκλείω, ἀποχωρίζω, ἀπαλείφω/ *elimination*, n. ἀποκλεισμός (ὁ), ἀποχωρισμός (ὁ), ἀπάλειψη (ἡ)
elision, n. ἔκθλιψη (ἡ)
elite, n. ἐκλεκτή τάξη (ἡ), ἐπίλεκτοι (οἱ), ἀφρόκρεμα (ἡ)
elixir, n. ἐλιξήριο (τό)

elk, n. ἐλάφι (τό)
ellipse, n. ἔλλειψη (ἡ)/ (gram.) ἔλλειψη (ἡ)/ *elliptical,* a. ἐλλειπτικός
elm, n. φτελιά (ἡ)
elocution, n. ρητορικότητα (ἡ), εὐφράδεια (ἡ), ἀπαγγελία (ἡ)/ ~*ist,* n. καθηγητής τῆς ἀπαγγελίας (ὁ)
elongate, v.t. & i. μακραίνω, ἐπιμηκύνω/ *elongation,* n. ἐπιμήκυνση (ἡ)
elope, v.i. ἀπάγομαι ἑκούσια, κλέβομαι/ ~ *ment,* n. ἑκούσια ἀπαγωγή (ἡ)
eloquence, n. εὐγλωττία (ἡ), εὐφράδεια (ἡ)/ *eloquent,* a. εὔγλωττος, εὐφραδής
else, ad. & pn. ἄλλος/ *nobody* ~, κανένας ἄλλος/ *nothing* ~, τίποτε ἄλλο/ *somebody* ~, κάποιος ἄλλος/ *what* ~? τί ἄλλο;/ *who* ~? ποιός ἄλλος;/ *or* ~, γιατί ἀλλιῶς/ ~*where,* ad. ἀλλοῦ
elucidate, v.t. ἀποσαφηνίζω, διευκρινίζω/ *elucidation,* n. ἀποσαφήνιση (ἡ), διευκρίνιση (ἡ)
elude, v.t. διαφεύγω, ὑπεκφεύγω/ *elusive,* a. ἄπιαστος, ἀπατηλός/ ~ *reply,* ἀπάντηση ὑπεκφυγῆς
Elysian fields, n. Ἠλύσια Πεδία (τά)
emaciate, v.t. ἀδυνατίζω/ ~*d,* a. ἀδύνατος, ἰσχνός, πετσί καί κόκαλο/ *emaciation,* n. ἀδυνάτισμα (τό)
emanate, v.i. προέρχομαι, ἐκπορεύομαι/ *emanation,* n. ἐκπόρευση (ἡ), ἐκπήγαση (ἡ)
emancipate, v.t. χειραφετῶ, ἀπελευθερώνω/ *emancipation,* n. χειραφέτηση (ἡ), ἀπελευθέρωση (ἡ)
emasculate, v.t. εὐνουχίζω, μουνουχίζω
embalm, v.t. βαλσαμώνω/ ~*er,* n. βαλσαμωτής (ὁ)
embankment, n. ἀνάχωμα (τό), μῶλος (ὁ)
embargo, n. ἀπαγόρευση (ἡ)
embark, v.t. ἐπιβιβάζω/ v.i. ἐπιβιβάζομαι/ ~ *upon,* ἀρχίζω κάτι/ ~*ation,* n. ἐπιβίβαση (ἡ)
embarrass, v.t. φέρνω σέ ἀμηχανία/ *be* ~*ed,* νιώθω ἀμηχανία/ ~*ment,* n. ἀμηχανία (ἡ), στενοχώρια (ἡ)
embassy, n. πρεσβεία (ἡ)
embattle, v.t. παρατάσσω γιά μάχη/ ~*d,* a. περιτριγυρισμένος ἀπό ἐχθρούς
embed, v.t. χώνω, μπήγω, σφηνώνω
embellish, v.t. ἐξωραΐζω, καλλωπίζω/ ~*ment,* n. ἐξωραϊσμός (ὁ), καλλωπισμός (ὁ)
embers, n. pl. τέφρα (ἡ), στάχτη (ἡ)
embezzle, v.t. κάνω κατάχρηση, ὑπεξαιρῶ/ ~*ment,* n. κατάχρηση (ἡ), ὑπεξαίρεση (ἡ)
embitter, v.t. πικραίνω, ὀξύνω, δηλητηριάζω
emblazon, v.t. στολίζω, εἰκονίζω
emblem, n. ἔμβλημα (τό), σύμβολο (τό)/ ~*atic,* a. συμβολικός
embodiment, n. ἐνσάρκωση (ἡ), προσωποποίηση (ἡ)/ *embody,* v.t. ἐνσαρκώνω, προσωποποιῶ/ (include) ἐνσωματώνω
embolden, v.t. ἐνθαρρύνω, δίνω κουράγιο
emboss, v.t. ἀποτυπώνω ἀνάγλυφα/ ~*ed,* a. ἀνάγλυφος
embrace, n. ἀγκάλιασμα (τό), περίπτυξη (ἡ)/ v.t. ἀγκαλιάζω/ (ideas) υἱοθετῶ, ἀσπάζομαι/ v.i. περιλαμβάνω, περιέχω
embrasure, n. πολεμίστρα (ἡ)
embrocate, v.t. κάνω ἐντριβή/ *embrocation,* n. ἐντριβή (ἡ)
emproider, v.t. κεντῶ/ ~*ess,* n. κεντήστρα (ἡ)/ ~*y,* n. κέντημα (τό)/ ~ *frame,* τελάρο (τό)
embroil, v.t. περιπλέκω, ἀνακατώνω, παρασύρω/ ~*ment,* n. περιπλοκή (ἡ), ἀνακάτεμα (τό)
embryo, n. ἔμβρυο (τό)/ ~*nic,* a. ἐμβρυακός, ἐμβρυώδης
emend, v.t. διορθώνω κείμενο/ ~*ment,* n. διόρθωση (ἡ)
emerald, n. σμαράγδι (τό)
emerge, v.i. προβάλλω, ἀναδύομαι/ ~*nce,* n. ἀνάδυση (ἡ), ἐμφάνιση (ἡ)/ ~*ncy,* n. ἐπείγουσα ἀνάγκη (ἡ), κρίσιμη κατάσταση (ἡ)/ *in case of* ~, σέ περίπτωση ἀνάγκης/ ~ *brake,* ἐπικουρικό φρένο/ ~ *exit,* ἔξοδος κινδύνου/ ~ *landing,* ἀναγκαστική προσγείωση/ ~ *powers,* ἔκτακτες ἐξουσίες/ ~*nt,* a. ἀνερχόμενος, ἀναπτυσσόμενος, ἀπρόοπτος
emeritus, a. ἐπίτιμος συνταξιοῦχος
emery, n. σμύριδα (ἡ)/ ~ *paper,* σμυριδωμένος χάρτης (ὁ)
emetic, a. ἐμετικός/ n. ἐμετικό φάρμακο

(τό)
emigrant, n. μετανάστης (ό)/ *emigrate,* v.i. μεταναστεύω
emigration, n. μετανάστευση (ή)
eminence, n. ύψωμα (τό), δεσπόζουσα θέση/ (title) έξοχότητα (ή)
eminent, a. έπιφανής, έξοχος, διακεκριμένος
emir, n. έμίρης (ό)
emissary, n. άπεσταλμένος (ό)/ *emission,* n. έκπομπή (ή)/ *emit,* v.t. έκπέμπω, ξεχύνω/ (rays) έκτοξεύω/ (currency) βάζω σέ κυκλοφορία
emollient, a. μαλλακτικός/ n. μαλλακτικό (τό)
emolument, n. άμοιβή (ή), άπολαβή (ή), μισθός (ό)
emotion, n. συγκίνηση (ή), ταραχή (ή)/ *~al,* a. εύσυγκίνητος, συναισθηματικός
emperor, n. αύτοκράτορας (ό)
emphasis, n. έμφαση (ή), τονισμός (ό)/ *emphasize,* v.t. τονίζω, μιλώ μέ έμφαση/ *emphatic,* a. έμφατικός, έντονος, κατηγορηματικός
emphysema, n. έμφύσημα (τό)
empire, n. αύτοκρατορία (ή)
empiric(al), a. έμπειρικός/ *~ism,* n. έμπειρισμός (ό)
employ, v.t. άπασχολώ, δίνω έργασία/ *be ~ed by,* είμαι ύπάλληλος τού / n. άπασχόληση (ή), ύπηρεσία (ή)/ *~ee,* n. ύπάλληλος (ό)/ *~er,* n. έργοδότης (ό)/ *~ment,* n. άπασχόληση (ή), έργασία (ή), έπάγγελμα (τό)
emporium, n. μεγάλη άγορά (ή)/ (port) έμπορικό λιμάνι (τό)
empower, v.t. έξουσιοδοτώ
empress, n. αύτοκράτειρα (ή)
emptiness, n. κενότητα (ή)/ *empty,* a. κενός, άδειος/ *~ -handed,* μέ άδεια χέρια, άπρακτος/ *~ -headed,* κουφιοκέφαλος, άνόητος/ n. κενό (τό)/ pl. κενά κιβώτια (μπουκάλια κ.λπ.)/ v.t. άδειάζω, κενώνω/ v.i. (river) έκβάλλω
empyrean, a. αίθέριος, ούράνιος
emu, n. στρουθοκάμηλος τής Αύστραλίας (ή)
emulate, v.t. μιμούμαι, άμιλλώμαι/ *emulation,* n. άμιλλα (ή), συναγωνισμός (ό)

emulsion, n. γαλάκτωμα (τό)/ (paint) πλαστική μπογιά (ή)
enable, v.t. καθιστώ ίκανό, έπιτρέπω
enact, v.t. θεσπίζω, νομοθετώ, ψηφίζω/ *~ment,* n. θέσπισμα (τό), νομοθέτημα (τό), ψήφισμα (τό)
enamel, n. σμάλτο (τό)/ v.t. σμαλτώνω
enamour, v.t. έμπνέω έρωτα, καταγοητεύω, θέλγω/ *~ed,* p.p. & a. έρωτευμένος
encamp, v.i. στρατοπεδεύω/ *~ment,* n. στρατοπέδευση (ή), στρατόπεδο (τό)
encase, v.t. βάζω σέ θήκη, περικαλύπτω
encaustic, a. έγκαυστικός
enchain, v.t. άλυσοδένω, φυλακίζω
enchant, v.t. μαγεύω, θέλγω, γοητεύω/ *~er,* n. μάγος (ό), γόης (ό)/ *~ing,* a. μαγευτικός, γοητευτικός, θελκτικός/ *~ment,* n. γοητεία (ή), μαγεία (ή)/ *~ress,* n. μάγισσα (ή), γόησσα (ή)
encircle, v.t. περικυκλώνω
enclave, n. θύλακας (ό)
enclose, v.t. περικλείνω, περιφράζω/ (with letter) έσωκλείω
enclosure, n. περίφραγμα (τό), περίβολος (ό)
encomium, n. έγκώμιο (τό), έπαινος (ό)
encompass, v.t. περικλείνω, περιζώνω
encore, int. μπίς!
encounter, n. συνάντηση (ή), μάχη (ή), πάλη (ή)/ v.t. συναντώ, άντιμετωπίζω
encourage, v.t. ένθαρρύνω, παροτρύνω, δίνω κουράγιο/ *~ment,* n. ένθάρρυνση (ή), παρότρυνση (ή)
encroach, v.i. έπεμβαίνω, καταπατώ/ *~ment,* n. έπέμβαση (ή), καταπάτηση (ή)
encrust, v.t. καλύπτω
encumber, v.t. έπιβαρύνω, παραφορτώνω/ *~ed,* a. βεβαρυμένος/ *encumbrance,* n. έπιβάρυνση (ή), παραφόρτωμα (τό)/ (leg.) βάρος (τό), έμπράγματη δουλεία (ή)
encyclical, n. έγκύκλιος (ή)
encyclopaedia, n. έγκυκλοπαίδεια (ή)
end, n. τέλος (τό), τέρμα (τό), άκρο (τό)/ *~ on,* μετωπικά, κατά μέτωπο/ *in the ~,* στό τέλος, έπί τέλους/ *on ~,* συνέχεια/ *to no ~,* μάταια/ *make ~s meet,* τά καταφέρνω, τά βολεύω/ v.t.& i. τε-

λειώνω, κλείνω, καταλήγω
endanger, v.t. διακινδυνεύω, βάζω σέ κίνδυνο, διακυβεύω
endear, v.t. κάνω ἀγαπητό/ ~*ing*, a. στοργικός, προσφιλής/ ~*ment*, n. ἀγάπη (ἡ), στοργή (ἡ)
endeavour, n. προσπάθεια (ἡ), ἀπόπειρα (ἡ)/ v.i. προσπαθῶ, πασχίζω, κάνω ἀπόπειρα
endemic, a. ἐνδημικός
ending, n. κατάληξη (ἡ)
endive, n. ἀντίδι (τό)
endless, a. ἀτέλειωτος, ἀπεριόριστος
endorse, v.t. προσυπογράφω, ἐγκρίνω, ὑποστηρίζω/ (cheque) ὀπισθογραφῶ/ (passport) θεωρῶ/ ~*ment*, n. προσυπογραφή (ἡ), ἔγκριση (ἡ), ὑποστήριξη (ἡ)/ (cheque) ὀπισθογράφηση (ἡ)/ (passport) θεώρηση (ἡ)
endow, v.t. προικίζω, κάνω δωρεά/ ~*ed with*, προικισμένος/ ~*ment*, n. προικοδότηση (ἡ), δωρεά (ἡ)
endue, v.t. προικίζω, κοσμῶ
endurable, a. ἀνεκτός, ὑποφερτός/ *endurance*, n. ἀνοχή (ἡ), ὑπομονή (ἡ), καρτερία (ἡ)/ *endure*, v.t.& i. ἀντέχω, ὑποφέρω, ὑπομένω
enema, n. κλύσμα (τό)
enemy, n. ἐχθρός (ὁ)/ a. ἐχθρικός
energetic, a. ἐνεργητικός, δραστήριος/ *energy*, n. ἐνέργεια (ἡ), δραστηριότητα (ἡ), ἐνεργητικότητα (ἡ)
enervate, v.t. ἐκνευρίζω, ἀποχαυνώνω
enfeeble, v.t. ἀδυνατίζω, ἐξασθενῶ
enfilade, v.t. πυροβολῶ καθ' ὅλη τήν γραμμή
enfold, v.t. τυλίγω, περιβάλλω
enforce, v.t. ἐπιβάλλω, ἐφαρμόζω/ ~ *one's rights*, διεκδικῶ τά δικαιώματά μου/ ~*ment*, n. ἐπιβολή (ἡ), ἐφαρμογή (ἡ)
enfranchise, v.t. δίνω δικαίωμα ψήφου, πολιτογραφῶ
engage, v.t. ὑπόσχομαι, δεσμεύω/ (an employee) προσλαμβάνω/ (mil.) συνάπτω μάχη/ (tech.) συμπλέκω/ ~ *in*, ἀσχολοῦμαι/ *become* ~, ἀρραβωνιάζομαι/ ~ *d*, a. ἀπασχολημένος, ἀρραβωνιασμένος/ ~*ment*, n. ὑποχρέωση (ἡ), δέσμευση (ἡ), ὑπόσχεση (ἡ)/ (to marry) ἀρραβώνας (ὁ)/ (mil.) μάχη (ἡ), σύγκρουση (ἡ)/ ~ *ring*, δαχτυλίδι ἀρραβώνα (τό)/ *engaging*, a. ἑλκυστικός
engender, v.t. γεννῶ, προξενῶ, παράγω
engine, n. μηχανή (ἡ), κινητήρας (ὁ)/ *fire* ~, πυροσβεστική ἀντλία (ἡ)/ *steam* ~, ἀτμομηχανή (ἡ)/ ~ *driver*, μηχανοδηγός (ὁ)/ ~*er*, n. μηχανικός (ὁ)/ v.t. μηχανεύομαι, σκευωρῶ, συνωμοτῶ/ ~*ering*, n. μηχανική (ἡ)
English (man) n. Ἄγγλος (ὁ)/ *the* ~, οἱ Ἄγγλοι, οἱ Ἐγγλέζοι/ ~ *woman*, n. Ἀγγλίδα (ἡ)/ a. ἀγγλικός, ἐγγλέζικος
engrave, v.t. χαράζω, γλύφω/ ~*d*, a. χαραγμένος/ ~*r*, n. χαράκτης (ὁ)
engraving, n. χαρακτικό ἔργο (τό), χαλκογραφία (ἡ)
engross, v.t. ἀπορροφῶ τήν προσοχή, ἀπασχολῶ τελείως/ (leg.) καθαρογράφω ἔγγραφο/ *be* ~*ed*, εἶμαι ἀπορροφημένος
engulf, v.t. καταπίνω, καταποντίζω, καταβροχθίζω
enhance, v.t. ὑψώνω, ὑπερτιμῶ, ἀνεβάζω τήν ἀξία
enigma, n. αἴνιγμα (τό)/ ~*tic*, a. αἰνιγματικός
enjoin, v.t. ἐπιτάσσω, ἐπιβάλλω, παραγγέλλω
enjoy, v.t. ἀπολαμβάνω, εὐχαριστιέμαι/ ~ *oneself*, διασκεδάζω/ ~*able*, a. ἀπολαυστικός, εὐχάριστος/ ~*ment*, n. ἀπόλαυση (ἡ), διασκέδαση (ἡ), τέρψη (ἡ)/ (leg.) ἐπικαρπία (ἡ)
enlarge, v.t. & i. μεγαλώνω, μεγεθύνω, διευρύνω/ ~*ment*, n. μεγάλωμα (τό), μεγέθυνση (ἡ), διεύρυνση (ἡ)
enlighten, v.t. διαφωτίζω/ ~*ed*, a. φωτισμένος, σοφός/ ~*ment*, n. διαφώτιση (ἡ), ἐκπαίδευση (ἡ)
enlist, v.t. στρατολογῶ/ v.i. στρατολογοῦμαι, κατατάσσομαι/ ~*ment*, n. στρατολογία (ἡ), κατάταξη (ἡ)
enliven, v.t. ἐμψυχώνω, ζωογονῶ
enmesh, v.t. πιάνω στά δίχτυα
enmity, n. ἐχθρότητα (ἡ)
ennoble, v.t. ἐξευγενίζω/ (award a title) ἀπονέμω τίτλο εὐγενείας
enquire, v.i. ἐξετάζω, ἐρευνῶ/ ~ *into*, διερευνῶ/ ~ *after*, ζητῶ πληροφορίες/

enquiry, n. ἔρευνα (ἡ), ἀνάκριση (ἡ)/ *make ~ies*, ζητῶ πληροφορίες/ *~ office*, γραφεῖο πληροφοριῶν (τό)
enrage, v.t. ἐξαγριώνω, ἐξοργίζω
enrapture, v.t. καταμαγεύω, καταθέλγω, καταγοητεύω
enrich, v.t. ἐμπλουτίζω, πλουτίζω/ *~ment*, n. ἐμπλουτισμός (ὁ)
enrol, v.t. ἐγγράφω, καταγράφω/ (workers) μισθώνω/ (mil.) στρατολογῶ/ v.i. (school) γράφομαι, κάνω ἐγγραφή/ (mil.) κατατάσσομαι/ *~ment*, n. ἐγγραφή (ἡ), μίσθωση (ἡ), στρατολογία (ἡ)
ensconce, v.t. προφυλάγω, κρύβω, καλύπτω/ *~ oneself*, κρύβομαι, χώνομαι
enshrine, v.t. βάζω σέ θήκη, φυλάγω σάν ἱερό
enshroud, v.t. σαβανώνω
ensign, n. σημαία (ἡ), σύμβολο (τό)
enslave, v.t. σκλαβώνω, ὑποδουλώνω/ *~ment*, n. σκλάβωμα (τό), ὑποδούλωση (ἡ)
ensnare, v.t. παγιδεύω, ἐξαπατῶ/ (fig.) δελεάζω
ensue, v.i. ἐπακολουθῶ
ensure, v.t. ἐξασφαλίζω, ἐγγυῶμαι
entail, n. (leg.) ἀναπαλλοτρίωτο κληροδότημα (τό)/ v.t. καθιστῶ ἀναγκαῖο, συνεπάγομαι/ (leg.) κληροδοτῶ μέ τόν περιορισμό τοῦ ἀναπαλλοτρίωτου
entangle, v.t. μπλέκω, μπερδεύω/ *~ment*, n. μπλέξιμο (τό), μπέρδεμα (τό)
enter, v.t.& i. μπαίνω, εἰσχωρῶ/ (accoun.) *~ an item*, καταχωρῶ κονδύλι/ (leg.) *~ an action*, ἐγείρω ἀγωγή/ *~ into a contract*, κάνω συμφωνία, συνάπτω σύμβαση
enteric, a. ἐντερικός/ *enteritis*, n. ἐντερίτιδα (ἡ)
enterprise, n. ἐπιχείρηση (ἡ), ἐγχείρημα (τό)/ *enterprising*, a. ἐπιχειρηματικός, ἀποφασιστικός, τολμηρός
entertain, v.t. διασκεδάζω/ (guests) φιλοξενῶ, περιποιοῦμαι/ (hopes) τρέφω ἐλπίδες/ (dreams) πλάθω ὄνειρα/ *~ing*, a. διασκεδαστικός, εὐχάριστος/ *~ment*, n. διασκέδαση (ἡ), περιποίηση (ἡ), φιλοξενία (ἡ)/ (show) θέαμα (τό)
enthral, v.t. καταγοητεύω, μαγεύω/ *~ling*, a. καταγοητευτικός, μαγευτικός

enthrone, v.t. ἐνθρονίζω/ *~ment*, n. ἐνθρόνιση (ἡ)
enthusiasm, n. ἐνθουσιασμός (ὁ)/ *enthusiast*, a. ἐνθουσιασμένος, φανατικός ὀπαδός, λάτρης/ *~ic*, a. ἐνθουσιώδης, μανιώδης
entice, v.t. θέλγω, δελεάζω/ *~ment*, n. δελεασμός (ὁ), ἀποπλάνηση (ἡ)
entire, a. ὁλόκληρος, ὅλος, πλήρης/ *~ly*, ad. ὁλοκληρωτικά, ἀπόλυτα/ *~ty*, n. ὁλότητα (ἡ), ἀκεραιότητα (ἡ), σύνολο (τό)
entitle, v.t. τιτλοφορῶ, δίνω τόν τίτλο/ (the right) δίνω τό δικαίωμα, ἐξουσιοδοτῶ/ *be ~d*, ἔχω τό δικαίωμα
entity, n. ὀντότητα (ἡ), ὕπαρξη (ἡ)
entomb, v.t. θάβω, ἐνταφιάζω/ *~ment*, n. θάψιμο (τό), ἐνταφιασμός (ὁ)
entomologist, n. ἐντομολόγος (ὁ)/ *entomology*, n. ἐντομολογία (ἡ)
entrails, n. pl. ἐντόσθια (τά), σωθικά (τά), σπλάχνα (τά)
entrance, n. εἴσοδος (ἡ)/ *side ~*, πλάγια εἴσοδος (ἡ)/ *~ examinations*, εἰσαγωγικές ἐξετάσεις (οἱ)/ *~ hall*, προθάλαμος (ὁ), χώλ (τό)
entrance, v.t. προκαλῶ ἔκσταση, καταμαγεύω/ *entrancing*, a. μαγευτικός, γοητευτικός
entreat, v.t. ἱκετεύω, παρακαλῶ, ἐκλιπαρῶ/ *~y*, n. ἱκεσία (ἡ), παράκληση (ἡ)
entrench, v.t. περιχαρακώνω, ὀχυρώνω/ *~ment*, n. περιχαράκωση (ἡ), ὀχύρωση (ἡ)
entrust, v.t. ἀναθέτω, ἐμπιστεύομαι
entry, n. εἴσοδος (ἡ)/ (accoun.) ἐγγραφή (ἡ), καταχώρηση (ἡ)/ *no ~*, ἀπαγορεύεται ἡ εἴσοδος
entwine, v.t. περιτυλίγω, περισφίγγω
enumerate, v.t. ἀπαριθμῶ/ *enumeration*, n. ἀπαρίθμηση (ἡ)
enunciate, v.t. ἐξαγγέλλω, ἐκφράζω, διατυπώνω/ (words) προφέρω, ἀρθρώνω/ *enunciation*, n. ἐξαγγελία (ἡ), ἔκφραση (ἡ), διατύπωση (ἡ)
envelop, v.t. περιτυλίγω/ *~e*, n. φάκελος (ὁ), περιτύλιγμα (τό)
envenom, v.t. δηλητηριάζω
enviable, a. ἐπίζηλος/ *envious*, a. ζηλότυπος, φθονερός

environment, n. περιβάλλον (τό), περίγυρος (ό)/ *environs*, n. περίχωρα (τά)
envisage, v.t. διακρίνω, προβλέπω/ (danger) άντιμετωπίζω
envoy, n. διπλωματικός άπεσταλμένος (ό)
envy, n. ζηλοτυπία (ή), φθόνος (ό)/ v.t. ζηλεύω, φθονώ
epaulet(te), n. έπωμίδα (ή)
ephemeral, a. έφήμερος, παροδικός
epic, a. έπικός/ n. έπος (τό)
epicure, n. καλοφαγάς (ό), λιχούδης (ό)
epidemic, n. έπιδημία (ή)/ a. έπιδημικός
epigram, n. έπίγραμμα (τό)/ ~*atic*, a. έπιγραμματικός
epilepsy, n. έπιληψία (ή)/ *epileptic*, a. έπιληπτικός
epilogue, n. έπίλογος (ό)
Epiphany, n. 'Επιφάνεια (τά), Θεοφάνεια (τά)
episcopacy, n. έπισκοπή (ή)/ *episcopal*, a. έπισκοπικός/ ~*ian*, n. όπαδός τής έπισκοπικής έκκλησίας (ό), έπισκοπελιανός (ό)/ *episcopate*, n. έπισκοπή (ή)
episode, n. έπεισόδιο (τό)/ *episodic*, a. έπεισοδιακός
epistle, n. έπιστολή (ή)/ *epistolary*, a. έπιστολικός
epitaph, n. έπιτύμβια έπιγραφή (ή), έπιτάφιο έπίγραμμα (τό)
epithet, n. έπίθετο (τό)
epitome, n. έπιτομή (ή)/ *epitomize*, v.t. συντέμνω, συνοψίζω
epoch, n. έποχή (ή), περίοδος (ή)
equable, a. όμοιόμορφος, ίσόμετρος
equal, a. ίσος/ *be* ~ *to a task*, άνταποκρίνομαι στίς άπαιτήσεις έργου/ *be on* ~ *terms*, είμαι ίσος πρός ίσο/ a. ίσος, όμοιος/ v.t. είμαι ίσος, έξισώνω/ ~*ity*, n. ίσότητα (ή)/ ~*ization*, n. έξίσωση (ή), έξισορρόπηση (ή)/ ~*ize*, v.t. ίσοφαρίζω, έξισώνω/ ~*ly*, ad. ίσα, έξίσου
equanimity, n. ήρεμία (ή), ψυχραιμία (ή), άταραξία (ή)
equation, n. έξίσωση (ή)
equator, n. ίσημερινός (ό)/ ~*ial*, a. τοῦ ίσημερινοῦ
equerry, n. σταυλάρχης (ό)/ *equestrian*, a. έφιππος, ίππέας, καβαλάρης
equidistant, a. σέ ίση άπόσταση

equilibrate, v.t. ίσοσταθμίζω, ίσορροπώ/ *equilibrium*, n. ίσορροπία (ή), ίσοστάθμιση (ή)
equine, a. άλογίσιος
equinox, n. ίσημερία (ή)
equip, v.t. έφοδιάζω, έξοπλίζω/ ~*ment*, n. έφόδια (τά), έφοδιασμός (ό), έξοπλισμός (ό)
equipoise, n. ίσορροπία (ή)
equitable, a. δίκαιος, έντιμος/ *equity*, n. δικαιοσύνη (ή), άκριβοδικία (ή)
equivalence, n. ίσοδύναμο (τό), ίσότιμο (τό)/ *equivalent*, a. ίσοδύναμος, ίσότιμος/ n. ίσοδύναμο (τό), ίσόποσο (τό)
equivocal, a. διφορούμενος, άσαφής/ *equivocate*, v.i. μιλῶ διφορούμενα, άμφιλέγω/ *equivocation*, n. άμφιλογία (ή), διφορούμενο (τό)
era, n. έποχή (ή), περίοδος (ή)
eradicate, v.t. ξεριζώνω, έξαλείφω, άφανίζω, έξολοθρεύω
eradication, n. ξερίζωμα (τό), έξάλειψη (ή), άφανισμός (ό)
erase, v.t. σβήνω, διαγράφω, έξαλείφω/ ~*r*, n. γομολάστιχα (ή), σβηστήρα (ή)/ *erasure*, n. έξάλειψη (ή), διαγραφή (ή)
ere, pr.& c. πρίν, προηγούμενα/ ~ *long*, σέ λίγο
erect, a. όρθιος, εύθύς, ίσιος/ v.t. ύψώνω, όρθώνω, στήνω/ ~*ion*, n. άνύψωση (ή), άνόρθωση (ή), στήσιμο (τό)
ermine, n. έρμίνα (ή)
erode, v.t. διαβρώνω, κατατρώγω/ (fig.) ύπονομεύω/ *erosion*, n. διάβρωση (ή)
erotic, a. έρωτικός/ *eroticism*, n. έρωτισμός (ό)
err, v.i. κάνω λάθος, σφάλλω, άμαρτάνω
errand, n. παραγγελία (ή), θέλημα (τό)/ ~ *boy*, παιδί γιά τά θελήματα (τό)
errant, a. περιφερόμενος, άλήτης
erratic, a. άκατάστατος, άκανόνιστος, άνώμαλος
erratum, n. παρόραμα (τό), λάθος (τό)/ *erring*, a. άμαρτωλός
erroneous, a. λανθασμένος, σφαλερός/ *error*, n. λάθος (τό), σφάλμα (τό)/ *be in* ~, σφάλλω, έχω άδικο
eructate, v.i. ρέβομαι/ *eructation*, n. ρέψιμο (τό)
erudite, a. μορφωμένος, πολυδιαβασμέ-

νος/ *erudition*, n. μόρφωση (ή), πολυμάθεια (ή)
erupt, v.i. κάνω έκρηξη, κάνω διάρρηξη/ (teeth) βγάζω δόντια/ ~*ion*, n. έκρηξη (ή), διάρρηξη (ή)/ (med.) εξάνθημα (τό)
escalate, v.i. κλιμακώνομαι, γίνομαι σοβαρότερος/ *escalator*, n. κινητή ηλεκτρική σκάλα (ή)
escapade, n. σκάσιμο (τό), νεανική αταξία (ή)
escape, n. δραπέτευση (ή), απόδραση (ή), διαφυγή (ή)/ (fig.) φυγή (ή)/ (tech.) εκφυγή (ή)/ *have a narrow* ~, τήν γλιτώνω φθηνά/ v.t. δραπετεύω, διαφεύγω, ξεφεύγω/ ~ *notice*, διαφεύγω τήν προσοχή
escarpment, n. απότομη πλαγιά (ή), γκρεμός (ό)
eschatology, n. εσχατολογία (ή)
eschew, v.t. αποφεύγω
escort, n. συνοδός (ό), συνοδεία (ή)/ v.t. συνοδεύω
escutcheon, n. ασπίδα μέ θυρεό (ή)/ *a blot on one's* ~, μελανή κηλίδα, κακό όνομα
escutcheon, n. ασπίδα μέ θυρεό/ *a blot on one's* ~, μελανή κηλίδα, κακό όνομα
eskimo, n. έσκιμώος (ό)
esoteric, a. μυστικός, απόρρητος
especial, a. ειδικός, ιδιαίτερος, ξεχωριστός/ ~ *ly*, ad. ειδικά, ιδιαίτερα, ξεχωριστά
espionage, n. κατασκοπεία (ή)
esplanade, n. παραλιακός χώρος περιπάτου (ό), οπιανάδα η)
espousal, n. γάμος (ό)/ (fig.) προσχώρηση (ή)/ *espouse*, v.t. παντρεύομαι/ (fig.) προσχωρώ, ασπάζομαι
espy, v.t. διακρίνω, επισημαίνω
esquire, n. κύριος (ό)
essay, n. δοκίμιο (τό), πραγματεία (ή), μελέτη (ή)/ v.t. & i. δοκιμάζω, κάνω απόπειρα/ ~*ist*, n. δοκιμιογράφος (ό)
essence, n. ουσία (ή), φύση (ή), κύριο χαρακτηριστικό (τό)
essential, a. ουσιαστικός, ουσιώδης, βασικός, απαραίτητος/ ~*s*, n. pl. απαραίτητα (τά), στοιχεία (τά)/ ~*ly*, ad. βασικά, ουσιαστικά

establish, v.t. εγκαθιστώ, καθιερώνω, στερεώνω, ιδρύω/ ~*ed*, p.p. & a. καθιερωμένος, αναγνωρισμένος/ ~*ment*, n. καθιέρωση (ή), ίδρυση (ή)/ (polit.) τό κατεστημένο
estate, n. κτήμα (τό)/ (leg.) περιουσία (ή)/ ~ *agent*, κτηματομεσίτης (ό)/ *personal* ~, κινητή περιουσία (ή)/ *real* ~, ακίνητη περιουσία (ή)
esteem, n. υπόληψη (ή), εκτίμηση (ή), σεβασμός (ό)/ v.t. εκτιμώ, σέβομαι
estimable, a. αξιότιμος, αξιοσέβαστος
estimate, n. εκτίμηση (ή), λογαριασμός (ό), υπολογισμός (ό)/ v.t. εκτιμώ, υπολογίζω, λογαριάζω/ *estimation*, n. εκτίμηση (ή), κρίση (ή)
estrange, v.t. αποξενώνω, απομακρύνω/ ~*ment*, n. αποξένωση (ή), ρήξη (ή), διακοπή σχέσεων (ή)
estuary, n. στόμιο (τό), εκβολή (ή)
etcetera, etc., κ.λπ., κτλ., καί τά λοιπά
etch, v.t. χαράζω, κάνω χαρακτική/ ~*er*, n. χαράκτης (ό)/ ~*ing*, n. χαλκογραφία (ή), χαρακτική (ή)
eternal, a. αιώνιος, παντοτινός/ *eternity*, n. αιωνιότητα (ή)
ether, n. αιθέρας (ό)/ ~*eal*, a. αιθέριος, άυλος
ethical, a. ηθικός/ *ethics*, n. ηθική (ή), ηθικός κώδικας (ό)
Ethiopian, n. Αίθίοπας (ό)/ a. αιθιοπικός
ethnic, a. εθνικός, φυλετικός/ *ethnography*, n. εθνογραφία (ή)/ *ethnologist*, n. εθνολόγος (ό)/ *ethnology*, n. εθνολογία (ή)
etiquette, n. ετικέτα (ή), πρωτόκολλο (τό), εθιμοτυπία (ή)
Etruscan, n. Ετρούσκος (ό)/ a. ετρουσκικός
etymological, a. ετυμολογικός/ *etymology*, n. ετυμολογία (ή), ετυμολογικό (τό)
eucalyptus, n. ευκάλυπτος (ό)
Eucharist, n. Θεία Ευχαριστία (ή), Θεία Μετάληψη (ή)
eugenics, n. εύγονική (ή)
eulogist, n. εγκωμιαστής (ό), υμνητής (ό)/ ~*ic*, a. εγκωμιαστικός, υμνητικός/ *eulogize*, v.t. εγκωμιάζω, υμνώ/ *eulogy*, n. εγκώμιο (τό), ύμνος (ό)
eunuch, n. ευνούχος (ό)

euphemism, n. ευφημισμός (ό)/ *euphemistic*, a. ευφημιστικός
euphonious, a. ευφωνικός/ *euphony*, n. ευφωνία (ή)
European, n. Ευρωπαίος (ό)/ a. ευρωπαϊκός
evacuate, v.t. εκκενώνω, αδειάζω/ *evacuation*, n. εκκένωση (ή), άδειασμα (τό)
evade, v.t. αποφεύγω, ξεφεύγω, ξεγλιστρώ
evaluate, v.t. εκτιμώ, αποτιμώ/ *evaluation*, n. εκτίμηση (ή), αποτίμηση (ή)
evanescent, a. παροδικός, εφήμερος, φευγαλέος
evangelical, a. ευαγγελικός/ *evangelist*, n. ευαγγελιστής (ό), ιεροκήρυκας (ό)
evaporate, v.t. εξατμίζω/ v.i. εξατμίζομαι, εξαερώνομαι
evaporation, n. εξάτμιση (ή), εξαέρωση (ή)
evasion, n. διαφυγή (ή), υπεκφυγή (ή), αποφυγή (ή), ξεγλίστρημα (τό)
evasive, a. ασαφής, αοριστολόγος
eve, n. παραμονή (ή)/ *on the ~*, τήν παραμονή, τήν προηγουμένη
even, a. επίπεδος, ίσιος, ομαλός, κανονικός/ (number) ζυγός/ *be ~ with*, είμαι πάτσι/ ad. ακόμη/ *~ if*, ακόμη καί άν/ *~ how*, ακόμη καί τώρα/ v.t. εξισώνω, εξομαλύνω/ *~handed*, a. αμερόληπτος, δίκαιος, αντικειμενικός
evening, n. βράδυ (τό), βραδιά (ή), δειλινό (τό)/ *good ~*, καλησπέρα/ a. βραδινός, εσπερινός/ *~ dress*, βραδινό φόρεμα (τό)/ *~ party*, εσπερίδα (ή), βραδινή δεξίωση (ή)
evenly, ad. ομοιόμορφα, ομαλά/ (temperament) ήρεμα
event, n. γεγονός (τό), περιστατικό (τό)/ (sport) αγώνισμα (τό)/ *at all ~*, όπωσδήποτε, σέ κάθε περίπτωση/ *in the ~ of*, σέ περίπτωση πού/ *~ful*, a. πολυτάραχος, ταραχώδης/ *~ual*, a. πιθανός/ (final) τελικός/ *~uality*, n. ενδεχόμενο (τό), πιθανότητα (ή)/ *~ually*, ad. τελικά
ever, ad. ποτέ, πάντοτε/ *~ since*, έκτοτε, από τότε/ *for ~ and ~*, γιά πάντα, αιώνια/ *hardly ~*, σπάνια

evergreen, a. αειθαλής/ (fig.) ζωηρός, θαλερός, φρέσκος/ n. αειθαλές φυτό (τό)
everlasting, a. παντοτινός, αιώνιος, διαρκής, ανθεκτικός
evermore, ad. παντοτινά, εσαεί
every, a. κάθε, καθένας/ *~body*, pn. όλοι, ό καθένας/ *~day*, a. καθημερινός, συνηθισμένος/ *~now and then*, κάθε τόσο/ *~ other day*, μέρα παρ' ημέρα
evict, v.t. διώχνω, πετάω έξω/ (leg.) κάνω έξωση/ *~ion*, n. διώξιμο (τό)/ (leg.) έξωση (ή)
evidence, n. μαρτυρία (ή), ένδειξη (ή), απόδειξη (ή)/ (leg.) give *~* κάνω ένορκη κατάθεση/ v.t. αποδείχνω, καταθέτω/ *evident*, a. φανερός, έκδηλος, προφανής/ *~ly*, ad. φανερά, έκδηλα
evil, a. κακός, μοχθηρός, κακοποιός/ *~-doer*, n. κακοποιός (ό), εγκληματίας (ό)/ *~ eye*, κακό (βάσκανο) μάτι (τό)/ n. κακό (τό), κακία (ή), συμφορά (ή)/ *~ minded*, a. κακόβουλος, μοχθηρός, πρόστυχος
evince, v.t. εκδηλώνω, φανερώνω, δείχνω
eviscerate, v.t. ξεκοιλιάζω, βγάζω τά έντερα/ (fig.) πετσοκόβω, ακρωτηριάζω
evocation, n. (spirit) επίκληση (ή)/ (recall) ζωντανή περιγραφή, παλιές αναμνήσεις
evoke, v.t. (spirit) επικαλούμαι/ (recall) θυμίζω, ξαναφέρνω στό νού
evolution, n. εξέλιξη (ή)/ *~ary*, n. εξελικτικός/ *evolve*, v.i. εξελίσσομαι, αναπτύσσομαι/ v.t. παράγω, αναπτύσσω
ewe, n. προβατίνα (ή)
ewer, n. κανάτι (τό), λαγήνι (τό)
exacerbate, v.t. επιδεινώνω, ερεθίζω, εξαγριώνω
exact, a. ακριβής, σωστός, σαφής, ξεκάθαρος/ v.t. απαιτώ, εξαναγκάζω, αξιώνω/ *~ing*, a. απαιτητικός/ (work) κοπιαστικός, κουραστικός/ *~ion*, n. απαίτηση (ή), αξίωση (ή), εκβιασμός (ό)/ *~ly*, ad. ακριβώς/ *~ness*, n. ακρίβεια (ή), σαφήνεια (ή)
exaggerate, v.t. υπερβάλλω, εξογκώνω, μεγαλοποιώ
exaggeration, n. υπερβολή (ή), μεγαλοποίηση (ή)

exalt, v.t. ἐξυψώνω, ἐξυμνῶ/ ~ation, n. ἐξύψωση (ἡ), ἔξαρση (ἡ), ἀνάταση (ἡ)/ ~ed, a. ἀνυψωμένος, μεταρσιωμένος
examination, n. ἐξέταση (ἡ), διαγωνισμός (ὁ), ἐπιθεώρηση (ἡ)/ (leg.) ἐξέταση μαρτύρων/ *examine*, v.t. ἐξετάζω, ἐπιθεωρῶ/ (leg.) ὑποβάλλω ἐρωτήσεις σέ μάρτυρα/ *examinee*, a. ἐξεταζόμενος, ὑποψήφιος/ *examiner*, n. ἐξεταστής (ὁ)/ (leg.) ἀνακριτής (ὁ)
example, n. παράδειγμα (τό), ὑπόδειγμα (τό), πρότυπο (τό)/ *for* ~, γιά παράδειγμα
exasperate, v.t. ἐρεθίζω, ἐξάπτω, ἐξοργίζω/ *exasperation*, n. ἀπόγνωση (ἡ), ὀργή (ἡ)
excavate, v.t. ἀνασκάβω, σκάβω/ *excavation*, n. ἐκσκαφή (ἡ), σκάψιμο(τό)/ (arched) ἀνασκαφή (ἡ)/ *excavator*, n. ἐκσκαφέας (ὁ), φαγάνα (ἡ)
exceed, v.t. ὑπερβαίνω, ξεπερνῶ, ὑπερβάλλω/ ~*ing*, a. ὑπερβολικός/ ~*ingly*, n. ὑπερβολικά
excel, v.t.& i. ὑπερέχω, διαπρέπω, ξεχωρίζω/ ~*lence*, n. ὑπεροχή (ἡ), ἀνωτερότητα (ἡ), τελειότητα (ἡ)/ ~*lency*, n. ἐξοχότητα (ἡ)/ ~*lent*, a. ἄριστος, ἔξοχος, διαπρεπής
except, pn. ἐκτός ἐάν/ v.t. ἐξαιρῶ, ἀποκλείω/ ~*ion*, n. ἐξαίρεση (ἡ)/ *take* ~ *to*, φέρνω ἀντιρρήσεις, θίγομαι, προσβάλλομαι/ ~*ional*, a. ἐξαιρετικός, ἔξοχος, μοναδικός
excerpt, n. ἀπόσπασμα (τό)
excess, n. ὑπερβολή (ἡ), ὑπέρταση (ἡ), κατάχρηση (ἡ)/ (surplus) περίσσευμα (τό), πλεόνασμα (τό)/ ~ *luggage*, ὑπέρβαρες ἀποσκευές/ ~ *fare*, διαφορά εἰσιτηρίου/ ~ *profit*, ὑπερβολικό κέρδος/ *to* ~, ὑπερβολικά, σέ ὑπερβολικό βαθμό
exchange, n. ἀνταλλαγή (ἡ), ἀντάλλαγμα (τό)/ (telephone) τηλεφωνικό κέντρο (τό)/ *bill of* ~, συναλλαγματική (ἡ), γραμμάτιο (τό)/ ~*able*, a. ἀνταλλάξιμος
exchequer, n. θησαυροφυλάκιο (τό)/ *Chancellor of the* ~, Ὑπουργός Οἰκονομικῶν (ὁ)
excise, n. καταναλωτικός φόρος (ὁ)/ v.t. ἀποκόβω/ *excision*, n. ἀποκοπή (ἡ)
excitability, n. ἐρεθιστικότητα (ἡ), εὐέξαπτη ἰδιοσυγκρασία (ἡ)
excitable, a. εὐέξαπτος, εὐερέθιστος/ *excite*, v.t. ἐξάπτω, ἐρεθίζω, ξεσηκώνω, συγκινῶ/ (interest) διεγείρω/ (hate) προκαλῶ/ ~*ment*, n. ἔξαψη (ἡ), συγκίνηση (ἡ), ἐρεθισμός (ὁ), διέγερση (ἡ)/ *exciting*, a. συναρπαστικός, διεγερτικός
exclaim, v.i. ἀναφωνῶ, ξεφωνίζω/ *exclamation*, n. ἀναφώνηση (ἡ), κραυγή (ἡ)/ (gram.) ἐπιφώνημα (τό)/ ~ *mark*, θαυμαστικό (τό)
exclude, v.t. ἀποκλείω, ἐξαιρῶ/ *exclusion*, n. ἀποκλεισμός (ὁ), ἐξαίρεση (ἡ)/ *exclusive*, a. ἀποκλειστικός, ἐξαιρετικός
excommunicate, v.t. ἀφορίζω, ἀναθεματίζω/ *excommunication*, n. ἀφορισμός (ὁ), ἀναθεμάτισμα (τό)
excrement, n. περίττωμα (τό), σκατό (τό)
excrescence, n. ἀπόφυση (ἡ), ἐξόγκωμα (τό)/ (fig.) ἐξάμβλωμα (τό)
excruciating, a. μαρτυρικός, βασανιστικός
exculpate, v.t. ἀπαλλάσσω, ἀθωώνω/ *exculpation*, n. ἀπαλλαγή (ἡ), ἀθώωση (ἡ)
excursion, n. ἐκδρομή (ἡ)/ ~ *ticket*, ἐκδρομικό εἰσιτήριο (τό)/ ~ *train*, ἐκδρομικό τραῖνο/ ~*ist*, n. ἐκδρομέας (ὁ)
excusable, a. συγχωρητέος, συγγνωστός/ *excuse*, n. δικαιολογία (ἡ), πρόφαση (ἡ)/ v.t. δικαιολογῶ/ ~ *oneself*, ζητῶ συγγνώμη/ ~ *me!*, μέ συγχωρεῖτε!
execrable, a. ἀποτρόπαιος, ἀπαίσιος, φρικτός/ *execrate*, v.t. ἀπεχθάνομαι, σιχαίνομαι
execute, v.t. ἐκτελῶ/ (leg.) ἐπικυρώνω πράξη, ἐκτελῶ διαθήκη/ *execution*, n. ἐκτέλεση (ἡ), ἐπικύρωση (ἡ)/ ~*er*, n. δήμιος (ὁ)
executive, a. ἐκτελεστικός/ n. (pol.) ἐκτελεστική ἐξουσία (ἡ)/ (in a company) στέλεχος *executor*, n. ἐκτελεστής (ὁ)
exegesis, n. ἐξήγηση τῆς Γραφῆς (ἡ)
exemplary, a. ὑποδειγματικός, παραδειγματικός/ *exemplify*, v.t. δείχνω μέ παραδείγματα, γίνομαι παράδειγμα

exempt, a. ἐξαιρεμένος, ἀπαλλαγμένος/ v.t. ἐξαιρῶ, ἀπαλλάσσω/ ~*ion*, n. ἐξαίρεση (ἡ), ἀπαλλαγή (ἡ)
exercise, n. ἄσκηση (ἡ), ἐξάσκηση (ἡ)/ v.t. ἐξασκῶ, γυμνάζω/ (rights) ἀσκῶ δικαιώματα/ (patience) δείχνω ὑπομονή/ v.i. ἀσκοῦμαι, γυμνάζομαι
exert, v.t. ἐκτελῶ, βάζω σέ ἐνέργεια/ (influence) ἐξασκῶ ἐπιρροή/ ~ *oneself*, ἀγωνίζομαι/ ~ *ion*, n. προσπάθεια (ἡ), ἀγώνας (ὁ)
exfoliate, v.i. ἀποφλοιώνω, ξεφλουδίζω
exhalation, n. ἀναθυμίαση (ἡ), ἐξάτμιση (ἡ)/ *exhale*, v.t. ἀποπνέω, βγάζω ἀναθυμιάσεις
exhaust, n. ἔξοδος (ἡ), ἐκφυγή (ἡ)/ (car) ἐξάτμιση (ἡ)/ ~ *pipe*, ἐξαγωγικός σωλήνας/ v.t. ἐξαντλῶ/ (tech.) ἀναρροφῶ/ ~*ed*, p.p.& a. ἐξαντλημένος/ ~*ion*, n. ἐξάντληση (ἡ)/ (tech.) ἀναρρόφηση (ἡ)/ ~*ive*, a. ἐξαντλητικός, πλήρης
exhibit, n. ἔκθεμα (τό)/ (leg.) ἀποδεικτικό ἀντικείμενο (τό)/ v.t. ἐκθέτω, ἐπιδεικνύω/ ~*ion*, n. ἔκθεση (ἡ)/ ~*ioner*, n. ὑκότροφος σχολείου (ὁ)/ ~*ionist*, n. ἐπιδειξίας (ὁ)/ ~*or*, n. ἐκθέτης (ὁ)
exhilarate, v.t. χαροποιῶ, φαιδρύνω, εὐθυμῶ/ *exhilarating*, a. χαρωπός, εὔθυμος, φαιδρός/ *exhilaration*, n. χαροποίηση (ἡ), τέρψη (ἡ), εὐθυμία (ἡ)
exhort, v.t. προτρέπω, ἐνθαρρύνω, παρακινῶ/ ~*ation*, n. προτροπή (ἡ), ἐνθάρρυνση (ἡ), παρακίνηση (ἡ)
exhume, v.t. ξεθάβω
exigen(ce), -*cy*, n. ἐπείγουσα ἀνάγκη (ἡ), ἐπίμονη ἀπαίτηση (ἡ)/ *exigent*, a. πολύ ἐπείγων, ἀπαιτητικός
exiguous, a. ἰσχνός, πενιχρός
exile, n. ἐξορία (ἡ)/ (person) ἐξόριστος (ὁ)/ v.t. ἐξορίζω
exist, v.i. ὑπάρχω, ὑφίσταμαι/ ~*ence*, n. ὕπαρξη (ἡ)/ ~*ent*, ~*ing*, a. ὑπαρκτός, τωρινός
exit, n. ἔξοδος (ἡ)/ *emergency* ~, ἔξοδος κινδύνου (ἡ)/ ~ *visa*, θεώρηη ἐξόδου (ἡ)
exodus, n. Ἔξοδος (Παλαιᾶς Διαθήκης)
exonerate, v.t. ἀπαλλάσσω, δικαιώνω/ *exoneration*, n. ἀπαλλαγή (ἡ), δικαίωση (ἡ)

exorbitant, a. ὑπερβολικός, ὑπέρμετρος
exorcism, n. ἐξορκισμός (ὁ)/ *exorcize*, v.t. ἐξορκίζω
exordium, n. προοίμιο (τό), πρόλογος (ὁ)
exotic, a. ἐξωτικός
expand, v.t.& i. διαστέλλω, ἐπεκτείνω, διευρύνω/ *expanse*, n. ἔκταση (ἡ), διάστημα (τό)/ *expansion*, n. ἐπέκταση (ἡ), ἐξάπλωση (ἡ), ἀνάπτυξη (ἡ)/ (tech.) διαστολή (ἡ)/ *expansive*, a. διασταλτικός, ἐπεκτατικός
expatiate, v.i. ἐπεκτείνομαι, ξαπλώνομαι
expatriate, v.t. ἐκπατρίζω/ a. ἐκπατρισμένος, ξενιτεμένος
expect, v.t. περιμένω, προσδοκῶ, ἀναμένω/ ~*ancy*, n. προσδοκία (ἡ), ἀναμονή (ἡ)/ ~*ant*, n. προσδοκῶν, ἐκεῖνος πού περιμένει/ ~ *mother*, ἔγγυος (ἡ)
expectorate, v.t. φτύνω/ *expectorant*, n. ἀποχρεμπτικό (τό)/ *expectoration*, n. φτύσιμο (τό), ἀπόπτυση (ἡ)
expediency, n. ἁρμοδιότητα (ἡ), σκοπιμότητα (ἡ), ὠφελιμότητα (ἡ)/ *expedient*, a. ἁρμόδιος, σκόπιμος, ὠφέλιμος/ n. μέσο (τό), τέχνασμα (τό)/ *expedite*, v.t. βάζω σέ ἐνέργεια, διευκολύνω, ἐπισπεύδω/ *expedition*, n. ἀποστολή (ἡ), ἐκστρατεία (ἡ)/ ~*ary*, a. ἐκστρατευτικός/ *expeditious*, a. γρήγορος, ταχύς, δραστήριος
expel, v.t. ἀπελαύνω, διώχνω/ (school) ἀποβάλλω
expend, v.t. δαπανῶ, ξοδεύω/ ~*iture*, n. δαπάνη (ἡ), ἔξοδο (τό)/ *expense*, n. ἔξοδο (τό), δαπάνη (ἡ)/ pl. ἔξοδα (τά)/ *at his* ~, μέ ἔξοδά του/ *expensive*, a. δαπανηρός, ἀκριβός
experience, n. πεῖρα (ἡ), ἐμπειρία (ἡ)/ v.t. δοκιμάζω, ἀποκτῶ πεῖρα/ ~*d*, a. πεπειραμένος, δοκιμασμένος
experiment, n. πείραμα (τό), δοκιμή (ἡ)/ v.i. πειραματίζομαι, κάνω πειράματα, δοκιμάζω
expert, a. ἔμπειρος, εἰδικευμένος/ n. εἰδικός (ὁ), ἐμπειρογνώμων (ὁ)
expiate, v.t. ἐξαγνίζω, ἐξιλεώνω/ *expiation*, n. ἐξαγνισμός (ὁ), ἐξιλέωση (ἡ)/ *expiatory*, a. ἐξιλεωτικός
expiration, n. ἐκπνοή (ἡ), λήξη (ἡ)/ *expi-*

re, v.i. ἐκπνέω, λήγω, παύω, σβήνω
explain, v.t. ἐξηγῶ, ἑρμηνεύω, σαφηνίζω/ ~ *away,* δίνω ἱκανοποιητική ἐξήγηση/ ~ *oneself,* δικαιολογοῦμαι, ἐξηγῶ τήν στάση μου/ *explanation,* n. ἐξήγηση (ἡ), ἑρμηνεία (ἡ)
explanatory, a. ἐξηγητικός, ἑρμηνευτικός
expletive, a. παραπληρωματικός
explicit, a. σαφής, ῥητός, κατηγορηματικός
explode, v.t. κάνω ἔκρηξη, τινάζω στόν ἀέρα/ (fig.) ἀποδοκιμάζω, ἀπορρίπτω/ v.i. σκάω, ἐκρήγνυμαι
exploit, n. κατόρθωμα (τό), ἐπίτευγμα (τό)/ v.t. ἐκμεταλλεύομαι/ ~*ation,* n. ἐκμετάλλευση (ἡ)
exploration, n. ἐξερεύνηση (ἡ)/ *explore,* v.t. ἐξερευνῶ/ ~ *r,* n. ἐξερευνητής (ὁ)
explosion, n. ἔκρηξη (ἡ)/ *explosive,* a. ἐκρηκτικός/ n. ἐκρηκτική ὕλη (ἡ)
exponent, n. ἐξηγητής (ὁ)/ (mus.) ἑρμηνευτής (ὁ), ἐκτελεστής (ὁ)/ (maths) δείκτης (ὁ)
export, n. ἐξαγωγή (ἡ)/ ~ *duty,* ἐξαγωγικός δασμός (ὁ)/ v.t. ἐξάγω, κάνω ἐξαγωγή/ ~*ation,* n. ἐξαγωγή (ἡ)/ ~*er,* n. ἐξαγωγέας (ὁ)
expose, v.t. ἐκθέτω, ἀποκαλύπτω/ (phot.) ἐμφανίζω/ *exposition,* n. ἔκθεση (ἡ), ἑρμηνεία (ἡ)
expostulate, v.i. διαμαρτύρομαι, κάνω παράπονα/ *expostulation,* n. διαμαρτυρία (ἡ), παράπονο (τό), αἰτίαση (ἡ)
exposure, n. ἔκθεση (ἡ), ἀποκάλυψη (ἡ)/ (phot.) ἐμφάνιση (ἡ)
expound, v.t. ἐξηγῶ, ἑρμηνεύω
express, n. ἐξπρές (τό)/ ~ *messenger,* ἔκτακτος ταχυδρόμος/ ~ *train,* ταχεῖα (ἡ)/ a. σαφής, ῥητός, κατηγορηματικός/ v.t. ἐκφράζω, διατυπώνω/ ~ *oneself,* ἐκφράζομαι/ ~*ion,* n. ἔκφραση (ἡ)/ ~*ionism,* n. ἐξπρεσσιονισμός (ὁ)/ ~*ive,* a. ἐκφραστικός/ ~*ly,* ad. ῥητά, κατηγορηματικά/ *it was done* ~ *to annoy you,* ἔγινε ἐπίτηδες γιά νά σέ ἐνοχλήσει
expropriate, v.t. ἀπαλλοτριώνω/ *expropriation,* n. ἀπαλλοτρίωση (ἡ)
expulsion, n. ἀπέλαση (ἡ), ἔξωση (ἡ)
expunge, v.t. ἐξαλείφω, διαγράφω, σβήνω
expurgate, v.t. ξεκαθαρίζω, ἀπαλείφω τά ἄσεμνα μέρη/ *expurgation,* n. ξεκαθάρισμα (τό), ἀπάλειψη τῶν ἄσεμνων
exquisite, a. ἐξαιρετικός, θαυμάσιος, τέλειος
ex-serviceman, n. παλαιός πολεμιστής (ὁ)
extant, a. ὑπάρχων, ἐκεῖνος πού ὑφίσταται
extemporaneous, a. ἀπροσχεδίαστος, ἀπροετοίμαστος/ *extempore,* ad. πρόχειρα, ἀπροετοίμαστα/ *extemporize,* v.i. αὐτοσχεδιάζω
extend, v.t. ἐπεκτείνω, προεκτείνω/ (hand) ἁπλώνω τό χέρι/ ~ *a welcome,* καλωσορίζω/ (sympathy) ἐκφράζω λύπη (συμπάθεια)/ v.i. ἁπλώνομαι, τεντώνομαι/ *extension,* n. ἐπέκταση (ἡ), προέκταση (ἡ)/ (time) παράταση (ἡ)/ (teleph.) ἐσωτερικό/ *extensive,* a. ἐκτεταμένος, λεπτομερής/ *extent,* n. ἔκταση (ἡ), βαθμός (ὁ)/ *to what* ~, σέ ποιό βαθμό/ *to a certain* ~, ὥς ἕνα σημεῖο (βαθμό)/ *to a great* ~, σέ μεγάλο βαθμό/ *to the full* ~, πλήρως, ὁλοκληρωτικά
extenuate, v.t. ἐλαττώνω, μετριάζω, ἐξασθενίζω/ *extenuating,* a. ἐλαφρυντικός/ *extenuation,* n. ἐλάττωση (ἡ), μετριασμός (ὁ), ἐξασθένιση (ἡ)
exterior, a. ἐξωτερικός/ n. ἐξωτερικό (τό), ἐξωτερική ὄψη (ἡ)/ *pleasant* ~, εὐχάριστη ἐμφάνιση (ὄψη)
exterminate, v.t. ἐξολοθρεύω, ἐξοντώνω/ *extermination,* n. ἐξολοθρεμός (ὁ), ἐξόντωση (ἡ)
external, a. ἐξωτερικός, ἐπιφανειακός/ *trade,* ἐξωτερικό ἐμπόριο (τό)/ *ly,* ad. ἐξωτερικά
exterritoriality, n. ἑτεροδικία (ἡ)
extinct, a. ἐξαφανισμένος, ἐξαλειμμένος/ (volcano) ἐσβεσμένος/ ~*ion,* n. ἐξάλειψη (ἡ), ἐξαφάνιση (ἡ)
extinguish, v.t. σβήνω, καταργῶ/ ~*er,* n. ἀποσβέστης (ὁ), πυροσβεστήρας (ὁ)
extirpate, v.t. ξεριζώνω, ἐξοντώνω/ *extirpation,* n. ξερίζωμα (τό), ἐξόντωση (ἡ)
extol, v.t. ἐξυμνῶ, ἐγκωμιάζω, ἀνυμνῶ
extort, v.t. ἐκβιάζω, ἀποσπῶ μέ τήν βία/ ~*ion,* n. ἐκβιασμός (ὁ), ἀπόσπαση μέ τήν βία/ ~*ionate,* a. ἐκβιαστικός/

~*ioner*, n. ἐκβιαστής (ὁ)
extra, a. πρόσθετος, συμπληρωματικός/ ~ *charge*, πρόσθετη ἐπιβάρυνση/ ad. πέρα ἀπό, ἐπιπλέον/ n. πρόσθετη ἐξυπηρέτηση (ἡ), ἐξτρά/ (*newspaper*) παράρτημα (τό), ἔκτακτη ἔκδοση/ (*film*) κομπάρσος (ὁ)
extract, n. ἐκχύλισμα (τό), ἀπόσταγμα (τό)/ (*book*) ἀπόσπασμα (τό)/ v.t. (*tooth*) βγάζω/ (*agreement*) ἐξαναγκάζω σέ συμφωνία/ (*maths*) ἐξαγόμενο/ ~*ion*, n. ἐξαγωγή (ἡ)/ (*ancestors*) καταγωγή (ἡ)
extradite, v.t. ἐκδίδω/ *extradition*, n. ἔκδοση (ἡ)
extraneous, a. ἄσχετος, ξένος
extraordinary, a. ἐξαιρετικός, ἀσυνήθιστος, ἔκτακτος/ ~ *meeting*, ἔκτακτη συνέλευση (ἡ)
extraterritoriality, n. βλ. *exterritoriality*.
extravagance, n. ὑπερβολή (ἡ), παρατράβηγμα (τό)/ (*money*) σπατάλη (ἡ)
extravagant, a. ὑπερβολικός, παρατραβηγμένος/ (*money*) σπάταλος
extreme, a. ἄκρος, ἀκραῖος, τελευταῖος/ n. ἄκρο (τό)/ *in the* ~, ὑπερβολικά/ ~*ly*, ad. πάρα πολύ, ἄκρως, στό ἔπακρο/ *extremist*, n. ἐξτρεμιστής (ὁ)/ *extremity*, n. ἄκρη (ἡ), ἔσχατο σημεῖο (τό), τέρμα (τό)/ pl. τά ἄκρα τοῦ σώματος
extricate, v.t. ἀπαλλάσσω, ἐλευθερώνω, ξεμπλέκω, ἀποδεσμεύω/ ~ *oneself*, ξεμπλέκω, ἀποδεσμεύομαι
extrinsic, a. ἐξωτερικός, ξένος
extrovert, n. ἐξωστρεφής (ὁ, ἡ)
exuberance, n. ἀφθονία (ἡ), πληθώρα (ἡ)/ *exuberant*, a. ἄφθονος, σέ περίσσεια/ *in* ~ *health*, γεμάτος ὑγεία
exude, v.i. παθαίνω ἀφίδρωση/ v.t. διαχέω
exult, v.i. χαίρομαι, νιώθω ἀγαλλίαση/ ~*ant*, a. χαρούμενος, γεμάτος ἀγαλλίαση/ ~*ation*, n. ἀγαλλίαση (ἡ), ὑπερβολική χαρά
eye, n. μάτι (τό)/ *one* ~*d*, μονόφθαλμος/ *keep an* ~ *on*, προσέχω, παρακολουθῶ/ *see* ~ *to* ~ *with*, ἔχω τίς ἴδιες ἀπόψεις μέ/ *shut one's* ~*s to*, κάνω τά στραβά μάτια/ ~*ball*, n. βολβός τοῦ ματιοῦ/ ~*brow*, n. φρύδι (τό)/ ~*glass*, n. μονύελο (τό), μονόκλ (τό)/ ~*glasses*, n. pl. γυαλιά (τά), ματογυάλια (τά)/ ~*lash*, n. βλεφαρίδα (ἡ)/ ~*lid*, n. βλέφαρο (τό)/ ~ *opener*, n. ἀποκαλυπτικό γεγονός (τό)/ ~*shade*, n. γεῖσο (τό)/ ~*sight*, n. ὅραση (ἡ)/ ~ *sore*, n. πονόματος (ὁ)/ ~*tooth*, n. σκυλόδοντο (τό)/ ~ *witness*, n. αὐτόπτης μάρτυρας (ὁ)
eyot, n. νησάκι σέ ποτάμι (τό)
eyrie, eyry, n. φωλιά ὀρνέων (ἡ)/ (*fig.*) σπίτι στήν κορφή βουνοῦ (τό)

F

fable, n. μῦθος (ὁ), παραμύθι (τό)
fabric, n. οἰκοδόμημα (τό), κατασκεύασμα (τό)/ ~ *of society*, κοινωνικό οἰκοδόμημα/ ~*ate*, v.t. κατασκευάζω, ἐπινοῶ/ ~*ation*, n. κατασκεύασμα (τό), ἐπινόηση (ἡ)/ (*lie*) ψευδολογία (ἡ)
fabulist, n. μυθογράφος (ὁ), συγγραφέας μύθων/ *fabulous*, a. μυθώδης, μυθικός
face, n. πρόσωπο (τό), μορφή (ἡ)/ (*cloth*) ὄψη (ἡ)/ ~*cream*, κρέμα προσώπου (ἡ)/ *make* ~*s*, κάνω γκριμάτσες/ ~ *value*, ἀξία (σημασία) ἐκ πρώτης ὄψεως/ v.t. ἀντιμετωπίζω, ἀντικρίζω, ἀτενίζω/ ~*the facts*, ἀντιμετωπίζω τήν πραγματικότητα
facet, n. ἄποψη (ἡ)
facetious, a. ἀστεῖος, εὐτράπελος/ ~*ness*, n. ἀστειότητα (ἡ)
facial, a. τοῦ προσώπου
facile, a. εὔκολος, εὐπρόσιτος/ *facilitate*, v.t. εὐκολύνω, διευκολύνω/ *facility*, n. εὐκολία (ἡ), διευκόλυνση (ἡ), ἐξυπηρέτηση (ἡ)/ pl. εὐκολίες (οἱ), ἀνέσεις (οἱ)
facing, pr. ἀντίκρυ, ἀπέναντι/ n. διακόσμηση (ἡ), στολίδι (τό)
facsimile, n. πανομοιότυπο (τό)
fact, n. γεγονός (τό)/ *in* ~, πράγματι, ἀληθινά/ *as a matter of* ~, στήν πραγματικότητα/ *the* ~ *is that*, ἡ οὐσία εἶναι
faction, n. φατρία (ἡ), κόμμα (τό)/ (*dis*-

agreement) διάσταση (ή), διχόνοια (ή)/ *factious*, a. φατριαστικός
factitious, a. τεχνητός, πλαστός
factor, n. παράγοντας (ό), συντελεστής (ό)/ (maths) διαιρέτης (ό)
factory, n. έργοστάσιο (τό)
factotum, n. πολυτεχνίτης (ό)
factual, a. πραγματικός (ό)
faculty, n. ίκανότητα (ή), ιδιότητα (ή), λειτουργία (ή)/ (university) σχολή πανεπιστημίου
fad, n. φαντασιοπληξία (ή), μονομανία (ή), βίδα (ή)
fade, v.t. φθείρω, μαραίνω/ v.i. μαραίνομαι, ξεθωριάζω/ (sound) σβήνω/ ~*d*, a. μαραμένος, έξασθενημένος/ *fading*, n. έξασθένηση (ή), σβήσιμο (τό)
fag, n. κόπος (ό), άγγαρεία (ή)/ ~ *end*, άποτσίγαρο (τό)/ v.i. *be* ~*ged out*, είμαι εξαντλημένος/ ~ *ging*, n. σκληρή δουλειά (ή)
faggot, n. δεμάτι άπό ξύλα (τό)
fail, v.t. & i. άποτυχαίνω, ύστερώ/ ~ *somebody*, άθετώ τίς υποσχέσεις μου πρός κάποιον/ *without* ~, όπωσδήποτε/ *don't* ~ *to*, μήν παραλείψεις νά/ ~*ing*, n. έλλειψη (ή), ελάττωμα (τό), άδυναμία (ή)/ pr. έάν δέν/ ~*ure*, n. άποτυχία (ή), παράλειψη (ή)
fain, a. πρόθυμος/ ad. μέ προθυμία, εύχαρίστως
faint, a. άδύνατος, έξασθενημένος, άσθενικός/ n. λιποθυμία (ή)/ v.i. λιποθυμώ/ ~ *hearted*, a. δειλός, λιπόψυχος/ ~*ness*, n. άτονία (ή), άδυναμία (ή)
fair, n. πανηγύρι (τό), έκθεση (ή)/ (colour) ξανθός/ (just) δίκαιος/ *by* ~ *means*, μέ δίκαια μέσα/ ~*wind*, ούριος άνεμος/ ~*play*, τίμιο παιχνίδι/ *it's not* ~, δέν είναι δίκαιο, δέν είναι σωστό/ ~ *amount*, αρκετή ποσότητα/ ~ *haired*, a. ξανθομάλλης/ ~*minded*, a. δίκαιος, άμερόληπτος/ ~*ly*, ad. δίκαια, τίμια/ ~*well*, αρκετά καλά/ ~*ness*, n. τιμιότητα (ή), άμεροληψία (ή)
fairy, n. νεράιδα (ή)/ a. νεραϊδένιος, μαγικός/ ~*tale*, n. παραμύθι (τό)
fait accompli, τετελεσμένο γεγονός (τό)
faith, n. πίστη (ή), πεποίθηση (ή)/ *have* ~ *in*, έχω έμπιστοσύνη σέ/ *in good* ~, μέ καλή πίστη/ ~*ful*, a. πιστός, προσηλωμένος/ n. pl.*the* ~, οί πιστοί, οί όπαδοί/ ~*fully*, ad. πιστά, είλικρινά/ *yours* ~, μέ εκτίμηση/ ~*fulness*, n. πιστότητα (ή), άκρίβεια (ή)/ ~*less*, a. άπιστος, δόλιος/ ~*lessness*, n. άπιστία (ή), δολιότητα (ή)
fake, n. άπομίμηση (ή), νοθεία (ή), έξαπάτηση (ή)/ v.t. άπομιμούμαι, νοθεύω, έξαπατώ
fakir, n. φακίρης (ό)
falcon, n. γεράκι (τό)/ ~*er*, n. γερακοτρόφος (ό)/ ~*ry*, n. γερακοτροφία (ή)
fall, n. πτώση (ή), πέσιμο (τό)/ *heavy* ~ *of rain*, δυνατή (καταρρακτώδης) βροχή/ v.i. πέφτω/ (wind) κοπάζω/ *his birthday* ~*s on*, τά γενέθλιά του πέφτουν στίς/ ~ *asleep*, άποκοιμιέμαι/ ~ *away* (ground) χαμηλώνω άπότομα/ ~ *back*, όπισθοχωρώ/ ~ *behind*, μένω πίσω/ ~ *down*, πέφτω κάτω, πέφτω κατά γῆς/ ~ *due*, λήγω/ ~ *in*, καταρρέω, γκρεμίζομαι/ (mil.) παρατάσσομαι/ ~ *in love*, ερωτεύομαι/ ~ *off*, μειώνομαι, πέφτω σέ ποιότητα/ ~ *sick*, άρρωσταίνω/ ~ *through*, άποτυχαίνω, δέν όλοκληρώνομαι
fallacious, a. άπατηλός/ *fallacy*, n. άπάτη (ή), πλάνη (ή)
fallen, p.p. & a. πεσμένος/ (mil.) νεκρός, πεσών
fallibility, n. σφαλερότητα (ή)/ *fallible*, a. σφαλερός
falling, n. πτώση (ή), πέσιμο (τό)/ a. έκεινος πού πέφτει/ ~ *star*, διάττων άστήρ (ό), πεφτάστερο (τό)
fall-out, n. ραδιενέργεια στήν άτμόσφαιρα (ή)
fallow, a. χέρσος, άγονος άκαλλιέργητος/ ~ *deer*, μικρό ξανθό έλάφι (τό)
false, a. πλαστός, ψεύτικος, άπατηλός/ ~ -*bottomed*, μέ ψεύτικο πάτο/ ~ *hood*, n. άπάτη (ή), ψευτιά (ή)/ ~*ness*, n. πλαστότητα (ή), άπιστία (ή)/ ~*tto*, n. ψεύτικη φωνή (ή)/ *falsify*, v.t. νοθεύω, παραποιώ
falter, v.i. διστάζω, άμφιταλαντεύομαι, κλονίζομαι/ (speech) τραυλίζω, ψελλίζω/ ~*ing*, a. διστακτικός, κλονισμένος/ ~ *voice*, τραυλιστική φωνή

fame, n. δόξα (ή), φήμη (ή)/ ~*d*, a. φημισμένος, περίφημος, διάσημος
familiar, a. γνώριμος, οἰκεῖος, στενός/ *be* ~ *with*, γνωρίζω/ ~*ity*, n. οἰκειότητα (ή), γνωριμία (ή)/ ~*ize*, v.t. ἐξοικειώνω
family, n. οἰκογένεια (ή)/ a. οἰκογενειακός/ ~ *man*, οἰκογενειάρχης (ὁ)/ ~ *tree*, οἰκογενειακό δέντρο (τό)
famine, n. λιμός (ὁ), πείνα (ή)
famish, v.t. λιμοκτονῶ, πεινῶ/ *be* ~*ed*, ψοφάω τῆς πείνας/ ~*ed*, a. πεινασμένος
famous, a. περίφημος, διάσημος, ξακουστός
fan, n. βεντάλια (ή), ἀνεμιστῆρας (ὁ)/ (admirer) θαυμαστής (ὁ), θιασώτης (ὁ)/ ~*light*, n. παράθυρο πάνω ἀπό τήν πόρτα (τό)/ ~*mail*, γράμματα θαυμαστῶν/ ~ *shaped*, a. ριπιδοειδής, σέ σχῆμα βεντάλιας/ v.t. ἀνεμίζω, ριπίζω/ ~ *the fire*, ζωογονῶ τήν φωτιά/ ~ *oneself*, ἀερίζομαι, κάνω ἀέρα
fanatic, n. φανατικός (ὁ)/ ~*al*, a. φανατικός
fancied, p.p. & a. φαντασιόπληκτος/ *fancier*, n. ζωοτρόφος (ὁ), ἀνθοκόμος (ὁ)/ *fanciful*, a. παράξενος, φαντασιώδης/ *fancy*, n. φαντασία (ή), φαντασιοπληξία (ή), διάθεση (ή), ἰδιοτροπία (ή)/ ~ *articles*, νεωτερισμοί/ ~ *dress*, ἀποκριάτικα ροῦχα/ ~ *sick*, κατά φαντασία ἀσθενής/ ~ *work*, κέντημα/ *take a* ~ *to*, μοῦ ἀρέσει/ v.t. συμπαθῶ, ἀγαπῶ/ (imagine) φαντάζομαι
fanfare, n. στρατιωτικό σάλπισμα (τό), φανφάρα (ή)
fang, n. κοφτερό δόντι (τό)
fantasia, n. φαντασία (ή)/ *fantastic*, a. φανταστικός
fantasy, n. φαντασία (ή), ἰδιοτροπία (ή), χίμαιρα (ή)
far, a. μακρινός, ἀπόμακρος/ ad. μακριά/ *as* ~ *as I know*, ἀπ' ὅσο ξέρω/ *by* ~, κατά πολύ/ ~ *and wide*, πρός ὅλες τίς κατευθύνσεις/ ~ *away*, πολύ μακριά/ ~ *better*, πολύ καλύτερα/ ~ *fetched*, τραβηγμένο ἀπό τά μαλλιά/ ~ *from*, κάθε ἄλλο/ ~ *off*, a. μακρινός/ ad. μακρινά, σέ ἀπόσταση/ *so* ~, μέχρι τώρα/ *in so* ~ *as*, καθ' ὅσον ἀφορᾶ σέ/ *go too* ~, τό παρακάνω
farce, n. φάρσα (ή), ἀστειότητα (ή)/ *farcical*, a. κωμικός, γελοῖος
fare, n. ναῦλα (τά), ναῦλος (ὁ)/ *bill of* ~, κατάλογος φαγητῶν (ὁ), μενοῦ (τό)/ v.i. τά πηγαίνω, προχωρῶ/ ~*well*, πάω καλά
Far East, n. Ἄπω Ἀνατολή (ή)
farewell, n. ἀποχαιρετισμός (ὁ)/ *bid* ~, ἀποχαιρετῶ/ int. γειά! ἀντίο!/ a. ἀποχαιρετιστήριος
farinaceous, a. ἀλευρώδης
farm, n. ἀγρόκτημα (τό), φάρμα (ή)/ ~*hand*, n. ἀγρεργάτης (ὁ)/ ~*house*, n. ἀγροικία (ή)/ v.i. καλλιεργῶ/ ~ *out*, ἐκμισθώνω σέ καλλιεργητές/ ~*er*, n. γεωργός (ὁ), ἀγρότης (ὁ)/ ~*ing*, n. καλλιέργεια (ή), γεωργία (ή)
farrago, n. κυκεώνας (ὁ)
farrier, n. πεταλωτής (ὁ)/ ~*y*, n. πετάλωμα (τό)
farrow, n. χοιρίδιο (τό), γουρουνάκι (τό)
farther, a. μακρύτερος/ ad. μακρύτερα, σε μεγαλύτερη ἀπόσταση/ *farthest*, a. πιό μακρινός, ἀπώτατος/ ad. πιό μακρύτερα, ἀπώτατα
farthing, n. φαρδίνι (τό)
fascinate, v.t. γοητεύω, μαγεύω, θέλγω/ *fascinating*, a. γοητευτικός, μαγευτικός, θελκτικός/ *fascination*, n. γοητεία (ή), μαγεία (ή), θέλγητρο (τό)
fascism, n. φασισμός (ὁ)/ *fascist*, n. φασίστας (ὁ)/ a. φασιστικός
fashion, n. μόδα (ή), συρμός (ὁ)/ (way) τρόπος (ὁ), μέθοδος (ή)/ *be in* ~, εἶμαι τῆς μόδας/ *out of* ~, ἐκτός μόδας, ντεμοντέ/ v.t. σχηματίζω, διαμορφώνω/ (tech.) κατασκευάζω/ ~*able*, a. τῆς μόδας, κομψός
fast, a. γρήγορος, ταχύς/ (firm) στερεός, σταθερός, σφιχτός/ (colour) ἀνεξίτηλος/ ~ *asleep*, κοιμισμένος βαθιά/ *play* ~ *and loose*, κοροϊδεύω, ἐπωφελοῦμαι/ *make* ~, δένω σφιχτά/ ad. γρήγορα, στερεά, σφιχτά/ v.t. νηστεύω/ n. νηστεία (ή)/ *break one's* ~, διακόπτω τήν νηστεία
fasten, v.t. στερεώνω, δένω, σφίγγω/ ~ *down*, καθηλώνω/ ~*er*, n. συνδετῆρας

(ὁ), πόρπη (ἡ), θηλυκωτῆρι (τό)
fastidious, a. δύστροπος, δύσκολος
fastness, n. στερεότητα (ἡ), σταθερότητα (ἡ)/ (mil.) ὀχυρό (τό)
fat, a. παχύς, χοντρός/ (earth) πλούσιος, γόνιμος/ n. πάχος (τό), λίπος (τό)/ *live on the ~ of the land*, ζῶ πλουσιοπάροχα
fatal, a. θανάσιμος, μοιραῖος/ *~ism*, n. μοιρολατρεία (ἡ)/ *~ist*, n. μοιρολάτρης (ὁ)/ *~ity*, n. μοίρα (ἡ), πεπρωμένο (τό)/ (accident) θάνατος σέ δυστύχημα/ *~ly*, ad. μοιραῖα, θανάσιμα
fate, n. μοίρα (ἡ), εἱμαρμένη (ἡ)/ *the Fates*, οἱ Μοῖρες/ *~d*, a. μοιραῖος, γραμμένος, ἀναπόφευκτος/ *~ful*, a. μοιραῖος, ἀποφασιστικός
father, n. πατέρας (ὁ)/ *~ in law*, πεθερός (ὁ)/ *grand~*, παππούς (ὁ)/ *god~*, νουνός (ὁ)/ *foster ~*, θετός πατέρας (ὁ)/ *step~*, πατρυιός (ὁ)/ v.t. συλλαμβάνω, γίνομαι πατέρας/ *~hood*, n. πατρότητα (ἡ)/ *~land*, n. πατρίδα (ἡ)/ *~less*, a. ὀρφανός ἀπό πατέρα/ *~ly*, a. πατρικός/ ad. πατρικά
fathom, n. ὀργυιά (ἡ)/ v.t. βυθομετρῶ, βολιδοσκοπῶ, ἐμβαθύνω/ *~less*, a. ἀπύθμενος
fatigue, n. κούραση (ἡ), κόπωση (ἡ)/ *~ duty* (mil.) ἀγγαρεία (ἡ)/ *~ party*, ἀπόσπασμα ἀγγαρείας/ v.t. κουράζω
fatness, n. πάχος (τό), εὐσαρκία (ἡ)/ *fatten*, v.t. παχαίνω, σιτεύω/ v.i. παχαίνω/ *~ing*, n. πάχυνση (ἡ)/ *fatty*, a. παχύς, λιπαρός/ n. παχουλός (ὁ)
fatuity, n. ἠλιθιότητα (ἡ), μωρία (ἡ)/ *fatuous*, a. ἠλίθιος, μωρός
fault, n. σφάλμα (τό), ἐλάττωμα (τό)/ (geol.) πτυχή (ἡ)/ (elec.) βλάβη (ἡ)/ *be at ~*, ἔχω ἄδικο/ *~ -finder*, n. κουτσομπόλης (ὁ)/ *~iness*, n. ἔλλειψη (ἡ), ἀτέλεια (ἡ), ἐλάττωμα (τό)/ *~less*, a. ἄμεμπτος, ἄψογος/ *~y*, a. ἐλαττωματικός
faun, n. σάτυρος (ὁ), φαῦνος (ὁ)
fauna, n. πανίδα (ἡ)
favour, n. εὔνοια (ἡ), εὐμένεια (ἡ), χάρη (ἡ)/ *be in ~ of*, εἶμαι ὑπέρ/ *be out of ~*, πέφτω σέ δυσμένεια/ v.t. εὐνοῶ, δείχνω εὔνοια/ *~able*, a. εὐνοϊκός, εὐμενής/ *~ite*, a. & n. εὐνοούμενος, ἀγαπητός/ *~itism*, n. φαβοριτισμός (ὁ), μεροληψία (ἡ)
fawn, n. ἐλαφάκι (τό)/ v.t. (upon) κολακεύω, χαϊδεύω/ *~ing*, n. κολακεία (ἡ), δουλοπρέπεια (ἡ)/ a. δουλοπρεπής, χαμερπής
fealty, n. πίστη (ἡ), ἀφοσίωση (ἡ)
fear, n. φόβος (ὁ), τρόμος (ὁ)/ *for ~ of*, ἀπό φόβο/ v.t. φοβοῦμαι, ἀνησυχῶ/ *~ful*, a. φοβερός, τρομερός, δεινός/ *~less*, a. ἄφοβος, ἀτρόμητος/ *~some*, a. φοβερός, τρομερός, δεινός
feasibility, n. ἐφικτό (τό), κατορθωτό (τό), πραγματοποιήσιμο (τό)
feasible, a. ἐφικτός, κατορθωτός, πραγματοποιήσιμος
feast, n. γιορτή (ἡ), πανηγύρι (τό), γλέντι (τό)/ v.t. τέρπω, εὐχαριστῶ/ *~ one's eyes on*, θαυμάζω, εὐχαριστιέμαι νά βλέπω/ v.i. διασκεδάζω, τέρπομαι, γλεντῶ
feat, n. κατόρθωμα (τό), ἐπίτευγμα (τό), ἀνδραγάθημα (τό)
feather, n. φτερό (τό)/ (tech.) σφηνίσκος (ὁ), ἀκέφαλο καρφί (τό)/ *birds of a ~, -bed*, n. πουπουλένιο κρεβάτι (τό)/ *~brained*, a. ἐλαφρομυαλος, κοκορόμυαλος/ *~ weight*, n. κατηγορία πτερού (ἡ)/ v.t. στολίζω μέ φτερά/ *~ one's nest*, ἐπωφελοῦμαι, ἐκμεταλλεύομαι τήν θέση μου/ *white ~*, ἀνανδρία/ *~y*, a. φτερωτός
feature, n. χαρακτηριστικό (τό), γνώρισμα (τό)/ *~ film*, ταινία μεγάλου μήκους (ἡ)/ v.t. παρουσιάζω, ἐκθέτω/ v.i. χαρακτηρίζω/ *ill ~d*, ἄσχημος/ *well ~d*, ὄμορφος
febrile, a. πυρετώδης
February, n. Φεβρουάριος (ὁ), Φλεβάρης (ὁ)/ a. φλεβαριάτικος
feckless, a. πλαδαρός, ἀνίκανος
fecund, a. γόνιμος, εὔφορος/ *~ate*, v.t. γονιμοποιῶ/ *~ity*, n. γονιμότητα (ἡ)
federal, a. ὁμοσπονδιακός/ *~ism*, n. ὁμοσπονδιακό σύστημα (τό)/ *~ist*, n. ὁπαδός τοῦ ὁμοσπονδιακοῦ συστήματος (ὁ)/ *federate*, v.t. ὁμοσπονδοποιῶ, ἱδρύω ὁμοσπονδία/ *federation*, n. ὁμοσπονδία (ἡ)

fee, n. ἀμοιβή (ἡ), ἀντιμισθία (ἡ)/ *school* ~s, δίδακτρα (τά)
feeble, a. ἀδύνατος, ἀσθενικός/ ~ *minded*, a. μέ ἀσθενική μνήμη/ ~ *mindedness*, n. ἀδυναμία στό μυαλό (ἡ), ἡλιθιότητα (ἡ)/ ~*ness*, n. ἀδυναμία (ἡ)
feed, n. τροφή (ἡ), φορβή (ἡ)/ (tech.) τροφοδότηση (ἡ)/ ~ *pump*, τροφοδοτική ἀντλία (ἡ)/ v.t. τρέφω, ταΐζω/ (tech.) τροφοδοτῶ/ v.i. τρέφομαι/ (animals) βόσκω/ *be fed up*, ἔχω βαρεθεῖ, ἐξαντλήθηκε ἡ ὑπομονή μου/ ~*er*, n. ἐκεῖνος πού τρώει/ (tech.) τροφοδοτικός σωλήνας/ (baby) σαλιάρα (ἡ)/ ~*ing*, n. τροφοδότηση (ἡ), τάισμα (τό)/ ~ *bottle*, μπιμπερό (τό), θήλαστρο (τό)
feel, n. αἴσθηση (ἡ)/ v.t. & i. αἰσθάνομαι, νιώθω/ (touch) ἀγγίζω/ ~ *cold*, κρυώνω/ ~ *hot*, ζεσταίνομαι/ ~ *for*, νιώθω λύπη/ ~*er*, n. κεραία (ἡ)/ *put out* ~s, βολιδοσκοπῶ/ ~*ing*, n. αἴσθημα (τό)/ a. εὐαίσθητος
feign, v.t. & i. ὑποκρίνομαι, προσποιοῦμαι
feint, n. ψεύτικη ἐπίθεση (ἡ)/ (mil.) ἀντιπερισπασμός (ὁ)/ v.i. κάνω ψεύτικη ἐπίθεση
felicitate, v.t. συγχαίρω/ *felicitations*, n. pl. συγχαρητήρια (τά)
felicitous, a. μακάριος, εὐτυχισμένος/ (word) εὔστοχος
felicity, n. εὐτυχία (ἡ), εὐστοχία (ἡ)
feline, a. αἰλουροειδής
fell, n. δέρμα ζώου (τό)/ (hill) φαλακρό ὕψωμα (τό)/ a. σκληρός, τρομερός, τραχύς/ v.t. κόβω δέντρα
fellow, n. συνάδελφος (ὁ), σύντροφος (ὁ)/ *nice* ~, καλός ἄνθρωπος/ ~ -*citizen*, n. συμπολίτης (ὁ)/ ~ -*countryman*, n. συμπατριώτης (ὁ)/ ~ -*feeling*, n. συμπάθεια (ἡ)/ ~ -*student*, n. συμφοιτητής (ὁ)/ ~ -*traveller*, n. συνταξιδιώτης (ὁ)/ (polit.) συνοδοιπόρος (ὁ)/ ~*ship*, n. συναδελφικότητα (ἡ), συντροφικότητα (ἡ)/ (university) ὑφηγεσία (ἡ)
felon, n. κακοῦργος (ὁ), ἐγκληματίας (ὁ)/ ~ *ious*, a. ἐγκληματικός/ ~*y*, n κακούργημα (τό)
felt, n. κετσές (ὁ), τσόχα (ἡ)

female, n. θηλυκό (τό)/ a. θηλυκός
feminine, a. θηλυκός, γυναικεῖος/ *feminism*, n. φεμινισμός (ὁ)
feminist, n. φεμινιστής (ὁ)
femur, n. μηρός (ὁ), μηριαῖο ὀστό (τό)
fen, n. βάλτος (ὁ), ἕλος (τό)
fence, n. φράχτης (ὁ), περίφραξη (ἡ)/ v.t. περιφράζω, βάζω φράχτη/ v.i. ξιφομαχῶ/ ~*r*, n. ξιφομάχος (ὁ)/ *fencing*, n. περίφραξη (ἡ)/ (sport) ξιφασκία (ἡ)
fend (off), v.t.& i. ἀποκρούω, προφυλάγω/ ~ *for oneself*, βγάζω τό ψωμί μου/ ~*er*, n. προφυλακτήρας (ὁ)
fennel, n. μάραθο (τό)
ferment, n. ζύμωση (ἡ), ζύμη (ἡ)/ (fig.) ἀναταραχή (ἡ)/ v.t. βράζω, προκαλῶ ζύμωση/ v.i. βράζω, ζυμώνομαι/~*ation*, n. ζύμωση (ἡ)
fern, n. φτέρη (ἡ)
ferocious, a. ἄγριος, θηριώδης/ *ferocity*, n. ἀγριότητα (ἡ), θηριωδία (ἡ)
ferret, n. κουνάβι (τό)/ v.t. ~ *out*, βγάζω ἀπό τήν φωλιά, ξετρυπώνω/ v.i. ~ *about*, ἀνιχνεύω, ἀναζητῶ
ferric, a. σιδηρικός/ *ferrous*, a. σιδηροῦχος/ *ferruginous*, a. σιδηροῦχος
ferrule, n. στεφάνη (ἡ), σιδερένιος κρίκος (ὁ)
ferry, n. πορθμεῖο (τό), πέρασμα (τό)/ ~ *boat*, n. πορθμεῖο (τό), φέρρυ-μπώτ (τό)/ ~ *man*, n. πορθμέας (ὁ)/ v.t. περνῶ ἀπέναντι
fertile, a. γόνιμος, εὔφορος/ *fertility*, n. γονιμότητα (ἡ), εὐφορία (ἡ)/ *fertilize*, v.t. γονιμοποιῶ, ρίχνω λίπασμα/ *fertilizer*, n. λίπασμα (τό)
fervency, n. ζῆλος, ὄρεξη/ *fervent*, a. ἔνθερμος, σφοδρός, διακαής/ *fervour*, n. θέρμη (ἡ), προθυμία (ἡ), ζῆλος (ὁ)
festal, a. γιορταστικός, πανηγυρικός
fester, v.i. σαπίζω, βγάζω ἕλκος, γεμίζω πύο/ (fig.) καλλιεργῶ πάθος (μνησικακία)
festival, n. γιορτή (ἡ), πανηγύρι (τό), φεστιβάλ (τό)/ *festive*, a. γιορταστικός, χαρμόσυνος/ *festivity*, n. γιορτή (ἡ), χαρά (ἡ), εὐθυμία (ἡ)
festoon, n. γιρλάντα (ἡ), ἄνθινο στεφάνι (τό)/ v.t. στεφανώνω μέ γιρλάντες (ἄνθη)

fetch, v.t. φέρνω, κομίζω/ (price) αποφέρω
fête, n. γιορτή (ή), πανηγύρι (τό)/ v.t. πανηγυρίζω, γιορτάζω
fetid, a. βρωμερός
fetish, n. μαγικό φυλαχτό (τό), είδωλο (τό), ξόανο (τό)/ ~ism, n. φετιχισμός (ό)
fetter, n. δεσμός (ό), αλυσίδα (ή)/ (fig.) σκλαβιά (ή)/ ~s, n. pl. δεσμά (τά)/ in ~s, φυλακή (ή)
fettle, v.t. τακτοποιώ, ρυθμίζω, βάζω σέ τάξη/ n. τάξη (ή), κατάσταση (ή)/ be in good ~, εΐμαι σέ καλή κατάσταση
feud, n. διαμάχη (ή), έχθρα (ή)
feudal, a. φεουδαρχικός/ ~ism, n. φεουδαρχία (ή)
fever, n. πυρετός (ό)/ ~ish, a. πυρετώδης
few, a.& pr. λίγοι, σπάνιοι, μερικοί/ a ~, πολύ λίγοι/ ~ and far between, αραιά καί πού/ ~er, a. λιγότεροι, σπανιότεροι
fez, n. φέσι (τό)
fiancé, n. άρραβωνιαστικός (ό), μνηστήρας (ό)/ ~e, n. άρραβωνιαστικιά (ή), μνηστή (ή)
fiasco, n. φιάσκο (τό), αποτυχία (ή)
fiat, n. διαταγή (ή), προσταγή (ή)
fib, n. μικρό ψέμα (τό), αθώο ψέμα (τό)/ v.i. λέω μικροψέματα/ ~ber, n. μικροψεύτης (ό)
fibre, n. νήμα (τό)/ (fig.) νεύρο (τό)/ *fibrous*, a. ίνώδης
fibula, n. περόνη (ή)
fickle, a. άστατος, επιπόλαιος, άσταθής/ ~ness, n. αστάθεια (ή), επιπολαιότητα (ή)
fiction, n. φαντασία (ή), μύθος (ό), μυθιστόρημα (τό)/ *fictitious*, a. πλαστός, εικονικός
fiddle, n. βιολί (τό)/ v.i. παίζω βιολί/ ~ with, ανακατεύομαι (ασχολούμαι) μέ κάτι, κάνω άσκοπες κινήσεις/ ~ r, n. βιολιστής (ό)/ ~ stick, n. δοξάρι (τό)/ ~sticks! int. σαχλαμάρες, άρλούμπες/ *fiddling*, n. παίξιμο βιολιού (τό)/ (fig.) ανακάτεμα (ό)/ a. ασήμαντος
fidelity, n. πίστη (ή), αφοσίωση (ή)
fidget, v.i. κάνω σπασμωδικές κινήσεις/ ~ing, n. ανησυχία (ή), εκνευρισμός (ό)/ ~y, a. ανήσυχος, νευρικός, εκνευριστικός
fief, n. φέουδο (τό), τιμάριο (τό)
field, n. χωράφι (τό), αγρός (ό), πεδίο (τό)/ ~ of vision, οπτικό πεδίο (τό)/ ~ artillery, πεδινό πυροβολικό/ ~ day, ήμέρα ασκήσεων/ ~ glasses, κυάλια (τά)/ ~ hospital, στρατιωτικό νοσοκομείο εκστρατείας/ ~ marshal, στρατάρχης (ό)/ ~ mouse, αρουραίος (ό)
fiend, n. δαίμονας (ό)/ ~ish, a. δαιμονικός, σατανικός
fierce, a. άγριος, θηριώδης, βίαιος
fiery, a. φλογερός, πύρινος
fife, n. φλογέρα (ή)
fifteen, num. δεκαπέντε/ ~th, ord. num. δέκατος πέμπτος/ *fifth*, ord. num. πέμπτος/ *fiftieth*, ord. num. πεντηκοστός/ *fifty*, num. πενήντα/ ~ fifty, μισά μισά
fig, n. σύκο (τό)/ ~leaf, «φύλλος συκής»/ I don't care a ~, δέν μέ νοιάζει καθόλου
fight, n. μάχη (ή), αγώνας (ό), πάλη (ή)/ close ~, μάχη εκ τού συστάδην, μάχη σώμα πρός σώμα/ ~ to the death, μάχη μέχρι θανάτου/ ~ a duel, μονομαχώ/ ~ a case, κάνω δικαστικό αγώνα/ ~ a way through, ανοίγω δρόμο, βρίσκω διέξοδο/ ~ shy, αποφεύγω νά αναμιχθώ/ ~er, μαχητής (ό), αγωνιστής (ό)/ (aeroplane) καταδιωκτικό (τό)/ ~ing, a. μάχη (ή), εχθροπραξίες (οί)/ a. μάχιμος, αγωνιστικός
figment, n. φαντασία (ή), μύθος (ό)
figurative, a. μεταφορικός/ in a ~ sense, μέ μεταφορική έννοια
figure, n. μορφή (ή), σχήμα (τό)/ (number) αριθμός (ό), ψηφίο (τό)/ ~ of speech, σχήμα λόγου/ have a fine ~, έχω ωραίο παράστημα/ v.t.& i. υπολογίζω, υποθέτω, λογαριάζω/ that ~s! αυτό φαίνεται λογικό/ ~ out, ανέρχομαι, φθάνω/ ~ head, n. στόλισμα πρώρας (τό)/ (fig.) εικονικός (συμβολικός) αρχηγός/ *figurine*, n. ειδώλιο (τό)
filament, n. νήμα (τό), κλωστή (ή)/ (elec.) νημάτιο ηλεκτρικής λάμπας (τό)
filch, v.t. κλέβω κάτι ασήμαντο, κάνω μικροκλοπές
file, n. φάκελος (ό)/ (leg.) δικογραφία

(ή)/ (manicure) λίμα (ή)/ (mil.) σειρά (ή), στοίχος (ό)/ v.t.& i. ταξινομώ, βάζω σέ φακέλους/ ~ *a petition*, καταχωρώ αίτηση/ (manicure) λιμάρω/ *in single* ~, σέ άπλό στοίχο, σέ μονή γραμμή

filial, a. υίκός, στοργικός

filibuster, n. τυχοδιώκτης (ό)

filigree, n. κέντημα μέ σύρμα (τό)

filing, n. λιμάρισμα (τό)/ (documents) ταξινόμηση (ή)/ ~*s*, n.pl. ρινίσματα (τά)

fill, n. γέμισμα (τό)/ *eat one's* ~, χορταίνω, μπουχτίζω/ v.t. γεμίζω/ (gap) συμπληρώνω/ (tooth) σφραγίζω/ (apost) καταλαμβάνω/ v.i. συμπληρώνω/ ~ *in a form*, συμπληρώνω έντυπο (αίτηση)

fillet, n. διάδημα (τό), ταινία κεφαλιού (ή)/ (meat) φιλέτο (τό)/ v.t. κόβω τά φιλέτα, βγάζω τά κόκαλα

filing, n. λιμάρισμα (τό)/ (documents) ταξινόμηση (ή)/ ~*s*, n. pl. ρινίσματα (τά)

filly, n. φοραδίτσα (ή)

film, n. δέρμα (τό), μεμβράνη (ή)/ (cinema) φίλμα (τό), ταινία (ή)/ *shoot a* ~, γυρίζω ταινία/ ~ *camera*, μηχανή λήψης (ή)/ ~ *star*, κινηματογραφικός άστέρας (ό), στάρ (ό, ή)/ ~ *test*, κινηματογραφική δοκιμή/ v.t. γυρίζω ταινία, φιλμάρω/ ~ *over*, σκεπάζομαι άπό μεμβράνη/ ~*y*, a. μεμβρανώδης

filter, n. φίλτρο (τό), διυλιστήριο (τό)/ v.t. φιλτράρω, διυλίζω/ v.i. στρίβω άριστερά/ ~*ing*, n. φιλτράρισμα (τό), διύλιση (ή)

filth, n. άκαθαρσία (ή), βρωμιά (ή)/ (fig.) διαφθορά (ή), προστυχιά (ή)/ ~*y*, a. άκάθαρτος, βρωμερός

fin, n. πτερύγιο (τό)/ (avia.) σταθερό τμήμα του πηδαλίου

final, a. τελικός, τελειωτικός, όριστικός/ n. τελικός (άγώνας) (ό)/ ~*e*, n. φινάλε (τό)/ ~*ity*, n. άποφασιστικότητα (ή), όριστικότητα (ή)/ ~*ly*, ad. τελικά, όριστικά

finance, n. οικονομία (ή), οικονομικά (τά)/ v.t. χρηματοδοτώ

finch, n. σπίνος (ό)/ *gold*~, καρδερίνα (ή)

find, n. εύρημα (τό)/ v.t. βρίσκω, άνακαλύπτω/ (leg.) κηρύσσω/ ~ *out*, άποκαλύπτω, άνακαλύπτω/ ~ *out about*, πληροφορούμαι/ ~*er*, n. έκεΐνος πού βρίσκει/ (tech.) έρευνητικό τηλεσκόπιο/ (phot.) μικρός σκοτεινός θάλαμος/ ~*ing*, n. εύρεση (ή), άνακάλυψη (ή)/ (leg.) έτυμηγορία (ή)

fine, n. πρόστιμο (τό)/ v.t. έπιβάλλω πρόστιμο/ a. ώραίος, λεπτός, άβρός, κομψός/ ~ *arts*, Καλές Τέχνες (οί)/ ~ *weather*, καλοκαιρία/ *that's* ~ *!* θαυμάσια! ύπέροχα!/~*ness*, n. κομψότητα (ή), λεπτότητα (ή)/ ~*ry*, n. στολισμός (ό), στολίδι (τό)

finesse, n. δεξιοτεχνία (ή), έξυπνάδα (ή), εύφυΐα (ή)

finger, n. δάχτυλο (τό)/ *index* ~, δείκτης (ό)/ *little* ~, μικρό δάχτυλο/ *middle* ~, μέσος/ *have a* ~ *in the pie*, είμαι άνακατεμένος/ *have at one's* ~*tips*, παίζω στά δάχτυλα, ξέρω πολύ καλά/ ~*board*, n. πίνακας έγχορδου όργάνου (ό)/ ~*print*, n. δακτυλικό άποτύπωμα (τό)/ ~*stall*, n. δερμάτινη δακτυλήθρα (ή)/ v.t. δείχνω μέ τό δάχτυλο/ ~*ing*, n. ψηλάφηση (ή)/ (mus.) κρούση μέ τά δάχτυλα

finical, finicky, a. φιλάρεσκος, λεπτολόγος, σχολαστικός

finish, n. τέλος (τό), τέρμα (τό)/ (spot) τερματισμός (ό)/ v.t. τελειώνω, τερματίζω, άποπερατώνω/ ~ *off*, σκοτώνω, άποτελειώνω/ v.i. παύω, τελειώνω/ (sport) τερματίζω/ ~*ing touch*, τελευταίες λεπτομέρειες

finite, a. περιορισμένος, πεπερασμένος

Finn, n. Φινλανδός (ό)/ ~*ish*, a. φιλλανδικός, φινλανδικός/ (language) φιλλανδικά (τά)

fir, n. έλατο (τό)/ ~*cone*, κώνος έλατου (ό)

fire, n. φωτιά (ή), πυρκαγιά (ή)/ *be on* ~, καίγομαι, πιάνω φωτιά/ ~ *alarm*, συναγερμός πυρκαγιάς/ ~ *brigade*, πυροσβεστική ύπηρεσία (ή)/ ~ *engine*, πυροσβεστική άντλία (ή)/ ~ *arms*, n. pl. πυροβόλα όπλα (τά)/ ~*brand*, n. δαυλός (ό)/ ~*damp*, n. μεθάνιο (τό)/ ~ *eater*, n. πυροφάγος (ό)/ ~*fly*, n. πυγολαμπίδα (ή)/ ~*guard*, n. πυροστάτης (ό)/ ~*man*, n. πυροσβέστης (ό)/

~place, n. ἑστία (ἡ), τζάκι (τό)/ ~proof, a. πυρίμαχος/ ~side, n. πλάι στό τζάκι/ (fig.) οἰκογενειακή θαλπωρή/ ~wood, n. καυσόξυλα (τά)/ ~works, n. πυροτεχνήματα (τά)/ v.t. ἀνάβω, πυρπολῶ/ (bricks) ψήνω/ (inspire) ἐξάπτω, ἐμπνέω/ (engine) θερμαίνω/ v.i. παίρνω φωτιά, ἐξάπτομαι/ firing, n. πυροδότηση (ἡ)/ (mil.) πυροβολισμός (ὁ)/ (bricks) ψήσιμο (τό)/ (engine) θέρμανση (ἡ), καύση (ἡ)/ ~ squad, ἐκτελεστικό ἀπόσπασμα (τό)
firm, n. φίρμα (ἡ), ἑταιρία (ἡ), μεγάλη ἐπιχείρηση/ a. σταθερός, στερεός/ stand ~, παραμένω ἀκλόνητος (ἀνένδοτος)
firmament, n. στερέωμα (τό)
firmness, n. σταθερότητα (ἡ), στερεότητα (ἡ)
first, a. πρῶτος/ at ~, στήν ἀρχή/ at ~ sight, ἐκ πρώτης ὄψεως/ ~ aid, πρῶτες βοήθειες (οἱ)/ ~ night, πρεμιέρα (ἡ)/ ~born, n.& a. πρωτότοκος (ὁ)/ ~ rate, a. πρώτης τάξης, ἄριστης ποιότητας/ ad. πρῶτα, πρωταρχικά/ ~ hand, ad. ἀπό πρῶτο χέρι/ ~ of all, πρῶτα ἀπ' ὅλα/ ~ and foremost, πάνω ἀπ' ὅλα/ ~ly, ad. πρῶτα, κατά πρῶτο λόγο
firth, n. ἐκβολή ποταμοῦ (ἡ)
fiscal, a. ταμιευτικός, ἐφοριακός
fish, n. ψάρι (τό)/ ~hook, n. ἀγκίστρι (τό)/ ~ monger, n. ψαροπώλης (ὁ), ἰχθυέμπορος (ὁ)/ ~pond, n. ἰχθυοτροφεῖο (τό)/ v.i. ψαρεύω/ ~erman, n. ψαράς (ὁ)/ ~ing, n. ψάρεμα (τό)/ ~line, πετονιά (ἡ)/ ~net, δίχτυ (τό)/ ~rod, καλάμι ψαρέματος (τό)/ ~ tackle, σύνεργα ψαρικῆς (τά)/ ~y, a. ὕποπτος/ there's something ~, κάτι ὕποπτο συμβαίνει
fission, n. διάσπαση (ἡ), σχάση (ἡ)
fissure, n. ραγισματιά (ἡ), χαραμάδα (ἡ)/ v.i. σχίζω, ραγίζω
fist, n. γροθιά (ἡ), πυγμή (ἡ)/ ~icuffs, n. pl. γρονθοκοπήματα (τά), γροθιές (οἱ)
fistula, n. συρίγγιο (τό)
fit, n. κρίση (ἡ), παροξυσμός (ὁ), προσβολή ἀρρώστιας (ἡ)/ by ~s and starts, μέ διακοπές/ fainting ~, λιποθυμία (ἡ)/ be a good ~, μοῦ πηγαίνει, μοῦ ταιριάζει/ a. κατάλληλος, ταιριαστός, ἱκανός/ (sport) σέ φόρμα/ ~ to drink, πόσιμος/ v.t. ἐφαρμόζω, ταιριάζω, προσαρμόζω/ v.i. προσαρμόζομαι/ ~ in, βολεύομαι, τακτοποιοῦμαι/ ~ out, ἐφοδιάζω/ ~ful, a. ἄστατος, σπασμωδικός/ ~ness, n. καταλληλότητα (ἡ), ἱκανότητα (ἡ)/ (sport) φόρμα (ἡ)/ ~ter, n. προσαρμοστής (ὁ)/ ~ting, a. κατάλληλος, ταιριαστός/ n. προσαρμογή (ἡ), ἐφαρμογή (ἡ), τοποθέτηση (ἡ)/ ~s, n. pl. ἐντοιχισμένη (σταθερή) ἐπίπλωση/ ~room, δωμάτιο γιά προβάρισμα, δοκιμαστήριο (τό)
five, num. πέντε/ ~hundred, πεντακόσια/ ~r, n. πεντόλιρο (τό)
fix, n. κατάσταση (ἡ)/ be in a ~, εἶμαι σέ δύσκολη θέση/ (drugs) δόση (ἡ)/ v.t. ὁρίζω, καθορίζω, στερεώνω/ (eyes) προσηλώνω/ ~ upon, ἀποφασίζω/ ~ation, n. ἔμμονη ἰδέα (ἡ)/ ~ed, p.p.& a. καθορισμένος, σταθερός, στερεωμένος/ ~ture, n. προσάρτημα (τό), ἐξάρτημα (τό)/ ~tures and fittings, ἀκίνητα ἔπιπλα (τά)
fizzle, n. σπινθήρισμα (τό)/ v.i. σπινθηρίζω/ ~out, ξεφουσκώνω
flabbergast, v.t. καταπλήσσω, ταράζω/ ~ed, a. κατάπληκτος, ἐμβρόντητος
flabbiness, n. χαλαρότητα (ἡ), πλαδαρότητα (ἡ)/ flabby, a. χαλαρός, πλαδαρός
flaccid, a. ἀδύνατος, ἄτονος, χαλαρός
flag, n. σημαία (ἡ)/ ~ship, n. ναυαρχίδα (ἡ)/ ~staff, n. κοντάρι (τό)/ ~stone, n. πλάκα (ἡ)/ lower the ~, κατεβάζω (ὑποστέλλω) τήν σημαία/ v.i. σημαιοστολίζω/ (become inactive) ἀποθαρρύνομαι, ἀτονῶ
flagellate, v.t. μαστιγώνω/ flagellation, n. μαστίγωση (ἡ)
flagon, n. φιαλίδιο (τό)
flagrant, a. κατάφωρος, φανερός
flail, n. κοπανιστήρι (τό)
flair, n. ταλέντο (τό), εἰδική ἱκανότητα (ἡ)
flake, n. (snow) νιφάδα χιονιοῦ (ἡ), ξεφλούδισμα (τό)/ ~s, n. pl. δημητριακά (τά) (γιά μπρέκφαστ)/ v.i. ξεφλουδίζομαι/ flaky, a. ξεφλουδισμένος
flamboyant, a. λαμπερός, ἀστραφτερός

flame, n. φλόγα (ή)/ (fig.) ερωτικό πάθος (τό)/ (mil.) ~ thrower, φλογοβόλο (τό)/ v.i. φλέγομαι, βγάζω φλόγες/ flaming, a. φλογερός, διακαής/ ~row, έντονος καβγάς
flamingo, n. φοινικόπτερος (ό), φλαμίγκο (τό)
flan, n. πίτα μέ φρούτα (ή)
flange, n. τραχηλιά (ή)/ (tech.) φλάντζα (ή)
flank, n. πλευρά (ή), πλάι (τό)/ (mil.) πτέρυγα (ή)/ v.t.& i. πλευροκοπώ
flannel, n. φανέλα (ή)
flap, n. πλατάγισμα (τό), φτερούγισμα (τό), ελαφρό τρίξιμο/ (cover) κάλυμμα πού ανοιγοκλείνει/ v.i. πλαταγίζω, φτερουγίζω
flare, n. λάμψη (ή), φλόγα πού τρεμοσβήνει/ (mil.) φωτοβολίδα (ή)/ v.i. σπινθηρίζω, τρεμοσβήνω
flash, n. λάμψη (ή), αστραπή (ή)/ (phot.) φλάς (τό)/ ~ of lightning, αστραπή (ή), αστραποβόλημα (τό)/ in a ~, σάν αστραπή, αμέσως/ ~ in the pan, προσωρινή επιτυχία/ ~ of wit, λεκτικό πυροτέχνημα/ ~er, n. επιδειξίας (ό)/ ~light, n. φακός (ό), ηλεκτρικός σηματοδότης (ό)/ ~y, a. επιδεικτικός/ v.t.& i. λάμπω, αστράφτω, σπινθηροβολώ/ (mil.) δίνω φωτεινά σήματα
flask, n. φλασκί (τό)
flat, a. επίπεδος, οριζόντιος, λείος/ ~ denial, κατηγορηματική άρνηση (διάψευση)/ turn down ~, απορρίπτω τελείως/ ~ market, αδρανής αγορά/ ~ race, ιπποδρομία χωρίς εμπόδια/ ~ bottomed, a. αβαθος/ ~footed, a. πλατύποδος, εκείνος πού πάσχει από πλατυποδία/ ~nosed, a. πλακουτσομύτης/ n. (apartment) διαμέρισμα (τό)/ (geog.) πεδιάδα (ή)/ (sea) ρηχά (τά)/ ~ of the hand, παλάμη (ή)/ (mus.) ύφεση (ή)/ ~ly, ad. κατηγορηματικά, ρητά/ ~ ten, v.t. ισοπεδώνω, ισιώνω, κάνω επίπεδο
flatter, v.t. κολακεύω/ ~ oneself, αυτοκολακεύομαι/ ~er, n. κόλακας (ό)/ ~ing, a. κολακευτικός/ ~y, n. κολακεία (ή)
flatulence, n. καούρα στό στομάχι (ή)/ flatulent, a. εκείνος πού πάσχει από τό στομάχι/ (fig.) ματαιόδοξος

flaunt, v.i. καμαρώνω, κορδώνομαι
flautist, n. φλαουτίστας (ό)
flavour, n. νοστιμάδα (ή), νοστιμιά (ή), γεύση (ή), άρωμα (τό)/ v.t. αρωματίζω, νοστιμίζω/ ~less, a. άνοστος, ανούσιος
flaw, n. ατέλεια (ή), ελάττωμα (τό)/ ~less, a. τέλειος, άμεμπτος
flax, n. λινάρι (τό)/ ~en, a. ξανθός
flay, v.t. γδέρνω/ (fig.) ξυλοκοπώ, δέρνω
flea, n. ψύλλος (ό)/ ~bite, δάγκωμα ψύλλου (τό)
fleck, n. στίγμα (τό), κηλίδα (ή)/ v.t. στιγματίζω, κηλιδώνω
fledged, a. φτερωτός/ (fig.) ικανός, πεπειραμένος/ fully ~, πανέτοιμος, μέ πλήρη κατάρτιση/ fledgling, n. νεοσσός (ό), πουλάκι (τό)/ (fig.) αρχάριος (ό)
flee, v.i. φεύγω, τό σκάω, δραπετεύω
fleece, n. μαλλί (τό)/ v.t. γδέρνω, κουρεύω/ (fig.) απογυμνώνω, ληστεύω/ fleecy, a. δασύμαλλος, σγουρός
fleet, n. στόλος (ό)/ a. γρήγορος, γοργός/ ~ footed, γρήγορος στά πόδια/ ~ing, a. περαστικός, παροδικός, πρόσκαιρος
Fleming, n. Φλαμανδός (ό)/ Flemish, a. φλαμανδικός/ (language) φλαμανδικά (τά)
flesh, n. σάρκα (ή), κρέας (τό)/ ~wound, επιπόλαιο (επιφανειακό) τραύμα/ ~ and blood, άνθρωποι/ my own ~ and blood, τό αίμα μου, οι συγγενείς μου/ ~y, a. σάρκινος, σαρκώδης
flex, v.t. λυγίζω, κάμπτω/ ~ibility, n. ευλυγισία (ή), ευκαμψία (ή)/ (fig.) μετριοπάθεια (ή)/ flexible, a. ευλύγιστος, εύκαμπτος/ flexion, n. λύγισμα (τό), κάμψη (ή)/ (gram.) κλίση (ή)
flick, n. ελαφρό χτύπημα (μαστίγωμα)/ v.t. χτυπώ ελαφρα
flicker, n. τρεμοσβήσιμο (τό)/ (eyes) ανοιγοκλείσιμο των ματιών, βλεφάρισμα (τό)/ v.i. τρεμοσβήνω, ανοιγοκλείνω/ ~ing, n. τρεμόσβησμα (τό), παιχνίδισμα (τό)
flight, n. πτήση (ή)/ (running away) φυγή (ή)/ (stairs) μεσόσκαλο (τό)/ ~y, a. ελαφρόμυαλος, απερίσκεπτος
flimsiness, n. χαλαρότητα (ή)/ flimsy, a. χαλαρός, όχι ανθεκτικός, αραιός/ (paper) αντίγραφο γραφομηχανής (τό)

flinch, v.i. τραβιέμαι, όπισθοχωρώ, ζαρώνω
fling, v.t. έκσφενδονίζω/ ~ *off*, ξεφεύγω, δραπετεύω/ n. βολή (ή), έκσφενδόνιση (ή)/ (horse) κλότσημα (τό)/ *have one's* ~, κάνω άνοησίες, κάνω τό κέφι μου
flint, n. τσακμακόπετρα (ή)/ ~ *hearted*, σκληρόκαρδος/ ~*y*, a. πυριτολιθικός/ (fig.) σκληρός, άναίσθητος
flippancy, n. έλαφρότητα (ή), άπερισκεψία (ή)/ *flippant*, a. έλαφρόμυαλος, άπερίσκεπτος
flirt, n. έρωτοτροπία (ή), φλέρτ (τό)/ v.i. έρωτοτροπώ, φλερτάρω/ ~*ation*, n. έρωτοτροπία (ή), φλερτάρισμα (τό)
flit, v.i. περνώ άνάλαφρα/ (fig.) άλλάζω σπίτι
float, n. κάτι πού έπιπλέει, σχεδία (ή)/ v.t. πλέω, έπιπλέω/ (rumour) διαδίδω/ (loan) έκδίδω δάνειο/ ~ *off*, άνελκύω ναυάγιο/ ~*ing*, a. πλωτός, κυμαινόμενος/ ~ *bridge*, πλωτή γέφυρα/ ~ *price*, κυμαινόμενη τιμή
flock, n. κοπάδι (τό)/ (wool, etc.) τολύπη (ή)/ v.i. συνωστίζομαι, συγκεντρώνομαι/ ~ *together*, συρρέω
floe, n. πάγοι πού έπιπλέουν (οί)
flog, v.t. μαστιγώνω/ ~*ging*, n. μαστίγωση (ή)
flood, n. πλημμύρα (ή), κατακλυσμός (ό)/ (fig.) συρροή (ή)/ ~*gate*, n. ύδατοφράκτης (ό)/ ~*light*, n. προβολέας (ό)/ v.t. πλημμυρίζω, κατακλύζω/ v.i. ξεχειλίζω
floor, n. πάτωμα (τό), δάπεδο (τό)/ (storey) όροφος (ό)/ *take the* ~, άρχίζω τόν χορό, μπαίνω στήν πίστα/ ~*board*, σανίδα τοῦ πατώματος/ ~*cloth*, σφουγγαρόπανο (τό)/ v.t. σανιδώνω, βάζω δάπεδο/ (fig.) νικώ, βάζω κάτω/ ~*ing*, n. σανίδωση (ή), στρώσιμο δαπέδου (τό)
flop, n. ὑπόκωφος κρότος/ (fig.) άποτυχία (ή)/ v.i. πέφτω άδέξια/ (fig.) άποτυχαίνω άσχημα
flora, n. χλωρίδα (ή)/ ~*l*, a. άνθινος/ *florescence*, n. άνθοφορία (ή)
florid, a. άνθηρός, θαλερός/ (fig.) παραστολισμένος/ *floriferous*, a. άνθοφόρος
florin, n. φλωρίνι (τό)
florist, n. άνθοπώλης (ό)

flotilla, n. στολίσκος (ό)
flotsam, n. έπιπλέον ναυάγιο, έκβρασμα (τό)
flounce, n. ποδόγυρος (ό)/ v.t. στολίζω μέ ποδόγυρο/ v.i. κάνω σπασμωδικές κινήσεις
flounder, v.i. τσαλαβουτώ, κινοῦμαι μέ δυσκολία/ σπαρταρώ
flour, n. άλεύρι (τό)/ ~*mill*, άλευρόμυλος (ό)/ v.t. άλευρώνω
flourish, n. άκμή (ή), άνθηση (ή)/ (sword, etc.) κραδασμός (ό)/ (ornament) στολίδι (τό)/ (mus.) προανάκρουσμα (τό)/ v.i. άκμάζω, άνθώ/ v.t. κουνώ, σείω, άνεμίζω/ ~*ing*, a. άκμαῖος, θαλερός
floury, a. άλευρωμένος
flout, v.t. χλευάζω, περιπαίζω, έμπαίζω
flow, n. ροή (ή), ρεύμα (τό)/ *ebb and* ~, άμπωτη καί παλίρροια (ή)/ v.i. ρέω, κυλώ/ ~ *from*, πηγάζω, άπορρέω/ ~ *into*, έκβάλλω, χύνομαι/ ~ *with*, άκολουθώ τό ρεύμα
flower, n. άνθος (τό), λουλούδι (τό)/ ~*bed*, παρτέρι λουλουδιών/ ~*bud*, μπουμπούκι (τό)/ ~ *garden*, άνθώνας (ό)/ ~ *girl*, άνθοπώλιδα (ή)/ ~ *pot*, γλάστρα (ή)/ ~ *shop*, άνθοπωλείο (τό)/ ~ *show*, ἔκθεση ἀνθέων/ v.i. άνθίζω/ (fig.) άκμάζω/ ~*ed*, a. άνθισμένος/ ~*y*, a. άνθοστόλιστος/ (fig.) παραστολισμένος
flowing, a. ρευστός, ρέων
fluctuate, v.i. κυμαίνομαι, διστάζω, άμφιταλαντεύομαι/ *fluctuating*, a. κυμαινόμενος, μεταβλητός/ *fluctuation*, n. διακύμανση (ή)
flu, n. γρίππη (ή)
flue, n. σωλήνας καπνοδόχου (ό)
fluency, n. εὐχέρεια (ή), εὐκολία (ή)/ *fluent*, a. έκεῖνος πού παρουσιάζει εὐχέρεια/ ~*ly*, ad. μέ εὐχέρεια
fluff, n. χνούδι (τό), μαλακή γούνα (ή)/ ~*y*, a. χνουδωτός, άπαλός
fluid, n. ρευστός (τό), ὑγρό (τό)/ a. ρευστός, ὑγρός/ ~*ity*, n. ρευστότητα (ή)/ (in character) άστάθεια (ή), άσάφεια (ή)
fluke, n. ὄνυχας άγκυρας (ό)/ (whale) πτερύγιο ούράς φάλαινας/ (accidental event) τυχαῖο γεγονός (τό)/ *by a* ~,

τυχαία
fluk(e)y, n. λακές (ό), ύπηρέτης (ό)
fluorescence, n. φθορισμός (ό)/ *fluorescent*, a. κάτι πού φωσφορίζει/ ~ *lamp*, λαμπτήρας φθορίου
flurry, n. αίφνίδιο φύσημα (τό)/ (fig.) ταραχή (ή)/ v.t. ταράζω
flush, n. γρήγορο ρεύμα νεροϋ/ (reddening) κοκκίνισμα (τό)/ (excitement) έξαψη (ή)/ a. ξέχειλος/ *be* ~ *with money*, σκορπώ λεφτά/ v.t. ξεπλένω, πλημμυρίζω/ v.i. κοκκινίζω, έξάπτομαι
fluster, n. έξαψη (ή), ταραχή (ή)/ v.t. έξάπτω, ταράζω
flute, n. αύλός (ό), φλογέρα (ή)/ (arch.) ράβδωση κολόνας (ή)/ v.t. παίζω φλογέρα/ ~*d*, a. γλυκός/ (arch.) ραβδωτός
flutter, n. φτερούγισμα (τό), κυματισμός (ό)/ *have a* ~, έχω καρδιοχτύπι/ v.i. φτερουγίζω, σείομαι, τρέμω, κυματίζω
fluvial, a. ποτάμιος, ποταμίσιος
flux, n. ροή (ή), άλλοίωση (ή), άδιάκοπη μεταβολή/ *in a state of* ~, σέ κατάσταση ρευστότητας
fly, n. μυίγα (ή)/ v.t. & i. πετώ/ ~ *at*, έπιτίθεμαι άπότομα/ ~ *a flag*, ύψώνω σημαία/ ~ *a kite*, πετώ άετό/ ~ *into a rage*, έξοργίζομαι, γίνομαι έξαλλος/ ~ *off*, πετώ μακριά/ ~ *open*, άνοίγω άπότομα/ *let* ~ *at*, έκσφενδονίζω/ ~ *catcher*, n. μυγοχάφτης (ό)/ ~*ing*, n. πέταγμα (τό), πτήση (ή)/ a. ίπτάμενος/ ~ *visit*, σύντομη έπίσκεψη/ ~ *wheel*, n. (tech.) σφόνδυλος (ό)
foal, n. πουλάρι (τό), γαϊδουράκι (τό)/ v.i. γεννώ (γιά φοράδες καί γαϊδάρες)
foam, n. άφρός (ό)/ v.i. άφρίζω
fob, n. κρεμαστή άλυσίδα (ή)/ v.t. άπατώ, περιπαίζω
focal, a. έστιακός, κεντρικός/ *focus*, n. έστία (ή), κεντρικό σημεῖο (τό)/ v.t. συγκεντρώνω, συμπίπτω
fodder, n. φορβή (ή), τροφή ζώων (ή)
foe, n. έχθρός (ό)
foetus, n. έμβρυο (τό)
fog, n. όμίχλη (ή), καταχνιά (ή)/ ~*bound*, a. κλεισμένος άπό τήν όμίχλη/ v.t. σκεπάζω μέ όμίχλη/ (fig.) συγχέω, μπερδεύω/ (phot.) έπισκιάζω/ ~*gy*, a. όμιχλώδης, όμιχλερός

foible, n. άδύνατο σημεῖο (τό), άδυναμία (ή)
foil, n. μεταλλικό φύλλο (τό)/ v.t. ματαιώνω, έμποδίζω
foist, v.t. τρυπώνω, χώνομαι/ ~ *oneself on*, έπιβάλλω τήν παρουσία μου
fold, n. μάντρα (ή)/ (geol.) πτυχή (ή)/ (door) θυρόφυλλο (τό)/ v.t. διπλώνω, πτυχώνω/ (arms) σταυρώνω τά χέρια/ ~*er*, n. φάκελος (ό), ντοσιέ (τό)/ (person) διπλωτής (ό)/ ~*ing*, a. διπλωτός, πτυσσόμενος/ ~ *bed*, κρεββάτι έκστρατείας (τό)/ ~ *screen*, παραβάν (τό)
foliage, n. φύλλωμα (τό)
folio, n. σχῆμα φύλλου (τό)
folk, n. λαός (ό), άνθρωποι (οί)/ *own* ~(s), συγγενεῖς (οί)/ ~*lore*, n. λαογραφία (ή)/ ~*song*, n. δημοτικό τραγούδι (τό)
follow, v.t. & i. άκολουθώ, συνοδεύω/ (an idea) είμαι όπαδός/ (the enemy) καταδιώκω/ *as* ~*s*, ώς έξῆς/ ~ *suit*, άκολουθώ άμέσως/ ~ *up*, παρακολουθώ άπό κοντά/ ~*er*, n. όπαδός (ό)/ ~*ing*, a. έπόμενος, άκόλουθος/ n. άκολουθία (ή), συνοδεία (ή)/ *the* ~, τά έξῆς
folly, n. άνοησία (ή), τρέλα (ή), άφροσύνη (ή)
foment, v.t. ύποθάλπω, ύποκινώ/ (warm) θερμαίνω/ ~*ation*, n. ύπόθαλψη (ή), ύποκίνηση (ή), θέρμανση (ή)
fond, a. στοργικός, τρυφερός, ύπεραγαπητός/ *be* ~ *of*, άγαπώ, μοῦ άρέσει πολύ
fondle, v.t. χαϊδεύω
fondly, ad. μέ άγάπη/ *fondness*, n. άγάπη (ή)
font, n. κολυμβήθρα (ή)
food, n. φαγητό (τό), τροφή (ή)/ ~*stuffs*, n. pl. τρόφιμα (τά)
fool, n. άνόητος (ό), βλάκας (ό), μωρός (ό)/ (jester) γελωτοποιός (ό)/ *make a* ~ *of*, κοροϊδεύω/ *make a* ~ *of oneself*, γελοιοποιοῦμαι/ *play the* ~, προσποιοῦμαι τόν ήλίθιο, κάνω τόν βλάκα/ v.t. & i. κοροϊδεύω, έξαπατώ/ ~ *about*, περιφέρομαι άσκοπα, χάνω τόν καιρό μου/ ~*ery*, n. μωρία (ή), άνοησία (ή), γελωτοποιία (ή)/ ~*hardy*, a. παράτολμος/

~*ish*, a. ἀνόητος, ἠλίθιος, γελοῖος/ ~*ishness*, n. ἀνοησία (ἡ), ἠλιθιότητα (ἡ), γελοιότητα (ἡ)/ ~*proof*, a. δοκιμασμένος, ἀλάθητος/ ~*scap*, n. φουλσκάπ (τό)

foot, n. πόδι (τό), βάση (ἡ)/ (hill) πρόποδες (οἱ)/ (mil.) πεζικό (τό)/ *from head to* ~, ἀπό τήν κορυφή ὡς τά νύχια/ *on* ~, μέ τά πόδια, πεζός/ *put one's* ~ *in it*, κάνω γκάφα, τά κάνω θάλασσα/ *put one's* ~ *down*, πατάω πόδι/ *trample under* ~, συντρίβω ποδοπατώ/ ~*ball*, n. ποδόσφαιρο (τό)/ ~*baller*, n. ποδοσφαιριστής (ὁ)/ ~*board*, n. ὑποπόδιο (τό)/ ~*hold*, n. στήριγμα (τό), πρώτο βῆμα/ (mil.) προγεφύρωμα (τό)/ ~*ing*, n. πάτημα (τό), βάση (ἡ), θεμέλιο (τό)/ *be on an equal* ~, εἴμαστε ἴσου/ ~*man*, n. ὑπηρέτης (ὁ)/ ~*note*, n. ὑποσημείωση (ἡ)/ ~*pad*, n. ληστής (ὁ)/ ~*path*, n. μονοπάτι (τό)/ ~*print*, n. πατημασιά (ἡ)/ ~*step*, n. βῆμα (τό)/ ~*wear*, n. ὑποδήματα (τά), παπούτσια (τά)

fop, n. κομψευόμενος (ὁ), θηλυπρεπής (ὁ)/ ~*pery*, n. κομψομανία (ἡ)/ ~*pish*, a. ματαιόδοξος, κομψευόμενος

for, pr. γιά, ὑπέρ, λόγω, ἕνεκα/ ~ *example*, γιά παράδειγμα/ ~ *fear*, ἀπό φόβο/ ~ *a while*, γιά λίγο/ *as* ~ *me*, ὅσο γιά μένα/ ~ *all I know*, ἀπ' ὅσο ξέρω/ ~ *good*, γιά πάντα/ ~ *your sake*, γιά χατήρι σου/ *what* ~? γιά ποιό λόγο;/ c. ἐπειδή, διότι

forage, n. φορβή (ἡ), χόρτο (τό)/ ~ *cap*, δίκωχο (τό)/ v.i. βόσκω/ ~ *for*, ἀναζητώ

forasmuch as, a. ἐπειδή, καθότι

foray, n. ἐπιδρομή (ἡ)

forbear, v.i. ἀπέχω, ἀποφεύγω, ὑπομένω/ ~*ance*, n. ὑπομονή (ἡ), ἀνεκτικότητα (ἡ)

forbid, v.t. ἀπαγορεύω, ἐμποδίζω/ *God* ~! Θεός φυλάξοι!/ ~*den*, a. ἀπαγορευμένος/ ~*ding*, a. ἀποκρουστικός, ἐπικίνδυνος

force, n. δύναμη (ἡ)/ pl. (mil.) δυνάμεις (οἱ), στρατεύματα (τά)/ *resort to* ~, καταφεύγω στήν βία/ *yield to* ~, ὑποκύπτω στήν βία/ *be in* ~, ἰσχύω/ *by* ~, μέ τήν βία/ *by* ~ *of circumstances*, ἀπό τίς περιστάσεις, λόγω τῶν περιστάσεων/ *put in* ~, βάζω σέ ἐνέργεια/ v.t. ἐξαναγκάζω, βιάζω/ (lock) παραβιάζω/ (pace) ἐπιταχύνω/ ~ *one's way*, μπαίνω μέ τήν βία/ ~*d*, p.p. & a. ἀναγκαστικός, βεβιασμένος/ ~*ful*, a. ἰσχυρός, δυνατός, πειστικός

forcemeat, n. κιμάς γιά παραγέμιση (ὁ)

forceps, n. pl. ἐμβρυουλκός (ὁ), λαβίδα (ἡ)

force-pump, n. καταθλιπτική ἀντλία (ἡ)

forcible, a. ἰσχυρός, βίαιος/ ~ *entry*, βίαια εἴσοδος/ *forcing*, n. ἐκβίαση (ἡ), παραβίαση (ἡ)/ (plants) καλλιέργεια σέ θερμοκήπιο

ford, n. πόρος (ὁ)/ v.t. περνῶ (ποταμό) πεζός

fore, a. προηγούμενος/ (naut.) πρός τήν πρώρα/ ~ *and aft*, ἀπό τήν πρώρα στήν πρύμνη/ ad. πρίν, προηγούμενα

forearm, n. βραχίονας (ὁ)/ v.t. προεξοπλίζομαι, ἐξοπλίζομαι ἔγκαιρα

forebear, n. πρόγονος (ὁ)

forebode, v.t. προοιωνίζομαι, προμηνύω/ *foreboding*, n. προμήνυμα (τό), οἰωνός κακός (ὁ)

forecast, n. πρόβλεψη (ἡ)/ v.t. προβλέπω

forecastle, n. πρωραῖος θάλαμος (ὁ)

foreclose, v.i. ἀποκλείω, ἐμποδίζω/ (leg.) κατασχέτω

foreclosure, n. κατάσχεση (ἡ)

forefather, n. πρόγονος (ὁ), προπάτορας (ὁ)

forefinger, n. δείκτης (ὁ)

forefront, n. προσκήνιο (τό)/ (mil.) πρώτη γραμμή (ἡ)

foregoing, a. προηγούμενος, ἐκεῖνος πού προαναφέρθηκε

foregone, a. προαποφασισμένος, σίγουρος/ ~ *conclusion*, βέβαιο (σίγουρο) ἀποτέλεσμα

foreground, n. προσκήνιο (τό), τό ἐμπρός μέρος

forehead, n. μέτωπο (τό), κούτελο (τό)

foreign, a. ξένος, ἀλλοδαπός/ ~ *policy*, ἐξωτερική πολιτική/ ~ *office*, ὑπουργεῖο Ἐξωτερικῶν/ ~ *trade*, ἐξωτερικό ἐμπόριο/ ~*er*, n. ξένος (ὁ), ἀλλοδαπός (ὁ)

forejudge, v.t. προδικάζω

foreknowledge, n. προηγούμενη γνώση (ἡ)
foreland, n. ἀκρωτήριο (τό)
forelock, n. μπούκλα (ἡ), ἀφέλεια (ἡ)
foreman, n. ἀρχιεργάτης (ὁ), ἐπόπτης ἐργασίας (ὁ)
foremast, n. πρωραῖος ἱστός (ὁ)
foremost, a. πρώτιστος, πρωταρχικός, κυριότερος
forenoon, n. πρωί (τό), πρίν τό μεσημέρι
forensic, a. δικανικός/ ~ *medicine,* ἰατροδικαστική (ἡ)
forerunner, n. πρόδρομος (ὁ), πρωτοπόρος (ὁ)
foresail, n. πρωραῖο πανί (τό), πανί τῆς πλώρης (τό)
foresee, v.t. προβλέπω
foreshadow, v.t. προμαντεύω, προεικάζω, προμηνύω
foreshore, n. ἀκρογιαλιά (ἡ)
foreshortening, n. σμίκρυνση (ἡ)
foresight, n. πρόβλεψη (ἡ), πρόγνωση (ἡ), προαίσθηση (ἡ)
foreskin, n. ἀκροβυστία (ἡ)
forest, n. δάσος (τό)/ ~*ed,* a. δασόφυτος, δασώδης/ ~*er,* n. δασοφύλακας (ὁ)
forestall, v.t. προλαβαίνω/ (comm.) προαγοράζω
foretaste, n. πρόγευση (ἡ)
foretell, v.t. προλέγω, προμαντεύω
forethought, n. πρόνοια (ἡ)
forever, ad. γιά πάντα/ ~ *and ever,* εἰς τούς αἰώνας τῶν αἰώνων
forewarn, v.t. προειδοποιῶ
foreword, n. πρόλογος (ὁ)
forfeit, n. στέρηση (ἡ), ἀποξένωση (ἡ)/ v.t. στερῶ, δημεύω/ στερούμαι, χάνω/ ~*ure,* n. στέρηση (ἡ), κατάσχεση (ἡ), δήμευση (ἡ)
forgather, v.i. συγκεντρώνομαι, συναθροίζομαι
forge, n. σιδηρουργεῖο (τό)/ v.t. σφυρηλατῶ, χαλκεύω/ (documents) πλαστογραφῶ/ ~ *ahead,* προχωρῶ ἀποφασιστικά/ ~*r,* n. πλαστογράφος (ὁ)/ ~*ry,* n. πλαστογραφία (ἡ)
forget, v.t. ξεχνῶ/ ~*ful,* a. ξεχασιάρης, ἀπρόσεκτος/ ~ *me-not,* n. μή μέ λησμόνει
forgive, v.t. συγχωρῶ/ ~*ness,* n. συγχώρηση (ἡ)/ (of sins) ἄφεση (ἡ)/ *forgiving,* a. ἐπιεικής
forgo, v.t. ἀποφεύγω, ἀπέχω
fork, n. πηρούνι (τό)/ (agr.) δίκρανο (τό), πηρούνα (ἡ)/ v.i. διακλαδίζομαι/ ~*ed,* a. διχαλωτός/ (med.) δισχιδής
forlorn, a. ἔρημος, ἀπελπισμένος/ ~ *hope,* ἀπεγνωσμένη προσπάθεια
form, n. σχῆμα (τό), μορφή (ἡ)/ (school) τάξη (ἡ)/ *fill in a* ~, συμπληρώνω ἔντυπο (αἴτηση)/ *in good (bad)* ~, σέ καλή (κακή) φόρμα/ *for* ~'s *sake,* γιά τούς τύπους/ v.t. σχηματίζω, πλάθω, διαμορφώνω/ (company) ἱδρύω/ ~ *a government,* σχηματίζω κυβέρνηση
formal, a. τυπικός, κανονικός, ἐπίσημος/ (letter, visit, etc.) ἐπίσημος/ ~*ity,* n. διατύπωση (ἡ)/ ~*ly,* ad. ἐπίσημα
formation, n. σχηματισμός (ὁ)/ (mil.) διάταξη (ἡ)
former, a. προηγούμενος, προγενέστερος/ (minister, etc.) πρώην/ ~*ly,* ad. προηγούμενα, ἄλλοτε
formidable, a. φοβερός, δεινός
formula, n. τύπος (ὁ), ὑπόδειγμα (τό)/ ~*te,* v.t. διατυπώνω
fornicate, v.i. ἔχω σεξουαλικές σχέσεις/ *fornication,* n. σεξουαλική σχέση (ἡ)
forsake, v.t. ἀφήνω, ἐγκαταλείπω
forsooth, ad. ἀλήθεια, πραγματικά, πράγματι
forswear, v.t. ἀπαρνοῦμαι
fort, n. φρούριο (τό), ὀχυρό (τό)
forth, ad. μπροστά, πρός τά ἐμπρός/ *back and* ~, μπρός πίσω/ *and so* ~, καί οὕτω καθ' ἑξῆς/ ~*coming,* a. προσεχής, ἀναμενόμενος/ ~*right,* a. εὐθύς, σαφής/ ~ *with,* ad. πάραυτα, ἀμέσως
fortieth, ord. num. τεσσαρακοστός
fortification, n. ὀχύρωση (ἡ), ὀχύρωμα (τό)/ *fortified,* a. ἐνισχυμένος/ ~ *wine,* δυνατό κρασί/ *fortify,* v.t. ὀχυρώνω/ (fig.) τονώνω, δυναμώνω
fortitude, n. καρτερία (ἡ), σθένος (τό), θάρρος (τό)
fortnight, n. δεκαπενθήμερο (τό)/ ~*ly,* a. δεκαπενθήμερος/ ad. κάθε δεκαπέντε
fortress, n. φρούριο (τό), ὀχυρό (τό)
fortuitous, a. τυχαῖος, ἀπρόοπτος, ἀπροσδόκητος

fortunate, a. τυχερός/ ~*ly*, ad. εὐτυχῶς, κατά καλή τύχη
fortune, n. τύχη (ἡ), εὐτυχία (ἡ)/ (money) περιουσία (ἡ)/ *try one's* ~, δοκιμάζω τήν τύχη μου/ *make a* ~, κάνω περιουσία/ ~ *hunter*, n. τυχοδιώκτης (ὁ), προικοθήρας (ὁ)/ ~ *teller*, n. μάντης (ὁ)/ (cards) χαρτορίχτρα (ἡ)/ (coffee-cup) καφετζού (ἡ)
forty, num. σαράντα
forum, n. ἀγορά (ἡ), χῶρος δημόσιων συγκεντρώσεων
forward, a. μπροστινός, προοδευμένος/ ~ *looking*, προοδευτικός/ ad. μπροστά, πρός τά ἐμπρός/ *look* ~ *to*, περιμένω μέ ἀνυπομονησία, προσδοκῶ/ v.t. προάγω, προωθῶ/ (message, letter, etc.) διαβιβάζω, ἀποστέλλω/ ~*ness*, n. προώθηση (ἡ), πρόοδος (ἡ), ζῆλος (ὁ)
fossil, n. ἀπολίθωμα (τό)/ ~ *ize*, v.t. & i. ἀπολιθώνω/ ~*ized*, a. ἀπολιθωμένος
foster, v.t. τρέφω, ἀνατρέφω/ ~ *brother*, n. θετός ἀδελφός (ὁ)/ ~ *child*, n. θετό παιδί (τό)/ ~ *mother*, n. θετή μητέρα (ἡ)/ ~ *sister*, n. θετή ἀδελφή (ἡ)
foul, a. βρώμικος, ρυπαρός, ἀκάθαρτος/ (fig.) αἰσχρός, ἄσεμνος/ ~ *faced*, a. ἄσχημος, ἀσχημομούρης/ ~ *mouthed*, a. αἰσχρολόγος, βρωμόστομος/ *fall* ~ *of*, πέφτω σέ δυσμένεια/ ~ *play* (leg.) ἐγκληματική πράξη (ἐνέργεια)/ (sport) φάουλ/ v.t. μολύνω, βρωμίζω/ ~*ness*, n. βρωμιά (ἡ), ρυπαρότητα (ἡ)/ (leg.) αἰσχρότητα (ἡ), ἀχρειότητα (ἡ)
found, v.t. ἱδρύω, θεμελιώνω/ (metal) χύνω/ *be* ~*ed on*, στηρίζομαι (βασίζομαι) σέ/ ~*ation*, n. θεμελίωση (ἡ), θεμέλιο (τό), στήριγμα (τό)/ (organization) ἵδρυμα (τό), νομικό πρόσωπο (τό)/ ~*stone*, θεμέλιος λίθος (ὁ)/ (fig.) στήριγμα (τό), βάση (ἡ)/ ~*er*, n. ἱδρυτής (ὁ)/ (metal) χύτης (ὁ)/ v.i. κουράζομαι, ἀποκάνω/ (ship) βυθίζομαι, βουλιάζω/ ~*ing*, a. ἱδρυτικός, θεμελιακός
foundling, n. ἔκθετο (τό)
foundry, n. χυτήριο (τό)
fountain, n. βρύση (ἡ), κρήνη (ἡ), συντριβάνι (τό)/ ~ *head*, n. πηγή (ἡ)/ ~ *pen*, n. στυλό διαρκείας (τό)
four, num. τέσσερα/ ~*fold*, a. τετραπλάσιος/ ~ *footed*, a. τετράποδος/ *in* ~*s*, σέ τετράδες/ *on all* ~*s*, μέ τά τέσσερα/ ~*teen*, num. δεκατέσσερα/ ~*th*, ord. num. τέταρτος/ ~*thly*, ad. κατά τέταρτο λόγο
fowl, n. πουλερικά (τά), ὄρνιθες (οἱ)/ ~ *house*, n. ὀρνιθώνας (ὁ)/ ~*ing*, n. ὀρνιθοθηρία (ἡ), κυνήγι πουλιῶν (τό)/ ~ *piece*, κυνηγετικό ὅπλο (τό)
fox, n. ἀλεπού (ἡ)/ ~*hound*, n. κυνηγετικός σκύλος (ὁ)/ ~*hunt*, n. κυνήγι ἀλεποῦς (τό)/ ~ *trot*, n. φοξτρότ (τό)/ ~a. ἀλεπουδίσιος/ (fig.) πονηρός, πανοῦργος
foyer, n. ἐντευκτήριο (τό), φουαγιέ (τό)
fraction, n. κλάσμα (τό)/ ~*al*, a. κλασματικός
fractious, a. ἐριστικός, καβγατζής, φιλόνικος
fracture, n. κάταγμα (τό), θλάση (ἡ)/ v.t. σπάω, θραύω/ (med.) v.i. παθαίνω κάταγμα
fragile, a. εὔθραυστος, ἀδύνατος, εὐπαθής/ *fragility*, n. τό εὔθραυστο, εὐπάθεια (ἡ)
fragment, n. κομμάτι (τό), θραῦσμα (τό), συντρίμμι (τό)/ (text) ἀπόσπασμα (τό)/ ~*ary*, a. κομματιασμένος, τμηματικός, κομματιαστός/ (text) ἀποσπασματικός
fragrance, n. εὐωδία (ἡ)/ *fragrant*, a. εὐωδιαστός
frail, a. εὐπαθής, ἀδύνατος/ ~*ty*, n. εὐπάθεια (ἡ), ἀδυναμία (ἡ)
frame, n. πλαίσιο (τό), σκελετός (ὁ), περίγραμμα (τό)/ (painting) κορνίζα (ἡ)/ ~ *of mind*, διάθεση (ἡ)/ v.t. πλαισιώνω, κορνιζώνω, σχεδιάζω/ (phot.) καντράρω/ ~ *up*, n. σκηνοθετημένη, ψεύτικη κατηγορία/ v.t. ἐπινοῶ ψεύτικη κατηγορία/ ~*work*, n. σχέδιο (τό), γενικό πλαίσιο (τό)/ ~ *of society*, κοινωνική δομή (ἡ)
franc, n. φράγκο (τό)
franchise, n. ἐκλογικό δικαίωμα (τό), δικαίωμα ψήφου (τό)
Franciscan, n. Φραγκισκανός (ὁ)
francophile, n. & a. γαλλόφιλος
franc-tireur, n. ἐλεύθερος σκοπευτής (ὁ)
frank, a. εὐθύς, εἰλικρινής, ντόμπρος/ v.t. ἀπαλλάσσω ἀπό ταχυδρομικά τέλη

frankincense, n. λιβάνι (τό)
frankly, ad. είλικρινά, μέ εύθύτητα
frantic, a. έξαλλος, ξέφρενος, λυσσαλέος
fraternal, a. άδελφικός/ *fraternity*, n. άδελφότητα (ή), άδελφοσύνη (ή)/ *fraternize*, v.i. άδελφώνομαι, έχω στενές φιλικές σχέσεις/ *fratricidal*, a. άδελφοκτόνος/ *fratricide*, n. άδελφοκτονία (ή)/ (person) άδελφοκτόνος (ό)
fraud, n. άπάτη (ή), δόλος (ό)/ ~ *ulent*, a. άπατηλός, δόλιος, άθέμιτος
fraught, a. γεμάτος, κατάφορτος, μεστός
fray, n. συμπλοκή (ή), φιλονικία (ή), καβγάς (ό)/ v.i. τρίβω, ξεφτίζω/ (fig.) ταράζω, έρεθίζω
freak, n. ίδιορρυθμία (ή), παραξενιά (ή)/ (follower) φανατικός όπαδός/ ~*ish*, a. ίδιόρρυθμος, έκκεντρικός, παράξενος
freckle, n. φακίδα (ή), πιτσιλάδα (ή)/ ~*d*, a. φακιδοπρόσωπος
free, a. έλεύθερος, άνεξάρτητος, άδέσμευτος/ (with money) γενναιόδωρος, άνοιχτοχέρης, χουβαρδάς/ (gratis) δωρεάν, τσάμπα/ ~ *and easy*, άνεπίσημος, φιλικός/ ~ *on board*, μέ πληρωμένα τά μεταφορικά/ *of one's own* ~ *will*, μέ τήν θέλησή μου, έθελοντικά/ v.t. έλευθερώνω, άπελευθερώνω, άποδεσμεύω/ ~*dom*, n. έλευθερία (ή), άνεξαρτησία (ή)/ ~ *of the city*, άνακήρυξη σέ έπίτιμο δημότη/ ~ *of speech*, έλευθερία λόγου/ ~ *of worship*, έλευθερία τής λατρείας/ ~*hand*, a. έλεύθερος, μέ τό χέρι/ ~*hold*, n. άπόλυτη κυριότητα άκινήτου/ ~*lance*, n. & a. άνεξάρτητος δημοσιογράφος/ ~*mason*, n. μασόνος (ό), έλεύθερος τέκτονας (ό)/ ~*masonry*, n. μασονία (ή), τεκτονισμός (ό)/ ~ *thinker*, n. έλευθερόφρονας (ό), χωρίς θρησκευτικές προκαταλήψεις
freeze, v.t. παγώνω, καταψύχω/ (fig.) τρομάζω, άκινητοποιώ/ v.i. παγώνω/ (fig.) παραλύω, άκινητοποιοϋμαι/ *it is* ~*ing*, κάνει παγωνιά/ ~*r*, n. κατάψυξη (ή)/ ~*ing*, a. ψυκτικός, παγερός/ ~ *point*, σημείο πήξεως/ (of wages) παγοποίηση τών μισθών
freight, n. φορτίο (τό)/ ~ *train*, φορτηγό τραΐνο (τό)/ v.t. φορτώνω, ναυλώνω/ ~*age*, n. ναύλος μεταφοράς (ό)/ ~*er*, n. φορτηγό πλοίο (τό)/ (person) ναυλωτής (ό)
French, n. Γάλλος (ό)/ a. γαλλικός/ (language) γαλλικά (τά)/ ~ *beans*, φασολάκια/ ~ *leave*, άπουσία χωρίς άδεια, άδεια άλά γαλλικά/ ~ *window*, μπαλκονόπορτα (ή)
frenzied, a. έξαλλος, ξέφρενος, ξετρελαμένος/ *frenzy*, n. έξαλλοσύνη (ή), παραφροσύνη (ή), τρέλα (ή), παροξυσμός (ό)
frequency, n. συχνότητα (ή)/ *high* ~, ύψηλή συχνότητα
frequent, a. συχνός/ v.t. συχνάζω/ ~*er*, n. θαμώνας (ό), τακτικός έπισκέπτης (πελάτης)/ ~*ly*, ad. συχνά
fresco, n. νωπογραφία (ή), φρέσκο (τό)
fresh, a. φρέσκος, νωπός/ (fig.) ξεκούραστος, ζωηρός/ ~ *air*, καθαρός άέρας/ ~ *water*, γλυκό νερό/ ~*en*, v.t. & i. δροσίζω, άναζωογονώ/ (wind) δυναμώνω/ ~ *up*, φρεσκαρίζομαι/ ~*ly*, ad. πρόσφατα, τελευταία/ ~*man*, n. πρωτοετής φοιτητής/ ~*ness*, n. δροσερότητα (ή), νωπότητα (ή), φρεσκάδα (ή)
fret, n. ταραχή (ή), άνησυχία (ή)/ (mus.) δακτυλοθέσιο κιθάρας/ (ornament) μαίανδρος (ό)/ (arch.) διακόσμηση όροφής/ v.t. διακοσμώ, σκαλίζω/ v.i. άνησυχώ/ ~*ful*, a. εύέξαπτος, γρινιάρης/ ~*fulness*, n. έκνευρισμός (ό), γκρίνια (ή)/ ~*saw*, n. ξεγυριστάρι (τό)/ ~*work*, n. διακόσμηση (ή), σκάλισμα (τό)
Freudian, a. φροϋδικός
friable, a. εύκολότριφτος
friar, n. μοναχός (ό), καλόγερος (ό)/ ~*y*, n. μονή (ή), μοναστήρι (τό)
fricassée, n. φρικασέ (τό)
friction, n. τριβή (ή), τρίψιμο (τό)/ (fig.) διαμάχη (ή), άντίθεση (ή)
Friday, n. Παρασκευή (ή)
fridge, n. ψυγείο (τό)
friend, n. φίλος (ό), σύντροφος (ό)/ *boy* ~, φίλος (ό)/ *girl*~, φιλενάδα (ή)/ ~ *less*, a. χωρίς φίλους/ ~*liness*, n. φιλικότητα (ή)/ ~*ly*, a. φιλικός/ ~ *society*, άλληλοβοηθητικό σωματείο/ ~*ship*, n. φιλία (ή)
frieze, n. διάζωμα (τό), φρίζα (ή), ζωφό-

ρος (ή)
frigate, n. φρεγάτα (ή)
fright, n. φόβος (ό), τρόμος (ό), τρομάρα (ή)/ ~en, v.t. φοβίζω, τρομάζω/ ~ away, τρέπω σέ φυγή/ ~ful, a. φοβερός, τρομερός, άπαίσιος/ ~ fully, ad. φοβερά, τρομερά, άπαίσια
frigid, a. ψυχρός, παγερός/ (woman) ψυχρή, σεξουαλικά άδιάφορη/ ~ity, n. ψυχρότητα (ή), παγερότητα (ή)/ (in women) άναφροδισία (ή)
frill, n. φραμπαλάς (ό), 6ολάν (τό)/ (fig.) στολίδι (τό), μπιχλιμπίδι (τό)/ ~s, n. pl. νάζια (τά), καμώματα (τά)/ v.t. σουρώνω, πλισάρω
fringe, n. παρυφή (ή), άκρη (ή)/ (hair) φράντζα (ή)/ ~ benefits, πρόσθετες παροχές (οί)
frippery, n. μπιχλιμπίδια (τά), φανταχτερά στολίδια (τά)
frisk, v.i. χοροπηδώ/ v.t. ύποβάλλω σέ σωματική έρευνα/ (fig.) κλέβω, σουφρώνω/ ~y, a. ζωηρός, παιχνιδιάρης
fritter, n. σβίγκος (ό), λουκουμάς (ό)/ v.t. κομματιάζω, τρίβω/ ~ away, σπαταλώ
frivolity, n. έπιπολαιότητα (ή), έλαφρότητα (ή)/ *frivolous*, a. έπιπόλαιος, έλαφρόμυαλος, άσήμαντος
frizzle, n. κατσάρωμα (τό), όντουλάρισμα (τό)/ v.t. κατσαρώνω, όντουλάρω/ ~d, a. κατσαρωμένος, όντουλαρισμένος
fro, ad. πέρα, μακριά/ *to and* ~, πέρα δώθε
frock, n. φόρεμα (τό), φουστάνι (τό)/ (eccl.) ράσο (τό), ίερατικό σχήμα (τό)/ ~coat, n. ρεντιγκότα (ή)
frog, n. βάτραχος (ό)/ ~man, n. βατραχάνθρωπος (ό)
frolic, n. εύθυμία (ή), φαιδρότητα (ή), παιχνιδιάρικη διάθεση (ή)/ v.i. εύθυμώ, παίζω, κάνω τρέλες/ ~some, a. εΰθυμος, ζωηρός, παιχνιδιάρης
from, pr. άπό/ ~ *above*, άπό πάνω/ *order* ~ *above*, άνώτερη διαταγή/ ~ *afar*, άπό μακριά/ ~ *amongst*, άπό άνάμεσα/ ~ *behind*, άπό πίσω/ ~ *earliest times*, άπό τόν παλιό καιρό/ ~ *memory*, άπό μνήμης/ ~ *now on*, άπό τώρα καί στό έξής/ ~ *time to time*, πότε πότε/ ~ *under*, άπό κάτω
front, n. έμπρόσθιο μέρος (τό), πρόσοψη (ή)/ (mil.) μέτωπο (τό)/ *come to the* ~, διακρίνομαι, γίνομαι γνωστός/ *in* ~ *of*, μπροστά/ a. μπροστινός/ ~ *door*, έξώπορτα (ή)/ ~ *garden*, αύλή σπιτιοΰ/ ~ *line*, πρώτη γραμμή/ ~ *page*, πρώτη σελίδα/ ~age, n. πρόσοψη άκινήτου/ ~ *al*, a. μπροστινός, μετωπικός/ (anat.) μετωπιαίος
frontier, n. σύνορο (τό), όριο (τό), μεθόριος (ή)/ a. συνοριακός, μεθοριακός, παραμεθόριος
frontispiece, n. προμετωπίδα (ή)
frost, n. παγετός (ό), παγωνιά (ή)/ ~*bite*, n. κρυοπάγημα (τό)/ ~y, a. παγερός, παγωμένος/ (fig.) ψυχρός
froth, n. άφρός (ό)/ (fig.) κούφια λόγια, λόγια τοΰ άέρα/ v.i. άφρίζω/ ~y, a. άφρισμένος/ (fig.) άνόητος, ρηχός
frown, n. κατσούφιασμα (τό), στραβομουτσούνιασμα (τό), άγριοκοίταγμα (τό)/ v.i. κατσουφιάζω, στραβομουτσουνιάζω, άγριοκοιτάζω/ ~ *on*, άποδοκιμάζω
frowsy, a. πνιγερός, βρώμικος
frozen, p.p.& a. παγωμένος
fructiferous, a. καρποφόρος
frugal, a. οίκονομικός/ (person) λιτός, όλιγαρκής/ ~*ity*, n. οίκονομία (ή), λιτότητα (ή), όλιγάρκεια (ή)
fruit, n. καρπός (ό), φροΰτο (τό)/ *tree*, καρποφόρο δέντρο (τό)/ *candied* ~, ζαχαρωμένα φροΰτα (τά)/*dried* ~,ξηροί καρποί/ ~*erer*, n. όπωροπώλης (ό)/ ~*ful*, a. καρποφόρος, καρπερός/ (fig.) άποδοτικός/ ~*ion*, n. άπόλαυση (ή), πραγματοποίηση (ή)/ ~*less*, a. άκαρπος/ (fig.) μάταιος, άνώφελος
frump, n. άπεριποίητη γυναίκα (ή)
frustrate, v.t. ματαιώνω, διαψεύδω/ *frustration*, n. ματαίωση (ή), άπογοήτευση (ή)
fry, n. ψαράκια (τά)/ *small* ~, άσήμαντα πρόσωπα/ v.t. τηγανίζω/ ~*ing pan*, τηγάνι (τό)
fuchsia, n. φούξια (ή)
fuck, v.t. γαμώ
fuddle, v.t. ζαλίζω, άποβλακώνω, άπο-

χαυνώνω/ ~d, a. ζαλισμένος, αποβλακωμένος, αποχαυνωμένος
fudge, n. φοντάν (τό)
fuel, n. καύσιμα (τά), καύσιμη ΰλη (ή)/ v.t. τροφοδοτώ μέ καύσιμα, προμηθεύω καύσιμα/ v.i. ανθρακεύω
fugitive, a. έφήμερος, πρόσκαιρος/ n. φυγάδας (ό), δραπέτης (ό), πρόσφυγας (ό)
fugue, n. φούγκα (ή)
fulcrum, n. ύπομόχλιο (τό)
fulfil, v.t. εκπληρώνω, πραγματοποιώ, εκτελώ/ ~ment, n. εκπλήρωση (ή), πραγματοποίηση (ή), ολοκλήρωση (ή)
full, a. γεμάτος, πλήρης/ (dress) φαρδύς/ (stomach) χορτάτο/ ~back, n. (sport) όπισθοφύλακας (ό)/ ~ blooded, a. σωματώδης, γεμάτος/ (wine) αρωματικός/ ~ dress, n. επίσημο ένδυμα (τό)/ ~er, n. γραφέας (ό)/ ~length, a. ολόσωμος/ ~ moon, n. πανσέληνος (ή)/ ~ness, n. πληρότητα (ή), αρτιότητα (ή)/ ~ of time, πλήρωμα τοϋ χρόνου/ ~time, n. πλήρης απασχόληση (ή)/ ~y, ad. τελείως, εντελώς, απόλυτα
fulminant, a. κεραυνοβόλος, βροντερός/ **fulminate**, n. ~ of mercury, βροντώδης (κροτικός) υδράργυρος (ό)/ v.i. βροντώ, προκαλώ έκρηξη/ ~ against, εκτοξεύω κατηγορίες βρισιές)
fulsome, a. κακόγουστος, αηδιαστικός, χονδροειδής/ ~ praise, υπερβολικός έπαινος
fumble, v.t. ψηλαφώ, ψαχουλεύω/ (be awkward) χειρίζομαι αδέξια/ ~r, n. ατζαμής (ό), αδέξιος (ό)
fume, n. ατμός (ό), αναθυμίαση (ή), καυσαέριο (τό)/ v.i. βγάζω καπνό/ (fig.) εξοργίζομαι, είμαι έξω φρενών
fumigate, v.t. απολυμαίνω μέ κάπνισμα/ **fumigation**, n. απολύμανση μέ κάπνισμα (ή)
fun, n. διασκέδαση (ή), κέφι (τό), ευθυμία (ή)/ have ~, διασκεδάζω, γλεντώ/ for ~, γιά αστείο/ make ~ of, κοροϊδεύω, περιγελώ
function, n. λειτουργία (ή), αρμοδιότητα (ή)/ official ~, τελετή (ή), δεξίωση (ή)/ v.i. λειτουργώ/ ~al, a. λειτουργικός/ ~ary, n. δημόσιος λειτουργός (ό), δημόσιος υπάλληλος (ό)
fund, n. ταμείο (τό), κονδύλι (τό)/ pl. κονδύλια (τά), χρήματα (τά)
fundamental, a. βασικός, στοιχειώδης, θεμελιώδης, ουσιαστικός
funeral, n. κηδεία (ή), νεκρική πομπή (ή)/ ~ service, νεκρώσιμη ακολουθία/ a. νεκρικός, πένθιμος
fungous, a. μυκητώδης/ **fungus**, n. μύκητας (ό), μανιτάρι (τό)
funicular, a. εναέριος/ ~ railway, εναέριος σιδηρόδρομος
funk, n. φόβος (ό), τρόμος (ό)/ v.t. & i. φοβούμαι, τρομάζω
funnel, n. χωνί (τό), καπνοδόχος (ή), φουγάρο (τό)
funny, a. κωμικός, αστείος
fur, n. τρίχωμα (τό), γούνα (ή)/ (tongue) έπίχρισμα (τό)/ (kettle) πουρί/ ~ coat, γούνινο παλτό (τό)/ v.t. & i. φοδράρω, σκεπάζω μέ γούνα/ (tongue) μαλλιάζω
furbelow, n. φραμπαλάς (ό)
furbish, v.t. γυαλίζω, καθαρίζω/ (metal) ξεσκουριάζω
furious, a. εξοργισμένος, εξαγριωμένος
furlong, n. διακόσιες είκοσι γυάρδες
furlough, n. άδεια απουσίας
furnace, n. φούρνος (ό), κλίβανος (ό), καμίνι (τό)
furnish, v.t. παρέχω, προσφέρω, εφοδιάζω/ (a house) επιπλώνω/ ~ed, a. επιπλωμένος/ ~er, n. έμπορος επίπλων/ **furniture**, n. έπιπλα (τά), έπίπλωση (ή)
furore, n. παραφορά (ή), ενθουσιασμός (ό)
furrier, n. γουναράς (ό)
furrow, n. αυλάκι (τό), χαντάκι (τό)/ v.t. αυλακώνω/ (field) αρτοριώ/ (face) κάνω ρυτίδες/ ~ed, a. ρυτιδωμένος
further, a. μακρινότερος, πρόσθετος/ until ~ notice, μέχρι νεωτέρας ειδοποιήσεως/ ad. μακρύτερα, πιό πέρα/ v.t. προωθώ, υποστηρίζω, εξυπηρετώ/ ~ance, n. προώθηση (ή), προαγωγή (ή)/ ~more, ad. επίσης, επιπλέον/ **furthest**, a. ὁ πιό μακρινός, απώτατος/ ad. πιό μακρύτερα
furtive, a. κρυφός, κλεφτός, λαθραίος/ ~ glance, κλεφτή ματιά
fury, n. οργή (ή), μανία (ή), παραφορά

(ή)/ (myth.) Ἐρινύα (ή)
furze, n. ἀγκαθωτός θάμνος (ὁ)
fuse, n. φυτίλι (τό), ἄφτρα (ή)/ (mol.) πυροσωλήνας (ὁ)/ (elec.) ἀσφάλεια (ή)/ *time* ~, πυροδοτικός μηχανισμός ὡρολογιακῆς βόμβας/ v.t. & i. λυώνω, συγκολλῶ/ (merge) συγχωνεύω/ *fusible*, a. εὐκολολυώσιμος
fuselage, n. ἄτρακτος (ή)
fusillade, n. τουφεκίδι (τό)
fusion, n. τήξη (ή), συνένωση (ή), συγχώνευση (ή)
fuss, n. ταραχή (ή), φασαρία (ή), ἀναστάτωση (ή)/ *make a* ~, κάνω φασαρία/ v.i. ἀνησυχῶ, κάνω φασαρία/ ~*y*, a. ἰδιότροπος, μικρολόγος, σχολαστικός
fustian, n. ὕφασμα κοτλέ (τό)/ (fig.) στόμφος (ὁ), μεγαλοστομία (ή)/ a. στομφώδης, μεγαλόστομος
futile, a. μάταιος, ἄσκοπος/ *futility*, n. ματαιότητα (ή)
future, a. μελλοντικός/ n. μέλλον (τό)/ (tense) μέλλων (ὁ), μέλλοντας (ὁ)/ *in* ~, στό μέλλον/ *futuristic*, a. φουτουριστικός
fuzzy, a. θαμπός, φλού/ (hair, etc.) χνουδωτός

G

gab, n. φλυαρία (ή), πολυλογία (ή)/ *gift of the* ~ εὐφράδεια
gabardine, n. γκαμπαρντίνα (ή)
gabble, n. γρήγορη μπερδεμένη ὁμιλία/ v.i. μιλῶ γρήγορα καί μπερδεμένα, τσαμπουνῶ/ ~*r*, n. φλύαρος (ὁ)
gad (about) v.i. περιφέρομαι, περιπλανιέμαι/ *gadabout*, n. ἀλήτης (ὁ)
gadfly, n. ἀλογόμυγα (ή)
gadget, n. ἐξάρτημα (τό), σύνεργο (τό), μικρή συσκευή (ή)
gaff, n. γάντζος (ὁ)/ v.i. γαντζώνω, καμακώνω

gaffe, n. γκάφα (ή)
gaffer, n. γέρος (ὁ), μπάρμπας (ὁ)
gag, n. φίμωτρο (τό)/ (theat.) αὐτοσχεδιασμός (ὁ)/ (joke) ἀστεῖο (τό), καλαμπούρι (τό)/ v.t. φιμώνω/ v.i. (tell jokes) λέγω ἀστεῖα, κάνω καλαμπούρια
gage, n. ἐνέχυρο (τό), ἐγγύηση (ή)/ v.t. βάζω ἐνέχυρο
gaiety, n. εὐθυμία (ή), χαρά (ή), κέφι (τό)
gaily, ad. εὔθυμα, χαρούμενα
gain, n. κέρδος (τό), αὔξηση (ή), βελτίωση (ή)/ v.t. κερδίζω, πετυχαίνω/~ *on*, πλησιάζω, φθάνω/ ~ *ground*, κερδίζω ἔδαφος/ ~ *time*, κερδίζω χρόνο/ *my watch* ~*s*, τό ρολόι μου πάει μπροστά/ ~*ful*, a. ἐπικερδής/ ~*ings*, n. κέρδη (τά), ὀφέλη (τά)
gainsay, v.t. ἀντικρούω, ἀμφισβητῶ, εἶμαι ἀντίθετος
gait, n. βάδισμα (τό), βηματισμός (ὁ), περπατησιά (ή)
gaiter, n. γκέτα (ή)
gala, n. γιορτή (ή), γιορταστική ἐκδήλωση (ή)
galaxy, n. γαλαξίας (ὁ)
gale, n. θύελλα (ή)/ (bot.) ἁλμυρίκι (τό)
gall, n. χολή η), χοληδόχος κύστη η)/ (fig.) πικρία (ή), πίκρα (ή)/ ~*stone*, πέτρα στήν χολή/ v.t. ἐρεθίζω, τρίβω, γδέρνω
gallant, a γενναῖος, ἱπποτικός, λεβέντικος/ n. δανδής (ὁ), κοσμικός τύπος/ ~*ry*, n. γενναιότητα (ή), ἱπποτισμός (ὁ)/ (to women) φιλοφρόνηση (ή), ἐρωτοτροπία (ή)
gallery, n. ἐξώστης (ὁ), μακρύς διάδρομος/ (theat.) ὑπερῷο (τό), γαλαρία (ή)/ (mine) στοά (ή)/ (art) γκαλλερί (ή), πινακοθήκη (ή)/ *play to the* ~, ἐπιζητῶ ἐπευφημίες
galley, n. γαλέρα (ή)/ (kitchen) μαγειρεῖο πλοίου/ ~*s*, n. pl. κάτεργα (τά)/ ~ *proof*, n. τυπογραφικό δοκίμιο (τό)/ ~ *slave*, n. κατάδικος τῶν γαλερῶν (ὁ)
Gallic, a. γαλατικός/ ~*ism*, n. γαλλισμός (ὁ)/ ~*ize*, v.t. ἐκγαλλίζω
galling, a. ἐρεθιστικός
gallon, n. γαλλόνι (τό)
galloon, n. γαλόνι (τό), σειρήτι (τό)

gallop, n. καλπασμός (ό)/ *at full* ~, μέ πλήρη καλπασμό/v.t. καλπάζω
gallows, n. pl. άγχόνη (ή), κρεμάλα (ή)/ ~*bird*, παλιάνθρωπος (ό)
galore, ad. σέ άφθονία, μέ τό τσουβάλι
galosh, n. γαλότσα (ή)
galvanic, a. γαλβανικός/ *galvanism*, n. γαλβανισμός (ό)
galvanize, v.t. γαλβανίζω/ (fig.) έμψυχώνω, ένθουσιάζω
gambit, n. πρώτη κίνηση, τέχνασμα (τό)
gamble, n. τυχερό παιχνίδι (τό), τζόγος (ό)/ v.t. & i. παίζω, ποντάρω, στοιχηματίζω/ ~ *r*, n. τζογαδόρος (ό)/ *gambling*, n. τζόγος (ό), παίξιμο (τό)
gambol, n. χοροπήδημα (τό), σκίρτημα (τό)/ v.i. χοροπηδώ, σκιρτώ
game, n. παιχνίδι (τό), άγώνας (ό), παρτίδα (ή)/ (hunt) θήραμα (τό), κυνήγι (τό)/ ~ *of chance*, τυχερό παιχνίδι/ *play the* ~, άκολουθώ τούς κανόνες/ *the* ~ *is up*, χάσαμε τό παιχνίδι/ (fig.) κόλπο (τό)/ a. γενναίος, τολμηρός/ (limb) κουτσός, άνάπηρος/ ~*keeper*, n. έπόπτης (φύλακας) κυνηγιοϋ (ό)/ ~*ster*, n. χαρτοπαίκτης (ό), τζογαδόρος (ό)
gammon, n. παστό χοιρομέρι (τό)
gamut, n. μουσική κλίμακα (ή), γκάμμα (ή)
gander, n. χήνος (ό)/ (fig.) χαζός
gang, n. παρέα (ή), συμμορία (ή), σπείρα (ή)/ ~*plank*, n. μαδέρι (τό), σανιδόσκαλα (ή)
ganglion, n. γάγγλιο (τό)
gangrene, n. γάγγραινα (ή)
gangster, n. συμμορίτης (ό), κακοποιός (ό), γκάγκστερ (ό)
gangway, n. διάδρομος (ό)/ (ship) σανιδόσκαλα (ή), διαβάθρα (ή)
gaol, n. φυλακή (ή)/ v.t. φυλακίζω/ ~ *bird*, n. τρόφιμος φυλακών (ό)/ ~*er*, n. δεσμοφύλακας (ό)
gap, n. κενό (τό), άνοιγμα (τό), χάσμα (τό), διάστημα (τό)/ *generation* ~, χάσμα τών γενεών/ *fill a* ~, συμπληρώνω κενό
gape, v.i. χάσκω, άνοίγω τό στόμα/ ~ *at*, χαζεύω
garage, n. γκαράζ (τό)
garb, n. ρούχο (τό), περιβολή (ή)

garbage, n. σκουπίδια (τά), άπορρίμματα (τά)
garble, v.t. διαστρέφω, άλλοιώνω, διαφτρεβλώνω
garden, n. κήπος (ό), περιβόλι (τό) ~*er*, n. κηπουρός (ό)/ ~ *hose*, n. λάστιχο ιοτίσματος τό)
gardenia, n. γαρδένια (ή)
gardening, n. κηπουρική (ή)
gargle, n. γαργάρα (ή)/ v.i. κάνω γαργάρα, γαργαρίζω
garish, a. έπιδεικτικός, άστραφτερός
garland, n. γιρλάντα (ή), στεφάνι (τό)
garlic, n. σκόρδο (τό)
garment, n. ρούχο (τό), ίματισμός (ό), φόρεμα (τό)
garner, n. σιτοβολώνας (ό)/ v.t. άποθηκεύω σιτάρι
garnet, n. άνθράκιο (τό)
garnish, n. στόλισμα (τό)/ v.t. στολίζω, γαρνίρω
garret, n. σοφίτα (ή)
garrison, n. φρουρά (ή)/ v.t. φρουρώ, τοποθετώ φρουρά
garrulity, n. πολυλογία (ή), φλυαρία (ή)/ *garrulous*, a. πολυλογάς, φλύαρος
garter, n. περικνημίδα (ή), καλτσοδέτα (ή)/ *member of the Order of the* ~, μέλος τοϋ Τάγματος της Περικνημίδας
gas, n. άέριο (τό), γκάζι (τό)/ ~*burner*, στόμιο γκαζιοΰ (τό)/ ~ *chamber*, θάλαμος άερίων (ό)/ ~ *cooker*, κουζίνα γκαζιοϋ (ή)/ ~ *fire*, θερμάστρα γκαζιοϋ (ή) ~ *mask*, άντιασφυξιογόνα μάσκα (ή)/ ~ *meter*, μετρητής γκαζιοϋ (ό)/ ~*works*, έργοστάσιο άεριόφωτος (τό)/ v.t. σκοτώνω μέ δηλητηριώδη άέρια.
gash, n. μαχαιριά (ή), τραύμα στό πρόσωπο/ v.t. μαχαιρώνω, τραυματίζω στό πρόσωπο
gasolene, n. γκαζολίνη (ή)/(USA) βενζίνη (ή)
gasp, n. λαχάνιασμα (τό), κόψιμο τής άναπνοής/ v.i. λαχανιάζω, μοϋ κόβεται ή άναπνοή/ ~ *for breath*, προσπαθώ νά άναπνεύσω
gastric, a. γαστρικός/ *gastritis*, n. γαστρίτιδα (ή)/ *gastronome*, n. γαστρονόμος (ό), καλοφαγάς (ό)/ *gastronomic*, a. γα-

στρονομικός/ gastronomy, n. γαστρονομία (ή)
gate, n. πύλη (ή), ἐξώπορτα (ή), ἐξώθυρα (ή)/ ~keeper, n. θυρωρός (ὁ)/ ~way, n. εἴσοδος (ή)
gather, v.t. μαζεύω, συγκεντρώνω, συλλέγω/ (flowers) κόβω/ ~ taxes, εἰσπράττω φόρους/ ~ speed, αὐξάνω ταχύτητα/ ~ strength, συγκεντρώνω τίς δυνάμεις μου/ ~ one's thoughts, συγκεντρώνω τίς σκέψεις μου, συγκεντρώνομαι/ v.i. συγκεντρώνομαι, συσσωρεύομαι/ (med.) γεμίζω πύο/ ~ing, n. συγκέντρωση (ή), συνάθροιση (ή)/ (med.) ἐμπύηση (ή)/ ~s, n. pl. σοῦφρες (πιέτες) ὑφάσματος
gaudiness, n. ἐπιδεικτικότητα (ή)/ gaudy, a. ἐπιδεικτικός
gauge, n. μέτρο (τό), μέγεθος (τό), χωρητικότητα (ή)/ (railway) πλάτος γραμμῆς/ v.t. μετρῶ, καταμετρῶ
gaunt, a. ἰσχνός, ἀδύνατος/ (place) γυμνός, ἀφιλόξενος
gauntlet, n. γάντι (τό)/ throw the ~, ρίχνω τό γάντι, προκαλῶ σέ μονομαχία/ run the ~, δέχομαι ἐπιθέσεις
gauze, n. γάζα (ή)
gavel, n. σφυράκι προέδρου (τό)
gawky, a. ἄχαρος
gay, a. εὔθυμος, χαρούμενος/ (colours) ζωηρά χρώματα/ n. ὁμοφυλόφιλος (ὁ)
gaze, n. βλέμμα (τό), ἀτένισμα (τό)/ v.i. ρίχνω ματιά, ἀτενίζω
gazelle, n. γαζέλα (ή), ζαρκάδι (τό)
gazette, n. ἐφημερίδα (ή)/ v.t. δημοσιεύω στήν ἐπίσημη ἐφημερίδα/ ~er, n. συντάκτης ἐφημερίδας (ὁ)/ (dictionary) γεωγραφικό λεξικό (τό)
gear, n. σύνεργα (τά)/ (tech.) συσκευή (ή), μηχανισμός (ὁ), μηχάνημα (τό)/ in ~, σέ καλή λειτουργία (κατάσταση)/ out of ~, χαλασμένος, ἐλαττωματικός/ change ~, ἀλλάζω ταχύτητα/ v.t.& i. συναρμολογῶ, συνδέω/ ~box, n. κιβώτιο ταχυτήτων (τό)
geese, n. pl. χῆνες (οἱ)
gelatine, n. ζελατίνα (ή)
geld, v.t. εὐνουχίζω (ζῶο)/ ~ing, n. εὐνουχισμός (ὁ), μουνούχισμα (τό)
gem, n. πολύτιμη πέτρα (ή), κόσμημα (τό)/(fig.) θαυμάσιος ἄνθρωπος
Gemini, n. pl. Δίδυμοι (οἱ)
gendarme, n. χωροφύλακας (ὁ)/ ~rie, n. χωροφυλακή (ή)
gender, n. (gramm.) γένος (τό)/ (person) φύλο (τό)
genealogical, a. γενεαλογικός/ genealogy, n. γενεαλογία (ή)
general, a. γενικός/ G ~ Assembly, Γενική Συνέλευση (ή)/ ~ impression, γενική ἐντύπωση/ ~ election, Βουλευτικές ἐκλογές/ ~ Headquarters, γενικό ἐπιτελεῖο/ ~ practitioner, παθολόγος (ὁ) / ~ strike, γενική ἀπεργία/ ~ ly, ad. γενικά/ n. στρατηγός (ὁ)/ ~issimo, n. στρατάρχης (ὁ)/ ~ity, n. γενικότητα (ή)/ ~ ization, n. γενίκευση (ή) ~ize, v.t. γενικεύω/ ~ly, ad. γενικά/ ~ship, n. στρατηγία (ή)
generate, v.t. παράγω, γεννῶ, προξενῶ/ generating, a. παραγωγικός, γεννητικός/ ~ station, σταθμός παραγωγῆς καί διανομῆς ἠλεκτρικοῦ ρεύματος/ generation, n. (people) γενεά (ή)/ (elec., etc.) παραγωγή (ή)/ generator, n. γεννήτρια (ή)
generic, a. τοῦ γένους, γενικός
generosity, n. γενναιοδωρία (ή), χουβαρδοσύνη (ή)/ generous, a. γενναιόδωρος, χουβαρδάς
genesis, n. γένεση (ή), δημιουργία (ή)/ Book of ~, Γένεση (ή)
genetics, a. ἐπιστήμη τῆς κληρονομικότητας, γεννετική (ή)
genial, a. (person) εὔθυμος, κοινωνικός/ (climate) εὔκρατος, γλυκός, ἤπιος/ ~ity, n. εὐθυμία (ή), κοινωνικότητα (ή)/ (climate) γλυκύτητα (ή), ἠπιότητα (ή)
genital, a. γεννητικός/ ~s, n. pl. γεννητικά ὄργανα (τά)
genitive, n. γενική (ή)
genius, n. μεγαλοφυΐα (ή), δαιμόνιο πνεῦμα (τό)/ man of ~, μεγαλοφυής
genteel, a. κομψός, εὐγενικός, ἁβρός
gentian, n. (bot.) γεντιανή (ή)
Gentile, n. ἐθνικός (ὁ)
gentility, n. εὐγένεια (ή), ἁβρότητα (ή), καλή συμπεριφορά (ή)
gentle, a. εὐγενικός, ἤπιος, ἁβρός,

πράος/ ~ folk, n. pl. εύγενεϊς (οί), εύπατρίδες (οί), άριστοκράτες (οί)/ ~man, n. κύριος (ό), άριστοκράτης (ό), εύπατρίδης (ό)/ ~ in waiting, αύλικός, άκόλουθος/ ~ manly, a. εύγενικός, μέ καλούς τρόπους, άδρός/ ~ness, n. πραότητα (ή), άδρότητα (ή), εύγένεια (ή)/ ~ woman, n. άριστοκράτισσα (ή)/ ~ in waiting, κυρία έπί τών τιμών/ gently, ad. εύγενικά, άπαλά, άδρά, ήρεμα
gentry, n. άριστοκράτες (οί), εύπατρίδες (οί)
genuflect, v.i. γονατίζω, γονυπετώ/ genuflexion, n. γονάτισμα (τό), γονυκλισία (ή)
genuine, a. γνήσιος, αύθεντικός, πραγματικός/ ~ly, ad. γνήσια, αύθεντικά, εἰλικρινά/ ~ness, n. γνησιότητα (ή), αύθεντικότητα (ή), εἰλικρίνεια (ή)
genus, n. γένος (τό)
geographer, n. γεωγραφία (ή)
geological, a. γεωλογικός/ geologist, n. γεωλόγος (ό)/ geology, n. γεωλογία (ή)
geometrical, a. γεωμετρικός/ geometrician, n. γεωμέτρης (ό)/ geometry, n. γεωμετρία (ή)
Georgian, n. and a. γεωργιανός
geranium, n. γεράνιο (τό)
germ, n. μικρόβιο (τό), μικροοργανισμός (ό)/ (bot.) σπέρμα (τό)
German, n. Γερμανός (ό)/ a. γερμανικός/ (language) γερμανικά (τά)/ ~ measles, ίλαρά (ή)
germane, a. συγγενικός, σχετικός
germicide, n. μικροβιοκτόνο (τό)/ germinate, v.t. βλασταίνω, φυτρώνω/ germination, n. βλάστηση (ή), φύτρωμα (τό)
gerrymandering, n. καλπονόθευση (ή), νοθεία έκλογών (ή)
gerund, n. (gram.) γερούνδιο (τό)
gestation, n. έγκυμοσύνη (ή), κυοφορία (ή)
gesticulate, v.i. χειρονομώ/ gesticulation, n. χειρονομία (ή)
gesture, n. χειρονομία (ή)
get, v.t. & i. άποκτώ, παίρνω, φθάνω, φέρνω/ ~ about, κυκλοφορώ/ ~ across, διαβαίνω, περνώ άπέναντι/ ~ along, προχωρώ, προοδεύω/ ~ along well, τά

πηγαίνω καλά/ ~ at, φθάνω, πετυχαίνω/ ~ away, φεύγω, ξεφεύγω/ ~ back, έπιστρέφω, έπανέρχομαι/ ~ better, καλυτερεύω, βελτιώνομαι/ ~ down, κατεβαίνω/ ~ down to, άσχολούμαι/ ~ off (bus, etc.) κατεβαίνω/ ~ out of one's clothes, γδύνομαι/ ~ on, άνεβαίνω/ ~ on with, τά πηγαίνω/ ~ out, v.t. βγάζω/ v.i. βγαίνω/ ~ out of hand, ξεφεύγω άπό τόν λογαριασμό, γίνομαι άνεξέλεγκτος/ ~ out of the way, άφήνω τόν δρόμο άνοιχτό/ ~ over, ξεπερνώ, ύπερνικώ/ ~ rid of, άπαλλάσσομαι, γλιτώνω/ ~ up, σηκώνομαι/ I have got to, πρέπει νά/ he got it right, τό πέτυχε
getaway, n. διαφυγή (ή)
gewgaw, n. μπιχλιμπίδι (τό), στολίδι (τό)
geyser, n. θερμή πηγή (ή)
ghastly, a. φοβερός, άπαίσιος/ (appearance) ώχρός, νεκρικός
gherkin, n. άγγουράκι (τό)
ghost, n. φάντασμα (τό), πνεύμα (τό)/ Holy ~ Ἅγιο Πνεύμα (τό)/ give up the ~, ξεψυχώ, παραδίδω τό πνεύμα/ ~ story, ίστορία μέ φαντάσματα
ghoul, n. κακό πνεύμα (τό), καλλικάντζαρος (ό)
giant, n. γίγας (ό), γίγαντας (ό)
gibber, v.i. τραυλίζω, βγάζω άναρθρες κραυγές/ ~ish, n. άκαταλαβίστικη γλώσσα
gibbet, n. άγχόνη (ή)
gibbon, n. γίβωνας (ό)
gibe, n. χλευασμός (ό), σαρκασμός (ό)/ v.i. ~ at, χλευάζω, σαρκάζω
giblets, n. pl. έντόσθια πουλιών (τά)
giddily, ad. άπερίσκεπτα, έπιπόλαια/ giddiness, n. ζάλη (ή), ίλιγγος (ό)/ (fig.) έπιπολαιότητα (ή), άπερισκεψία (ή)/ giddy, a. ζαλισμένος, ζαλιστικός/ feel ~, νιώθω ζαλισμένος (ζαλάδα)
gift, n. δώρο (τό)/ have a ~ for, έχω κλίση σέ/ ~ed, a. προικισμένος, ταλαντούχος
gig, n. (naut.) μακρόστενη βάρκα/ (carriage) ξεσκέπαστο άμαξάκι
gigantic, a. γιγαντιαίος, τεράστιος
giggle, n. γελάκι (τό), νευρικό γέλιο (τό), χαχάνισμα (τό)/ v.i. γελώ νευρικά, χαχανίζω
gild, v.t. χρυσώνω/ ~ing, n. χρύσωμα

(τό), επιχρύσωση (ή)
gill, n. βράγχιο (τό)/ (tach.) πτερύγιο (τό)/ *be green about the* ~ *s*, πρασινίζω από φόβο (άρρώστια)
gilt, a. έπιχρυσωμένος, έπίχρυσος/ n. έπιχρύσωμα (τό)/ ~ *edged*, μέ χρυσωμένες άκρες, περιχρυσωμένος/ ~ *securities*, έγγυημένες μετοχές
gimlet, n. τρυπάνι (τό)
gimmick, n. τέχνασμα (τό), τρίκ (τό)
gin, n. (cotton) έκκοκκιστική μηχανή (ή)/ (drink) τζίν (τό)/ v.t. έκκοκκίζω βαμβάκι
ginger, n. τζίντζερ (τό)/ ad. κοκκινωπός/ v.t. ~ *up*, τονώνω, δραστηριοποιώ/ ~ *beer*, τζιτζιμπίρα (ή)/ ~*ly*, a. πολύ προσεκτικός
gipsy, a. τσιγγάνικος/ n. Τσιγγάνος (ό), Γύφτος (ό)
giraffe, n. καμηλοπάρδαλη (ή)
gird, v.t. περιζώνω, περιβάλλω, περισφίγγω/ ~*er*, n. μεσοδόκι (τό), άντηρίδα (ή)/ ~*le*, n. ζώνη (ή), κορσές (ό)/ v.t. ζώνω, περισφίγγω
girl, n. κορίτσι (τό), κοπέλα (ή)/ ~*ish*, a. κοριτσίστικος
girth, n. λουρί (τό), ίμάντας (ό)/ (horse) ζώνη σέλας
gist, n. ούσία (ή), βάση (ή), πυρήνας (ό)
give, v.t.i. δίνω, προσφέρω, παρέχω/ (pleasure, pain) προκαλώ/ ~ *a decision*, έκδίδω άπόφαση/ ~ *away*, χαρίζω, παραχωρώ/ ~ *back*, δίνω πίσω, έπιστρέφω/ ~ *birth*, γεννώ/ ~ *in*, ύποχωρώ, ενδίδω/ ~ *out*, μοιράζω, διανέμω/ ~ *trouble*, ενοχλώ, προκαλώ φασαρία/ ~ *up*, έγκαταλείπω, παρατώ, παραιτούμαι/ ~ *oneself up*, παραδίδομαι/ *be given to*, εἶμαι έπιρρεπής σέ, έχω άδυναμία σέ/ ~*r*, n. δωρητής (ό)
gizzard, n. πρόλοβος (ό), γούσα (ή)
glacial, a. παγετώδης/ *glacier*, n. παγετώνας (ό)
glad, a. εὔθυμος, χαρούμενος/ *be* ~, χαίρομαι/ ~ *tidings*, ευχάριστες ειδήσεις/ ~*den*, v.t. χαροποιώ, εύφραίνω
glade, n. ξέφωτο (τό)
gladiator, n. μονομάχος (ό)
gladiolus, n. γλαδίολος (ό)
gladly, ad. εύχαρίστως, πρόθυμα, μέ χαρά/ *gladness*, n. χαρά (ή), εύχαρίστηση (ή)
glamorous, a. μαγευτικός, έντυπωσιακός/ *glamour*, n. μαγεία (ή), γοητεία (ή), αἴγλη (ή)
glance, n. ματιά (ή), βλέμμα (τό)/ *at first* ~, μέ τήν πρώτη ματιά/ v.i. ~ *off*, άγγίζω έλαφρά (φευγαλέα)/ ~ *through*, ρίχνω μιά ματιά (book) φυλλομετρῶ
gland, n. άδένας (ό)
glare, n. αἴγλη (ή), άκτινοβολία (ή), λάμψη (ή)/ (look) ἄγριο βλέμμα (τό), άγριοκοίταγμα (τό)/ v.t. λάμπω, άστράφτω, άκτινοβολῶ/ *glaring*, a. ἐκθαμβωτικός, θαμπωτικός, λαμπρός/ (obvious) φανερός, προφανής, ὁλοφάνερος
glass, a. γυάλινος/ n. γυαλί (τό)/ (drinking) ποτήρι (τό)/ n. pl. γυαλιά (τά), ματογυάλια (τά)/ *looking* ~, καθρέφτης (ό)/ ~*blower*, n. ύαλουργός (ό)/ ~ *cutter*, n. ύαλοτόμος (ό)/ ~ *house*, n. θερμοκήπιο (τό)/ ~*ware*, n. γυαλικά (τά)/ ~*y*, a. γυάλινος/ (look) ανέκφραστος, παγερός
glaucoma, n. γλαύκωμα (τό)
glaze, n. βερνίκωμα (τό), λοῦστρο (τό)/ v.t. γυαλίζω, βερνικώνω, λουστράρω, στιλβώνω/ ~*d*, p.p. & a. βερνικωμένος, γυαλισμένος, λουστραρισμένος/ *glazier*, n. τζαμάς (ό)/ *glazing*, n. τοποθέτηση τζαμιών/ *double* ~, διπλά τζάμια
gleam, n. λάμψη (ή), άκτίνα (ή), φεγγοβολιά (ή)/ v.i. λάμπω, φέγγω, άκτινοβολῶ/ ~*ing*, a. λαμπερός, άκτινοβόλος
glean, v.t. περισυλλέγω, σταχυολογῶ/ ~*ings*, n. pl. σταχυολογήματα (τά)/ (fig.) μικροπληροφορίες (oi)
glee, n. εύθυμία (ή), κέφι (τό)/ ~*ful*, a. εὔθυμος, χαρούμενος, κεφάτος
glen, n. λαγκάδι (τό)
glib, a. εύφραδής, εὔστροφος
glide, n. γλίστρημα (τό), διολίσθηση (ή)/ (avia.) έφόρμηση (ή)/ v.i. γλιστρῶ, διολισθαίνω/ ~*r*, n. άεροσκάφος χωρίς μηχανή, άνεμόπτερο (τό)
glimmer, n. άμυδρό φῶς (τό)/ (fig.) ἴχνος (τό), μικρό σημάδι/ v.i. φέγγω άμυδρά, ύποφώσκω/ ~*ing*, n. άμυδρή λάμψη (ή)
glimpse, n. ματιά (ή)/ v.t. βλέπω γιά μιά

στιγμή
glint, n. ἀναλαμπή (ἡ)/ v.i. ὑποφώσκω
glisten, v.i. λάμπω, λαμπυρίζω
glitter, n. λάμψη (ἡ), ἀκτινοβολία (ἡ)/ v.i. λάμπω, ἀκτινοβολῶ
gloaming, n. σούρουπο (τό), λυκόφως (τό)
gloat, v.i. τρώγω μέ τά μάτια
globe, n. σφαίρα (ἡ), ὑδρόγειος (ἡ), γῆ (ἡ)/ ~*trotter*, κοσμογυρισμένος/ *globular*, a. σφαιρικός, σφαιροειδής/ *globule*, n. σφαιρίδιο (τό), αἱμοσφαίριο (τό)
gloom, n. ζόφος (ὁ), μελαγχολία (ἡ)/ ~*y*, a. σκοτεινός, μελαγχολικός, ζοφερός, πένθιμος
glorification, n. ἐξύμνηση (ἡ), δοξολόγηση (ἡ), δοξολογία (ἡ)/ *glorify*, v.t. δοξάζω, ἐξυμνῶ, ἐγκωμιάζω/ *glorious*, a. ἔνδοξος, δοξασμένος, ἔξοχος/ ~ *weather*, θαυμάσιος καιρός/ *glory*, n. δόξα (ἡ), λαμπρότητα (ἡ)/ v.i. καυχιέμαι, καμαρώνω
gloss, n. στιλπνότητα (ἡ), γυάλισμα (τό), λάμψη (ἡ)/ (comment) σχόλιο (τό), ἐπεξήγηση (ἡ)/ v.i. ~ *over*, συγκαλύπτω, μετριάζω τήν ἐντύπωση/ ~*ary*, n. γλωσσάριο (τό), λεξιλόγιο (τό)/ ~*y*, a. στιλπνός, γυαλιστερός, λεῖος
glove, n. γάντι (τό)/ *be hand in* ~ *with*, εἴμαστε στενοί φίλοι/ *fit like a* ~, μοῦ πηγαίνει γάντι, μοῦ ταιριάζει περίφημα/ ~*r*, n. γαντοποιός (ὁ)
glow, n. λάμψη (ἡ), ἀκτινοβολία (ἡ), φλόγα (ἡ)/ v.i. φλογίζομαι, λάμπω, ἀκτινοβολῶ/ ~*er*, v.i. κοιτάζω βλοσυρά/ ~*ing*, a. φλογερός, θερμός/ *be in* ~ *health*, λάμπω ἀπό ὑγεία/ ~ *cheeks*, ροδοκόκκινα μάγουλα/ ~ *worm*, n. πυγολαμπίδα (ἡ), κωλοφωτιά (ἡ)
glucose, n. γλυκόζη (ἡ)
glue, n. ψαρόκολλα (ἡ)/ v.t. κολλῶ, συγκολλῶ/ ~*y*, a. κολλώδης
glum, a. σκυθρωπός, κατσουφιασμένος
glut, n. κόρος (ὁ), ὑπεραφθονία (ἡ)/ (commer.) κορεσμός ἀγορᾶς/ v.t. κατακλύζω, ὑπεργεμίζω/ v.i. χορταίνω
glutinous, a. κολλώδης
glutton, n. λαίμαργος (ὁ), φαγάς (ὁ)/ ~*ous*, a. λαίμαργος, κοιλιόδουλος,

ἀδηφάγος/ ~*y*, n. λαιμαργία (ἡ), ἀδηφαγία (ἡ)
glycerine, n. γλυκερίνη (ἡ)
gnarl, n. ρόζος (ὁ)/ ~*ed*, a. ροζιασμένος
gnash, v.t. τρίζω τά δόντια
gnat, n. σκνίπα (ἡ)
gnaw, v.t. ροκανίζω/ (fig.) καταστρέφω/ ~*ing*, a. βασανιστικός, ὀδυνηρός
gnome, n. στοιχειό (τό)
gnostic, n. γνωστικός (ὁ)
gnu, n. εἶδος ἀντιλόπης
go, v.i. πηγαίνω, προχωρῶ, περνῶ/ ~ *about*, περιφέρομαι/ (work) ἀσχολοῦμαι/ ~ *abroad*, πηγαίνω στό ἐξωτερικό, ἀποδημῶ/ ~ *after*, ἐπιζητῶ, ἐπιδιώκω/ ~ *ahead*, πηγαίνω μπροστά, προχωρῶ/ ~ *astray*, λοξοδρομῶ/ ~ *away*, φεύγω, ἀπουσιάζω/ ~ *back*, ἐπανέρχομαι, ἐπιστρέφω/ ~ *between*, μεσολαβῶ, κάνω τόν μεσάζοντα/ ~ *by*, περνῶ, διαβαίνω, παρέρχομαι/ ~ *down*, κατεβαίνω/ (sun) δύω/ (wind) κοπάζω/ ~ *down well (badly)*, ἀφήνω καλή (κακή) ἐντύπωση/ ~ *for*, ἀποσκοπῶ, ἐπιδιώκω/ ~ *in for*, μοῦ ἀρέσει/ ~ *in for an exam*, προσέρχομαι σέ ἐξετάσεις/ ~ *off*, φεύγω/ (gun) ἐκπυρσοκροτῶ/ ~ *off* (something) παύει νά μοῦ ἀρέσει/ ~ *through*, διασχίζω, διαπερνῶ/ ~ *through with*, ὁλοκληρώνω, τελειώνω/ ~ *together*, ταιριάζω/ ~ *under*, βουλιάζω, βυθίζομαι/ ~ *up*, ἀνεβαίνω/ ~ *with*, συμφωνῶ/ ~ *without*, κάνω χωρίς, δέν ἔχω ἀνάγκη/ *it goes without saying*, εἶναι αὐτονόητο/ *let* ~, ἀφήνω νά φύγει, ἀποδεσμεύομαι/ n. ζωντάνια (ἡ), δράση (ἡ)/ *full of* ~, γεμᾶτος δραστηριότητα/ *have a* ~, κάνω μιά ἀπόπειρα/ *be on the* ~, δουλεύω συνέχεια/ *it's no* ~, ἀποκλείεται, εἶναι μάταιο
goad, n. βουκέντρα (ἡ)/ (fig.) κίνητρο (τό)/ v.t. κεντρίζω, κεντῶ, παρακινῶ
go-ahead, a. προοδευτικός, δραστήριος/ n. σῆμα γιά ξεκίνημα (τό)
goal, n. σκοπός (ὁ), ἐπιδίωξη (ἡ)/ (spot) τέρμα (τό), γκόλ (τό)/ *score a* ~, σημειώνω τέρμα/ ~*keeper*, n. τερματοφύλακας (ὁ)
goat, n. κατσίκα (ἡ), γίδα (ἡ), αἴγα (ἡ)/ (male) τράγος (ὁ)/ ~*ee*, n. μικρό γένι

(τό)/ ~herd, n. αἰγοβοσκός (ὁ)/ ~skin, n. κατσικόδερμα (τό)/ ~bottle, ἀσκί (τό)
gobble, v.t. καταβροχθίζω, χάφτω/ ~r. n. λαίμαργος (ὁ)
go-between, n. μεσολαβητής (ὁ), μεσάζων (ὁ), μεσίτης (ὁ)
goblet, n. κύπελλο (τό), κύλικας (ὁ)
goblin, n. στοιχειό (τό), ξωτικό (τό), φάντασμα (τό)
God, n. Θεός (ὁ)/ my ~! Θεέ μου!/ thank ~! δόξα τῶ Θεῶ/ ~ forgive! Θεός φυλάξοι!/ ~ willing! Θεοῦ θέλοντος, ἂν θέλει ὁ Θεός/ for ~'s sake, γιά ὄνομα τοῦ Θεοῦ!/ ~child, n. βαφτιστικός (ὁ)/ ~father, n. νουνός (ὁ)/ ~fearing, a. θεοφοβούμενος/ ~less, a. ἄθεος, ἀφιλότιμος/ ~lessness, n. ἀθεΐα (ἡ), ἀσέβεια (ἡ)/ ~like, a. θεῖος, θεϊκός, θεόμορφος/ ~liness, n. θεοσέβεια (ἡ)/ ~ly, θεοσεβής, εὐσεβής/ ~mother, n. νουνά (ἡ)/ ~send, n. τυχερό εὕρημα (τό), θεόσταλτο (τό)
goffer, n. πτυχή (ἡ), σούφρα (ἡ)/ v.t. πτυχώνω, πλισσάρω
goggle, v.t. γουρλώνω/ ~eyed, a. ἀλλήθωρος, γουρλομάτης/ ~s, n. pl. ματογυάλια (τά)
going, n. πηγαιμός (ὁ)/ ~ concern, ἐπικερδής ἐπιχείρηση/ tough ~, δύσκολη διαδρομή/ ~s-on, n. pl. συμβάντα (τά), συμβαίνοντα (τά)
goitre, n. βρογχοκήλη (ἡ)
gold, n. χρυσάφι (τό), χρυσός (ὁ)/ (en) a. χρυσός, χρυσαφένιος/ ~digger, n. χρυσωρύχος (ὁ)/ ~dust, n. χρυσόσκονη (ἡ)/ ~field, n. χρυσωρυχείο (τό)/ ~finch, n. καρδερίνα (ἡ)/ ~fish, n. χρυσόψαρο (τό)/ ~ leaf, n. φύλλο χρυσοῦ (τό)/ ~ mine, n. χρυσωρυχείο (τό)/ ~plated, a. ἐπίχρυσος/ ~smith, n. χρυσοχόος (ὁ)
golf, n. γκόλφ (τό)/ ~ course, γήπεδο γκόλφ (τό)/ ~er, n. παίκτης γκόλφ (ὁ)
gondola, n. γόνδολα (ἡ)/ gondolier, n. γονδολιέρης (ὁ)
gone, p.p. & a. περασμένος, φευγάτος
gong, n. γκόνγκ (τό)
gonorrhea, n. βλενόρροια (ἡ)
good, a. καλός, ἀγαθός, ἐνάρετος/ as ~ as, τόσο καλός ὅσο/ ~ afternoon, καλό ἀπόγευμα/ ~ breeding, καλή ἀνατροφή, καλοί τρόποι/ ~bye, γειά σου (σας), ἀντίο/ say ~bye, ἀποχαιρετῶ/ a ~ deal, πολύ/ ~ for nothing, ἀνίκανος, ἀνεπρόκοπος/ ~ Friday, Μεγάλη Παρασκευή/ ~night! καληνύχτα!/ ~ sense, κοινή λογική/ in ~ time, ἔγκαιρα/ ~will, καλή θέληση/ be ~ at, εἶμαι καλός σέ/ for ~, γιά πάντα/ make ~, ἀποκαθιστῶ/ (promise) τηρῶ/ n. καλό (τό)/ for the ~, γιά τό καλό/ ~ looking, a. ὄμορφος, εὐπαρουσίαστος/ ~ natured, a. καλοκάγαθος/ ~ness, n. καλοσύνη (ἡ), ἀγαθότητα (ἡ)/ for ~ness sake! γιά τό Θεό!
goods, n. pl. ἀγαθά (τά), ἐμπορεύματα (τά)/ ~ train, φορτηγό τραῖνο (τό)
goose, n. χήνα (ἡ)/ ~berry, n. φραγκοστάφυλλο (τό)/ ~flesh, n. ἀνατρίχιασμα (τό)
gore, n. (cloth) πτυχή (ἡ), σούφρα (ἡ)/ (blood) πηχτό αἷμα/ v.t. τραυματίζω μέ τά κέρατα
gorge, n. λαιμός (ὁ), φάρυγγας (ὁ)/ (geol.) φαράγγι (τό), κλεισούρα (ἡ)/ v.i. παραχορταίνω
gorgeous, a. μεγαλοπρεπής, μεγαλόπρεπος, θαυμάσιος
gorgon, n. γοργόνα (ἡ)
gorilla, n. γορίλλας (ὁ)
gormandize, v.i. τρώγω λαίμαργα/ ~r, n. λαίμαργος (ὁ), ἀδηφάγος (ὁ)
gory, a. ματοβαμμένος, αἱμοσταγής
gosling, n. χηνάκι (τό)
gospel, n. εὐαγγέλιο (τό)/ ~truth, ἀπόλυτη ἀλήθεια
gossip, n. κουτσομπολιό (τό)/ (person) κουτσομπόλης (ὁ)/ v.i. κουτσομπολεύω
Goth, n. Γότθος (ὁ)/ ~ic, a. γοτθικός
gouge, n. σμίλη (ἡ), γλύφανο (τό)/ v.t. σμιλεύω, γλύφω
gourd, n. κολοκύθα (ἡ), νεροκολοκύθα (ἡ)
gourmet, n. καλοφαγάς (ὁ), λιχούδης (ὁ)
gout, n. ποδάγρα (ἡ)/ ~y, a. ἐκεῖνος πού ὑποφέρει ἀπό ποδάγρα
govern, v.t. κυβερνῶ, διοικῶ, διευθύνω/ ~ one's passions, συγκρατῶ τά πάθη μου/ ~able, a. εὐκολοκυβέρνητος, εὐ-

κολοδιοίκητος/ ~ess, n. παιδαγωγός (ό)/ ~ment, n. κυβέρνηση (ή), διοίκηση (ή)/ ~mental, a. κυβερνητικός/ ~ or, n. κυβερνήτης (ό)/ (coll.) άφεντικό (τό), προϊστάμενος (ό)/ ~ general, γενικός διοικητής (ό)
gown, n. φόρεμα (τό), μανδύας ο)/ dressing ~, ρόμπα (ή)/ night ~, νυχτικό (τό)/ v.t.& i. ντύνω, φορώ
grab, n. ἄρπαγμα (τό)/ (tech.) ἁρπάγη (ή)/ v.t. ἁρπάζω, ἁδράχνω
grace, n. χάρη (ή), ευλογία (ή)/ act of ~, χαριστική πράξη, εὐμένεια/ the ~s, οἱ χάριτες/ Your~, Μακαριότατε!/ say ~, λέω τήν προσευχή μου/ v.t. κοσμώ, τιμώ/ ~ful, a. χαριτωμένος, κομψός
gracious, a. καλοκάγαθος, ευμενής, ἐπιεικής, εὐάρεστος/ (God) φιλάνθρωπος, ἐλεήμων/ good ~! Θεέ μου! / ~ness, n. καλοκαγαθία (ή), ἀγαθότητα (ή), εὐσπλαχνία (ή)
gradation, n. διαβάθμιση (ή), βαθμιαία ἀλλαγή (ή)
grade, n. βαθμός (ό), σειρά (ή), τάξη (ή)/ (railway) κλίση (ή)/ (quality) κατηγορία (ή)/ v.t. βαθμολογώ, ταξινομώ/ down ~, ὑποβιβάζω/ up ~, προάγω/ gradient, n. κλίση (ή), ἐπικλινές (τό)/ grading, n. διαβάθμιση (ή), βαθμολογία (ή)/ gradual, a. βαθμιαῖος/ graduate, n. ἀπόφοιτος (ό), πτυχιοῦχος (ό)/ v.i. ἀποφοιτώ, παίρνω πτυχίο/ v.t. βαθμολογώ
graffiti, n. pl. γραψίματα στούς τοίχους (τά)
graft, n. ἐμβόλιο (τό), μπόλι (τό)/ (bot.) μόσχευμα (τό)/ v.t. μπολιάζω/ (med.) μεταμοσχεύω
grain, n. σπόρος (ό), κόκκος (ό), σπυρί (τό)/ (marble, wood) φλέβα (ή), νερά (τά)/ (crop) δημητριακά (τά), γεννήματα (τά)/ go against the ~, κάνω κάτι ἀκούσια/v.t. κατεργάζομαι
grammar, n. γραμματική (ή)/ ~ ian, n. δάσκαλος γραμματικής (ό)/ grammatical, a. γραμματικός
gramme, n. γραμμάριο (τό)
gramophone, n. γραμμόφωνο (τό)/ ~ record, δίσκος (ό)
granary, n. σιτοβολώνας (ό), σιταποθήκη (ή)
grand, a. μεγαλοπρεπής, ἔξοχος, μεγαλειώδης/ (piano) πιάνο μέ οὐρά/ ~Cross, Μεγαλόσταυρος (ό)/ ~child, n. ἐγγονός (ό), ἐγγόνι (τό)/~daughter, n. ἐγγονή (ή)/ ~ eur, n. μεγαλοπρέπεια (ή)/ ~father, n. παππούς (ό)/~iloquent, a. καυχηματίας, μεγαλορρήμονας/ ~iose, a. μεγαλειώδης, μεγαλοπρεπής/ ~mother, n. γιαγιά (ή)
grange, n. ἀγρόκτημα (τό)
granite, n. γρανίτης (ό)
granny, n. γιαγιά (ή), γιαγιούλα (ή)
grant, n. παραχώρηση (ή), παροχή (ή), δωρεά (ή), ἐπιχορήγηση (ή)/ v.t. παραχωρῶ, παρέχω, δίνω ἐπιχορήγηση/ (request) ἱκανοποιῶ αἴτημα/ take for ~ed, παίρνω σά δεδομένο, θεωρῶ βέβαιο/ ~ed that, ἀκόμη καί ἄν/ ~ee, n. δωρεοδόχος (ό)
granulate, v.t. τρίβω, κάνω κόκκους, κρυσταλλοποιῶ/ ~d sugar, n. ζάχαρη σέ κόκκους (ή)
grape, n. ρόγα (ή), ~s, pl. σταφύλια (τά)/ ~fruit, n. φράπα (ή)
graph, n. γραφική παράσταση (ή)/~ic, a. γραφικός
graphite, n. γραφίτης (ό)
grapple, v.t. ἁρπάζω, ἁδράχνω, γραπώνω/ ~ with, παλεύω/ n. ἅρπαγμα (τό)/ (tech.) γάντζος (ό), ἁρπάγη (ή)
grasp, n. πιάσιμο (τό), ἅρπαγμα (τό)/ (fig.) κατανόηση (ή)/ beyond one's ~, ἀκατανόητο/ v.t. ἁρπάζω, ἁδράχνω, σφίγγω/ (fig.) κατανοῶ, καταλαβαίνω/ ~ at, πιάνομαι/ ~ing, a. ἁρπακτικός, πλεονέκτης
grass, n. χλόη (ή), χόρτο (τό), γρασίδι (τό)/ ~hopper, n. ἀκρίδα (ή)/ ~land, n. λιβάδι (τό)/ ~widow, n. ζωντοχήρα (ή)/ ~y, a. σκεπασμένος μέ χλόη
grate, n. κάγκελο (τό), δικτυωτό (τό), ἐσχάρα (ή)/ v.t. κιγκλιδώνω, φράζω μέ σίδερα/ v.i. τρίζω/~on, ταράζω, ἐνοχλῶ
grateful, a. εὐγνώμων
grater, n. τρίφτης (ό), ξύστρα (ή)
gratification, n. ἱκανοποίηση (ή), εὐχαρίστηση (ή)/ gratify, v.t. ἱκανοποιῶ, εὐχαριστῶ, ἀμείβω

grating, n. κιγκλίδωμα (τό)/ a. σκληρός, δυσάρεστος
gratis, ad. δωρεάν, τσάμπα
gratitude, n. εὐγνωμοσύνη (ἡ)
gratuitous, a. ἀδικαιολόγητος, περιττός/ (no money) ἄμισθος, δωρεάν/ *gratuity*, n. φιλοδώρημα (τό), πουρμπουάρ (τό), δῶρο (τό)
grave, a. σοβαρός, βαρύς/n. τάφος (ὁ), μνῆμα (τό)/~*digger*, n. νεκροθάφτης (ὁ)
gravel, n. χαλίκι (τό), ἄμμος (ἡ)/ (med.) ψαμμίαση (ἡ)/ ~ *walk*, μονοπάτι μέ ἀμμοχάλικο/ v.t. στρώνω μέ ἄμμο/ (fig.) ἀποστομώνω
gravely, ad. σοβαρά
graven, a. χαραγμένος/*graver*, n. χαράκτης (ὁ)/ (tool) γλύφανο (τό)
gravestone, n. ταφόπετρα (ἡ), ἐπιτύμβια πέτρα (ἡ)/ *graveyard*, n. νεκροταφείο (τό), κοιμητήριο (τό)
gravitate, v.i. κλίνω, ἕλκομαι/ *gravitation*, n. ἕλξη τῆς βαρύτητας (ἡ)/ *gravity*, n. σοβαρότητα (ἡ), σεμνότητα (ἡ)/ (phys.) βαρύτητα (ἡ)/ *law of* ~, νόμος τῆς βαρύτητας/ *specific* ~, εἰδικό βάρος
gravy, n. ζωμός κρέατος (ὁ), σάλτσα (ἡ)/ ~*boat*, σαλτσιέρα (ἡ)
gray, a. βλ. *grey*
graze, n. μωλωπισμός (ὁ), ξέγδαρμα (τό) v.t.& i. βόσκω/ (skin) γδέρνω/ (touch) ἀγγίζω, ψαύω/~*r*, n. βοσκός (ὁ), κτηνοτρόφος (ὁ)
grease, n. λίπος (τό), πάχος (τό), ξύγγι (τό)/ v.t. ἀλείφω μέ λίπος/ ~*r*, n. λιπαντής (ὁ)/ *greasiness*, n. λιπαρότητα (ἡ)/ *greasy*, a. λιπαρός, λιγδιασμένος
great, a. μέγας, μεγάλος, ἐξοχος/*take* ~ *care*, προσέχω (φροντίζω) πολύ/*a* ~ *deal*, πάρα πολύ/*a* ~ *many*, πολλοί (πολλές)/~*coat*, n. χλαίνη (ἡ)/~*est*, a. μέγιστος/~*grandchildren*, δισέγγονα (τά)/~ *granddaughter*, n. δισεγγονή (ἡ)/~*grandfather*, n. πρόπαππος (ὁ)/ ~*grandson*, n. δισέγγονος (ὁ)/~*ly*, ad. πολύ, σέ μεγάλο βαθμό/~*ness*, n. μεγαλοσύνη (ἡ), μεγαλεῖο (τό)
Grecian, a. ἑλληνικός
greed, greediness, n. πλεονεξία (ἡ), ἀπληστία (ἡ), λαιμαργία (ἡ), φιλαργυρία (ἡ)/ *greedy*, a. πλεονέκτης, ἄπληστος, φιλάργυρος
Greek, n. Ἕλληνας (ὁ)/ (woman) Ἑλληνίδα (ἡ)/ a. ἑλληνικός
green, a. πράσινος/ (fresh) θαλερός, χλωμός/ (unripe) ἄγουρος/ (beginner) ἄπειρος/ ~*finch*, n. σπίνος (ὁ)/ ~*grocer*, n. μανάβης (ὁ)/ ~*horn*, n. ἀφελής (ὁ), ἀρχάριος (ὁ)/ ~*house*, n. θερμοκήπιο (τό)/ n. πράσινο χρῶμα (τό)/ *village* ~, πλατεία τοῦ χωριοῦ/ ~*ery*, n. πρασινάδα (ἡ)/ ~*ish*, a. πρασινωπός/ ~*ness*, n. πρασινάδα (ἡ)/ (person) ἀπειρία (ἡ), ἀφέλεια (ἡ)/ (fruit) πρωιμότητα (ἡ)
greet, v.t. χαιρετίζω, ὑποδέχομαι/ ~*ing*, n. χαιρετισμός (ὁ)/ ~*ings*, pl. χαιρετίσματα (τά)
gregarious, a. ἀγελαῖος
Gregorian, a. γρηγοριανός
grenade, n. χειροβομβίδα (ἡ)/ *grenadier*, n. γρεναδιέρος (ὁ)
grey, a. γκρίζος, ψαρός/ *go* (turn) ~, γίνομαι ὠχρός/ (hair) γκριζάρω/ ~ *matter*, φαιά οὐσία/ ~*hound*, n. κυνηγετικός σκύλος (ὁ)/ ~*ish*, a. γκριζωπός
grid, n. ἐσχάρα (ἡ)/ ~ *iron*, n. (U.S.) γήπεδο ποδοσφαίρου (τό)
grief, n. λύπη (ἡ), θλίψη (ἡ)/ *come to* ~, ἔχω κακό τέλος
grievance, n. παράπονο (τό)/ *grieve*, v.t. προκαλῶ λύπη, στενοχωρῶ, πικραίνω/ v.i. λυποῦμαι, πικραίνομαι, θλίβομαι/ *grievous*, a. βαρύς, σοβαρός/ ~ *bodily harm*, βαρεῖα σωματική βλάβη
grill, n. σχάρα (ἡ)/ v.t. & i. βασανίζω, τυραννῶ/ (police) ὑποβάλλω σέ αὐστηρή ἀνάκριση
grille, n. κιγκλιδωτή θυρίδα (ἡ)
grim, a. σκυθρωπός, βλοσυρός/ (death) ἀδυσώπητος
grimace, n. μορφασμός (ὁ), γκριμάτσα (ἡ)/ v.i. μορφάζω, κάνω γκριμάτσες
grime, n. λέρα (ἡ), βρωμιά (ἡ)/ (coal) καπνιά (ἡ)
grimness, n. βλοσυρότητα (ἡ), σκυθρωπότητα (ἡ), αὐστηρότητα (ἡ)
grimy, a. λερός, βρώμικος
grin, n. βλοσυρό χαμόγελο (τό)/ v.i. χαμογελῶ βλοσυρά
grind, v.t. τρίβω, κοπανίζω, ἀλέθω/

(knife, etc.) ἀκονίζω/ v.i. (teeth) τρίζω/ (work) ἐργάζομαι ἐπίμονα/ n. μονότονη δουλειά (ἡ)/ ~er, n. (person) μυλωνάς (ὁ)/ (device) μύλος (ὁ), τρίφτης (ὁ)/ ~ ing, n. τρίψιμο (τό), ἄλεσμα (τό)/ ~ stone, n. μυλόπετρα (ἡ), ἀκόνι (τό)
grip, n. πιάσιμο (τό), σφίξιμο (τό), ἅρπαγμα (τό)/ (bag) ταξιδιωτική βαλίτσα (ἡ)/ come to ~s, ἔρχομαι στά χέρια, συμπλέκομαι/ v.t. ἁρπάζω, σφίγγω, κρατῶ σφιχτά
gripes, n. κωλικόπονος (ὁ)
grisly, a. φοβερός, φρικιαστικός
grist, n. στάρι γιά ἄλεσμα (τό)/ bring ~ to the mill, φέρνω κέρδη
gristle, n. τραγανό (τό), χόνδρος (ὁ)/ gristly, a. τραγανιστός
grit, n. χαλίκι (τό), χοντρή ἄμμος (ἡ)/ ~ty, a. ἀμμώδης
grizzled, a. ψαρός, γκρίζος/ grizzly, a. ψαρός/ ~ bear, γκρίζα ἀρκούδα
groan, n. στεναγμός (ὁ), ϐογγητό (τό)/ v.i. στενάζω, ϐογγῶ
groats, n. pl. ἀλεύρι ἀπό βρώμη
grocer, n. μπακάλης (ὁ), παντοπώλης (ὁ)/ ~'s shop, παντοπωλεῖο (τό), μπακάλικο (τό)/ ~ies, n. pl. εἴδη παντοπωλείου (τά)
grog, n. νερωμένο ποτό/ ~gy, a. ἀσταθής, κλονισμένος
groin, n. ϐουϐωνική χώρα (ἡ)/ (arch.) κόψη θόλου
groom, n. ἱπποκόμος (ὁ), ὑπασπιστής τοῦ βασιλιᾶ/ (marriage) γαμπρός (ὁ)/ v.t. περιποιοῦμαι ἄλογο/ (person) προετοιμάζω κάποιον γιά λειτούργημα/ ~ed, a. προετοιμασμένος, στολισμένος/ ~sman, n. παράνυμφος (ὁ)
groone, n. αὐλάκι (τό), αὐλάκωση (ἡ), ἐγκοπή (ἡ)/ v.t. αὐλακώνω, χαράζω
grope, v.i. ψηλαφῶ, ψαύω, ψάχνω/ ~ for, ψάχνω στά τυφλά
gross, a. χοντρός, σωματώδης/ (rude) χυδαῖος, αἰσχρός, πρόστυχος/ (obvious) κατάφορος, χονδροειδής/ ~ income, ἀκαθόριστο εἰσόδημα/ ~ national product, ἀκαθάριστο ἐθνικό εἰσόδημα (προϊόν)/ n. γκρόσα (ἡ), δώδεκα δωδεκάδες/ ~ ly, ad. ὑπερβολικά, μέ χονδροειδῆ τρόπο

grotesque, a. ἀφύσικος, τερατώδης, γελοῖος, γκροτέσκος
grotto, n. σπηλιά (ἡ)
ground, n. ἔδαφος (τό), γῆ (ἡ)/ (sport) γήπεδο (τό)/ break ~, πρωτοπορῶ, ἀνοίγω νέους ὁρίζοντες/ gain ~, κερδίζω ἔδαφος, προχωρῶ/ lose ~, ὑποχωρῶ, ἀναγκάζομαι νά ὑποχωρήσω/ on the ~s of, λόγῳ, ἐξαιτίας/ stand one's ~, ἐπιμένω, μένω ἀκλόνητος/ v.t. ϐασίζω, στηρίζω/ (elec.) γειώνω/ (avia.) καθηλώνω στό ἔδαφος/ ~less, a. ἀϐάσιμος/ ~ floor, n. ἰσόγειο (τό)/ ~ nut, n. ἀράπικο φυστίκι (τό)/ ~ rent, n. ἐνοίκιο γῆς (τό)/ ~work, n. προκαταρκτική ἐργασία (ἡ), πρῶτο σχέδιο (τό)
group, n. ὁμάδα (ἡ), ὅμιλος (ὁ), συντροφιά (ἡ), παρέα (ἡ), γκρούπ (τό)/ v.t. & i. μαζεύω σέ ὁμάδες, συναθροίζω
grouse, n. ἀγριόγαλλος (ὁ)
grove, n. δενδρόκηπος (ὁ)
grovel, v.i. ἕρπω, σέρνομαι/ (fig.) ταπεινώνομαι, ἐξευτελίζομαι/ ~ler, n. σερνάμενος, ἐκεῖνος πού σέρνεται
grow, v.t. καλλιεργῶ, μεγαλώνω/ (beard) τρέφω γενειάδα/ v.i. φυτρώνω, ἀναπτύσσομαι, γίνομαι/ ~ cold, κρυώνω, παγώνω/ ~ dark, σκοτεινιάζω/ ~ old, γερνῶ/ ~ up, μεγαλώνω, ὡριμάζω/ ~er, n. καλλιεργητής (ὁ)/ ~ing, a. ἀναπτυσσόμενος
growl, n. ϐρυχηθμός (ὁ), μουγκρητό (τό)/ v.i. μουγκρίζω
grown-up, n. & a. ἐνήλικος (ὁ), ἐνήλικη (ἡ)
growth, n. ἀνάπτυξη (ἡ), μεγάλωμα (τό), ἐξέλιξη (ἡ), ἐπέκταση (ἡ)/ (med.) ὄγκος (ὁ), ἐξόγκωμα (τό)
grub, n. (worm) σκουλήκι (τό)/ (person) ἄνθρωπος χωρίς προσωπικότητα/ v.i. σκαλίζω, ξεχερσώνω/ ~ up, ξεριζώνω/ ~ber, n. σκαφτιάς (ὁ)/ (tool) ἐργαλεῖο ξεριζώματος/ ~by, a. ϐρώμικος, ἀκάθαρτος
grudge, n. μνησικακία (ἡ), ἔχθρα (ἡ)/ v.t. δίνω ἀπρόθυμα, δίνω μέ μισή καρδιά/ grudgingly, ad. ἀπρόθυμα, φειδωλά
gruel, n. χυλός (ὁ), κουρκούτι (τό)
gruesome, a. ἀπαίσιος, ἀνατριχιαστικός
gruff, a. ἀγριωπός, τραχύς, ἀπότομος/ ~

ness, n. άγριάδα (ή), τραχύτητα (ή)
grumble, v.i. γκρινιάζω, παραπονοΰμαι, μουρμουρίζω/ n. γκρίνια (ή), παράπονο (τό), μεμψιμοιρία (ή) *~r*, n. γκρινιάρης (ό), παραπονιάρης (ό)
grumpy, a. σκυθρωπός, κατσούφης
grunt, n. γρυλλισμός (ό)/ v.i. γρυλλίζω
guarantee, n. εγγύηση (ή), ασφάλεια (ή)/ v.t. έγγυώμαι, δίνω εγγύηση/ *guarantor*, n. εγγυητής (ό)
guard, n. φύλακας (ό), δεσμοφύλακας (ό), φρουρός (ό)/ (group) φρουρά (ή)/ (railway) υπεύθυνος σιδηροδρομικού συρμού/ (fireplace) προφυλακτήρας (ό), προστατευτικό πλέγμα/ *be on ~*, φρουρώ, είμαι έν έπιφυλακή/ *be off one's ~*, δέν προσέχω, είμαι απροετοίμαστος (άφηρημένος)/ *changing of the ~*, άλλαγή φρουράς/ *mount ~*, έφιππη φρουρά/ v.t. φρουρώ, φυλάγω, προσέχω/ *~ against*, φυλάγομαι, παίρνω τά μέτρα μου/ *~ed*, a. προστατευμένος, προφυλαγμένος/ (reluctant) έπιφυλακτικός, προσεκτικός/ *~ian*, n. κηδεμόνας (ό), επίτροπος (ό)/ *~ianship*, n. κηδεμονία (ή), φύλαξη (ή), προστασία (ή)/ *~sman*, n. μέλος φρουράς (ό)
gudgeon, n. κοκκοβιός (ό)/ (tech.) πεΐρος (ό), ρεζές (ό)
guerilla, n. άντάρτης (ό)/ *~ warfare*, άνταρτοπόλεμος (ό)
guess, v.t. & i. μαντεύω, εικάζω, φαντάζομαι/ n. εικασία (ή)
guest, n. φιλοξενούμενος (ό), ξένος (ό), προσκεκλημένος (ό)/ (hotel) πελάτης (ό)/ *~ house*, n. πανσιόν (ή)/ *~room*, n. δωμάτιο γιά ξένους (τό)
guffaw, n. καγχασμός (ό), χάχανο (τό)
guidance n. καθοδήγηση (ή), συμβουλή (ή)/ *guide*, n. οδηγός (ό), ξεναγός (ό), καθοδηγητής (ό)/ (book) οδηγός (ό)/ (scout) οδηγός (ό), προσκοπίνα (ή)/ v.t. οδηγώ, καθοδηγώ, κατευθύνω
guild, n. συντεχνία (ή), συνάφι (τό), σωματείο (τό), ένωση (ή)/ *~hall*, n. έντευκτήριο σωματείου εργατών/ *the G~*, δημαρχείο τοΰ Λονδίνου
guile, n. πανουργία (ή), πονηρία (ή), τέχνασμα (τό)/ *~ful*, a. πανούργος, πονηρός/ *~less*, a. απονήρευτος, άδολος, άθώος/ *~lessness*, n. άθωότητα (ή), ειλικρίνεια (ή)
guillotine, n. λαιμητόμος (ή), γκιλλοτίνα (ή), καρμανιόλα (ή)/ v.t. καρατομώ, αποκεφαλίζω
guilt, n. ενοχή (ή), ύπαιτιότητα (ή)/ *~less*, a. άθώος, άναίτιος/ *~y*, a. ένοχος, μεμπτός, άξιόμεμπτος
guinea, n. γκινέα (ή)/ *~ -fowl*, n. φραγκόκοτα (ή)/ *~ -pig*, n. ίνδικό χοιρίδιο (τό)/ (fig.) πειραματόζωο (τό)
guise, n. ενδυμασία (ή), άμφίεση (ή)/ *under the ~ of*, μεταμφιεσμένος, μέ τό πρόσχημα
guitar, n. κιθάρα (ή)/ *~ ist*, n. κιθαριστής (ό)
gulch, n. ρεματιά (ή), βαθιά χαράδρα (ή)
gulf, n. κόλπος (ό)/ (fig.) χάσμα (τό), άγεφύρωτη διαφορά άπόψεων/ *~ stream*, Ρεύμα του κόλπου τοΰ Μεξικού
gull, n. γλάρος (ό)/ (person) κορόιδο (τό)/ v.t. εξαπατώ, πιάνω κορόιδο
gullet, n. οισοφάγος (ό)
gullibility, n. ευπιστία (ή), άφέλεια (ή)/ *gullible*, a. εύπιστος, αφελής, χαζός
gully, n. ξεροπόταμος (ό), ρεματιά (ή)
gulp, v.t. καταβροχθίζω, καταπίνω, χάφτω/ n. (solid food) μπουκιά (ή), χαψιά (ή)/ (liquid) ρουφηξιά (ή), γουλιά (ή)
gum, n. ούλα (τά)/ (bot.) κόμμι (τό), γόμμα (ή), δενδρόκολλα (ή)/ *~ boil*, n. άπόστημα στά ούλα (τό)/ *~ boots*, n. ψηλές λαστιχένιες μπότες (οί)/ *~my*, a. κολλώδης, πασαλειμμένος μέ γόμμα/ (eyes) τσιμπλιασμένος
gumption, n. έξυπνάδα (ή), μυαλό (τό), κρίση (ή), οξυδέρκεια (ή)
gun, n. όπλο (τό), τουφέκι (τό), πυροβόλο (τό)/ *stick to one's ~s*, επιμένω στίς απόψεις μου/ *double-barrelled ~*, δίκαννο (τό)/ *~boat*, n. κανονιοφόρος (ή)/ *~ carriage*, n. κιλλίβαντας πυροβόλου/ *~ cotton*, n. βαμβακοπυρίτιδα (ή)/ *~fire*, n. πΰρ (τό)/ *~running*, n. λαθρεμπόριο όπλων/ *~shot*, n. πυροβολισμός (ό)/ *within ~shot*, εντός άκτϊνος βολής/ *~smith*, n. όπλοποιός (ό)
gunwale, n. κουπαστή (ή)
gurgle, n. γαργάρα (ή)/ v.i. γαργαρίζω, κάνω γαργάρα

gush, n. ἀνάβλυση (ἡ), ὁρμητική ροή (ἡ)/ v.i. ἀναβλύζω, ρέω ὁρμητικά/ ~ing, a. ἐκεῖνος πού ἀναβλύζει (person) διαχυτικός, ἐκδηλωτικός
gusset, n. τσόντα (ἡ)
gust, n. φύσημα (τό), ριπή (ἡ)
gusto, n. ἀπόλαυση (ἡ), γοῦστο (τό), εὐχαρίστηση (ἡ)
gusty, a. θυελλώδης, σφοδρός/ (person) εὐέξαπτος
gut, n. ἔντερο (τό)/ pl. ἔντερα (τά), ἐντόσθια (τά)/ v.t. ξεκοιλιάζω, βγάζω τά ἔντερα/ (house) λεηλατῶ/ ~ted, a. ξεκοιλιασμένος
gutta-percha, n. γουταπέρκα (ἡ)
gutter, n. λούκι (τό), ὑδρορρόη (ἡ), ὀχετός (ὁ)/ ~press, κίτρινος τύπος/ ~ snipe, n. ἀλητόπαιδο (τό), χαμίνι (τό)
guttural, a. λαρυγγικός, λαρυγγόφωνος
guy, n. ἄτομο (τό), τύπος (ὁ)/ (tech.) συγκράτημα (τό), γκάγια (ἡ)/ v.t. εἰρωνεύομαι, περιγελῶ, κοροϊδεύω
guzzle, v.t. καταβροχθίζω, κατεβάζω μέ λαιμαργία
gymnasium, n. γυμναστήριο (τό)/ *gymnast,* n. γυμναστής (ὁ)/ ~*ic,* a. γυμναστικός/ ~ *ics,* n. γυμναστική (ἡ), σωματική ἀγωγή (ἡ)
gynaecologist, n. γυναικολόγος (ὁ)/ *gynaecology,* n. γυναικολογία (ἡ)
gyrate, v.i. περιστρέφομαι/ *gyration,* n. περιστροφή (ἡ)
gyroscope, n. γυροσκόπιο (τό)

H

haberdasher, n. ψιλικατζῆς (ὁ)/ ~*y,* n. ψιλικά (τά)
habiliment, n. ἐνδυμασία (ἡ), ρουχισμός (ὁ)
habit, n. συνήθεια (ἡ), ἕξη (ἡ)/ *be in the* ~, συνηθίζω
habitable, a. κατοικήσιμος/ *habitat,* n. φυσικό περιβάλλον (τό)

habitual, a. συνηθισμένος, τακτικός/ *habituate,* v.t. συνηθίζω, ἐξοικοιώνω, ἐθίζω
hack, n. παλιάλογο (τό)/ (fig.) σκλάβος (ὁ), φτωχός μεροκαματιάρης/ v.t. χρησιμοποιῶ συνέχεια, ἐπαναλαμβάνω μέχρι ἀηδίας/ ~ *ing cough,* ξερόβηχας (ὁ)
hackney, n. νοικιασμένο ἄλογο/ ~ *carriage,* ἅμαξα (ἡ)
hackneyed, a. χιλιοειπωμένος, κοινότοπος
haddock, n. βακαλάος (ὁ)
Hades, n. ῞Αδης (ὁ)
haemophilia, n. αἱμοφιλία (ἡ)
haemorrhage, n. αἱμορραγία (ἡ)
haemorrhoids, n. pl. αἱμορροΐδες (οἱ)
haft, n. λαβή (ἡ)
hag, n. γριά στρίγγλα (ἡ), μέγαιρα (ἡ), παλιόγρια (ἡ)
haggard, a. τσακισμένος, ἐξαντλημένος
haggle, v.i. διαπραγματεύομαι, παζαρεύω
hail, n. χαλάζι (τό)/ (mil.) καταιγισμός πυρός/ v.t. χαιρετῶ, ὑποδέχομαι/ ~ *from,* κατάγομαι, προέρχομαι/ ~*stone,* n. κόκκος χαλαζιοῦ/ ~*storm,* n. χαλαζοθύελλα (ἡ)
hair, n. τρίχες (οἱ), μαλλιά (τά)/ *make one's* ~ *stand on end,* ἀνατριχιάζω/ *to a* ~, μέχρι τήν τελευταία λεπτομέρεια/ ~*cut,* n. κούρεμα (τό), κόψιμο μαλλιῶν/ ~ *dresser,* n. κομμωτής (ὁ), κουρέας (ὁ)/ ~*net,* n. φιλές μαλλιῶν (ὁ)/ ~*pin,* n. φουρκέτα (ἡ)/ ~*splitting,* n. λεπτολογία (ἡ), σχολαστική ἀνάλυση/ ~*y,* τριχωτός, μαλιαρός, δασύτριχος
hake, n. μπακαλιάρος (ὁ)
halcyon, n. ἀλκυών (ἡ), θαλασσοπούλι (τό)
hale, n. ὑγιής, ἀκμαῖος
half, a. μισός/ ad. μισά, κατά τό ἥμισυ/ n. μισό (τό)/ *better* ~, ἕτερον ἥμισυ/ *cut in* ~, κόβω στά δύο, κόβω στή μέση/ *do in halves,* κάνω μισή δουλειά, ἀφήνω μισοτελειωμένο/ *go halves,* πληρώνω μισά - μισά/ ~ *an hour,* μισή ὥρα/ *an hour and a* ~, μιάμιση ὥρα/ ~ *-breed,* n. μιγάδος (ὁ)/ ~ *-brother,* n. ἐτεροθαλής ἀδελφός (ὁ)/ ~ *-caste,* n. μιγάδας (ὁ)/ ~*done,* a. μισοκαμωμένος/ (steak)

μισοψημένος/ ~ -mast, a. μεσίστια σημαία/ ~ -moon, n. ἡμισέλινος (ἡ), μισοφέγγαρο (τό), ~ -price, ad. σέ μισή τιμή, μισοτιμῆς/ ~ -seas - over, a. μισομεθυσμένος/ ~ -way, ad. στή μέση τοῦ δρόμου, μεσοδρομῆς/ meet ~ -way, συναντῶ μεσοδρομῆς/ (fig.) συμβιβάζομαι/ ~ -witted, a. ἠλίθιος/ ~ year, n. ἑξάμηνο (τό)
halibut, n. ἱππόγλωσσος (ὁ)
hall, n. αἴθουσα (ἡ), σάλα (ἡ)/ entrance ~, προθάλαμος (ὁ), χώλ (τό)/ ~, mark, n. σφραγίδα γνησιότητας (ἡ)
halleluj, int. ἀλληλούια
hallo, int. ἔ! ἄκουσε!
hallow, v.t. ἁγιάζω, καθαγιάζω, καθιερώνω
hallucination, n. παραίσθηση (ἡ)
halo, n. φωτοστέφανο (τό)
halt, n. στάση (ἡ), σταμάτημα (τό)/ come to a ~, σταματῶ/ a. κουτσός/ v.t. & i. σταματῶ/ int. ἄλτ!
halter, n. καπίστρι (τό)/ (hanging) σχοινί ἀγχόνης (τό), βρόχος (ὁ)
halve, v.t. μοιράζω στά δύο, κόβω στή μέση
halyard, n. σχοινί σημαίας (τό)
ham, n. χοιρομέρι (τό), ζαμπόν (τό)
hamlet, n. χωριουδάκι (τό)
hammer, n. σφυρί (τό)/ (gun) σκανδάλη (ἡ)/ v.t. σφυροκοπῶ/ ~ at, χτυπῶ συνέχεια/ (fig.) ἐπιμένω/ ~ing, n. σφυροκόπημα (τό)
hammock, n. κρεμαστή κούνια (ἡ)/ (naut.) κρεμαστό κρεβάτι ναυτικῶν
hamper, n. καλάθι (τό), κάνιστρο (τό)/ v.t. μπερδεύω, παρεμποδίζω
hand, n. χέρι (τό)/ (measure) παλάμη (ἡ)/ (clock, etc.) δείκτης (ὁ)/ (cards) μοίρασμα (τό)/ (sailor) ναύτης (ὁ)/ at ~, πρόχειρος/ by ~, μέ τό χέρι/ in ~, στό χέρι/ ~ in ~, πιασμένοι ἀπό τό χέρι, χέρι - χέρι/ on one ~, ἀπό τή μιά μεριά, ἀφενός/ from ~ to mouth, μεροδούλι μεροφάι/ ~ to ~, ἀπό χέρι σέ χέρι/ ~s off, κάτω τά χέρια!/ ~ s up! ψηλά τά χέρια!/ get the upper ~, πλεονεκτῶ/ hold one's ~, συγκρατοῦμαι/ get off one's ~, μοῦ ξεφεύγει, δέν εἶναι στό χέρι μου/ on ~s and knees, στά τέσσερα, μέ τά τέσσερα/ v.t. ἐγχειρίζω, δίνω μέ τό χέρι/ ~ down, παραδίδω στούς μεταγενέστερους/ ~ in, καταθέτω, ὑποβάλλω/ ~ over, παραδίδω/ ~bag, n. τσάντα (ἡ)/ ~bill, n. ἐπισκεπτήριο (τό)/ κάρτα (ἡ)/ ~book, n. ἐγχειρίδιο (τό)/ ~ ful, n. χούφτα (ἡ), χεριά (ἡ)
handicap, n. ἐμπόδιο (τό), δυσκολία (ἡ), δυσχέρεια (ἡ)/ v.t. ἐμποδίζω, δυσχεραίνω/ ~ped, a. ἀνάπηρος
handicraft, n. χειροτεχνία (ἡ)/ ~sman, n. χειροτέχνης (ὁ), handiwork, n. ἐργόχειρο (τό), χειροτέχνημα (τό)
handkerchief, n. μαντίλι (τό)
handle, n. λαβή (ἡ), χερούλι (τό), ~bar, n. τιμόνι ποδηλάτου (τό), v.t. χειρίζομαι/ (comm.) διαθέτω/ handling, n. χειρισμός (ὁ), μεταχείριση (ἡ)
handmade, a. χειροποίητος
handrail, n. κιγκλίδωμα (τό), πιάσιμο σκάλας (τό)
handshake, n. χειραψία (ἡ)
handsome, a. ὄμορφος, κομψός/ (money) γενναιόδωρος
handwriting, n. γραφή (ἡ), γράψιμο (τό), γραφικός χαρακτήρας (ὁ)
handy, a. πρόχειρος, εὐκολομεταχείριστος/ (person) ἐπιδέξιος, ἐπιτήδειος/ come in ~, εἶμαι χρήσιμος/ ~man, n. πολυτεχνίτης (ὁ)
hang, v.t. & i. κρεμῶ, ἀναρτῶ/ (someone) ἀπαγχονίζω/ ~ about, περιφέρομαι/ ~ back, καθυστερῶ, μένω πίσω/ ~ down, κρέμομαι/ ~ in the balance, μπορεῖ ναί μπορεῖ καί ὄχι/ ~ on, ἐπιμένω, περιμένω/ ~ out, συχνάζω, μένω.
hangar, n. ὑπόστεγο (τό)
hanger, n. κρεμάστρα (ἡ)/ ~ -on, n. παράσιτο (τό), κολλιτσίδα(ἡ)
hanging, a. κρεμαστός/ n. κρέμασμα (τό), ἀνάρτηση (ἡ), ἀπαγχονισμός (ὁ)/ ~s, n. παραπετάσματα (τά)/ hangman, n. δήμιος (ὁ)
hank, n. μάτσο κλωστῆς (τό)
hanker after, v.t. λαχταρῶ, ἐπιθυμῶ σφοδρά/ hankering, n. λαχτάρα (ἡ), σφοδρή ἐπιθυμία (ἡ)
hanky-panky, n. δόλος (ὁ), ἀπάτη (ἡ)
hansom, n. δίτροχο ἀμάξι (τό)
haphazard, a. τυχαῖος/ ad. τυχαῖα

hapless, a. άτυχος, δυστυχισμένος
happen, v.t. συμβαίνω, τυχαίνω/ *whatever* ~s, ὅ,τι καί νά συμβεῖ/ ~*ing*, n. συμβάν (τό), γεγονός (τό)
happily, ad. εὐτυχῶς/ *happiness*, n. εὐτυχία (ἡ)/ *happy*, a. εὐτυχισμένος, εὐχαριστημένος/ ~ *-go - lucky*, ἀνέμελος
harangue, n. ἀγόρευση (ἡ), δημηγορία (ἡ)/ v.i. ἀγορεύω
harass, v.t. βασανίζω, ἐνοχλῶ/ (mil.) παρενοχλῶ
harbinger, n. πρόδρομος (ὁ)/ v.t. προαναγγέλλω, προλέγω
harbour, n. λιμάνι (τό)/ (fig.) καταφύγιο (τό), ἄσυλο (τό)/ ~ *dues*, λιμενικά τέλη (τά)
hard, a. σκληρός, τραχύς, αὐστηρός, δύσκολος/ ~ *and fast*, ἀμετάβλητος, σταθερός/ ~ *cash*, μετρητά/ ~ *labour*, καταναγκαστικά ἔργα/ ad. δύσκολα, αὐστηρά, σκληρά/ *breathe* ~, ἀναπνέω μέ δυσκολία/ *drink* ~, πίνω πολύ/ *work* ~, ἐργάζομαι σκληρά/ ~ *of hearing*, βαρήκοος/ *be* ~ *up*, ἔχω ἀνάγκη/ ~*boiled*, a. πολυβρασμένος/ ~*en*, v.t. σκληραίνω/ ~*headed*, a. χοντροκέφαλος/ ~*hearted*, a. σκληρόκαρδος/ ~*ihood*, n. τόλμη (ἡ) τολμηρότητα (ἡ)/ ~*iness*, n. σκληρότητα (ἡ), τραχύτητα (ἡ)/ ~*ly*, ad. μόλις μέ δυσκολία, μέ τό ζόρι/ ~*ware*, n. σιδερικά (τά)/ ~*working*, a. φιλόπονος, ἐργατικός/ ~*y*, a. σκληραγωγημένος, ἀνθεκτικός
hare, n. λαγός (ὁ)/ ~ *-brained*, a. μωρός, ἀνόητος/ ~*lip*, n. λαγοχειλία (ἡ)
harem, n. χαρέμι (τό)
haricot, n. φασόλι (τό)
hark, int. ἄκου!/ v.t. ἀκούω, τεντώνω τό αὐτί/ ~ *back to*, ἀναπολῶ
harlequin, n. ἀρλεκίνος (ὁ)/ ~*ade*, n. ἀρλεκινάδα (ἡ)
harlot, n. πόρνη (ἡ), πουτάνα (ἡ)
harm, n. κακό (τό), βλάβη (ἡ), ζημιά (ἡ)/ v.i. κάνω κακό, βλάπτω, ζημιώνω/ ~*ful*, a. βλαβερός/ ~*less*, a. ἀβλαβής, ἄκακος/ ~*lessness*, n. ἀθωότητα (ἡ), καλοκαγαθία (ἡ)
harmonic, a. ἀρμονικός/ ~*a*, n. φυσαρμόνικα (ἡ)/ *harmonious*, a. μελωδικός, σύμφωνος/ *harmonium*, n. ἀρμόνιο (τό)/ *harmonize*, v.t. ἐναρμονίζω, συνδυάζω/ *harmony*, n. ἀρμονία (ἡ), ὁμόνοια (ἡ)
harness, n. γκέμια (τά), ἱπποσκευή (ἡ), σαμάρι (τό)/ v.t. ἐλέγχω, δαμάζω
harp, n. ἄρπα (ἡ)/ v.i. παίζω ἄρπα/ ~*ist*, n. ἀρπιστής (ὁ)
harpoon, n. καμάκι (τό)/ v.t. καμακεύω, καμακώνω
harpsichord, n. κλειδοκύμβαλο (τό)
harpy, n. ἄρπυια (ἡ)/ (fig.) γριά μέγαιρα (ἡ)
harridan, n. παλιογυναίκα (ἡ)
harrow, n. βωλοκόπος (ὁ)/ v.t. βωλοκοπῶ/ (fig.) συντρίβω, σπαράζω τήν καρδιά/ ~*ing*, n. βωλοκόπημα (τό)/ (fig.) σπαρακτικός
harry, v.t. ρημάζω/ (mil.) καταδιώκω τόν ἐχθρό
harsh, a. τραχύς, σκληρός, ἀπότομος/ ~*ness*, n. τραχύτητα (ἡ), σκληρότητα (ἡ)/ *harsh sentence*, βαριά ποινή (ἡ)
hart, n. ἐλάφι (τό)
harum-scarum, a. ἀπερίσκεπτος
harvest, n. θερισμός (ὁ), συγκομιδή (ἡ), ἐσοδεία (ἡ)/ v.t. θερίζω, μαζεύω τή σοδειά/ ~*er*, n. θεριστής (ὁ)/ (machine) θεριστική μηχανή (ἡ)
hash, n. κιμάς (ὁ)/ (fig.) μπερδεμένη ὑπόθεση/ *make a* ~ *of*, ἀνανεώνω/ v.t. λιανίζω, ψιλοκόβω (κρέας)
hashish, n. χασίς (τό)
hassock, n. μαξιλαράκι γιά γονυκλισία
haste, n. βιασύνη (ἡ), ταχύτητα (ἡ)/ *make* ~, σπεύδω/ v.t. βιάζομαι, ἐπισπεύδω/ *hastily*, ad. βιαστικά, γρήγορα, ἐσπευσμένα/ *hasty*, a. βιαστικός, ἐσπευσμένος/ (without thinking) ἀπερίσκεπτα
hat, n. καπέλο (τό)/ ~*box*, n. καπελιέρα (ἡ)/ ~*less*, a. ἀσκεπής/ ~*shop*, n. καπελάδικο (τό), πιλοπωλεῖο (τό)
hatch, n. μικρή πόρτα (ἡ), θυρίδα (ἡ)/ v.t. ἐκκολάπτω, ἐπωάζω, κλωσῶ/ (plot) μηχανορραφῶ, ραδιουργῶ
hatchet, n. τσεκούρι (τό)/ *bury the* ~, ξεχνῶ παλιές διαφορές
hatching, n. ἐκκόλαψη (ἡ)/ (plot) μηχανορραφία (ἡ)
hatchway, n. θυρίδα (ἡ)
hate (& hatred), n. μίσος (τό)/ v.t. μισῶ,

ἀποστρέφομαι
haughtily, ad. ἀλαζονικά, ὑπεροπτικά/ **haughtiness,** n. ἀλαζονεία (ἡ), ὑπεροψία (ἡ)/ **haughty,** a. ἀλαζόνας, ὑπεροπτικός
haul, n. ἕλξη (ἡ), τράβηγμα (τό), ρυμούλκηση (ἡ)/ v.t. ἕλκω, τραβῶ, ρυμουλκῶ, σύρω/ ~ *down,* ὑποκύπτω/ ~*age,* n. μεταφορά ἐμπορευμάτων/ ~*ier,* n. μεταφορέας (ὁ)
haunch, n. γοφός (ὁ), ἰσχίο (τό)
haunt, n. στέκι (τό)/ v.t. συχνάζω/ (ghost) στοιχειώνω/ ~*ed,* a. στοιχειωμένος/ ~*er,* n. θαμώνας (ὁ)
hautboy, n. βαρύαυλος (ὁ)
have, v.t. ἔχω, κατέχω/ ~ *better,* προτιμῶ/ ~ *a nice time,* διασκεδάζω, περνῶ εὐχάριστα/ ~ *a walk,* κάνω περίπατο/ ~ *to,* πρέπει νά/ ~ *on,* φορῶ/ *the* ~*s and* ~ *nots,* πλούσιοι καί φτωχοί.
haven, n. λιμάνι (τό), ὅρμος (ὁ)/ (fig.) καταφύγιο (τό)
haversack, n. γυλιός (ὁ), σακίδιο (τό)
havoc, n. πανωλεθρία (ἡ), καταστροφή (ἡ)
haw, n. δούισμα (τό), βοή (ἡ), ~*thorn,* n. λευκάγκαθο (τό)/ v.i. βουΐζω
hawk, n. γεράκι (τό)/ (fig.) ἅρπαγας (ὁ)/ v.t. & i. κυνηγῶ μέ γεράκια/ ~ -*eyed,* a. γερακομάτης/ ~*er,* n. πραματευτής (ὁ), γυρολόγος (ὁ)
hawser, n. χοντρό σχοινί (τό), κάλως (ὁ)
hay, n. ἄχυρο (τό), χόρτο (τό), σανός (ὁ)/ ~*fever,* ἀνοιξιάτικη ἀλλεργία/ ~*fork,* n. δικέλλα (ἡ)/ ~*loft,* n. ἀχυρώνας (ὁ)/ ~*maker,* n. χορτοκόπος (ὁ)/ ~*making,* n. χορτοκοπία (ἡ)/ ~*stack,* n. θημωνιά (ἡ)
hazard, n. κίνδυνος (ὁ), διακινδύνευση (ἡ)/ v.t. διακινδυνεύω, ριψοκινδυνεύω/ ~ *ous,* a. ἐπικίνδυνος, παρακινδυνευμένος
haze, n. ὁμίχλη (ἡ)
hazel, n. φουντουκιά (ἡ)/ ~ -*nut,* n. φουντούκι (τό)
hazy, a. ὁμιχλώδης/ (fig.) ἀσαφής, ἀκαθόριστος
he, pn. αὐτός, ἐκεῖνος/ ~ -*goat,* n. τράγος (ὁ)
head, n. κεφάλι (τό), κεφαλή (ἡ)/ (leader) ἀρχηγός (ὁ), ἐπικεφαλῆς (ὁ), ἡγέτης (ὁ)/ (firm) διευθυντής (ὁ)/ (of cattle) κεφάλια (τά)/ *from* ~ *to foot,* ἀπό τήν κορφή ὥς τά νύχια/ ~ *over heels in love,* ξετρελαμένος, ἐρωτευμένος ὥς τά μπούνια/ ~ *over heels,* πολύ, τελείως/ *bring to a* ~, προκαλῶ κρίση/ *come to a* ~, φθάνω σέ κρίσιμο σημεῖο/ *hit the nail on the* ~, ἀντιμετωπίζω τήν κατάσταση κατακέφαλα/ ~*s or tails,* κορώνα γράμματα/ v.t. εἶμαι ἐπικεφαλῆς, κατευθύνομαι πρός/ (ball) βαρᾶω κεφαλιά/ ~*ache,* n. πονοκέφαλος (ὁ)/ ~*band,* n. κεφαλόδεσμος (ὁ)/ ~*dress,* n. κόμμωση (ἡ)/ ~*er,* n. ἀρχηγός (ὁ)/ ~*land,* n. ἀκρωτήρι (τό)/ ~*ing,* n. ἐπικεφαλίδα (ἡ), τίτλος (ὁ)/ ~*light,* n. προβολέας αὐτοκινήτου (ὁ)/ ~*line,* n. ἐπικεφαλίδα (ἡ)/ ~*long,* ad. κατακέφαλα/ ~*master,* n. γυμνασιάρχης (ὁ), διευθυντής σχολῆς (ὁ)/ ~ *mistress,* n. διευθύντρια σχολῆς (ἡ)/ ~ *quarters,* n. ἐπιτελεῖο (τό), ἕδρα (ἡ), ἀρχηγεῖο (τό)/ ~*stone,* n. (building) ἀκρογωνιαῖος λίθος (ὁ), ἀγκωνάρι (τό)/ (tomb) ἐπιτύμβια πλάκα (ἡ)/ ~*waiter,* n. ἀρχισερβιτόρος (ὁ), μαίτρ ντ'οτέλ (ὁ)/ ~*way,* n. πρόοδος (ἡ), κίνηση πρός τά ἐμπρός/ ~*wind,* n. ἀντίθετος ἄνεμος (ὁ)/ ~*y,* a. μεθυστικός
heal, v.t. & i. θεραπεύω, γιατρεύω, ἐπουλώνω/ ~*er,* n. θεραπευτής (ὁ)/ ~*ing,* n. θεραπεία (ἡ)/ a. θεραπευτικός
health, n. ὑγεία (ἡ)/ ~ *officer,* ὑγειονομικός ἐπόπτης (ὁ)/ ~*y,* a. ὑγιής
heap, n. σωρός (ὁ)/ ~*s of time,* ἄφθονος χρόνος/ v.t. σωρεύω, κάνω σωρό/ ~ *up,* μαζεύω, συσσωρεύω
hear, v.t. ἀκούω/ (leg.) ~ *a case,* δικάζω ὑπόθεση/ ~ *of,* μαθαίνω, πληροφοροῦμαι/ ~ *from,* παίρνω νέα ἀπό/ ~*ing,* n. ἀκοή (ἡ)/ (leg.) δίκη (ἡ), ἐκδίκαση (ἡ)/ *get a* ~, πετυχαίνω ἀκρόαση/ *hard of* ~, βαρήκοοος/ ~*aid,* ἀκουστικό (τό)
hearken, v.t. ἀκούω μέ προσοχή
hearsay, n. φήμη (ἡ), διάδοση (ἡ)
hease, n. νεκροφόρα (ἡ)
heart, n. καρδιά (ἡ)/ (courage) θάρρος (τό)/ (cards) κούπα (ἡ)/ *take to* ~, παίρνω κατάκαρδα/ *with all my* ~, μέ

ὅλη μου τήν καρδιά/ *by* ~, ἀπέξω, ἀπό μνήμης/ ~ *and soul of*, ἡ ψυχή, τό κυριότερο πρόσωπο/ *at* ~, κατά βάθος, στήν πραγματικότητα/ ~*beat*, n. παλμός τῆς καρδιᾶς/ ~*break*, n. σπαραγμός (ὁ), μεγάλη θλίψη/ ~*broken*, a. περίλυπος/ ~-*disease*, n. πάθηση τῆς καρδιᾶς/ ~*en*, v.t. ἐνθαρρύνω, δίνω θάρρος/ ~*felt*, a. ἐγκάρδιος, εἰλικρινής/ ~*free*, a. ὄχι ἐρωτευμένος
hearth, n. τζάκι (τό), ἑστία (ἡ)/ (fig.) σπίτι (τό)
heartily, ad. ἐγκάρδια, εἰλικρινά/ *heartless*, a. ἄκαρδος, σκληρός/ *hearty*, a. ἐγκάρδιος, εἰλικρινής/ (healthy) εὔρωστος, ὑγιής
heat, n. θερμότητα (ἡ), ζέστη (ἡ)/ (phys.) πυράκτωση (ἡ)/ (animals) ἐποχή ζευγαρώματος/ v.t.&i. θερμαίνω, ζεσταίνω/ ~*er*, n. θερμάστρα (ἡ), θερμαντήρας (ὁ)
heath, n. λιβάδι (τό), ἀνοιχτή ἔκταση
heathen, n. εἰδωλολάτρης (ὁ)/ a. εἰδωλολατρικός/ ~*ish*, a. εἰδωλολατρικός/ (fig.) ἄξεστος/ ~*ism*, n. εἰδωλολατρεία (ἡ)
heather, n. ἐρείκη (ἡ)
heating, n. θέρμανση (ἡ)/ *central* ~, κεντρική θέρμανση/ a. θερμαντικός
heatstroke, n. ἡλίαση (ἡ)
heave, v.t. ἀνασηκώνω, σηκώνω μέ κόπο/ ~ *a sigh*, ἀναστενάζω/ v.i. ἀνασηκώνομαι/ (wave, etc) φουσκώνω/ ~ *to*, τραβῶ πρός/ ~ *up* (anchor) σηκώνω ἄγκυρα/ (vomit) κάνω ἐμετό
heaven, n. οὐρανός (ὁ)/ *go to* ~, πηγαίνω στόν παράδεισο/ ~*ly*, a. οὐράνιος, θεϊκός, ὑπέροχος, παραδεισένιος/ ~ *body*, οὐράνιο σῶμα
heaver, n. ἀχθοφόρος (ὁ), χαμάλης (ὁ)/ (tech.) ξύλινος λοστός (ὁ)
heavily, ad. βαριά, βαθιά/ *heaviness*, n. νάρκη (ἡ), βαρύ κεφάλι/ *heavy*, a. βαρύς/ ~ *guns*, βαρύ πυροβολικό (τό)/ ~ *rain*, δυνατή βροχή/ ~ *sea*, τρικυμισμένη θάλασσα/ ~ *sky*, συννεφιασμένος οὐρανός/ ~ *traffic*, μεγάλη κυκλοφορία/ ~ *weight*, a. πυγμάχος βαρέων βαρῶν
Hebraic, a. ἑβραϊκός, ἑβραίικος/ *Hebrew*, n. Ἑβραῖος (ὁ)/ (language) ἑβραϊκή γλώσσα (ἡ), ἑβραϊκά (τά), ἑβραίικα (τά)
hecatomb, n. ἑκατόμβη (ἡ)
heckle, v.t. ξαίνω, λαναρίζω/ (a candidate) ἐνοχλῶ
hectare, n. ἑκτάριο (τό)
hectic, a. πυρετώδης, ἐντατικός
hector, v.t. φοβίζω, ἐπιπλήττω ἀπότομα
hedge, n. φράχτης (ὁ)/ (fig.) φραγμός (ὁ), ἐμπόδιο (τό)/ v.t. φράζω, περικλείνω, περιφράζω/ v.i. ὑψώνω φραγμούς/ ~ *hog*, n. σκαντζόχοιρος (ὁ)/ *hedging*, n. περίφραξη (ἡ)/ (bet) στοίχημα (τό)
heed, n. προσοχή (ἡ), προφύλαξη (ἡ)/ v.t. & i. προσέχω, προφυλάγομαι/ ~*ful*, a. προσεκτικός, ξάγρυπνος/ ~*less*, a. ἀπρόσεκτος
heel, n. φτέρνα (ἡ)/ (shoe) τακούνι (τό)/ *dig one's* ~*s in*, μένω ἀκλόνητος, ἐπιμένω/ *down at* ~, ἀπεριποίητος/ *take to one's* ~*s*, βάζω στά πόδια/ *on the* ~*s of*, στά ἴχνη κάποιου
hefty, a. ἰσχυρός, σταθερός
hegemony, n. ἡγεμονία (ἡ)
heifer, n. δαμάλι (τό)
height, n. ὕψος (τό), ἀνάστημα (τό)/ (fig.) κορυφή (ἡ), κολοφώνας (ὁ)/ ~ *of folly*, ἀπίθανη ἀνοησία/ *at the* ~ *of summer*, καταχαλόκαιρα/ ~*en*, v.t. ὑψώνω, ἀνεβάζω/ ~*s*, n. pl. ὑψώματα (τά)
heinous, a. μισητός, βδελυρός, ἀποτρόπαιος
heir, n. κληρονόμος (ὁ)/ ~*ess*, n. ἡ κληρονόμος/ *rightful* ~, νόμιμος κληρονόμος/ ~*less*, a. ἄκληρος/ ~*loom*, n. οἰκογενειακό κειμήλιο (τό)
helicopter, n. ἑλικόπτερο (τό)
heliograph, n. ἡλιογράφος (ὁ)/ *heliostat*, n. ἡλιοστάτης (ὁ)
heliotrope, n. ἡλιοτρόπιο (τό)
helium, n. ἥλιον (τό)
helix, n. ἕλικας (ὁ)
hell, n. κόλαση (ἡ)
Hellenes, n. pl. Ἕλληνες (οἱ)/ *hellenic*, a. ἑλληνικός/ *Hellenism*, n. Ἑλληνισμός (ὁ)/ *hellenist*, n. ἑλληνιστής (ὁ)
hellish, a. διαβολικός, καταχθόνιος
hello, int. γειά! προσοχή!/ (teleph.) ἐμ-

πρός! λέγετε!
helm, n. τιμόνι (τό), πηδάλιο (τό)/ (fig.) διοίκηση (ή), διακυβέρνηση (ή)/ ~*sman,* n. τιμονιέρης (ό), πηδαλιούχος (ό)
helmet, n. περικεφαλαία (ή), κράνος (τό)
helot, n. είλωτας (ό), δοΰλος (ό)
help, n. βοήθεια (ή), αρωγή (ή)/ call for ~, ζητώ βοήθεια/ v.t. βοηθώ, συντρέχω/ ~ *yourself!* σερβιρισθεΐτε!/ *I can't* ~ *it,* δέν μπορώ νά κάνω αλλιώς/ int. βοήθεια!/ ~*er,* n. βοηθός (ό)/ ~ *ful,* a. βοηθητικός, χρήσιμος/ ~*ing,* a. βοηθητικός/ n. μερίδα (ή)/ ~*less,* a. αβοήθητος, ανίκανος/ ~*lessness,* n. αδυναμία (ή)
helter-skelter, ad. φύρδην μίγδην
helve, n. λαβή αξίνας (ή)
hem, n. ποδόγυρος (ό), στρίφωμα (τό)/ v.t. στριφώνω, κάνω τό στρίφωμα/ (mil.) περισφίγγω τόν εχθρό/ int. χμ!
hemisphere, n. ημισφαίριο (τό)
hemistich, n. ημιστίχιο (τό)
hemlock, n. κώνειο (τό)
hemp, n. κάνναβις (ή)
hen, n. όρνιθα (ή), κότα (ή)
hence, ad. από τώρα καί στό εξής/ (for this reason) επομένως/ *five years* ~, σέ πέντε χρόνια/ ~*forth,* ad. στό εξής, από τώρα
henchman, n. πιστός οπαδός (ό), πιστό εκτελεστικό όργανο (τό)
henhouse, n. κοτέτσι (τό), όρνιθώνας (ό)
henna, n. χέννα (ή)
henpecked, a. γυναικοκρατούμενος
hepatitis, n. ήπατίτιδα (ή)
heptagon, n. επτάγωνο (τό)
her, pn. αυτή, αυτής, της
herald, n. κήρυκας (ό), αγγελιαφόρος (ό)/ v.t. αναγγέλλω, διαλαλώ/ ~*ic,* a. οικοσημολογικός/ ~*ry,* n. οικοσημολογία (ή)
herb, n. βότανο (τό), χόρτο (τό)/ ~*age,* n. χόρτα (τά)/ ~*al,* a. βοτανικός/ n. άφέψημα χόρτων (τό)/ ~*alist,* n. βοτανοπώλης (ό)/ ~*arium,* n. συλλογή από βότανα (ή)/ ~*ivorous,* a. χορτοφάγος
herculean, a. ηράκλειος
herd, n. κοπάδι (τό), αγέλη (ή), ποίμνιο (τό)/ v.t. κοπαδιάζω/ v.i. μπαίνω σέ κοπάδι/ ~*sman,* n. βοσκός (ό), βουκόλος (ό)
here, ad. εδώ/ ~ *and there,* εδώ καί κεΐ/ ~ *'s to you!* στήν υγειά σου!/ ~ *you are!* ιδού!/ *look* ~ *!* κοίτα δώ!/ ~ *abouts,* ad. εδώ κοντά/ ~ *after,* ad. στό έξης/ ~ *by,* ad. μέ τό παρόν, διά τοΰ παρόντος
hereditary, a. κληρονομικός/ *heredity,* n. κληρονομικότητα (ή)
herein, ad. στό παρόν/ ~*after,* ad. παρακάτω, στή συνέχεια/ *hereof,* ad. περί τούτου, γιά αυτό
heresy, n. αίρεση (ή)/ *heretic,* n. αιρετικός (ό)/ ~*al,* a. αιρετικός
hereto, ad. στό παρόν/ ~*fore,* ad. μέχρι τώρα/ *hereupon,* ad. έπ' αυτού, γιά αυτό τό ζήτημα/ *herewith,* ad. διά τοΰ παρόντος, μέ τό παρόν.
heritage, n. κληρονομιά (ή)
hermaphrodite, n. ερμαφρόδιτος (ό)
hermetic, a. ερμητικός, στεγανός
hermit, n. ερημίτης (ό), ασκητής (ό)/ ~*age,* n. ερημητήριο (τό)
hernia, n. κήλη (ή)
hero, n. ήρωας (ό)/ ~*ic,* a. ηρωικός/ ~*ine,* n. ηρωίδα (ή)/ ~*ism,* n. ηρωισμός (ό)
heroin, n. ηρωίνη (ή)
heron, n. ερωδιός (ό)
herring, n. ρέγγα (ή)
hers, pn. αυτής, της/ ~*elf,* pn. ό εαυτός της/ *by* ~, μόνη της
hesitant, a. διστακτικός, αναποφάσιστος/ *hesitate,* v.i. διστάζω, έχω ενδοιασμούς/ *hesitation,* n. δισταγμός (ό), ενδοιασμός (ό)
heterodox, a. ετερόδοξος/ ~*y,* n. ετεροδοξία (ή)
heterogeneous, a. ετερογενής, ανόμοιος
hew, v.t. πελεκώ, δενδροτομώ/ ~ *down,* ρίχνω κάτω/ ~ *out,* λαξεύω/ ~*er,* n. ξυλοκόπος (ό), πελεκητής (ό)/ ~*ing,* n. πελέκημα (τό)
hexagon, n. εξάγωνο (τό)/ ~*al,* a. εξάγωνος/ *hexameter,* n. εξάμετρο (τό)
hey! int. αϊ! έη!
heyday, n. ακμή (ή), ζενίθ (τό)/ ~ *of youth,* άνθος της νιότης
hi! int. έ, σύ! άκου!
hiatus, n. χασμωδία (ή)

hibernate, v.i. βρίσκομαι σέ χειμερία νάρκη/ *hibernation*, n. χειμερία νάρκη (ή)
hibiscus, n. ίβίσκος (ό)
hiccup, n. λόξυγκας (ό)/ v.i. ἔχω λόξυγκα
hidden, a. κρυμμένος/ *hide*, v.t. & i. κρύβω, συγκαλύπτω/ ~ *and seek*, κρυφτό, κρυφτούλι
hide, n. δέρμα (τό), προβειά (ή)/ ~ *bound*, a. χοντροκέφαλος, ἐπίμονος
hideous, a. ἀποτρόπαιος, βδελυρός
hide-out, n. κρησφύγετο (τό), κρυψώνα (ή)
hiding, n. κρύψιμο (τό), ἀπόκρυψη (ή)/ *go into* ~, κρύβομαι/ (beating) ξυλοκόπημα
hierarchy, n. ἱεραρχία (ή)
hieroglyph, n. ἱερόγλυφο (τό)/ ~*ics*, n. pl. ἱερογλυφική γραφή (ή)
higgledy-piggledy, ad. ἄνω κάτω
high, a. ψηλός, ἔξοχος, σπουδαῖος/ (wind) σφοδρός ἄνεμος/ (speed) μεγάλη ταχύτητα/ ~ *court*, ἀνώτατο δικαστήριο/ ~ *fidelity*, ὑψηλή συχνότητα/ ~ *noon*, καταμεσήμερο (τό)/ ~ *tide*, πλημμυρίδα (ή)/ ~ *treason*, ἐσχάτη προδοσία/ ad. ψηλά, σφοδρά, πολύ/ ~ *and dry*, χωρίς βοήθεια/ ~ *and low*, παντοῦ/ *feelings ran* ~, τά πάθη ἐξάφθηκαν/ ~*born*, a. ἀριστοκρατικῆς καταγωγῆς/ ~*brow*, a. ψηλομύτης (ό)/ ~*flown*, a. στομφώδης, πομπώδης/ ~*handed*, a. αὐθαίρετος/ ~*light*, n. ἀξιοθέατο (τό)/ ~ *pitched*, a. ὀξύς/ ~ *spirited*, a. μεγάθυμος/ ~*way*, n. ἐθνική ὁδός (ή)/ ~*wayman*, n. ληστής (ό)
Highness, n. Ὑψηλότητα (ή)
hijack, v.t. κάνω ἀεροπειρατία/ ~*er*, n. ἀεροπειρατής
hike, n. περίπατος μέ τά πόδια (ό)/ v.i. ἀλητεύω, τριγυρνῶ/ ~, n. πεζοπόρος (ό), πεζός ἐκδρομέας
hilarious, a. ἱλαρός, εὔθυμος/ *hilarity*, n. ἱλαρότητα (ή), εὐθυμία (ή)
hill, n. λόφος (ό), ὕψωμα (τό)/ ~*ock*, n. λοφίσκος (ό)/ ~*side*, n. πλαγιά λόφου (ή)/ ~*y*, a. λοφώδης
hilt, n. λαβή (ή)/ *up to the* ~, μέχρι τά μπούνια
him, pn. αὐτόν, ἐκεῖνον/ ~*self*, pn. ὁ ἑαυτός του, ὁ ἴδιος
hind, n. θηλυκό ἐλάφι (τό)/ a. ὀπίσθιος, πισινός
hinder, v.t. ἐμποδίζω, ἐπιβραδύνω
hindmost, a. τελευταῖος/ *hindquarters*, n. pl. ὀπίσθια (τά), καπούλια (τά)
hindrance, n. ἐμπόδιο (τό), κώλυμα (τό)
Hindu, n. Ἰνδουιστής (ό)/ a. ἰνδουιστικός/ ~*ism*, n. Ἰνδουισμός (ό)
hinge, n. ἄρθρωση (ή), μεντεσές (ό)/ v.t. τοποθετῶ μεντεσέδες, ἀρθρώνω/ v.i. περιστρέφομαι/ ~ *on*, βασίζομαι, ἐξαρτῶμαι
hint, n. ὑπαινιγμός (ό), νύξη (ή)/ v.i. ὑπαινίσσομαι, ὑπονοῶ, κάνω νύξη
hinterland, n. ἐνδοχώρα (ή)
hip, n. γοφός (ό), ἰσχίο (τό)/ (bot.) καρπός τριανταφυλλιᾶς (ό)/ ~ *-bath*, n. φορητή μπανιέρα (ή)/ ~ *-bone*, ἰσχιακό ὀστό (τό)/ ~ *-pocket*, n. πίσω τσέπη, κωλότσεπη (ή)
hippodrome, n. ἱπποδρόμιο (τό), ἱππόδρομος (ό)
hippopotamus, n. ἱπποπόταμος (ό)
hippy, n. χίππης (ό)
hire, v.t. προσλαμβάνω, μισθώνω, νοικιάζω/ ~ *out*, νοικιάζω/ n. πρόσληψη (ή), μίσθωση (ή), ἐνοικίαση (ή)/ ~ *purchase*, ἀγορά μέ δόσεις/ ~*d*, a. μισθωμένος, νοικιασμένος/ ~*ling*, n. μισθωτός (ό), μισθοφόρος (ό)/ ~*r*, n. ἐκμισθωτής (ό)
hirsute, a. μαλλιαρός, τριχωτός, δασύτριχος
his, pn. δικός του, του, αὐτουνοῦ
hiss, v.t. & i. σφυρίζω/ n. σφύριγμα (τό)
hist, int. σωπή! σούτ!
historian, n. ἱστορικός (ό)/ *historic(al)*, a. ἱστορικός
history, n. ἱστορία (ή)
histrionic, a. θεατρικός, μελοδραματικός/ (fig.) ψεύτικος, ὑποκριτικός/ ~*s*, n. θεατρινισμός (ό)
hit, v.t. χτυπῶ, πλήττω, βαρῶ/ ~ *it off with*, τά πάω καλά/ ~ *upon*, βρίσκω τυχαῖα/ n. χτύπημα (τό), πλήγμα (τό)/ (success) ἐπιτυχία (ή), σουξέ (τό)/ *make a* ~, ἐντυπωσιάζω, πετυχαίνω
hitch, n. ἐμπόδιο (τό), σκάλωμα (τό)/ (naut.) πρόσδεση (ή)/ *without a* ~, χω-

ρίς ἐμπόδιο, ἀπρόσκοπτα/ v.t. σηκώνω, τραβῶ
hitch-hike, v.i. ταξιδεύω μέ ὠτο-στόπ
hither, ad. ἐδῶ, πρός τά ἐδῶ/ ~ *and thither,* ἐδῶ καί κεῖ/ ~*to,* ad. ὥς τώρα, μέχρι τώρα
hit - or - miss, a. τυχαῖος, ἀπρογραμμάτιστος
hive, n. κυψέλη (ἡ)/ v.i. μαζεύω μέλι στήν κυψέλη/ ~ *off,* ἀναθέτω παραγωγή σέ θυγατρική ἑταιρία
hoard, n. ἀποθησαύριση (ἡ), συσσώρευση (ἡ)/ v.t. ἀποθησαυρίζω, συσσωρεύω/ ~*ing,* n. ἀποθησαύριση (ἡ), συσσώρευση (ἡ)
hoarfrost, n. πάχνη (ἡ)
hoarse, a. βραχνός/ ~*ness,* n. βραχνάδα (ἡ)
hoary, a. γκρίζος, ψαρός
hoax, n. φάρσα (ἡ), τέχνασμα (τό), ἀστεῖο (τό)/ v.t. κάνω φάρσα, ἐξαπατῶ/ ~*er,* n. φαρσέρ (ὁ)
hob, n. ράφι τζακιοῦ (τό)/ (spirit) ξωτικό (τό)
hobble, v.t. ἐμποδίζω, δυσχεραίνω/ v.i. κουτσαίνω, χωλαίνω/ n. κουτσαμάρα (ἡ), χωλότητα (ἡ)
hobby, n. χόμπυ (τό), πάρεργο (τό)/ ~*-horse,* n. ξύλινο ἀλογάκι (τό)
hobgoblin, n. ξωτικό (τό), νεράιδα (ἡ), καλλικάντζαρος (ὁ)
hobnob, (with) v.i. συναναστρέφομαι, κάνω παρέα
hock, n. ἄντζα (ἡ)/ (horse) ταρσός (ὁ)
hockey, n. χόκεϋ (τό)
hocus-pocus, n. μαγγανεία (ἡ), μαγική φράση (ἡ), ταχυδακτυλουργία (ἡ)
hod, n. πηλοφόρι (τό)
hoe, n. τσάπα (ἡ), σκαλιστήρι (τό)
hog, n. χοῖρος (ὁ), γουρούνι (τό)/ ~*gish,* a. γουρουνήσιος/ (fig.) ἄπληστος, ἀχόρταγος/ ~*shead,* n. βαρέλα (ἡ)
hoist, v.t. ὑψώνω, ἀνεβάζω, σηκώνω/ n. ἀνυψωτήρας (ὁ), βίντσι (τό)/ ~*ing,* n. ἀνύψωση (ἡ), σήκωμα (τό)
hold, n. ἀμπάρι (τό), κύτος (τό)/ v.t. κρατῶ, βαστῶ, συγκρατῶ/ (the enemy) ἀναχαιτίζω/ (office) κατέχω ἀξίωμα/ (meeting) συγκαλῶ/ ~ *back,* συγκρατιέμαι, διστάζω/ ~ *down,* κρατῶ κάτω ἀπό ἔλεγχο/ ~ *fast to,* μένω προσκολλημένος/ ~ *forth,* τείνω, προσφέρω/ ~ *in,* συγκρατῶ/ ~ *on to,* κρατιέμαι/ ~ *on!* στάσου! περίμενε!/ ~ *one's own,* ἐπιμένω στίς ἀπόψεις μου/ ~ *one's tongue,* σωπαίνω/ ~ *out,* ἀντιστέκομαι, ἀντέχω/ ~ *out on,* κρατῶ μυστικά ἀπό/ ~ *over,* ἐπισείω/ ~ *up,* καθυστερῶ/ ~*er,* n. θήκη (ἡ), λαβή (ἡ), δοχεῖο (τό)/ (tech.) ὑποδοχή (ἡ)/ ~*ing,* n. κράτημα (τό), πιάσιμο (τό), στερέωμα (τό)/ (comm.) ἐπένδυση (ἡ)
hold-up, n. ἐμπόδιο (τό), διακοπή (ἡ), σταμάτημα (τό)/ (robbery) ληστεία (ἡ), ἔνοπλη ληστεία
hole, n. τρύπα (ἡ), ὀπή (ἡ), κοίλωμα (τό), ἄνοιγμα (τό)/ (of an animal) φωλιά (ἡ)/ v.t. τρυπῶ, ἀνοίγω τρύπα/ ~ *and corner,* κρυφός, μυστικός, ὕποπτος
holiday, n. ἀργία (ἡ), γιορτή (ἡ)/ (leave) ἄδεια (ἡ), διακοπές (οἱ)/ ~ *camp,* κατασκήνωση παραθεριστῶν/ ~ *resort,* θέρετρο (τό)/ ~ *maker,* παραθεριστής (ὁ)
holiness, n. ἁγιότητα (ἡ)/ *your* ~ *!* Παναγιότατε (ὁ)
holland, n. χοντρό λινό (τό)
hollow, n. κοίλωμα (τό), κοιλότητα (ἡ), κουφάλα (ἡ)/ a. κοῖλος, κούφιος/ (cheeks) βαθουλωμένος/ (fig.) ψεύτικος, ἀπατηλός/ v.t. βαθουλώνω, κοιλαίνω
holly, n. ἀρκουδοπούρναρο (τό)/ ~*hock,* n. δεντρομολόχα (ἡ)
holocaust, n. ὁλοκαύτωμα (τό)/ (fig.) καταστροφή (ἡ), ἐξόντωση (ἡ)
holster, n. θήκη πιστολιοῦ (ἡ)
holy, a. ἅγιος, ἱερός/ ~ *Ghost,* Ἅγιο Πνεῦμα (τό)/ ~ *week,* Μεγάλη Ἐβδομάδα (ἡ)/ ~ *Writ,* Ἁγία Γραφή (ἡ)
homage, n. ὑποταγή (ἡ), πίστη (ἡ), σεβασμός (ὁ)/ *pay* ~, ὑποβάλλω τά σέβη μου, πλέκω τό ἐγκώμιο, ἀποτίω φόρο τιμῆς
home, n. σπίτι (τό), κατοικία (ἡ)/ (country) πατρίδα (ἡ)/ *at* ~, στό σπίτι/ a. σπιτίσιος, οἰκογενειακός/ ~ *office,* Ὑπουργεῖο Ἐσωτερικῶν (τό)/ ~ *Rule,* αὐτονομία (ἡ), αὐτοδιοίκηση (ἡ)/ ad. στό σπίτι/ *go* ~, γυρίζω σπίτι/ *fell at* ~,

αἰσθάνομαι σά στό σπίτι μου, νιώθω ἄνετα/ ~less, a. ἄστεγος/ ~ ly, a. νοικοκυρίστικος, ἁπλός, ἀνεπιτήδευτος/ ~sickness, n. νοσταλγία (ἡ)/ ~ -spun, a. χειροποίητος/ ~stead, n. ἀγροτική κατοικία (ἡ)/ ~ward, ad. πρός τό σπίτι/ ~ work, n. κατ' οἶκον ἐργασία (ἡ)
homicidal, a. φονικός, ἀνθρωποκτόνος/ *homicide*, n. ἀνθρωποκτονία (ἡ)
homily, n. κήρυγμα (τό), θρησκευτική ὁμιλία (ἡ)
homing pigeon, n. γυμνασμένο περιστέρι (τό)
homoeopath, n. ὁμοιοπαθητικός (ὁ)/ *homoeopa·hy*, n. ὁμοιοπαθητική
homogeneous, a. ὁμοιογενής
homonym, n. ὁμώνυμη λέξη (ἡ)
homosexual, n. ὁμοφυλόφιλος (ὁ)/ ~ity, n. ὁμοφυλοφιλία (ἡ)
hone, n. ἀκόνι (τό)/ v.t. ἀκονίζω
honest, a. τίμιος, ἔντιμος/ ~ly, ad. εἰλικρινά, τίμια, ντόμπρα/ ~y, n. τιμιότητα (ἡ), ἐντιμότητα (ἡ)
honey, n. μέλι (τό)/ (person) ἀγάπη μου, γλύκα μου/ ~bee, n. μέλισσα (ἡ)/ ~ comb, n. κηρήθρα (ἡ)/ ~ed, a. μελιστάλαχτος/ ~moon, n. μήνας τοῦ μέλιτος (ὁ)/ ~suckle, n. ἀγιόκλημα (τό)
honorarium, n. ἀμοιβή (ἡ)/ *honorary*, a. ἐπίτιμος, τιμητικός
honour, n. τιμή (ἡ), ὑπόληψη (ἡ)/ (degree) πανεπιστημιακό δίπλωμα εἰδίκευσης/ pl. τιμές (οἱ), τιμητικές διακρίσεις (οἱ)/ on one's ~, στήν τιμή μου, λόγω τιμῆς/ point of ~, ζήτημα τιμῆς/ Your H ~ ! ἐντιμότατε!/ maid of ~, κυρία ἐπί τῶν τιμῶν/ v.t. τιμῶ, ἐκτιμῶ, σέβομαι/ (cheque) ἐξοφλῶ/ (promise) τηρῶ, κρατῶ/ ~able, a. ἔντιμος/ Right ~, ἐντιμότατος (ὁ)
hood, n. κουκούλα (ἡ), κατσούλα (ἡ), κάλυμμα (τό)/ (car) καπώ (τό)/ ~ wink, v.t. δένω τά μάτια/ (fig.) ἐξαπατῶ
hoof, n. ὁπλή (ἡ)
hook, n. ἀγκίστρι (τό), γάντζος (ὁ), τσιγκέλι (τό)/ by ~ or by crook, μέ κάθε μέσο, ὁπωσδήποτε/ ~nose, καμπυλωτή μύτη/ v.t. ἀγκιστρώνω, γαντζώνω/ get ~ed on, ἐθίζομαι, μοῦ γίνεται συνήθεια

hookah, n. ναργιλές (ὁ)
hooked, a. ἐθισμένος/ ~ on drugs, ναρκομανής (ὁ)
hooker, n. ἀγκιστρωτής (ὁ)/ (fig.) (U.S.) πόρνη (ἡ)
hooligan, n. ἀλήτης (ὁ), μάγκας (ὁ)
hoop, n. στεφάνη (ἡ), τσέρκι (τό)/ v.t. περιζώνω
hooray, int. ζήτω!
hoot, n. κραυγή (ἡ), σφύριγμα (τό)/ not care a ~, δέν δίνω δεκάρα/ v.t. ἀποπαίρνω, ἀποδοκιμάζω/ v.i. κραυγάζω, σκούζω/ (car) κορνάρω/ ~ er, n. σειρήνα (ἡ), κόρνα αὐτοκινήτου (ἡ)
hop, v.t. & i. πηδῶ στό ἕνα πόδι, χοροπηδῶ/ n. χοροπήδημα (τό), πηδηματάκι (τό)/ (bot.) ζυθοβότανο (τό), λυκίσκος (ὁ)/ ~, step and jump, ἅλμα τριπλοῦν
hope, n. ἐλπίδα (ἡ)/ v.i. ἐλπίζω/ ~ful, a. αἰσιόδοξος, ἐλπιδοφόρος/ ~less, a. ἀπελπισμένος/ (in vain) μάταιος
horde, n. ὀρδή (ἡ), στίφος (τό), συρφετός (ὁ)
horizon, n. ὁρίζοντας (ὁ)/ ~tal, a. ὁριζόντιος
horn, n. κέρατο (τό) / (car) κόρνα (ἡ), κλάξον (τό)/ (mus.) κόρνο (τό)/ ~ of plenty, κέρας τῆς 'Αμαλθείας/ ~ed, a. μέ κέρατα, κερασφόρος
hornet, n. σφήκα (ἡ)
horny, a. κεράτινος, κερατοειδής/ (skin) ροζιασμένος
horoscope, n. ὡροσκόπιο (τό)
horrible, a. φρικτός, ἀπαίσιος, τρομακτικός/ *horribly*, ad. φρικτά, ἀπαίσια, τρομακτικά/ *horrid*, a. ἀποκρουστικός, φοβερός, φρικτός/ *horrific*, a. μακάβριος, ἀπεχθής/ *horrify*, v.t. τρομάζω, φοβίζω, προκαλῶ φρίκη/ *horror*, n. φόβος (ὁ), τρόμος (ὁ), φρίκη (ἡ), ἀηδία (ἡ)
horse, n. ἄλογο (τό)/ *from the* ~ *'s mouth*, ἀπό ἔγκυρη πηγή/ a. ἱππικός, ἀλογήσιος/ *on* ~ *back*, καβάλα/ ~ *chestnut*, n. ἀγριοκαστανιά (ἡ)/ ~ *dealer*, n. ἔμπορος ἀλόγων (ὁ)/ ~fly, n. ἀλογόμυγα (ἡ)/ ~hair, n. ἀλογότριχα (ἡ)/ ~man, n. ἱππέας (ὁ), καβαλάρης (ὁ)/ ~manship, n. ἱππευτική (ἡ), ἱππική τέ-

χνη (ή)/ ~power, n. ίπποδύναμη (ή)/ ~race, n. ίπποδρομία (ή)/ ~shoe, n. πέταλο (τό)/ ~whip, n. μαστίγιο (τό), καμουτσίκι (τό)/ ~woman, n. άμαζόνα (ή)/ horsy, a. φίλιππος/ (fig.) χοντροκομμένος
horticultural, a. κηπευτικός, κηπουρικός/ horticulture, n. κηπευτική (ή), κηπουρική (ή)/ horticulturist, n. κηπουρός (ό)
hose, n. μάνικα (ή), λάστιχο (τό)
hosier, n. έμπορος άνδρικών ειδών (ό)/ ~y, n. κατάστημα άνδρικών ειδών (τό)
hospice, n. ξενώνας (ό), άσυλο (τό)/ hospitable, a. φιλόξενος/ hospitably, ad. φιλόξενα/ hospital, n. νοσοκομείο (τό)/ ~ship, n. νοσοκομειακό πλοίο (τό)/ hospitality, n. φιλοξενία (ή)
host, n. (person) οίκοδεσπότης (ό)/ (army) στρατός (ό), στρατιά (ή), λεφούσι (τό)
hostage, n. δμηρος (ό)
hostel, n. οίκοτροφείο (τό), πανσιόν (ή), ξενώνας (ό)/ ~ry, n. χάνι (τό), πανδοχείο (τό)
hostess, n. οίκοδέσποινα (ή)/ air~, αεροσυνοδός (ή)
hostile, a. έχθρικός, άντίθετος/ hostility, n. έχθρότητα (ή), έχθρα (ή)/ pl. έχθροπραξίες (οί)
hot, a. ζεστός, θερμός, καυτός/ it is ~, κάνει ζέστη/ ~ news, τελευταίες ειδήσεις/ ~bed, n. θερμοστρωμνή (ή)/ (fig.) έστία διαφθοράς/ ~ -blooded, a. θερμόαιμος, φλογερός/ ~foot, ad. άνυπόμονα, βιαστικά/ ~ -headed, a. όρμητικός, παράφορος/ ~house, n. θερμοκήπιο (τό)
hotchpotch, n. χορτόσουπα (ή)/ (fig.) άνακάτεμα (τό)
hotel, n. ξενοδοχείο (τό)/ ~ier, n. ξενοδόχος (ό, ή)
hotly, ad. θερμά, θυμωμένα
hough, n. άντζα (ή)
hound, n. κυνηγετικό σκυλί (τό), λαγωνικό (τό)/ v.t. κυνηγώ, καταδιώκω
hour, n. ώρα (ή)/ ~glass, n. κλεψύδρα (ή)/ ~hand, n. ώροδείκτης (ό)
houri, n. ούρί τού παραδείσου (τό)
hourly, ad. κάθε ώρα
house, n. σπίτι (τό), κατοικία (ή)/ keep ~, κρατώ τό νοικοκυριό/ full ~, πιένες, γεμάτο θέατρο/ ~ of ill repute, κακόφημο σπίτι, οίκος άνοχής/ H ~ of Commons, Βουλή τών Κοινοτήτων (ή)/ H~ of Lords, Βουλή τών Λόρδων (ή)/ v.t. στεγάζω/ ~ agent, n. μεσίτης (ό), κτηματομεσίτης (ό)/ ~ breaker, n. διαρρήκτης (ό)/ ~hold, n. οίκογένεια (ή), νοικοκυριό (τό), σπιτικό (τό)/ ~ holder, n. οίκογενειάρχης (ό), νοικοκύρης (ό)/ ~keeper, n. οίκονόμος (ό)/ ~maid, n. ύπηρέτρια (ή), καμαριέρα (ή)/ ~ warming, n. δεξίωση γιά τήν έγκατάσταση σέ νέο σπίτι/ ~work, n. νοικοκυριό (τό)/ housing, n. στέγαση (ή)/ (tech.) θήκη (ή)/ ~ problem, στεγαστικό πρόβλημα
hovel, n. χαμόσπιτο (τό), τρώγλη (ή), καλύβα (ή)
hover, v.i. αίωρούμαι, μένω μετέωρος/ (fig.) ταλαντεύομαι, διστάζω/ ~craft, n. χόβερκράφτ (τό)/ ~ing, n. αίώρηση (ή), ταλάντευση (ή)
how, ad. πώς, μέ ποιό τρόπο/ ~ do you do?, χαίρω πολύ/ ~ far, μέχρι ποίου σημείου/ ~ long, γιά πόσο καιρό, έπί πόσο/ ~ much, πόσο/ ~ many, πόσοι, πόσες, πόσα/ ~ever, ad. όπωσδήποτε, έντούτοις, παρ' δλα αύτά, δμως/ ~ much, δσο πολύ καί άν
howitzer, n. όβιδοβόλο (τό)
howl, v.i. ούρλιάζω/ (wind) σφυρίζω/ (baby) στριγγλίζω, τσιρίζω/ n. ούρλιασμα (τό), ούρλιαχτό (τό)/ ~er, n. (woman) μοιρολογίστρα (ή)
hoyden, n. άγοροκόριτσο (τό)
hub, n. κέντρο τροχού (τό)/ (fig.) έπίκεντρο (τό)
hubbub, n. όχλοβοή (ή), φασαρία (ή)
huckster, n. πραματευτής (ό), γυρολόγος (ό)/ v.i. παζαρεύω
huddle, v.t. σωριάζω, στριμώχνω/ v.i. κουβαριάζομαι, στριμώχνομαι, μαζεύομαι/ n. σωρός (ό), κουβάρι (τό)
hue, n. άπόχρωση (ή), χρώμα (τό)/ ~ and cry, καταδίωξη, γενική άναστάτωση
huff, n. θυμός (ό), όργή (ή)/ v.t. ξεφυσώ/ be ~ed, προσβάλλομαι/ ~y, a. πειραγμένος
hug, n. άγκάλιασμα (τό)/ v.t. άγκαλιάζω,

σφίγγω στήν άγκαλιά μου/ ~ *the coast*, παραπλέω
huge, a. τεράστιος/ *~ly*, ad. πάρα πολύ, σέ μεγάλο βαθμό/ *~ness*, n. όγκος (ό), τεράστιο μέγεθος
hulk, n. (ship) κουφάρι (τό), σαπιοκάραβο (τό)/ (person) ογκώδης άνθρωπος/ *~ing*, a. ογκώδης καί αδέξιος
hull, n. τσόφλι (τό), φλούδα (ή)/ (ship) κύτος (τό)/ v.t. ξεφλουδίζω
hullabaloo, n. πανδαιμόνιο (τό), φασαρία (ή)
hullo, int, βλ. *hello*
hum, n. βοή (ή), βουητό (τό), μουρμουρητό (τό)/ v.i. βουίζω, μουρμουρίζω
human, a. ανθρώπινος/ n. άνθρωπος (ό), ανθρώπινο ον (τό)/ *~e*, a. ανθρωπιστικός, σπλαχνικός/ *~ism*, n. ανθρωπισμός (ό), ουμανισμός (ό)/ *~ist*, n. ανθρωπιστής (ό), ουμανιστής (ό)/ (scholar) μελετητής κλασικής φιλολογίας/ *~itarian*, a. ανθρωπιστικός, φιλανθρωπικός, αγαθοεργός/ *~ity*, n. ανθρωπότητα (ή), ανθρωπιά (ή)/ *~ize*, v.t. εξανθρωπίζω, εκπολιτίζω/ ~ *kind*, n. ανθρώπινο γένος (τό), ανθρώπινο είδος (τό)
humble, a. ταπεινός, σεμνός/ v.t. ταπεινώνω/ *~ness*, n. ταπεινότητα (ή), ταπεινοφροσύνη (ή)/ *humbly*, ad. ταπεινά, σεμνά
humbug, n. (person) ψεύτης (ό), αγύρτης (ό)/ (trickery) αγυρτεία (ή)
humdrum, a. μονότονος, νανουριστικός, πληκτικός
humerus, n. κόκαλο τοΰ βραχίονα
humid, a. υγρός/ *~ity*, n. υγρασία (ή)
humiliate, v.t. ταπεινώνω, εξευτελίζω/ *humiliation*, n. ταπείνωση (ή), εξευτελισμός (ό)/ *humility*, n. ταπεινότητα (ή), ταπεινοφροσύνη (ή)
hummock, n. λοφίσκος (ό), ύψωμα (τό)
humorist, n. χιουμορίστας (ό), αστείος (ό)/ *humorous*, a. κωμικός, αστείος, ευτράπελος/ *humour*, n. χιούμορ (τό), ευθυμία (ή)/ v.t. υποχωρώ στίς ίδιοτροπίες κάποιου
hump, n. καμπούρα (ή)/ *~backed*, a. καμπούρης
humus, n. κοπρόχωμα (τό)

hunch, n. καμπούρα (ή)/ *have a* ~, έχω προαίσθημα, κάτι μοΰ λέει ότι/ *~backed*, a. καμπούρης
hundred, num. εκατό/ *~fold*, a. εκατονταπλάσιος/ *~th*, a. εκατοστός/ *one* ~, n. ένα εκατοστό/ ~ *weight*, n. στατήρας (ό)
Hungarian, n. Ούγγρος (ό), Ουγγαρέζος (ό)/ a. ουγγρικός, ουγγαρέζικος
hunger, n. πείνα (ή)/ (fig.) σφοδρή επιθυμία/ ~ *strike*, απεργία πείνας/ ~ *after*, επιθυμώ πάρα πολύ/ *hungrily*, ad. πεινασμένα/ *hungry*, a. πεινασμένος/ (fig.) γεμάτος επιθυμία
hunk, n. μεγάλο κομμάτι (τό), κομματάρα (ή)
hunt, n. κυνήγι (τό)/ v.t. κυνηγώ/ ~ *for*, ερευνώ, αναζητώ/ ~ *out*, βγάζω από τή φωλιά/ *~er*, n. κυνηγός (ό)/ *ing*, n. κυνήγι (τό)/ a. κυνηγετικός/ *~lodge*, κυνηγετικό περίπτερο (τό)/ *~sman*, n. κυνηγός (ό)
hurdle, n. φράχτης (ό), εμπόδιο (τό)/ ~ *race*, δρόμος μετ' εμποδίων
hurdy - gurdy, n. οργανέτο (τό)
hurl, v.t. εκσφενδονίζω, εξακοντίζω
hurly - burly, n. θόρυβος (ό), φασαρία (ή)
hurrah, int. ζήτω!
hurricane, n. λαίλαπα (ή)
hurry, n. βία (ή), σπουδή (ή)/ *in a* ~, βιαστικά/ v.t. βιάζω/ v.i. βιάζομαι/ ~ *away*, φεύγω βιαστικά/ ~ *up!* γρήγορα!
hurt, n. βλάβη (ή), ζημία (ή), πλήγωμα (τό)/ v.t. βλάπτω, ζημιώνω, πληγώνω/ *~ful*, a. βλαβερός, επιζήμιος, προσβλητικός
husband, n. σύζυγος (ό)/ v.t. διαχειρίζομαι μέ οικονομία/ *~man*, n. γεωργός (ό), καλλιεργητής (ό)/ *~ry*, n. γεωργία (ή)
hush, n. σιωπή (ή), σιγή (ή), γαλήνη (ή)/ v.t. ήσυχάζω, κάνω νά σωπάσει/ v.i. σωπαίνω/ ~ *up*, καταπνίγω, συγκαλύπτω/ ~ *money*, εξαγορά (ή), χρήματα γιά εξαγορά/ int. σιωπή!
husk, n. τσόφλι (τό), φλούδα (ή)/ v.t. ξεφουδίζω/ *~y*, a. βραχνός/ n. (dog) πολικός σκύλος (ό)
hussy, n. τρελοκόριτσο (τό)

hustle, v.t. ἀνατρέπω, βιάζω, σκουντῶ/ v.i. βιάζομαι
hut, n. καλύβα (ἡ)
hutch, n. κλουβί (τό)
hyacinth, n. ὑάκινθος (ὁ)
hybrid, a. νόθος, μικτῆς καταγωγῆς/ n. μιγάδας (ὁ)
hydra, n. ὕδρα (ἡ)
hydrangea, n. ὀρτανσία (ἡ)
hydrant, n. σωλῆνας νεροῦ (ὁ), ὑδραγωγός σωλήνας (ὁ)
hydrate, n. ὑδροξείδιο (τό)
hydraulic, a. ὑδραυλικός/ ~s, n. ὑδραυλική (ἡ)
hydrocarbon, n. ὑδατάνθρακας (ὁ)
hydrochloric, a. ὑδροχλωρικός/ ~ acid, ὑδροχλωρικό ὀξύ (τό)
hydrogen, n. ὑδρογόνο (τό)/ ~ bomb, ὑδρογονοβόμβα (ἡ)
hydropathic, a. ὑδροθεραπευτικός
hydrophobia, n. ὑδροφοβία (ἡ)
hydroplane, n. ὑδροπλάνο (τό)
hydrostatics, n. ὑδροστατική (ἡ)
hyena, n. ὕαινα (ἡ)
hygiene, n. ὑγιεινή (ἡ)/ hygienic, a. ὑγιεινός
hymen, n. γάμος (ὁ), ὑμέναιος (ὁ)
hymn, n. ὕμνος (ὁ)/ ~al, n. ὑμνολόγιο (τό), συλλογή ὕμνων (ἡ)
hyperbola, n. ὑπερβολή (ἡ)/ hyperbole, n. ὑπερβολή (ἡ), μεγαλοποίηση (ἡ)
hypercritical, a. ὑπερεπικριτικός
hyphen, n. ἑνωτικό σημεῖο (τό)
hypnotic, a. ὑπνωτικός/ hypnotism, n. ὑπνωτισμός (ὁ)/ hypnotize, v.t. ὑπνωτίζω
hypochondria, n. ὑποχονδρία (ἡ)/ ~c, a. ὑποχόνδριος (ὁ)/ a. ὑποχονδριακός
hypocrisy, n. ὑποκρισία (ἡ)/ hypocrite, n. ὑποκριτής (ὁ)/ hypocritical, a. ὑποκριτικός
hypodermic, a. ὑποδόριος
hypotenuse, n. ὑποτείνουσα (ἡ)
hypothesis, n. ὑπόθεση (ἡ)/ hypothetical, a. ὑποθετικός
hysteria, n. ὑστερία (ἡ)/ hysterical, a. ὑστερικός/ hysterics, n. ὑστερία (ἡ), ὑστερισμός (ὁ), ὑστερική κρίση (ἡ)

I

I, pn. ἐγώ
iambic, n. ἴαμβος (ὁ)/ a. ἰαμβικός
Iberian, a. ἰβηρικός/ ~ Peninsula, Ἰβηρική Χερσόνησος (ἡ)
ibex, n. ἀγριοκάτσικο (τό)
ibis, n. ἴβις (ἡ)
ice, n. πάγος (ὁ)/ I~ Age, Ἐποχή τῶν Παγετώνων (ἡ)/ v.t. παγώνω/ ~berg, n. παγόβουνο (τό)/ ~ bound, a. ἀποκλεισμένος ἀπό πάγους/ ~box, n. παγονιέρα (ἡ), ψυγεῖο (τό)/ ~ breaker, n. παγοθραύστης (ὁ), παγοθραυστικός (τό)/ ~cream, n. παγωτό (τό)/ ~ floe, n. ὄγκος πάγου (ὁ)
Icelander, n. Ἰσλανδός (ὁ)/ Icelandic, a. ἰσλανδικός/ (language) Ἰσλανδικά (τά)
icicle, n. παγάκι (τό) κρύσταλλος (ὁ)
icing, n. ζαχαρωτή κρούστα (ἡ)
icon, n. εἰκόνα (ἡ)/ ~oclast, n. εἰκονοκλάστης (ὁ)
icy, a. παγωμένος/ ~ look, παγερό βλέμμα
idea, n. ἰδέα (ἡ)/ bright ~, λαμπρή ἰδέα, θαυμάσια σκέψη/ ~l, a. ἰδεώδης/ n. ἰδεῶδες (τό)/ ~lism, n. ἰδεαλισμός (ὁ)/ ~list, n. ἰδεαλιστής (ὁ)/ ~listic, a. ἰδεαλιστικός/ ~lize, v.t. ἐξιδανικεύω
identical, a. ὅμοιος, ἴδιος, ἀπαράλλακτος/ indentification, n. πιστοποίηση ταυτότητας (ἡ)/ identify, v.t. πιστοποιῶ τήν ταυτότητα/ ~ oneself with, ταυτίζομαι μέ/ identity, n. ταυτότητα (ἡ)/ ~ card, δελτίο ταυτότητας (τό)
ideology, n. ἰδεολογία (ἡ)
idiocy, n. ἠλιθιότητα (ἡ), βλακεία (ἡ)
idiom, n. ἰδιωματισμός (ὁ)/ ~atic, a. ἰδιωματικός
idiosyncrasy, n. ἰδιοσυγκρασία (ἡ)
idiot, n. ἠλίθιος (ὁ), βλάκας (ὁ)/ ~ic, a. βλακώδης
idle, a. ἀργός, ὀκνηρός/ (useless) ἀνωφελος/ ~ talk, χαμένα λόγια/ v.i. μένω ἀργός, κάθομαι/ ~ away, χάνω χρόνο/ ~ness, n. ὀκνηρία (ἡ), τεμπελιά (ἡ)/ ~r, n. ὀκνηρός (ὁ), τεμπέλης (ὁ)/ idly, ad. ὀκνηρά, ράθυμα, τεμπέλικα

idol, n. εἴδωλο (τό)/ ~*ater*, n. εἰδωλολάτρης (ὁ)/ ~ *atrous*, a. εἰδωλολατρικός ~*atry*, n. εἰδωλολατρεία (ἡ)/ ~*ize*, v.t. λατρεύω σάν εἴδωλο/ (fig.) ἀγαπῶ ὑπερβολικά
idyll, n. εἰδύλλιο (τό)/ ~*ic*, a. εἰδυλλιακός
if, c. ἐάν, ἄν/ *as* ~, σάν νά/ *even* ~, ἀκόμη καί ἄν/ ~ *not*, ἐάν ὄχι/ ~ *only*, ἀρκεῖ νά
igloo, n. καλύβα ἐσκιμώων (ἡ)
igneous, a. πύρινος/ *ignis fatuus*, n. ἀτμίδα (ἡ)/ *ignite*, v.t. ἀνάβω, καίω/ v.i. φλέγομαι, πιάνω φωτιά/ *ignition*, n. ἀνάφλεξη (ἡ), καύση (ἡ),· ἄναμμα (τό)
ignoble, a. ποταπός, ἀφιλότιμος
ignominious, a. αἰσχρός, ἄτιμος, ἐπονείδιστος/ *ignominy*, n. αἶσχος (τό), ἀτιμία (ἡ)
ignoramus, n. ἀμαθής (ὁ), ἀγράμματος (ὁ)/ *ignorance*, n. ἀμάθεια (ἡ), ἀγραμματωσύνη (ἡ), ἄγνοια (ἡ)/ *ignorant*, a. ἀμαθής, ἀγράμματος, ἀπαίδευτος/ *be* ~ *of*, ἀγνοῶ, δέν ἔχω γνώση/ *ignore*, v.t. ἀγνοῶ, δέν λαβαίνω ὑπ' ὄψη
iguana, n. ἰγκουάνα (ἡ)
ill, n. κακό (τό)/ a. ἄρρωστος, ἀσθενής/ *fall* ~, ἀρρωσταίνω/ *feel* ~, νοιώθω ἀδιάθετος/ *feel* ~ *at ease*, δέν νοιώθω ἄνετα, νοιώθω δυσάρεστα/ ~ *feeling*, μνησικακία/ ~ *advised*, a. κακῶς πληροφορημένος/ ~ *bred*, a. κακοανατεθραμένος, ἀνάγωγος/ ~ *disposed*, a. δυσμενής, κακῶς διατεθειμένος
illegal, a. παράνομος/ ~*ity*, n. παρανομία (ἡ)
illegible, a. δυσανάγνωστος
illegitimacy, n. νοθεία (ἡ)/ *illegitimate*, a. νόθος
ill-famed, a. κακόφημος/ *ill-fated*, a. κακότυχος/ ~*-favoured*, a. ἄσχημος/ ~*-founded*, a. ἀβάσιμος/ ~ *-humoured*, a. κακόκεφος
illiberal, a. ἀνελεύθερος/ (ungenerous) φιλάργυρος, τσιγγούνης/ ~*ity*, n. ἀνελευθερία (ἡ), φιλαργυρία (ἡ), τσιγγουνιά (ἡ)
illicit, a. ἀθέμιτος
illiteracy, n. ἀγραμματωσύνη (ἡ)/ *illiterate*, a. ἀγράμματος
ill-natured, a. κακοήθης, δύστροπος

illness, n. ἀρρώστεια (ἡ), ἀσθένεια (ἡ)
illogical, a. παράλογος
ill-omened, a. *ill-starred*, a. δυσοίωνος/ *ill-pleased*, a. δυσαρεστημένος/ *ill-tempered*, a. κακότροπος/ *ill-timed*, a. ἄκαιρος/ *ill-treat*, v.t. κακομεταχειρίζομαι/ ~*ment*, n. κακομεταχείριση (ἡ)
illuminate, v.t. φωτίζω, φωταγωγῶ/ (manuscript) χρωματογραφῶ/ *illumination*, n. φωτισμός (ὁ), φωταγώγηση (ἡ)/ *illumine*, v.t. φωτίζω
illusion, n. αὐταπάτη (ἡ)/ *illusory*, a. ἀπατηλός
illustrate, v.t. διευκρινίζω, ἐπεξηγῶ/ (book) εἰκονογραφῶ/ ~*d*, a. εἰκονογραφημένος/ *illustration*, n. διευκρίνιση (ἡ), ἐπεξήγηση (ἡ)/ *illustrative*, a. διευκρινιστικός, ἐπεξηγηματικός
illustrious, a. ἔνδοξος, ἐπιφανής, διάσημος
ill-will, n. ἀντιπάθεια (ἡ), κακοβουλία (ἡ), μνησικακία (ἡ)
image, n. εἰκόνα (ἡ), ὁμοίωμα (τό)/ (mirror) εἴδωλο (τό)/ ~*ry*, n. παραστάσεις (οἱ), εἰκόνες (οἱ)
imaginable, a. νοητός/ *imaginary*, a. φανταστικός/ *imagination*, n. φαντασία (ἡ)/ *imaginative*, a. ἐπινοητικός, γεμάτος φαντασία/ *imagine*, v.t. φαντάζομαι
imbecile, a. ἠλίθιος, βλάκας/ *imbecility*, n. ἠλιθιότητα (ἡ), βλακεία (ἡ)
imbibe, v.t. ἀποροφῶ, ἀφομοιώνω
imbricated, a. ἐπάλληλος
imbroglio, n. σύγχιση (ἡ), χάος (τό)
imbrue, v.t. ποτίζω
imbue, v.t. ἐμποτίζω/ *be* ~*d with*, ἐμφοροῦμαι ἀπό
imitate, v.t. μιμοῦμαι, ἀντιγράφω/ *imitation*, n. ἀπομίμηση (ἡ)/ a. ψεύτικος/ *imitative*, a. μιμητικός/ *imitator*, n. μιμητής (ὁ)
immaculate, a. ἄψογος, ἄμεμπτος, τέλειος/ (pure) ἄσπιλος, ἀμόλυντος
immanent, a. ἔμφυτος, ἐγγενής
immaterial, a. ἄυλος, ἀσώματος/ *it is* ~, εἶναι ἄσχετο
immature, a. ἄγουρος, ἀνώριμος
immeasurable, a. ἄμετρος, ἀπέραντος
immediate, a. ἄμεσος/ ~*ly*, ad. ἀμέσως
immemorial, a. ἀμνημόνευτος

immense, a. τεράστιος/ *immensity,* n. ἄπειρο (τό)
immerse, v.t. 6ουτῶ, βυθίζω/ *immersion,* n. 6ούτηγμα (τό), βύθισμα (τό)/ ~ *heater,* θερμοσίφωνας (ὁ)
immigrant, n. μετανάστης (ὁ)/ *immigrate,* v.i. μεταναστεύω/ *immigration,* n. μετανάστευση (ἡ)
imminence, n. τό ἐπικείμενο/ *imminent,* a. ἐπικείμενος
immobile, a. ἀκίνητος/ *immobility,* n. ἀκινησία (ἡ)/ *immobilize,* v.t. ἀκινητοποιῶ
immoderate, a. ὑπερβολικός, ὑπέρμετρος/ ~*ly,* ad. ὑπέρμετρα
immodest, a. ἄσεμνος, καυχησιάρης/ ~*y,* n. ἔλλειψη σεμνότητας (ἡ), καύχηση (ἡ)
immolate, v.t. θυσιάζω/ *immolation,* n. θυσία (ἡ)
immoral, a. ἀνήθικος/ ~*ity,* n. ἀνηθικότητα (ἡ)
immortal, a. ἀθάνατος/ ~*ity,* n. ἀθανασία (ἡ)/ ~*ize,* v.t. ἀποθανατίζω
immortelle, n. (bot.) ἀθάνατος (ὁ)
immovable, a. ἀκίνητος, ἀμετακίνητος, ἀκλόνητος/ ~*s,* n. pl. ἀκίνητη περιουσία (ἡ)
immune, a. ἐλεύθερος, ἀσύδοτος/ (med.) ἄνοσος/ *immunity,* n. ἀνοσία (ἡ)/ (of MPs) ἀσυλία (ἡ)/ *immunize,* v.t. ἀνοσοποιῶ
immutability, n. ἀμετάβλητο (τό), ἀμετάτρεπτο (τό)/ *immutable,* a. ἀμετάβλητος, ἀμετάτρεπτος
imp, n. πονηρό στοιχειό (τό)
impact, n. σύγκρουση (ἡ)/ (fig.) ἐπίδραση (ἡ), ἐπίπτωση (ἡ)
impair, v.t. ἐλαττώνω, ἐξασθενίζω
impale, v.t. σουβλίζω, ἀνασκολοπίζω
impalpable, a. ἄυλος, ἀσώματος, ἀνεπαίσθητος
impart, v.t. μεταδίδω, ἀνακοινώνω
impartial, a. ἀμερόληπτος/ ~*ity,* n. ἀμεροληψία (ἡ)
impassable, a. ἀδιάβατος, ἀπέραστος
impasse, n. ἀδιέξοδο (τό)
impassioned, a. ἐμπαθής, παθιασμένος/ συγκινητικός
impassive, a. ἀπαθής, ἀναίσθητος, ἀσυγκίνητος
impatience, n. ἀνυπομονησία (ἡ)/ *impatient,* a. ἀνυπόμονος/ ~*ly,* ad. ἀνυπόμονα
impeach, v.t. ἐγκαλῶ, καταγγέλλω/ ~*ment,* n. ἔγκληση (ἡ), κατηγορία (ἡ)
impeccability, n. ἀψογότητα (ἡ)/ *impeccable,* a. ἄψογος, ἀναμάρτητος
impecunious, a. ἀπέντορος
impede, v.t. ἐμποδίζω, παρακωλύω/ *impediment,* n. ἐμπόδιο (τό), κώλυμμα (τό)/ ~ *in speech,* ἐλάττωμα στήν ὁμιλία
impel, v.t. ὡθῶ, ἐξωθῶ, παροτρύνω
impending, a. ἐπικείμενος
impenetrable, a. ἀδιαπέραστος, ἀνυπέρβλητος
impenitence, n. τό ἀμετανόητο/ *impenitent,* a. ἀμετανόητος, ἀμεταμέλητος
imperative, a. ἐπιτακτικός, προστακτικός/ n. (gram.) προστακτική (ἡ)
imperceptible, a. ἀνεπαίσθητος
imperfect, a. ἀτελής, λειψός/ (tense) παρατατικός (ὁ)/ ~*ion,* n. ἀτέλεια (ἡ), ἔλλειψη (ἡ)
imperial, a. αὐτοκρατορικός/ ~*ism,* n. ἰμπεριαλισμός (ὁ)/ ~*ist,* n. ἰμπεριαλιστής (ὁ)
imperil, v.t. διακινδυνεύω, βάζω σέ κίνδυνο
imperious, a. ἐπιτακτικός/ ~*ness,* n. ἐπιτακτικότητα (ἡ)
imperishable, a. ἄφθαρτος, αἰώνιος
impermeable, a. ἀδιάβροχος, στεγανός
impersonal, a. ἀπρόσωπος
impersonate, v.t. μιμοῦμαι/ (theat.) παριστάνω, παίζω τόν ρόλο/ *impersonation,* n. ἐρμηνεία ρόλου (ἡ)/ *impersonator,* n. μιμητής (ὁ), ἠθοποιός (ὁ)
impertinence, n. αὐθάδεια (ἡ), προπέτεια (ἡ)/ *impertinent,* a. αὐθάδης, προπετής
imperturbable, a. ἀτάραχος, ἀπαθής
impervious, a. ἀδιαπέραστος, στεγανός
impetuosity, n. ὁρμή (ἡ), παραφορά (ἡ)/ *impetuous,* a. ὁρμητικός, παράφορος
impetus, n. ὤθηση (ἡ), ὁρμή (ἡ)
impiety, n. ἀνευλάβεια (ἡ), ἀσέβεια (ἡ)
impinge, v.i. προσκρούω/ ~ *(up)on,* ἐπιδρῶ
impious, a. ἀνευλαβής, ἀσεβής

impish, a. πανοῦργος, πονηρός
implacable, a. ἀδιάλλακτος, ἀδυσώπητος, ἄσπονδος
implant, v.t. ἐμφυτεύω
implement, v.t. ἐφαρμόζω, ἐκτελῶ, πραγματοποιῶ/ n. ἐργαλεῖο (τό), ὄργανο (τό)/ ν. πλ. ἐργαλεῖα (τά), σύνεργα (τά), ὑλικό (τό)
implicate, v.t. ἐμπλέκω, ἐνοχοποιῶ/ *implication*, n. ἐνοχοποίηση (ἡ)/ (hint) ὑπαινιγμός (ὁ)/ *by* ~, συμπερασματικά
implicit, a. ὑπονοούμενος/ (complete) ἀπόλυτος/ ~*ly*, ad. ὑπονοούμενα/ *implied*, p.p. & a. σιωπηρός
implore, v.t. ἐκλιπαρῶ, ἱκετεύω
imply, v.t. ὑπονοῶ, συνεπάγομαι
impolite, a. ἀγενής, ἀγροῖκος/ ~*ness*, n. ἀγένεια (ἡ)
impolitic, a. ἀσύνετος, ἄστοχος, ἀπερίσκεπτος
imponderable, a. ἀνυπολόγιστος/ n. ἀπροσδιόριστος παράγοντας (ὁ)
import, v.t. εἰσάγω, κάνω εἰσαγωγή/ n. εἰσαγωγή (ἡ)/ ~ *duty*, εἰσαγωγικός δασμός (ὁ)
importance, n. σημασία (ἡ), σπουδαιότητα (ἡ)/ *important*, a. σημαντικός, σπουδαῖος
importation, n. εἰσαγωγή (ἡ)/ *importer*, n. εἰσαγωγέας (ὁ)
importunate, a. φορτικός, ἐνοχλητικός/ *importune*, v.t. ἐνοχλῶ, ζητῶ ἐπίμονα/ *importunity*, n. φορτικότητα (ἡ), ἐνοχλητικότητα (ἡ)
impose, v.t. ἐπιβάλλω/ ~ *upon*, ἐπιβάλλομαι/ *imposing*, a. ἐπιβλητικός, μεγαλοπρεπής/ *imposition*, n. ἐπιβολή (ἡ), ὑπερβολική ἀπαίτηση (ἡ)
impossibility, n. ἀκατόρθωτο (τό), ἀδύνατο (τό)/ *impossible*, a. ἀδύνατος, ἀκατόρθωτος
impostor, n. ἀπατεώνας (ὁ)/ *imposture*, n. ἀπάτη (ἡ), ἀπατεωνιά (ἡ)
impotence, n. ἀδυναμία (ἡ), ἀνικανότητα (ἡ)/ *impotent*, a. ἀδύνατος, ἀδύναμος/ (med.) ἀνίκανος
impound, v.t. περιορίζω, κλείνω μέσα/ (cattle) μαντρίζω
impoverish, v.t. φτωχαίνω/ ~*ed*, p.p. & a. φτωχός/ ~*ment*, n. φτώχεια (ἡ)

impracticability, n. ἀκατόρθωτο (τό)/ *impracticable*, a. ἀκατόρθωτος, ἀπραγματοποίητος
imprecate, v.t. καταριέμαι/ *imprecation*, n. κατάρα (ἡ)
impregnable, a. ἀπόρθητος, ἀκυρίευτος
impregnate, v.t. διαβρέχω, διαποτίζω, ἐμποτίζω/ ~*d*, p.p. & a. ἐμποτισμένος, διαποτισμένος
impresario, n. ἰμπρεσάριος (ὁ)
impress, v.t. σφραγίζω, ἀποτυπώνω/ (someone) ἐντυπωσιάζω, κάνω ἐντύπωση/ n. σφραγίδα (ἡ), ἀποτύπωμα (τό)/ ~*ion*, n. ἐντύπωση (ἡ)/ ~*ionable*, a. εὐκολοεπηρέαστος, εὐαίσθητος/ ~*ionism*, n. ἰμπρεσιονισμός (ὁ)/ ~*ive*, a. ἐντυπωσιακός, ἐπιβλητικός
imprint, v.t. ἀποτυπώνω, χαράζω/ ἀποτύπωμα (τό), σφράγισμα (τό)/ *printer's* ~, ὄνομα τυπογράφου
imprison, v.t. φυλακίζω/ ~*ment*, n. φυλάκιση (ἡ)
improbability, n. ἀπιθανότητα (ἡ)/ *improbable*, a. ἀπίθανος
impromptu, a. αὐτοσχέδιος, πρόχειρος/ n. αὐτοσχεδιασμός (ὁ)
improper, a. ἀπρεπής, ἀνάρμοστος/ *impropriety*, n. ἀπρέπεια (ἡ)
improve, v.t. & i. βελτιώνω, τελειοποιῶ/ ~*ment*, n. βελτίωση (ἡ), τελειοποίηση (ἡ)
improvidence, n. ἀπερισκεψία (ἡ), ἀπρονοησία (ἡ)/ *improvident*, a. ἀπερίσκεπτος, ἀπρονόητος
improvise, v.t. αὐτοσχεδιάζω
imprudence, n. ἀπερισκεψία (ἡ), ἀφροσύνη (ἡ)/ *imprudent*, a. ἀπερίσκεπτος, ἀσύνετος, ἀσυλλόγιστος
impudence, n. ἀναίδεια (ἡ), ξεδιαντροπιά (ἡ)/ *impudent*, a. ἀναιδής, ξεδιάντροπος
impugn, v.t. ἀμφισβητῶ/ ~*able*, a. ἀμφισβητούμενος
impulse, impulsion, n. ὤθηση (ἡ)/ (strong wish) παρόρμηση (ἡ)/ *impulsive*, a. ὠθητικός, προωθητικός/ (person) παρορμητικός, εὐέξαπτος
impunity, n. ἀτιμωρησία (ἡ)/ *with* ~, ἀτιμωρητί
impure, a. ἀκάθαρτος, μιασμένος/ *impu-*

rity, n. ἀκαθαρσία (ἡ), μιασμός (ὁ), ρυπαρότητα (ἡ)
impute, v.t. ἀποδίδω, καταλογίζω
in, pr. σέ, μέσα, ἐντός/ ad. μέσα σέ/ ~ *all,* συνολικά/ ~ *a few days,* σέ λίγες μέρες/ ~ *the day,* τήν ἡμέρα/ ~ *due course,* ἐν καιρῷ/ ~ *the morning,* τό πρωί/ ~ *my opinion,* κατά τήν γνώμη μου/ ~ *the name of,* ἐν ὀνόματι/ ~ *order to,* γιά νά/ ~ *print,* τυπωμένο/ ~ *so far as,* στό σημεῖο πού/ ~ *the sun,* στόν ἥλιο, στήν λιακάδα/ ~ *the rain,* στήν βροχή/ ~ *time,* ἔγκαιρα/ ~ *writing,* γραπτά, ἔγγραφα/ *be* ~ *on,* εἶμαι παρών/ *be well* ~ *with,* ἔχω φιλικές σχέσεις μέ/ ~*s and outs,* λεπτομέρειες
inability, n. ἀδυναμία (ἡ), ἀνικανότητα (ἡ)
inaccessible, a. ἀπρόσιτος, ἀπροσπέλαστος
inaccuracy, n. ἀνακρίβεια (ἡ)/ *inaccurate,* a. ἀνακριβής, λαθεμένος/ ~*ly,* ad. λαθεμένα
inaction, n. ἀπραξία (ἡ), ἀδράνεια (ἡ)/ *inactive,* a. ἀδρανής, νωθρός/ *inactivity,* n. ἀδράνεια (ἡ), νωθρότητα (ἡ)
inadequacy, n. ἀνεπάρκεια (ἡ), ἀτέλεια (ἡ)/ *inadequate,* a. ἀνεπαρκής, ἀκατάλληλος
inadmissible, a. ἀπαράδεκτος
inadvertently, ad. ἀπρόσεχτα, ἀπερίσκεπτα
inalienable, a. ἀναφαίρετος, ἀναπαλλοτρίωτος
inane, a. κενός, κούφιος
inanimate, a. ἄψυχος
inanition, n. ἀσιτία (ἡ)
inanity, n. κενότητα (ἡ), κουφότητα (ἡ)
inapplicable, a. ἀνεφάρμοστος, ἄσχετος
inapposite, a. ἀκατάλληλος, ἀναρμόδιος
inappreciable, a. ἀπροσδιόριστος, δυσκολοδιάκριτος
inappropriate, a. ἀνάρμοστος, ἀκατάλληλος
inapt, a. ἀκατάλληλος/ ~*itude,* n. ἀκαταλληλότητα (ἡ)
inarticulate, a. ἄναρθρος/ (in speech) ἐκεῖνος πού ἐκφράζεται δύσκολα
inasmuch as, καθόσον, ἀφοῦ
inattention, n. ἀπροσεξία (ἡ)/ *inattentive,* a. ἀπρόσεχτος
inaudible, a. μή ἀκουστός
inaugural, a. ἐναρκτήριος/ *inaugurate,* v.t. ἐγκαινιάζω, καθιερώνω/ *inauguration,* n. ἐγκαινίαση (ἡ), ἐγκαθίδρυση (ἡ), καθιέρωση (ἡ)/ (president, etc.) ἀνάληψη καθηκόντων (ἡ)
inauspicious, a. δυσοίωνος
inborn, a. ἔμφυτος
incalculable, a. ἀνυπολόγιστος, ἀναρίθμητος
incandescent, a. πυρακτωμένος/ ~ *lamp,* ἠλεκτρικός λαμπτήρας (ὁ)
incantation, n. μαγικά λόγια (τά)
incapability, n. ἀνικανότητα (ἡ)/ *incapable,* a. ἀνίκανος, ἀνάξιος
incapacitate, v.t. κάνω ἀνίκανο, ἀφαιρῶ ἁρμοδιότητα/ *incapacity,* n. ἀνικανότητα (ἡ), ἀναρμοδιότητα (ἡ)
incarcerate, v.t. φυλακίζω/ *incarceration,* n. φυλάκιση (ἡ), κάθειρξη (ἡ)
incarnate, a. ἐνσαρκωμένος (ὁ)/ *incarnation,* n. ἐνσάρκωση (ἡ)
incautious, a. ἀπρόσεκτος, ἀπερίσκεπτος
incendiarism, n. ἐμπρησμός (ὁ), πυρπόληση (ἡ)/ *incendiary,* a. ἐμπρηστικός/ ~ *bomb,* ἐμπρηστική βόμβα (ἡ)
incense, n. λιβάνι (τό)/ ~ *burner,* λιβανιστήρι (τό)/ v.t. ἐξοργίζω, ἐρεθίζω, ἐξαγριώνω/ ~ *d,* a. ἐξοργισμένος, ἐξαγριωμένος
incentive, n. κίνητρο (τό), ἐλατήριο (τό)
inception, n. ξεκίνημα (τό), ἀπαρχή (ἡ), ἔναρξη (ἡ)
incessant, a. ἀδιάκοπος, ἀκατάπαυτος/ ~*ly,* ad. ἀδιάκοπα
incest, n. αἱμομιξία (ἡ)/ ~ *uous,* a. αἱμομικτικός
inch, n. ἴντσα (ἡ)/ ~ *by* ~, λίγο λίγο/ *within an* ~, παρά τρίχα, παρ' ὀλίγο/ *not give /budge an* ~, μένω ἀκλόνητος, ἐπιμένω, δέν ὑποχωρῶ οὔτε σπιθαμή
incidence, n. ρυθμός συχνότητας (ὁ)/ (avia.) πρόσπτωση (ἡ)
incident, n. ἐπεισόδιο (τό), συμβάν (τό)/ a. παρεπόμενος/ (phys.) παρεμπίπτων/ ~*al,* a. τυχαῖος, συμπτωματικός/ ~ *expenses,* ἔξοδα κίνησης (τά)/ ~*ally,* ad. ἐπί τῇ εὐκαιρίᾳ
incinerate, v.t. ἀποτεφρώνω, ἀπανθρα-

κώνω/ *incineration*, n. ἀποτέφρωση (ἡ), ἀπανθράκωση (ἡ)/ *incinerator*, n. κλίβανος (ὁ), ἀποτεφρωτήριο (τό)
incipient, a. ἀρχικός
incise, v.t. χαράζω, κόβω, τέμνω/ *incision*, n. χάραξη (ἡ), τομή (ἡ)
incisive, a. κοφτερός, μυτερός/ (fig.) δηκτικός/ *incisor*, n. κοπτήρας (ὁ)
incite, v.t. παρακινῶ, προτρέπω, ὑποδαυλίζω/ ~*ment*, n. παρακίνηση (ἡ), προτροπή (ἡ), ὑποδαύλιση (ἡ)
incivility, n. ἀγένεια (ἡ), σκαιότητα (ἡ)
inclemency, n. αὐστηρότητα (ἡ), σκληρότητα (ἡ)/ *inclement*, a. αὐστηρός, σκληρός
inclination, n. τάση (ἡ), κλίση (ἡ), ροπή (ἡ)/ *incline*, v.t. & i. τείνω, κλίνω, ρέπω/ ~*d*, p.p. & a. ἐπικλινής, κατηφορικός/ (person) διατεθειμένος, προδιατεθειμένος/ ~ *plane*, ἐπικλινές ἐπίπεδο
include, v.t. περιλαμβάνω, περιέχω/ *including*, p. συμπεριλαμβανομένου/ *inclusive*, p. περιεκτικός/ ~*ly*, ad. περιεκτικά
incognito, ad. ἰνκόγκνιτο, μέ ψευδώνυμο
incoherence, n. ἀσυναρτησία (ἡ), ἀσάφεια (ἡ)/ *incoherent*, a. ἀσυνάρτητος, ἀσαφής
incombustible, a. ἄφλεκτος, ἄκαυστος
income, n. εἰσόδημα (τό), ἔσοδο (τό)/ ~ *tax*, φόρος εἰσοδήματος (ὁ)
incoming, a. ἐπερχόμενος, ἑπόμενος
incommensurable, a. δυσανάλογος, ἀσύμετρος/ *incommensurate*, a. δασανάλογα μικρός
incommode, v.t. ἐνοχλῶ, ἐπιβαρύνω/ *incommodious* ἐνοχλητικός, ἐπιβαρυντικός
incommunicable, a. ἀμετάδοτος, μή ἀνακοινώσιμος
incommunicative, a. ἐπιφυλακτικός, ἀμίλητος
incomparable, a. ἀσύγκριτος, ἀπαράμιλλος, ἀσυναγώνιστος
incompatibility, n. ἀσυμβίβαστο (τό)/ *incompatible*, a. ἀσύμφωνος, ἀταίριαστος, ἀσυμβίβαστος
incompetence, n. ἀνικανότητα (ἡ), ἀναρμοδιότητα (ἡ)/ *incompetent*, a. ἀνίκανος, ἀκατάλληλος/ (leg.) ἀναρμόδιος
incomplete, a. ἀσυμπλήρωτος, μισοτελειωμένος
incomprehensibility, n. ἀκατανοησία (ἡ)/ *incomprehensible*, a. ἀκατανόητος, ἀκαταλαβίστικος
inconceivable, a. ἀσύλληπτος, ἀδιανόητος
inconclusive, a. μή πειστικός, μή τελεσίδικος
incongruity, n. ἀσυμφωνία (ἡ), δυσαρμονία (ἡ)/ *incongruous*, a. ἀσύμφωνος, ἀταίριαστος
inconsequent(ial), a. ἀνακόλουθος, ἀσυνεπής/ (unimportant) ἀσήμαντος
inconsiderate, a. ἀστόχαστος, ἀδιάκριτος, ἀπερίσκεπτος
inconsistency, n. ἀσυνέπεια (ἡ), ἀντίφαση (ἡ), ἀνακολουθία/ *inconsistent*, a. ἀσυνεπής, ἀντιφατικός, ἀνακόλουθος
inconsolable, a. ἀπαρηγόρητος
inconspicuous, a. δυσκολοδιάκριτος
inconstancy, n. ἀστάθεια (ἡ)/ *inconstant*, a. ἀσταθής, εὐμετάβλητος
incontestable, a. ἀναμφισβήτητος, ἀδιαφιλονίκητος
incontinence, n. ἀσυγκρατησία (ἡ), ἀκολασία (ἡ)/ (med.) ἀκράτεια (ἡ)/ *incontinent*, a. ἀσυγκράτητος, ἀκόλαστος, ἄσωτος/ (med.) ἀκρατής
incontrovertible, a. ἀκαταμάχητος, ἀδιάσειστος
inconvenience, n. ἐνόχληση (ἡ), μπελάς (ὁ)/ *inconvenient*, a. ἐνοχλητικός, μπελαλίδικος
inconvertible, a. ἀμετάτρεπτος
incorporate, v.t. & i. ἐνσωματώνω, συγχωνεύω/ (company) σχηματίζω ἑταιρία/ *incorporation*, n. ἐνσωμάτωση (ἡ), συγχώνευση (ἡ)
incorporeal, a. ἀσώματος, ἄυλος
incorrect, a. ἀνακριβής, λαθεμένος, ἐσφαλμένος/ ~*ness*, n. ἀνακρίβεια (ἡ), λάθος (τό), σφάλμα.(τό)
incorrigible, a. ἀδιόρθωτος
incorruptibility, n. ἀκεραιότητα (ἡ), τιμιότητα (ἡ)/ *incorruptible*, a. ἀκέραιος, τίμιος, ἀδιάφθορος
increase, n. αὔξηση (ἡ)/ v.t. αὐξάνω, μεγαλώνω/ v.i. αὐξάνομαι, ἀναπτύσσο-

μαι
incredibility, n. ἀπιθανότητα (ἡ)/ *incredible,* a. ἀπίθανος, ἀπίστευτος, ἀφάνταστος
incredulity, n. δυσπιστία (ἡ)/ *incredulous,* a. δύσπιστος, καχύποπτος
increment, n. αὔξηση (ἡ), προσαύξηση (ἡ)
incriminate, v.t. ἐνοχοποιῶ, ἐπιρρίπτω εὐθύνη/ *incrimination,* n. ἐνοχοποίηση (ἡ)/ *incriminatory,* a. ἐνοχοποιητικός
incrust, v.t. ἐπιστρώνω/ *~ation,* n. ἐπίστρωση (ἡ), ἐπίστρωμα (τό)/ (med.) ἐσχαροποίηση (ἡ)
incubate, v.t. κλωσσῶ, ἐπωάζω/ *incubation,* n. κλώσσημα (τό)/ (med.) ἐπώαση (ἡ)
incubus, n. ἐφιάλτης (ὁ), βραχνάς (ὁ)
inculcate, v.t. ἐντυπώνω στό μυαλό
inculpate, v.t. ἐνοχοποιῶ, κατηγορῶ
incumbent, a. δεσμευτικός, ὑποχρεωτικός/ n. τιτουλάριος κληρικός/ *it is ~ on you,* εἶναι καθῆκον σου
incur, v.t. ἐπισύρω, εἶμαι ἐκτεθειμένος σέ/ *~ debts,* δημιουργῶ χρέη/ *~ losses,* ὑφίσταμαι ζημία/ (mil.) ὑφίσταμαι ἀπώλειες
incurable, a. ἀθεράπευτος, ἀνίατος, ἀγιάτρευτος
incurious, a. ἀδιάφορος
incursion, n. ἐπιδρομή (ἡ), εἰσβολή (ἡ)
indebted, a. χρεώστης, ὑπόχρεως, ὑποχρεωμένος/ *~ ness,* n. ὑποχρέωση (ἡ), χρέος (τό)
indecency, n. ἀπρέπεια (ἡ), προσβολή τῶν ἠθῶν/ *indecent,* a. ἀπρεπής, ἄσεμνος, πρόστυχος
indecision, n. ἀναποφασιστικότητα (ἡ), διστακτικότητα (ἡ)/ *indecisive,* a. ἀναποφάσιστος, διστακτικός
indecorous, a. ἄκομψος, κακόγουστος
indeed, ad. πράγματι, ἀληθινά
indefatigable, a. ἀκούραστος, ἀκαταπόνητος
indefensible, a. εὐάλωτος, εὐπρόσβλητος/ (action) ἀδικαιολόγητος, ἀστήρικτος
indefinable, a. ἀκαθόριστος, ἀπροσδιόριστος/ *indefinite,* a. ἀόριστος, ἀπεριόριστος, ἀσαφής
indelible, a. ἀνεξίτηλος, ἄσβυστος, ἀλησμόνητος
indelicacy, n. ἀπρέπεια (ἡ), ἀγένεια (ἡ), ἀδιακρισία (ἡ)/ *indelicate,* a. ἀπρεπής, ἀγενής, ἀδιάκριτος
indemnification, n. ἀποζημίωση (ἡ), ἐπανόρθωση (ἡ)/ *indemnify,* v.t. ἀποζημιώνω/ *indemnity,* n. ἀποζημίωση (ἡ)
indent, v.t. χαράζω, βαθουλώνω, δοντιάζω/ (print.) ἀρχίζω παράγραφο πιό μέσα/ *~ for,* δίνω ἐντολή/ *~ation,* n. ὀδόντωση (ἡ), χάραγμα (τό), ἐντομή (ἡ), ἐγκοπή (ἡ)
indenture, n. συμφωνία (ἡ), διμερής σύμβαση (ἡ)
independence, n. ἀνεξαρτησία (ἡ)/ *independent,* a. ἀνεξάρτητος, ἀδέσμευτος/ *person of ~ means,* οἰκονομικά ἀνεξάρτητος/ *~ly,* ad. ἀνεξάρτητα
indescribable, a. ἀπερίγραπτος, ἀνεκδιήγητος
indestructible, a. ἀκατάλυτος, ἄφθαρτος, αἰώνιος
indeterminate, a. ἀκαθόριστος, ἀπροσδιόριστος
index, n. εὑρετήριο (τό), πίνακας (ὁ)/ (finger) δείκτης (ὁ)/ v.t. συντάσσω εὑρετήριο
Indian, a. ἰνδικός, ἰνδιάνικος/ n. Ἰνδός (ὁ)/ (American) Ἰνδιάνος (ὁ), Ἐρυθρόδερμος (ὁ)/ *~ corn,* ἀραποσίτι (τό), καλαμπόκι (τό)/ *~ ink,* σινική μελάνη (ἡ)/ *~ summer,* γαϊδουροκαλόκαιρο (τό)/ *~ woman,* Ἰνδή (ἡ), Ἰνδιάνα (ἡ)
indicate, v.t. δείχνω, ὑποδείχνω/ *indication,* n. ἔνδειξη (ἡ), ὑπόδειξη (ἡ)/ *indicative,* a. ἐνδεικτικός, δηλωτικός/ n. (gram.) ὁριστική (ἡ)/ *indicator,* n. δείκτης (ὁ), μετρητής (ὁ)
indict, v.t. κατηγορῶ, παραπέμπω σέ δίκη/ *~ment,* n. κατηγορητήριο (τό), παραπομπή σέ δίκη
indifference, n. ἀδιαφορία (ἡ)/ *indifferent,* a. ἀδιάφορος, ἀσυγκίνητος
indigence, n. ἀνέχεια (ἡ), πενία (ἡ), φτώχεια (ἡ)
indigenous, a. ἰθαγενής, ντόπιος
indigent, a. φτωχός
indigestible, a. δυσκολοχώνευτος, δύσπεπτος/ *indigestion,* n. δυσπεψία (ἡ), βαρυστομαχιά (ἡ)

indignant, a. ἐξοργισμένος, ἔξαλλος, ἀγανακτισμένος/ *indignation*, n. ἀγανάκτηση (ἡ), ὀργή (ἡ)/ *indignity*, n. ταπείνωση (ἡ), ἐξευτελισμός (ὁ), προσβολή (ἡ)
indigo n. λουλάκι (τό)
indirect, a. ἔμμεσος, πλάγιος
indiscipline, n. ἀπειθαρχία (ἡ)
indiscreet, a. ἀδιάκριτος/ *indiscretion*, n. ἀδιακρισία (ἡ)
indiscriminate, a. χωρίς διάκριση/ ~*ly*, ad. ἀδιάκριτα, στήν τύχη, στά τυφλά
indispensable, a. ἀναπόφευκτος, ἀπαραίτητος
indispose, v.t. ἐξοργίζω, προδιαθέτω ἄσχημα/ ~*d*, p.p. & a. ἀδιάθετος/ *indisposition*, n. ἀδιαθεσία (ἡ)/ (unwillingness) ἀπροθυμία (ἡ), ἀντιπάθεια (ἡ)
indisputable, a. ἀναμφισβήτητος, ἀδιαφιλονίκητος
indissoluble, a. ἀδιάλυτος, ἀδιάρρηκτος
indistinct, a. ἀκαθόριστος, ἀσαφής, ἀόριστος
indistinguishable, a. δυσδιάκριτος, ἀξεχώριστος
individual, a. ἀτομικός, ξεχωριστός, ἰδιαίτερος/ n. ἄτομο (τό)/ ~*ity*, n. ἀτομικότητα (ἡ), ξεχωριστή προσωπικότητα (ἡ)/ ~*ly*, ad. ξεχωριστά, ἰδιαίτερα
indivisible, a. ἀδιαίρετος
indocile, a. ἀνυπότακτος, ἀτίθασσος
indoctrinate, v.t. ἐμποτίζω, κατηχῶ/ *indoctrination*, n. ἐμποτισμός (ὁ), κατήχηση (ἡ)
Indo-European, n. Ἰνδοευρωπαῖος (ὁ)/ a. ἰνδοευρωπαϊκός
indolence, n. νωθρότητα (ἡ)/ *indolent*, a. νωθρός, ἀργός
indomitable, a. ἀδάμαστος, ἀκατάβλητος
indoor, a. ἐσωτερικός/ ~*s*, ad. μέσα στό σπίτι, στό ἐσωτερικό, μέσα
indubitable, a. ἀναμφίβολος, βέβαιος, σίγουρος/ *indubitably*, ad. ἀναμφίβολα, σίγουρα
induce, v.t. παρακινῶ, προκαλῶ, ἐπιφέρω/ (elec.) ἐπάγω/ ~*ment*, n. προτροπή (ἡ), παρακίνηση (ἡ)/ *induction*, n. ἐγκατάσταση (ἡ), εἰσαγωγή (ἡ)/ (elec.) ἐπαγωγή (ἡ)/ *inductive*, a. ἐπαγωγικός
indulge, v.t. κάνω τό χατήρι, ἐνδίδω, ἱκανοποιῶ/ ~ *in*, ἐντρυφῶ, ἐπιδίδομαι σέ/ ~*nce*, n. ἱκανοποίηση (ἡ), ἀπόλαυση (ἡ)/ (tolerance) ἀνοχή (ἡ), ἐπιείκια (ἡ)/ ~*nt*, a. ἐπιεικής, μαλακός
industrial, a. βιομηχανικός/ ~*ist*, n. βιομήχανος (ὁ)/ ~ *ize*, v.t. βιομηχανοποιῶ, ἐκβιομηχανίζω/ *industrious*, a. ἐργατικός, φιλόπονος/ *industry*, n. βιομηχανία (ἡ)/ (hard work) φιλοπονία (ἡ), ἐργατικότητα (ἡ)
inebriate, v.t. μεθῶ/ ~*d*, a. μεθυσμένος/ *inebriation*, n. μεθύσι (τό)
inedible, a. μή φαγώσιμος
inedited, a. ἀνέκδοτος, ἀδημοσίευτος
ineffable, a. ἀπερίγραπτος, ἀνέκφραστος, ἀνείπωτος
effaceable, a. ἀνεξίτηλος, ἄσβυστος, ἀνεξάλειπτος
ineffective, a. ἄκαρπος, ἄχρηστος
ineffectual, a. ἀνώφελος, μάταιος, ἄκαρπος
inefficiency, n. ἀνικανότητα (ἡ), ἀδεξιότητα (ἡ)/ *inefficient*, a. ἀνίκανος, ἀδέξιος, ἀνεπαρκής
inelegant, a. ἄκομψος, ἀκαλαίσθητος, ἄγαρμπος
ineligible, a. μή ἐκλόγιμος
inept, a. ἄτοπος, ἀνάρμοστος, ἀνόητος/ ~*itude*, n. ἀκαταλληλότητα (ἡ), ἀνοησία (ἡ)
inequality, n. ἀνισότητα (ἡ)
inequitable, a. ἄδικος
inert, a. ἀδρανής, ἀκίνητος/ ~*ia*, n. ἀδράνεια (ἡ), ἀκινησία (ἡ)
inestimable, a. ἀνεκτίμητος, ἀνυπολόγιστος
inevitable, a. ἀναπόφευκτος/ *inevitably*, ad. ἀναπόφευκτα
inexact, a. ἀνακριβής
inexcusable, a. ἀσυγχώρητος, ἀδικαιολόγητος
inexhaustible, a. ἀνεξάντλητος
inexorable, a. ἀνελέητος, ἀδυσώπητος, ἀμείλικτος
inexpedient, a. ἀσύμφορος
inexpensive, a. ἀνέξοδος, ἀδάπανος, φθηνός
inexperience, n. ἀπειρία (ἡ)/ ~*d*, a. ἄπειρος
inexpert, a. ἀδέξιος, ἀτζαμής

inexpiable, a. ἀσυγχώρητος
inexplicable, a. ἀνεξήγητος, ἀκατανόητος
inexpressible, a. ἀνέκφραστος, ἀπερίγραπτος/ *inexpressive*, a. ἀνέκφραστος, χωρίς ἔκφραση
inextinguishable, a. ἄσβυστος
inextricable, a. ἀξεδυάλυτος, περίπλοκος, ἀδιέξοδος
infallibility, n. τό ἀλάθητο/ *infallible*, a. ἀλάθητος
infamous, a. ἀνήθικος, αἰσχρός, κακόφημος/ *infamy*, n. ἀνηθικότητα (ἡ), αἰσχρότητα (ἡ), ἀτιμία (ἡ)
infancy, n. νηπιακή ἡλικία (ἡ)/ (leg.) ἀνηλικιότητα (ἡ)/ *infant*, n. νήπιο (τό), μωρό (τό)/ ~ *school*, νηπιαγωγεῖο (τό)/ ~*icide*, n. νηπιοκτονία (ἡ), παιδοκτονία (ἡ)/ (person) παιδοκτόνος (ὁ)/ *infantile*, a. νηπιακός, παιδικός/ ~ *paralysis*, πολιομυελίτιδα (ἡ)
infantry, n. πεζικό (τό)/ ~*man*, n. πεζός (ὁ) (στρατιώτης)
infatuate, v.t. ξετρελλαίνω, παρασέρνω, ξεμυαλίζω/ *infatuation*, n. ξετρέλαμα (τό), ξεμυάλισμα (τό)
infect, v.t. μολύνω/ ~*ion*, n. μόλυνση (ἡ), μετάδοση (ἡ)/ ~*ious*, a. μολυσματικός, μεταδοτικός, λοιμώδης
infer, v.t. συμπεραίνω, συνάγω, ὑπονοῶ/ ~*ence*, n. συμπέρασμα (τό)
inferior, a. κατώτερος, χαμηλότερος/ n. ὑφιστάμενος (ὁ), κατώτερος (ὁ)/ ~*ity*, n. κατωτερότητα (ἡ), μειονεκτικότητα (ἡ)/ ~ *complex*, σύμπλεγμα κατωτερότητας (τό)
infernal, a. σατανικός, διαβολικός, καταχθόνιος/ *inferno*, n. κόλαση (ἡ)
infertile, a. ἄγονος, ἄκαρπος, στεῖρος
infest, v.t. καταχλύζω, γεμίζω, πλημμυρίζω/ *be ~ed with*, προσβάλλομαι ἀπό
infidel, a. ἄπιστος, ἄθρησκος/ n. ἀλλόθρησκος (ὁ)/ ~*ity*, n. ἀπιστία (ἡ)
infiltrate, v.t. διεισδύω, χώνομαι/ *infiltration*, n. διείσδυση (ἡ)
infinite, a. ἄπειρος, ἀπέραντος/ (gram.) ἀπαρέμφατο (τό)/ ~*ly*, ad. ἄπειρα, ἀπεριόριστα/ ~*simal*, a. ἀπειροελάχιστος, μικροσκοπικός/ *infinitive*, n. ἀπαρέμφατο (τό)/ *infinity*, n. ἄπειρο (τό), ἀπεραντοσύνη (ἡ)

infirm, a. ἀδύνατος, ἀσθενικός, ἀσταθής/ (invalid) ἀνάπηρος, σακάτης/ ~*ary*, n. νοσοκομεῖο (τό), νοσηλευτήριο (τό)/ ~*ity*, n. ἀδυναμία (ἡ), ἀστάθεια (ἡ)
inflame, v.t. ἀναφλέγω, βάζω φωτιά/ ~ *d*, p.p. & a. ἐρεθισμένος/ *inflammable*, a. εὔφλεκτος/ (person) εὐερέθιστος/ *inflammation*, n. ἐρεθισμός (ὁ), φλόγωση (ἡ)
inflate, v.t. φουσκώνω, διογκώνω/ (prices) προκαλῶ πληθωρισμό/ *inflation*, n. φούσκωμα (τό), διόγκωση (ἡ)/ (econ.) πληθωρισμός (ὁ)
inflect, v.t. λυγίζω, κάμπτω/ (gram.) κλίνω/ ~*ion*, n. λύγισμα (τό), κάμψη (ἡ)/ (gram.) κλίση (ἡ)/ (mus.) ἀλλοίωση φθόγγου (ἡ)
inflexibility, n. ἀκαμψία (ἡ)/ *inflexible*, a. ἄκαμπτος, ἀλύγιστος, ἀνένδοτος
inflict, v.t. προκαλῶ, ἐπιβάλλω/ ~*ion*, n. ἐπιβολή (ἡ)
inflow, n. εἰσροή (ἡ)
influence, n. ἐπίδραση (ἡ), ἐπιρροή (ἡ)/ v.t. ἐπιδρῶ, ἐπηρεάζω, πείθω/ *influential*, a. ἐκεῖνος πού ἀσκεῖ ἐπιρροή, σημαντικός
influenza, n. γρίππη (ἡ)
influx, n. εἰσροή (ἡ), συρροή (ἡ)
inform, v.t. πληροφορῶ, γνωστοποιῶ/ ~ *against*, καταδίδω, καταγγέλλω
informal, a. ἀνεπίσημος, φιλικός/ ~*ity*, n. ἀνεπισημότητα (ἡ)
informant, n. πληροφοριοδότης (ὁ)/ *information*, n. πληροφορία (ἡ), ἐνημέρωση (ἡ)/ *informative*, a. πληροφοριακός, ἐνημερωτικός, διαφωτιστικός/ *informed*, p.p. & a. πληροφορημένος, κατατοπισμένος/ *informer*, n. πληροφοριοδότης (ὁ), χαφιές (ὁ)
infraction, n. παραβίαση (ἡ), καταπάτηση (ἡ)
infrequent, a. σπάνιος, ἀραιός/ ~*ly*, ad. σπάνια, ἀραιά
infringe, v.t. παραβαίνω, παραβιάζω/ ~*ment*, n. παράβαση (ἡ), παραβίαση (ἡ)/ ~*r*, n. παραβάτης (ὁ)
infuriate, v.t. ἐξοργίζω, ἐξαγριώνω
infuse, v.t. ἐμποτίζω, ἐγχέω/ (tea) τραβάω/ (fig.) μεταδίδω, ἐνσταλάζω/ *infu-*

sion, n. ἔγχυση (ἡ)
ingenious, a. ἐφευρετικός, πολυμήχανος/ *ingenuity*, n. ἐφευρετικότητα (ἡ)
ingenuous, a. ἀπονήρευτος, ἄδολος, εἰλικρινής
ingle-nook, n. παραγώνι (τό)
inglorious, a. ἄδοξος, ἐξευτελιστικός
ingoing, a. εἰσερχόμενος/ n. εἴσοδος (ἡ)
ingot, n. ὄγκος (ὁ), πλίνθωμα (τό)
ingrained, a. ριζωμένος, καθιερωμένος
ingratiate oneself, ἀποκτῶ τήν εὔνοια/ *ingratiating*, a. κολακευτικός, φιλοφρονητικός
ingratitude, n. ἀχαριστία (ἡ), ἀγνωμοσύνη (ἡ)
ingredient, n. συστατικό (τό)
ingress, n. εἴσοδος (ἡ)
ingrowing, a. ἐκεῖνος πού μπαίνει στό δέρμα
inhabit, v.t. κατοικῶ/ ~*able*, a. κατοικήσιμος/ ~*ant*, n. κάτοικος (ὁ, ἡ)
inhalation, n. εἰσπνοή (ἡ)/ *inhale*, v.t. εἰσπνέω/ ~ *r*, n. ἀναπνευστική συσκευή (ἡ)
inharmonious, a. ἀταίριαστος, ἀσύμφωνος/ (mus.) κακόηχος
inherent, a. ἔμφυτος, ἐγγενής
inherit, v.t. κληρονομῶ/ ~*ance*, n. κληρονομία (ἡ)/ (throne) διαδοχή (ἡ)
inhibit, v.t. ἀναχαιτίζω, παρεμποδίζω, ἀναστέλλω/ ~*ed*, p.p. & a. ἀναχαιτισμένος, παρεμποδισμένος/ ~*ion*, n. ἀναχαίτιση (ἡ), παρεμπόδιση (ἡ)/ (psych.) ἀναστολή (ἡ)
inhospitable, a. ἀφιλόξενος
inhuman, a. ἀπάνθρωπος, σκληρός/ ~*ity*, n. ἀπανθρωπία (ἡ), σκληρότητα (ἡ), κτηνωδία (ἡ)
inhume, v.t. θάβω
inimical, a. ἐχθρικός, ἐπιζήμιος
inimitable, a. ἀμίμητος, μοναδικός
iniquitous, a. ἄδικος, κακοήθης/ *iniquity*, n. ἀδικία (ἡ), κακοήθεια (ἡ)
initial, a. ἀρχικός/ n. ἀρχικό γράμμα (τό), pl. μονογραφή (ἡ)/ v.t. μονογραφῶ
initiate, v.t. ἐγκαινιάζω, ἀρχίζω, εἰσάγω/ (in mysteries) μυῶ/ *initiation*, n. ἐγκαινίαση (ἡ), εἰσαγωγή (ἡ), μύηση (ἡ)/ *initiative*, n. πρωτοβουλία (ἡ)/ *initiator*, n.

ἐγκαινιαστής (ὁ), ἱδρυτής (ὁ), μυητής (ὁ)
inject, v.t. ἐγχέω, κάνω ἔνεση/ ~*ion*, n. ἔγχυση (ἡ), ἔνεση (ἡ)
injudicious, a. ἄκριτος, ἀσύνετος, ἀσυλλόγιστος
injunction, a. ἐντολή (ἡ), παραγγελία (ἡ)
injure, v.t. τραυματίζω, πληγώνω/ (leg.) ἀδικῶ, βλάπτω/ *injurious*, a. βλαβερός, ἐπιζήμιος/ *injury*, n. τραῦμα (τό), πληγή (ἡ)/ (leg.) βλάβη (ἡ), ζημία (ἡ)
injustice, n. ἀδικία (ἡ)
ink, n. μελάνι (τό)/ v.t. μελανώνω
inkling, n. ὑπόνοια (ἡ), ὑποψία (ἡ)
inkpot, n. μελανοδοχεῖο (τό)
inland, a. μεσόγειος/ ~ *revenue*, δημόσια ἔσοδα/ ad. πρός τό ἐσωτερικό, πρός τήν ἐνδοχώρα
inlay, v.t. ἐνθέτω, σφηνώνω/ n. ἔνθετο στολίδι (τό)
inlet, n. κολπίσκος (ὁ)/ (tech.) στόμιο εἰσαγωγῆς (τό)
inmate, n. τρόφιμος (ὁ, ἡ)
inmost, a. βαθύτερος, ἐνδότερος/ (fig.) ἀπόκρυφος, μύχιος
inn, n. χάνι (τό), πανδοχεῖο (τό)/ ~*s of court*, νομική σχολή τοῦ Λονδίνου
innate, a. ἔμφυτος, ἐγγενής
inner, a. ἐσωτερικός/ ~*most*, a. ἐνδότερος, βαθύτερος
innkeeper, n. πανδοχέας (ὁ)
innocence, n. ἀθωότητα (ἡ)/ *innocent*, a. ἀθῶος, ἀφελής
innocuous, a. ἀβλαβής, ἀκίνδυνος
innovation, n. νεωτερισμός (ὁ), καινοτομία (ἡ)/ *innovator*, n. νεωτεριστής (ὁ), καινοτόμος (ὁ)
innuendo, n. ὑπονοούμενο (τό), ὑπαινιγμός (ὁ)
innumerable, a. ἀμέτρητος, ἀναρίθμητος
inobservance, n. ἀθέτηση (ἡ), καταπάτηση (ἡ)
inoculate, v.t. μπολιάζω/ *inoculation*, n. μπόλιασμα (τό)
inoffensive, a. ἄκακος, ἀβλαβής
inoperative, a. ἀνίσχυρος
inopportune, a. ἄκαιρος, ἄτοπος/ ~*ly*, ad. ἄκαιρα, ἄτοπα
inordinate, a. ὑπέρμετρος, ὑπερβολικός
inorganic, a. ἀνόργανος

in-patient, n. ἐσωτερικός ἀσθενής
inquest, n. δικαστική ἔρευνα (ἡ), ἰατροδικαστική ἐξέταση (ἡ)
inquietude, n. ἀνησυχία (ἡ), ταραχή (ἡ)
inquire, v.i. ρωτῶ, ἐρευνῶ, ζητῶ πληροφορίες
inquisition, n. ἀνάκριση (ἡ)/ *Holy I* ~, Ἱερή Ἐξέταση (ἡ)/ *inquisitive,* a. ἐρευνητικός, ἀδιάκριτος/ *inquisitor,* n. ἀνακριτής (ὁ)/ *Holy* ~, ἱεροεξεταστής (ὁ)
inroad, n. ἐπιδρομή (ἡ), εἰσβολή (ἡ)
insane, a. παράφρονας, τρελός, ἀνισόρροπος/ *insanity,* n. παραφροσύνη (ἡ), τρέλα (ἡ), ἀνισορροπία (ἡ)
insatiable, a. ἀκόρεστος, ἄπληστος
inscribe, v.t. χαράζω, βάζω ἐπιγραφή/ *inscription,* n. χάραγμα (τό), ἐπιγραφή (ἡ)
inscrutable, a. ἀνεξιχνίαστος, αἰνιγματικός
insect, n. ἔντομο (τό)/ ~*icide,* n. ἐντομοκτόνο (τό)
insecure, a. ἀνασφαλής, ἐπισφαλής, ἀβέβαιος/ *insecurity,* n. ἀνασφάλεια (ἡ), ἀβεβαιότητα (ἡ)
insemination, n. γονιμοποίηση (ἡ)/ *artificial* ~, τεχνητή γονιμοποίηση
insensate, a. ἄψυχος, ἀναίσθητος, ἀσυγκίνητος
insensibility, n. ἀναισθησία (ἡ), ἀδιαφορία (ἡ), ἀπάθεια (ἡ)/ *insensible,* a. ἀναίσθητος, ἀδιάφορος, ἀσυγκίνητος/ *insensitive,* a. ἀναίσθητος, ἀσυγκίνητος
inseparable, a. ἀχώριστος, ἀναπόσπαστος
insert, v.t. παρεμβάλλω, καταχωρίζω/ n. παρεμβολή (ἡ)/ (newspaper) καταχώρηση (ἡ)/ ~*ion,* n. εἰσαγωγή (ἡ), παρεμβολή (ἡ)
inset, n. ἔνθετο (τό), πρόσθετο (τό)/ (dress) τσόντα (ἡ)
inshore, a. παράκτιος/ ad. κοντά στήν ἀκτή
inside, a. ἐσωτερικός/ ~ *track* (sport) ἐσωτερική διαδρομή/ n. ἐσωτερικό (τό), ἐσωτερική πλευρά (ἡ)/ ad. μέσα/ ~ *out,* ἀπ' ἔξω κι ἀνακατωτά
insidious, a. ὕπουλος, δόλιος, πονηρός
insight, n. διορατικότητα (ἡ), ὀξυδέρκεια (ἡ)

insignia, n. pl. ἐμβλήματα (τά), διάσημα (τά)
insignificant, a. ἀσήμαντος, τιποτένιος
insincere, a. ἀνειλικρινής, ὑποκριτικός/ *insincerity,* n. ἀνειλικρίνεια (ἡ), ὑποκρισία (ἡ)
insinuate, v.t. ὑπαινίσσομαι/ ~ *oneself,* χώνομαι, τρυπώνω/ *insinuation,* n. ὑπαινιγμός (ὁ)/ (creeping in) χώσιμο (τό), διείσδυση (ἡ)
insipid, a. ἄνοστος, ἀνούσιος, σαχλός
insist, v.i. ἐπιμένω, ἀξιώνω/ ~*ence,* n. ἐπιμονή (ἡ), ἀξίωση (ἡ)
insobriety, n. μεθύσι (τό), κατάχρηση ποτοῦ (ἡ)
insolation, n. λιάσιμο (τό)/ (med.) ἡλίαση (ἡ)
insolence, n. αὐθάδεια (ἡ), ἀναίδεια (ἡ), θρασύτητα (ἡ)/ *insolent,* a. αὐθάδης, ἀναιδής, θρασύς
insoluble, a. ἄλυτος, ἀνεξήγητος/ (chem.) ἀδιάλυτος
insolvency, n. ἀφερεγγυότητα (ἡ)/ *insolvent,* a. ἀφερέγγυος, ἀναξιόχρεος/ *become* ~, χρεοκοπῶ
insomnia, n. ἀϋπνία (ἡ)
insomuch as, ad. στόν βαθμό πού
inspect, v.t. ἐπιθεωρῶ, ἐλέγχω, ἐξετάζω/ ~*ion,* n. ἐπιθεώρηση (ἡ), ἔλεγχος (ὁ), ἐξέταση (ἡ)/ ~*or,* n. ἐπιθεωρητής (ὁ), ἐλεγκτής (ὁ)
inspiration, n. ἔμπνευση (ἡ)/ *inspire,* v.t. ἐμπνέω
inspirit, v.t. ἐμψυχώνω, ἐνθαρρύνω
instability, n. ἀστάθεια (ἡ)
install, v.t. ἐγκαθιστῶ/ (tech.) κάνω ἐγκατάσταση/ ~*ation,* n. ἐγκατάσταση (ἡ), τοποθέτηση (ἡ)/ (of authorities) ἐγκαθίδρυση (ἡ)
instalment, n. δόση (ἡ) / (of story) συνέχεια (ἡ)/ *pay by* ~*s,* πληρωμή μέ δόσεις
instance, n. περίπτωση (ἡ)/ *for* ~, γιά παράδειγμα/ v.t. ἀναφέρω, ἀποδείχνω/ *court of first* ~, πρωτοδικεῖο (τό)/ *instant,* a. στιγμιαῖος, ἄμεσος/ ~*ly,* ad. ἀμέσως
instead, ad. ἀντί/ ~ *of,* ἀντί γιά, στή θέση τοῦ
instep, n. ταρσός (ὁ)
instigate, v.t. ὑποκινῶ, ἐξωθῶ, παροτρύ-

instil–intimate 392

νω/ *instigation*, n. ὑποκίνηση (ἡ), ἐξώθηση (ἡ), παρότρυνση (ἡ)/ *instigator*, n. ὑποκινητής (ὁ)
instil, v.t. ἐνσταλάζω
instinct, n. ἔνστικτο (τό)/ ~*ive*, a. ἐνστικτώδης
institute, n. ἵδρυμα (τό), ἰνστιτοῦτο (τό)/ v.t. ἱδρύω, συνιστῶ, θεσπίζω/ *institution*, n. ἵδρυμα (τό), θεσμός (ὁ)/ pl. θεσμοί (οἱ)
instruct, v.t. διδάσκω, ἐκπαιδεύω, δίνω ὁδηγίες/ ~*ion*, n. διδασκαλία (ἡ), ἐκπαίδευση (ἡ), ὁδηγία (ἡ)/ pl. ὁδηγίες (οἱ)/ ~*ive*, a. διδακτικός/ ~*or*, n. δάσκαλος (ὁ), καθοδηγητής (ὁ)
instrument, n. ὄργανο (τό), ἐργαλεῖο (τό)/ (leg.) ἐπίσημο ἔγγραφο (τό)/ v.t. ἐνορχηστρώνω/ ~*al*, a. ὀργανικός, ἀποφασιστικός/ *be* ~ *in*, παίζω σημαντικό ρόλο/ ~*alist*, n. παίκτης ὀργάνου (ὁ)/ ~*ation*, n. ἐνορχήστρωση (ἡ)
insubordinate, a. ἀπειθάρχητος, ἀτίθασσος/ *insubordination*, n. ἀπειθαρχία (ἡ)
insufferable, a. ἀνυπόφορος, ἀφόρητος
insufficiency, n. ἀνεπάρκεια (ἡ)/ *insufficient*, a. ἀνεπαρκής
insular, a. νησιωτικός/ (fig.) στενοκέφαλος/ *insulate*, v.t. μονώνω, χωρίζω/ *insulator*, n. μονωτήρας (ὁ)/ *insulation*, n. μόνωση (ἡ)
insulin, n. ἰνσουλίνη (ἡ)
insult, n. βρισιά (ἡ), προσβολή (ἡ)/ v.t. βρίζω, προσβάλλω/ ~*ing*, a. προσβλητικός, ὑβριστικός
insuperable, a. ἀνυπέρβλητος
insupportable, a. ἀνυπόφορος, ἀφόρητος
insurance, n. ἀσφάλεια (ἡ)/ *fire* ~, ἀσφάλεια πυρός/ *life* ~, ἀσφάλεια ζωῆς/ ~ *company*, ἀσφαλιστική ἑταιρεία (ἡ)/ ~ *policy*, ἀσφαλιστικό συμβόλαιο (τό), ἀσφαλιστήριο (τό)/ *insure*, v.t. ἀσφαλίζω/ ~*d*, a. ἀσφαλισμένος/ ~*r*, n. ἀσφαλιστής (ὁ)
insurgent, n. ἐπαναστάτης (ὁ), ἀντάρτης (ὁ)/ a. ἐπαναστατικός
insurmountable, a. ἀνυπέρβλητος
insurrection, n. ἐπανάσταση (ἡ), ἐξέγερση (ἡ), ἀνταρσία (ἡ)
intact, a. ἀνέπαφος, ἄθικτος
intake, n. εἰσδοχή (ἡ), εἴσοδος (ἡ)

intangible, a. ἄυλος, ἄπιαστος
integer, n. ἀκέραιος ἀριθμός (ὁ)/ *integral*, a. ὁλόκληρος, ἀκέραιος/ ~ *calculus*, ὁλοκληρωτικός λογισμός (ὁ)
integrate, v.t. ὁλοκληρώνω, συμπληρώνω/ *integration*, n. ὁλοκλήρωση (ἡ)
integrity, n. ἀκεραιότητα (ἡ), τιμιότητα (ἡ)
intellect, n. διάνοια (ἡ), νόηση (ἡ)/ ~*ual*, a. διανοούμενος, διανοητικός/ n. διανοούμενος (ὁ)
intelligence, n. νοημοσύνη (ἡ), ἐξυπνάδα (ἡ)/ (information) εἴδηση (ἡ), πληροφορία (ἡ)/ ~ *service*, ὑπηρεσία πληροφοριῶν, μυστική ὑπηρεσία/ *intelligent*, a. ἔξυπνος, εὐφυής/ *intelligentsia*, n. διανόηση (ἡ), ἰντελλιγκέντσια (ἡ)/ *intelligible*, a. κατανοητός
intemperance, n. ἀσωτία (ἡ), κατάχρηση (ἡ)/ *intemperate*, a. ἄσωτος, ἀκράτητος, ἀσυγκράτητος
intend, v.t. σκοπεύω, ἔχω πρόθεση/ ~*ed*, p.p. & a. σκόπιμος, προμελετημένος/ n. μνηστήρας (ὁ), μνηστή (ἡ), ἀρραβωνιαστικός (ὁ), ἀρραβωνιαστική (ἡ)
intense, a. ἔντονος, ζωηρός, ὀξύς/ *intensify*, v.t. ἐντείνω, ἐπιτείνω, ἐνισχύω/ *intensity*, n. ἔνταση (ἡ), ὁρμή (ἡ)/ *intensive*, a. ἐντατικός, ἔντονος
intent, n. σκοπός (ὁ), πρόθεση (ἡ)/ a. ἀποφασισμένος/ ~ *on*, ἀφοσιωμένος/ ~*ion*, n. πρόθεση (ἡ)/ ~*ional*, a. σκόπιμος, ἐσκεμμένος/ ~*ionally*, ad. σκόπιμα, ἐσκεμμένα/ ~*ness*, n. ἀφοσίωση (ἡ), ἐπίδοση (ἡ)
inter, v.t. θάβω, ἐνταφιάζω
intercalate, v.t. παρεμβάλλω/ *intercalation*, n. παρεμβολή (ἡ)
intercede, v.i. μεσολαβῶ, μεσιτεύω
intercept, v.t. παρεμποδίζω, παρακωλύω
intercession, n. μεσολάβηση (ἡ), παρέμβαση (ἡ)/ *intercessor*, n. μεσολαβητής (ὁ)
interchange, n. ἀνταλλαγή (ἡ)/ v.t. & i. ἀνταλλάσσω/ ~*able*, a. ἀνταλλάξιμος, μεταβλητός
intercourse, n. συναναστροφή (ἡ), ἐπικοινωνία (ἡ)/ *sexual* ~, συνουσία (ἡ), σεξουαλική ἐπαφή (ἡ)
interdependence, n. ἀλληλεξάρτηση (ἡ)/

interdependent, a. ἀλληλοεξηρτώμενος
interdict, v.i. ἀπαγορεύω, ἐμποδίζω/ (eccl.) βάζω σέ ἀργία/ ~*ion*, n. ἀπαγόρευση (ἡ), ἐμπόδιο (τό)/ (eccl.) ἀργία (ἡ)
interest, n. ἐνδιαφέρον (τό), συμφέρον (τό)/ (bank, etc.) τόκος (ὁ)/ *bear* ~, φέρνω τόκο/ *compound* ~, ἀνατοκισμός (ὁ)/ *controlling* ~, πλειοψηφία μετοχῶν/ *in one's* ~, πρός ὄφελος/ *rate of* ~, ἐπιτόκιο (τό)/ *simple* ~, ἁπλός τόκος/ v.t. ἐνδιαφέρω, προκαλῶ ἐνδιαφέρον/ ~ *oneself in*, ἐνδιαφέρομαι/ ~*ed*, p.p. & a. ἐνδιαφερόμενος/ ~ *parties*, τά ἐνδιαφερόμενα μέρη/ ~*ing*, a. ἐνδιαφέρων, ἑλκυστικός
interfere, v.i. ἐπεμβαίνω, ἀνακατεύομαι/ ~ *with*, ἐμποδίζω/ ~*nce*, n. ἐπέμβαση (ἡ)/ *radio* ~, παρεμβολή (ἡ), παράσιτα (τά)
interim, a. ἐνδιάμεσος, μεταβατικός/ n. ἐνδιάμεσο (τό)
interior, a. ἐσωτερικός/ n. ἐσωτερικό (τό)
interject, v.t. παρεμβάλλω/ ~*ion*, n. παρεμβολή (ἡ)/ (g am.) ἐπιφώνημα (τό)
interlace, v.t. & i. συμπλέκω, περιπλέκω
interleave, v.t. παρεμβάλλω ἄγραφα φύλλα
interline, v.t. γράφω ἀνάμεσα στίς γραμμές
interlink, v.t. συναρμολογῶ, συνάπτω
interlock, v.t. & i. συναρμόζω
interlocutor, n. συνομιλητής (ὁ)
interloper, n. παρείσακτος (ὁ)
interlude, n. διάμεσο (τό), μεσοδιάστημα (τό)/ (mus.) ἰντερλούδιο (τό)
intermarriage, n. ἐπιγαμία (ἡ)/ *intermarry*, v.i. συνάπτω ἐπιγαμία
intermediary, a. ἐνδιάμεσος/ n. μεσολαβητής (ὁ)/ *intermediate*, a. ἐνδιάμεσος
interment, n. ταφή (ἡ), ἐνταφιασμός (ὁ)
intermezzo, n. ἰντερμέτζο (τό)
interminable, a. ἀτέλειωτος, ἀπέραντος
intermingle, v.t. ἀνακατεύω/ v.i. ἀνακατεύομαι
intermission, n. διάλειμμα (τό)/ *intermittent*, a. διαλείπων, ὄχι συνεχής
intern, v.t. περιορίζω, φυλακίζω
internal, a. ἐσωτερικός/ ~ *combustion engine*, μηχανή ἐσωτερικῆς καύσης/ ~*ly*, ad. ἐσωτερικά
international, a. διεθνής/ ~ *law*, διεθνές δίκαιο (τό)/ ~*ism*, n. διεθνισμός (ὁ)/ ~*ist*, n. διεθνιστής (ὁ)/ ~*ize*, v.t. διεθνοποιῶ
internecine, a. ἀλληλοεξοντωτικός
internment, n. φυλάκιση (ἡ)/ ~ *camp*, στρατόπεδο κρατουμένων (τό)
interplanetary, a. διαπλανητικός
interplay, n. ἀλληλενέργεια (ἡ)
interpolate, v.t. παρεμβάλλω κείμενο
interpose, v.t. παρεμβάλλω, παρενθέτω/ v.i. παρεμβάλλομαι, μεσολαβῶ
interpret, v.t. ἑρμηνεύω, ἐξηγῶ/ (translate) μεταφράζω/ (theat.) ἑρμηνεύω/ ~*ation*, n. ἑρμηνεία (ἡ), ἐξήγηση (ἡ)/ ~*er*, n. μεταφραστής (ὁ), διερμηνέας (ὁ)
interregnum, n. μεσοβασιλεία (ἡ)
interrogate, v.t. ἐρωτῶ, ἀνακρίνω/ *interrogation*, n. ἐρώτηση (ἡ), ἀνάκριση (ἡ)/ *interrogative*, a. ἐρωτηματικός/ *interrogator*, n. ἐξεταστής (ὁ), ἀνακριτής (ὁ)
interrupt, v.t. διακόπτω/ ~*ion*, n. διακοπή (ἡ)
intersect, v.t. & i. διχοτομῶ, διασχίζω/ ~*ion*, n. τομή (ἡ)/ (of roads) διασταύρωση (ἡ)
intersperse, v.t. διασπείρω, σκορπίζω ἀνάμεσα
interstate, a. διακρατικός
interstice, n. διάστημα (τό), ἐνδιάμεσο (τό)
intertwine, v.t. & i. συμπλέκω
interval, n. διάλειμμα (τό)
intervene, v.i. μεσολαβῶ, παρεμβαίνω/ *intervention*, n. μεσολάβηση (ἡ), παρέμβαση (ἡ)
interview, n. συνέντευξη (ἡ)/ v.t. παίρνω συνέντευξη/ ~*ee*, n. ἐκεῖνος πού δίνει συνέντευξη/ ~*er*, n. ἐκεῖνος πού παίρνει συνέντευξη
interweave, v.t. συνυφαίνω
intestate, a. ἀδιάθετος
intestinal, a. ἐντερικός/ *intestine*, n. ἔντερο (τό)/ a. ἐσωτερικός, ἐνδόμυχος
intimacy, n. οἰκειότητα (ἡ), στενή φιλία (ἡ)
intimate, a. οἰκεῖος, φιλικός / v.t. ὑποδηλώνω, κάνω ὑπαινιγμό/ ~*ly*, ad. φιλι-

κά, στενά/ *know one* ~, γνωρίζω άπό κοντά/ *intimation,* n. ύπαινιγμός (ό)
intimidate, v.t. φοβίζω, τρομάζω/ *intimidation,* n. έκφοβισμός (ό)
into, pr. μέσα, πρός τά μέσα/ *enter* ~ *negotiations,* άρχίζω διαπραγματεύσεις
intolerable, a. άνυπόφορος, άφόρητος
intolerance, n. μισαλλοδοξία (ή)/ *intolerant,* a. μισαλλόδοξος
intonation, n. τόνος φωνής (ό)/ *intone,* v.t. ψάλλω
intoxicant, a. μεθυστικός/ *intoxicate,* v.t. μεθώ/ *intoxication,* n. μεθύσι (τό)/ (fig.) ένθουσιασμός (ό)
intractable, a. άτίθασσος, άνυπότακτος
intransigent, a. άδιάλλακτος, άσυμβίβαστος
intransitive a. άμετάβατος
intrepid, a. άτρόμητος, άφοβος/ ~*ity,* n. άφοβία (ή), τόλμη (ή)
intricacy, a. περιπλοκή (ή), δυσκολία (ή), μπέρδεμα (τό)/ *intricate,* a. περίπλοκος, δύσκολος, μπερδεμένος
intrigue, n. ραδιουργία (ή), μηχανορραφία (ή)/ v.i. ραδιουργώ, μηχανορραφώ/ ~*r,* n. ραδιοϋργος (ό), μηχανορράφος (ό)/ *intriguing,* a. (person) πανοϋργος, ραδιοϋργος/ ~ *situation,* ένδιαφέρουσα περίπτωση
intrinsic, a. ούσιαστικός, έμφυτος/ ~*ally,* ad. ούσιαστικά
introduce, v.t. είσάγω/ (a question) είσηγοϋμαι/ (someone) συστήνω/ ~ *oneself,* αύτοσυστήνομαι/ *introduction,* n. είσαγωγή (ή), σύσταση (ή)/ *letter of* ~, συστατική έπιστολή/ *introductory,* a. είσαγωγικός
introspection, n. ένδοσκόπηση (ή), αύτοεξέταση (ή)/ *introspective,* a. αύτοεξεταστικός
introvert, n. ένδοστρεφής (ό, ή)
intrude, v.i. χώνομαι, μπαίνω άπρόσκλητος/ ~ *upon,* έπιβάλλω / ~*r,* n. παρείσακτος (ό), άπρόσκλητος (ό)/ *intrusion,* n. αύτόκλητη είσχώρηση (ή), ένόχληση (ή)/ *intrusive,* a. ένοχλητικός, άδιάκριτος
intuition, n. προμάντεμα (τό)
inundate, v.t. πλημμυρίζω, κατακλύζω/ *inundation,* n. πλημμύρισμα (τό)

inure, v.t. έξοικειώνω, σκληραγωγώ/ ~*d,* p.p. & a. έξοικειωμένος, σκληραγωγημένος
invade, v.t. είσβάλλω, είσορμώ/ ~*r,* n. είσβολέας (ό)
invalid, n. άνάπηρος (ό)/ a. (leg.) άκυρος/ ~*ate,* v.t. άκυρώνω/ ~*ation,* n. άκύρωση (ή)
invaluable, a. άνεκτίμητος, πολύτιμος
invariable, a. άμετάβλητος, αύστηρός
invasion, n. είσβολή (ή), έπιδρομή (ή)/ ~ *of rights,* παραβίαση δικαιωμάτων (ή)
invective, n. βρίσιμο (τό), κατσάδα (ή)/ *inveigh,* v.i. βρίζω, ψέγω
inveigle, v.t. άποπλανώ, δελεάζω
invent, v.t. έπινοώ, έφευρίσκω/ ~*ion,* n. έπινόηση (ή), έφεύρεση (ή)/ ~*ive,* a. έπινοητικός, έφευρετικός/ ~*or,* n. έφευρέτης (ό)
inventory, n. άπογραφή (ή)/ v.t. κάνω άπογραφή
inverse, a. άντίστροφος, άνάποδος/ ~*ly,* ad. άντίστροφα, άνάποδα/ *inversion,* n. άντιστροφή (ή)/ *invert,* v.t. άντιστρέφω/ ~*ed commas,* είσαγωγικά (τά)
invertebrate, a. άσπόνδυλος/ (fig.) άτολμος/ n. άσπόνδυλο ζώο (τό)
invest, v.t. έπενδύω/ (with powers) άπονέμω, παρέχω/ (mil.) πολιορκώ
investigate, v.t. έρευνώ, έξετάζω/ *investigation,* n. έρευνα (ή), έξέταση (ή)/ (leg.) άνάκριση (ή)/ *investigator,* n. έρευνητής (ή) (leg.) άνακριτής (ό)
investiture, n. έπίσημη άπονομή (ή)
investment, n. έπένδυση (ή)/ (mil.) πολιορκία (ή)/ *investor,* n. κεφαλαιοϋχος (ό), έπενδυτής (ό)
inveterate, a. ριζωμένος, μέ κακές συνήθειες/ ~ *hate,* άσπονδο μίσος
invidious, a. φθονερός, μισητός
invigorate, v.t. δυναμώνω, ένισχύω, ζωογονώ/ *invigorating,* a. δυναμωτικός, ζωογόνος
invincible, a. άνίκητος, άήττητος
inviolability, n. άπαραβίαστο (τό)/ *inviolable,* a. άπαραβίαστος/ *inviolate,* a. άπαράβατος, άθικτος
invisible, a. άόρατος/ ~ *earnings,* άφανή έσοδα (τά)/ ~ *ink,* άόρατο μελάνι (τό)
invitation, n. πρόσκληση (ή)/ *invite,* v.t.

προσκαλῶ, προκαλῶ/ *inviting*, a. ἑλκυστικός
invocation, n. ἐπίκληση (ἡ)
invoice, n. τιμολόγιο (τό)/ v.t. στέλνω τιμολόγιο
invoke, v.t. ἐπικαλοῦμαι
involuntarily, ad. ἀθέλητα, ἀκούσια/ *involuntary*, a. ἀθέλητος, ἀκούσιος
involve, v.t. περιπλέκω, μπερδεύω/ *get ~d in*, παρασύρομαι/ *get ~d with*, δημιουργῶ ἐρωτικό δεσμό
invulnerable, a. ἄτρωτος
inward, a. ἐσωτερικός, ἐσώτερος, μύχιος/ *~ly*, ad. ἐσωτερικά, πρός τά μέσα/ *~s*, ad. πρός τά μέσα
iodine, n. ἰώδιο (τό)
ion, n. ἰόν (τό)
Ionian, a. ἰωνικός/ *~ sea*, Ἰόνιο Πέλαγος (τό)/ *ionic*, a. ἰωνικός
iota, n. γιώτα (τό)/ *not an ~*, καθόλου
I.O.U. n. γραμμάτιο (τό)
irascibility, n. ὀξυθυμία (ἡ)/ *irascible*, a. ὀξύθυμος, εὐερέθιστος
irate, a. ὀργισμένος, ἐξαγριωμένος/ *ire*, n. ὀργή (ἡ), θυμός (ὁ)
iridescence, n. ἰριδισμός (ὁ)/ *iridescent*, a. ἰριδόχρωμος
iris, n. (bot. & eye) ἴριδα (ἡ)
Irish, a. ἰρλανδικός/ n. (man) Ἰρλανδός (ὁ)/ *~ woman*, Ἰρλανδέζα (ἡ)
irk, v.t. στενοχωρῶ, ἐνοχλῶ/ *~some*, a. δυσάρεστος, ἐνοχλητικός
iron, n. σίδερο (τό)/ *while the ~ is hot*, ὅσο εἶναι τό σίδερο καυτό/ a. σιδερένιος/ v.t. σιδερώνω/ *~ out*, ἐξομαλύνω/ *~clad*, a. σιδερόφρακτος/ n. θωρηκτό (τό)/ *~er*, n. σιδερωτής (ὁ)/ *~ foundry*, n. χυτήριο σιδέρου (τό)
ironic(al), a. εἰρωνικός
ironing, n. σιδέρωμα (τό)/ *~ board*, σανίδα σιδερώματος
ironmonger, n. σιδεράς (ὁ), σιδηρουργός (ὁ)/ *ironworks*, n. σιδηρουργεῖο (τό), σιδεράδικο (τό)
irony, n. εἰρωνεία (ἡ)
irradiate, v.t. ἀκτινοβολῶ, λάμπω/ *irradiation*, n. ἀκτινοβολία (ἡ), λάμψη (ἡ)
irrational, a. παράλογος
irreclaimable, a. ἀδιόρθωτος/ (land) ἀκαλλιέργητος

irreconcilable, a. ἀδιάλλακτος, ἀσυμβίβαστος
irrecoverable, a. ἀνείσπρακτος
irredeemable, a. ἀνεπανόρθωτος, ἀδιόρθωτος/ (comm.) μή ἐξαργυρώσιμος
irreducible, a. ἀμείωτος
irrefutable, a. ἀδιάψευστος
irregular, a. ἀνώμαλος, ἀκανόνιστος/ *~ity*, n. ἀνωμαλία (ἡ)
irrelevance, n. ἄσχετο (τό)/ *irrelevant*, a. ἄσχετος
irreligious, a. ἄθρησκος, ἀσεβής
irremediable, a. ἀθεράπευτος, ἀνίατος, ἀνεπανόρθωτος
irreparable, a. ἀνεπανόρθωτος, ἀθεράπευτος
irreproachable, a. ἄψογος, ἄμεμπτος
irresistible, a. ἀκαταμάχητος, ἀσυγκράτητος
irresolute, a. ἀναποφάσιστος, διστακτικός
irrespective, a. ἄσχετος/ *~ of*, ἄσχετα, ἀνεξάρτητα ἀπό
irresponsibility, n. τό ἀνεύθυνο/ *irresponsible*, a. ἀνεύθυνος
irretrievable, a. ἀνεπανόρθωτος, ἀθεράπευτος
irreverence, n. ἀσέβεια (ἡ), ἀνευλάβεια (ἡ)/ *irreverent*, a. ἀσεβής, ἀνευλαβής
irrevocable, a. ἀμετάκλητος, τελικός
irrigate, v.t. ποτίζω, ἀρδεύω/ *irrigation*, n. πότισμα (τό), ἄρδευση (ἡ)
irritability, n. εὐερέθιστο (τό)/ *irritable*, a. εὐερέθιστος/ *irritant*, a. ἐρεθιστικός/ n. ἐρεθιστικό (τό)/ *irritation*, n. ἐρεθισμός (ὁ)/ (nervous) ἐκνευρισμός (ὁ)
irruption, n. εἰσβολή (ἡ), ἐπιδρομή (ἡ)
isinglass, n. ζελατίνα (ἡ)
Islam, n. Ἰσλάμ (τό), Μωαμεθανισμός (ὁ)
island, n. νησί (τό)/ a. νησιωτικός/ *islet*, n. νησάκι (τό)
isolate, v.t. ἀπομονώνω/ *~d*, p.p. & a. ἀπομονωμένος/ *isolation*, n. ἀπομόνωση (ἡ)/ *~ hospital*, νοσοκομεῖο μολυσματικῶν νόσων/ *~ism*, n. ἀπομονωτισμός (ὁ)
Israeli, n. ἰσραηλινός (ὁ)/ *~te*, a. ἰσραηλιτικός/ n. Ἰσραηλίτης (ὁ)
issue, n. ἔκβαση (ἡ), ἀποτέλεσμα (τό)/

(river) ἐκβολή (ἡ)/ (med.) ἀπώλεια (ἡ), ἐκροή (ἡ)/ (publication) ἔκδοση (ἡ)/ (descendants) ἀπόγονοι (οἱ)/ *be at ~,* ἐξετάζω, διερευνῶ/ *bring to a successful ~,* φέρνω σέ αἴσιο πέρας/ v.i. ἀπορρέω, προέρχομαι/ v.t. ἐκδίδω, δημοσιεύω
isthmus, n. ἰσθμός (ὁ)
it, pn. αὐτό, τοῦτο, ἐκεῖνο/ *who is ~?* ποιός εἶναι;/ ~ *is said,* λέγεται ὅτι
Italian, a. ἰταλικός/ n. Ἰταλός (ὁ)/ (woman) Ἰταλίδα (ἡ)/ (language) Ἰταλικά, (τά), Ἰταλική γλώσσα (ἡ)
italic(s), n. κυρτά στοιχεῖα (τά)/ ~ *ize,* v.t. τυπώνω μέ κυρτά στοιχεῖα
itch, n. φαγούρα (ἡ)/ (fig.) γκρίνια (ἡ)/ v.i. ξύνομαι, νοιώθω φαγούρα/ ~*y,* a. ψωραλέος
item, n. πρᾶγμα (τό), εἶδος (τό)/ (comm.) κονδύλι (τό), ἐγγραφή (ἡ), εἴδηση (ἡ)
iterate, v.t. ἐπαναλαμβάνω/ *iteration,* n. ἐπανάληψη (ἡ)
itinerant, a. περιοδεύων, πλανόδιος/ *itinerary,* n. δρομολόγιο (τό)
its, pn. δικό του, αὐτουνοῦ/ ~*elf,* pn. τό ἴδιο
ivory, n. ἐλεφαντόδοντο (τό), φίλντισι (τό)/ a. φιλντισένιος
ivy, n. κισσός (ὁ)

J

jab, v.t. μπήγω, χώνω/ n. μυτερό ὄργανο (τό)
jabber, v.i. φλυαρῶ, πολυλογῶ
jack, n. γρύλλος (ὁ), ἀνυψωτήρας (ὁ)/ ~ *in the box,* παιχνίδι μέ ἐλατήριο/ ~ *in office,* μικρογραφειοκράτης/ ~ *of all trades,* πολυτεχνίτης
jackal, n. τσακάλι (τό)
jackanapes, n. παλιόπαιδο (τό), πειραχτήρι (τό)
jackass, n. γάιδαρος (ὁ)/ (fig.) βλάκας (ὁ), χαζός (ὁ)
jackboot, n. ψηλή μπότα (ἡ)
jackdaw, n. καλιακούδα (ἡ)/ *jacktar,* n. ναύτης (ὁ)
jacket, n. σακάκι (τό), χιτώνιο (τό)/ (potato) φλούδα (ἡ)/ (book) κάλυμμα (τό)
jackknife, n. σουγιάς (ὁ)
jackstraw, n. σκιάχτρο (τό)
jade, n. νεφρίτης (ὁ)/ (woman) βρωμοθήλυκο (τό)/ ~*d,* a. ἐξαντλημένος, βαριεστημένος
jagged, a. ὀδοντωτός, δαντελωτός
jaguar, n. ἰαγουάρος (ὁ)
jail, n. φυλακή (ἡ)/ ~*bird,* n. τρόφιμος (ὁ)/ ~*er,* n. δεσμοφύλακας (ὁ)
jam, n. μαρμελάδα (ἡ)/ v.t. συμπιέζω, στριμώχνω, μπλοκάρω/ (radio) κάνω παρεμβολή, βάζω παράσιτα/ v.i. κάνω μαρμελάδα
jamb, n. παραστάδα (ἡ)
jangle, n. κακοφωνία (ἡ), σαματάς (ὁ)/ v.i. βγάζω δυσάρεστο ἦχο, κάνω σαματά
janitor, n. θυρωρός (ὁ), ἐπιστάτης (ὁ)
January, n. Ἰανουάριος (ὁ)
japan, n. μαῦρο βερνίκι (τό)/ v.t. βερνικώνω, λουστράρω
Japanese, a. ἰαπωνικός/ n. Ἰάπωνας (ὁ), Γιαπωνέζος (ὁ)/ (woman) Ἰαπωνίδα (ἡ), Γιαπωνέζα (ἡ)/ (language) Ἰαπωνικά (τά), Γιαπωνέζικα (τά)
jar, n. δοχεῖο (τό), πιθάρι (τό), βάζο (τό)/ v.t. τραντάζω, κλονίζω/ v.i. συγκρούομαι, τσακώνομαι
jardinière, n. ζαρντινιέρα (ἡ)
jargon, n. ἐπαγγελματική φρασεολογία (ἡ)
jarring, a. κακόηχος, κακόφωνος, ἐνοχλητικός
jasmine, n. γιασεμί (τό)
jasper, n. ἴασπις (ὁ)
jaundice, n. ἴκτερος (ὁ), χρυσή (ἡ)/ (fig.) φθόνος (ὁ), ζηλοτυπία (ἡ)/ ~*d,* a. ἰκτερικός/ (fig.) φθονερός, ζηλότυπος
jaunt, n. ἐκδρομή (ἡ), βόλτα (ἡ)/ ~*y,* a. ξένοιαστος, κεφάτος
javelin, n. ἀκόντιο (τό)
jaw, n. σαγόνι (τό)/ (pl.) στόμα (τό)/ ~*bone,* n. γναθικό ὀστό (τό)/ (tech.) ἄνοιγμα τανάλιας
jay, n. κίσσα (ἡ)/ (fig.) βλάκας (ὁ), χαζός (ὁ)

jazz, n. τζάζ (ή)/ ~*band*, n. ορχήστρα τζάζ (ή)
jealous, a. ζηλιάρης, ζηλόφθονος/ ~*y*, n. ζήλια (ή), ζηλοτυπία (ή)
jeans, n. pl. παντελόνι εργασίας (τό), μπλού-τζήν (τό)
jeep, n. τζίπ (τό)
jeer, v.i. σαρκάζω, περιγελώ/ n. σαρκασμός (ό), χοροϊδία (ή)
jejune, a. βαρετός, πληκτικός, ανούσιος
jelly, n. ζελές (ό), πηχτή (ή)/ ~*fish*, n. τσούχτρα (ή)
jemmy, n. λοστός διαρρήκτη (ό)
jeopardize, v.t. διακινδυνεύω/ *jeopardy*, n. διακινδύνευση (ή)
jerk, n. κραδασμός (ό), τράνταγμα (τό), σπασμός (ό)/ v.t. τινάζω, τραντάζω/ v.i. τραντάζομαι, τινάζομαι
jerkin, n. γιλέκο (τό)
jerky, a. απότομος, σπασμωδικός
jerry-built, a. ψευτοχτισμένος
jersey, n. φανέλα (ή)/ ~ *dress*, φουστάνι άπό τζέρσεϋ (τό)
jest, n. αστείο (τό), πείραγμα (τό)/ *in* ~, στ' αστεία/ v.i. αστειεύομαι/ ~*er*, n. αστείος (ό) (hist.) γελωτοποιός (ό)
Jesuit, n. Ιησουίτης (ό)/ a. ιησουητικός/ (fig.) στρεψόδικος
Jesus, n. Ιησούς (ό)
jet, n. (water) πίδακας (ό)/ (min.) γαλάτης (ό)/ ~ *black*, a. κατάμαυρος/ *plane*, n. αεριωθούμενο αεροπλάνο (τό)/ ~ *propulsion*, n. αεριοπροώθηση (ή)
jetsam, n. έκβρασμα (τό)
jettison, v.t. ρίχνω φορτίο στήν θάλασσα, κάνω άβαρία/ (fig.) απορρίπτω, αποβάλλω
jetty, n. προβλήτα (ή), αποβάθρα (ή), εξέδρα (ή)
Jew, n. Εβραίος (ό), Ιουδαίος (ό)/ ~'*s harp*, μονόχορδο (τό)
jewel, n. πολύτιμη πέτρα (ή), πετράδι (τό)/ ~ *case*, θήκη κοσμημάτων/ ~*ler*, n. κοσμηματοπώλης (ό)/~ *lery*, n. κοσμήματα (τά), χρυσαφικά (τά)
Jewess, n. Εβραία (ή), Ιουδαία (ή)/ *Jewish*, a. εβραϊκός, εβραίικος, ιουδαϊκός/ *Jewry*, n. Εβραϊσμός (ό), Ιουδαϊσμός (ό)

jib, n. φλόκος (ό)/ (tech.) βραχίονας γερανού/ v.i. σταματώ, καθηλώνομαι
jiffy, n. στιγμή (ή)
jig, n. (dance) ζωηρός χορός (ό)/ (print.) συσκευή μοντέλων (ή)/ ~*saw puzzle*, παιχνίδι συναρμολόγησης (τό)
jilt, v.t. αφήνω μπουκάλα
jingle, n. κουδούνισμα (τό)/ v.i. κουδουνίζω
jingo, n. σωβινιστής (ό)/ ~*ism*, n. σωβινισμός (ό)
job, n. δουλειά (ή), εργασία (ή)/ *good* ~, καλοκαμωμένη δουλειά/ ~ *lot*, διάφορα εμπορεύματα/ *it's a good* ~ *that*, ευτυχώς πού/ ~*ber*, μεσάζων (ό), κομπιναδόρος (ό)/ ~*bery*, n. μεσιτεία (ή), κομπίνα (ή)/ ~*bing*, n. κομπίνα (ή), εργολαβική δουλειά (ή)
jockey, n. τζόκεϋ (ό)/ v.i. ~ *for position*, ανταγωνίζομαι, κάνω ελιγμούς
jocose, a. αστείος, εύθυμος
jocular, a. αστείος, κεφάτος
jog, v.t. σπρώχνω, σκουντώ/ v.i. προχωρώ/ ~ *along*, τά κουτσοκαταφέρνω/ n. σπρώξιμο (τό)/ ~ *trot*, n. μικρός καλπασμός (ό)
join, v.t. συνδέω, ενώνω/ v.i. συνεργάζομαι, προσχωρώ/ ~ *the army*, κατατάσσομαι στό στρατό/ ~ *battle*, μπαίνω στή μάχη/ ~*er*, n. ξυλουργός (ό), μαραγκός (ό)/ ~*ery*, n. ξυλουργική (ή), μαραγκοσύνη (ή)/ ~*t*, κοινός, ενιαίος/ ~ *account*, κοινός λογαριασμός/ ~ *heir*, κοινός κληρονόμος/ ~ *stock*, μετοχικό κεφάλαιο/ ~ *stock company*, μετοχική εταιρία (ή)/ n. ένωση (ή), κλείδωση (ή), άρθρωση (η), σύνδεσμος (ό)/ v.t. συνδέω, συναρμολογώ/ ~*ly*, ad. μαζί, από κοινού
joist, n. πατόξυλο (τό)
joke, n. αστείο (τό), χωρατό (τό), καλαμπούρι (τό)/ (person) κοροΐδο (τό)/ *practical* ~, φάρσα/ v.i. αστειεύομαι/ ~*r*, n. χωρατατζής (ό), φαρσέρ (ό)/ (cards) μπαλαντέρ (ό)
jollification, n. γλέντι (τό), διασκέδαση (ή)/ *jolly*, a. εύθυμος, κεφάτος, διασκεδαστικός
jolt, v.t. σκουντώ, τραντάζω/ v.i. τραντάζομαι, ταρακουνιέμαι ~*ing*, n. τράν-

ταγμα (τό), τίναγμα (τό)
jonquil, n. νάρκισσος (ό)
jostle, v.t. & i. σπρώχνω, σκουντώ/ n. σπρώξιμο (τό), στρίμωγμα (τό)
jot, n. ίχνος (τό), μικρή ποσότητα (ή)/ *not a ~,* καθόλου/ v.t. *~ down,* σημειώνω/ *~tings,* n. pl. σημειώσεις (οί)
journal, n. περιοδικό (τό), έφημερίδα (ή)/ (naut.) ήμερολόγιο πλοίου (τό)/ *~ism,* n. δημοσιογραφία (ή)/ *~ist,* n. δημοσιογράφος (ό)/ *~istic,* a. δημοσιογραφικός
journey, n. ταξίδι (τό)/ v.i. ταξιδεύω
joust, n. κονταροχτύπημα (τό)/ v.i. κονταροχτυπιέμαι
jovial, a. εύθυμος, διαχυτικός/ *~ity,* n. εύθυμία (ή), διαχυτικότητα (ή)
jowl, n. σαγόνι (τό)
joy, n. εύθυμία (ή), χαρά (ή)/ *~ful,* a. χαρούμενος/ *~less,* a. σκυθρωπός, μελαγχολικός
jubilant, a. χαρούμενος, ένθουσιασμένος/ *jubilation,* n. χαρά (ή), ένθουσιασμός (ό)
jubilee, n. ίωβηλαῖο (τό)
Judaic, a. ίουδαϊκός, έβραϊκός
judge, n. δικαστής (ό), κριτής (ό)/ v.t. δικάζω, κρίνω/ *~ment,* n. κρίση (ή)/ (leg.) άπόφαση (ή)/ *~seat,* ἕδρα δικαστηρίου (ή)/ *day of ~,* Δευτέρα Παρουσία (ή)
judicature, n. δικαιοσύνη (ή), δικαστικό σύστημα (τό)/ *judicial,* a. δικαστικός/ *judiciary,* n. δικαστικό σῶμα (τό)
judicious, a. συνετός, φρόνιμος, μυαλωμένος, γνωστικός
jug, n. κανάτα (ή), στάμνα (ή)/ v.t. ψήνω στήν στάμνα
juggle, v.i. κάνω ταχυδακτυλουργίες/ v.t. διαστρεβλώνω, μαγειρεύω/ *~r,* n. ταχυδακτυλουργός (ό)/ *~ry,* n. ταχυδακτυλουργία (ή)
juggling, n. άπάτη (ή), έξαπάτηση (ή)
jugular, a. σφαγιτιδικός, τραχηλικός/ *~ vein,* σφαγίτιδα φλέβα (ή)
juice, n. χυμός (ό)/ (fig.) ούσία (ή)/ *juiciness,* n. νοστιμάδα (ή)
juicy, a. ζουμερός, χυμώδης
ju-jitsu, n. ζίου-ζίτσου (τό)
jujube, n. (bot.) τζίτζιφο (τό)

July, n. 'Ιούλιος (ό)
jumble, n. μπέρδεμα (τό), ἀνακάτωμα (τό), ἀναστάτωση (ή)/ (heap) σωρός (ό)/ *~ sale,* πώληση γιά φιλανθρωπικό σκοπό/ v.t. ἀνακατεύω, μπερδεύω, ἀναστατώνω
jump, n. πήδημα (τό)/ v.i. πηδώ/ (sport) κάνω ἅλμα/ *~ at,* ἁρπάζω, ὁρμώ/ *~ the gun,* ἐνεργώ πρόωρα/ *~ over,* ὑπερπηδώ/ *~er,* n. ἅλτης (ό)/ (garment) πουλόβερ (τό), μπλούζα (ή)/ *~ing,* n. πήδημα (τό)/ a. πηδηχτός/ *~ off point,* ἀφετηρία (ή)/ (mil.) όρμητήριο (τό)/ *jumpy,* a. νευρικός, ταραγμένος
junction, n. ἕνωση (ή), συμβολή (ή)/ (railway, etc.) διασταύρωση (ή), διακλάδωση (ή)
juncture, n. σύνδεση (ή), συμβολή (ή), ἁρμός (ό)/ *at this ~,* σ' αύτή τήν κρίσιμη φάση
June, n. 'Ιούνιος (ό)
jungle, n. ζούγκλα (ή)
junior, a. νεώτερος/ (in rank) κατώτερος
juniper, n. άγριοκυπαρίσσι (τό)
junk, n. παλιοπράγματα (τά)/ *~ shop,* παλαιοπωλεῖο (τό), παλιατζίδικο (τό)
junket, n. γλέντι (τό)
junky, n. ναρκομανής (ό), τοξικομανής (ό)
juridical, a. δικαστικός, δικανικός/ *jurisdiction,* n. δικαιοδοσία (ή), άρμοδιότητα (ή)/ *jurisprudence,* n. νομολογία (ή), νομική έπιστήμη (ή)/ *jurist,* n. νομικός (ό), νομομαθής (ό)
juror, n. ἔνορκος (ό)/ *jury,* n. ἔνορκοι (οί)/ (in a competition) έλαννόδικη έπιτροπή (ή), κριτές (οί)
just, a. δίκαιος/ ad. μόλις, άκριβώς/ *~ as,* καθώς/ *~ in case,* σέ περίπτωση πού/ *~ now,* μόλις πρίν λίγο/ *justice,* n. δικαιοσύνη (ή)/ *~ of the peace,* είρηνοδίκης (ό)/ *do ~ to,* έκτιμώ, άναγνωρίζω/ *poetic ~,* ποιητική (ίδεώδης) δικαιοσύνη
justifiable, a. δικαιολογημένος/ *justification,* n. δικαιολογία (ή), δικαιολόγηση (ή)/ *justify,* v.t. δικαιολογώ, αιτιολογώ/ *jualty,* ad. δίκαια, τίμια
jut, v.i. έξέχω, προεξέχω
jute, n. γιούτα (ή)
juvenile, a. παιδικός, έφηβικός/ (leg.)

ἀνήλικος/ ~ delinquent, ἀνήλικος ἐγκληματίας/ n. νεαρός (ὁ)
juxtapose, v.t. ἀντιπαραθέτω/ juxtaposition, n. ἀντιπαράθεση (ἡ)

K

kale, n. λαχανίδα (ἡ)
kaleidoscope, n. καλειδοσκόπιο (τό)
kangaroo, n. καγκουρώ (τό)
keel, n. καρίνα (ἡ)/ v.i. ~ over, ἀναποδογυρίζω
keen, a. ὀξύς, σφοδρός, ἐνθουσιώδης/be ~ on (something) εἶμαι μανιώδης μέ, εἶμαι πρόθυμος γιά/ be ~ on (someone) εἶμαι ξετρελαμένος μέ/ ~ness, n. ὀξύτητα (ἡ), ἐνθουσιασμός (ὁ), προθυμία (ἡ)
keep, v.t. κρατῶ, διατηρῶ, φυλάγω, συντηρῶ (rules) τηρῶ/ v.i. διατηροῦμαι, ἀντέχω/ ~ at, ἐπιμένω/ ~ aloof, κρατῶ ἀπόσταση/ ~ away, ἀπομακρύνομαι, ἀπέχω/ ~ back, v.t. συγκρατῶ, ἀναχαιτίζω/ v.i. κρατιέμαι μακριά/ ~ down, καταπιέζω, καταστέλλω/ ~ house, διατηρῶ νοικοκυριό/ ~ in, περιορίζω, κρατῶ μέσα/ ~ off, ἀποτρέπω/ (abstain) ἀπέχω/ ~ on, συνεχίζω/ ~ out, μένω ἀπέξω, ἀπέχω, ἀποφεύγω/ ~ a secret, φυλάγω μυστικό/ ~ up, συνεχίζω/ ~ one waiting, κάνω κάποιον νά περιμένει/ ~ well, διατηροῦμαι καλά/ ~ one's word, κρατῶ τόν λόγο μου/ n. διατροφή (ἡ), συντήρηση (ἡ)/ ~er, n. φύλακας (ὁ), φρουρός (ὁ)/ ~ing, n. διατήρηση (ἡ), φύλαξη (ἡ), συντήρηση (ἡ)/ in one's ~, στή φύλαξή μου/ in safe ~, σέ ἀσφαλῆ φύλαξη/ be in ~ with, συμβαδίζω/ ~sake, n. ἐνθύμιο (τό), ἀναμνηστικό (τό)
keg, n. βαρελάκι (τό)
ken, n. γνώση (ἡ)
kennel, n. σπιτάκι σκύλου (τό)
kerb, n. κράσπεδο πεζοδρομίου (τό)

kerchief, n. τσεμπέρι (τό), μαντίλι κεφαλιοῦ (τό)
kernel, n. πυρήνας (ὁ)/ (fruit) κουκούτσι (τό)
kerosene, n. κεροζίνη (ἡ), φωτιστικό πετρέλαιο (τό)
kestrel, n. γεράκι (τό)
ketch, n. δικάταρτο καΐκι (τό)
kettle, n. κατσαρόλα (ἡ), χύτρα (ἡ)/ a pretty ~ of fish, μπέρδεμα, ἀνακάτεμα/ ~drum, n. τύμπανο (τό)
key, n. κλειδί (τό)/ (mus.) τόνος (ὁ)/ (colour) βασικό χρῶμα/ master ~, γενικό ἀντικλείδι/ ~ position, θέση-κλειδί/ ~ board, n. πληκτρολόγιο (τό)/ ~hole, n. κλειδαρότρυπα (ἡ)/ ~note, n. βασικό γνώρισμα (χαρακτηριστικό) (τό)/ ~ring, n. κρίκος γιά κλειδιά (ὁ)/ ~stone, n. κεντρικός λίθος (ὁ)
khaki, n. χακί (τό)
khan, n. χάνος (ὁ), χάν (ὁ)
kick, n. κλωτσιά (ἡ), κλώτσημα (τό)/ v.t. κλωτσῶ/ v.i. ἀντιστέκομαι, ἀντιδρῶ/ ~ against the pricks, λακτίζω εἰς κέντρα/ ~ up a fuss, κάνω φασαρία/ ~ someone out, διώχνω μέ τίς κλωτσιές/ ~ - off, n. ἐναρκτήριο λάκτισμα (τό)
kid, n. κατσικάκι (τό)/ (fig). παιδί (τό)/ v.t. κοροϊδεύω, ἐξαπατῶ/ ~dy, n. πιτσιρίκος (ὁ)/ ~glove, a. λεπτεπίλεπτος
kidnap, v.t. κάνω ἀπαγωγή/ ~per, n. ἀπαγωγέας (ὁ)/ ~ping, n. ἀπαγωγή (ἡ)
kidney, n. νεφρό (τό)/ ~ - bean, n. φασόλι (τό)
kill, v.t. σκοτώνω, θανατώνω/ (suppress) σβήνω, πνίγω/ ~ time, σκοτώνω χρόνο/ ~er, n. φονιάς (ὁ), δολοφόνος (ὁ)/ ~ing, n. φόνος (ὁ), δολοφονία (ἡ)/ a. θανατηφόρος, φονικός
kiln, n. καμίνι (τό), κλίβανος (ὁ), φοῦρνος (ὁ)
kilometre, n. χιλιόμετρο (τό)
kilowatt, n. κιλοβάτ (τό)
kilt, n. σκωτσέζικη φούστα (ἡ)
kimono, n. κιμονό (τό)
kin, n. συγγενεῖς (οἱ), σόι (τό)/ next of ~, πλησιέστερος συγγενής
kind, a. καλόκαρδος, καλός, εὐγενικός/ ~ regards, χαιρετίσματα (τά), χαιρετισμούς/ n. εἶδος (τό)/ ~ of, κατά κάποιο

τρόπο/ *pay in* ~, πληρώνω εἰς εἶδος
kindergarten, n. νηπιαγωγεῖο (τό)
kindhearted, a. καλόκαρδος/ ~*ness*, n. καλοσύνη (ἡ)
kindle, v.t. ἀνάβω, πυρπολῶ, καίω/ v.i. ἐξάπτομαι, λάμπω
kindliness, n. καλοσύνη (ἡ)/ *kindly*, a. εὐγενικός, καλοκάγαθος/ ad. εὐγενικά, καλοκάγαθα/ *kindness*, n. καλοσύνη (ἡ), εὐγένεια (ἡ)
kindred, a. συγγενικός/ n. συγγενεῖς (οἱ), συγγενολόι (τό)
king, n. βασιλιάς (ὁ), μονάρχης (ὁ)/ (cards) ρήγας (ὁ)/ ~ *bolt*, n. πεῖρος (ὁ)/ ~*fisher*, n. ἀλκυόνα (ἡ), ψαροφάγος (ὁ)/ ~*dom*, n. βασίλειο (τό), βασιλεία (ἡ)/ ~*ly*, a. βασιλικός, μεγαλοπρεπής
kink, n. στράβωμα (τό), στρίψιμο (τό)/ (fig.) λόξα (ἡ), μονομανία (ἡ)/ v.t. & i. στρίβω, στραβώνω/ ~*y*, a. στραβωμένος/ (fig.) λοξός, ἰδιόρρυθμος
kinship, n. συγγένεια (ἡ)/ *kinsman*, n. συγγενής (ὁ)
kiosk, n. περίπτερο (τό), κιόσκι (τό)
kipper, n. καπνιστή ρέγγα (ἡ)/ v.t. παστώνω, καπνίζω
kiss, n. φιλί (τό), φίλημα (τό)/ v.t. φιλῶ
kit, n. ἀποσκευή (ἡ), ἐξάρτυση (ἡ), σύνεργα (τά)/ ~*bag*, n. σακίδιο (τό)
kitchen, n. κουζίνα (ἡ), μαγειρεῖο (τό)/ ~ - *garden*, n. λαχανόκηπος (ὁ)/ ~ - *maid*, n. βοηθός μαγείρου (ὁ)/ ~ - *sink*, n. νεροχύτης (ὁ)
kite, n. χαρταετός (ὁ)/ *fly a* ~, v.i. βολιδοσκοπῶ, σφυγμομετρῶ/ (fig.) ἐκμεταλλευτής
kith and kin, n. οἰκογένεια (ἡ), ὅλο τό σόι
kitten, n. γατούλα (ἡ), γατάκι (τό)/ v.i. γεννῶ γατάκια
kleptomania, n. κλεπτομανία (ἡ)/ ~*c*, n. κλεπτομανής (ὁ, ἡ)
knack, n. ἐπιδεξιότητα (ἡ), ταλέντο (τό)
knapsack, n. σακίδιο (τό), γυλιός (ὁ)
knave, n. ἀπατεώνας (ὁ), παλιάνθρωπος (ὁ)/ (cards) βαλές (ὁ)/ ~*ry*, n. ἀπατεωνιά (ἡ), παλιανθρωπιά (ἡ)/ *knavish*, a. ἀπατεωνίστικος
knead, v.t. ζυμώνω/ ~*ing*, n. ζύμωμα (τό)/ ~ *trough*, σκάφη ζυμώματος (ἡ)

knee, n. γόνατο (τό)/ ~ - *breeches*, n. βράκα (ἡ)/ ~ - *cap*, n. ἐπιγονατίδα (ἡ)/ ~ - *deep*, a. βαθύς ὡς τό γόνατο/ ~ - *high*, a. ψηλός ὡς τό γόνατο/ ~*l*, v.i. γονατίζω/ ~ *to*, γονατίζω μπροστά, παρακαλῶ, προσεύχομαι/ ~*ling*, n. γονάτισμα (τό)
knell, n. πένθιμη κωδωνοκρουσία (ἡ)
knickerbockers, n. pl. φουφούλα (ἡ), βράκα (ἡ)
knickers, n. pl. φουφούλα (ἡ)
knick-knack, n. μπιχλιμπίδι (τό)
knife, n. μαχαίρι (τό)/ ~ - *grinder*, n. ἀκονιστήρι (τό)/ v.t. μαχαιρώνω
knight, n. ἱππότης (ὁ)/ (chess) ἄλογο (τό)/ ~ - *errant*, n. περιπλανώμενος ἱππότης (ὁ)/ v.t. χρίζω σέ ἱππότη/ ~*hood*, n. ἱπποσύνη (ἡ), τίτλος ἱππότης/ ~*ly*, a. ἱπποτικός, γενναῖος
knit, v.t. πλέκω/ ~ *one's brows*, συνοφρυώνομαι, σμίγω τά φρύδια/ v.i. συγκολλῶ/ ~*ted*, a. πλεχτός/ ~*ter*, n. πλέχτης (ὁ), πλέχτρια (ἡ)/ ~*ting*, n. πλέξιμο (τό)/ ~ *needle*, βελόνα πλεξίματος (ἡ)/ ~*wear*, n. πλεχτά (τά)
knob, n. ὄγκος (ὁ), κόμπος (ὁ), ἐξόγκωμα (τό)/ (door) λαβή (ἡ), πόμολο (τό)
knock, n. χτύπημα (τό), κρούσιμο (τό)/ v.t. χτυπῶ/ ~ *at the door*, χτυπῶ τήν πόρτα/ ~ *about*, δέρνω, φέρομαι βάναυσα/ (travel) τριγυρνῶ/ ~ *down*, ἀνατρέπω, ρίχνω κάτω/ ~ *in*, μπήγω, χώνω/ ~ *off*, συντρίβω/ ~ *off work*, τελειώνω δουλειά/ ~ *out*, ἀποκρούω/ (sport) ρίχνω νόκ-ἄουτ/ ~ *to pieces*, κάνω κομμάτια/ ~*er*, n. χτυπητήρι πόρτας (τό)/ ~ -*kneed*, a. στραβοπόδης
knoll, n. ὕψωμα (τό), λοφίσκος (ὁ)
knot, n. κόμπος (ὁ)/ (wood) ρόζος (ὁ)/ (fig.) δυσκολία (ἡ)/ (ship) κόμβος (ὁ)/ *Gordian* ~, Γόρδιος δεσμός (ὁ)/ v.t. δένω κόμπο, κάνω κόμπο/ ~*ty*, a. γεμάτος κόμπους/ ~ *hands*, ροζιασμένα χέρια
know, v.t. γνωρίζω, ξέρω/ ~ *how*, ξέρω πῶς/ ~ *by heart*, ξέρω ἀπέξω/ *be in the* ~, εἶμαι καλά πληροφορημένος/ ~*ing*, a. πονηρός/ ~ *smile*, χαμόγελο μέ νόημα/ ~*ingly*, ad. ἐν γνώσει, ἠθελημένα, ἐπίτηδες/ ~*ledge*, n. γνώση (ἡ)/ *it came*

to my ~, ἔμαθα ὅτι/ *without my* ~, χωρίς νά τό ξέρω, ἐν ἀγνοία μου/ ~*ledgeable*, a. γνώστης, κατατοπισμένος/ ~*n*, a. γνωστός
knuckle, n. ἄρθρωση (ἡ), ἁρμός (ὁ)/ ~ *duster*, σιδερένια γροθιά/ (bones) ἀστράγαλος (ὁ)/ ~ *under*, v.i. ὑποχωρῶ, ἐνδίδω
Koran, n. Κοράνιο (τό)
kosher, n. ἁγνό φαγητό (Ἑβραίων)
Kremlin, n. Κρεμλίνο (τό)
kudos, n. ἔπαινος (ὁ)
Kurd, n. Κοῦρδος (ὁ)/ ~*ish*, a. κουρδικός

L

label, n. ἐπιγραφή (ἡ), ἐτικέττα (ἡ)
labial, a. χειλεόφωνος
laboratory, n. ἐργαστήριο (τό)
laborious, a. ἐπίπονος, κουραστικός/ *labour*, n. ἐργασία (ἡ), μόχθος (ὁ)/ *pains of* ~, ὠδίνες τοκετοῦ (οἱ)/ *hard* ~, καταναγκαστικά ἔργα (τά)/ ~ *Party*, Ἐργατικό Κόμμα (τό)/ v.i. ἐργάζομαι, κοπιάζω, μοχθῶ/ ~*ed*, a. ἐπεξεργασμένος, δουλεμένος/ ~*er*, n. ἐργάτης (ὁ)
labyrinth, n. λαβύρινθος (ὁ)
lac, n. γόμμα (ἡ)
lace, n. δαντέλλα (ἡ)/ (shoes) κορδόνι (τό)/ v.t. δάζω δαντέλλα, δένω τά κορδόνια
lacerate, v.t. κομματιάζω, ξεσκίζω
lachrymal, a. δακρυϊκός/ *lachrymatory*, a. δακρυγόνος/ *lachrymose*, a. πολύδακρος, δακρύδρεκτος
lack, n. ἔλλειψη (ἡ), στέρηση (ἡ)/ v.t. στεροῦμαι/ *be lacking in*, ὑστερῶ σέ
lackadaisical, a. αἰσθηματικός
lackey, n. ἀκόλουθος (ὁ), λακές (ὁ)
lacklustre, a. θαμπός, ἀμυδρός
laconic, a. λακωνικός
lacquer, n. εἶδος δερνικιοῦ/ v.t. δερνικώνω, γυαλίζω

lactation, n. θήλασμα (τό), γαλούχηση (ἡ)
lacuna, n. κενό διάστημα (τό)
lad, n. παιδί (τό), ἔφηδος (ὁ), νεαρός (ὁ)
ladder, n. σκάλα (ἡ), ἀνεμόσκαλα (ἡ)
lade, v.t. φορτώνω/ *bill of lading*, φορτωτική (ἡ)
ladle, n. κουτάλα (ἡ)/ *soup* ~, κουτάλα τῆς σούπας/ v.t. σερδίρω.
lady, n. κυρία (ἡ)/ *young* ~, δεσποινίς, νέα/ ~ *in waiting*, κυρία τῶν τιμῶν/ *our* ~, Παναγία (ἡ)/ ~ *Day*, Εὐαγγελισμός (ὁ)/ ~*bird*, n. κολεόπτερο (τό)/ ~*killer*, n. γυναικοκαταχτητής (ὁ)/ ~*love*, n. εὐγενική ἐρωμένη/ ~*like*, a. εὐγενική, ἁδρή/ ~*ship*, n. ἀρχοντιά (ἡ)/ *your* ~, Λαΐδη μου
lag, n. φυλακισμένος (ὁ), κατάδικος (ὁ)/ (time) καθυστέρηση (ἡ)/ v.i. καθυστερῶ, μένω πίσω/ v.t. καλύπτω προστατευτικά/ ~*gard*, a. νωθρός, δραδυκίνητος
lagoon, n. λιμνοθάλασσα (ἡ)
lair, n. φωλιά ζώων (ἡ)/ (thieves) λημέρι (τό)
laity, n. λαϊκοί (οἱ), κοσμικοί (οἱ)
lake, n. λίμνη (ἡ)
lama, n. λάμα (ἡ)
lamb, n. ἀρνί (τό)/ (fig.) ἀγαθός ἄνθρωπος/ v.i. γεννῶ ἀρνιά
lambent, a. ἐλαφρός/ ~ *flame*, φλόγα πού γλύφει
lame, a. κουτσός, χωλός/ *be* ~, κουτσαίνω/ v.t. σακατεύω/ ~*ness*, n. κουτσαμάρα (ἡ), χωλότητα (ἡ)
lament, n. μοιρολόϊ (τό), θρῆνος (ὁ)/ v.t.& i. θρηνῶ, κλαίω/ ~*able*, a. ἀξιοθρήνητος/ ~*ation*, n. θρῆνος (ὁ)
lamina, n. λεπίδα (ἡ), ἔλασμα (τό)/ ~*te*, v.t. κόδω σέ φύλλα/~*ted*, a. λεπιδωτός, φυλλωτός
lamp, n. λάμπα (ἡ), ~*black*, n. καπνιά (ἡ)
lampoon, n. λίδελλος (ὁ), καυστική σάτιρα (ἡ)
lamp-post, n. φανοστάτης (ὁ)
lamprey, n. σμύραινα (ἡ)
lampshade, n. ἀμπαζούρ (τό)
lance, n. λόγχη (ἡ), δόρυ (τό)/ (med.) νυστέρι (τό)/ v.t. λογχίζω/ (med.) κόδω

μέ νυστέρι/ ~r, n. λογχοφόρος (ὁ)/ ~t, n. νυστέρι (τό)
land, n. γῆ (ἡ), ξηρά (ἡ), χώρα (ἡ)/ by ~, διά ξηρᾶς/ ~agent, ἐπιστάτης κτήματος/ ~ forces, δυνάμεις ξηρᾶς (οἱ), πεζικό (τό)/ v.t. (from sea) ἀποβιβάζω/ (from air) προσγειώνω/ ~ a blow, δίνω χτύπημα/ v.i. ἀποβιβάζομαι, προσγειώνομαι/ ~ed, a. κτηματικός, ἔγγειος/ ~ing, n. (avia.) προσγείωση (ἡ) (sea) ἀπόβαση (ἡ)/ ~ ground, χῶρος γιά προσγείωση/ ~stage, ἀποβάθρα (ἡ)/ ~lady, n. σπιτονοικοκυρά (ἡ), ἰδιοκτήτρια (ἡ)/ ~lord, n. σπιτονοικοκύρης (ὁ), ἰδιοκτήτης (ὁ)/ ~locked, a. χωρίς διέξοδο στήν θάλασσα/ ~mark, n. ὀρόσημο (τό)/ ~owner, n. ἰδιοκτήτης γῆς (ὁ) / ~scape, n. τοπίο (τό) / ~ painter, τοπιογράφος (ὁ)/ ~slide, n. κατολίσθηση (ἡ)
lane, n. δρόμος (ὁ), μονοπάτι (τό)
language, n. γλώσσα (ἡ)/ bad ~, χυδαία γλώσσα
languid, a. ἄτονος, νωθρός/ languish, v.i. μαραίνομαι, φθίνω/ ~ing, a. ἄτονος, μαραμένος, ἐξασθενημένος
languor, n. νωθρότητα (ἡ), ἀποχαύνωση (ἡ)/ ~ous, a. νωθρός, ἀποχαυνωμένος
lank, a. λεπτός, ἰσχνός/ ~y, a. λιπόσαρκος
lantern, n. φανάρι (τό), φανός (ὁ)/ magic ~, μαγικός φανός/ ~ jaws, βαθουλωμένα μάγουλα
lap, n. ποδιά (ἡ)/ on one's ~, στά γόνατα/ (sport) γύρος τοῦ στίβου/ ~dog, σκυλάκι σαλονιοῦ/ v.t. περιτυλίγω, διπλώνω/ v.i. ρουφώ, γλύφω/ (waves) παφλάζω/ ~ up, ἀκούω μέ προσήλωση
lapel, n. πέτο (τό)
lapidary, n. λιθοτόμος (ὁ)
lapis lazuli, n. λαζουρίτης (ὁ)
Laplander, n. Λάπωνας (ὁ)/ Lapp, n. Λαπωνική γλώσσα (ἡ), Λαπωνικά (τά)
lapse, n. παράπτημα (τό), σφάλμα (τό)/ (moral) παράπτωμα (τό)/ (time) παρέλευση (ἡ), πέρασμα (τό)/ v.i. παρατῶ, παραλείπω, κάνω λάθος/ (leg.) παραγράφω
larceny, n. κλοπή (ἡ), λωποδυσία (ἡ)
larch, n. πεῦκο (τό)

lard, n. λαρδί (τό), λίπος (τό)/ v.t. ἀλείφω μέ λίπος/ ~er, n. ντουλάπι γιά τρόφιμα (τό)
large, a. εὐρύχωρος, εὐρύς, πλατύς/ be at ~, εἶμαι ἐλεύθερος/ ~ ly, ad. σέ μεγάλο βαθμό/ ~ness, n. εὐρυχωρία (ἡ), εὐρύτητα (ἡ)
largesse, n. γενναιοδωρία (ἡ)
lark, n. κορυδαλός (ὁ)
larva, n. νύμφη ἐντόμου (ἡ)
laryngitis, n. λαρυγγίτιδα (ἡ)/ larynx, n. λάρυγγας (ὁ)
lascivious, a. λάγνος, ἀσελγής/ ~ness, n. λαγνεία (ἡ), ἀσέλγεια (ἡ)
laser, n. ἀκτίνες λέϊζερ (οἱ)
lash, n. μαστίγιο (τό), λουρί (τό)/ v.t. μαστιγώνω/ ~ out, χτυπῶ, κλωτσῶ/ ~ together, προσδένω
lass, n. κοπέλα (ἡ), κορίτσι (τό)
lassitude, n. κούραση (ἡ)
lasso, n. λάσσο (τό)
last, a. τελευταῖος/ ~ but one, προτελευταῖος/ ~ night, χθές τό βράδυ/ ~ week, τήν περασμένη ἐβδομάδα/ ~ time, τήν τελευταία φορά/ ~ year, πέρσυ/ ad. τελευταία, γιά τελευταία φορά, ἐπί τέλους/ n. καλαπόδι (τό)/ at ~, ἐπί τέλους/ v.i. διαρκῶ, βαστῶ, ἀντέχω/ ~ing, a. διαρκής, μόνιμος/ ~ ly, ad. τελευταία, στό τέλος
latch, n. μάνταλο (τό), σύρτης (ὁ)/ v.t. μανταλώνω, συρτώνω
late, a. ἀργοπορημένος/ (dead) μακαρίτης (ὁ)/ ad. ἀργά/ be ~, ἀργοπορῶ, ἀργῶ/ it is ~, εἶναι ἀργά/ be ~ for a train, χάνω τό τραῖνο/ ~ ly, ad. τελευταία, πρόσφατα/ ~ness, n. καθυστέρηση (ἡ), βραδύτητα (ἡ)/ latent, a. λανθάνων, ἀφανέρωτος
later, a. ἀργότερος/ ad. ἀργότερα
lateral, a. πλευρικός, πλάγιος
latest, a. τελευταῖος, πιό πρόσφατος/ at the ~, τό ἀργότερο
lath, n. δοκάρι (τό), πατερό (τό)
lathe, n. τόρνος (ὁ)
lather, n. ἀφρός (ὁ)/ v.t. κάνω ἀφρό, σαπουνίζω
Latin, a. λατινικός/ n. (person) Λατίνος (ὁ) (language) Λατινικά (τά)
latitude, n. γεωγραφικό πλάτος (τό)/

(fig.) εὐρύτητα (ἡ), ἐλευθερία (ἡ)
latrine, n. ἀποχωρητήριο (τό)
latter, a. τελευταῖος, στερνός/ ~*ly*, ad. τελευταῖα, στερνά
lattice, n. καφασωτό (τό), κιγκλίδωμα (τό)
laud, v.t. ἐπαινῶ, ἐγκωμιάζω/ ~*able*, a. ἀξιέπαινος
laudanum, n. λάβδανο (τό)
laudatory, a. ἐπαινετικός, ἐγκωμιαστικός
laugh, n. γέλιο (τό)/ v.i. γελῶ/ ~ *at*, κοροϊδεύω/ ~ *off*, δέν δίνω σημασία, θεωρῶ ἀσήμαντο/ ~ *out loud*, ξεκαρδίζομαι/ *burst out* ~*ing*, ξεσπῶ σέ γέλια/ ~*able*, a. γελοῖος/ ~*ing*, a. γελαστός/ n. γέλιο (τό)/ ~*stock*, περίγελως (ὁ)/ ~*ingly*, ad. γελαστά/ ~*ter*, n. γέλιο (τό)
launch, n. βάρκα (ἡ), ἄκατος (ἡ)/ v.t. ἐκσφενδονίζω, ἐξαπολύω/ ἐκτοξεύω/ ~ *out*, ὁρμῶ, κάνω ἐπίθεση/ ~*ing*, n. ἐκτόξευση (ἡ)/ (of a business, etc.) ἐγκαίνια (τά)
launder, n. σκάφη (ἡ)/ v.t. πλένω ροῦχα/ *laundry*, n. πλυντήριο (τό)
laureate, n. δαφνοστεφής (ποιητής)
laurel, n. δάφνη (ἡ)/ *rest on one's* ~*s*, ἐπαναπαύομαι στίς δάφνες
lava, n. λάβα (ἡ)
lavatory, n. ἀποχωρητήριο (τό)
lavender, n. λεβάντα (ἡ)
lavish, a. ἄσωτος, σπάταλος, πολυδάπανος/ v.t. σπαταλῶ, ἀσωτεύω/ ~ *care on*, φροντίζω πολύ/ ~*ness*, n. σπατάλη (ἡ), ἀσωτεία (ἡ)
law, n. νόμος (ὁ), δίκαιο (τό)/ *by* ~, μέ τόν νόμο, βάσει νόμου/ *go to* ~, προσφεύγω στήν δικαιοσύνη/ ~ *and order*, τάξη καί ἀσφάλεια/ *martial* ~, στρατιωτικός νόμος/ ~*abiding*, a. νομοταγής/ ~ *-breaker*, a. παραβάτης/ ~ *ful*, a. νόμιμος/ ~ *-less*, a. παράνομος, ἄνομος/ ~ *lessness*, n. παρανομία (ἡ), ἀνομία (ἡ)/ ~ *giver, maker*, n. νομοθέτης (ὁ)
lawn, n. χλόη (ἡ), πρασιά (ἡ)/ (cloth) λινό ὕφασμα/ ~*-mower*, n. χορτοκοπτική μηχανή (ἡ)
lawsuit, n. δίκη (ἡ)/ *lawyer*, n. δικηγόρος (ὁ), νομικός (ὁ)
lax, a. χαλαρός, πλαδαρός/ ~*ative*, n. καθαρτικό (τό), καθάρσιο (τό)/ ~*ity*, n. χαλαρότητα (ἡ), χαλάρωση (ἡ)
lay, n. (eccl.) λαϊκός (ὁ), κοσμικός (ὁ)/ (sexual) σεξουαλική ἐπαφή (ἡ)/ *lay*, v.t. & i. βάζω, τοποθετῶ/ (eggs) γεννῶ αὐγά/ (foundation) βάζω θεμέλια/ (fears) καθησυχάζω/ (bets) στοιχηματίζω/ ~ *aside*, ἀφήνω κατά μέρος/ ~ *a claim to*, προβάλλω ἀξίωση (ἀπαίτηση)/ ~ *down*, καταθέτω, καθιερώνω, καθορίζω/ ~ *down one's arms*, καταθέτω τά ὅπλα/ ~ *hands on*, παίρνω, βάζω στό χέρι/ ~ *hold of*, κρατιέμαι/ ~ *in*, συναθροίζω, συγκεντρώνω/ ~ *off* (workers), ἀπολύω/ ~ *open*, ἀποκαλύπτω/ ~ *out*, καταστρώνω/ ~ *the table*, στρώνω τό τραπέζι/ ~ *taxes*, ἐπιβάλλω φόρο/ *be laid up*, μένει δεμένο/ ~ *waste*, καταστρέφω
layer, n. στρῶμα (τό)/ (hen) κλῶσσα (ἡ)/ (bot.) καταβολάδα (ἡ)/ v.t. τοποθετῶ σέ στρώματα/ (bot.) μοσχεύω
layette, n. μωρουδιακά (τά)
laying, n. στρώσιμο (τό), τοποθέτηση (ἡ)/ (eggs) ὠοτοκία (ἡ)
layman, n. λαϊκός (ὁ)
layout, n. σχέδιο (τό)
lazaretto, n. λοιμοκαθαρτήριο (τό)
laze, v.i. τεμπελιάζω, ὀκνεύω/ *lazily*, ad. τεμπέλικα, ὀκνηρά/ *laziness*, n. τεμπελιά (ἡ), ὀκνηρία (ἡ)/ *lazy*, a. τεμπέλης, ὀκνηρός/ ~ *bones*, τεμπέλης
lea, n. λειβάδι (τό)
lead, n. μολύβι (τό)/ (naut.) βολίδα (ἡ)/ (print.) διάστιχο (τό)/ ~*en*, a. μολυβένιος
lead, n. πρωτοπορεία (ἡ), ἀρχηγία (ἡ), πρωτοβουλία (ἡ)/ *take the* ~ (sport) προπορεύομαι/ (elec.) κύριος ἀγωγός/ v.t.& i. ὁδηγῶ, διευθύνω/ ~ *astray*, παρασύρω/ ~ *off*, ἀρχίζω, ξεκινῶ/ ~ *out*, βγάζω/ ~*to trouble*, προκαλῶ φασαρία/ ~ *up to*, καταλήγω/ ~ *a good life*, περνῶ καλά/ ~ *the way*, δείχνω τόν δρόμο
leader, n. ὁδηγός (ὁ), ἀρχηγός (ὁ), ἡγέτης (ὁ)/ ~*ship*, n. ἀρχηγία (ἡ), ἡγεσία (ἡ)/ *leading*, a. κύριος, βασικός/ ~ *lady*, πρωταγωνίστρια (ἡ)/ ~ *question*, βαλτή ἐρώτηση

leaf, n. φύλλο (τό)/ *turn over a new ~, αρχίζω καινούρια ζωή*/ v.t. *~ through*, φυλλομετρώ/ *~age*, n. φύλλωμα (τό)/ *~let*, n. φυλλάδιο (τό)/ *~y*, a. πολύφυλλος
league, n. σύνδεσμος (ό), ένωση (ή)/ (distance) λεύγα (ή)
leak, n. ρωγμή (ή), διαρροή (ή)/ *~ to the press, διαρροή στόν τύπο*/ v.i. διαρρέω, διαφεύγω/ *~ out*, διαδίδομαι/ *~age*, n. διαρροή (ή)/ *~y*, a. τρύπιος
lean, a. αδύνατος, άπαχος/ n. (tech.) κλίση (ή)/ v.t.& i. κλίνω, γέρνω, ακουμπώ/ *~against*, ακουμπώ σέ/ *~ back*, γέρνω πρός τά πίσω/ *~ one's elbows on*, ακουμπώ τούς αγκώνες/ *~ out of*, σκύβω έξω/ *~ upon*, ακουμπώ επάνω/ (fig.) πιέζω/ *~ towards*, κλίνω πρός/ *~ing*, n. κλίση (ή), ροπή (ή)/ *~ness*, n. έλλειψη πάχους (ή)
leap, n. πήδημα (τό)/ *~frog*, καβάλλα/ *~ year*, δίσεκτος χρόνος/ v.t.&i. πηδώ/ (heart) σκιρτώ/ *~ at*, δέχομαι πρόθυμα
learn, v.t. μαθαίνω/ v.t. διδάσκομαι/ *~ed*, a. μορφωμένος, σοφός/ *~ er*, n. μαθητής (ό), μαθητευόμενος (ό)/ *~ing*, n. μάθηση (ή)
lease, n. εκμίσθωση (ή), ενοικίαση (ή)/ v.t. εκμισθώνω, νοικιάζω
leash, n. λουρί (τό)
least, a. ελάχιστος/ ad. ελάχιστα/ n. τό ελάχιστο/ *at ~*, τουλάχιστον/ *not in the ~*, καθόλου
leather, n. δέρμα (τό), πετσί (τό)/ *~ette*, n. ψεύτικο δέρμα, απομίμηση/ *~y*, a. σκληρός σάν πετσί
leave, n. άδεια (ή)/ *by your ~, μέ τήν άδεια σας/ on ~, μέ άδεια, σέ άδεια/ take one's ~*, αποχαιρετώ/ *~ -taking*, αποχαιρετισμός (ό)/ v.t. αφήνω, επιτρέπω/ v.i. φεύγω/ *~ behind*, αφήνω πίσω, ξεχνώ/ *~ off*, εγκαταλείπω/ (clothes) βγάζω/ *~ out*, παραλείπω
leaven, n. ζύμη (ή), μαγιά (ή)/ v.t. ζυμώνω/ (fig.) τροποποιώ, επηρεάζω
leavings, n. pl. λείψανα (τά), απομεινάρια (τά)
lecherous, a. λάγνος, ασελγής, ακόλαστος/ *lechery*, n. λαγνεία (ή), ασέλγεια (ή), ακολασία (ή)

lectern, n. αναλόγιο (τό)
lecture, n. διάλεξη (ή), παράδοση (ή), διδασκαλία (ή)/ v.i. κάνω διάλεξη, διδάσκω/ v.t. νουθετώ, συμβουλεύω/ *~r*, n. ομιλητής (ό)/ (univ.) υφηγητής (ό)
ledge, n. άκρη (ή), χείλος (τό)
ledger, n. κατάστιχο (τό), καθολικό βιβλίο (τό)
lee, n. απάνεμο μέρος (τό)
leech, n. βδέλλα (ή)/ (fig.) ενοχλητικός άνθρωπος
leek, n. πράσο (τό)
leer, n. στραβοκοίταγμα (τό), λοξή ματιά (ή)/ v.i. στραβοκοιτάζω
lees, n. pl. κατακάθια (τά)
leeward, n. απάνεμη πλευρά (ή)/ *leeway*, n. παρέκκλιση από τόν άνεμο/ (fig.) περιθώριο (τό)
left, a. αριστερός/ n. αριστερή πλευρά (ή)/ (pol.) 'Αριστερά (ή)/ *to the ~*, πρός τά αριστερά/ p.p. αφηρημένος, παρατημένος/ *~luggage office*, γραφείο απωλεσθέντων αντικειμένων/ *~-overs*, απομεινάρια (τά)/ *~ handed*, a. αριστεροχέρης, ζερβοχέρης/ (fig.) αδέξιος/ *~ wing*, n. ή 'Αριστερά/ *~-ist*, n. αριστερός (ό)
leg, n. κνήμη (ή), σκέλος (τό), πόδι (τό)/ (chair, etc.) πόδι (τό)/ *~ of mutton*, μπούτι αρνήσιο (τό)/ *trouser ~*, μπατζάκι (τό)/ *pull someone's ~*, κοροϊδεύω
legacy, n. κληροδότημα (τό)
legal, a. νόμιμος, θεμιτός/ *~ adviser*, νομικός σύμβουλος/ *~ aid*, συνήγορος διορισμένος από τό κράτος/ *~ claim*, νόμιμη απαίτηση/ *by ~ means*, μέ νόμιμα μέσα/ *take ~ action*, προσφεύγω στά δικαστήρια/ *~ tender*, υποχρεωτική προσφορά/ *~ity*, n. νομιμότητα (ή)/ *~ize*, v.t. νομιμοποιώ
legate, n. έξαρχος (ό), λεγάτος (ό)/ *~e*, n. κληροδόχος (ό)/ *legation*, n. πρεσβεία (ή)
legend, n. μύθος (ό), θρύλος (ό)/ *~ary*, a. μυθικός, θρυλικός
legerdemain, n. ταχυδακτυλουργία (ή)
leggings, n. pl. ψηλές γκέττες (οι)
legible, a. ευανάγνωστος
legion, n. λεγεώνα (ή)/ *~ary*, n. λεγεωνά-

ριος (ό)
legislate, v.i. νομοθετώ/ *legislation,* n. νομοθεσία (ή)/ *legislative,* a. νομοθετικός/ *legislator,* n. νομοθέτης (ό)/ *legislature,* n. νομοθετική έξουσία (ή)
legitimacy, n. νομιμότητα (ή)/ *legitimate,* a. νόμιμος, γνήσιος, άναγνωρισμένος/ *legitimize,* v.t. νομιμοποιώ
legume, n. όσπριο (τό)
leisure, n. άνάπαυση (ή), άνάπαυλα (ή)/ *at ~,* μέ άνεση/ *~ly,* ad. άνετα, άβίαστα
lemon, n. λεμόνι (τό)/ *~ juice,* χυμός λεμονιού (ό)/ *~ squeezer,* λεμονοστίφτης (ό)/ *~ade,* n. λεμονάδα (ή)
lend, v.t. δανείζω/ *~ oneself,* προσφέρομαι/ *~ a hand,* βοηθώ/ *~er,* n. δανειστής (ό)/ *~ing,* n. δανεισμός (ό)/ *~ library,* δανειστική βιβλιοθήκη (ή)
length, n. μήκος (τό), μάκρος (τό)/ (time) διάρκεια (ή)/ *at ~,* μέ λεπτομέρειες, έν έκτάσει/ *~en,* v.t. & i. μακραίνω, έπιμηκύνω, έπεκτείνω/ (time) παρατείνω/ *~ening,* n. μάκρυμα (τό), έπιμήκυνση (ή), έπέκταση (ή)/ *~wise,* ad. στό μάκρος, κατά μήκος/ *~y,* a. μακρύς, μακροσκελής
leniency, n. έπιείκια (ή), άνεκτικότητα (ή)/ *lenient,* a. έπιεικής
lens, n. φακός (ό)
Lent, n. Σαρακοστή (ή)/ *~en,* a. σαρακοστιανός, νηστήσιμος
lentil, n. φακή (ή)
leonine, a. λιονταρήσιος
leopard, n. λεοπάρδαλη (ή)
leper, n. λεπρός (ό)/ *leprosy,* n. λέπρα (ή)/ *leprous,* a. λεπρωτικός
lesbian, a. λεσβιακός/ *~ ism,* n. λεσβιασμός (ό), λεσβιακός έρωτας (ό)
lesion, n. τραύμα (τό), έλκος (τό)
less, a. μικρότερος, λιγώτερος/ ad. λιγώτερο/ *grow ~,* λιγοστεύω/ *more or ~,* πάνω-κάτω
lessee, n. μισθωτής (ό), ένοικιαστής (ό)
lessen, v.t. & i. λιγοστεύω, έλαττώνω/ *lesser,* a. λιγώτερος, λιγώτερο σημαντικός
lesson, n. μάθημα (τό), δίδαγμα (τό)
lessor, n. έκμισθωτής (ό)
lest, c. μήπως καί, μή τυχόν καί

let, v.t. άφήνω, έπιτρέπω/ *~'s go,* άς πάμε/ *house to ~,* σπίτι γιά νοίκιασμα/ *to ~ alone,* άφήνω ήσυχο/ *~ alone,* χωρίς νά λογαριάσουμε/ *~ down* (hair) άφήνω τά μαλλιά ξέπλεκα/ (someone) άπογοητεύω, έγκαταλείπω/ *~ go,* άφήνω έλεύθερο, παρατώ, άποδεσμεύω/ *~ in,* μπάζω/ *~ in for,* μπλέκω, βάζω σέ μπελά/ *~ know,* είδοποιώ/ *~ loose,* άφήνω έλεύθερο, έξαπολύω/ *~ off,* άπαλλάσσω/ (gun) πυροβολώ/ *~ out,* έλευθερώνω, άφήνω νά βγεί/ *~ up,* χαλαρώνω/ n. κώλυμα (τό)
lethal, a. θανατηφόρος, φονικός
lethargic, a. ληθαργικός, κοιμισμένος/ *lethargy,* n. λήθαργος (ό), νάρκη (ή)
letter, n. γράμμα (τό), στοιχείο (τό)/ (post) γράμμα (τό), έπιστολή (ή)/ pl. έπίσημα έγγραφα (τά)/ *~ of credit,* πιστωτική έπιστολή (ή)/ *to the ~,* κατά γράμμα/ v.t. χαράζω γράμματα/ *~-box,* n. γραμματοκιβώτιο (τό)/ *~-card,* n. έπιστολικό δελτάριο (τό)/ *~ing,* n. γραφή (ή), στοιχεία (τά)
lettuce, n. μαρούλι (τό)
Levantine, n. Λεβαντίνος (ό)/ a. λεβαντίνικος
levee, n. άνάχωμα (τό)
level, n. έπίπεδο (τό), βαθμίδα (ή), στάθμη (ή)/ a. έπίπεδος, όριζόντιος, όμαλός/ *be on the ~,* εΐμαι στό έπίπεδο/ *do one's ~ best,* βάζω τά δυνατά μου/ *~ crossing,* ίσόπεδη διάβαση/ ad. όριζόντια/ v.t. ίσοπεδώνω, έξισώνω/ *~ headed,* a. λογικός, γνωστικός/ *~ling,* n. ίσοπέδωση (ή), όριζοντίωση (ή)
lever, n. μοχλός (ό)/ v.t. κινώ μέ μοχλό/ *~age,* n. μόχλευση (ή)/ (fig.) έπιρροή (ή)
leveret, n. λαγουδάκι (τό)
levity, n. έπιπολαιότητα (ή), έλαφρότητα (ή)
levy, n. έπιβολή φόρου (ή)/ v.t. έπιβάλλω φόρο
lewd, a. άσεμνος, πρόστυχος, αίσχρός/ *~ness,* n. προστυχιά (ή) αίσχρότητα (ή)
lexicographer, n. λεξικογράφος (ό)/ *lexicon,* n. λεξικό (τό)
liability, n. προδιάθεση (ή)/ (leg.) εύθύνη (ή), ύποχρέωση (ή)/ *limited ~ com-*

pany, έταιρία περιωρισμένης ευθύνης/ *liable,* a. ύποκείμενος/ (leg.) υπεύθυνος
liaison, n. σύνδεσμος (ό)/ (affair) παράνομος δεσμός (ό)/ ~ *officer,* άξιωματικός σύνδεσμος
liar, n. ψεύτης (ό)
libation, n. σπονδή (ή)
libel, n. λίβελλος (ό), δυσφήμιση (ή)/ v.t. λιβελλογραφώ, δυσφημώ/ *~ler,* n. λιβελλογράφος (ό)/ *~lous,* a. λιβελλογραφικός, δυσφημιστικός
Liberal, n. Φιλελεύθερος (ό)/ a. φιλελεύθερος, προοδευτικός/ (with money) γενναιόδωρος, άνοιχτοχέρης/ *~ism,* n. φιλελευθερισμός (ό)
liberate, v.t. (άπ)ελευθερώνω, λυτρώνω/ *liberation,* n. (άπ)ελευθέρωση (ή), λυτρωμός (ό)
libertine, n. έλευθεριάζων (ό), άκόλαστος (ό)
liberty, n. έλευθερία (ή)/ *at ~,* έλεύθερος, άδέσμευτος/ *take liberties,* γίνομαι άναιδής, παίρνω θάρρος
libidinous, a. φιλήδονος, λάγνος
librarian, n. βιβλιοθηκάριος (ό, ή)/ *library,* n. βιβλιοθήκη (ή)
librettist, n. λιμπρεττίστας (ό)/ *libretto,* n. λιμπρέττο (τό)
Libyan, n. Λίβυος (ό)/ a. λυβικός
licence, n. άδεια (ή)/ (behaviour) κατάχρηση έλευθερίας, άχαλίνωτη συμπεριφορά/ *driving ~,* άδεια όδήγησης/ *license,* v.t. δίνω άδεια, έπιτρέπω/ *licentiate,* n. κάτοχος έπαγγελματικής άδειας/ *licentious,* a. άκόλαστος, άνήθικος/ *~ness,* n. άκολασία (ή), άνηθικότητα (ή)
lichen, n. λειχήνας (ό)
licit, a. νόμιμος, θεμιτός
lick, n. γλείψιμο (τό)/ v.t. γλείφω/ (fig.) νικώ, συντρίβω
lid, n. σκέπασμα (τό), καπάκι (τό)
lie, n. ψευτιά (ή)/ v.i. λέω ψέματα
lie, n. θέση (ή), τοποθέτηση (ή)/ *~ of the land,* φυσική διαμόρφωση/ (fig.) κατάσταση πού έπικρατεϊ/ v.i. είμαι ξαπλωμένος, βρίσκομαι, έκτείνομαι/ *~ down,* ξαπλώνω, πλαγιάζω/ *~ in wait,* περιμένω, καιροφυλακτώ
liege, n. άρχοντας (ό)

lien, n. έμπράγματη άσφάλεια (ή)
lieu, n. θέση (ή)/ *in ~ of,* στή θέση τοϋ, άντί
lieutenant, n. άναπληρωτής (ό), άντικαταστάτης (ό)/ *first ~,* ύπολοχαγός (ό)/ *second ~,* άνθυπολοχαγός (ό)/ *~ colonel,* άντισυνταγματάρχης (ό)/ *~ commander,* πλωτάρχης (ό)/ *~ general,* άντιστράτηγος (ό)
life, n. ζωή (ή), βίος (ό)/ *for ~,* ίσόβια/ *from ~,* έκ τοϋ φυσικοϋ/ *~ insurance,* άσφάλεια ζωής/ *~belt,* n. σωσίβιο (τό)/ *~boat,* n. ναυαγοσωστική λέμβος (ή)/ *~-guard,* n. ναυαγοσώστης (ό) *~less,* a. άψυχος, νεκρός/ *~like,* a. ρεαλιστικός/ *~ size,* a. σέ φυσικό μέγεθος/ *~time,* n. ζωή (ή), διάρκεια ζωής (ή)
lift, n. ύψωση (ή), άνύψωση (ή)/ (machine) άνελκυστήρας (ό), άσανσέρ (τό)/ *~ boy,* χειριστής άσανσέρ (ό)/ *give someone ~,* μεταφέρω μέ τό αύτοκίνητο/ v.t. & i. ύψώνω, άνυψώνω, σηκώνω
light, n. φώς (τό), λάμψη (ή)/ *traffic ~s,* φώτα τής τροχαίας/ *at first ~,* μόλις ξημερώσει/ *against the ~,* κόντρα στό φώς/ *bring to ~,* άποκαλύπτω/ *throw on,* δίνω πληροφορίες, διαφωτίζω/ a. φωτεινός, άνοιχτόχρωμος/ (weight) έλαφρός/ v.t. φωτίζω, άστράφτω/ *~en,* v.t. έλαφρώνω
lighter, n. άναπτήρας (ό)/ (boat) φορτηγίδα (ή), μαούνα (ή)/ *~ man,* n. μαουνιέρης (ό)
light-footed, a. έλαφροπόδαρος/ *lightheaded,* a. έλαφρόμυαλος/ *lighthearted,* a. εύθυμος, ζωηρός/ *lighthouse,* n. φάρος (ό)/ *lighting,* n. φωτισμός (ό)
lightly, ad. έλαφρά/ *lightness,* n. έλαφρότητα (ή), έλαφράδα (ή)
lightning, n. άστραπή (ή)/ *~ conductor,* άλεξικέραυνο (τό)
lights, n. pl. γνώση (ή), κρίση (ή)
lightship, n. πλωτός φάρος (ό)
lightweight, a. έλαφρών βαρών/ (fig.) έπιπόλαιος
ligneous, a. ξυλώδης, σάν ξύλο/ *lignite,* n. λιγνίτης (ό)
like, a. δμοιος, παρόμοιος, ίδιος/ ad.

σάν, ὅπως/ n. συμπάθεια (ἡ), προτίμηση (ἡ)/ ~s and dislikes, προτιμήσεις καί ἀντιπάθειες/ and the ~, καί τά παρόμοια/ as ~ as two peas, ἐντελῶς ὅμοιοι/ be ~, μοιάζω/ in ~ manner, μέ τόν ἴδιο τρόπο/ it is not ~ him, δέν εἶναι ἡ συνηθισμένη του συμπεριφορά/ what is he ~? τί εἴδους ἄνθρωπος εἶναι;/ v.t. ἀγαπῶ, μοῦ ἀρέσει/ as you ~, ὅπως ἀγαπᾶτε (προτιμᾶτε)/ I should ~, θά ἤθελα, θά προτιμοῦσα/ ~able, a. ἀξιαγάπητος, συμπαθητικός
likelihood, n. πιθανότητα (ἡ)/ *likely,* a. πιθανός/ ad. πιθανό, ἴσως
liken, v.t. παρομοιάζω, παραβάλλω/ ~ess, n. ὁμοιότητα (ἡ)
likewise, ad. παρόμοια, μέ τόν ἴδιο τρόπο
liking, n. συμπάθεια (ἡ), κλίση (ἡ), προτίμηση (ἡ)
lilac, n. πασχαλιά (ἡ)
liliputian, a. λιλιπούτειος
lily, n. κρίνο (τό)
limb, n. μέλος (τό), σκέλος (τό)
limber, a. εὐλύγιστος, εὔκαμπτος, εὐκίνητος/ v.i. ~ up, μαλακώνω τούς μῦς/ ~ ness, n. εὐλυγισία (ἡ), εὐκαμψία (ἡ)
limbo, n. προαύλιο τῆς κόλασης/ be in ~, εἶμαι σέ κατάσταση ἀβεβαιότητας
lime, n. μικρό λεμόνι (τό)/ (chem.) ἀσβέστης (ὁ)/ v.t ἀνακατεύω μέ ἀσβέστη/ ~kiln, n. ἀσβεστοκάμινος (ἡ)/ ~light, n. προσκήνιο (τό)/ be in the ~, εἶμαι στήν ἐπικαιρότητα/ ~ stone, n. ἀσβεστόλιθος (ὁ)/ ~ water, n. ἀσβεστόνερο (τό)
limit, n. ὅριο (τό), σύνορο (τό)/ it is the ~ ! φτάνει! ἀρκεῖ!. v.t. περιορίζω/ ~ation, n. περιορισμός (ὁ)/ ~ed, p.p. & a. περιορισμένος/ ~ company, ἀνώνυμη ἑταιρία (ἡ)/ ~less, a. ἀπεριόριστος
limousine, n. λιμουζίνα (ἡ)
limp, a. μαλακός, χαλαρός/ n. κούτσαμα (τό), χωλότητα (ἡ)/ v.i. κουτσαίνω, χωλαίνω
limpet, n. πεταλίδα (ἡ)
limpid, a. διαυγής, διάφανος/ ~ity, n. διαύγεια (ἡ), διαφάνεια (ἡ)
linchpin, n. περόνη (ἡ), ἔμβολο (τό)
linden (tree), n. φλαμουριά (ἡ), φιλύρα (ἡ)
line, n. γραμμή (ἡ), σειρά (ἡ)/ (tech.) στάθμη (ἡ)/ (fishing) πετονιά (ἡ)/ (poetry) στίχος (ὁ)/ draw the ~, δέν δέχομαι/ hard ~s, τί κρίμα/ be in ~ for, ἔχω σειρά/ toe the ~, ὑπακούω/ drop me a ~, γράψε μου δυό λόγια/ ~ of business, εἶδος ἐμπορίου/ v.t. χαρακώνω/ (clothes) φοδράρω/ ~ up, μπαίνω στή σειρά/ ~age, n. γενεαλογία (ἡ)/ ~al, a. γραμμικός/ ~ament, n. χαρακτηριστικό τοῦ προσώπου/ ~ar, a. γραμμικός/ ~ script, γραμμική γραφή (ἡ) ·
linen, n. ἀσπρόρουχα (τά), λινά (τά)
liner, n. πλοῖο τῆς γραμμῆς (τό), ὑπερωκεάνειο (τό)
linesman, n. φύλακας σιδηροδρομικῆς γραμμῆς (ὁ)/ (sport) λαϊνσμάν (ὁ), ἐπόπτης γραμμῶν (ὁ)
ling, n. (fish) γάδος (ὁ)/ (bot.) ρείκι (τό)
linger, v.i. ἀργοπορῶ/ ~ing, a. νωθρός, ἀργός
linguist, n. γλωσσολόγος (ὁ)/ ~ic, a. γλωσσολογικός/ ~ics, n. γλωσσολογία (ἡ)
liniment, n. ἀλοιφή (ἡ)
lining, n. φόδρα (ἡ), φοδράρισμα (τό)
link, n. σύνδεσμος (ὁ), συνδετικό (τό)/ (tech.) κρίκος (ὁ)/ v.t. συνδέω, ἐνώνω
links, n. pl., ἀμμόλοφοι (οἱ)
linnet, n. σπίνος (ὁ)
linoleum, n. μουσαμάς πατώματος (ὁ)
linotype, n. λινοτυπία (ἡ)
linseed, n. λιναρόσπορος (ὁ)
lint, n. ξαντό (τό)
lintel, n. ἀνώφλι (τό), ὑπέρθυρο (τό)
lion, n. λιοντάρι (τό)/ ~ess, n. λέαινα (ἡ)/ ~'s share, μερίδα τοῦ λέοντος
lip, n. χεῖλος (τό)/ ~ service, ἀνειλικρινῆ λόγια/ ~stick, n. κραγιόν (τό), κοκκινάδι (τό)
liquefaction, n. ρευστοποίηση (ἡ), τήξη (ἡ)/ liquefy, v.t. & i. ρευστοποιῶ, διαλύω
liqueur, n. λικέρ (τό)
liquid, n. ὑγρό (τό)/ a. ὑγρός, ρευστός/ (money) ρευστό (τό)
liquidate, v.t. διαλύω, ἐκκαθαρίζω/ (debt) ἐξοφλῶ/ liquidation, n. διάλυση

(ἡ), ἐκκαθάριση (ἡ)
liquor, n. οἰνοπνευματῶδες ποτό (τό)
liquorice, n. γλυκόρριζα (ἡ)
lisp, v.i. τραυλίζω, ψελλίζω/ n. τραύλισμα (τό), ψέλλισμα (τό)/ ~*ing,* n. τραύλισμα (τό)
lissom, a. λυγερός, εὐκίνητος
list, n. κατάλογος (ὁ), κατάστιχο (τό), κατάσταση (ἡ)/ v.t. καταγράφω, βάζω σέ κατάλογο/ ~*s,* n. pl. παλαίστρα (ἡ)
listen, v.i. ἀκούω, προσέχω/ ~ *to,* ἀκούω μέ προσοχή/ ~ *in,* ἀκούω ραδιόφωνο/ (without permission) ἀκούω λαθραία
listless, a. ἀδιάφορος, αργοκίνητος/ ~*ness,* n. ἀδιαφορία (ἡ)
lit, p.p. ἀναμένος, φωτισμένος
litany, n. λιτανεία (ἡ)
literal, a. κυριολεκτικός, κατά γράμμα/ ~*ly,* ad. κυριολεκτικά
literary, a. φιλολογικός, λογοτεχνικός/ *literate,* a. ἐγγράμματος/ *literature,* n. φιλολογία (ἡ), λογοτεχνία (ἡ), γραμματολογία (ἡ)
lithe, a. εὐλύγιστος, εὔκαμπτος
lithograph, n. λιθογραφία (ἡ)/ v.t. λιθογραφῶ/ ~*er,* n. λιθογράφος (ὁ)/ ~*y,* n. λιθογραφία (ἡ)
litigant, n. διάδικος (ὁ, ἡ)/ *litigate,* v.i. εἶμαι διάδικος/ *litigation,* n. δίκη (ἡ)/ διαδικασία (ἡ)/ *litigious,* a. ἐπίδικος, ἀμφισβητήσιμος/ (person) φιλόδικος
litmus, n. ἡλιότροπο (τό)
litre, n. λίτρο (τό)
litter, n. φορεῖο (τό)/ (animals) νεογέννητα (τά)/ (rubbish) σκουπίδια (τά)/ v.t. πετῶ, ρίχνω ἄτακτα/ (animals) γεννῶ
little, a. μικρός, λίγος/ ~ *finger,* μικρό δάχτυλο/ ~ *ones,* παιδιά (τά)/ ~ *Red Riding Hood,* Κοκκινοσκουφίτσα (ἡ)/ ad. λίγο/ n. λίγο (τό)/ ~ *by ~,* σιγάσιγά/ ~*ness,* n. μικρότητα (ἡ), μικρό μέγεθος (τό)
littoral, n. παραλία (ἡ), παράκτια περιοχή (ἡ)
liturgy, n. λειτουργία (ἡ)
live, a. ζωντανός/ ~ *wire,* ζωντανό καλώδιο/ v.i. ζῶ, ὑπάρχω/ *where do you ~?* ποῦ κατοικεῖτε;/ ~ *from hand to mouth,* μεροδούλι-μεροφάι/ ~ *up to,* ἀνταποκρίνομαι στίς ἀπαιτήσεις/

~*lihood,* n. πόρος ζωῆς (ὁ)
liveliness, n. ζωηρότητα (ἡ), ζωηράδα (ἡ)/ *lively,* a. ζωηρός
liver, n. ἐκεῖνος πού ζεῖ/ (anat.) σηκώτι (τό)
livery, n. λιβρέα (ἡ)/ ~ *stable,* σταῦλος ἀλόγων (ὁ)
livestock, n. κτηνοτροφία (ἡ)
livid, a. ὠχρός, πελιδνός/ (fig.) ἐξαγριωμένος
living, a. ζωντανός/ ~ *room,* καθιστικό (τό)/ ~ *wage,* βασικός μισθός, ἀρκετός μισθός/ *within ~ memory,* ὅσο μποροῦν νά θυμοῦνται οἱ σημερινοί ἄνθρωποι/ n. ζωή (ἡ), ζήση (ἡ)/ *earn one's ~,* κερδίζω τό ψωμί μου, κερδίζω τά πρός τό ζῆν
lizard, n. σαύρα (ἡ), γουστέρα (ἡ)
llama, n. λάμα (ἡ)
lo! int. νά! ἰδοῦ!
load, n. βάρος (τό), φορτίο (τό)/ (fig.) ἐνόχληση (ἡ)/ v.t. φορτώνω/ (gun) ὁπλίζω, γεμίζω/ ~*er,* n. φορτωτής (ὁ)/ ~*ing,* n. φόρτωση (ἡ)/ (mil.) γόμωση (ἡ)
loadstar, n. πολικός ἀστέρας (ὁ)
loadstone, n. μαγνήτης (ὁ)
loaf, n. καρβέλι (τό)/ v.i. περιφέρομαι, περιπλανιέμαι/ ~ *er,* n. ἀλήτης (ὁ)
loam, n. παχύ χῶμα (τό)/ *clay ~,* πηλός (ὁ)
loan, n. δάνειο (τό)/ *raise a ~,* συνάπτω (πέρνω) δάνειο/ v.t. δανείζω
loath, a. ἀπρόθυμος, ἀκούσιος/ *be ~ to,* σιχαίνομαι, ἀπεχθάνομαι
loathe, v.t. σιχαίνομαι, ἀηδιάζω/ *loathing,* n. ἀηδία (ἡ), σιχαμάρα (ἡ)/ *loathsome,* a. σιχαμένος, ἀηδιαστικός
lobby, n. προθάλαμος (ὁ), χώλ (τό)/ ~*ing,* n. παρασκηνιακές ἐνέργειες (οἱ)
lobe, n. λοβός (ὁ)
lobster, n. ἀστακός (ὁ)
local, a. τοπικός, ντόπιος/ ~ *authority,* δημοτική ἀρχή/ n. (person) ντόπιος (ὁ)/ (pub) μπάρ τῆς γειτονιᾶς (τό)/ ~*ity,* n. τόπος (ἡ), τοποθεσία (ἡ)/ ~*ize,* v.t. ἐντοπίζω/ ~*ly,* ad. τοπικά, ἐπιτόπια
locate, v.t. ἐντοπίζω, τοποθετῶ, ἐπισημαίνω/ *location,* n. τοποθέτηση (ἡ)/

suitable ~, κατάλληλη θέση/ *film on* ~, γυρίζω τά ἐξωτερικά
loch, n. λίμνη τῆς Σκωτίας (ἡ)
lock, n. κλειδαριά (ἡ)/ (hair) μπούκλα (ἡ)/ (rivers, etc.) ὑδατοφράχτης (ὁ)/ (gun) κοκκοράκι (τό)/ *under* ~ *and key*, κλειδωμένος, ἀσφαλισμένος/ v.t. κλειδώνω, ἀσφαλίζω/ ~ *in*, φυλακίζω/ ~ *out*, ἀποκλείω/ ~ *up*, ἀσφαλίζω κτίριο/ ~*er*, n. ντουλαπάκι (τό)/ ~*et*, n. ἐγκόλπιο (τό)/ ~ *gate*, n. θύρα ὑδροφράχτη (ἡ)/ ~-*jaw*, n. σφίξιμο τοῦ σαγωνιοῦ (τό)/ ~-*nut*, n. ἀντιπερικόχλιο (τό), κόντρα παξιμάδι/ ~ *smith*, n. κλειδαράς (ὁ)/ ~-*up*, n. φυλακή (ἡ)
locomotion, n. μετακίνηση (ἡ)/ *locomotive,* a. μετακινητικός/ n. ἀτμομηχανή (ἡ)
locum tenens, n. τοποτηρητής (ὁ)
locust, n. ἀκρίδα (ἡ)
locution, n. ἔκφραση (ἡ)
lode, n. μεταλλική φλέβα (ἡ)/ ~*star*, n. βλ. *loadstar*
lodge, n. σπιτάκι (τό), περίπτερο (τό)/ (masonic) στοά (ἡ)/ v.t. φιλοξενῶ, προσφέρω στέγη/ v.i. μένω, σταθμεύω/ ~*r*, n. οἰκότροφος (ὁ, ἡ)/ *lodging,* n. κατοικία (ἡ), κατάλυμα (τό)/ *board and* ~, φαγητό καί ὕπνος/ ~ *house*, πανσιόν (ἡ)
loft, n. σοφίτα (ἡ)/ ~*iness,* n. μεγαλεῖο (τό), λαμπρότητα (ἡ)/ ~*y*, a. μεγαλειώδης, ὑπέροχος
log, n. κορμός (ὁ), κούτσουρο (τό)/ (naut.) δρομόμετρο (τό)/ ~ *book*, ἡμερολόγιο (τό)/ ~ *cabin*, ξύλινη καλύβα
logarithm, n. λογάριθμος (ὁ)/ ~*ic,* a. λογαριθμικός
loggerheads, n. pl. *be at* ~, τσακώνομαι συνέχεια
logic, n. λογική (ἡ)/ ~*al*, a. λογικός/ ~*ian*, n. διαλεκτικός (ὁ)
loin, n. πλευρό (τό)/ pl. νεφρά (τά)
loiter, v.i. χασομερῶ/ (leg.) περιφέρομαι ὕποπτα
loll, v.i. ξαπλώνομαι, τήν ἀράζω/ ~ *out*, κρεμῶ
lollipop, n. γλυφιτσούρι (τό)
Londoner, n. Λονδρέζος (ὁ)
lone, a. μόνος, ἔρημος/ ~*liness,* n. μοναξιά (ἡ)/ ~*ly*, ~*some,* a. μονήρης, ἔρημος
long, a. μακρύς, ἐκτεταμένος/ *for a* ~ *time*, γιά πολύ καιρό/ *how* ~ *is this?* πόσο μακρύ εἶναι αὐτό;/ *how* ~? πόση ὥρα; πόσο;/ *one hour* ~, διάρκειας μιᾶς ὥρας/ *one metre* ~, ἕνα μέτρο μακρύ, ἕνα μέτρο μῆκος/ *in the* ~ *term*, μακροπρόθεσμα/ *it is a* ~ *way*, εἶναι πολύ μακρυά/ ad. *as* ~ *as*, ἐνόσω/ ~ *ago*, πρίν πολύ καιρό/ ~ *before*, πολύ πρίν/ ~ *since*, πολύ καιρό ἀπό τότε/ *all day* ~, ὅλη μέρα/ v.i. ~ *for*, ἐπιθυμῶ πολύ/ ~*er*, a. μακρύτερος/ ad. μακρύτερα/ *no* ~, ὄχι πιά
longevity, n. μακροβιότητα (ἡ), μακροζωία (ἡ)
longing, n. ἐπιθυμία (ἡ)
longish, a. μακρουλός, μακρούτσικος
longitude, n. γεωγραφικό μῆκος (τό)
long-legged, a. μακροπόδαρος/ *long-lived,* a. μακρόβιος/ *long-sighted,* πρεσβύωπας/ *long-term,* a. μακροπρόθεσμος/ *long-winded,* a. διεξοδικός, πολύλογος
longshoreman, n. φορτοεκφορτωτής (ὁ)
look, n. βλέμμα (τό), ματιά (ἡ)/ *good* ~*s,* ὀμορφιά (ἡ)/ *take a* ~ *at*, ρίχνω μιά ματιά/ v.i. βλέπω, κοιτάζω, παρατηρῶ/ ~ *after*, φροντίζω/ ~ *alike*, μοιάζω/ ~ *bad*, ἔχω τά χάλια μου/ ~ *down on*, περιφρονῶ/ ~ *for*, γυρεύω, ἀναζητῶ/ ~ *forward to*, προσδοκῶ/ ~ *here!* κοίτα ἐδῶ!/ ~ *in*, κάνω σύντομη ἐπίσκεψη/ ~ *into*, ἐρευνῶ/ ~ *like*, μοιάζω/ ~ *on*, παρακολουθῶ/ ~ *on to*, ἔχω θέα πρός/ ~ *out*, προσέχω/ ~ *out!* πρόσεχε!/ ~ *over*, ἐπιτηρῶ, ἐξετάζω/ ~ *round*, παρατηρῶ τριγύρω/ ~ *through*, ἐξετάζω/ ~ *up*, v.t. ψάχνω νά βρῶ/ v.i. ὑψώνω τό βλέμμα/ ~ *upon*, θεωρῶ/ ~ *well*, φαίνομαι καλά/ ~*er-on,* n. θεατής (ὁ)/ ~*ing,* a. ἐκεῖνος πού παρατηρεῖ/ ~-*glass*,-καθρέφτης/ ~-*out,* n. παρατήρηση (ἡ), προσοχή (ἡ)/ *be on the* ~, γυρεύω νά βρῶ
loom, n. ἀργαλειός (ὁ)/ v.i. διαγράφομαι, φαίνομαι ἀπό μακρυά
loop, n. θηλειά (ἡ)/ (avia.) ἑλιγμός (ὁ)/ (railway, river) μαίανδρος (ὁ)/ v.t. σχη-

ματίζω θηλειά/ ~ hole, n. πολεμίστρα (ή)/ (fig.) τρόπος διαφυγῆς
loose, a. χαλαρός, λυτός, ἀσύνδετος/ ~ cover, χαλαρωμένο καπάκι/ be at a ~ end, δέν ἔχω τίποτε νά κάνω/ be ~, εἶμαι ἐλεύθερος/ break ~, ἀπελευθερώνομαι, δραπετεύω/ v.t. & i. ~n, χαλαρώνω, ἐλευθερώνω/ ~ness, n. χαλαρότητα (ἡ), χαλάρωση (ἡ)/ (morals) ἔκλυση (ἡ), ἀνηθικότητα (ἡ)
loot, n. πλιάτσικο (τό)/ v.t. λεηλατῶ, πλιατσικολογῶ/ ~er, n. πλιατσικολόγος (ὁ)
lop, v.t. κλαδεύω/ ~-eared, a. μέ μακρυά αὐτιά/ ~-sided, a. λοξός
loquacious, a. φλύαρος, πολύλογος/ loquacity, n. φλυαρία (ἡ), πολυλογία (ἡ)
lord, n. κύριος (ὁ), ἀφέντης (ὁ), ἄρχοντας (ὁ)/ (peer) λόρδος (ὁ)/ the ~, Κύριος (ὁ)/ the ~s, Βουλή τῶν Λόρδων (ἡ)/ ~ Mayor, Λόρδος Δήμαρχος τοῦ Λονδίνου/ the ~'s Prayer, Πάτερ Ἡμῶν/ v.t. κάνω τόν ἀφέντη/ ~ it over, φέρομαι δεσποτικά/ ~liness, n. ἀρχοντιά (ἡ), μεγαλοπρέπεια (ἡ)/ ~ly, a. ἀρχοντικός, μεγαλοπρεπής/ ~ship, n. ἐξουσία Λόρδου/ your ~, ἡ εὐγενεία σας
lore, n. γνώση (ἡ), εἰδική γνώση
lorgnette, n. φασαμαίν (τό)
lorry, n. φορτηγό (τό)
lose, v.t. & i. χάνω, ζημιώνω/ (clock) καθυστερῶ, μένω πίσω/ ~ heart, χάνω τό θάρρος/ ~ one's temper, χάνω τή ψυχραιμία/ ~r, n. χαμένος (ὁ), νικημένος (ὁ)/ loss, n. ἀπώλεια (ἡ), χάσιμο (τό)/ (comm.) ζημία (ἡ)/ be at a ~, τά ἔχω χαμένα/ sell at a ~, πουλῶ μέ ζημία
lost, p.p. & a. χαμένος, ἄφαντος/ (at sea) πνιγμένος/ ~ property office, γραφεῖο ἀπωλεσθέντων ἀντικειμένων
lot, n. ποσότητα (ἡ), φουρνιά (ἡ)/ (land) οἰκόπεδο (τό)/ (auction) εἶδος πλειστηριασμοῦ/ (luck) τύχη (ἡ), πεπρωμένο (τό)/ a ~, πολύ/ draw ~s, τραβῶ κλῆρο/ bad ~, συμμορία (ἡ)
loth βλ. loath
lotion, n. λοσιόν (ἡ)
lottery, n. λαχεῖο (τό)
lotus, n. λωτός (ὁ)

loud, a. δυνατός, ἠχηρός, φωναχτός, μεγαλόφωνος/ (colour) φανταχτερός/ ~ness, n. ἠχηρότητα (ἡ)/ ~ speaker, n. μεγάφωνο (τό)
lounge, n. καθιστικό (τό), σαλόνι (τό)/ ~ suit, πρωινό κοστούμι/ v.i. τεμπελιάζω, ραχατεύω/ ~ about, σεργιανίζω
louse, n. ψεῖρα (ἡ)/ lousy, a. ψειριασμένος/ (fig.) σιχαμερός, ἄθλιος, ἀπαίσιος
lout, n. χωριάτης (ὁ), χοντράνθρωπος (ὁ)/ ~ish, a. χωριάτικος, ἀγροῖκος
lovable, a. ἀξιαγάπητος, γοητευτικός/ love, n. ἀγάπη (ἡ), ἔρωτας (ὁ)/ (person) ἀγαπημένος (ὁ)/ (sport) μηδέν/ be in ~, εἶμαι ἐρωτευμένος/ fall in ~ with, ἐρωτεύομαι/ not for ~ or money, γιά τίποτε στόν κόσμο/ make ~, κάνω ἔρωτα/ v.t. ἀγαπῶ, μοῦ ἀρέσει/ ~-affair, n. ἐρωτικός δεσμός (ὁ)/ ~ birds, n. ἐρωτευμένο ζευγάρι (τό)/ ~-letter, n. ἐρωτική ἐπιστολή (ἡ)
loveliness, n. ὀμορφιά (ἡ), ὠραιότητα (ἡ)/ lovely, a. ὠραῖος, ὄμορφος, χαριτωμένος, εὐχάριστος
lovemaking, n. συνουσία (ἡ), σεξουαλική ἐπαφή (ἡ)/ lover, n. ἐραστής (ὁ), ἀγαπητικός (ὁ)/ ~lovesich, a. ἐρωτοχτυπημένος/ loving, a. τρυφερός, στοργικός

low, a. χαμηλός, κατώτερος/ ad. χαμηλά, ταπεινά/ ~ frequency, χαμηλή συχνότητα/ ~ gear, χαμηλή ταχύτητα/ ~ pressure, χαμηλή πίεση/ ~ spirits, μελαγχολία (ἡ), ἀκεφιά (ἡ)/ ~ voice, σιγανή φωνή/ ~ water, ἄμπωτη (ἡ)/ v.i. μουγκρίζω, μουγκανίζω
lower, a. χαμηλώτερος, κατώτερος/ ad. χαμηλώτερα/ v.t. χαμηλώνω, κατεβάζω/ (a person) ταπεινώνω/ (flag) ὑποστέλλω/ ~ing, a. ὑποτιμητικός, μειωτικός, ταπεινωτικός
lowest, a. κατώτατος
lowing, n. μούγκρισμα (τό), μουγκανητό (τό)
lowland, n. πεδιάδα (ἡ), πεδινή περιοχή (ἡ)
lowliness, n. ταπεινότητα (ἡ)/ lowly, a. ταπεινός
loyal, a. πιστός, ἀφοσιωμένος/ (patriot) n. νομιμόφρων (ὁ) / ~ty, n. πίστη (ἡ),

ἀφοσίωση (ἡ), νομιμοφροσύνη (ἡ)
lozenge, n. παστίλλια (ἡ)
lubricant, a. λιπαντικός/ n. λιπαντικό (τό)/ *lubricate,* v.t. λιπαίνω/ *lubrication,* n. λίπανση (ἡ), γρασσάρισμα (τό)/ *lubricator,* n. λιπαντής (ὁ), γρασσαδόρος (ὁ)
lucerne, n. τριφύλλι (τό)
lucid, a. σαφής, καθαρός, εὐκολονόητος/ ~*ity*, n. διαύγεια (ἡ), σαφήνεια (ἡ)
luck, n. τύχη (ἡ)/ *bad* ~, γρουσουζιά/ *good* ~, γούρι (τό) / *be in* ~, εἶμαι τυχερός/ *try one's* ~, δοκιμάζω τήν τύχη μου/ ~*ily*, ad. εὐτυχῶς/ ~*less*, a. ἄτυχος/ ~*y*, a. τυχερός
lucrative, a. προσοδοφόρος, ἐπικερδής
ludicrous, a. γελοῖος, παράλογος
lug, n. αὐτί (τό), θηλειά (ἡ)/ (worm) σκουλικάκι (τό)/ (pulling) ἕλξη (ἡ), τράβηγμα (τό)/ v.t. τραβῶ, σέρνω
luggage, n. ἀποσκευές (οἱ)/ *excess* ~, ἐπιπλέον ἀποσκευές/ ~*-rack*, n. ράφι ἀποσκευῶν (τό)/ ~*-van*, n. φορτηγό μεταφορῶν (τό)
lugger, n. μπρατσέρα (ἡ)
lugubrious, a. πένθιμος, σκυθρωπός, κατσουφιασμένος
lukewarm, a. χλιαρός/ (fig.) ἀδιάφορος, ψυχρός
lull, n. γαλήνη (ἡ), κατευνασμός (ὁ), ἀνάπαυλα (ἡ)/ v.t. γαληνεύω, κατευνάζω/ ~*aby*/ n. νανούρισμα (τό)
lumbago, n. ὀσφυαλγία (ἡ), λουμπάγκο (τό)
lumber, n. ξυλεία (ἡ)/ ~*jack*, n. ξυλοκόπος (ὁ)/ ~ *yard*, n. ἀποθήκη ἄχρηστων ἐπίπλων (ἡ)/ v.t. στοιβάζω, φορτώνω/ (trees) ὑλοτομῶ
luminary, n. φωτεινό σῆμα, πηγή φωτός/ (fig.) φωστήρας (ὁ)
luminous, a. φωτεινός, λαμπερός
lump, n. ὄγκος (ὁ), σβῶλος (ὁ), ἐξόγκωμα (τό)/ ~ *sum*, ἐφ' ἄπαξ, ποσό κατ' ἀποκοπή/ v.t. στοιβάζω, σωρεύω/ ~ *together*, στοιβάζω μαζί/ ~*ish*, a. ἄμορφος/ (person) ἀδέξιος/ ~*y*, a. ἄμορφος
lunacy, n. τρέλλα (ἡ), παραφροσύνη (ἡ)/ *lunatic*, n. & a. τρελλός (ὁ), παράφρονας (ὁ), φρενοβλαβής (ὁ)/ ~ *asylum*, φρενοκομεῖο (τό)

lunch & luncheon, n. μεσημεριανό γεῦμα (τό)/ v.i. γευματίζω
lung, n. πνεύμονας (ὁ)
lupin, n. λούπινο (τό)
lupus, n. λύκος (ὁ)
lurch, n. κλονισμός (ὁ)/ *leave in the* ~, ἐγκαταλείπω, ἀφήνω ἀβοήθητο/ v.i. ταλαντεύομαι, παραπαίω/ (naut.) σκαμπανεβάζω
lure, n. δόλωμα (τό), δελεασμός (ὁ)/ v.t. δελεάζω, σαγηνεύω
lurid, a. ἀπαίσιος, φρικιαστικός, τρομακτικός
lurk, v.i. κρύβομαι, καραδοκῶ, ἐνεδρεύω
luscious, a. ἀπολαυστικός, γευστικός
lush, a. πλούσιος, ἄφθονος
lust, n. λαγνεία (ἡ), πόθος (ὁ)/ v.i. ἐπιθυμῶ σαρκικά, ποθῶ, λιμπίζομαι/ ~*ful*, a. λάγνος
lustily, ad. ρωμαλέα, γενναῖα
lustre, n. λάμψη (ἡ), στιλπνότητα (ἡ)/ *lustrous*, a. λαμπερός, στιλπνός, ἀκτινοβόλος
lusty, a. ρωμαλέος, σφριγηλός
lute, n. λαγοῦτο (τό)
Lutheran, n. Λουθηρανός (ὁ)/ a. λουθηρανικός
luxuriance, n. πυκνή βλάστηση (ἡ), εὐφορία (ἡ)/ *luxuriant*, a. πυκνός, πλούσιος, ἄφθονος
luxurious, a. πολυτελής/ *luxury*, n. πολυτέλεια (ἡ)
lycanthropy, n. λυκανθρωπία (ἡ)
lyceum, n. λύκειο (τό)
lye, n. ἀλισίδα (ἡ)
lying, a. πλαγιασμένος/ (not true) ψευδής/ ~*in*, n. τοκετός (ὁ)
lymph, n. λύμφη (ἡ), λέμφος (ἡ)/ ~*atic*, a. λεμφικός, λεμφατικός, λυμφατικός
lynch, v.t. λυντσάρω
lynx, n. λύγξ (ὁ)/ ~*-eyed*, a. ὀξύτατη ὅραση
lyre, n. λύρα (ἡ)
lyric(al), a. λυρικός/ *lyric,* n. στίχοι τραγουδιοῦ (οἱ)/ ~ *ism*, n. λυρισμός (ὁ)

M

macabre, a. μακάβριος
macadam, n. σκυρόστρωμα (τό)/ v.t. σκυροστρώνω
macaroni, n. μακαρόνια (τά)
macaroon, n. άμυγδαλωτό (τό)
mace, n. σκήπτρο (τό)
machiavellian, a. μακιαβελλικός, πανοῦργος
machination, n. ραδιουργία (ή), μηχανορραφία (ή)
machine, n. μηχανή (ή), μηχάνημα (τό)/ v.t. ἐπεξεργάζομαι μηχανικά/ ~gun, n. μυδραλλιοβόλο (τό)/ ~ tool, n. μηχανικό ἐργαλεῖο (τό)/ ~ry, n. μηχανήματα (τά)/ machinist, n. μηχανικός (ό), μηχανουργός (ό), μηχανολόγος (ό)
mackerel, n. σκουμπρί (τό)
mackintosh, n. άδιάβροχο (τό)
mad, a. τρελλός, παράφρονας/ (dog) λυσσασμένος/ be ~ about, εἶμαι ξετρελλαμένος/ go ~, τρελλαίνομαι
madam, n. κυρία (ή)
madcap, a. ἄμυαλος, παλαβός
madden, v.t. τρελλαίνω/ (fig.) ἐξοργίζω, ἐξαγριώνω/ ~ing, a. ἐξοργιστικός
made, p.p. φτιαγμένος, κατασκευασμένος, καμωμένος/ ~ out to bearer, εἰς διαταγήν/ ~ to order, κατά παραγγελία/ ~ up, φτιαχτός, πλαστός
madeira, n. κρασί Μαδέρας (τό)
madhouse, n. φρενοκομεῖο (τό), τρελλοκομεῖο (τό)/ madly, ad. τρελλά/ madman, n. τρελλός (ό), φρενοβλαβής (ό), παράφρονας (ό)/ madness, n. τρέλλα (ή), παραφροσύνη (ή), παλαβομάρα (ή)
madrigal, n. ἐρωτικό τραγούδι (τό)
maelstrom, n. ρουφήχτρα (ή)
magazine, n. περιοδικό (τό)/ (mil.) γεμιστήρας (ό)
maggot, n. σκουληκόμυιγα (ή)/ ~y, a. σκουλικιασμένος
magic, a. μαγικός/ ~ wand, μαγικό ραβδί (τό)/ n. μαγεία (ή), μαγγανεία (ή)/ ~al, a. μαγικός, μαγευτικός/ ~ian, n. μάγος (ό)
magisterial, a. ἐπιβλητικός, ἀρχοντικός/ (leg.) δικαστικός/ magistracy, n. δικαστικό ἀξίωμα (τό)/ magistrate, n. δικαστής (ό), δικαστικός (ό)
magnanimity, n. μεγαλοψυχία (ή), μεγαλοφροσύνη (ή)/ magnanimous, a. μεγαλόψυχος, μεγαλόκαρδος
magnate, n. μεγιστάνας (ό)
magnesia, n. μαγνησία (ή)/ magnesium, n. μαγνήσιο (τό)
magnet, n. μαγνήτης (ό)/ ~ic, a. μαγνητικός/ (fig.) ἑλκυστικός, γοητευτικός/ ~ism, n. μαγνητισμός (ό)/ (fig.) ἕλξη (ή), γοητεία (ή)/ ~ize, v.t. μαγνητίζω/ magneto, n. μαγνητοηλεκτρική συσκευή (ή)
magnificence, n. μεγαλοπρέπεια (ή), μεγαλεῖο (τό)/ magnificent, a. μεγαλοπρεπής, μεγαλειώδης
magnify, v.t. μεγεθύνω/ (fig.) ὑπερβάλλω/ ~ing glass, μεγεθυντικός φακός
magniloquence, n. μεγαλοστομία (ή), στόμφος (ό)/ magniloquent, a. μεγαλόστομος, στομφώδης
magnitude, n. μέγεθος (τό), σπουδαιότητα (ή)
magnolia, n. μανόλια (ή)
magpie, n. καρακάξα (ή)
magus, n. μάγος (ό)
maharajah, n. μαχαραγιάς (ό)
mahogany, n. μαόνι (τό)
maid, n. ὑπηρέτρια (ή)/ (girl) κορίτσι (τό), κοπέλλα (ή)/ ~ of honour, Δεσποινίς τῆς τιμῆς/ ~en, n. παρθένα (ή)/ a. παρθενικός/ ~ name, πατρικό ὄνομα/ ~ speech, παρθενικός λόγος/ ~enhair, n. πολυτρίχι (τό)/ ~enhead, n. παρθενία (ή), παρθενικότητα (ή)/ ~ly, a. κοριτσίστικος, παρθενικός, σεμνός
mail, n. ταχυδρομεῖο (τό)/ v.t. ταχυδρομῶ/ ~ coach (train), ταχυδρομικό ἅμαξα/ ~bag, n. ταχυδρομικός σάκκος/ ~ed fist, σιδηρή (σιδερένια) πυγμή
maim, v.t. ἀκρωτηριάζω, σακατεύω, κολοβώνω
main, n. κεντρικός ἀγωγός (ό)/ in the ~, γενικά/ a. κύριος, κεντρικός, βασικός/

the ~ *thing*, τό κυριώτερο/ ~ *deck*, n. κύριο κατάστρωμα/ ~*ly*, ad. κυρίως/ ~*land*, n. ξηρά (ή), ηπειρωτική γή/ ~ *mast*, n. κύριο κατάρτι (τό)/ ~*spring*, n. έλατήριο ρολογιοϋ (τό)/ ~*stay*, n. στάντζος (ό)/ (fig.) βασικό στήριγμα
maintain, v.t. διατηρώ, συντηρώ, συνεχίζω/ *maintainance*, n. συντήρηση (ή), διατήρηση (ή)
maisonette, n. διαμέρισμα (τό)
maize, n. καλαμπόκι (τό), άραβόσιτος (ό)
majestic, a. μεγαλοπρεπής, μεγαλειώδης/ *majesty*, n. μεγαλοπρέπεια (ή), μεγαλεΐο (τό)/ *Your* ~, Ή Μεγαλειότητά σας
major, a. σπουδαιότερος, σημαντικώτερος/ (mus.) μείζον, ματζόρε/ (age) ένήλικος/ (mil.) ταγματάρχης (ό)/ ~ *general*, ύποστράτηγος (ό)
majority, n. πλειοψηφία (ή)/ (age) ένηλικιότητα (ή)
make, n. κατασκευή (ή), φτιάξιμο (τό)/ v.t. κάνω, φτιάχνω, κατασκευάζω, προξενώ/ ~ *as if*, προσποιούμαι ότι/ ~ *a bed*, στρώνω τό κρεβάτι/ ~ *away with*, ξεμπερδεύω, σκοτώνω/ ~ *do with*, βολεύω, τά καταφέρνω/ ~ *faces*, μορφάζω, κάνω γκριμάτσες/ ~ *for*, κατευθύνομαι/ ~ *fun*, κοροϊδεύω, περιγελώ/ ~ *good*, άποκαθιστώ/ ~ *haste*, βιάζομαι/ ~ *enquiries*, έρευνώ, έξετάζω/ ~ *light of*, άψηφώ/ ~ *money*, βγάζω λεφτά/ ~ *the most of*, έπωφελούμαι/ ~ *much of*, άποδίδω μεγάλη σημασία/ ~ *off*, φεύγω/ ~ *one's way*, ξεκινώ/ ~ *out*, ξεχωρίζω, καταλαβαίνω/ (cheque) έκδίδω έπιταγή/ ~ *over*, παραδίδω/ ~ *sure of*, βεβαιώνομαι/ ~ *up*, σχηματίζω, συμπληρώνω/ ~ *up one's mind*, άποφασίζω/ ~ *up to*, ξεπληρώνω/ ~ *use of*, κάνω χρήση, χρησιμοποιώ/ ~ *believe*, a. φτιαχτός (προσποιητός)/ n. προσποίηση (ή), αύταπάτη (ή)/ ~ *r*, n. κατασκευαστής (ό)/ ~*-up*, n. μακιγιάζ (τό), μαίηκ-άπ (τό)/ (print.) σελιδοποίηση (ή)/ *making*, n. κατασκευή (ή), παρασκευή (ή), φτιάξιμο (τό)
malachite, n. μαλαχίτης (ό)

maladjustment, n. κακή προσαρμογή (ή)
maladministration, n. κακοδιοίκηση (ή), κακή διαχείρηση (ή)
maladroit, a. άδέξιος
malady, n. ασθένεια (ή), νόσημα (τό)
malaise, n. Έλλειψη άνεσης (ή), δυσφορία (ή)
malaria, n. έλονοσία (ή)/ ~*l*, a. έλώδης
Malay(an), n. Μαλαίσιος (ό)/ a. μαλαισιανός
malcontent, a. δυσαρεστημένος
male, a. άρσενικός/ ~ *screw*, άρσενική βίδα/ n. άρσενικό (τό)
malediction, n. κατάρα (ή)
malefactor, n. κακούργος (ό)
malevolence, n. κακοβουλία (ή)/ *malevolent*, a. κακόβουλος
malformation, n. δυσμορφία (ή)
malice, n. κακεντρέχεια (ή), κακοβουλία (ή)/ (leg.) έγκληματικός σκοπός/ *malicious*, a. κακόβουλος, κακεντρεχής/ (leg.) έκ προμελέτης
malign, a. δυσμενής, όλέθριος/ (med.) κακοήθης/ v.t. δυσφημώ, συκοφαντώ/ ~*ant*, a. κακόβουλος/ (med.) κακοήθης
malinger, v.i. προσποιοΰμαι άρρώστεια/ ~*er*, n. ψευτοάρρωστος (ό)
malleable, a. εύπλαστος/ (metal) έλατός
mallet, n. ξύλινο σφυρί (τό)
mallow, n. μολόχα (ή)
malnutrition, n. ύποσιτισμός (ό)
malt, n. μαγιά μπύρας (ή)
Maltese, n. Μαλτέζος (ό)/ a. μαλτέζικος
maltreat, v.t. κακομεταχειρίζομαι
mamma, n. μαμά (ή)
mammal, n. θηλαστικό (τό)/ ~*ia*, n. pl. μαστοφόρα (τά)
mammoth, n. μαμούθ (τό)
man, n. άνθρωπος (ό), άντρας (ό)/ ~ *and wife*, άντρόγυνο (τό)/ ~ *in the street*, κοινός άνθρωπος/ ~ *of the world*, κοινωνικός άνθρωπος/ v.t. έπανδρώνω/ (ship) έξοπλίζω
manacle, v.t. βάζω χειροπέδες/ ~*s*, n. pl. χειροπέδες (οί)
manage, v.t. διευθύνω, διοικώ, διαχειρίζομαι, κατορθώνω, καταφέρνω/ ~*able*, a. εύκολομεταχείριστος, εύκολος/ ~*ment*, n. διοίκηση (ή), διαχείριση (ή)/ ~*r*, n. διευθυντής (ό), διαχειρι-

στής (ό)/ ~ress, n. διευθύντρια (ή)/ ~rial, a. διοικητικός, διαχειριστικός
mandarin, n. μανδαρίνος (ό)
mandarin(e), n. μανταρίνι (τό)
mandatory, n. έντολοδόχος (ό), επίτροπος (ό)/ *mandate*, n. εντολή (ή), διαταγή (ή)/ *mandatory*, a. υποχρεωτικός, προστακτικός
mandible, n. κάτω σιαγώνα (ή)
mandolin(e), n. μαντολίνο (τό)
mandrake, n. μανδραγόρας (ό)
mandrill, n. τριβέλι (τό)
mane, n. χαίτη (ή)
man-eater, n. άνθρωποφάγος (ό)/ *man-eating*, a. άνθρωποφαγικός
manful, a. γενναίος, τολμηρός, άνδροπρεπής/ ~*ly*, ad. γενναία, τολμηρά
manganese, n. μαγνήσιο (τό)
mange, n. ψώρα ζώων (ή)
manger, n. φάτνη (ή), παχνί (τό)
mangle, n. μάγγανο (τό)/ v.t. κατακόβω, καταξεσχίζω
mango, n. μάγγο (τό)
mangy, a. ψωραλέος, άξιολύπητος
manhandle, v.t. κινώ μέ τό χέρι/ (maltreat) κακοποιώ
manhole, n. άνθρωποθυρίδα (ή)
manhood, n. άνδρική ήλικία (ή)
mania, n. μανία (ή)/ ~ *c*, n. μανιακός (ό)/ ~*cal*, a. μανιακός, παράφρονας
manicure, n. περιποίηση τών χεριών (ή), μανικιούρ (τό)/ v.t. περιποιούμαι τά χέρια/ *manicurist*, n. μανικιουρίστας (ό)
manifest, a. φανερός, εκδηλος/ n. δήλωση (ή)/ v.t. εκδηλώνω, φανερώνω/ ~*ation*, n. εκδήλωση (ή)/ ~*o*, n. μανιφέστο (τό), προκήρυξη (ή)
manifold, a. ποικίλος, πολύπλευρος
manikin, n. νάνος (ό)/ (of a tailor, etc.) κούκλα μοδίστρας (ή)
manipulate, v.t. χειρίζομαι/ *manipulation*, n. χειρισμός (ό)
mankind, n. άνθρώπινο γένος (τό), άνθρωπότητα (ή)
manliness, n. άνδροπρέπεια (ή), άνδρισμός (ό)/ *manly*, a. άνδροπρεπής, άρρενωπός
mannequin, n. μανεκέν (τό)
manner, n. τρόπος (ό), μέθοδος (ή)/ pl. συμπεριφορά (ή)/ *in this ~*, μέ αύτό τόν τρόπο/ *have no ~s*, δέν έχω τρόπους/ ~*ed*, a. προσποιητός, έπιτηδευμένος/ ~*ism*, n. επιτήδευση (ή)/ ~*ly*, a. εύγενικός
mannish, a. άνδροπρεπής, άρρενωπός
manoeuvre, n. μανούβρα (ή), έλιγμός (ό)/ v.i. έκτελώ έλιγμούς
man-of-war, n. πολεμικό πλοίο (τό)
manometer, n. μανόμετρο (τό)
manor (house), n. άρχοντικό (τό)/ ~*ial*, a. άρχοντικός
manse, n. πρεσβυτέριο (τό)
mansion, n. μέγαρο (τό), άνάκτορο (τό)
manslaughter, n. άνθρωποκτονία (ή)
mantelpiece, -shelf, n. ράφι τζακιού (τό), γείσωμα (τό)
mantilla, n. μαντήλι κεφαλιού (τό)
mantle, n. μανδύας (ό), πέπλο (τό)/ (tech.) επένδυση (ή)
manual, a. χειροποίητος/ ~ *labour*, χειρωνακτική εργασία/ n. εγχειρίδιο (τό)
manufacture, n. βιομηχανία (ή), κατασκευή (ή)/ v.t. κατασκευάζω, παράγω/ (fig.) χαλκεύω/ ~*r*, n. βιομήχανος (ό), εργοστασιάρχης (ό)/ *manufacturing*, a. βιομηχανικός
manure, n. κοπριά (ή), λίπασμα (τό)/ v.t. κοπρίζω, λιπαίνω
manuscript, n. χειρόγραφο (τό)
many, a. πολλοί, πολλές, πολλά/ ~ *a time*, πολλές φορές/ *a great ~*, πολλοί, πλήθος/ *how ~*? πόσοι;/ *too ~*, πάρα πολλοί/ *so ~*, τόσο πολλοί/ ~ *coloured*, a. πολύχρωμος/ ~ *sided*, a. πολύπλευρος
map, n. χάρτης (ό)/ v.t. χαρτογραφώ/ ~ *out*, σχεδιάζω
maple, n. σφένδαμνος (ή)
mar, v.t. άφανίζω, χαλώ, άσχημίζω
maraud, v.i. λεηλατώ, λαφυραγωγώ/ ~*er*, n. λεηλάτης (ό), λαφυραγωγός (ό)/ ~*ing*, n. λαφυραγωγία (ή), λεηλασία (ή)
marble, n. μάρμαρο (τό)/ pl. βώλοι (οί)/ a. μαρμάρινος/ v.t. μαρμαρώνω
March, n. Μάρτιος (ό)/ a. μαρτιάτικος
march, n. πορεία (ή), βάδισμα (τό)/ *quick ~*, ταχύ βάδισμα/ (fig.) πρόοδος (ή), εξέλιξη (ή)/ v.i. πορεύομαι, βαδί-

ζω/ ~ *in*, μπαίνω/ ~ *off*, ξεκινώ, φεύγω/ ~ *past*, περνώ από μπροστά/ ~*ing*, n. πορεία (ή), παρέλαση (ή)/ ~ *orders*, φύλλο πορείας (τό)/ ~ *song*, έμβατήριο (τό)
marchioness, n. μαρκησία (ή)
mare, n. φοράδα (ή)
margarine, n. μαργαρίνη (ή)
margin, n. περιθώριο (τό)/ (river) χείλος (τό)/ (comm.) πρόβλεψη (ή)/ ~*al*, a. περιθωριακός/ ~ *note*, σημείωση στό περιθώριο
marigold, n. χρυσάνθεμο (τό)
marine, a. ναυτικός, θαλασσινός/ n. πεζοναύτης (ό)/ ~*r*, n. ναύτης (ό)
marionette, n. μαριονέτα (ή), νευρόσπαστο (τό)
marital, a. συζυγικός
maritime, a. ναυτικός, θαλασσινός
marjoram, n. ματζουράνα (ή)
mark, n. σημάδι (τό), στόχος (ό), δείγμα (τό)/ (currency) μάρκο (τό)/ *hit the* ~, χτυπώ τόν στόχο/ *make one's* ~, διαπρέπω/ *up to the* ~, ίκανοποιητικός/ *get good (bad)* ~*s*, παίρνω καλούς (κακούς) βαθμούς/ v.t. σημειώνω, σημαδεύω, ορίζω, βαθμολογώ/ ~ *out*, δροθετώ/ ~ *an era*, σημειώνω έποχή/ ~*ed*, p.p. & a. σημαντικός, ιδιαίτερος/ ~*er*, n. σημαδευτής (ό), σημειωτής (ό)
market, n. αγορά (ή), παζάρι (τό)/ v.t. αγοράζω, ψωνίζω/ (a product) λανσάρω/ ~*able*, a. εύκολοπώλητος/ ~*ing*, n. μελέτη αγοράς (ή)/ ~ *-place*, n. πλατεία αγοράς (ή)/ ~*-price*, n. αγοραία τιμή (ή)
marking, n. σημάδεμα (τό), τοποθέτηση σήματος
marksman, n. έπιδέξιος σκοπευτής (ό)/ ~*ship*, n. σκοπευτική έπιδεξιότητα (ή)
marl, n. αργιλλάσβεστος (ό)
marmalade, n. μαρμελάδα (ή)
marmot, n. αγιοιποντικός (ό)
maroon, a. σκούρος, καφετής, σκούρος καστανός/ n. μαύρος φυγάδας, δούλος (ό)/ v.t. έγκαταλείπω σέ ακατοίκητο μέρος
marquee, n. τέντα (ή)
marquess, n. βλ. *marquis*
marquetry, n. μαρκετερί (ή), ξύλινο ψηφιδωτό (τό)
marquis, n. μαρκήσιος (ό)
marriage, n. γάμος (ό)/ ~ *lines/licence*, άδεια γάμου (ή)/ ~*able*, a. σέ ήλικία γάμου/ *married*, p.p. & a. παντρεμένος, έγγαμος/ ~ *couple*, ανδρόγυνο/ *newly* ~ *couple*, νιόπαντρο ζευγάρι/ *get* ~, παντρεύομαι/ *be* ~, είμαι παντρεμένος
marrow, n. μεδούλι (τό), μυελός (ό)/ (bot.) κολοκύθα (ή)
marry, v.t. παντρεύω, παντρεύομαι
Marseillaise, n. Μασσαλιώτιδα (ή)
marsh, n. έλος (τό), βάλτος (ό)/ ~ *land*, n. βαλτότοπος (ό)/ ~ *mallow*, n. δεντρομολόχα (ή)/ ~ *marigold*, n. νερολούλουδο (τό)
marshal, n. στρατάρχης (ό)/ (in court) αύλάρχης (ό), τελετάρχης (ό)/ v.t. βάζω σέ τάξη, παρατάσσω
marshy, a. έλώδης, βαλτώδης
marsupial, a. μαρσιποφόρος
mart, n. έμπορική αγορά (ή)
marten, n. νυφίτσα (ή)
martial, a. στρατιωτικός, πολεμικός/ ~ *law*, στρατιωτικός νόμος (ό)
Martian, n. Αρειανός (ό)
martin, n. πετροχελίδονο (τό)
martinet, n. έπόπτης (ό)
martyr, n. μάρτυρας (ό)/ v.t. βασανίζω, τυραννώ/ ~*dom*, n. μαρτύριο (τό), μαρτυρικός θάνατος
marvel, n. θαύμα (τό)/ v.i. ~ *at*, θαυμάζω/ ~ *lous*, a. θαυμάσιος
Marxist, n. Μαρξιστής (ό)
mascot, n. μασκότ (ή)
masculine, a. άρσενικός/ n. (gram.) άρσενικό (τό)/ *masculinity*, n. άρσενικότητα (ή)
mash, n. φύραμα (τό), πολτός (ό)/ v.t. ανακατεύω, ζυμώνω, πολτοποιώ/ ~*ed potatoes*, πατάτες πουρέ
mask, n. μάσκα (ή), προσωπείο (τό)/ v.t. καλύπτω, μασκαρεύω, μεταμφιέζω/ ~*ed ball*, χορός μεταμφιεσμένων
mason, n. χτίστης (ό)/ ~*ic*, a. τεκτονικός, μασωνικός/ ~ *lodge*, μασωνική (τεκτονική) στοά (ή)/ ~ *ry*, n. τεκτονική (ή)/ *free* ~, έλευθεροτεκτονισμός (ό)
masquerade, n. μασκαράτα (ή), προσωπιδοφόροι (οί)/ v.i. μεταμφιέζομαι,

μασκαρεύομαι
mass, n. μάζα (ή)/ (eccl.) λειτουργία (ή)/ ~ *production*, μαζική παραγωγή/ *in the* ~, γενικά, στό σύνολο/ v.t. & i. συναθροίζω, σωρεύω, μαζεύω
massacre, n. σφαγή (ή)/ v.t. σφάζω
massage, n. μασσάζ (τό), μάλαξη (ή)/ v.t. κάνω μασσάζ/ *masseur*, n. μασσέρ (ό), μαλάκτης (ό)
massive, a. ογκώδης
mast, n. κατάρτι (τό), ιστός (ό)
master, n. κύριος (ό), αφέντης (ό), άρχοντας (ό)/ *head* ~, γυμνασιάρχης (ό), διευθυντής σχολείου/ ~ *of ceremonies*, τελετάρχης (ό)/ v.t. κυριαρχώ, ελέγχω, κατέχω/ ~*ful*, a. δεσποτικός, αυταρχικός/ ~ *key*, n. γενικό κλειδί (τό)/ ~*ly*, a. επιτήδειος/ *in a* ~ *manner*, μέ αριστοτεχνικό τρόπο/ ~ *mind*, n. εγκέφαλος (ό)/ ~*piece*, n. αριστούργημα (τό)/ ~ *stroke*, n. αριστοτεχνική ενέργεια (ή)/ ~*y*, n. κυριαρχία (ή), εξουσία (ή)/ (knowledge) βαθειά γνώση
mastic, n. μαστίχα (ή)
masticate, v.t. μασώ/ *mastication*, n. μάσημα (τό)
mastiff, n. μολοσσός (ό)
mastodon, n. μαστόδοντο (τό)
masturbate, v.i. μαλακίζομαι, κάνω μαλακία
mat, n. ψάθα (ή), ψάθινο χαλάκι (τό)/ a. μάτ, θαμπός
match, n. σπίρτο (τό)/ (sport) αγώνας (ό), παιχνίδι (τό)/ *a good* ~, καλό ταίριασμα/ *meet one's* ~, βρίσκω τόν δάσκαλό μου/ v.t. ταιριάζω, ζευγαρώνω, συνδυάζω/ ~ *box*, n. σπιρτόκουτο (τό)/ ~*less*, a. άφθαστος/ ~*maker*, n. προξενητής (ό)
mate, n. σύντροφος (ό), συνάδελφος (ό)/ (animal) ταίρι (τό)/ (naut.) υποπλοίαρχος (ό)/ v.t. ζευγαρώνω/ (chess) πετυχαίνω μάτ
material, n. υλικό (τό)/ (cloth) ύφασμα (τό)/ *building* ~*s*, οικοδομικά υλικά/ a. υλικός, σωματικός/ (fig.) σημαντικός/ ~*ism*, n. υλισμός (ό), ματεριαλισμός (ό)/ ~*ist*, n. υλιστής (ό)/ ~*istic*, a. υλιστικός/ ~*ize*, v.t. & i. υλοποιώ, πραγματοποιώ/ ~*ly*, ad. υλικά/ (fig.) πραγματικά, ουσιαστικά
maternal, a. μητρικός/ *maternity*, n. μητρότητα (ή)/ ~ *hospital*, μαιευτήριο (τό)
mathematical, a. μαθηματικός/ *mathematician*, n. μαθηματικός (ό)/ *mathematics*, n. μαθηματικά (τά)
matinée, n. απογευματινή παράσταση (ή)
matins, n. pl. όρθρος (ό)
matriarchy, n. μητριαρχία (ή)
matriculate, v.t. μπαίνω στό πανεπιστήμιο/ *matriculation*, n. είσαγωγή στό πανεπιστήμιο (ή)
matrimonial, a. συζυγικός, γαμήλιος/ *matrimony*, n. γάμος (ό), έγγαμη ζωή (ή)
matrix, n. μήτρα (ή), καλούπι (τό)
matron, n. προϊσταμένη (ή), επιστάτρια (ή), διευθύντρια (ή)
matter, n. ύλη (ή), ουσία (ή), υπόθεση (ή), θέμα (τό)/ (med.) πύο (τό)/ *what is the* ~ *?* τί συμβαίνει;/ *what is the* ~ *with you?* τί έπαθες;/ *as a* ~ *of course*, εννοείται, φυσικά/ *as a* ~ *of fact*, στήν πραγματικότητα/ *no* ~ *what happens*, ότι καί νά συμβεί, όπως κι' άν έχουν τά πράγματα/ ~ *of taste*, ζήτημα γούστου/ v.i. ενδιαφέρομαι, μέ απασχολεί/ *it doesn't* ~, δέν πειράζει
matting, n. ψάθα (ή)
mattock, n. δικέλλα (ή)
mattress, n. στρώμα (τό)
mature, a. ώριμος/ v.t. ωριμάζω/ (comm.) λήγω/ *maturity*, n. ωριμότητα (ή)/ (comm.) λήξη (ή)
maudlin, a. κλαψιάρης
maul, v.t. κοπανίζω/ (fig.) ξυλοκοπώ
Maundy Thursday, Μεγάλη Πέμπτη (ή)
mausoleum, n. μαυσωλείο (τό)
mauve, a. μώβ, μαβί
maw, n. στομάχι πουλιών (τό), γούσα (ή)
mawkish, a. ανούσιος, άνοστος
maxim, n. απόφθεγμα (τό), ρητό (τό), γνωμικό (τό)
maximum, n. ανώτατο όριο (τό), μάξιμουμ (τό)/ a. ανώτατος
May, n. Μάιος (ό)/ ~ *Day*, Πρωτομαγιά (ή)
may, v. aux. μπορώ, έχω τήν άδεια/ *it* ~ *be that*, ίσως νά/ *I* ~ *go*, ίσως (μπορεί) νά πάω/ ~ *I come in?* μπορώ νά μπώ;/

~be, ad. ἴσως, πιθανόν/ ~flower, n. λευκάγκαθο (τό)/ ~fly, n. φρυγανίδα (ἡ)
mayonnaise, n. μαγιονέζα (ἡ)
mayor, n. δήμαρχος (ὁ)/ ~ess, n. δημαρχίνα (ἡ)
maze, n. λαβύρινθος (ὁ)/ (fig.) σύγχιση (ἡ), κυκεώνας (ὁ)
mazurka, n. μαζούρκα (ἡ)
me, pn. ἐμένα
mead, n. ὑδρόμελι (τό)
meadow, n. λιβάδι (τό)/ ~-sweet, n. μελισσόχορτο (τό)
meagre, a. ἰσχνός, πενιχρός/ ~ness, n. ἰσχνότητα (ἡ), πενιχρότητα (ἡ)
meal, n. γεῦμα (τό), φαγητό (τό)/ ~time, n. ὥρα φαγητοῦ (ἡ)/ ~y, a. ἀλευρώδης/ ~ -mouthed, a. γλυκομίλητος
mean, a. ἄθλιος, ταπεινός/ (rude) ἀγενής, ἀνάγωγος/ (ungenerous) φιλάργυρος, φειδωλός/ in the ~ time, στό μεταξύ/ v.t. ἐννοῶ, σημαίνω/ ~ to, σκοπεύω, ἔχω πρόθεση/ a. μέσος, μέτριος/ (maths) μέσος ὅρος/ ~s, n. pl. μέσα (τά), τρόπος (ὁ)/ by all ~, βέβαια, ἀπόλυτα/ by ~ of, μέσω, μέ αὐτό τόν τρόπο/ by no ~, μέ κανένα τρόπο
meander, n. μαίανδρος (ὁ)/ v.i. ἑλίσσομαι, περιστρέφομαι/ ~ing, a. ἑλικοειδής, μαιανδρικός
meaning, n. ἔννοια (ἡ), σημασία (ἡ)/ double ~, διφορούμενη ἔννοια/ a. διατεθειμένος/ well ~, μέ καλές διαθέσεις, καλοπροαίρετος/ ~less, a. χωρίς ἔννοια
meanness, n. φιλαργυρία (ἡ), ἀγένεια (ἡ), μικροπρέπεια (ἡ)
meantime, -while, ad. στό μεταξύ
measles, n. ἱλαρά (ἡ)
measly, a. ἀσήμαντος
measurable, a. μετρήσιμος, καταμετρητός
measure, n. μέτρο (τό), χωρητικότητα (ἡ)/ beyond ~, ὑπέρμετρος/ in great ~, σέ μεγάλη ποσότητα/ made to ~, φτιαγμένο στά μέτρα/ take ~s, παίρνω (λαβαίνω) μέτρα/ v.t. μετρῶ, καταμετρῶ, παίρνω τά μέτρα/ ~ out, διανέμω/ ~ one's length, πέφτω φαρδύς-πλατύς/ ~d, p.p. & a. μετρημένος/ ~ language, μετριοπαθής γλῶσσα/ ~ment, n. μέτρηση (ἡ), καταμέτρηση (ἡ)/ take ~s, παίρνω τά μέτρα

meat, n. κρέας (τό)/ minced ~, κιμάς (ὁ)/ ~ball, n. κεφτές (ὁ)/ ~ pie, n. κρεατόπιττα (ἡ)/ ~y, a. κρεατώδης/ ~ ideas, πολύτιμες ἰδέες

mechanic, n. μηχανικός (ὁ), μηχανοτεχνίτης (ὁ)/ a. μηχανικός/ ~s, n. μηχανική (ἡ)/ mechanism, n. μηχανισμός (ὁ)/ mechanize, v.t. μηχανοποιῶ

medal, n. μετάλλιο (τό)/ ~lion, n. παράσημο (τό), ἀριστεῖο (τό)

meddle, v.i. ἀνακατεύομαι, ἐπεμβαίνω/ ~r, n. ἐνοχλητικός (ὁ), ἀνακατωσούρης (ὁ)

mediaeval, a. μεσαιωνικός

mediate, v.i. μεσολαβῶ, μεσιτεύω/ mediation, n. μεσολάβηση (ἡ)/ mediator, n. μεσολαβητής (ὁ)

medical, a. ἰατρικός/ ~ examination, ἰατρική ἐξέταση/ ~ school, ἰατρική σχολή/ medicament, n. φάρμακο (τό)/ medicate, v.t. θεραπεύω, γιατρεύω/ medicinal, a. φαρμακευτικός/ medicine, n. ἰατρική (ἡ)/ ~-chest, n. κουτί φαρμακείου (τό)/ ~-man, n. θεραπευτής (ὁ), μάγος (ὁ)

mediocre, a. μέτριος/ mediocrity, n. μετριότητα (ἡ)

meditate, v.i. μελετῶ, διαλογίζομαι/ meditation, n. διαλογισμός (ὁ), βαθειά σκέψη (ἡ)/ meditative, a. στοχαστικός, βαθυστόχαστος

Mediterranean, n. Μεσόγειος (ἡ), a. μεσογειακός

medium, n. μέσο (τό), ὄργανο (τό)/ (spiritualism) μέντιουμ (τό)/ a. μέσος, μέτριος/ ~-sized, a. μεσαίου μεγέθους

medley, n. μίγμα (τό), ἀνακάτεμα (τό)/ a. ἀνάμικτος

meek, a. πράος, ἥμερος, ἤπιος/ ~ness, n. πραότητα (ἡ), ἠπιότητα (ἡ)

meet, v.t. & i. συναντῶ, ἀνταμώνω/ (wishes) ἱκανοποιῶ τίς ἐπιθυμίες/ pleased to ~ you, χαίρω πολύ/ ~ half way, συμβιβάζομαι/ until we ~ again, καλή ἀντάμωση/ ~ing, n. συνάντηση (ἡ), συνέλευση (ἡ), συγκέντρωση (ἡ)/ call a ~, συγκαλῶ συνέλευση/ take part in a ~,

μετέχω σέ συνέλευση/ ~-place, n. τόπος συγκέντρωσης (ό)
megalomania, n. μεγαλομανία (ή)
megaphone, n. μεγάφωνο (τό)
melancholia, n. μελαγχολία (ή)/ *melancholy*, a. μελαγχολικός/ n. μελαγχολικότητα (ή)
mellifluous, a. μελίρρυτος, μελιστάλαχτος
mellow, a. ώριμος, άπαλός/ (voice) μελωδικός/ v.t. ώριμάζω/ v.i. μαλακώνω, άπαλύνω/ ~ness, n. ώριμότητα (ή), γλυκύτητα (ή)
melodious, a. μελωδικός
melodrama, n. μελόδραμα (τό)/ ~tic, a. μελοδραματικός
melody, n. μελωδία (ή)
melon, n. πεπόνι (τό)
melt, v.t. & i. λυώνω, διαλύω/ ~ away, διαλύομαι, σκορπίζομαι/ ~ into tears, ξεσπώ σέ δάκρυα/ ~ing, n. λυώσιμο (τό), διάλυση (ή)/ ~-pot, καζάνι (τό), χόάνη (ή)
member, n. μέλος (τό)/ ~ of Parliament, βουλευτής (ό)/ ~ship, n. ίδιότητα μέλους (ή)/ (total number) σύνολο μελών
membrane, n. μεμβράνη (ή)/ (med.) ύμένας (ό)/ (tech.) περικάλυμμα (τό)
memento, n. ένθύμιο (τό)
memoir, n. ύπόμνημα (τό)/ ~s, pl. άπομνημονεύματα (τά)
memorable, a. άξιομνημόνευτος/ *memorandum*, n. ύπόμνημα (τό), μνημόνιο (τό)/ *memorial*, a. άναμνηστικός, μνημονευτικός/ n. μνημεΐο (τό)/
memorize, v.t. άπομνημονεύω, άποστηθίζω/ *memory*, n. μνήμη (ή)
menace, n. άπειλή (ή)/ v.t. άπειλώ
menagerie, n. θηριοτροφείο (τό)
mend, v.t. έπιδιορθώνω, έπισκευάζω, μπαλώνω/ ~ one's ways, διορθώνω τήν συμπεριφορά μου/ on the ~, σέ άνάρρωση
mendacious, a. ψεύτης, ψευδολόγος/ *mendacity*, n. ψευδολογία (ή)
mender, n. έπιδιορθωτής (ό), έπισκευαστής (ό)
mendicancy, n. ζητιανιά (ή), έπαιτεία (ή)/ *mendicant*, n. ζητιάνος (ό)
mending, n. έπιδιόρθωση (ή), έπισκευή (ή)
menial, a. ύπηρετικός, δουλικός/ n. ύπηρέτης (ό)
meningitis, n. μηνιγγίτιδα (ή)
menstruation, n. έμμηνη ροή (ή), περίοδος (ή)
mensuration, n. μέτρηση (ή), καταμέτρηση (ή)
mental, a. διανοητικός, πνευματικός/ ~ home, τρελλοκομεΐο (τό)/ ~ specialist, ψυχίατρος (ό)/ ~ity, n. νοοτροπία (ή)/ ~ly, ad. πνευματικά, διανοητικά/ ~ deficient, διανοητικά καθυστερημένος
mention, n. μνεία (ή)/ v.t. μνημονεύω, άναφέρω/ *don't ~ it!* παρακαλώ
mentor, n. σοφός (ό), σύμβουλος (ό)
menu, n. κατάλογος φαγητών (ό)
mephitic, a. πνιγερός, δύσοσμος
mercantile, a. έμπορικός/ ~ marine, έμπορικό ναυτικό (τό)
mercenary, a. μισθοφορικός/ n. μισθοφόρος (ό)
mercer, n. ύφασματέμπορος (ό)
merchandise, n. έμπόρευμα (τό)/ *merchant*, n. έμπορος (ό)/ a. έμπορικός/ ~man, ~ ship, n. έμπορικό πλοίο (τό)
merciful, a. σπλαχνικός, έλεήμων/ *merciless*, a. άσπλαχνος, άνελέητος
mercurial, a. ύδαργυρικός/ (fig.) άστατος, εύμετάβλητος, άσταθής/ *mercury*, n. ύδράργυρος (ό)
mercy, n. έλεος (τό), οίκτος (ό)/ *at the ~ of*, στό έλεος τοΰ/ *beg for ~*, έκλιπαρώ τό έλεος/ *have ~ on*, δείχνω οίκτο
mere, n. λίμνη (ή), έλος (τό)/ a. άπλός, μόνος/ ~ly, ad. άπλά καί μόνο
meretricious, a. ψεύτικος
merge, v.t. & i. συγχωνεύω, άπορροφώ/ ~r, n. συγχώνευση (ή), ένωση (ή)
meridian, n. μεσημβρινός (ό)/ *meridional*, a. νότιος, μεσημβρινός
meringue, n. μαρέγκα (ή)
merit, n. άξία (ή), άρετή (ή), προσόν (τό)/ v.t. άξίζω/ ~orious, a. άξιόλογος, άξιέπαινος
mermaid, n. σειρήνα (ή), γοργόνα (ή)/ *merman*, n. τρίτωνας (ό)
merrily, ad. εύθυμα, ζωηρά, φαιδρά/ *merriment*, n. εύθυμία (ή), φαιδρότητα (ή)/ *merry*, a. εύθυμος, φαιδρός/ *make*

~, διασκεδάζω/ ~-*making*, n. διασκέδαση (ή)
mesh, n. θηλειά (ή), βρόχος (ό)/ *wire* ~, δικτυωτό (τό)
mesmerism, n. μεσμερισμός (ό)/ *mesmerize*, v.t. μεσμερίζω
mess, n. φαγητό (τό), συσσίτιο (τό)/ ~ *of pottage*, πινάκιο φακῆς (τό)/ *make a* ~ *of*, τά κάνω θάλασσα/ v.t. ἀνακατεύω/ ~ *up*, χαλῶ/ ~ (someone) *about*, ταλαιπωρῶ
message, n. μήνυμα (τό), παραγγελία (ή)/ *messenger*, n. ἀγγελιοφόρος (ή)
Messiah, n. Μεσσίας (ό)
messy, a. ἀκατάστατος, βρώμικος, τσαπατσούλικος
metal, n. μέταλλο (τό)/ (railway) ράγιες (οἱ)/ ~ *worker*, ἐργάτης μεταλλείου/ a. & ~*ic*, μεταλλικός/ ~*lurgy*, n. μεταλλουργία (ή)
metamorphose, v.t. μεταμορφώνω/ *metamorphosis*, n. μεταμόρφωση (ή)
metaphor, n. μεταφορά (ή)/ ~*ical*, a. μεταφορικός
metaphysical, a. μεταφυσικός/ *metaphysician*, n. μεταφυσικός (ό)
metaphysics, n. μεταφυσική (ή)
mete (out), v.t. μετρῶ, κατανέμω
meteor, n. μετέωρο (τό), ἀερόλιθος (ό)/ ~*ite*, n. μετεωρίτης (ό), μετερεώλιθος (ό)/ ~*ological*, a. μετεωρολογικός/ ~*ology*, n. μετεωρολογία (ή)
meter, n. μετρητής (ό), ρολόϊ (τό)
method, n. μέθοδος (ή)/ ~*ical*, a. μεθοδικός
Methodism, n. Μεθοδισμός (ή)/ *Methodist*, n. Μεθοδιστής (ό)
methylated spirit, κοινό οἰνόπνευμα (τό)
meticulous, a. σχολαστικός, ἀκριβολόγος, λεπτολόγος
metre, n. μέτρο (τό)/ *metric*, a. μετρικός/ *metrics*, n. μετρική (ή), στιχουργική (ή)
metronome, n. μετρονόμος (ό)
metropolis, n. μητρόπολη (ή), πρωτεύουσα (ή)/ *metropolitan*, n. μητροπολίτης (ό)
mettle, n. θάρρος (τό), κουράγιο (τό)/ *be on one's* ~, τό παίρνω ζεστά, βάζω τά δυνατά μου/ ~*some*, a. ψυχωμένος, παλληκάρι

mew, n. νιαούρισμα (τό)/ v.i. νιαουρίζω
Mexican, n. Μεξικάνος (ό)/ a. μεξικάνικος
mezzanine, n. ἡμιόροφος (ό)
miaow, n. νιαούρισμα (τό)/ v.i. νιαουρίζω
miasma, n. μίασμα (τό), ἀναθυμίαση (ή)
mica, n. μαρμαρυγίας (ό)
Michaelmas, n. γιορτή τοῦ 'Αρχαγγέλου Μιχαήλ
microbe, n. μικρόβιο (τό)
microphone, n. μικρόφωνο (τό)
microscope, n. μικροσκόπιο (τό)/ *microscopic*, a. μικροσκοπικός
mid, a. μέσος, ἐνδιάμεσος, μεσαῖος/ *in* ~ *air*, στούς αἰθέρες, ἐν πτήσει/ *in* ~*winter*, μεσοχείμωνα
midday, n. μεσημέρι (τό)
middle, n. μέσο (τό), κέντρο (τό)/ a. μέσος, μεσαῖος/ ~-*aged*, a. μεσόκοπος/ ~ *Ages*, n. Μεσαίωνας (ό)/ ~ *class*, a. ἀστός/ ~ *East*, Μέση 'Ανατολή (ή)/ ~*man*, n. μεσίτης (ό), μεσάζων (ό)/ ~-*sized*, a. μεσαίου μεγέθους
middling, a. μέτριος, ὑποφερτός
midget, n. νάνος (ό)
midnight, n. μεσάνυχτα (τά)
midriff, n. διάφραγμα (τό)
midshipman, n. δόκιμος σημαιοφόρος (ό)
midst, n. μέση (ή)/ *in the* ~, στή μέση, ἀνάμεσα
midsummer, n. θερινό ἡλιοστάσιο (τό)
midway, ad. στή μέση
midwife, n. μαμμή (ή)
midwinter, n. χειμερινό ἡλιοστάσιο (τό)
mien, n. ὕφος (τό), συμπεριφορά (ή)
might, n. δύναμη (ή)/ ~*ily*, ad. δυνατά, ὑπερβολικά/ ~*y*, a. δυνατός
mignonette, n. ρεζεντά (ή)
migraine, n. ἡμικρανία (ή)
migrant, n. μετανάστης (ό), μεταναστευτικός/ (bird) ἀποδημητικός/ *migrate*, v.i. μεταναστεύω, ἀποδημῶ/ *migration*, n. μετανάστευση (ή), ἀποδημία (ή)/ *migratory*, a. μεταναστευτικός, ἀποδημητικός
milch, a. γαλακτοφόρος
mild, a. ἤπιος, μαλακός, πράος/ (climate) εὔκρατο
mildew, n. ἀρρώστεια τῶν φυτῶν, περο-

νόσπορος (ό)
mildly, ad. ήπια, μαλακά/ *mildness*, n. ήπιότητα (ή), γλυκύτητα (ή)
mile, n. μίλι (τό)/ ~*stone*, n. δείκτης μιλίων (ό)/ (fig.) όρόσημο (τό), σταθμός (ό)
militant, a. μαχητικός, άγωνιστικός/ *militarism*, n. μιλιταρισμός (ό)/ *militarist*, n. μιλιταριστής (ό), στρατοκράτης (ό)/ *militarize*, v.t. στρατιωτικοποιώ/ *military*, a. στρατιωτικός/ *the* ~, οί στρατιωτικοί/ *militate*, v.i. ~ *against*, άντιστρατεύομαι, άντιμάχομαι/ *militia*, n. έθνοφυλακή (ή), πολιτοφυλακή (ή)/ ~*man*, n. πολιτοφύλακας (ό)
milk, n. γάλα (τό)/ ~ *chocolate*, σοκολάτα γάλακτος (ή)/ v.t. άρμέγω/ (fig.) άπομυζώ/ ~*er*, n. γαλάρα (ή)/ ~*ing*, n. άρμεγμα (τό)/ ~*maid*, n. άρμέχτρα (ή)/ ~*man*, n. γαλατάς (ό)/ ~*sop*, n. θηλυπρεπής άντρας (ό)/ ~*y*, a. γαλακτερός, γαλακτώδης/ *M*~*y Way*, n. Γαλαξίας (ό)
mill, n. μύλος (ό)/ *go through the* ~, βασανίζομαι, περνώ ταλαιπωρίες/ v.t. άλέθω/ ~ *around*, στριφογυρνώ/ ~ *ed edge*, όδοντωτό πλαίσιο
millenary, a. χιλιετής, χιλιαστικός/ *millennium*, n. χιλιετηρίδα (ή)
miller, n. μυλωνάς (ό)
millet, n. κεχρί (τό)
milliard, n. δισεκατομμύριο (τό)
millimetre, n. χιλιοστόμετρο (τό)
milliner, n. καπελλάς (ό)/ ~*y*, n. έμπόριο γυναικείων καπέλλων (τό)
milling, n. άλεσμα (τό)/ ~ *machine*, μηχανή φραιζαρίσματος
million, n. έκατομμύριο (τό)/ ~*aire*, n. έκατομμυριοΰχος (ό)/ ~*th*, a. έκατομμυριοστός/ n. έκατομμυριοστό (τό)
millpond, n. δεξαμενή ύδρόμυλου (ή)/ *millrace*, n. μυλαύλακο (τό)/ *millstone*, n. μυλόπετρα (ή)/ *millwheel*, n. τροχός μύλου (ό)
milt, n. σπέρμα ψαριού (τό)
mime, n. μίμος (ό) v.t. & i. μιμούμαι, παίζω παντομίμα/ *mimic*, n. μίμος (ό), μιμητής (ό)/ a. μιμητικός/ v.t. μιμούμαι, διακωμωδώ/ ~*ry*, n. μίμηση (ή), μιμική (ή)

mimosa, n. μιμόζα (ή)
minaret, n. μιναρές (ό)
mince, v.t. λιανίζω, τεμαχίζω/ *not to* ~ *words*, μιλάω έξω άπό τά δόντια/ n. (meat) κιμάς (ό)
mind, n. μυαλό (τό), νούς (ό), διάνοια (ή)/ *have a* ~, έχω σκοπό, έπιθυμώ/ *bear in* ~, έχω ύπ' όψη/ *be of one* ~, είμαι σύμφωνος/ *be of sound* ~, έχω τά λογικά μου/ *be in two* ~*s*, άμφιταλαντεύομαι/ *go out of one's* ~, τρελλαίνομαι/ v.t. προσέχω, δίνω σημασία, φροντίζω/ *I don't* ~, δέν μέ πειράζει, δέν ένοχλούμαι/ ~ *your own business!* κοίτα τήν δουλειά σου!/ *never* ~, δέν πειράζει/ ~ *ed*, a. διατεθειμένος, ένδιαφερόμενος/ ~*er*, n. έπιτηρητής (ό)/ ~*ful*, a. προσεκτικός
mine, pn. δικός μου/ *a friend of* ~, ένας φίλος μου
mine, n. όρυχείο (τό), μεταλλείο (τό)/ (mil.) νάρκη (ή)/ (fig.) ύπονόμευση (ή)/ v.t. άνοίγω λαγούμι/ (mil.) ναρκοθετώ/ ~ *field*, n. ναρκοπέδιο (τό)/ ~*r*, n. άνθρακωρύχος (ό), μεταλλωρύχος (ό)
mineral, n. όρυκτό (τό), μετάλλευμα (τό)/ a. όρυκτός, μεταλλικός/ ~ *water*, μεταλλικό νερό (τό)/ ~*ogical*, a. όρυκτολογικός/ ~*ogist*, n. μεταλλειολόγος (ό), όρυκτολόγος (ό)/ ~*ogy*, n. μεταλλειολογία (ή), όρυκτολογία (ή)
minesweeper, n. ναρκαλιευτικό (τό)
mingle, v.t. & i. άνακατεύω/ ~ *in society*, είμαι κοινωνικός
miniature, n. μικρογραφία (ή), μινιατούρα (ή)/ a. μικροσκοπικός, σέ μικρογραφία
minimize, v.t. έλαχιστοποιώ/ *minimum*, n. έλάχιστο (τό), μίνιμουμ (τό)
mining, n. μετάλλευση (ή), έξόρυξη (ή)/ (mil.) τοποθέτηση ναρκών (ή)
minister, n. ύπουργός (ό)/ (eccl.) κληρικός (ό)/ v.i. διακονώ, ύπηρετώ/ ~*ial*, a. ύπουργικός
ministration, n. παροχή βοήθειας (ή)/ (eccl.) ίερατικά καθήκοντα/ *ministry*, n. ύπουργείο (τό), κυβέρνηση (ή)/ (eccl.) ίερωσύνη (ή)
mink, n. βιζόν (τό)
minnow, n. τσίμα (ή), ψαράκι (τό)

minor, a. μικρός, μικρότερος/ (fig.) ασήμαντος/ (mus.) μινόρε, έλασσον/ n. ανήλικος (ό)/ ~*ity*, n. μειονότητα (ή), μειοψηφία (ή)/ (leg.) ανηλικότητα (ή)
minster, n. καθεδρικός ναός (ό)
minstrel, n. ραψωδός (ό)
mint, n. νομισματοκοπείο (τό)/ *in* ~ *condition*, ολοκαίνουργιος/ *be worth a* ~ *of money*, κολυμπώ στό χρυσάφι/ v.t. εφευρίσκω, επινοώ/ ~*er*, n. νομισματοκόπος (ό)
minuet, n. μινουέτο (τό)
minus, pr. πλήν, μεΐον/ ~ *quantity*, αρνητική ποσότητα
minute, n. λεπτό (τό)/ pl. πρακτικά (τά)/ ~ *hand*, λεπτοδείκτης (ό)/ a. μικροσκοπικός, ελάχιστος/ v.t. βαστώ τά πρακτικά/ ~*ness*, n. λεπτολογία (ή), ακριβολογία (ή)/ *minutiae*, n. pl. λεπτομέρειες (oi)
minx, n. τρελλοκόριτσο (τό)
miracle, n. θαύμα (τό)/ ~ *play*, μεσαιωνικό θρησκευτικό δράμα (τό)/ *miraculous*, a. θαυμαστός, θαυματουργικός
mirage, n. αντικατοπτρισμός (ό)
mire, n. λάσπη (ή), βόρβορος (ό)
mirror, n. καθρέφτης (ό)/ v.t. καθρεφτίζω
mirth, n. χαρά (ή), ευθυμία (ή)/ ~*ful*, a. εύθυμος, χαρούμενος
miry, a. λασπώδης
misadventure, n. ατύχημα (τό), ανάποδια (ή)
misalliance, n. ανάρμοστος γάμος (ό), αταίριαστος γάμος (ό)
misanthrope, n. μισάνθρωπος (ό)/ *misanthropic*, a. μισάνθρωπος/ *misanthropy*, n. μισανθρωπία (ή)
misapplication, n. κακή εφαρμογή (ή) (χρήση)/ *misapply*, v.t. κάνω κακή εφαρμογή (χρήση)
misapprehend, v.t. παρανοώ, παρεξηγώ/ *misapprehension*, n. παρανόηση (ή), παρεξήγηση (ή)
misappropriate, v.t. κάνω κατάχρηση, υπεξαιρώ/ *misappropriation*, n. κατάχρηση (ή), υπεξαίρεση (ή)
misbehave, v.i. φέρομαι άσχημα/ *misbehaviour*, n. άσχημη συμπεριφορά (ή)
miscalculate, v.i. κάνω κακό υπολογισμό/ *miscalculation*, n. κακός υπολογισμός (ό)
miscarriage, n. αποτυχία (ή)/ (med.) αποβολή (ή)/ ~ *of justice*, δικαστική πλάνη (ή)/ *miscarry*, v.i. αποτυχαίνω/ (med.) παθαίνω αποβολή, αποβάλλω
miscellaneous, a. ανάμικτος, ποικίλος/ *miscellany*, n. ποικιλία (ή)
mischance, n. ατυχία (ή), κακοτυχία (ή), ατύχημα (τό)
mischief, n. κακό (τό), άδικο (τό), ζημία (ή)/ ~ *-maker*, κακοποιός (ό)/ *mischievous*, a. κακοποιός, επιζήμιος, βλαβερός
misconceive, v.t. παρανοώ, καταλαβαίνω λάθος/ *misconception*, n. παρανόηση (ή), εσφαλμένη αντίληψη (ή)
misconduct, n. κακή συμπεριφορά (ή)
misconstruction, n. παρανόηση (ή), παρερμηνεία (ή), παρεξήγηση (ή)/ *misconstrue*, v.t. παρανοώ, παρερμηνεύω, παρεξηγώ
miscreant, n. άπιστος (ό), αχρείος (ό), φαύλος (ό)
misdeed, n. κακή πράξη (ή), παρανομία (ή)
misdemeanour, n. παράπτωμα (τό)
misdirect, v.t. διευθύνω άσχημα, δίνω λανθασμένες οδηγίες/ (letters) γράφω λάθος διεύθυνση
miser, n. τσιγγούνης (ό), φιλάργυρος (ό)
miserable, a. άθλιος, δυστυχισμένος, ελεεινός
miserly, a. φιλάργυρος, παραδόπιστος
misery, n. αθλιότητα (ή), δυστυχία (ή)
misfire, v.i. αστοχώ, αποτυχαίνω στό στόχο μου
misfit, n. (dress) ρούχο μέ κακή εφαρμογή/ (person) απροσάρμοστος
misfortune, n. ατυχία (ή), δυστυχία (ή)
misgiving, n. φόβος (ό), δυσπιστία (ή)
misgovern, v.t. κακοδιοικώ/ ~*ment*, n. κακοδιοίκηση (ή)
misguide, v.t. παρασύρω, αποπλανώ
mishap, n. ατύχημα (τό), αναποδιά (ή)
misinform, v.t. δίνω εσφαλμένες πληροφορίες/ ~*ation*, n. κακή (εσφαλμένη) πληροφόρηση (ή)
misinterpret, v.t. παρερμηνεύω, παρεξηγώ/ ~*ation*, n. παρερμηνεία (ή), παρε-

ξήγηση (ή)
misjudge, v.t. κρίνω λανθασμένα, παραγνωρίζω/ ~ment, n. ἐσφαλμένη κρίση (ή), κακή ἐκτίμηση (ή)
mislay, v.t. παραπετῶ, χάνω
mislead, v.t. ἀποπλανῶ, ἐξαπατῶ
mismanage, v.t. κακοδιαχειρίζομαι, κακοδιοικῶ/ ~ment, n. κακή διαχείριση (ή), κακοδιοίκηση (ή)
misname, v.t. δίνω ἐσφαλμένο ὄνομα/ *misnomer*, n. λανθασμένη ὀνομασία
misogynist, n. μισογύνης (ὁ)
misplace, v.t. βάζω σέ λάθος θέση, μετατοπίζω/ *have* ~*d confidence*, ἐμπιστεύομαι ἀνάξιο πρόσωπο
misprint, n. τυπογραφικό λάθος (τό)
mispronounce, v.t. προφέρω λάθος
misquotation, n. ἐσφαλμένη παράθεση κειμένου/ *misquote*, v.t. παραθέτω λάθος
misrepresent, v.t. παραμορφώνω, διαστρέφω/ ~*ation*, n. παραμόρφωση (ή), διαστροφή (ή)
misrule, n. κακοδιοίκηση (ή)
miss, n. δεσποινίς (ή), κοπέλλα (ή)
miss, n. ἀστοχία (ή), παράλειψη (ή)/ v.t. ἀστοχῶ, ἀποτυχαίνω, παραλείπω/ (train) χάνω/ (someone) μοῦ λείπει/ ~ *out*, παραλείπω
missal, n. λειτουργική (ή)
missel thrush, n. τσίχλα (ή)
misshapen, a. κακοσχηματισμένος, κακόμορφος
missile, n. βλήμα (τό)
missing, a. χαμένος, ἀπών/ *be* ~, λείπω
mission, n. ἀποστολή (ή)/ (diplomatic) πρεσβεία (ή)/ (eccl.) ἱεραποστολή (ή)/ ~*ary*, n. ἱεραπόστολος (ὁ)
missive, n. μήνυμα (τό), ἐπιστολή (ή)
misspell, v.t. ἀνορθογραφῶ, κάνω ἀνορθογραφίες/ ~*ing*, n. ἀνορθογραφία (ή)
misstatement, n. ἀλλοίωση γεγονότος (ή)
mist, n. ὀμίχλη (ή)/ v.t. σκεπάζω μέ ὀμίχλη
mistake, n. λάθος (τό), σφάλμα (τό)/ v.t. κάνω λάθος, σφάλλω/ ~ *for*, παίρνω γιά/ ~*n*, a. λανθασμένος, λαθεμένος, ἐσφαλμένος/ *be* ~*n*, κάνω λάθος
mister, n. κύριος (ὁ)
mistletoe, n. ἰξός (ὁ), γκύ (τό)

mistranslate, v.t. κακομεταφράζω/ *mistranslation*, n. λάθος μετάφραση (ή)
mistress, n. κυρία (ή)/ (teacher) δασκάλα (ή)/ (lover) ἐρωμένη (ή)/ *she is her own* ~, εἶναι ἀνεξάρτητη
mistrust, n. δυσπιστία (ή), ὑποψία (ή)/ v.t. δυσπιστῶ, ὑποψιάζομαι/ ~*ful*, a. δύσπιστος, καχύποπτος
misty, a. ὀμιχλώδης, σκοτεινός
misunderstand, v.t. παρανοῶ, παραγνωρίζω, παρεξηγῶ/ ~ *ing*, n. παρανόηση (ή), παρεξήγηση (ή)
misuse, n. κακομεταχείρηση (ή), κατάχρηση (ή)/ v.t. κακομεταχειρίζομαι, κάνω κατάχρηση
mite, n. μικρό ἔντομο (τό), μαμούνι (τό)/ (child) βρέφος (τό), παιδάκι (τό)/ *widow's* ~, ὁ ὀβολός τῆς χήρας
mitigate, v.t. μετριάζω, ἐλαφρύνω/ *mitigating circumstances*, ἐλαφρυντικά/ *mitigation*, n. μετριασμός (ὁ), ἐλάφρυνση (ή)
mitre, n. μίτρα (ή)
mitten, n. γάντι χωρίς δάχτυλα (τό)
mix, v.t. ἀνακατεύω/ v.i. ἀνακατεύομαι/ *be* ~*ed in*, μπλέκομαι/ ~ *up*, μπερδεύω/ ~ *ed*, p.p. & a. ἀνακατεμένος/ ~ *school*, μικτό σχολεῖο/ ~*er*, n. μίξερ (τό)/ *good* ~, κοινωνικός ἄνθρωπος/ ~*ture*, n. μίγμα (τό)
mizzen, n. ράντα (ή)
mizzle, n. ψιχάλα (ή)/ *it* ~*s*, ψιχαλίζει
moan, v.i. στενάζω, βογκῶ/ n. στεναγμός (ὁ), βογγητό (τό)
moat, n. τάφρος (ή)
mob, n. ὄχλος (ὁ), συρφετός (ὁ)/ ~ *law*, ὀχλοκρατία (ή)/ v.t. κάνω ὀχλαγωγία/ (attack) κακομεταχειρίζομαι
mobile, a. κινητός, εὐκίνητος/ ~ *library*, κινητή βιβλιοθήκη (ή)/ *mobility*, n. εὐκινησία (ή)/ *mobilization*, n. κινητοποίηση (ή), ἐπιστράτευση (ή)/ *mobilize*, v.t. κινητοποιῶ, ἐπιστρατεύω
mock, v.t. κοροϊδεύω, χλευάζω/ a. ψεύτικος, πλαστός/ ~*er*, n. εἴρωνας (ὁ), χλευαστής (ὁ)/ ~*ery*, n. χλευασμός (ὁ), κοροϊδία (ή), ἐμπαιγμός (ὁ)/ ~*ing*, a. εἰρωνικός, χλευαστικός
mode, n. μέθοδος (ή), τρόπος (ὁ), συνήθεια (ή)

model, n. πρότυπο (τό), ὑπόδειγμα (τό), μοντέλο (τό)/ a. πρότυπος, ὑποδειγματικός/ v.t. σχεδιάζω, φτιάχνω τό μοντέλο/ ~ *for*, κάνω τό μοντέλο, ποζάρω γιά/ ~ *on*, χρησιμοποιῶ σάν πρότυπο/ ~*ler*, n. σχεδιαστής (ὁ)
moderate, a. μετριοπαθής, μέτριος/ ~ *price*, μέτρια (λογική) τιμή/ v.t. & i. μετριάζω, κοπάζω/ ~*ly*, ad. μέ μετριοπάθεια, μέτρια/ *moderation*, n. μετριοπάθεια (ἡ), μετριασμός (ὁ)/ *moderator*, n. πρόεδρος συνεδρίασης (ὁ)/ (tech.) μετριαστής (ὁ)
modern, a. μοντέρνος, σύγχρονος/ ~ *languages*, ζωντανές γλῶσσες/ ~ *Greek*, νεοελληνικά (τά)/ ~*ism*, n. νεωτερισμός (ὁ), μοντερνισμός (ὁ)/ ~*ist*, n. νεωτεριστής (ὁ)/ ~*ity*, n. νεωτεριστικότητα (ἡ)/ ~*ize*, v.t. νεωτερίζω, ἐκμοντερνίζω
modest, a. σεμνός, μετριόφρων/ (quantity) μικρός, περιορισμένος/ ~*y*, n. σεμνότητα (ἡ), μετριοφροσύνη (ἡ)
modicum, n. μικρή ποσότητα (ἡ)
modification, n. τροποποίηση (ἡ), μεταρρύθμιση (ἡ)/ *modify*, v.t. τροποποιῶ, μεταρρυθμίζω
modish, a. τῆς μόδας
modulate, v.t. κανονίζω, ρυθμίζω/ *modulation*, n. ρύθμιση (ἡ)/ (mus.) μετατόνιση (ἡ)
mohair, n. αἰγόμαλλο ὕφασμα (τό)
Mohammedan, n. μωαμεθανός (ὁ), Μουσουλμάνος (ὁ)/ a. Μωαμεθανικός, μουσουλμανικός
moiety, n. μισό (τό)
moist, a. ὑγρός, νοτερός/ ~*en*, v.t. ὑγραίνω, διαβρέχω, νοτίζω/ ~*ure*, n. ὑγρασία (ἡ), νότισμα (τό)
molar, n. τραπεζίτης (ὁ)
molasses, n. πετιμέζι (τό)
mole, n. (jetty) μῶλος (ὁ)/ (zool.) τυφλοπόντικας (ὁ), ἀσπάλακας (ὁ)/ (skin) κρεατοελιά (ἡ)
molecular, a. μοριακός/ *molecule*, n. μόριο (τό)
moleskin, n. βαμβακερό βελοῦδο
molest, v.t. ἐνοχλῶ/ (sexually) κακοποιῶ/ ~*ation*, n. ἐνόχληση (ἡ), κακοποίηση (ἡ)

mollify, v.t. καταπραΰνω
mollusc, n. μαλάκιο (τό)
molten, a. λυωμένος, χυτός
moment, n. στιγμή (ἡ)/ ~*arily*, ad. στιγμιαία/ ~*ary*, a. στιγμιαῖος, παροδικός/ ~*ous*, a. σπουδαῖος, βαρυσήμαντος/ *momentum*, n. ὁρμή (ἡ), ροπή (ἡ)
monarch, n. μονάρχης (ὁ)/ ~*ic*, a. μοναρχικός/ ~*ist*, n. μοναρχικός (ὁ)/ ~*y*, n. μοναρχία (ἡ)
monastery, n. μοναστήρι (τό)/ *monastic*, a. μοναστικός, καλογερίστικος
Monday, n. Δευτέρα (ἡ)
monetary, a. νομισματικός/ *money*, n. χρήματα (τά)/ *make* ~, βγάζω χρήματα/ ~*bag*, n. πορτοφόλι (τό), βαλάντιο (τό)/ ~-*box*, n. κουμπαράς (ὁ)/ ~-*changer*, n. ἀργυραμοιβός (ὁ)/ ~-*grubber*, n. φιλάργυρος (ὁ)/ ~-*lender*, n. τοκιστής (ὁ)/ ~-*order*, n. ταχυδρομική ἐπιταγή (ἡ)
monger, n. ἔμπορος (ὁ), πωλητής (ὁ)
Mongol, n. Μογγόλος (ὁ)/ a. μογγολικός
mongrel, n. & a. μιγάδας, μικτογενής
monitor, n. σύμβουλος (ὁ), ἐπιμελητής (ὁ)/ (naut.) βαρύ πολεμικό/ v.t. παρακολουθῶ, ἐποπτεύω/ ~*ing*, n. παρακολούθηση ἐκπομπῶν (ἡ)
monk, n. καλόγερος (ὁ), μοναχός (ὁ)/ ~*hood*, n. καλογεροσύνη (ἡ)
monkey, n. πίθηκος (ὁ)/ ~-*wrench*, n. ἀγγλικό κλειδί (τό)
monochrome, n. μονοχρωμία (ἡ)
monocle, n. μονύελο (τό), μονόκλ (τό)
monogamy, n. μονογαμία (ἡ)
monogram, n. μονόγραμμα (τό)
monolith, n. μονόλιθος (ὁ)/ ~*ic*, a. μονολιθικός
monologue, n. μονόλογος (ὁ)
monoplane, n. μονοπλάνο (τό)
monopolize, v.t. μονοπωλῶ/ *monopoly*, n. μονοπώλιο (τό)
monosyllabic, a. μονοσύλλαβος/ *monosyllable*, n. μονοσύλλαβο (τό)
monotonous, a. μονότονος/ *monotony*, n. μονοτονία (ἡ)
monoxide, n. μονοξείδιο (τό)
monsoon, n. μουσσώνας (ὁ)
monster, n. τέρας (τό)/ a. τεράστιος, κολοσσιαῖος

monstrance, n. ἀρτοφόριο (τό)
monstrosity, n. τερατούργημα (τό)/ *monstrous*, a. τερατώδικος
month, n. μήνας (ὁ)/ ~*ly*, a. μηνιαῖος/ ad. κάθε μήνα/ n. μηνιαία ἔκδοση (ἡ)
monument, n. μνημεῖο (τό)/ ~*al*, a. μνημειώδης
moo, n. μυκηθμός (ὁ)/ v.i. βγάζω μυκηθμούς
mood, n. διάθεση (ἡ)/ (gram.) ἔγκλιση (ἡ)/ ~*y*, a. δύσθυμος, κατσούφης
moon, n. φεγγάρι (τό), σελήνη (ἡ)/ ~*beam*, n. ἀκτίνα τοῦ φεγγαριοῦ/ ~*light*, n. σεληνόφωτο (τό), φεγγαρόφωτο (τό)/ ~*lit*, a. φεγγαροφωτισμένος/ ~*shine*, n. λάμψη τοῦ φεγγαριοῦ (ἡ)/ (fig.) τρελλές ἰδέες/ ~*struck*, a. ἐπιληπτικός
moor, n. βάλτος (ὁ), ἐρημιά (ἡ)/ v.t. ἀράζω/ ~*ing*, n. ἄραγμα (τό)
Moorish, a. μαυριτανικός
moose, n. μεγάλο ἐλάφι (τό)
moot, v.t. προτείνω γιά συζήτηση
mop, n. πατσαβούρα (ἡ), πανί γιά καθάρισμα/ v.t. σκουπίζω, καθαρίζω/ ~ *up*, ξεκαθαρίζω
mope, v.i. μελαγχολῶ, χάνω τό κέφι μου
moral, a. ἠθικός/ n. ἠθικό δίδαγμα (τό)/ pl. ἤθη (τά), ἠθική (ἡ)/ ~*e*, n. ἠθικό (τό), αὐτοπεποίθηση (ἡ)/ ~*ist*, n. ἠθικολόγος (ὁ)/ ~*ity*, n. ἠθική (ἡ)/ ~*ize*, v.i. ἠθικολογῶ/ ~*ly*, ad. ἠθικά
morass, n. ἕλος (τό), βάλτος (ὁ)
moratorium, n. χρεωστάσιο (τό)
morbid, a. νοσηρός, ἀρρωστιάρικος
mordant, a. δηκτικός, καυστικός/ n. στερεά βαφή (ἡ)
more, ad. περισσότερο/ *never* ~, ποτέ πιά/ *once* ~, μιά φορά ἀκόμη/ ~ *and* ~, ὅλο καί περισσότερο/ *all the* ~, ἕνας λόγος παραπάνω/ ~ *than enough*, μέ τό παραπάνω/ ~ *or less*, πάνω-κάτω/ ~ *over*, ad. ἐπιπλέον
morganatic, a. μοργανατικός
moribund, a. ἑτοιμοθάνατος
morning, n. πρωΐ (τό)/ *good* ~! καλημέρα!/ *tomorrow* ~, αὔριο τό πρωΐ/ a. πρωινός/ *M*~ *star*, Αὐγερινός (ὁ)
Moroccan, n. Μαροκινός (ὁ)/ a. μαροκινός

moron, n. μωρός (ὁ), ἀνόητος (ὁ)
morose, a. στρυφνός, δύστροπος
morphine, n. μορφίνη (ἡ)
morrow, n. ἑπόμενη (ἡ), ἐπαύριο (ἡ)/ *in the* ~, τήν ἐπαύριο
morsel, n. κομματάκι (τό), τεμάχιο (τό)
mortal, n. θνητός (ὁ)/ a. θανάσιμος, θανατηφόρος/ ~*ity*, n. θνησιμότητα (ἡ)/ ~*ly*, ad. θανάσιμα, θανατηφόρα
mortar, n. γουδί (τό)/ (mil.) ὅλμος (ὁ)
mortgage, n. ὑποθήκη (ἡ)/ *raise a* ~, συνάπτω ὑποθήκη/ *pay off a* ~, ἐξοφλῶ ὑποθήκη/ v.t. ὑποθηκεύω/ ~*e*, n. ὑπόθηκος δανειστής (ὁ)/ *mortgagor*, n. ὑποθηκευτής (ὁ), ὀφειλέτης ὑποθήκης (ὁ)
mortician, n. ἐργολάβος κηδειῶν (ὁ)
mortification, n. ἀπονέκρωση (ἡ)/ (med.) γάγγραινα (ἡ)/ (fig.) πίκρα (ἡ), θλίψη (ἡ)/ *mortify*, v.t. ἀπονεκρώνω/ (the flesh) σκληραγωγῶ/ v.i. (med.) γαγγραινιάζω
mortise, -ice, n. ἐγκοπή (ἡ), ὑποδοχή (ἡ), κοίλωμα (τό)/ v.t. σφηνώνω
mortuary, n. νεκροτομεῖο (τό)
mosaic, n. μωσαϊκό (τό)
Moslem, n. Μουσουλμάνος (ὁ), Μωαμεθανός (ὁ),/ a. μουσουλμανικός, μωαμεθανικός
mosque, n. τζαμί (τό), τέμενος (τό)
mosquito, n. κουνούπι (τό)/ ~ -*net*, κουνουπιέρα (ἡ)
moss, n. βρύο (τό)/ ~*y*, a. βρυώδης
most, a. περισσότεροι/ ~ *people*, οἱ περισσότεροι/ *for the* ~ *part*, ὡς ἐπί τό πλεῖστον/ ad. περισσότερο/ *at the* ~, τό πολύ-πολύ/ ~*ly*, ad. κυρίως, τίς περισσότερες φορές
mote, n. ἀπειροστημόριο (τό)
motel, n. μοτέλ (τό)
moth, n. σκῶρος (ὁ)/ ~-*eaten*, a. σκωροφαγωμένος
mother, n. μητέρα (ἡ), μάνα (ἡ)/ ~ *country*, πατρίδα (ἡ)/ ~ *tongue*, μητρική γλῶσσα/ *grand*~, γιαγιά (ἡ)/ v.t. περιποιοῦμαι σάν μητέρα/ ~*hood*, n. μητρότητα (ἡ)/ ~-*in-law*, n. πεθερά (ἡ)/ ~*ly*, a. μητρικός/ ~-*of-pearl*, n. σεντέφι (τό)
motion, n. κίνηση (ἡ)/ *set in* ~, βάζω σέ

κίνηση/ ~ *picture*, κινηματογράφος (ό)/ *put up a* ~, υποβάλλω πρόταση/ v.i. κάνω νόημα/ ~*less*, a. ακίνητος
motive, n. ελατήριο (τό), αφορμή (ή)/ a. κινητήριος, κινητικός/ *motivation*, n. κίνητρο (τό)
motl, a. παρδαλός, ποικιλόχρωμος
motor, n. κινητήρας (ό)/ v.i. ταξιδεύω μέ τό αυτοκίνητο/ ~ *boat*, n. βενζινάκατος (ή)/ ~*bus*, n. λεωφορείο (τό)/ ~ *car*, n. αυτοκίνητο (τό)/ ~*cycle*, n. μοτοσυκλέττα (ή)/ ~*cyclist*, n. μοτοσυκλετιστής (ό)/ ~*ist*, n. αυτοκινητιστής (ό)/ ~ *lorry*, n. φορτηγό αυτοκίνητο (τό)/ ~*way*, n. εθνική όδός (ή)
mottle, n. κηλίδα (ή)/ ~*d*, a. ποικιλόχρωμος
motto, n. έμβλημα (τό), σύμβολο (τό)
mould, n. σαπρόχωμα (τό), μούχλα (ή)/ (print.) μήτρα (ή), καλούπι (τό)/ (cook.) φόρμα (ή)/ v.t. σχηματίζω, καλουπώνω/ (fig.) διαμορφώνω/ ~*er*, v.i. γίνομαι σκόνη, χαλώ/ ~*iness*, n. μούχλιασμα (τό)/ ~*ing*, n. ράβδωση (ή)/ ~*y*, a. μουχλιασμένος
moult, v.i. μαδώ/ ~ *ing*, n. μάδημα (τό)
mound, n. σωρός (ή), λοφίσκος (ό), τύμβος (ό)
mount, n. βουνό (τό)/ v.t. ανεβαίνω, σκαρφαλώνω/ (horse) καβαλικεύω/ (theatre) σκηνοθετώ/ ~ *guard*, στέκομαι φρουρός
mountain, n. βουνό (τό), όρος (τό)/ ~ *ash*, σορβιά (ή)/ ~ *range*, οροσειρά (ή)/ ~ *ridge*, ράχη (ή)/ ~*eer*, n. ορειβάτης (ό)/ ~*eering*, n. ορειβασία (ή)/ ~*ous*, a. ορεινός/ ~*side*, n. βουνοπλαγιά (ή)
mountebank, n. κομπογιαννίτης (ό)
mourn, v.t. & i. πενθώ, θρηνώ/ ~*er*, n. πενθών (ό)/ *hired* ~, μοιρολογίστρα (ή)/ ~*ful*, a. πένθιμος, θρηνητικός, θλιβερός/ ~*ing*, n. πένθος (τό), οδύνη (ή)/ *be in* ~, πενθώ
mouse, n. ποντικός (ό), ποντίκι (τό)/ ~*trap*. n. φάκα (ή), ποντικοπαγίδα (ή)
moustache, n. μουστάκι (τό)
mouth, n. στόμα (τό)/ (bottle etc.) στόμιο (τό)/ (river) εκβολή (ή)/ *make one's* ~ *water*, τρέχουν τά σάλια μου/ v.i. μιλώ μέ στόμφο/ v.t. μασώ, χαύω/ ~*ful*, n. μπουκιά (ή)/ ~ -*organ*, n. φυσαρμόνικα (ή)/ ~*piece*, n. (mus.) επιστόμιο (τό)/ (telephone) μικρόφωνο (τό)/ (fig.) φερέφωνο (τό)
movable, a. κινητός/ ~*s*, n. pl. κινητή περιουσία (ή)/ *move*, n. κίνηση (ή), μετακίνηση (ή)/ (house) μετακόμιση (ή)/ v.t. κινώ, κουνάω, μετακινώ, σαλεύω/ v.i. μετακινούμαι, μεταβάλλομαι/ (sentimentally) συγκινώ/ (propose) προτείνω/ (house) μετακομίζω/ ~ *away*, φεύγω/ ~ *back*, επανέρχομαι/ ~ *in*, εγκαθίσταμαι/ ~ *on*, προχωρώ/ ~ *out*, αποχωρώ, αποσύρομαι/ ~*ment*, n. κίνηση (ή), μετατόπιση (ή)/ (mus.) μέρος (τό)/ (tech.) κίνηση (ή), τάση (ή)/ ~*r*, n. εισηγητής (ό)/ (fig.) υποκινητής (ό)/ *movies*, n. pl. σινεμά (τό), κινηματογράφος (ό)/ *moving*, a. κινητήριος, κινητικός/ (sentiment) συγκινητικός
mow, v.t. θερίζω/ ~*er*, n. θεριστής (ό)/ *motor* ~*er*, θεριστική μηχανή (ή)/ *lawn* ~*er*, χορτοκοπτική μηχανή
Mr, βλ. *Mister* **Mrs** βλ. *Mistress*
much, a. πολύς/ ad. πολύ/ *as* ~ *as*, τόσο όσο/ *how* ~? πόσο;/ *so* ~ *the better*, τόσο τό καλύτερο/ *very* ~, παραπολύ/ *too* ~, υπερβολικά πολύ/ ~ *the same*, τελώς τό ίδιο/ *make* ~ *of*, αποδίδω σημασία/ ~ *ado about nothing*, πολύ κακό γιά τό τίποτε/ *it is too* ~ *for*, πάει πολύ
mucilage, n. γλοιώδης (κολλητική) ουσία (ή)
muck, n. κοπριά (ή)/ ~*y*, a. βρωμερός, ρυπαρός
mucous, a. βλενώδης, γλοιώδης/ ~ *membrane*, βλενογόνος υμένας (ό)/ *mucus*, n. βλέννα (ή), μύξα (ή)
mud, n. λάσπη (ή), βούρκος (ό), βόρβορος (ό)/ ~*guard*, n. αλεξιβόρβορος προφυλακτήρας (ό)/ ~*lark*, n. αλητόπαιδο (τό)
muddle, n. σύγχιση (ή), αταξία (ή)/ v.t. ανακατεύω, μπερδεύω/ ~ *through*, τά βολεύω
muddy, a. λασπωμένος, θολός/ v.t. λασπώνω
muezzin, n. μουεζίνης (ό)
muff, n. μανσόν (τό)
muffle, v.t. περικαλύπτω, μειώνω τόν θό-

ρυδο/ ~d, a. πνιγμένος, πνιχτός/ ~r, n. σιγαστήρας (ό), σιλανσιέ (τό)/ (scarf) κασκόλ (τό)
mufti, n. μουφτής (ό)
mug, n. κύπελλο (τό)
muggy, a. ζεστός καί ύγρός
mulatto, n. μιγάδας (ό)
mulberry, n. συκάμινο (τό), μοϋρο (τό)
mulch, n. μισοσαπισμένα φύλλα (τά)
mulct, v.t. βάζω πρόστιμο
mule, n. μουλάρι (τό)/ (shoe) σάνδαλο (τό)/ (fig.) πεισματάρης (έπίμονος) άνθρωπος/ ~teer, n. μουλαράς (ό), άγωγιάτης (ό)/ mulish, a. πεισματάρης, ίσχυρογνώμων
mull, v.t. ζεσταίνω καί άρωματίζω/ ~ over, γυρνώ στή σκέψη
mullet, n. μπαρμπούνι (τό)
mullion, n. ύπέρθυρο (τό)
multicoloured, a. πολύχρωμος
multifarious, a. πολυποίκιλος
multi-millionaire, n. πολυεκατομμυριοϋχος (ό)
multiple, a. πολλαπλός, πολλαπλάσιος/ n. πολλαπλάσιο (τό)/ multiplicand, n. πολλαπλασιαστέος (ό)/ multiplication, n. πολλαπλασιασμός (ό)/ multiplicity, n. πολλαπλότητα (ή)/ multiplier, n. πολλαπλασιαστής (ό)/ multiply, v.t. πολλαπλασιάζω/ v.i. πολλαπλασιάζομαι, πληθαίνω
multitude, n. πλήθος (τό), άφθονία (ή)/ multitudinous, a. άναρίθμητος, πολυπληθής
mum, a. βουβός, σιωπηλός/ keep ~, δέν λέω λέξη/ n. (mother) μαμά (ή)
mumble, v.i. μουρμουρίζω, μασώ τά λόγια μου
mummify, v.t. ταριχεύω, βαλσαμώνω/ mummy, n. μούμια (ή)
mumps, n. παρωτίτιδα (ή), μαγουλάδες (οί)
munch, v.t. μασουλίζω, τρωγαλίζω
mundane, a. έγκόσμιος, κοσμικός
municipal, a. δημοτικός, δημαρχιακός/ ~ity, n. δήμος (ό), δημαρχία (ή)
munificence, n. μεγαλοδωρία (ή)/ munificent, a. μεγαλόδωρος
munitions, n. pl. πολεμοφόδια (τά)
mural, n. τοιχογραφία (ή)/ a. τοϋ τοίχου

murder, n. φόνος (ό), δολοφονία (ή)/ v.t. δολοφονώ, σκοτώνω/ ~er, n. φονιάς (ό), δολοφόνος (ό)/ ~ous, a. φονικός
murky, a. σκοτεινός, ζοφερός
murmur, n. μουρμούρισμα (τό), μουρμουρητό (τό), ψιθύρισμα (τό)/ v.i. μουρμουρίζω, ψιθυρίζω
murrain, n. έπιζωοτία (ή)
muscat, n. μοσχοστάφυλο (τό)
muscle, n. μϋς (ό)/ muscular, a. μυώδης
Muse, n. Μοϋσα (ή)
muse, v.i. διανοοϋμαι, σκέπτομαι, όνειροπολώ
museum, n. μουσείο (τό)
mush, n. χυλός (ό), πολτός (ό)
mushroom, n. μανιτάρι (τό)
music, n. μουσική (ή)/ ~ -hall, καμπαρέ (τό)/ ~-stand, άναλόγιο (τό)/ ~ -stool, σκαμνάκι τοϋ πιάνου/ ~al, a. μουσικός, άρμονικός/ n. μιούζικαλ (τό)/ ~ian, n. μουσικός (ό)
musing, n. όνειροπόλημα (τό), ρεμβασμός (ό)
musk, n. μόσχος (ό)/ ~ -rat, μοσχοπόντικος (ό), κάστορας (ό)
musket, n. τουφέκι (τό), καραμπίνα (ή)/ ~eer, n. σωματοφύλακας (ό)
muslin, n. μουσελίνα (ή)
musquash, n. δέρμα κάστορα
mussel, n. μύδι (τό)
must, v.aux. πρέπει, είναι άνάγκη/ ~ have, πρέπει νά
must, n. μοϋστος (ό)
mustard, n. μουστάρδα (ή), σινάπι (τό)/ ~ plaster, κατάπλασμα μέ σινάπι
muster, v.t. συνάζω, συναθροίζω, έπιθεωρώ/ ~ one's strength, συγκεντρώνω τίς δυνάμεις μου
mustiness, n. μοϋχλα (ή)/ musty, a. μουχλιασμένος
mutability, n. άστάθεια (ή), εύμετάβλητο (τό)/ mutation, n. άλλαγή (ή), μεταβολή (ή)
mute, a. βουβός (ό), μουγκός (ό)/ a. άφωνος, βουβός/ ~d, p.p. & a. πνιχτός
mutilate, v.t. άκρωτηριάζω/ mutilation, n. άκρωτηριασμός (ό)
mutineer, n. στασιαστής (ό)/ mutinous, a. στασιαστικός
mutiny, n. στάση (ή), άνταρσία (ή)/ v.i.

στασιάζω, έπαναστατώ
mutter, v.t. & i. μουρμουρίζω/ ~ *against,* γογγύζω/ ~*ing,* n. μουρμούρισμα (τό), γογγυτό (τό)
mutton, n. ἀρνήσιο κρέας (τό)/ *leg of* ~, μπούτι ἀρνήσιο (τό)/ ~ *chop,* μπριζόλα ἀρνήσια (ἡ)
mutual, a. ἀμοιβαῖος/ ~ *benefit society,* ἀλληλοβοηθητική ἑταιρεία/ ~ *friend,* κοινός φίλος/ ~ *relations,* ἀμοιβαῖες σχέσεις/ *to* ~ *advantage,* γιά κοινό ὄφελος/ ~*ly,* ad. ἀμοιβαία
muzzle, n. στόμιο (τό)/ (animal) ρύγχος (τό)/ (for a dog) φίμωτρο (τό)/ ~ -*loading gun,* ἐμπροσθογεμές ὅπλο/ v.t. φιμώνω
my, a. δικό μου, μου
myopia, n. μυωπία (ἡ)
myriad, n. μυριάδα (ἡ)/ (fig.) ἀναρίθμητο πλῆθος
myrrh, n. σμύρνα (ἡ)
myrtle, n. μύρτο (τό), μυρσίνη (ἡ)
myself, pn. ἐγώ ὁ ἴδιος, ὁ ἑαυτός μου/ *by* ~, μόνος μου
mysterious, a. μυστηριώδης, μυστηριώδικος/ *mystery,* n. μυστήριο (τό)/ ~ *play,* μεσαιωνικό θρησκευτικό δράμα
mystic, n. μυστικιστής (ὁ)/ ~*al,* a. μυστικός, μυστικιστικός, ἀπόκρυφος/ ~*ism,* n. μυστικισμός (ὁ)
mystification, n. ἐξαπάτηση (ἡ), ἐμπαιγμός (ὁ)/ *mystify,* v.t. ἐξαπατῶ, ἐμπαίζω
myth, n. μῦθος (ὁ)/ ~*ical,* a. μυθικός/ ~*ological,* a. μυθολογικός/ ~*ology,* n. μυθολογία (ἡ)

N

nab, v.t. ἀρπάζω, τσακώνω
nacre, n. σεντέφι (τό)
nadir, n. ναδίρ (τό), κατώτατο σημεῖο
nag, n. (horse) παλιάλογο (τό)/ v.t. ἐνοχλῶ, γκρινιάζω/ ~*ging,* n. γκρίνια (ἡ)
naiad, n. ναϊάδα (ἡ), νεράιδα (ἡ)
nail, n. καρφί (τό), πρόκα (ἡ)/ (finger) νύχι (τό)/ ~*brush,* βούρτσα νυχιῶν (ἡ)/ ~ *file,* λίμα νυχιῶν (ἡ)/ ~ *scissors,* νυχοκόπτης (ὁ)/ *hit the* ~ *on the head,* ἀντιμετωπίζω κατευθείαν/ v.t. καρφώνω/ ~ *down,* καρφώνω μέ δύναμη/ (fig.) καθηλώνω/ ~ *up,* φράζω
naive, a. ἀφελής, ἁπλοϊκός/ ~*ty,* n. ἀφέλεια (ἡ), ἁπλοϊκότητα (ἡ)
naked, a. γυμνός/ *stark* ~, ὁλόγυμνος/ *with a* ~ *eye,* μέ γυμνό ὀφθαλμό/ ~ *truth,* ὁλόκληρη ἡ ἀλήθεια, γυμνή ἀλήθεια/ ~*ness,* n. γύμνια (ἡ), γυμνότητα (ἡ)
namby-pamby, a. προσποιητός
name, n. ὄνομα (τό)/ *by* ~, ἀπό τό ὄνομα, ἐξ' ἀκοῆς/ *in God's* ~, γιά ὄνομα τοῦ Θεοῦ!/ *in the* ~ *of,* ἐν ὀνόματι/ *call* ~*s,* βρίζω, βλαστημῶ/ *make a* ~, γίνομαι γνωστός (διάσημος)/ *what is your* ~ ? πῶς ὀνομάζεσαι (λέγεσαι);/ v.t. ὀνομάζω/ ~ - *day,* n. ὀνομαστική γιορτή (ἡ)/ ~*less,* a. ἀνώνυμος, ἄγνωστος/ ~*ly,* ad. δηλαδή/ ~ - *plate,* n. πλάκα μέ ὄνομα (ἡ)/ ~*sake,* n. συνώνυμος
nanny, n. νταντά (ἡ)/ ~ *goat,* κατσίκα (ἡ)
nap, n. ὕπνάκος (ὁ)/ (cloth) χνούδι (τό)/ *take a* ~, παίρνω ἕναν ὑπνάκο/ v.i. κοιμοῦμαι γιά λίγο/ *catch one* ~*ping,* αἰφνιδιάζω
nape, n. αὐχένας (ὁ)
naphtha, n. νάφθα (ἡ), νέφτι (τό)/ ~*lene,* n. ναφθαλίνη (ἡ)
napkin, n. πετσέτα (ἡ)/ ~ *ring,* κρίκος πετσέτας (ὁ)
narcissus, n. νάρκισσος (ὁ)/ *narcissism,* n. ναρκισσισμός (ὁ)
narcotic, a. ναρκωτικός, ὑπνωτικός/ n. ναρκωτικό (τό)
narrate, v.t. ἀφηγοῦμαι, διηγοῦμαι/ *narration,* n. ἀφήγηση (ἡ), διήγηση (ἡ)/ *narrative,* a. ἀφηγηματικός/ n. ἀφηγηματικό κείμενο (τό)
narrator, n. ἀφηγητής (ὁ)
narrow, a. στενός, στενόχωρος/ ~ - *gauge track,* στενή σιδηροδρομική γραμμή/ v.t. & i. στενεύω, περιορίζω/ ~*ly,* ad. στενά, σχεδόν, μόλις/ ~ - *minded,* a. στενόμυαλος, στενοκέφαλος/ ~*ness,* n. στενότητα (ἡ)/ ~*s,* n. pl. στενά (τά)
nasal, a. ρινικός/ (voice) ἔρρινος

nascent, a. νεογέννητος, δημιουργούμενος
nasty, a. (dirty) βρώμικος, ἀκάθαρτος/ (moral) ἀχρεῖος/ (weather) δυσάρεστος
natal, a. γενέθλιος
natation, n. κολύμβηση (ἡ)
nation, n. ἔθνος (τό)/ ~*al*, a. ἐθνικός/ ~ *anthem*, ἐθνικός ὕμνος (ὁ)/ n. ὑπήκοος (ὁ)/ ~*alism*, n. ἐθνικισμός (ὁ)/ ~*alist*, n. ἐθνικιστής (ὁ)/ a. ἐθνικιστικός/ ~*ality*, n. ἐθνικότητα (ἡ), ἰθαγένεια (ἡ), ὑπηκοότητα (ἡ)/ ~*alization*, n. ἐθνικοποίηση (ἡ)/ ~*alize*, v.t. ἐθνικοποιῶ
native, a. ἰθαγενής, ντόπιος/ ~*land*, γενέθλια χώρα/ ~ *tongue*, μητρική γλώσσα/ n. ἰθαγενής (ὁ)/ *nativity*, n. (eccl.) γέννηση (ἡ), γενέθλιο (τό)
natty, a. κομψός
natural, a. φυσικός, ἔμφυτος/ *be* ~, ἔχω φυσικότητα, εἶμαι φυσικός/ ~ *child*, φυσικό τέκνο/ ~*ist*, n. φυσιοδίφης (ὁ)/ ~*ization*, n. πολιτογράφηση (ἡ)/ ~*ize*, v.t. πολιτογραφῶ/ (bot.) ἐγκλιματίζω/ ~*ly*, ad. φυσικά/ ~*ness*, n. φυσικότητα (ἡ), ἀπλότητα (ἡ)/ *nature*, n. φύση (ἡ)/ (character) ἰδιοσυγκρασία (ἡ)/ *from* ~, ἐκ τοῦ φυσικοῦ
naught, n. τίποτε (τό), μηδενικό (τό)
naughtiness, n. ἀταξία (ἡ)/ *naughty*, a. ἄτακτος, κακός
nausea, n. ναυτία (ἡ)/ ~*te*, v.t. προξενῶ ἀηδία/ v.i. ἀηδιάζω ἀναγουλιάζω/ ~*ting*, a. ἀηδιαστικός
nautical, a. ναυτικός, ναυτιλιακός/ ~ *mile*, ναυτικό μίλι (ὁ), κόμβος (ὁ)
nautilus, n. ναυτίλος (ὁ)
naval, a. ναυτικός
nave, n. νάρθηκας (ὁ)
navel, n. ἀφαλός (ὁ), ὀμφαλός (ὁ)/ ~ *cord*, ὀμφάλιος λῶρος
navigable, a. πλωτός/ *navigate*, v.i. πλέω, θαλασσοπορῶ/ v.t. κυβερνῶ πλοῖο/ *navigation*, n. ναυτιλία (ἡ), ναυσιπλοΐα (ἡ), θαλασσοπλοΐα (ἡ)/ *navigator*, n. θαλασσοπόρος (ὁ)
navvy, n. ἐργάτης (ὁ), σκαφτιάς (ὁ)
navy, n. ναυτικό (τό), στόλος (ὁ)/ ~ *blue*, σκοῦρο μπλέ/ ~*list*, ἐπετηρίδα ναυτικοῦ/ ~*yard*, ναύσταθμος (ὁ)

nay, *neg. particle*, ὄχι
Nazi, n. ναζί (ὁ), ναζιστής (ὁ)
neap, a. χαμηλός/ ~*tide*, χαμηλή παλίρροια
Neapolitan, n. Ναπολιτάνος (ὁ)/ a. ναπολιτάνικος
near, ad. κοντά/ ~ *at hand*, πρόχειρος/ *come* ~, πλησιάζω/ a. κοντινός/ ~ *relative*, κοντινός (στενός) συγγενής/ *N*~ *East*, Ἐγγύς Ἀνατολή (ἡ)/ v.i. πλησιάζω, προσεγγίζω/ ~*ly*, ad. σχεδόν, περίπου/ ~*ness*, n. ἐγγύτητα (ἡ), πλησίασμα (τό)/ (of relations) στενότητα σχέσεων/ ~*side*, a. ἀριστερός/ ~*sighted*, a. μύωπας
neat, a. καθαρός, παστρικός, τακτικός, κομψός/ ~*ly*, ad. καθαρά, κομψά, τακτικά/ ~*ness*, n. καθαρότητα (ἡ), κομψότητα (ἡ), τάξη (ἡ)
nebulous, a. νεφελώδης/ (fig.) ἀσαφής, μπερδεμένος
necessaries, n. pl. τά ἀπαραίτητα/ *necessarily*, ad. ἀπαραίτητα, ἀναγκαστικά, ἀναγκαῖα/ *necessary*, a. ἀπαραίτητος, ἀναγκαῖος/ *necessitate*, v.t. καθιστῶ ἀναγκαῖο (ἀπαραίτητο)/ *necessitous*, a. ἄπορος/ *necessity*, n. ἀνάγκη (ἡ), ἀναγκαιότητα (ἡ)/ (poverty) ἔνδεια (ἡ)
neck, n. λαιμός (ὁ), αὐχένας (ὁ), τράχηλος (ὁ)/ *break one's* ~, σκοτώνομαι ἀπό πτώση/ *get it in the* ~, δέχομαι σοβαρή ἐπίπληξη/ *up to one's* ~, μέχρι τό λαιμό/ ~*band*, n. γιακάς (ὁ)/ ~*erchief*, n. φουλάρι (τό)/ ~*lace*, n. περιδέραιο (τό)
necrology, n. νεκρολογία (ἡ)
necromancer, n. νεκρομάντης (ὁ)/ *necromancy*, n. νεκρομαντεία (ἡ)
necropolis, n. νεκρούπολη (ἡ), νεκροταφεῖο (τό)
nectar, n. νέκταρ (τό)/ ~*ine*, n. μηλοροδάκινο (τό)
need, n. ἀνάγκη (ἡ), χρεία (ἡ)/ *if* ~ *be*, ἐάν χρειασθεῖ/ v.t. χρειάζομαι, ἔχω ἀνάγκη/ *it* ~*s to be done*, πρέπει νά γίνει/ ~*ful*, a. ἀναγκαῖος
needle, n. βελόνα (ἡ)/ (sewing) βελόνι (τό)/ (knitting) βελονάκι (τό)/ ~ - *case*, n. βελονοθήκη (ἡ)
needless, a. περιττός/ ~ *to say*, περιττό νά

πῶ, εἶναι αὐτονόητο ὅτι/ needy, a. ἄπορος
needlewoman, n. μοδίστρα (ἡ), ῥάφτρα (ἡ)/ *needlework,* n. ῥαπτική (ἡ), ἐργόχειρο (τό)
ne'er-do-well, n. ἀχαΐρευτος, ἀκαμάτης
nefarious, a. στυγερός, ἀπαίσιος
negation, n. ἄρνηση (ἡ)/ *negative,* a. ἀρνητικός/ n. ἀρνητικό (τό)/ (phot.) ἀρνητική εἰκόνα (ἡ)/ v.t. ἀρνοῦμαι, ἀπορρίπτω
neglect, n. παραμέληση (ἡ), ἀμέλεια (ἡ), ἀπροσεξία (ἡ)/ *let fall into ~,* ἀφήνω παραμελημένο/ v.t. παραμελῶ, ἀμελῶ/ *~ one's duty,* παραμελῶ τά καθήκοντά μου/ *~ful,* a. ἀμελής/ *negligée,* n. ἀτημέλητο (τό), νεγκλιζέ (τό)/ *negligence,* n. ἀμέλεια (ἡ)/ *negligent,* a. ἀμελής, ἀδιάφορος/ *negligible,* a. ἀμελητέος, ἀσήμαντος
negotiable, a. ἐμπορεύσιμος, διαπραγματεύσιμος/ *negotiate,* v.t. διαπραγματεύομαι/ v.i. ὑπερπηδῶ/ *negotiation,* n. διαπραγμάτευση (ἡ)/ *enter into ~,* ἀρχίζω διαπραγματεύσεις/ *negotiator,* n. διαπραγματευτής (ὁ)
negress, n. νέγρα (ἡ), μαύρη (ἡ)/ *negro,* n. νέγρος (ὁ), μαῦρος (ὁ)/ a. νέγρικος
neigh, n. χλιμίντρισμα (τό)/ v.i. χλιμιντρῶ
neighbour, n. γείτονας (ὁ)/ *love one's ~,* ἀγάπα τόν πλησίον σου/ *~hood,* n. γειτονιά (ἡ), συνοικία (ἡ)/ *~ing,* a. γειτονικός/ *~ly,* a. φιλικός, περιποιητικός.
neither, a. & pn. κανείς/ c. & ad. οὔτε/ *~... nor...* οὔτε... οὔτε...
Nemesis, n. Νέμεση (ἡ), ἐκδίκηση (ἡ)
neologism, n. νεολογισμός (ὁ)
neon, n. νέον (τό)
neophyte, n. ἀρχάριος (ὁ), νεοφώτιστος (ὁ)
nephew, n. ἀνεψιός (ὁ)
nepotism, n. νεποτισμός (ὁ)
nereid, n. νηρηίδα (ἡ), νεράιδα (ἡ)
nerve, n. νεῦρο (τό)/ (bot.) νεύρωμα (τό)/ *lose one's ~,* χάνω τήν ψυχραιμία μου/ v.i. *~ oneself,* παίρνω θάρρος, ἐνθαρρύνομαι/ *~less,* a. ἄτονος, ἀδρανής/ *nervous,* a. νευρικός, εὐερέθιστος/ *~ breakdown,* νευρικός κλονισμός (ὁ)/ *nervy,* a. ἐκνευρισμένος, εὐερέθιστος
nest, n. φωλιά (ἡ)/ *~egg,* κομπόδεμα (τό)/ v.i. φωλιάζω/ *~le,* v.i. συσπειρώνομαι, φωλιάζω/ *~ up to,* χώνομαι/ *~ling,* n. νεοσσός (ὁ)
net, n. δίχτυ (τό)/ v.t. ρίχνω δίχτυα, ψαρεύω μέ δίχτυα/ a. καθαρός/ *~cost,* καθαρό κόστος/ *~ profit,* καθαρό κέρδος/ *~ weight,* καθαρό βάρος
nether, a. κατώτερος, χαμηλότερος/ *~ regions,* ἄδης (ὁ), ὁ κάτω κόσμος/ *~most,* a. κατώτατος, βαθύτατος, χαμηλότατος
netting, n. δικτυωτό (τό)
nettle, n. τσουκνίδα (ἡ)/ v.t. κεντῶ, ἀγκυλώνω, ἐρεθίζω
network, n. δίκτυο (τό)
neuralgia, n. νευραλγία (ἡ)/ *neuralgic,* a. νευραλγικός
neurasthenia, n. νευρασθένεια (ἡ)/ *neurasthenic,* a. νευρασθενικός/ *neuritis,* n. νευρίτιδα (ἡ)/ *neurologist,* n. νευρολόγος (ὁ)/ *neurology,* n. νευρολογία (ἡ)/ *neurosis,* n. νεύρωση (ἡ)/
neurotic, a. νευρωτικός
neuter, a. οὐδέτερος/ n. (gender) οὐδέτερο (γένος) (τό)/ *neutral,* a. οὐδέτερος, ἀμερόληπτος/ *~ity,* n. οὐδετερότητα (ἡ)/ *~ize,* v.t. ἐξουδετερώνω
neutron, n. νετρόνιο (τό), οὐδετερόνιο (τό)
never, ad. ποτέ/ *~ mind!* δέν πειράζει!/ *~ more,* ποτέ πιά/ *~ - ending,* a. ἀτέλειωτος/ *~theless,* ad. παρ' ὅλα αὐτά, ἐντούτοις
new, a. νέος, καινούριος/ *N~ Year,* Νέο ἔτος/ *N~ Year's Day,* Πρωτοχρονιά (ἡ)/ *~born,* a. νεογέννητος/ *~ comer,* n. νεοφερμένος (ὁ)
newel, n. στύλος σκάλας (ὁ)
newfangled, a. νεωτεριστικός
newly, ad. πρόσφατα, τελευταῖα/ *~ weds,* n. pl. νιόπαντροι (οἱ)
news, n. νέα (τά), εἰδήσεις (οἱ)/ *~ agency,* πρακτορεῖο εἰδήσεων (τό)/ *~ bulletin,* δελτίο εἰδήσεων (τό)/ *~ item,* εἴδηση (ἡ)/ *stop-press ~,* τελευταῖες εἰδήσεις, ἐπί τοῦ πιεστηρίου/ *~ agent,* n. ἔμπορος ἐφημερίδων (ὁ)/ *~boy,* n. ἐφημεριδοπώλης (ὁ)/ *~monger,* n. δια-

δοσίας (ό)/ ~paper, n. ἐφημερίδα (ἡ)/ ~print, n. δημοσιογραφικό χαρτί (τό)/ ~reel, n. ἐπίκαιρα (τά)/ ~ - stand, n. περίπτερο ἐφημερίδων (τό)
newt, n. σαλαμάντρς (ἡ)
next, a. ἑπόμενος, προσεχής, διπλανός/ ~ door neighbour, πλαϊνός γείτονας/ ~ door to, πλάι, δίπλα/ the ~ day, τήν ἑπομένη/ the ~ life, ἡ ἄλλη ζωή/ ~ of kin, πλησιέστερος συγγενής/ ad. μετά, τήν ἑπόμενη φορά/ ~ to nothing, τίποτε/ what ~ ? καί ἔπειτα;
nexus, n. συνδετικός κρίκος (ό)
nib, n. μύτη τῆς πένας (ἡ)
nibble, n. δάγκωμα (τό), ροκάνισμα (τό)/ v.t. μασουλίζω, ροκανίζω
nice, a. καλός, εὐχάριστος, ὄμορφος, νόστιμος/ be ~ to, φέρομαι εὐγενικά/ it is ~ and warm, εἶναι ζεστά καί εὐχάριστα/ ~ly, ad. καλά, ὡραῖα, εὐγενικά/ ~ness, n. εὐγένεια (ἡ), λεπτότητα (ἡ)/ ~ty, n. λεπτότητα (ἡ), ἁβρότητα (ἡ)/ to a ~, τέλεια, θαυμάσια
niche, n. κοίλωμα τοίχου (τό), γωνίτσα (ἡ)
nick, n. ἐγκοπή (ἡ), ἐντομή (ἡ), χαρακιά (ἡ)/ in the ~ of time, πάνω στήν ὥρα, τήν κατάλληλη στιγμή/ v.t. χαράζω, χαρακώνω/ (steal) κλέβω, βουτάω
nickel, n. νίκελ (τό)/ (U.S. coin) πέντε σέντς/ ~plated, a. ἐπινικελωμένος
nick-nack, n. μπιχλιμπίδι (τό)
nickname, n. παρατσούκλι (τό), ὑποκοριστικό (τό)/ v.t. βγάζω παρατσούκλι, παρονομάζω
nicotine, n. νικοτίνη (ἡ)
niece, n. ἀνιψιά (ἡ), ἀνηψιά (ἡ)
niggardliness, n. φιλαργυρία (ἡ), τσιγγουνιά (ἡ)/ niggardly, a. φιλάργυρος, τσιγγούνης/ ad. τσιγγούνικα
nigh, ad. κοντά, σιμά/ a. κοντινός
night, n. νύχτα (ἡ), βραδιά (ἡ)/ at ~, τήν νύχτα/ good~ ! καληνύχτα!/ last ~, χθές τό βράδυ/ the ~ before last, προχθές τό βράδυ/ ~cap, n. νυχτερινός σκοῦφος (ὁ)/ (drink) τελευταῖο ποτήρι/ ~ club, n. νυχτερινό κέντρο (τό)/ ~ dress, n. νυχτικό (τό)/ ~fall, n. σούρουπο (τό)
nightingale, n. ἀηδόνι (τό)

nightly, a. νυχτερινός, βραδινός/ ad. κάθε νύχτα (βράδυ)
nightmare, n. ἐφιάλτης (ὁ), βραχνάς (ὁ)
night-school, n. νυχτερινή σχολή (ἡ)
nightshade, n. (bot.) στρύχνος (ὁ)
nightwatchman, n. νυχτοφύλακας (ὁ)
nihilism, n. μηδενισμός (ὁ)/ nihilist, n. μηδενιστής (ὁ)
nil, n. τίποτε (τό), μηδέν (τό)
nimble, a. εὐκίνητος, σβέλτος/ (mind) ἔξυπνος/ ~ - footed, a. γοργοπόδαρος/ ~ness, n. εὐκινησία (ἡ), σβελτάδα (ἡ)
nimbus, n. σύννεφο βροχῆς (τό)
nincompoop, n. βλάκας (ὁ), μπούφος (ὁ)
nine, num. ἐννέα/ n. ἐννιάρι (τό)/ dressed to the ~s, ντυμένος στήν πέννα/ ~teen, num. δεκαεννέα/ ~teenth, num. δέκατος ἔνατος/ ~tieth, num. ἐνενηκοστός/ ~ty, num. ἐνενήντα
ninny, n. χαζός (ὁ)
ninth, num, ἔνατος/ n. ἔνατο (τό)
nip, n. τσίμπημα (τό)/ (drink) γουλιά (ἡ)/ v.t. τσιμπῶ, δαγκώνω/ (frost) μουδιάζω, πηρουνιάζω/ ~ in, παρεμβαίνω, τρυπώνω/ ~ in the bud, καταπνίγω ἐν τῇ γενέσει/ ~per, n. λαβίδα (ἡ), δαγκάνα (ἡ)/ pl. χειροπέδες (οἱ)
nipple, n. ρώγα (ἡ), θηλή (ἡ)
nit, n. βλάκας (ὁ)
nitrate, n. νιτρικό ἅλας (τό)/ nitre, n. νίτρο (τό), νιτρικό κάλιο (τό)/ nitric, a. νιτρικός/ nitroglycerine, n. νιτρογλυκερίνη (ἡ)/ nitrogen, n. ἄζωτο (τό)/ nitrous, a. ἀζωτοῦχος
no, ad. ὄχι/ n. ἄρνηση (ἡ), ὄχι (τό)/ ~ admittance, ἀπαγορεύεται ἡ εἴσοδος/ ~ doubt, χωρίς ἀμφιβολία, ἀναμφίβολα ~ entry, ἀπαγορεύεται ἡ εἴσοδος/ it is ~ good, εἶναι ἀνώφελο/ ~ longer, ὄχι πιά/ ~ matter, ὅτι καί ἄν/ by ~ means, μέ κανένα τρόπο/ ~more, ὄχι ἄλλο/ ~one, none, κανένας/ ~ smoking, ἀπαγορεύεται τό κάπνισμα/ ~ sooner, μόλις/ ~ thoroughfare, ἀδιέξοδο (τό)/ ~ wonder, δέν εἶναι περίεργο πού
Noah's Ark, n. κιβωτός τοῦ Νῶε (ἡ)
nobility, n. εὐγένεια (ἡ), ἀριστοκρατικότητα (ἡ), ἀρχοντιά (ἡ)
noble, a. εὐγενής, ἀριστοκρατικός, ἐκλεκτός/ ~man, n. ἀριστοκράτης (ὁ), εὐ-

πατρίδης (ό), ευγενής (ό)/ ~ness, n. ευγένεια (ή), μεγαλοψυχία (ή), αρχοντιά (ή)
nobody, pn. κανείς, κανένας
nocturnal, a. νυχτερινός, νυκτόβιος/ *nocturne,* n. νυχτερινό (τό), νοτοΰρνο (τό)
nod, n. νόημα (τό), νεύμα (τό)/ v.i. κάνω νόημα/ *~ding acquaintance,* άπλή γνωριμία
node, n. κόμπος (ό), ρόζος (ό)/ (med.) όζος (ό)/ *nodule,* n. φυμάτιο (τό)/ (med.) οζίδιο (τό)
noise, n. θόρυβος (ό), φασαρία (ή)/ v.i. διαδίδω/ *~less,* a. άθόρυβος/ *noisily,* ad. θορυβώδικα
noisome, a. βλαβερός, άνθυγιεινός
noisy, a. θορυβώδης, πολυθόρυβος
nomad, n. νομάδας (ό)/ *~ic,* a. νομαδικός
no-man's land, n. ουδέτερη ζώνη (ή)
nomenclature, n. ονοματολογία (ή)
nominal, a. ονομαστικός, εικονικός, συμβολικός
nominate, v.t. ονομάζω, διορίζω, προτείνω υποψήφιο/ *nomination,* n. διορισμός (ό), ανάδειξη υποψηφίου (ή)/ *nominative,* n. ονομαστική (ή)/
nominee, n. υποψήφιος γιά τό χρίσμα (ό)
non-, prefix, ά ~, άν~, άντι~
nonagenarian, n. ενενηντάρης (ό), ενενηντάχρονος (ό)
nonce, n. *for the ~,* πρός τό παρόν
nonchalance, n. αδιαφορία (ή), απάθεια (ή), αταραξία (ή)/ *nonchalant,* a. αδιάφορος, απαθής, ατάραχος
non-combatant, n. & a. άμαχος (ό)
non-commissioned (officer), n. υπαξιωματικός (ό)
non-committal, a. επιφυλακτικός
nonconformist, n & a. αντικονφορμιστής (ό)
nondescript, a. ακαθόριστος, απερίγραπτος
none, pn. κανένας, καμία, κανένα/ *~ of that!* άστα αυτά! σταμάτα!/ ad. καθόλου/ *~ the less,* παρ' όλα αυτά
nonentity, n. ασημότητα (ή), μηδενικό (τό)
non-existent, a. ανύπαρκτος
non-intervention, n. πολιτική μή έπέμβασης (ή)
nonplus, v.t. φέρνω σέ αμηχανία, μπερδεύω/ n. αμηχανία (ή)
nonsense, n. ανοησία (ή), ασυναρτησία (ή)/ *nonsensical,* a. ασυνάρτητος
non-stop, n. εξπρές (τό)/ a. χωρίς διακοπή, συνεχής
noodle, n. χαζός (ό)/ pl. φιδές (ό)
nook, n. γωνίτσα (ή), κώχη (ή)
noon, n. μεσημέρι (τό)/ a. μεσημεριάτικος
noose, n. θηλιά (ή), βρόχος (ό)
nor, c. ούτε/ *neither... ~...,* ούτε... ούτε...
norm, n. κανόνας (ό), πρότυπο (τό)/ *~al,* a. κανονικός, ομαλός/ *~ality,* n. ομαλότητα (ή), φυσιολογική κατάσταση (ή)/ *~alize,* v.t. ομαλοποιώ, εξομαλύνω
Norman, n. Νορμανδός (ό)/ a. νορμανδικός
Norse, n. Σκανδιναβός (ό)/ a. σκανδιναβικός
north, n. βορράς (ό)/ ad. πρός τά βόρεια/ a. βόρειος, βορεινός/ *~ east,* ad. βορειοανατολικά/ *~ eastern,* a. βορειοανατολικός/ *~erly,* a. βορειός/ *~ern,* a. βόρειος/ *~ lights,* βόρειο σέλας (τό)/ *~erner,* n. βόρειος (ό), κάτοικος του βορρά/ *~wards,* ad. βόρεια, πρός τά βόρεια/ *~west,* ad. βορειοδυτικά/ *~western,* a. βορειοδυτικός
Norwegian, n. Νορβηγός (ό), Νορβηγίδα (ή)/ a. νορβηγικός
nose, n. μύτη (ή)/ (animal) ρύγχος (τό)/ *blow one's ~,* φυσώ τήν μύτη μου/ *speak through the ~,* μιλώ μέ τήν μύτη/ *~ about,* μυρίζομαι, οσφραίνομαι/ *~ around,* ανακατεύομαι/ *~ out,* ανακαλύπτω, ξετρυπώνω/ *~bag,* n. κρεμαστός σάκος (ό)/ *~dive,* n. κατακόρυφη πτώση (ή)/ *~gay,* n. μπουκέτο (τό), μικρή ανθοδέσμη (ή)
nostalgia, n. νοσταλγία (ή)/ *nostalgic,* a. νοσταλγικός
nostril, n. ρουθούνι (τό)
nostrum, n. πανάκεια (ή)
not, ad. δέν, μή/ *~ at all,* καθόλου/ *~ yet,* όχι ακόμη/ *why ~ ?* γιατί όχι;
notability, n. επισημότητα (ή)/ *notable,* a. αξιόλογος, σημαντικός/ *notably,* ad.

σημαντικά, κυρίως
notary, n. συμβολαιογράφος (ό)
note, n. σημείωση (ή), αναγραφή (ή)
notch, n. εντομή (ή), χάραγμα (τό)/ v.t. χαράζω
note, n. σημείωση (ή), σημείωμα (τό)/ (mus.) νότα (ή)/ (diplomatic) διακοίνωση (ή)/ v.t. σημειώνω/ ~*book*, n. σημειωματάριο (τό)/ ~*case*, n. χαρτοφύλακας (ό)/ ~*d*, a. διάσημος, διαπρεπής/ ~ *worthy*, a. αξιοσημείωτος
nothing, pn. τίποτε/ n. μηδέν (τό), μηδενικό (τό)/ *for* ~, γιά τό τίποτε/ *come to* ~, δέν φέρνω αποτέλεσμα/ *sweet* ~*s*, γλυκόλογα/ ~ *much*, τίποτε τό σπουδαίο/ ~*ness*, n. μηδαμινότητα (ή), ασημαντότητα (ή)
notice, n. ειδοποίηση (ή), είδηση (ή), αγγελία (ή)/ *at a moment's* ~, χωρίς προειδοποίηση/ *at short* ~, μέ μικρή προειδοποίηση/ *escape* ~, διαφεύγω τήν προσοχή/ *give* ~, προειδοποιώ/ *take* ~ *of*, προσέχω, δίνω προσοχή/ v.t. προσέχω, παρατηρώ, σημειώνω/ ~*able*, a. αξιοπρόσεκτος, αξιοσημείωτος/ ~ *board*, n. πίνακας ανακοινώσεως (ό)/ *notification*, n. ανακοίνωση (ή), γνωστοποίηση (ή), κοινοποίηση (ή)/ *notify*, v.t. ανακοινώνω, γνωστοποιώ, κοινοποιώ
notion, n. ιδέα (ή), έννοια (ή)/ ~*al*, a. υποθετικός, θεωρητικός
notoriety, n. κακή φήμη (ή), κακοφημία (ή)/ *notorious*, a. διαβόητος
notwithstanding, pr. & ad. μολονότι, παρ' όλα αυτά/ c. όμως
nougat, n. αμυγδαλωτό (τό)
nought, n. τίποτε (τό)
noun, n. όνομα (τό), ουσιαστικό (τό)/ *proper* ~, κύριο όνομα
nourish, v.t. τρέφω, ανατρέφω/ ~*ing*, a. θρεπτικός/ ~*ment*, n. τροφή (ή), διατροφή (ή)
novel, n. μυθιστόρημα (τό)/ a. νέος, πρόσφατος, πρωτοφανής/ ~*ist*, n. μυθιστοριογράφος (ό)/ ~*ty*, n. νεωτερισμός (ό), καινοτομία (ή)
November, n. Νοέμβριος (ό)/ a. νοεμβριανός, νοεμβριάτικος
novice, n. αρχάριος (ό)

now, ad. τώρα/ ~ *and again*, κάθε λίγο καί λιγάκι/ *just* ~, αυτή τήν στιγμή/ ~ *then!* λοιπόν!/ ~ *and then*, πότε-πότε/ ~ *that*, τώρα πού/ *from* ~ *on*, από τώρα καί στό εξής/ ~*adays*, ad. σήμερα, στήν εποχή μας
nowhere, ad. πουθενά
nowise, ad. μέ κανένα τρόπο
noxious, a. βλαβερός, ολέθριος
nozzle, n. στόμιο (τό)
nuance, n. απόχρωση (ή)
nuclear, a. πυρηνικός/ *nucleus*, n. πυρήνας (ό), κέντρο (τό)
nude, a. γυμνός/ n. γυμνό (τό), γυμνότητα (ή)
nudge, n. σκούντημα (τό)/ v.t. σκουντώ μέ τόν αγκώνα
nudity, n. γυμνότητα (ή)
nugatory, a. ασήμαντος, κενός
nugget, n. βώλος (ό), ψήγμα (τό)
nuisance, n. ενόχληση (ή), στενοχώρια (ή), ζημία (ή)/ *what a* ~*!* τί ενόχληση!
null, a. μηδαμινός, ασήμαντος/ ~ *and void*, άκυρος/ ~*ify*, v.t. ακυρώνω, καταργώ/ ~*ity*, n. μηδαμινότητα (ή)/ (leg.) ακυρότητα (ή)
numb, a. μουδιασμένος, ναρκωμένος/ v.t. μουδιάζω, ναρκώνω, παραλύω
number, n. αριθμός (ό), πλήθος (τό)/ *a* ~ *of*, πολλοί, αρκετοί/ *quite a* ~, κάμποσοι/ *in large* ~*s*, σέ μεγάλο αριθμό, πολυάριθμοι/ v.t. αριθμώ/ *his days are* ~*ed*, οι μέρες του είναι μετρημένες/ ~*ing*, n. αρίθμηση (ή), υπολογισμός (ό)/ ~*less*, a. αναρίθμητος/ ~*plate*, n. αριθμός αυτοκινήτου
numbness, n. μούδιασμα (τό), νάρκωση (ή)
numeral, n. αριθμητικό (τό)/ a. αριθμητικός/ *numerator*, n. αριθμητής (ό)/ *numerical*, a. αριθμητικός/ *numerous*, a. πολυάριθμος
numismatics, n. νομισματολογία (ή), νομισματική (ή)
numskull, n. βλάκας (ό)
nun, n. καλόγρια (ή), μοναχή (ή)
nuncio, n. νούντσιος (ό), παπικός έξαρχος (ό)
nunnery, n. μοναστήρι καλογραιών (τό)
nuptial, a. γαμήλιος/ ~*s*, n. pl. γάμος (ό)

nurse, n. νοσοκόμος (ό), νοσοκόμα (ή), παραμάνα (ή)/ v.t. φροντίζω, περιποιούμαι/ (hosp.) νοσηλεύω/ (sentiment) τρέφω, διατηρώ/ ~ *ry*, n. δωμάτιο παιδιών (τό)/ ~*rhyme*, νανούρισμα (τό)/ ~ *school*, νηπιαγωγείο (τό)/ (plants) φυτοκομείο (τό)/ *nursing*, n. φροντίδα (ή), περιποίηση (ή)/ ~ *home*, κλινική (ή)
nurture, v.t. άνατρέφω, έκπαιδεύω
nut, n. καρύδι (τό)/ (tech.) κοχλίας (ό), βίδα (ή)/ ~ - *brown*, a. καστανός/ ~*cracker*, n. καρυοθραύστης (ό)/ ~*s*, a. τρελός/ ~*shell*, n. καρυδότσουφλο (τό)/ *in a* ~, σύντομα, μέ μιά λέξη/ ~*tree*, n. καρυδιά (ή)
nutriment, n. τροφή (ή)/ *nutritious*, a. θρεπτικός
nutty, a. γεμάτος καρύδια/ (taste) μέ γεύση καρυδιού
nuzzle, v.t. άνακατεύω μέ τό ρύγχος/ ~ *against*, χαϊδεύομαι, τρίβομαι πάνω
nylon, n. νάιλον (τό)
nymph, n. νύμφη (ή)
nymphomania, n. νυμφομανία (ή)/ ~*c*, a. νυμφομανής

O

O! int. Ώ/ ~ *my!* Θεέ μου! Παναγιά μου!
oaf, n. βλάκας (ό)
oak, n. βαλανιδιά (ή), δρΰς (ή)/ ~*en*, a. δρύινος
oakum, n. στουπί (τό)
oar, n. κουπί (τό)/ ~*sman*, n. κωπηλάτης (ό)
oasis, n. δαση (ή)
oath, n. όρκος (ό)/ *on* ~, ένορκα, μέ δρκο/ *take an* ~, όρκίζομαι, παίρνω όρκο
oats, n. pl. βρώμη (ή)/ *oat*~*meal*, n. άλεύρι άπό βρώμη
obduracy, n. άναισθησία (ή), πόρωση (ή)/ *obdurate*, a. άναίσθητος, σκληρός
obedience, n. υπακοή (ή)/ *obedient*, a. υπάκουος

obeisance, n. υπόκλιση (ή), μετάνοια (ή)
obelisk, n. όβελίσκος (ό)
obese, a. παχύσαρκος/ *obesity*, n. παχυσαρκία (ή), πάχος (τό)
obey, v.t. υπακούω, πειθαρχώ
obituary, n. νεκρολογία (ή)/ a. νεκρολογικός, έπιμνημόσυνος
object, n. άντικείμενο (τό), πράγμα (τό)/ (gram.) άντικείμενο (τό)/ ~ *lesson*, μάθημα πραγματογνωσίας/ v.i. φέρνω άντίρηση, έναντιώνομαι/ ~*ion*, n. άντίρρηση (ή)/ ~*ionable*, a. άπαράδεκτος/ ~*ive*, a. άντικειμενικός/ n. σκοπός (ό), στόχος (ό)/ ~*ivity*, n. άντικειμενικότητα (ή)
objurgate, v.t. έπιτιμώ/ *objurgation*, n. έπιτίμηση (ή)
oblation, n. άφιέρωμα (τό)
obligate, v.t. υποχρεώνω/ *obligation*, n. υποχρέωση (ή)/ *be under an* ~, είμαι υποχρεωμένος/ *obligatory*, a. υποχρεωτικός
oblige, v.t. υποχρεώνω/ ~*d*, p.p. & a. υποχρεωμένος/ *obliging*, a. υποχρεωτικός, πρόθυμος
oblique, a. λοξός, πλάγιος/ *obliquity*, n. λοξότητα (ή)
obliterate, v.t. έξαλείφω, έξαφανίζω/ *obliteration*, n. έξάλειψη (ή), έξαφάνιση (ή)
oblivion, n. λήθη (ή), λησμοσύνη (ή)/ *oblivious*, a. έπιλήσμων, ξεχασιάρης.
oblong, a. μακρουλός/ n. παραλληλόγραμμο (τό)
obloquy, n. δυσφήμηση (ή), κακολογία (ή), μομφή (ή)
oboe, n. όξύαυλος (ό)/ *oboist*, n. όξυαυλητής (ό)
obscene, a. αίσχρός, άσεμνος/ *obscenity*, n. αίσχρότητα (ή)
obscure, a. σκοτεινός, άσαφής/ (person) άγνωστος, άσήμαντος/ v.t. σκοτίζω, άμαυρώνω/ *obscurity*, n. σκοτεινιά (ή), άσάφεια (ή)/ (person) άσημαντότητα (ή), άφάνεια (ή)
obsequies, n. pl. κηδεία (ή), έκφορά (ή)
obsequious, a. περιποιητικός, φιλοφρονητικός/ ~*ness*, n. περιποιητικότητα (ή), φιλοφροσύνη (ή)
observable, a. αίσθητός, όρατός/ *obser*-

vance, n. τήρηση (ή), ύπακοή (ή)/ *observant,* a. πιστός τηρητής/ *observation,* n. παρατήρηση (ή)/ ~ *post,* παρατηρητήριο (τό)/ *observatory,* n. άστεροσκοπεΐο (τό)/ *observe,* v.t. παρατηρώ/ (rules) τηρώ/ ~*r,* n. παρατηρητής (ό) ⁀
obsess, v.t. ένοχλώ, βασανίζω/ *be* ~*ed by,* κατέχομαι άπό έμμονη ίδέα/ ~*ion,* n. έμμονη ίδέα (ή)
obsolescent, a. άπαρχαιωμένος, παληωμένος/ *obsolete,* a. άπαρχαιωμένος, ξεπερασμένος
obstacle, n. έμπόδιο (τό), κώλυμα (τό)
obstetric(al), a. μαιευτικός/ *obstetrics,* n. μαιευτική (ή)
obstinacy, n. έπιμονή (ή), ίσχυρογνωμοσύνη (ή), πείσμα (τό)/ *obstinate,* a. έπίμονος, ίσχυρογνώμων, πεισματάρης
obstreperous, a. θορυβώδικος, ξεκουφαντικός
obstruct, v.t. έμποδίζω, φράζω/ ~ *the view,* κλείνω τήν θέα/ ~*ion,* n. έμπόδιο (τό), φράξιμο (τό)
obtain, v.t. άποκτώ, πετυχαίνω/ v.i. έπικρατώ/ ~*able,* ad. έφικτός
obtrude, v.t. παρεμβάλλω/ v.i. παρεμβάλλομαι, παρενοχλώ/ ~ *oneself,* μπαίνω μέ τή βία/ *obtrusive,* a. ένοχλητικός, φορτικός
obtuse, a. άμβλύς
obverse, n. όψη νομίσματος (ή)
obviate, v.t. άποτρέπω, άποφεύγω
obvious, a. προφανής, φανερός/ ~*ly,* ad. προφανώς
occasion, n. εύκαιρία (ή), περίσταση (ή)/ *have* ~ *for complaint,* έχω λόγο νά παραπονεθώ/ *give* ~ *for,* δίνω άφορμή γιά/ *on the* ~ *of,* μέ τήν εύκαιρία/ v.t. προξενώ, προκαλώ/ ~*al,* a. σποραδικός, τυχαίος/ ~*ally,* ad. σποραδικά, πότε-πότε
occident, n. δύση (ή)/ ~*al,* a. δυτικός
occult, a. άόρατος, μυστικός, άπόκρυφος/ ~*ism,* n. μυστικισμός (ό), άποκρυφολογία (ή)
occupancy, n. κατοχή (ή)/ (house) κατοίκηση (ή), διαμονή (ή)/ *occupant,* n. κάτοχος (ό), ένοικος (ό)/ *occupation,* n. κατοχή (ή)/ (work) έπάγγελμα (τό), ένασχόληση (ή)/ *occupier,* n. κάτοχος (ό), ένοικος (ό)/ *occupy,* v.t. κατέχω, καταλαμβάνω/ (house) κατοικώ/ *be occupied in,* άσχολοΰμαι
occur, v.i. συμβαίνω, τυχαίνω/ *it* ~ *red to me,* μοΰ ήρθε στό νοΰ ότι, σκέφτηκα ότι/ ~*rence,* n. περιστατικό (τό), συμβάν (τό)
ocean, n. ώκεανός (ό)/ ~ *liner,* ύπερωκεάνειο (τό)/ ~*ic,* a. ώκεανικός
ochre, n. ώχρα (ή)
o'clock, ad. ή ώρα/ *at five* ~, στίς πέντε
octagon, n. όκτάγωνο (τό)
octave, n. όκτάβα (ή)
octet, n. όκταφωνία (ή)
October, n. Όκτώβριος (ό)/ a. όκτωβριανός, όκτωβριάτικος
octogenarian, n. όγδοντάρης (ό)
octopus, n. όχταπόδι (τό)
ocular, a. όφθαλμικός/ *oculist,* n. όφθαλμολόγος (ό)
odd, a. περιττός, μονός/ (person) παράξενος/ ~ *job,* μικροδουλειά/ *at* ~ *times,* σέ άκατάλληλες ώρες/ ~ *or even,* μονά ή ζυγά/ ~*ity,* n. παραξενιά (ή), παραδοξότητα (ή)/ ~*ly,* ad. παράξενα, παράδοξα/ ~*ments,* n. pl. άπομεινάρια (τά)/ ~*ness,* n. παραδοξότητα (ή), άνομοιότητα (ή)/ ~*s,* n. pl. πιθανότητα (ή), εύκαιρία (ή)/ ~ *and ends,* διάφορα μικροπράγματα/ *fight against* ~, άγωνίζομαι έναντίον μεγαλυτέρων δυνάμεων
ode, n. ώδή (ή)
odious, a. μισητός, άπεχθής/ *odium,* n. μίσος (τό), άπέχθεια (ή)
odoriferous, a. άρωματισμένος, εύοσμος/ *odour,* n. εύωδία (ή), όσμή (ή)/ ~*less,* a. άοσμος
Odyssey, n. Όδύσσεια (ή)
of, pr. άπό, τοΰ, περί, παρά/ ~ *course,* βέβαια/ ~ *late,* τελευταία/ *one* ~ *them,* ένας άπ' αύτούς/ *think* ~, σκέπτομαι γιά/ *be afraid* ~, φοβούμαι/ *be proud* ~, είμαι περήφανος γιά
off, pr. & ad. μακρυά/ *be* ~, φεύγω/ *hands* ~, κάτω τά χέρια/ *a mile* ~, ένα μίλι στ' άνοιχτά/ *be badly* ~, είμαι σέ άσχημη οίκονομική κατάσταση/ *be well* ~, είμαι σέ καλή οίκονομική κατάσταση, εύημερώ/ *it's all* ~, ματαιώνονται όλα/ *take a day* ~, παίρνω μιά μέρα

άδεια/ ~ hand, πρόχειρος/ ~ side, όφσάϊντ/ ~ season, έκτός έποχής/ on and ~, μέ διακοπές
offal, n. έντόσθια (τά)
offence, n. προσβολή (ή), βρισιά (ή)/ (leg.) άδίκημα (τό)/ commit an ~, παραβαίνω τόν νόμο/ take ~ at, πειράζομαι, προσβάλλομαι
offend, v.t. προσβάλλω, πειράζω/ ~ against, διαπράττω άδίκημα σέ βάρος/ ~er, n. παραβάτης (ό), φταίχτης (ό)/ offensive, a. προσβλητικός, ύβριστικός, δυσάρεστος/ (mil.) έπιθετικός/ n. έπίθεση (ή)/ take the ~, περνώ στήν έπίθεση
offer, n. προσφορά (ή)/ on ~, προσφέρεται/ v.t. προσφέρω/ v.i. προσφέρομαι/ ~ help, προσφέρω τήν βοήθειά μου/ ~ ing, n. προσφορά (ή)/ θυσία (ή)/ (eccl.) άφιέρωμα (τό)/ ~tory, n. προσκομιδή τών άγίων δώρων
office, n. γραφείο (τό)/ (position) θέση (ή), ύπούργημα (τό)/ (ministry, etc.) ύπουργείο (τό), ύπηρεσία (ή)/ be in ~, έχω έξουσία, κατέχω θέση/ Foreign ~, Ύπουργείο Έξωτερικών (τό)/ Home ~, Ύπουργείο Έσωτερικών (τό)/ good ~s, καλές ύπηρεσίες, μεσολάβηση
officer, n. άξιωματικός (ό), άξιωματούχος (ό)/ medical ~, ύγειονομικός έπιθεωρητής/ non-commissioned ~, ύπαξιωματικός (ό)/ staff ~, έπιτελικός άξιωματικός
official, a. έπίσημος/ ~ duties, έπίσημα καθήκοντα (τά)/ n. άξιωματούχος (ό), έπίσημος (ό)/ ~dom, n. γραφειοκρατία (ή)
officiate, v.i. λειτουργώ, έκτελώ ύπηρεσία/ (eccl.) ίερουργώ, ίερατεύω/ officious, a. ύπερπρόθυμος
offing, n. ξεκίνημα (τό)/ in the ~, έρχεται σύντομα
offscourings, n. pl. σκύβαλα (τά)/ (people) καθάρματα (τά)
offset, n. άντιστάθμισμα (τό), άντάλλαγμα (τό)/ (print.) όφσετ (τό)/ v.t. άντισταθμίζω
offshoot, n. παραφυάδα (ή), παρακλάδι (τό)
offspring, n. γόνος (ό), γέννημα (τό)

often, ad. συχνά
ogle, v.t. γλυκοκοιτάζω
ogre, n. δράκος (ό)
oh, int. ώ!
ohm, n. ώμ (τό)
oil, n. λάδι (τό), πετρέλαιο (τό)/ ~ lamp, λάμπα πετρελαίου (ή)/ ~ painting, έλαιογραφία (ή)/ ~ tanker, πετρελαιοφόρο (τό)/ ~ well, πετρελαιοπηγή (ή)/ ~ can, n. λαδωτήρι (τό)/ ~ cloth, n. μουσαμάς (ό)/ ~ field, n. πετρελαιοφόρο κοίτασμα (τό)/ ~ skins, n. άδιάβροχη στολή (ή)/ ~ y, a. λαδωμένος, λιπαρός/ v.t. λαδώνω, λιπαίνω/ ~ the wheels, λαδώνω τούς τροχούς/ (fig.) λειτουργώ κανονικά
ointment, n. άλοιφή (ή)
old, a. γέρος, παληός, άρχαίος/ how ~ are you? πόσων χρονών είσαι;/ I know him of ~, τόν ξέρω άπό παλιά/ ~ age, γερατειά, γεράματα/ ~ age pension, σύνταξη γήρατος/ ~ boy, άπόφοιτος, παλιός μαθητής/ ~ maid, γεροντοκόρη (ή)/ ~ man, γέρος (ό)/ ~ master, καλλιτεχνικό άριστούργημα, παλιό έργο τέχνης/ the same ~ story, τά ίδια καί τά ίδια/ O ~ Testament, Παλαιά Διαθήκη (ή)/ ~ woman, γριά (ή)/ ~en, a. παλιός, άρχαίος/ in ~ times, τόν παλιό καιρό/ ~er, a. παλιώτερος, άρχαιότερος, πιό μεγάλος/ ~ish, a. παλιούτσικος/ ~ - fashioned, a. παλιάς μόδας
oleaginous, a. λιπαρός, έλαιώδης
oleander, n. πικροδάφνη (ή), ροδοδάφνη (ή)
olfactory, a. όσφρητικός
oligarchy, n. όλιγαρχία (ή)
olive (tree & fruit), n. έλιά (ή)/ ~ -coloured, λαθής, σταχτοπράσινος/ ~ oil, έλαιόλαδο (τό)
Olympic Games, n. Όλυμπιακοί άγώνες (οί)
Omega, n. ώμέγα (τό)
omelette, n. όμελέττα (ή)
omen, n. οίωνός (ό)/ ominous, a. δυσοίωνος
omission, n. παράλειψη (ή)/ omit, v.t. παραλείπω
omnibus, n. λεωφορείο (τό)/ ~ edition, άπαντα (τά), άνθολογία (ή)

omnipotence, n. παντοδυναμία (ή)/ *omnipotent*, a. παντοδύναμος
omniscience, n. παντογνωσία (ή)/ *omniscient*, a. παντογνώστης
on, pr. έπάνω, έπί, πάνω σέ/ ad. πάνω, στή θέση του/ ~ *and* ~, συνέχεια/ ~ *arrival*, μόλις φθάσει/ ~ *foot*, μέ τά πόδια/ ~ *Sunday*, τήν Κυριακή/ ~ *one's part*, άπό μέρους/ ~ *sale*, γιά πούλημα/ ~ *25 March*, στίς είκοσιπέντε Μαρτίου, είκοσιπέντε Μαρτίου/ ~ *the way to*, στό δρόμο πρός, καθ' όδόν/ ~ *condition*, ύπό τόν δρο/ *put something* ~, φορώ κάτι
once, ad. μία φορά/ ~ *for all*, μιά γιά πάντα/ *at* ~, άμέσως/ ~ *upon a time*, μιά φορά κι' έναν καιρό
one, num, ένας, μία, ένα/ ~ *after the other*, ό ένας μετά τόν άλλο/ ~-*way street*, μονόδρομος (ό)/ *it is all* ~ *to me*, είναι όλα τό ίδιο γιά μένα/ *love* ~ *another*, άγαπάτε άλλήλους/ *he is* ~ *of us*, είναι ένας άπό μάς/ ~ *never knows*, δέν ξέρει κανείς/ ~-*eyed*, a. μονόφθαλμος/ ~*ness*, n. ένότητα (ή), μοναδικότητα (ή)/ ~-*sided*, a. μονόπλευρος
onerous, a. βαρύς, έπαχθής, έπίπονος
oneself, pn. ό ίδιος, ό έαυτός μου
onion, n. κρεμμύδι (τό)
onlooker, n. θεατής (ό)
only, ad. μόνο/ a. μόνος, μοναδικός/ *if* ~, μακάρι, άμποτε
onomatopoeia, n. όνοματοποιία (ή)
onrush, onset, n. έφόρμηση (ή), έπίθεση (ή), είσβολή (ή)
onslaught, n. έπίθεση (ή), προσβολή (ή)
onus, n. βάρος (τό), εύθύνη (ή)
onward, ad. πρός τά έμπρός/ ~*s*, ad. άπό δώ καί πέρα, στό έξής
onyx, n. όνυξ (ό)
ooze, n. βόρβορος (ό), λάσπη (ή)/ v.i. στάζω, διαρρέω, διεισδύω/ ~ *away*, χάνομαι, ξεθυμαίνω/ *oozy*, a. λασπερός, βορβορώδης
opacity, n. άδιαφάνεια (ή)/ (fig.) χοντροκεφαλιά (ή)
opal, n. όπάλλιο (τό)/ ~*ine*, a. όπαλλιόχρωμος
opaque, a. άδιαφανής, σκοτεινός/ (big) χοντροκέφαλος/ ~*ness*, n. άδιαφάνεια (ή), σκοτεινότητα (ή)
open, v.t. & i. άνοίγω, άρχίζω/ ~ *on*, όδηγώ πρός, συγκοινωνώ μέ/ ~ *out*, ξεδιπλώνω, άπλώνω/ ~ *up*, διανοίγω/ a. άνοιχτός/ *lay oneself* ~ *to*, μένω έκτεθειμένος/ *in the* ~ *air*, στό ύπαιθρο/ ~ *question*, άνοιχτό (έκκρεμές) θέμα/ ~ *sea*, άνοιχτό πέλαγος/ ~ *secret*, κοινό μυστικό/ ~*er*, n. άνοιχτήρι (τό)/ ~-*eyed*, a. άνοιχτομάτης/ ~-*handed*, a. άνοιχτοχέρης/ ~-*hearted*, a. άνοιχτόκαρδος/ ~*ing*, n. άνοιγμα (τό)/ (beginning) έναρξη, είσαγωγή/ a. έναρκτήριος/ ~*ly*, ad. άνοιχτά, είλικρινά, φανερά/ ~ *minded*, a. άπροκάληπτος/ ~*ness*, n. είλικρίνεια (ή), εύθύτητα (ή)
opera, n. μελόδραμα (τό), όπερα (ή)
operate, v.t. & i. ένεργώ, δρώ, λειτουργώ/ (med.) έγχειρίζω
operatic, a. μελοδραματικός, όπερατικός
operating, a. λειτουργικός/ (med.) έγχειρητικός/ ~ *costs*, κόστος λειτουργίας/ ~ *theatre*, χειρουργείο/ *operation*, n. λειτουργία (ή), δράση (ή), χειρισμός (ό)/ (med.) έγχείρηση/ *put into* ~, βάζω σέ λειτουργία/ *operative*, a. ένεργός, έν λειτουργία/ n. έργάτης (ό)/ *operator*, n. χειριστής (ό)
operetta, n. όπερέττα (ή)
ophthalmia, n. όφθαλμία (ή)/ *ophthalmic*, a. όφθαλμικός
opiate, n. όπιούχο (τό)/ ~*d*, a. ναρκωμένος άπό όπιο
opine, v.i. άποφαίνομαι, φρονώ/ *opinion*, n. γνώμη (ή)/ *in my* ~, κατά τή γνώμη μου/ ~*ated*, a. πεισματάρης
opium, n. όπιο (τό)
opossum, n. όπόσσουμ (τό)
opponent, n. άντίπαλος (ό), άνταγωνιστής (ό)/ a. άντίπαλος, άντίθετος
opportune, a. κατάλληλος/ ~*ness*, n. καταλληλότητα (ή)
opportunism, n. όπορτουνισμός (ό), καιροσκοπισμός (ό)/ *opportunist*, n. όπορτουνιστής (ό), καιροσκόπος (ό)/ *opportunity*, n. εύκαιρία (ή)
oppose, v.t. άντιστέκομαι, είμαι άντίθετος, έναντιώνομαι/ ~*d*, p.p. & a. άντίθετος, έναντιωμένος/ *opposing*, a. άντίθετος/ *opposite*, a. άντίθετος, άντιμέ-

τωπος/ pr. ἀπέναντι ἀπό/ ad. ἀπέναντι, ἀντίκρυ/ n. ἀντίθετο (τό)/ *quite the* ~, ἐντελῶς τό ἀντίθετο/ *opposition*, n. ἀντίδραση (ἡ), ἐναντίωση (ἡ)/ (polit.) ἀντιπολίτευση (ἡ)
oppress, v.t. καταπιέζω, καταδυναστεύω, *~ion*, n. καταπίεση (ἡ), καταδυνάστευση (ἡ)/ *~ive*, a. καταπιεστικός, τυραννικός/ *~or*, n. καταπιεστής (ὁ), δυνάστης (ὁ)
opprobrious, a. προσβλητικός, ὑβριστικός/ *opprobrium*, n. βρισιά (ἡ)
opt, v.t. ἐκλέγω, διαλέγω
optic, a. ὀπτικός/ *~al*, a. ὀπτικός/ *~ illusion*, ὀφθαλμαπάτη/ *~ian*, n. ὀπτικός (ὁ)/ *~s*, n. ὀπτική (ἡ)
optimism, n. αἰσιοδοξία (ἡ)/ *optimist*, n. αἰσιόδοξος (ὁ)/ a. αἰσιόδοξος
option, n. δικαίωμα ἐκλογῆς (τό), ἐκλογή (ἡ)/ *~al*, a. προαιρετικός
opulence, n. πλοῦτος (ὁ), ἀφθονία (ἡ)/ *opulent*, a. πλούσιος, ἄφθονος
opus, n. ἔργο (τό)
or, c. ἤ/ *~ else*, γιατί ἀλλοιῶς, εἰδεμή
oracle, n. μαντεῖο (τό), χρησμός (ὁ)/ *oracular*, a. μαντικός, προφητικός
oral, a. προφορικός/ *~ examination*, προφορική ἐξέταση (ἡ)
orange, n. πορτοκάλι (τό)/ a. πορτοκαλής/ *~ blossom*, n. ἄνθος πορτοκαλιᾶς (τό)/ *~ peel*, πορτοκαλόφλουδα (ἡ)/ *~ade*, n. πορτοκαλάδα (ἡ)/ *~ry*, n. πορτοκαλεώνας (ὁ)
orang-outang, n. ὀραγκουτάγκος (ὁ)
oration, n. ἀγόρευση (ἡ), λόγος (ὁ)/ *orator*, n. ῥήτορας (ὁ), ὁμιλητής (ὁ), ἀγορητής (ὁ)/ *~ical*, a. ῥητορικός, στομφώδης/ *oratorio*, n. ὀρατόριο (τό)/ *oratory*, n. ῥητορική (ἡ)/ (eccl.) εὐκτήριος οἶκος (ὁ)
orb, n. σφαῖρα (ἡ)/ *~it*, n. τροχιά (ἡ), περιφορά (ἡ)
orchard, n. δεντρόκηπος (ὁ)
orchestra, n. ὀρχήστρα (ἡ)/ *~ stalls*, καθίσματα (τά) πλατείας/ *~l*, a. ὀρχηστρικός, τῆς ὀρχήστρας/ *~te*, v.t. ἐνορχηστρώνω/ *~tion*, n. ἐνορχήστρωση (ἡ)
orchid, n. ὀρχιδέα (ἡ)
ordain, v.t. ὁρίζω, προορίζω/ (eccl.) χειροτονῶ

ordeal, n. δοκιμασία (ἡ), μαρτύριο (τό)
order, n. διάταξη (ἡ), τάξη (ἡ), ὁμαλότητα (ἡ)/ (mil.) διαταγή (ἡ)/ (comm.) παραγγελία (ἡ)/ (eccl.) τάγμα (τό)/ *call to* ~, καλῶ στήν τάξη/ *in ~ to/ that*, γιά νά/ *out of* ~, χαλασμένος, σπασμένος/ *~ of the day*, ἡμερήσια διάταξη (ἡ)/ *in good* ~, σέ καλή λειτουργία/ v.t. διατάζω, παραγγέλλω/ *~ around*, ἔχω τοῦ κλώτσου καί τοῦ μπάτσου/ *~ly*, a. τακτικός, μεθοδικός, συστηματικός/ *~ officer*, τῆς ὑπηρεσίας/ (hosp.) νοσοκόμος (ὁ)
ordinal, n. τακτικό ἀριθμητικό (τό)
ordinance, n. διαταγή (ἡ), διάταξη (ἡ), κανονισμός (ὁ)
ordinarily, ad. συνήθως, κανονικά/ *ordinary*, a. συνηθισμένος, κοινός
ordination, n. χειροτονία (ἡ)
ordnance, n. πυροβολικό (τό)
ore, n. μετάλλευμα (τό)
organ, n. ὄργανο (τό)/ *~- grinder*, ὀργανοπαίχτης (ὁ), λατερνατζής (ὁ)
organdie, n. ὀργαντίνα (ἡ)
organic, a. ὀργανικός/ *organism*, n. ὀργανισμός (ὁ)
organist, n. ὀργανιστής (ὁ), παίχτης ἐκκλησιαστικοῦ ὀργάνου
organization, n. ὀργάνωση (ἡ), ὀργανισμός (ὁ)/ *organize*, v.t. ὀργανώνω, διοργανώνω/ *~r*, n. ὀργανωτής (ὁ), διοργανωτής (ὁ)
orgasm, n. ὀργασμός (ὁ)
orgy, n. ὄργιο (τό)
oriel, n. προεξέχον παράθυρο (τό)
Orient, n. Ἀνατολή (ἡ)/ *~al*, a. ἀνατολίτικος/ *~ate*, v.t. προσανατολίζω/ v.i. προσανατολίζομαι, κατατοπίζομαι/ *~ation*, n. προσανατολισμός (ὁ), κατατόπιση (ἡ)
orifice, n. τρύπα (ἡ), ἄνοιγμα (τό)
origin, n. προέλευση (ἡ), καταγωγή (ἡ), ἀφετηρία (ἡ)/ *~al*, a. ἀρχικός, πρωτοφανής, πρωτότυπος/ n. πρωτότυπο (τό)/ *~ality*, n. πρωτοτυπία (ἡ), δημιουργικότητα (ἡ)/ *~ally*, ad. ἀρχικά/ *~ate*, v.t. δημιουργῶ, ἐπινοῶ/ v.i. πηγάζω, κατάγομαι/ *~ator*, n. δημιουργός (ὁ), ἐπινοητής (ὁ)
oriole, n. συκοφάγος (ὁ)

ornament, n. διακόσμηση (ή), στολίδι (τό)/ v.t. στολίζω, διακοσμώ/ ~al, a. διακοσμητικός/ ~ation, n. διακόσμηση (ή), στόλισμα (τό)/ ornate, a. πλούσια στολισμένος (διακοσμημένος)
ornithologist, n. ὀρνιθολόγος (ὁ)/ ornithology, n. ὀρνιθολογία (ή)
orphan, n. & a. ὀρφανός (ὁ)/ ~age, n. ὀρφανοτροφεῖο (τό)
orthodox, n. & a. ὀρθόδοξος/ ~y, n. ὀρθοδοξία (ή)
orthopaedic, a. ὀρθοπεδικός/ orthopaedist, n. ὀρθοπεδικός (ὁ)/ orthopaedy, n. ὀρθοπεδική (ή)
oscillate, v.i. ταλαντεύομαι/ oscillation, n. ταλάντευση (ή)/ oscillator, n. ταλαντευτής (ὁ)/ ~y, a. ταλαντευτικός
osier, n. λυγαριά (ή)
osprey, n. ψαραετός (ὁ)
osseous, a. ὀστεώδης, ὀστέϊνος/ ossification, n. ὀστέωση (ή), ἀποστέωση (ή)/ ossify, v.t. ὀστεοποιῶ/ v.i. ἀπολιθώνομαι, κοκκαλώνω
ostensible, a. δῆθεν, φαινομενικός/ ostensibly, ad. φαινομενικά
ostentation, n. ἐπίδειξη (ή), προβολή (ή), φιγούρα (ή)/ ostentatious, a. ἐπιδεικτικός, φιγουράτος
ostler, n. σταυλίτης (ὁ)
ostracism, n. ἐξοστρακισμός (ὁ)/ ostracize, v.t. ἐξοστρακίζω
ostrich, n. στρουθοκάμηλος (ή)
other, a. ἄλλος/ every ~ day, μέρα παρ' ἡμέρα/ the ~ day, πρό ἡμερῶν/ on the ~ hand, ἐξ' ἄλλου/ pn. ἄλλος/ each ~ , ὁ ἕνας τόν ἄλλο/ ~wise, ad. ἀλλοιῶς, διαφορετικά
otitis, n. ὠτίτιδα (ή)
otter, n. ἐνυδρίδα (ή)
Ottoman, n. Ὀθωμανός (ὁ)/ a. ὀθωμανικός/ ottoman, n. ντιβανοκασέλλα (ή)
ought, v. aux. πρέπει, ὀφείλω/ one ~ to know, πρέπει νά ξέρει κανείς/ it ~ to be so, πρέπει νά εἶναι ἔτσι
ounce, n. οὐγγία (ή)
our, a. δικός μας/ ~s, pn. δικός μας/ ~selves, pn. μόνοι μας, ἐμεῖς οἱ ἴδιοι
oust, v.t. διώχνω, ἀπομακρύνω
out, ad. ἔξω/ take ~ , παίρνω ἔξω/ go ~ , πηγαίνω ἔξω, βγαίνω/ he is ~ , εἶναι ἔξω/ the fire is ~ , ἡ πυρκαγιά ἔσβυσε/ ~ and ~ , πέρα γιά πέρα
outbid, v.t. πλειοδοτῶ
outbreak, n. ξέσπασμα (τό), ἔκρηξη (ή)
outbuilding. n. ἐξωτερικό κτίσμα
outburst, n. ξέσπασμα (τό)
outcast, n. ἀπόβλητος (ὁ), ἀπόκληρος (ὁ)
outcome, n. ἀποτέλεσμα (τό), ἔκβαση (ή)
outcrop, n. (geol.) τομή κοιτάσματος (ή)/ (fig.) ἀπρόοπτη ἐκδήλωση
outcry, n. κατακραυγή (ή)
outdated, a. ἀπαρχαιωμένος, ξεπερασμένος
outdistance, v.t. ξεπερνῶ
outdo, v.t. ὑπερέχω, ὑπερτερῶ
outdoor, a. ὑπαίθριος
outer, a. ἐξωτερικός/ ~most, a. ἀκρότατος, ἔσχατος
outfit, n. ἐξάρτιση (ή), σύνεργα (τά), ἐξοπλισμός (ὁ)/ ~ter, n. προμηθευτής (ὁ)
outflank, v.t. ὑπερφαλαγγίζω/ (fig.) ξεγελῶ
outgoing, a. ἐκροή (ή)
outgoing, a. ἐξερχόμενος, ἀπερχόμενος/ ~s, n. pl. ἔξοδα (τά), δαπάνες (οἱ)
outgrow, v.t. ἀναπτύσσομαι γρηγορότερα, ξεπερνῶ/ he has ~n his clothes, τά ροῦχα τοῦ μικρύνανε
outhouse, n. παράρτημα κτιρίου (τό), βοηθητικό κτίριο (τό)
outing, n. ἐκδρομή (ή)
outlandish, a. ἐξωτικός, μακρινός
outlast, v.t. ἐπιβιώνω, διαρκῶ περισσότερο
outlaw, n. ἐκτός νόμου, φυγόδικος (ὁ)/ v.t. ἐπικηρύσσω, βάζω ἐκτός νόμου
outlay, n. προϋπολογισμένη δαπάνη (ή)
outlet, n. διέξοδος (ή), ἐκροή (ή), στόμιο (τό)/ ~ pipe, σωλήνας ἐξαγωγῆς (ὁ)
outline, n. περίγραμμα (τό), σχεδιάγραμμα (τό)/ give an ~ of, δίνω τίς γενικές γραμμές/ v.t. σκιαγραφῶ, διαγράφω
outlive, v.t. ἐπιζῶ, ζῶ περισσότερο
outlook, n. θέα (ή), παρατήρηση (ή)/ (future) προοπτική (ή)
outlying, a. ἀπόμερος
outmanoeuvre, v.t. ὑπερνικῶ μέ ἑλιγμούς
outnumber, v.t. ὑπερτερῶ ἀριθμητικά
out of, pr. χωρίς, ἐκτός, πέρα ἀπό/ ~ ac-

tion, ἐκτός λειτουργίας/ ~ *date*, ξεπερασμένος, παληωμένος/ ~ *doors*, στό ὕπαιθρο/ ~ *envy*, ἀπό φθόνο/ ~ *favour*, σέ δυσμένεια/ ~ *hand*, πρόχειρα/ *get* ~ *hand*, ξεφεύγω ἀπό τόν ἔλεγχο/ ~ *order*, χαλασμένος/ ~ *place*, ἐκτός τόπου/ *be* ~ *pocket*, εἶμαι ἀπένταρος/ ~ *print*, ἐξαντλημένο/ ~ *shape*, ἐκτός φόρμας/ ~ *sight*, ἀόρατος/ *be* ~ *town*, ἀπουσιάζω/ ~ *tune*, ἀσυντόνιστος/ ~ *the way*, ἀπόμερος, ἀπόκεντρος/ ~ *work*, ἄνεργος/ ~ *use*, ἀχρησιμοποίητος
out-patient, n. ἐξωτερικός ἀσθενής (ὁ)
outpost, n. προκεχωρημένο φυλάκιο (τό)
output, n. παραγωγή (ἡ)/ (tech.) ἔξοδος (ἡ)
outrage, n. προσβολή (ἡ), θρισιά (ἡ)/ v.t. προσβάλλω, θρίζω/ ~*ous*, a. ἐξοργιστικός, προσβλητικός, ἐξωφρενικός
outright, a. τέλειος, πλήρης/ (honest) ντόμπρος/ ad. ἐντελῶς, τέλεια, ὁλοκληρωτικά
outrival, v.t. ξεπερνῶ
outset, n. ἔναρξη (ἡ), ἀρχή (ἡ)
outshine, v.t. ἐπισκιάζω, λάμπω περισσότερο
outside, a. ἐξωτερικός, ἔξω/ n. ἐξωτερικό (τό), ἔξω (τό)/ *at the* ~ , ἀπ' ἔξω/ ad. ἔξω/ pr. ἐκτός, πλήν/ ~*r*, n. ξένος (ὁ)/ (in a competition) ἄνθρωπος μέ ἐλάχιστες πιθανότητες ἐπιτυχίας
outsize(d), a. μεγαλύτερος ἀπό τό κανονικό
outskirts, n. pl. περίχωρα (τά)
outspoken, a. εἰλικρινής, ντόμπρος/ ~*ness*, n. εἰλικρίνεια (ἡ), ντομπροσύνη (ἡ)
outspread, a. ἀναπτυγμένος, ἁπλωμένος
outstanding, a. διακεκριμένος, διαπρεπής, σημαντικός
outstretched, a. ἁπλωμένος, τεντωμένος
outstrip, v.t. ξεπερνῶ, ὑπερτερῶ, ὑπερβαίνω
outward, a. ἐξωτερικός/ ~ *bound*, μέ κατεύθυνση πρός τό ἐξωτερικό/ ~*ly*, ad. ἐξωτερικά, φαινομενικά/ ~*s*, ad. πρός τά ἔξω
outweigh, v.t. ξεπερνῶ σέ βάρος
outwit, v.t. ξεγελῶ μέ ξυπνάδα

outworks, n. pl. (mil.) προκεχωρημένα ὀχυρά (τά)
outworn, a. παληωμένος, ξεπερασμένος, ξεφτισμένος
ouzel, n. κότσυφας (ὁ)
oval, a. ὠοειδής, ὀβάλ
ovary, n. ὠοθήκη (ἡ)
ovation, n. ἐπευφημία (ἡ), χειροκρότημα (τό)
oven, n. φοῦρνος (ὁ), κλίβανος (ὁ)
over, pr. πάνω ἀπό, ἐπί/ ad. ἀπό πάνω, πέρα/ *all* ~ , παντοῦ/ *all* ~ *the country*, σέ ὁλόκληρη τήν χώρα/ *be left* ~ , ξεμένω, ἀπομένω/ ~ *and above*, ἐπιπλέον/ *be* ~ , τελειώνω/ ~ *and* ~ *again*, ξανά καί ξανά/ ~ *thirty*, πάνω ἀπό τριάντα/ *twice* ~ , δυό φορές, διπλάσιος/ ~ *the street*, ἀπό τήν ἄλλη πλευρά τοῦ δρόμου
overact, v.t. εἶμαι ὑπερβολικός/ (theat.) ἑρμηνεύω μέ ὑπερβολή
overall, a. γενικός, ὁλικός, συνολικός/ ~*s*, n. pl. ἐργατική φόρμα (ἡ)
overawe, v.t. καταπτοῶ, κατατρομάζω
overbalance, v.i. χάνω τήν ἰσορροπία μου/ v.t. ἀναποδογυρίζω, ἀνατρέπω
overbearing, a. δεσποτικός, αὐταρχικός, τυρρανικός/ (magnificent) ἐπιβλητικός
overboard, ad. στή θάλασσα/ *man* ~ ! ἄνθρωπο στή θάλασσα!
overburden, v.t. παραφορτώνω, ἐπιβαρύνω
overcast, a. συννεφιασμένος/ (person) κατσουφιασμένος
overcharge, v.t. χρεώνω ὑπερβολικά, πουλῶ σέ ὑπερβολική τιμή/ (elec.) ὑπερφορτίζω
overcoat, n. πανωφόρι (τό), παλτό (τό)
overcome, v.t. ὑπερνικῶ, ὑποτάσσω, νικῶ/ p.p. νικημένος
overcrowd, v.t. κατακλύζω, γεμίζω, στριμώχνω/ ~*ed*, p.p. & a. γεμάτος, στριμωγμένος
overdo, v.t. ὑπερβάλλω, τό παρακάνω/ ~*ne*, a. ὑπερβολικός/ (steak) παραψημένος
overdose, n. ὑπερβολική δόση (ἡ)
overdraft, n. ἀνάληψη (ἡ)/ *overdraw*, v.t. ἐκδίδω ἐπιταγή μεγαλύτερη ἀπό τίς καταθέσεις

overdressed, a. παραστολισμένος
overdrive, v.t. παρακουράζω, καταπονῶ
overdue, a. καθυστερημένος/ *the train is 5 hours* ~ , τό τραῖνο ἔχει 5 ὦρες καθυστέρηση/ (debt, etc.) ληξιπρόθεσμος
overeat, v.i. παρατρώγω
overestimate, v.t. ὑπερεκτιμῶ, ὑπολογίζω πάνω ἀπό τήν ἀξία
overexcite, v.t. ὑπερερεθίζω
overexposure, n. (phot.) ὑπερβολική ἔκθεση στό φῶς
overfatigue, n. ὑπερβολική κούραση (ἡ)
overflow, n. ξεχείλισμα (τό), πλημμύρα (ἡ)/ v.i. ξεχειλίζω, πλημμυρίζω/ ~ *ing*, a. ξέχειλος/ *he is* ~ *with kindness*, ξεχειλίζει ἀπό καλωσύνη
overgrow, v.t. ὑπερκαλύπτω, σκεπάζω/ ~*n*. p.p.& a. κατάφυτος
overhang, v.t.& i. ἐξέχω, κρέμομαι ἀπό πάνω
overhaul, v.t. ἐξετάζω μέ προσοχή/ (machine, etc.) κάνω γενική ἐπισκευή
overhead, ad. ἀπό πάνω, στά ὕψη/ a. μετέωρος
overhear, v.t. κρυφακούω, παίρνει τ' αὐτί μου
overheat, v.t. ὑπερθερμαίνω
overindulgence, n. ὑπερβολική ἐπιείκια (ἡ)
overjoyed, a. καταχαρούμενος
overladen, a. παραφορτωμένος
overland, a. χερσαῖος/ ad. διά ξηρᾶς
overlap, v.t. συμπίπτω
overlay, v.t. ἐπιστρώνω, σκεπάζω/ n. ἐπικάλυψη (ἡ)
overleaf, ad. στό πίσω μέρος τῆς σελίδας
overload, v.t. παραφορτώνω/ (elec.) ὑπερφορτίζω
overlook, v.t. παραβλέπω, παραμελῶ/ (from a high spot) παρατηρῶ, δεσπόζω
overmuch, ad. ὑπερβολικά, ὑπέρμετρα
overnight, ad. ὁλονυχτίς/ *stay* ~, μένω μιά βραδυά
overplay, v.t. ριψοκινδυνεύω
overpower, v.t. νικῶ, ἐξουδετερώνω/ ~*ing*, n. νίκη (ἡ), συντριβή (ἡ), ἐξουδετέρωση (ἡ)
overproduction, n. ὑπερπαραγωγή (ἡ)
overrate, v.t. ὑπερτιμῶ
overreach, v.t.&.i. ξεγελῶ, ἐξαπατῶ/ ~ *oneself*, ἀποτυχαίνω ἀπό ὑπερβολικό ζῆλο
override, v.t. παραβιάζω, ἀγνοῶ/ (horse) ἐξαντλῶ τό ἄλογο
overripe, a. ὑπερώριμος
overrule, v.t. παραμερίζω, ἀναιρῶ, ἀνατρέπω
overrun, v.t. καταλαμβάνω, εἰσβάλω ὁρμητικά
overseas, a. ὑπερπόντιος/ ad. στό ἐξωτερικό
overseer, n. ἐπιστάτης (ὁ), ἐπόπτης (ὁ)
overshadow, v.t. ἐπισκιάζω, δεσπόζω
overshoe, n. γαλότσα (ἡ)
overshoot, v.i. ὑπερακοντίζω/ v.t. κυνηγῶ ὑπερβολικά
oversight, n. παράλειψη (ἡ), ἀβλεψία (ἡ), παραδρομή (ἡ)
oversleep, v.i. παρακοιμᾶμαι
overspend, v.t. παραξοδεύω
overspread, v.i. ἁπλώνομαι, διαχέομαι
overstate, v.t. τονίζω, μεγαλοποιῶ
overstep, v.t. ὑπερβαίνω τά ὅρια
overstock, v.t. μαζεύω ὑπερβολικό ἀπόθεμα
overstrain, n. ὑπερβολική ἔνταση (ἡ)/ v.t. ἐντείνω ὑπερβολικά
overstrung, a. ἐρεθισμένος, ἐκνευρισμένος
overt, a. φανερός, ἀπροκάλυπτος
overtake, v.t. προσπερνῶ
overtax, v.t. φορολογῶ ὑπερβολικά, ἐπιβαρύνω/ ~ *oneself*, ἀναλαμβάνω πολλές ὑποχρεώσεις
overthrow, v.t. ἀνατρέπω/ (fig.) νικῶ, καθαιρῶ
overtime, n. ὑπερωρία (ἡ)/ ~ *work*, ὑπερωριακή ἐργασία
overtop, v.t. ὑπερέχω, ξεπερνῶ, ὑψώνομαι πάνω ἀπό
overture, n. οὐβερτούρα (ἡ), εἰσαγωγή (ἡ)/ ~*s*, n. pl. βολιδοσκοπήσεις (οἱ)
overturn, v.t. ἀνατρέπω, ἀναποδογυρίζω/ v.i. ἀνατρέπομαι, τουμπάρω
overweening, a. ὑπεροπτικός, φαντασμένος
overweight, a. βαρύτερος ἀπό τό κανονικό
overwhelm, v.t. συντρίβω, καταπνίγω/ ~*ing*, a. συντριπτικός, ἐξουθενωτικός
overwork, v.t. κατακουράζω, παραφορ-

overdressed–pair

τώνω μέ δουλειά/ n. κούραση (ή), ὑπερβολική ἐργασία (ἡ)
overwrought, a. σέ ὑπερδιέγερση, σέ ἔξαψη
ovine, a. πρόβειος, προβατήσιος
oviparous, a. ὠοτόκος
owe, v.t. ὀφείλω, χρωστῶ/ *I ~ him everything*, τοῦ ὀφείλω τά πάντα/ *owing to*, λόγω, ἕνεκα, ἐξ' αἰτίας
owl, n. κουκουβάγια (ἡ)
own, a. δικός, οἰκεῖος/ *of one's ~ free will*, μέ τήν θέλησή μου/ v.t. κατέχω, εἶμαι κύριος/ *~ up to*, ὁμολογῶ, ἀναγνωρίζω/ *~er*, n. ἰδιοκτήτης (ὁ), κάτοχος (ὁ)/ *~ership*, n. ἰδιοκτησία (ἡ), κατοχή (ἡ), κυριότητα (ἡ)
ox, n. βόδι (τό)/ *~- eyed*, a. στρογγυλομάτης, βοϊδομάτης
oxide, n. ὀξείδιο (τό)/ *oxidize*, v.t. ὀξειδώνω/ v.i. ὀξειδώνομαι, σκουριάζω
oxygen, n. ὀξυγόνο (τό)/ *~ate*, v.t. ὀξυγονῶ/ *~ation*, n. ὀξυγόνωση (ἡ)
oyster, n. στρείδι (τό)/ *~-bed*, n. ὀστρεοτροφεῖο (τό), στρειδότοπος (ὁ)
ozone, n. ὄζον (τό)

P

pace, n. ταχύτητα (ἡ), βηματισμός (ὁ)/ *keep ~ with*, συμβαδίζω/ v.t. & i. βαδίζω, βηματίζω
pachyderm, n. παχύδερμο (τό)
pacific, a. εἰρηνικός/ *the P~ Ocean*, Εἰρηνικός Ὠκεανός (ὁ)/ *~ation*, n. εἰρήνευση (ἡ)/ *pacifist*, n. εἰρηνιστής (ὁ)/ *pacify*, v.t. εἰρηνεύω, καθησυχάζω
pack, n. δέμα (τό), πακέτο (τό)/ (mil.) γυλιός (ὁ), σακκίδιο (τό)/ (animals) κοπάδι (τό)/ (card) τράπουλα (ἡ)/ v.t. συσκευάζω, πακετάρω, κάνω δέμα/ v.i. *~ up*, ἑτοιμάζω τίς ἀποσκευές μου/ *~ up*, τά μαζεύω, ἀποχωρῶ/ *~age*, n. δέμα (τό), πακέτο (τό), συσκευασία (ἡ)/ *~ed*, p.p. & a. συσκευασμένος, πακεταρισμένος/ *~er*, n. συσκευαστής (ὁ)/ *~et*, n. πακέτο (τό), δέμα (τό)/ *~ etboat*, n. πλοῖο τῆς γραμμῆς (τό)/ *~ horse*, n. φορτηγό ἄλογο (τό)/ *~-ice*, n. ὀγκόπαγοι (οἱ)/ *~ing*, n. συσκευασία (ἡ), πακετάρισμα (τό), ἀμπαλλάρισμα (τό)/ *~ case*, κασόνι (τό)
pact, n. σύμφωνο (τό), συνθήκη (ἡ)
pad, n. παράβλημα (τό), βάτα (τά)/ (mil.) ἐξέδρα ἐκτόξευσης (ἡ)/ v.t. παραγεμίζω, βάζω βάτα/ *~ding*, n. παραγέμισμα (τό), βάτα (τά)
paddle, n. κουπί (τό)/ v.t. & i. κωπηλατῶ/ *~- wheel*, n. φτερωτή (ἡ)
paddock, n. μάντρα (ἡ), περιφραγμένο λειβάδι (τό)
padlock, n. κλειδαριά (ἡ), λουκέτο (τό)/ v.t. κλειδώνω
paean, n. παιάνας (ὁ)
pagan, n. εἰδωλολάτρης (ὁ), ἐθνικός (ὁ)/ a. εἰδωλολατρικός/ *~ism*, n. εἰδωλολατρεία (ἡ), πολυθεϊσμός (ὁ)
page, n. νεαρός ἀκόλουθος (ὁ)/ (hotel) γκρούμ (ὁ)/ (book, etc.) σελίδα (ἡ)/ v.t. φωνάζω κάποιον
pageant, n. ἐπίδειξη (ἡ), θέαμα (τό)/ *~ry*, n. πομπή (ἡ), παρέλαση (ἡ)
paginate, v.t. σελιδοποιῶ
pagoda, n. παγόδα (ἡ)
paid, p.p. & a. πληρωμένος, ἐξωφλημένος/ *~ -up member*, μέλος πού ἔχει πληρώσει τήν συνδρομή του/ *put ~ to*, τερματίζω, σταματῶ
pail, n. κουβάς (ὁ), κάδος (ὁ)/ *~ful*, n. κουβαδιά (ἡ)
pain, n. πόνος (ὁ), ὀδύνη (ἡ)/ *on ~ of death*, τιμωρεῖται μέ θάνατο/ *where do you feel ~ ?* ποῦ πονᾶς;/ v.t. προκαλῶ πόνο, στενοχωρῶ/ v.i. πονῶ/ *~ed*, p.p. & a. λυπημένος, πονεμένος/ *~ful*, a. ὀδυνηρός, ἐπίπονος/ *~less*, a. ἀνώδυνος/ *~s*, n. pl. κόπος (ὁ), μόχθος (ὁ)/ *~ staking*. a. ἐργατικός, φιλόπονος
paint, n. χρῶμα (τό), βαφή (ἡ), μπογιά (ἡ)/ *coat of ~*, χέρι (στρῶμα) μπογιᾶς/ v.t. βάφω, χρωματίζω, μπογιατίζω/ (art) ζωγραφίζω/ v.i. βάφομαι/ *~er*, n. μπογιατζής (ὁ)/ (art) ζωγράφος (ὁ)/ *~ing*, n. ζωγραφική (ἡ)
pair, n. ζευγάρι (τό)/ *~ of scales*, ζυγαριά

(ή)/ ~ of scissors, ψαλίδι (τό)/ ~ of spectacles, γυαλιά (τά)/ ~ of trousers, παντελόνι (τό)/ v.t. & i. ζευγαρώνω, ένώνω/ ~ off, ζευγαρώνω
pal, n. σύντροφος (ό, ή)
palace, n. παλάτι (τό), άνάκτορο (τό)
palatable, a. νόστιμος, γευστικός/ *palatal*, a. ούρανισκόφωνος/ ~*ize*, v.t. προφέρω μέ τόν ούρανίσκο/ *palate*, n. ούρανίσκος (ό)/ (fig.) γεύση (ή)
palatial, a. άνακτορικός, μεγαλοπρεπής
palaver, n. συζήτηση (ή), φλυαρία (ή)/ (flattery) κολακεία (ή)
pale, a. χλωμός, ώχρός/ *grow* ~, χλωμιάζω/ n. παλούκι (τό), πάσσαλος (ό)/ *beyond the* ~, έξω άπό τά όρια/ ~*ness*, n. χλωμάδα (ή), ώχρότητα (ή)
paleography, n. παλαιογραφία (ή)
paleontology, n. παλαιοντολογία (ή)
palette, n. παλέττα (ή)
palfrey, n. γυμνασμένο άλογο (τό)
palimpsest, n. παλίμψηστο (τό)
palisade, n. περίφραξη μέ πασσάλους (ή)
palish, a. λίγο ώχρός
pall, n. κάλυμμα φερέτρου (τό)/ (fig.) σκοτεινό κάλυμμα (τό)/ v.i. άνοστεύω, μπαγιατεύω
palliasse, n. άχυρόστρωμα (τό)
palliate, v.t. συγκαλύπτω, μετριάζω/ *palliative*, a. μετριαστικός, έλαφρυντικός/ (med.) μαλακτικός, άνακουφιστικός
pallid, a. ώχρός, χλωμός
pallium, n. πετραχήλι (τό)
pallor, n. χλωμάδα (ή), ώχρότητα (ή)
palm, n. παλάμη (ή)/ *grease somebody's* ~, δωροδοκώ, λαδώνω/ (bot.) φοίνικας (ό)/ *P~ Sunday*, Κυριακή τών Βαΐων/ v.t. άπατώ/ ~ *off*, έξαπατώ ταχυδακτυλουργικά/ ~*ist*, n. χειρομάντης (ό, ή) ~*istry*, n. χειρομαντεία (ή)
palpable, a. άπτός, ψηλαφητός
palpitate, v.i. πάλλομαι, χτυπώ/ *palpitation*, n. παλμός (ό)
palsied, a. παράλυτος/ *palsy*, n. παράλυση (ή)
paltry, a. άθλιος, μηδαμινός
pampas, n. πάμπας (οί)
pamper, v.t. χορταίνω, καλοτρέφω
pamphlet, n. φυλλάδιο (τό)/ ~*eer*, n. συγγραφέας φυλλαδίων (ό)

pan, π. χύτρα (ή)/ *frying* ~, τηγάνι (τό)/ (tech.) τρυπητό (τό)
panacea, n. πανάκεια (ή)
panama, (hat) n. ψάθινο καπέλλο (τό)
Panamerican, a. παναμερικανικός
pancake, n. τηγανίτα (ή)
panda, n. (zool.) πάντα (ή)
pandemonium, n. πανδαιμόνιο (τό)
pander, v.i. μαστροπεύω
panegyric, n. πανηγυρικός (ό)
panel, n. φάτνωμα πόρτας (τό)/ (leg.) κατάλογος ένόρκων (ό)/ (tech.) πίνακας έλέγχου/ v.t. φατνώνω, διακοσμώ/ ~*ling*, n. φάτνωση (ή), σανίδωμα (τό)
pang, n. ξαφνικός πόνος/ ~*s of conscience*, τύψεις συνείδησης
panic, n. πανικός (ό)/ ~ -*stricken*, a. πανικόβλητος
pannier, n. καλάθι (τό), κοφίνι (τό)
panoply, n. πανοπλία (ή)
panorama, n. πανόραμα (τό)/ *panoramic*, a. πανοραμικός
pansy, n. πανσές (ό)
pant, v.i. λαχανιάζω, άσθμαίνω/ ~ *after*, λαχταρώ
pantheism, n. πανθεϊσμός (ό)/ *pantheon*, n. πάνθεο (τό)
panther, n. πάνθηρας (ό)
panting, n. παλμός καρδιάς (ό)
pantomime, n. παντομίμα (ή)
pantry, n. κελλάρι (τό), άποθήκη τροφίμων (ή)
pants, n. pl. παντελόνια (τά), βράκες (οί)
pap, n. χυλός (ό), πολτός (ό)/ (woman's) μαστός (ό)
papa, n. μπαμπάς (ό)
papacy, n. παπισμός (ό)/ *papal*, a. παπικός
paper, n. χαρτί (τό)/ *news*~, έφημερίδα (ή)/ ~ *clip*, συνδετήρας (ό)/ ~ *knife*, χαρτοκόπτης (ό)/ v.t. στρώνω μέ χαρτί/ ~ *over*, κρύβω τά τρωτά σημεία/ ~*back*, n. χαρτόδετη έκδοση (ή)/ ~ *boy*, n. έφημεριδοπώλης (ό)/ ~-*hanger*, n. ταπετσέρης (ό)/ ~-*mill*, n. χαρτοποιεῖο (τό)/ ~-*weight*, n. χαρτοστάτης (ό)
papier mâché, n. πεπιεσμένο χαρτί (τό)
papyrus, n. πάπυρος (ό)
par, n. ἰσότητα (ή), ἰσοτιμία (ή)/ *at* ~, στό άρτιο/ *feel below* ~, νοιώθω έκτός

φόρμας/ be on a ~ with, βρίσκομαι σέ ἰσοτιμία μέ
parable, n. παραβολή (ἡ)
parabola, (maths) n. παραβολή (ἡ)
parachute, n. ἀλεξίπτωτο (τό)/ *parachutist,* n. ἀλεξιπτωτιστής (ὁ)
parade, n. παρέλαση (ἡ), ἐπίδειξη (ἡ)/ ~ *ground,* πεδίο (τό), ἀσκήσεων/ v.i. παρελαύνω, κάνω παρέλαση/ v.t. ἐπιδεικνύω
paradise, n. παράδεισος (ὁ)
paradox, n. παράδοξο (τό)/ ~*ical,* a. παράδοξος
paraffin, n. παραφίνη (ἡ)
paragon, n. πρότυπο (τό), ὑπόδειγμα (τό)
paragraph, n. παράγραφος(ἡ)/ v.t. χωρίζω σέ παραγράφους
parakeet, n. παπαγάλος μέ μακρυά οὐρά
parallel, a. παράλληλος/ n. παραλληλισμός (ὁ)/ (elec.) παράλληλη σύνδεση (ἡ)/ *without* ~, ἀσύγκριτος/ ~*ogram,* n. παραλληλόγραμμο (τό)
paralyse, v.t. παραλύω/ *paralysis,* n. παράλυση (ἡ)/
paralytic, a. παραλυτικός/ n. παράλυτος (ὁ)
paramount, a. πρωταρχικός, κυριώτατος
paramour, n. ἐραστής (ὁ), ἐρωμένη (ἡ)
parapet, n. προμαχώνας (ὁ), ἔπαλξη (ἡ)
paraphernalia, n. pl. στολίδια (τά), μπιχλιμπίδια (τά)
paraphrase, n. παράφραση (ἡ)/ v.t. κάνω παράφραση
parasite, n. παράσιτο (τό)/ *parasitic,* a. παρασιτικός
parasol, n. ὀμπρέλλα τοῦ ἥλιου
paratrooper, n. ἀλεξιπτωτιστής (ὁ)
parcel, n. δέμα (τό), πακέτο (τό)/ ~ *post,* ταχυδρομική διανομή δεμάτων/ v.t. ~ *out,* μοιράζω, διανέμω
parch, v.t. ξεραίνω, καψαλίζω/ *I am* ~*ed with thirst,* καίγομαι ἀπό τήν δίψα
parchment, n. περγαμηνή (ἡ)
pardon, n. συγγνώμη (ἡ), συγχώρεση (ἡ)/ (leg.) χάρη (ἡ)/ *I beg your* ~, ζητῶ συγγνώμη/ *general* ~, ἀμνηστεία/ v.t. συγχωρῶ/ (leg.) ἀπονέμω χάρη/ ~*able,* a. συγχωρητέος
pare, v.t. ξύνω, ξεφλουδίζω/ (nails) τρώγω
parent, n. γονέας (ὁ)/ pl. γονεῖς (οἱ)/ ~*age,* n. καταγωγή (ἡ), γένος (τό)/ ~*al,* a. πατρικός, μητρικός
parenthesis, n. παρένθεση (ἡ)/ *parenthetic(al),* a. παρενθετικός
pariah, n. παρίας (ὁ)
paring, n. ξεφλούδισμα (τό), ξελέπισμα (τό)
parish, n. ἐνορία (ἡ)/ a. ἐνοριακός/ ~ *register,* μητρῶο ἐνορίας (τό)/ ~*ioner,* n. ἐνορίτης (ὁ)
Parisian, n. Παρισινός (ὁ), Παριζιάνος (ὁ), Παριζιάνα (ἡ)/ a. παρισινός
parity, n. ἰσότητα (ἡ), ὁμοιότητα (ἡ)/ (comm.) ἰσοτιμία (ἡ)
park, n. πάρκο (τό)/ v.t. παρκάρω/ ~*ing,* n. παρκάρισμα (τό), στάθμευση (ἡ)/
parlance, n. ὁμιλία (ἡ), γλῶσσα (ἡ)
parley, n. συνομιλία (ἡ), διαπραγμάτευση (ἡ)/ v.i. συνομιλῶ, διαπραγματεύομαι
parliament, n. βουλή (ἡ), κοινοβούλιο (τό)/ ~*arian,* n. κοινοβουλευτικός (ὁ)/ ~*ary,* a. κοινοβουλευτικός
parlour, n. δωμάτιο ὑποδοχῆς (τό), σαλόνι (τό)/ ~*maid,* καμαριέρα (ἡ)
parochial, a. ἐνοριακός/ (fig.) στενοκέφαλος
parody, n. παρωδία (ἡ)/ v.t. παρωδῶ, γελοιοποιῶ
parole, n. λόγος τιμῆς/ *release on* ~, ἀποφυλακίζω ὑπό ὅρους
paroxysm, n. παροξυσμός (ὁ)
parquet, n. παρκέ (τό)
parricidal, a. πατροκτόνος/ *parricide,* n. (act) πατροκτονία (ἡ)/ (person) πατροκτόνος (ὁ)
parrot, n. παπαγάλος (ὁ)
parry, v.t. ἀποκρούω, ἀποσοβῶ/ ~ *a question,* ἀποφεύγω νά ἀπαντήσω/ n. ἀπόκρουση (ἡ), ἀποσόβηση (ἡ)
parse, v.t. τεχνολογῶ
parsimonious, a. φειδωλός, οἰκονόμος, φιλάργυρος/ *parsimony,* n. φειδωλότητα (ἡ), φιλαργυρία (ἡ)
parsley, n. μαϊντανός (ὁ)
parsnip, n. δαυκί (τό)
parson, n. ἐφημέριος (ὁ)/ ~*age,* n. πρεσβυτέριο (τό), σπίτι ἐφημερίου

part, n. μέρος (τό), τμῆμα (τό)/ (theat.) ρόλος (ὁ)/ ~s of speech, μέρη τοῦ λόγου/ for my ~, ἀπό δικῆς μου πλευρᾶς/ v.t. & i. χωρίζω, διαιρῶ/ ~ from, φεύγω, ἀποχωρίζομαι/ ~ one's hair, κάνω χωρίστρα στά μαλλιά/ ~with (a person) διακόπτω σχέσεις/ (a thing) ἐγκαταλείπω/ ~ owner, συνιδιοκτήτης (ὁ)
partake, v.i. συμμετέχω, παίρνω μέρος/ ~r, n. μέτοχος (ὁ), κοινωνός (ὁ)
partial, a. μερικός/ (biased) μεροληπτικός/ ~ly, ad. μερικά, ἐν μέρει/ ~ity, n. μεροληψία (ἡ)
participate, v.i. συμμετέχω/ participation, n. συμμετοχή (ἡ)
participator, n. συμμέτοχος (ὁ), κοινωνός (ὁ)
participle, n. μετοχή (ἡ)
particle, n. μόριο (τό), μικρό κομμάτι (τό)
particular, a. ἰδιαίτερος, ξεχωριστός/ in ~, ἰδιαίτερα, κυρίως/ be ~ about, λεπτολογῶ/ n. λεπτομέρεια (ἡ)/ pl. εἰδικά χαρακτηριστικά/ ~ity, n. λεπτομέρεια (ἡ), ἀκρίβεια (ἡ)/ ~ize, v.t. περιγράφω μέ λεπτομέρειες/ ~ly, ad. ἰδιαίτερα
parting, n. ἀποχωρισμός (ὁ)/ (hair) χωρίστρα (ἡ)
partisan, n. ὀπαδός (ὁ), θιασώτης (ὁ)/ (armed) ἀντάρτης (ὁ)
partition, n. διαίρεση (ἡ), διαμοιρασμός (ὁ), διχοτόμηση (ἡ)/ v.t. διαμοιράζω, διαιρῶ/ ~ off, ἀποχωρίζω/ partitive, a. μεριστικός
partner, n. σύντροφος (ὁ), συνεταῖρος (ὁ)/ sleeping ~, ἑτερόρρυθμος συνεταῖρος/ ~ship, n. συνεταιρισμός (ὁ)
partridge, n. πέρδικα (ἡ)
party, n. συντροφιά (ἡ), ὁμάδα (ἡ)/ (leg.) ἀντίδικος (ὁ, ἡ)/ interested ~, δικαιοῦχος/ ~ member, μέλος τοῦ κόμματος/ ~ wall, μεσότοιχος
paschal, a. πασχαλινός
pasha, n. πασάς (ὁ)
pass, n. πέρασμα (τό), διάβαση (ἡ)/ (exam.) ἐπιτυχία (ἡ)/ (police) ἄδεια κυκλοφορίας/ make a ~ at, κάνω κόρτε/ come to a pretty ~, φθάνω σέ καλό σημεῖο/ v.t. & i. περνῶ, διαβαίνω/ ~ a law, ψηφίζω νόμο/ (exam.) περνῶ, πετυχαίνω/ ~ the time, σκοτώνω τήν ὥρα/ (cards) μοιράζω/ ~ away, πεθαίνω/ ~ by, περνῶ ἀπό/ ~ for, περνῶ γιά/ ~ out, λιποθυμῶ/ ~ over, προσπερνῶ/ come to ~, συμβαίνει/ ~ water, οὐρῶ, κατουρῶ/ ~able, a. ἀνεκτός, ὑποφερτός/ ~age, n. πέρασμα (τό)/ (law) ψήφιση (ἡ)/ ~book, n. βιβλιάριο (τό)/ ~key, n. ἀντικλείδι (τό)
passenger, n. ἐπιβάτης (ὁ), ταξιδιώτης (ὁ)
passer-by, n. διαβάτης (ὁ), περαστικός (ὁ)/ passing, a. παροδικός, ἐφήμερος/ n. πέρασμα (τό)/ in ~, παρεμπιπτόντως/ ~ fancy, περαστικό καπρίτσιο
passion, n. πάθος (τό)/ ~ flower, ροϊάνθεμο/ ~ate, a. παράφορος, παθιασμένος/ ~ately, ad. παράφορα, παθιασμένα
passive, a. παθητικός/ ~ voice, παθητική φωνή (ἡ)/ passivity, n. παθητικότητα (ἡ), ἀδράνεια (ἡ)
Passover, n. Πάσχα τῶν Ἑβραίων (τό)
passport, n. διαβατήριο (τό)
password, n. παρασύνθημα (τό)
past, a. περασμένος/ (gram.) ἀόριστος/ ~ participle, παθητική μετοχή (ἡ)/ n. παρελθόν (τό)/ pr. μετά, περασμένα/ half ~ five, πέντε καί μισή, πεντέμισυ
pasta, n. ζυμαρικά (τά)
paste, n. κόλλα (ἡ), μάζα (ἡ), πάστα (ἡ)/ v.t. κολλῶ/ ~board, n. σανίδα γιά τό πλάσιμο ζυμαρικῶν (ἡ)
pastel, n. χρωστήρας (ὁ), παστέλ (τό)
pasteurization, n. ἀποστείρωση (ἡ)/ pasteurize, v.t. ἀποστειρώνω
pastille, n. παστίλλια (ἡ)
pastime, n. διασκέδαση (ἡ), ψυχαγωγία (ἡ)
pastor, n. ἱερέας (ὁ), πάστορας (ὁ)/ ~al, a. ποιμενικός, βουκολικός/ ~ale, n. βουκολικό ποίημα (τό)
pastry, n. ζύμη (ἡ)/ (sweet) γλύκισμα (τό)/ ~ cook, ζαχαροπλάστης (ὁ)/ ~ shop, ζαχαροπλαστεῖο (τό)
pasturage, n. βοσκή (ἡ)/ pasture, n. νομή (ἡ), βοσκή (ἡ)/ v.t. βόσκω
pasty, a. ζυμαρώδης, ζυμαρένιος/ n. κρεατόπιττα (ἡ)

pat, a. ἐπίκαιρος, προετοιμασμένος/ n. χάδι (τό)/ v.t. χαϊδεύω
patch, n. μπάλωμα (τό)/ (on face) κηλίδα (ή)/ v.t. μπαλώνω/ ~ up, μπαλώνω, ἐπιδιορθώνω/ ~ed, a. μπαλωμένος/ ~er, n. μπαλωματής (ὁ)/ ~work, n. πολύχρωμο σύρραμμα, κουρελού (ή)/ ~y, a. ἄνισος
pate, n. κρανίο (τό)
patent, n. δίπλωμα εὑρεσιτεχνίας (τό)/ ~ leather, λουστρίνι (τό)/ ~ medicine, ἀποκλειστικό φάρμακο/ ~ office, ὑπηρεσία χορηγήσεως εὑρεσιτεχνίας/ sole ~ rights, ἀποκλειστικό δικαίωμα ἐκμετάλλευσης/ a. φανερός, ὁλοφάνερος/ ~ly, ad. φανερά
paternal, a. πατρικός/ paternity, n. πατρότητα (ή)
path, n. μονοπάτι (τό), δρόμος (ὁ), πορεία (ή)
pathetic, a. ἀξιολύπητος
pathological, a. παθολογικός/ pathologist, n. ἰατροδικαστής (ὁ)/ pathology, n. παθολογία (ή), ἰατροδικαστική (ή)
pathos, n. πάθος (τό)
pathway, n. μονοπάτι (τό), πέρασμα (τό)
patience, n. ὑπομονή (ή)/ patient, a. ὑπομονητικός/ n. ἀσθενής (ὁ), ἄρρωστος (ὁ)
patina, n. πατίνα (ή), ὀξείδιο ὀρείχαλκου (τό)
patriarch, n. πατριάρχης (ὁ)/ ~al, a. πατριαρχικός
patrician, n. & a. πατρίκιος (ὁ), εὑγενής (ὁ), εὑπατρίδης (ὁ)
patrimony, n. πατρική κληρονομία (ή)
patriot, n. πατριώτης (ὁ)/ ~ic, a. πατριωτικός/ ~ism, n. πατριωτισμός (ὁ)
patrol, n. περιπολία (ή), περίπολος (ή)/ on ~, σέ περιπολία/ v.t. περιπολῶ
patron, n. προστάτης (ὁ), πάτρωνας (ὁ)/ ~age, n. προστασία (ή), αἰγίδα (ή)/ ~ize, v.t. προστατεύω, κηδεμονεύω, πατρονάρω/ ~izing, a. προστατευτικός
patronymic, n. πατρωνυμικό (τό)
patter, n. (talk) φλυαρία (ή)/ (noise) συχνοχτύπημα (τό)/ v.i. φλυαρῶ, συχνοχτυπῶ
pattern, n. σχέδιο (τό), ἀχνάρι (τό), δεῖγμα (τό)

patty, n. μικρό γλύκισμα (τό)
paucity, n. ἔλλειψη (ή)
paunch, n. κοιλιά (ή), στομάχι (τό)
pauper, n. φτωχός (ὁ), ἄπορος (ὁ)/ ~ism, n. ἀπορία (ή), ἔνδεια (ή)
pause, n. παύση (ή), διακοπή (ή)/ v.i. παύω, σταματῶ γιά λίγο
pave, v.t. ἐπιστρώνω, λιθοστρώνω/ ~ the way, προλειαίνω τό ἔδαφος/ ~ment, n. δάπεδο (τό), λιθόστρωτο (τό)/ (street) πεζοδρόμι (τό)
pavilion, n. περίπτερο (τό)
paving, n. πλακόστρωτο (τό), λιθόστρωτο (τό)
paw, n. πόδι ζώου (τό), πέλμα (τό)/ v.t. νυχιάζω
pawn, n. πιόνι (τό)/ put in ~, βάζω ἐνέχυρο/ ~broker, n. ἐνεχειροδανειστής (ὁ)/ ~shop, n. ἐνεχειροδανειστήριο (τό)/ v.t. ἐνεχειριάζω
pay, n. πληρωμή (ή), καταβολή (ή)/ be in the ~ of, πληρώνομαι ἀπό, εἶμαι πράκτορας τοῦ/ v.t. & i. πληρώνω, καταβάλλω, μισθοδοτῶ/ ~ attention, προσέχω/ ~ back, ξεπληρώνω, ἐξοφλῶ/ ~ in cash, πληρώνω τοῖς μετρητοῖς/ ~ a compliment, κολακεύω, κομπλιμεντάρω/ ~ for, πληρώνω τά σπασμένα/ ~ off, ἐξοφλῶ/ ~ respects, ὑποβάλλω τά σέβη μου/ ~ a visit, ἐπισκέπτομαι/ ~ out, ξοδεύω/ ~able, a. πληρωτέος/ ~ to bearer, πληρωτέο στόν κομιστή/ ~ee, n. κομιστής (ὁ)/ ~er, n. πληρωτής (ὁ)/ ~ment, n. πληρωμή (ή), καταβολή (ή)/ ~ in advance, προκαταβολική πληρωμή/ ~ in full, ἀποπληρωμή, καταβολή στό ἄρτιο/ ~roll, n. μισθολόγιο (τό)
pea, n. μπιζέλι (τό)/ sweet ~, μοσχομπίζελο (τό)/ they are as like as two ~s, μοιάζουν σά δυό σταγόνες νερό
peace, n. εἰρήνη (ή), ἠρεμία (ή)/ ~ offering, ἐξιλαστήρια θυσία/ ~able & ~ful, a. φιλειρηνικός, φιλήσυχος/ ~fulness, n. ἡσυχία (ή), ἠρεμία (ή)/ ~maker, n. εἰρηνοποιός (ὁ)
peach, n. ροδάκινο (τό)/ ~ tree, ροδακινιά (ή)
peacock, n. παγώνι (τό)/ peahen, n. θηλυκό παγώνι (τό)
peak, n. κορφή (ή), ἄκρη (ή)/ (of cap)

γείσο (τό)
peal, n. κρότος (ό), βροντή (ή)/ ~ of bells, κωδωνοκρουσία (ή)/ ~ of laughter, ξεκάρδισμα (τό)/ ~ of thunder, βροντή (ή)/ v.i. βροντώ, κάνω κρότο
peanut, n. φυστίκι (τό)
pear, n. ἀχλάδι (τό), ἀπίδι (τό)/ ~ tree, ἀχλαδιά (ή)
pearl, n. μαργαριτάρι (τό)/ ~ barley, ἐκλεκτό κριθάρι/ ~ oyster, μαργαριτοφόρο στρείδι/ ~y, a. γεμάτος μαργαριτάρια, μαργαριταρένιος
peasant, n. χωριάτης (ό), χωρικός (ό), ἀγρότης (ό)/ ~ry, n. χωριάτες (οἱ), ἀγροτιά (ή)
peat, n. τύρφη (ή), ποάνθρακας (ό)
pebble, n. χαλίκι (τό)/ pebbly, a. χαλικώδης
peck, n. ῥάμφισμα (τό)/ (measure) δύο γαλόνια/ v.t. ῥαμφίζω/ be ~ish, τσιμπολογῶ
pectoral, a. στηθικός
peculate, v.i. σφετερίζομαι, κάνω κατάχρηση/ peculation, n. σφετερισμός (ό), κατάχρηση (ή)
peculiar, a. ἰδιαίτερος, ἰδιόρρυθμος/ be ~ to, εἶναι ἰδιαίτερο χαρακτηριστικό τοῦ/ ~ity, n. ἰδιορρυθμία (ή), ἰδιαίτερο χαρακτηριστικό (τό)
pecuniary, a. χρηματικός
pedagogue, n. παιδαγωγός (ό)/ pedagogy, n. παιδαγωγική (ή)
pedal, n. πεντάλ (τό), πλῆκτρο ποδιῶν (τό)/ v.i. χρησιμοποιῶ πεντάλ
pedant, n. σχολαστικός (ό)/ ~ic, a. σχολαστικός/ ~ry, n. σχολαστικότητα (ή)
peddle, v.t. κάνω τόν πλανόδιο ἔμπορο/ ~r, n. πλανόδιος ἔμπορος (ό)
pedestal, n. στυλοβάτης (ό), βάθρο (τό)
pedestrian, n. πεζός (ό), πεζοπόρος (ό)/ ~ crossing, διάβαση πεζῶν/ a. πεζοπορικός
pedigree, n. γενεαλογία (ή), γενεαλογικό δέντρο (τό)/ a. καθαρόαιμος, ἀπό ράτσα
pediment, n. ἀέτωμα (τό)
pedlar, n. πλανόδιος ἔμπορος (ό), πραματευτής (ό)
peel, n. φλούδα (ή), φλοιός (ό)/ v.t. ξεφλουδίζω/ v.i. ξεφλουδίζομαι, ξελεπίζομαι/ ~er, n. ξεφλουδιστήρι (τό)/ ~ing, n. ξεφλούδισμα (τό)/ potato ~s, πατατόφλουδες (οἱ)
peep, n. ματιά (ή), κρυφό βλέμμα (τό)/ v.i. κρυφοκοιτάζω, κατασκοπεύω/ ~hole, n. τρύπα γιά κρυφοκοίταγμα
peer, n. ὁμότιμος (ό), εὐπατρίδης (ό), λόρδος (ό)/ v.i. ἀτενίζω, διερευνῶ/ ~ into, κοιτάζω μέ προσοχή/ ~age, n. ὁμοτιμία (ή), τίτλος εὐγενείας/ ~less, a. ἀσύγκριτος
peevish, a. δύστροπος, ζόρικος/ ~ness, n. δυστροπία (ή)
peg, n. παλούκι (τό), κρεμάστρα (ή)/ buy clothes off the ~, ἀγοράζω ἕτοιμα ροῦχα/ take somebody down a ~, τόν κανονίζω/ v.t. παλουκώνω, σφηνώνω/ ~ away at, ἐργάζομαι σκληρά/ ~ prices, καθηλώνω τίς τιμές/ ~top, n. σβούρα (ή)
pelican, n. πελεκάνος (ό)
pellet, n. σφαιρίδιο (τό)/ (med.) χάπι (τό)
pellicle, n. μεμβράνη (ή), ὑμένας (ό)
pell-mell, ad. ἄνω-κάτω, φύρδην-μίγδην
pellucid, a. διάφανος, διαυγής, ξεκάθαρος
pelt, n. τομάρι (τό), προβιά (ή)/ v.t. ἐκτοξεύω, σφυροκοπῶ/ v.i. πέφτω μέ δύναμη/ (rain) πέφτω καταρρακτωδῶς
pelvis, n. λεκάνη (ή)
pen, n. μάντρα (ή)/ (for writing) πέννα (ή)/ a slip of the ~, λάθος στό γράψιμο/ v.t. μαντρώνω/ (write) καταγράφω
penal, a. ποινικός/ ~ servitude, καταναγκαστικά ἔργα/ ~ize, v.t. ἐπιβάλλω ποινή, τιμωρῶ/ ~ty, n. ποινή (ή), κύρωση (ή), τιμωρία (ή)/ (sport) πέναλτυ (τό)/ under ~ of, μέ κίνδυνο ποινῆς/ ~ clause, ποινική ρήτρα (ή)/ penance, n. ποινή μετάνοιας (ή)
pencil, n. μολύβι (τό), γραφίδα (ή)/ ~-sharpener, n. ξύστρα (ή)/ v.t. σημειώνω, σχεδιάζω
pendant, a. κρεμαστός, ἐκκρεμής/ n. κρεμαστό κόσμημα, παντατίφ (τό)
pendulum, n. ἐκκρεμές (τό)
penetrate, v.t. εἰσχωρῶ, διατρυπῶ, διαπερνῶ/ ~ into, εἰσδύω
penetrating, a. διαπεραστικός, διεισδυτικός/ penetration, n. εἰσχώρηση (ή),

διείσδυση (ή)
penguin, n. πιγκουίνος (ό)
penicillin, n. πενικιλλίνη (ή)
peninsula, n. χερσόνησος (ή)
penis, n. πέος (τό)
penitence, n. μετάνοια (ή)/ *penitent*, a. μετανοημένος, μεταμελημένος/ n. μετανοημένος άμαρτωλός (ό)/ ~*ial*, a. μετανοητικός/ ~*iary*, n. σωφρονιστήριο (τό), κρατική φυλακή (ή)
penknife, n. σουγιάς (ό)
penmanship, n. καλλιγραφία (ή)
pen-name, n. φιλολογικό ψευδώνυμο (τό)
penniless, a. άδέκαρος, άπένταρος/ *penny*, n. πέννα (ή)/ ~*worth*, n. άξία μιας πέννας/ (fig.) μικρό ποσό/ a. φθηνός
pension, n. σύνταξη (ή)/ *old age* ~, σύνταξη γήρατος (ή)/ v.t. ~ *off*, συνταξιοδοτώ, βάζω σέ σύνταξη/ ~*er*, n. συνταξιοϋχος (ό)
pensive, a. σκεπτικός, συλλογισμένος
pentagon, n. πεντάγωνο (τό)/ ~*al*, a. πεντάγωνος
Pentecost, n. Πεντηκοστή (ή)
penthouse, n. ρετιρέ (τό)
penultimate, a. προτελευταΐος/ n. (gram.) παραλήγουσα (ή)
penumbra, n. μισόφωτο (τό), ήμίφως (τό)
penurious, a. έξαθλιωμένος, κακομοίρης/ *penury*, n. φτώχεια (ή), άνέχεια (ή), άθλιότητα (ή)
peony, n. παιωνία (ή)
people, n. λαός (ό), έθνος (τό), άνθρωποι (οί)/ *some* ~, μερικοί/ *young* ~, νεολαία (ή), νέοι (οί)/ v.t. οίκίζω
pepper, n. πιπέρι (τό)/ (tree) πιπεριά (ή)/ v.t. πιπερίζω, βάζω πιπέρι/ ~*corn*, n. κόκκος πιπεριού (ό)/ ~*mill*, n. μύλος πιπεριού (ό)/ ~*mint*, n. μέντα (ή)/ ~*y*, a. πιπεράτος/ (fig.) εύέξαπτος
per, pr. σέ, κατά, σέ καθένα/ ~ *annum*, τό χρόνο/ ~ *cent*, τοΐς έκατό
perambulate, v.i. περιοδεύω, περιφέρομαι/ *perambulator*, n. καροτσάκι (τό)
perceive, v.t. διαβλέπω, διακρίνω, παρατηρώ
percentage, n. ποσοστό τοΐς έκατό

perceptibility, n. άντίληψη (ή), αίσθητότητα (ή)/ *perceptible*, a. άντιληπτός, κατανοητός, αίσθητός/ *perception*, n. άντίληψη (ή), αΐσθηση (ή)/ *perceptive*, a. διορατικός, παρατηρητικός
perch, n. πέρκα (ή)/ (tree) κλαδί (τό)/ v.i. κουρνιάζω
perchance, ad. ΐσως, κατά τύχη
percolate, v.t. φιλτράρω, διεισδύω/ v.i. φιλτράρομαι/ *percolator*, n. καφετιέρα μέ φίλτρο (ή)
percussion, n. πρόσκρουση (ή)/ (med.) έπίκρουση (ή)/ (mus.) κρουστό δργανο (τό)/ ~ *cap*, καψύλιο έπίκρουσης/ *percussive*, a. έπικρουστικός
perdition, n. καταδίκη στήν κόλαση (ή)/ (fig.) δλεθρος (ό)
peregrinate, v.i. περιπλανιέμαι/ *peregrination*, n. περιπλάνηση (ή)/ *peregrine (falcon)*, n. ταξιδιάρικο γεράκι (τό), πετρίτης (ό)
peremptory, a. έπιτακτικός, κατηγορηματικός
perennial, a. αίώνιος, μόνιμος/ (bot.) πολυετής/ n. (bot.) πολυετές φυτό
perfect, a. τέλειος, πλήρης/ v.t. τελειοποιώ, όλοκληρώνω/ ~*ion*, n. τελειότητα (ή), τελειοποίηση (ή)/ ~*ly*, ad. τέλεια, άπόλυτα, άψογα
perfidious, a. ύπουλος, δόλιος, άπιστος/ *perfidy*, n. ύπουλότητα (ή), δολιότητα (ή), άπιστία (ή)
perforate, v.t. διατρυπώ, τρυπώ, διαπερνώ/ *perforation*, n. διάτρηση (ή), τρύπα (ή)
perforce, ad. άναγκαστικά
perform, v.t. έκτελώ, πραγματοποιώ, έκπληρώνω/ (theat.) παίζω, έρμηνεύω/ ~*ance*, n. έκτέλεση (ή), έκπλήρωση (ή)/ (theat.) έμφάνιση (ή), παράσταση (ή)/ ~*er*, n. έκτελεστής (ό)/ (theat.) ήθοποιός (ό)
perfume, n. άρωμα (τό)/ v.t. άρωματίζω/ ~*ry*, n. άρωματοποιεϊο (τό), μυροπωλεΐο (τό)
perfunctory, a. πρόχειρος, βιαστικός
pergola, n. κρεββατίνα (ή), κληματαριά (ή), περγουλιά (ή)
perhaps, ad. ΐσως, μπορεΐ, πιθανό
peril, n. κίνδυνος (ό)/ ~*ous*, a. έπικίνδυ-

νος
perimeter, n. περίμετρος (ή)
period, n. περίοδος (ή), εποχή (ή), φάση (ή)/ (med.) έμμηνη ρύση (ροή) (ή)/ ~ic, a. περιοδικός/ ~ical, n. περιοδικό (τό)/ ~icity, n. περιοδικότητα (ή)
periphery, n. περιφέρεια (ή), περίμετρος (ή)
periphrasis, n. περίφραση (ή)
periscope, n. περισκόπιο (τό)
perish, v.i. πεθαίνω, αφανίζομαι, χάνομαι/ ~able. a. φθαρτός
peristyle, n. περιστύλιο (τό)
peritonitis, n. περιτονίτιδα (ή)
periwig, n. περούκα (ή)
perjure, v.i. ψευδορκώ, παραβαίνω τόν όρκο μου/ ~r, n. επίορκος (ό)/ *perjury,* n. ψευδορκία (ή), ψευδομαρτυρία (ή)
perk (up), v.i. σηκώνω τό κεφάλι, ζωηρεύω/ ~y, a. ζωηρός, κεφάτος
permanence, n. μονιμότητα (ή)/ *permanent,* a. μόνιμος, διαρκής, σταθερός
permanganate, n. υπερμαγγανικό άλάτι (τό)
permeable, a. διαπερατός/ *permeate,* v.t. διαπερνώ, διεισδύω, διαβρέχω
permissible, a. έπιτρεπτός, θεμιτός/ *permission,* n. άδεια (ή), έγκριση (ή), συγκατάθεση (ή)/ *permissive,* a. άνεκτικός, έπιτρεπτικός/ ~ *society,* άνεκτική κοινωνία/ ~*ness,* n. άνεκτικότητα (ή)/ *permit,* v.t. έπιτρέπω, δίνω άδεια/ n. άδεια (ή)
permutation, n. μετάθεση (ή), παραλλαγή (ή)
pernicious, a. καταστρεπτικός, ολέθριος
peroration, n. κατακλείδα λόγου (ή)
peroxide, n. υπεροξείδιο (τό)/ ~ *blonde,* ξανθιά μέ οξυζεναρισμένα μαλλιά
perpendicular, a. κατακόρυφος, κάθετος/ n. κατακόρυφη (κάθετη) γραμμή (ή)
perpetrate, v.t. διαπράττω άδίκημα/ *perpetrator,* n. δράστης αδικήματος (ό)
perpetual, a. αιώνιος, διαρκής, αδιάκοπος/ ~ *motion,* αδιάκοπη κίνηση/ *perpetuate,* v.t. διαιωνίζω/ *perpetuity,* n. αιωνιότητα (ή), διηνεκές (τό)/ *in* ~, στό διηνεκές
perplex, v.t. μπλέκω, μπερδεύω/ ~*ed,* p.p. & a. μπερδεμένος, ζαλισμένος/ ~*ing,* a. μπερδευτικός, ζαλιστικός/ ~*ity,* n. σύγχιση (ή), σάστισμα (τό)
perquisite, n. έκτακτη αμοιβή (ή), δώρο (τό), τυχερά (τά)
perry, n. απιδόκρασο (τό)
persecute, v.t. καταδιώκω, κατατρέχω, ταλαιπωρώ/ *persecution,* n. καταδίωξη (ή), δίωξη (ή), κατατρεγμός (ό)/ *persecutor,* n. διώκοης (ό)
perseverance, n. επιμονή (ή), καρτερία (ή)/ *persevere,* v.i. έπιμένω, δείχνω καρτερικότητα/ *persevering,* a. καρτερικός
Persian, n. Πέρσης (ό)/ a. περσικός
persist, v.i. έπιμένω, μένω σταθερός/ ~*ence,* n. επιμονή (ή), συνέχιση (ή)/ ~*ent,* a. επίμονος, πεισματικός
person, n. πρόσωπο (τό), άτομο (τό), άνθρωπος (ό)/ *in* ~, προσωπικά/ ~*age,* n. προσωπικότητα (ή)/ (theat.) πρόσωπο έργου/ ~*al,* a. προσωπικός/ ~*ality,* n. προσωπικότητα (ή)/ ~*ally,* ad. προσωπικά/ ~*ate,* v.t. ένσαρκώνω, παριστάνω/ ~*ification,* n. προσωποποίηση (ή)/ ~*ify,* v.t. προσωποποιώ/ ~*nel,* n. προσωπικό (τό)
perspective, n. προοπτική (ή), άποψη (ή)/ a. προοπτικός
perspicacious, a. οξυδερκής, διορατικός/ *perspicacity,* n. οξυδέρκεια (ή), διορατικότητα (ή)
perspicuity, n. διαύγεια (ή), σαφήνεια (ή)
perspiration, n. ίδρωμα (τό), έφίδρωση (ή)/ *perspire,* v.i. ιδρώνω/ *perspiring,* a. ιδρωμένος
persuade, v.t. πείθω/ *persuasion,* n. πειθώ (ή)/ (belief) πίστη (ή), βεβαιότητα (ή)/ *persuasive,* a. πειστικός
pert, a. αναιδής, αυθάδης
pertain, v.i. ~ *to,* ανήκω σέ, αφορώ σέ, αναφέρομαι σέ
pertinacious, a. επίμονος, πεισματάρης, ξεροκέφαλος, ισχυρογνώμων/ *pertinacity,* n. επιμονή (ή), πείσμα (τό), ισχυρογνωμοσύνη (ή)
pertinent, a. σχετικός, συναφής
pertness, n. θρασύτητα (ή), αναίδεια (ή)
perturb, v.t. αναστατώνω/ ~*ation,* n. αναστάτωση (ή), σύγχιση (ή)

perimeter–philological

peruke, n. περούκα (ή)
perusal, n. ἀνάγνωση (ή), μελέτη (ή)/ *peruse,* v.t. διαβάζω, μελετῶ
Peruvian, n. Περουβιανός (ὁ)/ a. περουβιακός
pervade, v.t. διαποτίζω, εἰσχωρῶ/ *pervasive,* a. διεισδυτικός, διαπεραστικός
perverse, a. διεστραμμένος, φαῦλος, ἀπότομος/ *perversion,* n. διαστροφή (ή), διαστρέβλωση (ή)/ *pervert,* n. διεστραμμένος (ὁ), ἀνώμαλος (ὁ)/ v.t. διαστρέφω, παραπλανῶ/ ~*ed,* p.p. & a. διεστραμμένος
pervious, a. διαπερατός
pessimism, n. ἀπαισιοδοξία (ή), πεσσιμισμός (ὁ)/ *pessimist,* n. ἀπαισιόδοξος (ὁ), πεσσιμιστής (ὁ)/ ~*ic,* a. ἀπαισιόδοξος, πεσσιμιστικός
pest, n. πληγή (ή), ἐνόχληση (ή), μπελάς (ὁ)
pester, v.t. ἐνοχλῶ
pestiferous, a. καταστρεπτικός, ὀλέθριος/ *pestilence,* n. λοιμός (ὁ), βουβωνική πανώλη (ή)/ *pestilential,* a. λοιμώδης, μολυσμένος, νοσογόνος
pestle, n. γουδοχέρι (τό), κόπανος (ὁ)/ v.t. κοπανίζω
pet, n. κατοικίδιο ζῶο (τό)/ (person) χαϊδεμένος (ὁ), εὐνοούμενος (ὁ)/ ~ *name,* χαϊδευτικό (τό), ὑποκοριστικό (τό)/ v.t. χαϊδεύω
petal, n. πέταλο (τό)
peter, v.i. ~ *out,* ἐξαντλοῦμαι, χάνομαι, σβήνω
petition, n. παράκληση (ή), αἴτηση (ή), ἀναφορά (ή)/ v.t. παρακαλῶ, ὑποβάλλω αἴτηση/ ~*er,* n. αἰτῶν (ὁ), αἰτοῦσα (ή)
petrel, n. θαλασσοβάτης (ὁ), θαλασσινό χελιδόνι (τό)
petrifaction, n. ἀπολίθωση (ή)/ *petrify,* v.t. ἀπολιθώνω/ v.i. ἀπολιθώνομαι, παραλύω/ *be petrified,* μένω ἀπολιθωμένος
petrol, n. βενζίνη (ή)/ ~ *pump,* ἀντλία βενζίνας (ή)/ ~ *tank,* δεξαμενή (ντεπόζιτο) βενζίνας (ή)/ ~*eum,* n. πετρέλαιο (τό)
petticoat, n. μεσοφόρι (τό), κομπιναιζόν (ή)

pettifoggery, n. δικολαβία (ή), στρεψοδικία (ή)/ *pettifogging,* a. δικολαβικός, στρεψόδικος
pettiness, n. μικρότητα (ή), μικροπρέπεια (ή)/ *pettish,* a. εὔθικτος/ *petty,* a. ἀσήμαντος, τιποτένιος/ ~ *officer,* ὑπαξιωματικός (ὁ)
petulance, n. νευρικότητα (ή)/ *petulant,* a. νευρικός
pew, n. στασίδι (τό)
pewter, n. κράμα κασσίτερου καί μολυβιοῦ, πιοῦτερ (τό)
phaeton, n. φαέθων (ὁ)
phalanx, n. φάλαγγα (ή)
phantasm, n. ὀπτική ἀπάτη (ή), ψευδαίσθηση (ή)/ *phantom,* n. φάντασμα (τό)
pharisaical, a. φαρισαϊκός/ *Pharisee,* n. Φαρισαῖος (ὁ)
pharmaceutial, a. φαρμακευτικός/ *pharmacist,* n. φαρμακοποιός (ὁ)/ *pharmacology,* n. φαρμακολογία (ή)/ *pharmacy,* n. φαρμακευτική (ή)
pharyngitis, n. φαρυγγίτιδα (ή)/ *pharynx,* n. φάρυγγας (ὁ)
phase, n. φάση (ή)
pheasant, n. φασιανός (ὁ)
phenomenal, a. φαινομενικός, ἐκπληκτικός, θαυμαστός, ἐξαιρετικός/ *phenomenon,* n. φαινόμενο (τό)
phial, n. φιαλίδιο (τό)
philander, v.i. ἐρωτοτροπῶ, φλερτάρω/ ~*er,* n. ἐρωτιάρης (ὁ), κορτάκιας (ὁ)
philanthropic, a. φιλανθρωπικός/ *philanthropist,* n. φιλάνθρωπος (ὁ)/ *philanthropy,* n. φιλανθρωπία (ή)
philatelist, n. φιλοτελιστής (ὁ), γραμματοσημοσυλλέκτης (ὁ)/ *philatelism,* n. φιλοτελισμός (ὁ), συλλογή γραμματοσήμων (ή)
philharmonic, a. φιλαρμονικός, μουσικόφιλος/ n. φιλαρμονική (ή)
philhellene, n. φιλέλληνας (ὁ)/ *philhellenic,* a. φιλελληνικός/ *philhellenism,* n. φιλελληνισμός (ὁ)
philippic, n. φιλιππικός (ὁ)
Philistine, n. Φιλισταῖος (ὁ)/ (fig.) ὑλιστής (ὁ)
philological, a. φιλολογικός (ὁ)/ *philologist,* n. φιλόλογος (ὁ)/ *philology,* n. φιλολογία (ή)

philosopher, n. φιλόσοφος (ὁ)/ *philosophic(al)*, a. φιλοσοφικός/ *philosophy*, n. φιλοσοφία (ἡ)
philtre, n. φίλτρο (τό)
phlebitis, n. φλεβίτιδα (ἡ)
phlegm, n. ἠρεμία (ἡ), ἀπάθεια (ἡ), φλέγμα (τό)/ ~*atic*, a. ἤρεμος, ἀπαθής, φλεγματικός
Phoenician, n. Φοίνικας (ὁ)/ a. φοινικικός
phoenix, n. φοίνικας (ὁ)
phonetic, a. φωνητικός/ ~*s*, n. φωνητική (ἡ), φωνολογία (ἡ)
phosphate, n. φωσφορικό ἁλάτι (τό)/ *phosphorescence*, n. φωσφορισμός (ὁ)/ *phosphorescent*, a. φωσφορίζων / *phosphorus*, n. φωσφόρος (ὁ)
photograph, n. φωτογραφία (ἡ)/ v.t. φωτογραφίζω/ ~*er*, n. φωτογράφος (ὁ)/ ~*ic*, a. φωτογραφικός/ ~*y*, n. φωτογραφική (ἡ)/ *photogravure*, n. φωτογκραβούρα (ἡ), φωτογλυφία (ἡ)/ *photostat*, n. φωτοτυπία (ἡ)
phrase, n. φράση (ἡ), ἔκφραση (ἡ)/ (mus.) φράση (ἡ), περίοδος (ἡ)/ v.t. ἐκφράζω/ (mus.) μελωδῶ/ ~*ology*, n. φρασεολογία (ἡ)
phrenology, n. φρενολογία (ἡ)
physic, n. φάρμακο (τό)/ ~*al*, a. φυσικός, σωματικός/~ *ian*, n. γιατρός (ὁ)/ ~*ist*, n. φυσικός (ὁ)/ ~*s*, n. φυσική (ἡ)
physiognomy, n. φυσιογνωμία (ἡ), φυσιογνωμική (ἡ)
physiology, n. φυσιολογία (ἡ)
physique, n. σῶμα (τό), σωματική διάπλαση (ἡ)
pianist, n. πιανίστας (ὁ)/ *piano*, n. πιάνο (τό)/ *upright* ~, ὀρθό πιάνο/ ~ *stool*, σκαμνάκι τοῦ πιάνου/ ~*la*, n. πιανόλα
piccaninny, n. μικρός νέγρος (ὁ), νεγράκι (τό)
pick, n. δικέλλα (ἡ), ἀξίνα (ἡ)/ v.t. διαλέγω, μαζεύω/ (with an axe) σκαλίζω/ (foul) μαδῶ/ (tooth) καθαρίζω/ (lock) παραβιάζω/ ~ *a quarrel*, καυγαδίζω/ ~ *off*, ἀφαιρῶ/ ~ *up*, σηκώνω/ *have a bone to* ~ *with*, ἔχω κάποιο λογαριασμό νά ξεκαθαρίσω μέ/ ~-*a*-*back*, ad. στήν πλάτη/ ~*ed*, p.p. & a. ἐκλεκτός, διαλεχτός

picket, n. παλούκι (τό)/ (mil.) προφυλακή (ἡ)/ (strike) ἐπόπτης (ὁ) ἀπεργίας/ v.t. φράζω μέ παλούκια/ (strike) ἐποπτεύω ἀπεργία
picking, n. διάλεγμα (τό)/, ἐπιλογή (ἡ)/ (foul) μάδημα (τό)
pickle, n. σαλαμούρα (ἡ)/ pl. τουρσιά (τά)/ *a pretty* ~, μπέρδεμα, δυσάρεστη θέση/ v.t. κάνω τουρσί
pick-me-up, n. τονωτικό (τό)
pickpocket, n. πορτοφολάς (ὁ)
picnic, n. ἐκδρομή (ἡ)/ v.i. πηγαίνω ἐκδρομή
pictorial, a. εἰκονογραφημένος/ *picture*, n. εἰκόνα (ἡ)/ (film) ταινία (ἡ)/ v.t. εἰκονίζω/ ~ *frame*, κορνίζα (ἡ)/ ~ *galery*, πινακοθήκη (ἡ)/ *picturesque*, a. γραφικός
pie, n. πίττα (ἡ)/ (sweet) τούρτα (ἡ)
piebald, n. ἀσπρόμαυρο ἄλογο (τό)
piece, n. κομμάτι (τό), μέρος (τό)/ ~ *of furniture*, ἔπιπλο (τό)/ ~ *of ground*, οἰκόπεδο (τό)/ ~ *of news*, εἴδηση (ἡ)/ ~ *of work*, δουλειά/ ~*work*, ἐργασία μέ τό κομμάτι/ *go to* ~*s*, διαλύομαι, συντρίβομαι/ *take to* ~*s*, διαλύω/ v.t. ~ *together*, συνθέτω, συνδέω/ ~*meal*, ad. κομμάτι-κομμάτι
pied, a. ποικιλόχρωμος
pier, n. ἀποβάθρα (ἡ), προκυμαία (ἡ)
pierce, v.t. διατρυπῶ, διαπερνῶ, εἰσχωρῶ/ *piercing*, a. διαπεραστικός, ὀξύς/ (look) διεισδυτικός/ n. τρύπημα (τό), διάτρηση (ἡ)
piety, n. εὐσέβεια (ἡ), εὐλάβεια (ἡ)
pig, n. γουρούνι (τό), χοῖρος (ὁ)/ *buy a* ~ *in a poke*, γουρούνι στό σακκί/ ~ *iron*, ἀκαθάριστο σίδερο
pigeon, n. περιστέρι (τό)/ ~ *hole*, n. γραμματοθυρίδα (ἡ)/ ~ *loft*, n. περιστερώνα (ἡ)
pigheaded, a. πεισματάρης, ἰσχυρογνώμων
pigment, n. βαφή (ἡ), χρῶμα (τό)
pigskin, n. ἀσκός (ὁ)/ *pigsty*, n. χοιροστάσιο (τό)/ *pigtail*, n. ἀλογοουρά (ἡ), κοτσίδα (ἡ)
pike, n. δόρυ (τό)/ (fish) λύκος (ὁ)/ ~*staff*, n. λαβή τοῦ δόρατος (ἡ)
pilaster, n. παραστάτης (ὁ)

pilchard, n. είδος σαρδέλλας
pile, n. σωρός (ό)/ (post) πάσσαλος (ό)/ (of books) στοίβα (ή)/ (elec.) ηλεκτρική στήλη (ή)/ *atomic ~*, ατομική στήλη (ή)/ (med.) pl. αιμορροΐδες (οί)/ *~ driving*, μπήξιμο πασσάλων/ v.t. σωριάζω, στοιβάζω/ *~ up*, επισωρεύω
pilfer, v.t. ύποκλέβω/ *~ing*, n. υποκλοπή (ή)
pilgrim, n. προσκυνητής (ό)/ *~age*, n. προσκύνημα (τό)
pill, n. χάπι (τό)
pillage, n. λεηλασία (ή), διαρπαγή (ή), πλιάτσικο (τό)/ v.t. λεηλατώ, πλιατσικολογώ
pillar, n. κολόνα (ή), στύλος (ό)/ *~ -box*, n. γραμματοκιβώτιο (τό)
pillory, n. κύφων (ό)/ v.t. στηλιτεύω
pillow, n. προσκέφαλο (τό), μαξιλάρι (τό)/ *~ case*, n. μαξιλαροθήκη (ή)/ v.t. στηρίζομαι στό προσκέφαλο
pilot, n. πιλότος (ό), πλοηγός (ό)/ *~ boat*, πιλοτιέρα (ή)/ *~ scheme*, υπόδειγμα (τό)/ v.t. πιλοτάρω, πλοηγώ
pimp, n. μαστρωπός (ό), προαγωγός (ό)/ v.i. μαστρωπεύω
pimpernel, n. καυκαλήθρα (ή)
pimple, n. σπυρί (τό), εξάνθημα (τό)
pin, n. καρφίτσα (ή)/ (tech.) πείρος (ό), περόνη (ή)/ *~ cushion*, μαξιλαράκι γιά καρφίτσες/ v.t. καρφιτσώνω
pinafore, n. μπροστέλλα (ή)
pincers, n. pl. λαβίδα (ή), τανάλια (ή)
pinch, n. τσιμπιά (ή)/ (fig.) πρέζα, μικρή ποσότητα (ή)/ *at a ~*, σέ περίπτωση ανάγκης/ v.t. τσιμπώ
pine, n. πεύκο (τό)/ *~cone*, n. κώνος πεύκου (ό)/ *~needle*, n. πευκοβελόνα (ή)/ v.i. *~ away*, λιώνω/ *~ for*, λαχταρώ
pineapple, n. ανανάς (ό)
ping-pong, n. επιτραπέζια αντισφαίριση (ή)
pinion, n. ακροφτέρουγο (τό)/ (tech.) οδοντωτός τροχός (ό)/ v.t. κόβω τά φτερά/ (fig.) περιορίζω, δεσμεύω
pink, a. ρόδινος, ροζ/ n. ρόδινο χρώμα (τό)/ *in the ~*, σέ άριστη υγεία
pinnace, n. μεγάλη βάρκα (ή)
pinnacle, n. πυργίσκος (ό)/ (rock) κορφή (ή), μύτη (ή)/ (fig.) απόγειο (τό), κολοφώνας (ό)
pint, n. ημίλιτρο (τό)
pioneer, n. πρωτοπόρος (ό)/ (mil.) σκαπανέας (ό)
pious, a. ευσεβής, ευλαβής
pip, n. κουκούτσι (τό), κόκκος (ό)/ (cards) πόντος (ό)
pipe, n. σωλήνας (ό)/ (smoking) πίπα (ή)/ (mus.) αυλός (ό), φλογέρα (ή)/ v.t. περνώ από σωλήνα/ (mus.) παίζω αυλό/ *~clay*, n. άργιλλος (ό)/ *~line*, n. σωληνώσεις (οί)/ *in the ~*, έρχεται, είναι στό δρόμο/ *~r*, n. αυλητής (ό)/ *~tte*, n. αναρροφητικός σωλήνας (ό)/ *piping*, n. σωλήνωση (ή)/ *~ hot*, a. καφτός, ζεματιστός
pipkin, n. μικρή χύτρα (ή)
piquancy, n. άψύτητα στήν γεύση/ *piquant*, a. πικάντικος, άψύς στήν γεύση
pique, n. μνησικακία (ή), οργή (ή), πίκα (ή)/ v.t. οργίζω, προσβάλλω
piracy, n. πειρατεία (ή)/ *pirate*, n. πειρατής (ό)/ v.t. κάνω πειρατεία/ *piratical*, a. πειρατικός
pistol, n. πιστόλι (τό)
piston, n. έμβολο (τό), πιστόνι (τό)/ *~ rod*, στέλεχος εμβόλου (τό)/ *~ stroke*, διαδρομή εμβόλου (ή)
pit, n. λάκκος (ό), κοίλωμα (τό), βαθούλωμα (τό)/ *coal ~*, ανθρακωρυχείο (τό)/ v.t. σκάβω, τρυπώ/ *~ one's strength against*, επιστρατεύω τίς δυνάμεις μου εναντίον
pit-a-pat, n. παλμός τής καρδιάς (ό)
pitch, n. πίσσα (ή), άσφαλτος (ή)/ (sound) ύψος ήχου/ (naut.) σκαμπανέβασμα (τό)/ (roof) κλίση στέγης/ *black as ~*, μαύρο σάν πίσσα/ v.t. & i. πισσώνω/ (tent) στήνω σκηνή/ (camp) κατασκηνώνω/ (sound) φθάνω στό διαπασών/ *~ed battle*, μάχη εκ τού συστάδην/ *high ~ed voice*, φωνή υψηλών τόνων
pitcher, n. στάμνα (ή), ύδρία (ή)
pitchfork, n. (mus.) διαπασών (τό)/ (farming) δικράνα (ή)
pitching, n. βύθιση (ή)
piteous, a. άθλιος, αξιολύπητος
pitfall, n. λάκκος (ό), παγίδα (ή)
pith, n. χυμός (ό)/ (wood) εντεριώνη (ή)/

~y, a. νευρώδης
pitiable & pitiful, a. ελεεινός, άξιοθρήνητος/ *pitiless*, a. ανελέητος, άσπλαχνος
pittance, n. επίδομα (τό), ελεημοσύνη (ή)
pitted, a. στιγματισμένος/ (with smallpox) βλογιοκομμένος
pituitary, a. μυξώδης
pity, n. έλεος (τό), σπλαχνικότητα (ή)/ *for ~'s sake!* γιά τό θεό!/ *what a ~ !* τί κρίμα!/ v.t. συμπονώ, σπλαχνίζομαι
pivot, n. άξονας (ό), στροφέας (ό)/ v.i. περιστρέφομαι, γυρίζω
pixie, pixy, n. στοιχειό (τό)
placard, n. πινακίδα (ή), αγγελία (ή)/ v.t. τοιχοκολλώ αγγελίες
placate, v.t. συμφιλιώνω, ειρηνεύω
place, n. τόπος (ό), τοποθεσία (ή)/ *take ~*, λαμβάνω χώρα, γίνομαι/ *in ~ of*, άντί γιά/ *out of ~*, ακατάλληλος, εκτός τόπου/ v.t. τοποθετώ
placid, a. γαλήνιος, άτάραχος/ *~ity*, n. γαλήνη (ή), αταραξία (ή)
plagiarism, n. λογοκλοπή (ή)/ *plagiarist*, n. λογοκλόπος (ό)/
plagiarize, v.t. λογοκλοπώ
plague, n. λοιμός (ό), πανώλη (ή)/ v.t. βασανίζω, ενοχλώ, μαστίζω
plaice, n. γλώσσα (ή)
plaid, n. σκωτσέζικο ύφασμα (τό)
plain, a. απλός, σαφής/ *~ clothes*, πολιτικά ρούχα/ *~ dealing*, ειλικρίνεια (ή), ευθύτητα (ή)/ *~ speaking*, ελευθεροστομία (ή)/ *in ~ English*, ξεκάθαρα/ n. πεδιάδα (ή), κάμπος (ό)
plaint, n. παράπονο (τό)/ (leg.) αγωγή (ή), μήνυση (ή)/ *~iff*, n. μηνυτής (ό), ενάγων (ό)/ *~ive*, a. παραπονετικός, θρηνητικός
plait, n. πτυχή (ή), δίπλα (ή)/ v.t. πτυχώνω, διπλώνω
plan, n. σχέδιο (τό)/ *rough ~*, πρόχειρο σχέδιο/ v.t. & i. σχεδιάζω, σκοπεύω
plane, n. επίπεδο (τό)/ (tool) πλάνη (ή)/ (avia.) αεροπλάνο (τό)/ *~ tree*, πλάτανος (ό)/ v.t. πλανίζω, λειαίνω
planet, n. πλανήτης (ό)/ *~arium*, n. πλανετάριο (τό)/ *~ary*, a. πλανητικός
plank, n. σανίδα (ή)/ v.t. σανιδώνω/ *~ing*, n. σανίδωση (ή), σανίδωμα (τό)

plant, n. φυτό (τό), βότανο (τό)/ (indus.) βιομηχανία (ή), εργοστάσιο (τό)/ v.t. φυτεύω/ *~ out*, μεταφυτεύω
plantain, n. αρνόγλωσσο (τό)
plantation, n. φυτεία (ή)/ *planter*, n. ιδρυτής (ό), άποικος (ό)/ (owner of a plantation) κτηματίας (ό)
plaque, n. πλάκα (ή)/ (tooth) πέτρα (ή)
plasma, n. πλάσμα (τό)
plaster, n. γύψος (ό), κονίαμα (τό)/ (med.) γύψος (ό)/ (for backaches) έμπλαστρο (τό)/ *~er*, n. σοβατζής (ό)/ *~ing*, n. σοβάτισμα (τό)
plastic, a. πλαστικός, εύπλαστος/ *~ surgery*, πλαστική χειρουργική (ή)/ n. πλαστικό (τό)
plate, n. πιάτο (τό)/ (metal) πλάκα (ή)/ (dental) πλάκα μασέλας/ *~ glass*, φύλλο γυαλιού/ *~ rack*, πιατοθήκη (ή)/ v.t. καλύπτω μέ μέταλλο
plateau, n. οροπέδιο (τό)
platform, n. εξέδρα (ή), αποβάθρα (ή), πλατφόρμα (ή)
plating, n. επιμετάλλωση (ή)
platinum, n. πλατίνα (ή), λευκόχρυσος (ό)
platoon, n. ημιλοχία (ή)
platter, n. γαβάθα (ή), μικρή λεκάνη (ή)
plaudit, n. έπαινος (ό), επευφημία (ή)
plausibility, n. ευλογοφάνεια (ή), πιθανότητα (ή)/ *plausible*, a. εύλογος, πιθανός
play, n. παιχνίδι (τό)/ (theat.) θεατρικό έργο (τό)/ v.i. παίζω/ *~ along*, προσποιούμαι ότι συμφωνώ/ *~ a trick on*, εμπαίζω/ *~ up*, υπερβάλλω/ *~bill*, n. θεατρικό πρόγραμμα/ *~er*, n. παίχτης (ό)/ (mus.) εκτελεστής (ό)/ *~ful*, a. παιχνιδιάρης/ *~goer*, n. θεατρόφιλος (ό)/ *~ground*, n. γήπεδο (τό)/ *~house*, n. θέατρο (τό)/ *~mate*, n. συμπαίχτης (ό)/ *~time*, n. ώρα ψυχαγωγίας/ *~thing*, n. παιχνίδι (τό)/ *~wright*, n. θεατρικός συγγραφέας (ό)
plea, n. παράκληση (ή), αίτημα (τό)/ (leg.) δίκη (ή)/ *~d*, v.i. συνηγορώ/ *~ guilty*, δέχομαι τήν ενοχή μου/ *~ding*, n. συνηγορία (ή), υπεράσπιση (ή)/ *~dings*, n. pl. προτάσεις δικηγόρου (οί)

pleasant, a. ευχάριστος, τερπνός/ ~ly, ad. ευχάριστα/ ~ry, n. αστειότητα (ή), αστείο (τό)/ *please,* v.t. ευχαριστώ, αρέσω/ *do as you* ~, κάνε όπως σοϋ αρέσει/ imper. παρακαλώ/ ~d, a. ευχαριστημένος, ικανοποιημένος/ ~ *to meet you,* χαίρω πολύ/ *we are ~ to inform you,* έχουμε τήν τιμή νά σάς πληροφορήσουμε/ *pleasing,* a. ευχάριστος, τερπνός/ *pleasure,* n. χαρά (ή), διασκέδαση (ή)/ ~ *trip,* ταξίδι αναψυχής (τό)
pleat, n. πτυχή (ή), πιέττα (ή)/ v.t. πτυχώνω
plebeian, a. λαϊκός, χυδαίος/ *plebiscite,* n. δημοψήφισμα (τό)
pledge, n. υπόσχεση (ή)/ (pawn) ενέχυρο (τό)/ v.t. υπόσχομαι/ ~ *one's word,* δίνω τόν λόγο μου/ (drink) προπίνω
plenary, a. πλήρης/ ~ *session,* ολομέλεια (ή)/ *plenipotentiary,* n. πληρεξούσιος (ό)/ *plenitude,* n. πληθώρα (ή), αφθονία (ή)
plentiful, a. άφθονος, πλουσιοπάροχος/ *plenty,* n. αφθονία (ή)/ ~ *of,* αφθονία από/ *plenum,* n. απαρτία (ή)
pleonasm, n. πλεόνασμα (τό)
plethora, n. πληθώρα (ή), υπεραφθονία (ή)/ *plethoric,* a. πληθωρικός
pleurisy, n. πλευρίτιδα (ή)
plexus, n. πλέγμα νεύρων
pliable, a. εύκαμπτος, ευλύγιστος/ *pliancy,* n, ευκαμψία (ή), ευλυγισία (ή)/ *pliant,* a. εύστροφος, ενδοτικός
pliers, n. pl. τσιμπίδα (ή), λαβίδα (ή)
plight, n. κατάσταση (ή), θέση (ή)/ v.t. ~ *one's troth,* δίνω υπόσχεση γάμου
plinth, n. πλίνθος (ό)
plod, v.i. βραδυπορώ/ ~*der,* n. επίμονος δουλευτής (ό)
plot, n. γήπεδο (τό), οικόπεδο (τό)/ (drama) υπόθεση έργου/ (conspiracy) συνομωσία (ή), πλεκτάνη (ή)/ v.t. & i. χαράζω, σχεδιάζω/ (conspire) συνομωτώ/ ~ *a course,* χαράζω πορεία/ ~*ter,* n. συνομώτης (ό)
plough, n. άροτρο (τό)/ ~*man,* n. γεωργός (ό), ζευγάς (ό)/ ~*share,* n. υνί (τό)/ v.t. αροτριώ, καλλιεργώ/ ~ *through,* προχωρώ μέ κόπο/ ~*ing,* n. αροτρίωση (ή), καλλιέργεια (ή)

plover, n. χαραδριός (ό)
pluck, n. μάδημα (τό)/ v.t. (fowl) μαδώ/ (flowers) συλλέγω/ ~ *up courage,* βρίσκω τό θάρρος/ ~*y,* a. γενναίος, τολμηρός
plug, n. πώμα (τό), στούπωμα (τό)/ (elec.) πρίζα (ή), ρευματοδότης (ό)/ v.t. στουπώνω, ταπώνω/ ~ *in,* βάζω στήν πρίζα
plum, n. δαμάσκηνο (τό)/ ~ *tree,* δαμασκηνιά (ή)
plumage, n. φτερά (τά), φτέρωμα (τό)
plumb, n. μολύβι (τό), βολίδα (ή), στάθμη (ή)/ a. κάθετος, κατακόρυφος/ v.t. βολίζω, σταθμίζω/ ~*er,* n. υδραυλικός (ό)/ ~*ing,* n. υδραυλική (ή)
plume, n. φτερό (τό)/ (on the head) λοφίο (τό)/ v.t. στολίζω μέ φτερά/ ~ *oneself,* καμαρώνω
plummet, n. βολίδα (ή)/ v.i. πέφτω κατακόρυφα
plump, a. παχουλός/ v.i. ~ *for,* υποστηρίζω έντονα/ ~*ness,* n. πάχος (τό), παχυσαρκία (ή)
plunder, n. λάφυρο (τό), λεηλασία (ή)/ v.t. λεηλατώ
plunge, n. βουτιά (ή), κατάδυση (ή)/ v.t. βουτώ, βυθίζω/ v.i. βυθίζομαι, κάνω βουτιά/ ~*r,* n. δύτης (ό), βουτηχτής (ό)
pluperfect, n. υπερσυντέλικος (ό)
plural, a. πολλαπλός/ n. πληθυντικός (ό)/ ~*ity,* n. πολλαπλότητα (ή)
plus, pr. σύν, πλέον/ a. θετικός
plush, n. χνουδωτό ύφασμα (τό)/ a. πολυτελής, εντυπωσιακός
plutocrat, n. πλουτοκράτης (ό)
ply, n. πτυχή (ή), δίπλα (ή)/ (wool) κλωστή μαλλιού/ *three* ~ (wool), τρίκλωστο μαλλί/ v.i. δουλεύω, εξασκώ επάγγελμα, εκτελώ συγκοινωνία/ v.t. πιέζω, στενοχωρώ/ ~ *with questions,* τρελλαίνω στίς ερωτήσεις
pneumatic, a. πνευματικός, αέριος
pneumonia, n. πνευμονία (ή)
poach, v.t. κυνηγώ (ψαρεύω) λαθραία/ (eggs) κάνω αυγά μάτια/ ~*er,* n. λαθροθήρας (ό)
pock, n. στίγμα (τό), ουλή (ή)/ ~*ed,* a. βλογιοκομμένος
pocket, n. τσέπη (ή)/ (avia.) θύλακας αέ-

ρα/ be in ~, κερδίζω/ be out of ~, χάνω/ v.t. τσεπώνω/ ~ book, σημειωματάριο (τό)/ ~ money, χαρτζηλίκι (τό)
pod, n. περικάρπιο (τό), έξωτερική φλούδα (ή)/ v.t. ξεφλουδίζω
podgy, a. κοντόχοντρος, παχουλός
poem, n. ποίημα (τό)/ poet, n. ποιητής (ό)/ ~ess, n. ποιήτρια (ή)/ ~ic, a. ποιητικός/ ~ry, n. ποίηση (ή)
poignancy, n. δριμύτητα (ή), δηκτικότητα (ή), σφοδρότητα (ή)/ poignant, a. δριμύς, δηκτικός, σφοδρός
point, n. σημεΐο (τό), βαθμός (ό)/ (railway) κλειδί διασταύρωσης/ (fig.) ζήτημα (τό), θέμα (τό)/ on ~ duty, σέ ύπηρεσία τροχαίας/ ~ of honour, ζήτημα τιμής/ ~ of view, άποψη (ή), γνώμη (ή)/ be beside the ~, είμαι ἄσχετος/ be on the ~ of, είμαι ἕτοιμος νά/ come to the ~, ἀσχολοῦμαι μέ τήν οὐσία/ speak to the ~, δέν ξεφεύγω ἀπό τό θέμα/ v.t. δείχνω/ ~ at, σκοπεύω/ ~ out, τονίζω/ ~ -blank, ad. κατ' ευθείαν, όρθάκοφτά/ ~ed, p.p. & a. μυτερός, αἰχμηρός/ (person) δηκτικός/ ~er, n. δείχτης (ὁ)/ (dog) ἰχνηλάτης σκύλος (ὁ)/ ~less, a. ἄσκοπος/ ~sman, n. φύλακας σιδηροδρομικῶν διασταυρώσεων (ὁ)
poise, n. ἰσορροπία (ή), ἀντίβαρο (τό)/ v.t. ἀντισταθμίζω, ἰσοφαρίζω/ ~ oneself, ἰσορροπῶ/ ~d, a. μετέωρος/ ~ to, ἕτοιμος νά
poison, n. δηλητήριο (τό)/ v.t. δηλητηριάζω/ ~er, n. δηλητηριαστής (ὁ)/ ~ing, n. δηλητηρίαση (ή)/ ~ous, a. δηλητηριώδης
poke, n. σάκκος (ὁ)/ (push) σπρώξιμο (τό)/ v.t. σπρώχνω (fire), συδαυλίζω/ ~ about, ἀνασκαλεύω/ ~ fun at, κοροϊδεύω/ ~ one's nose in, χώνω τήν μύτη/ ~ r, n. σκαλιστήρι (τό)/ (cards) πόκερ (τό)/ poky, a. ἐλάχιστος, ἀσήμαντος
polar, a. πολικός/ ~ bear, πολική ἀρκούδα (ή)/ ~ize, v.t. πολώνω
pole, n. πόλος (ὁ)/ (stick) κοντάρι (τό)/ ~ star, πολικό ἀστέρι (τό)/ ~ vault, ἅλμα ἐπί κοντῷ (τό)
Pole, n. Πολωνός (ὁ)/ (woman) Πολωνέζα (ή)
polemic, n. πολεμική (ή)/ ~al, a. πολεμικός, λογομαχικός
police, n. ἀστυνομία (ή)/ ~ station, ἀστυνομικό τμῆμα (τό)/ v.t. ἀστυνομεύω/ ~man, n. ἀστυνομικός (ὁ)
policy, n. πολιτική (ή), πορεία (γραμμή) συμπεριφορᾶς/ foreign ~, ἐξωτερική πολιτική (ή)/ (insurance) ἀσφαλιστικό συμβόλαιο (τό)/ ~ holder, ἀσφαλισμένος (ὁ), κάτοχος ἀσφαλιστικοῦ συμβολαίου (ὁ)
Polish, n. πολωνικά (τά), πολωνέζικα (τά)/ a. πολωνικός
polish, n. λάμψη (ή), λαμπρότητα (ή), στιλπνότητα (ή)/ (fig.) εὐγένεια (ή)/ v.t. γυαλίζω, στιλβώνω, βερνικώνω/ ~ off, τελειώνω, διεκπεραιώνω/ ~ed, a. γυαλισμένος, στιλβωμένος, βερνικωμένος/ (polite) ἐξευγενισμένος/ ~er, n. στιλβωτής (ὁ)
polite, a. εὐγενικός/ ~ly, ad. εὐγενικά/ ~ness, n. εὐγένεια (ή)
politic, a. πολιτικός, συνετός, ἐπιτήδειος/ ~al, a. πολιτικός/ ~ian, n. πολιτικός (ὁ), πολιτευόμενος (ὁ)/ ~s, n. πολιτική (ή)/ polity, n. πολίτευμα (τό), πολιτειακό σύστημα (τό)
polka, n. πόλκα (ή)
poll, n. ψηφοφορία (ή)/ (head) κεφάλι (τό)/ head the ~, ἔρχομαι πρῶτος σέ ἐκλογές/ opinion ~, σφυγμομέτρηση (ή)/ ~ tax, κεφαλικός φόρος (ὁ)/ v.t. & i. ψηφίζω/ (tree) κλαδεύω/ ~ing station, ἐκλογικό τμῆμα (τό)
pollard, n. (tree) κλαδεμένο δέντρο (τό)/ (animal) ἀποκερατωμένο ζῶο
pollen, n. γύρη (ή)/ pollinate, v.t. γονιμοποιῶ μέ γύρη
pollute, v.t. μολύνω, ρυπαίνω/ pollution, n. μόλυνση (ή), ρύπανση (ή), μίανση (ή)
polo, n. πόλο (τό)
poltroon, n. ἄνανδρος (ὁ)
polygamist, n. πολύγαμος (ὁ)/ polygamy, n. πολυγαμία (ή)
polyglot, n. & a. πολύγλωσσος (ὁ)
polygon, n. πολύγωνο (τό)
polypus, n. πολύποδο (τό)
polysyllabic, a. πολυσύλλαβος/ polysyllable, n. πολυσύλλαβο (τό)
polytechnic, n. πολυτεχνεῖο (τό)

polytheism, n. πολυθεϊσμός (ό), πολυθεία (ή)
pomade, n. πομάδα (ή), άλοιφή (ή)
pomegranate, n. ρόδι (τό)/ ~ *tree,* ροδιά (ή)
pommel, n. λαβή (ή)/ (horse) σέλλα (ή)/ v.t. δέρνω, ξυλοκοπώ
pomp, n. μεγαλοπρέπεια (ή), πομπή (ή), έπίδειξη (ή)/ ~*osity,* n. στόμφος (ό), σπουδαιοφάνεια (ή)/ ~*ous,* a. πομπώδης, έπιδεικτικός
pond, n. λιμνούλα (ή), δεξαμενή (ή)
ponder, v.t. σταθμίζω, ζυγίζω/ v.i. σκέπτομαι, άναλογίζομαι/ ~*able,* a. σταθμητός/ ~*ous,* a. βαρύς, άχαρος
poniard, n. έγχειρίδιο (τό), στιλέττο (τό)
pontiff, n. ποντίφηκας (ό)/ *pontifical,* a. ποντιφικός, παπικός/ *pontificate,* n. παπωσύνη (ή), παπικό άξίωμα (τό)/ v.i. άποφαίνομαι, μιλώ σάν αύθεντία
pontoon, n. πλωτή γέφυρα (ή)/ (cards) είκοσι ένα
pony, n. άλογάκι (τό)
poodle, n. κατσαρό σκυλάκι (τό)
pooh, int. ούφ!/ ~ -*pooh,* v.t. ύποτιμώ, περιφρονώ
pool, n. πηγή (ή), λιμνούλα (ή)/ (swimming) πισίνα (ή)/ (cards) μάννα (ή)/ *football* ~*s,* προ-πό/ (money) κοινό ταμείο/ *typing* ~, άναπληρωματικές δακτυλογράφοι/ v.t. συνδυάζω, μοιράζομαι
poop, n. πρύμνη (ή)
poor, a. φτωχός, άπορος/ (quality) πενιχρός, μέτριος/ ~ *thing!* κακόμοιρε!/ n. *the* ~, οί φτωχοί, φτωχολογιά/ ~*ly,* a. σέ κακή κατάσταση, άδιάθετος/ *he is* ~, δέν είναι καλά/ ad. άσχημα, πενιχρά
pop, n. κρότος (ό), πάταγος (ό)/ ~ *art,* πόπ-αρτ/ ~ *music,* μουσική πόπ/ v.t. & i. κάνω κρότο/ ~ *the question,* πετάω τό έρώτημα/ ~ *in,* μπαίνω όρμητικά/ ~ *out,* φεύγω όρμητικά/ ~ *in and out,* μπαινοβγαίνω/ ~*corn,* n. κόκκοι καλαμποκιού (oί)/ ~*gun,* n. παιδικό τουφέκι (τό)
pope, n. πάπας (ό)/ ~*ry,* n. παπισμός (ό)/ *popish,* a. παπικός
poplar, n. λεύκα (ή)

poplin, n. ποπλίνα (ή)
poppy, n. παπαρούνα (ή)
populace, n. πλήθος (τό), όχλος (ό), συρφετός (ό)/ *popular,* a. λαϊκός, δημοφιλής/ ~*ity,* n. δημοτικότητα (ή)/ ~*ize,* v.t. έκλαϊκεύω/ *populate,* v.t. οίκίζω/ *population,* n. πληθυσμός (ό)/ *populous,* a. πολυάνθρωπος, πυκνοκατοικημένος
porcelain, n. πορσελάνη (ή)/ a. πορσελάνινος
porch, n. προστέγασμα (τό), βεράντα (ή)
porcupine, n. σκαντζόχοιρος (ό)
pore, n. πόρος (ό)/ v.i. ~ *over,* προσηλώνομαι, βυθίζομαι στήν μελέτη
pork, n. χοιρινό κρέας (τό)/ ~*er,* n. γουρουνόπουλο (τό)
pornography, n. πορνογραφία (ή)
porosity, n. τό πορώδες/ *porous,* a. πορώδης
porphyry, n. πορφυρίτης (ό)
porpoise, n. γουρουνόψαρο (τό)
porridge, n. χυλός άπό βρώμη (ό)/ *porringer,* n. γαβάθα (ή)
port, n. λιμάνι (τό)/ ~ *dues,* λιμενικά τέλη (τά)/ ~ *of call,* λιμάνι προσέγγισης/ ~ *arms!* (mil.) παρουσιάστε!
portable, a. φορητός, κινητός
portage, n. (fees) κόμιστρα (τά), άγώγι (τό)/ (transport) μεταφορά έμπορευμάτων
portal, n. πυλώνας (ό), είσοδος (ή)
portcullis, n. καταπακτή θύρας (ή)
portend, v.t. προαναγγέλλω, προοιωνίζω/ *portent,* n. κακό προμήνυμα (τό), κακός οίωνός (ό)/ ~*ous,* a. δυσοίωνος
porter, n. θυρωρός (ό)/ ~'*s lodge,* θυρωρείο (τό)/ (at a station or port) άχθοφόρος (ό) ~*age,* n. άμοιβή άχθοφόρου (ή)
portfolio, n. χαρτοφυλάκιο (τό)
portico, n. στοά (ή)
portion, n. μερίδιο (τό), μερίδα (ή)/ v.t. μοιράζω, διανέμω
portliness, n. σεμνότητα (ή), εύγένεια (ή)/ *portly,* a. άξιοπρεπής/ (fat) παχουλός (ό), κοιλαράς (ό)
portrait, n. πορτραίτο (τό), προσωπογραφία (ή)/ *portray,* v.t. άπεικονίζω/ (fig.) περιγράφω/ ~*al,* n. άπεικόνιση

(ή), αναπαράσταση (ή)
Portuguese, n. Πορτογάλος (ό)/ a. πορτογαλικός
pose, n. πόζα (ή), στάση (ή)/ v.t. θέτω, βάζω/ v.i. ποζάρω/ ~ *as*, παριστάνω/ *position*, n. θέση (ή), στάση (ή)/ v.t. τοποθετώ, βάζω στην θέση
positive, a. θετικός, πραγματικός/ *positivism*, n. ποζιτιβισμός (ό)
posse, n. έπικουρική αστυνομική δύναμη (ή)
possess, v.t. κατέχω, είμαι κάτοχος/ ~*ed*, a. τρελός, κάτω άπό την επίδραση κακοποιών δυνάμεων/ ~ *on*, n. κατοχή (ή)/ pl. υπάρχοντα (τά)/ ~*ive*, a. απαιτητικός/ (gram.) ~ *case*, γενική πτώση/ ~ *pronoum*, κτητική αντωνυμία/ ~*or*, n. κάτοχος (ό), κτήτωρας (ό)
possibility, n. δυνατότητα (ή), ενδεχόμενο (τό)/ *possible*, a. δυνατός, ενδεχόμενος/ *as soon as* ~, όσο γίνεται γρηγορώτερα, τό ταχύτερο/ *possibly*, ad. ίσως, πιθανόν/ *he can't* ~, του είναι αδύνατο
post, n. πάσσαλος (ό), στύλος (ό)/ (position) θέση (ή)/ (mil.) φυλάκιο τό)/ ~ *office*, ταχυδρομείο (τό)/ *by* ~, ταχυδρομικά/ v.t. τοποθετώ, διορίζω/ ~*age*, n. ταχυδρομικά (τέλη) (τά)/ ~ *stamp*, γραμματόσημο (τό)/ ~*al*, a. ταχυδρομικός/ ~ *order*, ταχυδρομική επιταγή (ή)/ ~*card*, n. ταχυδρομικό δελτάριο (τό)
postdate, v.t. μεταχρονολογώ
poster, n. άφίσσα (ή), άγγελία (ή)
posterior, a. μεταγενέστερος, οπίσθιος/ n. οπίσθια (τά), πισινά (τά)
posterity, n. απόγονοι (οί), μελλοντικές γενιές (οί)
postern, n. κρυφή πόρτα (ή)
post-free, a. χωρίς επιβάρυνση ταχυδρομείου
postgraduate, n. φοιτητής μεταπτυχιακών σπουδών (ό)
posthaste, ad. μέ μεγάλη ταχύτητα
posthumous, a. μεταθανάτιος
postillion, n. έφιππος ταχυδρόμος
postman, n. ταχυδρόμος (ό)/ *postmark*, n. ταχυδρομική σφραγίδα (ή)/ *postmaster*, n. διευθυντής ταχυδρομείου (ό)/ ~ *General*, Γενικός Διευθυντής τών Ταχυδρομείων
post meridiem, p.m. μετά μεσημβρίαν, μ.μ.
postmortem, a. μεταθανάτιος/ n. νεκροψία (ή)
postpone, v.t. αναβάλλω/ ~*ment*, n. αναβολή (ή)
postscript, n. υστερόγραφο (τό)
postulant, n. δόκιμος καλόγερος (ό)/ *postulate*, n. αξίωμα (τό), δεδομένο (τό)/ v.t. παραδέχομαι χωρίς άπόδειξη
posture, n. θέση (ή), πόζα (ή)/ v.i. ποζάρω, παριστάνω
postwar, a. μεταπολεμικός
posy, n. μικρή άνθοδέσμη
pot, n. δοχείο (τό), χύτρα (ή)/ (flowers) γλάστρα (ή)/ v.t. κυνηγώ/ (flowers) βάζω σέ γλάστρα
potable, a. πόσιμος
potash, n. ποτάσσα (ή)
potassium, n. κάλιο (τό)
potato, n. πατάτα (ή)
pot-bellied, a. κοιλαράς
potency, n. δύναμη (ή), σθένος (τό)/ *potent*, a. δυνατός, ισχυρός, σθεναρός/ ~*ate*, n. δυνάστης (ό), κυρίαρχος (ό)/ ~*ial*, a. δυνητικός, λανθάνων/ n. δυναμικό (τό)/ ~*iality*, n. δυνητικότητα (ή), δυναμικότητα (ή)
pother, n. σύγχιση (ή), ταραχή (ή)
potion, n. ποτό (τό), δόση ποτου (ή)/ *love* ~, ερωτικό φίλτρο (τό)
potter, n. αγγειοπλάστης (ό)/ ~'*s clay*, πηλός (ό)/ ~'*s wheel*, τροχός αγγειοπλαστικής/ v.i. άσχολούμαι μέ μικροπράγματα/ ~*y*, n. αγγειοπλαστική (ή)
pouch, n. σακκούλα (ή), θύλακας (ό)
poulterer, n. όρνιθοπώλης (ό), έμπορος πουλερικών (ό)
poultice, n. κατάπλασμα (τό)
poultry, n. πουλερικά (τά)/ ~ *yard*, ορνιθοτροφείο (τό)
pounce, n. εφόρμηση (ή)/ v.i. εφορμώ, χυμώ καταπάνω
pound, n. (measure) λίμπρα (ή)/ (money) λίρα (ή)/ v.t. κοπανώ, κοπανίζω/ v.i. χτυπώ, πάλλομαι
pour, v.t. & i. χύνω, χύνομαι/ *it's* ~*ing*, βρέχει καταρρακτωδώς, κάνει κατα-

κλυσμό
pout, v.i. κατσουφιάζω
poverty, n. φτώχεια (ή), ένδεια (ή)/ ~ -stricken, a. φτωχός, άπορος
powder, n. σκόνη (ή)/ (face) πούδρα (ή)/ gun ~, πυρίτιδα (ή), μπαρούτι (τό)/ ~ magazine, πυριτιδαποθήκη (ή)/ ~ puff, πούφ, πονπόν/ ~ room, άποχωρητήριο γυναικών/ v.t. πουδράρω/ ~ed, a. πουδραρισμένος
power, n. δύναμη (ή), εξουσία (ή)/ (maths) δύναμη (ή)/ come to ~, έρχομαι στήν εξουσία, καταλαμβάνω τήν αρχή/ horse ~, ίπποδύναμη (ή)/ purchasing ~, αγοραστική δύναμη (ή)/ executive ~, εκτελεστική εξουσία (ή)/ Great P~s, Μεγάλες Δυνάμεις (οί)/ ~boat, n. μηχανοκίνητη βάρκα/ ~ful, a. δυνατός, ισχυρός/ ~house, n. εργοστάσιο ήλεκτροπαραγωγής (τό)/ ~less, a, ανίσχυρος, αδύναμος
practicable, a. κατορθωτός, εφικτός/ practical, a. πρακτικός, χρήσιμος/ ~joke, κακόγουστο αστείο/ ~ly, ad. πρακτικά, στήν πράξη
practice, n. πράξη (ή), άσκηση (ή), εξάσκηση (ή)/ (doctor's, lawyer's, etc.) πελατεία (ή)/ standard ~, συνήθεια (ή)/ in ~, στήν ουσία/ put into ~, εφαρμόζω/ practise, v.t. ασκώ, εξασκώ/ v.i. εξασκούμαι, μελετώ/ practitioner, n. επαγγελματίας (ό)
pragmatic, a. πραγματικός, ρεαλιστικός/ pragmatist, n. πραγματιστής (ό)
prairie, n. μεγάλο λιβάδι (τό)
praise, n. έπαινος (ό), εγκώμιο (τό)/ v.t. επαινώ, εγκωμιάζω/ ~worthy, a. αξιέπαινος
pram, n. καροτσάκι (τό)
prance, v.i. αναπηδώ, ανορθώνομαι/ (person) κορδώνομαι
prank, n. διαβολιά (ή)/ play ~s, κάνω διαβολιές
prate, v.i. μωρολογώ, φλυαρώ
prattle, n. φλυαρία (ή), πολυλογία (ή)/ v.i. φλυαρώ, πολυλογώ
prawn, n. γαρίδα (ή), καραβίδα (ή)
pray, v.i. προσεύχομαι/ ~er, n. προσευχή (ή), δέηση (ή)
preach, v.t. & i. κηρύττω, κάνω κήρυγμα/ ~er, n. ιεροκήρυκας (ό)/ ~ing, n. κήρυγμα (τό)
preamble, n. προοίμιο (τό), εισαγωγή (ή)
prearrange, v.t. κανονίζω (συμφωνώ) από πρίν/ ~d, p.p. & a. κανονισμένος (συμφωνημένος) από πρίν
precarious, a. προσωρινός, πρόσκαιρος
precaution, n. προφύλαξη (ή)/ ~ary, a. προφυλακτικός
precede, v.t. προηγούμαι, προπορεύομαι/ ~nce, n. προτεραιότητα (ή)/ ~nt, n. προηγούμενο (τό)/ preceding, a. προηγούμενος
precept, n. δίδαγμα (τό), εντολή (ή)/ (leg.) ένταλμα (τό)/ ~or, n. δάσκαλος (ό), παιδαγωγός (ό)
precinct, n. περίβολος (ό)/ (USA) αστυνομικό τμήμα (τό)/ ~s, n. pl. περιοχή (ή)
precious, a. πολύτιμος, ακριβός/ ~ness, n. πολυτιμότητα (ή)
precipice, n. βάραθρο (τό), γκρεμός (ό)/ precipitate, a. βιαστικός, εσπευσμένος/ n. κατακάθι (τό)/ v.t. επιταχύνω, επισπεύδω/ (chem.) κατακαθόμαι/ precipitation, n. βιασύνη (ή)/ precipitous, a. απόκρημνος/ (person) ορμητικός, βίαιος
precise, a. ακριβής, ρητός/ ~ly, ad. ακριβώς/ precision, n. ακρίβεια (ή)/ ~ instrument, όργανο ακριβείας (τό)
preclude, v.t. αποκλείω, προλαβαίνω
precocious, a. πρόωρος, πρώιμος/ precocity, n. πρωιμότητα (ή)
preconceived, a. προκατηλειμμένος/ preconception, n. προκατάληψη (ή)
precursor, n. πρόδρομος (ό), πρωτοπόρος (ό)
predatory, a. αρπακτικός, ληστρικός
predecessor, n. προκάτοχος (ό)
predestination, n. προορισμός (ό)/ predestine, v.t. προορίζω
predetermine, v.t. προκαθορίζω, προαποφασίζω
predicament, n. δυσάρεστη κατάσταση (ή), δυσχέρεια (ή)
predicate, n. ιδιότητα (ή), χαρακτηριστικό (τό)/ (gram.) κατηγορούμενο (τό)/ v.t. επιβεβαιώνω/ predicative, a. επιβεβαιωτικός

predict, v.t. προβλέπω/ ~*ion,* n. πρόβλεψη (ή)
predilection, n. ιδιαίτερη προτίμηση (ή)
predispose, v.t. προδιαθέτω/ *predisposition,* n. προδιάθεση (ή)
predominance, n. επικράτηση (ή), υπεροχή (ή)/ *predominant,* a. εκείνος πού επικρατεί (υπερισχύει)/ *predominate,* v.i. επικρατώ, υπερισχύω
preeminence, n. υπεροχή (ή)/ *preeminent,* a. υπέροχος, έξοχος
preen, v.t. καθαρίζω τά φτερά/ ~ *oneself,* παίρνω υπεροπτικό ύφος
pre-existence, n. προΰπαρξη (ή)
prefabricate, v.t. προκατασκευάζω/ ~*d house,* προκατασκευασμένο σπίτι
preface, n. πρόλογος (ό)/ v.t. προλογίζω/ *prefatory,* a. προεισαγωγικός
prefect, n. νομάρχης (ό)/ (sch.) επιμελητής (ό)/ ~*ure,* n. νομαρχία (ή)
prefer, v.t. προτιμώ/ (appoint) διορίζω, προβιβάζω/ (leg.) υποβάλλω, προτείνω/ ~*able,* a. προτιμότερος/ ~*ence,* n. προτίμηση (ή)/ ~ *shares,* προνομιούχες μετοχές/ ~*ential,* a. προνομιακός/ ~*ment,* n. προβιβασμός (ό), προαγωγή (ή)
prefix, n. πρόθεμα (τό)/ v.t. προθέτω, βάζω μπροστά
pregnancy, n. εγκυμοσύνη (ή)/ *pregnant,* a. έγκυος/ (fig.) σημαντικός
prehensile, a. αρπαχτικός
prehistoric, a. προϊστορικός
prejudge, v.t. προδικάζω
prejudice, n. προκατάληψη (ή)/ *without* ~ *to,* μέ κάθε επιφύλαξη/ v.t. ζημιώνω, βλάπτω/ *prejudicial,* a. επιζήμιος, βλαβερός
prelacy, n. ιεραρχία (ή), οί μητροπολίτες/ *prelate,* n. ιεράρχης (ό), δεσπότης (ό), επίσκοπος (ό)
preliminary, a. προκαταρκτικός/ ~ *investigation,* προανάκριση (ή)/ *preliminaries,* n. pl. προκαταρκτικά (τά)
prelude, n. προοίμιο (τό), προμήνυμα (τό)/ (mus.) πρελούδιο (τό)
premature, a. πρώιμος, πρόωρος
premeditate, v.t. προμελετώ/ ~*d,* a. προμελετημένος/ *premeditation,* n. προμελέτη (ή)

premier, a. σημαντικός, εξαιρετικός/ n. πρωθυπουργός (ό)/ ~*ship,* n. πρωθυπουργία (ή)
première, n. πρεμιέρα (ή)
premise, n. πρόταση συλλογισμού (ή), σκεπτικό (τό)/ v.t. προτείνω, προτάσσω/ ~*s,* n. ακίνητο (τό)
premium, n. ασφάλιστρο (τό)/ *at a* ~, σέ υπερτίμηση
premonition, n. προαίσθημα (τό)
preoccupation, n. ανησυχία (ή), φροντίδα (ή)/ *preoccupy,* v.t. ανησυχώ, φροντίζω
preordain, v.t. κανονίζω από πρίν, προαποφασίζω
preparation, n. προπαρασκευή (ή), προετοιμασία (ή)/ *preparatory,* a. προπαρασκευαστικός/ *prepare,* v.t. & i. προπαρασκευάζω, προετοιμάζω, προδιαθέτω/ *preparedness,* n. ετοιμότητα (ή)
prepay, v.t. προπληρώνω, προκαταβάλλω
preponderance, n. υπερτέρηση (ή), υπεροχή (ή), επικράτηση (ή)/ *preponderant,* a. επικρατέστερος/ *preponderate,* v.i. υπερτερώ, επικρατώ
preposition, n. πρόθεση (ή)/ ~*al,* a. προθετικός
prepossess, v.t. προδιαθέτω, προκαταλαβαίνω/ ~*ing,* a. ελκυστικός, συμπαθητικός
preposterous, a. παράλογος, τερατώδης
prerogative, n. προνόμιο (τό)
presage, n. οιωνός (ό), προαίσθημα (τό), προμήνυμα (τό)/ v.t. προμηνύω, προοιωνίζω
Presbyterian, n. Πρεσβυτεριανός (ό)
prescience, n. πρόγνωση (ή)/ *prescient,* a. προγνωστικός
prescribe, v.t. ορίζω, παραγγέλω/ (med.) γράφω συνταγή/ *prescription,* n. εντολή (ή), παραγγελία (ή)/ (med.) συνταγή (ή)
presence, n. παρουσία (ή)/ ~ *of mind,* ετοιμότητα πνεύματος (ή)
present, a. παρών, τωρινός, σημερινός/ *at* ~, πρός τό παρόν, τώρα/ *for the* ~, γιά τήν ώρα/ *be* ~ *at,* είμαι παρών, παρίσταμαι/ n. παρόν/ (gram.) ενεστώτας/ v.t. παρουσιάζω/ (someone) συστήνω/

(petition) ὑποβάλλω/ (theat.) ἀνεβάζω/ ~able, a. εὐπαρουσίαστος, ἐμφανίσιμος/ ~ation, n. παρουσίαση (ἡ), ἐμφάνιση (ἡ)/ (theat.) ἀνέβασμα (τό)/ ~ copy, τιμητικό ἀντίτυπο
presentiment, n. προαίσθημα (τό)
presently, ad. ἀμέσως, σέ λίγο
preservation, n. διατήρηση (ἡ), διάσωση (ἡ)/ preservative, a. προφυλακτικός, διατηρητικός/ n. συντηρητικό (τό)/ preserve, v.t. διατηρῶ, συντηρῶ, σώζω/ n. ζαχαρωτό (τό)/ (land) διατηρητέος χῶρος/ ~d, p.p. & a. διατηρημένος
preside, v.i. προεδρεύω/ ~ncy, n. προεδρεία (ἡ)/ ~nt, n. πρόεδρος (ὁ)/ ~ ntial, a. προεδρικός
press, n. πίεση (ἡ), σύνθλιψη (ἡ)/ (newspapers) τύπος (ὁ)/ (tech.) πρέσσα (ἡ)/ ~ agency, πρακτορεῖο εἰδήσεων (τό)/ ~ cutting, ἀπόκομμα ἐφημερίδας/ ~ conference, πρές κόνφερενς (ἡ), συνέντευξη τύπου (ἡ)/ v.t. πιέζω, συνθλίβω/ (tech.) συμπιέζω, πρεσσάρω/ ~ for, ζητῶ βιαστικά/ ~ forward, προχωρῶ γρήγορα/ ~ing, a. πιεστικός/ (urgent) βιαστικός/ ~man, n. δημοσιογράφος (ὁ), ρεπόρτερ (ὁ)
pressure, n. πίεση (ἡ), ὤθηση (ἡ)/ ~ cooker, χύτρα ταχύτητας (ἡ)/ ~ gauge, μανόμετρο (τό)
prestige, n. γόητρο (τό)
presumable, a. ὑποθετικός, πιθανός/ presumably, ad. ὅπως φαίνεται/ presume, v.t. ὑποθέτω, συμπεραίνω/ presumption, n. ὑπόθεση (ἡ), εἰκασία (ἡ)/ presumptive, a. ὑποθετικός, συμπερασματικός/ presumptuous, a. ἀλαζόνας, φαντασμένος
presuppose, v.t. προϋποθέτω
pretence, n. πρόσχημα (τό), πρόφαση (ἡ)/ pretend, v.i. προφασίζομαι/ ~ to, προσποιοῦμαι ὅτι/ ~er, n. ὑποκριτής (ὁ)/ (throne) μνηστήρας θρόνου (ὁ), ἐπίδοξος διάδοχος (ὁ)/ pretension, n. ἀπαίτηση (ἡ), ἀξίωση (ἡ), ἰσχυρισμός (ὁ)/ pretentious, a. ἀπαιτητικός, ἐπιδεικτικός
preterite, n. (gram.) ἀόριστος (ὁ)
preternatural, a. ὑπερφυσικός, ἀσυνήθιστος

pretext, n. πρόφαση (ἡ)
prettiness, n. κομψότητα (ἡ), χάρη (ἡ)/ pretty, a. κομψός, χαριτωμένος/ ad. ἀρκετά
prevail, v.i. ὑπερέχω, ὑπερτερῶ, ὑπερισχύω/ ~ over, ἐπικρατῶ/ ~ upon, πείθω/ ~ing, a. ἐκεῖνος πού ἐπικρατεῖ/ prevalence, n. ἐπικράτηση (ἡ)/ prevalent, a. ἐκεῖνος πού ἐπικρατεῖ, διαδεδομένος
prevaricate, v.i. κάνω ὑπεκφυγές/ prevarication, n. ὑπεκφυγή (ἡ)
prevent, v.t. προλαβαίνω, ἐμποδίζω/ ~ion, n. πρόληψη (ἡ), παρεμπόδιση (ἡ)/ ~ive, a. προληπτικός, προφυλακτικός
previous, a. προηγούμενος/ ~ly, ad. προηγούμενα, πρίν
prevision, n. πρόβλεψη (ἡ)
prey, n. λεία (ἡ), βορά (ἡ)/ beast of ~, ἄγριο ζῶο/ v.i. ~ on, ἁρπάζω, καταβροχθίζω
price, n. τιμή (ἡ), ἀξία (ἡ)/ ~ cutting, περικοπή τῶν τιμῶν/ ~ list, τιμοκατάλογος (ὁ)/ v.t. ὁρίζω τήν τιμή/ ~less, a. ἀτίμητος
prick, n. κεντρί (τό)/ v.t. κεντρίζω, τσιμπῶ, σουβλίζω/ ~ing, n. κέντρισμα (τό)/ ~s of conscience, τύψεις συνειδήσης/ ~le, n. ἀγκάθι (τό), κεντρί (τό)/ v.t. κεντρίζω/ ~ly, a. ἀγκαθωτός/ (fig.) εὐέξαπτος/ ~ pear, φραγκόσυκο (τό)
pride, n. ὑπερηφάνεια (ἡ), φιλοτιμία (ἡ)/ v.i. ~ oneself on, ὑπερηφανεύομαι, καμαρώνω
priest, n. ἱερέας (ὁ)/ ~ess, n. ἱέρεια (ἡ)/ ~hood, n. ἱερωσύνη (ἡ)/ ~ly, a. ἱερατικός
priggish, a. φαντασμένος, ξιπασμένος
prim, a. σεμνότυφος/ (neat) φιλάρεσκος
primacy, n. προβάδισμα (τό), πρωτοκαθεδρία (ἡ)
prima donna, n. πρωταγωνίστρια ὄπερας (ἡ), πριμαντόνα (ἡ)
primal, a. ἀρχικός, πρωτογενής
primarily, ad. πρωταρχικά, κύρια, βασικά/ primary, a. πρωταρχικός, κύριος, βασικός/ ~ colours, βασικά χρώματα/ ~ school, δημοτικό σχολείο, σχολεῖο στοιχειώδους ἐκπαίδευσης/ primate, n.

άρχιεπίσκοπος (ό), άρχιερέας (ό)/ (zool.) πρωτεΰον (θηλαστικό)/ *prime*, a. πρώτος, κύριος/ ~ *minister*, πρωθυπουργός (ό)/ ~ *number*, πρώτος άριθμός/ n. άκμή (ή), άνθηση (ή)/ *in the* ~ *of life*, στό άνθος τής ηλικίας/ v.t. (mil.) έμπυρεύω/ (painting) σταρώνω/ *primer*, n. άλφαβητάριο (τό), άναγνωστικό (τό)/ *primeval*, a. άρχέγονος, προϊστορικός/ *priming*, n. πρώτο στρώμα (χέρι)/ *primitive*, a. πρωτόγονος/ *primogeniture*, n. πρωτοτόκια (τά)/ *primordial*, a. άρχέγονος, πανάρχαιος
primrose, n. πρίμουλα (ή), πασχαλούδα (ή)/ *the* ~ *path*, ζωή άπολαύσεων, ντόλτσε βίτα
prince, n. πρίγκηπας (ό)/ ~*ly*, a. πριγκηπικός, ήγεμονικός/ ~*ss*, n. πριγκήπισσα (ή)
principal, a. κύριος, άνώτερος/ n. διευθυντής (ό), γυμνασιάρχης (ό)/ (fin.) κεφάλαιο (τό)/ ~*ity*, n. πριγκηπάτο (τό)/ ~*ly*, ad. κύρια, βασικά, προπάντων
principle, n. άρχή (ή), κανόνας (ό)
prink, v.i. στολίζω, καλωπίζω
print, n. τυπωμένη ΰλη (ή)/ (cloth) σταμπωτό (τό)/ (art) χαρακτικό έργο (τό), γκραβούρα (ή)/ *in* ~, τυπωμένος/ *out of* ~, έξαντλημένος/ v.t. τυπώνω, έκτυπώνω/ ~*ed*, a. τυπωμένος/ ~*er*, n. τυπογράφος (ό)/ ~*ing*, n. τυπογραφία (ή), τύπωμα (τό)/ ~ *press*, πιεστήριο (τό)/ ~ *office*, τυπογραφείο (τό)/ ~ *type*, τυπογραφικά στοιχεία (τά)
prior, a. προηγούμενος, προγενέστερος/ ~ *claim*, άπαίτηση κατά προτεραιότητα/ ~ *to this*, πρίν άπ' αυτό/ n. ήγούμενος (ό)/ ~*ess*, n. ήγουμένη (ή)/ ~*ity*, n. προτεραιότητα (ή)/ ~*y*, n. μοναστήρι (τό), κοινόβιο (τό)
prism, n. πρίσμα (τό)/ ~*atic*, a. πρισματικός
prison, n. φυλακή (ή)/ ~ *camp*, στρατόπεδο συγκέντρωσης/ ~*er*, n. φυλακισμένος (ό), αιχμάλωτος (ό)/ ~ *of war*, αιχμάλωτος πολέμου
pristine, a. παλιός, παρθένος
privacy, n. ιδιωτικό περιβάλλον (τό)/ *private*, a. ιδιωτικός, ιδιαίτερος, έμπιστευτικός/ (soldier) φαντάρος/ ~ *secretary*, ιδιαίτερη γραμματέας/ *in* ~, ιδιωτικά, έμπιστευτικά/ *privateer*, n. κουρσάρος (ό)/ *privately*, ad. ιδιωτικά, έμπιστευτικά
privation, n. στέρηση (ή), ένδεια (ή)
privilege, n. προνόμιο (τό)/ ~ *d*, a. προνομιοϋχος
privy, a. ιδιωτικός, ιδιαίτερος, μυημένος/ *P* ~ *Council*, Άνακτοβούλιο (τό)/ ~ *parts*, γεννητικά όργανα (τά)/ ~ *seal*, έπίσημη σφραγίδα τοΰ κράτους/ n. άποχωρητήριο (τό)
prize, n. βραβείο (τό), έπαθλο (τό)/ (naut.) αιχμαλωτισμένο πλοίο/ ~ *fight*, πυγμαχικός άγώνας/ ~ *giving*, άπονομή βραβείων (έπάθλων)/ *award a* ~, άπονέμω βραβείο/ *draw a* ~, παίρνω βραβείο/ v.t. έκτιμώ πολύ
probability, n. πιθανότητα (ή)/ *in all* ~, κατά πάσα πιθανότητα/ *probable*, a. πιθανός/ *probably*, ad. πιθανά
probate, n. έπικυρωμένη διαθήκη (ή)/ *probation*, n. δοκιμαστική περίοδος (ή)/ (leg.) δικαστική έπιτήρηση/ (eccl.) δοκιμασία (ή)/ *on* ~, μέ (ύπό) δοκιμή/ ~ *officer*, δικαστικός έπιμελητής/ ~*ary*, a. δοκιμαστικός/ *probationer*, n. δόκιμη νοσοκόμα (ή)/ (leg.) έκεινος πού είναι κάτω άπό δικαστική έπιτήρηση
probe, n. καθετήρας (ό)/ v.t. καθετηριάζω/ (fig.) έξετάζω
probity, n. άκεραιότητα (ή), έντιμότητα (ή)
problem, n. πρόβλημα (τό)/ ~*atic(al)*, a. προβληματικός
proboscis, n. προβοσκίδα (ή)
procedure, n. διαδικασία (ή), κανονισμός (ό)/ (leg.) δικονομία (ή)/ *proceed*, v.i. προχωρώ, προβαίνω/ ~ *against*, ένάγω, μηνύω/ ~ *from*, άπορρέω, προκύπτω/ *proceeding*, n. ένέργεια (ή)/ pl. πρόγραμμα έκδήλωσης (τό), πρακτικά (τά)/ *proceeds*, n. pl. εισπράξεις (οί)
process, n. πορεία (ή), έξέλιξη (ή), λειτουργία (ή)/ ~*ion*, n. παρέλαση (ή), πομπή (ή)
proclaim, v.t. διακηρύσσω, άνακηρύσσω/ *proclamation*, n. διακήρυξη (ή), προκήρυξη (ή), άνακήρυξη (ή)

proclivity, n. ροπή (ή), τάση (ή), κλίση (ή)
procrastinate, v.i. αναβάλλω, χρονοτριβώ/ *procrastination,* n. αναβολή (ή), χρονοτριβή (ή)
procreate, v.t. γεννώ, κάνω παιδιά
proctor, n. κοσμήτωρας (ό)
procurable, a. εύκολοαπόκτητος/ *procurator,* n. πληρεξούσιος (ό), επίτροπος (ό)/ *procure,* v.t. & i. προμηθεύω
prod, v.t. σκουντώ, σπρώχνω/ n. σκούντημα (τό), σπρώξιμο (τό)
prodigal, a. άσωτος, σπάταλος/ ~ *son,* άσωτος υίός/ ~*ity,* n. ασωτία (ή), σπατάλη (ή)
prodigious, a. καταπληκτικός, τεράστιος/ *prodigy,* n. θαύμα (τό), τέρας (τό)/ *child* ~, παιδί-θαύμα (τό)
produce, n. προϊόν (τό)/ v.t. παράγω, δημιουργώ/ (theat.) ανεβάζω, παρουσιάζω/ ~*r,* n. παραγωγός (ό)/ *product,* n. προϊόν (τό)/ (maths) γινόμενο (τό)/ ~*ion,* n. παραγωγή (ή)/ ~*ive,* a. παραγωγικός/ ~*ivity,* n. παραγωγικότητα (ή)
profanation, n. βεβήλωση (ή)/ *profane,* a. βέβηλος, ανόσιος, μιαρός/ *profanity,* n. ανοσιότητα (ή), αισχρολογία (ή)
profess, v.t. πρεσβεύω, δηλώνω/ v.i. προσποιούμαι, υποκρίνομαι/ ~*ed,* a. δηλωμένος/ ~*edly,* ad. δήθεν/ ~*ion,* n. επάγγελμα (τό), απασχόληση (ή)/ ~*ional,* a. επαγγελματικός/ n. επαγγελματίας (ό)/ ~*or,* n. καθηγητής (ό)/ ~*orial,* a. καθηγητικός
proffer, v.t. προσφέρω, προτείνω
proficiency, n. ικανότητα (ή), επάρκεια (ή)/ *proficient,* a. ικανός, επαρκής
profile, n. κατατομή (ή), προφίλ (τό)
profit, n. κέρδος (τό), όφελος (τό)/ v.i. κερδίζω/ ~*able,* a. επικερδής/ ~*eer,* n. κερδοσκόπος (ό)
profligacy, n. ακολασία (ή), ανηθικότητα (ή)/ *profligate,* a. & n. ανήθικος, ακόλαστος
profound, a. βαθύς, βαθυστόχαστος/ *profundity,* n. βάθος (τό), βαθύτητα (ή)
profuse, a. άφθονος, πλουσιοπάροχος/ *profusion,* n. αφθονία (ή)
progenitor, n. πρόγονος (ό)/ *progeny,* n. απόγονοι (οί)
prognathous, a. προγνάθους
prognosis, n. πρόγνωση (ή), πρόβλεψη (ή)/ *prognosticate,* v.t. προβλέπω, προμηνύω/ *prognostication,* n. πρόβλεψη (ή), προμήνυμα (τό)
programme, n. πρόγραμμα (τό)/ *programming,* n. προγραμματισμός (ό)
progress, n. πρόοδος (ή), εξέλιξη (ή)/ *make* ~, προοδεύω/ v.i. προοδεύω, προχωρώ/ ~*ion,* n. πρόοδος (ή), εξέλιξη (ή)/ (maths) πρόοδος (ή)/ ~*ive,* a. προοδευτικός
prohibit, v.t. απαγορεύω/ ~*ion,* n. απαγόρευση (ή)/ ~*ive,* a. απαγορευτικός
project, n. σχέδιο (τό), μελέτη (ή)/ v.t. προβάλλω, εκτοξεύω/ v.i. προεξέχω/ ~*ile,* n. βλήμα (τό), βολίδα (ή)/ a. βλητικός/ ~*ion,* n. προβολή (ή), εκτόξευση (ή)/ ~*or,* n. οργανωτής (ό)/ (machine) μηχάνημα προβολής (τό)
proletarian, n. προλετάριος (ό)/ a. προλεταριακός/ *proletariat,* n. προλεταριάτο (τό)
prolific, a. παραγωγικός, γόνιμος
prolix, a. μακρολόγος, μακροσκελής
prologue, n. πρόλογος (ό), προοίμιο (τό)
prolong, v.t. παρατείνω, προεκτείνω/ ~*ation,* n. παράταση (ή), προέκταση (ή)
promenade, n. περίπατος (ό), βόλτα (ή)/ v.i. κάνω περίπατο, κάνω βόλτα
prominence, n. υπεροχή (ή), φήμη (ή), σπουδαιότητα (ή)/ *prominent,* a. υπέροχος, διακεκριμένος, περίφημος
promiscuous, a. αχαλίνωτος, έκλυτος
promise, n. υπόσχεση (ή)/ v.t. υπόσχομαι/ ~*d land,* Γη τής Επαγγελίας (ή)/ *promising,* a. ελπιδοφόρος, ενθαρρυντικός
promontory, n. ακρωτήριο (τό)
promote, v.t. προβιβάζω, προάγω/ ~*r,* n. οργανωτής (ό), υποκινητής (ό)/ *promotion,* n. προαγωγή (ή), προβιβασμός (ό)
prompt, a. γρήγορος, άμεσος, στιγμιαίος/ ~ *payment,* άμεση πληρωμή/ n. υπόβολή (ή), υπαγόρευση (ή)/ v.t. παροτρύνω, παρακινώ/ (theat.) κάνω τόν υποβολέα/ ~*er,* n. υποβολέας (ό)/ ~*itude,*

n. προθυμία (ή), ταχύτητα (ή)/ ~ly, ad. αμέσως, πρόθυμα
promulgate, v.t. διακηρύσσω, διαλαλώ/ (a law) δημοσιεύω νόμο/ *promulgation,* n. διακήρυξη (ή)/ (of a law) δημοσίευση (ή)
prone, a. πεσμένος μπρούμυτα/ *be* ~ *to,* έχω τήν τάση νά, είμαι έπιρρεπής
prong, n. δίκρανο (τό), διχάλα (ή)
pronominal, a. άντωνυμικός/ *pronoun,* n. αντωνυμία (ή)
pronounce, v.t. προφέρω, άναγγέλλω/ ~*d,* a. έντονος, σαφής/ ~*ment,* n. διακήρυξη (ή), δήλωση (ή)/ *pronunciation,* n. προφορά (ή)
proof, n. άπόδειξη (ή)/ a. *proyen,* δοκιμασμένος/ ~ *against,* ανθεκτικός, άδιαπέραστος/ ~*-reader,* n. διορθωτής τυπογραφικών δοκιμίων (ό)/ ~*-reading,* n. διόρθωση τυπογραφικών δοκιμίων (ή)/ v.t. καθιστώ άδιάβροχο
prop, n. στήριγμα (τό), υποστήριγμα (τό)/ (fig.) άποκούμπι (τό)/ v.t. ύποστηρίζω, υποστηλώνω
propaganda, n. προπαγάνδα (ή)/ *propagandist,* n. προπαγανδιστής (ό)/ *propagate,* v.t. άναπαράγω, πολλαπλασιάζω/ *propagation,* n. αναπαραγωγή (ή), πολλαπλασιασμός (ό)
propel, v.t. προωθώ/ ~*ler,* n. έλικας (ό), προπέλα (ή)
propensity, n. ροπή (ή), τάση (ή)
proper, a. κατάλληλος, σωστός, ταιριαστός/ (gram.) κύριος/ ~ *ly,* ad. σωστά, ταιριαστά
property, n. ιδιοκτησία (ή), περιουσία (ή)/ (chem.) ιδιότητα (ή)/ *real estate* ~, ακίνητη περιουσία (ή)
prophecy, n. προφητεία (ή)/ *prophesy,* v.t. προφητεύω/ *prophet,* προφήτης (ό)/ *prophetess,* n. προφήτισσα (ή)/ *prophetic,* a. προφητικός
prophylactic, a. προφυλακτικός/ *prophylaxis,* n. προφύλαξη (ή)
propinquity, n. (time & place) κοντινότητα (ή)/ (similarity) ομοιότητα (ή)
propitiate, v.t. εξευμενίζω, κατευνάζω/ *propitiatory,* a. έξευμενιστικός, κατευναστικός/ *propitious,* a. εύμενής, εύνοϊκός

proportion, n. άναλογία (ή)/ *in* ~ *to,* σέ άναλογία/ v.t. κατανέμω, ρυθμίζω σέ άναλογία/ ~*al,* a. αναλογικός/ ~*ate,* a. ανάλογος
proposal, n. πρόταση (ή)/ *propose,* v.t. προτείνω/ *proposition,* n. πρόταση (ή), εισήγηση (ή)
propound, v.t. εισηγούμαι, εκθέτω, παρουσιάζω
proprietary, a. τής ιδιοκτησίας/ *proprietor,* n. ιδιοκτήτης (ό)/ *proprietress,* n. ιδιοκτήτρια (ή)/ *propriety,* n. ορθότητα (ή), ευπρέπεια (ή)
propulsion, n. προώθηση (ή)/ *propulsive force,* προωθητική δύναμη (ή)
prorogation, n. διακοπή έργασιών βουλής (ή)/ *prorogue,* v.t. διακόπτω έργασίες τής βουλής
prosaic, a. πεζός, πεζολογικός
proscenium, n. προσκήνιο (τό)
proscribe, v.t. προγράφω, επικηρύττω/ *proscription,* n. προγραφή (ή), επικήρυξη (ή)
prose, n. πεζογραφία (ή), πρόζα (ή)/ ~ *writer,* πεζογράφος (ό)
prosecute, v.t. καταδιώκω, καταγγέλλω/ *prosecution,* n. καταδίωξη (ή), καταγγελία (ή)/ *prosecutor,* n. μηνυτής (ό)/ *public* ~, εισαγγελέας (ό)
proselyte, n. προσήλυτος (ό)
prosody, n. προσοδία (ή)
prospect, n. προοπτική (ή), προσδοκία (ή)/ pl. ελπίδες (οί)/ v.t. ερευνώ γιά μεταλλεύματα/ ~*ing,* n. έρευνα γιά μεταλλεύματα (ή)/ ~*or,* n. ερευνητής μεταλλευμάτων (ό)
prospectus, n. πρόγραμμα (τό)
prosper, v.i. εύημερώ/ ~*ity,* n. ευημερία (ή)/ ~*ous,* a. ευτυχισμένος, σέ άκμή
prostitute, n. πόρνη (ή), πουτάνα (ή)/ v.t. έκπορνεύω/ *prostitution,* n. πορνεία (ή), εκπόρνευση (ή)
prostrate, a. ξαπλωμένος μπρούμυτα, πρηνής/ v.i. ~ *oneself,* πέφτω μπρούμυτα/ v.t. ταπεινώνω/ *prostration,* n. γονάτισμα (τό)/ (fig.) ταπείνωση (ή)
prosy, a. πεζογραφικός/ (fig.) άνιαρός
protagonist, n. πρωταγωνιστής (ό)
protect, v.t. προστατεύω, υπερασπίζω/ ~*ion,* n. προστασία (ή), υπεράσπιση

(ή)/ ~ive, a. προστατευτικός/ ~or, n. προστάτης (ό)/ (tech.) προφυλακτήρας (ό)/ ~orate, n. προτεκτοράτο (τό)
protein, n. πρωτείνη (ή)
protest, n. διαμαρτυρία (ή)/ v.i. διαμαρτύρομαι/ v.t. ~ one's innocence, διακηρύττω τήν άθωότητά μου/ ~ a bill, διαμαρτυρώ γραμμάτιο
Protestant, n. Προτεστάντης (ό), Διαμαρτυρόμενος (ό)/ ~ism, n. Προτεσταντισμός (ό)
protestation, n. διαμαρτυρία (ή), ένσταση (ή)
vrotocol, n. πρωτόκολλο (τό)
prototype, n. πρωτότυπο (τό), πρότυπο (τό)
protozoa, n. πρωτόζωα (τά)
protract, v.t. παρατείνω, επεκτείνω/ ~ed, a. παρατεταμένος/ ~or, n. γωνιόμετρο (τό)
protrude, v.t. & i. προεξέχω, προεκβάλλω/ protrusion, n. προεξοχή (ή)/ (med.) εξόγκωμα (τό), οίδημα (τό)
protuberance, n. εξόγκωμα (τό)/ protuberant, a. εξογκωμένος
proud, a. περήφανος/ be ~ of, είμαι περήφανος γιά
prove, v.t. αποδεικνύω, αποδείχνω, έλέγχω/ v.i. ελέγχομαι
provenance, n. αρχή (ή), προέλευση (ή)
provender, n. χορτονομή (ή)
proverb, n. παροιμία (ή)/ ~ial, a. παροιμιώδης
provide, v.t. προβλέπω, προνοώ/ ~ against, προφυλάγομαι/ ~ for, φροντίζω γιά/ ~d that, μέ τήν προϋπόθεση ότι/ ~nce, n. πρόνοια (ή), φροντίδα (ή) Divine P ~, Θεία Πρόνοια (ή)/ ~nt, a. προνοητικός, προβλεπτικός/ ~r, n. προμηθευτής (ό), φροντιστής ο)
province, n. επαρχία (ή)/ provincial, a. επαρχιακός
provision, n. πρόνοια (ή), φροντίδα (ή), πρόβλεψη (ή)/ pl. εφόδια (τά), προμήθειες (οί)/ ~al, a. προσωρινός/ ~ally, ad. προσωρινά
proviso, n. όρος (ό), ρήτρα (ή)
provocation, n. πρόκληση (ή)/ provocative, a. προκλητικός, ερεθιστικός/ provoke, v.t. προκαλώ

provost, n. διευθυντής σχολής (ό), κοσμήτωρας (ό)/ (Scot.) δήμαρχος (ό)/ ~ marshal, αρχηγός στρατιωτικής αστυνομίας
prow, n. πλώρη (ή)
prowess, n. ανδρεία (ή), παλληκαριά (ή)
prowl, v.i. περιφέρομαι, περιπλανιέμαι/ ~ er, n. πλανόδιος (ό), περιφερόμενος (ό)
proximate, a. παραπλήσιος/ proximity, n. γειτνίαση (ή), αμεσότητα (ή)
proxy, n. πληρεξουσιότητα (ή), εντολή (ή)/ by ~, μέ πληρεξούσιο
prude, n. σεμνότυφη γυναίκα (ή)
prudence, n. σύνεση (ή), φρόνηση (ή)/ prudent, a. συνετός, φρόνιμος
prudery, n. σεμνοτυφία (ή)/ prudish, a. σεμνότυφος
prune, n. ξερό δαμάσκηνο (τό)/ v.t. κλαδεύω/ (fig.) περιορίζω/ pruning, n. κλάδεμα (τό)/ ~ shears, κλαδευτήρι (τό)
pruriency, n. φαγούρα (ή)/ (sexual) λαγνεία (ή)/ prurient, a. λάγνος
Prussian, n. Πρώσσος (ό)/ a. πρωσσικός/ prussic acid, πρωσσικό οξύ (τό)
pry, v.i. ψάχνω, αναδιφώ, περιεργάζομαι/ ~ing, a. περίεργος, αδιάκριτος
psalm, n. ψαλμός (ό)/ ~ist, n. ψαλμογράφος (ό)/ psalter, n. ψαλτήριο (τό)
pseudonym, n. ψευδώνυμο (τό)
psychiatrist, n. ψυχίατρος (ό)/ psychiatry, n. ψυχιατρική (ή)/ psychic, a. πνευματιστικός/ psychoanalysis, n. ψυχανάλυση (ή), ψυχαναλυτική μέθοδος (ή)/ psychological, a. ψυχολογικός/ psychologist, n. ψυχολόγος (ό)/ psychology, n. ψυχολογία (ή)
ptarmigan, n. χιονοπέρδικα (ή)
ptomaine, n. πτωμαΐνη (ή)
pub, n. μπάρ (τό), καπηλειό (τό)
puberty, n. εφηβική ηλικία (ή)
public, a. δημόσιος, κοινός/ ~ assistance, κρατικό επίδομα/ ~ health, δημόσια υγεία/ ~ house, ταβέρνα (ή) καπηλειό (τό)/ ~ school, δημόσια σχολή/ ~ service, δημόσια υπηρεσία/ make ~, δημοσιεύω, κοινοποιώ/ n. κοινό (τό)/ in ~, δημόσια/ ~an, n. ταβερνάρης (ό)/ ~ation, n. δημοσίευση (ή)/ ~ity, n. δη-

μοσιότητα (ή), διαφήμιση (ή)/ ~ *agent*, διαφημιστής (ό)/ ~*ize*, v.t. διαφημίζω/ *publish*, v.t. δημοσιεύω, ἐκδίδω/ ~*er*, n. ἐκδότης (ό)/ ~*ing*, n. ἐκδοτική ἐργασία (ή)/ ~*house*, ἐκδοτικός οἶκος (ό)
puce, a. σκοῦρο κόκκινο χρώμα
puck, n. σούφρα (ή), ρυτίδα (ή)
pudding, n. πουτίγκα (ή)
puddle, n. βοῦρκος (ό)
puerile, a. παιδαριώδης/ *puerility*, n. παιδιάστικη συμπεριφορά (ή)
puff, n. φύσημα (τό), πνοή (ή)/ (smoke) τολύπη (ή)/ (dress) φουσκωτή πτυχή/ ~ *pastry*, γλύκισμα μέ φύλλο/ v.i. φουσκώνω, ξεφουσκώνω/ ~ *up with pride*, φουσκώνω ἀπό περηφάνεια/ ~*ed up*, πομπώδης, καυχησιάρης
pug, n. (dog) σκυλάκι (τό)/ ~ *nose*, πλακουτσωτή μύτη
pugilism, n. πυγμαχία (ή)/ *pugilist*, n. πυγμάχος (ό), μποξέρ (ό)/ *pugnacious*, a. ἐριστικός, καυγατζής
puke, v.i. κάνω ἐμετό
pule, v.i. κλαψουρίζω
pull, v.i. τράβηγμα (τό), ἕλξη (ή)/ v.t. τραβῶ/ ~ *back* (v.t.), τραβῶ, συγκρατῶ/ v.i. τραβιέμαι, ἀποσύρομαι/ ~ *down*, γκρεμίζω/ ~ *off*, κερδίζω, νικῶ/ ~ *out*, τραβῶ/ ~ *the strings*, ἀσκῶ ἐπιρροή στά παρασκήνια/ ~ *to pieces*, κομματιάζω/ ~ *through*, τά καταφέρνω, γλυτώνω/ ~ *together*, συγκεντρώνω, συντονίζω/ ~ *oneself together*, συγκρατοῦμαι
pullet, n. ὀρνίθι (τό)
pulley, n. τροχαλία (ή)
pullman, n. πούλμαν (τό)
pullulate, v.i. ξαναβλασταίνω, πολλαπλασιάζομαι
pulmonary, a. πνευμονικός
pulp, n. πολτός (ό)
pulpit, n. ἄμβωνας (ό)
pulsate, v.i. πάλλομαι/ *pulsation*, n. παλμός (ό), σφυγμός (ό)/ *pulse*, n. σφυγμός (ό)/ (bot.) σπόρος (ό)
pulverize, v.t. κονιορτοποιῶ, κάνω σκόνη/ ~*r*, n. τριβεῖο (τό)
puma, n. πούμα (ή), εἶδος πάνθηρα
pumice stone, n. ἐλαφρόπετρα (ή)
pump, n. ἀντλία (ή)/ v.t. ἀντλῶ/ ~ *out*, βγάζω μέ ἀντλία/ ~ *up*, ἀνεβάζω μέ ἀντλία
pumpkin, n. κολοκύθα (ή)
pun, n. λογοπαίγνιο (τό)
punch, n. γροθιά (ή), χτύπημα (τό)/ (tech.) σουβλί (τό)/ (drink) πόντσι (τό)/ v.t. δίνω γροθιά
Punch, n. γελωτοποιός (ό), φασουλής (ό)
punctilio, n. ἀκριβολογία (ή)/ ~*us*, a. ἀκριβολόγος
punctual, a. τακτικός, ἀκριβής/ ~*ity*, n. ἀκρίβεια (ή)
punctuate, v.t. βάζω τήν στίξη/ *punctuation*, n. στίξη (ή)/ ~ *mark*, σημεῖο στίξης
puncture, n. διάτρηση (ή), τρύπημα (τό)/ v.t. & i. τρυπῶ, κεντῶ
pungency, n. δριμύτητα (ή), ὀξύτητα (ή)/ *pungent*, a. δριμύς, καυστικός, τσουχτερός
punish, v.t. τιμωρῶ/ ~*able*, a. κολάσιμος/ ~*ment*, n. τιμωρία (ή), ποινή (ή)/ *punitive*, a. τιμωρητικός
punt, n. ἀκάτι (τό)/ v.i. ποντάρω/ v.t. κλωτσῶ τήν μπάλα
puny, a. μικρός, ἐλάχιστος
pup, n. κουτάβι (τό), σκυλάκι (τό)
pupa, n. χρυσαλίδα (ή)
pupil, n. μαθητής (ό)/ (eye) κόρη (ή)
puppet, n. νευρόσπαστο (τό), μαριονέττα (ή) ~ *government*, κυβέρνηση ἀνδρεικέλων/ ~ *theatre*, κουκλοθέατρο (τό)
puppy, n. κουτάβι (τό), σκυλάκι (τό)/ (fig.) νεαρός ἀνόητος
purchase, n. ἀγορά (ή), ψώνιο (τό)/ (tech.) λαβή (ή), στήριγμα (τό)/ v.t. ἀγοράζω, ψωνίζω/ ~*r*, n. ἀγοραστής (ό)
pure, a. ἀγνός, καθαρός/ ~*ly*, ad. καθαρά, ἁπλά/ ~*ness*, n. ἁγνότητα (ή), καθαρότητα (ή)
purgative, n. καθάρσιο (τό)/ *purgatory*, n. καθαρτήριο (τό)/ *purge*, n. κάθαρση (ή), ἐκκαθάριση (ή)/ (med.) καθάρσιο (τό)/ v.t. καθαρίζω, ἐξαγνίζω/ (polit.) ἐκκαθαρίζω
vurification, n. καθαρισμός (ό), ἐξαγνισμός (ό)/ *purify*, v.t. καθαρίζω, ἐξαγνίζω/ *purist*, n. καθαρολόγος (ό)/ *puritan*, n. πουριτανός (ό)/ ~*ical*, a. πουριτανι-

κός/ purity, n. καθαρότητα (ή), άγνότητα (ή)
purl, n. χρυσόνημα (τό)/ v.i. βάζω κέντημα σέ δαντέλα
purloin, v.t. κλέβω, σφετερίζομαι
purple, a. πορφυρένιος, πορφυρός/ n. πορφύρα (ή)
purport, n. έννοια (ή), σημασία (ή)/ v.t. έννοώ, σημαίνω
purpose, n. σκοπός (ό), πρόθεση (ή)/ on ~, σκόπιμα, έπίτηδες/ to no ~, μάταια/ v.i. σκοπεύω, έχω πρόθεση/ ~ful, a. προμελετημένος/ ~ly, ad. έπίτηδες, σκόπιμα
purr, n. μιαούρισμα (τό)/ v.i. μιαουρίζω
purse, n. πουγγί (τό), βαλάντιο (τό)/ public ~, δημόσια χρήματα (τά), δημόσιος κορβανάς (ό)/ v.t. (lips) ζαρώνω τά χείλια/ ~r, n. ταμίας πλοίου (ό)
pursuance, n. έπιδίωξη (ή), συνέπεια (ή)/ pursuant to, σύμφωνα μέ, βάσει/ pursue, v.t. έπιδιώκω, άκολουθώ, κυνηγώ/ ~r, n. διώκτης (ό)/ (leg.) ένάγων (ό)/ pursuit, n. έπιδίωξη (ή), άναζήτηση (ή)
purulent, a. πυώδης
purvey, v.t. προμηθεύω/ ~or, n. προμηθευτής (ό)
purview, n. κείμενο κανονισμού/ within the ~, μέσα στά ὁρια
pus, n. πύο (τό), έμπυο (τό)
push, n. σπρώξιμο (τό), ώθηση (ή)/ v.t. σπρώχνω, ώθώ/ ~ about, ταλαιπωρώ/ ~ back, άπωθώ/ ~ forward, αὐτοπροβάλλομαι/ ~ off, φεύγω/ ~ out, διώχνω/ ~ -button, n. κουμπί (τό), διακόπτης (ό)/ ~ -cart, n. χειράμαξα (ή)/ ~ing, n. σπρώξιμο (τό)
pusillanimous, a. μικρόψυχος, δειλός
puss(y), n. γατάκι (τό)
pustule, n. σπυρί (τό)
put, v.t. βάζω, τοποθετώ/ ~ across, κάνω κατανοητό/ ~ at, ὑπολογίζω, μαντεύω/ ~ away, βάζω κατά μέρος/ ~ back, ξαναβάζω/ (clock) βάζω πίσω/ ~ down (write) σημειώνω/ (animal) σκοτώνω/ ~ forth, προβάλλω, εἰσηγοῦμαι/ ~ in (request) ὑποβάλλω αἴτημα/ ~ into operation, βάζω σέ λειτουργία/ ~ off, άναβάλλω/ ~ on, προσθέτω/ ~ on weight, παχαίνω/ ~ out, σβήνω/ ~ a stop to, βάζω τέλος/ ~ to death, θανατώνω/ ~ to flight, τρέπω σέ φυγή/ ~ to a vote, βάζω σέ ψηφοφορία/ ~ to music, μελοποιώ/ ~ together, συναρμολογώ, συνθέτω/ ~ up, στήνω/ ~ up job, στημένη δουλειά/ ~ up with, άνέχομαι
putative, a. ὑποτιθέμενος
putrefaction, n. σάπισμα (τό), σήψη (ή)/ putrefy, v.i. σαπίζω, γαγγραινιάζω/ putrid, a. σάπιος
putty, n. κόλλα (ή), στόκος (ό)
puzzle, n. αἴνιγμα (τό), γρίφος (ό)/ v.t. μπλέκω, βάζω σέ άμηχανία/ ~ one's brains, ζαλίζω τό μυαλό μου/ ~ out, διευκρινίζω
pygmy, n. πυγμαῖος (ό)
pyjamas, n. πυτζάμα (ή)
pylon, n. ήλεκτρικός στῦλος (ό)
pyramid, n. πυραμίδα (ή)/ ~al, a. πυραμιδοειδής
pyre, n. νεκρική πυρά (ή)
pyrites, n. πυρίτης λίθος (ό)
pyrotechnics, n. πυροτεχνία (ή)/ (demonstration) πυροτεχνήματα (τά)
python, n. πύθωνας (ό)

Q

quack, n. άγύρτης (ό), τσαρλατάνος (ό)/ v.i. κρώζω
quadrangle, n. τετράγωνος χώρος (ό)/ quadrangular, a. τετράγωνος, τετραγωνικός
quadrant, n. τεταρτοκύκλιο (τό)
quadrilateral, τετράπλευρο (τό), a. τετράπλευρος
quadrille, n. καντρίλλια (ή)
quadruped, n. τετράποδο (τό)
quadruple, a τετραπλός, τετραπλάσιος/ ~ts, n. pl. τετράδυμα (τά)
quaff, v.t. πίνω άσυγκράτητα
quagmire, n. τέλμα (τό), ἕλος (τό)
quail, n. όρτύκι (τό)/ v.i. τρέμω, δειλιάζω
quaint, a. παράξενος, ἰδιότροπος
quake, v.i. τρέμω, κλονίζομαι, σείομαι

Quaker, n. Κουακέρος (ό)
qualification, n. ἐπιφύλαξη (ἡ), περιορισμός, (ό), προσόν (τό)/ *qualified,* p.p. & a. ἁρμόδιος, μέ τά κατάλληλα προσόντα/ *qualify,* v.t. χαρακτηρίζω/ (express reservations) ἐκφράζω ἐπιφυλάξεις, μετριάζω/ ~*ing,* a. τροποποιητικός
qualitative, a. ποιοτικός/ *quality,* n. ποιότητα (ἡ), ἰδιότητα (ἡ), προσόν (τό)
qualm, n. δυσάρεστο συναίσθημα (τό)/ ~*s of conscience,* τύψεις συνείδησης
quandary, n. ἀμηχανία (ἡ), ἀβεβαιότητα (ἡ)
quantitative, a. ποσοτικός/ *quantity,* n. ποσότητα (ἡ)
quantum, n. κβάντουμ (τό)
quarantine, n. καραντίνα (ἡ)
quarrel, n. καβγάς (ό), φιλονεικία (ἡ)/ v.i. καβγαδίζω, τσακώνομαι, φιλονικῶ/ ~*some,* a. καβγατζής, ἐριστικός
quarry, n. λατομεῖο (τό)/ v.t. λατομῶ, βγάζω πέτρες ἀπό λατομεῖο
quart, n. λίτρα (ἡ)
quarter, n. τέταρτο (τό)/ (3 months), τριμηνία (ἡ)/ (district) συνοικία (ἡ)/ pl. (mil.) στρατόπεδο (τό), κατάλυμα (τό)/ ~ *past five,* πέντε καί τέταρτο, ~ *to five,* πέντε παρά τέταρτο/ *at close* ~*s, ἀπό κοντά/ *from all* ~*s,* ἀπό παντοῦ/ ~*- deck,* n. κατάστρωμα πρύμνης (τό)/ ~*ly,* τριμηνιαῖος/ ad. κάθε τριμηνία/ ~*- master,* n. ὑπαξιωματικός (ό)
quartet, n. κουαρτέτο (τό)
quarto, n. τέταρτο σχῆμα (τό)
quartz, n. χαλαζίας (ό), πυριτόλιθος (ό)
quash, v.t. ἀναιρῶ, ἀκυρώνω
quasi, prefix, οἱονεί
quatrain, n. τετράστιχο (τό)
quaver, n. τρεμούλιασμα φωνῆς (τό)/ v.i. τρεμουλιάζω τή φωνή
quay, n. προκυμαία (ἡ)
queasy, a. λιγουριάρικος/ ~ *stomach,* ἀδύνατο στομάχι
queen, n. βασίλισσα (ἡ)/ (cards) ντάμα (ἡ)/ ~ *bee,* βασίλισσα μέλισσα
queer, a. παράξενος, παράδοξος/ (homosexual) πούστης (ό) *feel*~, νιώθω περίεργα
quell, v.t. κατευνάζω, καταπραΰνω

quench, v.t. καταπαύω, ἱκανοποιῶ/ (thirst) σβήνω
querulous, a. παραπονιάρης, μεμψίμοιρος
query, n. ἐρώτημα (τό), ἀπορία/ v.t. ρωτῶ, ἐξετάζω
quest, n. ἔρευνα (ἡ), ἀναζήτηση (ἡ)/ *question,* n. ἐρώτηση (ἡ)/ ~ *mark,* ἐρωτηματικό (τό)/ v.t. ἀμφισβητῶ, ἀμφιβάλλω/ ~*able,* a. ἀμφισβητήσιμος, προβληματικός/ ~*er,* n. ἐξεταστής (ό), ἀνακριτής (ό)/ *questionnaire,* n. ἐρωτηματολόγιο (τό)
quibble, n. στρεψοδικία (ἡ), σοφιστεία (ἡ)/ v.i. χρησιμοποιῶ σοφιστεῖες
quick, a. γρήγορος, γοργός, ζωηρός/ *be* ~, εἶμαι γρήγορος/ n. ζωντανή ὕλη (ἡ)/ *the* ~ *and the dead,* ζωντανοί καί πεθαμένοι/ *cut to the* ~ , προσβάλλω, θίγω/ ~*- en,* v.t. & i. ἐπιταχύνω, ἐπισπεύδω/ ~ *lime,* n. ἀσβέστης (ό)/ ~*ly,* ad. γρήγορα/ ~*ness,* n. ζωηρότητα (ἡ), ἑτοιμότητα (ἡ)/ ~*sand,* n. σύρτη (ἡ), κινούμενη ἄμμος/ ~*silver,* n. ὑδράργυρος (ό)/ ~ *tempered,* a. εὐέξαπτος/ ~ *witted,* a. ἔξυπνος
quid, n. μασητός καπνός (ό)/ (pound) λίρα στερλίνα (ἡ)/ ~ *pro quo,* ἕνα σου καί ἕνα μου
quiescence, n. ἠρεμία (ἡ), ἡσυχία (ἡ)/ *quiescent,* a. ἤρεμος, ἥσυχος
quiet, a. ἥσυχος, σιωπηλός/ int. ἡσυχία!/ *keep something* ~ , κρατῶ μυστικό/ n. ἡσυχία (ἡ), ἠρεμία (ἡ)/ *on the* ~, ἀθόρυβα, χωρίς φασαρία/ ~*ly,* ad. ἥσυχα, ἀθόρυβα
quill, n. φτερό (τό)/ (porcupine) ἀγκάθι (τό), βελόνα (ἡ)
quilt, n. πάπλωμα (τό), σκέπασμα (τό)/ v.t. βελονιάζω, τρυπώνω
quince, n. κυδώνι (τό)
quinine, n. κινίνο (τό)
quinquennial, a. πενταετής
quinsy, n. ἐρεθισμός τῶν ἀμυγδαλῶν (ό)
quintessence, n. πεμπτουσία (ἡ)
quintet(te), n. κουιντέτο (τό), πενταφωνία (ἡ)
quip, n. σαρκασμός (ό)
quire, n. δεσμίδα χαρτιοῦ (ἡ)
quirk, n. ὑπεκφυγή (ἡ), πρόφαση (ἡ)

quit, n. ἐγκαταλείπω, ἀφήνω/ *give notice to* ~, κοινοποιῶ ἀπόλυση/ *be* ~ *s*, εἴμαστε πάτσι
quite, ad. ἐντελῶς, ἀπόλυτα/~ *a lot*, ἀρκετά
quittance, n. ἐξόφληση (ἡ), ἀπαλλαγή (ἡ)
quiver, n. τρεμούλιασμα (τό)/ (of arrows) φαρέτρα (ἡ)/ v.i. τρεμουλιάζω
quixotic, a. δονκιχωτικός, ὀνειροπόλος
quiz, n. παιχνίδι μέ ἐρωτήσεις (τό)/ v.t. ὑποβάλλω ἐρωτήσεις/ ~*zical*, a. κωμικός, ἀστεῖος
quoit, n. δίσκος (ὁ), ἀμάδα (ἡ)
quondam, a. πρώην
quorum, n. ἀπαρτία (ἡ)
quota, n. μερίδα (ἡ), μερίδιο (τό)
quotation, n. παραπομπή (ἡ), παράθεση ἀποσπάσματος/ (com.) τιμή (ἡ)/ ~ *marks*, εἰσαγωγικά (τά)/ *quote*, v.t. παραθέτω, ἀναφέρω/ (com.) δίνω τιμή
quotient, n. πηλίκον (τό)

R

rabbi, n. ραββίνος (ὁ)/ ~*nical*, a. ραββινικός
rabbit, n. κουνέλι (τό)/ ~*hutch*, κλουβί κουνελιῶν (τό)/ ~*warren*, φωλιά κουνελιῶν (ἡ)
rabble, n. συρφετός (ὁ), ὄχλος (ὁ)
rabid, a. λυσσασμένος, μανιώδης/ *rabies*, n. λύσσα (ἡ)
race, n. ἀγώνας δρόμου (ὁ), κούρσα (ἡ)/ (tech.) χαντάκι (τό), ἀγωγός (ὁ)/ pl. ἱπποδρομίες (οἱ)/ (people) φυλή (ἡ), ράτσα (ἡ)/.*arms* ~, ἀνταγωνισμός ἐξοπλισμῶν/ *human* ~, ἀνθρώπινη φυλή (ἡ), ἀνθρωπότητα (ἡ)/ v.i. τρέχω, παραβγαίνω/ v.t. φουλάρω, βάζω μεγάλη ταχύτητα/ ~*course*, n. ἱππόδρομος (ὁ), πίσ·α (ἡ)/ ~*horse*, n. ἄλογο ἱπποδρομιῶν/ ~*r*, n. δρομέας (ὁ)/ (horse) ἄλογο κούρσας/ *racial*, a. φυλετικός/ ~ *discrimination*, φυλετικές διακρίσεις (οἱ)/

~*ism*, n. φυλετισμός (ὁ), ρατσισμός (ὁ)
rack, n. σχάρα (ἡ), κρεμάστρα (ἡ)/ (hist.) στρεβλωτήριο (τό)/ (tech.) ὀδοντωτός κανόνας/ *go to* ~ *and ruin*, πηγαίνω κατά διαβόλου/ v.t. βασανίζω, ταλαιπωρῶ/ ~ *one's brains*, σπάζω τό κεφάλι μου
racket, n. φασαρία (ἡ)/ (sport) ρακέτα (ἡ)/ (illegal) παρανομία (ἡ), γκαγκστερισμός (ὁ)
racoon, n. προκύων (ὁ), ρακούν (τό)
racy, a. πικάντικος, σκαμπρόζικος
radar, n. ραντάρ (τό)
radiance, n. ἀκτινοβολία (ἡ), λάμψη (ἡ)/ *radiant*, a. ἀκτινοβόλος, λαμπερός/ *radiate*, v.i. ἀκτινοβολῶ/ v.t. ξαπλώνω, διασπείρω/ *radiation*, n. ἀκτινοβολία (ἡ)/ *radiator*, n. θερμαντικό σῶμα (τό)
radical, a. ριζικός, δραστικός, ριζοσπαστικός/ n. ριζοσπάστης (ὁ)/ ~*ly*, ad. ριζικά, δραστικά
radio, n. ραδιόφωνο (τό), ραδιοφωνία (ἡ)/ ~ *set*, ραδιοφωνική συσκευή (ἡ)
radioactive, a. ραδιενεργός
radiocarbon, n. ραδιοϊσότοπο τοῦ ἄνθρακα (τό)
radiography, n. ἀκτινογραφία (ἡ)
radiolocation, n. ραντάρ (τό), ραδιοεντοπισμός (ὁ)
radiology, n. ἀκτινολογία (ἡ)
radiotherapy, n. ἀκτινοθεραπεία (ἡ)
radish, n. ραπάνι (τό), ραπανάκι (τό)
radium, n. ράδιο (τό)
radius, n. ἀκτίνα (ἡ)
raffia, n. ραφίδα (ἡ)
raffle, n. λοταρία (ἡ), λαχεῖο (τό)/ v.t. βάζω στή λοταρία
raft, n. σχεδία (ἡ)
rafter, n. πάτερο (τό), δοκός (ἡ)
rag, n. κουρέλι (τό)/ *in* ~*s*, κουρελιασμένος/ ~*amuffin*, n. κουρελής (ὁ), ρακένδυτος (ὁ)
rage, n. ὀργή (ἡ), θυμός (ὁ), παραφορά (ἡ)/ v.i. ἐξοργίζομαι, γίνομαι πῦρ καί μανία/ (epidemic, etc.) μαίνομαι
ragged, a. κουρελιασμένος
raging, a. ἐξαγριωμένος, μανιασμένος
raid, n. ἐπιδρομή (ἡ), ἐπίθεση (ἡ), εἰσβολή (ἡ)/ v.t. κάνω ἐπιδρομή, εἰσβάλλω
rail, n. ράβδος (ἡ), κιγκλίδωμα (τό)/

(railway) σιδηροδρομική γραμμή/ *by* ~, μέ τραϊνο, σιδηροδρομικώς/ v.t. ἐπιπλήττω, μαλώνω/ ~ *off*, ἐκτροχιάζομαι/ ~*ing*, n. κιγκλίδωμα (τό)
raillery, n. πείραγμα (τό), καλαμπούρι (τό)
railway, n. σιδηρόδρομος (ὁ)/ a. σιδηροδρομικός/ ~ *timetable*, ὡράριο σιδηροδρόμων/ *cable* ~, ἐναέριος σιδηρόδρομος/ *narrow gauge* ~, στενή σιδηροδρομική γραμμή
raiment, n. ἀμφίεση (ἡ), περιβολή (ἡ)
rain, n. βροχή (ἡ)/ v.t. & i. βρέχει/ *it's* ~*ing hard*, βρέχει δυνατά/ *it's* ~*ing cats and dogs*, κάνει κατακλυσμό/ ~*bow*, n. οὐράνιο τόξο (τό)/ ~*coat*, n. ἀδιάβροχο (τό)/ ~*fall*, n. βροχόπτωση (ἡ)/ ~*gauge*, n. βροχόμετρο (τό)/ ~*proof*, a. ἀδιάβροχος/ ~*water*, n. βροχόνερο (τό)/ ~*y*, a. βροχερός
raise, v.t. ἀνεβάζω, σηκώνω, ἀνορθώνω/ (building) κτίζω/ (children) μεγαλώνω/ (plants) καλλιεργῶ/ (animals) ἐκτρέφω/ (money) συλλέγω, συγκεντρώνω/ (a laugh) προκαλῶ γέλιο/ ~*d*, a. ὑψωμένος, ἀνυψωμένος
raisin, n. σταφίδα (ἡ)
rake, n. χτένι (τό), τσουγκράνα (ἡ)/ (person) ἄσωτος/ v.t. τσουγκρανίζω, ξύνω/ ~ *in*, μαζεύω λεφτά/ ~ *up*, ἀνασκαλεύω περασμένα/ *rakish*, a. ἀκόλαστος, διεφθαρμένος
rally, n. συναγερμός (ὁ), συγκέντρωση (ἡ)/ v.t. & i. συγκεντρώνω, συναγείρω
ram, n. κριάρι (τό)/ (mech.) κριός (ὁ), ἔμβολο (τό)/ v.t. μπήγω, σπρώχνω
ramble, v.i. κάνω περίπατο, περιφέρομαι/ (bot.) μεγαλώνω ἀκανόνιστα/ n. βόλτα (ἡ), περίπατος (ὁ)/ ~*r*, n. περιπατητής (ὁ)/ (bot.) ἀναρριχώμενη τριανταφυλλιά (ἡ)/ *rambling*, a. ἄσκοπος, ἀκανόνιστος, ἀσυνάρτητος
ramification, n. διακλάδωση (ἡ), ὑποδιαίρεση (ἡ)/ *ramify*, v.i. διακλαδώνομαι, ὑποδιαιροῦμαι
rammer, n. μηχανικός κριός (ὁ), κόπανος (ὁ)
ramp, n. κεκλιμένο ἐπίπεδο/ ~*ant*, a. ἄγριος, ἀσυγκράτητος, ἐπιθετικός/ (heraldry) ὄρθιος

rampart, n. προμαχώνας (ὁ), ντάπια (ἡ)
ramrod, n. ἐμβολέας (ὁ), βέργα (ἡ)
ramshackle, a. ξεχαρβαλωμένος, ἑτοιμόρροπος
ranch, n. ἀγρόκτημα (τό), ράντσο (τό)/ ~*er*, n. κτηματίας (ὁ)
rancid, a. ταγγός
rancorous, a. μνησίκακος
random, a. τυχαῖος, ἀπρογραμμάτιστος/ *at* ~, τυχαῖα, στά κουτουροῦ
range, n. σειρά (ἡ), στοῖχος (ὁ), ἔκταση (ἡ)/ (mountain) ὀροσειρά (ἡ)/ (mil.) βεληνεκές (τό), ἐμβέλεια (ἡ)/ ~ *of vision*, ἀκτίνα ὅρασης (ἡ), ὀπτική ἀκτίνα (ἡ)/ v.t. ταχτοποιῶ, παρατάσσω/ v.i. ἁπλώνομαι, κυμαίνομαι/ ~-*finder*, n. τηλέμετρο (τό)/ ~*r*, n. περιπλανώμενος (ὁ)/ (forests) δασονόμος (ὁ), δασοφύλακας (ὁ)
rank, n. βαθμός (ὁ), τάξη (ἡ)/ ~ *and file*, ἁπλά μέλη/ v.t. ταξινομῶ, κατατάσσω/ v.i. θεωροῦμαι, κατατάσσομαι/ (bot.) ἄγριος, πυκνός/ (scandalous) σκανδαλώδης
rankle, v.i. φλογίζομαι, κακοφορμίζω
ransack, v.t. κάνω ἄνω-κάτω
ransom, n. λύτρα (τά)/ v.t. πληρώνω λύτρα, ἐξαγοράζω
rant, v.i. κομπάζω
rap, v.t. κρούω, χτυπῶ ἐλαφρά/ n. ἐλαφρό χτύπημα (τό)/ *I don't give a* ~, δέν μέ μέλει καθόλου, δέν δίνω πεντάρα
rapacious, a. ἄπληστος, ἁρπαχτικός/ *rape*, n. βιασμός (ὁ)/ (bot.) ἀγριογογγύλι (τό)/ v.t. βιάζω
rapid, a. γρήγορος, ταχύς/ pl. γρήγορο ρεῦμα ποταμοῦ/ ~*ity*, n. ταχύτητα (ἡ)
rapier, n. μυτερό σπαθί (τό)
rapine, n. λεηλασία (ἡ), διαρπαγή (ἡ)
rapt, a. ἐκστατικός, ἀφοσιωμένος/ ~*ure*, n. ἔκσταση (ἡ), παραφορά (ἡ)/ ~*urous*, a. ἐκστατικός, ἐνθουσιαστικός
rare, a. σπάνιος, ἀραιός/ ~*fy*, v.t. ἀραιώνω/ *rarity*, n. σπανιότητα (ἡ), ἀραιότητα (ἡ)
rascal, n. πανοῦργος (ὁ), δόλιος (ὁ), ἀχρεῖος (ὁ)/ ~*ly*, a. φαῦλος, ἀχρεῖος
rash, n. ἐξάνθημα (τό)/ a. ἀπερίσκεπτος, ἀλόγιστος, ὁρμητικός
rasp, n. λίμα (ἡ)/ v.t. λιμάρω/ v.i. τρίζω

raspberry, n. βατόμουρο (τό)
rat, n. μεγάλος ποντικός, άρουραϊος (ό)/ ~ race, σκληρός συναγωνισμός
rate, n. τιμή (ή), άξία (ή)/ ~ of exchange, τιμή συναλλάγματος (ή)/ bank ~, τιμή τράπεζας/ at any ~, σέ κάθε περίπτωση/ v.t. έκτιμώ, ταξινομώ, κατατάσσω/ ~payer, n. έκεϊνος πού πληρώνει δημοτικούς φόρους/ ~s, n. δημοτικοί φόροι (οί)
rather, ad. μάλλον, καλλίτερα/ I ~ think, νομίζω
ratification, n. έπικύρωση (ή)/ ratify, v.t. έπικυρώνω
rating, n. έκτίμηση (ή), διατίμηση (ή)/ (ship) κατάταξη πλοίου σέ κατηγορία/ (sailor) ναύτης (ό)
ratio, n. άναλογία (ή), σχέση (ή)
ration, n. μερίδα (ή), συσσίτιο (τό)/ v.t. μοιράζω συσσίτιο
rational, a. λογικός, όρθολογικός/ ~ism, n. όρθολογισμός (ό)/ ~ization, n. όρθολογιστική άντιμετώπιση (ή)
rationing, n. διανομή συσσιτίου (ή)
rattle, n. κροτάλισμα (τό), κρόταλο (τό)/ v.i. κροταλίζω/ ~ off, άπαγγέλλω γρήγορα/ ~snake, n. κροταλίας (ό)
raucous, a. βραχνός
ravage, v.t. έρημώνω, καταστρέφω
rave, v.i. παραληρώ, παραμιλώ
ravel, v.t. μπερδεύω, περιπλέκω
raven, n. κοράκι (τό)
ravenous, a. άδηφάγος
ravine, n. χαράδρα (ή), φαράγγι (τό)
raving, n. παραλήρημα (τό), μανία (ή)/ a. μανιασμένος, σέ παραλήρημα
ravish, v.t. άρπάζω/ (a woman) βιάζω/ ~ing, a. συναρπαστικός, μαγευτικός, θελκτικός/ ~ment, n. έκσταση (ή), θαυμασμός (ό)
raw, a. ώμός, άγουρος/ ~ material, άκατέργαστη ύλη (ή)/ ~ deal, άδικη μεταχείριση/ ~hide, n. άκατέργαστο δέρμα
ray, n. άκτίνα (ή)/ (fig.) έλπίδα (ή)
raze, v.t. κατεδαφίζω, γκρεμίζω
razor, n. ξυράφι (τό)
reach, n. έκταση (ή), έξάπλωση (ή)/ out of ~, άνέφικτος, άπραγματοποίητος/ v.t. & i. φθάνω, άπλώνω, έκτείνω
react, v.i. άντιδρώ/ ~ion, n. άντίδραση (ή)/ ~ionary, a. & n. άντιδραστικός

read, v.t. διαβάζω/ (instrument) παίρνω τήν ενδειξη/ (proofs) διορθώνω δοκίμια/ ~able, a. άξιανάγνωστος
readdress, v.t. διαβιβάζω σέ άλλη διεύθυνση
reader, n. άναγνώστης (ό)/ (university) καθηγητής (ό)/ ~ship, n. κυκλοφορία (ή), άναγνωστικό κοινό (τό)/ (university) καθηγητική έδρα (ή)
readily, ad. πρόθυμα/ readiness, n. προθυμία (ή)
reading, n. άνάγνωση (ή), διάβασμα (τό)/ ~-desk, n. άναλόγιο (τό) ~-room, n. άναγνωστήριο (τό)
readjust, v.t. άναπροσαρμόζω
ready, a. έτοιμος, πρόθυμος/ ~ money, μετρητά (τά)/ ~ reckoner, προπαίδεια (ή)/ ~-made, a. έτοιμος
reaffirm, v.t. ξαναβεβαιώνω, έπικυρώνω
reagent, n. άντιδραστικό φάρμακο (τό)
real, a. πραγματικός, άληθινός/ (leg.) ~ estate, άκίνητο (τό)/ ~ism, n. ρεαλισμός (ό)/ ~istic, a. ρεαλιστικός/ ~ity, n. πραγματικότητα (ή)/ ~ization, n. πραγματοποίηση (ή), συνειδητοποίηση (ή)/ ~ize, v.t. πραγματοποιώ, συνειδητοποιώ/ ~ly, ad. πραγματικά, άληθινά
realm, n. βασίλειο (τό), έξουσία (ή)/ (fig.) δικαιοδοσία (ή)
ream, n. δεσμίδα χαρτιοΰ (ή)
reanimate, v.t. άναζωογονώ, άναζωπυρώνω
reap, v.t. θερίζω, δρέπω/ (fig.) άποκομίζω/ ~er, n. θεριστής (ό)/ ~ing, n. θερισμός (ό)/ ~ing hook, δρεπάνι (τό)
reappear, v.i. ξαναεμφανίζομαι/ έπανεμφανίζομαι/ ~ance, n. έπανεμφάνιση (ή)
rear, n. όπίσθια (τά), νώτα (τά)/ a. όπίσθιος, πισινός/ in the ~, πίσω/ bring up the ~, έρχομαι τελευταίος/ v.t. τρέφω, άνατρέφω/ v.i. άφηνιάζω/ ~-admiral, n. ύποναύαρχος (ό)/ ~guard, n. όπισθοφυλακή (ή)
reason, n. λόγος (ό), λογικό (τό)/ (cause) αίτία (ή), άφορμή (ή)/ by ~ of, λόγω, ένεκα/ v.i. κρίνω, συλλογίζομαι/ ~ out, βγάζω συμπέρασμα/ ~able, a. λογικός, δικαιολογημένος, εύλογος/ ~ ableness,

n. λογικότητα (ή)/ (in prices) συγκαταβατικότητα (ή)
reassure, v.t. καθησυχάζω, δίνω θάρρος/ *reassuring*, a. καθησυχαστικός, ένθαρρυντικός
rebate, n. ελάττωση (ή), έκπτωση (ή)
rebel, n. αντάρτης (ό), έπαναστάτης (ό), στασιαστής (ό)/ v.i. έπαναστατώ, στασιάζω/ ~*lion*, n. έπανάσταση (ή), έξέγερση (ή)/ ~*lious*, a. έπαναστατικός, στασιαστικός
rebirth, n. αναγέννηση (ή)
rebound, n. αναπήδημα (τό)/ v.i. αναπηδώ
rebuff, n. απότομη άρνηση, απόκρουση (ή)/ v.t. αποκρούω, απορρίπτω
rebuild, v.t. ξαναχτίζω, ξαναφτιάχνω
rebuke, n. επίπληξη (ή), επιτίμηση (ή)/ v.t. επιπλήττω, επιτιμώ
rebut, v.t. αντικρούω, απορρίπτω/ ~*tal*, n. αντίκρουση (ή)
recalcitrance, n. ανυπακοή (ή), απείθια (ή)/ *recalcitrant*, a. ανυπάκουος
recall, n. ανάκληση (ή)/ v.t. ανακαλώ/ (remember) αναπολώ, μου έρχεται στο νου
recant, v.i. αναιρώ/ ~*ation*, n. αναίρεση (ή)
recapitulate, v.t. ανακεφαλαιώνω/ *recapitulation*, n. ανακεφαλαίωση (ή)
recapture, n. επανάκτηση (ή)/ v.t. επανακτώ
recast, v.t. αναχωνεύω, ξαναχύνω/ (theatre) ξανακάνω διανομή τῶν ρόλων
recede, v.i. αποχωρώ, αποσύρομαι
receipt, n. απόδειξη (ή), παραλαβή (ή)/ pl. εισπράξεις (οί)/ v.t. δίνω εξόφληση/ *receive*, v.t. λαβαίνω/ (official) υποδέχομαι, δίνω δεξίωση/ ~*r*, n. παραλήπτης (ό), αποδέκτης (ό)/ (leg.) σύνδικος (ό)
recent, a. πρόσφατος, νέος/ ~*ly*, ad. πρόσφατα, τελευταία
receptacle, n. δοχείο (τό)/ *reception*, n. υποδοχή (ή), δεξίωση (ή)/ ~ *room*, αίθουσα υποδοχής (ή)/ *receptive*, a. δεκτικός
recess, n. διακοπή (ή), αργία (ή), διάλειμμα (τό)/ *in the secret* ~*es*, στά μύχια/ ~*ion*, n. υποχώρηση (ή), απομάκρυνση (ή)/ (econ.) ύφεση (ή)
recipe, n. συνταγή (ή)
recipient, n. παραλήπτης (ό)
reciprocal, a. αμοιβαίος/ *reciprocate*, v.t. ανταποδίδω, ανταλλάσσω/ *reciprocity*, n. αμοιβαιότητα (ή)
recital, n. εξιστόρηση (ή), απαγγελία (ή)/ (mus.) ρεσιτάλ (τό), συναυλία (ή)/ *recitation*, n. απαγγελία (ή)/ *recite*, v.t. απαγγέλλω
reckless, a. απερίσκεπτος, ριψοκίνδυνος/ ~ *driving*, απρόσεκτη (επικίνδυνη) οδήγηση
reckon, v.t. υπολογίζω, λογαριάζω/ v.i. εκτιμώ, κρίνω/ ~ *on*, μετρώ/ ~ *with*, ζητώ λογαριασμό από/ ~*ing*, n. λογαριασμός (ό), εκτίμηση (ή)
reclaim, v.t. αναμορφώνω, αναθεωρώ, διορθώνω/ (land) εκχερσώνω
recline, v.t. & i. στηρίζομαι, πλαγιάζω
recluse, n. ερημίτης (ό), ασκητής (ό)
recognition, n. αναγνώριση (ή)/ *recognize*, v.t. αναγνωρίζω
recoil, n. χαλάρωση (ή)/ (gun) κλώτσημα (τό)/ v.i. χαλαρώνω/ (gun) κλωτσώ
recollect, v.t. θυμούμαι, αναπολώ/ ~*ion*, n. αναπόληση (ή), ανάμνηση (ή)
recommence, v.t. ξαναρχίζω
recommend, v.t. συνιστώ/ ~*ation*, n. σύσταση (ή)
recompense, n. αποζημίωση (ή), ανταμοιβή (ή)/ v.t. αποζημιώνω, ανταμοίβω
reconcile, v.t. συμβιβάζω/ *reconciliation*, n. συμβιβασμός (ό)
recondite, a. βαθύς, σκοτεινός
recondition, v.t. ανακαινίζω, ανανεώνω
reconnaissance, n. αναγνώριση (ή)/ *reconnoitre*, v.t. κάνω αναγνώριση, κατοπτεύω
reconsider, v.t. αναθεωρώ, ξανασκέπτομαι
reconstruct, v.t. ξαναχτίζω, ξανασχηματίζω/ ~*ion*, n. ξαναχτίσιμο (τό), ξανασχηματισμός (ό)/ (of a crime) αναπαράσταση (ή)
record, n. καταχώρηση (ή), αναγραφή (ή)/ *keep a* ~, κρατώ πρακτικά (σημείωση)/ *off the* ~ , εμπιστευτικά/ (sport) ρεκόρ, επίδοση/ *break a* ~ , κα-

ταρίπτω έπίδοση, σπάω ρεκόρ/ police ~ , αστυνομικός φάκελλος/ ~ office, αρχείο (τό)/ ~er, n. αρχειοφύλακας (ό)/ ~ing, n. καταγραφή (ή)/ (radio) μαγνητοφώνηση (ή)/ ~player, n. γραμμόφωνο (τό), πίκ-άπ (τό)
recount, n. ξαναμέτρημα (τό)/ (of a story) διήγηση (ή), άνιστόρηση (ή)/ v.t. ξαναμετρώ/ (a story) άνιστορώ, διηγούμαι
recoup, v.t. ξαναποκτώ, άνακτώ
recourse, n. καταφύγιο (τό)/ have ~ to, προσφεύγω, κάνω προσφυγή
recover, v.t. άνακτώ, ξαναβρίσκω/ (cover again) ξανασκεπάζω/ v.i. γίνομαι καλά, συνέρχομαι/ ~y, n. άνάκτηση (ή), επανόρθωση (ή)/ (health) άνάρρωση (ή), θεραπεία (ή)
recreant, n. άνανδρος (ό), άπιστος (ό)
recreate, v.t. άναδημιουργώ
recreation, n. άναδημιουργία (ή)/ (pleasure) ψυχαγωγία (ή)/ ~ ground, γήπεδο ψυχαγωγίας (τό)/ (biol.) άναπαραγωγή (ή)
recriminate, v.t. άντεγκαλώ, άντικατηγορώ/ recrimination, n. άντέγκληση (ή)
recruit, n. νεοσύλλεκτος (ό), νεοδιορισμένος (ό)/v.t. προσλαμβάνω/ (mil.) στρατολογώ/ ~ment, n. πρόσληψη (ή)/ (mil.) στρατολογία (ή)
rectangle, n. όρθογώνιο (τό)/ rectangular, a. όρθογώνιος
rectification, n. επανόρθωση (ή)/ (elec.) άνασύσταση ρεύματος/ rectify, v.t. επανορθώνω, διορθώνω
rectilinear, a. εύθύγραμμος
rectitude, n. εύθύτητα (ή), χρηστότητα (ή)
rector, n. (university) πρύτανης (ό)/ (eccl.) εφημέριος (ό)/ ~y, n. έφημερία (ή), ένορία (ή)
rectum, n. άπευθυσμένο (τό)
recumbent, a. πλαγιασμένος, ξαπλωμένος
recuperate, v.t. & i. έπανορθώνω, άποκαθιστώ/ (med.) άνακτώ δυνάμεις/ recuperation, n. επανόρθωση (ή), άποκατάσταση (ή), άνάκτηση δυνάμεων (ή)
recur, v.i. έπανέρχομαι, ξανασυμβαίνω/ ~rence, n. έπανάληψη (ή)/ (med.) ύποτροπή (ή)/ ~ring, a. έπαναληπτικός,

περιοδικός
recycle, v.t. άνακυκλώνω
red, a. κόκκινος/ turn ~ , κοκκινίζω/ R~ Cross, Έρυθρός Σταυρός (ό)/ ~ herring, παραπλάνηση (ή)/ ~ lead, μίνιο (τό)/ ~ letter day, ιδιαίτερα ευχάριστη μέρα, άξέχαστη μέρα/ R~ Sea, Έρυθρά Θάλασσα (ή)/ ~ tape, γραφειοκρατεία (ή)/ ~breast, n. κοκκινολαίμης (ό)/ ~den, v.t. & i. κοκκινίζω/ ~haired, a. κοκκινομάλλης/ ~handed, a. catch ~, πιάνω έπ' αύτοφώρω/ ~hot, a. καυτός
redeem, v.t. λυτρώνω, έλευθερώνω/ (debt) έξοφλώ/ (mortgage) έξαλείφω/ ~er, n. λυτρωτής (ό), σωτήρας (ό)/ redemption, n. λύτρωση (ή), άπελευθέρωση (ή)/ (mortgage) έξάλειψη (ή)
redness, n. κοκκινάδα (ή), κοκκινίλα (ή)
redolent, a. μυρωδάτος, εύοσμος
redouble, v.t. πολλαπλασιάζω
redoubt, n. προπύργιο (τό), όχύρωμα (τό)/ ~able, a. φοβερός, επίφοβος
redound, v.i. πηγάζω/ ~ to, συντελώ, συντείνω, καταλήγω
redress, n. επανόρθωση (ή), δικαίωση (ή)/ v.t. έπανορθώνω, διορθώνω, άποκαθιστώ/ ~ a wrong, έπανορθώνω άδικία/ ~ the balance, άποκαθιστώ την ισορροπία
reduce, v.t. περιορίζω, έλαττώνω, μειώνω/ v.i. άδυνατίζω/ ~ to, καταλήγω, κατατώ/ ~ to the ranks, άφαιρώ τόν βαθμό/ ~ d circumstances, φτώχεια, πενία/ reduction, n. μείωση (ή), έλάττωση (ή)/ (in price) έκπτωση (ή)
redundancy, n. πλεονασμός (ό), περίσσευμα (τό)/ redundant, a. περισσευούμενος, πλεονάζων
re-echo, v.i. άπηχώ, άντηχώ
reed, n. καλάμι (τό)/ (mus.) αύλός (ό)
reef, n. ύφαλος (ό), ξέρα (ή)/ ~-knot, n. θηλειά (ή), σταυρόδεσμος (ό)
reek, n. άχνός (ό), άτμός (ό)/ v.i. καπνίζω, άχνίζω
reel, n. τυλιγάδι (τό), κουβαρίστρα (ή), άνέμη (ή)/ v.i. κλονίζομαι, τρικλίζω
re-elect, v.t. έπανεκλέγω, ξαναεκλέγω/ ~ion, n. έπανεκλογή (ή)
re-embark, v.i. ξαναμπαρκάρω, έπανεπι-

διδάζομαι/ (fig.) ~ upon, ξαναρχίζω
re-enforce, v.t. ενισχύω, δυναμώνω
re-establish, v.t. επανιδρύω
re-examine, v.t. επανεξετάζω
refectory, n. αναψυκτήριο (τό), εστιατόριο (τό)
refer, v.t. παραπέμπω, αναφέρω/ ~ to, απευθύνομαι/ ~ee, n. διαιτητής (ό)/ ~ence, n. αναφορά (ή), παραπομπή (ή)/ ~ence library, συμβουλευτική βιβλιοθήκη/ ~endum, n. δημοψήφισμα (τό)
refill, n. ανταλλακτικό (τό)/ v.t. ξαναγεμίζω
refine, v.t. διυλίζω/ ~d, p.p. & a. διυλισμένος/ (person) έκλεπτυσμένος, ραφιναρισμένος/ ~ment, n. διύλιση (ή)/ (manners) λεπτότητα (ή)/ ~ry, n. διυλιστήριο (τό)
refit, v.t. επισκευάζω, επιδιορθώνω
reflect, v.t. αντανακλώ/ v.i. σκέπτομαι, συλλογίζομαι/ ~ion, n. αντανάκλαση (ή)/ ~or, n. αντανακλαστικός καθρέπτης (ό)/ reflex, n. αντανάκλαση (ή), αντάυγεια (ή)/ a. αντανακλαστικός, πλάγιος/ ~ action, ανακλαστική ενέργεια
reform, n. μεταρρύθμιση (ή)/ v.t. μεταρρυθμίζω, αναμορφώνω/ ~ation, n. μεταρρύθμιση (ή)/ ~atory, a. μεταρρυθμιστικός/ ~er, n. μεταρρυθμιστής (ό)
refract, v.t. διαθλώ/ ~ion, n. διάθλαση (ή)/ ~oriness, n. ανυποταξία (ή)/ (tech.) δυστηξία (ή)/ ~ory, a. ανυπότακτος/ (tech.) δύστηκτος, πυρίμαχος
refrain, n. αναχαίτηση (ή), συγκράτηση (ή)/ v.i. συγκρατιέμαι
refresh, v.t. δροσίζω, αναζωογονώ/ ~ing, a. δροσιστικός, αναζωογονητικός/ ~ment, n. αναψυχή (ή), δρόσισμα (τό)/ pl. αναψυκτικά (τά)/ ~ room, κυλικείο (τό), μπουφές (ό)
refrigerate, v.t. καταψύχω/ refrigeration, n. κατάψυξη (ή), ψύξη (ή)/ refrigerator, n. ψυγείο (τό)/ ~-car, n. αυτοκίνητο-ψυγείο (τό)
refuge, n. καταφύγιο (τό), άσυλο (τό)/ ~e, n. πρόσφυγας (ό)
refulgent, a. λαμπρός, φωτοβόλος

refund, n. επιστροφή χρημάτων (ή)/ v.t. επιστρέφω χρήματα
refurnish, v.t. ξαναπρομηθεύω/ (furniture) ξαναεπιπλώνω
refusal, n. άρνηση (ή)/ refuse, v.t. αρνούμαι, αρνιέμαι/ n. σκουπίδια (τά), απορρίματα (τά)/ ~ dump, σκουπιδαριό (τό)
refutation, n. ανασκευή (ή), αναίρεση (ή)/ refute, v.t. ανασκευάζω, αναιρώ
regain, v.t. ξανακερδίζω, ξαναβρίσκω/ ~ consciousness, ανακτώ τίς αισθήσεις
regal, a. βασιλικός/ ~e, v.t. φιλεύω, διασκεδάζω/ ~ia, n. pl. εμβλήματα (τά), παράσημα (τά)
regard, n. προσοχή (ή), σεβασμός (ό), υπόληψη (ή), εκτίμηση (ή)/ pl. χαιρετίσματα (τά)/ kindest ~s, θερμούς χαιρετισμούς/ with ~ to, σχετικά μέ/ v.t. θεωρώ/ as ~s, αναφορικά μέ/ ~ing, pr. σχετικά μέ/ ~less, a. απρόσεχτος, αδιάφορος/ ~ of, άσχετα μέ
regatta, n. λεμβοδρομία (ή)
regency, n. αντιβασιλεία (ή)
regenerate, v.t. αναγεννώ, αναζωογονώ/ (tech.) αναθερμαίνω/ regeneration, n. αναγέννηση (ή), αναζωογόνηση (ή)/ (tech.) αναθέρμανση (ή)
regent, n. αντιβασιλέας (ό)
regicide, n. βασιλοκτονία (ή)
regime, n. καθεστώς (τό)/ ~n, n. δίαιτα (ή)/ ~nt, n. σύνταγμα (τό)/ ~ntal, a. του συντάγματος
region, n. περιοχή (ή)/ in the ~ of, γύρω στά, περίπου/ ~al, a. τοπικός, περιφερειακός
register, n. κατάστιχο (τό), κατάλογος (ό), μητρώο (τό)/ v.t. καταχωρώ, εγγράφω/ (birth, etc.) δηλώνω/ ~ed letter, συστημένη επιστολή (ή)/ registrar, n. ληξίαρχος (ό)/ (court) γραμματέας δικαστηρίου/ (school) υπεύθυνος εγγραφών/ registration, n. εγγραφή (ή)/ (of documents) καταγραφή (ή), καταχώρηση (ή)/ registry, n. αρχείο (τό)
regret, n. λύπη (ή), μεταμέλεια (ή)/ to our ~ , μέ λύπη μας, λυπούμαι, μετανοώ/ ~table, a. θλιβερός
regular, a. κανονικός, ομαλός, σωστός, τακτικός/ (mil.) n. τακτικός στρατιώ-

της (ό)/ (customer) τακτικός πελάτης/ ~ity, n. ὁμαλότητα (ή), κανονικότητα (ή)/ ~ly, ad. κανονικά, ρυθμισμένα, τακτικά/ regulate, v.t. κανονίζω, ρυθμίζω/ regulating, a. κανονιστικός, ρυθμιστικός/ regulator, n. ρυθμιστής (ό)
rehabilitate, v.t. ἐπανορθώνω, ἀποκαθιστῶ/ rehabilitation, n. ἐπανόρθωση (ή), ἀποκατάσταση (ή)
rehearsal, n. δοκιμή (ή), πρόβα (ή)/ dress ~ , πρόβα μέ κοστούμια/ rehearse, v.t. κάνω πρόβα, κάνω δοκιμή
rehouse, v.t. μεταστεγάζω
reign, n. βασιλεία (ή)/ v.i. βασιλεύω/ (fig.) κυριαρχῶ
reimburse, v.t. ἐπιστρέφω χρήματα, ἐξοφλῶ/ ~ment, n. ἐπιστροφή χρημάτων (ή), ἐξόφληση (ή)
rein, n. χαλινάρι (τό)/ ~s of government, τά ἡνία τῆς ἐξουσίας/ give ~ to, συγκρατῶ
reincarnation, n. τάρανδος (ό)
reinforce, v.t. ἐνισχύω, δυναμώνω/ ~d, p.p. & a. ἐνισχυμένος/ ~d concrete, μπετόν ἀρμέ (τό)/ ~ment, n. ἐνίσχυση (ή), δυνάμωμα (τό)/ pl. (mil.) ἐνισχύσεις (οἱ)
reinstate, v.t. ἀποκαθιστῶ, ἐπαναφέρω στή θέση του
reinsurance, n. ἀντασφάλεια (ή)/ reinsure, v.t. ἀντασφαλίζω
reissue, v.t. ἐπανεκδίδω
reiterate, v.t. ἐπαναλαμβάνω/ reiteration, n. ἐπανάληψη (ή)
reject, v.t. ἀπορρίπτω, ἀρνοῦμαι/ ~ion, n. ἀπόρριψη (ή), ἄρνηση (ή)
rejoice, v.t. χαροποιῶ/ v.i. χαίρομαι/ rejoicing, n. εὐθυμία (ή), χαρά (ή), ἀγαλλίαση (ή)
rejoin, v.i. ἀνασυνδέω, ξαναενώνομαι/ ~der, n. ἀνταπάντηση (ή)
rejuvenate, v.t. ξανανιώνω
relapse, n. ὑποτροπή (ή), ξανακύλισμα (τό)/ v.i. ξανακυλῶ, σημειώνω ὑποτροπή
relate, v.t. ἀναφέρω, ἐξιστορῶ, διηγοῦμαι/ v.i. σχετίζομαι, ἔχω σχέση/ be ~d to, ἔχω συγγένεια μέ/ relation, n. συγγένεια (ή), σχέση (ή)/ (of a story) ἐξιστόρηση (ή)/ ~ship, n. σχέση (ή)/ blood ~ ,

συγγένεια ἐξ αἵματος/ relative, a. σχετικός/ (gram.) ἀναφορικός/ n. συγγενής (ό,ή)/ relativity, n. σχετικότητα (ή)
relax, v.t. χαλαρώνω, ξετεντώνω, ἀνακουφίζω/ v.i. ξετεντώνομαι, ξεκουράζομαι/ ~ation, n. χαλάρωση (ή), ἀνακούφιση (ή)/ ~ing, a. ἀνακουφιστικός, ξεκουραστικός
relay, n. ἀλλαγή βάρδιας (ή)/ (radio) ἀναμετάδοση (ή)/ (sport) σκυτάλη (ή)/ v.t. ἀναμεταδίδω/ ~ race, σκυταλοδρομία (ή)
release, n. ἀπαλλαγή (ή), ἀπόλυση (ή)/ (bomb) ρίψη (ή)/ (tech.) διαφυγή ἀτμοῦ/ v.t. ἀπαλλάσσω, ἀπολύω/ (film) προβάλλω γιά πρώτη φορά/ (tech.) διαφεύγω
relegate, v.t. ὑποβιβάζω/ relegation, n. ὑποβιβασμός (ό)
relent, v.i. μαλακώνω, κάμπτομαι/ ~less, a. ἀμείλικτος, ἀδυσώπητος, σκληρός
relevance, n. σχετικότητα (ή), ἐπικαιρότητα (ή)/ relevant, a. σχετικός, ἐπίκαιρος
reliability, n. ἀξιοπιστία (ή)/ reliable, a. ἀξιόπιστος
reliance, n. ἐμπιστοσύνη (ή)
relic, n. λείψανο (τό)/ (fig.) ἀπομεινάρι (τό)
relief, n. ἀνακούφιση (ή), ξαλάφρωμα (τό)/ (art) ἀνάγλυφο (τό)/ ~ fund, ταμεῖο περίθαλψης (τό)/ ~ troops, ἐπικουρικές δυνάμεις/ ~ valve, βαλβίδα ἀσφαλείας/ relieve, v.t. ἀνακουφίζω, ξαλαφρώνω, βοηθῶ
religion, n. θρησκεία (ή)/ religious, a. θρησκευτικός/ (person) θρῆσκος (ό)
relinquish, v.t. ἐγκαταλείπω, ἀφήνω
relish, n. ἀπόλαυση (ή), νοστιμάδα (ή)/ v.t. νοστιμίζω/ v.i. ἀπολαμβάνω, γεύομαι μέ εὐχαρίστηση
reluctance, n. διασταγμός (ό), διστακτικότητα (ή)/ reluctant, a. διστακτικός
rely, v.i. ~ on, βασίζομαι (στηρίζομαι) σέ
remain, v.i. παραμένω/ ~der, n. ὑπόλοιπο (τό)/ ~ing, a. ὑπολειπόμενος/ ~s, n.pl. ἀπομεινάρια (τά)/ (of a dead) σορός (ή)
remake, v.t. ξαναφτιάχνω, ἀνακαινίζω

remand, n. προφυλάκιση (ή)/ *person on* ~, προφυλακισμένος/ v.t. προφυλακίζω
remark, n. παρατήρηση (ή)/ v.t. παρατηρώ/ ~*able*, a. ἀξιόσημείωτος, σημαντικός
remedy, n. φάρμακο (τό), θεραπεία (ή)/ v.t. θεραπεύω, γιατρεύω/ (fig.) ἐπανορθώνω
remember, v.t. θυμοῦμαι/ ~ *me to him*, πές του χαιρετίσματα/ *remembrance*, n. ἀνάμνηση (ή), ἐνθύμιο (τό)
remind, v.t. ὑπενθυμίζω/ ~*er*, n. ὑπενθύμιση (ή), ὑπόμνημα (τό)
reminiscence, n. ἀνάμνηση (ή), ἀναπόληση (ή)/ *reminiscent*, a. θυμητικός, ὑπενθυμιστικός
remiss, a. νωθρός, ῥάθυμος, ἀμελής/ ~*ion*, n. συγχώρεση (ή), ἄφεση (ή)/ *remit*, v.t. συγχωρῶ, χαρίζω ποινή/ (money) στέλνω χρήματα, ἐμβάζω/ ~*tance*, n. ἔμβασμα (τό)
remnant, n. ἀπομεινάρι (τό), ὑπόλοιπο (τό)
remodel, v.t. μετασχηματίζω, μεταποιῶ
remonstrance, n. διαμαρτυρία (ή), παράσταση (ή)/ *remonstrate*, v.t. διαμαρτύρομαι, κάνω παραστάσεις
remorse, n. τύψη (ή), μεταμέλεια (ή)/ ~*less*, a. ἀμετανόητος
remote, a. ἀπόκεντρος, μακρινός/ (chance, etc.) ἀμυδρός/ ~*ness*, n. μεγάλη ἀπόσταση (ή), ἀμυδρότητα (ή)
removable, a. μετακινήσιμος/ *removal*, n. μετάθεση (ή), μετατόπιση (ή)/ (of obstacles) ἄρση (ή)/ (house) μετακόμιση (ή)/ ~ *van*, φορτηγό γιά μετακομίσεις/ *remove*, v.t. μετακινῶ, μεταθέτω/ (obstacles) ἀφαιρῶ, αἴρω/ v.i. μετακομίζω
remunerate, v.t. ἀνταμείβω/ *remuneration*, n. ἀνταμοιβή (ή), ἀμοιβή (ή)/ *remunerative*, a. ἐπικερδής
renaissance, n. ἀναγέννηση (ή)
rend, v.t. & i. σκίζω, σπαράζω
render, v.t. ἀποδίδω, ἐπιστρέφω/ (fat) λυώνω/ (make) καθιστῶ/ (help) παρέχω/ ~ *an account*, στέλνω λογαριασμό/ ~*ing*, n. ἀπόδοση (ή), παροχή (ή)/ (fat) λυώσιμο (τό)
rendezvous, n. συνάντηση (ή), ῥαντεβού (τό)
renegade, n. ἀρνησίθρησκος (ό), ἀποστάτης (ό), ἐξωμότης (ό)
renew, v.t. ἀνανεώνω/ (renovate) ἀνακαινίζω/ ~*al*, n. ἀνανέωση (ή), ἀνακαίνιση (ή)
renounce, v.t. ἀποκηρύσσω, ἀπαρνιέμαι/ ~*ment*, n. ἀποκήρυξη (ή), ἀπάρνηση (ή)
renovate, v.t. ἀνακαινίζω
renown, n. φήμη (ή), διασημότητα (ή)/ ~*ed*, a. διάσημος, φημισμένος
rent, n. ἐνοίκιο (τό), μίσθωμα (τό)/ (tear) σκίσιμο (τό)/ v.t. νοικιάζω/ ~*al*, n. ἐνοίκιο (τό), μίσθωμα (τό)/ ~*er*, n. ἐνοικιαστής ταινιῶν (ό)
renunciation, n. ἀποποίηση (ή), παραίτηση (ή)
reopen, v.t. & i. ξανανοίγω
reorganization, n. ἀναδιοργάνωση (ή)/ *reorganize*, v.t. ἀναδιοργανώνω
rep, n. ραβδωτό ὕφασμα
repair, n. ἐπισκευή (ή), ἐπιδιόρθωση (ή)/ v.t. ἐπισκευάζω, ἐπιδιορθώνω/ v.i. φεύγω, πηγαίνω/ *reparable*, a. ἐπιδιορθώσιμος/ *reparation*, n. ἐπανόρθωση (ή), ἀποζημίωση (ή)
repartee, n. εὔστοχη ἀπάντηση
repast, n. φαγητό (τό), γεῦμα (τό)
repatriate, v.t. ἐπαναπατρίζω/ *repatriation*, n. ἐπαναπατρισμός (ό)
repay, v.t. ἀνταποδίδω, ξεπληρώνω/ ~*able*, a. πληρωτέος/ ~*ment*, n. ἀνταπόδοση (ή), πληρωμή (ή)
repeal, n. ἀνάκληση (ή), ἀκύρωση (ή)/ v.t. ἀνακαλῶ, ἀκυρώνω
repeat, v.t. & i. ἐπαναλαμβάνω/ n. ἐπανάληψη (ή)/ ~*edly*, ad. ἐπανειλημένα/ ~*er*, n. ἐπαναληπτικό ρολόι (τό)
repel, v.t. ἀποκρούω, ἀπωθῶ/ ~*lent*, ~*ling*, a. ἀποκρουστικός, ἀπωθητικός
repent, v.t. μετανοῶ/ ~*ance*, n. μετάνοια (ή), μεταμέλεια (ή)/ ~*ant*, a. μετανοιωμένος
repercussion, n. ἐπίπτωση (ή)
repertoire, n. δραματολόγιο (τό), ρεπερτόριο (τό)
repertory, n. δραματολόγιο (τό)/ ~ *company*, θίασος πού παίζει ὁρισμένα ἔργα
repetition, n. ἐπανάληψη (ή)

repine, v.i. γογγύζω, παραπονιέμαι
replace, v.t. αναπληρώνω, αντικαθιστώ/ ~ *ment*, n. αναπλήρωση (ή), αντικατάσταση (ή)
replay, n. επαναληπτικός αγώνας
replenish, v.t. ξαναγεμίζω, συμπληρώνω
replete, a. γεμάτος/ *repletion*, n. γέμισμα (τό)
replica, n. αντίγραφο (τό)
reply, n. απάντηση (ή)/ ~ *paid*, απάντηση πληρωμένη/ v.t. απαντώ, αποκρίνομαι
report, n. έκθεση (ή), αναφορά (ή)/ (school) έλεγχος (ό)/ v.t. & i. εκθέτω, αναφέρω/ ~*age*, n. ρεπορτάζ (τό)/ ~*er*, n. ρεπόρτερ (ό, ή)
repose, n. ανάπαυση (ή), ησυχία (ή)/ v.i. αναπαύομαι, ησυχάζω
repository, n. αποθήκη (ή)
reprehend, v.t. επιτιμώ, ψέγω/ *reprehensible*, a. αξιόμεμπτος
represent, v.t. παριστάνω, παρουσιάζω, απεικονίζω/ ~*ation*, n. παράσταση (ή), απεικόνιση (ή)/ (acting for) αντιπροσώπευση (ή)/ ~*ative*, a. αντιπροσωπευτικός/ n. αντιπρόσωπος (ό)
repress, v.t. καταστέλλω, καταπνίγω, δαμάζω/ ~*ion*, n. κατάπνιξη (ή), καταστολή (ή)/ ~*ive*, a. καταπιεστικός, κατασταλτικός
reprieve, n. αναστολή (ή), αναβολή (ή)/ v.t. χορηγώ αναστολή (αναβολή)
reprimand, n. επίπληξη (ή), επιτίμηση (ή), v.t. επιπλήττω, επιτιμώ
reprisal, n. αντίποινα (τά)
reproach, n. ντροπή (ή), μομφή (ή), κατηγορία (ή)/ v.t. ψέγω, κατηγορώ, μέμφομαι/ ~*ful*, a. αξιόμεμπτος
reprobate, n. χαμένος (ό), φαύλος (ό)/ *reprobation*, n. αποδοκιμασία (ή), ψόγος (ό)
reproduce, v.t. αναπαράγω, αντιγράφω/ *reproduction*, n. αναπαραγωγή (ή), αντιγραφή (ή)/ (art) αντίγραφο (τό)
reproof, n. επίπληξη (ή), επιτίμηση (ή)/ *reprove*, v.t. επιπλήττω, επιτιμώ
reptile, n. ερπετό (τό)/ (fig.) σιχαμερός άνθρωπος
republic, n. δημοκρατία (ή)/ ~*an*, n. δημοκράτης (ό)/ a. δημοκρατικός

republish, v.t. αναδημοσιεύω, επανεκδίδω
repudiate, v.t. αποκρούω, αποκηρύττω, αρνούμαι/ *repudiation*, n. απόκρουση (ή), αποκήρυξη (ή), άρνηση (ή)
repugnance, n. απέχθεια (ή), αντιπάθεια (ή)/ *repugnant*, a. απεχθής, αντιπαθητικός
repulse, n. απόκρουση (ή)/ v.t. αποκρούω, αποπέμπω/ *repulsive*, a. αποκρουστικός
reputable, a. έντιμος, αξιοπρεπής/ *reputation*, n. υπόληψη (ή), φήμη (ή), καλό όνομα (τό)/ *repute*, n. φήμη (ή), υπόληψη (ή)/ ~*d*, a. ~ *to be*, φημισμένος γιά/ ~*dly*, ad. όπως λέγεται
request, n. αίτηση (ή), αίτημα (τό)/ *on* ~, άμα τή αιτήσει, μόλις ζητηθεί
requiem, n. μνημόσυνο (τό)
require, v.t. απαιτώ, ζητώ, αξιώνω/ ~*ment*, n. απαίτηση (ή), αξίωση (ή)/ *requisite*, a. απαιτούμενος, αναγκαίος/ ~*s*, n. pl. τά απαραίτητα/ *requisition*, n. επίταξη (ή)/ v.t. επιτάσσω
requital, n. ανταπόδοση (ή), ανταμοιβή (ή)/ *requite*, v.t. ανταποδίδω, ανταμείβω
resale, n. μεταπώληση (ή)
rescind, v.t. ακυρώνω, καταργώ
rescript, n. διάταγμα (τό)
rescue, n. διάσωση (ή), απελευθέρωση (ή)/ v.t. διασώζω, απελευθερώνω/ ~*r*, n. σωτήρας (ό), λυτρωτής (ό)
research, n. έρευνα (ή)/ ~ *worker*, ερευνητής (ό)
resemblance, n. ομοιότητα (ή)/ *resemble*, v.t. μοιάζω
resent, v.t. δυσφορώ, αγανακτώ/ ~ *ful*, a. μνησίκακος, ερεθισμένος/ ~*ment*, n. δυσφορία (ή), αγανάκτηση (ή), μνησικακία (ή)
reservation, n. επιφύλαξη (ή)/ (Indian, etc.) γή γιά αποκλειστική χρήση φυλής/ *reserve*, n. επιφύλαξη (ή), περιορισμός (ό)/ (mil.) εφεδρεία (ή)/ (econ.) απόθεμα (τό)/ (sport) αναπληρωματικός (ό)/ *keep in* ~, κρατώ σάν απόθεμα/ *with* ~, μέ επιφύλαξη/ v.t. κρατώ, φυλάγω/ ~ *one's strength*, φυλάω τίς δυνάμεις μου/ ~ *the right*, μέ επιφύλαξη τών δικαιω-

μάτων μου/ ~d, p.p. & a. ἐπιφυλακτικός, συνεσταλμένος/ *reservist*, n. ἔφεδρος (ὁ)/ *reservoir*, n. δεξαμενή (ἡ), στέρνα (ἡ)
reside, v.i. διαμένω, κατοικῶ/~ *nce*, n. διαμονή (ἡ), κατοικία (ἡ)/ ~*nt*, n. μόνιμος κάτοικος (ὁ)/ ~*ntial*, a. κατοικίσιμος/ ~ *quarter*, κατοικημένη συνοικία
residual, a. ὑπόλοιπος/ *residuary*, a. (leg.) ~ *legatee*, καθολικός κληρονόμος/ *residue*, n. ὑπόλοιπο (τό)/ (leg.) ὑπόλοιπο κληρονομίας
resign, v.i. παραιτοῦμαι/ ~ *oneself to*, ὑποτάσσομαι, ἐνδίδω/ ~*ation*, n. παραίτηση (ἡ)/ *become ~ed to*, τό παίρνω ἀπόφαση
resilience, n. ἀναπήδηση (ἡ), ἐλαστικότητα (ἡ)/ *resilient*, a. ἐλαστικός, ἀνθεκτικός
resin, n. ρετσίνι (τό)/ ~*ous*, a. ρετσινάτος
resist, v.t. & i. ἀνθίσταμαι, ἀντικρούω/ ~*ance*, n. ἀντίσταση (ἡ)
resolute, a. ἀποφασιστικός, σταθερός/ *resolution*, n. ἀπόφαση (ἡ), ἀποφασιστικότητα (ἡ), σταθερότητα (ἡ)/ *pass a ~*, παίρνω ἀπόφαση/ *resolve*, n. ἀπόφαση (ἡ)/ v.t. λύνω/ *be ~d to*, εἶμαι ἀποφασισμένος νά
resonance, n. ἀντήχηση (ἡ), ἀπήχηση (ἡ)/ *resonant*, a. ἀντηχητικός, τρανταχτός
resort, n. προσφυγή (ἡ)/ *holiday ~*, κέντρο παραθερισμοῦ (τό)/ *last ~*, ἔσχατη λύση (ἡ)/ v.i. ~*to*, καταφεύγω σέ
resound, v.i. ἀντηχῶ, ἀντιλαλῶ
resource, n. πόρος (ὁ), μέσο (τό), πηγή (ἡ)/ ~*ful*, a. πολυμήχανος
respect, n. σεβασμός (ὁ), ἐκτίμηση (ἡ)/ pl. σέβη (τά)/ *my ~s*, τά σέβη μου/ *in all ~s*, ἀπό κάθε ἄποψη/ v.t. σέβομαι, ἐκτιμῶ/ ~*ability*, n. ἀξιοπρέπεια (ἡ), ὑπόληψη (ἡ)/ ~*able*, a. ἀξιοπρεπής, ἀξιοσέβαστος/ ~*ful*, a. εὐλαβής, εὐγενικός/ ~*ing*, pr. σχετικά (ἀναφορικά) μέ/ ~*ive*, a. ἀντίστοιχος/ ~*ively*, ad. ἀντίστοιχα
respiration, n. ἀναπνοή (ἡ)/ *respirator*, n. ἀναπνευστική συσκευή (ἡ)/ ~*y*, a. ἀναπνευστικός
respite, n. ἀνάπαυλα (ἡ)

resplendence, n. λάμψη (ἡ), αἴγλη (ἡ)/ *resplendent*, a. λαμπερός, φωτοβόλος
respond, v.i. ἀνταποκρίνομαι/ ~*ent*, n. ἀνταποκρινόμενος (ὁ)/ (leg.) ἐναγόμενος (ὁ)/ *response*, n. ἀνταπόκριση (ἡ)/ (leg.) ἀντίρρηση (ἡ)
responsibility, n. εὐθύνη (ἡ), ὑπευθυνότητα (ἡ)/ *responsible*, a. ὑπεύθυνος/ *responsive*, a. εὐαίσθητος, εὐσυγκίνητος
rest, n. ἀνάπαυση (ἡ), ἡσυχία (ἡ), ἠρεμία (ἡ)/ (*left over*) ὑπόλοιπο (τό)/ v.i. ἀναπαύομαι, ξεκουράζομαι, ἡσυχάζω/ v.t. ἀκουμπῶ, στηρίζω
restaurant, n. ἐστιατόριο (τό)/ *restaurateur*, n. ἐστιάτορας (ὁ)
restful, a. ἀναπαυτικός/ *resting place*, ἀναπαυτήριο (τό)
restitution, n. ἀποκατάσταση (ἡ), ἐπανόρθωση (ἡ)
restive, a. ἀνήσυχος, δύστροπος/ *restless*, a. ἀνήσυχος, ἀεικίνητος
restock, v.t. ξαναεφοδιάζω
restoration, n. παλινόρθωση (ἡ), ἀποκατάσταση (ἡ)/ (monument) ἀναστήλωση (ἡ)/ *restorative*, a. τονωτικός, δυναμωτικός/ n. τονωτικό (τό), δυναμωτικό (τό)/ *restore*, v.t. ἀποκαθιστῶ, παλινορθώνω/ ~*r*, n. ἀνακαινιστής (ὁ)
restrain, v.t. συγκρατῶ, ἀναχαιτίζω/ ~ *t*, n. περιορισμός (ὁ), ἐμπόδιο (τό), χαλιναγώγηση (ἡ)/ *put under ~*, βάζω σέ περιορισμό
restrict, v.t. περιορίζω/ ~*ion*, n. περιορισμός (ὁ)/ ~*ive*, a. περιοριστικός
result, n. ἀποτέλεσμα (τό)/ v.i. ~ *in*, καταλήγω σέ, ὁδηγῶ σέ/ ~ *from*, ἀπορρέω, προκύπτω/ ~*ant*, a. ἐξαγόμενος, προκύπτων
resume, v.t. ἀναλαμβάνω, ἀνακτῶ/ *résumé*, n. περίληψη (ἡ), σύνοψη (ἡ)/ *resumption*, n. ἐπανάληψη (ἡ), ἀνάληψη (ἡ)
resurgence, n. ἀναγέννηση (ἡ)
resurrect, v.t. ἀνασταίνω/ ~*ion*, n. ἀνάσταση (ἡ)
resuscitate, v.t. ἀνασταίνω, ξαναφέρνω στή ζωή
retail, n. λιανική πώληση (ἡ)/ ~ *price*, λιανική τιμή (ἡ)/ v.t. πουλῶ λιανικά/ (spread) διαδίδω/ ~*er*, n. λιανοπωλη-

τής (ό)
retain, v.t. κρατώ, διατηρώ/ (keep in place) συγκρατώ, ύπηρέτης/ (leg.) άμοιβή δικηγόρου (ή)
retake, v.t. ξαναπαίρνω, άνακτώ
retaliate, v.i. άνταποδίδω, έκδικοΰμαι/ *retaliation,* n. άντεκδίκηση (ή), άντίποινα (τά)/ *retaliatory,* a. άντεκδικητικός/ ~ *measures,* άντεκδικήσεις (οί)
retard, v.t. καθυστερώ, έπιβραδύνω
retch, v.i. άναγουλιάζω, παθαίνω ναυτία/ ~*ing,* n. ναυτία (ή), άναγούλιασμα (τό)
retention, n. συγκράτηση (ή), διατήρηση (ή)/ (med.) έπίσχεση (ή)
retentive, a. συνεκτικός, συγκρατητικός
reticence, n. έπιφυλακτικότητα (ή)/ *reticent,* a. έπιφυλακτικός
reticule, n. γυναικείο τσαντάκι (τό)
retina, n. άμφιβληστροειδής (ό)
retinue, n. άκολουθία (ή), συνοδία (ή)
retire, v.t. άποσύρω, βάζω σέ σύνταξη/ v.i. άποσύρομαι, παίρνω σύνταξη/ (mil.) ύποχωρώ/ ~*d,* a. συνταξιούχος/ ~*ment,* n. συνταξιοδότηση (ή), άποχώρηση (ή)/ *retiring,* a. άπερχόμενος
retort, n. άνταπάντηση (ή)/ (chem.) κερατοειδές άγγεΐο (τό)/ v.t. άνταπαντώ, άντιλέγω
retouch, v.t. έπεξεργάζομαι, διορθώνω
retrace, v.t. πηγαίνω στήν άρχική αίτία, άναπαριστάνω/ ~ *one's steps,* άνατρέχω
retract, v.t. άνακλώ, άναιρώ/ (tech.) μαζεύω, άνασύρω/ ~ *able,* a. άνασυρόμενος, είσελκόμενος
retreat, n. άποχώρηση (ή), ύποχώρηση (ή)/ (mil.) άνακλητικό σάλπισμα/ v.i. άποχωρώ, ύποχωρώ
retrench, v.t. περιστέλλω, περικόπτω/ ~*ment,* n. περιστολή (ή), περικοπή (ή)
retribution, n. άνταμοιβή (ή), άνταπόδοση (ή)/ (punishment) τιμωρία (ή)
retrievable, a. έπανορθώσιμος/ (money) είσπράξιμος/ *retrieve,* v.t. έπανορθώνω, άποκαθιστώ/ ~*r,* n. άνιχνευτής σκύλος (ό)
retrograde, a. όπισθοδρομικός/ *retrogression,* n. όπισθοδρόμηση (ή)
retrospect, n. άνασκόπηση (ή), άναδρομή (ή)/ *in* ~, έκ τών ύστέρων/ ~*ive,* a. άναδρομικός
return, n. έπιστροφή (ή), έπάνοδος (ή)/ *by* ~ *of post,* μέ τό πρώτο ταχυδρομεΐο/ *in* ~, σέ άντάλλαγμα/ *tax* ~, φορολογική δήλωση/ *many happy* ~*s!* χρόνια πολλά!/ ~ *ticket,* είσιτήριο μέ έπιστροφή/ v.t. έπιστρέφω/ (a verdict) έκδίδω άπόφαση/ ~ *a visit,* άνταποδίδω έπίσκεψη/ ~*able,* a. έπιστρεπτέος, άποδόσιμος
reunion, n. συνένωση (ή)/ (of people) συγκέντρωση (ή)/ *reunite,* v.t. & i. ξαναενώνω, συγκεντρώνω
reveal, v.t. φανερώνω, άποκαλύπτω
reveille, n. έγερτήριο σάλπισμα (τό)
revel, n. χαρά (ή), διασκέδαση (ή), εύθυμία (ή)/ v.i. διασκεδάζω, εύθυμώ, όργιάζω
revelation, n. άποκάλυψη (ή)
reveller, n. γλεντοκόπος (ό)/ *revelry,* n. μεθύσι (τό), κραιπάλη (ή)
revenge, n. έκδίκηση (ή)/ v.t. έκδικοΰμαι, παίρνω έκδίκηση/ ~*ful,* a. έκδικητικός
revenue, n. είσόδημα (τό), έσοδα (τά)/ *public* ~, δημόσια έσοδα (τά)/ ~ *officer,* τελωνειακός (ό)
reverberate, v.i. άντανακλώ/ *reverberation,* n. άντανάκλαση (ή)
revere, v.t. τιμώ, σέβομαι/ ~*nce,* n. τιμή (ή), σεβασμός (ό)/ ~*nt,* a. ταπεινός, γεμάτος σεβασμό/ ~*nd,* n. αίδεσιμώτατος (ό)
reverie, n. όνειροπόλημα (τό), ρεμβασμός (ό)
reversal, n. άκύρωση (ή), άνατροπή (ή), άντιστροφή (ή)/ *reverse,* a. άντίθετος, άντίστροφος/ *quite the* ~, έντελώς τό άντίθετο/ ~ *gear,* άντίστροφη ταχύτητα/ v.t. άντιστρέφω, άνατρέπω/ (tech.) όπισθοδρομώ/ *reversible,* a. άνατρέψιμος, άκυρώσιμος/ *reversing,* n. άνατροπή (ή), άναστροφή (ή)/ *reversion,* n. έπιστροφή (ή), περιέλευση (ή)/ *revert,* v.i. έπιστρέφω, έπανέρχομαι/ (leg.) περιέρχομαι
review, n. έπιθεώρηση (ή)/ (leg.) άναθεώρηση (ή)/ v.t. έπιθεωρώ, άναθεωρώ/ ~*er,* n. έπιθεωρητής (ό)/ (critic) κριτικός (ό)

revile, v.t. βρίζω, βλαστημώ
revise, n. δεύτερο δοκίμιο (τό)/ v.t. αναθεωρώ, διορθώνω, ξανακοιτάζω/ *revision*, n. αναθεώρηση (ή)/ (lessons) επανάληψη (ή)/ *revisionism*, n. ρεβιζιονισμός (ό)/ *revisionist*, n. ρεβιζιονιστής (ό)
revival, n. αναγέννηση (ή), αναβίωση (ή)/ *revive*, v.t. αναγεννώ, αναζωπυρώνω, αναβιώνω/ v.i. ξαναβρίσκω τίς αισθήσεις μου
revoke, v.t. ανακαλώ, καταργώ
revolt, n. εξέγερση (ή), επανάσταση (ή), ξεσηκωμός (ό)/ v.i. ξεσηκώνομαι, επαναστατώ/ v.t. ξεσηκώνω, εξεγείρω/ *~ing*, a. αποτρόπαιος, απαράδεκτος, βδελυρός
revolution, n. επανάσταση (ή)/ *~ary*, a. επαναστατικός/ n. επαναστάτης (ό)
revolve, v.t. & i. περιστρέφομαι/ *~r*, n. περίστροφο (τό)/ *revolving*, a. περιστρεφόμενος
revue, n. θεατρική επιθεώρηση (ή)
revulsion, n. αντίδραση (ή), μεταστροφή γνώμης (ή)
reward, n. ανταμοιβή (ή)/ v.t. ανταμείβω/ *~ing*, a. ευχάριστος
rewrite, v.t. ξαναγράφω
rhapsody, n. ραψωδία (ή)
rhetoric, n. ρητορεία (ή)/ *~ al*, a. ρητορικός/ *~ian*, n. ρήτορας (ό)
rheumatic, a. ρευματικός/ *rheumatism*, n. ρευματισμός (ό)
rhinoceros, n. ρινόκερως (ό)
rhododendron, n. ροδόδεντρο (τό), ροδοδάφνη (ή)
rhombus, n. ρόμβος (ό)
rhyme, n. στίχος (ό), ομοιοκαταληξία (ή)/ *without ~ or reason*, χωρίς νού καί γνώση/ v.t. ομοιοκαταληκτώ
rhythm, n. ρυθμός (ό)/ *~ ic(al)*, a. ρυθμικός
rib, n. πλευρό (τό)/ (naut.) νομέας σκάφους
ribald, a. άσεμνος, άχρειος/ *~ry*, n. άχρειότητα (ή)
ribbed, a. ραβδωτός
ribbon, riband, n. ταινία (ή)
rice, n. ρύζι (τό)/ *~ field*, όρυζώνας (ό)/ *~ paper*, χαρτί ζωγραφικής (τό)

rich, a. πλούσιος/ *~ es*, n. pl. πλούτη (τά)/ *~ly*, ad. πλούσια/ *~ness*, n. πλούτος (ό), πολυτέλεια (ή)/ (soil) ευφορία (ή)
rick, n. θημωνιά (ή)
rickets, n. ραχιτισμός (ό)
ricochet, n. αναπήδηση (ή)/ v.i. αναπηδώ
rid, v.t. απαλλάσσω, ελευθερώνω/ *get ~ of*, απαλλάσσομαι/ *~dance*, n. απαλλαγή (ή)
riddle, n. αίνιγμα (τό), γρίφος (ό)/ v.t. κοσκινίζω/ *~ with*, κάνω κόσκινο μέ σφαίρες
ride, n. πορεία (ή), δρόμος (ό)/ *go for a ~*, πηγαίνω περίπατο/ v.t. (horse) καβαλικεύω/ (bicycle) κάνω ποδηλατάδα/ (car) οδηγώ αυτοκίνητο/ *~ out the storm*, αντέχω στή θύελλα/ *~r*, n. καβαλάρης (ό), ιππέας (ό)
ridge, n. ράχη (ή), κορφή (ή)/ (agr.) αυλάκι (τό), ανάχωμα (τό)
ridicule, n. εμπαιγμός (ό), περίγελος (ό)/ v.t. εμπαίζω, γελοιοποιώ/ *ridiculous*, a. γελοίος
riding, n. ιππασία (ή)/ *~ breeches*, παντελόνι ιππασίας (τό)/ *~ habit*, γυναικεία στολή ιππασίας (ή)/ *~ school*, σχολή ιππασίας (ή)
rife, a. άφθονος/ *~ with*, γεμάτος άπό
riff-raff, n. συρφετός (ό), καθάρματα (τά)
rifle, n. τουφέκι (τό)/ v.t. ραβδώνω, χαράζω/ *~ man*, n. τουφεκιοφόρος (ό)/ *rifling*, n. διαρραγή (ή)/ (grooving) ράβδωση (ή)
rift, n. ρήγμα (τό), ρωγμή (ή)
rig, n. ξάρτια (τά), αρματωσιά (ή)/ v.t. αρματώνω, βάζω ξάρτια/ *~ out*, καλλωπίζω/ *~ging*, n. ξάρτια (τά), εξοπλισμός (ό)
right, a. ευθύς, σωστός, ορθός/ (not left) δεξιός/ *~ angle*, ορθή γωνία/ *~ hand* (man), «δεξί χέρι»/ n. δικαίωμα (τό)/ *~ of way*, δικαίωμα περάσματος (διάβασης)/ ad. σωστά, δεξιά/ *~ and left*, δεξιά κι αριστερά/ *~ away*, αμέσως
righteous, a. δίκαιος, ενάρετος/ *~ness*, n. δικαιοσύνη (ή), αρετή, (ή) εντιμότητα (ή)
rightful, a. νόμιμος/ *~ly*, ad. νόμιμα/

rightly, ad. δίκαια, σωστά
right-minded, a. συνετός
rigid, a. άκαμπτος, σκληρός, αύστηρός/ ~*ity*, n. ακαμψία (ή), αύστηρότητα (ή)
rigmarole, n. ασυναρτησίες (οί), άνοησίες (οί)
rigorous, a. αύστηρός, τραχύς/ *rigour*, n. αύστηρότητα (ή), τραχύτητα (ή)
rill, n. ρυάκι (τό)
rim, n. άκρη (ή), χείλος (τό)/ (wheel) κύκλος τροχού/ (spectacles) σκελετός (ό)
rime, n. πάχνη (ή)
rind, n. φλούδα, (ή) κρούστα (ή)
ring, n. δαχτυλίδι (τό), κρίκος (ό) (wrestling) παλαίστρα (ή) (boxing) ρίγκ (τό)/ ~ *finger*, παράμεσος (ό)/ ~ *leader*, ταραξίας (ό)/ v.t. κουδουνίζω/ v.i. αντηχώ/ ~ *up*, τηλεφωνώ/ ~*let*, τούφα μαλλιών/ ~*worm*, n. ψώρα (ή), ψωρίαση (ή)
rink, n. χιονοδρόμιο (τό)
rinse, v.t. ξεπλένω/ *rinsing*, n. ξέπλυμα (τό)
riot, n. στάση (ή), ταραχή (ή), θορυβώδης συγκέντρωση (ή)/ v.i. στασιάζω, προκαλώ θόρυβο/ ~*er*, n. στασιαστής (ό), ταραχοποιός (ό)/ ~*ous*, a. θορυβώδης
rip, n. σκίσιμο (τό)/ (person) κακοήθης (ό), παληοτόμαρο (τό)/ v.t. σκίζω/ ~ *off*, ξεσκίζω
riparian, a παρόχθιος
ripe, a, ώριμος/ ~*n*, v.t. ώριμάζω/ ~*ness*, n. ώριμότητα (ή)/ ~*ning*, n. ώρίμασμα (τό)
ripple, n. κυματισμός (ό), ρυτίδωση (ή)/ v.i. ρυτιδώνω, κυματίζω
rise, n. ανέβασμα (τό), ύψωση (ή)/ (sun) ανατολή (ή)/ *give* ~ *to*, δίνω αφορμή σέ (γιά)/ v.i. σηκώνομαι, ύψώνομαι, ανεβαίνω/ (sun) ανατέλλω/ *rising*, a, ανερχόμενος/ (sun) ανατέλλων/ (ground) ανηφορικός/ n. ανύψωση (ή), ανέβασμα (τό)/ (revolt) εξέγερση (ή), ανταρσία (ή)
risk, n. κίνδυνος (ό)/ v.t. διακινδυνεύω, ριψοκινδυνεύω/ ~*y*, a. επικίνδυνος, παράτολμος
rite, n. τελετουργία (ή), τυπικό (τό)/ *ritual*, n. τελετουργικό (τό)/ a. τελετουργικός
rival, n. & a. αντίπαλος (ό, ή), αντίζηλος (ό, ή)/ v.t. ανταγωνίζομαι, συναγωνίζομαι/ ~*ry*, n. ανταγωνισμός (ό), αντιζηλία (ή)
river, n. ποταμός (ό)/ *down* ~, πρός τίς εκβολές/ *sell down the* ~, προδίδω/ ~*side*, n. όχθη ποταμού (ή)/ a, παραποτάμιος
rivet, n. αμφικέφαλο καρφί (τό)/ v.t. καρφώνω/ (fig.) προσηλώνω, ακινητοποιώ
rivulet, n. ποταμάκι (τό)
road, n. δρόμος (ό), οδός (ή)/ *high* ~, εθνική οδός (ή) *take to the* ~, παίρνω τούς δρόμους/ ~ *hog*, n. απρόσεχτος οδηγός (ό)/ ~ *house*, n. εξοχικό χάνι (τό)/ ~ *map*, n. οδικός χάρτης (ό)/ ~*side*, n. κράσπεδο δρόμου (τό)/ ~ *sign*, n. πινακίδα δρόμου (ή) ~ *stead*, n. αραξοβόλι (τό), όρμος (ό)/ ~*way*, n. κατάστρωμα δρόμου (τό)
roam, v.i. περιφέρομαι
roar, n, βρυχηθμός (ό), μουγκρητό (τό)/ ~ *of laughter*, ξεκάρδισμα/ v.i. βρυχιέμαι, μουγκρίζω/ ~ *with laughter*, ξεκαρδίζομαι/ ~*ing*, a. βρυχώμενος, βροντερός
roast, n. ψητό (τό)/ v.t. ψήνω/ ~*er*, n. ψηστιέρα (ή)/ (coffee) καβουρδιστήρι (τό)
rob, v.t. ληστεύω, κλέβω/ ~*ber*, n. ληστής (ό), κλέφτης (ό)/ ~*bery*, n. ληστεία (ή), κλοπή (ή)
robe, n. επίσημο ρούχο (τό)/ v.t. ντύνω/ v.i. ντύνομαι
robin, n. κοκκινολαίμης (ό)
robot, n. ρομπότ (τό)
robust, a. γερός, στιβαρός, ακμαίος
rock, n. βράχος (ό), πέτρωμα (τό)/ v.t. & i. κουνώ, λικνίζω, ταλαντεύω/ ~ *drill*, τρυπάνι βράχων (τό)
rocket, n. πύραυλος (ό), ρουκέτα (ή)
rockgarden, n. βραχόκηπος (ό)
rocking, n. λίκνισμα (τό), κούνημα (τό)/ a. κουνιστός, λικνιζόμενος/ ~*chair*, κουνιστή πολυθρόνα
rocky, a. βραχώδης, πετρώδης/ (fig.) ακλόνητος
rococo, n. ροκοκό (τό)

rod, n. ράβδος (ή), μπαστούνι (τό), βέργα (ή)
rodent, n. τρωκτικό (τό)
roe, n. ζαρκάδι (τό), ἐλαφίνα (ή)/ (fish) αύγοτάραχο (τό)/ ~*buck*, n. ἀρσενικό ἐλάφι (τό)
rogation, n. λιτανεία (ή)
rogue, n. ἀπατεώνας (ὁ), ἀγύρτης (ὁ)/ ~*ry*, n. ἀπατεωνιά (ή), κατεργαριά (ή), ἀγυρτεία (ή)/ *roguish*, a. πανοῦργος, κατεργάρικος
role, n. ρόλος (ὁ)
roll, n. κύλισμα (τό)/ (bread) ψωμάκι (τό), φραντζολάκι (τό)/ (thunder) βροντή (ή)/ (drum) τυμπανοκρουσία (ή)/ ~ *call*, προσκλητήριο (τό), ἐκφώνηση καταλόγου (ή)/ ~ *of honour*, τιμητικός κατάλογος/ v.t. κυλῶ, τσουλάω, περιστρέφω/ (cigarette) στρίβω/ (metal) ἐλασματοποιῶ/ v.i. κυλιέμαι, κατρακυλάω, περιστρέφομαι/ ~ *up*, κουβαριάζω, περιτυλίγω/ ~*ed gold*, ντουμπλές/ ~*er*, n. κύλινδρος (ὁ)/ (tech.) ὁδοστρωτήρας (ὁ)/ ~ *skates*, πατίνια (τά), τροχοπέδιλα (τά)
rollick, v.i. εὐθυμῶ μέ θόρυβο/ ~*ing*, a. θορυβώδης καί εὔθυμος
rolling, n. κύλισμα (τό), περιστροφή (ή)/ a. κυματιστός/ ~ *mill*, ἐργοστάσιο γιά τήν ἔλαση μετάλλων/ ~ *pin*, πλάστης (ὁ)
Roman, n. Ρωμαῖος (ὁ)/ a. ρωμαϊκός/ *R~ Catholic*, Ρωμαιοκαθολικός/ (ὁ) *R~ Catholicism*, Ρωμαιοκαθολικισμός (ὁ)
.romance, n. ρομάντζο (τό), εἰδύλλιο (τό), ρομαντική ἱστορία/ (mus.) ρομάντζα/ v.i. μυθιστορηματοποιῶ, ὑπερβάλλω
Romance (language) a. νεολατινική γλῶσσα
romantic, a. ρομαντικός/ ~*ism*, n. ρομαντισμός (ὁ)
Romany, n. Τσιγγάνος (ὁ), Γύφτος (ὁ)
romp, n. τρέλλα (ή)/ (child) τρελλόπαιδο (τό)/ v.i. κάνω τρέλλες
rood, n. Ἐσταυρωμένος (ὁ)
roof, n. στέγη (ή), σκεπή (ή)/ ~ *of the mouth*, οὐρανίσκος (ὁ)/ v.t. στεγάζω/ ~*ing*, n. ὑλικό στέγης (τό)
rook, n. σταυροκόρακας (ὁ)/ (chess) πύργος (ὁ)/ v.t. ἐξαπατῶ, κλέβω στά χαρτιά/ ~*ery*, n. κορακοφωλιά (ή)/ (fig.) βρωμογειτονιά (ή)
room, n. δωμάτιο (τό), αἴθουσα (ή), χῶρος (ὁ)/ *make* ~, κάνω χῶρο/ ~*y*, a. εὐρύχωρος
roost, n. χῶρος γιά κούρνιασμα (ὁ)/ *rule the* ~, κάνω κουμάντο/ v.i. κουρνιάζω/ ~*er*, n. κόκκορας (ὁ), πετεινός (ὁ)
root, n. ρίζα (ή)/ *take* ~, ριζώνω/ v.i. φυτεύω, ριζοβολῶ/ ~ *out*, ξεριζώνω/ ~*ed*, p.p. & a. ριζωμένος, ἑδραιωμένος/ ~ *to the spot*, καθηλωμένος
rope, n. σχοινί (τό)/ *know the* ~*s*, ξέρω τά κόλπα/ ~ *ladder*, n. ἀνεμόσκαλα (ή)/ ~ *walker*, n. ἀκροβάτης (ὁ), σαλτιπάγκος (ὁ)/ v.t. δένω μέ σχοινί
rosary, n. ροζάριο (τό), κομποσχοίνι (τό)
rose, n. ρόδο (τό), τριαντάφυλλο (τό)/ ~*bud*, n. μπουμπούκι τριαντάφυλλου (τό)/ (fig.) ώραῖο κορίτσι (τό)/ ~*ate*, a. τριανταφυλλής, ρόδινος/ ~*mary*, n. δεντρολίβανο (τό)/ ~*tree*, n. τριανταφυλλιά (ή)/ ~*tte*, n. ροζέττα (ή)/ ~ *water*, n. ροδόσταμο (τό)/ ~*wood*, n. ροδόξυλο (τό)
rosin, n. κολοφώνιο (τό), ρετσίνι (τό)
roster, n. κατάλογος (ὁ), λίστα (ή)
rostrum, n. βῆμα (τό)
rosy, a. ρόδινος, ρόζ, ροδόχρωμος
rot, n. σαπίλα (ή), ἀποσύνθεση (ή), σήψη (ή)/ v.i. σαπίζω, (fig.) διαφθείρομαι
rota, n. σχέδιο ἐργασίας (τό)/ ~*ry*, a. περιστροφικός/ ~*te*, v.t. & i. περιστρέφω/ (work) ἐργάζομαι ἐκ περιτροπῆς/ ~*tion*, n. περιστροφή (ή), περιτροπή (ή)/ *in* ~, ἐκ περιτροπῆς
rotten, a. σάπιος, χαλασμένος/ *rotter*, n. ἀχαΐρευτος (ὁ)
rotund, a. στρογγυλός, σφαιρικός/ ~*a*, n. θολωτό κτίριο (τό)/ ~*ity*, n. στρογγυλότητα (ή), παχυσαρκία (ή)
rouge, n. κοκκινάδι (τό)/ v.i. βάφομαι, βάζω κοκκινάδι
rough, a. τραχύς, σκληρός/ (sea) τρικυμισμένη θάλασσα/ ~ *copy*, πρόχειρο ἀντίγραφο/ ~ *diamond*, ἀκατέργαστο διαμάντι/ ~ *estimate*, ἐκτίμηση κατά προσέγγιση/ *ride* ~*shod over*, ἀγνοῶ, δέν δίνω σημασία/ ~ *wine*, ξυνισμένο

κρασί/ ~en, v.t. τραχύνω, άγριεύω/ ~ly, ad. άπότομα, 6άναυσα/ (approximately) περίπου κατά προσέγγιση/ ~ness, n. τραχύτητα (ή), σκληρότητα (ή)
roulette, n. ρουλέττα (ή)
Roumanian, n. Ρουμάνος (ό)/ a. ρουμανικός
round, n. γύρος (ό), κύκλος (ό)/ (sport) γύρος (ό)/ (gun) 6ολή (ή)/ a. στρογγυλός, κυκλικός, σφαιρικός/ ~ sum, στρογγυλό (σεβαστό) ποσό/ ad. γύρω, τριγύρω/ the year ~, όλο τό χρόνο/ ~ and ~, γύρω-γύρω/ v.t. στρογγυλεύω/ ~ off, όλοκληρώνω, τελειώνω/ ~ up, μαζεύω, συγκεντρώνω/ ~about, n. λούνα πάρκ (τό)/ a. έμμεσος, παρακαμπτήριος/ ~ly, ad. ξεκάθαρα, άπερίστροφα/ ~ness, n. στρογγυλότητα (ή)
rouse, v.t. διεγείρω, έξάπτω
rout, n. άτακτη φυγή, ήττα (ή)/ v.t. κατατροπώνω
route, n. δρόμος (ό), πορεία (ή)/ v.t. διοχετεύω, κατευθύνω/ en ~, στό δρόμο, καθ' όδόν
routine, n. ρουτίνα (ή)/ a. ρουτινιέρικος
rove, v.t. περιφέρομαι, τριγυρίζω/ ~r, n. πλανόδιος (ό), άλήτης (ό)/ roving, a. περιφερόμενος, περιπλανώμενος
row, n. σειρά (ή), γραμμή (ή)/ (with a boat) 6αρκάδα (ή)/ v.t. κωπηλατώ
row, n. θόρυβος (ό), φασαρία (ή)/ v.i. καυγαδίζω, κάνω σαματά/ ~dy, a. καυγατζής, θορυβώδης/ n. ταραξίας (ό)
rowel, n. ροδίτσα σπηρουνιού (ή)
rower, n. κωπηλάτης (ό)/ rowing, n. κωπηλασία (ή)/ ~ boat, 6άρκα κωπηλασίας/ rowlock, n. σκαλμός (ό)
royal, a. 6ασιλικός, ήγεμονικός/ ~ist, n. 6ασιλόφρων (ό)/ ~ty, n. 6ασιλεία (ή), 6ασιλική οίκογένεια (ή)/ ~ties, n. pl. συγγραφικά δικαιώματα (τά)
rub, n. τρίψιμο (τό), έντρι6ή (ή)/ v.t. τρί6ω, κάνω έντρι6ή/ ~ against, τρί6ομαι πάνω/ ~ shoulders with, έρχομαι σ' έπαφή/ ~ one's hands, τρί6ω τά χέρια/ ~ off, σ6ήνω/ ~ up the wrong way, ένοχλώ, έκνευρίζω/ ~ber, n. λάστιχο (τό), καουτσούκ (τό)/ (person) μασέρ (ό), μαλάκτης (ό)/ a. λαστιχένιος, καουτσουκένιος/ ~ stamp, σφραγίδα (ή)/ ~ tree, καουτσουκόδεντρο (τό)/ ~bing, n. τρίψιμο (τό), έντρι6ή (ή)
rubbish, n. σκουπίδια (τά)/ (words) άνοησίες (οί)
rubble, n. χαλίκια (τά)
rubicund, a. κόκκινος
ruby, n. ρουμπίνι (τό)
rucksack, n. γυλιός (ό)
rudder, n. πηδάλιο (τό)
ruddy, a. κοκκινωπός
rude, a. τραχύς, σκληρός, άκατέργαστος/ ~ly, ad. 6ίαια, άπότομα/ ~ness, n. τραχύτητα (ή), σκληρότητα (ή), άγένεια (ή)
rudiments, n. pl. στοιχεία (τά)/ rudimentary, a. στοιχειώδης, ύποτυπώδης
rue, v.t. λυπούμαι, θρηνώ/ ~ful, a. θλιβερός, άξιοθρήνητος
ruffian, n. παλιάνθρωπος (ό), κακοποιός (ό)
ruffle, v.t. άναστατώνω, ταράζω, ένοχλώ
rug, n. 6ελέντζα (ή), χράμι (τό)
rugby, n. ράγκμπυ (τό)
rugged, a. τραχύς, άκανόνιστος, άνώμαλος/ ~ terrain, άνώμαλο έδαφος
ruin, n. έρείπιο (τό), χάλασμα (τό)/ (fig.) καταστροφή (ή)/ v.t. έρειπώνω, ρημάζω, καταστρέφω/ ~ous, a. καταστρεπτικός, όλέθριος
rule, n. κανόνας (ό), κανονισμός (ό)/ as a ~, κατά κανόνα/ work to ~, κωλυσιεργώ τηρώντας σχολαστικά τούς κανονισμούς/ v.t. κυβερνώ, διοικώ/ v.i. όρίζω, άποφαίνομαι/ ~ out, άποκλείω/ ~r, n. κυβερνήτης (ό)/ (to draw lines) χάρακας/ ruling, n. δικαστική άπόφαση (ή)/ a. έκεΐνος πού κυβερνά (κυριαρχεί)
rum, n. ρούμι (τό)
rumble, n. 6ουητό (τό), μουγκρητό (τό)/ v.i. 6ουίζω, μουγκρίζω
ruminant, n. μηρυκαστικό (τό)/ ruminate, v.i. μηρυκάζω, άναχαράζω/ (fig.) ξανασκέφτομαι
rummage, v.i. έρευνώ, σκαλίζω
rumour, n. φήμη (ή), διάδοση (ή), ψίθυρος (ό)
rump, n. καπούλια (τά), γλουτός (ό)/ ~

steak, n. μπριζόλα από μπούτι (ή)
rumple, v.t. ζαρώνω, τσαλακώνω/ (hair) άναμαλλιάζω
rumpus, n. καυγάς (ό), φασαρία (ή), σαματάς (ό)
run, n. τρέξιμο (τό), διαδρομή (ή), κα τεύθυνση (ή)/ (tech.) λειτουργία μηχανής/ *have a* ~ *for one's money,* κερδίζω μέ τόν κόπο μου/ *in the long* ~, μακροπρόθεσμα/ v.t. (affairs) χειρίζομαι/ v.i. τρέχω, δραπετεύω/ (water, etc.) ρέω, κυλώ/ (machine) λειτουργώ/ (play) παίζομαι συνέχεια/ ~ *about,* περιφέρομαι, τρέχω πάνω-κάτω/ ~ *across,* συναντώ τυχαία/ ~ *after,* κυνηγώ/ ~ *against,* συγκρούομαι/ ~ *aground,* εξωκείλω/ ~ *away,* φεύγω, διαφεύγω/ ~ *down,* είμαι εξαντλημένος/ ~ *into,* τρακάρω/ (someone) συναντώ τυχαία/ ~ *in the family,* ύπάρχει (επικρατεί) στήν οικογένεια/ ~ *out,* λήγω/ ~ *out of,* εξαντλούμαι, μένω από/ ~ *over,* πατώ/ ~ *through,* διασχίζω, διατρέχω/ ~ *to,* καταφεύγω/ ~ *to seed,* καταρρέω/ ~ *up against,* αντιμετωπίζω/ ~*away,* n. & a. δραπέτης (ό)
rung, n. σκαλί (τό), βαθμίδα (ή)
runner, n. δρομέας (ό)/ (tech.) ολισθητήρας (ό)/ *running,* n. τρέξιμο (τό)/ (machine) λειτουργία μηχανής/ *be in the* ~, έχω πιθανότητα επιτυχίας/ a. τρεχούμενος, συνεχής, αδιάκοπος/ ~ *commentary,* ταυτόχρονη αφήγηση/ ~ *eyes,* μάτια πού τρέχουν ~ *water,* τρεχούμενο νερό/ *three days* ~, τρεις μέρες συνέχεια/ *runway,* n. διάδρομος αεροδρομίου (ό)
rupee, n. ρουπία (ή)
rupture, n. διακοπή (ή), ρήξη (ή), ρωγμή (ή)/ (med.) κήλη (ή)/ v.t. σπάζω, σκίζω, άποχωρίζω
rural, a. αγροτικός, γεωργικός
ruse, n. τέχνασμα (τό), κόλπο (τό)
rush, n. όρμή (ή), εξόρμηση (ή), βιασύνη (ή)/ ~ *hour,* ώρα αιχμής/ v.t. όρμώ, χυμώ, σπεύδω/ (mil.) εφορμώ
rusk, n. φρυγανιά (ή), παξιμάδι (τό)
russet, a. καστανοκόκκινος
Russian, n. Ρώσσος (ό)/ (woman) Ρωσσίδα (ή)/ a. ρωσσικός

rust, n. σκουριά (ή)/ v.i. σκουριάζω
rustic, a. αγροτικός, χωριάτικος/ n. χωριάτης (ό)/ ~*ate,* v.t. κατοικώ στό ύπαιθρο
rustle, n. θρόϊσμα (τό)/ v.i. θροΐζω
rusty, a. σκουριασμένος/ *my Greek is* ~, έχω ξεχάσει τά Ελληνικά μου
rut, n. αυλακιά (ή)/ (animal) βαρβατίλα (ή)
ruthless, a. άσπλαχνος, αλύπητος, άδίστακτος
rye, n. σίκαλη (ή)/ ~*-bread,* n. ψωμί από σίκαλη (τό)

S

sable, n. ζιμπελίνα (ή)
sabotage, n. δολιοφθορά (ή), σαμποτάζ (τό)
sabre, n. σπαθί ιππικού (τό)
sac, n. σάκκος (ό), θύλακας (ό)
saccharine, n. ζαχαρίνη (ή)/ a. ζαχαρινούχος, γλυκερός
sacerdotal, a. ιερατικός
sachet, n. σακκουλάκι (τό)/ *sack,* n. σακκί (τό), τσουβάλι (τό)/ *get the* ~, άπολύομαι/ ~ *cloth,* n. τρίχινο ράσο (τό)/ v.t. διώχνω, άπολύω/ ~*ful,* n. γεμάτο σακκί (τό)/ ~*ing,* n. τσουβάλι (τό), χοντρό ύφασμα (τό)
sacrament, n. μυστήριο (τό)/ *receive the* ~, μεταλαβαίνω
sacred, a. ιερός, άγιασμένος
sacrifice, n. θυσία (ή)/ v.t. θυσιάζω/ *sacrificial,* a. θυσιαστικός, θυσιαστήριος
sacrilege, n. ιεροσυλία (ή), βεβήλωση (ή)/ *sacrilegious,* a. ιερόσυλος, βέβηλος
sacristy, n. σκευοφυλάκιο (τό)
sacrosanct, a. ιερός καί απαραβίαστος
sad, a. λυπημένος, θλιμμένος/ *be* ~, είμαι λυπημένος/ ~*den,* v.t. λυπώ, στενοχωρώ
saddle, n. σέλλα (ή), σαμάρι (τό)/ v.t. σελλώνω, σαμαρώνω/ (fig.) γίνομαι φόρτωμα/ ~*-bag,* n. σακκίδιο σέλλας

(τό)/ ~r, n. σελλοποιός (ό), σαμαράς (ό)
sadism, n. σαδισμός (ό)/ *sadist,* n. σαδιστής (ό)/ ~*ic,* a. σαδιστικός
sadly, ad. λυπητερά, θλιβερά/ *sadness,* n. λύπη (ή), θλίψη (ή)
safe, n. χρηματοκιβώτιο (τό), θησαυροφυλάκιο (τό)/ a. σώος, ασφαλής, ακίνδυνος, σίγουρος/ ~ *arrival,* ασφαλής άφιξη (ή)/ ~ *conduct,* άδεια ελεύθερης κυκλοφορίας/ ~ *keeping,* ασφαλής φύλαξη/ ~ *and sound,* σώος καί ακέραιος/ ~*guard,* n. προστασία (ή), προφύλαξη (ή)/ v. προστατεύω, περιφρουρώ/ ~*ly,* ad. με ασφάλεια, σίγουρα/ ~*ty,* n. ασφάλεια (ή)/ ~ *belt,* ζώνη ασφαλείας (ή)/ ~ *measures,* μέτρα ασφαλείας (τά)/ ~-*pin,* παραμάνα (ή)/ ~ *razor,* ξυριστική μηχανή (ή)/ ~ *valve,* ασφαλιστική δικλείδα
saffron, n. κρόκος (ό)/ a. βαθυκίτρινος
sag, n. βαθούλωμα (τό), κοίλωμα (τό), βούλιαγμα (τό)/ v.i. βαθουλώνω, βουλιάζω
saga, n. μεσαιωνικό έπος (τό)/ (fig.) περιπετειώδης αφήγηση
sagacious, a. συνετός, οξυδερκής/ *sagacity,* n. σύνεση (ή), οξυδέρκεια (ή), διορατικότητα (ή)
sage, n. & a. σοφός (ό)/ (bot.) φασκομηλιά (ή)
sail, n. ιστίο (τό), πανί (τό)/ (windmill) φτερό (τό)/ ~ *cloth,* n. καραβόπανο (τό)/ *set* ~, ανοίγω πανιά, άποπλέω/ v.t. πλέω, αρμενίζω/ v.i. μπαρκάρω/ ~ *close to the wind,* πλέω τήν εγγύτατη/ (fig.) βρίσκομαι επικίνδυνα στά όρια τοϋ νόμου/ ~*ing,* n. ιστιοπλοΐα (ή), ναυσιπλοΐα (ή)/ ~ *ship,* ιστιοφόρο (τό)/ *plain* ~, (naut.) λοξοδρομική πλεύση/ (fig.) εύκολη δουλειά/ ~*or,* n. ναύτης (ό)
saint, n. άγιος (ό)/ ~*liness,* n. αγιότητα (ή)/ ~*ly,* a. άγιος, ευσεβής
sake, n. χάρη (ή), χατήρι (τό)/ *for the* ~ *of,* γιά χατήρι/ *for God's* ~, γιά τό Θεό
salacious, a. ακόλαστος, λάγνος
salad, n. σαλάτα (ή)/ *fruit* ~, φρουτοσαλάτα (ή)/ ~ *dressing,* γαρνιτούρα σαλάτας (ή)
salamander, n. σαλαμάντρα (ή)
salami, n. σαλάμι (τό)
salaried, a. μισθωτός/ *salary,* n. μισθός (ό)
sale, n. πούλημα (τό), πώληση (ή)/ *for* ~, γιά πούλημα/ *bill of* ~, τιμολόγιο (τό)/ ~*sman,* n. πωλητής (ό)/ ~*swoman,* n. πωλήτρια (ή)
salient, a. εκείνος πού προεξέχει/ (fig.) εντυπωσιακός/ n. προεκβολή (ή)
saline, a. άλμυρός, άλατοϋχος
saliva, n. σάλιο (τό)/ ~*te,* v.i. σαλιάζω, τρέχουν τά σάλια μου
sallow, a. ωχρός, χλωμός
sally, n. έκρηξη (ή), ξέσπασμα (τό)/ v.i. ξεσπώ/ ~ *forth,* εξορμώ
salmon, n. σολομός (ό)/ a. ροδοκίτρινος, σωμόν
saloon, n. αίθουσα (ή)/ (pub) μπάρ (τό)/ ~ *car,* επιβατικό αυτοκίνητο (τό), κούρσα (ή)
salt, n. αλάτι (τό)/ ~ *cellar,* άλατιέρα (ή), άλατοδοχεΐο (τό)/ ~ *mine,* άλατωρυχεΐο (τό)/ ~ *water,* θαλασσινό νερό (τό)/ ~*ing,* n. άλάτισμα (τό)/ ~*petre,* n. νιτρικό κάλιο (τό)/ ~*y,* a. αλατισμένος, πικάντικος
salubrious, a. υγιεινός/ *salutary,* a. ευεργετικός, ωφέλιμος
salute, n. χαιρετισμός (ό)/ v.t. χαιρετώ/ (mil.) αποδίδω τιμές
salvage, n. διάσωση (ή), θαλάσσια βοήθεια (ή)/ (fee) σώστρα (ή)/ v.t. διασώζω/ *salvation,* n. σωτηρία (ή)/ *S~ Army,* Στρατός τής Σωτηρίας (ό)
salve, n. αλοιφή (ή), βάλσαμο (τό)/ v.t. κατευνάζω, ανακουφίζω
salver, n. δίσκος (ό)
salvo, n. χαιρετήριος κανονιοβολισμός (ό)
same, a. ίδιος/ *the* ~ *things,* τό ίδιο πράγμα/ *it's all the* ~ *to me,* μοϋ κάνει τό ίδιο/ *all the* ~, *παρ'* όλα αυτά/ ~*ness,* n. ομοιότητα (ή), ταυτότητα (ή)
sample, n. δείγμα (τό)/ v.t. δοκιμάζω
sanatorium, n. σανατόριο (τό), θεραπευτήριο (τό)
sanctification, n. καθαγίαση (ή)/ *sanctify,* v.t. καθαγιάζω/ *sanctimonious,* a. ψευτοευλαβής/ *sanctimony,* n. ψευτοευλά-

βεια (ή), ψευτοευσέβεια (ή)/ *sanction*, n. ἐπικύρωση (ή)/ pl. κυρώσεις (οἱ)/ v.t. ἐπιβάλλω κυρώσεις/ *sanctuary*, n. καταφύγιο (τό), ἄσυλο (τό)/ (rel.) ἄδυτο (τό)/ *sanctum*, n. ἱερό (τό), ἄδυτο (τό)
sand, n. ἄμμος (ή)/ pl. ἀκρογιαλιά (ή), ἀμμουδιά (ή)/ v.t. στρώνω μέ ἄμμο
sandal, n. πέδιλο (τό), σαντάλι (τό)
sandbank, n. σύρτη ἄμμου (ή)/ *sandhill*, n. ἀμμόλοφος (ὁ)/ *sandpaper*, n. γυαλόχαρτο (τό)/ *sandpipe*, n. μπεκάτσα (ή)/ *sandpit*, n. ἀμμωρυχεῖο (τό)/ *sandstone*, n. ψαμμόλιθος (ὁ)/ *sandstorm*, n. ἀμμοθύελλα (ή)
sandwich, n. σάντουιτς (τό)/ v.t. παρεμβάλλω, βάζω ἀνάμεσα
sandy, a. ἀμμώδης
sane, a. λογικός, συνετός
sangfroid, n. ψυχραιμία (ή)/ *sanguinary*, a. αἱμοδιψής, φονικός, ματοβαμένος/ *sanguine*, a. ἐλπιδοφόρος, αἰσιόδοξος/ (skin) ῥοδοκόκκινος
sanitary, a. ὑγιεινός, ὑγειονομικός/ ~ *inspector*, ὑγειονομικός ἐπιθεωρητής (ὁ)/ *sanitation*, n. δημόσια ὑγιεινή (ή)
sanity, n. λογική (ή), σύνεση (ή)
Santa Claus, n. Ἅγιος Βασίλης (ὁ)
sap, n. χυμός (ὁ)/ (fig.) σφρίγος (τό)/ (mil.) ὑπονόμευση (ή)/ v.t. ὑπονομεύω, ὑποσκάπτω
sapience, n. σοφία (ή), ἐπιστήμη (ή)/ *sapient*, a. σοφός, ἐπιστήμων
sapling, n. δεντρύλιο (τό)
sapper, n. σκαπανέας (ὁ)
sapphire, n. ζαφείρι (τό)/ a. ζαφείρινος, ζαφειρένιος
Saracen, n. Σαρακηνός (ὁ)
sarcasm, n. σαρκασμός (ὁ)/ *sarcastic*, a. σαρκαστικός
sarcophagus, n. σαρκοφάγος (ή)
sardine, n. σαρδέλλα (ή)
sardonic, a. σαρδώνιος
sash, n. ζωστήρα (ή)/ (window) πλαίσιο παραθύρου (τό)
Satan, n. Σατανάς (ὁ)/ ~ *ic*, a. σατανικός
satchel, n. σακκίδιο (τό)
sate, v.t. χορταίνω
sateen, n. σατέν (τό)
satellite, n. δορυφόρος (ὁ)/ (fig.) ὀπαδός (ὁ)
satiate, v.t. χορταίνω, μπουχτίζω/ *satiety*, n. χορτασμός (ὁ), κορεσμός (ὁ)
satin, n. ἀτλάζι (τό)/~*y*, a. ἀτλαζένιος
satire, n. σάτιρα (ή)/ *satirical*, a. σατιρικός/ *satirist*, n. σατιρογράφος (ὁ)/ *satirize*, v.t. σατιρίζω
satisfaction, n. ἱκανοποίηση (ή)/ *satisfactory*, a. ἱκανοποιητικός/ *satisfy*, v.t. ἱκανοποιῶ/ ~ *oneself that*, πείθομαι
satrap, n. σατράπης (ὁ)
saturate, v.t. διαβρέχω, μουσκεύω/ ~*d*, a. κορεσμένος/ *saturation*, n. μούσκεμα (τό)/ (chem.) κορεσμός (ὁ)
Saturday, n. Σάββατο (τό)
Saturn, n. Κρόνος (ὁ)/ ~*alian*, a. ὀργιαστικός/ ~*ine*, a. σιωπηλός, μελαγχολικός
satyr, n. σάτυρος (ὁ)
sauce, n. σάλτσα (ή)/ ~ *boat*, n. σαλτσιέρα (ή)/ ~*pan*, n. κατσαρόλα (ή)/ ~*r*, n. πιατάκι τοῦ καφέ (τό)/ *saucy*, a. αὐθάδης, ἀναιδής
saunter, v.i. περιφέρομαι
sausage, n. λουκάνικο (τό)
savage, a. ἄγριος, ἀπολίτιστος/ ~*ry*, n. ἀγριότητα (ή), βαρβαρότητα (ή)
save, v.t. σώζω, λυτρώνω/ ~ *trouble*, ἀποφεύγω μπελάδες/ pr. ἐκτός, πλήν/ *saving*, n. σωτηρία (ή), διάσωση (ή)/ (econ.) ἀποταμίευση (ή), οἰκονομία (ή)/ pl. οἰκονομίες (οἱ)/ ~ *s bank*, ταμιευτήριο (τό)/ pr. ἐκτός, πλήν/ *saviour*, n. σωτήρας (ὁ)
savour, n. οὐσία (ή), γεύση (ή)/ v.t. γεύομαι, ἀπολαμβάνω/ ~*y*, a. γευστικός, ὀρεκτικός
saw, n. πριόνι (τό)/ v.t. πριονίζω/ ~*dust*, n. πριονίδια (τά)/ ~*fish*, n. ξιφίας (ὁ)/ ~*mill*, n. πριονιστήριο (τό)/ ~*yer*, n. πριονιστής (ὁ)
Saxon, n. Σάξονας (ὁ)/ a. σαξωνικός
saxophone, n. σαξόφωνο (τό)
say, v.t. λέγω/ *it is said*, λέγεται ὅτι/ *that is to ~*, δηλαδή/ ~! γιά φαντάσου!/ *to ~ nothing of*, γιά νά μήν ἀναφέρουμε ὅτι/ n. λόγος (ὁ), ὁμιλία (ή)/ ~*ing*, n. ῥητό (τό)/ *it goes without ~*, δέν ὑπάρχει ἀμφιβολία, εἶναι αὐτονόητο
scab, n. ψώρα (ή)

scabbard, n. θήκη (ή), θηκάρι (τό)
scabby, a. ψωραλέος
scaffold, n. ἰκρίωμα (τό), σκαλωσιά (ή), ἐξέδρα (ή)/ ~ *ing*, n. σκαλωσιά (ή)
scald, n. ἔγκαυμα (τό), ζεμάτισμα (τό)/ v.t. ζεματίζω
scale, n. κλίμακα (ή), βαθμολογία (ή)/ (fish) λέπι (τό)/ (on a metal surface) κατακάθι (τό)/ (mus.) κλίμακα (ή)/ pl. ζυγαριά (ή)/ *on a large ~*, σέ μεγάλη κλίμακα/ v.t. ξύνω
scallop, n. κοχύλι (τό)/ (pattern) κέντημα (τό), φεστόνι (τό)/ v.t. ψήνω
scalp, n. κορφή τοῦ κρανίου (ή)/ v.t. γδέρνω κρανίο
scalpel, n. σμίλη (ή), γλύφανο (τό)
scaly, a. λεπιδωτός, φολιδωτός
scamp, a. φαῦλος, κακοήθης
scamper, v.i. τρέχω, δραπετεύω
scan, v.t. ἐρευνῶ, ἐξετάζω, ἐξονυχίζω/ (verse) μετρῶ στίχο
scandal, n. σκάνδαλο (τό)/ ~*ize*, v.t. σκανδαλίζω/ ~*monger*, n. σκανδαλοθήρας (ό), φιλοκατήγορος (ό)/ ~*ous*, a. σκανδαλώδης
Scandinavian, n. Σκανδιναβός (ό)/ a. σκανδιναβικός
scansion, n. μέτρημα στίχων
scant(y) a. σπάνιος, λιγοστός, φειδωλός
scapegoat, n. ἀποδιοπομπαίος τράγος (ό)/ *scapegrace*, n. ἀσυνείδητος (ό), ἀχρεῖος (ό)
scar, n. οὐλή (ή), σημάδι (τό)
scarab, n. σκαθάρι (τό)
scarce, a. σπάνιος/ ~*ly*, ad. μόλις/ ~*ness*, n. σπανιότητα (ή)
scare, n. φόβος (ό)/ v.t. φοβίζω, τρομοκρατῶ/ ~ *away*, διώχνω
scarcity, n. σπανιότητα (ή), ἔλλειψη (ή)
scarecrow, n. σκιάχτρο (τό)
scarf, n. κασκόλ (τό)
scarify, v.t. τσαγκρουνίζω, προκαλῶ ἀμυχές
scarlatina, n. ὀστρακιά (ή)
scarlet, a. βυσινόχρωμος/ ~ *fever*, ὀστρακιά (ή)
scarp, n. χεῖλος (τό), κατηφοριά (ή)
scatheless, a. ἀβλαβής, σῶος/ *scathing*, a. πικρόχολος, καυστικός, δηκτικός
scatter, v.t. σκορπίζω, διασκορπίζω/ v.i. διασκορπίζομαι, διαλύομαι/ ~*brained*, ὁ ξεμυαλισμένος
scavenge, v.i. σκουπίζω, καθαρίζω/ ~*r*, n. ὁδοκαθαριστής (ὁ)
scenario, n. σενάριο (τό)
scene, n. σκηνή (ή)/ *behind the ~s*, στά παρασκήνια/ *make a ~*, κάνω σκηνή, δημιουργῶ ἐπεισόδιο/ ~ *painter*, n. σκηνογράφος (ό)/ ~*ry*, n. τοπίο (τό)/ (theat.) σκηνικό (τό)/ *scenic*, a. σκηνικός
scent, n. ὀσμή (ή), ὄσφρηση (ή)/ *throw off the ~*, καλύπτω τά ἴχνη μου/ v.t. μυρίζω, ὀσφραίνομαι/ ~*ed*, p.p.& a. ἀρωματισμένος, εὐωδιαστός
sceptre, n. σκῆπτρο (τό)
schedule, n. πίνακας (ό), πρόγραμμα (τό), σχέδιο (τό)/ v.t. προγραμματίζω, σχεδιάζω
scheme, n. σχέδιο (τό), ἐπινόημα (τό)/ v.i. μηχανορραφῶ, σκευωρῶ/ ~*r*, n. μηχανορράφος, σκευωρός (ὁ)
schism, n. σχίσμα (τό)/ ~*atic*, a. σχισματικός
schizophrenia, n. σχιζοφρένεια (ή)
scholar, n. μελετητής (ὁ), σπουδαστής (ό), λόγιος (ό)/ ~*ly*, a. σοφός, πολυμαθής/ ~*ship*, n. ὑποτροφία (ή)/ *scholastic*, a. φιλολογικός/ *school*, n. σχολεῖο (τό)/ a. σχολικός/ ~*book*, n. σχολικό βιβλίο (τό)/ ~ *boy*, n. μαθητής (ὁ)/ ~*girl*, n. μαθήτρια (ή)/ ~*ing*, n. φοίτηση (ή)/ ~*master (teacher)*, n. δάσκαλος (ό)
schooner, n. σκούνα (ή)
sciatic, a. ἰσχιακός/ ~*a*, n. ἰσχιαλγία (ή)
science, n. ἐπιστήμη (ή)/ *scientific*, a. ἐπιστημονικός/ *scientist*, n. ἐπιστήμονας (ὁ)
scintillate, v.i. σπινθηρίζω, σπινθηροβολῶ
scion, n. ἀπόγονος (ὁ), βλαστός (ὁ)/ (bot.) βλαστάρι (τό)
scissors, n. ψαλίδι (τό)
sclerosis, n. σκλήρωση (ή)
scoff, v.i. χλευάζω, περιπαίζω/ ~*er*, n. χλευαστής (ὁ)/ ~*ing*, n. χλευασμός (ὁ), περίπαιγμα (τό)
scold, v.t μαλώνω/ ~*ing*, n. μάλωμα (τό)
sconce, n. κηροπήγιο (τό)/ (mil.) ὀχύρω-

μα (τό)
scoop, n. κουτάλα (ἡ), σέσουλα (ἡ)/ ~*shovel*, φτυάρι (τό)/ λαυράκι (τό)/ v.t. ἀδειάζω, ξεσκάβω
scope, n. σκοπός (ὁ), βλέψη (ἡ)
scorch, v.t. καψαλίζω/ (car) τρέχω πολύ/ ~*ing*, a. καυτερός
score, n. εἰκοσάδα (ἡ)/ (sport) σκόρ (τό)/ (mus.) συναρμογή (ἡ)/ *settle old* ~*s*, ἐξοφλῶ παλιούς λογαριασμούς/ v.t. σημειώνω βαθμούς/ (mus.) ἐνορχηστρώνω/ ~*r*, n. σημαδευτής (ὁ), σημειωτής (ὁ)
scorn, n. χλεύη (ἡ), περιφρόνηση (ἡ)/ v.t. χλευάζω, περιφρονῶ/ ~*ful*, a. χλευαστικός, περιφρονητικός
scorpion, n. σκορπιός (ὁ)
Scot, n. Σκωτσέζος (ὁ)/ *Scotch*, a. σκωτσέζικος
scotch, v.t. χαράζω/ (mil.) βάζω ἐκτός μάχης, ἐξουδετερώνω
scotfree, a. σῶος, ἀβλαβής
Scottish, a. σκωτσέζικος
scoundrel, n. ἀχρεῖος (ὁ), φαῦλος (ὁ)
scour, v.t. καθαρίζω, σφουγγίζω/ ~*about*, περιδιαβάζω/ ~ *er*, n. σύρμα καθαρίσματος (τό)
scourge, n. μάστιγα (ἡ), πληγή (ἡ), θεομηνία (ἡ)/ v.t. μαστιγώνω, μαστίζω
scout, n. ἀνιχνευτής (ὁ)/ *boy* ~, πρόσκοπος (ὁ)/ ~*master*, ἀρχηγός προσκόπων/ v.i. ἀνιχνεύω
scowl, n. συνοφρύωση (ἡ), σκυθρωπότητα (ἡ)/ v.i. συνοφρυώνομαι, σκυθρωπιάζω
scrabble, n. σύρσιμο (τό)/ v.i. σέρνομαι
scraggy, a. λιπόσαρκος, κοκκαλιάρης
scramble, n. ἀναρρίχηση (ἡ), σκαρφάλωμα (τό)/ v.i. σκαρφαλώνω/ ~ *for*, ψάχνω νά βρῶ/ ~*d eggs*, χτυπητά αὐγά
scrap, n. φιλονεικία (ἡ), ταραχή (ἡ)/ pl. ἄχρηστο ὑλικό (τό)/ ~*book*, λεύκωμα (τό)/ ~ *iron*, ψήγματα σίδερου / v.t. ἀπορρίπτω, ματαιώνω/ v.i. ἀφήνω κατά μέρος
scrape, n. ξύσιμο (τό), ἀπόξεση (ἡ)/ v.t. ξύνω/ ~ *off*, ἀποξέω/ ~ *through*, μόλις πετυχαίνω/ ~ *together*, μαζεύω μέ δυσκολία/ ~*r*, n. ξύστης (ὁ), ξύστρα (ἡ)/ *scraping*, n. ξύσιμο (τό)

scratch, n. ἀμυχή (ἡ), γρατσούνισμα (τό)/ v.t. ξύνω, γρατσουνίζω/ v.i. ξύνομαι
scrawl, n. κακογραφία (ἡ)/ v.i. κακογράφω
scrawny, a. λιπόσαρκος
scream, n. κραυγή (ἡ)/ v.i. κραυγάζω
screech, n. τσίρισμα (τό), οὔρλιασμα (τό)/ v.i. τσιρίζω, οὐρλιάζω/ ~*-owl*, n. νυκτοκόρακας (ὁ)
screed, n. ἀπεραντολογία (ἡ)
screen, n. προπέτασμα (τό), προφυλακτήριο (τό)/ (cinema) ὀθόνη (ἡ)/ (mil.) φράγμα πυρός (τό)/ v.t. προστατεύω, προφυλάσσω/ (cinema) προβάλλω
screw, n. βίδα (ἡ), κοχλίας (ὁ)/ *put the* ~*s on*, πιέζω/ v.t. βιδώνω/ ~ *up one's face*, γίνομαι βλοσυρός/ (sex) γαμῶ/ ~*driver*, n. κατσαβίδι (τό)/ ~*nut*, n. περικόχλιο (τό)
scribble, n. κακογραφία (ἡ)/ v.i. κακογράφω, μουτζουρώνω τό χαρτί/ ~*r*, n. κακογράφος (ὁ)/ (writer) συγγραφέας τῆς πεντάρας/ *scribe*, n. γραφέας (ὁ)
scrimmage, n. ταραχή (ἡ), ὀχλαγωγία (ἡ)
scrip, n. δισσάκι (τό)/ (paper) πρόχειρη ἀπόδειξη
script, n. γραφή (ἡ), γραπτό κείμενο (τό)/ (radio) κείμενο ἐκπομπῆς (τό)/ *S*~*ure*, n. Ἁγία Γραφή (ἡ)
scrivener, n. δικαστικός γραφέας (ὁ)
scrofula, n. χελώνι (τό)
scroll, n. τύλιγμα (τό), κύλινδρος χαρτιοῦ (ὁ)/ (arch.) σπεῖρα (ἡ)
scrub, n. τρίψιμο (τό)/ v.t. τρίβω, καθαρίζω μέ τρίψιμο/ ~*bing*, n. τρίψιμο (τό)/ ~ *brush*, βούρτσα τριψίματος (ἡ)
scruff, n. σβέρκος (ὁ)/ *take by the* ~ *of the neck*, ἁρπάζω ἀπό τό λαιμό
scruple, n. ἐνδοιασμός (ὁ), τύψη (ἡ)/ v.i. διστάζω, ἔχω ἐνδοιασμούς/ *scrupulous*, a. ἐνδοιαστικός,
scrutinize, v.t. διερευνῶ, ἐξονυχίζω/ *scrutiny*, n. ἐξονυχιστική ἔρευνα (ἡ)
scud, v.i. φεύγω γρήγορα/ (naut.) οὐριοδρομῶ
scuffle, n. συμπλοκή (ἡ), καυγάς (ὁ)/ v.i. καυγαδίζω
scull, n. κουπί (τό)/ v.i. κωπηλατῶ
scullery, n. πλυντήριο μαγειρείου (τό)/ *scullion*, n. παραμάγειρας (ὁ)

sculptor, n. γλύπτης (ὁ)/ *sculptural*, a. γλυπτικός/ *sculpture*, n. γλυπτική (ἡ)/ v.t. λαξεύω, σκαλίζω
scum, n. γλίτσα (ἡ)/ (fig.) κάθαρμα (τό)
scupper, n. μπούνι (τό)
scurf, n. πιτυρίδα (ἡ)
scurrilous, a. χυδαιολόγος, βρωμόστομος
scurvy, n. σκορβοῦτο (τό)/ a. ἀγενής, χυδαῖος
scutcheon, n. θυρεός (ὁ), οἰκόσημο (τό)
scuttle, n. φυγή (ἡ)/ (naut.) μπουκαπόρτα (ἡ)/ v.t. ἐμβολίζω πλοῖο/ v.i. τρέχω γρήγορα
scythe, n. δρεπάνι (τό)/ v.t. θερίζω
sea, n. θάλασσα (ἡ)/ *at* ~, στή θάλασσα/ *by* ~, μέ πλοῖο/ *heavy* ~s, τρικυμία (ἡ)/ a. θαλασσινός/ ~ *dog*, θαλασσόλυκος (ὁ)/ ~ *level*, ὑψόμετρο (τό)/ ~ *lion*, θαλάσσιος λέοντας (ὁ)/ *be* ~ *sick*, μέ πειράζει ἡ θάλασσα, παθαίνω ναυτία/ ~ *voyage*, θαλασσινό ταξίδι/ ~*board*, n. ἀκτή (ἡ), παράκτια περιοχή (ἡ)/ ~*gull*, n. γλάρος (ὁ)/ ~*horse*, n. ἱππόκαμπος (ὁ)
seal, n. φώκια (ἡ)/ ~*skin*, δέρμα φώκιας (τό)/ v.t. σφραγίζω/ ~*ed*, p.p. & a. σφραγισμένος/ ~*ing*, n. σφράγισμα (τό)
seam, n. ῥαφή (ἡ)/ (rock) σχισμή (ἡ)
seaman, n. ναυτικός (ὁ)/ ~*ship*, n. ναυτική ἱκανότητα
seamless, a. ἀσυγκόλλητος, ἄραφτος/ *seamstress*, n. μοδίστρα (ἡ)/ *seamy*, a. ~ *side*, ἀνάποδη ὑφάσματος/ (fig.) ἡ ἄσχημη πλευρά
seance, n. πνευματιστική συνεδρίαση (ἡ)
seaplane, n. ὑδροπλάνο (τό)/ *seaport*, n. θαλασσινό λιμάνι (τό)
sear, v.t. καίω, καυτηριάζω, ξεραίνω
search, n. ἔρευνα (ἡ), ἀναζήτηση (ἡ)/ v.t. ἐρευνῶ, ἀναζητῶ/ ~ *for*, ψάχνω νά βρῶ/ ~*er*, n. ἐρευνητής (ὁ), ἐξεταστής (ὁ)/ ~*ing*, a. ἐρευνητικός, ἀναζητητικός/ (look) ἐξεταστικό βλέμμα/ ~*light*, n. προβολέας (ὁ)
seascape, n. θαλασσογραφία (ἡ)/ *seashore*, n. ἀκτή (ἡ), παραλία (ἡ)
season, n. περίοδος (ἡ), ἐποχή (ἡ)/ ~ *ticket*, εἰσιτήριο διαρκείας/ v.t. (food) καρυκεύω/ (wine) ὡριμάζω/ ~*able*, a. ἐπίκαιρος/ ~*al*, a. ἐποχικός/ ~*ing*, n. καρύκευση (ἡ), ὡρίμασμα (τό)
seat, n. κάθισμα (τό), θέση (ἡ), ἕδρα (ἡ)/ *country* ~, ἐξοχική κατοικία/ *take a* ~, κάθομαι, πηγαίνω στή θέση μου/ *four seater*, αὐτοκίνητο τεσσάρων θέσεων/ *seating capacity*, χωρητικότητα (ἡ)/ *seawall*, n. θαλάσσιο φράγμα (τό)/ *seaward*, ad. πρός τή θάλασσα
seaweed, n. φύκι (τό)/ *seaworthy*, a. πλόϊμος
secede, v.i. ἀποχωρῶ, ἀποσχίζομαι/ *secession*, a. ἀποχώρηση (ἡ), ἀπόσχιση (ἡ)
seclude, v.t. ἀπομονώνω, ἀποκλείω/ ~*d*, a. ἀπομονωμένος, ἀποκλεισμένος/ *seclusion*, n. ἀπομόνωση (ἡ), ἀποκλεισμός (ὁ)
second, a. δεύτερος/ ~ *sight*, προφητική ἱκανότητα/ *on* ~ *thoughts*, μετά ἀπό ὡριμώτερη σκέψη/ ~ *to none*, καλύτερος, ἀνώτερος/ n. δευτερόλεπτο (τό)/ pl. ἐμπορεύματα δεύτερης ποιότητας/ v.t. ὑποστηρίζω, συμπαρίσταμαι/ ~*ary*, a. δευτερεύων/ ~ *school*, σχολεῖο μέσης ἐκπαιδεύσης/ ~*class*, a. δεύτερης κατηγορίας/ ~*-hand*, a. ἀπό δεύτερο χέρι, μεταχειρισμένος/ ~*ly*, ad. κατά δεύτερο λόγο/ ~*-rate*, a. δεύτερης ποιότητας, κατώτερος
secrecy, n. μυστικότητα (ἡ), ἐχεμύθεια (ἡ)/ *secret*, n. μυστικό (τό)/ a. μυστικός, κρυφός, ἀπόρρητος
secretarial, a. τοῦ γραμματέα/ *secretariat*, n. γραμματεία (ἡ)/ *secretary*, n. γραμματέας (ὁ)/ (polit.) ὑπουργός (ὁ)/ *Foreign S*~, Ὑπουργός Ἐξωτερικῶν (ὁ)/ *Home S*~, Ὑπουργός Ἐσωτερικῶν (ὁ)
secrete, v.t. ἐκκρίνω/ *secretion*, n. ἔκκριση (ἡ)/ *secretive*, a. ἐπιφυλακτικός
sect, n. αἵρεση (ἡ)/ ~ *arian*, n. & a. αἱρετικός
section, n. τμῆμα (τό), τομή (ἡ)/ (mil.) οὐλαμός (ὁ)/ ~*al*, a. τμηματικός, μερικός/ *sector*, n. τομέας (ὁ)
secular, a. λαϊκός, κοσμικός/ ~*ization*, n. ἔλλειψη θρησκευτικῆς ἐπιρροῆς (ἡ)/ ~*ize*, v.t. καταργῶ τήν ἐπίσημη θέση τῆς θρησκείας
secure, a. ἀσφαλής, βέβαιος/ v.t. ἐξα-

σφαλίζω, στερεώνω, στηρίζω/ security, n. ἀσφάλεια (ή), ἐγγύηση (ή)/ pl. χρεώγραφα/ (τά) social ~, κοινωνική ἀσφάλιση
sedan-chair, n. φορεῖο (τό)
sedate, a. ἤρεμος, ἤσυχος, ἀτάραχος/ sedative, a. μαλακτικός, καταπραϋντικός (τό)/ n. καταπραϋντικό (τό)
sedentary, a. μόνιμος, καθιστικός
sedge, n. βρύο (τό), βοῦρλο (τό)
sediment, n. κατακάθι (τό), καταστάλαγμα (τό)/ oil ~, μούργα (ή)/ ~ary, a. προσχωματικός
sedition, n. ἀνταρσία (ή), στάση (ή)/ seditious, a. ἀντάρτικος, στασιαστικός
seduce, v.t. θέλγω, δελεάζω/ ~r, n. δελεαστής (ὁ), διαφθορέας (ὁ), πλάνος (ὁ)/ seduction, n. δελεασμός (ὁ), ἀποπλάνηση (ή)/ seductive, a. δελεαστικός, ἀποπλανητικός
sedulous, a. φιλόπονος, ἐπιμελής/ ~ness, n. φιλοπονία (ή), ἐπιμέλεια (ή)
see, n. ἐπισκοπική ἕδρα (ή)/ Holy S~, Ἁγία Ἕδρα (ή)
see, v.t. βλέπω, παρατηρῶ, κοιτάζω/ ~ about, φροντίζω/ ~ into, ἐρευνῶ, ἐξετάζω/ ~ off, ξεπροδοδῶ/ ~ to, ἐνδιαφέρομαι, φροντίζω/ ~ through, διαβλέπω/ let me ~ ! γιά νά δῶ!/ ~ home, συνοδεύω σπίτι/ ~ you later! θά τά ξαναπούμε!
seed, n. σπόρος (ὁ), κόκκος (ὁ)/ ~bed, n. φυτώριο (τό)/ ~ corn, n. σπόρος γιά φύτεμα (ὁ)/ ~ drill, n. ἐργαλεῖο σποράς (τό)/ ~sman, n. σπορέμπορος (ὁ)/ ~time, n. ἐποχή τῆς σπορᾶς (ή)/ go to ~, καταρρέω, μπατιρίζω/ v.t. σπέρνω/ (remove seeds) ξεσποριάζω/ v.i. σποριάζω/ ~ling, n. νεαρό φυτό (τό)/ ~y, a. σποριασμένος/ (clothes) φθαρμένος, τριμμένος
seeing, n. θέα (ή), ὅραση (ή)/ ~ is believing, νά τό δῶ καί νά τό πιστέψω/ ~ that, βλέποντας ὅτι
seek, v.t. ἐπιζητῶ, ἀναζητῶ/ ~er, n. ἀναζητητής (ὁ)
seem, v.i. φαίνομαι/ it ~s to me, μοῦ φαίνεται/ κατά τά φαινόμενα
seemly, a. εὐπρεπής, εὐπρόσωπος
seep, v.i. διαρρέω

seer, n. μάντης (ὁ), προφήτης (ὁ)
seesaw, n. τραμπάλα (ή)/ v.i. κάνω τραμπάλα, κουνιέμαι
seethe, v.i. κοχλάζω, ἀναβράζω
segment, n. τμῆμα (τό), κομμάτι (τό)/ (circle) τομέας (ὁ)
segregate, v.t. ἀποχωρίζω, ἀπομονώνω/ segregation, n. χωρισμός (ὁ), ἀπομόνωση (ή)
seismic, a. σεισμικός/ seismograph, n. σεισμογράφος (ὁ)
seize, v.t. πιάνω, συλλαμβάνω, ἁρπάζω/ ~ the opportunity, ἐπωφελοῦμαι ἀπό τήν εὐκαιρία/ seizure, n. σύλληψη (ή), κράτηση (ή)/ (confiscation) κατάσχεση (ή)/ (med.) προσβολή (ή), κρίση (ή)
seldom, ad. σπάνια
select, a. ἐκλεκτός, ἐπίλεκτος/ v.t. διαλέγω, ἐπιλέγω/ ~ion, n. ἐπιλογή (ή)/ natural ~, φυσική ἐπιλογή/ ~ive, a. ἐκλεκτικός
self, n. & pr. ἴδιος, ἑαυτός/ ~-centred, a. ἐγωιστικός, ἐγωκεντρικός/ ~-confidence, n. αὐτοπεποίθηση (ή)/ ~-conscious, a. μέ αὐτοσυνείδηση/ ~-contained, a. αὐτοτελής, ἀνεξάρτητος/ ~-control, n. αὐτοέλεγχος (ὁ)/ ~-defence, n. αὐτοάμυνα (ή)/ ~-denial, n. αὐταπάρνηση (ή)/ ~-esteem, n. αὐτοεκτίμηση (ή)/ ~-eviden, a. αὐτονόητος/ ~-government, n. αὐτοδιοίκηση (ή) αὐτονομία (ή)/ ~-importance, n. κενοδοξία (ή)/ ~ ish, a. ἐγωιστικός/ ~ ishness, n. ἐγωισμός (ὁ), ἐγωκεντρισμός (ὁ)/ ~-made, a. αὐτοδημιούργητος/ ~-portrait, n. αὐτοπροσωπογραφία (ή)/ ~-possession, n. ψυχραιμία (ή), ἀταραξία (ή)/ ~-regulating, a. αὐτορρυθμιζόμενος/ ~-respect, n. αὐτοεκτίμηση (ή)/ ~-sacrifice, n. αὐτοθυσία (ή)/ ~-styled, a. αὐτοονομαζόμενος/ ~-sufficient, a. αὐτάρκης/ ~-willed, a. ἐπίμονος, ἰσχυρογνώμων
sell, v.t. & i πουλῶ/ ~ off, ξεπουλῶ/ ~ out, πουλῶ τό μερίδιο μου/ ~er, n. πωλητής (ὁ), μικρέμπορος (ὁ)/ ~ing, n. πούλημα (τό), διάθεση (ή) ~ price, τιμή πώλησης (ή)
selvage, n. οὔγια (ή), παρυφή (ή)
semantic, a. σημασιολογικός/ ~s, n. ση-

μαντική (ή), σημασιολογία (ή)
semaphore, n. σηματογράφος (ό)
semblance, n. ομοιότητα (ή), φαινομενικότητα (ή)
semester, n. εξαμηνία (ή)
semi, prefix, ήμι, μισο/ ~*circle*, n. ημικύκλιο (τό)/ ~*colon*, n. άνω τελεία/ ~*conductor*, n. ημιαγωγός (ό)/ ~*final*, n. & a. ημιτελικός (ό)
seminar, n. σεμινάριο (τό), φροντιστήριο (τό)/ ~*y*, n. ιερατική σχολή (ή)
semite, n. σημίτης (ό)/ *semitic*, a. σημιτικός
semolina, n. σιμιγδάλι (τό)
senate, n. γερουσία (ή)/ *senator*, n. γερουσιαστής (ό)/ ~*ial*, a. γερουσιαστικός/ ~*ship*, n. αξίωμα γερουσιαστή (τό)
send, v.t. στέλνω, αποστέλλω/ ~ *away*, διώχνω, αποπέμπω/ ~ *down*, κατεβάζω/ (student) αποβάλλω/ ~ *for*, στέλνω νά φωνάξουν/ ~ *in*, υποβάλλω/ ~ *off*, ξεπροβοδίζω προπέμπω/ ~ *up*, ανυψώνω, ανεβάζω/ ~*er*, n. αποστολέας (ό)
seneschal, n. τελετάρχης (ό)
senile, a. γεροντικός/ *senility*, n. γερατειά (τά)
senior, a. πρεσβύτερος, ανώτερος/ ~*ity*, n. αρχαιότητα (ή), προτεραιότητα (ή)
senna, n. σηναμική (ή)
sensation, n. αίσθηση (ή), αίσθημα (τό)/ ~*al*, εντυπωσιακός
sense, n. αίσθηση (ή), φρόνηση (ή), νόημα (τό)/ *be out of one's* ~*s*, χάνω τά λογικά μου/ *in a* ~, από μία άποψη/ *talk* ~, μιλώ λογικά/ v.t. αισθάνομαι, νοιώθω/ ~*less*, a. αναίσθητος/ (meaningless) χωρίς νόημα/ *sensibility*, n. ευαισθησία (ή)/ *sensible*, a. γνωστικός, φρόνιμος/ *sensibly*, ad. γνωστικά, φρόνιμα/ *sensitive*, a. ευαίσθητος, ευπαθής/ ~ *paper*, εμπιστευτικό έγγραφο
sensual, a. φιλήδονος, σαρκικός, αισθησιακός/ ~*ist*, n. φιληδονος (ό)/ ~*ity*, n. ηδυπάθεια (ή), αισθησιασμός (ό)/ *sensuous*, a. ηδυπαθής
sentence, n. πρόταση (ή)/ (leg.) δικαστική απόφαση (ή), καταδίκη (ή)/ v.t. δικάζω, καταδικάζω, βγάζω απόφαση/ *sententious*, a. αποφθεγματικός

sentiment, n. αίσθημα (τό)/ ~*al*, a. αίσθηματικός/ ~*ality*, n. αισθηματικότητα (ή)
sentinel, sentry, n. σκοπός (ό), φρουρός (ό)/ ~ *box*, σκοπιά (ή)/ *stand on* ~, φυλάγω σκοπός, στέκομαι φρουρός
separate, a. χωριστός/ v.t. χωρίζω, διαχωρίζω/ v.i. αποχωρίζομαι, αποσπώμαι/ ~ *from*, χωρίζω από/ ~*ly*, ad. χωριστά, ξεχωριστά/ *separation*, n. χωρισμός (ό), αποχωρισμός (ό)/ *separatism*, n. αποσχιστικό κίνημα (τό)/ *separator*, n. διαχωριστής (ό)
sepia, n. σέπια (ή)
September, n. Σεπτέμβριος (ό)/ a. σεπτεμβριάτικος
septet, n. επταφωνία (ή)
septic, a. σηπτικός/ ~*aemia*, n. σηψαιμία (ή)
septuagenarian, n. εβδομηντάχρονος (ό)
sepulchral, a. επιτάφιος/ *sepulchre*, n. τάφος (ό), μνήμα (τό)
sequel, n. συνέχεια (ή), συνέπεια (ή), αποτέλεσμα (τό)/ *sequence*, n. συνέχεια (ή), σειρά (ή), ακολουθία (ή)
sequestered, a. απομονωμένος/ (leg.) κατασχεμένος/ *sequestration*, n. απομόνωση (ή)/ (leg.) κατάσχεση (ή)
sequin, n. φλωρί (τό)
seraglio, n. σεράϊ (τό)
seraph, n. σεραφείμ (τό), άγγελος (ό)/ ~*ic*, a. αγγελικός
Serb, n. Σέρβος (ό)/ ~*ian*, a. σέρβικος
serenade, n. σερενάδα (ή), σερενάτα (ή)/ v.t. κάνω σερενάτα
serene, a. γαλήνιος, ήσυχος/ *serenity*, n. γαλήνη (ή), ησυχία (ή)
serf, n. δούλος (ό), δουλοπάροικος (ό)/ ~*dom*, n. δουλοπαροικία (ή)
sergeant, n. λοχίας (ό)/ ~ *at arms*, κλητήρας (ό)
serial, a. διαδοχικός, περιοδικός/ n. (in a paper) επιφυλλίδα (ή)/ (T.V.) σήριαλ (τό)/ *series*, n. σειρά (ή)
serious, a. σοβαρός, σπουδαίος/ ~*ly*, ad. σοβαρά/ *take* ~, παίρνω στά σοβαρά
sermon, n. κήρυγμα (τό)/ ~*ize*, v.t. κηρύττω
serpent, n. φίδι (τό)/ ~*ine*, a. φιδίσιος/ n. πονηρός (ό), πανούργος (ό)

serrated, a. όδοντωτός
serried, a. συμπυκνωμένος
serum, n. όρός (ό)
servant, n. ύπηρέτης (ό)/ *serve*, v.t. ύπηρετώ, περιποιούμαι/ (meal) σερβίρω/ v.i. (sport) κάνω σερβίς/ ~ *as*, χρησιμεύω σάν/ *it* ~s *him right*, τού άξίζει, καλά νά πάθει/ ~ *time*, έκτίω ποινή φυλάκισης/ *service*, n. ύπηρεσία (ή), λειτουργία (ή)/ *active* ~, ένεργός ύπηρεσία/ *at your* ~, στήν διάθεσή σας/ *national* ~, θητεία/ ~*able*, a. περιποιητικός, χρήσιμος, πρακτικός
serviette, n. πετσέτα (ή)
servile, a. δουλικός, δουλοπρεπής/ *servility*, n. δουλικότητα (ή), δουλοπρέπεια (ή)/ *servitude*, n. δουλεία (ή)
set, n. σύνολο (τό), συλλογή (ή), σειρά (ή)/ (radio etc) συσκευή (ή)/ (theat.) σκηνή (ή)/ (tennis) σέτ (τό)/ ~ *of teeth*, όδοντοστοιχία (ή)/ ~ *of lectures*, σειρά όμιλιών (μαθημάτων)/ v.t. βάζω στή θέση του/ (print) στοιχειοθετώ/ (task) άναθέτω/ (example) δίνω τό παράδειγμα/ v.i. (sun) δύω, βασιλεύω/ ~ *against*, συμψηφίζω/ *one's face against*, άκουμπώ τά μούτρα μου έπάνω/ ~ *aside*, άφήνω κατά μέρος/ ~ *in*, ένσκήπτω/ ~ *off*, συμψηφίζω/ ~ *out*, ξεκινώ, βάζω μπροστά/ ~ *right*, διορθώνω, άποκαθιστώ/ ~ *up*, στήνω, ίδρύω/ p.p. & a. τοποθετημένος, βαλμένος, σταθερός/ ~-*back*, n. άπόκρουση (ή), έμπόδιο (τό)
settee, n. καναπές (ό)
setter, n. έφαρμοστής (ό)/ (of precious stones) λιθοδέτης (ό)/ *setting*, n. τοποθέτηση (ή), συναρμολόγηση (ή)/ (sun) δύση (ή)/ (print.) στοιχειοθέτηση (ή)/ ~ *up*, στήσιμο (τό), ίδρυση (ή)
settle, v.t. έγκαθιστώ, ίδρύω/ (colony) άποικίζω/ (debt) έξοφλώ/ (dispute) λύνω διαφορά/ v.i. έγκαθίσταμαι/ ~ *down*, ήσυχάζω, ήρεμώ/ ~*d*, a. κανονισμένος, ρυθμισμένος/ ~*ment*, n. έγκατάσταση (ή)/ (colony) άποικισμός (ό)/ (dispute) έξομάλυνση (ή), ρύθμιση (ή)/ ~*r*, n. άποικος (ό)/ *settling*, n. καθησύχαση (ή), καταπράϋνση (ή)
seven, num. έπτά/ ~ *o'clock*, έπτά ή ώρα/ ~*teen*, num. δεκαεπτά/ ~*teenth*, ord.

num. δέκατος-έβδομος/ ~*th*, ord. num. έβδομος/ n. έβδομο (τό)/ ~ *tieth*, ord. num. έβδομηκοστός/ ~*ty*, num. έβδομήντα
sever, v.t. διαλύω, διακόπτω/ v.i. άποχωρίζομαι/ ~*al*, άρκετοί/ ~*ance*, n. χωρισμός (ό), άποχωρισμός (ό)
severe, a. σοβαρός, αύστηρός/ *catch a* ~ *cold*, πιάνω (άρπάζω) σοβαρό κρυολόγημα/ *severity*, n. αύστηρότητα (ή), δριμύτητα (ή)
sew, v.t. ράβω
sewage, n. όχετός (ό), ύπόνομος (ό)/ *sewer*, n. όχετός (ό)/ ~*age*, n. σύστημα ύπονόμων (τό)
sewing, n. ράψιμο (τό)/ ~ *machine*, ραπτική μηχανή (ή)
sex, n. φύλο (τό), γένος (τό)/ ~ *appeal*, θέλγητρο (τό), έλξη (ή)/ *the fair* ~, τό ώραΐο φύλο
sexagenarian, n. έξηντάρης (ό)
sextant, n. έκτόκυκλο (τό), έξάντας (ό)
sexton, n. νεωκόρος (ό)
sexual, a. σεξουαλικός/ ~ *intercourse*, σεξουαλική έπαφή (ή)
shabby, a. τριμμένος, φθαρμένος/ (attitude) εύτελής, μικρός
shack, n. ξύλινη καλύβα (ή)
shacke, n. κρίκος (ό)/ pl. χειροπέδες (οί)/ (fig.) δεσμά (τά)/ v.t. δεσμεύω, έμποδίζω
shade, n. σκιά (ή)/ v.t. σκιάζω, έπισκιάζω/ *shadow*, n. σκιά (ή)/ v.t. παρακολουθώ, κατασκοπεύω/ ~*y*, a. σκιώδης, άβέβαιος, άσαφής, άόριστος/ *shady*, a. άσαφής, σκοτεινός
shaft, n. (spear) βέλος (τό), κοντάκι (τό)/ (tech.) άξονας (ό)/ (light) φωταγωγός (ό)/ (air) άεραγωγός (ό)
shag, n. τρίχωμα (τό)/ (tobacco) κομμένος καπνός/ ~*gy*, a. δασύς
shake, n. τίναγμα (τό), κλονισμός (ό)/ (mus.) τρίλλια (ή)/ v.t. κλονίζω, κουνώ/ v.i. τινάζομαι/ ~ *hands*, άνταλλάσσω χειραψία/ ~ *one's head*, τινάζω τό κεφάλι/ *shaking*, n. κλονισμός (ό), τίναγμα (τό), ταρακούνημα (τό)/ *shaky*, a. άσταθής, τρεμάμενος
shale, n. σχιστάργιλλος (ό)
shall, v. aux. θά

shallow, a. ρηχός, ἄβαθος/ (fig.) ἐπιπόλαιος/ ~s, n. ρηχά τῆς θάλασσας (τά)
shum, n. ἀπάτη (ἡ), προσποίηση (ἡ)/ a. ἀπατηλός, προσποιητός, πλαστός/ v.i. προσποιοῦμαι, ὑποκρίνομαι
shamble, v.i. τρικλίζω, σέρνομαι/ ~s, n. τόπος καταστροφῆς (ὁ), θαλάσσωμα (τό)
shame, n. ντροπή (ἡ)/ ~ on you! ντροπή σου!/ what a ~ ! τί κρίμα!/ v.t. ντροπιάζω/ ~faced, a. ντροπαλός, σεμνός/ ~less, a. ξεδιάντροπος, ξετσίπωτος/ ~lessness, n. ξεδιαντροπιά (ἡ), ξετσιπωσιά (ἡ)
shampoo, n. σαμπουάν (τό)/ v.t. λούζω τό κεφάλι
shamrock, n. τριφύλλι (τό)
shank, n. κνήμη (ἡ), σκέλος (τό)
shape, n. σχῆμα (τό), μορφή (ἡ)/ v.t. σχηματίζω, μορφοποιῶ/ ~less, a. ἀσχημάτιστος, ἄμορφος/ ~ly, a. συμμετρικός, κομψός
share, n. μερίδιο (τό)/ (com.) μετοχή/ (ἡ)/ (plough) ὑνί (τό)/ v.t. μοιράζω, διανέμω/ ~ a room, μοιράζομαι δωμάτιο, συγκατοικῶ/ ~ out, διανέμω, διαμοιράζω/ ~ and ~ alike, μοιράζω σέ ἴσα μερίδια/ ~holder, n. μέτοχος (ὁ)/ sharing, n. μοίρασμα (τό), συμμετοχή (ἡ)
shark, n. καρχαρίας (ὁ), σκυλόψαρο (τό)
sharp, a. ὀξύς, μυτερός/ (turn) ἀπότομος/ (pain) δυνατός/ (hearing) ὀξεία ἀκοή/ (mind) ἔξυπνος/ (sound) διαπεραστικός/ look ~! πρόσεχε!/ ad. ἀκριβῶς/ five o'clock ~, πέντε ἀκριβῶς/ ~en, v.t. ὀξύνω, ἀκονίζω/ ~ener, n. ξύστρα (ἡ), ἀκονιστήρι τό/ ~er, n. ἀγύρτης (ὁ)/ ~ly, ad. ἀπότομα, ξεκάθαρα/ ~ness, n. ὀξύτητα (ἡ), σφοδρότητα (ἡ)/ ~ shooter, n. ἐπίλεκτος σκοπευτής (ὁ)
shatter, v.i. συντρίβω, καταστρέφω
shave, v.t. ξυρίζω/ v.i. ξυρίζομαι/ ~r, n. κουρέας (ὁ)/ (fig.) ληστής (ὁ)/ shaving, n. ξύρισμα (τό)/ pl. ρινίσματα (τά)/ ~ brush, βούρτσα ξυρίσματος
shawl, n. σάλι (τό)
she, pn. αὐτή, ἐκείνη/ n. (animal) θηλυκό/ ~goat, αἶγα (ἡ)
sheaf, n. (corn) δεμάτι (τό)/ (papers) δέσμη (ἡ)

shear, v.t. κουρεύω/ ~er, n. κουρευτής (ὁ)/ ~ing, n. κούρεμα (τό), ψαλίδισμα (τό) ~s, n. ψαλίδα (ἡ)
sheath, n. θήκη (ἡ), θηκάρι (τό)/ (med.) περικάλυμμα (τό)/ ~e, v.t. βάζω στή θήκη
sheave, n. τροχίσκος (ὁ)
shed, n. ὑπόστεγο (τό)/ v.t. χάνω, ἀποβάλλω, ρίχνω/ (tears) χύνω/ (clothes) βγάζω/ ~ light, ρίχνω φῶς, ἀποκαλύπτω
sheen, n. λαμπρότητα (ἡ), στιλπνότητα (ἡ)
sheep, n. πρόβατο (τό)/ ~dog, n. τσοπανόσκυλο (τό)/ ~ fold, n. μάντρα (ἡ)/ ~ish, a. δειλός, συμμαζεμένος / ~skin, n. προβειά (ἡ)
sheer, a. καθαρός, σαφής/ ad. τελείως, ὁλοσδιόλου/ by ~ force, μέ ὠμή δύναμι/ v.i. παρεκκλίνω/ ~ off, ἀπομακρύνομαι ἀπό τήν ἀκτή
sheet, n. σεντόνι (τό)/ (paper etc.) φύλλο (τό)/ ~ iron, λαμαρίνα (ἡ)/ ~ lightning, διάχυτες ἀστραπές/ ~ing, n. ὕφασμα γιά σεντόνια (τό)
sheikh, n. σεΐχης (ὁ)
shelf, n. ράφι (τό)/ (geol.) ἐπίπεδη προεξοχή βράχου
shell, n. ὄστρακο (τό), κοχύλι (τό)/ (nut) καρυδότσουφλο (τό)/ (tortoise) καβούκι (τό)/ (mil.) ὀβίδα (ἡ)/ v.t. ξεφλουδίζω/ (mil.) βομβαρδίζω/ ~fish, n. ὀστρακόδερμα (τά)/ ~ing, n. ξεφλούδισμα (τό)/ (mil.) βομβαρδισμός (ὁ)/ ~proof, a. ἀλεξίβομβος
shelter, n. καταφύγιο (τό), ἄσυλο (τό)/ v.t. προσφέρω καταφύγιο, στεγάζω/ v.i. προφυλάγομαι, βρίσκω καταφύγιο/ ~ed, a. προφυλαγμένος/ ~ life, ξένοιαστη ζωή/ ~less, a. ἀπροφύλακτος, ἀστέγαστος
shelve, v.t. βάζω ράφια/ (fig.) ἀναβάλλω, παραμερίζω/ v.i. κλίνω, ρέπω/ shelving, n. ράφια (τά)/ a. κατηφορικός, ἐπικλινής
shepherd, n. βοσκός (ὁ)/ ~ boy, βοσκόπουλο (τό)/ v.t. βόσκω/ ~ess, n. βοσκοπούλα (ἡ)
sherbet, n. σερμπέτι (τό)
sheriff, n. σερίφης (ὁ)

sherry, n. σέρρυ (τό)
shield, n. ἀσπίδα (ἡ)/ (fig.) προστασία (ἡ)/ v.t. προστατεύω
shift, n. μετακίνηση (ἡ), μεταβολή (ἡ)/ (work) βάρδια (ἡ)/ v.t. & i. μετακινῶ, ἀλλάζω θέση, μετατοπίζω/ ~ *for oneself,* ἀπαλλάσσομαι ἀπό στενοχώρια/ ~ *the blame on to,* ρίχνω τήν εὐθύνη στόν/ ~*ing,* a. ἄστατος, κινητός/ ~*y,* a. πανοῦργος, πονηρός
shilling, n. σελίνι (τό)
shilly-shally, v.i. διστάζω, ἀμφιταλαντεύομαι
shimmer, n. ἀναλαμπή (ἡ), λάμψη (ἡ)/ v.i. λάμπω, λαμπυρίζω
shin, n. ἀντικνήμι (τό)/ v.i. ~ *up,* σκαρφαλώνω μέ τά τέσσερα
shindy, n. πάταγος (ὁ), ἀναστάτωση (ἡ)
shine, n. λάμψη (ἡ), φέγγος (τό)/ v.t. γυαλίζω, στιλβώνω/ v.i. λάμπω
shingle, n. χαλίκι (τό)/ v.t. χαλικοστρώνω/ ~*s,* n. pl. ἕρπης ζωστήρ (ὁ)
shining, a. λαμπερός, ἀστραφτερός/ n. λάμψη (ἡ)/ *shiny,* a. λαμπερός, ἀστραφτερός
ship, n. πλοῖο (τό)/ v.t. φορτώνω, στέλνω μέ πλοῖο/ ~'*s boy,* μοῦτσος (ὁ)/ ~*builder,* n. ναυπηγός (ὁ)/ ~*ment,* n. φορτίο πλοίου (τό)/ ~*owner,* n. πλοιοκτήτης (ὁ)/ ~*per,* n. φορτωτής (ὁ), ναυλωτής (ὁ)/ ~*ping,* n. ἐμπορικό ναυτικό (τό)/ (loading) φόρτωση (ἡ)/ *dangerous to* ~, ἐπικίνδυνο στή ναυσιπλοΐα/ ~*shape,* a. τακτοποιημένος/ ~*wreck,* n. ναυάγιο (τό)/ *be* ~*wrecked,* ναυαγῶ/ ~*wright,* n. ναυπηγός (ὁ)/ ~*yard,* n. ναυπηγεῖο (τό)
shire, n. κομητεία (ἡ), ἐπαρχία (ἡ)
shirk, v.t. ἀποφεύγω, παραμελῶ/ ~*er,* n. φυγόπονος (ὁ), ὀκνηρός (ὁ)
shirt, n. πουκάμισο (τό)/ *in* ~ *sleeves,* μέ πουκάμισο
shiver, n. ρίγος (τό)/ v.t. συντρίβω, σπάζω, τσακίζω/ v.i. τρέμω, ριγῶ, τουρτουρίζω
shoal, n. σύρτη (ἡ)/ (fish) κοπάδι ψαριῶν (τό)
shock, n. κλονισμός (ὁ), δόνηση (ἡ), τράνταγμα (τό)/ (electric) ἠλεκτροπληξία (ἡ)/ v.t. ταράζω, ἐκπλήσσω, σοκάρω, σκανδαλίζω/ ~*headed,* a. πυκνομάλλης/ ~*ing,* a. προσβλητικός, σκανδαλώδης
shoddy, a. κακοκαμωμένος, πρόστυχος/ n. μάλλινο ὕφασμα (τό)
shoe, n. παπούτσι (τό)/ (horse) πέταλο (τό)/ (tech.) τροχοπέδη (ἡ), φρένο (τό)/ v.t. παπουτσώνω/ (horse) πεταλώνω/ ~ *black,* n. λοῦστρος (ὁ)/ ~*horn,* n. κόκκαλο (τό)/ ~*lace,* n. κορδόνι παπουτσιῶν (τό)/ ~*maker,* n. ὑποδηματοποιός (ὁ), τσαγκάρης (ὁ)/ ~*shop,* n. ὑποδηματοπωλεῖο (τό)/ ~*string,* n. κορδόνι (τό)/ *on a* ~, μέ τό τίποτε
shoot, n. βλαστός (ὁ), κλαδί (τό)/ (guns) διαγωνισμός σκοποβολῆς (ὁ)/ v.t. & i. ἐξακοντίζω, πυροβολῶ/ (film) γυρίζω, φιλμάρω/ (rapids) ρέω ὁρμητικά/ ~ *down,* καταρρίπτω/ ~*er,* n. σκοπευτής (ὁ), κυνηγός (ὁ)/ ~*ing,* n. πυροβολισμός (ὁ), βολή (ἡ)/ (film) γύρισμα (τό)/ ~ *box,* κυνηγετικό περίπτερο (τό)/ ~ *star,* πεφτάστερο (τό), διάττων ἀστέρας (ὁ)
shop, n. κατάστημα (τό), μαγαζί (τό)/ ~ *assistant,* ὑπάλληλος καταστήματος/ ~ *steward,* τοπικό συνδικαλιστικό στέλεχος/ ~ *window,* βιτρίνα (ἡ)/ v.i. ψωνίζω, κάνω ψώνια/ ~*keeper,* n. καταστηματάρχης (ὁ)/ ~*lifting,* n. κλοπή καταστήματος (ἡ)/ ~*ping,* n. ψώνια (τά)/ *go* ~, πηγαίνω γιά ψώνια/ ~*walker,* n. ἐπόπτης καταστήματος (ὁ)
shore, n. ἀκτή (ἡ), παραλία (ἡ)/ *go on* ~, βγαίνω στήν ξηρά/ v.t. ὑποστηρίζω, στηλώνω
short, a. (height) κοντός/ (time) σύντομος/ *cut* ~, διακόπτω/ *fall* ~, ὑστερῶ/ *be* ~ *of breath,* μοῦ κόβεται ἡ ἀνάσα/ *be* ~ *of money,* δέν ἔχω λεφτά/ ~ *circuit,* βραχυκύκλωμα (τό)/ ~ *story,* διήγημα (τό)/ ~*age,* n. ἔλλειψη (ἡ), ἀνεπάρκεια (ἡ)/ ~*bread,* n. γλύκισμα (τό)/ ~*coming,* n. ἔλλειψη (ἡ)/ ~ *cut,* n. συντόμευση δρόμου (ἡ)/ ~*en,* v.t. συντομεύω/ ~*hand,* n. στενογραφία (ἡ)/ ~ *typist,* στενοδακτυλογράφος (ὁ, ἡ)/ ~*ly,* ad. σύντομα, προσεχῶς/ ~*s,* n. pl. κοντά παντελόνια (τά)/ ~*-sighted,* a. μύωπας, μυωπικός/ ~*-tempered,* a.

ευερέθιστος/ ~-winded, a. ασθματικός
shot, n. βολή (ή), πυροβολισμός (ό)/ (person) σκοπευτής (ό)/ (fig.) big ~ , σημαντικό πρόσωπο/ not by a long ~ , κάθε άλλο/ ~gun, n. κυνηγετικό όπλο (τό)/ ~proof, a. αλεξίσφαιρος
should, v. aux. πρέπει, οφείλω νά
shoulder, n. ώμος (ό)/ v.t. σπρώχνω (σηκώνω) μέ τόν ώμο/ ~ blade, n. ωμοπλάτη (ή)/ v.t. σπρώχνω/ ~ strap, n. τιράντα (ή)
shout, n. κραυγή (ή)/ v.i. κραυγάζω/ ~ing, n. κραυγές (οί)
shove, n. ώθηση (ή)/ σπρώξιμο (τό)/ v.t. ώθώ, σπρώχνω/ ~ off, άπωθώ
shovel, n. φτυάρι (τό)/ v.t. φτυαρίζω/ ~ful, n. φτυαριά (ή)
show, n. επίδειξη (ή), παράσταση (ή), θέαμα (τό)/ v.t. & i. δείχνω, επιδεικνείω, εκθέτω, παρουσιάζω/ ~ in, υποδέχομαι/ ~ off, κάνω επίδειξη, κάνω τή φιγούρα μου/ ~ up, εμφανίζομαι, παρουσιάζομαι/ (phot.) προβάλλω/ ~case, n. βιτρίνα (ή), προθήκη (ή)
shower, n. ραγδαία βροχή (ή)/ heavy ~ , μπόρα (ή)/ (in the bath) ντούς (τό)/ v.t. κατακλύζω, καταβρέχω/ v.i. κάνω ντούς/ ~y, a. βροχερός
showy, a. επιδεικτικός, χτυπητός
shrapnel, n. πολύσφαιρο (τό)
shred, n. κουρέλι (τό), απόκομμα (τό)/ v.t. κουρελιάζω/ ~ded, a. κουρελιασμένος, κομματιασμένος
shrew, n. στρίγγλα (ή)/ (woman) μέγαιρα (ή), στρίγγλα (ή)
shrewd, a. διορατικός, πονηρός/ ~ness, n. διορατικότητα (ή), πονηριά (ή)/ shrewish, a. κακότροπος, δύστροπος
shriek, n. διαπεραστική κραυγή (ή), στριγγλιά (ή)/ v.i. στριγγλίζω, βγάζω διαπεραστικές κραυγές
shrill, a. διαπεραστικός
shrimp, n. γαρίδα (ή)
shrine, n. ιερός τάφος (ό), μνημείο (τό)
shrink, v.i. συστέλλομαι, ζαρώνω, ρυτιδώνομαι/ (cloth) μαζεύω/ ~ from, αποτραβιέμαι, δειλιάζω/ v.t. ελαττώνω, στενεύω/ ~age, n. συστολή (ή), ζάρωμα (τό)
shrivel, v.i. ρυτιδώνω, ζαρώνω/ (sun) καίω
shroud, n. σάβανο (τό)/ (fig.) κάλυμμα (τό)/ v.t. σαβανώνω/ (fig.) κρύβω, καλύπτω
shrub, n. θάμνος (ό), δενδρύλλιο (τό)/ ~bery, n. θαμνώνας (ό)
shrug, n. ύψωση τών ώμων (ή)/ ~ one's shoulders, σηκώνω τούς ώμους, αδιαφορώ
shudder, n. φρίκη (ή), ρίγος (τό)/ v.i. ριγώ, φρικιάζω
shuffle, v.t. ανακατεύω/ (one's feet) σέρνω τά πόδια/ ~ along, σέρνομαι/ shuffling, n. ανακάτεμα (τό), συρτό βάδισμα (τό)
shun, v.t. αποφεύγω
shunt, v.t. αλλαξοδρομώ, παροχετεύω/ n. (railway) αλλαγή γραμμής/ (elec.) παροχέτευση ρεύματος
shut, v.t. & i. κλείνω, φράζω/ ~ off, διακόπτω, αποκόβω/ ~ out, κλείνω έξω/ ~ up, φιμώνω, αποστομώνω/ ~ up! σκασμός!/ ~ter, n. παραθυρόφυλλο (τό)/ (phot.) διάφραγμα (τό)
shuttle, n. σαΐτα (ή)/ v.i. πηγαινοέρχομαι
shy, a. δειλός, άτολμος, συνεσταλμένος/ v.t. ρίχνω, πετώ/ v.i. δειλιάζω, κάνω πίσω/ (horse) παραπατάω
Siamese, n. Σιαμέζος (ό)/ (twins) σιαμαίοι αδελφοί (οί)
Siberian, n. Σιβηριανός (ό)/ a. σιβηρικός
sibilant, a. συριστικός
Sibyl, n. Σύβιλλα (ή), μάντισσα (ή)
Sicilian, n. Σικελός (ό)/ a. σικελικός
sick, a. άρρωστος, ασθενής/ feel ~ , νοιώθω άρρωστος, δέν αισθάνομαι καλά/ be ~ and tired of, έχω βαρεθεί/ ~ headache, ημικρανία/ ~ leave, άδεια ασθενείας/ ~en, v.t. προκαλώ ασθένεια, προκαλώ αηδία/ ~ening, a. αηδιαστικός
sickle, n. δρεπάνι (τό)
sickly, a. ασθενικός, φιλάσθενος, αρρωστιάρης/ sickness, n. αρρώστεια (ή), ασθένεια (ή)
side, n. πλευρά (ή), πλευρό (τό), πλάι (τό)/ ~ by ~, παράπλευρα, πλάι-πλάι/ on the ~ , επιπλέον/ on the left hand ~, στά αριστερά/ on all ~s, απ' όλες τίς πλευρές/ ~ effect, παρενέργεια/ ~ glan-

ce, λοξό βλέμμα/ ~ issue, δευτερεύον θέμα/ ~ street, πάροδος (ή)/ v.i. ~ with, παίρνω τό μέρος/ ~board, n. μπουφές (ό)/ ~ door, n. πλαϊνή πόρτα (ή)/ ~saddle, n. γυναικεία σέλλα (ή)/ ~ track, n. παράλληλη σκέψη (ή)/ ~walk, n. πεζοδρόμι (τό)/ ~ways, ad. πλάγια, λοξά/ siding, n. διακλάδωση (ή), πλάγια γραμμή (ή)
sidle, v.i. λοξοδρομώ
siege, n. πολιορκία (ή)/ lay ~, πολιορκώ
sieve, n. κόσκινο (τό)/ v.t. κοσκινίζω
sift, v.t. περνώ άπό τό κόσκινο/ (fig.) έξετάζω λεπτομερώς/ ~ings, n. pl. άποκοσκινίδια (τά)
sigh, n. άναστεναγμός (ό)/ v.i. άναστενάζω
sight, n. δραση (ή), θέα (ή), θέαμα (τό)/ (gun) σκόπευση (ή)/ at first ~, έκ πρώτης όψεως, μέ τό πρώτο/ catch ~ of, διακρίνω/ in ~, όρατός/ know by ~, γνωρίζω έξ' όψεως/ lose ~ of, παύω νά βλέπω, χάνω/ see the ~s, βλέπω τά άξιοθέατα/ v.t. βλέπω, άντικρύζω
sign, n. σημάδι (τό), ένδειξη (ή)/ (maths & mus.) σύμβολο (τό)/ make a ~, νεύω/ ~board, έπιγραφή/ v.i. ύπογράφω
signal, n. σήμα (τό), σινιάλο (τό), σύνθημα (τό)/ v.i. κάνω σινιάλο, κάνω σήμα/ ~ize, v.t. σηματογραφώ/ ~ly, ad. έξοχα, άψογα/ ~man, n. σηματοδείκτης (ό)
signatory, n. ύπογεγραμμένος (ό), ύπογράφων (ό)/ signature, n. ύπογραφή (ή)/ signet, n. μικρή σφραγίδα (ή)
significance, n. σημασία (ή)/ significant, a. σημαντικός, έξαιρετικός/ signify, v.t. σημαίνω, δηλώνω
signpost, n. όρόσημο (τό)
silence, n. ήσυχία (ή), σιωπή (ή)/ v.t. καταπνίγω, κάνω νά σωπάσει/ ~r, n. σιγαστήρας (ό)/ silent, a. σιωπηλός, άμίλητος, άθόρυβος/ ~ film, βουβή ταινία (ή)/ remain ~, παραμένω σιωπηλός
silhouette, n. σκιαγραφία (ή), σιλουέττα (ή)/ in ~, σά σκιά
silica, n. χαλικίτιδα (ή)/ ~te, n. πυριτικό άλάτι (τό)
silk, n. μετάξι (τό)/ a. μεταξωτός/ raw ~, άκατέργαστο μετάξι/ spun ~, κατεργασμένο μετάξι/ ~en, ~y, a. μεταξένιος, μεταξωτός/ (voice) γλυκόλαλος/ ~worm, n. μεταξοσκώληκας (ό)
sill, n. κατώφλι (τό), περβάζι (τό)
silliness, n. άνοησία (ή), μωρία (ή)/ silly, a. άνόητος, μωρός
silo, n. σιλό (τό), άποθήκη σιτηρών (ή)
silt, n. λάσπη (ή), βόρβορος (ό)/ v.t. & i. ~ up, προκαλώ πρόσχωση
silver, n. άσήμι (τό)/ a. άσημένιος, άργυρός/ v.t. άσημώνω/ ~ plate, v.t. έπαργυρώνω/ ~ plated, a. έπαργυρωμένος/ ~y, a. άστραφτερός/ (sound) άργυρόηχος
similar, a. παρόμοιος, δμοιος, άνάλογος/ ~ity, n. όμοιότητα (ή)/ ~ly, ad. παρόμοια
simile, n. παρομοίωση (ή)
simmer, v.i. σιγοβράζω
simper, n. προσποιητό (ήλίθιο) γέλιο (τό)/ v.i. γελώ προσποιητά (ήλίθια)
simple, a. άπλός, άφελής, ἄκακος/ ~ton, n. ήλίθιος (ό), μωρός (ό)/ simplicity, n. άπλότητα (ή)/ simplification, n. άπλοποίηση (ή), άπλούστευση (ή)/ simplify, v.t. άπλοποιώ, άπλουστεύω/ simply, ad. άπλά, μόνο
simulacrum, n. είδωλο (τό), όμοίωμα (τό)/ simulate, v.t. ύποκρίνομαι, μιμούμαι/ simulation, n. προσποίηση (ή), μίμηση (ή)
simultaneous, a. ταυτόχρονος
sin, n. άμαρτία (ή)/ v.i. άμαρτάνω
since, ad. έκτοτε, άπό, άφότου/ ever ~, άπό τότε/ some time ~, λίγος καιρός άφότου/ long ~, άπό πολύ καιρό/ c. άφοῦ, πρίν, πρίν άπό/ it's an hour ~ he left, έφυγε πρίν άπό μιά ὥρα/ ~ you can't, άφοῦ δέν μπορεῖς/ pr. άπό, πρό
sincere, a. είλικρινής/ sincerity, n. εἰλικρίνεια (ή)
sine, n. (maths) ἡμίτονο (τό)
sinecure, n. άργομισθία (ή)/ sinecurist, n. άργόμισθος (ό)
sinew, n. τένοντας (ό), νεῦρο (τό)
sinful, a. άμαρτωλός
sing, v.t. & i. τραγουδώ/ ~ of, ύμνώ, ψάλλω/ ~ out of tune, εἶμαι παράφωνος/ ~ to sleep, νανουρίζω
singe, v.t. καψαλίζω, περνώ άπό φλόγα

singer, n. τραγουδιστής (ό), ψάλτης (ό)/
singing, n. τραγούδι (τό), τραγούδισμα (τό)/ ~ *bird*, ώδικό πουλί (τό)
single, a. μονός, μοναδικός/ ~ *bed*, μονό κρεββάτι/ ~ *room*, μονό δωμάτιο/ ~ *ticket*, άπλό είσιτήριο/ v.t. ~ *out*, ξεχωρίζω/ ~*breasted*, a. μονόπετο/ ~*handed*, a. καμωμένο άπό έναν άνθρωπο/ ~*minded*, a. μέ ένα μόνο σκοπό/ ~*ness*, n. μοναδικότητα (ή)/ ~ *of purpose*, άποκλειστικότητα σκοποΰ/ ~*t*, n. γιλέκο (τό)/ *singly*, ad. χωριστά, ένας-ένας, άτομικά
singsong, n. μονότονη φωνή (ή)
singular, a. μοναδικός/ (gram.) ένικός/ ~*ity*, n. μοναδικότητα (ή)
sinister, a. κακόβουλος, άποτρόπαιος
sink, n. νεροχύτης (ό)/ v.t. βυθίζω, βουλιάζω/ v.i. βυθίζομαι, καταποντίζομαι, βουλιάζω/ (sun) δύω/ ~*er*, n. βαρίδι πετονιάς (τό)/ ~*ing*, n. καταβύθιση (ή), καθίζιση (ή), καταποντισμός (ό)/ ~ *fund*, χρεωλύσιο (τό)
sinner, n. άμαρτωλός (ό)
sinuous, a. έλικοειδής/ (person) εύκαμπτος
sinus, n. κοίλωμα (τό), κόλπος (ό)
sip, n. ρουφηξιά (ή)/ v.t. πίνω μιά ρουφηξιά, δοκιμάζω
siphon, n. σίφων (ό), σωλήνας (ό)
sir, n. κύριος (ό)/ (title) σέρ (ό)/ *Dear* ~, άγαπητέ κύριε/ *Dear* ~s, κύριοι
sire, n. πατέρας (ό), άφέντης (ό)/ (animal) άρσενικό ζώο (τό)/ v.t. (animals) είμαι πατέρας
siren, n. σειρήνα (ή)/ (woman) γόησσα (ή)
sirloin, n. φιλέτο (τό)
sister, n. άδελφή (ή)/ (nun) άδελφή μοναχή/ ~*hood*, n. άδελφότητα γυναικών (ή)/ ~*-in-law*, n. κουνιάδα (ή), νύφη (ή)/ ~*ly*, a. άδελφικός
sit, v.i. κάθομαι/ v.t. καθίζω/ ~ *down strike*, καθιστική άπεργία/ ~ *for*, προσέρχομαι/ ~ *up*, άνακάθομαι
site, n. τοποθεσία (ή), τόπος (ό)/ *building* ~, οίκόπεδο (τό)
sitting, n. κάθισμα (τό)/ (committee, etc.) συνεδρίαση (ή)/ *at one* ~, σέ μιά καθησιά/ ~ *room*, καθιστικό (τό), σαλόνι (τό)
situated, a. κείμενος, εύρισκόμενος/ *situation*, n. θέση (ή), τοποθεσία (ή), κατάσταση (ή)
six, num. έξι/ ~*teen*, num. δεκάξι/ ~*teenth*, num. δέκατος-έκτος/ ~*th*, num. έκτος/ n. έκτο (τό)/ ~ *of March*, έξι Μαρτίου/ ~*tieth*, num. έξηκοστός/ ~*ty*, num. έξήντα
sizeble, a. άρκετά μεγάλος/ *size*, n. μέγεθος (τό), όγκος (ό)/ v.t. βάζω μέ σειρά μεγέθους/ ~ *up*, καταμετρώ, παίρνω τίς διαστάσεις
sizzle, v.i. τσιτσιρίζω
skate, n. παγοπέδιλο (τό)/ v.i. παγοδρομώ/ ~*r*, n. παγοδρόμος (ό)/ *skating rink*, παγοδρόμιο (τό)
skein, n. κουβαρίστρα (ή)
skeleton, n. σκελετός (ό)/ ~ *in the cupboard*, οίκογενειακό μυστικό/ ~ *key*, άντικλείδι (τό)
sketch, n. σχεδίασμα (τό), σκίτσο (τό)/ (theat.) σκέτς (τό)/ v.t. & i. σχεδιάζω, σκιτσάρω/ ~*y*, a. πρόχειρος, μισοτελειωμένος
skewer, n. σούβλα (ή)/ v.t. σουβλίζω, περνώ στή σούβλα
ski, n. σκί (τό)/ v.i. κάνω σκί/ ~*er*, n. σκιέρ (ό)
skid, n. τροχοπέδη (ή)/ v.i. γλιστρώ, ξεφεύγω/ ~*ding*, n. γλίστρημα (τό)/ (car) ντελαπάρισμα (τό)
skiff, n. πλοιάριο (τό)
skilful, a. έπιδέξιος, έμπειρος/ *skill*, n. έπιδεξιότητα (ή), πείρα (ή)/ ~*ed*, a. είδικευμένος
skim, v.t. ξαφρίζω, βγάζω τήν κρέμα/ ~ *over (through)*, κοιτάζω γρήγορα, φυλλομετρώ
skimp, v.t. τσιγκουνεύομαι/ v.i. έκτελώ έπιπόλαια
skin, n. δέρμα (τό), πετσί (τό), πέτσα (ή)/ (fruit) φλούδα (ή)/ ~ *outer* ~, έπιδερμίδα (ή)/ v.t. & i. γδέρνω, ξεφλουδίζω/ ~ *deep*, a. έπιπόλαιος, έπιφανειακός/ ~*flint*, n. φιλάργυρος (ό)/ ~*ny*, a. λιπόσαρκος, πετσί καί κόκκαλο
skip, n. πήδημα (τό), σκίρτημα (τό)/ v.i. πηδώ, σκιρτώ/ v.t. ξεπερνώ, ύπερπηδώ
skipper, n. καπετάνιος (ό), πλοίαρχος

(ὁ)
skipping rope, σχοινάκι (τό)
skirmish, n. ἀψιμαχία (ἡ)/ v.i. ἀψιμαχῶ
skirt, n. φούστα (ἡ), κράσπεδο (τό)/ v.t. περιζώνω, κρασπεδώνω/ ~ing board, γείσωμα (τό), σοβατεπί (τό)
skit, n. χλεύη (ἡ), παρωδία (ἡ)/ ~tish, a. ἐπιπόλαιος, ἐλαφρός, ἀστεῖος
skulk, v.i. παραφυλάγω
skull, n. κρανίο (τό)/ ~-cap, n. σκοῦφος (ὁ)
skunk, n. εἶδος νυφίτσας (τό)/ (fig.) ἀγενής
sky, n. οὐρανός (ὁ), στερέωμα (τό)/ ~ blue, γαλάζιο χρῶμα/ ~lark, n. κορυδαλός (ὁ)/~light, n. φωταγωγός (ὁ)/ ~line, n. γραμμή τοῦ ὁρίζοντα (ἡ)/ ~scraper, n. οὐρανοξύστης (ὁ)
slab, n. πλάκα (ἡ)
slack, a. χαλαρός, ἄτονος/ (lazy) νωθρός, ἀμελής/ n. καρβουνόσκονη (ἡ)/ v.i. σβύνω/ v.t. λασκάρω, μαραίνομαι/ ~en, v.t. μετριάζω, ἐλαττώνω, χαλαρώνω/ v.i. ἀτονῶ/ ~er, n. νωθρός (ὁ), ὀκνηρός (ὁ)/ ~s, n. πανταλονάκι (τό)
slag, n. σκουριά (ἡ)
slake, v.t. σβύνω (δίψα)
slam, n. βρόντηγμα (τό), δυνατό χτύπημα (τό)/ v.t. βροντῶ, χτυπῶ δυνατά
slander, n. συκοφαντία (ἡ)/ v.t. συκοφαντῶ/ ~er, n. συκοφάντης (ὁ)/ ~ous, a. συκοφαντικός
slang, n. χυδαία γλῶσσα (ἡ), μάγκικα (τά)
slant, n. κλίση (ἡ), λοξότητα (ἡ)/ v.t. προκαλῶ κλίση/ v.i. κλίνω, λοξεύω/ ~ing, a. πλάγιος, λοξός
slap, n. χαστούκι (τό), μπάτσος (ὁ)/ ~ on the face, προσβολή (ἡ)/ v.t. χαστουκίζω/ ~dash, a. πρόχειρος
slash, n. ἐγκοπή (ἡ), τομή (ἡ), σχίσιμο (τό)/ v.t. σχίζω, κόβω
slat, n. στενόμακρο ξύλο (τό)
slate, n. σχιστόλιθος (ὁ)/ (to write on) πλάκα (ἡ), ἄβακας (ὁ)/ v.t. πλακοστρώνω/ (fig.) ἐπιπλήττω/ ~r, n. πλακοστρώτης (ὁ)/ slating, n. πλακόστρωση στέγης (ἡ)/ (fig.) ἐπίπληξη (ἡ)
slattern, n. βρώμικη (ἀτημέλητη) γυναίκα (ἡ)/ ~ly, a. βρώμικος, ἀτημέλητος

slaughter, n. σφαγή (ἡ), φόνος (ὁ)/ v.t. σφάζω/ ~ house, n. σφαγεῖο (τό)
Slav, n. Σλάβος (ὁ)/ a. σλαβικός
slave, n. σκλάβος (ὁ), δοῦλος (ὁ)/ ~ driver, δουλέμπορος (ὁ)/ ~ trade, δουλεμπόριο (τό)/ v.i. δουλεύω βαρειά, ἐργάζομαι σάν δοῦλος
slaver, n. σάλιο (τό)/ v.i. σαλιαρίζω
slavery, n. δουλεία (ἡ)/ slavish, a. δουλικός/ ~ness, n. δουλικότητα (ἡ)
slay, v.t. σκοτώνω, σφάζω/ ~er, n. φονέας (ὁ), σφαγέας (ὁ)
sledge, n. ἕλκηθρο (τό)/ ~ hammer, n. βαρειά (ἡ)/ sledging, n. μεταφορά μέ ἕλκηθρο (ἡ)
sleek, a. λεῖος, ὁμαλός, στιλπνός/ ~ down, v.t. λειαίνω
sleep, n. ὕπνος (ὁ)/ go to ~, ἀποκοιμιέμαι/ put to ~, κοιμίζω/ v.i. κοιμοῦμαι/ ~ like a log, πέφτω σά κούτσουρο/ ~ on it, ξανασκέφτομαι/ ~er, n. ὑπναράς (ὁ)/ (railway) βαγκόν-λί (τό)/ ~ily, ad. κοιμισμένα/ ~iness, n. ὑπνηλία (ἡ)/ ~ing, a. κοιμισμένος/ ~-car, κλινάμαξα (ἡ), βαγκόν-λί (τό)/ ~less, a. ἄϋπνος, ξάγρυπνος/ ~y, a. νυσταγμένος/ be ~, νυστάζω
sleet, n. χιονόνερο (τό)
sleeve, n. μανίκι (τό)/ (tech.) θήκη (ἡ)/ ~ link, συνδετικός κρίκος (ὁ)/ laugh up one's ~, γελῶ μόνος μου/ wear one's heart on one's ~, δείχνω τά αἰσθήματά μου
sleigh, n. ἕλκηθρο (τό)/ ~ bell, κουδουνάκι ἕλκηθρου (τό)
sleight, n. πονηριά (ἡ), τέχνασμα (τό)/ ~ of hand, ταχυδακτυλουργία (ἡ), ἐξαπάτηση (ἡ)
slender, a. λεπτός, λυγερός/ person of ~ means, φτωχός
sleuth, n. ντέτεκτιβ (ὁ)/ ~ hound, ἀστυνομικός σκύλος (ὁ)
slice, n. φέτα (ἡ)/ v.t. κόβω σέ φέτες
slide, n. γλίστρημα (τό), ὀλίσθημα (τό)/ (land) κατολίσθηση (ἡ)/ pl. διαφάνειες (οἱ), σλάϊντς (τά)/ ~ projector, μηχανή προβολῆς σλάϊντς/ ~ rule, λογαριθμικός κανόνας/ (microscope) πλάκα (ἡ)/ v.t. & i. γλιστρῶ/ ~ by, παρέρχομαι, διαβαίνω/ let things ~, ἀφήνω τά πράγ-

ματα νά χειροτερεύουν/ *sliding*, a. κινητός, ὀλισθαίνων/ ~ *door*, συρτή πόρτα/ ~ *scale*, κινητή κλίμακα/ n. γλίστρημα (τό)
slight, a. λεπτός, ἐλαφρός, ἀσήμαντος/ *not in the* ~*est*, καθόλου/ n. περιφρόνηση (ἡ), ἔλλειψη σεβασμοῦ (ἡ)/ v.t. περιφρονῶ, ἀψηφῶ/ ~*ingly*, ad. περιφρονητικά/ ~*ly*, ad. ἐλαφρά
slim, a. λεπτός, ἀδύνατος, κομψός/ v.i. ἀδυνατίζω
slime, n. βόρβορος (ὁ), λάσπη (ἡ), πηλός (ὁ)/ *slimy*, a. λασπερός, βορβορώδης, γλοιώδης
sling, n. σφενδόνη (ἡ)/ (surg.) μασχαλιστήρας (ὁ)/ v.t. σφενδονίζω
slink, v.i. δραπετεύω
slip, n. γλίστρημα (τό)/ (fig.) παράπτωμα (τό), σφάλμα (τό)/ (bot.) βλαστάρι (τό), παραφυάδα (ἡ)/ (naut.) σκαρί (τό)/ ~ *of the pen*, γραφικό λάθος/ ~ *of the tongue*, παραδρομή τῆς γλώσσας/ *give the* ~, ξεφεύγω/ v.i. γλιστρῶ, ξεγλιστρῶ/ ~ *away (off)*, ξεφεύγω/ ~ *one's memory*, μοῦ διαφεύγει/ ~ *knot*, n. κόμπος (ὁ)/ ~*per*, n. παντούφλα (ἡ)/ ~*pery*, a. γλιστερός/ (fig.) πονηρός, πανοῦργος/ ~*shod*, a. ἀκατάστατος, παραμελημένος
slit, n. σχισμή (ἡ), χαραμάδα (ἡ)/ v.t. σχίζω, κόβω
slither, v.i. γλιστρῶ, σέρνομαι
sliver, n. σκλήθρα (ἡ)
slobber, n. ὑπερβολική αἰσθηματικότητα (ἡ)/ v.i. δείχνω αἰσθηματικότητα/ ~*ing*, n. σαλιάρισμα (τό)
sloe, n. κορόμηλο (τό)
slog, v.t. χτυπῶ δυνατά, ξυλοφορτώνω
slogan, n. σύνθημα (τό), ἔμβλημα (τό)
sloop, n. καΐκι (τό)
slop, n. ἀποπλύματα (τά), ἀπομεινάρια ποτῶν/ v.t. & i. χύνω, λερώνω/ ~ *pail*, λεκάνη νιψίματος (ἡ)
slope, n. πλαγιά (ἡ), κατηφοριά (ἡ)/ v.t. & i. κατηφορίζω, κατεβαίνω πλαγιά/ *sloping*, a. πλάγιος, λοξός, ἐπικλινής
sloppy, a. λασπερός, βορβορώδης/ (person) μαλθακός, ἄτονος
slot, n. σχισμή (ἡ)/ ~ *machine*, αὐτόματη μηχανή πωλήσεως

sloth, n. ἀδράνεια (ἡ), ὀκνηρία (ἡ)/ ~*ful*, a. ὀκνηρός, νωθρός
slouch, n. βαρύ περπάτημα (τό), συρτό βῆμα (τό)/ ~ *hat*, καπέλλο μέ κατεβασμένο γύρο/ v.i. σέρνομαι, περπατῶ βαρειά
slough, n. τέλμα (τό), βάλτος (ὁ)/ v.i. καλύπτομαι ἀπό πληγές/ v.t. ~ *off*, ἀλλάζω δέρμα
slovak, n. Σλοβάκος (ὁ)/ a. σλοβακικός
sloven, n. βρώμικος (ὁ), ἀτημέλητος (ὁ)/ ~*liness*, n. βρωμιά (ἡ), ἀτημελησία (ἡ)/ ~*ly*, a. ἀτημέλητος, ἄκομψος
slow, a. ἀργός, σιγανός, βραδυκίνητος/ *the clock is* ~, τό ρολόϊ πάει πίσω/ v.t. & i. καθυστερῶ, βραδύνω/ ~*ly*, ad. ἀργά, σιγά/ ~*ness*, n. βραδύτητα (ἡ), ἀργοπορία (ἡ)
sludge, n. λάσπη (ἡ), βόρβορος (ὁ)
slug, n. γυμνοσάλιαγκας (ὁ)/ (bullet) βολίδα (ἡ)/ (print.) διάστιχο (τό)
sluggard, n. τεμπέλης (ὁ), ἀκαμάτης (ὁ)/ *sluggish*, a. νωθρός, ὀκνός
sluice, n. ὑδροφράχτης (ὁ), ἀγωγός παροχέτευσης (ὁ)/ ~ *gate*, θύρα ὑδροφράχτη/ v.t. φράζω τό ρεῦμα
slum, n. φτωχογειτονιά (ἡ)
slumber, n. ἐλαφρός ὕπνος (ὁ)/ v.i. κοιμοῦμαι ἐλαφρά
slump, n. ἀπότομη πτώση τιμῶν (ἡ)/ v.t. πέφτω ἀπότομα, βυθίζομαι
slur, n. προσβολή (ἡ), περιφρόνηση (ἡ)/ (mus.) ἑνωτικό (τό)/ v.i. προσβάλλω, μολύνω, κιλιδώνω/ ~ *over*, παρασιωπῶ
slush, n. μαλακή λάσπη (ἡ)/ ~*y*, a. λασπερός
slut, n. βρωμογύναικο (τό), πουτάνα (ἡ)/ ~*tish*, a. βρωμερή, ἀνήθικη (γυναίκα)
sly, a. πονηρός, ὕπουλος, πανοῦργος/ *on the* ~, κρυφά, δόλια/ ~*ness*, η. πονηριά (ἡ), ὑπουλότητα (ἡ)
smack, n. γεύση (ἡ), νοστιμάδα (ἡ)/ (noise) κρότος (ὁ), τρίξιμο (τό)/ (of lips) πλατάγισμα (τό)/ (slap) χαστούκι (τό)/ v.t. κάνω κρότο, τρίζω, χτυπῶ, πλαταγίζω/ ~ *of*, θυμίζω, δίνω τήν ἐντύπωση
small, a. μικρός, λίγος/ *feel* ~, νιώθω ἀσήμαντος/ *look* ~, φαίνομαι μικρός

(λίγος)/ ~ *beer*, ελαφριά μπύρα/ ~ *change*, ψιλά/ ~ *fry*, ασήμαντος άνθρωπος/ ~ *hours*, πρωινές ώρες/ ~ *talk*, κουβεντολόι/ ~*holder*, n. μικροκτηματίας (ό)/ ~*ness*, n. μικρότητα (ή), μικρό μέγεθος (τό)/ ~*pox*, n. ευλογιά (ή)
smart, a. κομψός, έξυπνος, δραστήριος/ n. πόνος (ό)/ v.i. πονώ, υποφέρω/ ~*en*, v.t. ζωηρεύω, επισπεύδω/ ~*ly*, ad. ζωηρά, γρήγορα, κομψά, έξυπνα/ ~*ness*, n. κομψότητα (ή), ζωηρότητα (ή), ζωντάνια (ή)
smash, n. πάταγος (ό), δυνατό χτύπημα (τό), συντριβή (ή)/ v.t. & i. συντρίβω, σπάζω, καταστρέφω/ ~ *into*, σπάζω καί μπαίνω/ ~*er*, n. θραύστης (ό)/ ~*ing*, n. σπάσιμο (τό), συντριβή (ή)/ a. σπουδαίος, περίφημος, έξοχος, εξαιρετικός
smattering, n. επιφανειακή γνώση (ή), πασάλειμμα (τό)
smear, n. κηλίδα (ή), λεκές (ό)/ v.t. κηλιδώνω, λεκιάζω
smell, n. μυρωδιά (ή), οσμή (ή)/ v.t. μυρίζω, οσφραίνομαι/ v.i. μυρίζω, βρωμάω/ ~ *out*, ανακαλύπτω, βρίσκω/ ~ *a rat*, υποπτεύομαι, υποψιάζομαι/ ~*ing salts*, οσφρητικά άλατα
smelt, n. είδος ψαριού/ v.t. εξάγω μέταλλο μέ τήξη/ ~*ing*, n. εξαγωγή μετάλλου μέ τήξη (ή)
smile, n. χαμόγελο (τό)/ v.i. χαμογελώ/ *smiling*, a. χαμογελαστός
smirch, v.t. λερώνω, κηλιδώνω, λεκιάζω
smirk, n. προσποιητό χαμόγελο (τό)/ v.i. χαμογελώ προσποιητά
smite, v.t. χτυπώ
smith, n. σιδηρουργός (ό), σιδεράς (ό)/ ~*y*, n. σιδηρουργείο (τό), σιδεράδικο (τό)
smitten, p.p. ~ *with*, τρομοκρατημένος/ ~ *with love*, ερωτευμένος, ερωτοχτυπημένος
smock, n. μπλούζα (ή), πουκαμίσα (ή)
smoke, n. καπνός (ό)/ v.t. καπνίζω/ v.i. αχνίζω/ ~ *out*, βγάζω χρησιμοποιώντας καπνό/ ~*less*, a. άκαπνος/ ~*r*, n. καπνιστής (ό)/ (carriage) βαγόνι καπνιστών/ *smoking*, n. κάπνισμα (τό)/

no ~, απαγορεύεται τό κάπνισμα
smooth, a. απαλός, μαλακός, λείος/ v.t. λειαίνω, μαλακώνω, ισιώνω/ ~*ly*, ad. απαλά, μαλακά, ομαλά/ ~*ness*, n. ομαλότητα (ή), ηπιότητα (ή)/ ~*-tongued*, a. γλυκομίλητος
smother, v.t. πνίγω, περιτυλίγω
smoulder, v.i. κρυφοκαίω
smudge, n. μαύρη κηλίδα (ή), μουτζούρα (ή)/ v.t. μουτζουρώνω, μελανώνω
smug, a. αυτάρεσκος, κομψευόμενος
smuggle, v.t. κάνω λαθρεμπόριο/ ~*r*, n. λαθρέμπορος (ό)/ *smuggling*, n. λαθρεμπόριο (τό)
smut, n. κηλίδα (ή), μουτζούρα (ή), μαύρος λεκές (ό)/ ~*ty*, a. μουτζουρωμένος, λεκιασμένος, κηλιδωμένος
snack, n. μεζές (ό)/ ~ *bar*, μικρό πρόχειρο εστιατόριο (τό)
snag, n. κόμπος (ό), εμπόδιο (τό)
snail, n. σαλιγκάρι (τό)/ *like a* ~, σάν χελώνα
snake, n. φίδι (τό)/ *snaky*, a. φιδίσιος, ελικοειδής
snap, n. τρίξιμο (τό), σπάσιμο (τό), δαγκωματιά (ή)/ (phot.) στιγμιαία φωτογράφηση/ (tech.) αυτόματο κλειδί/ v.t. τρίζω, δαγκώνω/ (phot.) παίρνω στιγμιαία φωτογραφία/ v.i. χαύω/ ~ *at*, αρπάζω/ ~*dragon*, n. αντίρρινο (τό)/ ~*pish*, a. δύστροπος, οργισμένος/ ~*shot*, n. στιγμιαία φωτογράφηση
snare, n. παγίδα (ή), ενέδρα (ή), βρόχος (ό)/ v.t. παγιδεύω
snarl, n. μπέρδεμα (τό)/ (sound) γογγυσμός (ό), μουρμούρισμα (τό)/ v.i. γογγύζω, αγριεύω
snatch, n. άρπαγμα (τό)/ *a* ~ *of*, λίγο από, ένα κομμάτι από/ v.t. αρπάζω
sneak, n. υποκριτής (ό), ασήμαντος άνθρωπος/ v.i. έρπω, χώνομαι/ ~ *away*, ξεφεύγω, φεύγω κρυφά
sneer, n. χλευασμός (ό), σαρκασμός (ό)/ v.i. χλευάζω, σαρκάζω
sneeze, n. φτάρνισμα (τό)/ v.i. φταρνίζομαι
sniff, n. ρουθούνισμα (τό)/ v.t. ρουθουνίζω, οσφραίνομαι/ v.i. ρουφώ πρέζα
snigger, n. κρυφό γέλιο (τό)/ v.i. κρυφογελώ, μυκτηρίζω

snip, n. μικρό κομμάτι (τό), ψαλίδισμα (τό)/ v.t. κόβω, ψαλιδίζω
snipe, n. μπεκάτσα (ή)
sniper, n. ἐλεύθερος σκοπευτής (ὁ)
snippet, n. κομματάκι (τό)/ (information) λεπτομέρεια σέ πληροφορία
snivel, v.i. κλαψουρίζω/ ~ler, n. κλαψιάρης (ὁ)
snob, n. σνόμπ (ὁ, ἡ)/ ~bish, a. κενόδοξος/ ~bery, n. σνομπισμός (ὁ)
snooze, n. ἐλαφρός ὕπνος (ὁ)/ v.i. κοιμοῦμαι ἐλαφρά
snore, n. ροχάλισμα (τό)/ v.i. ροχαλίζω
snort, n. ρουθούνισμα (τό)/ v.i. ρουθουνίζω
snout, n. ρύγχος (τό)
snow, n. χιόνι (τό)/ v.i. it's ~ ing, χιονίζει/ ~ball, n. χιονόσφαιρα (ή)/ ~ bound, a. ἀποκλεισμένος ἀπό χιόνια/ ~capped, a. χιονοσκέπαστος/ ~drift, n. χιονοστιβάδα (ή)/ ~drop, n. λευκή βιολέττα (ή)/ ~ fall, n. χιονόπτωση (ή)/ ~ flake, n. νιφάδα (ή)/ ~man, n. χιονάνθρωπος (ὁ)/~πλοθηη, n. ἐκχιονισήρας (ὁ/ ~storm,çn.ê?xinou?ella (*h) ~white, a. χιονάτος/θ ~y, a. χιονόλευκος
snub, n. περιφρόνηση (ή), καταφρόνηση (ή), ὑποτίμηση (ή)/ a. κολοβός/ v.t. καταφρονῶ/ (flatten) κολοβώνω
snuff, n. καπνός (ὁ), ταμπάκος (ὁ)/ pinch of ~, πρέζα καπνοῦ (ταμπάκου)/ (candle) καύτρα (ή)/ ~ box, ταμπακοθήκη (ή)/ v.t. κόβω τήν καύτρα/ v.i. τραβῶ ταμπάκο
snuffle, n. ρινοφωνία (ή)/ v.i. μιλῶ μέ τή μύτη
snug, a. ἄνετος, ἀναπαυτικός/ ~gle, v.i. συστέλλομαι, συμμαζεύομαι, κουβαριάζομαι
so, ad. & c. ἔτσι, μ' αὐτό τόν τρόπο, τόσο/ ~ as to, ἔτσι ὥστε/ ~ far, μέχρι τώρα/ ~ long! γειά σου!/ ~ that, ἔτσι ὥστε/ ~ that's it, ὥστε ἔτσι εἶναι/ and ~ on, καί οὕτω καθεξῆς/ ~ be it, ἄς γίνει ἔτσι/ if ~, ἐάν εἶναι ἔτσι/ ~ much, τόσος/ ~ much ~, τόσο τό καλύτερο/ ~ and ~, ἔτσι κι' ἔτσι/ ~ ~ ἔτσι κι' ἔτσι/ I don't think ~, δέν νομίζω, δέν πιστεύω/ a month or ~, περίπου ἕνα μήνα

soak, n. μούσκεμα (τό), μούλιασμα (τό)/ v.t. μουσκεύω, μουλιάζω/ v.i. μουσκεύομαι/ ~ up, ρουφῶ/ be ~ing wet, εἶμαι μούσκεμα (μούλια)
soap, n. σαπούνι (τό)/ ~ bubble, n. σαπουνόφουσκα (ή)/ ~ dish, n. σαπουνοθήκη (ή)/ ~- suds, n. σαπουνάδα (ή)/ ~y, a. σαπουνώδης/ (fig.) μελοδραματικός
soar, v.i. ἀνεβαίνω/ (prices) ἀκριβαίνω
sob, n. λυγμός (ὁ)/ v.i. κλαίω μέ λυγμούς
sober, a. νηφάλιος, ἤρεμος/ v.t. & i. ξεμεθῶ/ (fig.) ἡσυχάζω, σκέπτομαι ἤρεμα/ sobriety, n. νηφαλιότητα (ή), ἠρεμία (ή)
sobriquet, n. παρατσούκλι (τό)
soccer, n. ποδόσφαιρο (τό)
sociable, a. κοινωνικός, ὁμιλητικός
social, a. κοινωνικός/ n. κοινωνική συνάθροιση (ή)/ ~ism, n. σοσιαλισμός (ὁ)/ ~ist, n. σοσιαλιστής (ὁ)/ a. σοσιαλιστικός/ ~ization, n. κοινωνικοποίηση (ή)/ ~ize, v.t. κοινωνικοποιῶ/ ~ with, κάνω παρέα μέ/ society, n. κοινωνία (ή), ἐταιρεία (ή)/ sociology, n. κοινωνιολογία (ή)
sock, n. κάλτσα (ή)
socket, n. ὑποδοχή (ή), θήκη (ή)/ (eye) κόγχη (ή)/ (tooth) φατνίο (τό)
sod, n. πυκνή χλόη (ή)/ (person) ἀνόητος
soda, n. σόδα (ή)/ ~ fountain, χῶρος γιά τήν πώληση ἀεριούχων/ ~ water, ἀεριούχα σόδα
sodden, a. μουσκεμένος, βρεμένος
sodium, n. σόδιο (τό)
sofa, n. καναπές (ὁ)
soft, a. μαλακός, ἀπαλός/ (person) ἤπιος, πρᾶος/ ~ boiled egg, μελάτο αὐγό/ ~ goods, ὑλικά γιά ὕφανση/ ~ drinks, ἀναψυκτικά (τά)/ ~en, v.t. & i. μαλακώνω, ἀπαλύνω/ ~ening, n. μαλάκωμα (τό), ἀπάλυνση (ή)/ ~-hearted, a. καλόκαρδος, εὐσυγκίνητος/ ~ness, n. μαλακότητα (ή)/ (in a person) μετριοπάθεια (ή)
soggy, a. ὑγρός, μουσκεμένος
soil, n. ἔδαφος (τό)/ native ~, πατρική γῆ (ή)/ v.t. λερώνω/ ~ed, a. λερωμένος, μολυσμένος
soirée, n. ἑσπερίδα (ή)

sojourn, n. παραμονή (ή), διαμονή (ή)/ v.i. διαμένω, μένω προσωρινά, παρεπιδημώ
solace, n. παρηγοριά (ή), ἀνακούφιση (ή)/ v.t. παρηγορώ, ἀνακουφίζω
solar, a. ἡλιακός
solder, n. συγκόλληση μετάλλων, μεταλλόκολλα/ v.t. συγκολλώ/ ~ing, n. συγκόλληση (ή)/ ~ iron, συγκολλητικό ἐργαλείο (τό)
soldier, n. στρατιώτης (ὁ)/ ~ing, n. ἐπάγγελμα στρατιώτη/ ~ly, a. στρατιωτικός/ ~y, n. στρατιώτες (οἱ), φανταρία (ή)
sole, a. μόνος, μοναδικός/ ~ agent, ἀποκλειστικός ἀντιπρόσωπος/ ~ right, ἀποκλειστικό δικαίωμα/ n. (shoe) σόλα (ή)/ (foot) πέλμα (τό)/ (fish) γλώσσα (ή)
solecism, n. σολοικισμός (ὁ)
solely, ad. ἀποκλειστικά, μόνο
solemn, a. πανηγυρικός, ἑορταστικός, σοβαρός/ ~ity, n. σοβαρότητα (ή), ἐπισημότητα (ή)/ ~ize, v.t. πανηγυρίζω, γιορτάζω
solfeggio, n. σολφέζ (τό)
solicit, v.t. ἱκετεύω, ἐπιζητώ/ ~ation, n. παράκληση (ή), ἱκεσία (ή)/ ~or, n. δικηγόρος (ὁ)/ S~ General, εἰσαγγελέας (ὁ)/ ~ous, a. ἀνυπόμονος, ἀνήσυχος/ ~ude, n. ἀνησυχία (ή), μέριμνα (ή)
solid, a. στερεός, συμπαγής/ n. στερεό (τό)/ ~arity, n. ἀλληλεγγύη (ή)/ ~ify, v.t. στερεοποιώ/ v.i. στερεοποιοῦμαι, σκληραίνω/ ~ity, n. στερεότητα (ή), σταθερότητα (ή)/ ~ly, ad. στερεά, σταθερά
soliloquize, v.i. μονολογῶ/ **soliloquy**, n. μονόλογος (ὁ)
solitaire, n. πολύτιμο πετράδι (τό), μονόπετρο (τό)/ **solitary**, a. ἀπομονωμένος, ὁλομόναχος, μοναχικός/ ~ confinement, ἀπομόνωση (ή)
solitude, n. μοναξιά (ή)
solo, n. σόλο (τό), μονωδία (ή)/ ~ist, n. σολίστας (ὁ)
solstice, n. ἡλιοστάσιο (τό)
soluble, a. διαλυτός/ **solution**, n. διάλυση (ή)/ (of a problem) λύση (ή)/ **solve**, v.t. λύνω
solvency, n. φερεγγυότητα (ή), ἀξιόχρεο (τό)/ **solvent**, a. φερέγγυος, ἀξιόχρεος/ n. διαλυτικό (τό)
sombre, a. σκοτεινός, ζοφερός
some, a. κάποιοι, μερικοί, κάποιος/ ~ way or other, μέ κάποιο τρόπο/ ~ people, μερικοί ἄνθρωποι/ ~ time ago, πρίν κάμποσο καιρό/ ~ three thousand, κάπου τρεῖς χιλιάδες/ pn. λίγοι, μερικοί/ ~ ... others ..., μερικοί ... ἄλλοι .../ ~body one, pn. κάποιος/ be ~, εἶμαι κάποιος, ἔχω κάποια θέση/ ~how, ad. κάπως, μέ κάποιο τρόπο
somersault, n. τούμπα (ή), πήδημα (τό)/ v.i. κάνω τούμπα
something, n. κάτι (τό)/ ~ else, κάτι ἄλλο
sometime, ad. κάποτε/ ~s, ad. μερικές φορές
somewhat, ad. κάπως, ὡς ἕνα σημεῖο
somewhere, ad. κάπου/ ~ else, κάπου ἀλλοῦ
somnambulism, n. ὑπνοβασία (ή)/ **somnambulist**, n. ὑπνοβάτης (ὁ)/ **somnolent**, a. νυσταλέος
son, n. γυιός (ὁ)/ grand~, ἐγγονός (ὁ)/ ~-in-law, γαμπρός (ὁ)
sonata, n. σονάτα (ή)
song, n. τραγούδι (τό)/ for a ~, γιά τό τίποτε/ ~ster, n. ψάλτης (ὁ), ἀοιδός (ὁ)
sonnet, n. σοννέτο (τό)
sonorous, a. ἠχηρός
soon, ad. σύντομα, γρήγορα/ as ~ as, μόλις/ as ~ as possible, τό συντομώτερο δυνατό/ ~er or later, ἀργά ἤ γρήγορα
soot, n. αἰθάλη (ή), καπνιά (ή)
soothe, v.t. μαλακώνω, καταπραΰνω/ **soothing**, a. καταπραϋντικός
soothsayer, n. μάντης (ὁ)
sooty, a. καπνισμένος, γεμάτος καπνιά
sop, n. μουσκεμένο φαγητό (τό)/ (fig.) καλόπιασμα (τό)
sophism, n. σόφισμα (τό)/ **sophist**, n. σοφιστής (ὁ)/ ~icated, a. περίπλοκος, καλά προετοιμασμένος
soporific, a. ναρκωτικός, ὑπνωτικός
soprano, n. σοπράνο (ή), ὑψίφωνος (ή)
sorcerer, n. μάγος (ὁ), μαγγανευτής (ὁ)/ **sorceress**, n. μάγισσα (ή)/ **sorcery**, n. μαγεία (ή), μαγγανεία (ή)
sordid, a. χυδαῖος, ἀγενής/ ~ness, n. χυδαιότητα (ή), ἀγένεια (ή)

sore, a. πληγωμένος, ἐρεθισμένος/ *have a ~ throat*, ὁ λαιμός μου εἶναι ἐρεθισμένος/ n. πληγή (ἡ), ἐρεθισμός (ὁ)
sorrel, a. ξανθός, κοκκινωπός/ n. ξινήθρα (ἡ)
sorrow, n. λύπη (ἡ), θλίψη (ἡ), μελαγχολία (ἡ)/ *to my ~*, μέ λύπη μου/ v.i. λυποῦμαι, θλίβομαι/ *~ful*, a. περίλυπος, θλιμμένος, μελαγχολικός/ *~fully*, ad. θλιμμένα, μελαγχολικά/ *sorry*, a. λυπημένος, στενοχωρημένος/ *~ sight*, θλιβερό θέαμα/ *be ~*, λυποῦμαι/ *I am so ~ for them*, λυποῦμαι γιά λογαριασμό τους/ *I am ~ ! μέ συγχωρεῖτε!*
sort, n. εἶδος (τό), τρόπος (ὁ)/ *good ~*, καλός τύπος/ v.t. διαλέγω, ταξινομῶ, κατατάσσω/ *~er*, n. διαλογέας (ὁ), ταξινόμος (ὁ)
sortie, n. ἐξόρμηση (ἡ)
sot, n. μεθύστακας (ὁ)/ *~ tish*, a. βλάκας, ἠλίθιος, ἀποβλακωμένος, ἀποκτηνωμένος
sought-after, a. περιζήτητος
soul, n. ψυχή (ἡ)/ *~ of*, ἡ ψυχή, τό βασικό πρόσωπο/ *poor ~! ὁ φουκαράς, ὁ κακομοίρης/ *~ful*, a. εὐγενικός/ *~less*, a. ἄψυχος, χωρίς ἀνθρωπιά
sound, n. ἦχος (ὁ), θόρυβος (ὁ), κρότος (ὁ)/ (naut.) βυθομέτρηση (ἡ)/ (med.) καθετηριασμός (ὁ)/ v.t. ἠχῶ, ἀντηχῶ/ (alarm) σημαίνω συναγερμό/ (med.) καθετηριάζω/ (bell, etc.) χτυπῶ, κουδουνίζω/ a. σῶος, γερός, ἀβλαβής/ *safe and ~*, σῶος καί ἀβλαβής/ *~ barrier*, φράγμα τοῦ ἤχου/ *~ing*, a. ἠχηρός, εὔηχος/ n. ἠχώ (ἡ), ἀντήχηση (ἡ)/ (med.) στηθοσκόπηση (ἡ)/ *use as a ~board*, χρησιμοποιῶ δοκιμαστικά γιά νά δῶ τίς ἀντιδράσεις/ *~ lead*, μολύβι βολίδας/ *~s*, n.pl. βυθομετρήσεις (οἱ), βυθοσκοπήσεις (οἱ)/ *~ly*, ad. δυνατά, λογικά/ *sleep ~*, κοιμοῦμαι βαθειά/ *~ness*, n. σταθερότητα (ἡ), ἀσφάλεια (ἡ), ὑγεία (ἡ)
soup, n. σούπα (ἡ)/ *in a ~*, σέ μπελάδες/ *~ plate*, βαθύ πιάτο/ *~ tureen*, n. σουπιέρα (ἡ)
sour, a. ξυνός, ἄγουρος/ *turn ~*, μοῦ βγαίνει ξυνό/ *~ grapes!* ὄμφακες, κάτι ἀπραγματοποίητο/ v.t. ξυνίζω

source, n. πηγή (ἡ)/ (fig.) ἑστία (ἡ), ἀφορμή (ἡ)/ *have it from a good ~*, τό ἔμαθα ἀπό καλή πηγή
sourness, n. ξινίλα (ἡ)
souse, v.t. ἁλμυρίζω, βάζω στήν ἄλμη
south, n. νότος (ὁ)/ a. νότιος/ *~-east*, νοτιοανατολικός/ *~-west*, νοτιοδυτικός/ *~erly*, *~ern*, a. νότιος/ *~erner*, n. νότιος (ὁ)/ *~wards*, ad. πρός τά νότια
souvenir, n. ἐνθύμιο (τό), σουβενίρ (τό)
sovereign, n. μονάρχης (ὁ)/ (coin) χρυσή λίρα (ἡ)/ a. κυρίαρχος/ *~ rights*, κυριαρχικά δικαιώματα/ *~ty*, n. κυριαρχία (ἡ)
Soviet, n. Σοβιέτ (τό)/ a. σοβιετικός
sow, n. γουρούνα (ἡ), σκρόφα (ἡ)
sow, v.t. σπέρνω/ *~er*, n. σπορέας (ὁ)/ *~ing*, n. σπορά (ἡ)/ *~ing time*, ἐποχή τῆς σπορᾶς
soya (bean), n. κουκκί σόγιας (τό)
spa, n. λουτρόπολη (ἡ)
space, n. χῶρος (ὁ), διάστημα (τό)/ (print.) κενό (τό), διάστημα (τό)/ v.t. διαχωρίζω, ἀραιώνω/ *spacious*, a. εὐρύχωρος, πλατύς/ *~ness*, n. εὐρυχωρία (ἡ), πλάτος (τό)
spade, n. τσάπα (ἡ), σκαπάνη (ἡ)/ (cards) μπαστοῦνι (τό)/ *call a ~ a ~*, τά σῦκα σῦκα καί τήν σκάφη σκάφη
spaghetti, n. σπαγγέτο (τό)
span, n. ἄνοιγμα (τό)/ (time) διάστημα (τό)/ (measurement) σπιθαμή (ἡ)/ v.t. περικλείνω, διασκελίζω/ *~ a river*, γεφυρώνω
spangle, n. πούλια (ἡ)/ *~d*, a. στολισμένος μέ πούλιες
Spaniard, n. Ἱσπανός (ὁ)
spaniel, n. κυνηγετικό σκυλί (τό)
Spanish, a. ἱσπανικός/ n. (language) Ἱσπανικά (τά)
spank, v.t. ξυλίζω/ *~ing*, n. ξύλισμα (τό)
spanner, n. κατσαβίδι (τό), βιδωτήρι (τό)/ *adjustable ~*, γαλλικό κλειδί
spar, n. (naut.) ἀντενοκάταρτο (τό)/ (avia.) βραχίονας φτεροῦ/ v.i. τσακώνομαι, μαλλώνω/ (box) πυγμαχῶ, δίνω γροθιές
spare, a. βοηθητικός, περισσευούμενος/ (meagre) πενιχρός/ *~ room*, περισσευούμενο δωμάτιο/ *~ time*, ἐλεύθερος

χρόνος/ ~ wheel, ρεζέρβα (ή)/ v.t. έχω διαθέσιμο/ ~ a life, χαρίζω τή ζωή/ ~ me the trouble, μή μέ βάζεις σέ κόπο/ sparing, a. οίκονόμος, φειδωλός
spark, n. σπινθήρας (ό), σπίθα (ή)/ ~ of life, ζωντάνια (ή), ζωηρότητα (ή)/ v.i. σπινθηρίζω, σπιθοβολώ/ ~ing plug, σπινθηριστής, μπουζί/ ~le, n. σπινθήρισμα (τό), σπινθηροβολία (ή)/ v.i. άστράφτω, λαμποκοπώ, σπινθηροβολώ/ ~ling, n. σπινθηροβόλισμα (τό)
sparrow, n. σπουργίτης (ό)/ ~-hawk, n. κίρκος (ό), ξεφτέρι (τό)
sparse, a. άραιός, σποραδικός
spartan, a. σκληραγωγημένος, σπαρτιατικός
spasm, n. σπασμός (ό), σύσπαση (ή)/ ~odic, a. σπασμωδικός
spate, n. πλημμύρα (ή)
spatial, a. διαστημικός
spatter, n. πιτσίλισμα (τό), ράντισμα (τό)/ v.t. πιτσιλίζω, ραντίζω
spatula, n. σπάτουλα (ή)
spawn, n. γόνος (ό), αύγά (τά)/ v.i. κάνω αύγά/ ~ing, n. ώοτοκία (ή), άπόθεση αύγών (ή)
speak, v.t. & i. μιλώ, άγορεύω/ ~ for itself, μιλάει μόνο του/ ~one's mind, διατυπώνω τίς άπόψεις μου/ so to ~, πού λέει ό λόγος/ ~er, n. όμιλητής (ό), ρήτορας (ό)/ (radio) όμιλητής (ό), σπήκερ (ό)/ (parl.) πρόεδρος (ό)/ ~ing trumpet, τηλεβόας (ό)/ ~ing tube, φωναγωγός (ό)
spear, n. λόγχη (ή), δόρυ (τό)/ v.t. λογχίζω καμακώνω/ ~ mint, n. δυόσμος (ό)
special, a. είδικός, ίδιαίτερος, χαρακτηριστικός/ ~ edition, έκτακτη έκδοση/ ~ist, n. είδικός (ό)/ ~ity, n. είδικότητα (ή)/ ~ize, v.i. είδικεύομαι/ ~ly, ad. είδικά
specie, n. κέρματα (τά)
species, n. είδος (τό), τύπος (ό)/ specific, a. ίδιαίτερος, συγκεκριμένος, όρισμένος/ ~ gravity, είδικό βάρος (τό)/ n. είδικό φάρμακο/ ~ally, ad. ίδιαίτερα, είδικά/ ~ation, n. καθορισμός (ό), προσδιορισμός (ό), προδιαγραφή (ή)/ specify, v.t. καθορίζω, προσδιορίζω, προδιαγράφω

specimen, n. δεϊγμα (τό), ύπόδειγμα (τό), τύπος (ό)
specious, a. άληθοφανής, εύλογοφανής
speck, n. σημάδι (τό), στίγμα (τό), λεκές (ό)/ v.t. σημαδεύω, στιγματίζω, λεκιάζω/ ~led, a. σημαδεμένος, στιγματισμένος, λεκιασμένος
spectacle, n. θέαμα (τό)/ pl. γυαλιά (τά)/ spectacular, a. θεαματικός/ spectator, n. θεατής (ό)
spectral, a. φασματικός/ spectre, n. φάσμα (τό), φάντασμα (τό)
spectrum, n. φάσμα (τό)
speculate, v.i. είκάζω, ύποθέτω/ speculation, n. είκασία (ή), ύπόθεση (ή)/ speculative, a. κερδοσκοπικός/ speculator, n. κερδοσκόπος (ό)
speech, n. λόγος (ό), όμιλία (ή)/ make a ~, έκφωνώ λόγο/ ~ day, μέρα άπονομής βραβείων/ ~less, a. άφωνος, άναυδος, άποσβολωμένος, βουβός
speed, n. ταχύτητα (ή), γρηγοράδα (ή)/ at full ~, όλοταχώς/ v.t. & i. τρέχω, σπεύδω/ ~ily, ad. γρήγορα, άμέσως/ ~iness, n. ταχύτητα (ή), γρηγοράδα (ή)/ ~ometer, n. ταχύμετρο (τό), κοντέρ (τό)
spell, n. μαγική έπίκληση (ή), ξόρκι (τό)/ under a ~, μαγεμένος/ short ~, μικρό διάστημα/ v.t. συλλαβίζω, όρθογραφώ/ ~bound, a, μαγεμένος, γοητευμένος/ ~ing, n. συλλαβισμός (ό), όρθογραφία (ή)/ ~ book, άλφαβητάριο (τό)
spend, v.t. ξοδεύω, δαπανώ/ (time) διαθέτω, άφιερώνω/ ~thrift, n. & a. σπάταλος, τρυπιοχέρης/ spent, p.p. & a. έξαντλημένος, ξοδεμένος
sperm, n. σπέρμα (τό)/ ~aceti, n. σπαρματσέτο (τό)/ ~atozoon, n. σπερματοζωάριο (τό)/ ~ -whale, n. φάλαινα φυσητήρας
spew, v.t. ξερνώ, κάνω έμετό
sphere, n. σφαϊρα (ή), περιοχή (ή), χώρος (ό)/ spherical, a. σφαιρικός
sphinx, n. σφίγγα (ή)
spice, n. μπαχαρικό (τό), καρύκευμα (τό)/ v.t. καρυκεύω
spick and span, a. άψογος, κομψός
spicy, a. καρυκευμένος, πικάντικος, άρωματισμένος/ (fig.) σκαμπρόζικος,

τολμηρός
spider, n. ἀράχνη (ἡ)/ ~'s web, ἱστός ἀράχνης (ὁ)
spike, n. μυτερό ραβδί (τό), καρφί (τό)/ v.t. τρυπῶ, καρφώνω/ (mil.) φράζω πυροβόλο/ ~ one's guns, ἀφοπλίζω/ ~d, a. μυτερός/ spiky, a. μυτερός, ἀγκαθωτός
spill, n. χύσιμο (τό), λεκές ἀπό χύσιμο/ v.t. & i. χύνω
spin, n. περιστροφή (ἡ), περιδίνηση (ἡ)/ ~-dryer, n. στεγνωτήριο (τό)/ v.t. περιστρέφω, γυρίζω/ v.i. περιστρέφομαι/ ~ out, διευκρινίζω, ἐξηγῶ
spinach, n. σπανάκι (τό)
spinal, a. νωτιαῖος/ ~ column, σπονδυλική στήλη (ἡ)
spindle, n. ἀδράχτι (τό)/ (tech.) βελόνα (ἡ), ἄξονας (ὁ)/ ~-legged, a. λεπτοπόδης
spine, n. κεντρί (τό), ἀγκάθι (τό) (book) ράχη (ἡ)/ (med.) σπονδυλική στήλη (ἡ)/ ~less, a. ἀσπόνδυλος/ (fig.) νωθρός, μαλακός
spinner, n. νηματουργός (ὁ), κλώστης (ὁ)
spinney, n. ἄλσος (τό), δασάκι (τό)
spinning, n. νηματουργία (ἡ)/ ~ mill, νηματουργεῖο (τό), ὑφαντήριο (τό)/ ~ top, σβούρα (ἡ)/ ~ wheel, κλωστική μηχανή (ἡ), ἀνέμη (ἡ)
spinster, n. γεροντοκόρη (ἡ)
spiral, a. ἑλικοειδής/ n. ἑλικοειδής γραμμή (ἡ)/ ~ staircase, ἑλικοειδής σκάλα
spire, n. σπεῖρα (ἡ)/ (church) καμπαναριό (τό)
spirit, n. πνεῦμα (τό), ψυχή (ἡ)/ (alcohol) οἰνόπνευμα (τό)/ ~ lamp, λάμπα οἰνοπνεύματος/ in high ~s, σέ κέφι/ ~ away, χάνομαι, ἐξαφανίζομαι/ ~ed, a. ζωηρός, θαρραλέος/ ~ual, a. πνευματικός/ ~ualism, n. πνευματισμός (ὁ)/ ~ualist, n. πνευματιστής (ὁ)/ ~uality, n. πνευματικότητα (ἡ)/ ~ually, ad. πνευματικά
spit, n. σούβλα (ἡ)/ (geog.) γλώσσα (ἡ)/ v.i. σουβλίζω/ (saliva) φτύνω/ (fire) ξερνῶ
spite, n. πεῖσμα (τό), φθόνος (ὁ), μνησικακία (ἡ)/ in ~ of, παρ' ὅλον ὅτι/ v.t. πεισματώνω/ ~ful, a. πεισματάρης

spitfire, n. ὁρμητικός ἄνθρωπος (ὁ)
spittle, n. σάλιο (τό)/ spittoon, n. πτυελοδοχεῖο (τό)
splash, n. πιτσίλισμα (τό), κηλίδα (ἡ)/ v.t. πιτσιλίζω/ v.i. πιτσιλιέμαι/ ~ down, προσθαλασσώνομαι/ ~board, n. φτερό αὐτοκινήτου (τό)
spleen, n. σπλήνα (ἡ)/ (anger) ὀργή (ἡ)
splendid, a. ὑπέροχος, λαμπρός, θαυμάσιος/ splendour, n. λαμπρότητα (ἡ), μεγαλοπρέπεια (ἡ)
splice, v.t. ἑνώνω, συνδέω/ (naut.) ἑνώνω σχοινιά/ (film) συγκολλῶ ταινία/ n. (naut.) σύνδεση σχοινιῶν/ (film) συγκόλληση ταινίας
splint, n. νάρθηκας (ὁ)
splinter, n. ἀγκίδα (ἡ), σκλήθρα (ἡ), σχίζα (ἡ)/ v.t. & i. σχίζω
split, n. σχισμή (ἡ), ρωγμή (ἡ)/ (party etc.) διάσπαση (ἡ)/ v.t. σχίζω, χωρίζω στή μέση, διαχωρίζω/ v.i. σχίζομαι, σκάω/ ~ one's sides laughing, ξεκαρδίζομαι στά γέλια/ my head is ~ting, ἔχω τρομερό πονοκέφαλο
splutter, n. τραύλισμα (τό), ψέλλισμα (τό)/ v.i. τραυλίζω, ψελλίζω
spoil, n. λάφυρο (τό), λεία (ἡ)/ v.t. καταστρέφω/ (child) χαλῶ, κακομαθαίνω/ v.i. καταστρέφομαι, ἀλλοιώνομαι/ ~t, a. χαλασμένος, κατεστραμένος/ (child) κακομαθημένος
spoke, n. (wheel) ἀκτίνα (ἡ)/ put a ~ in his wheel, βάζω ἐμπόδια
spokesman, n. ἐκπρόσωπος (ὁ)
spoliation, n. διαρπαγή (ἡ), λεηλασία (ἡ)/ (leg.) ἀλλοίωση (ἡ)
sponge, n. σφουγγάρι (τό)/ ~ cake, σφουγγάτο (τό)/ throw in the ~, παραδέχομαι τήν ἧττα μου/ v.t. σφουγγίζω, τρίβω μέ σφουγγάρι/ v.i. σφουγγίζομαι/ ~r, n. παράσιτο (τό)/ spongy, a. σπογγώδης
sponsor, n. προστάτης (ὁ), ἐγγυητής (ὁ)/ v.t. ἐγγυῶμαι/ (media) πληρώνω διαφημιστικό πρόγραμμα
spontaneity, n. αὐθορμητισμός (ὁ)/ spontaneous, a. αὐθόρμητος, αὐτόβουλος
spook, n. φάντασμα (τό), ὀπτασία (ἡ)
spool, n. πηνίο (τό), μασούρι (τό)
spoon, n. κουτάλι (τό)/ v.t. ταΐζω μέ τό

κουτάλι/ ~ful, n. κουταλιά (ή)
spoor, n. ίχνη κυνηγιού (τό)
sporadic, a. σποραδικός
sport, n. σπόρ (τό), ψυχαγωγία (ή)/ pl. άθλητισμός (ό), άθλητική συνάντηση/ *good* ~, καλή παρέα/ *make* ~*of*, κοροϊδεύω, είρωνεύομαι/ v.t. έπιδεικνύω/ v.i. παίζω, άστειεύομαι/ ~*ing*, a. άθλητικός, κυνηγετικός/ ~*ive*, a. εύθυμος, διασκεδαστικός/ ~*sman*, n. άθλητής (ό), φίλαθλος (ό)/ ~*swoman*, n. άθλήτρια (ή)
spot, n. μέρος (τό), σημείο (τό), τόπος (ό)/ *on the* ~, άμέσως, έπί τόπου/ v.t. έπισημαίνω, έντοπίζω/ ~*less*, a. άκηλίδωτος/ ~*light*, n. προβολέας (ό)/ v.t. ρίχνω τήν προσοχή/ ~*ted*, p.p. & a. πιτσιλάτος/ ~*ter*, n. παρατηρητής (ό)/ (plane) άναγνωριστικό άεροπλάνο (τό)/ ~*ty*, a. μέ στίγματα
spouse, n. σύζυγος (ό, ή)
spout, n. σωλήνας (ό), στόμιο (τό)/ v.i. άπαγγέλλω, ρητορεύω/ v.t. χύνω
sprain, n. στραμπούληγμα (τό), έξάρθρωση (ή)/ v.t. στραμπουλίζω, έξαρθρώνω
sprat, n. μικρή ρέγγα (ή)
sprawl, v.i. ξαπλώνομαι, τεντώνομαι
spray, n. ψεκασμός (ό), ράντισμα (τό)/ (sea) άφρός (ό)/ v.t. ραντίζω, ψεκάζω/ ~*er*, n. ψεκαστήρας (ό)
spread, n. πλάτος (τό), έκταση (ή), άνοιγμα (τό)/ v.t. άπλώνω, στρώνω/ v.i. άπλώνομαι, έκτείνομαι
spree, n. γλέντι (τό), ξεφάντωμα (τό)/ *go on a* ~, ξεφαντώνω, τό ρίχνω έξω
sprig, n. βλαστός (ό), κλωνάρι (τό)/ (fig.) άπόγονος (ό)
sprightly, a. ζωηρός, εΰθυμος, πηδηχτός
spring, n. πηγή (ή)/ (season) άνοιξη (ή)/ (tech.) έλατήριο (τό), σούστα (ή)/ a. έλαστικός/ ~ *mattress*, έλαστικό στρώμα, σωμιέ (τό)/ ~ *tide*, άνοιξιάτικη πλημμυρίδα/ v.i. τινάζομαι, άναπηδώ/ ~ *from*, προέρχομαι, προκύπτω/ ~ *a leak*, παρουσιάζω διαρροή/ ~ *a surprise*, κάνω έκπληξη/ ~ *up*, φυτρώνω, ξεπηδώ/ ~*board*, n. σανίδα έκτίναξης (ή)/ ~*y*, a. έλαστικός
sprinkle, v.t. ραντίζω/ ~*r*, n. ραντιστήρι (τό)/ *sprinkling*, n. ράντισμα (τό), ψεκασμός (ό)
sprint, n. δρόμος ταχύτητας (ό)/ v.i. τρέχω σέ δρόμο ταχύτητας/ ~*er*, n. δρομέας ταχύτητας (ό)
sprite, n. φάντασμα (τό), στοιχειό (τό)
sprout, n. βλαστός (ό), βλαστάρι (τό)/ pl. λαχανάκια (τά)/ v.i. βλασταίνω, φυτρώνω
spruce, a. έπιμελημένος, κομψός/ n. έλατο (τό)
spry, a. ζωηρός, δραστήριος
spud, n. δικέλλα (ή), φτυαράκι (τό)
spume, n. θαλασσινός άφρός/ v.i. άφρίζω
spunk, n. θάρρος (τό), τόλμη (ή)
spur, n. σπηρούνι (τό)/ (geol.) άντέρεισμα (τό)/ (arch.) άντιστήριγμα (τό)/ (fig.) παρόρμηση (ή)/ *on the* ~ *of the moment*, μέ τήν παρόρμηση τής στιγμής/ v.t. παρορμώ, παρακινώ/ ~ *on*, παροτρύνω, ώθώ
spurious, a. νόθος, πλαστός
spurn, v.t. άπορρίπτω, άπολακτίζω
spurt, n. άνάβλυση (ή), ξέσπασμα (τό)/ v.i. άναβλύζω, ξεσπώ
sputum, n. σάλιο (τό), πτύελα (τά)
spy, n. κατάσκοπος (ό)/ v.t. κατασκοπεύω, έρευνώ/ v.i. παρακολουθώ, κατασκοπεύω/ ~ *on*, παρατηρώ/ ~ *out*, έξιχνιάζω, ξεκαθαρίζω/ ~*-glass*, n. μικρό τηλεσκόπιο (τό)/ ~*-hole*, n. μικρή τρύπα γιά παρακολούθηση
squabble, n. φιλονεικία (ή), διαπληκτισμός (ό)/ v.i. φιλονικώ, διαπληκτίζομαι
squad, n. άπόσπασμα (τό)/ *firing* ~, έκτελεστικό άπόσπασμα/ *flying* ~, άστυνομική περίπολος
squadron, n. (avia.) μοίρα (ή)/ (naut.) ναυτική μοίρα (ή)/ (mil.) ίλη ίππικού (ή)
squalid, a. άκάθαρτος, άθλιος
squall, n. κραυγή (ή)/ (naut.) καταιγίδα (ή)/ v.i. κραυγάζω, φωνάζω/ ~*y*, a. θυελλώδης
squalor, n. άκαθαρσία (ή), άθλιότητα (ή)
squander, v.t. σπαταλώ, διασπαθίζω, άσωτεύω/ n. σπατάλη (ή), άσωτεία (ή)
square, n. τετράγωνο (τό)/ (in a town) πλατεία (ή)/ a. τετράγωνος, τετραγωνι-

κός/ ~ *meal*, καλό γεῦμα/ (character) σωστός, τίμιος/ ~ *metre*, τετραγωνικό μέτρο/ ~ *root*, τετραγωνική ρίζα/ *five* ~ *metres*, τετράγωνο μέ πλευρά πέντε μέτρων/ v.t. τετραγωνίζω/ (bill) ρυθμίζω, διευθετῶ/ (maths) ὑψώνω στό τετράγωνο/ v.i. συμφωνῶ, συμβιβάζομαι/ ~ *built*, a. κοντόχοντρος/ ~*ly*, ad. τίμια, στά ἴσια

squash, n. συμπίεση (ἡ), σύνθλιψη (ἡ)/ (fruit) χυμός (ὁ)/ v.t. συμπιέζω, συνθλίβω/ (fig.) κάνω νά σωπάσει

squat, a. κοντόχοντρος/ v.i. κάθομαι ἀνακούρκουδα/ ~*ting*, n. παράνομη ἐγκατάσταση σέ ἀκίνητο

squaw, n. ἐρυθρόδερμη γυναίκα (ἡ)

squawk, n. διαπεραστική κραυγή (ἡ)/ v.i. βγάζω διαπεραστική κραυγή

squeak, n. σκούξιμο (τό)/ (shoes, etc.) τρίξιμο (τό)/ v.i. σκούζω, τρίζω

squeal, n. διαπεραστική κραυγή/ v.i. κραυγάζω/ μαρτυρῶ τούς συνενόχους μου

squeamish, a. ἀηδιαστικός

squeeze, n. συμπίεση (ἡ), σύσφιξη (ἡ)/ v.t. συμπιέζω, συσφίγγω, ζουλῶ/ ~ *in*, βάζω μέσα μέ τό ζόρι/ ~ *out*, βγάζω μέ τό ζόρι/ ~ *through*, μόλις τά καταφέρνω

squib, n. πυροτέχνημα (τό)/ (writing) σάτιρα (ἡ), λίβελλος (ὁ)

squid, n. καλαμάρι (τό)

squint, n. στραβισμός (ὁ), ἀλλοιθώρισμα (τό)/ v.i. ἀλλοιθωρίζω/ ~*eyed*, a. ἀλλοίθωρος

squire, n. εὐπατρίδης (ὁ), γαιοκτήμονας (ὁ)

squirm, v.i. συσπειρώνομαι, κουλουριάζομαι

squirt, n. πιτσίλισμα (τό)/ v.t. & i. πιτσιλῶ, ραίνω

stab, n. μαχαιριά (ἡ)/ v.t. μαχαιρώνω

stability, n. σταθερότητα (ἡ), στερεότητα (ἡ)/ *stabilize*, v.t. σταθεροποιῶ/ *stable*, a. σταθερός, στερεός/ n. σταῦλος (ὁ)/ ~*man*, n. σταυλίτης (ὁ), ἱπποκόμος (ὁ)/ v.t. σταυλίζω

stack, n. θημωνιά (ἡ)/ (paper) σωρός (ὁ)/ (suns) πυραμίδα (ἡ)/ v.t. συσσωρεύω, θημωνιάζω

stadium, n. στάδιο (τό)

staff, n. ραβδί (τό), μπαστούνι (τό)/ (mil.) ἐπιτελεῖο (τό)/ (mus.) διάγραμμα (τό)/ *on the* ~, στό προσωπικό

stag, n. ἀρσενικό ἐλάφι (τό)/ ~ *party*, κοινωνική συγκέντρωση μόνο ἀνδρῶν

stage, n. σκηνή (ἡ), ἐξέδρα (ἡ), πλατφόρμα (ἡ)/ *go on the* ~, βγαίνω στή σκηνή/ *successive* ~*s*, διαδοχικά στάδια/ *in* ~*s*, κατά στάδια/ v.t. σκηνοθετῶ, προετοιμάζω/ *old* ~*r*, πεπειραμένος, παλιά καραβάνα

stagger, v.i. κλονίζομαι, διστάζω/ v.t. κλονίζω, προκαλῶ κατάπληξη, μπερδεύω/ *be* ~*ed*, μένω κατάπληκτος/ n. κλονισμός (ὁ), κλονισμένο βῆμα (τό)/ ~*ing*, a. κλονισμένος, ἀσταθής/ (impressive) καταπληκτικός/ ~ *blow*, θανάσιμο πλῆγμα

stagnant, a. στάσιμος, λιμνασμένος/ *stagnate*, v.i. λιμνάζω, μένω στάσιμος/ (fig.) ἀδρανῶ/ *stagnation*, n. στασιμότητα (ἡ), ἀπραξία (ἡ)

staid, a. σοβαρός, θετικός

stain, n. κηλίδα (ἡ), λεκές (ὁ), στίγμα (τό)/ v.t. κηλιδώνω, στιγματίζω, λεκιάζω/ ~*ed glass*, χρωματιστό γυαλί/ ~*less*, a. ἀνοξείδωτος/ ~ *steel*, ἀνοξείδωτος χάλυβας

stair, n. βαθμίδα (ἡ), σκαλοπάτι (τό)/ ~*case*, n. σκάλα (ἡ)/ ~*rail*, n. κιγλίδωμα σκάλας (τό)

stake, n. παλούκι (τό), πάσσαλος (ὁ)/ (bet) στοίχημα (τό)/ *be at* ~, κινδυνεύω/ *burn at the* ~, καίω στήν πυρά

stalactite, n. σταλακτίτης (ὁ)/ *stalagmite*, n. σταλαγμίτης (ὁ)

stale, a. μπαγιάτικος/ (fig.) παλιός, ξεπερασμένος

stalemate, n. ἀδιέξοδο (τό)

stalk, n. καλάμι (τό), στέλεχος (τό)/ v.t. κυνηγῶ μέ ἐνέδρα/ ~*ing horse*, ἄλογο κυνηγιοῦ/ (fig.) πρόσχημα (τό), πρόφαση (ἡ)

stall, n. σταῦλος (ὁ), μάντρα (ἡ)/ (at a fair etc.) περίπτερο (τό)/ (theat.) κάθισμα πλατείας (τό)/ v.t. σταματῶ/ v.i. καθυστερῶ

stallion, n. ἐπιβήτορας (ὁ)

stalwart, a. ρωμαλέος, ἀνδρεῖος/ n. παλ-

λημάρι (τό)
stamen, n. στήμονας (ό)
stamina, n. σθένος (τό), σφρίγος (τό), αντοχή (ή)
stammer, n. τραύλισμα (τό), ψέλλισμα (τό)/ v.t. & i. τραυλίζω, ψελλίζω/ ~er, n. τραυλός (ό)
stamp, n. σφραγίδα (ή), αποτύπωμα (τό)/ (kind) τύπος (ό)/ (postage) γραμματόσημο (τό)/ (of the foot) ποδοκρότημα (τό)/ bear the ~ of, έχω τήν σφραγίδα τοΰ/ ~ duty, τέλη γραμματοσήμου/ v.t. & i. σφραγίζω, άποτυπώνω, χαράζω/ ~ out, εξαλείφω, εξουδετερώνω
stampede, n. αιφνίδιος πανικός (ό)/ v.t. προκαλώ πανικό σέ ζώα/ v.i. τρέπομαι σέ άτακτη φυγή, όρμώ
stamping, n. σφράγισμα (τό)/ (of the foot) χτύπημα τοΰ ποδιοΰ
stand, n. στάση (ή), θέση (ή)/ (at a fair) περίπτερο (τό)/ (pedestal) βάθρο (τό), βάση (ή)/ v.t. & i. στέκω, βρίσκομαι/ (tolerate) ανέχομαι/ ~ back, αποτραβιέμαι, στέκομαι σέ απόσταση/ ~ by, στέκομαι πλάϊ/ ~ down, κατεβαίνω, αποσύρομαι/ ~ in the way of, μπαίνω στή μέση, ενοχλώ/ ~ off, μένω μακρυά/ ~ out, προεξέχω, διακρίνομαι/ ~ up, σηκώνομαι/ ~ up against, ανθίσταμαι/ as things ~, όπως έχουν τά πράγματα
standard, n. μέτρο (τό), κανόνας (ό), γνώμονας (ό)/ (flag) σημαία (ή)/ ~ of living, βιοτικό επίπεδο (τό)/ (model) πρότυπο (τό), υπόδειγμα (τό)/ a. κανονικός, συνηθισμένος, τυποποιημένος/ ~ gauge, κανονική γραμμή/ ~ size, κανονικό μέγεθος/ ~ization, n. τυποποίηση (ή), ενοποίηση (ή)/ ~ize, v.t. τυποποιώ, ενοποιώ
standing, n. θέση (ή), διάρκεια (ή)/ of long ~, μακροχρόνιος/ a. στάσιμος, στεκάμενος/ ~ army, τακτικός στρατός/ ~ order, μόνιμη εντολή (σέ τράπεζα)/ ~ room, χώρος γιά όρθιους
stand-offish, a. δυσκολοπλησίαστος, επιφυλακτικός
standpoint, n. άποψη (ή), θέα (ή)
standstill, n. παύση (ή), σταμάτημα (τό)/ at a ~, σέ παύση
stanza, n. στροφή ποιήματος (ή)

staple, n. (product) βασικό προϊόν (τό), αγορά (ή)/ (papers) συνδετήρας (ό)
star, n. άστρο (τό), αστέρι (τό)/ (film) αστέρας (ό), πρωταγωνιστής (ό)/ v.t. στολίζω μέ άστρα/ v.i. πρωταγωνιστώ
starboard, n. δεξιά πλευρά πλοίου (ή)
starch, n. άμυλο (τό), κόλλα (ή)/ v.t. κολλαρίζω, αλείφω μέ κόλλα/ ~y, a. αμυλώδης
stare, n. βλέμμα (τό), ατένισμα (τό)/ v.i. ατενίζω, παρατηρώ/ stark staring mad, τρελλός γιά δέσιμο
stark, a. τραχύς, αλύγιστος/ ~ mad, θεότρελλος (ό)/ ~ naked, θεόγυμνος, ολόγυμνος
starling, n. ψαρόνι (τό)
starry, a. έναστρος, γεμάτος αστέρια
start, n. ξεκίνημα (τό), έναρξη (ή), αρχή (ή)/ (sudden) ξάφνιασμα (τό), άναπήδημα (τό)/ at the ~, στήν αρχή/ by ~s, μέ πηδήματα/ v.t. βάζω μπροστά/ v.i. ξεκινώ, αρχίζω/ ~er, n. εκκινητής (ό)/ pl. (meal) πρώτο πιάτο/ ~ing, n. ξεκίνημα (τό), έναρξη (ή)/ a. ~ handle, μοχλός εκκίνησης/ ~ point, σημείο εκκίνησης
startle, v.t. φοβίζω, ταράζω/ startling, a. εκπληκτικός, τρομαχτικός
starvation, n. λιμός (ό), λιμοκτονία (ή)/ starve, v.i. λιμοκτονώ, πεθαίνω από τήν πείνα/ v.t. προκαλώ θάνατο μέ τήν πείνα/ ~d, p.p. & a. πεινασμένος
state, n. κατάσταση (ή), διάθεση (ή), θέση (ή)/ (polit.) κράτος (τό)/ (USA) πολιτεία (ή)/ lie in ~, εκθέτω σέ δημόσιο προσκύνημα/ ~ room, αίθουσα υποδοχής (ή)/ v.t. δηλώνω, αναφέρω, εκθέτω/ ~d, p.p. & a. βεβαιωμένος, δηλωμένος/ ~ly, a. μεγαλοπρεπής, επιβλητικός/ ~ment, n. δήλωση (ή), βεβαίωση (ή)/ ~sman, n. πολιτικός (ό)
static, a. στατικός/ ~s, n. στατική (ή)
station, n. στάση (ή), θέση (ή), τάξη (ή)/ v.t. σταθμεύω, τοποθετώ/ ~master, n. σταθμάρχης (ό)/ ~ary, a. στάσιμος, ακίνητος
stationer, n. χαρτοπώλης (ό)/ ~y, n. χαρτοπωλείο (τό)
statistical, a. στατιστικός/ statistician, n. στατισικολόγος (ό)/ statistics, n. στατι-

στική (ή)
statuary, n. γλύπτης (ό), άγαλματοποιός (ό)/ *statue,* n. άγαλμα (τό) *~tte,* n. άγαλματίδιο (τό)
stature, n. ἀνάστημα (τό)/ (fig.) κοινωνική θέση (ή)
status, n. κατάσταση (ή), θέση (ή)/ *social ~,* κοινωνική θέση
statute, n. νομοθέτημα (τό), θέσπισμα (τό)/ *~law,* νομοθεσία (ή)/ *statutory,* a. νομοθετημένος
staunch, a. σταθερός, πιστός, ἀφοσιωμένος/ v.t. σταματῶ τήν ροή
stave, n. βαρελοσάνιδο (τό)/ (poet.) στροφή (ή)/ (mus.) διάγραμμα (τό)/ v.t. *~ off,* ἀποκρούω, ἀπωθῶ
stay, n. (support) στήριγμα (τό)/ (at a place) διαμονή (ή), παραμονή (ή)/ (leg.) ἀναστολή (ή), ἀνακοπή (ή)/ (naut.) πρότονος (ό)/ pl. κορσές (ό)/ v.i. μένω, μένω ἀκίνητος/ *~ up,* ξενυχτῶ
stead, n. θέση (ή), τόπος (ό)/ *in my ~,* στή θέση μου, ἀντί γιά μένα
steadfast, a. σταθερός, ἀκλόνητος, μόνιμος
steady, a. σταθερός, ἀκούνητος, στερεός/ v.t. σταθεροποιῶ, στηρίζω/ v.i. στέκομαι στή θέση μου, στηρίζομαι
steak, n. μπριζόλα (ή)
steal, v.t. κλέβω, ἀφαιρῶ, ὑπεξαιρῶ/ v.i. κινοῦμαι κρυφά/ *~ a glance,* κρυφοκοιτάζω/ *~ a march on,* τοῦ τήν φέρνω/ *~ away,* φεύγω κρυφά, δραπετεύω/ *~ing,* n. κλοπή (ή), κλέψιμο (τό)
stealth, n. κρυφή (λαθραία) πράξη (ή)/ *~y,* a. κρυφός, λαθραῖος
steam, n. ἀτμός (ό), ἀχνός (ό)/ v.t. χρησιμοποιῶ ἀτμό/ v.i. ἐξατμίζομαι, ἀχνίζω/ *~boat,* n. ἀτμόπλοιο (τό)/ *~ boiler,* n. ἀτμολέβητας (ό), καζάνι (τό)/ *~ engine,* n. ἀτμομηχανή (ή)/ *~er,* n. ἀτμόπλοιο (τό)/ *~ roller,* n. ὀδοστρωτήρας (ό)/ *~y,* a. ἀτμώδης, γεμάτος ἀτμό
steed, n. ἄλογο ἱππασίας (τό)
steel, n. ἀτσάλι (τό), χάλυβας (ό)/ a. ἀτσάλινος, χαλύβδινος/ v.t. χαλυβδώνω/ *~works,* n. pl. χαλυβουργεῖο (τό)/ *~y,* a. ἀτσάλινος, χαλύβδινος, σκληρός

steep, a. ἀπόκρημνος, ἀπότομος/ n. γκρεμός (ό), ἀπότομη πλαγιά (ή)/ v.t. μουσκεύω, διαποτίζω/ v.i. βουτῶ, διαποτίζομαι/ *be ~ed in,* εἶμαι βουτηγμένος σέ
steeple, n. καμπαναριό (τό)
steeplechase, n. δρόμος μέ φυσικά ἐμπόδια (ό)
steepness, n. ἀπότομος γκρεμός (ό)
steer, v.t. πηδαλιουχῶ, κρατάω τό τιμόνι, κατευθύνω/ *~ clear of,* ἀποφεύγω/ n. (zool.) μουνουχισμένο βόδι/ *~age,* n. πηδαλιουχία (ή), τιμονιέρισμα (τό)/ *~ ticket,* φθηνό εἰσιτήριο/ *~ing,* n. πηδαλιουχία (ή)/ *~ wheel,* τιμόνι (τό)/ *~sman,* n. τιμονιέρης (ό)
stellar, a. ἀστρικός
stem, n. στέλεχος (τό), μίσχος (ό)/ (gram.) ρίζα (ή)/ (naut.) κοράκι τῆς πλώρης/ v.t. ἐμποδίζω, σταματῶ, ἀναχαιτίζω/ *~ from,* προέρχομαι
stench, n. δυσωδία (ή)
stencil, n. στένσιλ (τό), διάτρητο σχέδιο/ v.t. σχεδιάζω πάνω σέ στένσιλ
stenographer, n. στενογράφος (ό, ή)/ *stenography,* n. στενογραφία (ή)
stentorian, a. στεντόρειος, μεγαλόφωνος
step, n. βῆμα (τό), βάδισμα (τό)/ (dancing) βηματισμός (ό)/ *march in ~,* συγχρονίζω τό βῆμα μου/ *take ~s,* παίρνω μέτρα/ v.i. βηματίζω/ *~ aside,* κάνω πέρα/ *~ back,* ὀπισθοχωρῶ/ *~ in,* ἐπεμβαίνω/ *~ on,* πατῶ πάνω/ *~brother,* n. ἑτεροθαλής ἀδελφός (ό)/ *~daughter,* n. προγονή (ή)/ *~father,* n. πατρυιός (ό)/ *~mother,* n. μητρυιά (ή)/ *~sister,* n. ἑτεροθαλής ἀδελφή (ή)/ *~son,* n. προγονός (ό)/ *~ping stone,* σκαλοπάτι (τό)/ (fig.) μεταβατικό στάδιο
steppe, n. στέππα (ή)
stereoscope, n. στερεοσκόπιο (τό)
stereotype, n. στερεότυπο (τό)/ v.t. στερεοτυπῶ/ *~d,* a. στερεοτυποποιημένος
sterile, a. ἄγονος, στεῖρος/ *sterility,* n. στειρότητα (ή)/ *sterilize,* v.t. ἀποστειρώνω
sterling, a. καθαρός, ἀμιγής/ *pound ~,* n. λίρα στερλίνα (ή)
stern, a. αὐστηρός, βλοσυρός/ n. πρύμνη (ή)

stethoscope, n. στηθοσκόπιο (τό)
stevedore, n. φορτοεκφορτωτής (ό)
stew, n. γιαχνί (τό), στιφάδο (τό)/ v.t. γιαχνίζω/ v.i. σιγοβράζω/ ~*ed*, a. πολυβρασμένος/ ~ *fruit*, κομπόστα (ή)
steward, n. ἐπιστάτης (ό), οἰκονόμος (ό)/ (naut.) καμαρώτος (ό)/ (avia.) συνοδός (ό)/ ~*ess*, n. (avia.) ἀεροσυνοδός (ή)/ (naut.) καμαριέρα (ή)
stick, n. ραβδί (τό), μπαστούνι (τό)/ v.t. κολλῶ, καρφώνω/ v.i. προσκολλῶμαι/ ~ *to*, κολλάω σέ/ ~ *at nothing*, δέν μέ σταματάει τίποτε/ ~ *in the mud*, χοντροκέφαλος/ ~ *out*, προεξέχω/ ~*iness*, n. γλοιώδες (τό)/ ~*ing plaster*, ἔμπλαστρο (τό)/ ~*y*, a. κολλώδης, γλοιώδης
stiff, a. σκληρός, δύσκαμπτος, ἀλύγιστος/ (fig.) πεισματάρης/ *have a ~ neck*, στραβολαιμιάζω/ ~*en*, v.t. σκληραίνω, ἐνισχύω/ ~ *-necked*, a. σκληροτράχηλος/ ~*ness*, n. σκληρότητα (ή), ἀλυγισία (ή)
stifle, v.t. πνίγω, καταπνίγω/ v.i. πνίγομαι/ *stifling*, a. πνιγερός, ἀποπνικτικός
stigma, n. στίγμα (τό), σημάδι (τό)/ ~*tize*, v.t. στιγματίζω
stile, n. στύλος (ό)
stiletto, n. ἐγχειρίδιο (τό), στιλέττο (τό)/ ~ *heel*, μυτερό τακούνι
still, a. ἤρεμος, ἤσυχος/ ad. ἀκόμη/ ~ *better*, ἀκόμη καλύτερα/ n. ἠρεμία (ή), ἡσυχία (ή)/ v.t. καθησυχάζω, καταπραΰνω/ ~*born*, a. πεθαμένος στή γέννα, θνησιγενής/ ~ *-life*, n. νεκρή φύση (ή)/ ~ *-ness*, n. ἠρεμία (ή), ἡσυχία (ή)
stilt, n. ξυλοπόδαρο (τό)/ ~*ed*, a. ὑπερυψωμένος/ (fig.) πομπώδης, φουσκωμένος
stimulant, n. διεγερτικό (τό), τονωτικό (τό)/ *stimulate*, v.t. τονώνω, διεγείρω, ὀξύνω/ *stimulation*, n. διέγερση (ή)/ *stimulus*, n. κίνητρο (τό), παρόρμηση (ή)
sting, n. κεντρί (τό), ἀγκάθι (τό)/ (fig.) ἐνόχληση (ή)/ v.t. κεντρίζω, τσιμπῶ
stinginess, n. φιλαργυρία (ή), τσιγγουνιά (ή)/ *stingy*, a. φιλάργυρος, τσιγγούνης
stink, n. δυσωδία (ή), ἄσχημη μυρωδιά/ v.i. βρωμῶ/ ~*ing*, a. βρωμερός, δύσοσμος
stint, n. ὅριο (τό), περιορισμός (ό)/ v.t. περιορίζω
stipend, n. μισθοδοσία (ή)
stipple, v.t. χαράζω μέ τελίτσες
stipulate, v.t. συμφωνῶ/ *stipulation*, n. συμφωνία (ή)
stir, n. ἀνακίνηση (ή), ἀναμόχλευση (ή)/ v.t. & i. ἀνακινῶ, ἀναμοχλεύω/ ~ *up*, ἀναταράζω, προκαλῶ ἀνησυχία/ ~*ring*, a. συνταρακτικός, ἐντυπωσιακός
stirrup, n. ἀναβολέας (ό)/ ~ *leather*, λουρί ἀναβολέα (τό)
stitch, n. ραφή (ή), βελονιά (ή)/ v.t. ράβω, συρράβω, μπαλώνω, μαντάρω/ ~*ing*, n. συρραφή (ή)
stoat, n. λευκοϊκτίς (ή), λευκή νυφίτσα (ή)
stock, n. ἀπόθεμα (τό), παρακαταθήκη (ή)/ (descent) γένος (τό), καταγωγή (ή), φυλή (ή)/ (tree) κορμός (ό)/ (cattle) κτήνη (τά)/ (gun) κοντάκι (τό)/ (handle) λαβή (ή)/ pl. (comm.) χρεώγραφα (τά), μετοχές (οί)/ v.t. ἀποθηκεύω, ἀποταμιεύω/ ~ *exchange*, n. φράχτης (ό)/ ~*ade*, n. φράχτης (ό)/ ~ *breeder*, n. κτηνοτρόφος (ό)/ ~ *breeding*, n. κτηνοτροφία (ή)/ ~*broker*, n. χρηματομεσίτης (ό)/ ~*fish*, n. παστό ψάρι (τό)/ ~*holder*, n. μέτοχος (ό)/ ~ *ing*, n. γυναικεία κάλτσα (ή)/ ~*jobber*, n. χρηματιστής (ό)/ ~ *still*, a. ἐντελῶς ἀκίνητος/ ~ *taking*, n. ἀπογραφή ἐμπορευμάτων/ ~*y*, a. κοντόχοντρος/ ~*yard*, n. αὐλή γιά κτήνη
stodgy, a. πηχτός, στερεός
stoic, n. Στωικός (ό)/ ~*al*, a. στωικός/ ~*ism*, n. στωικισμός (ό)
stoke, v.t. τροφοδοτῶ φωτιά (φοῦρνο)/ ~*-hole*, n. καμινευτήριο πλοίου (τό)/ ~*r*, n. θερμαστής (ό)
stole, n. σάλι (τό), ἐσάρπα (ή)/ (eccl.) πετριτραχήλι (τό)
stolid, a. βλάκας, ἠλίθιος
stomach, n. στομάχι (τό)/ v.t. χωνεύω/ (fig.) ὑποφέρω, ἀνέχομαι/ ~*ic*, a. στομαχικός
stone, n. πέτρα (ή)/ (fruit) κουκούτσι (τό)/ (med.) πέτρα (ή), λιθίαση (ή)/ ~ *deaf*, θεόκουφος/ ~*'s throw*, πολύ κοντά/ ~ *fruit*, καρπός μέ κουκούτσι/ ~

quarry, λατομείο (τό)/ v.t. πετροβολώ/ ~*cutter,* n. λιθοτόμος (ό)/ ~*mason,* n. λιθοκτίστης (ό)/ ~*ware,* n. πέτρινα δοχεία/ ~*work,* n. πέτρινο κτίσμα/ ~*y,* a. πέτρινος/ (fig.) σκληρός, άνελέητος
stool, n. σκαμνί (τό)/ (med.) άφοδευτήριο (τό)
stoop, n. σκύψιμο (τό)/ (fig.) ταπείνωση (ή)/ v.i. σκύβω, ταπεινώνομαι/ ~ *to,* καταντώ
stop, n. στάση (ή), σταμάτημα (τό), διακοπή (ή)/ *put a* ~ *to,* 6άζω τέρμα, κάνω νά σταματήσει/ v.t. σταματώ, έμποδίζω/ (tooth) βουλώνω/ v.i. παύω/ int. στόπ!/ ~*cock,* n. στρόφιγγα (ή)/ ~*gap,* a. προσωρινός, μεταβατικός/ ~*page,* n. παύση (ή), διακοπή (ή)/ ~*per,* n. τάπα (ή), πώμα (τό)/ ~*ping,* n. σταμάτημα (τό), αναστολή (ή)/ ~*-press,* n. επί του πιεστηρίου/ ~*watch,* n. χρονόμετρο (τό)
storage, n. άποθήκευση (ή)/ (elec.) συσσώρευση (ή)/ *store,* n. προμήθεια (ή)/ (shop) μαγαζί (τό), κατάστημα (τό)/ ~*house,* n. άποθήκη (ή)/ ~*keeper,* n. καταστηματάρχης (ό)/ ~*room,* n. άποθήκη (ή)/ v.t. άποθηκεύω
storey, n. πάτωμα (τό), δροφος (ό)
stork, n. πελαργός (ό)/ λελέκι (τό)
storm, n. θύελλα (ή), καταιγίδα (ή)/ (naut.), τρικυμία (ή)/ (mil.) έφοδος (ή)/ v.t. έξαπολύω έφοδο/ v.i. μαίνομαι/ ~*y,* a. θυελλώδης, τρικυμιώδης/ ~ *discussion,* θυελλώδης συζήτηση
story, n. Ιστορία (ή), διήγηση (ή)/ *short* ~, διήγημα (τό)/ *the same old* ~, τά ίδια καί τά ίδια/ ~*-teller,* n. παραμυθάς (ό)
stoup, n. στάμνα (ή), υδρία (ή)
stout, a. στιβαρός, ρωμαλέος, σωματώδης/ (beer) μαύρη μπύρα
stove, n. θερμάστρα (ή), σόμπα (ή)
stow, v.t. τοποθετώ, τακτοποιώ/ ~*age,* n. αποθήκευση (ή), στοίβασμα (τό)/ ~*away,* n. λαθρεπιβάτης (ό)
straddle, v.t. διασκελίζω/ v.i. βρίσκομαι έκατέρωθεν
straggle, v.i. περιπλανιέμαι, άπομακρύνομαι/ ~*r,* a. περιπλανώμενος/ *straggling,* a. διασπαρμένος

straight, a. ίσιος, όρθός, ευθύς/ ad. ίσια/ ~*away,* ad. αμέσως/ ~*en,* v.t. & i. ίσιώνω/ ~*forward,* a. εύθύς, ειλικρινής/ ~*forwardness,* n. εύθύτητα (ή), ειλικρίνεια (ή)/ ~*ness,* n. ίσιάδα (ή)
strain, n. τέντωμα (τό), ένταση (ή), έντονη προσπάθεια/ (mus.) τόνος (ό)/ (family) γένος (τό), καταγωγή (ή), ποικιλία (ή)/ v.t. τεντώνω, κουράζω, ζορίζω/ v.i. τεντώνομαι, κουράζομαι/ ~*ed,* p.p. & a. τεντωμένος, τεταμένος, βεβιασμένος/ ~*er,* n. φίλτρο (τό), σουρωτήρι (τό), στραγγιστήρι (τό)
strait, n. στενό (τό)/ ~*s,* n. pl. στενά (τά), πορθμός (ό)/ (fig.) δυσχέρεια (ή)/ *in dire* ~*s,* σέ πολύ δύσκολη θέση/ ~*jacket,* n. ζουρλομανδύας (ό)/ ~*laced,* a. πουριτανός
strand, n. παραλία (ή), γιαλός (ό)/ v.t. (ship) προσαράζω/ n. (hair) πλεξούδα (ή)/ v.t. πλέκω σχοινί
strange, a. παράξενος, περίεργος, άλλόκοτος/ ~*ness,* n. παραξενιά (ή)/ ~*r,* n. ξένος (ό), άγνωστος (ό)
strangle, v.t. στραγγαλίζω, πνίγω/ (fig.) καταπνίγω/ *strangulation,* n. στραγγαλισμός (ό)/ (med.) περίσφιξη (ή)
strap, n. λουρί (τό), ιμάντας (ό)/ v.t. δένω μέ λουρί/ ~*ping,* n. δέσιμο μέ λουρί
stratagem, n. στρατήγημα (τό)/ *strategic,* a. στρατηγικός/ *strategist,* n. ειδικός στήν στρατηγική/ *strategy,* n. στρατηγική (ή)
stratosphere, n. στρατόσφαιρα (ή)
stratum, n. στρώμα (τό)
straw, n. άχυρο (τό), ψάθα (ή)/ *that's the last* ~, είναι ή τελευταία σταγόνα/ ~*coloured,* a. άχυροκίτρινος
strawberry, n. φράουλα (ή)
stray, a. άδέσποτος, ξεστρατισμένος/ ~ *bullet,* άδέσποτη σφαίρα/ v.i. ξεστρατίζω, χάνω τόν δρόμο μου
streak, n. γραμμή (ή), ράβδωση (ή)/ (fig.) τάση (ή)/ v.t. χαράζω/ v.i. γυμνώνομαι/ ~*y,* a. ριγωτός, ραβδωτός
stream, n. ποταμός (ό), ρέμμα (τό), χείμαρρος (ό)/ v.i. ρέω, άναβλύζω, κυλώ/ v.t. διοχετεύω/ ~*er,* n. σερπαντίνα (ή), ταινία (ή)
street, n. δρόμος (ό), όδός (ό)/ ~*car,* n.

λεωφορείο (τό)/ ~ urchin, n. ἀλητόπαιδο (τό)/ ~ walker, n. πόρνη (ἡ), τροτέζα (ἡ)
strength, n. δύναμη (ἡ), σθένος (τό)/ ~en, v.t. & i. δυναμώνω, ἐνισχύω
strenuous, a. ἐνεργητικός, δραστήριος, ἐπίμονος
stress, n. ἔνταση (ἡ), πίεση (ἡ)/ (gram.) τονισμός (ὁ)/ v.t. ὑπογραμμίζω, τονίζω, ἀποδίδω σημασία/ (gram.) τονίζω
stretch, n. ἔκταση (ἡ), προέκταση (ἡ), ἅπλωμα (τό)/ at a ~, συνέχεια, μονοκοπανιά/ v.t. ἁπλώνω, ἐκτείνω, ἀνοίγω/ ~ one's legs, ξεμουδιάζω/ v.i. τεντώνομαι, διαρκῶ/ ~er, n. φορεῖο (τό)
strew, v.t. σκορπίζω, στρώνω
striated, a. αὐλακωτός
stricken, a. χτυπημένος, ταλαιπωρημένος
strict, a. αὐστηρός, ἀπόλυτος/ ~ness, n. αὐστηρότητα (ἡ)/ ~ure, n. ἐπίκριση (ἡ)/ (med.) στένωση (ἡ)
stride, n. δρασκελιά (ἡ)/ make great ~s, προοδεύω ἁλματωδῶς/ v.i. δρασκελίζω
strident, a. διαπεραστικός, ὀξύς, στριγγός
strife, n. ἀγώνας (ὁ), πάλη (ἡ)
strike, n. χτύπημα (τό)/ (avia.) ἐπιδρομή (ἡ)/ (industrial) ἀπεργία (ἡ)/ a. ἀπεργιακός/ v.t. χτυπῶ/ (match) σπίρτο (τό)/ (flags) κατεβάζω, ὑποστέλλω/ (coins) κόβω/ (sails) κατεβάζω/ (oil) βρίσκω πετρέλαιο/ (bargain) συνάπτω, κλείνω (συμφωνία)/ (balance) βρίσκω ἰσορροπία/ v.i. ἠχῶ/ (clock) χτυπῶ, ἀκούγομαι/ ~ at, δίνω χτύπημα/ ~ down, ρίχνω κάτω/ ~ off, διαγράφω, σβήνω/ ~ up, ἀρχίζω/ (friendship) συνάπτω φιλία/ ~ upon, πέφτω πάνω/ ~-breaker, n. ἀπεργοσπάστης (ὁ)/ ~r, n. ἀπεργός (ὁ)/ striking, a. ἐντυπωσιακός, ἐκπληκτικός, φανταχτερός
string, n. σπάγγος (ὁ), κορδόνι (τό)/ (bow & mus.) χορδή (ἡ)/ ~ of pearls, διαμαντένιο περιδέραιο/ ~ instrument, ἔγχορδο (τό)/ v.t. βάζω χορδή/ ~ together, ἀρμαθιάζω/ ~ed, a. ἔγχορδος
stringent, a. αὐστηρός, σκληρός
stringy, a. νευρώδης, ἀδύνατος
strip, n. ταινία (ἡ), λωρίδα (ἡ)/ v.t. γυμνώνω, γδύνω/ (fig.) λεηλατῶ/ v.i. γδύνομαι
stripe, n. ρίγα (ἡ), λωρίδα (ἡ)/ (mil.) γαλόνι (τό)/ ~d, a. ριγωτός, ραβδωτός
strive, v.i. ἀγωνίζομαι, πασχίζω
stroke, n. χτύπημα (τό), πλῆγμα (τό)/ (of pen) πενιά (ἡ)/ (of oar) κουπιά (τά)/ (tech.) διαδρομή ἐμβόλου/ (med.) συμφόρηση (ἡ), ἀποπληξία (ἡ)/ ~ of luck, τύχη (ἡ)/ at a ~, μέ μιᾶς/ v.t. χαϊδεύω
stroll, n. περίπατος (ὁ), βόλτα (ἡ)/ take a ~, πηγαίνω βόλτα/ v.i. κάνω περίπατο (βόλτα)/ ~ing, a. πλανόδιος
strong, a. δυνατός, γερός, στερεός/ ~ point, φόρτε (τό) ~ box, n. χρηματοκιβώτιο (τό) ~hold, n. ὀχυρό (τό), φρούριο (τό)/ (fig.) προπύργιο (τό)
strop, n. λουρί ἀκονίσματος (τό)/ v.t. ἀκονίζω
structural, a. δομικός, διαρθρωτικός/ structure, n. δομή (ἡ), διάρθρωση (ἡ), κατασκευή (ἡ)
struggle, n. ἀγώνας (ὁ), πάλη (ἡ)/ v.i. ἀγωνίζομαι, παλεύω
strum, v.i. παίζω ἄσχημα
strumpet, n. πόρνη (ἡ), παλλακίδα (ἡ)
strut, n. καμαρωτό περπάτημα (τό), κόρδωμα (τό)/ v.i. περπατῶ καμαρωτά, κορδώνομαι
strychnine, n. στρυχνίνη (ἡ)
stub, n. ἀποτσίγαρο (τό), γόπα (ἡ)/ (cheque) στέλεχος (τό)/ (pencil) ὑπόλειμμα μολυβιοῦ/ v.t. ξεριζώνω/ ~ out, σβήνω/ ~ one's foot on, χτυπῶ τό πόδι μου
stubble, n. καλαμιές (οἱ)
stubborn, a. πεισματάρης, ἐπίμονος/ ~ness, n. πεῖσμα (τό), ἐπιμονή (ἡ);
stucco, n. γυψομάρμαρο (τό)
stuck-up, a. ψυλομύτης, φαντασμένος
stud, n. καρφί (τό), διακοσμητικό καρφί/ (horses) σταῦλος (ὁ)/ v.t. διακοσμῶ μέ καρφιά
student, n. φοιτητής (ὁ), σπουδαστής (ὁ)/ studied, a. μελετημένος, ὑπολογισμένος/ studio, n. στούντιο (τό)/ studious, a. μελετηρός, ἐπιμελής, φιλομαθής/ study, n. μελέτη (ἡ), σπουδή (ἡ)/ (room) σπουδαστήριο (τό), μελετητήριο (τό)/ v.t. μελετῶ, σπουδάζω/ v.i. ἐπιμελοῦμαι

stuff, n. ύλικό (τό), ούσία (ή), πράγμα (τό)/ v.t. παραγεμίζω, μπουκώνω/ (embalm) βαλσαμώνω/ ~*ing*, n. παραγέμιση (ή)/ ~*y*, a. πνιγερός, αποπνικτικός
stultify, v.t. άποβλακώνω, αποχαυνώνω/ (ridicule) γελοιοποιώ
stumble, v.i. παραπατώ, σκοντάφτω/ *stumbling block*, εμπόδιο (τό), πρόσκομμα (τό)
stump, n. κούτσουρο (τό), κολοβωμένος κορμός (ό) v.t. άποστομώνω/ v.i. περπατώ βαρειά/ ~*y*, a. κοντόχοντρος
stun, v.t. αιφνιδιάζω, καταπλήσσω
stunt, n. επίδειξη (ή), ακροβασία (ή)/ (avia.) αεροβατική επίδειξη/ v.t. κάνω ακροβασίες/ ~*ed*, a. καθυστερημένος, ύπανάπτυκτος
stupefy, v.t. άποβλακώνω, ζαλίζω
stupendous, a. τεράστιος, καταπληκτικός
stupid, n. βλάκας (ό)/ a. κουτός, ηλίθιος/ ~*ity*, n. βλακεία (ή), ηλιθιότητα (ή)/ *stupor*, n. νάρκη (ή), λήθαργος (ό), χαύνωση (ή)
sturdy, a. δυνατός, γερός
sturgeon, n. μουρούνα (ή)
stutter, n. τραύλισμα (τό)/ v.t. & i. τραυλίζω ~*er*, n. τραυλός (ό)
stye, n. χοιροστάσιο (τό)
style, n. ύφος (τό), στύλ (τό)/ (behaviour) συμπεριφορά (ή), τρόπος (ό)/ (fashion) μόδα (ή)/ v.t. αποκαλώ, τιτλοφορώ/ *stylish*, a. μοντέρνος, στυλάτος, τής μόδας
stylograph, n. στυλογράφος (ό), στυλό (τό)
suave, a. άβρός, μειλίχιος, γλυκός/ *suavity*, n. αβρότητα (ή), γλυκύτητα (ή)
subaltern, n. κατώτερος αξιωματικός (ό)
subcommittee, n. ύποεπιτροπή (ή)
subconscious, a. υποσυνείδητος/ n. ύποσυνείδητο (τό)
subcutaneous, a. ύποδόριος
subdivide, v.t. ύποδιαιρώ
subdue, v.t. ύποτάσσω, κατακτώ, ύπερνικώ/ ~*d*, p.p. & a. ήσυχος, μαλακός, ήπιος, ύποταγμένος
subeditor, n. συντάκτης (ό)
subject, a. ύποτελής, εξαρτώμενος/ ~ *to*, μέ τήν προϋπόθεση ότι, ύπό τόν όρο/ n. υπήκοος (ό, ή)/ (gram.) ύποκείμενο (τό)/ v.t. ύποτάσσω, εκθέτω σέ δυσκολίες/ ~*ion*, n. ύποτέλεια (ή), ύποταγή (ή), εξάρτηση (ή)/ ~*ive*, a. ύποκειμενικός
subjoin, v.t. συμπληρώνω
subjugate, v.t. ύποτάσσω, ύποδουλώνω
subjunctive, n. ύποτακτική (ή)
sublet, v.t. ύπενοικιάζω
sublime, a. εύγενής, μεγαλοπρεπής/ n. μεγαλείο/ *sublimity*, n. ευγένεια (ή), μεγαλοπρέπεια (ή)
sublunar, a. επίγειος
submarine, a. ύποβρύχιος/ n. ύποβρύχιο (τό)
submerge, v.i. βυθίζω, καταδύω/ v.i. καταδύομαι, βυθίζομαι
submission, n. ύποταγή (ή), ύποτέλεια (ή)/ *submissive*, a. ύποχωρητικός, πειθαρχικός, ενδοτικός/ *submit*, v.i. ύποκύπτω, ενδίδω/ v.t. ύποβάλλω
subordinate, a. κατώτερος, βοηθητικός, δευτερεύων/ ~ *clause*, εξαρτημένη πρόταση/ v.t. ύπάγω
suborn, v.t. δωροδοκώ, εξαγοράζω/ ~*ation*, n. δωροδοκία (ή), εξαγορά (ή)/ ~ *er*, n. εκείνος πού δωροδοκεί
subpoena, n. κλήση (ή)/ v.t. κλητεύω
subscribe, v.i. ~ *to*, προσυπογράφω, συμφωνώ/ (financially) συνεισφέρω/ ~*r*, n. συνδρομητής (ό)/ *subscription*, n. συνεισφορά (ή), συνδρομή (ή)
subsequent, a. μεταγενέστερος, επόμενος/ ~*ly*, ad. σέ συνέχεια, μετά
subservience, n. δουλικότητα (ή), ύποτακτικότητα (ή)/ *subservient*, a. δουλικός, ύποτακτικός
subside, v.i. βουλιάζω, παθαίνω καθίζηση/ (calm down) καταλαγιάζω/ ~*nce*, n. καθίζηση (ή)
subsidiary, a. δευτερεύων, επικουρικός/ n. ύποκατάστημα (τό), θυγατρική εταιρία (ή)
subsidize, v.t. επιχορηγώ, επιδοτώ/ *subsidy*, n. επιχορήγηση (ή)
subsist, v.i. ύφίσταμαι, συντηρούμαι/ ~*ence*, n. συντήρηση (ή), επιβίωση (ή)
subsoil, n. ύπέδαφος (τό)
subsonic, a. ύποηχητικός
substance, n. ύλη (ή), ύλικό (τό), ούσία (ή)/ *substantial*, a. σημαντικός, αξιόλο-

γος, οὐσιώδης/ ~ly, ad. σημαντικά, οὐσιαστικά/ substantiate, v.t. τεκμηριώνω, στηρίζω
substantive, a. οὐσιαστικός, πραγματικός/ n. οὐσιαστικό (τό),
substitute, n. ὑποκατάστατο (τό)/ (person) ἀναπληρωτής (ὁ)/ v.t. ἀναπληρώνω/ substitution, n. ἀντικατάσταση (ἡ), ἀναπλήρωση (ἡ)
substructure, n. ὑποδομή (ἡ)
subtenant, n. ὑπενοικιαστής (ὁ)
subterfuge, n. ὑπεκφυγή (ἡ), πρόσχημα (τό)
subterranean, a. ὑπόγειος
subtitle, n. ὑπότιτλος (ὁ)
subtle, a. λεπτός, διακριτικός, ἐπιδέξιος/ ~ty, n. λεπτότητα (ἡ), διακριτικότητα (ἡ), ἐπιδεξιότητα (ἡ)
subtract, v.t. ἀφαιρῶ/ ~ion, n. ἀφαίρεση (ἡ)
suburb, n. προάστιο (τό)/ ~an, a. προαστιακός, ὑπεραστικός
subversion, n. ὑπονόμευση (ἡ), ἀνατροπή (ἡ)/ subversive, a. ὑπονομευτικός/ ~ activity, παράνομη δράση/ subvert, v.t. ὑπονομεύω, ἀνατρέπω
subway, n. ὑπόγεια διάβαση (ἡ)/ (USA) ὑπόγειος σιδηρόδρομος (ὁ)
succeed, v.t. & i. πετυχαίνω/ ~ to, διαδέχομαι/ ~ to the throne, ἀνεβαίνω στό θρόνο
success, n. ἐπιτυχία (ἡ)/ ~ful, a. ἐπιτυχημένος/ ~ion, n. διαδοχή (ἡ)/ in ~, διαδοχικά/ ~ive, a. διαδοχικός, ἀλλεπάλληλος/ ~or, n. διάδοχος (ὁ)
succinct, a. περιεκτικός, περιληπτικός
succour, n. συμπαράσταση (ἡ), βοήθεια (ἡ)/ v.t. συντρέχω, παραστέκομαι
succulent, a. ζουμερός, χυμώδης
succumb, v.i. ὑποκύπτω, ὑποτάσσομαι
such, a. τέτοιος/ ~ as, ὅπως, γιά παράδειγμα/ ~ and ~, κάποιος, τάδε
suck, v.t. ρουφῶ, πιπιλίζω, γλείφω/ ~ up, κολακεύω/ ~er, n. βεντούζα (ἡ)/ (bot.) παραφυάδα (ἡ), παραβλάστημα (τό)/ (zool.) βεντούζα ζώου/ ~ing pig, γουρουνόπουλο τοῦ γάλακτος/ ~ling, n. βυζανιάρικο (τό)/ suction, n. ἀναρόφηση (ἡ), ἄντληση (ἡ)/ ~ pump, ἀναρροφητική ἀντλία (ἡ)

sudden, a. ξαφνικός, αἰφνίδιος, ἀπρόσμενος/ all of a ~, ξαφνικά/ ~ly, ad. ξαφνικά, ἀπρόσμενα
suds, n. pl. σαπουνάδα (ἡ)
sue, v.t. ἐνάγω, διώκω
suède, n. καστόρι (τό)
suet, n. λίπος (τό), ξύγκι (τό)
suffer, v.t. & i. ὑποφέρω, ὑφίσταμαι/ (loss) ὑφίσταμαι ζημία/ ~ from, πάσχω/ ~able, a. ὑποφερτός, ἀνεκτός/ ~ance, n. ἀνοχή (ἡ), ἀνεκτικότητα (ἡ)/ on ~, μέ δυσκολία/ ~er, n. πάσχων (ὁ)/ ~ing, n. δυστυχία (ἡ), ταλαιπωρία (ἡ), βάσανα (τά)/ a. δυστυχισμένος, ταλαιπωρημένος
suffice, v.i. ἀρκῶ, ἐπαρκῶ/ ~ it to say, ἀρκεῖ νά πῶ/ sufficiency, n. ἐπάρκεια (ἡ)/ sufficient, a. ἐπαρκής
suffix, n. κατάληξη (ἡ)
suffocate, v.t. πνίγω, σκοτώνω μέ ἀσφυξία/ v.i. πεθαίνω ἀπό ἀσφυξία/ suffocating, a. ἀσφυκτικός/ suffocation, n. ἀσφυξία (ἡ)
suffragan, n. βοηθός ἐπίσκοπος (ὁ)
suffrage, n. δικαίωμα ψήφου (τό)/ ~tte, n. σουφραζέττα (ἡ)
suffuse, v.t. λούζω, πλημμυρίζω/ (light) περιλούζω/ suffusion, n. λούσιμο (τό), πλημμύρα (ἡ)
sugar, n. ζάχαρη (ἡ)/ v.t. γλυκαίνω, ζαχαρώνω/ ~ bowl, n. ζαχαριέρα (ἡ)/ ~ beet, n. ζαχαροκάλαμο (τό)/ ~ plum, n. ζαχαρωτό (τό)/ ~y, a. ζαχαρένιος, ζαχαρωμένος/ (fig.) μελιστάλαχτος, γλυκερός
suggest, v.t. προτείνω, εἰσηγοῦμαι/ ~ion, n. πρόταση (ἡ), εἰσήγηση (ἡ)/ ~ive, a. ὑποδηλωτικός
suicide, n. αὐτοκτονία (ἡ)/ commit ~, αὐτοκτονῶ
suit, n. κοστούμι (τό), φορεσιά (ἡ)/ (leg.) ἀγωγή (ἡ)/ (cards) χρῶμα (τό)/ follow ~, κάνω τό ἴδιο, μιμοῦμαι/ v.t. ἱκανοποιῶ, βολεύω/ v.i. ταιριάζω, ἀνταποκρίνομαι/ ~ability, n. καταλληλότητα (ἡ), ταίριασμα (τό)/ ~able, a. κατάλληλος, ταιριαστός
suite, n. σύνολο (τό)/ (mus.) σουίτα (ἡ)/ ~ of furniture, σύνολο ἐπίπλων (τό)/ ~ of rooms, σουίτα ξενοδοχείου (ἡ)

suiting, n. ΰφασμα γιά κοστούμι (τό)
suitor, n. μνηστήρας (ό), θαυμαστής (ό)/ (leg.) ένάγων (ό)
sulk, v.i. κατσουφιάζω/ ~y, a. κατσουφιασμένος
sullen, a. κακόκεφος, μελαγχολικός/ ~ness, n. κακοκεφιά (ή), μελαγχολία (ή)
sully, v.t. κηλιδώνω, λερώνω/ (fig.) ντροπιάζω
sulphate, n. θειικό άλάτι (τό)/ sulphide, n. θειούχα ένωση (ή), σουλφίδιο (τό)/ sulphite, n. θειώδες άλάτι (τό)/ sulphur, n. θείο (τό), θειάφι (τό)/ ~ous, a. θειούχος
sultan, n. σουλτάνος (ό)/ ~a, n. σουλτάνα (ή)/ (fruit) σουλτανίνα (ή)
sultry, a. άποπνικτικός, πνιγερός
sum, n. ποσό (τό), σύνολο (τό)/ (maths) άθροισμα (τό)/ do ~s, κάνω λογαρισμούς/ (arithm.) λύνω μαθήματα άριθμητικής/ v.t. ~ up, άθροίζω/ ~marize, v.t. κάνω περίληψη/ ~mary, a. συνοπτικός/ n. περίληψη (ή), άνακεφαλαίωση (ή)
summer, n. καλοκαίρι (τό)/ a. καλοκαιρινός, θερινός/ ~ holidays, θερινές διακοπές (οί)/ ~ house, θερινό περίπτερο (τό)
summing-up, n. άνακεφαλαίωση (ή), συγκεφαλαίωση (ή)
summit, n. κορυφή (ή)/ (fig.) κορύφωμα (τό)
summon, v.t. καλώ, φωνάζω/ (leg.) κλητεύω/ ~ up courage, συγκεντρώνω τό θάρρος/ ~s, n. pl. κλήση (ή), κλήτευση (ή)/ v.t. κλητεύω
sumptuous, a. δαπανηρός, πολύτιμος/ ~ness, n. δαπανηρότητα (ή)
sun, n. ήλιος (ό)/ v.i. λιάζομαι/ ~blind, n. παντζούρι (τό)/ ~burn, n. ήλιακό έγκαυμα (τό)/ ~burnt, a. ήλιοκαμμένος/ ~dial, n. ήλιακό ρολόϊ (τό)/ ~flower, n. ήλιος (ό), ήλιανθός (ό)/ ~light, n. ήλιακό φώς (τό)/ ~rise, n. άνατολή (ή)/ ~set, n. δύση (ή), βασίλεμμα (τό)/ ~shade, n. όμπρέλλα τοΰ ήλιου/ ~shine, n. λιακάδα (ή)/ in the ~, στή λιακάδα/ ~stroke, n. ήλίαση (ή)
Sunday, n. Κυριακή (ή)/ a. κυριακάτικος

sunder, v.t. χωρίζω, σχίζω
sundries, n. pl. διάφορα, ποικίλα/ sundry, a. διάφοροι, ποικίλοι/ all and ~, δλοι άνεξαίρετα
sunken, a. βυθισμένος, βουλιαγμένος/ (cheeks) βαθουλωμένος, ρουφηγμένος
sup, v.i. δειπνώ/ v.t. πίνω γουλιά-γουλιά
superabundant, a. ύπεράφθονος, πληθωρικός
superannuated, a. παλιός, ύπερήλικας/ superannuation, n. συνταξιοδότηση (ή), όριο ήλικίας (τό)
superb, a. ύπέροχος
supercargo, n. έπόπτης φορτίου (ό)
supercilious, a. περιφρονητικός, άκατάδεχτος
superficial, a. έπιφανειακός, ρηχός/ superficies, n. έξωτερική έπιφάνεια (ή)
superfine, a. έξοχος, έξαίρετος/ (quality) πρώτης ποιότητας
superfluity, n. ύπερβολή (ή), πλεονασμός (ό)/ superfluous, a. ύπερβολικός, περιττός
superheat, v.t. ύπερθερμαίνω
superhuman, a. ύπεράνθρωπος
superimpose, v.t. έπιθέτω, ύπερτυπώνω
superintend, v.t. διευθύνω, έπιτηρώ/ ~ence, n. διεύθυνση (ή), έπιτήρηση (ή)/ ~ent, n. έπόπτης (ό)
superior, a. άνώτερος, καλύτερος/ n. άνώτερος (ό)/ (religious) ήγούμενος (ό)
superlative, a. ύπερθετικός/ n. (gram.) ύπερθετικός βαθμός (ό)
superman, n. ύπεράνθρωπος (ό)
supernatural, a. ύπερφυσικός
supernumerary, a. ύπεράριθμος/ n. (theat.) κομπάρσος (ό)
superscription, n. έπιγραφή (ή)
supersede, v.t. άντικαθιστώ, έκτοπίζω
supersonic, a. ύπερηχητικός
superstition, n. δεισιδαιμονία (ή), πρόληψη (ή)/ superstitious, a. δεισιδαίμονας, προληπτικός
superstructure, n. ύπερκατασκευή (ή)
supertax, n. πρόσθετος φόρος (ό)
supervene, v.t. έπακολουθώ, έπέρχομαι
supervise, v.t. έπιθεωρώ, έποπτεύω/ supervision, n. έπιθεώρηση (ή), έποπτεία (ή)/ supervisor, n. έπιθεωρητής (ό), έπόπτης (ό)

supine, a. ἀνάσκελος/ (fig.) νωχελικός, ῥάθυμος
supper, n. δεῖπνο (τό)/ have ~, δειπνῶ
supplant, v.t. ὑποσκελίζω, ἐκτοπίζω
supple, a. εὔκαμπτος, εὐλύγιστος
supplement, n. συμπλήρωμα (τό), παράρτημα (τό)/ v.t. συμπληρώνω/ ~ary, a. συμπληρωματικός/ (maths) παραπληρωματικός
suppleness, n. εὐλυγισία (ἡ), λυγεράδα (ἡ)
suppliant, a. ἱκετευτικός/ n. ἱκέτης (ὁ)/ supplicate, v.t. ἱκετεύω, παρακαλῶ/ supplication, n. ἱκεσία (ἡ), παράκληση (ἡ)
supplier, n. προμηθευτής (ὁ)/ supply, n. προμήθεια (ἡ)/ pl. ἐφόδια (τά), προμήθειες (οἱ)/ ~ and demand, προσφορά καί ζήτηση/ v.t. προμηθεύω, ἐφοδιάζω
support, n. ὑποστήριξη (ἡ), στήριγμα (τό)/ v.t. ὑποστηρίζω, στηρίζω/ ~ oneself, συντηροῦμαι/ ~er, n. ὑποστηρικτής (ὁ), ὁπαδός (ὁ)
suppose, v.t. ὑποθέτω, φαντάζομαι, πιστεύω/ let's ~, ἄς ὑποθέσουμε/ ~d, a. θεωρούμενος, ὑποτιθέμενος/ supposition, n. ὑπόθεση (ἡ), εἰκασία (ἡ)/ suppositious, a. πλαστός, δῆθεν
suppress, v.t. καταπιέζω/ (truth) ἀποκρύπτω/ ~ion, n. καταπίεση (ἡ), καταστολή (ἡ), ἀπόκρυψη (ἡ)
suppurate, v.i. πυορροῶ, βγάζω πύο/ suppuration, n. πυόρροια (ἡ)
supremacy, n. κυριαρχία (ἡ), ἐπικράτηση (ἡ)/ supreme, a. κυρίαρχος, ὑπέρτατος
surcharge, n. προσαύξηση (ἡ), ἐπιβάρυνση (ἡ)/ v.t. προσαυξάνω, ἐπιβαρύνω
sure, a. βέβαιος, σίγουρος, ἀσφαλής/ make ~ of, βεβαιώνομαι/ he is ~ to come, θά ἔλθει ὁπωσδήποτε/ ~ly, ad. βέβαια, ἀσφαλῶς/ ~ness, n. βεβαιότητα (ἡ)/ ~ty, n. βεβαιότητα (ἡ), ἀσφάλεια (ἡ), ἐγγύηση (ἡ)/ stand ~ for, μπαίνω ἐγγυητής
surf, n. σπάσιμο κυμάτων (τό)
surface, n. ἐπιφάνεια (ἡ)/ v.t. ἐπενδύω, ἐπιστρώνω/ v.i. βγαίνω στήν ἐπιφάνεια
surfeit, n. κατάχρηση (ἡ)/ v.t. μπουκώνω/ v.i. φουσκώνω
surge, n. φουσκοθαλασσιά (ἡ)/ v.i. φουσκώνω, ὑψώνομαι
surgeon, n. χειροῦργος (ὁ)/ surgery, n. ἰατρεῖο (τό)/ ~ hours, ὧρες ἐπισκέψεων/ surgical, a. χειρουργικός
surly, a. δύστροπος, ἀπότομος
surmise, n. εἰκασία (ἡ), ὑπόθεση (ἡ)/ v.t. εἰκάζω, ὑποθέτω
surmount, v.t. ὑπερνικῶ, ξεπερνῶ
surname, n. ἐπώνυμο (τό)
surpass, v.t. ὑπερβαίνω, ξεπερνῶ
surplice, n. στιχάρι (τό)
surplus, n. περίσσευμα (τό), πλεόνασμα (τό)/ ~ value, ὑπεραξία (ἡ)/ a. περίσσιος
surprise, n. ἔκπληξη (ἡ), αἰφνιδιασμός (ὁ)/ ~ attack, αἰφνιδιαστική ἐπίθεση/ v.t. κάνω ἔκπληξη, αἰφνιδιάζω/ surprising, a. ἐκπληκτικός, αἰφνιδιαστικός, ἀπρόσμενος
surrender, n. παράδοση (ἡ), παραίτηση (ἡ), ὑποταγή (ἡ)/ v.t. παραδίδω, παραχωρῶ/ v.i. παραδίδομαι, παραιτοῦμαι
surreptitious, a. λαθραῖος, κρυφός
surrogate, n. ὑποκατάστατο (τό)/ (person) ἀναπληρωτής (ὁ), ἀντικαταστάτης (ὁ)
surround, v.t. περικυκλώνω, περιβάλλω/ ~ing, a. γύρω/ ~ings, n. pl. περίχωρα (τά), περιβάλλον (τό)
surtax, n. πρόσθετος φόρος (ὁ)
surveillance, n. ἐπιτήρηση (ἡ), παρακολούθηση (ἡ)
survey, n. ἐπισκόπηση (ἡ), ἔρευνα (ἡ), ἐκτίμηση (ἡ)/ v.t. ἐπισκοπῶ, ἐρευνῶ, ἐκτιμῶ/ ~or, n. τοπογράφος (ὁ), χωρομέτρης (ὁ)
survival, n. ἐπιβίωση (ἡ)/ ~ of the fittest, ἐπιβίωση τῶν ἰσχυροτέρων
survive, v.t. ἐπιζῶ, ἐπιβιώνω/ v.i. διασώζομαι/ survivor, n. ἐπιζῶν (ὁ)
susceptible, a. εὐαίσθητος, ὑποκείμενος, τρωτός
suspect, a. ὕποπτος/ v.t. & i. ὑποπτεύομαι, ὑποψιάζομαι
suspend, v.t. ἀναστέλλω/ (hang up) κρεμῶ/ ~ers, n. pl. τιράντες (οἱ)/ suspense, n. ἀγωνία (ἡ), ἀβεβαιότητα (ἡ)/ in ~, σέ ἀβεβαιότητα/ suspension, n. ἀνάρτηση (ἡ), αἰώρηση (ἡ)/ (leg.) ἀναστολή (ἡ)/ ~ bridge, κρεμαστή γέφυρα/

suspensory (bandage), a. κρεμαστήριος (ἐπίδεσμος)
suspicion, n. ὑποψία (ἡ), δυσπιστία (ἡ)/ *not even a ~ of*, οὔτε ἴχνος/ *suspicious*, a. καχύποπτος, δύσπιστος
sustain, v.t. ὑποστηρίζω, συγκρατῶ/ *~ injury*, τραυματίζομαι/ *sustenance*, n. διατροφή (ἡ), μέσα συντήρησης (τά)
suture, n. ραφή (ἡ), ράμμα (τό)
suzerain, n. ἡγεμόνας (ὁ), ἄρχοντας (ὁ)/ *~ty*, n. ἐπικυριαρχία (ἡ)
swab, n. πατσαβούρα (ἡ)/ (med.) πῶμα (τό), βύσμα (τό)
swaddling clothes, φασκιές (οἱ)
swag, n. κλοπιμαῖα (τά), μπάζα (τά)
swagger, v.i. περπατῶ καμαρωτός, κορδώνομαι/ *~er*, n. καμαρωτός (ὁ)
swain, n. τσοπανόπουλο (τό)
swallow, n. (bird) χελιδόνι (τό)/ v.t. καταπίνω/ *~ up*, καταβροχθίζω/ (fig.) ἀνέχομαι
swamp, n. βάλτος (ὁ), ἕλος (τό), τέλμα (τό)/ v.t. κατακλύζω, πλημμυρίζω, πνίγω/ *~y*, a. ἑλώδης, βαλτώδης
swan, n. κύκνος (ὁ)/ *~ song*, κύκνειο ᾆσμα (τό)
swap, n. ἀνταλλαγή (ἡ)/ v.t. ἀνταλλάσσω
sward, n. λιβάδι (τό)
swarm, n. σμῆνος (τό), σμάρι (τό)/ v.i. κινοῦμαι ὁμαδικά
swarthy, a. μελαψός, μελαχροινός
swastika, n. σβάστικα (ἡ), ἀγκυλωτός σταυρός (ὁ)
swathe, v.t. μπαντάρω, ἐπιδένω, περιτυλίγω
sway, n. λίκνισμα (τό), ταλάντευση (ἡ), κούνημα (τό)/ v.t. λικνίζω, ταλαντεύω, κουνῶ/ v.i. κουνιέμαι, λικνίζομαι, ταλαντεύομαι
swear, v.i. ὀρκίζομαι/ v.t. ὀρκίζω
sweat, n. ἱδρώτας (ὁ)/ v.i. ἱδρώνω/ *~er*, n. πουλόβερ (τό), μπλούζα (ἡ)/ *~ing*, n. ἵδρωμα (τό)/ *~y*, a. ἱδρωμένος
swede, n. γουλί (τό)
Swede, n. Σουηδός (ὁ)/ *Swedish*, a. σουηδικός/ n. Σουηδικά (τά)
sweep, n. σκούπισμα (τό)/ *chimney ~*, καπνοδοχοκαθαριστής (ὁ)/ v.t. & i. σκουπίζω, καθαρίζω, σαρώνω/ *~ away*, ξεκαθαρίζω, περνῶ σαρώνοντας/ *~er*, n. ὁδοκαθαριστής (ὁ)/ *~ing*, a. σαρωτικός, εὐρύτατος/ *~ statement*, ἔντονη δήλωση/ n. σκούπισμα (τό), σάρωμα (τό)/ *~stake*, n. λαχεῖο ἱπποδρόμου (τό)
sweet, a. γλυκός, εὐχάριστος/ n. γλύκισμα (τό), καραμέλλα (ἡ)/ *have a ~ tooth*, μοῦ ἀρέσουν τά γλυκά/ *~ breads*, n. pl. γλυκάδια (τά)/ *~briar*, n. ἀγριοτριανταφυλλιά (ἡ)/ *~en*, v.t. γλυκαίνω/ *~ener*, n. γλυκαντικό (τό)/ (fig.) φιλοδώρημα (τό)/ *~heart*, n. ἀγαπημένος (ὁ), ἀγαπημένη (ἡ)/ *~meat*, n. γλύκισμα (τό), ζαχαρωτό (τό)/ *~ness*, n. γλυκύτητα (ἡ)/ *~ potato*, n. γλυκοπατάτα (ἡ)/ *~-scented*, a. ἀρωματικός, γλυκομύριστος
swell, v.t. φουσκώνω/ v.i. πρήζομαι/ n. πρήξιμο (τό)/ (naut.) φουσκοθαλασσιά (ἡ)/ *~ing*, n. διόγκωση (ἡ), διεύρυνση (ἡ), ἐξόγκωμα (τό)
swelter, v.i. λυώνω, λιποθυμῶ ἀπό τή ζέστη
swerve, n. παρέκκλιση (ἡ)/ v.i. παρεκκλίνω, λοξοδρομῶ
swift, a. γρήγορος, γοργός/ n. (bird) πετροχελίδονο (τό)/ *~ness*, n. γρηγοράδα (ἡ), σβελτάδα (ἡ)
swig, n. μεγάλη γουλιά (ἡ)/ v.t. πίνω μονορούφι
swill, n. ξέπλυμα (τό)/ v.t. ξεπλένω
swim, n. κολύμπι (τό)/ *go for a ~*, πάω γιά κολύμπι/ *be in the ~*, ἀγωνίζομαι/ v.t. & i. κολυμπῶ/ *~ming*, n. κολύμπι (τό), κολύμβηση (ἡ)/ *~-pool*, n. πισίνα (ἡ)/ *~-suit*, n. μαγιό (τό)
swindle, n. ἀπάτη (ἡ), ἐξαπάτηση (ἡ)/ v.t. ἀπατῶ, ἐξαπατῶ/ *~r*, n. ἀπατεώνας (ὁ)
swine, n. χοῖρος (ὁ), γουρούνι (τό)/ *~herd*, n. χοιροβοσκός (ὁ)
swing, n. αἰώρηση (ἡ), ταλάντευση (ἡ), περιστροφή (ἡ), στριφογύρισμα (τό)/ *in full ~*, σέ πλήρη δράση, στό φόρτε/ *~ door*, περιστρεφόμενη πόρτα/ v.t. & i. ταλαντεύομαι, αἰωροῦμαι, στριφογυρίζω
swirl, n. στροβίλισμα (τό)/ v.i. στροβιλίζομαι
swish, n. θρόϊσμα (τό)/ v.i. θροΐζω

Swiss, n. Ἑλβετός (ὁ)/ a. ἑλβετικός
switch, n. κλειδί (τό), διακόπτης (ὁ)/ ~**board,** n. τηλεφωνικό κέντρο (τό), πίνακας διανομῆς (ὁ)/ v.t. ἀλλάζω, μεταβάλλω/ ~ *off,* κλείνω τόν διακόπτη/ ~ *on,* ἀνοίγω τόν διακόπτη
swivel, n. στροφεῖο (τό)/ ~ *chair,* περιστρεφόμενη καρέκλα/ v.t. & i. στριφογυρίζω, περιστρέφομαι
swollen, a. πρησμένος
swoon, n. λιποθυμία (ἡ)/ v.i. λιποθυμῶ
swoop, n. ἐφόρμηση (ἡ), ἔφοδος (ἡ)/ v.i. ἐφορμῶ, κάνω ἔφοδο
sword, n. ξίφος (τό), σπαθί (τό)/ *put to the* ~, σφάζω/ ~ *belt,* n. ζωστήρας (ὁ)/ ~*fish,* n. ξιφίας (ὁ)/ ~ *stick,* n. μπαστούνι μέ κρυφό ξίφος/ ~*sman,* n. ξιφομάχος (ὁ)/ ~*smanship,* n. ἱκανότητα στήν ξιφομαχία
sybarite, n. συβαρίτης (ὁ), ἁβροδίαιτος (ὁ)
sycamore, n. συκομουριά (ἡ)
sycophant, n. συκοφάντης (ὁ)
syllabify, v.t. συλλαβίζω/ *syllable,* n. συλλαβή (ἡ)
syllabus, n. πρόγραμμα μαθημάτων (τό), διδακτέα ὕλη (ἡ)
syllogism, n. συλλογισμός (ὁ)
sylph, n. συλφίδα (ἡ)
sylvan, a. δασικός, δασόβιος
symbol, n. σύμβολο (τό)/ ~*ic,* a. συμβολικός/ ~*ize,* v.t. συμβολίζω
symmetrical, a. συμμετρικός/ *symmetry,* n. συμμετρία (ἡ)
sympathetic, a. συμπονετικός/ *sympathize,* v.i. συμπονῶ, νοιώθω συμπόνοια/ *sympathy,* n. συμπόνοια (ἡ)
symphony, n. συμφωνία (ἡ)
symptom, n. σύμπτωμα (τό)/ ~*atic,* a. συμπτωματικός
synagogue, n. συναγωγή (ἡ)
synchronize, v.i. συγχρονίζω/ v.i. συγχρονίζομαι/ *synchronous,* a. συγχρονισμένος
syncopate, v.t. συγκόπτω/ (mus.) ἀλλάζω ρυθμό
syndicate, n. συνδικάτο (τό), κοινοπραξία (ἡ)
synod, n. σύνοδος (ἡ)
synonym, n. συνώνυμο (τό)/ ~*ous,* a. συνώνυμος
synopsis, n. σύνοψη (ἡ)/ *synoptic,* a. συνοπτικός
syntax, n. συντακτικό (τό)
synthesis, n. σύνθεση (ἡ)/ *synthetic,* a. συνθετικός
syphilis, n. σύφιλη (ἡ)/ *syphilitic,* a. συφιλιδικός
syphon, n. σιφόνι (τό)
Syrian, n. Σύριος (ὁ)/ a. συριακός
syringe, n. σύριγγα (ἡ)/ *hypodermic* ~, ὑποδερμική σύριγγα/ v.t. καθαρίζω μέ σύριγγα
syrup, n. σιρόπι (τό)/ *golden* ~, μελάσσα (ἡ)/ ~*y,* a. σιροπιασμένος, γλυκανάλατος
system, n. σύστημα (τό), δίκτυο (τό)/ ~*atic,* a. συστηματικός/ ~*atize,* v.t. συστηματοποιῶ

T

T, n. *to a* ~, θαυμάσια, ἀπόλυτα/ ~-*square,* n. ταῦ (τό)
tab, n. λουρί (τό), ἱμάντας (ὁ)
tabby cat, n. θηλυκή γάτα (ἡ)/ (fig.) κουτσομπόλα (ἡ)
tabernacle, n. ἱερό σκήνωμα (τό)
table, n. τραπέζι (τό)/ *clear the* ~, σηκώνω τό τραπέζι/ (maths) πίνακας (ὁ)/ ~ *talk,* κουβεντολόϊ (τό), κουβεντούλα (ἡ)/ ~ *tennis,* πίγκ-πόγκ (τό)/ ~ *water,* ἐπιτραπέζιο νερό/ ~ *wine,* ἐπιτραπέζιο κρασί/ *turn the* ~*s,* ἀλλάζω τήν κατάσταση/ v.t. (suggest) ὑποβάλλω, προτείνω/ (make a table) ταξινομῶ, βάζω σέ πίνακα
tableau, n. ζωγραφιά (ἡ), ταμπλώ (τό)
tablecloth, n. τραπεζομάντηλο (τό)
tableland, n. ὀροπέδιο (τό)
tablespoon, n. κουτάλι τῆς σούπας
tablet, n. πλάκα (ἡ), πινακίδα (ἡ)/ *votive* ~, ἀφιέρωμα (τό)
tableware, n. ἐπιτραπέζια σκεύη (τά)

taboo, n. ταμπού (τό)
tabular, a. συνοπτικός/ *tabulate*, v.t. συνοψίζω, ταξινομώ/ *tabulator*, n. μηχάνημα ταξινόμησης (τό)/ (person) ταξινόμος (ό)
tacit, a. σιωπηρός/ ~*urn*, a. λιγόλογος/ ~*urnity*, n. λακωνικότητα (ή), σιωπηλότητα (ή)
tack, n. καρφάκι (τό), προκάκι (τό)/ (naut.) πρότονος (ό)/ (sewing) μύτη θελόνας (ή)/ v.t. καρφώνω, καθηλώνω/ (sew) τρυπώνω/ (naut.) κάνω στροφή
tackle, n. σύνεργα (τά), έργαλεΐα (τά)/ (tech.) άρπάγη (ή)/ (naut.) άρμενα (τά), έξαρτήματα (τά)/ v.t. άρπάζω, κρατώ/ (naut.) έξοπλίζω πλοΐο/ (task, etc.) άσχολούμαι, καταπιάνομαι
tacky, a. γλοιώδης, κολλώδης
tact, n. εύπρέπεια (ή), τάκτ (τό)/ ~*ful*, a. εύπρεπής/ ~*less*, a. άγενής, άπρεπής, χωρίς τάκτ
tactical, a. τακτικός/ *tactician*, n. είδικός στήν τακτική, τακτικολόγος (ό)/ *tactics*, n. τακτική (ή)
tactile, a. άπτός, ψηλαφητός
tadpole, n. νεογέννητος βάτραχος (ό)
taffeta, n. ταφτάς (ό)
tag, n. έτικέττα (ή), ταινία (ή)/ v.t. κολλώ στήν άκρη
tail, n. ούρά (ή), άκρη (ή)/ *turn* ~, φεύγω, τό σκάω/ (of hair) άλογοουρά (ή)/ v.t. άκολουθώ, παίρνω άπό πίσω/ ~ *after*, παρακολουθώ/ *heads or* ~*s*, κορώνα ή γράμματα/ ~*coat*, n. φράκο (τό)/ ~*less*, a. κολοβός/ ~*light*, n. πίσω φώς αύτοκινήτου
tailor, n. ράφτης (ό)/ ~*ing*, n. ραφτική (ή)
taint, n. μόλυσμα (τό), μίασμα (τό), κηλίδα (ή)/ v.t. μολύνω, κηλιδώνω/ ~*ed*, p.p. & a. κηλιδωμένος, μιασμένος
take, v.t. & i. παίρνω, λαβαίνω, πιάνω/ (a house) νοικιάζω, μισθώνω/ (suppose) θεωρώ, ύποθέτω/ (the initiative) παίρνω τήν πρωτοβουλία/ (a prisoner) πιάνω αίχμάλωτο/ ~ *aback*, προκαλώ έκπληξη/ ~ *advantage of*, έπωφελούμαι/ ~ *away*, άφαιρώ/ ~ *charge of*, άναλαβαίνω τήν εύθύνη/ ~ *cover*, προστατεύομαι/ ~ *down*, καταγράφω/ ~ *into consideration*, λαβαίνω ύπ' δψη/ ~ *off*, άφαιρώ, βγάζω/ (start) ξεκινώ/ ~ *on*, άναλαβαίνω/ ~ *out*, βγάζω, βγάζω έξω/ ~ *over*, άναλαβαίνω, παραλαβαίνω/ ~ *part in*, μετέχω, παίρνω μέρος/ ~ *place*, συμβαίνω, λαβαίνω χώρα/ ~ *the chair*, άναλαβαίνω τήν προεδρία/ ~ *the trouble*, κάνω τόν κόπο, μπαίνω στόν κόπο/ ~ *to heart*, παίρνω κατάκαρδα/ ~ *to pieces*, κάνω κομμάτι άποσυναρμολογώ/ ~ *to task*, μαλώνω, έπιπλήττω/ ~ *up*, άναλαβαίνω/ (time) σπαταλώ, ξοδεύω/ ~ *up the thread*, άκολουθώ τά ίχνη/ *he* ~*s after his father*, μοιάζει τοΰ πατέρα του/ n. (film) λήψη (ή)/ ~ *off*, n. ξεκίνημα (τό)/ ~*r*, n. λήπτης (ό), άποδέκτης (ό)/ *taking*, n. λήψη (ή), κατάληψη (ή), πάρσιμο (τό)/ pl. είσπράξεις (οί)/ a. έλκυστικός, έπαγωγός
talc(um), n. τάλκ (τό)
tale, n. άφήγηση (ή), ίστορία (ή), μύθος (ό)/ *tell* ~*s*, λέω παραμύθια/ ~*-bearer*, n. διαδοσίας (ό), σπερμολόγος (ό)
talent, n. ταλέντο (τό)/ ~*ed*, a. ταλαντούχος
talisman, n. φυλαχτό (τό)
talk, n. όμιλία (ή), λόγος (ό)/ *small* ~, περί άνέμων καί ύδάτων/ v.i. μιλώ, λέγω/ ~ *into*, πείθω/ ~ *to*, παρακινώ/ ~*ative*, a. όμιλητικός, φλύαρος/ ~*er*, n. όμιλητής (ό), φλύαρος (ό)/ *great* ~, πολυλογάς/ ~*ing*, n. συνομιλία (ή)/ a. όμιλών/ ~ *film*, όμιλούσα ταινία/ *give a* ~ *to*, μαλώνω, κατσαδιάζω
tall, a. ψηλός/ ~*ness*, n. ύψος (τό), ψηλό άνάστημα (τό)
tallow, n. λίπος (τό)/ ~*y*, a. λιπαρός
tally, n. έγκοπή (ή), έντομή (ή)/ v.i. ταιριάζω, άντιστοιχώ
talon, n. νύχι ζώου (τό)
tambour, n. τύμπανο (τό)/ (sewing) τελλάρο (τό)/ ~*ine*, n. ντέφι (τό)
tame, a. ήμερος, δαμασμένος/ v.t. ήμερώνω, δαμάζω/ ~ *ness*, n. ήμερότητα (ή), δάμασμα (τό)/ ~ *r*, n. δαμαστής (ό)
tam-o'-shanter, n. μάλλινος σκούφος (ό)
tamp, v.t. κοπανίζω, στουπώνω
tamper, v.i. ~ *with*, άλλοιώνω, νοθεύω, παραποιώ

tan, a. καφέ-κίτρινος, μαυρισμένος/ n. μαύρισμα (τό)/ v.t. βυρσοδεψώ, μαυρίζω/ v.i. μαυρίζω από τόν ήλιο/ ~ yard, βυρσοδεψεΐο (τό)
tandem, n. διπλό ποδήλατο (τό)
tang, n. ταγγάδα (ή)
tangent, a. εφαπτόμενος/ n. εφαπτομένη (ή)
tangerine, n. μανταρίνι (τό)
tangible, a. απτός, πραγματικός
tangle, n. κόμπος (ό), μπέρδεμα (τό), σύγχιση (ή), κυκεώνας (ό)/ v.t. & i. μπλέκω, μπερδεύω
tango, n. ταγκό (τό)
tank, n. δεξαμενή (ή)/ (mil.) τάνκ (τό), άρμα μάχης (τό)
tankard, n. μαστραπάς (ό)
tanker, n. δεξαμενόπλοιο (τό), πετρελαιοφόρο (τό)
tanner, n. βυρσοδέψης (ό)/ ~ y, n. βυρσοδεψεΐο (τό)/ tannic, a. ταννικός/ tannin, n. ταννίνη (ή)/ tanning, n. βυρσοδεψία (ή)
tantalize, v.t. βασανίζω/ tantalizing, n. βασάνισμα (τό)
tantamount, a. ισοδύναμος
tantrum, n. παραφορά (ή), οργή (ή)
tap, n. ελαφρό χτύπημα (τό)/ (barrel) πώμα (τό)/ (water, etc.) στρόφιγγα (ή), κάνουλα (ή)/ (elec.) παροχέτευση (ή)/ v.t. χτυπώ, τρυπώ/ ~ on the door, χτυπώ τήν πόρτα/ ~ wine, αντλώ κρασί/ ~ the line, υποκλέβω τηλεφωνήματα
tape, n. ταινία (ή), κορδέλλα (ή)/ ~ measure, μεζούρα (ή)/ ~ recorder, μαγνητόφωνο (τό)
taper, n. κερί (τό)/ v.t. & i. ξεφτίζω, λιγοστεύω
tapestry, n. ταπετσαρία (ή)
tapeworm, n. σκουλίκι (τό), ταινία (ή)
tapioca, n. ταπιόκα (ή)
tapir, n. τάπιρος (ό)
tar, n. πίσσα (ή), κατράμι (τό)/ v.t. πισσώνω, κατραμώνω/ ~ and feather, διαπομπεύω
tarantella, n. ταραντέλλα (ή)
tarantula, n. φαλάγγι (τό)
tardiness, n. νωχέλεια (ή); βραδύτητα (ή)/ tardy, a. νωχελής, βραδυκίνητος
tare, n. τάρα (ή), απόβαρο (τό)

target, n. στόχος (ό), σημάδι (τό)/ ~ practice, σκοποβολή (ή)
tariff, n. δασμολόγιο (τό), δασμός (ό)/ v.t. επιβάλλω δασμό
tarmac(adam), n. ασφαλτοστρωμένη επιφάνεια (ή)/ (avia.) χώρος επιβίδασης/ v.t ασφαλτοστρώνω
tarnish, v.t. θαμπώνω, ξεθωριάζω/ (fig.) καταστρέφω τήν υπόληψη/ n. θάμπωμα (τό), ξεθώριασμα (τό)
tarpaulin, n. μουσαμάς (ό)
tarragon, n. δρακόντιο (τό)
tarred, tarry, a. πισσαλειμένος
tarry, v.i. μένω σ' ένα μέρος, χρονοτριβώ
tart, a. στυφός, μισόξυνος/ n. τούρτα (ή)/ (woman) κοκότα (ή)
tartan, n. σκωτσέζικο ύφασμα (τό)
Tartar, n. Τάταρος (ό)
tartar, n. (teeth) πλάκα (ή)/ ~ ic, a. τρυγικός/ ~ acid, τρυγικό οξύ (τό)
tartness, n. οξύτητα (ή), δριμύτητα (ή)
task, n. έργο (τό), καθήκον (τό)/ take to ~, μαλλώνω, επιπλήττω/ urgent ~, επείγουσα εργασία (ή)
tassel, n. φούντα (ή)
taste, n. γεύση (ή), ουσία (ή)/ have a ~ for, έχω κλίση σέ/ to one's ~, σύμφωνα μέ τά γούστα μου/ v.t. & i. γεύομαι, δοκιμάζω/ ~ful, a. γευστικός/ (person) καλαίσθητος/ ~less, a. ανούσιος, άγευστος/ (person) ακαλαίσθητος/ ~r, n. δοκιμαστής (ό)/ tasting, n. δοκίμασμα (τό)/ tasty, a. γευστικός, νόστιμος
tatter, n. κουρέλι (τό)/ ~ ed, a. κουρελιασμένος, κουρελής
tattle, n. μωρολογία (ή), φλυαρία (ή)/ v.i. μωρολογώ, φλυαρώ/ ~r, n. φλύαρος (ό)
tattoo, n. ανακλητικό (τό)/ (on the body) διάστιξη (ή), τατουάζ (τό)/ v.t. & i. κάνω τατουάζ
taunt, n. λοιδορία (ή), χλευασμός (ό), περίπαιγμα (τό)/ v.t. λοιδορώ, χλευάζω, περιπαίζω/ ~ing, a. χλευαστικός, περιπαιχτικός
taut, a. δύσκαμπτος, τεντωμένος/ ~en, v.t. τεντώνω/ ~ness, n. τέντωμα (τό)
tautological, a. ταυτολογικός/ tautology, n. ταυτολογία (ή)
tavern, n. ταβέρνα (ή)

tawdriness, n. ἐπιδεικτικότητα (ἡ)/ *tawdry*, a. ἐπιδεικτικός
tawny, a. ξανθωπός
tax, n. φόρος (ὁ)/ ~ *collector*, ἐφοριακός (ὁ), φορατζής (ὁ)/ ~ *payer*, φορολογούμενος (ὁ)/ v.t. φορολογῶ/ ~ *one's patience*, χάνω τήν ὑπομονή μου/ ~*able*, a. φορολογίσιμος/ ~*ation*, n. φορολογία (ἡ)/ ~-*free*, a. ἀφορολόγητος
taxi, n. ταξί (τό)/ ~ *rank*, πιάτσα ταξί (ἡ)
taxidermist, n. ταριχευτής ζώων (ὁ)/ *taxidermy*, n. ταρίχευση ζώων (ἡ)
tea, n. τσάϊ (τό)/ ~ *caddy*, κουτί τσαγιοῦ (τό)
teach, v.t. διδάσκω, ἐκπαιδεύω/ ~ *someone a lesson*, δίνω ἕνα γερό μάθημα/ ~*er*, n. δάσκαλος (ὁ), καθηγητής (ὁ)/ ~*ing*, n. διδασκαλία (ἡ), ἐκπαίδευση (ἡ)
teacup, n. φλυτζάνι τοῦ τσαγιοῦ (τό)
teak, n. τεκτονία (ἡ)
team, n. ὁμάδα (ἡ)/ (horses, etc.) ζευγάρι (τό)/ ~ *work*, ὁμαδική ἐργασία/ v.t. & i. ~ *up*, συνδυάζω, ἐργάζομαι μαζί
tear, n. σχίσιμο (τό), φθορά (ἡ)/ v.t. σχίζω, σπαράζω/ ~ *along*, φεύγω γρήγορα/ ~ *apart*, ξεσχίζω/ ~ *dawn*, ἀποσπῶ/ ~ *one's hair out*, ξεσχίζω τά μαλλιά μου
tear, n. δάκρυ (τό)/ ~*drop*, n. σταγόνα δακρύου/ ~*gas*, n. δακρυγόνο (τό)/ ~*ful*, a. δακρυσμένος, κλαμμένος
tease, v.t. πειράζω/ (wool) ξαίνω/ ~ *out*, ξεφτῶ/ ~*r*, n. γρίφος (ὁ)/ (person) κοροϊδευτής (ὁ)
teaspoon, n. κουταλάκι τοῦ τσαγιοῦ (τό)
teat, n. ρώγα (ἡ), θηλή (ἡ)
technical, a. τεχνικός/ ~ *offence*, οἱονεί ἀδίκημα/ ~ *term*, τεχνικός ὅρος/ ~*ity*, n. τεχνική λεπτομέρεια/ *technician*, n. τεχνικός (ὁ), εἰδικός (ὁ)/ *technique*, n. τεχνική (ἡ)/ *technological*, a. τεχνολογικός/ *technology*, n. τεχνολογία (ἡ)
teddy bear, n. ἀρκουδίτσα (ἡ)
tedious, a. ἀνιαρός, φορτικός/ (work) κοπιαστικός/ ~*ness*, n. ἀνιαρότητα (ἡ)
teem, v.i. ἀφθονῶ, βρίθω/ *it is* ~*ing with rain*, βρέχει μέ τό τουλούμι/ ~*ing*, a. γεμάτος

teenager, n. ἔφηβος (ὁ)/ *teens*, n. pl. ἡλικία ἀπό 13 ἕως 19
teethe, v.i. βγάζω δόντια/ *teething*, n. ὁδοντοφυΐα (ἡ)/ ~ *difficulties*, ἀρχικές δυσκολίες
teetotal, a. ἀντιαλκοολικός/ ~*ism*, n. ἀντιαλκοολισμός (ὁ)/ ~*ler*, n. ἐκεῖνος πού δέν πίνει καθόλου
teetotum, n. σβούρα (ἡ)
tegument, n. περικάλυμμα (τό), ὑμένας (ὁ)
telegram, n. τηλεγράφημα (τό)
telegraph, n. τηλέγραφος (ὁ)/ v.t. & i. τηλεγραφῶ/ ~*ic*, a. τηλεγραφικός/ ~*ist*, n. τηλεγραφητής (ὁ)/ ~*y*, n. τηλεγραφία (ἡ)
telepathic, a. τηλεπαθητικός/ *telepathy*, n. τηλεπάθεια (ἡ)
telephone, n. τηλέφωνο (τό)/ ~ *box*, τηλεφωνικός θάλαμος (ὁ)/ ~ *directory*, τηλεφωνικός κατάλογος (ὁ)/ ~ *exchange*, τηλεφωνικό κέντρο (τό)/ v.t. & i. τηλεφωνῶ/ *telephony*, n. τηλεφωνία (ἡ)
teleprinter, n. τηλετυπική μηχανή (ἡ), τελέξ (τό)
telescope, n. τηλεσκόπιο (τό)/ v.t. & i. κλείνω σάν τηλεσκόπιο/ *telescopic*, a. τηλεσκοπικός
televise, v.t. μεταδίδω τηλεοπτικά/ *television*, n. τηλεόραση (ἡ)
tell, v.t. λέγω, ἀποκαλύπτω/ ~ *one from another*, ξεχωρίζω/ ~ *off*, μαλλώνω/ ~ *on*, ἔχω κακή ἐπίδραση/ (inform) μαρτυρῶ, προδίνω/ ~ *in one's favour*, μιλῶ ὑπέρ/ ~*er*, n. διαλογέας ψήφων (ὁ)/ ~*ing*, a. ἀποτελεσματικός/ ~*tale*, a. ἀποκαλυπτικός/ n. σπερμολόγος (ὁ), διαβολέας (ὁ)
temerity, n. τόλμη (ἡ), παράτολμη ἐνέργεια
temper, n. διάθεση (ἡ), χαρακτήρας (ὁ), ἰδιοσυγκρασία (ἡ)/ (metal) σκλήρυνση (ἡ), στόμωση (ἡ)/ *fit of* ~, ἔκρηξη ὀργῆς/ *lose one's* ~, χάνω τήν ψυχραιμία μου/ *be in a* ~, εἶμαι θυμωμένος/ v.t. μετριάζω, ἐλαττώνω/ (metal) ἀνακατεύω, στομώνω, βάφω/ ~*ament*, n. ἰδιοσυγκρασία (ἡ)/ ~*amental*, a. ἰδιότροπος, εὐέξαπτος/ ~*ance*, n. μετριοπάθεια (ἡ), ἐγκράτεια (ἡ)/ ~*ate*, a. ἐγ-

κρατής, συγκρατημένος/ (climate) εὔκρατος/ ~ature, n. θερμοκρασία (ἡ)
tempest, n. τρικυμία (ἡ)/ ~uous, a. τρικυμιώδης, θυελλώδης
temple, n. ναός (ὁ)/ (anat.) κρόταφος (ὁ)
temporal, a. χρονικός/ (eccl.) ἐγκόσμιος/ (anat.) κροταφικός/ temporary, a. προσωρινός/ temporize, v.i. χρονοτριβῶ, καιροσκοπῶ, ἀναβάλλω
tempt, v.t. δελεάζω, εἶμαι πειρασμός/ ~ation, n. πειρασμός (ὁ)/ ~er, n. γητευτής (ὁ), δελεαστής (ὁ), πλάνος (ὁ)/ ~ing, a. δελεαστικός/ ~ress, n. γητεύτρα (ἡ)
ten, num. δέκα/ n. (cards) δεκάρι (τό)
tenable, a. βάσιμος/ (mil.) ὀχυρός, ὑπερασπίσιμος
tenacious, a. ἀνένδοτος, ἀνθεκτικός, ἐπίμονος
tenancy, n. ἐνοικίαση (ἡ), μίσθωση (ἡ)/ tenant, n. μισθωτής (ὁ), ἐνοικιαστής (ὁ)
tend, v.t. περιποιοῦμαι, φροντίζω/ v.i. τείνω, κλίνω/ ~ency, n. τάση (ἡ), κλίση (ἡ)/ ~entious, a. σκόπιμος, προπαγανδιστικός
tender, n. πρόταση (ἡ), προσφορά (ἡ)/ v.t. κάνω πρόταση (προσφορά)/ ~ one's resignation, ὑποβάλλω παραίτηση
tender, a. τρυφερός, μαλακός, ἁπαλός/ ~ hearted, a. εὐαίσθητος/ ~foot, a. νεοφερμένος/ ~ness, n. τρυφερότητα (ἡ), ἁπαλότητα (ἡ), εὐαισθησία (ἡ)
tendon, n. τένων (ὁ)
tendril, n. ἕλικας ἀναρριχητικοῦ
tenement, n. μισθωτό ἀκίνητο (τό)/ ~ house, φτωχική πολυκατοικία (ἡ)
tenet, n. ἀρχή (ἡ), δόγμα (τό)
tennis, n. τέννις (τό), ἀντισφαίρηση (ἡ)/ ~ court, γήπεδο τέννις (τό)
tenor, n. τενόρος (ὁ)/ (of life) τάση (ἡ), πορεία (ἡ)
tense, a. τεντωμένος, τεταμένος/ n. (gram.) χρόνος (ὁ)/ ~ness, n. ἔνταση (ἡ)/ tension, n. ἔνταση (ἡ), πίεση (ἡ)
tent, n. σκηνή (ἡ), τέντα (ἡ)/ ~-pole, n. σφήνα σκηνῆς (ἡ)
tentacle, n. κεράτιο (τό)/ (octopus) πλοκάμι (τό)
tentative, a. δοκιμαστικός, πειραματικός

tenterhooks, n. be on ~, εἶμαι σέ ἀγωνία, ἀνησυχῶ
tenth, ord. num. δέκατος/ n. δέκατο (τό)/ ~ of April, δέκα Ἀπριλίου
tenuity, n. ἀραιότητα (ἡ), λεπτότητα (ἡ)/ tenuous, a. ἀραιός, λεπτός
tenure, n. κατοχή (ἡ), ἐπικαρπία (ἡ)/ (of office) θητεία (ἡ)
tepid, a. χλιαρός
term, n. περίοδος (ἡ), προθεσμία (ἡ), διορία (ἡ)/ (school) τριμηνία (ἡ)/ pl. ὅροι (οἱ)/ in the short ~, βραχυπρόθεσμα/ in the long ~, μακροπρόθεσμα/ be on good ~s, ἔχω καλές σχέσεις μέ/ come to ~s, συμβιβάζομαι/ ~s of reference, βασικές ὁδηγίες/ v.t. ὀνομάζω, χαρακτηρίζω
termagant, n. μέγαιρα (ἡ), στρίγγλα (ἡ)
terminal, a. τελικός, ἀκραῖος/ (disease) θανατηφόρος/ n. ἄκρο (τό), τέρμα (τό)/ (elec.) ἀκροδέκτης (ὁ)/ terminate, v.t. διαλύω, ἀκυρώνω/ v.i. τελειώνω, ὁλοκληρώνω/ termination, n. λήξη (ἡ), παύση (ἡ), τέλος (τό), ἀκύρωση (ἡ)/ terminus, n. τέρμα (τό)
termite, n. τερμίτης (ὁ)
tern, n. θαλασσινό χελιδόνι (τό)
terrace, n. ταράτσα (ἡ)/ v.t. ταρατσώνω
terracotta, n. τερρακότα (ἡ)
terrain, n. ἔδαφος (τό)/ terrestrial, a. γήινος
terrible, a. τρομερός
terrier, n. κυνηγετικός σκύλος (ὁ)
terrific, a. καταπληκτικός, ἐξαιρετικός, τεράστιος/ terrify, v.t. τρομοκρατῶ, φοβίζω
territorial, a. ἐδαφικός/ territory, n. γῆ (ἡ), περιοχή (ἡ)
terror, n. τρόμος (ὁ), φόβος (ὁ)/ ~ism, n. τρομοκρατία (ἡ)/ ~ist, n. τρομοκράτης (ὁ)/ ~ize, v.t. τρομοκρατῶ
terse, a. γλαφυρός, λακωνικός, κομψός/ ~ness, n. γλαφυρότητα (ἡ), λακωνικότητα (ἡ)
tertiary, a. τριτογενής
tessellated, a. ψηφιδωτός
test, n. δοκιμή (ἡ), τέστ (τό)/ blood ~, ἐξέταση αἵματος (ἡ)/ ~ tube, δοκιμαστικός σωλήνας (ὁ)/ v.t. δοκιμάζω, ἐξετάζω

testament, n. διαθήκη (ή)/ *Old (New) T~*, Παλαιά (Καινή) Διαθήκη (ή)/ *~ary*, a. κληροδοτικός
testicle, n. όρχις (ό), αρχίδι (τό)
testify, v.i. έπιβεβαιώνω, κάνω μαρτυρική κατάθεση
testimonial, n. πιστοποιητικό καλού χαρακτήρα, συστατική έπιστολή/ *testimony*, n. μαρτυρία (ή), μαρτυρική κατάθεση (ή)
testy, a. δύστροπος, ύπερευαίσθητος
tetanus, n. τέτανος (ό)
tether, n. σχοινί (τό), καπίστρι (τό)/ *be at the end of one's ~*, δέν αντέχω άλλο/ v.t. δένω, περιορίζω
Teutonic, a. τευτονικός
text, n. κείμενο (τό)/ *~book*, n. αναγνωστικό (τό), εγχειρίδιο (τό)
textile, n. ύφασμα (τό)/ *~ industry*, υφαντουργία (ή)
texture, n. υφή (ή)/ (cloth) ύφανση (ή)
than, c. παρά, άπό/ *more ~*, περισσότεροι άπό/ *none other ~*, αυτός (αυτή) καί μόνο
thank, v.t. ευχαριστώ/ *~ God!* Δόξα τώ θεώ!/ *~ you!* ευχαριστώ!/ *~ful*, a. εύγνώμων/ *~fulness*, n. ευγνωμοσύνη (ή)/ *~less*, a. άχάριστος, αγνώμων/ *~s*, n. pl. *~ to*, χάρη σέ/ *~s giving*, n. ευχαριστίες (στό Θεό)
that, pn. εκείνος/ (relative) πού, όποιος/ c. *in order ~*, γιά νά, ούτως ώστε/ ad. τόσο, δσο/ *~ much*, τόσο πολύ
thatch, n. στέγη από χόρτο (ή)/ v.t. φτιάχνω στέγη από χόρτο
thaw, n. λυώσιμο πάγου (τό)/ v.t. λυώνω, διαλύω/ v.i. διαλύομαι, λυώνω
the, def. art. ό, ή, τό, οί, τά/ ad. *all ~ better*, τόσο τό καλύτερο/ *~ more ~ better*, όσο περισσότερο τόσο καλύτερα
theatre, n. θέατρο (τό)/ *theatrical*, a. θεατρικός
theft, n. κλοπή (ή), κλεψιά (ή)
their, a. & *theirs*, pn. δικοί (δικές, δικά) τους
theism, n. θεϊσμός (ό)
them, pn. αυτούς, αυτές, αυτά
theme, n. θέμα (τό), ύπόθεση (ή)
themselves, pn. οί ίδιοι (ίδιες)/ *by ~*, μόνοι (μόνες) τους

then, ad. τότε, έπειτα/ *now and ~*, πότε-πότε/ *~ce*, ad. γι' αυτό τό λόγο/ *~ceforth*, ad. άπό τότε, έκτοτε
theodolite, n. θεοδόλιχος (ό), γωνιόμετρο (τό)
theologian, n. θεολόγος (ό)/ *theological*, a. θεολογικός
theology, n. θεολογία (ή)
theorem, n. θεώρημα (τό)/ *theoretical*, a. θεωρητικός/ *theorist*, n. θεωρητικός (ό)/ *theorize*, v.i. διατυπώνω θεωρίες/ *theory*, n. θεωρία (ή)
theosophy, n. θεοσοφία (ή)
therapeutic, a. θεραπευτικός/ *~s*, n. θεραπευτική (ή)/ *therapy*, n. θεραπεία (ή)
there, ad. έκεί/ *~ is*, υπάρχει/ *here and ~*, εδώ κι' έκεί/ *~abouts*, ad. περίπου, έκεί γύρω/ *~after*, ad. έπειτα/ *~by*, ad. μέ αυτό τόν τρόπο/ *~fore*, ad. έπομένως, άρα/ *~in*, ad. μέσα σ' αυτό/ *~upon*, ad. όπότε
thermal, a. θερμικός/ *~ spring*, θερμή πηγή (ή)/ *thermometer*, n. θερμόμετρο (τό)/ *thermos*, n. θερμός (ό)
these, a. & pn. αυτοί, αυτές, αυτά
thesis, n. διατριβή (ή)
they, pn. αυτοί, έκείνοι/ *if I were ~*, εάν ήμουν στή θέση τους/ *~ say*, λέγεται
thick, a. πυκνός, παχύς, πηχτός/ *a bit ~*, κάπως ύπερβολικό/ *lay it on ~*, έπαινώ πολύ/ *through ~ and thin*, πιστά, σέ καλές καί σέ δύσκολες στιγμές/ *~en*, v.t. & i. πυκνώνω, συμπυκνώνω/ (soup, etc.) δένω/ *~ening*, n. πύκνωμα (τό), δέσιμο (τό)/ *~et*, n. λόχμη (ή)/ *~-headed*, a. χοντροκέφαλος/ *~-lipped*, a. χειλαράς/ *~-skinned*, a. χοντρόπετσος, παχύδερμος/ (fig.) άναίσθητος
thief, n. κλέφτης (ό)/ *thieve*, v.i. κλέβω/ *thievish*, a. εκείνος πού ρέπει στήν κλοπή
thigh, n. μερί (τό), μηρός (ό)/ *~-bone*, n. μηρικό οστό (τό)
thimble, n. δαχτυλήθρα (ή)/ (tech.) δακτύλιος (ό)
thin, a. λεπτός, αδύνατος, ισχνός/ *~ hair*, αραιά μαλλιά/ v.t. & i. αραιώνω/ (paint) διαλύω/ *~ out*, αραιώνω
thing, n. πράγμα (τό), άντικείμενο (τό)/ pl. ύπάρχοντα (τά), πράγματα (τά)/

pack one's ~ *s*, ἑτοιμάζω τίς ἀποσκευές μου/ *the only* ~, τό μόνο πράγμα/ *it is a good* ~ *that*, εἶναι καλό πού, εὐτυχῶς πού/ *it is just the* ~, εἶναι ὅτι πρέπει
think, v.t. & i. σκέπτομαι, νομίζω, συλλογίζομαι/ ~ *highly of*, ἐκτιμῶ/ ~ *out*, σχεδιάζω, καταστρώνω/ ~ *over*, ξανασκέφτομαι/ ~*er*, n. στοχαστής (ὁ), διανοούμενος (ὁ)/ ~*ing*, a. σκεπτόμενος/ n. σκέψη (ἡ), γνώμη (ἡ)/ *to my* ~, σύμφωνα μέ τήν γνώμη μου
thinly, ad. ἀραιά, ἐλαφρά/ *thinness*, n. ἀραιότητα (ἡ), ἐλαφρότητα (ἡ), λεπτότητα (ἡ)
third, num. τρίτος/ ~ *person*, τρίτο πρόσωπο/ n. τρίτο (τό)
thirst, n. δίψα (ἡ)/ v.i. διψῶ/ ~*y*, a. διψασμένος/ *be* ~, διψῶ
thirteen, num. δεκατρία/ ~*th*, ord. num. δέκατος τρίτος
thirtieth, ord. num. τριακοστός/ n. τριακοστό (τό)/ *thirty*, num. τριάντα
this, a. & pn. αὐτός, αὐτή, αὐτό/ ~ *way*, ἀπ' ἐδῶ
thistle, n. γαϊδουράγκαθο (τό)
thither, ad. ἐκεῖ, πρός τά ἐκεῖ/ *hither and* ~, ἐδῶ κι' ἐκεῖ
thong, n. λουρί (τό), ἱμάντας (ὁ)
thorax, n. θώρακας (ὁ)
thorn, n. ἀγκάθι (τό)/ ~*y*, a. ἀγκαθωτός, ἀγκαθερός/ (fig.) δύσκολος
thorough, a. πλήρης, λεπτομερής/ ~ *work*, εὐσυνείδητη δουλειά/ ~*bred*, a. καθαρόαιμος/ ~*fare*, n. δημόσιος δρόμος (ὁ)/ ~*ly*, ad. πλήρως, μέ κάθε λεπτομέρεια, ἐξαντλητικός
those, a. & pn. ἐκεῖνοι, ἐκεῖνες, ἐκεῖνα
though, c. μολονότι, ἄν καί/ *as* ~, σάν νά/ ad. παρ' ὅλα αὐτά
thought, n. σκέψη (ἡ), ἰδέα (ἡ)/ ~*ful*, a. σκεπτικός/ ~*less*, a. ἀπερίσκεπτος, ἀστόχαστος
thousand, num. χίλιοι, χίλιες, χίλια/ ~*th*, ord. num. χιλιοστός/ n. χιλιοστό (τό)
thraldom, n. σκλαβιά (ἡ), δουλειά (ἡ)
thrash, v.t. χτυπῶ, ῥαβδίζω, κοπανίζω/ (agr.) ἁλωνίζω/ ~*ing*, n. χτύπημα (τό), κοπάνισμα (τό)/ (agr.) ἁλώνισμα (τό)
thread, n. κλωστή (ἡ), νῆμα (τό)/ (tech.) σπείραμα (τό)/ v.t. βελονιάζω/ ~ *one's way*, ἀνοίγω δρόμο/ ~*bare*, a. φθαρμένος, τριμένος
threat, n. ἀπειλή (ἡ), φοβέρα (ἡ)/ ~*en*, v.t. ἀπειλῶ, φοβερίζω/ ~*ening*, a. ἀπειλητικός
three, num. τρία/ n. τριάρι (τό)/ ~*-cornered*, a. τρίκωχος/ ~*-fold*, a. τριπλάσιος/ ~*-ply*, a. τρίπτυχος/ ~*score*, num. τρεῖς εἰκοσάδες
thresh, v.t. & i. ἁλωνίζω/ ~*ing*, n. ἁλώνισμα (τό)/ ~ *floor*, ἁλώνι (τό)/ ~ *machine*, ἁλωνιστική μηχανή (ἡ)
threshold, n. κατώφλι (τό)
thrice, ad. τρεῖς φορές
thrift, n. οἰκονομία (ἡ)/ φειδώ (ἡ)/ ~*less*, a. σπάταλος, ἄσωτος, ἀπερίσκεπτος/ ~*y*, a. φειδωλός
thrill, n. ἀνατριχίλα (ἡ), ῥίγος (τό)/ v.t. προκαλῶ ῥίγος/ v.i. ἀνατριχιάζω, ῥιγῶ/ ~*er*, n. συναρπαστικό μυθιστόρημα (τό), θρίλλερ (τό)/ ~*ing*, a. ἐντυπωσιακός
thrive, v.i. εὐημερῶ, ἀκμάζω, προκόβω/ *thriving*, a. ἀκμαῖος, σθεναρός
throat, n. λαιμός (ὁ), λάρυγγας (ὁ), λαρύγγι (τό)
throb, n. χτύπος (ὁ), παλμός (ὁ)/ (machine) βόμβος (ὁ)/ v.i. χτυπῶ, πάλλομαι/ ~*bing*, n. παλμός (ὁ), καρδιοχτύπι (τό)
throe, n. πόνος (ὁ), ὀδύνη (ἡ)/ *death* ~*s*, ἐπιθανάτια ἀγωνία
throne, n. θρόνος (ὁ)
throng, n. πλῆθος (τό), λαός (ὁ)/ v.t. γεμίζω/ v.i. συνωστίζομαι
throttle, n. (anat.) λαρύγγι (τό)/ (tech.) πεταλούδα (ἡ)/ v.t. στραγγαλίζω, πνίγω/ (tech.) κλείνω/ ~ *valve*, στραγγαλιστική βαλβίδα
through, pr. & ad. μέσα ἀπό, διαμέσου/ *all* ~ *his life*, σέ ὅλη του τήν ζωή/ *I am wet* ~, εἶμαι κατάβρεχος/ a. πλήρης, τελειωμένος, ἀδιάκοπος/ (train) ταχεία/ *be* ~ *with*, διακόπτω σχέσεις μέ/ *all* ~, σέ ὅλη τήν διάρκεια
throw, n. βολή (ἡ), ῥιξιά (ἡ)/ v.t. ῥίχνω, ἐκτοξεύω, πετῶ/ ~ *about*, ῥίχνω ἐδῶ κι' ἐκεῖ/ ~ *aside*, παραμερίζω, ἀγνοῶ/ ~ *down*, ῥίχνω κάτω, καταρρίπτω/ ~ *off*, ἀπορρίπτω/ ~ *open*, ἀνοίγω διά-

πλατα/ ~ out, πετώ έξω/ ~ up, κάνω έμετό/ ~ing, n. ρίξιμο (τό)
thrush, n. τσίχλα (ή)/ (med.) άφθα (ή)
thrust, n. ώθηση (ή), σπρώξιμο (τό), χώσιμο (τό)/ v.t. ώθώ, σπρώχνω, χώνω/ ~ *aside*, παραμερίζω/ ~ *out*, προβάλλω, βγάζω
thud, n. υπόκωφος (μαλακός) κρότος (ό)/ v.i. πέφτω μαλακά
thug, n. κακοποιός (ό), κακούργος (ό)
thumb, n. αντίχειρας (ό)/ ~ *tack*, n. πινέζα (ή)/ v.t. ~ *through*, φυλλομετρώ
thump, n. υπόκωφος κρότος (ό)/ v.t. δίνω χτυπήματα (γροθιές)/ v.i. χτυπώ, πάλλομαι
thunder, n. κεραυνός (ό), βροντή (ή)/ v.i. βροντώ, κεραυνοβολώ/ *it* ~*s*, βροντάει/ ~*bolt*, n. κεραυνός (ό), αστροπελέκι (τό)/ ~*cloud*, n. σύννεφο κεραυνών (τό)/ ~*ous*, a. βροντερός, θυελλώδικος/ ~*storm*, n. θύελλα μέ κεραυνούς (ή)/ ~*struck*, a. κεραυνοβολημένος/ ~*y*, a. θυελλώδικος, βροντερός
Thursday, n. Πέμπτη (ή)
thus, ad. έτσι/ ~ *far*, μέχρι τώρα
thwack, n. δυνατό χτύπημα (τό)/ v.t. χτυπώ, ξυλοκοπώ
thwart, v.t. ματαιώνω, παρεμποδίζω
thyme, n. θυμάρι (τό)
thyroid, a. θυροειδής/ ~ *gland*, θυροειδής αδένες
thyself, pn. εσύ ό ίδιος
tiara, n. τιάρα (ή)
tibia, n. όστό τής κνήμης (τό)
tic, n. σπασμός (ό)
tick, n. (clock) ρυθμικός χτύπος (ό)/ (cloth) δίμιτο (τό)/ (zool.) τσιμπούρι (τό)/ v.i. χτυπώ ρυθμικά/ ~ *off*, κατσαδιάζω
ticket, n. εισιτήριο (τό)/ (election) ψηφοδέλτιο (τό)/ v.t. βάζω ετικέττες/ ~ *collector*, n. ελεγκτής εισιτηρίων (ό)/ ~ *-window*, n. θυρίδα εισιτηρίων (ή)
tickle, v.t. γαργαλώ/ *my nose* ~*s*, μέ τρώει ή μύτη μου/ *ticklish*, a. γαργαλιάρης/ ~ *subject*, λεπτό θέμα
tidal, a. παλιρροιακός/ ~ *wave*, παλιρροιακό κύμα/ *tide*, n. παλίρροια (ή)/ *high* ~, πλημμυρίδα (ή)/ v.t. ~ *over*, υπερνικώ, ξεπερνώ δυσκολίες/ ~*way*,

n. πορεία παλίρροιας (ή)
tidily, ad. κομψά, καθαρά/ *tidiness*, n. κομψότητα (ή), τάξη (ή), καθαριότητα (ή)
tidings, n. pl. νέα (τά), ειδήσεις (οί)
tidy, a. κομψός, τακτικός, καθαρός/ v.t. τακτοποιώ, συγυρίζω
tie, n. δεσμός (ό)/ (neck) γραβάτα (ή)/ (sport) ίσοπαλία (ή)/ (mus.) σύνδεση (ή)/ v.t. & i. δένω, συνδέω/ (in votes) ισοψηφώ/ ~ *a knot*, δένω κόμπο/ ~ *down*, περιορίζω/ ~ *up*, συνδυάζω/ ~*beam*, n. μεσοδόκη (ή)/ ~ *pin*, n. καρφίτσα γραβάτας (ή)
tier, n. σειρά (ή)
tiff, n. θυμός (ό), οργή (ή)
tiger, n. τίγρη (ή)
tight, a. σφιχτός, ερμητικός, σκληρός/ (rope, etc.) τεντωμένος/ (money) σφιχτοχέρης/ *a* ~ *spot*, δύσκολη θέση/ ~*en*, v.t. & i. σφίγγω, τεντώνω/ ~ *ness*, n. στενότητα (ή), στεγανότητα (ή)/ ~*s*, n. pl. καλτσόν (τό)
tigress, n. θηλυκή τίγρη (ή)
tile, n. πλακάκι (τό)/ ~*d floor*, πάτωμα μέ πλακάκια/ ~*d roof*, στέγη μέ πλακάκια/ v.t. τοποθετώ πλακάκια
till, pr. & c. μέχρι, έως, ώσπου/ ~ *then*, έως τότε/ n. ταμείο (τό)/ v.t. οργώνω, άροτριώ/ ~*age*, n. όργωμα (τό)/ ~*er*, n. γεωργός (ό), καλλιεργητής (ό)
tilt, n. κλίση (ή), κατηφοριά (ή)/ *at full* ~, μέ ταχύτητα φούλ/ v.t. & i. κλίνω, ρέπω, γυρίζω
timber, n. ξυλεία (ή)/ ~ *merchant*, ξυλέμπορος (ό)/ ~ *yard*, ξυλουργείο (τό)/ v.t. σανιδώνω, ξυλουργώ/ ~*ed*, a. ξύλινος/ ~*ing*, n. σανίδωση (ή)
timbre, n. χροιά τόνου (ή), τέμπρο (τό)
time, n. χρόνος (ό), εποχή (ή), ώρα (ή)/ *first* ~, πρώτη φορά/ (mus.) χρόνος (ό), τέμπο (τό)/ (sport) χρόνος/ ~ *and again*, ξανά καί ξανά/ *one at a* ~, ένας-ένας/ *at no* ~, ποτέ/ *at the same* ~, ταυτόχρονα/ *at* ~*s*, πότε-πότε/ *for the* ~ *being*, πρός τό παρόν/ *from* ~ *to* ~, πότε-πότε/ *in* ~, έγκαιρα/ *in one's good* ~, μέ τήν ησυχία μου/ *have a good* ~, διασκεδάζω/ *beat* ~, κρατώ τόν χρόνο/ *what* ~ *is it?* τί ώρα είναι;/ v.t. ορίζω

timid–torpedo 524

τήν ώρα/ (sport, etc.) χρονομετρώ/ ~-honoured, a. σεβαστός, καθιερωμένος/ ~keeper, n. χρονομέτρης (ό)/ ~less, a. άχρονος/ ~ly, a. έγκαιρος/ ~-server, n. όππορτουνιστής (ό)/ ~table, n. χρονοδιάγραμμα (τό)
timid, a. δειλός, συνεσταλμένος/ ~ity, n. δειλία (ή), συστολή (ή)
timing, n. ύπολογισμός τοΰ χρόνου (ό)
timorous, a. δειλός, μικρόψυχος
tin, n. κασσίτερος (ό), τενεκές (ό)/ ~ soldier, τενεκεδένιος (μολυβένιος)/ a. στρατιώτης/ ~ opener, άνοιχτήρι κονσέρβας/ v.t. κονσερβοποιώ
tincture, n. βαφή (ή), χρώμα (τό)/ v.t. βάφω, χρωματίζω
tinder, n. ίσκα (ή), προσάναμμα (τό)/ ~-box, n. τσακμάκι (τό)
tinfoil, n. άσημόχαρτο (τό)
tinge, n. άπόχρωση (ή)/ v.t. χρωματίζω ελαφρά
tingle, n. βούισμα (τό), βόμβος (ό)/ (skin) φαγούρα (ή)/ v.i. βουίζω/ (skin) νοιώθω φαγούρα ~ with, άνυπομονώ
tinker, n. γανωτής (ό), γανωματής (ό)/ v.i. γανώνω
tinkle, n. τσούγκρισμα (τό), κουδούνισμα (τό)/ v.i. τσουγκρίζω, κουδουνίζω
tinned, a. συντηρημένος, κονσερβοποιημένος/ ~ food, κονσέρβα/ tinning, n. γάνωμα (τό)/ tinny, a. τενεκεδένιος
tinsel, n. μπιχλιμπίδι (τό)/ a. φανταχτερός
tinsmith, n. τενεκετζής (ό)
tint, n. βαφή (ή)/ v.t. βάφω
tiny, a. μικροσκοπικός
tip, n. άκρη (ή), αιχμή (ή), μύτη (ή)/ (cigarette) φίλτρο (τό)/ (leaning) κλίση (ή), τάση (ή)/ (to a waiter, etc.) πουρμπουάρ (τό), φιλοδώρημα (τό)/ v.t. & i. κλίνω, γέρνω/ (cigarette) βάζω φίλτρο/ (to a waiter, etc.) δίνω πουρμπουάρ/ ~ over, άνατρέπω/ ~ up, άνασηκώνω/ ~-up lorry, άνατρεπόμενο (τό)
tipple, n. ποτό (τό)/ v.i. πίνω/ ~r, n. μεθύστακας (ό), πότης (ό)
tipsiness, n. μεθύσι (τό)/ tipsy, a. μεθυσμένος
tiptoe, n. άκροδάχτυλο (τό)/ on ~, στίς μύτες τών ποδιών
tiptop, a. άριστος, πρώτης ποιότητας
tirade, n. έξάψαλμος (ό), ύβρεολόγιο (τό)
tire, n. (wheel) περίζωμα (τό)/ (woman) στόλισμα (τό)/ v.t. κουράζω, καταπονώ, ταλαιπωρώ/ v.i. κουράζομαι/ ~d, p.p. & a. κουρασμένος/ ~dness, n. κούραση (ή)/ ~less, a. άκούραστος/ ~some, a. κουραστικός, ένοχλητικός/ tiring, a. κουραστικός
tiro, n. άρχάριος (ό), άπειρος (ό)
tissue, n. έλαφρό ύφασμα (τό)/ (med.) ίστός (ό)/ ~ paper, μαλακό χαρτί (τό), χαρτομάντηλο (τό)
tit, n. (bird) μελισσοφάγος (ό)/ (breast) στήθος (τό)/ ~ for tat, μιά σοΰ καί μιά μου
titbit, n. λιχουδιά (ή)/ (news) εΐδηση (ή)
tithe, n. δεκάτη (ή)
titillate, v.t. γαργαλώ
titivate, v.t. & i. καλλωπίζω, στολίζω
title, n. τίτλος (ό)/ ~ deed, τίτλος κυριότητας/ ~ page, σελίδα μέ τόν τίτλο, προμετωπίδα (ή)/ v.t. τιτλοφορώ, έπιγράφω/ ~d, a. τιτλούχος
titter, n. βεβιασμένο γέλιο (τό)/ v.i. κρυφογελώ, γελώ μέ τό ζόρι
tittle, n. λιγάκι (τό)/ ~-tattle, n. φλυαρία (ή)
titular, a. έπίτιμος, όνομαστικός
to, pr. πρός, νά, γιά, μέχρι/ ~ and fro, μπρός πίσω/ a quarter ~, παρά τέταρτο/ ~ my mind, κατά τήν γνώμη μου/ the road ~, ό δρόμος πρός/ ~ order, κατά παραγγελία/ come ~, συνέρχομαι
toad, n. βάτραχος (ό)/ v.i. κολακεύω/ ~stool, n. δηλητηριώδες μανιτάρι (τό)/ ~y, a. σιχαμερός κόλακας
toast, n. φρυγανιά (ή)/ (at the table) πρόποση (ή)/ buttered ~, φρυγανιά μέ βούτυρο/ v.t. κάνω (ψήνω) φρυγανιές/ (at the table) κάνω πρόποση/ ~er, n. φρυγανιέρα (ή)/ ~ ing, n. φρυγάνισμα (τό)
tobacco, n. καπνός (ό)/ ~ pouch, καπνοσακκούλα (ή)/ ~nist, n. καπνοπώλης (ό)/ ~'s shop, καπνοπωλείο (τό)
toboggan, n. έλκυθρο (τό)/ ~ run, πίστα έλκυθροδρομίας (ή)
tocsin, n. κουδούνι κινδύνου (τό)

today, ad. σήμερα
toddle, v.i. περπατώ μέ αστάθεια, παραπατώ/ ~r, n. μωρό πού παραπατάει
to-do, n. φασαρία (ή)
toe, n. δάχτυλο τοϋ ποδιού/ *from top to* ~, από τήν κορφή ώς τά νύχια/ v.t. (sock) μαντάρω/ ~ *the line*, ύπακούω διαταγές
toffee, n. καραμέλα τόφφυ (ή)
together, ad. μαζί
toil, n. κόπος (ό), μόχθος (ό)/ v.i. κοπιάζω, μοχθώ
toilet, n. τουαλέττα (ή) ~ *paper*, χαρτί τουαλέττας (τό)
toilsome, a. επίπονος, επίμοχθος
token, n. τεκμήριο (τό), ένδειξη (ή)/ *as a* ~ *of*, σάν τεκμήριο
tolerable, a. ανεκτός, υποφερτός/ *tolerably*, ad. ανεκτά, ύποφερτά/ *tolerate*, v.t. ανέχομαι/ *toleration, tolerance*, n. ανοχή (ή)
toll, n. διόδια (τά)/ (death) αριθμός θυμάτων/ v.t. & i. κουδουνίζω, χτυπώ τήν καμπάνα
tomato, n. (ν)τομάτα (ή)/ ~ *juice*, τοματοχυμός (ό)/ ~ *sauce*, σάλτσα ντομάτα (ή)
tomb, n. τάφος (ό)/ ~*stone*, n. ταφόπετρα (ή)
tomboy, n. αγορακορίτσο (τό)
tomcat, n. γάτος (ό)
tome, n. τόμος (ό)
tomfoolery, n. ανοησίες (oi), βλακείες (οι)
tommy-gun, n. ελαφρό αυτόματο
tommy-rot, n. ανοησία (ή), άρλούμπα (ή)
tomorrow, ad. αύριο/ *the day after* ~, μεθαύριο
ton, n. τόννος (ό)/ *metric* ~, μετρικός τόννος
tonal, a. τονικός/ ~*ity*, n. τονικότητα (ή)/ *tone*, n. τόνος (ό)/ (colour) άπόχρωση (ή)/ v.t. τονίζω, κουρδίζω/ v.i. ~ *down*, μετριάζω/ ~ *up*, τονώνω, δυναμώνω
tongs, n. pl. λαβίδα (ή), τσιμπίδα (ή)
tongue, n. γλώσσα (ή)/ *put out one's* ~, βγάζω τήν γλώσσα/ *hold one's* ~, μένω σιωπηλός, συγκρατιέμαι/ ~-*tied*, a. άφωνος, άλαλος/ ~-*twister*, n. γλωσσοδέτης (ό)
tonic, a. (med.) τονωτικός, δυναμωτικός/ (mus.) τονικός/ n. (med.) τονωτικό (τό), δυναμωτικό (τό)
tonight, ad. απόψε
tonnage, n. χωρητικότητα (ή), τοννάζ (τό)
tonsil, n. αμυγδαλή (ή)/ ~ *itis*, n. αμυγδαλίτιδα (ή)
tonsure, n. κούρεμα (τό), ξύρισμα τοϋ κεφαλιού/ v.t. ξυρίζω τό κεφάλι
too, ad. επίσης/ (quantity) πάρα πολύ
tool, n. εργαλείο (τό), όργανο (τό)/ ~-*box*, n. κιβώτιο εργαλείων (τό)
tooth, n. δόντι (τό)/ ~*ache*, n. πονόδοντος (ό)/ ~ *brush*, n. οδοντόβουρτσα (ή)/ ~*less*, a. ξεδοντιασμένος/ ~*paste*, n. οδοντόκρεμα (ή)/ ~*pick*, n. οδοντογλυφίδα (ή)/ *false teeth*, μασέλα (ή)
top, n. κορυφή (ή)/ (cover) σκέπασμα (τό), κάλυμμα (τό), καπάκι (τό)/ a. κορυφαίος, πρώτης κατηγορίας/ *at the* ~ *of one's voice*, μέ όλη τήν δύναμη τής φωνής/ ~ *secret*, άκρως απόρρητο/ v.t. φθάνω στήν κορυφή, είμαι στήν κορυφή/ (trees, etc.) κορφολογώ
topaz, n. τοπάζι (τό)
topcoat, n. παλτό (τό), επανωφώρι (τό)
topheavy, a. ασταθής, παραφορτωμένος/ *topless*, a. ξεστήθωτος
topic, n. θέμα (τό)/ ~*al*, a. επίκαιρος/ ~ *event*, επίκαιρο γεγονός
topmost, a. κορυφαίος, ανώτατος
topographical, a. τοπογραφικός/ *topography*, n. τοπογραφία (ή)
topple, v.i. γκρεμίζομαι, καταρρέω/ v.t. ανατρέπω
topsail, n. γάμπια (ή)
topsy-turvy, ad. άνω-κάτω
torch, n. δάδα (ή), δαυλός (ό), πυρσός (ό)/ *electric* ~, φακός (ό)
toreador, n. ταυρομάχος (ό)
torment, n. βάσανο (τό), μαρτύριο (τό)/ v.t. βασανίζω, τυραννώ/ ~*or*, n. βασανιστής (ό)
tornado, n. σίφουνας (ό), ανεμοστρόβιλος (ό)
torpedo, n. τορπίλλη (ή)/ v.t. τορπιλλίζω/ ~-*boat*, n. τορπιλλάκατος (ή)/ ~-*tube*, n. τορπιλλοσωλήνας (ό)

torpid, a. ναρκωμένος, μουδιασμένος/ *torpor,* n. νάρκη (ή), μούδιασμα (τό)
torrent, n. χείμαρρος (ό)/ ~*ial,* a. χειμαρρώδης, καταρρακτώδης
torrid, a. άνυδρος, ξερός/ ~ *zone,* διακεκαυμένη ζώνη (ή)
torsion, n. στρέψη (ή)
torso, n. κορμός (ό)
tort, n. άδικοπραξία (ή)
tortoise, n. χελώνα (ή)/ ~ *shell,* καύκαλο χελώνας (τό)
tortuous, a. έλικοειδής, στρεβλός/ (fig.) πανούργος
torture, n. μαρτύριο (τό), βάσανο (τό)/ v.t. βασανίζω, τυρρανώ/ ~*r,* n. βασανιστής (ό)
toss, n. ρίξιμο (τό), τίναγμα (τό)/ (coin) στρίψιμο (τό)/ v.t. & i. ρίχνω, τινάζω, έκσφενδονίζω/ (coin) στρίβω
tot, n. πιτσιρίκος (ό)/ (drink) δαχτυλάκι (τό)/ v.t. ~ *up,* άθροίζω
total, a. όλικός, συνολικός, όλοκληρωτικός/ n. σύνολο (τό), άθροισμα (τό)/ v.t. άθροίζω/ v.i. άνέρχομαι/ ~*itarian,* a. όλοκληρωτικός
totter, v.i. παραπατώ, τρικλίζω
touch, n. έπαφή (ή), άγγιγμα (τό)/ (mus.) δακτυλοθεσία (ή)/ *keep in* ~, διατηρώ έπαφή/ *a* ~ *of,* λίγο άπό/ v.t. άγγίζω/ ~ *down,* προσγειώνομαι/ (move somebody) συγκινώ/ v.i. ~ *up,* έπισκευάζω/ ~ *upon,* θίγω έλαφρά/ ~*ed,* a. συγκινημένος/ ~*ing,* a. συγκινητικός/ pr. σχετικά μέ/ ~*stone,* n. λυδία λίθος (ή)/ ~*y,* a. εύθικτος, εύερέθιστος
tough, a. σκληρός, άνθεκτικός, δύσκολος, ρωμαλέος/ n. μπράβος (ό), τραμπούκος (ό)/ ~*en,* v.t. σκληραίνω, σκληραγωγώ/ ~*ness,* n. σκληρότητα (ή), άνθεκτικότητα (ή)
tour, n. γύρος (ό), περιοδεία (ή), περιήγηση (ή)/ v.t. περιοδεύω, περιηγοϋμαι/ ~*ism,* n. τουρισμός (ό)/ ~*ist,* n. τουρίστας (ό), περιηγητής (ό)/ ~ *agency,* τουριστικό (ταξιδιωτικό) γραφείο (τό)/ ~ *ticket,* τουριστικό είσιτήριο
tournament, n. πρωτάθλημα (τό), τουρνουά (τό)
tourniquet, n. αίμοστάτης (ό)
tousle, v.t. άναστατώνω, άναμαλλιάζω

tout, n. κράχτης (ό)/ v.t. & i. ψαρεύω πελάτες
tow, n. ρυμούλκηση (ή)/ v.t. ρυμουλκώ/ *on* ~, σέ ρυμούλκηση
towards, pr. πρός, άπέναντι
towel, n. πετσέτα (ή)
tower, n. πύργος (ό), φρούριο (τό)/ v.i. ύψώνομαι, όρθώνομαι/ ~ *above,* δεσπόζω, ύπερέχω/ ~*ing,* a. πανήψυλος/ (rage) έξαλλος
towline, n. σχοινί ρυμούλκησης (τό)
town, n. πόλη (ή), κωμόπολη (ή)/ ~ *clerk,* γραμματέας δήμου (ό)/ ~ *council,* δημοτικό συμβούλιο (τό)/ ~ *crier,* n. τελάλης (ό)/ ~ *hall,* n. δημαρχείο (τό)/ ~ *planning,* n. πολεοδομία (ή)/ ~*sman,* n. άστός (ό)
toxic, a. τοξικός/ *toxin,* n. τοξίνη (ή)
toy, n. παιχνίδι (τό)/ v.i. παίζω μέ/ ~ *with the idea,* έρωτοτροπώ μέ τήν ίδέα
trace, n. ίχνος (τό), άπομεινάρι (τό)/ (foot) άποτύπωμα (τό)/ v.t. άκολουθώ τά ίχνη, έξιχνιάζω/ ~ *back,* άνάγω/ ~*ry,* n. διακοσμητικό δίκτυο/ *tracing,* n. χάραξη (ή), σχεδίαση (ή), ξεσήκωμα (τό)/ ~ *paper,* χαρτί ξεσηκώματος
track, n. ίχνη (τά)/ (pass) μονοπάτι (τό)/ (sport) στίβος (ό)/ (railway) σιδηροδρομική γραμμή/ (tractor) έρπύστρια (ή)/ *off the* ~, σέ λάθος δρόμο/ *off the beaten* ~, άσυνήθιστος, άπόμερος/ v.t. άνιχνεύω, άκολουθώ τά ίχνη/ ~ *down,* έντοπίζω
tract, n. μεγάλη έκταση (ή)/ (road, etc.) όδός (ή), σύστημα (τό)
tractable, a. εύπειθής, πειθήνιος, πράος
traction, n. τράβηγμα (τό), έλξη (ή)/ *tractor,* n. τρακτέρ (τό), έλκυστήρας (ό)
trade, n. έμπόριο (τό), τέχνη (ή)/ ~ *mark,* έμπορικό σήμα (τό)/ ~ *union,* έργατική ένωση (ή), συνδικάτο (τό)/ ~ *wind,* άληγής άνεμος/ v.i. έμπορεύομαι, κάνω συναλλαγές/ ~ *on,* έκμεταλλεύομαι, έπωφελοΰμαι/ ~*r,* n. έμπορος (ό), έμπορευόμενος (ό)/ *trading,* a. έμπορευόμενος, συναλλασσόμενος/ n. έμπόριο (τό), συναλλαγή (ή)
tradition, n. παράδοση (ή)/ ~*al,* a. παραδοσιακός
traduce, v.t. διαστρέφω, διαβάλλω, συ-

κοφαντώ/ ~r, n. συκοφάντης (ό), δυσφημιστής (ό)
traffic, n. διακίνηση (ή), όδική κυκλοφορία (ή)/ ~ *jam*, πυκνή κυκλοφορία (ή), μποτιλιάρισμα (τό)/ ~ *lights*, φώτα τροχαίας (τά)/ v.i. ~ *in*, έμπορεύομαι παράνομα, κάνω λαθρεμπόριο
tragedian, n. τραγωδός (ό, ή)/ *tragedy*, n. τραγωδία (ή)/ *tragic*, a. τραγικός/ *tragicomedy*, n. ίλαροτραγωδία (ή)
trail, n. μονοπάτι (τό), πέρασμα (τό)/ v.t. σέρνω, ρυμουλκώ/ v.i. σέρνομαι, ἕρπω/ ~*er*, n. άνιχνευτής (ό), ρυμούλκα (ή)/ (film) σκηνή μελλοντικοῦ ἔργου
train, n. τραῖνο (τό), ἁμαξοστοιχία (ή)/ (dress) ούρά (ή)/ (mil.) γραμμή πυρίτιδας/ *stopping* ~, κωλοσούρτης (ό)/ v.t. ἐκπαιδεύω, διδάσκω/ (sport) προπονῶ/ v.i. προπονοῦμαι, ἑτοιμάζομαι/ ~*er*, n. ἐκπαιδευτής (ό)/ (sport) προπονητής (ό)/ ~*ing*, n. ἐκπαίδευση (ή), ἐκγύμναση (ή)/ (sport) προπόνηση (ή)/ ~ *college*, παιδαγωγική ἀκαδημία (ή)
trait, n. διακριτικό (τό), χαρακτηριστικό γνώρισμα (τό)
traitor, n. προδότης (ό)/ ~*ous*, a. προδοτικός
trajectory, n. τροχιά (ή)
tram, n. τράμ (τό), τροχιόδρομος (ό)
trammel, n. ἄγγιστρο (τό), χαλινάρι (τό)/ (fig.) περιορισμός (ό)/ v.t. περιορίζω, ἐμποδίζω
tramp, n. πεζοπορία (ή)/ (person) ἀλήτης (ό), ἀγύρτης (ό)/ (woman) πόρνη (ή)/ v.i. περπατῶ βαρειά, ποδοπατῶ
trample, v.t. ποδοπατῶ, τσαλαπατῶ/ (fig.) καταπιέζω
tramway, n. γραμμή τοῦ τράμ (ή)
trance, n. ἔκσταση (ή)
tranquil, a. ἥρεμος, γαλήνιος/ ~ *lity*, n. ἠρεμία (ή), γαλήνη (ή)/ ~ *ize*, v.t. ἠρεμῶ, γαληνεύω
transact, v.t. διεκπεραιώνω/ (business) συναλλάσσομαι/ (deal) κλείνω συμφωνία/ ~ *ion*, n. συναλλαγή (ή), δοσοληψία (ή)
transatlantic, a. ὑπερατλαντικός
transcend, v.t. ὑπερβαίνω, ξεπερνῶ/ ~*ency*, n. ὑπέρβαση (ή), ξεπέρασμα (τό)/ ~*ent*; a. ὑπέρτατος, ὑπερβατικός

transcribe, v.t. μεταγράφω, ἀντιγράφω/ *transcript*, n. ἀντίγραφο (τό)/ ~*ion*, n. μεταγραφή (ή), ἀντιγραφή (ή)
transept, n. πτέρυγα (ή)
transfer, n. μεταφορά (ή), μετάθεση (ή), μεταβίβαση (ή)/ v.t. μεταφέρω, μεταθέτω, μεταβιβάζω/ ~*able*, a. μεταβιβάσιμος μεταθέσιμος/ ~*ence*, n. μεταφορά (ή), μετάθεση (ή)
transfiguration, n. μεταμόρφωση (ή)/ *transfigure*, v.t. μεταμορφώνω
transfix, v.t. διαπερνῶ, διατρυπῶ/ (fig.) ἀποδολώνω
transform, v.t. μετασχηματίζω, μεταπλάθω, μεταμορφώνω/ ~*ation*, n. μετασχηματισμός (ό), μετάπλαση (ή), μεταμόρφωση (ή)/ ~*er*, n. μεταμορφωτής (ό)/ (elec.) μετασχηματιστής (ό)
transfuse, v.t. μεταγγίζω/ *transfusion*, n. μετάγγιση (ή)
transgress, v.t. παραβαίνω, παρανομῶ, ἀθετῶ/ ~*ion*, n. παράβαση (ή), ἀθέτηση (ή)
transient, a. παροδικός, ἐφήμερος, περαστικός
transistor, n. τρανζίστορ (τό)
transit, n. διάβαση (ή), πέρασμα (τό)/ *in* ~, στήν μεταφορά/ ~*ion*, n. μετάβαση (ή)/ ~*ional period*, μεταβατική περίοδος (ή)/ ~*ive*, a. μεταβατικός/ ~ *verb*, μεταβατικό ρῆμα/ ~*ory*, a. μεταβατικός, παροδικός
translate, v.t. μεταφράζω/ *translation*, n. μετάφραση (ή)/ (bishop) μετάθεση (ή)/ *translator*, n. μεταφραστής (ό)
translucent, a. διαυγής, διαφανής
transmigration, n. μετεμψύχωση (ή)
transmission, n. μεταβίβαση (ή), μετάδοση (ή)/ *transmit*, v.t. μεταβιβάζω, μεταδίδω/ ~*ter*, n. πομπός (ό)
transmutation, n. μεταποίηση (ή), μετατροπή (ή)/ *transmute*, v.t. μεταποιῶ, μετατρέπω
transparency, n. διαφάνεια (ή), διαύγεια (ή)/ *transparent*, a. διαφανής, διαυγής
transpire, v.i. ἀποπνέω/ (sweat) ἱδρώνω
transplant, v.t. μεταφυτεύω/ (surg.) μεταμοσχεύω/ *heart* ~, μεταμόσχευση καρδιᾶς
transport, n. μεταφορά (ή), διαμετακόμι-

ση (ή)/ v.t. μεταφέρω, διαμετακομίζω/ ~ation, n. μεταφορά (ή), διαμετακόμιση (ή)
transpose, v.t. μετατοπίζω, μετακινώ/ (mus.) μετατονίζω/ *transposition*, n. μετατόπιση (ή), μετακίνηση (ή)/ (mus.) μετατονισμός (ό)
transubstantiation, n. μετουσίωση (ή)
transverse, a. ἐγκάρσιος, πλάγιος
trap, n. παγίδα (ή), παγίδευση (ή)/ v.t. παγιδεύω, πιάνω/ ~*door*, n. καταπαχτή (ή)
trapeze, n. ἀκροβατική κούνια (ή)
trapezium, n. τραπέζιο (τό)
trapper, n. κυνηγός (ό)
trappings, n. pl. φάλαρα (τά), χάμουρα (τά)/ (fig.) στολίδια (τά)
trash, n. ἀσήμαντο πράγμα (τό)/ ~*y*, a. ἀσήμαντος, τιποτένιος
travail, n. σκληρή ἐργασία (ή)
travel, n. ταξίδι (τό), περιήγηση (ή)/ v.i. ταξιδεύω/ ~*ler*, n. ταξιδιώτης (ό)/ ~*ler's cheque*, ταξιδιωτική ἐπιταγή (ή)/ ~*ling*, n. ταξίδι (τό)/ a. ταξιδιωτικός/ ~ *salesman*, πλασιέ (ό), γυρολόγος (ό)
traverse, v.t. διασχίζω, διαπερνώ
travesty, n. παρωδία (ή), διακωμώδιση (ή)/ v.t. παρωδώ, διακωμωδώ
trawl, n. δίχτυ (τό), γρίπος (ό)/ v.t. ψαρεύω μέ γρίπο/ ~*er*, n. ψαράς (ό)/ (boat) ἁλιευτικό (τό)/ ~*ing*, n. ψάρεμα μέ γρίπο
tray, n. δίσκος (ό)
treacherous, a. προδοτικός, ἄπιστος, δόλιος/ *treachery*, n. προδοσία (ή), ἀπιστία (ή), δολιότητα (ή)
treacle, n. σιρόπι (τό)
tread, n. βηματισμός (ό), βάδισμα (τό)/ v.t. & i. βηματίζω, βαδίζω/ ~*le*, n. ἀναβολέας (ό)
treason, n. προδοσία (ή)/ *high* ~, ἐσχάτη προδοσία (ή)/ ~*able*, a. προδοτικός
treasure, n. θησαυρός (ό)/ v.t. φυλάγω μέ προσοχή, θεωρώ πολύτιμο/ ~*r*, n. θησαυροφύλακας (ό), ταμίας (ό)/ *Treasury*, n. θησαυροφυλάκιο (τό), ταμεῖο τοῦ κράτους (τό)
treat, n. κέρασμα (τό), τρατάρισμα (τό)/ v.t. κερνῶ, τρατάρω/ (med.) θεραπεύω/ ~*ise*, n. πραγματεία (ή), διατρι-

βή (ή)/ ~*ment*, n. μεταχείρηση (ή), συμπεριφορά (ή)/ ~*y*, n. συνθήκη (ή), σύμβαση (ή)
treble, a. τριπλάσιος/ (mus.) ὑψίφωνος/ n. τριπλάσιο (τό)/ v.t. & i. τριπλασιάζω
tree, n. δέντρο (τό)/ *family* ~, οἰκογενειακό δέντρο (τό)/ ~*less*, a. ἄδεντρος, γυμνός
trefoil, n. τριφύλλι (τό)
trellis, n. κιγκλίδωμα (τό)
tremble, v.i. τρέμω/ *trembling*, a. τρεμουλιαστός, τρεμάμενος/ n. τρεμούλιασμα (τό)
tremendous, a. τρομερός, φοβερός
tremor, n. τρεμούλα (ή), τράνταγμα (τό)/ *earth* ~, σεισμική δόνηση (ή)/ *tremulous*, a. τρεμουλιαστός
trench, n. χαντάκι (τό), τάφρος (ή)/ (mil.) χαράκωμα (τό)/ v.i. σκάβω, ἀνοίγω τάφρο/ (mil.) χαρακώνω
trenchant, a. ὀξύς, κοφτερός
trencherman, n. φαγάς (ό)
trend, n. τάση (ή), κλίση (ή), ροπή (ή)
trepan, n. τρύπανο (τό)/ v.t. τρυπανίζω
trepidation, n. σπασμός (ό), ταραχή (ή), φόβος (ό)
trespass, n. παράβαση (ή), ἀδίκημα (τό)/ (theol.) παράπτωμα (τό)/ v.i. παραβαίνω, διαπράττω ἀδίκημα/ ~*er*, n. παραβάτης (ό), ἁμαρτωλός (ό)
tress, n. πλοκάμι (τό), κοτσίδα (ή)
trestle, n. ὑπόβαθρο (τό), ὑποστήριγμα (τό)
trial, n. δίκη (ή), διαδικασία (ή)/ (experiment) δοκιμή (ή)/ *on* ~, ὑπό δοκιμή, μέ δοκιμή/ (leg.) ὑπόδικος (ό)/ ~ *flight*, δοκιμαστική πτήση (ή)
triangle, n. τρίγωνο (τό)/ *triangular*, a. τριγωνικός
tribal, a. φυλετικός, τῆς φυλῆς/ *tribe*, n. φυλή (ή)
tribulation, n. στενοχώρια (ή), θλίψη (ή)
tribunal, n. δικαστήριο (τό)/ *tribune*, n. βῆμα (τό)
tributary, n. παραπόταμος (ό)/ a. ὑποτελής/ *tribute*, n. φόρος ὑποτέλειας (ό)/ *pay* ~, ἀποτίω φόρο τιμῆς
trice, *in a* ~, στή στιγμή, ἀμέσως
trick, n. κόλπο (τό), τέχνασμα (τό), πο-

νηρία (ή)/ v.t. ἐξαπατῶ, κάνω κόλπα/ ~ out, στολίζω, καλλωπίζω/ ~ery, n. ἀπάτη (ή), τέχνασμα (τό)
trickle, n. σταγόνα (ή), στάξιμο (τό)/ v.i. στάζω, σταλάζω
trickster, n. κατεργάρης (ό), ἀπατεώνας (ό)/ *tricky*, a. ἀπατηλός, πανοῦργος/ ~ *situation*, δύσκολη περίπτωση
tricycle, n. τρίκυκλο (τό)
trident, n. τρίαινα (ή)
triennial, a. τριετής
trifle, n. ἀσήμαντο πράγμα/ *it's no* ~, δέν εἶναι παῖξε γέλασε/ v.i. παίζω, ἀστειεύομαι/ *trifling*, a. ἀσήμαντος, τιποτένιος
trigger, n. σκανδάλη (ή)
trigonometry, n. τριγωνομετρία (ή)
trilby (hat), n. μαλακό καπέλλο (τό)
trill, n. τρίλλισμα (τό), τερέτισμα (τό)/ v.i. τριλλίζω, τερετίζω
trilogy, n. τριλογία (ή)
trim, n. τάξη (ή), εὐπρεπισμός (ό)/ a. κομψός, εὐπρεπής, καλλωπισμένος/ v.t. στολίζω, εὐπρεπίζω, καλλωπίζω, συγυρίζω/ (hair) κόβω/ (bot.) κλαδεύω/ ~ *one's sails to the wind*, βάζω ἀέρα στά πανιά/ ~*ming*, n. τακτοποίηση (ή), διευθέτηση (ή)/ (food) γαρνιτούρα (ή)/ pl. στολίδια (τά)
Trinity, n. Ἁγία Τριάδα (ή)
trinket, n. μικρό κόσμημα (τό)
trio, n. τρίο (τό), τριάδα (ή)/ (mus.) τρῳδία (ή)
trip, n. παραπάτημα (τό)/ (travel) ταξίδι (τό), ἐκδρομή (ή)/ v.t. περπατῶ ἀνάλαφρα/ v.i. σκοντάφτω, παραπατῶ
tripe, n. πατσάς (ό), ἐντόσθια (τά)
triple, n. τριπλάσιο (τό)/ v.t. τριπλασιάζω/ ~*ts*, n. pl. τρίδυμα (τά)
triplicate, a. τριπλός/ *in* ~, εἰς τριπλοῦν
tripod, n. τρίποδο (τό)
tripper, n. ταξιδιώτης (ό)/ *tripping*, a. εὐκίνητος
triptych, n. τρίπτυχο (τό)
trite, a. κοινός, συνηθισμένος
triumph, n. θρίαμβος (ό)/ v.i. θριαμβεύω/ ~ *al*, a. θριαμβευτικός/ ~*ant*, a. θριαμβευτής, τροπαιοῦχος
trivial, a. ἀσήμαντος
troglodyte, n. τρωγλοδύτης (ό)

Trojan, a. τρωικός/ ~ *War*, Τρωικός Πόλεμος (ό)
trolley, n. τροχοφόρο (τό)/ (bus) τρόλλεϋ (τό)
trollop, n. πόρνη (ή)
trombone, n. τρομπόνι (τό)
troop, n. ὁμάδα (ή), ὅμιλος (ό)/ (theat.) θίασος (ό)/ pl. δυνάμεις (οί), στρατεύματα (τά)/ ~*er*, n. ἱππέας (ό)/ ~*ship*, n. ὁπλιταγωγό (τό)
trophy, n. τρόπαιο (τό)
tropic, n. τροπικός (ό)/ *T*~ *of Cancer*, Τροπικός τοῦ Καρκίνου (ό)/ *T*~ *of Capricorn*, Τροπικός τοῦ Αἰγόκερω (ό)/ ~*al*, a. τροπικός
trot, n. τριποδισμός (ό)/ v.i. τριποδίζω/ v.t. μεγαλώνω τό βῆμα/ ~ *out*, ἐπιδείχνω ἄλογο σέ πελάτη
troth, n. πίστη (ή)
trotter, n. ἄλογο πού τριποδίζει/ pl. (food) ποδαράκια (τά)
troubadour, n. τρουβαδοῦρος (ό), ραψωδός (ό)
trouble, n. κόπος (ό), μπελάς (ό), ἐνόχληση (ή)/ (tech.) βλάβη (ή)/ *take the* ~, μπαίνω στόν κόπο/ *get into* ~, μπλέκομαι ἄσχημα/ v.t. ἐνοχλῶ, προκαλῶ φασαρίες, γίνομαι μπελάς/ ~ *oneself*, σκοτίζομαι, μπαίνω στόν κόπο/ ~*d*, a. ταραγμένος, ἀνήσυχος/ (waters) θολός/ ~*maker*, n. ταραχοποιός (ό)/ ~*some*, a. ἐνοχλητικός, δυσάρεστος
trough, n. σκάφη (ή)
trounce, v.t. μαστιγώνω, δέρνω ἄγρια
troupe, n. θίασος (ό)
trousers, n. pl. πανταλόνι (τό)
trousseau, n. προίκα (ή)
trout, n. πέστροφα (ή)
trowel, n. μυστρί (τό)
truant, a. ὀκνηρός, τεμπέλης/ *play* ~, κάνω σκασιαρχείο
truce, n. ἐκεχειρία (ή), ἀνακωχή (ή)
truck, n. ἀνταλλάξιμο ἀγαθό (τό)/ (railway) φορτηγό βαγόνι (τό)/ *have no* ~ *with*, δέν ἔχω δοσοληψίες μαζί του/ v.t. μεταφέρω μέ φορτηγό
truckle, v.i. φέρνομαι μέ δουλοπρέπεια
truculence, n. σκληρότητα (ή), βαρβαρότητα (ή)/ *truculent*, a. σκληρός, βάρβαρος

trudge, v.i. σέρνομαι, βαδίζω μέ δυσκολία
true, a. ἀληθινός, πραγματικός/ ~ *born*, γνήσιος, νόμιμος/ ~ *copy*, γνήσιο ἀντίγραφο/ ~ *to life*, πιστή μίμηση/ *it's* ~ *that*, εἶναι ἀλήθεια ὅτι
truffle, n. τρούφα (ἡ)
truism, n. προφανής ἀλήθεια (ἡ), ἀξίωμα (τό)/ *truly*, ad. ἀληθινά, πραγματικά/ *yours* ~, μέ ἐκτίμηση
trump, n. σάλπιγγα (ἡ)/ (cards) ἀτοῦ (τό)/ v.t. σαλπίζω/ (cards) παίζω ἀτοῦ/ ~ *up*, ἐπινοῶ, μηχανεύομαι
trumpery, n. ἀσήμαντο ἐμπόρευμα (τό)/ (fig.) κουροφέξαλα (τά)
trumpet, n. σάλπιγγα (ἡ)/ v.t. σαλπίζω, διατυμπανίζω/ ~*er*, n. σαλπιγκτής (ὁ)
truncate, v.t. κολοβώνω
truncheon, n. ρόπαλο (τό), κλόμπ (τό)
trundle, n. καρούλι (τό), τροχίσκος (ὁ)/ v.t. σπρώχνω ἀμάξι
trunk, n. κορμός (ὁ)/ (case) μπαοῦλο (τό)/ (elephant) προβοσκίδα (ἡ)/ *bathing* ~*s*, μπανιερό (τό), κοστούμι μπάνιου (τό)/ ~ *call*, ὑπεραστικό τηλεφώνημα (τό)/ ~*line*, ὑπεραστική τηλεφωνική γραμμή (ἡ)/ ~ *road*, κεντρικός δρόμος (ὁ)
truss, n. δεμάτι (τό), χειρόβολο (τό)/ (med.) κηλεπίδεσμος (ὁ)/ (arch.) ξύλινο ὑποστήριγμα/ v.t. δεματιάζω, ἐνισχύω
trust, n. ἐμπιστοσύνη (ἡ)/ (comm.) πίστωση (ἡ)/ (comm. group) τράστ (τό)/ *on* ~, ἐπί πιστώσει/ *breach of* ~, κατάχρηση τῆς ἐμπιστοσύνης/ v.t. & i. ἐμπιστεύομαι/ ~*ee*, n. κηδεμόνας (ὁ), ἐπίτροπος (ὁ)/ ~*worthy*, a. ἀξιόπιστος/ ~*y*, a. πιστός, ἀναμφισβήτητος
truth, n. ἀλήθεια (ἡ)/ ~*ful*, a. φιλαλήθης
try, n. δοκιμή (ἡ), πρόβα (ἡ), ἀπόπειρα (ἡ)/ v.t. προσπαθῶ, ἐπιχειρῶ, δοκιμάζω/ ~ *for*, δικάζω γιά/ ~ *on*, δοκιμάζω ροῦχα/ ~*ing*, a. δύσκολος, κοπιαστικός
tub, n. κάδος (ὁ), κουβάς (ὁ)
tuba, n. μεγάλο κόρνο (τό)
tubby, a. κοντόχοντρος
tube, n. σωλήνας (ὁ), κύλινδρος (ὁ)/ *cathode-ray* ~, καθοδική λυχνία (ἡ)/ *inner* ~, ἀεροθάλαμος (ὁ)
tuber, n. βολβός (ὁ), ρίζα (ἡ)/ ~*cle*, n. (bot. & med.) φυμάτιο (τό)/ ~*cular*, a. βολβώδης/ (med.) φυματικός/ ~ *culosis*, n. φυματίωση (ἡ)/ ~*culous*, a. φυματικός/ ~*ose*, n. κρίνος (ὁ)
tubing, n. ἐπισωλήνωση (ἡ)/ *tubular*, a. σωληνοειδής
tuck, n. πτυχή (ἡ), δίπλα (ἡ)/ v.t. πτυχώνω, διπλώνω/ (sleeves) ~ *up*, ἀνασκουμπώνω/ (hem) στριφώνω/ ~ *up in bed*, χώνομαι, ζωραίνω
Tuesday, n. Τρίτη (ἡ)
tuft, n. τούφα (ἡ), φούντα (ἡ)/ ~*ed*, a. φουντωτός
tug, n. ἕλξη (ἡ), τίναγμα (τό)/ v.t. σέρνω, τραβῶ, ρυμουλκῶ/ ~*boat*, n. ρυμουλκό (τό)
tuition, n. διδασκαλία (ἡ)/ ~ *fee*, δίδακτρα (τά)
tulip, n. τουλίπα (ἡ)
tulle, n. τούλλι (τό)
tumble, n. τούμπα (ἡ), κουτρουβάλα (ἡ), κατρακύλισμα (τό)/ v.i. κατρακυλῶ, τουμπάρω, παίρνω κουτρουβάλα/ v.t. ἀναποδογυρίζω/ ~*down*, a. ἑτοιμόρροπος/ ~*r*, n. θαυματοποιός (ὁ), ἀκροβάτης (ὁ)/ (glass) μεγάλο ποτήρι (τό)/ (tech.) τύμπανο καθαρισμοῦ (τό)
tumbrel, tumbril, n. σκευοφόρα ἅμαξα (ἡ)
tumour, n. ἐξόγκωμα (τό), ὄγκος (ὁ)
tumult, n. ὀχλαγωγία (ἡ), ταραχή (ἡ), θόρυβος (ὁ)/ ~*uous*, a. θορυβώδης, ταραχώδης
tumulus, n. τύμβος (ὁ)
tun, n. βαρέλι (τό), κάδος (ὁ)
tune, n. ἦχος (ὁ), μελωδία (ἡ)/ *in* ~, μελωδικός/ *be out of* ~, εἶμαι παράφωνος/ v.t. κουρδίζω/ ~*ful*, a. ἁρμονικός/ ~*less*, a. ξεκούρδιστος/ ~*r*, n. κουρδιστής (ὁ)
tungsten, n. βολφράμιο (τό)
tunic, n. χιτώνας (ὁ)/ (mil.) χιτώνιο (τό)
tuning, n. κούρδισμα (τό)/ ~ *-fork*, διαπασῶν (τό)
tunnel, n. σήραγγα (ἡ), ὑπόγειο πέρασμα (τό)/ v.i. ἀνοίγω σήραγγα
tunny, n. τόνος (ὁ)
turban, n. σαρίκι (τό), τουρμπάνι (τό)

turbid, a. θολός, θαμπός
turbine, n. στρόβιλος (ὁ), τουρμπίνα (ἡ)/ *turbodynamo*, n. στροβιλογεννήτρια (ἡ)/ *turbojet*, n. στροβιλοπροώθηση (ἡ)
turbulence, n. ταραχή (ἡ), σύγχιση (ἡ)/ *turbulent*, a. ταραγμένος, θορυβώδης
tureen, n. σουπιέρα (ἡ)
turf, n. χλόη (ἡ)/ (horses) ἱπποδρομία (ἡ)/ v.t. σκεπάζω μέ χλόη
turgid, a. φουσκωμένος, πρησμένος/ (in style) πομπώδης
Turk, n. Τοῦρκος (ὁ)
turkey, n. γάλος (ὁ)/ γαλοπούλα (ἡ), κοῦρκος (ὁ)
Turkish, n. Τοῦρκος (ὁ), Τουρκάλα (ἡ)/ a. τουρκικός/ ~ *bath*, χαμάμ (τό)/ ~ *delight*, λουκούμι (τό)
turmoil, n. ταραχή (ἡ), ὀχλαγωγία (ἡ)
turn, n. στροφή (ἡ), γύρος (ὁ)/ (wheel) περιστροφή (ἡ)/ (wire) περιέλιξη (ἡ)/ *it's my* ~, εἶναι ἡ σειρά μου/ ~ *of phrase*, ἔκφραση, διατύπωση/ *at every* ~, σέ κάθε καμπή/ *take a* ~ *for the worse*, πηγαίνω στό χειρότερο/ *by* ~s, μέ τή σειρά, ἐκ περιτροπῆς/ v.t. & i. στρίβω, γυρίζω, περιστρέφομαι/ ~ *one's attention*, προσηλώνω τήν προσοχή μου/ ~ *away*, ἀποτραβιέμαι, ἀποστρέφω τό βλέμμα/ ~ *back*, ἐπιστρέφω, ξαναγυρίζω/ ~ *down*, ἀπορρίπτω/ ~ *in*, παραδίδω/ ~ *inside out*, γυρίζω τά μέσα ἔξω/ ~ *off*, σβύνω/ ~ *on*, ἀνάβω, βάζω μπροστά/ ~ *out*, κλείνω, σβύνω/ ~ *to*, στρέφομαι πρός/ ~ *up*, ἐμφανίζομαι/ ~ *up one's nose*, σηκώνω τή μύτη
turncoat, n. λιποτάκτης (ὁ)
turncock, n. ὑδρονόμος (ὁ), στρόφιγγα (ἡ)
turner, n. τορναδόρος (ὁ)
turning, n. καμπή (ἡ), στροφή (ἡ)/ (tech.) τορνάρισμα (τό)/ ~ *point*, ἀποφασιστική καμπή
turnip, n. γογγύλι (τό)
turnkey, n. κλειδοκράτορας (ὁ)
turnout, n. συγκέντρωση (ἡ)
turnover, n. τζίρος (ὁ)/ (cook.) φρουτόπιττα (ἡ)
turnpike, n. στροφεῖο (τό)
turnstile, n. σταυρόξυλο (τό)
turntable, n. περιστροφικό δάπεδο (τό)

turpentine, n. τερεβινθίνη (ἡ)
turpitude, n. αἰσχρότητα (ἡ), κακοήθεια (ἡ)
turquoise, n. περουζές (ὁ)
turret, n. πυργίσκος (ὁ)/ *gun* ~, πυργίσκος πυροβόλου
turtle, n. χελώνα (ἡ)/ ~ *-dove*, τρυγόνι (τό)/ *turn* ~, ἀναποδογυρίζω
tusk, n. χαυλιόδοντο (τό)
tussle, n. πάλη (ἡ), ἀγώνας (ὁ)/ v.i. παλεύω, ἀγωνίζομαι
tutelage, n. ἐπιτροπεία η), κηδεμονία (ἡ)/ *tutelar*, a. κηδεμονικός/ *tutor*, n. παιδαγωγός (ὁ), ἰδιαίτερος καθηγητής (ὁ)/ (leg.) ἐπίτροπος ο), κηδεμόνας (ὁ)/ v.t. παιδαγωγῶ, ἐκπαιδεύω/ *tutorial*, n. ἰδιαίτερο μάθημα (τό), ἀτομική διδασκαλία (ἡ)
twaddle, n. φλυαρία (ἡ), μωρολογία (ἡ)
twang, n. ἦχος χορδῆς (ὁ)/ v.i. κρούω, κραδαίνομαι
tweak, n. φαγούρα (ἡ), δυνατό τσίμπημα (τό)/ v.t. ξύνω, τσιμπῶ
tweed, n. σκωτσέζικο ὕφασμα (τό)
tweezers, n. pl. τσιμπίδι (τό)
twelfth, ord. num. δωδέκατος/ n. δωδέκατο (τό)/ *T*~ *Night*, Παραμονή τῶν Φώτων (ἡ)/ *twelve*, num. δώδεκα
twentieth, ord. num. εἰκοστός/ *twenty*, num. εἴκοσι
twice, ad. δύο φορές
twiddle, v.t. παίζω τά δάχτυλα/ (fig.) δέν κάνω τίποτε
twig, n. κλαδάκι (τό)/ v.t. καταλαβαίνω
twilight, n. λυκόφως (τό), σούρουπο (τό)
twill, n. δίμιτο ὕφασμα (τό)
twin, n. & a. δίδυμος/ ~ *-bedded room*, δίκλινο δωμάτιο (τό)
twine, n. στριμμένο νῆμα (τό)/ v.t. περιστρέφω, περιτυλίγω
twinge, n. σουβλιά (ἡ)/ (conscience) τύψη (ἡ)
twinkle, n. σπινθήρισμα (τό), (eye) λάμψη (ἡ)/ *twinkling*, a. σπινθηροβόλος/ n. σπινθηρισμός (ὁ)/ *in the* ~ *of an eye*, ἀμέσως, στό ἄψε σβύσε
twirl, n. στροβίλισμα (τό)/ v.t. περιστρέφω/ v.i. στροβιλίζομαι
twist, n. νῆμα (τό), στριμμένη κλωστή (ἡ)/ (wood, metal, etc.) στρέβλωση (ἡ)/

(character) διαστροφή (ἡ)/ v.t. περιστρέφω, πλέκω, κλώθω, διαστρέφω/ v.i. συστρέφομαι, περιστρέφομαι/ ~ed, p.p. & a. στριμμένος, περίπλοκος
twit, v.t. χλευάζω/ n. χαζός (ὁ)
twitch, n. τίναγμα (τό), σπασμός (ὁ)/ v.t. συσπῶ/ v.i. παθαίνω σπασμό, συστέλλομαι/ ~ing, n. σύσπαση (ἡ)
twitter, n. κελάδημα (τό), τερέτισμα (τό)/ v.i. κελαδῶ, τερετίζω
two, num. δύο/ n. δύο (τό), δυάδα (ἡ)/ ~ by ~, δύο-δύο/ in ~, σέ δύο μέρη, στή μέση/ put ~ and ~ together, δύο καί δύο κάνουν τέσσερα/ ~fold, a. διπλός, διπλάσιος/ ad. διπλάσια
tympanum, n. (arch. & anat.) τύμπανο (τό)
type, n. τύπος (ὁ), εἶδος (τό)/ (print.) στοιχεῖο (τό)/ v.t. δακτυλογραφῶ/ ~writer, n. γραφομηχανή (ἡ)/ ~writing, n. δακτυλογράφηση (ἡ)/ ~written, a. δακτυλογραφημένος
typhoid fever, τυφοειδής πυρετός (ὁ)
typhoon, n. τυφώνας (ὁ)
typhus, n. τύφος (ὁ)
typical, a. τυπικός, χαρακτηριστικός/ typify, v.t. ἀντιπροσωπεύω, συμβολίζω
typist, n. δακτυλογράφος (ὁ, ἡ)
typographical, a. τυπογραφικός/ typography, n. τυπογραφία (ἡ)
tyrannical, a. τυραννικός/ tyrannize, v.t. τυραννῶ, καταπιέζω/ tyranny, n. τυραννία (ἡ)/ tyrant, n. τύραννος (ὁ)
tyre, n. στεφάνη τροχοῦ (ἡ)
tzar, n. τσάρος (ὁ)

U

ubiquitous, a. πανταχοῦ παρών
udder, n. μαστάρι (τό)
ugh, int. πούφ!
ugliness, n. ἀσχήμια (ἡ)/ **ugly**, a. ἄσχημος/ ~ duckling, ἀσχημόπαπο (τό)
ulcer, n. ἕλκος (τό)/ ~ate, v.i. παρουσιάζω ἕλκος/ ~ated, p.p. & a. ἑλκωμένος
ulterior, a. ἀπώτερος, ὑστερώτατος/ ~ motive, ὑστεροβουλία (ἡ)
ultimate, a. ὕστατος, ἔσχατος/ ~ly, ad. τελικά/ **ultimatum**, n. τελεσίγραφο (τό)
ultramarine, n. ζωηρό μπλέ χρῶμα (τό)
ultra-violet, a. ὑπεριώδης
umber, n. σκιόχρωμα (τό)
umbrage, n. σκιά (ἡ), ἴσκιος (ὁ)/ take ~, πειράζομαι
umbrella, n. ὀμπρέλλα (ἡ)/ ~ stand, ὀμπρελλοστάτης (ὁ)
umpire, n. διαιτητής (ὁ)/ v.i. διαιτητεύω, κάνω τόν διαιτητή
unabashed, a. ἀτάραχος, ἀκλόνητος
unabated, a. ἀμείωτος
unable, a. ἀνίκανος/ be ~, ἀδυνατῶ, δέν μπορῶ
unabridged, a. ἀσυντόμευτος, πλήρης
unaccompanied, a. ἀσυνόδευτος, μόνος
unaccountable, a. ἀνεξήγητος, ἀκατανόητος
unaccustomed, a. ἀσυνήθιστος
unadorned, a. ἀστόλιστος
unadulterated, a. ἀνόθευτος
unaffected, a. ἀπροσποίητος, ἀνεπιτήδευτος
unaided, a. ἀβοήθητος
unalloyed, a. ἀμιγής, καθαρός
unalterable, a. ἀμετάβλητος, ἀναλλοίωτος
unanimity, n. ὁμοθυμία (ἡ), ὁμοφωνία (ἡ)/ **unanimous**, a. ὁμόθυμος, ὁμόφωνος
unanswerable, a. ἀκαταμάχητος, ἀναντίρρητος
unapproachable, a. ἀπρόσιτος, ψυχρός
unarmed, a. ἄοπλος
unashamed, a. ἀναίσχυντος, ἀδιάντροπος
unasked, a. ἀζήτητος, αὐθόρμητος
unassailable, a. ἀπρόσβλητος
unassuming, a. ταπεινός, σεμνός
unattainable, a. ἀκατόρθωτος, ἀνέφικτος
unattended, a. ἀσυνόδευτος, παραμελημένος
unauthorized, a. μή ἐξουσιοδοτημένος
unavailable, a. μή διαθέσιμος/ **unavailing**, a. μάταιος
unavoidable, a. ἀναπόφευκτος

unawares, ad. ἀκούσια, ξαφνικά
unbalanced, a. ἀσταθής/ (med.) ἀνισόρροπος
unbearable, a. ἀφόρητος, ἀνυπόφορος
unbeaten, a. ἀπάτητος/ (undefeated) ἀνίκητος
knbecoming, a. ἀταίριαστος, ἀνάρμοστος
unbelief, n. ἀπιστία (ἡ), δυσπιστία (ἡ)/ unbeliever, n. ἄπιστος (ὁ)
unbend, v.t.& i. χαλαρώνω, ξετεντώνω/ ~ing, a. ἀλύγιστος, ἄκαμπτος
unbiassed, a. ἀμερόληπτος
unbind, v.t. χαλαρώνω, ξεμπλέκω
unblemished, a. ἄψογος, ἀκηλίδωτος
unblushing, a. ξεδιάντροπος, ξετσίπωτος
unbolt, v.t. ξεμανταλώνω
unborn, a. ἀγέννητος
unbosom (oneself), ἐκμυστηρεύομαι
unbound, a. ἄδετος, ἀδέσμευτος/ ~ed, a. ἀπεριόριστος
unbreakable, a. ἄθραυστος
unbridled, a. ἀχαλίνωτος, ἀκράτητος
unbuckle, v.t. ξεθηλυκώνω
unburden (oneself), ἐκμυστηρεύομαι
unbutton, v.t. ξεκουμπώνω
uncalled-for, a. ἀπρόκλητος, ἄσκοπος
uncanny, a. μυστηριώδης
uncared-for, a. ἀφρόντιστος, παραμελημένος
unceasing, a. ἀκατάπαυστος, ἀδιάκοπος/ ~ly, ad. ἀκατάπαυστα, ἀδιάκοπα
unceremoniously, ad. ἀνεπίσημα
uncertain, a. ἀβέβαιος, ἀμφίβολος/ ~ty, n. ἀβεβαιότητα (ἡ), ἀμφιβολία (ἡ)
unchain, v.t. ἀπολύω, ἀποδεσμεύω
unchangeable, a. ἀμετάβλητος, ἀναλλοίωτος/ unchanged, a. ἀμετάβλητος/ unchanging, a. σταθερός, ἀμετάβλητος
uncharitable, a. ἄσπλαχνος, ἀνελέητος
unchecked, a. ἀσυγκράτητος, ἀκάθεκτος
un:ivil, a. ἀγενής/ ~ized, a. ἀπολίτιστος, βάρβαρος
unclaimed, a. ἀζήτητος
uncle, n. θεῖος (ὁ)
unclouded, a. ἀνέφελος, καθαρός
uncoil, v.t. ξετυλίγω
uncomfortable, a. δυσάρεστος, στενόχωρος
uncommon, a. ἀσυνήθιστος, ἐξαιρετικός
uncommunicative, a. ἀκοινώνητος, σιωπηλός
uncomplaining, a. ἀγόγγυστος, καρτερικός
uncompleted, a. ἀσυμπλήρωτος
uncomplimentary, a. μή κολακευτικός
uncompromising, a. ἀνένδοτος, ἀδιάλλακτος
unconcern, n. ἀδιαφορία (ἡ)/ ~ed, a. ἀδιάφορος
unconditional, a. ἀπόλυτος, χωρίς ὅρους
unconfined, a. ἀπεριόριστος
unconfirmed, a. ἀνεπιβεβαίωτος
unconnected, a. ἀσύνδετος, ἄσχετος
unconquerable, a. ἀκατανίκητος, ἀπόρθητος
unconscionable, a. παράλογος, ἀδικαιολόγητος
unconscious, a. ἀναίσθητος, λιπόθυμος/ be ~ of, δέν ἔχω συνείδηση/ ~ness, n. ἀναισθησία (ἡ), λιποθυμία (ἡ)
unconstrained, a. αὐθόρμητος, ἀδέσμευτος, ἐλεύθερος
uncontrollable, a. ἀχαλίνωτος, ἀσυγκράτητος
unconventional, a. ἀντισυμβατικός
unconvinced, a. ἀμετάπειστος
uncooked, a. ἀμαγείρευτος
uncork, v.t. βγάζω τόν φελλό, ἐκπωματίζω
uncorrected, a. ἀδιόρθωτος
uncorrupted, a. ἀδιάφθορος
uncouple, v.t. ἀποχωρίζω, ξεζεύω
uncouth, a. παράδοξος, ἀγροῖκος
uncover, v.t. ἀποκαλύπτω, ξεσκεπάζω
uncreated, a. ἀδημιούργητος
uncritical, a. ἄκριτος
uncrossed, a. ἀδιάβατος/ ~ cheque, μή διαγεγραμμένη ἐπιταγή
unction, n. χρῖσμα (τό), μύρο (τό)/ unctuous, a. λιπαρός/ (in speech) γλυκομίλητος
uncultivated, a. ἀκαλλιέργητος/ (person) ἀμόρφωτος
uncurl, v.t. ξεσγουραίνω
uncut, a. ἄκοπος/ (diamond) ἀκατέργαστος
undamaged, a. ἄθικτος, ἀπείραχτος
undated, a. ἀχρονολόγητος
undaunted, a. ἀτρόμητος, ἀπτόητος
undeceive, v.t. μεταπείθω

undecided, a. ἀναποφάσιστος
undecipherable, a. ἀναποκρυπτογράφητος
undefended, a. ἀνυπεράσπιστος
undefiled, a. ἀμόλυντος
undefinable, a. ἀπροσδιόριστος
undelivered, a. ἀνεπίδοτος
undemonstrative, a. ἐπιφυλακτικός
undeniable, a. ἀναμφισβήτητος
under, pr. ἀποκάτω, ὑπό/ ~ *age*, ἀνήλικος/ ~ *the circumstances*, κάτω ἀπό τίς συνθῆκες αὐτές/ ~ *cover*, μυστικά, κρυφά/ ~ *the penalty*, μέ τήν ἀπειλή τιμωρίας/ ~ *way*, σέ ἐξέλιξη/ ad. χαμηλώτερα/ a. κατώτερος, χαμηλώτερος
undercarriage, n. σύστημα προσγείωσης (τό)
underclothing, n. ἐσώρρουχα (τά)
undercurrent, n. ὑποβρύχιο ρεῦμα (τό)/ (fig.) κρυμμένο γενικό συναίσθημα
undercut, n. φιλέτο (τό)/ v.t. πουλῶ σέ χαμηλή τιμή
underdone, a. μισοψημένος
underestimate, v.t. ὑποτιμῶ
underfed, a. ὑποσιτισμένος
undergarment, n. ἐσώρρουχο (τό)
undergo, v.t. ὑφίσταμαι, ὑπομένω
undergraduate, n. φοιτητής (ὁ)
underground, a. ὑπόγειος/ (fig.) παράνομος/ ad. ὑπόγεια/ (fig.) παράνομα/ n. ὑπόγειος σιδηρόδρομος (ὁ)
undergrowth, n. θάμνοι (οἱ), χαμόκλαδα (τά)
underhand, a. λαθραῖος, ὕπουλος/ ad. λαθραῖα, ὕπουλα
underline, v.t. ὑπογραμμίζω
underling, n. ὑποτακτικός (ὁ)
underlying, a. ὑποκείμενος, βασικός
undermentioned, a. ἐκεῖνος πού ἀναφέρεται πιό κάτω
undermine, v.t. ὑπονομεύω, ὑποσκάβω
undermost, a. κατώτατος
underneath, ad. & pr. ἀποκάτω
undernourished, a. ὑποσιτισμένος/ *undernourishment*, n. ὑποσιτισμός (ὁ)
underpaid, a. κακοπληρωμένος
underpin, v.t. ὑποστηλώνω
underrate, v.t. ὑποτιμῶ
undersecretary, n. ὑφυπουργός (ὁ)
undersell, v.t. πουλῶ φθηνότερα

undersigned, a. & n. ὑπογεγραμμένος
understand, v.t. καταλαβαίνω/ ~*ing*, n. κατανόηση (ἡ), ἀντίληψη (ἡ)/ a. συνεννοήσιμος, μέ κατανόηση
understudy, n. ἀναπληρωματικός ἡθοποιός (ὁ)
undertake, v.t. ἐπιχειρῶ, ἀναλαβαίνω/ (promise) ὑπόσχομαι/ ~*r*, n. ἐργολάβος κηδειῶν (ὁ)/ *undertaking*, n. ἐπιχείρηση (ἡ), ὑποχρέωση (ἡ)
undertone, n. χαμηλός τόνος (ὁ)
undertow, n. ὑπόρρευμα (τό)
underwear, n. ἐσώρρουχα (τά)
underwood, n. θάμνοι (οἱ), χαμόκλαδα (τά)
underworld, n. ὑπόκοσμος (ὁ)/ (myth.) Ἅδης (ὁ)
underwrite, v.t. ὑπογράφω/ ~*r*, n. ἀσφαλιστής (ὁ)
undeserving, a. ἀνάξιος
undesirable, a. ἀνεπιθύμητος
undetermined, a. ἀκαθόριστος
undeveloped, a. μή ἀναπτυγμένος
undigested, a. ἀχώνευτος
undiscernible, a. ἀδιόρατος, ἀνεπαίσθητος/ *undiscerning*, a. μή διορατικός
undisciplined, a. ἀπειθάρχητος
undiscovered, a. ἀνεξερεύνητος, ἄγνωστος
undiscriminating, a. χωρίς διακρίσεις
undisguised, a. ἀπροκάλυπτος, ἀνυπόκριτος
undisputed, a. ἀναμφίβολος
undistinguishable, a. δυσδιάκριτος/ *undistinguished*, a. μέτριος, συνηθισμένος
undisturbed, a. ἀδιατάραχτος, ἥσυχος
undivided, a. ἀδιαίρετος
undo, v.t. καταστρέφω, ἀνατρέπω/ ~*ing*, n. καταστροφή (ἡ), ἀνατροπή (ἡ)/ ~*ne*, p.p. ἀκάμωτος, ἀτέλειωτος/ *we are* ~, καταστραφήκαμε, χαθήκαμε
undoubted, a. ἀναμφισβήτητος
undress, v.t. γδύνω, γυμνώνω/ v.i. γδύνομαι, γυμνώνομαι/ n. γύμνια (ἡ)/ (mil.) ἀνεπίσημη στολή (ἡ)
undrinkable, a. ἄπιστος, μή πόσιμος
undue, a. ἄτοπος, ὑπερβολικός
undulate, v.i. κυμαίνομαι, ταλαντεύομαι/ *undulating*, a. κυματιστός/ *undulation*, n. κυματισμός (ὁ)

unduly, ad. άτοπα
undutiful, a. άπειθής, παράκουος
undying, a. άθάνατος
unearned, a. ~ *income*, εἰσόδημα άπό άκίνητα ή ἐπενδύσεις
unearth, v.t. ξεθάβω/ (fig.) άποκαλύπτω/ ~*ly*, a. ὑπερφυσικός, ἀπόκοσμος
uneasiness, n. άνησυχία (ή), ταραχή (ή)/ *uneasy*, a. άνήσυχος, ταραγμένος
uneatable, a. άφάγωτος
uneducated, a. άμόρφωτος, άγράμματος
unemployed, a. άνεργος/ *unemployment*, n. άνεργία (ή)/ ~ *benefit*, έπίδομα άνεργίας (τό)
unending, a. άτέλειωτος
unenterprising, a. νωθρός, νωχελικός
unenviable, a. άζήλευτος
unequal, a. άνισος/ *be* ~ *to*, εἶμαι άνίκανος νά / ~*led*, a. άπαράμιλλος
unequivocal, a. σαφής, άναμφίβολος
unerring, a. άλάνθαστος
uneven, a. άνισος, άνώμαλος
unexampled, a. άφθαστος
unexceptionable, a. άνεπίληπτος
unexpected, a. άπροσδόκητος, άνέλπιστος/ ~*ly*, ad. άπροσδόκητα, άνέλπιστα
unexplored, a. άνεξερεύνητος
unfailing, a. άστείρευτος, άνεξάντλητος
unfair, a. άδικος
unfaithful, a. άπιστος, δόλιος
unfamiliar, a. άσυνήθιστος, ξένος
unfasten, v.t. λύνω, χαλαρώνω
unfathomable, a. άνεξιχνίαστος, άχανής
unfavourable, a. δυσμενής
unfeeling, a. άναίσθητος
unfeigned, a. άπροσποίητος, εἰλικρινής
unfettered, a. άδέσμευτος, ἐλεύθερος
unfinished, a. άτελείωτος, άσυμπλήρωτος
unfit, a. άκατάλληλος, άνίκανος
unfix, v.t. ξεκολλῶ, άποσπῶ
unflagging, a. άμείωτος, άδιάπτωτος
unfledged, a. άπουπούλιαστος
unflinching, a. άτρόμητος, άποφασιστικός
unfold, v.t. ξεδιπλώνω, ξετυλίγω
unforeseen, a. άπρόβλεπτος, άπροσδόκητος
unforgettable, a. άξέχαστος
unforgivable, a. άσυγχώρητος/ *unforgiving*, a. μνησίκακος, σκληρόκαρδος
unfortified, a. άνοχύρωτος
unfortunate, a. άτυχος, κακότυχος/ ~*ly*, ad. δυστυχώς
unfounded, a. άβάσιμος
unfrequented, a. άσύχναστος, ἐρημικός
unfriendly, a. έχθρικός, δυσμενής
unfruitful, a. άκαρπος
unfurl, v.t. ξετυλίγω, άνοίγω
unfurnished, a. άνεπίπλωτος
ungainly, a. άδέξιος, άχαρος
ungentlemanly, a. άναξιοπρεπής
ungodliness, n. άσέβεια (ή)/ *ungodly*, a. άθεόφοβος, άσεβής, άθρησκος
ungovernable, a. άκυβέρνητος
ungracious, a. άγενής, άχαρος
ungrateful, a. άχάριστος, άγνώμων
ungrounded, a. άβάσιμος, άστήρικτος
ungrudgingly, ad. γεναιόδωρα, όλόψυχα
unguarded, a. άφύλαχτος, άφρούρητος
unhappiness, n. δυστυχία (ή)/ *unhappy*, a. δυστυχισμένος
unharmed, a. σῶος, άνέπαφος, άθικτος
unharness, v.t. ξεσελλώνω, ξεζεύω
unhealthy, a. άνθυγιεινός, νοσογόνος
unheard of, a. πρωτάκουστος
unheeded, a. άπαρατήρητος/ *unheeding*, a. άδιάφορος, άπρόσεκτος
unhelpful, a. μή ἐξυπηρετικός
unhesitatingly, ad. άδίστακτα
unhindered, a. άνεμπόδιστος
unholy, a. άνόσιος, άνίερος
unhook, v.t. ξεκρεμῶ, ξεγαντζώνω
unhoped for, a. άνέλπιστος
unhurt, a. σῶος, άβλαβής
unicorn, n. μονόκερως (ό)
uniform, a. όμοιόμορφος, σταθερός/ n. στολή (ή)/ ~*ity*, n. όμοιομορφία (ή)
unify, v.t. ἐνοποιῶ, ἐνώνω
unilateral, a. μονομερής, μονόπλευρος
unimaginable, a. άφάνταστος
unimpaired, a. άκμαῖος, άκέραιος
unimpeachable, a. άμεμπτος, άνεπίληπτος
unimportant, a. άσήμαντος
uninformed, a. άπληροφόρητος
uninhabitable, a. άκατάλληλος γιά κατοίκηση/ *uninhabited*, a. άκατοίκητος
uninitiated, a. άμύητος
uninsured, a. άνασφάλιστος

unintelligible, a. ακατανόητος, ακαταλαβίστικος
unintentional, a. ακούσιος, αθέλητος/ ~*ly*, ad. ακούσια, άθέλητα
uninterested, a. αδιάφορος/ *uninteresting,* a. ανιαρός, βαρετός
uninterrupted, a. αδιάκοπος, ακατάπαυστος
uninvited, a. απρόσκλητος/ *uninviting,* a. αποκρουστικός, απωθητικός
union, n. ένωση (ή), σύλλογος (ό)/ ~*ist,* n. ενωτικός (ό)
unique, a. μοναδικός, απαράμιλλος
unison, n. όμοφωνία (ή)/ (mus.) όμοηχία (ή)
unit, n. μονάδα (ή)
unite, v.t. & i. ενώνω, συνενώνω/ ~*d,* p.p. & a. ένωμένος/ *U~ States,* 'Ηνωμένες Πολιτείες (οί)/ *U~ Nations,* Ηνωμένα Έθνη (τά)/ *unity,* n. ενότητα (ή)/ (maths) μονάδα (ή)
universal, a. γενικός, παγκόσμιος, οικουμενικός, καθολικός/ *universe,* n. οικουμένη (ή), σύμπαν (τό)/ *university,* n. πανεπιστήμιο (τό)
unjust, a. άδικος/ ~*ifiable,* a. άδικαιολόγητος/ ~*ified,* a. αδικαιολόγητος
unkempt, a. αναμαλλιασμένος, απεριποίητος
unkind, a. αγενής, βάναυσος
unknowingly, ad. ασυνείδητα/ *unknown,* a. άγνωστος
unlace, v.t. λύνω τά κορδόνια
unlawful, a. παράνομος, αθέμιτος
unleash, v.t. αμολλάω, εξαπολύω
unleavened, a. άζυμος
unless, c. εκτός εάν, εάν δέν
unlettered, a. αγράμματος, αναλφάβητος
unlike, a. διαφορετικός, ανόμοιος/ ad. αντίθετα/ ~*ly,* ad. απίθανα/ a. απίθανος
unlimited, a. απεριόριστος
unlined, a. αφοδράριστος
unload, v.t. ξεφορτώνω/ (gun) αδειάζω/ (fig.) έκμυστηρεύομαι, ξαλαφρώνω
unlock, v.t. ξεκλειδώνω
unlooked for, a. απροσδόκητος, αναπάντεχος
unloose, v.t. χαλαρώνω, λασκάρω
unlucky, a. άτυχος

unmake, v.t. χαλώ
unmanageable, a. ανοικονόμητος, δύσχρηστος, δυσκολομεταχείριστος/ (child) ανυπάκουος
unmanly, a. άνανδρος
unmannerly, a. ανάγωγος, αγενής
unmarketable, a. δυσκολοπούλητος
unmarried, a. ανύπαντρος
unmask, v.t. βγάζω τήν μάσκα, ξεσκεπάζω
unmentionable, a. ανομολόγητος
unmerciful, a. άσπλαχνος
unmerited, a. ανάξιος, άδικος
unmindful, a. απερίσκεπτος, αμελής
unmistakable, a. αλάθητος, αλάνθαστος
unmitigated, a. αμετρίαστος, απόλυτος
unmoved, a. ασυγκίνητος
unnamable, a. ανομολόγητος, ακατονόμαστος
unnatural, a. αφύσικος, ανώμαλος
unnecessary, a. περιττός, ανώφελος
unneighbourly, a. μή φιλικός
unnerve, v.t. τρομάζω, αποθαρρύνω
unnoticed, a. απαρατήρητος
unobservant, a. απρόσεκτος/ *unobserving,* a. απαρατήρητος
unobstructed, a. ανεμπόδιστος
unobtainable, a. ανεπίτευκτος
unobtrusive, a. ήσυχος, διακριτικός
unoccupied, a. ελεύθερος
unoffending, a. άκακος, μή προσβλητικός
unofficial, a. ανεπίσημος
unopposed, a. χωρίς αντίπαλο, χωρίς αντίδραση
unorthodox, a. ανορθόδοξος
unostentatious, a. σεμνός, απλός
unpack, v.t. ξεπακετάρω
unpaid, a. απλήρωτος
unpalatable, a. αχώνευτος
unparalleled, a. ασύγκριτος, απαράμιλλος
unpardonable, a. ασυγχώρητος
unpeopled, a. ακατοίκητος
unpleasant, a. δυσάρεστος/ ~*ness,* n. δυσάρεστο επεισόδιο (τό)
unpopular, a. αντιδημοτικός
unprecedented, a. πρωτοφανής, πρωτάκουστος
unprejudiced, a. απροκατάληπτος, ανεπηρέαστος

unpremeditated, a. ἀπρομελέτητος
unprepared, a. ἀπαράσκευος, ἀνέτοιμος
unpretentious, a. ἀπροσποίητος, ἁπλός
unprincipled, a. ἀνήθικος, ἀσυνείδητος
unprintable, a. ἀκατάλληλος γιά δημοσίευση
unproductive, a. ἄγονος, μή παραγωγικός
unprofessional, a. ἀντιεπαγγελματικός
unprofitable, a. ἀσύμφορος
unpromising, a. μή εὐνοϊκός
unpronounceable, a. ἀπρόφερτος, δυσπρόφερτος
unprotected, a. ἀπροστάτευτος
unproved, a. ἀναπόδεικτος
unprovoked, a. ἀπρόκλητος
unpublished, a. ἀδημοσίευτος
unpunished, a. ἀτιμώρητος
unqualified, a. ἀναρμόδιος, χωρίς προσόντα/ (without reservations) πλήρης, ἀπόλυτος
unquenchable, a. ἄσβυστος, ἀκόρεστος
unquestionable, a. ἀναμφισβήτητος/ *unquestionably*, ad. ἀναμφισβήτητα/ *unquestioned*, a. ἀναμφίβολος
unquotable, a. πού δέν μπορεῖ νά ἐπαναληφθεῖ
unravel, v.t. ξετυλίγω, ξεμπλέκω
unread, a. δυσανάγνωστος/ (pers.) ἀπαίδευτος/ ~*able*, a. δυσκολοδιάβατος, δυσανάγνωστος
unready, a. ἀνέτοιμος
unreal, a. ἀνύπαρκτος, μή πραγματικός/ ~*ity*, n. ἀνυπαρξία (ἡ)
unreasonable, a. παράλογος/ *unreasoning*, a. ἀλόγιστος
unrecognizable, a. ἀγνώριστος
unredeemed, a. ἀλύτρωτος
unrefined, a. ἀκαθάριστος/ (pers.) ἀγροῖκος
unregistered, a. ἀδήλωτος, ἀκαταχώριστος
unrelenting, a. ἀνένδοτος, ἀδυσώπητος
unreliable, a. ἀναξιόπιστος
unremitting, a. ἀδιάκοπος, ἀδιάλειπτος
unremunerative, a. μή ἐπικερδής
unrepeatable, a. ἀνεπανάληπτος
unrepentant, a. ἀμετανόητος
unreserved, a. ἀνεπιφύλακτος/ ~ *ly*, ad. ἀνεπιφύλακτα

unrest, n. ἀνησυχία (ἡ), ἀναταραχή (ἡ)
unrestrained, a. ἀπεριόριστος, ἀσυγκράτητος
unrestricted, a. ἀπεριόριστος, ἀπόλυτος
unrewarding, a. χωρίς ἀνταμοιβή
unrighteous, a. ἄδικος, ἄνομος, ἀσεβής
unripe, a. ἄγουρος
unrivalled, a. ἀπαράμιλλος, ἀσύγκριτος, ἀσυναγώνιστος
unroll, v.t. ξετυλίγω
unruffled, a. ἤρεμος, ἀτάραχος
unruly, a. ἄτακτος, ἀτίθασος
unsaddle, v.t. ξεσελλώνω
unsafe, a. ἐπικίνδυνος, ἐπισφαλής
unsaid, a. ἀνείπωτος/ *leave* ~, ἀντιπαρέρχομαι
knsalaried, a. ἄμισθος
unsaleable, a. δυσκολοπούλητος
unsalted, a. ἀνάλατος
unsatisfactory, a. μή ἱκανοποιητικός, ἀνεπαρκής
unsatisfied, a. μή ἱκανοποιημένος
unsavoury, a. ἄνοστος, ἀνούσιος
unscathed, a. ἀκέραιος, ἀπείραχτος, σῶος
unscientific, a. ἀντιεπιστημονικός
unscrew, v.t. ξεβιδώνω
unscrupulous, a. ἀσυνείδητος
unseal, v.t. ἀποσφραγίζω, ξεσφραγίζω
unseasonable, a. ἄκαιρος, ἀκατάλληλος/ *unseasoned*, a. ἀκαρύκευτος
unseat, v.t. ἐκθρονίζω, ἀνατρέπω
unseemly, a. ἀπρεπής, ἄτοπος
unseen, a. ἀόρατος/ ~ *translation*, μετάφραση ἀπό ἄγνωστο κείμενο
unselfish, a. γενναιόδωρος, ἀφιλοκερδής
unserviceable, a. ἄχρηστος
unsettle, v.t. ταράζω, διαταράζω/ ~*d*, p.p. ἀκατάστατος, ἀκανόνιστος/ (weather) ἀσταθής
unshakeable, a. ἀκλόνητος
unshapely, a. δύσμορφος
unshaven, a. ἀξούριστος
unsheathe, v.t. ξιφουλκῶ/ ~ *the sword*, γυμνώνω τό σπαθί
unship, v.t. ξεφορτώνω
unshod, a. γυμνοπόδαρος
unshrinkable, a. ἀζάρωτος/ *unshrinking*, a. τολμηρός
unsightly, a. δύσμορφος

unsigned, a. ἀνυπόγραφος
unskilled, a. ἄπειρος, ἀνειδίκευτος
unsmiling, a. βλοσυρός
unsociable, a. ἀκοινώνητος
unsold, a. ἀπούλητος
unsolicited, a. αὐθόρμητος, ἑκούσιος
unsolved, a. ἄλυτος
unsophisticated, a. ἄδολος, ἁπλός, ἀφελής
unsorted, a. ἀταίριαστος
unsought, a. ἀζήτητος
unsound, a. νοσηρός/ of ~ mind, ἀνισόρροπος
unsparing, a. γενναιόδωρος/ (no mercy) ἀμείλικτος, ἀνελέητος
unspeakable, a. ἀνέκφραστος, ἀκατονόμαστος
unspecified, a. ἀκαθόριστος
unspent, a. ἀξόδευτος
unspoilt, a. ἀχάλαστος
unspoken, a. ἀνείπωτος, ἀλάλητος
unstable, a. ἀσταθής
unstamped, a. ἀσφράγιστος
unsteady, a. ἀσταθής, ἄστατος
unstinted, a. ἄφθονος
unsuccessful, a. ἀποτυχημένος
unsuitable, a. ἀκατάλληλος
unsullied, a. ἀμόλυντος, ἀμίαντος
unsupported, a. ἀστήρικτος, ἀνυποστήρικτος
unsurpassed, a. ἀξεπέραστος, ἀνυπέρβλητος
unsuspected, a. ἀνύποπτος/ **unsuspecting,** a. ἀπονήρευτος
unsweetened, a. ἄγλυκος
unswerving, a. ἀκλόνητος, σταθερός
untainted, a. ἀδιάφθορος
untamable, a. ἀτίθασος, ἀδάμαστος
untarnished, a. ἀθόλωτος, ἀκηλίδωτος
untaught, a. ἀδίδακτος
untenable, a. ἀβάσιμος, ἀστήρικτος
unthinkable, a. ἀφάνταστος, ἀπίθανος/ *unthinking,* a. ἀπερίσκεπτος, ἀλόγιστος
untidy, a. ἀκατάστατος, ἀπεριποίητος
untie, v.t. λύνω, ἐλευθερώνω
until, pr. & c. μέχρι, ἕως/ not ~, ὄχι πρίν
untimely, a. παράκαιρος, πρώιμος
untiring, a. ἀκούραστος, ἀκαταπόνητος
untold, a. ἀνείπωτος/ (number) ἀναρίθμητος
untouched, a. ἄθικτος, ἀνέγγιχτος
untoward, a. κακότροπος, δυσάρεστος
untrained, a. ἀγύμναστος
untranslatable, a. ἀμετάφραστος
untravelled, a. ἀταξίδευτος
untried, a. ἀδοκίμαστος
untrodden, a. ἀπάτητος, ἄβατος
untroubled, a. ἀνενόχλητος, εἰρηνικός
untrue, a. ψεύτικος, ἀνακριβής/ it's ~, εἶναι ψέμμα
untrustworthy, a. ἀναξιόπιστος
untruth, n. ψεῦδος (τό)/ ~ful, a. ψευδής
untutored, a. ἀπαίδευτος, ἀγράμματος
unused, a. ἀχρησιμοποίητος, ἀμεταχείριστος/ *unusual,* a. ἀσυνήθιστος/ ~ly, ad. ἀσυνήθιστα
unutterable, a. ἀνέκφραστος, ἀνείπωτος
unvarnished, a. ἀβερνίκωτος, ἀστίλβωτος
unvarying, a. ἀμετάβλητος, σταθερός
unveil, v.t. ἀποκαλύπτω, ξεσκεπάζω
unversed, a. ἄπειρος
unwarranted, a. ἀδικαιολόγητος
unwary, a. ἀσύνετος, ἀπερίσκεπτος
unwashed, a. ἄπλυτος, βρώμικος
unwavering, a. ἀσάλευτος, σταθερός
unwearied, a. ἀκούραστος
unwelcome, a. ἀνεπιθύμητος, ἐνοχλητικός
unwell, a. ἀδιάθετος
unwholesome, a. ἀνθυγιεινός, νοσηρός
unwieldy, a. βαρύς, δυσκίνητος
unwilling, a. ἀπρόθυμος/ ~ly, ad. ἀπρόθυμα/ ~ness, n. ἀπροθυμία (ἡ)
unwind, v.t. ξετυλίγω, χαλαρώνω
unwise, a. ἀσύνετος
unwittingly, ad. ἀθέλητα
unwonted, a. ἀσυνήθιστος
unworkable, a. ἀνεφάρμοστος, ἀπραγματοποίητος
unworn, a. ἀφόρετος
unworthy, a. ἀνάξιος
unwrap, v.t. ξεδιπλώνω, ξετυλίγω
unwritten, a. ἄγραφος/ ~ law, ἄγραφος νόμος (ὁ), ἐθιμικό δίκαιο (τό)
unwrought, a. ἀκατέργαστος
unyielding, a. ἀνένδοτος, ἄκαμπτος
unyoke, v.t. ξεζεύω/ (fig.) ἀπελευθερώνω
up, a. ὄρθιος, σηκωμένος, ἐπάνω/ ~-to-

date, σύγχρονος/ ~ and about, ὄρθιος, σέ καλή ὑγεία/ ad. πάνω, ψηλά/ ~ and down, πάνω-κάτω/ ~ to, μέχρι/ ~ to now, μέχρι τώρα/ not ~ to much, δέν εἶναι σπουδαῖα πράγματα/ be well ~ in, εἶμαι κατατοπισμένος, ξέρω πολλά/ what's? ~ τί συμβαίνει;/ n. τό πάνω μέρος/ ~s and downs, σκαμπανεβάσματα, ἀνεβοκατεβάσματα/ pr. ἄνω, ὑπέρ/ ~ the street, πιό πάνω στό δρόμο
upbraid, v.t. ἐπιτιμῶ
upbringing, n. ἐκπαίδευση (ἡ), ἀνατροφή (ἡ)
up-country, ad. στήν ἐνδοχώρα
upgrade, v.t. ἀνεβάζω, προάγω
upheaval, n. ἀναταραχή (ἡ), ἀναστάτωση (ἡ)
uphill, ad. στόν ἀνήφορο, πρός τά πάνω/ a. ἀνηφορικός/ (fig.) δύσκολος
uphold, v.t. ὑποστηρίζω/ (decision) ἐπικυρώνω/ ~er, n. ὀπαδός (ὁ), ὑποστηρικτής (ὁ)
upholster, v.t. ταπετσάρω/ ~er, n. ταπετσιέρης (ὁ)
upkeep, n. ἔξοδα συντήρησης (τά)
upland, n. ὀρεινή περιοχή (ἡ)
uplift, v.t. ἀνασηκώνω, ἀνυψώνω/ n. ἀνύψωση (ἡ)
upon, pr. πάνω/ ~ my soul! μά τό θεό!
upper, a. ἀνώτερος, ψηλότερος/ ~ deck, πάνω κατάστρωμα (τό)/ get the ~ hand, ὑπερτερῶ, ὑπερέχω/ n. ψίδι παπουτσιοῦ (τό)/ ~most, a. ἀνώτατος, ὑπέρτατος
upright, a. ὄρθιος, κάθετος/ ad. ὄρθια, κάθετα
uprising, n. ἐξέγερση (ἡ), ἐπανάσταση (ἡ)
uproar, n. ὀχλαγωγία (ἡ), βοή (ἡ)/ ~ious, a. θορυβώδης
uproot, v.t. ξεριζώνω
upset, n. ἀνατροπή (ἡ), ἀναποδογύρισμα (τό)/ v.t. ἀνατρέπω, ἀναποδογυρίζω/ v.i. ἀναστατώνομαι, στενοχωριέμαι
upshot, n. ἔκβαση (ἡ), ἀποτέλεσμα (τό)
upside down, ad. ἄνω-κάτω
upstairs, ad. πάνω, στό πάνω πάτωμα
upstart, n. νεόπλουτος (ὁ)
upstream, ad. κόντρα στό ρεῦμα, πρός τίς πηγές

upward, a. ἀνηφορικός, πρός τά πάνω/ ~s, ad. ἀνηφορικά, πρός τά πάνω
uranium, n. οὐράνιο (τό)
urban, a. ἀστικός
urbane, a. εὐγενικός, ἁβρός
urchin, n. χαμίνι (τό)
urethra, n. οὐρήθρα (ἡ)
urge, n. παρόρμηση (ἡ), παρακίνηση (ἡ)/ v.t. παροτρύνω, παρακινῶ/ ~ncy, n. ἐπείγουσα ἀνάγκη (ἡ)/ ~nt, a. ἐπείγων/ ~ntly, ad. ἐπειγόντως
uric, a. οὐρικός/ urinal, n. οὐροδοχεῖο (τό)/ urinate, v.i. οὐρῶ, κατουρῶ/ urine, n. οὖρο (τό)
urn, n. ὑδρία (ἡ)/ tea ~, τσαγερό (τό)
us, pr. ἐμᾶς
usage, n. χρήση (ἡ), μεταχείρηση (ἡ)
use, n. χρήση (ἡ), χρησιμοποίηση (ἡ)/ it's no ~, εἶναι ἀνώφελο, εἶναι μάταιο/ make ~ of, κάνω χρήση, ἐπωφελοῦμαι/ v.t. χρησιμοποιῶ/ be ~d to, εἶμαι συνηθισμένος νά/ ~ up, καταναλώνω, ἐξαντλῶ/ ~d, p.p. & a. χρησιμοποιημένος/ ~ful, a. χρήσιμος/ ~less, a. ἄχρηστος/ ~r, n. χρήστης (ὁ)
usher, n. κλητήρας (ὁ), θυρωρός (ὁ)/ v.t. ~ in, ἀναγγέλλω, εἰσάγω/ ~ette, n. ταξιθέτρια (ἡ)
usual, a. συνηθισμένος/ as ~, ὅπως συνήθως/ ~ly, ad. συνήθως
usufruct, n. ἐπικαρπία (ἡ)
usurer, n. τοκογλύφος (ὁ)/ usurious, a. τοκογλυφικός
usurp, v.t. σφετερίζομαι/ ~er, n. σφετεριστής (ὁ)
usury, n. τοκογλυφία (ἡ)
utensil, n. σκεῦος (τό), ἐργαλεῖο (τό)
uterine, n. μητρικός/ uterus, n. μήτρα (ἡ)
utilitarian, a. ὠφελιμιστής/ utility, n. ὠφέλεια (ἡ), χρησιμότητα (ἡ)/ public utilities, ὑπηρεσίες κοινῆς ὠφελείας (οἱ)/ a. ὠφέλιμος/ utilize, v.t. χρησιμοποιῶ, ἀξιοποιῶ
utmost, a. ἄκρος, ἔσχατος/ do one's ~, κάνω τό πᾶν/ of the ~ importance, ἐξαιρετικῆς σημασίας
utopia, n. οὐτοπία (ἡ)/ ~n, a. οὐτοπιστικός
utter, a. ἀπόλυτος, πλήρης/ v.t. ἀρθρώνω, προφέρω/ ~ance, n. ἔκφραση (ἡ),

ἀπαγγελία (ή)/ ~ly, ad. πλήρως, ὁλοκληρωτικά/ ~most, a. ἔσχατος, ἄκρος
uvula, n. ἐπιγλωττίδα (ή)

V

vacancy, n. κενή θέση (ή)/ (hotel) ἐλεύθερο δωμάτιο, διαθέσιμο δωμάτιο/ *vacant*, a. κενός, ἄδειος/ (look) ἀπλανές βλέμμα/ *vacate*, v.t. ἀδειάζω, ἐλευθερώνω/ *vacation*, n. διακοπή (ή), ἄδεια (ή)
vaccinate, v.t. ἐμβολιάζω, μπολιάζω/ *vaccination*, n. ἐμβολιασμός (ὁ)/ *vaccine*, n. ἐμβόλιο (τό)
vacillate, v.i. ταλαντεύομαι, διστάζω/ *vacillation*, n. ταλάντευση (ή), δισταγμός (ὁ)
vacuity, n. κενό (τό), κενός χῶρος (ὁ)/ *vacuous*, a. κενός/ *vacuum*, n. κενό (τό)/ ~ *cleaner*, ἠλεκτρική σκούπα (ή)/ ~ *flask*, θερμογόνα φιάλη (ή)
vade-mecum, n. ἐγκόλπιο (τό)
vagabond, n. ἀλήτης (ὁ), τυχοδιώκτης (ὁ)
vagary, n. φαντασιοπληξία (ή), βίδα (ή)
vagina, n. αἰδοῖο (τό), μουνί (τό)
vagrancy, ή ἀλητεία (ή), ἀγυρτεία (ή)/ *vagrant*, n. ἀλήτης (ὁ), ἀγύρτης (ὁ)
vague, a. ἀσαφής, ἀόριστος/ ~*ness*, n. ἀσάφεια (ή), ἀοριστία (ή)
vain, a. μάταιος/ (person) κενόδοξος/ ~*glorious*, a. ματαιόδοξος/ ~*ly*, ad. ματαιόδοξα
valance, n. κοντό παραπέτασμα (τό)
vale, n. κοιλάδα (ή), λαγγάδι (τό)
valediction, n. ἀποχαιρετισμός (ὁ)/ *valedictory*, a. ἀποχαιρετιστήριος
valerian, n. βαλεριάνα (ή)
valet, n. ὑπηρέτης (ὁ), θαλαμηπόλος (ὁ)
valetudinarian, a. φιλάσθενος, καχεκτικός
valiant, a. γενναῖος, ἀνδρεῖος
valid, a. ἔγγυρος, νόμιμος/ ~*ate*, v.t. ἐπικυρώνω/ ~*ity*, n. κύρος (τό), ἰσχύς (ή)

valise, n. βαλίτσα (ή)
valley, n. κοιλάδα (ή)
valorous, a. γενναῖος, ἀνδρεῖος/ *valour*, n. γενναιότητα (ή), ἀνδρεία (ή), παλληκαριά (ή)
valuable, a. πολύτιμος/ ~*s*, n. pl. τιμαλφῆ (τά), πολύτιμα πράγματα/ *valuation*, n. ἐκτίμηση (ή)/ *value*, n. ἀξία (ή), τιμή (ή)/ v.t. ἀποτιμῶ, ἀξιολογῶ/ (a person) τιμῶ/ ~*less*, a. χωρίς ἀξία, εὐτελής/ ~*r*, n. ἐκτιμητής (ὁ), ἐμπειρογνώμων (ὁ)
valve, n. βαλβίδα (ή), δικλείδα (ή)/ (radio) λυχνία (ή)
vamp, n. ψίδι (τό)/ (woman) μοιραία γυναίκα/ v.t. ἐπισκευάζω παπούτσια/ (mus.) παίζω ἄτεχνα
vampire, n. βρυκόλακας (ὁ)
van, n. φορτηγό αὐτοκίνητο (τό)
vandal, n. βάνδαλος (ὁ), βάρβαρος (ὁ)/ a. βαρβαρικός/ ~*ism*, n. βανδαλισμός (ὁ), βαρβαρότητα (ή)
vane, n. πτερύγιο (τό), βραχίονας (ὁ)/ (weather) ἀνεμοδείκτης (ὁ)
vanguard, n. ἐμπροσθοφυλακή (ή)
vanilla, n. βανίλλια (ή)
vanish, v.i. ἐξαφανίζομαι
vanity, n. ματαιότητα (ή)/ ~ *bag*, τσαντάκι καλλυντικῶν (τό)
vanquish, v. t. νικῶ, καταβάλλω/ ~ *er*, n. νικητής (ὁ)
vantage, n. πλεονέκτημα (τό), ὑπεροχή (ή)/ ~ *point*, πλεονεκτική θέση (ή)
vapid, a. ἀνούσιος, σαχλός
vaporize, v. t. ἐξαερώνω, ἀεριοποιῶ/ v.i. ἐξατμίζομαι/ ~*r*, n. ἐξατμιστήριο (τό), ψεκαστήρας (ὁ)/ *vaporous*, a. ἀτμώδης/ *vapour*, n. ἀτμός (ὁ)
variable, a. μεταβλητός, ἀσταθής/ *variance*, n. ἀσυμφωνία (ή), διάσταση (ή)/ *be at* ~ *with the facts*, δέν ἀνταποκρίνομαι στήν πραγματικότητα/ *variant*, n. παραλλαγή (ή)/ *variation*, n. παραλλαγή (ή), διαφορά (ή)
varicose, a. κιρσώδης/ ~ *vein*, n. κιρσός (ὁ)
variegate, v.t. ποικίλλω, χρωματίζω/ ~*d*, a. ποικίλος, ποικιλόχρωμος/ *variety*, n. ποικιλία (ή)/ ~ *show*, βαριετέ (τό)/ *various*, a. διάφορος, ποικίλος
varnish, n. βερνίκι (τό)/ (fig.) ἐξωτερικό

στόλισμα/ v.t. βερνικώνω, στιλβώνω/ ~ing, n. βερνίκωμα (τό)
vary, v.t. μεταβάλλω, άλλοιώνω/ v.i. μεταβάλλομαι, διαφέρω, ποικίλλω
vase, n. άγγεΐο (τό), βάζο (τό)
vaseline, n. βαζελίνη (ή)
vassal, n. δουλοπάροικος (ό)
vast, a. απέραντος, άχανής/ ~ly, ad. απέραντα, ύπερβολικά/ ~ness, n. απέραντη έκταση (ή)
vat, n. πιθάρι (τό)
vaudeville, n. έλαφρό θέατρο (τό)
vault, n. θόλος (ό), καμάρα (ή)/ v.t. & i. άψιδώνω, φτιάχνω θόλο/ ~ ing horse, άλογο γυμναστικής (τό)
vaunt, n. καύχηση (ή), κομπασμός (ό)/ v. t. & i. καυχιέμαι, κομπάζω
veal, n. κρέας μοσχαρίσιο (τό), βιδέλο (τό)
vector, n. διάνυσμα (τό)
veer, v.i. μεταστρέφομαι, μεταβάλλω κατεύθυνση
vegetable, n. λαχανικό (τό)/ a. φυτικός/ vegetarian, n. φυτοφάγος (ό)/ ~ism, n. φυτοφαγία (ή)/ vegetate, v.i. βλασταίνω, φυτρώνω/ vegetative, a. φυτικός, βλαστικός
vehemence, n. σφοδρότητα (ή), όρμή (ή)/ vehement, a. σφοδρός, όρμητικός, βίαιος
vehicle, n. όχημα (τό), τροχοφόρο (τό)/ (med.) φορέας (ό)/ vehicular traffic, n. κυκλοφορία όχημάτων (ή)
veil, n. πέπλο (τό), βέλο (τό)/ (fig.) πρόσχημα (τό)/ v.t. σκεπάζω, καλύπτω/ (fig.) κρύβω
vein, n. φλέβα (ή)/ (leaf) νεύρωμα (τό)/ ~ed, a. φλεβώδης
vellum, n. περγαμηνή (ή), μεμβράνη (ή)
velocipede, n. ποδήλατο παλιού συστήματος (τό)/ velocity, n. ταχύτητα (ή)
velvet, n. βελούδο (τό)/ a. βελούδινος, βελουδένιος/ ~y, a. βελουδένιος
venal, a. δωροδοκήσιμος/ ~ity, n. δωροδοκία (ή)
vend, v.t. πουλώ/ ~or, n. πωλητής (ό)
veneer, n. καπλαμάς (ό), έπίχρισμα (τό)/ v.t. καπλαντίζω
venerable, a. σεβαστός, σεβάσμιος/ venerate, v.t. σέβομαι, νοιώθω εύλάβεια/ veneration, n. σεβασμός (ό), εύλάβεια (ή), λατρεία (ή)
venereal, a. άφροδίσιος
Venetian, a. ένετικός/ ~ blinds, παντζούρι (τό)
vengeance, n. έκδίκηση (ή)/ vengeful, a. έκδικητικός
venial, a. έλαφρός/ (leg.) συγγνωστός
venison, n. κρέας έλαφιού (τό)
venom, n. δηλητήριο (τό)/ ~ous, a. δηλητηριώδης
vent, n. διέξοδος (ή), φεγγίτης (ό)/ ~ hole, όπή βαρελιού/ v.t. άερίζω, έξατμίζω/ ~ilate, v.t. άερίζω, άνεμίζω/ ~ilation, n. άερισμός (ό)/ ~ilator, n. άεριστήρας (ό), έξαεριστήρας (ό)
ventral, a. κοιλιακός, γαστρικός
ventricle, n. κόλπος τής καρδιάς
ventriloquism, n. έγγαστριμυθία (ή)/ ventriloquist, n. έγγαστρίμυθος (ό)
venture, n. τόλμημα (τό), έπικίνδυνο έγχείρημα/ at a ~, στήν τύχη/ v.t. βάζω σέ κίνδυνο/ v.i. ριψοκινδυνεύω, διακινδυνεύω/ ~some, παράτολμος, ριψοκίνδυνος
veracious, a. φιλαλήθης, ειλικρινής/ veracity, n. φιλαλήθεια (ή), είλικρίνεια (ή)
veranda, n. βεράντα (ή), έξώστης (ό)
verb, n. ρήμα (τό)/ ~al, a. ρηματικός, προφορικός/ ~atim, ad. κατά λέξη/ ~iage, n. πολυλογία (ή)/ ~ose, a. πολύλογος, φλύαρος
verdant, a. χλοερός
verdict, n. έτυμηγορία (ή), άπόφαση (ή)
verdigris, n. άνθος χαλκού (τό)
verdure, n. χλόη (ή), πρασινάδα (ή)
verge, n. άκρη (ή), παρυφή (ή)/ (eccl.) ράβδος έπισκόπου/ on the ~ of, στά πρόθυρα/ v.i. ~ on, κλίνω, τείνω/ ~r, n. κλητήρας (ό)/ (eccl.) έπίτροπος (ό)
verification, n. έπαλήθευση (ή)/ verify, v.t. έπαληθεύω, έπιβεβαιώνω/ verisimilitude, n. εύλογοφάνεια (ή)/ veritable, a. άληθινός, γνήσιος/ verity, n. άλήθεια (ή)
vermicelli, n. φειδές (ό)
vermilion, n. κιννάβαρι (τό)
vermin, n. παράσιτα (τά), ζωύφια (τά)/ ~ous, a. γεμάτος ζωύφια
vermouth, n. βερμούτ (τό)

vernacular, a. ντόπιος, έγχώριος/ n. τοπική γλώσσα (ή)
vernal, a. έαρινός, άνοιξιάτικος
versatile, a. εύμετάβλητος, εΰστροφος/ *versatility*, n. εύστροφία (ή)
verse, n. στίχος (ό), ποίημα (τό)/ ~*d*, a. έμπειρος, κατατοπισμένος/ *versicle*, n. μικρός στίχος (ό)/ *versifier*, n. στιχουργός (ό), στιχοπλόκος (ό)/ *versify*, v.t. στιχουργώ
version, n. έκδοση (ή), έκδοχή (ή)
versus, pr. έναντίον, κατά
vertebra, n. σπόνδυλος (ό)/ ~*l*, a. σπονδυλικός/ ~*te*, n. σπονδυλωτό ζώο (τό)
vertex, n. κορυφή (ή)/ *vertical*, a. κατακόρυφος, κάθετος/ ~*ly*, ad. κάθετα, κατακόρυφα
vertiginous, a. ίλιγγιώδης, ζαλιστικός/ *vertigo*, n. ϊλιγγος (ό), ζαλάδα (ή)
verve, n. οίστρος (ό), έμπνευση (ή)
very, ad. πολύ/ ~ *much*, πάρα πολύ/ *the* ~ *same*, άκριβώς ό ίδιος/ a. πολλής, γνήσιος
vesicle, n. κύστη (ή), φούσκα (ή)
vespers, n. έσπερινός (ό)
vessel, n. δοχείο (τό), σκεύος (τό), άγγείο (τό)
vest, n. χιτώνιο (τό), γιλέκο (τό)/ v.t. ντύνω, περιβάλλω/ ~*ed*, p.p. & a. σταθερός, κατοχυρωμένος/ ~ *interests*, κεκτημένα δικαιώματα (τά)
vestal, a. έστιακός/ ~ *virgin*, Έστιάδα (ή)
vestibule, n. προθάλαμος (ό)
vestige, n. ίχνος (τό)
vestment, n. έπίσημο ένδυμα (τό)/ *vestry*, n. ίεροφυλάκιο (τό)/ *vesture*, n. ίματισμός (ό)
vet, n. κτηνίατρος (ό)/ v.t. έξετάζω ίατρικά
vetch, n. βίκος (ό)
veteran, n. παλαίμαχος (ό), άπόμαχος (ό), βετεράνος (ό)
veterinary, a. κτηνιατρικός/ n. κτηνίατρος (ό)
veto, n. βέτο (τό), άρνησικυρία (ή)/ v.t. προβάλλω βέτο
vex, v.t. έρεθίζω, πειράζω/ ~*ation*, n. έρεθισμός (ό), ένόχληση (ή)/ ~*ing*, a. ένοχλητικός/ ~*ed*, a. ένοχλημένος

via, pr. μέσω
viable, a. βιώσιμος
viaduct, n. άψιδωτή γέφυρα
vial, n. φιαλίδιο (τό)
vibrate, v.i. σείομαι, δονούμαι/ *vibration*, n. δόνηση (ή), κραδασμός (ό)
vicar, n. έφημέριος (ό)/ ~*age*, n. έφημερία (ή), πρεσβυτέριο (τό)/ ~*ious*, a. ύποκατάστατος
vice, n. έλάττωμα (τό), κακία (ή)/ (tech.) μέγγενη (ή)
vice, prefix, άντί, ύπό/ ~-*admiral*, n. ύποναύαρχος (ό)/ ~*chairman*, n. ~*president*, n. άντιπρόεδρος (ό)/ ~*roy*, n. άντιβασιλέας (ό)
vice-versa, ad. άντίστροφα, τό άντίθετο
vicinity, n. γειτνίαση (ή)/ *in the* ~ , στά περίχωρα
vicious, a. έλαττωματικός, κακός, διεφθαρμένος/ ~*ness*, n. κακία (ή), φαυλότητα (ή), διαφθορά (ή)
vicissitude, n. μεταβολή (ή), άντιξοότητα (ή)
victim, n. θύμα (τό)/ ~*ize*, v.t. θυσιάζω, καταδυναστεύω
victor, n. νικητής (ό)/ ~*ious*, a. νικηφόρος/ ~*y*, n. νίκη (ή)
victual, v. t. τροφοδοτώ, έπισιτίζω/ ~*ler*, n. προμηθευτής (ό), τροφοδότης (ό)/ ~*s*, n. pl. τρόφιμα (τά), προμήθειες(οί)
vie, v.i. συναγωνίζομαι
view, n. θέα (ή), άποψη (ή)/ *point of* ~, γνώμη (ή), άποψη (ή)/ *in* ~ *of*, έν όψει, έφ' όσον/ *with a* ~ *to*, μέ σκοπό νά/ v.t. έξετάζω, έπιθεωρώ/ ~ *finder*, n. σκόπευτρο (τό)
vigil, n. άγρυπνία (ή)/ *keep* ~, άγρυπνώ/ ~*ance*, n. έπαγρύπνηση (ή)/ ~*ant*, a. άγρυπνος
vignette, n. κορωνίδα (ή), κόσμημα βιβλίου (τό)
vigorous, a. ρωμαλέος, σθεναρός/ *vigour*, n. ρωμαλεότητα (ή), σθεναρότητα (ή)
vile, a. εύτελής, άχρείος/ *vilify*, v.t. κακολογώ, έξευτελίζω
villa, n. έπαυλη (ή), έξοχικό σπίτι (τό)/ ~*ge*, n. χωριό (τό)/ a. χωριάτικος/ ~*ger*, n. χωριάτης (ό)
villain, n. παλιάνθρωπος (ό), φαύλος (ό)/ ~*ous*, a. άχρείος, ποταπός/ ~*y*, n. κα-

κοήθεια (ή), άτιμία (ή)
villein, n. δουλοπάροικος (ό)
vindicate, v.t. δικαιολογώ, ύπερασπίζω/ ~ *oneself,* δικαιολογούμαι, άποδεικνύω τήν άποψη μου/ *vindication,* n. δικαιολόγηση (ή), ύπεράσπιση (ή)/ *vindicative,* a. δικαιολογητικός
vindictive, a. έκδικητικός
vine, n. άμπέλι (τό)/ ~*gar,* n. ξύδι (τό)/ ~ *grower,* n. άμπελουργός (ό)/ ~ *growing,* n. άμπελουργία (ή)/ ~*yard,* n. άμπελώνας (ό), άμπέλι (τό)/ *vinous,* a. κρασόχρωμος
vintage, n. τρύγος (ό), τρυγητός (ό)/ ~ *wine,* κρασί όρισμένης χρονιάς
viola, n. βιόλα (ή)/ (bot.) είδος πανσέ
violate, v.t. παραβαίνω, παραβιάζω, άθετώ/ *violation,* n. παράβαση (ή), παραβίαση (ή), άθέτηση (ή)/ *violator,* n. παραβάτης (ό), βεβηλωτής (ό)/ *violence,* n. βία (ή)/ *violent,* a. βίαιος
violet, n. βιολέττα (ή), μενεξές (ό)/ a. μενεξεδένιος
violin, n. βιολί (τό)/ ~*ist,* n. βιολιστής (ό)/ *violoncellist,* n. βιολοντσελλίστας (ό)/ *violoncello,* n. βιολοντσέλλο (τό)
viper, n. όχιά (ή)/ ~*ous,* a. δηλητηριώδης, φαρμακερός
virago, n. μέγαιρα (ή)
virgin, n. παρθένα (ή)/ a. παρθένος/ (metal) καθαρό/ (fig.) άγνός/ ~ *soil,* παρθένο έδαφος/ ~*al,* a. παρθενικός/ ~*ity,* n. παρθενία (ή)
virile, a. άρρενωπός/ *virility,* n. άρρενωπότητα (ή)
virtual, a. πραγματικός, ούσιαστικός/ ~*ly,* ad. πραγματικά, ούσιαστικά/ *virtue,* n. άρετή (ή)/ *by ~ of,* δυνάμει/ *virtuosity,* n. δεξιοτεχνία (ή)/ *virtuoso,* n. δεξιοτέχνης (ό), βιρτουόζος (ό)/ *virtuous,* a. άγαθός, ένάρετος
virulence, n. κακεντρέχεια (ή), μοχθηρία (ή)/ *virulent,* a. κακεντρεχής, μοχθηρός/ *virus,* n. ιός (ό)
visa, n. θεώρηση (ή)/ v.t. θεωρώ
visage, n. πρόσωπο (τό), όψη (ή)
viscera, n. pl. έντόσθια (τά)
viscount, n. ύποκόμης (ό)
viscous, a. γλοιώδης, κολλώδης
visibility, n. όρατότητα (ή)/ *visible,* a.

όρατός/ *visibly,* ad. φανερά
vision, n. δραση (ή), όπτασία (ή)/ ~*ary,* n. όραματιστής (ό), όνειροπόλος (ό)/ a. χιμαιρικός, φανταστικός
visit, n. έπίσκεψη (ή)/ *pay a ~,* έπισκέπτομαι/ *return a ~,* άνταποδίδω έπίσκεψη/ v.t. έπισκέπτομαι/ ~*ation,* n. έπιθεώρηση (ή)/ (eccl.) ύπερφυσική όπτασία (ή)/ ~*ing,* n. έπίσκεψη (ή)/ ~*ing card,* έπισκεπτήριο (τό)/ ~*or,* n. έπισκέπτης (ό)
visor, n. προσωπίδα (ή), μάσκα (ή)
vista, n. θέα (ή), άποψη (ή)
visual, a. όπτικός/ ~*ize,* v.t. βλέπω νοερά, φαντάζομαι
vital, a. ζωτικός, ούσιαστικός/ ~*ity,* n. ζωτικότητα (ή), ζωντάνια (ή)/ ~*ize,* v.t. ζωογονώ/ ~*s,* n. pl. ζωτικά όργανα (τά)
vitamin, n. βιταμίνη (ή)
vitiate, v.t. χαλώ, φθείρω/ *vitiation,* n. χάλασμα (τό), φθορά (ή)
viticultural, a. άμπελουργικός/ *viticulturalist,* n. άμπελουργός (ό)/ *viticulture,* n. άμπελουργία (ή)
vitreous, a. γυάλινος/ *vitrify,* v.t. ύαλοποιώ
vitriol, n. βιτριόλι (τό)/ ~*ic,* a. θειικός, βιτριολικός/ (fig.) βίαιος
vituperate, v.t. βρίζω, έξευτελίζω/ *vituperation,* n. βρίσιμο (τό), έξευτελισμός (ό)
vivacious, a. ζωηρός, εύθυμος/ *vivacity,* n. ζωηρότητα (ή), εύθυμία (ή)
viva voce, a. προφορικός
vivid, a. ζωντανός, ζωηρός/ ~*ness,* n. ζωντάνια (ή), ζωηρότητα (ή)
vivify, v.t. ζωογονώ/ *viviparous,* a. ζωοτόκος/ *vivisection,* n. ζωοτομία (ή)
vixen, n. θηλυκή άλεπού (ή)/ (fig.) στρίγγλα (ή), μέγαιρα (ή)
viz, ad. δηλαδή
vizier, n. βεζύρης (ό)
vocabulary, n. λεξιλόγιο (τό)/ *vocal,* a. φωνητικός/ ~ *cords,* φωνητικές χορδές/ ~*ist,* n. τραγουδιστής (ό)/ ~*ize,* v.t. τραγουδώ
vocation, n. κλίση (ή)/ ~*al,* a. έπαγγελματικός/ *vocative,* n. κλητική (ή)
vociferate, v.t. & i. κραυγάζω φωνάζω/

vociferous, a. κραυγαλέος
vogue, n. μόδα (ή), συρμός (ό)
voice, n. φωνή (ή)/ v.t. έκφράζω, έκφωνώ
void, a. κενός, άδειος/ n. κενό (τό)/ v.t. άκυρώνω, άδειάζω
volatile, a. πτητικός, έξατμιστός/ (fig.) άστατος, ζωηρός/ *volatilize*, v.t. & i. έξατμίζω
volcanic, a. ήφαιστειογενής/ *volcano*, n. ήφαίστειο (τό)
vole, n. μικρός άρουραίος (ό)
volition, n. βούληση (ή)
volley, n. (mil.) όμοβροντία (ή)/ ~ *ball*, πετόσφαιρα (ή)/ v.t. έκσφενδονίζω
volt, n. βόλτ (τό)/ ~ *age*, n. βολτάζ (τό)/ *~aic*, a. βολταϊκός/ *~meter*, n. βολτόμετρο (τό)
volubility, n. εύστροφία (ή)/ *voluble*, a. εύστροφος
volume, n. όγκος (ό)/ (book) τόμος (ό)/ *~s of smoke*, τολύπες καπνού/ *voluminous*, a. όγκώδης, πολύτιμος
voluntary, a. έθελοντικός, έκούσιος/ *volunteer*, n. έθελοντής (ό)/ v.t. προσέρχομαι σάν έθελοντής
voluptuary, n. φιλήδονος (ό)/ *voluptuous*, a. ήδυπαθής
volute, n. κοχλίας (ό), έλικας (ό)
vomit, v.i. ξερνώ, κάνω έμετό/ n. έμετός (ό)
voracious, a. άδηφάγος, άπληστος
vortex, n. στρόβιλος (ό), δίνη (ή)
votary, n. θιασώτης (ό), λάτρης (ό)
vote, n. ψήφος (ή), ψηφοφορία (ή)/ v.i. ψηφίζω/ *~r*, n. ψηφοφόρος (ό)/ *voting*, π. ψηφοφορία (ή)/ ~ *paper*, ψηφοδέλτιο (τό)
votive, a. άναθηματικός, άφιερωτικός/ ~ *offering*, άφιέρωμα (τό)
vouch, v.t. έγγυώμαι/ *~er*, n. κουπόνι (τό), άπόδειξη (ή)/ *~safe*, v.t. κάνω χάρη, εύδοκώ
vow, n. ύπόσχεση (ή), τάξιμο (τό)/ v.i. ύπόσχομαι, τάζω
vowel, n. φωνήεν (τό)
voyage, n. ταξίδι (τό)/ v.i. ταξιδεύω/ *~r*, n. ταξιδιώτης (ό)
vulcanite, n. βουλκανίτης (ό)/ *vulcanize*, v.t. βουλκανιζάρω
vulgar, a. χυδαίος, άγροίκος, πρόστυχος/ ~ *herd*, όχλος, χυδαίος λαός/ *~ism*, n. χυδαιότητα (ή)/ *~ity*, n. χυδαιότητα (ή), προστυχιά (ή)/ *~ize*, v.t. έκχυδαίζω, προστυχεύω
vulnerable, a. τρωτός
vulture, n. γύπας (ό)/ (fig.) άρπαγας (ό)

W

wad, n. στούπωμα (τό), παραγέμισμα (τό)/ v.t. στουπώνω, παραγεμίζω/ *~ding*, n. βάτα (τά)
waddle, v.i. περπατώ σάν πάπια
wade, v.i. περπατώ μέσα σέ νερό/ ~ *into*, καταπιάνομαι/ ~ *through*, ξεμπλέκω, τελειώνω
waffle, n. τηγανίτα (ή)
waft, n. πνοή (ή), φύσημα (τό)/ (smell) σκόρπισμα μυρωδιάς/ v.t. φυσώ, σκορπίζω
wag, n. γελωτοποιός (ό)/ (tail) κούνημα (τό), σείσιμο (τό)/ v.i. κουνώ, σείω
wage, n. μισθός (ό)/ ~ *earner*, μισθωτός (ό)/ v.t. ~ *war*, διεξάγω πόλεμο
wager, n. στοίχημα (τό)/ v.i. στοιχηματίζω
waggish, a. άστείος, εύτράπελος
waggon, n. άμάξι (τό), όχημα (τό), βαγόνι (τό)/ *~er*, n. άμαξηλάτης (ό)
wagtail, n. σουσουράδα (ή)
waif, n. έρμαιο (τό)
wail, n. θρήνος (ό), κλάμμα (τό)/ v.i. θρηνώ, κλαίω
wainscot, n. φάτνωμα (τό), σανίδωμα (τό)/ v.t. φατνώνω, έπισανιδώνω
waist, n. μέση (ή)/ ~ *band*, n. ζώνη μέσης (ή)/ *~coat*, n. γιλέκο (τό)
wait, n. άναμονή (ή)/ *lie in* ~, ένεδρεύω/ v.t. & i. περιμένω/ ~ *on*, περιποιούμαι/ *~er*, n. γκαρσόνι (τό), σερβιτόρος (ό)/ *~ing*, n. άναμονή (ή)/ ~ *room*, αίθουσα άναμονής (ή)/ *~ress*, n. γκαρσόνα (ή), σερβιτόρα (ή)
waive, v.t. έγκαταλείπω, παραιτούμαι άπό

wake, n. ξενύχτισμα νεκρού (τό)/ (naut.) όλκός (ή)/ *in the ~ of*, άμέσως μετά/ v.t. & i. ξυπνώ/ *~fulness*, n. άγρύπνια (ή)/ *~n*, v.t. & i. ξυπνώ

walk, n. περπάτημα (τό), βάδισμα (τό)/ *go for a ~*, πηγαίνω περίπατο/ *~ of life*, τρόπος ζωής/ *~ over*, εύκολη νίκη/ v.t. & i. περπατώ, βαδίζω/ *~ about*, περιφέρομαι/ *~ in*, μπαίνω μέσα/ *~ off*, φεύγω/ *~ out*, βγαίνω/ *~ing*, n. περπάτημα (τό)/ a. πεζός, περπατητός/ *~ stick*, μπαστούνι (τό), ραβδί (τό)/ *~ tour*, πεζοπορία (ή)

wall, n. τοίχος (ό)/ *~ cupboard*, έντοιχισμένη ντουλάπα (ή)/ v.t. *~ up*, χτίζω τοίχο

wallet, n. σακκίδιο (τό), χαρτοφύλακας (ό), πορτοφόλι (τό)

wallflower, n. κίτρινη γαρουφαλιά (ή)/ (fig.) είμαι σέ χορό χωρίς νά χορεύω

wallop, n. ίσχυρό χτύπημα (τό), κοπάνισμα (τό)/ v.t. χτυπώ δυνατά, κοπανώ

wallpaper, n. ταπετσαρία (ή), χαρτί τοΰ τοίχου (τό)

walnut, n. καρύδι (τό)

walrus, n. θαλάσσιος έλέφαντας (ό)

waltz, n. βάλς (τό)/ v.i. βαλσάρω

wan, a. χλωμός, ώχρός

wand, n. βέργα (ή), ραβδί (τό)

wander, v.i. περιπλανιέμαι, περιφέρομαι/ *~er*, n. περιπλανώμενος (ό)/ *~ing*, n. περιπλάνηση (ή)/ a. περιπλανώμενος

wane, n. μείωση (ή), έλάττωση (ή)/ v.i. μειώνομαι, λιγοστεύω

want, n. έλλειψη (ή), άνάγκη (ή)/ v.t. θέλω, ζητώ/ *~ed*, a. (adver.) ζητεΐται/ (police) καταζητούμενος/ *~ing*, a. έλλειπής

wanton, a. άχαλίνωτος, άπειθάρχητος, έλαφρόμυαλος/ (woman) άκόλαστος, πρόστυχος

war, n. πόλεμος (ό)/ *~ memorial*, μνημεΐο πεσόντων (τό)/ *~ of attrition*, κλεφτοπόλεμος (ό), τακτική φθοράς/ *W~ Office*, Ύπουργεΐο Άμύνης (τό)/ v.i. κάνω πόλεμο

warble, v.t. & i. κελαηδώ, τραγουδώ/ *~r*, n. τιρτιλί (τό)/ *warbling*, n. τρέμολο (τό), γλυκό τραγούδι

ward, n. (hospital) θάλαμος (ό)/ (district) συνοικία (ή), περιφέρεια (ή)/ v.t. προστατεύω/ *~ off*, άποκρούω/ *~en*, n. φύλακας (ό), έπόπτης (ό)/ *~er*, n. δεσμοφύλακας (ό)/ *~robe*, n. ντουλάπα ρούχων (ή)

warehouse, n. άποθήκη (ή)

wares, n. pl. έμπορεύματα (τά)

warfare, n. έχθροπραξίες (οί), πόλεμος (ό)

war-horse, n. παλαίμαχος (ό)

warily, ad. προσεκτικά, έπιφυλακτικά/ *wariness*, n. προσοχή (ή), έπιφυλακτικότητα (ή)

warlike, a. φιλοπόλεμος, πολεμοχαρής

warm, a. ζεστός, θερμός/ v.t. ζεσταίνω, θερμαίνω/ *~ly*, ad. θερμά, έγκάρδια/ *~th*, n. ζεστασιά (ή), θαλπωρή (ή)

warmonger, n. πολεμοκάπηλος (ό)

warn, v.t. προειδοποιώ/ *~ing*, n. προειδοποίηση (ή)

warp, n. σκέβρωμα (τό), στρέβλωση (ή)/ v.t. & i, σκεβρώνω, στρεβλώνω

warrant, n. ένταλμα (τό), έντολή (ή)/ *~ officer*, άνθυπασπιστής (ό)/ v.t. δικαιολογώ, έξουσιοδοτώ/ *~y*, n. έγγύηση (ή)

warren, n. κουνελότοπος (ό)/ (fig.) πυκνοκατοικημένη περιοχή (ή)

warrior, n. πολεμιστής (ό)

warship, n. πολεμικό (πλοίο) (τό)

wart, n. κρεατοελιά (ή)/ *~y*, a. γεμάτος κρεατοελιές

wary, a. προσεκτικός, έπιφυλακτικός

wash, v.t. πλένω/ (shore) βρέχω/ (clothes) πλένω, κάνω μπουγάδα/ *~ away*, ξεπλένω, άποπλένω/ *~ off*, περιχύνω/ *~ down*, τρώγω μέ κρασί/ *~ one's hands of*, νίπτω τάς χεΐρας μου/ *~ up*, πλένω τά πιάτα/ n. πλύσιμο (τό)/ *~basin*, νιπτήρας (ό)/ *~ house*, πλυσταριό (τό)/ *~ leather*, άπομίμηση δέρματος/ *~er*, n. πλύστρα (ή)/ (tech.) δακτύλιος (ό), ροδέλλα (ή)/ *washing*, n. πλύσιμο (τό), πλύση (ή)/ *~ machine*, πλυντήριο (τό)/ *~ up*, πλύσιμο τών πιάτων (τό)

wasp, n. σφήκα (ή)/ *~'s nest*, σφηκοφωλιά (ή)/ *~ish*, a. κακόκεφος, στριμμένος

wastage, n. άπώλεια (ή), διαρροή (ή)/ *waste*, n. άπώλεια (ή), χάσιμο (τό)/ v.t.

χάνω, σπαταλώ/ a. έρημος/ v.t. έρημώνω, καταστρέφω/ ~ land, έρημότοπος (ό)/ ~ paper, παλιόχαρτο (τό)/ ~ paper basket, καλάθι σκουπιδιών (τό)/ ~ pipe, σωλήνας άποχέτευσης (ό)/ ~ful, a. σπάταλος, πολυέξοδος
watch, n. έπιτήρηση (ή), παρακολούθηση (ή)/ (person) φρουρός (ό), φύλακας (ό), σκοπός (ό)/ (naut.) βάρδια (ή)/ (hand) ρολόι χεριοϋ (τό)/ be on ~, είμαι σκοπός/ v.t. παρατηρώ, παρακολουθώ, φρουρώ/ ~ out, προσέχω, προφυλάγομαι/ ~ over, προστατεύω, φρουρώ/ ~dog, n. μαντρόσκυλο (τό)/ (fig.) φύλακας (ό)/ ~ful, a. άγρυπνος/ ~maker, n. ρολογάς (ό)/ ~man, n. νυχτοφύλακας (ό)/ ~tower, n. σκοπιά (ή), βίγλα (ή), παρατηρητήριο (τό)
water, n. νερό (τό)/ in deep ~, σέ δύσκολη θέση/ v.t. ποτίζω, άρδεύω/ my mouth ~s, τρέχουν τά σάλια μου/ ~ down, νερώνω, μετριάζω/ ~borne, a. πλωτός/ ~-butt, n. συλλέκτης βρόχινου νερού (ό)/ ~-closet, n. καζανάκι (τό)/ ~colour, n. ύδρόχρωμα (τό), νερομπογιά (ή)/ ~course, n. αύλάκι (τό)/ ~cress, n. νεροκάρδαμο (τό)/ ~fall, n. καταρράχτης (ό)/ ~ing, n. άρδευση (ή), πότισμα (τό)/ ~line, n. ϊσαλος γραμμή (ή)/ ~logged, a. πλημμυρισμένος, κατακλυσμένος/ ~mark, n. ύδατόσημο (τό)/ ~melon, n. καρπούζι (τό)/ ~mill, n. νερόμυλος (ό)/ ~proof, a. άδιάβροχος, στεγανός/ n. άδιάβροχο (τό)/ ~shed, n. ύδροκρίτης (ό)/ ~spout, n. θαλάσσιος σίφωνας (ό)/ ~ supply, n. ύδρευτικό σύστημα (τό)/ ~tight, a. ύδατοστεγής, στεγανός/ ~y, a. ύδατώδης. νερουλός
watt, n. βάττ (τό)
wattle, n. καλαμωτή (ή)/ (anat.) προγούλι (τό)
wave, v.t. & i. κουνώ, άνεμίζω, κυματίζω/ n. κύμα (τό)/ (of the hand) κούνημα (τό)
waver, v.i. ταλαντεύομαι, αίωρούμαι, κλονίζομαι/ ~ing, a. αίωρούμενος, κλονισμένος/ n. κλονισμός (ό), άμφιταλάντευση (ή)
wavy, a. κυματιστός, κυματώδης

wax, n. κερί (τό)/ (ear) κυψελίδα (ή)/ v.t. κερώνω, άλείφω μέ κερί/ v.i. μεγαλώνω, αύξάνομαι/ ~en, a. κέρινος, μαλακός/ ~works, n. κηροπλαστική (ή)
way, n. δρόμος (ό), διάβαση (ή), κατεύθυνση (ή)/ (method) μέθοδος (ό), τρόπος (ό)/ ~s and means, τρόποι καί μέσα/ by the ~, μέ τήν εύκαιρία/ be in the ~, παρεμβάλλομαι, ένοχλώ/ on the ~, στό δρόμο, καθ' όδόν/ give ~, ύποχωρώ/ make ~, κάνω τόπο/ make ~ for, παραχωρώ τήν θέση μου/ ~farer, n. πεζοπόρος (ό), όδοιπόρος (ό)/ ~lay, v.t. ληστεύω/ ~-out, a. έξωφρενικός/ ~side, n. κράσπεδο (τό)
wayward, a. δύστροπος, πεισματάρης/ ~ness, n. πείσμα (τό), δυστροπία (ή)
we, pn. έμεΐς
weak, a. άσθενικός, άδύνατος/ ~ point, άδύνατο σημείο/ ~en, v.t. & i. έξασθενώ, άδυνατίζω/ ~ling, n. άσθενικό πλάσμα (τό), άνθρωπάκι (τό)/ ~ly, ad. άδύνατα, άσθενικά/ ~ness, n. άδυναμία (ή)/ have a ~ for, έχω άδυναμία
weal, n. ϊχνος (τό), σημάδι (τό)
wealth, n. πλούτος (ό), άφθονία (ή)/ ~y, a. πλούσιος
wean, v.t. άποκόβω, άπογαλακτίζω
weapon, n. όπλο (τό)/ ~less, a. άοπλος
wear, n. ρούχο (τό)/ (damage) χρήση (ή), φθορά (ή)/ ~ and tear, συνηθισμένη φθορά/ v.t. τρίβω, φθείρω, χαλώ/ v.i. φορώ/ ~ scent, βάζω άρωμα
weariness, n. κούραση (ή), κόπωση (ή)
wearing, n. τριμένη έπιφάνεια (ή)/ a. τριβόμενος
wearisome, a. κουραστικός, άνιαρός/ weary, a. κουρασμένος, έξαντλημένος/ v.t. & i. κουράζω, έξαντλώ
weasel, n. κουνάβι (τό)
weather, n. καιρός (ό)/ ~ forecast, μετεωρολογικό δελτίο (τό)/ ~ station, μετεωρολογικός σταθμός (ό)/ v.t. άντιμετωπίζω/ v.i. άλλοιώνομαι, ξεβάφω/ ~ beaten, a. άνεμοδαρμένος/ ~ side, n. προσήνεμη πλευρά (ή)
weave, v.t. ύφαίνω, πλέκω/ n. ύφανση (ή)/ ~r, n. ύφαντής (ό)/ weaving, n. ύφανση (ή)
web, n. δίχτυ (τό), πλέγμα (τό)/ (zool.)

μεμβράνη (ή)/ ~bing, n. ἐνισχυτική ταινία (ή)
wed, v.t. παντρεύω, ἐνώνω/ v.i. παντρεύομαι/ ~ded, a. παντρεμένος/ (fig.) προσηλωμένος/ ~ husband (wife), νόμιμος σύζυγος/ ~ding, n. γάμος (ὁ)/ ~ cake, γαμήλια τούρτα (ή)/ ~ day, μέρα τοῦ γάμου/ ~ dress, νυφικό (τό)/ ~ ring, βέρα (ή)
wedge, n. σφήνα (ή)/ v.t. σφηνώνω/ ~ in, μπήγω
wedlock, n. παντρειά (ή), γάμος (ὁ)
Wednesday, n. Τετάρτη (ή)
wee, a. μικροσκοπικός, μικρούτσικος
weed, n. ζιζάνιο (τό), ἀγριόχορτο (τό)/ v.t. βοτανίζω, ξεριζώνω τά ζιζάνια/ ~ out, ξεριζώνω, ξεκαθαρίζω/ ~y, a. χορταριασμένος/ (character) ἀσθενικός
week, n. ἑβδομάδα (ή), ~'s wages, βδομαδιάτικο (τό)/ ~day, n. καθημερινή (ή)/ ~end, n. Σαββατοκύριακο (τό)/ ~ly, a. ἑβδομαδιαῖος/ ad. ἑβδομαδιαία/ n. ἑβδομαδιαῖο περιοδικό (τό)
weep, v.i. κλαίω/ ~er, n. μοιρολογίστρα (ή)/ ~ing, a. κλαμένος/ ~ willow, ἰτιά ἡ κλαίουσα (ή)/ n. κλάψιμο (τό)
weevil, n. σκαθάρι (τό)
weft, n. ὑφάδι (τό)
weigh, v.t. ζυγίζω/ (anchor) σηκώνω/ v.i. ἔχω σημασία/ ~ down, παραφορτώνω, καταπιέζω/ ~bridge, n. ζυγογέφυρα (ή) ~ing, n. ζύγισμα (τό)/ ~t, n. βάρος (τό)/ ~ lifting, ἄρση βαρῶν (ή)/ v.t. βαραίνω, βάζω βαρίδια/ ~tless, a. ἀβαρος/ ~tlessness, n. ἔλλειψη βάρους (βαρύτητας)/ ~ty, a. ὀγκώδης
weir, n. φράγμα ποταμοῦ (τό)
weird, a. ἀφύσικος, ἀλλόκοτος, παράδοξος
welcome, n. καλωσόρισμα (τό), ὑποδοχή (ή)/ a. καλοδεχούμενος, εὐπρόσδεκτος/ v.t. καλωσορίζω, ὑποδέχομαι/ int. καλώς ὁρίσατε/ you're ~, παρακαλώ
weld, v.t. συγκολλώ/ (fig.) συνδέω/ n. συγκόλληση (ή)/ ~er, n. συγκολλητής (ὁ)
welfare, n. εὐτυχία (ή), εὐημερία (ή), καλοπέραση (ή)/ ~ state, κράτος κοινωνικῆς πρόνοιας/ ~ work, κοινωνική πρόνοια (ή)

well, n. πηγάδι (τό)/ (fig.) πηγή (ή)/ oil ~, πετρελαιοπηγή (ή)/ v.i. ἀναβλύζω, ξεπηδώ
well, a. σωστός, καλός/ (health) ὑγιής/ all is ~, ὅλα ἐντάξει/ ad. καλά, σωστά/ as ~, ἐπίσης/ as ~ as, ἐπιπλέον, ἐπιπρόσθετα/ int. γιά φαντάσου!/ ~-advised, a. καλά κατατοπισμένος/ you would be ~-advised, καλά θά κάνεις νά/ ~-appointed, a. πλήρης, καλά ἐξοπλισμένος/ ~-balanced, a. ἰσορροπημένος/ ~-behaved, a. εὐγενικός, εὐπρεπής/ ~being, n. εὐημερία (ή), καλοπέραση (ή)/ ~-bred, a. καλοαναθρεμμένος/ ~-disposed, a. φιλικός, καλοδιατεθειμένος εὐνοϊκά/ ~-done, a. καλοψημένος/ ~ done! μπράβο!/ ~-informed, a. καλοπληροφορημένος/ ~-meaning, a. καλοπροαίρετος/ ~-nigh, ad. παρά τρίχα, σχεδόν/ ~-off, a. πλούσιος, εὔπορος/ ~-read, a. μορφωμένος, διαβασμένος
Welsh, n. Οὐαλλός (ὁ)/ a. οὐαλλικός
welt, n. (shoes) βάρδουλο (τό)/ (clothes) μπορντούρα (ή)
welter, n. ἀνακάτεμα (τό), σύγχιση (ή)/ v.i. κυλιέμαι
well-timed, a. ἐπίκαιρος
well-wisher, n. καλοθελητής (ὁ)
wench, n. κορίτσι (τό), κοπέλλα (ή)/ (sl.) πόρνη (ή)
wend (one's way) v.i. προχωρώ, ταξιδεύω ἀργά
west, n. δύση (ή)/ a. δυτικός/ ad. δυτικά/ ~ern, a. δυτικός/ ~ward, ad. πρός τά δυτικά
wet, a. ὑγρός, βρεγμένος/ ~ blanket, σαχλός/ ~ paint! προσοχή βάφει!/ ~ through, μούσκεμα/ n. ὑγρασία (ή)/ v.t. βρέχω, ὑγραίνω, μουσκεύω
wether, n. εὐνουχισμένο κριάρι (τό)
wetness, n. ὑγρασία (ή)
wet-nurse, n. παραμάνα (ή)
whack, n. μπάτσος (ὁ), φοῦσκος (ὁ)/ v.t. χτυπῶ δυνατά
whale, n. φάλαινα (ή)/ have a ~ of a time, διασκεδάζω, περνῶ θαυμάσια/ ~bone, n. μπαλένα (ή)/ ~r, n. φαλαινοθηρικό (τό)
wharf, n. ἀποβάθρα (ή)/ ~age, n. τέλη ἀποβάθρας (τά)

what, pn. τί; ποιός;/ ~ *for?* γιατί; γιά ποιό λόγο;/ *~'s up?* τί συμβαίνει;/ c. αυτό πού, εκείνο πού/ *he knows ~'s ~*, ξέρει τί τοΰ γίνεται/ *~ ever, ~ soever*, a. & pn. ότιδήποτε, όποιοσδήποτε, ότι καί αν/ *~ he says*, ότι κι' αν λέει/ *nothing ~*, απολύτως τίποτε
wheat, n. σιτάρι (τό)
wheedle, v.i. κολακεύω, καλοπιάνω/ *~ out*, αποσπώ
wheel, n. ρόδα (ή), τροχός (ό)/ v.t. κυλώ, σπρώχνω/ v.i. περιστρέφομαι/ *~barrow*, n. καροτσάκι (τό)/ *~chair*, n. αναπηρικό καροτσάκι (τό)/ *~wright*, n. αμαξουργός (ό)
wheeze, v.i. ξερυσώ, ασθμαίνω/ n. σφύριγμα (τό), αγκομαχητό (τό)
whelk, n. βούκινο (τό)
when, ad. πότε;/ pn. όταν, οπότε/ *~ce*, ad. από πού; πούθε;/ *~ever*, ad. όποτε, κάθε φορά πού/ ~ *you like*, όποτε θέλεις
wherry, n. φορτηγίδα (ή), μαούνα (ή)/ *~man*, n. μαουνιέρης (ό)
whet, v.t. ακονίζω, τροχίζω/ n. ακόνισμα (τό)/ *~ the appetite*, ανοίγω τήν όρεξη
whether, c. εάν, κατά πόσο/ *~ or not*, είτε έτσι είτε αλλιώς, σέ κάθε περίπτωση
whetstone, n. ακόνι (τό), ακονιστήρι (τό)
whey, n. τυρόγαλα (τό)
which, a. οποίος, οποία, οποίο/ pn. ποιός; ποιά; ποιό;/ *~ever*, a. οποιοσδήποτε
whiff, n. πνοή (ή), φύσημα (τό)
while, n. χρονικό διάστημα (τό)/ *for a ~*, γιά λίγο/ *it is worth ~*, αξίζει τόν κόπο/ v.t. *~ away*, περνώ τόν καιρό μου, σκοτώνω τήν ώρα μου/ & *whilst*, c. ενώ, ενόσω
whim, n. καπρίτσιο (τό), παραξενιά (ή), ιδιοτροπία (ή)
whimper, n. κλαψούρισμα (τό)/ v.i. κλαψουρίζω
whimsical, a. ιδιότροπος, καπριτσιόζικος, εκκεντρικός, παράξενος/ *whimsy*, n. καπρίτσιο (τό), ιδιοτροπία (ή)
whine, n. κλαψούρισμα (τό), μεμψιμοιρία (ή)/ v.i. κλαψουρίζω, μεμψιμοιρώ
whinny, n. χλιμίντρισμα (τό), χρεμέτισμα (τό)/ v.i. χλιμιντρίζω, χρεμετίζω

whip, n. μαστίγιο (τό), καμουτσίκι (τό)/ v.t. μαστιγώνω, δίνω καμουτσικιές/ (cream) χτυπώ/ *~ out*, βγάζω, τραβώ/ *~ up*, ξεσηκώνω, διεγείρω/ *~ hand*, n. υπεροχή (ή)/ *~per-snapper*, n. παλιόπαιδο (τό), μάγκας (ό)/ *~ping*, n. μαστίγωμα (τό)/ *~ boy*, αποδιοπομπαίος τράγος (ό)
whirl, n. περιστροφή (ή), στροβίλισμα (τό)/ v.t. & i. στριφογυρίζω/ *~igig*, n. σβούρα (ή)/ *~pool*, n. δίνη (ή), ρουφήχτρα (ή)/ *~wind*, n. ανεμοστρόβιλος (ό), σίφουνας (ό)
whirr, n. βουητό (τό), σφύριγμα (τό)/ v.i. βουίζω, σφυρίζω
whisk, n. κούνημα (τό), τίναγμα (τό)/ v.t. αρπάζω, κουνώ/ (eggs) χτυπώ
whisker, n. μουστάκι (τό)/ pl. φαβορίτες (οι)
whisky, n. ουίσκυ (τό)
whisper, n. ψιθύρισμα (τό), μουρμούρισμα (τό)/ v.t. ψιθυρίζω, μουρμουρίζω
whistle, n. σφυρίχτρα (ή)/ v.t. & i. σφυρίζω/ *~r*, n. σφυριχτής (ό)
whit, n. μόριο (τό), ίχνος (τό)/ *not a ~*, ούτε ίχνος
white, a. άσπρος, λευκός/ n. άσπρο (τό), λευκό (τό)/ (egg) ασπράδι (τό)/ *turn ~*, ασπρίζω/ *~ ant*, τερμίτης (ό)/ *~bait*, μαρίδα (ή)/ *~ elephant*, άχρηστο πράγμα/ *~ horses*, αφρισμένα κύματα/ *~ lead*, λευκός μολύβδου/ *~ lie*, ψεμματάκι (τό)/ *~n*, v.t. ασπρίζω, λευκαίνω/ *~ness*, n. λευκότητα (ή), ασπράδα (ή)/ *~ning*, n. άσπρισμα (τό), ξάσπρισμα (τό)/ *~wash*, n. ασβέστωμα (τό)
whither, ad. & c. πρός τά πού; κατά πού;
whiting, n. μέρλαγγος (ό)
whitish, a. ασπρουδερός
whitlow, n. παρονυχίδα (ή)
Whitsun, n. Πεντηκοστή (ή)
whittle, v.t. ξύνω, γλύφω, λαξεύω
whizz, n. σφύριγμα (τό)/ v.i. σφυρίζω, περνώ μέ μεγάλη ταχύτητα
who, pn. ποιός; ποιά; οποίος, οποία/ *~'s ~*, βιογραφικό λεξικό
whoever, pn. όποιος, οποιοσδήποτε
whole, a. ολόκληρος, όλος, πλήρης/ n. ολότητα (ή), σύνολο (τό)/ *on the ~*, γενικά, σέ γενικές γραμμές/ *~hearted*, a.

ολόψυχος, ειλικρινής/ ~meal, n. ακοσκίνιστο αλεύρι (τό)/ ~sale, a. χονδρικός/ n. χονδρική πώληση (ή)/ ad. χονδρικώς, χονδρικά/ ~saler, n. χονδρέμπορος (ό)/ ~some, a. θρεπτικός/ wholly, ad. ολότελα, τελείως
whom, pn. ποιόν, ποιά, όποιον, όποια
whoop, n. κραυγή (ή)/ v.i. κραυγάζω, έχω παροξυσμό/ ~ing cough, κοκκύτης
whore, n. πόρνη (ή), πουτάνα (ή)
whorl, n. έλικας (ό), σπείρα (ή)
whortleberry, n. μύρτιλλο (τό)
whose, pn. ποιου, τίνος, του όποιου
why, ad. γιατί/ n. αιτία, λόγος/ int. αλήθεια!
wick, n. φυτίλι (τό)
wicked, a. κακός, άνομος/ ~ness, n. κακία (ή), ανομία (ή)
wicker, n. λυγαριά (ή)
wicket, n. θυρίδα (ή), πορτούλα (ή)/ (cricket) φράχτης (ό)
wide, a. φαρδύς, ευρύς/ far and ~, παντού/ ~ awake, ξύπνιος/ ~ open, ορθάνοιχτος/ ~ly, ad. ευρύτατα, πλατειά/ ~n, v.t. φαρδαίνω, ευρύνω, διευρύνω/ ~spread, a. διαδομένος, απλωμένος
widow, n. χήρα (ή)/ ~ed, p.p. & a. χηρευάμενος, χηρευάμενη/ ~er, n. χήρος (ό)/ ~hood, n. χηρεία (ή)
width, n. φάρδος (τό), ευρύτητα (ή)
wield, v.t. χειρίζομαι, ασκώ
wife, n. σύζυγος (ή), γυναίκα (ή)
wig, n. περούκα (ή)/ (fig.) κατσάδα (ή)
wigwam, n. σκηνή έρυθροδέρμων (ή)
wild, a. άγριος, απειθάρχητος, θυελλώδης/ (idea) παράλογος/ be ~ about, είμαι έξαλλος/ spread like ~ fire, ξαπλώνομαι (διαδίδομαι) πολύ γρήγορα/ ~goose chase, μάταια προσπάθεια/ ~ strike, απεργία χωρίς τήν υποστήριξη των συνδικάτων/ ~boar, n. αγριογούρουνο (τό)/ ~cat, n. αγριόγατος (ό)/ a. ριψοκίνδυνος, παράτολμος/ ~erness, n. ερημιά (ή)/ ~ly, ad. άγρια, ασυγκράτητα, ορμητικά/ ~ness, n. αγριότητα (ή)
wile, n. πονηριά (ή), κόλπο (τό), τέχνασμα (τό)
wilful, a. ξεροκέφαλος, πεισματάρης/ (premeditated) σκόπιμος, προμελετημένος/ ~ly, ad. σκόπιμα, προμελετημένα/ ~ness, n. σκοπιμότητα (ή), προμελέτη (ή)
will, n. θέληση (ή), βούληση (ή)/ at ~, κατά βούληση/ v.t. κληροδοτώ, αφήνω μέ διαθήκη/ v. aux. θά/ ~ing, a. πρόθυμος/ ~ingly, ad. πρόθυμα/ ~ingness, n. προθυμία (ή)
will-o'-the-wisp, n. φωσφορισμός (ό)/ (fig.) αβέβαιο πράγμα
willow, n. ιτιά (ή)
willy-nilly, ad. θέλοντας καί μή, υποχρεωτικά
wilt, v.i. μαραίνομαι
wily, a. πανούργος, πονηρός
wimple, n. πέπλο (τό), καλύπτρα (ή)
win, n. νίκη (ή), έπιτυχία (ή)/ v.t. & i. κερδίζω, νικώ/ ~ over, μεταπείθω, παίρνω μέ τό μέρος μου
wince, v.i. μορφάζω, τραβιέμαι/ n. μορφασμός (ό), σύσπαση (ή)
winch, n. βαρούλκο (τό), βίντσι (τό)
wind, n. άνεμος (ό), αέρας (ό)/ get ~ of, μαθαίνω/ break ~, πορδίζω/ ~ instrument, πνευστό όργανο/ v.t. λαχανιάζω/ (p.t. wound) v.t. & i. στρίβω, κουρδίζω/ ~ off, ξετυλίγω/ ~ up, ανακεφαλαιώνω/ ~bag, n. φαφλατάς/ ~fall, n. καρπός πεσμένος άπό τόν αέρα/ (fig.) απροσδόκητη τύχη/ ~gauge, n. ανεμόμετρο (τό)/ ~ing, a. στριφογυριστός/ n. κούρδισμα (τό)/ ~lass, n. βαρούλκο (τό)/ ~mill, n. ανεμόμυλος (ό)/ ~ow, n. παράθυρο (τό)/ (shop) βιτρίνα (ή)/ ~sill, πρεβάζι (τό)/ ~pipe, n. τραχεία (ή)/ ~screen, n. μπροστινό τζάμι (τό), ανεμοπροφυλακτήρας (ό)/ ~ wiper, καθαριστήρας βροχής (ό)
windward, n. προσήνεμο μέρος (τό)/ a. προσήνεμος/ windy, a. ανεμόδαρτος
wine, n. κρασί (τό)/ ~ cellar, n. κελλάρι (τό)/ ~glass, n. κρασοπότηρο (τό)/ ~grower, n. οινοπαραγωγός (ό)/ ~ growing, n. οινοπαραγωγή (ή)/ ~press, n. σταφυλοπιεστήριο (τό)/ ~skin, n. ασκί κρασιού (τό)
wing, n. φτερό (τό), φτερούγα (ή)/ (arch. & avia.) πτέρυγα (ή)/ pl. (theatre) παρασκήνια (τά)/ v.t. & i. πετώ, έκτοξεύω/ ~less, a. άφτερος/ ~spread, n.

ἄνοιγμα φτερῶν (τό)
wink, n. βλεφάρισμα (τό), κλείσιμο τοῦ ματιοῦ (τό)/ *in a* ~, ἀμέσως, στό πί καί φί/ v.i. βλεφαρίζω, κλείνω τό μάτι/ ~ *at,* κάνω νόημα μέ τό μάτι
winner, n. νικητής (ὁ)/ *winning,* n. νίκη (ἡ), κέρδος (τό)/ ~ *post,* τέρμα (τό)/ pl. κέρδη (τά)
winnow, v.t. λιχνίζω/ (fig.) ~ *away,* ξεχωρίζω/ ~*ing,* n. λίχνισμα (τό)/ ~ *machine,* λιχνιστική μηχανή (ἡ)
winsome, a. χαριτωμένος, γοητευτικός
winter, n. χειμώνας (ὁ)/ a. χειμωνιάτικος/ v.i. διαχειμάζω, παραχειμάζω/ *wintry,* a. χειμωνιάτικος, χειμερινός
wipe, n. σκούπισμα (τό), σφούγγισμα (τό)/ v.t. σκουπίζω, σφουγγίζω/ ~ *away,* ~ *off,* καθαρίζω, ἐξαλείφω/ ~ *up,* καθαρίζω
wire, n. σύρμα (τό), τέλι (τό)/ ~ *dancer,* ἀκροβάτης (ὁ) ~ *entanglement,* συρματόπλεγμα (τό)/ ~ *netting,* δικτυωτό (τό)/ ~ *pulling,* ῥαδιουργία (ἡ)/ v.t. συνδέω σύρματα/ (telegram) τηλεγραφῶ, στέλνω τηλεγράφημα/ ~*cutters,* n. συρματοκόπτης (ὁ)/ ~*haired,* a. τραχύμαλλος/ ~*less,* n. ἀσύρματος (ὁ)/ ~ *receiver,* δέκτης (ὁ)/ ~ *transmitter,* πομπός (ὁ)/ ~ *telegram,* ῥαδιοτηλεγράφημα (τό)/ ~ *telegraphy,* ἀσύρματη τηλεγραφία/ *wiring,* n. σύστημα καλωδίων (τό), ἠλεκτρική σύνδεση (ἡ)/ *wiry,* a. τραχύς/ (person) νευρώδης
wisdom, n. σοφία (ἡ), σύνεση (ἡ)/ ~ *tooth,* φρονιμήτης (ὁ)/ *wise,* a. σοφός, συνετός/ ~*acre,* σχολαστικός
wish, n. ἐπιθυμία (ἡ)/ v.t. & i. ἐπιθυμῶ, εὔχομαι/ *I ~ I were,* μακάρι νά ἤμουν/ ~ *a Happy New Year,* καλή χρονιά/ ~ *many happy returns,* χρόνια πολλά/ ~*bone,* n. κλειδοκόκκαλο (τό)/ ~*ful,* a. ποθητός, ἐπιθυμητός
wishy-washy, a. ἐλαφρός, νερωμένος/ (fig.) ἀνούσιος, πλαδαρός
wisp, n. δεμάτι (τό)
wistaria, n. γλυκίνη (ἡ), οὐιστέρια (ἡ)
wistful, a. γεμᾶτος νοσταλγία
wit, n. πνεῦμα (τό), νοῦς (ὁ), ἐξυπνάδα (ἡ)/ *be at one's ~s' end,* κοντεύω νά τρελλαθῶ

witch, n. μάγισσα (ἡ)/ ~*craft,* n. μαγεία (ἡ), μαγική τέχνη (ἡ)/ ~*doctor,* n. μάγος (ὁ)
with, pr. μέ, μαζί μέ
withal, ad. ἐπίσης, ἐπιπλέον
withdraw, v.t. ἀποσύρω, ἀνακαλῶ/ v.i. ἀποσύρομαι, τραβιέμαι, ὑποχωρῶ/ ~*al,* n. ἀποχώρηση (ἡ), ἀνάκληση (ἡ)
wither, v.t. μαραίνω, ξεραίνω/ v.i. μαραίνομαι, ξεραίνομαι
withers, n. pl. ἀκρώμιο ἀλόγου (τό)
withhold, v.t. & i. ἀναστέλλω, κατακρατῶ/ (consent) ἀρνοῦμαι τήν συγκατάθεση μου
within, pr. μέσα, ἐντός/ ~ *an inch of,* πολύ κοντά/ ~ *a year,* μέσα σ' ἕνα χρόνο/ ~ *bounds,* μέσα σέ ὅρια/ ~ *reason,* μέσα σέ λογικά ὅρια/ ad. στό ἐσωτερικό
without, pr. ἔξω, ἐκτός, χωρίς/ *do* ~, κάνω χωρίς/ ~ *fail,* ὁπωσδήποτε/ *it goes* ~ *saying,* δέν θέλει συζήτηση
withstand, v.t. ἀντιστέκομαι, ἀντικρούω, ἀντέχω
witless, a. βλάκας, χοντροκέφαλος
witness, n. μαρτυρία (ἡ)/ (person) μάρτυρας (ὁ)/ *bear* ~ *to,* εἶμαι μάρτυρας/ ~ *box,* διαμέρισμα μαρτύρων/ v.t. μαρτυρῶ, βεβαιώνω
witticism, n. εὐφυολόγημα (τό)/ *wittiness,* n. εὐφυΐα (ἡ)
wittingly, ad. σκόπιμα, ἐπίτηδες
witty, a. ἔξυπνος, πνευματώδης
wizard, n. μάγος (ὁ), γόης (ὁ)/ ~*ry,* n. μαγική δύναμη (ἡ)
wizened, a. ῥυτιδωμένος, ζαρωμένος
woad, n. λουλακιά (ἡ)
wobble, n. ταλάντευση (ἡ), κλονισμός (ὁ)/ v.i. ταλαντεύομαι, κλονίζομαι/ *wobbly,* a. κλονισμένος, ἀσταθής
woe, n. λύπη (ἡ), θλίψη (ἡ)/ ~ *is me!* ἀλοίμονο! δυστυχία μου!/ ~ *begone,* ~*ful,* a. θλιβερός, δυστυχισμένος, ταλαίπωρος
wolf, n. λύκος (ὁ)/ ~ *cub,* λυκόπουλο (τό)/ v.t. καταβροχθίζω/ ~*ish,* a. ἀρπαχτικός, ἄπληστος
wolfram, n. βολφράμιο (τό), τουγκστένιο (τό)
woman, n. γυναίκα (ἡ)/ ~*hood,* n. γυναικεία φύση (ἡ)/ ~*ish,* a. γυναικεῖος/

~kind, n. γυναικείο φύλο (τό)/ ~ly, a. γυναικείος, θηλυκός
womb, n. μήτρα (ή), κοιλιά (ή)
wonder, n. θαύμα (τό), έκπληξη (ή)/ *it's no* ~ *that,* δέν είναι έκπληκτικό ότι/ v.i. θαυμάζω, άπορώ, παραξενεύομαι/ ~*ful,* a. θαυμάσιος, θαυμαστός/ *wondrous,* a. έξαίσιος, υπέροχος
wont, n. συνήθεια (ή)/ ~*ed,* a. συνηθισμένος
woo, v.t. έρωτοτροπώ
wood, n. ξύλο (τό), δάσος (τό)/ ~ *carver,* n. ξυλογλύπτης (ό)/ ~*cock,* n. μπεκάτσα (ή)/ ~*cut,* n. ξυλογραφία (ή)/ ~*cutter,* n. ξυλοκόπος (ό)/ ~*ed,* a. δασωμένος/ ~*en,* a. ξύλινος/ (fig.) χοντροκέφαλος, ξεροκέφαλος/ ~*land,* n. δάσος (τό)/ a. δασώδης/ ~*louse,* n. ξυλοφάγος (ό)/ ~*man,* n. ξυλοκόπος (ό)/ ~*pecker,* n. ξυλοφάγος (ό)/ ~*pigeon,* n. φάσσα (ή)/ ~*shed,* n. αποθήκη ξυλείας (ή)/ ~*wind,* n. πνευστό όργανο (τό)/ ~*work,* n. ξυλουργική (ή)/ ~*worm,* n. σκουλίκι τοΰ ξύλου (τό)/ ~*y,* a. δασόφυτος
wooer, n. μνηστήρας (ό), έραστής (ό)
woof, n. ύφάδι (τό)
wool, n. μαλλί (τό)/ ~ *gathering,* όνειροπόληση (ή), άφηρημάδα (ή)/ ~*len,* a. μάλλινος/ ~*ly,* a. μαλλιαρός, σγουρός
word, n. λέξη (ή), λόγος (ό)/ *by* ~ *of mouth,* προφορικά/ *the W~,* Λόγος (ό)/ ~*iness,* n. πολυλογία (ή)/ ~*ing,* n. διατύπωση (ή), φρασεολογία (ή)/ ~*y,* a. πολύλογος, μακροσκελής
work, n. εργασία (ή), δουλειά (ή)/ pl. έργα (τά), δημόσια έργα (τά)/ ~ *force,* έργατική δύναμη, άριθμός έργατών/ v.t. λειτουργώ, βάζω σέ κίνηση/ v.i. εργάζομαι, δουλεύω/ ~ *hard,* έργάζομαι σκληρά/ ~ *loose,* χαλαρώνω/ ~ *out,* ύπολογίζω, έπεξεργάζομαι/ ~ *out at,* φθάνει στό (στά)/ *it will* ~ *out all right,* θά πάει καλά/ ~ *over,* έπιτίθεμαι βίαια/ ~ *up,* έξοργίζω/ ~*able,* a. πραγματοποιήσιμος/ ~*er,* n. έργάτης (ό)/ ~ *bee,* μέλισσα εργάτιδα (ή)/ ~*house,* n. πτωχοκομείο (τό)/ ~*ing,* n. εργασία (ή), δουλειά (ή), λειτουργία (ή)/ a. έργάσιμος, έργατικός, έργαζόμενος/ ~ *capital,* έκμεταλλεύσιμο κεφάλαιο/ ~ *class,* έργατική τάξη/ ~ *day,* έργάσιμη μέρα/ ~ *expenses,* γενικά έξοδα/ ~*man,* n. έργάτης (ό)/ ~*manship,* n. χειροτεχνία (ή)/ ~*room,* ~*shop,* n. έργαστήριο (τό)
world, n. κόσμος (ό)/ *W*~ *War,* Παγκόσμιος Πόλεμος (ό)/ ~*ly,* a. έγκόσμιος, γήινος/ ~*wide,* a. παγκόσμιος/ ad. σέ παγκόσμια κλίμακα
worm, n. σκουλήκι (τό), κάμπια (ή)/ (tech.) σπείρα (ή), άτέρμων κοχλίας (ό)/ (fig.) άθλιος, σιχαμερός/ v.i. ~ *oneself into,* χώνομαι, τρυπώνω/ ~ *out,* ξεφεύγω/ ~*eaten,* a. σκουληκοφαγωμένος/ ~*wood,* n. άψίνθι (τό)/ ~*y,* a. γεμάτος σκουλήκια
worry, n. ένόχληση (ή), στενοχώρια (ή)/ v.t. ένοχλώ, βασανίζω/ v.i. στενοχωριέμαι, άνησυχώ
worse, a. χειρότερος/ ad. χειρότερα/ ~*n,* v.t. & i. χειροτερεύω
worship, n. λατρεία (ή), προσκύνημα (τό)/ *your W*~! έντιμότατε!/ v.t. λατρεύω, προσκυνώ, σέβομαι/ ~*per,* n. λάτρης (ό), προσκυνητής (ό), φανατικός οπαδός
worst, a. κάκιστος, χείριστος/ ad. κάκιστα, χείριστα/ v.t. νικώ, καταβάλλω
worsted, n. κλωστό μαλλί
worth, n. άξία (ή), τιμή (ή)/ a. άξιος/ *be* ~, άξίζω/ ~*less,* a. ανάξιος, ασήμαντος/ ~*while,* a. άξιόλογος/ *it is* ~, άξίζει τόν κόπο/ ~*y,* a. άξιος, άντάξιος
would, v. aux. θά/ *it* ~ *be,* θά ήταν/ ~ *better, rather,* προτιμώ/ ~ *be,* a. έκεΐνος πού θά ήθελε νά είναι
wound, n. τραύμα (τό), πληγή (ή)/ v.t. τραυματίζω, πληγώνω/ ~*ed,* a. & n. τραυματισμένος, πληγωμένος
wraith, n. σκιά νεκρού (ή)
wrangle, n. λογομαχία (ή), καυγάς (ό)/ v.i. λογομαχώ, καυγαδίζω
wrap, n. σκέπασμα (τό), περιτύλιγμα (τό)/ (woman's) σάλι (τό), έσάρπα (ή), v.t. περιτυλίγω, σκεπάζω/ ~ *up,* διπλώνω, τυλίγω/ ~*per,* n. κάλυμμα (τό), περιτύλιγμα (τό)
wrath, n. όργή (ή), θυμός (ό)/ ~*ful,* a. όργισμένος, θυμωμένος

wreak, v.t. ἐκφράζω, βίαια αἰσθήματα/ ~ *vengeance*, ἐκδικοῦμαι
wreath, n. στεφάνι (τό)/ (smoke) τολύπη (ἡ)/ ~*e*, v.t. στεφανώνω/ v.i. συστρέφομαι, παθαίνω σπασμό
wreck, n. ναυάγιο (τό), ἐρείπιο (τό), συντρίμμι (τό)/ v.t. (ship) ναυαγῶ/ (destroy) καταστρέφω, συντρίβω/ *be* ~*ed*, ναυαγῶ/ ~*age*, n. ναυάγιο (τό)/ ~*er*, n. καταστροφέας (ὁ)
wren, n. τροχίλος (ὁ)
wrench, n. τράβηγμα (τό), ἀπόσπαση (ἡ)/ (med.) στραμπούληγμα (τό)/ (tech.) στροφέας (ὁ)/ v.t. συστρέφω, στρεβλώνω/ ~ *open*, ἀνοίγω βίαια
wrest, v.t. ἀποσπῶ/ (agreement) διαστρέφω, διαστρεβλώνω
wrestle, v.i. παλεύω/ ~*r*, n. παλαιστής (ὁ)/ *wrestling*, n. πάλη (ἡ)
wretch, n. ταλαίπωρος (ὁ), δυστυχισμένος (ὁ)/ ~*ed*, a. ἐλεεινός, ἀξιολύπητος
wriggle, v.i. κουλουριάζομαι, σπαρταρῶ, σαλεύω
wring, v.t. συστρέφω, σφίγγω/ ~ *one's hand*, σφίγγω τό χέρι/ ~*er*, n. μάγγανο (τό), πιεστήριο (τό)
wrinkle, n. ρυτίδα (ἡ), ζαρωματιά (ἡ)/ v.t. & i. ρυτιδώνω, ζαρώνω
wrist, n. καρπός (ὁ)/ ~*band*, n. μανικέτι (τό)/ ~*watch*, n. ρολόι τοῦ χεριοῦ (τό)
writ, n. ἔνταλμα (τό)/ *serve a* ~, κοινοποιῶ κλήτευση/ *Holy W*~, Ἁγία Γραφή (ἡ)
write, v.t. & i. γράφω/ ~ *down*, καταγράφω/ ~ *for*, γράφω γιά λογαριασμό/ ~ *off*, ξεγράφω/ ~ *out*, ἀντιγράφω/ ~*r*, n. γραφέας (ὁ)/ (of books) συγγραφέας (ὁ)
writhe, v.i. σφαδάζω, σπαρταρῶ
writing, n. γράψιμο (τό)/ *in* ~, γραπτά/ ~ *desk*, γραφεῖο (τό)/ ~ *material*, γραφική ὕλη (ἡ)/ ~ *pad*, σημειωματάριο (τό)/ ~ *paper*, χαρτί γραφῆς (τό)
wrong, a. λανθασμένος, λαθεμένος, ἐσφαλμένος/ *be* ~, κάνω (ἔχω) λάθος/ *something is* ~, κάτι δέν πάει καλά/ *go* ~, κάνω λάθος, διαπράττω σφάλμα/ *be on the* ~ *side of 40*, εἶμαι πάνω ἀπό σαράντα/ ~ *side up*, ἀνάποδα/ *the* ~ *way*, λάθος μέθοδος/ n. κακό, ἄδικο/ v.t. ἀδικῶ, κάνω κακό/~ *doer*, n. κακοποιός (ὁ)/ ~*ful*, a. ἄδικος/ (leg.) παράνομος/ ~*ly*, ad. ἄδικα
wrought, a. κατεργασμένος, δουλεμένος/ ~ *iron*, σφυρήλατος σίδηρος (ὁ)/ ~ *up*, ἐξοργισμένος
wry, a. στραβός, στρεβλωμένος/ ~ *faced*, a. στραβομουτσουνιασμένος/ ~ *necked*, a. στραβολαιμιασμένος

X

xenon, n. ξένο(ν) (τό)
xenophobia, n. ξενοφοβία (ἡ)
Xmas, n. Χριστούγεννα (τά)
X-ray, n. ἀκτίνες X (οἱ)/ v.t. ἀκτινογραφῶ
xylography, n. ξυλογραφία (ἡ)
xylophone, n. ξυλόφωνο (τό)

Y

yacht, n. θαλαμηγός (ἡ), γιώτ (τό)/ ~*ing*, n. κρουαζιέρα (ἡ)
yam, n. διοσκουρία (ἡ)
Yankee, n. Ἀμερικάνος (ὁ)/ a. ἀμερικάνικος
yap, n. γαύγισμα (τό)/ v.i. γαυγίζω
yard, n. γυάρδα (ἡ)/ (ship) κεραία (ἡ), ἀντέννα (ἡ)/ ~*arm*, n. ἀκροκέραιο (τό)
yarn, n. κλωστή (ἡ), νῆμα (τό)
yarrow, n. μυριόφυλλο (τό)
yaw, n. παρατιμονιά (ἡ), παρέκκλιση (ἡ)/ v.i. παρατιμονιάζω, παρεκκλίνω
yawl, n. τρεχαντήρι (τό)
yawn, n. χασμουρητό (τό)/ v.i. χασμουριέμαι
year, n. χρόνος (ὁ), ἔτος (τό)/ ~*ly*, a. ἐτήσιος/ ad. κάθε χρόνο

yearn, v.i. λαχταρώ, ποθώ/ ~*ing,* n. λαχτάρα (ή), πόθος (ό)
yeast, n. μαγιά (ή)
yell, n. κραυγή (ή)/ v.i. κραυγάζω, ούρλιάζω
yellow, a. κίτρινος/ ~ *fever,* κίτρινος πυρετός (ό)/ ~ *hammer,* χλωρίδα (ή)/ n. κιτρινάδα (ή)/ ~*ish,* a. κιτρινωπός
yelp, n. γαύγισμα (τό)/ v.i. γαυγίζω
yeoman, n. μικροκτηματίας (ό)/ ~ *of the guard,* έφιππος φρουρός (ό)
yes, particle, ναί, μάλιστα
yesterday, ad. χθές/ ~ *morning,* χθές τό πρωί/ *the day before* ~, προχθές
yet, ad. άκόμη/ *as* ~, μέχρι τώρα/ *not* ~, όχι ἀκόμη/ c. όμως, ἐντούτοις
yew, n. τάξος (ό)
yield, n. παραγωγή (ή), συγκομιδή (ή)/ v.t. παράγω, βγάζω/ v.i. ύποχωρώ, λυγίζω, ένδίδω/ ~*ing,* a. ύποχωρητικός, μαλακός, εὔκολος
yoghurt, n. γιαούρτι (τό)
yoke, n. ζυγός (ό)/ (dress) γιακάς (ό)/ (fig.) σκλαβιά (ή)/ v.t. ζευγαρώνω, συνδέω, ὑποδουλώνω
yokel, n. άγρότης (ό), χωρικός (ό)
yolk, n. κροκός (ό)
yonder, ad. ἐκεῖ πέρα, πιό πέρα
yore, ad. παλιά/ *of* ~, ἄλλοτε
you, pn. ἐσύ, ἐσεῖς
young, a. νέος, νεαρός/ n. pl. νεολαία (ή)/ ~*er,* a. νεώτερος/ ~*est,* a. νεώτατος/ ~*ster,* n. νεαρός (ό)
your, a. δικός σου, δικός σας/ ~*s,* pn. δικός σου (σας)/ ~ *faithfully,* μέ ἐκτίμηση/ ~ *sincerely,* εἰλικρινά δικός σας/ ~*self,* pn. ἐσύ ὁ ἴδιος, ὁ ἑαυτός σου/ *you are not* ~, εἶσαι άγνώριστος
youth, n. νεότητα (ή), νεολαία (ή)/ (one person) νέος (ό), νεαρός (ό)/ ~ *hostel,* ξενώνας νεότητας (ό)/ ~*ful,* a. νεανικός, ζωηρός
yowl, n. ούρλιασμα (τό), ούρλιαχτό (τό)/ v.i. ούρλιάζω
Yugoslav, n. Γιουγκοσλάβος (ό)/ a. γιουγκοσλαβικός
yuletide, n. ἐποχή τῶν Χριστουγέννων (ή)

Z

zany, a. άστεῖος/ n. γελωτοποιός (ό)
zeal, n. ζῆλος (ό), ὄρεξη (ή)/ ~*ot,* n. ζηλωτής (ό)/ ~*ous,* a. ἔνθερμος, γεμάτος ζῆλο/ ~*ously,* ad. ἔνθερμα, πρόθυμα, μέ ζῆλο
zebra, n. ζέβρα (ή)
zenith, n. ζενίθ (τό)
zephyr, n. ζέφυρος (ό)
zero, n. μηδέν (τό), μηδενικό (τό)
zest, n. προθυμία (ή), όρεξη (ή), ζῆλος (ό)
zigzag, n. ἑλικοειδής γραμμή (ή)/ v.i. κάνω ἑλιγμούς
zinc, n. ψευδάργυρος (ό), τσίγκος (ό)/ a. τσίγκινος
zip (fastener), n. φερμουάρ (τό)
zirconium, n. ζιρκόνιο (τό)
zither, n. σαντούρι (τό)
zodiac, n. ζώδιο (τό)
zone, n. ζώνη (ή)
zoo, n. ζωολογικός κῆπος (ό)/ ~*logical,* a. ζωολογικός/ ~*logist,* n. ζωολόγος (ό)/ ~*logy,* n. ζωολογία (ή)
Zulu, n. Ζουλού (ό)
zymosis, n. ζύμωση (ή)

GEOGRAPHICAL NAMES

Achaia, Ἀχαΐα (ἡ)
Adriatic Sea, Ἀδριατική (ἡ)
Aegean, Αἰγαῖο (τό)
Africa, Ἀφρική (ἡ)
Aigina, Αἴγινα (ἡ)
Alaska, Ἀλάσκα (ἡ)
Alexandria, Ἀλεξάνδρεια (ἡ)
Algeria, Ἀλγερία (ἡ)
Algiers, Ἀλγέριο (τό)
Alps, Ἄλπεις (οἱ)
Alsace, Ἀλσατία (ἡ)
Amazon, Ἀμαζόνιος (ὁ)
America, Ἀμερική (ἡ)
Andes, Ἄνδεις (οἱ)
Antilles, Ἀντίλλες (οἱ)
Antioch, Ἀντιόχεια (ἡ)
Antwerp, Ἀμβέρσα (ἡ)
Arabia, Ἀραβία (ἡ)
Arcadia, Ἀρκαδία (ἡ)
Arctic, Ἀρκτικός Ὠκεανός (ὁ)
Argentine, Ἀργεντινή (ἡ)
Asia, Ἀσία (ἡ)/ ~ Minor, Μικρασία (ἡ)
Athens, Ἀθήνα (ἡ)
Athos, Ἄθως, Ἅγιον Ὄρος (τό)
Australia, Αὐστραλία (ἡ)
Austria, Αὐστρία (ἡ)
Azores, Ἀζόρες (οἱ)

Bag(h)dad, Βαγδάτη (ἡ)
Balkans, Βαλκάνια (τά)
Baltic, Βαλτική (ἡ)
Bavaria, Βαυαρία (ἡ)
Beirut, Βηρυττός (ἡ)
Belgium, Βέλγιο (τό)
Belgrade, Βελιγράδι (τό)
Bengal, Βεγγάλη (ἡ)
Berlin, Βερολίνο (τό)
Black Sea, Μαύρη Θάλασσα (ἡ)
Bohemia, Βοημία (ἡ)
Boeotia, Βοιωτία (ἡ)
Bosnia, Βοσνία (ἡ)
Bosphorus, Βόσπορος (ὁ)
Brazil, Βραζιλία (ἡ)
Britain, Βρεταννία (ἡ)
Brittany, Βρετάννη (ἡ)
Brussels, Βρυξέλλες (οἱ)
Bucharest, Βουκουρέστι (τό)

Budapest, Βουδαπέστη (ἡ)
Bulgaria, Βουλγαρία (ἡ)
Byzantium, Βυζάντιο (τό)

Cairo, Κάϊρο (τό)
Calcutta, Καλκούτα (ἡ)
Canada, Καναδάς (ὁ)
Carpathians, Καρπάθια (τά)
Caspian Sea, Κασπία (ἡ)
Caucasus, Καύκασος (ὁ)
Cephalonia, Κεφαλληνία (ἡ)
Ceylon, Κεϋλάνη (ἡ)
Chile, Χιλή (ἡ)
China, Κίνα (ἡ)
Chios, Χίος (ἡ)
Cologne, Κολωνία (ἡ)
Colombia, Κολομβία (ἡ)
Constantinople, Κωνσταντινούπολη (ἡ)
Copenhagen, Κοπεγχάγη (ἡ)
Corfu, Κέρκυρα (ἡ)
Corinth, Κόρινθος (ἡ)
Crete, Κρήτη (ἡ)
Cuba, Κούβα (ἡ)
Cyclades, Κυκλάδες (οἱ)
Cyprus, Κύπρος (ἡ)
Czechoslovakia, Τσεχοσλοβακία (ἡ)

Danube, Δούναβης (ὁ)
Dardanelles, Δαρδανέλλια (τά)
Delphi, Δελφοί (οἱ)
Denmark, Δανία (ἡ)
Dublin, Δουβλίνο (τό)

Edinburgh, Ἐδιμβοῦργο (τό)
Egypt, Αἴγυπτος (ἡ)
Eleusis, Ἐλευσίνα (ἡ)
England, Ἀγγλία (ἡ)
Ephesus, Ἔφεσος (ἡ)
Epirus, Ἤπειρος (ἡ)
Esthonia, Ἐσθονία (ἡ)
Ethiopia, Αἰθιοπία (ἡ)
Euphrates, Εὐφράτης (ὁ)
Europe, Εὐρώπη (ἡ)
Everest, Ἔβερεστ (τό)

Famagusta, Ἀμμόχωστος (ἡ)
Finland, Φινλανδία (ἡ)

Florence, Φλωρεντία (ή)
France, Γαλλία (ή)

Geneva, Γενεύη (ή)
Genoa, Γένοβα (ή)
Georgia, Γεωργία (ή)
Germany, Γερμανία (ή)
Gibraltar, Γιβραλτάρ (τό)
Glasgow, Γλασκώβη (ή)
Great Britain, Μεγάλη Βρεταννία (ή)
Greece, Ἑλλάδα (ή)
Greenland, Γροιλανδία (ή)

Hague, Χάγη (ή)
Havana, Ἁβάνα (ή)
Helsinki, Ἑλσίνκι (τό)
Himalayas, Ἱμαλάϊα (τά)
Holland, Ὁλλανδία (ή)
Hungary, Οὑγγαρία (ή)

Iceland, Ἰσλανδία (ή)
India, Ἰνδία (ή)
Indonesia, Ἰνδονησία (ή)
Ionia, Ἰόνιο (τό)
Iran, Ἰράν (τό)
Iraq, Ἰράκ (τό)
Ireland, Ἰρλανδία (ή)
Israel, Ἰσραήλ (τό)
Istanbul, Κωνσταντινούπολη (ή)
Italy, Ἰταλία (ή)
Ithaca, Ἰθάκη (ή)

Japan, Ἰαπωνία (ή)
Jerusalem, Ἱερουσαλήμ (ή)
Jordan, Ἰορδάνης (ό)

Kiev, Κίεβο (τό)
Korea, Κορέα (ή)

Larissa, Λάρισσα (ή)
Larnaca, Λάρνακα (ή)
Latvia, Λεττονία (ή)
Leipzig, Λειψία (ή)
Limasol, Λεμεσός (ή)
Lisbon, Λισσαβώνα (ή)
Lithuania, Λιθουανία (ή)
London, Λονδίνο (τό)
Luxembourg, Λουξεμβοῦργο (τό)

Macedonia, Μακεδονία (ή)

Madrid, Μαδρίτη (ή)
Malta, Μάλτα (ή)
Marseilles, Μασσαλία (ή)
Mecca, Μέκκα (ή)
Mediterranean, Μεσόγειος (ή)
Melbourne, Μελβούρνη (ή)
Mexico, Μεξικό (τό)
Milan, Μιλάνο (τό)
Mississippi, Μισσισσιπής (ό)
Moldavia, Μολδαβία (ή)
Mongolia, Μογγολία (ή)
Montenegro, Μαυροβούνιο (τό)
Morocco, Μαρόκο (τό)
Moscow, Μόσχα (ή)
Munich, Μόναχο (τό)

Naples, Νεάπολη (ή)
Nauplia, Ναύπλιο (τό)
Netherlands, Κάτω Χῶρες (οί)
New York, Νέα Ὑόρκη (ή)
Nice, Νίκαια (ή)
Nigeria, Νιγηρία (ή)
Nile, Νεῖλος (ό)
Norway, Νορβηγία (ή)

Oceania, Ὠκεανία (ή)
Odessa, Ὀδησσός (ή)
Olympia, Ὀλυμπία (ή)
Olympus, Ὄλυμπος (ό)
Oslo, Ὄσλο (τό)

Pacific, Εἰρηνικός (ό)
Palestine, Παλαιστίνη (ή)
Paris, Παρίσι (τό)
Parnassus, Παρνασσός (ό)
Patras, Πάτρα (ή)
Peking, Πεκίνο (τό)
Peloponnese, Πελοπόννησος (ή)
Persia, Περσία (ή)
Peru, Περουβία (ή)
Philippines, Φιλιππίνες (οί)
Piraeus, Πειραιάς (ό)
Poland, Πολωνία (ή)
Portugal, Πορτογαλία (ή)
Prague, Πράγα (ή)
Prussia, Πρωσσία (ή)
Pyrenees, Πυρηναῖα (τά)

Red Sea, Ἐρυθρά Θάλασσα (ή)
Rhine, Ρῆνος (ό)

Rhodes, Ρόδος (ή)
Rio de Janeiro, Ρίο 'Ιανέϊρο (τό)
Romania, Ρουμανία (ή)
Rome, Ρώμη (ή)
Russia, Ρωσσία (ή)

Sahara, Σαχάρα (ή)
Salamis, Σαλαμίνα (ή)
Salonica, Θεσσαλονίκη (ή)
Saxony, Σαξωνία (ή)
Scotland, Σκωτία (ή)
Serbia, Σερβία (ή)
Siberia, Σιβηρία (ή)
Sicily, Σικελία (ή)
Smyrna, Σμύρνη (ή)
Soviet Union, Σοβιετική Ένωση (ή)
Spain, 'Ισπανία (ή)
Sparta, Σπάρτη (ή)
Stockholm, Στοκχόλμη (ή)
Sudan, Σουδάν (τό)
Sweden, Σουηδία (ή)
Syria, Συρία (ή)
Switzerland, Ελβετία (ή)

Tangiers, Ταγγέρη (ή)
Teheran, Τεχεράνη (ή)
Thames, Τάμεσης (ό)
Thebes, Θήβα (ή)
Thessaly, Θεσσαλία (ή)
Thrace, Θράκη (ή)
Tokyo Τόκιο (τό)
Trebizond, Τραπεζούντα (ή)

Trieste, Τεργέστη (ή)
Tripolis, Τρίπολη (ή)
Troy, Τροία (ή)
Tunis, Τύνιδα (ή)
Tunisia, Τυνησία (ή)
Turin, Τουρίνο (τό)
Turkey, Τουρκία (ή)
Tyrol, Τυρόλο (τό)

Ukraine, Ουκρανία (ή)
Ulster, Βόρεια 'Ιρλανδία (ή)
United Arab Republic, Ήνωμένη 'Αραβική Δημοκρατία (ή)
United States, Ήνωμένες Πολιτείες (οί)
Urals, Ουράλια (τά)
Uruguay, Ουρουγουάη (ή)

Venezuela, Βενεζουέλα (ή)
Venice, Βενετία (ή)
Vienna, Βιέννη (ή)
Vietnam, Βιετνάμ (τό)
Volga, Βόλγας (ό)

Wales, Ουαλλία (ή)
Wallachia, Βλαχία (ή)
Warsaw, Βαρσοβία (ή)
Washington, Ουάσιγκτων (ή)

Yugoslavia, Γιουγκοσλαβία (ή)

Zante, Ζάκυνθος (ή)
Zurich, Ζυρίχη (ή)